froiam et l. filii secū hie
mis tempore misit. sicque
in palatio hoc et natalem
dni et pascha a domno
rege celebrata sunt et
inmutavit se numerus
annorum. in

DCCXCVIIII

Romani leonē papā leta
nia maiore captū exce
caverunt ac lingua detrun
caverunt. qui in custodiā
missus nocte per murū
evasit. et ad legatos dom
ni regis qui tunc apud ba
silicam sci petri erant
uuirundū scilicet abbatē
et uuinigisū spolitinū ducē
veniens spoletiū est de
ductus; Domnus rex ad sa
xoniā profectus in loco
qui vocatur paderbrunno

sitis castris consedit
et inde diuisa exercitu
carlū filium suū cum
medietate adconloquiū
sclauorū que rexipondos
quide nordliudis uene
runt saxones inbarden
gauuui direxit ipse alte
ra medietate secum rexema:
eodē inloco leonē pontifice
summo cū honore suscepit
ibique reditū carli filii sui
expectans leonē pontifi
cē simili quo suscept; est
honore dimisit qui statim
romā profect; est. et rex
aquasgrani palaciū suū
reuersus est Inea dē expe
dicione legatus michahe
lis sicilie prefecti nomi
ne daniel addominum
regem uenit. adq; inde

799

Karl der Große
und Papst Leo III.
in Paderborn

KUNST UND KULTUR DER KAROLINGERZEIT

Beiträge
zum Katalog der Ausstellung
Paderborn 1999

herausgegeben von Christoph Stiegemann
und Matthias Wemhoff

799 Kunst und Kultur der Karolingerzeit

Karl der Große und Papst Leo III. in Paderborn

Beiträge
zum Katalog der Ausstellung
Paderborn 1999

herausgegeben von
Christoph Stiegemann und
Matthias Wemhoff

VERLAG PHILIPP VON ZABERN · MAINZ

799 – Kunst und Kultur der Karolingerzeit
Karl der Große und Papst Leo III. in Paderborn

Ausstellung der Stadt Paderborn, des Erzbistums Paderborn und des Landschaftsverbandes Westfalen-Lippe vom 23. Juli – 1. November 1999

Beitragsband zum Katalog der Ausstellung

PADERBORN
799

Beitragsband:
XIV, 744 Seiten mit 252 Farb- und 287 Schwarzweißabbildungen

Umschlag Vorderseite: Evangelist Johannes im Lorscher Evangeliar. Vatikanstadt, Biblioteca Apostolica Vaticana, Pal. lat. 50, fol. 67v (Kat.Nr. X.21b)

Vorsatz: Annales regni Francorum (Reichsannalen), 9. Jahrhundert. Vatikanstadt, Biblioteca Apostolica Vaticana, Vat. reg. lat. 617, fol. 31v – 32r (Kat.Nr. II.1)

Frontispiz: Darstellung des „Irdischen Paradieses“ (3. Viertel 9. Jahrhundert). Paris, Louvre

Umschlag Rückseite: Sog. Barberini-Evangeliar, Kanontafel, Detail. Vatikanstadt, Biblioteca Apostolica Vaticana, Barb. lat. 570, fol. 1r (Kat.Nr. VII.13)

Konzeption: Ausstellungsgesellschaft 799 GbR

Produktion:
Verlag Philipp von Zabern, Mainz am Rhein:
Lothar Bache (Gestaltung), Dr. Klaus Rob (Lektorat), Erik Schüßler (Scans), Peter Bottelberger und Walter Wöstheinrich (Technik)
Lithos: Scancomp, Wiesbaden
Druck: Kunze und Partner, Mainz

ISBN 3-8053-2590-8
ISBN 3-8053-2598-3 (Museumsausgabe)

Printed in Germany by Philipp von Zabern
Printed on fade resistant and archival quality paper
(PH 7 neutral) · tcf

Inhaltsverzeichnis

Sog. Barberini-Evangeliar, Initialseite, Detail.
Vatikanstadt, Biblioteca Apostolica Vaticana, Barb. lat. 570, fol. 80r
(Kat.Nr. VII.13)

undecimo mala hesperidum destricta triumpho
cerberus extremi suprema est meta laboris

A B C D

E F G H I

K L M N

O P Q R S

ē scrip xviiii

T V X Y Z V

Vorwort

Der vorliegende Band vereint eine Fülle von Beiträgen zu den Themen der großen Karolingerausstellung in Paderborn „799 – Kunst und Kultur der Karolingerzeit", die aus Anlaß der 1200jährigen Wiederkehr der Begegnung Karls des Großen mit Papst Leo III. in Paderborn im Jahre 799 veranstaltet wird. Es ist nicht unser Anliegen, eine umfassende Darstellung der Epoche Karls des Großen zu versuchen, wie es unübertroffen die große Karolingerschau in Aachen 1965 geleistet hat. Vielmehr sind die Themen und Problemstellungen aus dem Ereignis der Begegnung des fränkischen Königs und des römischen Papstes hervorgegangen, worin sich eine Vielzahl von Entwicklungslinien spiegelt und in dem sich folgenreiche Geschehnisse abzeichnen, die die Geschichte des Mittelalters und der Neuzeit bis in die Gegenwart hinein nachhaltig geprägt haben.

Ein eigener Beitragsband zu dem zweibändigen Katalog der Ausstellung war ursprünglich nicht geplant. Vielmehr sollten die hier publizierten Texte in den Katalogbänden den jeweiligen Exponaten zugeordnet werden. Im Verlauf der Vorarbeiten nahm der Umfang des Katalogs jedoch derart zu, daß es notwendig wurde, die Beiträge gesondert in einem eigenen Band zu publizieren. Dabei ist der Bezug der Beiträge zum Katalog und den darin behandelten Exponaten gewahrt. Auch die Gliederung der Katalogbände ist übernommen. So kann sich der Leser mit den Zusammenhängen, Problemen und Argumenten, die ihm in den Exponaten der Ausstellung „799 – Kunst und Kultur der Karolingerzeit" vor Augen geführt werden, vertiefend auseinandersetzen. Der ursprünglichen Bestimmung entsprechend sind die Sachverhalte für eine breite Öffentlichkeit allgemeinverständlich und anschaulich dargestellt worden, auf Anmerkungen wurde verzichtet, das Literaturverzeichnis am Ende eines jeden Beitrags gibt Hinweise auf weiterführende Werke.

In den Beiträgen kommen auch Themen zur Sprache, die in der Ausstellung selbst mit Exponaten nicht angemessen dargestellt werden können. Der äußerst geringe Umfang und der vielfach schlechte Erhaltungszustand der überlieferten Werke verboten es aus konservatorischen Gründen, diese Stücke auszuleihen. Um das notgedrungen unvollständige Bild abzurunden, sind viele von ihnen in zahlreichen Abbildungen in den Beitragsband aufgenommen worden. Dies gilt insbesondere für die am Hofe Karls des Großen entstandenen Handschriften, die für das Thema der Renovatio von entscheidender Bedeutung sind.

Wir danken allen Autoren, die sich freundlicherweise bereit gefunden haben, ihren für den Katalog verfaßten Beitrag für den Begleitband zur Verfügung zu stellen. Ihnen ist es zu verdanken, daß – wenn auch mit leichten Änderungen – die ursprüngliche Konzeption eingehalten werden konnte.

Unser Dank gilt sodann allen Mitarbeiterinnen und Mitarbeitern der Redaktion, hier seien stellvertretend für alle Frau Dr. Susanne Hohmann, Frau Ursula Pütz und Frau Christiane Althoff M.A. genannt. Schließlich sei dem Verlag Philipp von Zabern gedankt, der die Veröffentlichung dieses Begleitbandes übernommen hat.

Dem Leser wünschen wir, daß sich ihm bei der Lektüre und Betrachtung neue Zugänge zur Welt der Karolingerzeit eröffnen, die fern in der Vergangenheit liegt und dennoch auf vielfältige Weise mit unserer Gegenwart verbunden ist.

Christoph Stiegemann Matthias Wemhoff

Musteralphabet (Detail). Bern, Burgerbibliothek, Cod. 250, fol. 11v (Kat.Nr. VI.13)

Vita Caroli. Wien, Österreichische Nationalbibliothek, Cod. 529, fol. 1r (Kat.Nr. I.1) ▷

VITA KAROLI IMPERATORIS

Vita karoli magni imperatoris.

Gens merouingorum de qua franci reges sibi creare soliti erant
usque in hildricum regem. qui iussu stephani romani pontificis
depositus ac detonsus atque in monasterium trusus est durasse putatur.
Quae licet in illo finita possit uideri. tamen iam dudum nullius uigo-
ris erat. nec quicquam in se clarum praeter inane regis uocabulum prae-
ferebat. Nam et opes et potentia regni. penes palatii praefectos qui
maiores domus dicebantur. et ad quos summa imperii pertinebat tene-
bantur. Neque regi aliud relinquebatur. quam ut regio tantum nomine
contentus. crine profuso. barba summissa. solio resideret. ac speciem domi-
nantis effingeret. Legatos undecumque uenientes audiret. eisque abeun-
tibus responsa quae erat edoctus uel etiam iussus. ex sua uelut potestate
redderet. cum praeter inutile regis nomen. et precarium uitae stipendium
quod ei praefectus aulae prout uidebatur exhibebat. nihil aliud proprii possideret
quam unam et eam praeparui reditus uillam. in qua domum et ex qua
famulos sibi necessaria ministrantes atque obsequium exhibentes paucae
numerositatis habebat. Quocumque eundum erat. carpento ibat.
quod bubus iunctis et bubulco rustico more agente trahebatur. Sic ad pa-
latium. sic ad publicum populi sui conuentum. qui annuatim ob regni
utilitatem celebrabatur ire. sic domum redire solebat. At regni ad-
ministrationem. et omnia quae uel domi uel foris agenda ac dispo-
nenda erant. praefectus aulae procurabat. Quo officio tum cum hildricus
deponeretur. pippinus pater karoli regis iam uelut hereditario fun-
gebatur. Nam pater eius karolus qui tyrannos per totam franciam
dominatum sibi uindicantes oppressit. et sarracenos galliam
occupare temptantes. duobus magnis proeliis. uno in aquitania
apud pictauium ciuitatem. altero iuxta narbonam apud birram flu-
uium ita deuicit. ut in hispaniam eos redire compelleret. eundem ma-
gistratum a patre pippino sibi dimissum egregie administrauerat.
Qui honor non aliis a populo dari consueuerat. quam his qui et clari-
tate generis et opum amplitudine ceteris eminebant.

KAPITEL I

799
Eine folgenreiche Begegnung

Henry Mayr-Harting

Warum 799 in Paderborn?

Karl der Große strebte nach der Kaiserkrönung im Jahre 800, weil das Kaisertum das einzige politische Mittel war, durch das er seine Herrschaft über die sächsische Aristokratie festigen und legitimieren konnte.

Die karolingische Expansion stand – wie in vielen anderen Reichen auch (etwa im Britischen) – im Zusammenhang mit der militärischen Sicherung, in diesem Fall mit der des Rheinlandes. An den Westufern des Rheins befanden sich die für die karolingische Zivilisation lebensnotwendigen Kirchenzentren Köln und Mainz, etwas weiter südlich jenes von Worms. Am Niederrhein lag der königliche Palast von Nijmegen, und nicht weit rheinabwärts von Mainz befand sich der Palast von Ingelheim, der im Auftrag Karls des Großen oder Ludwigs des Frommen mit den berühmten Szenen antiker und biblischer Geschichte nach Orosius ausgestaltet wurde. Archäologen haben auch auf die Bedeutung des Rheinhandels in jener Zeit aufmerksam gemacht, einen Handel, den Karl der Große zu kontrollieren trachtete und von dem er profitieren wollte. Man weiß, daß der friesische Hafen von Dorestad an der Nordsee, an einem der Mündungsarme des Rheins gelegen, zwischen den Jahren 780 und 820 einen enormen Aufschwung zu verzeichnen hatte. Archäologische Befunde zeigen, daß ein Gutteil dieses Anstiegs mittelrheinischen Importen zu verdanken war. Jedenfalls war der Rhein, auch wenn er ein Randgebiet fränkischer Siedlung darstellte, eine Lebensader für die karolingische Kultur und Wirtschaft. Allerdings waren die landschaftlichen Gegebenheiten dieses Grenzlandes im Hinblick auf die Angriffe der heidnischen Sachsen keineswegs günstig und boten keinerlei natürlichen Schutz. Die Verwundbarkeit dieser Gebiete ist durch eine berühmte Passage von Einhard dokumentiert (Vita Karoli, c. 7).

Die generelle Linie in der Strategie Karls des Großen angesichts der sächsischen Bedrohung kann man anhand der Berichte in den fränkischen Reichsannalen erkennen. Wenn Karl den Rhein schützen wollte, mußte er die Weser kontrollieren und die Bewegungsfreiheit der Sachsen zwischen den beiden Flüssen einschränken. 772 eroberte er die Eresburg an einem Nebenfluß der Weser. Im Jahr 775, nachdem er auch einige Festungen, die auf seinem Weg lagen, erobert hatte, erreichte er die Weser bei Braunsberg, und es gelang ihm, beide Ufer des Flusses zu besetzen. Im spanischen Feldzug von 788 verlor er vorübergehend die Kontrolle über die Weser, so daß die Sachsen auf ihrem Vorstoß zum Rhein plündernd den Fluß entlangzogen. Aber die Weser wirklich zu kontrollieren bedeutete, die Sachsen unterwerfen zu müssen – und die Sachsen zu unterwerfen bedeutete, sie zu christianisieren. Denn für die Franken war es unvorstellbar, mit feindlichen Völkern Frieden zu schließen, bevor diese nicht dieselbe Religion hatten und bei Verhandlungen dieselben moralischen Grundsätze akzeptierten, wie dies zwischen Christen üblich war.

Es soll nun hier die wohlbekannte Geschichte der Kriege Karls des Großen gegen die Sachsen nur stichpunktartig skizziert werden: die Zerstörung der Irminsul im Jahr 772 und die Aneignung des mit diesem Heiligtum verbundenen Schatzes; das strenge sächsische Kapitulare von 782–785 (Kat.Nr. VI.3), das die Todesstrafe für all jene vorsah, die sich des Heidentums oder der Anwendung heidnischer Riten oder Praktiken schuldig gemacht hatten und Vorschriften für die starke wirtschaftliche Ausbeutung durch Tributzahlungen und Zehnterhebungen für Kirchen enthält; das Blutbad von Verden, wo angeblich 4500 Sachsen, in der Mehrzahl wahrscheinlich Krieger, getötet wurden; die Taufe des Sachsenführers Widukind 785 im königlichen Palast in Attigny mit Karl dem Großen als Taufpaten und die auch danach wiederholten Vertragsbrüche und Aufstände der Sachsen.

Wie recht hatten doch die sächsischen Autoren des 9. Jahrhunderts, wenn sie – unter fränkischer Herrschaft – zwar schon aus einer christlichen, aber noch immer auch von sächsischem Patriotismus getragenen Sicht über ihre tapferen Vorfahren des 8. Jahrhunderts mit Bewunderung und Stolz als die würdigsten Gegner des größten und klügsten Königs von allen schrieben. Ende des Jahres 797, als Karl der Große das zweite sächsische Kapitulare erließ, schien er wirklich davon überzeugt, daß er nun ein für allemal den sächsischen Widerstand gebrochen hatte; und wahrscheinlich glaubte er dies zu Recht, denn die Quellen berichteten nur mehr von Aufständen aus der weit entfernten Region an der Elbe. Das Kapitulare von 797 weicht im Ton und in der Aussage erheblich von jenem der Jahre 782–785 ab. Dieser Unterschied läßt darauf schließen, daß in dem Jahrzehnt zwischen den beiden Kapitularen die Errichtung der fränkischen Herrschaft bei den Sachsen tatsächlich Fortschritte erzielte – mit königlichen *missi* (Boten) und anderen Beamten, aber auch mit einem Ausgleich zwischen der fränkischen und sächsischen Nobilität. Respekt für sächsische Gesetze und anscheinend auch für ihre öffentlichen Versammlungen und Maßnahmen zur Aufrechterhaltung der öffentlichen Ordnung waren die Basis des Konsenses mit den sächsischen *fideles*. Dieses zweite Kapitular und der Zeitpunkt seiner Veröffentlichung scheinen nicht ohne Bedeutung für die Kaiserkrönung von 800 zu sein.

Es herrscht Übereinstimmung darüber, daß der erste konkrete Schritt in Richtung auf die Kaiserkrönung erst beim Treffen von Papst Leo III. und dem König in Paderborn im Sommer 799 unternommen wurde. Das heißt aber nicht, daß die ideologischen und praktischen Voraussetzungen dafür sich nicht schon längere Zeit davor entwickelt hätten. Es konnte gezeigt werden, daß die Libri Carolini als Entwurf für eine unabhängig von Byzanz zu sehende Kaiseridee Karls des Großen gesehen werden können. Die Verdammung des Adoptianismus 794 führte, wie Donald Bullough (1970) deutlich gemacht hat, zu einem Wiederaufleben apokalyptischer Strömungen, die das Bedürfnis nach kaiserlicher Herrschaft in der Welt zur Abwehr des Antichrist betonte. Sogar Alkuin – dessen Einfluß hinsichtlich der Kaiseridee Peter Classen als sehr gering ansetzt, da er eine sehr allgemeine, von Beda geprägte Vorstellung vom Kaisertum hatte – dürfte an die Kaiseridee des Eusebius genauso wie an die sog. angelsächsischen Bretwaldas gedacht haben. Das Treffen von Paderborn darf aber als erster konkreter Schritt für ein Übereinkommen über eine bevorstehende Kaiserkrönung gewertet werden. In Zusammenhang mit diesem Ereignis wurde das sog. Karlsepos – Karolus Magnus et Leo Papa – geschrieben, das in großen Teilen aus einer Lobrede auf Karl den Großen besteht. Es ist voll von imperialem Gedankengut: Karl der Große ist der Leuchtstern Europas, der König, der alle anderen Könige durch sein *culmen imperii* übertrifft und all seine Herzöge und Grafen in den Glanz seiner großen Liebe taucht, der Vater Europas und *Augustus*, während Aachen mit seinem „Forum", seinen Bädern und seinem Versammlungsort für den heiligen Senat als ein zweites Rom beschrieben wird. Das Karlsepos selbst muß wahrscheinlich kurz nach 800 geschrieben worden sein. Es wurde bereits oft kommentiert, selten aber wird auf das Paradoxon hingewiesen, daß Aachen als ein Ort nach dem Vorbild der Beschreibungen Vergils mit einer zeremoniellen Versammlung in Zusammenhang gebracht wird, die zwar leicht in Aachen hätte stattfinden können, in der Tat aber in Paderborn stattfand. Paderborn, dessen Pfalz von Karl dem Großen in den frühen 70er Jahren des 8. Jahrhunderts begonnen wurde, besaß eine Kombination aus Königspalast und Kirche, genauso wie der Palast und die Kirche der Hagia Sophia in Konstantinopel. Für eine kurze Periode zur Zeit der Weihe nannte Karl den Platz *Urbs Karoli* – sicherlich nach dem Vorbild Kaiser Konstantins und der neuen *civitas Constantini,* die er wohl durch Orosius gekannt haben dürfte. Es zeugt von diplomatischem Geschick, daß dieses Experiment der Namensgebung nach der für die Franken katastrophalen sächsischen Erhebung von 778 wieder aufgegeben wurde; trotzdem blieb Paderborn das königliche Zentrum im Sachsenland. Das Treffen und die bedeutenden Gespräche in Paderborn im Jahr 799 waren dabei Ausdruck der Herrschaft Karls des Großen über die Sachsen, demonstriert vor einem Publikum, das aus Sachsen, dem Papst und – vielleicht ebenso wichtig – Karl selbst bestand.

Von den zeitgenössischen Berichten über die Krönungszeremonie in St. Peter in Rom am Weihnachtstag 800 berichten sowohl der Liber pontificalis als auch die fränkischen Reichsannalen, wobei sie aber im Zusammenhang mit der Ausrufung Karls des Großen zum Kaiser der Römer unterschiedliche Darstellungen geben. Möglicherweise entspricht die Darstellung der Lorscher Annalen am ehesten der Sicht Karls, obwohl man hier anmerken muß, daß sich eine Verbindung der Lorscher Annalen mit dem karolingischen Hof so gut wie nicht nachweisen läßt:

„Und da der *nomen imperatoris* bei den Griechen zu jener Zeit unbesetzt war und sie ein *femineum imperium* hatten, schien es dem Papst Leo und allen heiligen Vätern, die an diesem Konzil anwesend waren, ebenso wie auch dem Rest des *christianus populus,* daß sie jenen Karl, den König der Franken, *imperator* nennen sollten, der auch selbst Rom, wo auch die römischen Kaiser ihren Sitz hatten, hielt, ebenso wie die übrigen Kaisersitze (*reliquas sedes*) in Italien, Gallien und Germanien. Da der Allmächtige alle diese Orte in seine Hand gegeben hatte, schien es ihnen also richtig zu sein, daß dieser durch die

Hilfe Gottes und auf Bitten des gesamten christlichen Volkes den Namen tragen sollte."

Dieser Text sagt aus, daß der Kaisertitel Karl verliehen wurde, und einer der Gründe, warum dies geschah, war, daß er die Stadt Rom besaß, den Sitz eines Kaisers. Aber er wird hier nicht Kaiser der Römer genannt, und die Wichtigkeit Roms wird durch den Verweis auf andere Orte in *Italia*, *Gallia* und *Germania* gemindert. Mit der Bezeichnung *reliquas sedes* mußten sicherlich andere kaiserliche Sitze gemeint sein, so wie Ravenna in Italien, Köln und Trier als alte kaiserliche Zentren in Gallia. Aber welche Orte waren mit der Bezeichnung „Germania" gemeint? Im karolingischen Sprachgebrauch waren Gallia und Germania durch den Rhein voneinander getrennt (vgl. Beiträge Springer u. Pohl). Am westlichen oder gallischen Ufer lagen Köln und andere wichtige karolingische Orte. Als einen weiteren wichtigen königlichen Palast hat man auch Frankfurt vorgeschlagen. Aber es fällt schwer, irgendeinen Sinn darin zu sehen, Frankfurt als Kaisersitz zu nehmen. Ich kann mir allerdings durchaus einen Ort vorstellen, der in der Zeit um 800 als kaiserlicher Sitz östlich des Rheins gelten kann: Nämlich Paderborn, im Zentrum des damaligen Sachsens, früher als *Urbs Karoli* in Nachahmung der *Civitas Constantini* bekannt, wo Karl der Große und der Papst im Jahr vor der in den Lorscher Annalen beschriebenen Kaiserkrönung die Frage der Kaisererhebung erörtert haben müssen.

Das besondere Problem, vor das die Sachsen Karl den Großen stellten, war, daß sie – trotz ihres ausgeprägten ethnischen Selbstbewußtseins – kein Königtum kannten. Sie legten offensichtlich sogar Wert darauf, keinen König zu haben, so als ob Könige Tyrannei repräsentierten, die dieses intelligente, organisierte, jedoch heidnische Volk vermeiden wollte. Warum die Sachsen diese Einstellung hatten, ist weniger leicht zu ergründen. Als Karl der Große 774 die Langobarden besiegt hatte, existierte dort ein Königtum, und zwar ein christliches Königtum, das er übernahm, und *rex Langobardorum* wurde danach ein Teil seines Titels. In Aquitanien, das bereits seit langer Zeit christlich war, gab es keine ethnische Einheit oder ein ethnisches Bewußtsein in der Zeit vor Karl dem Großen. Dieser Umstand ließ ihm einen gewissen Handlungsspielraum, 781 gründete er dort ein Königtum und ließ seinen kleinen Sohn Ludwig zum König von Aquitanien krönen.

Bei den Sachsen hingegen war alles anders. Beda schrieb nur 70 Jahre vor der Krönung Karls:

„Diese Altsachsen haben nämlich keinen König, sondern viele Fürsten, die an der Spitze ihres Stammes stehen und in wichtigen Augenblicken eines Kriegsausbruchs untereinander das Los werfen, und demjenigen, auf den das Losstäbchen zeigt, folgen und gehorchen alle als Führer für die Dauer des Krieges; wenn der Krieg vorbei ist, werden wieder alle Fürsten mit gleicher Macht."

Daß Bedas Beobachtungen über die sächsische Gesellschaft und das Fehlen einer Königsherrschaft klar fundiert waren, wird durch den Bericht der Vita Lebuini antiqua bestätigt (vgl. auch Beitrag Becher in Kat.Bd. 1, Kap. IV). Lebuin war ein mutiger angelsächsischer Draufgänger, der sich etwa in der Mitte des 8. Jahrunderts Bischof Gregor von Utrecht angeschlossen hatte. Er wurde ins Grenzland zwischen Friesen und Sachsen geschickt – nach dem Martyrium des Bonifatius einem missionarischen Brennpunkt jener Zeit – und gründete dort eine Kirche in Deventer am Fluß Yssel. Nicht lange bevor Karl der Große die fränkischen Kriegshandlungen gegen die Sachsen wieder aufnahm, gelang es Lebuin, eines der jährlichen Treffen der Sachsen in Marklo zu sprengen, wo sie, nach dem Bericht seiner Vita, mit Abgesandten jeder Siedlung Gesetze beschlossen, Recht sprachen und über Krieg und Frieden entschieden. Der wahrscheinlich sächsische Autor, der die Vita zwischen 840 und 865 abfaßte, beschreibt die Szene folgendermaßen:

„Plötzlich stand der heilige Lebuin mitten unter ihnen, angetan mit dem Priesterkleid, das Kreuz – wie es heißt – und das Evangelium in den Händen, und rief mit erhobener Stimme: 'Hört, hört, ich bin der Bote des allmächtigen Gottes, sein Gebot überbringe ich euch Sachsen!' Alle verstummten überrascht von den Worten und dem ungewöhnlichen Äußeren des Mannes. Der Mann Gottes setzte seine Rede fort und sagte: 'Das ist die Botschaft Gottes, des Königs des Himmels und der Erde und seines Sohnes Jesus Christus an euch: Wenn ihr die Seinen sein und das tun wollt, was er euch durch seine Diener aufträgt, wird er euch soviel Gutes erweisen, wie ihr es nie zuvor gehört habt.' Er fügte dann noch hinzu: 'So wie ihr Sachsen bis jetzt keinen König über euch gehabt habt, wird es auch in Zukunft keinen König geben, der euch beherrschen und unterwerfen kann. Wenn ihr aber nicht die Seinen werden wollt, so hört seinen Spruch an euch: Im Nachbarland steht ein König bereit, in euer Land einzudringen, es zu plündern und zu verwüsten, in vielen Kriegen euch aufzureiben, in die Verbannung zu schleppen, zu enterben und zu töten und euer Erbteil zu geben, wem er will; ihm und seinen Nachkommen werdet ihr dann unterworfen sein'."

Hier zeigt sich das Problem ganz deutlich: Von dem benachbarten König, bei dem es sich natürlich um Karl den Großen handelt, drohten Raubzüge gegen die Sachsen, während diese sich weigerten, die göttlichen Gebote zu akzeptieren und heidnisch blieben. Aber niemals hätte er königliche Gewalt über sie ausüben können, ohne daß sie ihr Gesicht dabei verloren hätten. – So wird es kein König sein, der sich gegen euch durchsetzt und euch seiner Herrschaft unterwerfen wird, schreibt die Vita Lebuini. – Nein! aber es würde ein Kaiser sein. Der Autor aus der Mitte des 9. Jahrhunderts verstand die Bedenken seines eigenen Volkes im Jahrhundert davor. Als eine ethnisch selbstbewußte *gens* hätten sie nicht das unerhörte Joch königlicher Herrschaft ertragen, sondern sie konnten sich nur einem Kaiser unterwerfen, der über allem stand und sich – um Widukinds Phrase über Otto I. zu verwenden – die Furcht und die Gunst so vieler Völker verdient hatte. Dem entspricht es, daß auch Karl sein Gesicht verloren hätte, wenn er sich König eines Volkes genannt hätte, das hauptsächlich aus Heiden bestand, das niemals Könige gehabt hatte und das sich aus fränkischer Sicht bei allen Verhandlungen als nicht vertrauenswürdig erwiesen hatte.

Die Sachsen des 8. Jahrhunderts scheinen tatsächlich eher geneigt gewesen zu sein, ein Kaisertum anzuerkennen, als ein Königtum zu akzeptieren, was auch im Zusammenhang mit ihrer heidnischen Kultur gesehen werden muß. Karl Hauck hat auf eine Goldmünze aus der polytheistischen sächsischen Fundstätte von Gudme-Götterheim hingewiesen, die die Darstellung eines Götterfürsten mit den Insignien eines spätantiken Kaisers, darunter Speer, Diadem, kaiserlichen Umhang und Fibel zeigt. So wie man Bilder des *Christus Imperator* ohne die Vorstellung eines spätantiken Kaisers nicht verstehen kann, so kann man nach Hauck auch die Darstellung der goldenen sächsischen Götterbilder nicht erklären, ohne darauf hinzuweisen, daß ein unbesiegbarer kaiserlicher Gott bis weit in den Norden, bis an die Grenzen des römischen Imperiums bekannt war. Eine andere Münze aus Gudme zeigt einen weiteren Götterfürsten als Sieger über eine dämonische Kreatur, der, genau wie Christus, Ungeheuer zertritt.

Einer der wichtigsten Aspekte beim Versuch, ein für alle Seiten gangbares Modell der Herrschaft über die Sachsen nach ihren Niederlagen in den 790er Jahren zu finden, bei dem beide Seiten ihr Gesicht wahren konnten, war die Frage der Bekehrung. Diese mußte auf jeden Fall effektiver angegangen werden als im Jahr 785. Hier kommt nun Alkuin ins Spiel. Seine Rolle als Vorbereiter des ideologischen Unterbaus für die Kaiserkrönung mag übertrieben dargestellt worden sein, aber er stand unzweifelhaft in der vordersten Reihe, als es galt, das Christentum durch Überzeugungsarbeit und Predigt zu verbreiten und nicht durch Gewalt. In einem berühmten Brief an Karl den Großen aus dem Jahr 796, der sich mit der Frage beschäftigt, wie die besiegten Awaren behandelt werden sollten, schlägt er die Entsendung guter Prediger vor. Diese sollten den Neubekehrten den Glauben predigen und ihnen das Christentum vermitteln, so wie Neugeborenen die Muttermilch gegeben würde. Er kritisiert den gierigen Geist, den das Joch des Zehnten den Neubekehrten aufbürdet, und er vertritt die Art der Lehre, die in De Rudibus Catechizandis des Kirchenvaters Augustinus enthalten ist. Der Verweis auf die Sachsen am Beginn des Briefes und die Tatsache, daß die göttliche Vorsehung sie übersehen zu haben schien, legten nahe, daß Alkuin die Awaren zum Anlaß nahm, um auch verschlüsselte Aussagen über den Stand der Annäherung an die Sachsen zu machen, so wie er dies in einem anderen Brief aus demselben Jahr an Marganfred getan hat, in dem er die übermäßige Eintreibung des Zehnten gegenüber den Sachsen offen kritisierte. Was auch immer wirklich geschah, die Zahlung des Zehnten wird im sächsischen Kapitulare von 782–785 oft genannt, in jenem aus dem Jahr 797 herrscht Schweigen zu diesem Thema. Karl der Große hat offensichtlich sein Vorgehen in bezug auf die Bekehrung der Sachsen von 797 an geändert – er machte geradezu eine komplette Kehrtwendung. Mir scheint, daß Alkuins Brief und die Position, die er bei diesem Thema einnahm, genau das war, was Karl der Große benötigte, um sein Vorgehen bei der Sachsenbekehrung zu ändern, ohne sein Gesicht dabei zu verlieren. Der Brief hatte die eine Funktion, daß Karl der Große dabei als jemand angesehen werden konnte, der auf die Meinung des frommen und gelehrten Leiters seiner Hofschule reagierte.

Quellen und Literatur:

Annales regni Francorum inde ab a. 741 usque ad a. 829, qui dicuntur Annales Laurissenses maiores et Einhardi, hrsg. v. Friedrich KURZE (MGH SS rer. Germ. [6]), Hannover 1895. – Einhardi vita Karoli magni, hrsg. v. Georg Heinrich PERTZ (MGH SS rer. Germ. [25]), Hannover 1911, ND 1965. – Vita Lebuini Antiqua, hrsg. v. Adolf HOFMEISTER, in: MGH SS 30, 2, Leipzig 1934, 789–795. Arnold ANGENENDT, Kaiserherrschaft und Königstaufe. Kaiser, Könige und Päpste als geistliche Patrone in der abendländischen Missionsgeschichte (Arbeiten zur Frühmittelalterforschung 15), Berlin/New York 1984. – Matthias BECHER, Eid und Herrschaft: Untersuchungen zum Herrscherethos Karls des Großen (Vorträge und Forschungen, Sonderbd. 39), Sigmaringen 1993. – Helmut BEUMANN, Die Hagiographie „bewältigt“: Unterwerfung und Christianisierung der Sachsen durch Karl den Großen, in: Cristianizzazione ed Organizzazione ecclesiastica delle Campagne nell'alto medioevo: espansione e resistenze (Settimane di Studio del Centro italiano di studi sull'alto medioevo 28/1), Spoleto 1982, 129–163. – Donald A. BULLOUGH, Europae Pater, Charlemagne and his achievement in the Light of recent scholarship, in: The English Historical Review 85, 1970, 59–105. – Karl HAUCK, Karl als neuer Konstantin 777: Die archäologischen Entdeckungen in Paderborn in historischer Sicht, in: Frühmittelalterliche Studien 20, 1986, 513–540. – Henry MAYR-HARTING, Charlemagne, the Saxons, and the Imperial coronation of 800, in: The English Historical Review 111, 1996, 1113–1133.

Evangelos Chrysos

Das Ereignis von 799 aus byzantinischer Sicht

Die Begegnung des fränkischen Königs Karl mit Papst Leo III. in Paderborn, die, wie in der Forschung seit langem erkannt, direkt auf die Kaiserkrönung Karls hingeführt und daher die Entwicklungen im europäischen Mittelalter wesentlich mitgeprägt hat, ist auch im byzantinischen Reich vernommen und festgehalten worden. Die griechischen Quellen berichten über die Begegnung, wenn auch nur kurz und ohne den Ort des Geschehens zu erwähnen. Infolge dieser eingeschränkten Quellenlage kann in diesem Beitrag nur ein Kommentar zu den betreffenden Stellen angebracht werden. Was folgt, sind einige Vermutungen, die oft nicht zu belegen sind und daher für die wissenschaftliche Würdigung des Jahres 799 keinen Anspruch erheben können. Sie vermögen nicht den Glanz des Ereignisses vor Augen zu führen, können allerdings dazu beitragen, die mögliche Haltung des Ostens zu eruieren.

Anhand einer kurzen Notiz in der „Chronographie" des Theophanes aus dem frühen 9. Jahrhundert (Kat.Nr. II.11) wird die erste Überlegung sein, eine Antwort auf die Frage zu geben, wie die Byzantiner reagierten, nachdem sie von dem Treffen Kenntnis erhalten hatten, und zu welcher Bewertung der Situation sie anschließend kamen. Eine zweite Überlegung geht der Frage nach, wie sich Byzanz verhalten hätte, wäre der vor seinen Verfolgern geflohene Papst nicht nach Paderborn, sondern nach Konstantinopel gekommen, um dort Schutz und Unterstützung des dortigen Herrschers zu erbitten. Darüber hinaus soll hinterfragt werden, ob die epochemachenden Ereignisse, die ein Jahr später in Rom stattfanden – der Prozeß bzw. der Reinigungseid Leos III. und die Kaiserkrönung Karls des Großen – in formaler Hinsicht durch die für das römische Reich geltende Rechtsordnung beeinflußt wurden. Abschließend soll die Sicht der Byzantinisten auf das Ereignis von 799 präsentiert werden.

Das Treffen von Paderborn in der „Chronographie" des Theophanes

Theophanes Confessor, ein zeitgenössischer Chronist, der in Konstantinopel schrieb und der Kaiserin Eirene wegen ihrer bilderfreundlichen Politik sehr gewogen war, berichtet, daß „römische Verwandte(n) des verewigten Papstes Hadrian das Volk in Aufruhr setzten, sich gegen Papst Leo erhoben, ihn gefangennahmen und blendeten [Abb. 1]. Sie vermochten jedoch nicht, ihn gänzlich zu blenden, weil die Leute, welche die Blendung ausführten, menschlich waren und ihn schonten. Der Papst floh zum König der Franken, dieser befreite ihn in strengem Verfahren von seinen Feinden und setzte ihn wieder auf seinen Thron und seit der Zeit ist Rom unter der Gewalt der Franken. Der Papst aber vergalt Karl die Hilfe und krönte ihn zum Kaiser der Römer in der Kirche von Sankt Peter, salbte ihn mit Öl vom Kopf bis zu den Füßen, und legte ihm ein kaiserliches Gewand und eine Krone auf, am 25. Dezember in der 9. Indiktion." (Theophanis Chronographia, A.M. 6289: de Boor 1883, 472; Mango/Scott 1997, 649. – Dölger 1953, 296; Classen 1985, 83). Aus diesem Bericht verdienen vier Punkte hervorgehoben zu werden:

1. Die nur leichte Blendung des Papstes war von den Übeltätern aus Mitleid erzielt, d. h. sie sollte nicht etwa als Wunder dem göttlichen Zugriff zugeschrieben werden, wie von fränkischen Chronisten dargestellt worden war. Diese Leo gegenüber kritische Bemerkung war dem berühmten päpstlichen Sekretär und Bibliothekar Anastasius, der Jahrzehnte später die „Chronographie" des Theophanes ins Lateinische übersetzte, so zuwider, daß er sie einfach wegließ. Die späteren Chronisten Michael der Syrer (Chabot 1899, III 17) und Konstantinos Manassis (Vers 4514; Bekker 1937) aus dem 12. Jahrhundert, deren Texte von Theophanes' „Chronographie" abhängig sind, zitieren hier allerdings wieder den vollständigen Wortlaut.

2. Die Krönung Karls des Großen in Sankt Peter wird vom byzantinischen Chronisten eindeutig als der Beginn

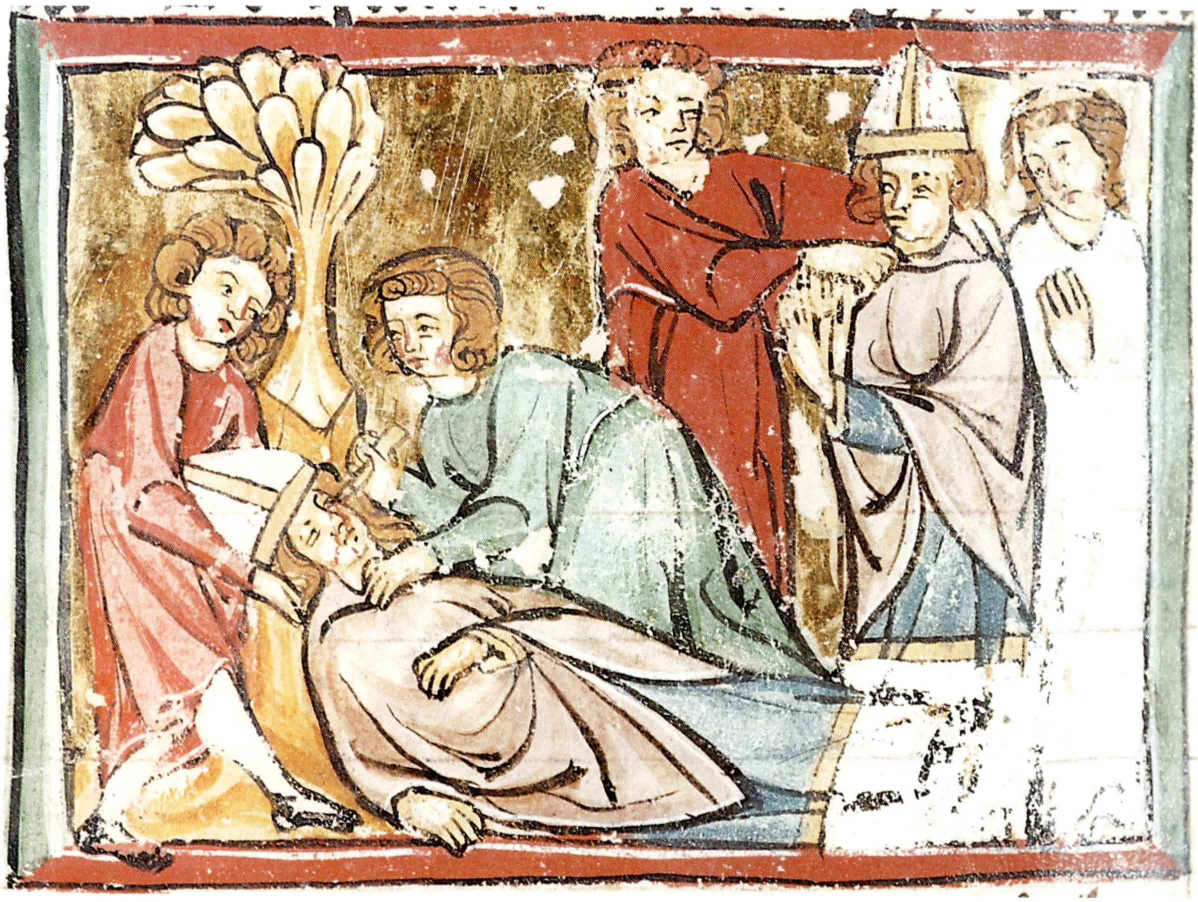

Abb. 1 Blendung Papst Leos III., Sächsische Weltchronik (vor 1290), Bremen, Staats- und Universitätsbibliothek, Ms. a. 33, fol. 57v

der fränkischen Herrschaft in Rom gedeutet. Alles, was die Franken bis dahin in Rom und Italien bewirkt hatten, ist in den Augen des Theophanes nur Vorbereitung auf die Ereignisse in Rom im Jahre 800. Theophanes betrachtete die Krönung Karls des Großen gleich als Auftakt für das Amt eines Imperator Romanorum, obwohl bekanntlich Karl selber diesen Titel bewußt vermied, was dem Chronisten offensichtlich entgangen ist.

3. Die Krönung Karls des Großen durch Papst Leo III. wird unmißverständlich als Gegenleistung für dessen Wiedereinsetzung auf den römischen Bischofsstuhl bezeichnet. Diese Tatsache, wohl die wichtigste im ganzen Bericht, wird meines Wissens in der unüberschaubaren Literatur, die sich um die historische Interpretation der Ereignisse bemüht, nicht herangezogen. Für Theophanes ist dagegen der Zusammenhang der Ereignisse von 799 und 800 so eng, daß er alles in demselben Satz und in kausaler Abhängigkeit zusammenfaßt, womit sich für ihn die Notwendigkeit ergibt, die Krönung noch einmal zum Weltschöpfungsjahr 6293 zu wiederholen: „In diesem Jahr, am 25. Dezember der 9. Indiktion ist Karl, der König der Franken, von Papst Leo gekrönt worden“ (Abb. 2).

4. Mit Öl soll nicht der Kopf allein, sondern der ganze Körper gesalbt worden sein. Wie von der byzantinistischen Forschung längst erkannt, ist diese Schilderung nicht bloß auf die Unkenntnis des Theophanes zurückzuführen – bis dahin war die Kaisersalbung im Osten nicht bekannt –, sondern ist als ironische Darstellung der Zeremonie, als „grimmiger Spott“ (Dölger 1964, 296; Speck 1978), zu verstehen. Theophanes betrachtet also die Ereignisse von 799 und 800 sehr kritisch. Mit einer gewissen Übertreibung faßt Dölger (1964, 297) seinen Kommentar zur Notiz des byzantinischen Chronisten über die Salbung folgendermaßen zusammen: „Die Nachricht will für den byzantinischen Leser nur die Lächerlichkeit einer solchen Zeremonie unterstreichen und zum

Abb. 2 Kaiserweihe Karls des Großen durch Papst Leo III., Sächsische Weltchronik (vor 1290), Bremen, Staats- und Universitätsbibliothek, Ms. a. 33, fol. 58v

Ausdruck bringen, daß der Papst mit seiner vermeintlichen Kaiserkürung den alten Mann mit der letzten Ölung versehen habe!"

Die Übernahme des langobardischen Reiches durch Karl den Großen im Jahre 774 und somit auch die fränkische Herrschaft über das ehemalige byzantinische Exarchat von Ravenna und über Rom hatte man im Osten sehr schmerzlich registriert, politisch mit Mühe verkraftet, aber es resolut abgelehnt, sie in irgendeiner Form rechtlich anzuerkennen. Die gesamte Regierungszeit des Vorgängers Papst Leos III., Papst Hadrians I., war von improvisierten Bestrebungen aller betroffenen Seiten – des Papstes, des Kaisers im Osten sowie des fränkischen Königs im Westen – gekennzeichnet. Sie demonstrierten die vorläufige und im Fluß befindliche Situation jener Zeit. Papst Hadrian I. war bestrebt, aus dieser Lage Nutzen zu ziehen, und visierte eine politische Unabhängigkeit des „Kirchenstaates" zwischen den Reichen im Westen und Osten an. Der König mit seinem Kreis von gelehrten Geistlichen war bestrebt, aus der politischen Kontrolle über Rom und Italien einen Vorteil für die qualitative Aufwertung seiner Macht in Hinblick auf ein Imperium Christianum zu gewinnen. Konstantinopel war außerstande, diese neue politische Situation in Italien zu steuern oder zu beeinflussen, schloß aber gleichzeitig sein staatsrechtliches Selbstverständnis aus, bei der Entwicklung der neuen Konstellation der Mächte konstruktiv mitzuwirken, da jeder mögliche Ausgleich eine Minderung seiner Souveränität in Italien bedeutet hätte. In diesem Rahmen war die Präsenz Karls in Italien in den Augen der Byzantiner nichts anderes als eine Betretung fremden, d. h. ihres eigenen Territoriums.

Aus diesem Grunde werden die Byzantiner mit Sicherheit auch alle diesbezüglichen Initiativen Papst Leos III. als unrechtmäßig angesehen haben. An Hochverrat grenzte bereits des Papstes Entscheidung, seine

Urkunden nicht nur nach seinen Pontifikatsjahren zu datieren, sondern sogar Karls Regierungsjahre *a quo coepit Italiam* (seit der Eroberung Italiens) mit hinzuzufügen (Fichtenau 1973). Als genauso unhaltbar wird also für die Byzantiner sein Gang nach Paderborn beurteilt worden sein. Denn für sie war es nicht Sache des fränkischen Königs, für die Wiederherstellung der Ordnung in der Stadt und in der Kirche von Rom Sorge zu tragen. Das war eine Aufgabe und ein Privileg des „Römischen Kaisers". Die politischen Ereignisse der letzten Jahre und die Beteuerungen der fränkischen Könige Pippin und insbesondere Karls, die *sedes Petri* zu schützen (Drabek 1976), meinten die Byzantiner nicht zur Kenntnis nehmen zu müssen. Insofern war es eine schwere Verletzung des weltlichen wie auch des kirchlichen Rechts, daß Papst Leo III. sich dem Schutz und somit auch der Herrschaft des Königs unterstellte. Daher wird man wohl die Vermutung anstellen dürfen, daß die Byzantiner das Ereignis von 799 mit dem Hauch eines gravierenden *crimen maiestatis* vernommen, zumindestens als eine Novität angesehen haben, die *per definitionem* eine ebenso schwere wie strafbare Rechtswidrigkeit darstellte. Noch gravierender war jedoch der Hochverrat, den Papst Leo III. dadurch beging, daß er sich die Rolle eines 'Kaisermachers' anmaßte (Classen 1965, 84).

In der Forschung wird immer wieder auf den Tatbestand hingewiesen, daß die Widersacher des Papstes des Hochverrats beschuldigt wurden und sich deswegen nach den Bestimmungen der geltenden byzantinischen Strafprozeßordnung vor einem kaiserlichen Gericht verantworten mußten und daß Papst Leo III. die Krönung Karls des Großen herbeigeführt oder beschleunigt habe, um dieser rechtlichen Notwendigkeit Rechnung zu tragen (Hageneder 1983). Den Byzantinisten überrascht diese an sich richtige Besinnung auf das geltende Reichsrecht, wenn es darum geht, den nebensächlichen Prozeß der römischen Frevler rechtshistorisch zu bewerten, und es überrascht um so mehr, daß man eben in diesem Zusammenhang von Hochverrat spricht, weil ja dabei die in der Tat hochverräterischen Schritte des Papstes nicht als solche erkannt werden.

Warum suchte Papst Leo III. keinen Schutz in Byzanz?

Von seinen römischen Widersachern bedroht, hätte Leo nach byzantinischem Empfinden nicht über Spoleto zu Karl nach Paderborn, sondern über Sizilien, wo der byzantinische Statthalter saß, nach Konstantinopel fliehen sollen, d. h. einen Weg nehmen sollen, der oft und auch in der unmittelbaren Vergangenheit beschritten worden war (vgl. Classen 1985, 15). Heute würden wir einen solchen Schritt für undenkbar erachten, eine mittelalterliche Quelle hielt ihn jedoch für plausibel, ja sogar für real (Konstantinos Manassis, Verse 4500–03). Nach dem damals immer noch geltenden justinianischen Recht und dem Muster mehrerer Präzedenzfälle wäre es die Aufgabe der zu der Zeit herrschenden Kaiserin Eirene gewesen (Abb. 3), die in der Hauptstadt weilenden Bischöfe zu einer Sitzung der sog. permanenten Synode (synodos endemousa) einzuberufen, die die Vorwürfe der Römer gegen ihren Bischof hätte überprüfen und ein Urteil über den „Patriarchen des Westens" hätte fällen müssen (Herman 1954, Girardet 1994). Wären nach einer möglichen Freisprechung Papst Leos III. dann auch noch die Römer vor Gericht gestellt worden, so wäre die weltliche Strafprozeßinstanz dafür allein zuständig gewesen.

Die Ereignisse von 799 und 800 und die römische Rechtsordnung

Eine weitere Frage ist es, ob die Entwicklung der Ereignisse, die von Paderborn nach Rom und zur Kaiserkrönung Karls führten, vom geltenden Recht des römischen Kaiserreiches beeinflußt worden ist bzw. ob die agierenden Personen bewußt dafür Sorge getragen haben, das Empfinden der Menschen in Rom und Italien für das, was reichsrechtlich korrekt war, nicht über die Maßen zu verletzen. Der Reinigungseid Papst Leos III. in Rom vom Dezember 800 ist natürlich nach dem einzig römischen Prinzip *prima sedes a nemine iudicatur* (der erste Stuhl wird von niemandem gerichtet) geleistet worden. Daß aber die Berufungsinstanz, vor der der Eid ausgesprochen wurde, nicht von einem *rex* berufen und präsidiert werden durfte, sondern ausschließlich vom Römischen Kaiser, war eine in Rom bereits seit langer Zeit geltende Rechtswirklichkeit, die ohne größere Schwierigkeiten nicht zu ignorieren war. Von dieser Seite her betrachtet, war die – den Quellen zufolge – vom Papst ausgegangene Initiative zur Kaiserkrönung wenige Tage später nicht nur ein Ausdruck des Dankes an den fränkischen König, wie man in Konstantinopel meinte, und der Anerkennung der „universalen Größenordnung, in die Karls Königtum hineinwuchs" (Schieffer, 1992, 100). Sie war gleichzeitig auch ein gewagter Vorstoß, um die eigene Reinsprechung fester zu untermauern und dadurch den eigenen Thron

Abb. 3 Sonnenfinsternis bei Blendung Kaiser Konstantins VI. durch seine Mutter Eirene im Jahre 797, Sächsische Weltchronik (vor 1290), Bremen, Staats- und Universitätsbibliothek, Ms. a. 33, fol. 57v

zu behaupten. Denn mit seiner Kaiserkrönung war Karl für die Menschen, die unter seiner Herrschaft lebten, zweifellos in die Position gerückt worden, das kaiserliche Privileg einer Berufungsinstanz für einen Patriarchen ausüben zu können.

Die Beurteilung der Ereignisse aus der Sicht der Byzantinisten

Die byzantinistische Forschung beurteilt die Kaiserkrönung fast einstimmig als eine Usurpation (Ostrogorsky 1963, 154; Vasiliev 1961, I 267; Schreiner 1986, 15). Die Mediävisten stehen viel deutlicher unter dem Druck der normativen Kraft des Faktischen (nämlich der Kaiserkrönung) und bemühen sich, die Errungenschaften des neuen Kaisertums zur Schaffung der neuen europäischen Welt zu bewerten und in den Vordergrund zu stellen. Dabei pflegt man den Titel eines Patricius Romanorum, den Karl der Große seit langem führte, als einen besonderen Legitimationsfaktor zu betrachten, obwohl dieser Titel honoris causa gleich mehreren hohen Würdenträgern traditionsgemäß verliehen wurde. Es ist damit deutlich, daß trotz langandauernder Diskussion und Kohabitation von Byzantinisten und Mediävisten immer noch ein Graben die Geschichtsbilder der zwei Disziplinen trennt, vor allem wenn es darum geht, etwa die epochalen Ereignisse um die Kaiserkrönung Karls des Großen oder – für die ottonische Zeit – die Wirkungsdynamik der byzantinischen Prinzessin Theophano als Kaiserin im westlichen Kaiserreich historisch greifbar werden zu lassen. Nach Ansicht mancher Byzantinisten pflegt die deutsche Mediävistik bezeichnenderweise geradezu eine Art Kult um die Personen, besonders um die Karls des Großen und der Ottonen, an welchem sie aus dem byzantinistischen Einfühlungsvermögen heraus im allgemeinen mitzuzelebrieren nicht geneigt sind. Dagegen vermögen die Mediävisten nicht, Byzanz und seiner Wirkung im Westen die Stellung zu gewähren, die ihm in den Augen der Byzantinisten gebührt. Ein Beispiel mag den Sachverhalt deutlich machen. Percy E. Schramm hat die Information über das Heiratsprojekt von König Karl mit Kaiserin Eirene, das kurz nach 800 zumindest als Klatsch herumgesprochen wurde, mit einem Vergleich abgewertet: „Wenn jemand ein Zeugnis entdeckte, man habe Maria Theresia mit dem Negus Negesti von Abessinien verheiraten wollen ... könnte unser Erstaunen nicht größer sein" (Schramm 1951, 503)!

Im heutigen Europa scheint es mir geradezu eine Provokation für Mediävisten und Byzantinisten zu sein, über die eigentliche Aussagekraft von rhetorischen und poetischen Formulierungen wie „pater Europae" für Karl den Großen hinaus für eine umfassende und historisch getreuere Synthese zu arbeiten, um ein solides „European awareness" für die Bürger Europas mitaufzubauen: eine große Aufgabe, zu der die Paderborner Ausstellung einen wichtigen Impuls liefern wird.

Quellen und Literatur:

Theophanis Chronographia, hrsg. v. Karl de BOOR, Leipzig 1883. – Chronique de Michel le Syrien. Patriarche d'Antioche (1166–1199), hrsg. v. Jean Baptiste CHABOT, Paris 1899. – Ioannis Zonarae epitomae historiarum, hrsg. v. Theodor BÜTTNER-WOBST, Bonn 1897. – Constantini Manassis breviarium historiae metricum, hrsg. v. Immanuel BEKKER (Corpus scriptorum historiae Byzantinae), Bonn 1837.

Bilderstreit und Arabersturm in Byzanz. Das 8. Jahrhundert (717–813) aus der Weltchronik des Theophanes, hrsg. v. Leopold BREYER, Graz/Wien/Köln [2]1964, 130–137. – The Chronicle of Theophanes Confessor. Byzantine and Near Eastern History AD 284–813, hrsg. v. Cyril MANGO u. Roger SCOTT, Oxford 1997. – Peter CLASSEN, Karl der Große, das Papsttum und Byzanz. Die Begründung des karolingischen Kaisertums, hrsg. v. Horst FUHRMANN u. Claudia MÄRTL (Beiträge zur Geschichte und Quellenkunde des Mittelalters 9), Sigmaringen 1985. – Franz DÖLGER, Byzanz und die europäische Staatenwelt. Ausgewählte Vorträge und Aufsätze, Ettal 1953 (ND Darmstadt 1964). – Anna Maria DRABEK, Die Verträge der fränkischen und deutschen Herrscher mit dem Papsttum von 754–1020 (Veröffentlichungen des Instituts für Österreichische Geschichtsforschung 22), Wien 1976. – Hermann FICHTENAU, „Politische" Datierungen des frühen Mittelalters, in: Lateinische Herrscher- und Fürstentitel im neunten und zehnten Jahrhundert, hrsg. v. Herwig WOLFRAM (Intitulatio 2) (Mitteilungen des Instituts für Österreichische Geschichtsforschung; Ergänzungsband 24), Wien 1973, 453–548. – Othmar HAGENEDER, Das crimen maiestatis, der Prozeß gegen die Attentäter Papst Leos III. und die Kaiserkrönung Karls des Großen, in: Aus Kirche und Reich. Studien zu Theologie, Politik und Recht im Mittelalter, Festschrift für Friedrich Kempf, hrsg. v. Hubert MORDEK, Sigmaringen 1983, 55–99. – Emil HERMAN, Absetzung und Abdankung der Patriarchen von Konstantinopel (381–1453), in: L'église et les églises 1054–1954. Siècles de douloureuse séparation entre l'Orient et l'Occident, hrsg. v. Dom Lambert BEAUDUIN, Chevetogne 1954. – Werner OHNSORGE, Abendland und Byzanz. Gesammelte Aufsätze zur Geschichte der byzantinisch-abendländischen Beziehungen und des Kaisertums (Byzantinisches Handbuch 1,2) (Handbuch der Altertumswissenschaft Abt. 12), Darmstadt 1963. – Georg OSTROGORSKY, Geschichte des byzantinischen Staates, München 1963. – Ilse ROCHOW, Byzanz im 8. Jahrhundert in der Sicht des Theophanes. Quellenkritisch-historischer Kommentar zu den Jahren 715–813 (Berliner byzantinische Arbeiten 57), Berlin 1991. – Rudolf SCHIEFFER, Die Karolinger, Stuttgart/Berlin/Köln 1992. – Percy Ernst SCHRAMM, Die Anerkennung Karls des Großen als Kaiser. Ein Kapitel aus der Geschichte der mittelalterlichen „Staatssymbolik", in: Historische Zeitschrift 172, 1951, 449–515. – Peter SCHREINER, Byzanz (Oldenbourg – Grundriß der Geschichte 22), München 1986. – Paul SPECK, Kaiser Konstantin VI. Die Legitimation einer fremden und der Versuch einer eigenen Herrschaft. Quellenkritische Darstellungen von 25 Jahren byzantinischer Geschichte nach dem ersten Ikonoklasmus, München 1978. – Alexander VASILIEV, History of the Byzantine Empire 324–1453, Madison [2]1958.

Klaus Herbers

Der Pontifikat Papst Leos III. (795–816)

I. Die Person

Sucht man in Rom in den Vatikanischen Museen nach Darstellungen Papst Leos III., so begegnet man ihm in den „stanze di Raffaelo". Papst Leo X. (1513–1521), der bedeutendste Gönner Raffaels und seiner Schule, hatte einen Raum mit Bildnissen seiner Namensvorgänger ausmalen lassen, von denen Leo III. und Leo IV. (847–855) berücksichtigt wurden. Leo IV. gebietet dort einer Feuersbrunst im Petersviertel Einhalt, außerdem unterstützt er den Kampf gegen die Sarazenen, die 848/49 Rom erneut bedrohten. Zu Leo III. thematisiert der Künstler die Ereignisse des Jahres 800, den Reinigungseid Leos III. und die Kaiserkrönung Karls des Großen. Die Bedeutung des Papstes scheint in den Bildern ganz auf diese Begebenheiten konzentriert: Mit einem Reinigungseid mußte er sich vor seinen Gegnern rechtfertigen, mit der Kaiserkrönung hatte er „Weltgeschichte" gemacht und das Verhältnis von Byzanz, Rom und dem Frankenreich neu bestimmt.

Das war sicher treffend gewählt, aber doch einseitig, denn Leo III. war nicht nur in den Jahren 799/800 Papst, sondern mit gut zwanzig Jahren hatte er länger als fast alle anderen Päpste die Kathedra Petri inne. Die Bildauswahl wird allerdings einsichtiger, wenn man dazu die Leovita vergleicht, die zu den ausführlichsten des gesamten älteren, bis in die zweite Hälfte des 9. Jahrhunderts weitgehend erhaltenen offiziösen Liber pontificalis gehört. Der Text berichtet hauptsächlich über Geschenke und Baumaßnahmen des Papstes und basiert in diesen Passagen vornehmlich auf Notizen der in Rom geführten Rechnungsbücher. Nur die Ereignisse der Jahre 799–800 unterbrechen die sonst durchgehenden Geschenklisten.

Aus römischer Perspektive standen somit – berücksichtigt man die gesamte Pontifikatszeit – die Fürsorge des Papstes um Ausstattung der römischen Kirchen und die Stadt Rom im Vordergrund. Allerdings greift auch diese Sicht zu kurz. Weitere Quellen erschließen zumindest Ereignisse wie die zweite päpstliche Reise ins Frankenreich 804/805, die theologische Debatte über das „filioque" (809) (Streit über die Frage, ob der Hl. Geist vom Vater und dem Sohn oder nur vom Vater hervorgeht) sowie den erneuten römischen Aufstand von 815. Leo als Bischof von Rom und Stadtherr, sein Verhältnis zu Byzanz und zu den Franken sind die wesentlichen Stichpunkte, um den Pontifikat Leos im Vergleich zu seinen Vorgängern und Nachfolgern zu würdigen.

II. Herkunft und Ausbildung

Über Herkunft und Ausbildung gewähren fast nur die einleitenden Notizen der Leovita Aufschluß. Leo war römischer Herkunft, sein Vater hieß Atzuppius. Dieser Vatername belegt jedoch keinesfalls zwingend die Herkunft der Familie aus einem süditalisch-griechischen Geschlecht, wie teilweise gefolgert worden ist. Ziemlich sicher gehörte die Familie allerdings nicht zum stadtrömischen Adel. Schon bald wurde Leo in der päpstlichen Umgebung erzogen, stach durch Intelligenz und soziales Engagement hervor, wurde schließlich Vestarar und Presbyter von Santa Susanna (vgl. Beitrag Herbers in Kat.Bd. II). Einen Tag nach dem Tod seines Vorgängers Papst Hadrian I. (772–795) soll er am Geburtstag des Märtyrers Stephan, also am 26. Dezember 795, von Klerus und Volk gewählt und schon am Fest des Evangelisten Johannes (27. Dezember) geweiht worden sein.

III. Der Pontifikat

Kurz nach der Wahl übermittelte er Karl dem Großen (768–814) die Schlüssel des Petersgrabes und das Banner der Stadt Rom. Damit schien er eine Art Oberherrschaft des Frankenherrschers anzuerkennen, denn gleichzeitig bat er auch (nach einer Notiz der Annales regni Francorum) um die Übersendung eines Boten, der den Treueid abnehmen solle. In diesem Zusammenhang fällt weiterhin auf, daß in päpstlichen Urkunden nun zunehmend nach den Herrscherjahren Karls datiert wurde.

Ist somit eine gewisse Hinwendung zu den Franken dokumentiert, so zeigen die verschiedenen Baumaßnahmen am Lateranpalast, die das *accubitum* und *solarium* betrafen, daß Leo III. in seiner Baupolitik kaiserlichen Traditionen Gewicht zumaß. Als programmatisch gelten ebenso die im Lateran, im *triclinium*, wohl um 799/800 angebrachten Mosaikbilder, die in barocker Umgestaltung sowie in Zeichnungen noch heute erhalten sind (vgl. Beiträge Luchterhandt) (Abb. 1). Die genannte Datierung liegt deshalb nahe, weil sich der Abschluß der Baumaßnahmen im Liber pontificalis zum Jahr 799 erschließen läßt. Während auf dieser Darstellung in der Apsis die Apostel zur Missionierung in die Welt entsandt werden, überreicht Christus links davon (vom Betrachter aus gesehen) Petrus die Schlüssel und Kaiser Konstantin die Fahne, jeweils Symbole für die geistliche und weltliche Gewalt. Rechts übergibt dann Petrus analog an Leo das Pallium, an Karl eine Fahne. Beide, Leo und Karl waren nach dieser Deutung somit von Petrus beauftragt worden. Das Nebeneinander geistlicher und weltlicher Gewalt hatte aus karolingischer Perspektive ein wohl von Alkuin verfaßter Brief Karls zum Ausdruck gebracht, den Abt Angilbert von St-Riquier als Königsbote übermittelte.

Zwar war Leo Römer, aber Römer sein hieß nicht, von allen Römern akzeptiert zu werden. Schon vor 799 deuten einige Quellen an, so etwa ein Brief Erzbischof Arns von Salzburg, daß Leo III. in Rom unter anderem Meineid und Unzucht vorgeworfen wurden. Unangefochten war er jedenfalls nicht. Als der Papst dann bei der Bittprozession am 25. April 799 von Gegnern überwältigt wurde, waren vor allem der *primicerius* Paschalis, ein Neffe des verstorbenen Papstes Hadrian I., und der *sacellarius* Campulus (der Vorsteher der päpstlichen Kanzlei) maßgeblich beteiligt (vgl. Beitrag Becher in Kat.Bd. I, Kap. II) (Abb. 2).Vielleicht waren ihnen unter dem neuen Papst alte Möglichkeiten zur persönlichen Entfaltung beschnitten worden.

Die Verschwörung scheiterte, Leo III. konnte in Sicherheit gebracht werden und gelangte über Spoleto ins Frankenreich, wo allerdings auch seine Gegner erschienen, die den Papst offensichtlich mit Hilfe des Frankenkönigs zur Selbstabsetzung (Autodeposition) bewegen wollten. Nach Leos Treffen mit Karl dem Großen in Paderborn wurden 799 die römischen Verhältnisse „geregelt". Es setzte sich der Grundsatz durch, daß niemand über den ersten Bischofssitz richten dürfe (*prima sedes a nemine iudicatur*). Nach einem römischen Verfahren 799 kam es dann 800 zu dem eingangs erwähnten Akt: Leo reinigte sich am 23. Dezember 800 durch einen Eid. Wie schwer rechtliche Immunität des Papstes und Anklagen in Einklang zu bringen waren, belegen die verschiedenen überlieferten Fassungen dieses Eides (Kerner 1977/78). Daß Leo kurz darauf, am Weihnachtstag, Karl zum Kaiser krönte, könnte man als „Dankeschön" für die karolingische Hilfe interpretieren. Dem widerspricht jedoch die Tatsache, daß auch in Karls Umgebung schon Vorstellungen über ein westliches Kaisertum existierten, die in der Forschung im Zusammenhang mit den Ereignissen von 799–800 kontrovers diskutiert werden (vgl. Beitrag Mordek). Die bekannte Bemerkung Einhards in seiner Vita Karls, der Herrscher hätte die Peterskirche an diesem Tag nicht betreten, wenn er von den päpstlichen Absichten gewußt hätte, könnte deshalb vielleicht andeuten, daß Form und Ausrichtung der Zeremonie eher der päpstlichen „Regie" und byzantinischen Traditionen verpflichtet waren. Die Vorstellungen Karls und seiner Umgebung von einem erneuerten Kaisertum dürften von denen des Papstes teilweise abgewichen sein. Somit war die Kaiserkrönung ein „Knoten aus bunten Fäden ..., die aus verschiedenen Richtungen zusammenlaufen, bald danach aber wieder auseinanderstreben ... In Formen, die Konstantinopel im einzelnen geprägt, aber Papst Leo in neuer Weise kombiniert hatte, wurde Karl durch päpstliche Krönung und Akklamation der Römer zum Kaiser erhoben, ... aber ohne daß die Franken zurücktreten durften" (Classen 1985, 79).

Um seine Widersacher wirkungsvoll bestrafen zu können, war für Leo die Hilfe eines Kaisers zwar nicht unabdingbar, aber vorteilhaft, denn die Aburteilung von Majestätsverbrechern war am besten in kaiserlichen Händen aufgehoben. Deshalb könnten vielleicht auch persönliche Gründe des Papstes bei der Entscheidung mitgespielt haben, seinen Patricius (Schutzherrn) mit der Kaiserwürde zu bekleiden. Die erste Amtshandlung des neuen Kaisers war dementsprechend der Prozeß gegen die Majestätsverbrecher, die zum Tode verurteilt, aber auf päpstliche Fürsprache begnadigt wurden.

Trotz der päpstlichen Initiative wurde mit der Kaiserkrönung Karls zugleich deutlich, daß Leo III. der neuen Schutzmacht der Franken besonders bedurfte. Auf jeden Fall bot aber die Kaiserkrönung – historisch gesehen – über aktuelle Zeitumstände hinaus Möglichkeiten, die Vorstellungen vom Kaisertum weiterzuentwickeln – sowohl auf päpstlicher wie auf kaiserlicher Seite (vgl. Beitrag Bullough).

Abb. 1 Rom, Trikliniumsmosaik, Detail mit Darstellung Papst Leos III.

Abb. 2
Rom, S. Silvestro in Capite: Platz des Attentats auf Papst Leo III.

IV. Die Stiftungen

Hauptsächlich war Leo III. aber Bischof von Rom und Herr des Patrimonium Petri. Wie allen anderen Päpsten dieser Zeit waren deshalb auch ihm römische Belange und Angelegenheiten besonders wichtig. Von der Sorge um die Kirchen Roms berichtet die Leovita im Liber pontificalis fast ausschließlich. Neuere Forschungen haben das System dieser Schenkungstätigkeit genauer erfaßt und sogar die beschriebenen Bildprogramme auf den nicht erhaltenen Textilien herausgearbeitet. Daß Leo III. großzügiger als andere Päpste schenken konnte, hing vielleicht auch mit Karls wertvollen Gaben anläßlich der Kaiserkrönung zusammen, die im Papstbuch aufgeführt werden und denen vielleicht auch Teile des von Karl erbeuteten Awarenschatzes zuzurechnen sind.

Innerhalb Roms dürfte sich die Orientierung auf den lateinischen Westen weiter verstärkt haben, jedoch gehört dies in den Zusammenhang eines größeren Prozesses, der schon im 8. Jahrhundert begann. Als Karl der Große 799 in Rom einzog, empfingen ihn unter anderem die *scholae peregrinorum*, die Scholen von Franken, Friesen, Sachsen und Langobarden. Unter Schola verstand man in Byzanz eher militärische Verbände, in Rom neben dem Ort des Unterrichtes auch Versammlungsorte und schließlich die zugehörigen Personengruppen. Sicher belegt sind diese Verbände, die zunächst vor allem zur Betreuung und Versorgung der eigenen Landsleute in Rom zuständig waren, erstmals zu Zeiten Leos III., 799.

Die Scholen hatten ihre Kirche und ihr Zentrum westlich des Tibers, in der Nähe von St. Peter. Diese Zone befestigte erstmals Leo III. mit Mauern. Jedoch blieben diese Versuche wohl in den Anfängen stecken; das Bauprogramm setzte dann vor allem Leo IV. (847–855) nach den

Verwüstungen der Sarazenen erfolgreich fort. Möglicherweise bezieht sich sogar der Name dieser dann 852 eingeweihten *civitas Leoniana* oder *Leonina* auf Leo III. und nicht auf Leo IV.; zumindest wird Leo III. auch in den Quellen aus der Mitte des 9. Jahrhunderts mehrfach als *conditor* der *civitas* (Gründes dieses Stadtteils) hervorgehoben. Auch einige Chronisten, die über den Sarazeneneinfall 846 berichten, setzen bereits vor dem Pontifikat Leos IV. die Existenz einer *civitas Leoniana* voraus.

Von den Scholen der Fremden verweist besonders die *schola Saxonum* auf Beziehungen zu den Britischen Inseln, deren Romorientierung auch der sog. Peterspfennig unterstreicht. 797 soll Papst Leo III. König Offa II. von Mercien als Stifter der Jahresabgabe von 365 Silbermünzen (Mankusen) an den Nachfolger Petri bezeichnet haben.

V. Der fränkische Einfluß

Leo III. unterlag nach 800 zweifellos einem verstärkten karolingischen Einfluß. Die Verhandlungen über das Kaisertum mit Byzanz wurden weitgehend von karolingischer Seite geführt; auch ließ Karl seinen Sohn Ludwig 813 ohne päpstliche Mitwirkung zum Mitkaiser erheben. Sogar in kirchlichen Fragen galt künftig eine gewisse Dominanz der Franken. 804 reiste Leo erneut ins Frankenreich, um kirchliche Probleme zu besprechen; er traf Karl aber nicht in Aachen, sondern in Quierzy.

Karl blieb auch in der Entscheidung um das sog. filioque bestimmend. Nach einem Streit zwischen fränkischen Mönchen des Ölbergklosters bei Jerusalem und griechischen Mönchen beim Sabakloster darüber, ob man das „filioque" im Glaubensbekenntnis singen müsse, wandten sich die fränkischen Mönche zur Belehrung an Leo III. Der Papst hielt an der traditionellen Form fest, das „filioque" im Glaubensbekenntnis wegzulassen. Für ihn war dies auch weniger wichtig, weil das Credo in Rom nur während der Taufliturgie gesungen wurde, während es im Frankenreich zur Liturgie einer jeden Sonntagsmesse gehörte. Karl der Große ließ jedoch von seinen Theologen auf einer Synode 809 die Verwendung des „filioque" als rechtmäßig bestätigen. Leo III. billigte zwar das dogmatische Ergebnis, sprach sich aber gegen eine Einfügung des Wortes in das Glaubensbekenntnis aus. Für die Praxis im Frankenreich konnte Leo III. sich nicht durchsetzen: Er leistete nur „stummen Protest", denn schon vorher (wohl 807) hatte er das althergebrachte nicaeno-konstantinopolitanische Symbolum (Glaubensbekenntnis) auf zwei Silbertafeln in Griechisch und Lateinisch in der Peterskirche anbringen lassen, wie die Leovita des Liber pontificalis zu berichten weiß. Als gegen Ende des 9. Jahrhunderts der gelehrte Patriarch Photios von Konstantinopel in seiner Schrift „Mystagogia" auf die Haltung der Päpste zum Symbolum und zum Problem des *filioque* zu sprechen kam, rühmte er dieses Verhalten Leos. Langfristig setzte sich jedoch die fränkische Entscheidung auch in Rom durch: Karolingische, nicht römische Festlegungen prägten somit die späteren Auseinandersetzungen zwischen Ost- und Westkirche.

Wie sehr der fränkische Einfluß in Rom von der Person Karls des Großen abhing, zeigen die Entwicklungen nach Karls Tod am 28. Januar 814. Leo III. gewann an Bewegungsfreiheit. Als sich neue Adelsverschwörer gegen ihn verbanden, wurden diese 815 als Majestätsverbrecher verurteilt. Kein Karolinger, sondern Leo III. fungierte nun als oberster Gerichtsherr, was er zu Lebzeiten Karls wohl kaum gewagt hätte. Zwar untersuchte Karls Enkel Bernhard († 818), dem 812 die Königsherrschaft über Italien übertragen worden war, die Angelegenheit, und der Papst schickte Erklärungen an Kaiser Ludwig den Frommen (814–840), aber dabei blieb es.

VI. Nachleben

Diese Episode zeigt allerdings auch, daß der am 12. Juni 816 gestorbene Leo am Ende seines Pontifikates immer noch nicht unangefochten in Rom regierte. Wie es heißt, soll sein Nachfolger Stephan IV. (816–817), der wie die späteren Päpste Sergius II. (844–847) und Hadrian II. (867–872) aus vornehmer römischer Familie stammte, die Gegner Leos III. begnadigt haben. Leos langer Pontifikat hat außer der Intensivierung der Beziehungen zum Frankenreich gerade auch in Rom eigene Akzente gesetzt, verwiesen sei auf die *scholae peregrinorum*, die vielleicht eine mangelnde Verwurzelung Leos in der römischen Aristokratie ausgleichen sollten. Freilich wird sein Vorgänger Hadrian I. meist positiver beurteilt, der für die bauliche Entwicklung Roms (z. B. Erneuerung der Aquädukte) nach der Langobardenbedrohung und die Neuorganisation des päpstlichen Landbesitzes im Patrimonium Petri (Einrichtung der sog. *domuscultae*) Wesentliches beitrug. Die Abhängigkeit von den Franken hatte Hadrian I. schon in ähnlicher Form wie Leo III. in kirchlichen Entscheidungen 792 und 794 zu spüren bekommen. Daß die Nachfolger Leos III., Stephan IV., Paschalis I. (817–24), Eugen II. (824–27), Valentinus (827) und Gregor IV. (827–844) die Rombeziehungen der Karolinger wieder stärker nach eigenen Vorstellungen gestalten konnten, lag auch daran, daß sie nicht mehr Karl den Großen, sondern Ludwig den Frommen oder Lothar I. zum Partner hatten. Vor dem Hintergrund all dieser Voraussetzungen sollte die Bilanz für den Pontifikat Leos III. – trotz verschiedener Rückschläge – nicht ganz negativ ausfallen. Prägend blieben aber im Nachleben die Ereignisse von 799–800, schon der Liber Pontificalis und andere Quellen hatten hier den Rahmen für die Rezeptionsgeschichte vorgegeben. Auch deshalb sehen wir noch heute den Reinigungseid und die Kaiserkrönung in den Stanzen des Raffael. Vor allem die Kaiserkrönung schließlich bewirkte wohl auch im 17. Jahrhundert, daß man Leo III. in den Katalog der Heiligen aufnahm.

Literatur:

Die Quellen werden eingehend in der Abhandlung von Classen 1985 aufgeführt und untersucht.

Arnold ANGENENDT, Das geistliche Bündnis der Päpste mit den Karolingern (754–796), in: Historisches Jahrbuch 100, 1980, 1–94. – Hans BELTING, Die beiden Palastaulen Leos III. im Lateran und die Entstehung einer päpstlichen Programmkunst, in: Frühmittelalterliche Studien 12, 1978, 55–83. – Luciana CASSANELLI, Gli Insediamenti Nordici in Borgo: Le „Scolae Peregrinorum" e la Presenza dei Carolingi a Roma, in: Roma e l'Età Carolingia. Atti delle Giornate di Studio 3–8 Maggio 1976, Rom 1976, 217–222. – Peter CLASSEN, Karl der Große, das Papsttum und Byzanz. Die Begründung des karolingischen Kaisertums, neu hrsg. v. Horst FUHRMANN u. Claudia MÄRTL (Beiträge zur Geschichte und Quellenkunde des Mitttelalters 9), Sigmaringen ³1985. – Die Einsiedler Inschriftensammlung und der Pilgerführer durch Rom (Codex Einsidlensis 326), hrsg. v. Gerold WALSER (Historia, Einzelschriften 53), Stuttgart 1987. – Horst FUHRMANN, Das Papsttum und das kirchliche Leben im Frankenreich, in: Nascita dell'Europa ed Europa carolingia: un Equazione da verificare (Settimane di studio del centro Italiano di studi sull'alto medioevo 27), Spoleto 1981, 419–456. – Achim HACK, Das Empfangszeremoniell bei mittelalterlichen Papst-Kaiser-Treffen (Forschungen zur Kaiser- und Papstgeschichte des Mittelalters 18. Beihefte zu J. F. Böhmer, Regesta Imperii), Köln/Weimar/Wien 1999. – Othmar HAGENEDER, Das crimen maiestatis, der Prozeß gegen die Attentäter Papst Leos III. und die Kaiserkrönung Karls des Großen, in: Aus Kirche und Reich. Studien zu Theologie, Politik und Recht im Mittelalter. Festschrift für Friedrich Kempf, hrsg. v. Hubert MORDEK, Sigmaringen 1983, 55–79. – Wilfried HARTMANN, Die Synoden der Karolingerzeit im Frankenreich und in Italien (Konziliengeschichte A: Darstellungen), Paderborn/München/Wien/Zürich 1989. – Ernst-Dieter HEHL, 798 – ein erstes Zitat aus der Konstantinischen Schenkung, in: Deutsches Archiv 47, 1991, 1–17. – Klaus HERBERS, Leo IV. und das Papsttum in der Mitte des 9. Jahrhunderts – Möglichkeiten und Grenzen päpstlicher Herrschaft in der späten Karolingerzeit (Päpste und Papsttum 27), Stuttgart 1996. – Ole JENSEN, Der englische Peterspfennig und die Lehenssteuer aus England und Irland an den Papststuhl im Mittelalter, Heidelberg 1903. – Max KERNER, Der Reinigungseid Leos III. vom Dezember 800. Die Frage seiner Echtheit und frühen kanonistischen Überlieferung. Eine Studie zum Problem der päpstlichen Immunität im frühen Mittelalter, in: Zeitschrift des Aachener Geschichtsvereins 84/85, 1977/78, 131–160. – Richard KRAUTHEIMER, Rom, Schicksal einer Stadt, 312–1308, München 1987. – Gerhart B. LADNER, Die Papstbildnisse des Altertums und des Mittelalters 1: Bis zum Ende des Investiturstreits (Monumenti di Antichità Cristiana 2,4) Vatikanstadt 1941. – Peter LLEWILLYN, Le contexte romain du couronnement de Charlemagne. Le temps de l'Avent de l'année 800, in: Le Moyen Age 96, 1990, 209–225. – Federico MARAZZI, Il Patrimonium Sancti Petri, dal IV al IX secolo, Rom 1994. – Thomas F. X. NOBLE, The Republic of St. Peter. The Birth of the Papal State, 680–825, Philadelphia 1984. – DERS., A New Look at the Liber Pontificalis, in: Archivum Historiae Pontificiae 23, 1985, 347–358. – Letizia PANI ERMINI, Renovatio Murorum. Tra programma urbanistico e restauro conservativo: Roma e il ducato romano, in: Committenti e produzione artistico-letteraria nell'alto medioevo occidentale (Settimane di studio del centro Italiano di studi sull'alto medioevo 39), Spoleto 1992, 485–529. – Evelyne PATLAGEAN, Les armes et la cité à Rome du VIIe au IXe siècle, et le modèle européen des trois fonctions sociales, in: Mélanges de l'Ecole Française de Rome, Moyen Age 86, 1974, 25–62. – DIES., Structure sociale, famille, chrétienté à Byzance IVe – XIe siècles (Variorum Reprints) (Collected studies series 134), London 1981. – Vittorio PERI, Leo III e il „Filioque". Ancora un falso e l'autentico simbolo romano, in: Rivista di storia e letteratura religiosa 6, 1970, 268–297. – L. Edward PHILLIPS, A Note on the Gifts of Leo III to the Churches of Rome: „Vestes cum storiis", in: Ephemerides Liturgicae 102, 1988, 72–78. – Louis REEKMANS, L'implantation monumentale chrétienne dans la zone suburbaine de Rome du IVe au IXe siècle, in: Rivista di archeologia cristiana 44, 1968, 173–207. – Jean-Marie SANSTERRE, Les moines grecs et orientaux à Rome aux époques byzantine et carolingienne (milieu du VIe s. – fin du IXe s.) (Académie royale de Belgique – Mémoires de la Classe des lettres, 2e sér. 66), Brüssel 1983. – Rudolf SCHIEFFER, Der Papst als Patriarch von Rom, in: Il Primato del vescovo di Roma nel primo Millennio. Ricerche e testimonianze. Atti de Symposium Storico-Teologico, Roma 9–13 ottobre 1989, hrsg. v. Michele MACCARRONE (Ecclesia Catholica/Consilium de Scientiis Historicis: Atti e Documenti), Vatikanstadt 1991, 433–451. – DERS., Karl der Große, die *schola Francorum* und die Kirchen der Fremden in Rom, in: Römische Quartalschrift 93, 1998, 20–37. – Bernhard SCHIMMELPFENNIG, Die Bedeutung Roms im päpstlichen Zeremoniell, in: Rom im hohen Mittelalter. Studien zur Romvorstellung und zur Rompolitik vom 10. bis zum 12. Jahrhundert. Reinhard Elze zur Vollendung seines siebzigsten Lebensjahres gewidmet, hrsg. v. Bernhard SCHIMMELPFENNIG u. Ludwig SCHMUGGE, Sigmaringen 1992, 47–64. – Alain STOCLET, Les établissements francs à Rome au VIIIe siècle: „Hospitale intus basilicam beati Petri, Domus Nazarii, Schola Francorum" et palais de Charlemagne, in: Haut Moyen Age. Culture, éducation et société. Etudes offertes à Pierre Riché, hrsg. v. Michel SOT, La Garenne-Colombes 1990, 231–247. – Bryan WARD PERKINS, From Classical Antiquity to the Middle Ages. Urban Public Building in Northern and central Italy (AD 300–850), Oxford 1984.

Achim Thomas Hack

Das Zeremoniell des Papstempfangs 799 in Paderborn

Verglichen mit den spärlichen Nachrichten über die Paderborner Verhandlungen zwischen Leo III. und Karl dem Großen sind jene Zeugnisse, die das Empfangsritual bei ihrem ersten Zusammentreffen schildern, erstaunlich ausführlich und zahlreich. Blickt man hingegen auf die wissenschaftliche Literatur, so könnte der Kontrast kaum größer sein: Während die keineswegs üppigen Indizien für Romzugsplan und Kaiseridee immer wieder von neuem diskutiert werden, hat die Frage des Zeremoniells allenfalls am Rande Interesse gefunden.

I. Das Empfangszeremoniell nach den historiographischen Quellen

Dabei hätte schon die Lektüre der renommiertesten Quellen neugierig machen müssen. So liest man in den sog. Reichsannalen, die im fraglichen Abschnitt wohl nahezu zeitgleich in der königlichen Hofkapelle von einem namentlich unbekannten Autor verfaßt wurden, nach einem knappen Bericht über das römische Attentat auf Leo III. und einer kurzen Notiz über den Sachsenzug Karls des Großen – dieser war von Aachen aus aufgebrochen, hatte bei der Lippemündung den Rhein überquert, war sodann nach Paderborn gelangt und hatte dort sein Lager aufgeschlagen, um aber den eigentlichen Feldzug seinem gleichnamigen Sohn, Karl dem Jüngeren, anzuvertrauen – ohne weitere Umschweife, daß Karl mit der ihm verbleibenden Hälfte seines Gefolges den Papst mit höchsten Ehren empfangen (*summo cum honore suscepit*) und einige Zeit später wieder mit denselben Ehren entlassen habe, die er ihm zuvor bei seinem Empfang erwiesen hatte (*simili, quo susceptus est, honore dimisit*). Höchst ehrenvoller Empfang und ein ebenso ehrenvoller Abschied – das ist also alles, was „die wichtigste erzählende Quelle vom Tod Karl Martells (741) bis 829" (Nonn 1995) über die Paderborner Zusammenkunft von König und Papst zu berichten weiß. Was verbirgt sich aber hinter dieser Aussage? Wie mag der Empfang, wie der Abschied vor sich gegangen sein? Was konnte ein Zeitgenosse mit diesen kurzen, aber auffälligerweise im Superlativ formulierten Wendungen überhaupt anfangen?

Immerhin einer der Leser ist in jenem Autor zu fassen, der nicht lange nach Karls Tod die bis dahin fertiggestellten Abschnitte der Reichsannalen stilistisch bearbeitet und dabei auch inhaltlich verändert hat; daß es sich bei ihm um den berühmten Kaiserbiographen Einhard handelte, ist ein schon lange widerlegter Irrtum. In der neuen Textfassung werden nicht nur Attentat, Verstümmelung und Flucht des Papstes wesentlich ausführlicher geschildert, auch das Empfangszeremoniell erhält ein stärkeres Gewicht. Sobald Karl von den Vorgängen in Rom erfahren hatte, so heißt es dort, habe er befohlen, Papst Leo III. mit höchsten Ehren zu sich zu geleiten, wie es dem Stellvertreter Petri und Bischof von Rom gebührte (*ipsum quidem ut vicarium sancti Petri et Romanum pontificem cum summo honore ad se praecepit adduci*); er selbst aber habe den einmal beschlossenen Zug nach Sachsen nicht aufgeschoben, sondern nach einem Hoftag bei Lippeham den Rhein überquert, Paderborn erreicht und dort die Ankunft des heraneilenden Papstes erwartet (*pontificis ad se properantis praestolatur adventum*), während sein Sohn Karl weiter nach Osten zog. Als der Papst schließlich eintraf, sei er von Karl überaus ehrenvoll empfangen worden (*venit pontifex et valde honorifice ab illo susceptus est*). Nachdem ihm Leo alles anvertraut hatte, weswegen er zu ihm gekommen war, habe ihn Karl mit großen Ehren durch seine königlichen Gesandten nach Rom geleiten und dort als Bischof wiedereinsetzen lassen (*Romam cum magno honore per legatos regis, qui cum eo missi sunt, reductus atque in locum suum restitutus est*).

Der Unterschied zwischen Vorlage und Bearbeitung ist durchaus beachtlich. Zwar beschreibt auch der jüngere Verfasser den Empfang wieder nur als „sehr feierlich", darüber hinaus schildert er jedoch auch das feierliche Geleit, mit dem Papst Leo III. durch fränkische Gesandte und auf ausdrücklichen Befehl des Königs *ut sancti Petri vicarium et Romanorum pontificem* zunächst nach Paderborn und später zurück nach Rom geführt wird. Die Ergänzungen des Bearbeiters sind aber nicht nur von inhaltlichem Interesse: Die in der Vorlage beinahe ohne Zusammenhang berichteten Ereignisse erscheinen nun wesentlich enger miteinander verknüpft und zu einer durchgängigen Erzählung verarbeitet, in der auch die Kausalitäten der Handlung transparent werden. Daß dabei der komplementäre Geleitsritus als Verbindung der Schauplätze Rom und Paderborn wie gelegen kam, ist leicht nachzuvollziehen.

Von dieser überarbeiteten Fassung der Reichsannalen hängt wiederum ein Geschichtswerk ab, das nach dem Fundort der ersten Handschrift als Chronicon Moissiacense bezeichnet worden ist, urspünglich aber wohl aus dem Südwesten des fränkischen Reiches stammt. Hinsichtlich der Vorgänge von 799 weicht die jüngere Kompilation von den sog. Einhardsannalen nur in einigen unwesentlichen Punkten ab, die Sprache hingegen erinnert mit ihrer schlichten Syntax an die frühesten Annalen des vorausgehenden Jahrhunderts.

Während also die fränkischen Historiographen immerhin ihr grundsätzliches Interesse am Paderborner Papstempfang klar zu erkennen geben, findet sich eine etwas ausführlichere Beschreibung erst in der Leo-Vita des römischen Liber Pontificalis, die vermutlich noch zu Lebzeiten des Papstes entstanden sein dürfte. Der anonyme Verfasser beschreibt die Papstreise von Spoleto aus, wohin sich Leo aus römischer Klosterhaft geflüchtet hatte, erwähnt zwei fränkische Empfangsgesandtschaften – zunächst Graf Ascherius und Erzbischof Hildebald von Köln, später König Pippin mit zahlreichen Grafen – und kommt dann auf die eigentliche Begegnung mit Karl zu sprechen. Dieser sei dem römischen Pontifex von Paderborn aus ein Stück weit entgegengezogen und habe ihn mit Hymnen und geistlichen Gesängen empfangen, *venerabiliter et honorifice,* wie es sich für den Stellvertreter des Apostels Petrus gezieme; beide hätten sich umarmt und unter Tränen geküßt, woraufhin der Papst das Gloria in excelsis angestimmt und schließlich ein Gebet für das anwesende Volk gesprochen habe.

Es ist keine Frage, selbst mit Hilfe dieser römischen Schilderung läßt sich kein vollständiges Bild von den Zeremonien des Paderborner Papstempfanges gewinnen. Gleichwohl ist die Überlieferung der Begegnung von 799 geradezu typisch für die Berichterstattung über die Papst-Kaiser-Begegnungen vor der Mitte des 15. Jahrhunderts: auf der einen Seite bloße Erwähnung, wie im Falle der fränkischen Annalen, auf der anderen Seite eingehendere Beschreibungen, die jedoch lediglich einzelne Elemente des Zeremoniells herausgreifen, ohne daß zugrundeliegende Auswahlkriterien irgendwie erkennbar wären. Die Rekonstruktion komplexer Rituale des Mittelalters wird somit zu einem Problem, dem nur hypothetisch und annäherungsweise beizukommen ist.

Als geeignete Methode erscheint dabei vor allem der Vergleich mit verwandten Ereignissen, und dabei kommen besonders die zeitlich naheliegenden Treffen zwischen fränkischen Königen und römischen Bischöfen – 754 in Ponthion, 804 in Reims und 816 abermals in Reims – in Frage. Stellt man nun die Empfangsschilderungen nebeneinander, so fällt zunächst die Übereinstimmung in der rituellen Grundstruktur ins Auge, die durch drei Elemente gekennzeichnet ist: die Ankunft des Papstes (lat. *adventus*), das Entgegeneilen des Königs zur Begrüßung seines Gastes (lat. *occursio, occursus*) und dessen Geleit in die Pfalz oder Stadt (lat. *deductio, introductio*). Der Begrüßung durch den König gehen in der Regel zwei Empfangsgesandtschaften voraus, wobei die erste von je einem hohen geistlichen (Bischof oder Abt) und einem weltlichen Würdenträger (Herzog oder Graf) als *missi dominici*, die zweite aber von einem Sohn oder Neffen des Königs angeführt wird; ihnen kommt die Aufgabe zu, den Gast – räumlich gestaffelt – im Namen des fränkischen Herrschers zu begrüßen und bis zum Ort der persönlichen Begegnung mit dem König zu geleiten. Multiplikation des rituellen Grundschemas (*adventus – occursio – deductio*) und zugleich stufenweise Steigerung hinsichtlich des Ranges der Begrüßenden (Missi dominici – Königssohn – König) strukturieren somit den Gesamtverlauf des Rituals. Die erste Begegnung mit dem König und dessen Gefolge erfolgte mindestens eine Meile vor der Pfalz oder Stadt, die das Ziel des päpstlichen Besuchers war. Der fränkische Herrscher warf sich dabei vor dem Papst, nachdem dieser vom Pferde gestiegen war, (gegebenenfalls mehrfach) auf den Boden und küßte seine Füße (*adoratio*); danach erhob er sich, umarmte den Papst und tauschte mit ihm den Friedenskuß. Der Papst stimmte sodann das Gloria an, an das sich möglicherweise Laudes anschlossen, gefolgt von einem päpstlichen Gebet *super cuncto populo:* für das ganze Volk. Nach dieser Begrüßung geleiteten der König und sein zahlreiches Gefolge den päpstlichen Gast bis in die nächste Stadt oder Pfalz, wobei vermutlich ein Festzug gebildet und Prozessionshymnen gesungen wurden; daß der fränkische Herrscher dabei den Stratordienst leistete, indem er das päpstliche Pferd ein Stück weit am Zügel führte, wird nur einmal (zu 754) berichtet, und zwar in einer Art und Weise, die starke Zweifel an der Echtheit der fraglichen Passage aufkommen läßt. Am Ziel angekommen, half der König

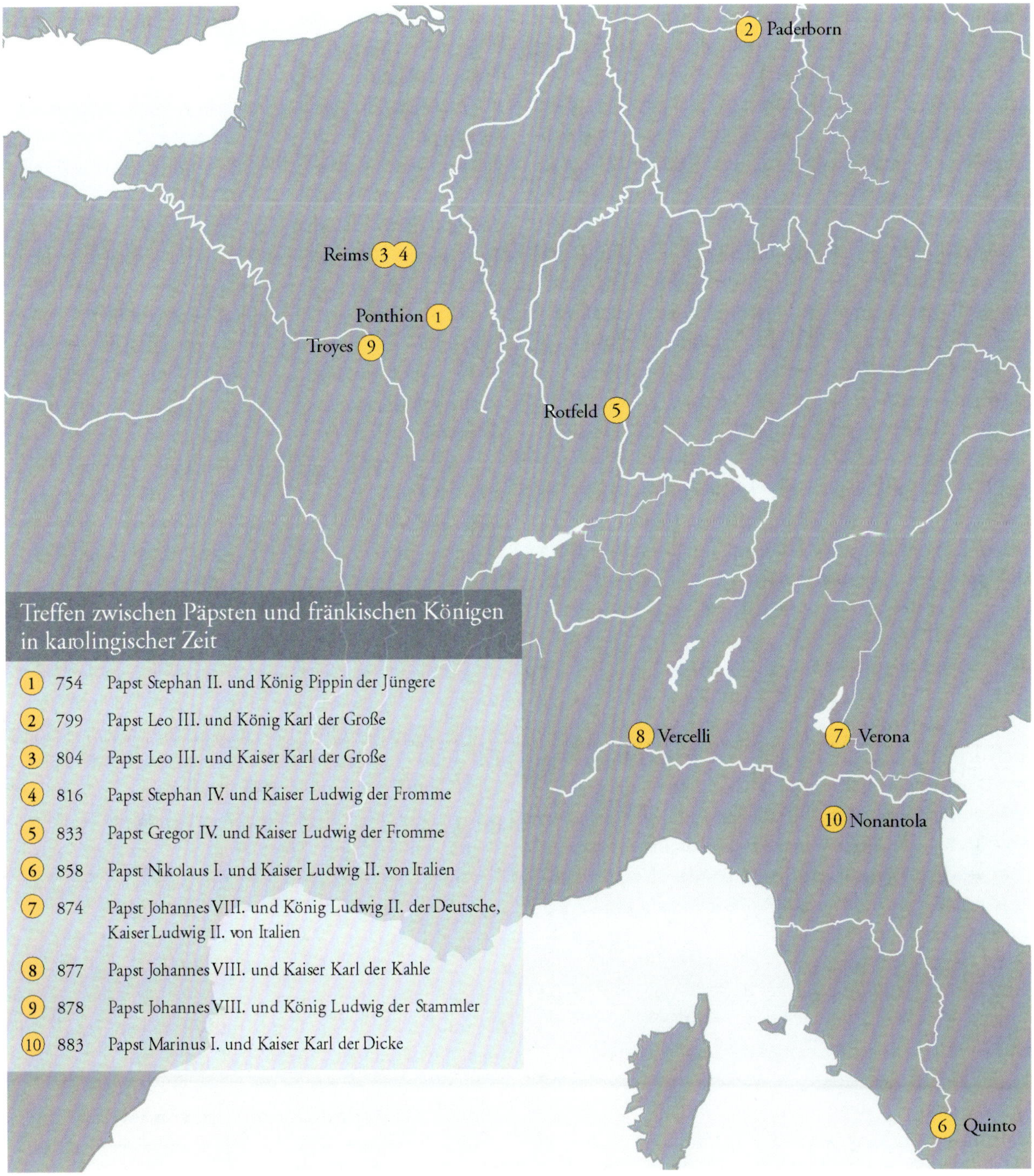

Abb. 1 Insgesamt zehnmal sind fränkische Könige und Päpste außerhalb Roms zusammengetroffen, zunächst nur nördlich der Alpen (754–833), später bevorzugt in Norditalien (874, 877, 883); nur ein Treffen fand südlich des Apennins, in der unmittelbaren Nähe Roms statt (858). Ziel der Reise Johannes' VIII. 878 war in erster Linie das Konzil von Troyes, auf dem sich auch der ostfränkische König Ludwig der Stammler einfand. Eine weitere päpstliche Reise über die Alpen 885 wurde nur durch den Tod Hadrians III. bei Nonantola vereitelt. – Das Itinerar der Könige und Päpste läßt sich in den meisten Fällen nur sehr lückenhaft rekonstruieren. Außer dem Ort der ersten Begegnung sind nur in einigen Fällen weitere gemeinsame Aufenthaltsorte bekannt: 754 Quierzy, Saint-Denis, Lyon, Vienne, St-Jean-de-Maurienne und Pavia, 804/805 Quierzy, Soissons (?) und Aachen sowie 877 Robbio, Pavia und Tortona. – Im selben Zeitraum haben sechs karolingische Herrscher insgesamt siebzehnmal Rom besucht: Karl der Große 774, 781, zweimal 787 und 800; Lothar I. 823 und 824; Ludwig II. von Italien 844, 850, 855, zweimal 858, 864 und 872; Karl der Kahle 875; Karl der Dicke 881; Arnulf von Kärnten 896

seinem Gast vom Pferd, stützte ihm die Arme und geleitete ihn so in die Kirche, wo nach Tedeum und Laudes regiae abermals ein Gebet gesprochen wurde. Den Abschluß bildete wahrscheinlich ein feierliches Festmahl, in dessen Verlauf es auch schon zum Austausch von Geschenken gekommen sein könnte. Mit dem Rückzug in die jeweiligen Gemächer fand der Papstempfang sein Ende.

Die Rekonstruktion des Empfangsrituals beruht, wie gesagt, auf der Synopse verschiedener Papst-Kaiser-Treffen, deren Zeremoniell wiederum jeweils aus einer Mehrzahl von historiographischen Berichten bekannt ist (Abb. 1). Das dadurch gewonnene Verlaufsschema ermöglicht eine sinnvolle Einordnung der für das Jahr 799 überlieferten Riten (erste und zweite Empfangsgesandtschaft, Occursio des Königs, Begrüßung mit Umarmung und Kuß, päpstliches Gloria und Gebet für das Volk). Ob jedoch alle Positionen dieser maximalen Variante damals tatsächlich besetzt waren, läßt sich nicht mehr mit Sicherheit sagen. Und selbst was die Einzelheiten betrifft, bleibt ein ungelöster Rest: So liest man in der Vita Leos III. vor dem persönlichen Zusammentreffen von König und Papst von einem Empfang *cum hymnis et canticis spiritualibus*, ein Ausdruck, der im Liber Pontificalis gewöhnlich für Prozessionshymnen gebraucht wird, die aber nach dem oben skizzierten Schema allenfalls beim Geleit in die Stadt zu erwarten wären. Es ist daher nicht zu entscheiden, ob der Verfasser in diesem Falle vom üblichen Sprachgebrauch abweicht und sonst nicht überlieferte Gesänge des fränkischen Klerus erwähnt oder ob er den Hinweis auf das prozessionsweise Voranschreiten nur an der falschen Stelle innerhalb seines Berichtes plaziert hat.

II. Das Paderborner Empfangszeremoniell nach dem Karlsepos

Neben den bereits genannten Berichten liegt noch eine weitere Schilderung des Paderborner Treffens vor, die zwar wesentlich ausführlicher, jedoch, da dem Bereich der panegyrischen Dichtung zugeordnet, in ihrem historischen Wert stark umstritten ist. Vor allzu einfachen Gegenüberstellungen muß jedoch nachdrücklich gewarnt werden; auch die behandelten historiographischen Texte sind keineswegs nüchtern-distanziert, sondern stammen von Autoren, die entweder dem fränkischen König (Reichsannalen und deren Überarbeitungen) oder dem römischen Bischof (Liber Pontificalis) in besonderer Weise nahestehen und daher als Produkte offiziöser Geschichtsschreibung gelten müssen.

Der anonyme Text von 536 Versen im Hexameter ist nur in einem einzigen Züricher, früher St. Gallener Mischcodex vom ausgehenden 9. Jahrhundert überliefert. Nach einem ersten Abschnitt, in dem der fränkische König Karl in überschwenglichen Worten gepriesen wird (Verse 1–94), folgt eine Beschreibung der Bauarbeiten in der Aachener Pfalz (Verse 94–136), an die sich die Darstellung eines königlichen Jagdtages anschließt (Verse 137–325). Erst dann, in den letzten beiden Fünfteln des Gedichtes (Verse 326–536), wird das Paderborner Treffen von König und Papst geschildert, wobei sich dessen Vorgeschichte an die vorausgegangenen Ereignisse nahtlos anfügt: Als sich nämlich Karl nach einer Jagd im königlichen Forst bei Aachen zur Ruhe gelegt hatte, träumte er von dem Attentat auf Leo und sandte daraufhin drei Eilboten nach Rom, um sich über das im Traum Gesehene Gewißheit zu verschaffen; er selbst aber zog mit einem großen Heeresaufgebot nach Sachsen. Die Abgesandten des Königs erfuhren in Rom alle Einzelheiten über die grausame Verstümmelung und die wunderbare Heilung des Papstes, trafen den Geflüchteten am Hofe des Herzogs von Spoleto und übernahmen auf Leos Bitte hin sein Geleit ins Frankenreich. Als Karl, der inzwischen mit seinem Gefolge nach Paderborn gelangt war, vom Herannahen des Papstes erfuhr, sandte er ihm seinen Sohn Pippin mit vielen Begleitern entgegen, um ihn in seinem Namen zu begrüßen. Damit war das Einholungszeremoniell eröffnet, das in den folgenden Versen eingehend beschrieben wird und erst mit den beiden Schlußversen ausklingt:

Cum tali a Karolo Leo fit susceptus honore,
Romanos fugiens propriisque repulsus ab oris.

„Mit solchen Ehren wurde Leo von Karl empfangen, er, der vor den Römern geflohen und aus seinem Lande vertrieben worden war." (Vers 535 f.; Abb. 2).

Die Frage nach der Einordnung dieses Textes hat in den letzten Jahrzehnten eine stark kontrovers geführte Debatte hervorgebracht. Sie wurde ausgelöst durch eine Reihe ideengeschichtlich orientierter Historiker, die in der Schrift eine Quelle entdeckt zu haben glaubten, die sich für die unmittelbare Vorgeschichte der Kaiserkrö-

Abb. 2 Karlsepos. Zürich, Zentralbibliothek, Ms. C. 78, fol. 114v

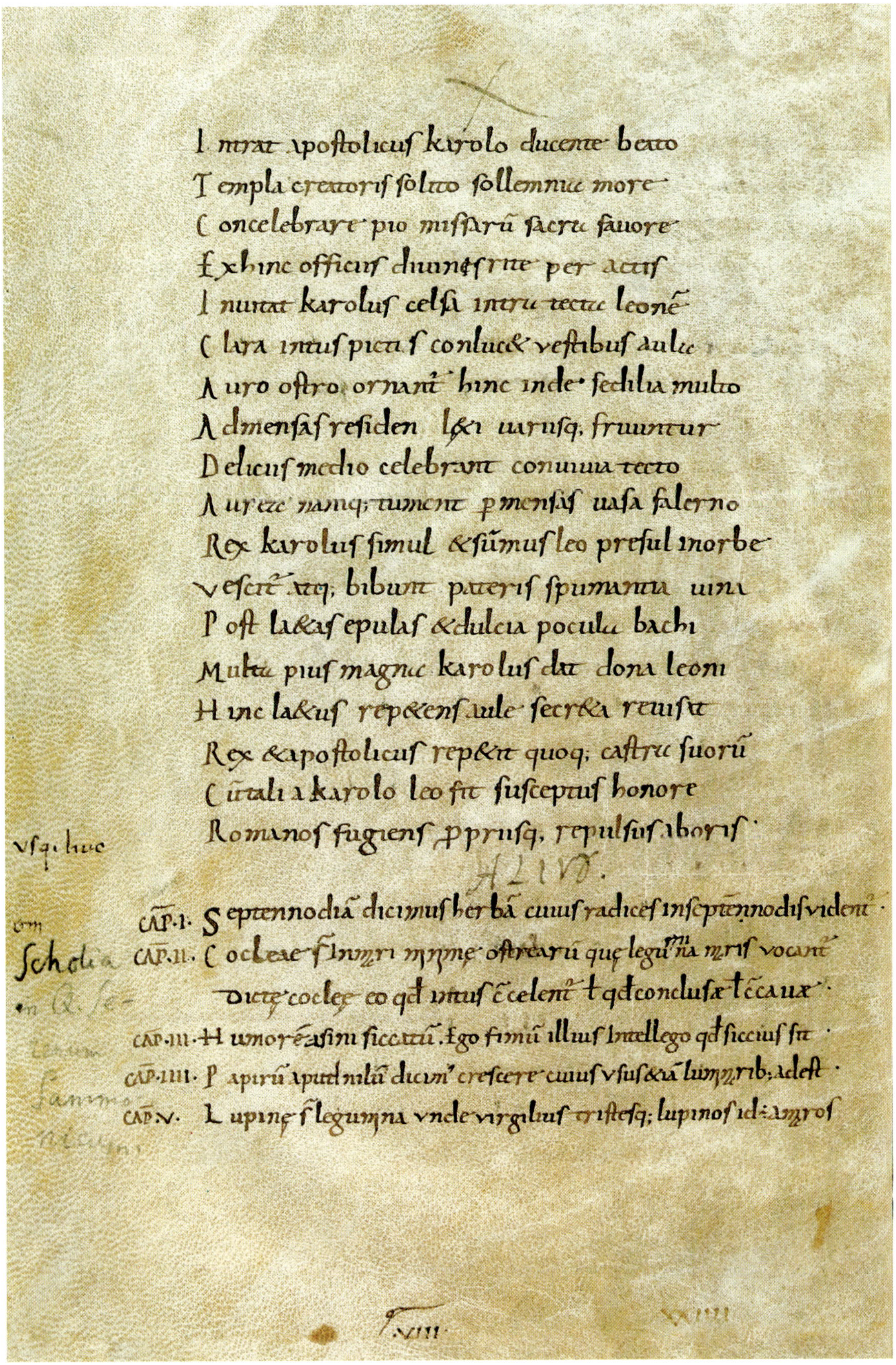
Intrat apostolicus karolo ducente beato
Templa creatoris solito sollemnia more
Concelebrare pio missarum sacra fauore
Exhinc officiis diuinis rite peractis
Inuitat karolus celsa intra tecta leonem
Clara intus picta s conlucet uestibus aula
Auro ostro ornant hinc inde sedilia multo
Ad mensas resident laeti uariisque fruuntur
Deliciis medio celebrant conuiuia tecto
Aurea namque tument per mensas uasa falerno
Rex karolus simul et summus leo presul in orbe
Vescuntur atque bibunt pateris spumantia uini
Post laetas epulas et dulcia pocula bachi
Multa pius magnus karolus dat dona leoni
Hinc laetus repetens aule secreta reuisit
Rex et apostolicus repetit quoque castra suorum
Cum tali a karolo leo sit susceptus honore
Romanos fugiens propriisque repulsus ab oris·

usque huc

ALIUS.

CAP. I. Septennodiam dicimus herbam cuius radices in septennodis uidentur·
CAP. II. Cocleae s. limaci marinae ostrearum que legumina maris uocant
Dicte coclee eo quod intus celent uel quod conclusae teccaux
CAP. III. Humore asini siccatum. Ego fimum illius intellego quod siccius sit·
CAP. IIII. Papirum apud nilum dicunt crescere cuius usus et ... adest·
CAP. V. Lupine s. legumina unde uirgilius tristesque lupinos id est amaros

Scholia in Q. Serenum Sammonicum

q VIIII

XVIIII

nung vom Jahre 800 auswerten ließ. So vertrat zuerst Carl Erdmann die Ansicht, das anonyme Gedicht sei „noch während der Anwesenheit des Papstes [in Paderborn sc.] entstanden" und müsse daher als frühester Beleg für die Aachener Kaiseridee gewertet werden, gefolgt von Helmut Beumann, der Erdmanns These durch weitere Argumente untermauerte und im Hinblick auf die Verhandlungen im Vorfeld von Papstprozeß und Kaiserkrönung interpretierte. Karl Hauck schließlich glaubte den zeitlichen Ansatz nochmals einengen und die Dichtung als Doppel-Enkomion (Lobgedicht auf zwei Personen) auf Leo und Karl verstehen zu dürfen, das im Rahmen des Empfangszeremoniells vorgetragen und daher schon am Tag der päpstlichen Ankunft fertiggestellt worden sei.

Gegen diese Sichtweise hat vor allem von literaturwissenschaftlicher Seite Dieter Schaller Einspruch erhoben und im Anschluß an die ältere Forschung den fragmentarischen Charakter der überlieferten Verse herausgestrichen. Hauptsächlich aufgrund von Entlehnungen in der Exordialtopik (Einleitungstopik) aus der Vita Martini des Venantius Fortunatus kommt er zu dem Schluß, daß in dem erhaltenen Text der Beginn des dritten Buches eines insgesamt vier Bücher umfassenden Epos vorliegt, das von dem Vorbild Vergils und Coripps geprägt und durch Ermoldus Nigellus wenig später imitiert worden ist. Als Terminus ante quem kommt daher nur die Entstehungszeit von Modoins zweiter Ekloge in Betracht – zwischen dem Tod Alkuins (804) und jenem Karls des Großen (814) –, in der aus dem Karlsepos erstmals zitiert wird. Die von Roger Green vorgeschlagene Umkehrung der Abhängigkeit – Modoin als Vorlage für den anonymen Dichter –, die auch eine wesentlich spätere Datierung zulassen würde, ist von der Forschung mehrheitlich abgelehnt worden. Ungeklärt ist ferner der Inhalt der verlorenen Bücher, die sich nicht unbedingt, wie meist angenommen, ausschließlich der Person Karls gewidmet haben müssen. So erwägt etwa Alfred Ebenbauer die Möglichkeit, „daß wir es mit einem genealogischen 'Tatenpanegyricus' zu tun haben könnten, daß also zwei Vorfahren Karls Gegenstand der beiden [verlorenen ersten sc.] Bücher gewesen sind. Eventuell wäre an eine typologisch-heilsgeschichtliche Gesamtorientierung zu denken, bei der vor Karl etwa David, Konstantin oder Theodosius usw. besungen worden wären". Während die Zugehörigkeit des ungenannten Dichters zur Aachener Hofschule als sicher betrachtet wird, ist es bislang noch nicht gelungen, eine bestimmte Persönlichkeit namhaft zu machen, obwohl es an Versuchen (Angilbert, Alkuin, Theodulf, Modoin, der sog. Hibernicus Exul und zuletzt wiederholt Einhard) nicht gemangelt hat. Trotz dieser Vielzahl offener Fragen dürfte es inzwischen als allgemein akzeptiert gelten, daß in den überlieferten Versen nur das Bruchstück eines wesentlich umfangreicheren Epos erhalten ist, dessen Entstehung nicht vor die Kaiserkrönung vom Jahre 800 datiert werden kann, zumal Helmut Beumann seine Thesen nicht weiter verteidigt hat und Karl Hauck sogar ausdrücklich der Ansicht Schallers beigetreten ist.

Daß sich der Verfasser eines Epos bezüglich Sprache und Ausdruck an das Vorbild Vergils und anderer antiker Autoren anschließen würde, war in karolingischer Zeit beinahe zu erwarten. Von der Klassizität der Spache auf die Unsachlichkeit des Berichtes zu schließen ist dennoch nicht angebracht. Was noch Karl Hauck als antike „Adventus-Topik" im Karlsepos hat ausmachen wollen, stellt sich bei genauerer Untersuchung als technische Terminologie für Elemente eines Rituals heraus, das seit der Antike kontinuierlich praktiziert wurde.

Wie schon gesagt, schildert der anonyme Dichter das Paderborner Empfangszeremoniell in aller erdenklichen Ausführlichkeit: Nachdem die Gesandten des fränkischen Königs bereits das Geleit des Papstes von Spoleto ins Frankenreich übernommen hatten, begann die eigentliche Einholung erst, als Karl auf die Nachricht vom Herannahen des Papstes diesem seinen Sohn Pippin entgegensandte, um ihn in seinem Namen zu begrüßen. Pippin, der mit einem großen Gefolge eilig aufgebrochen war, traf auf einer weiten Ebene mit Leo zusammen, warf sich mit dem gesamten Heer dreimal vor dem Pontifex zu Boden und adorierte ihn; Leo, der schon beim Herannahen seine Hände zum Himmel hin ausgebreitet und ein langes Gebet für das Volk gesprochen hatte, hob den Königssohn gütig vom Boden auf, umarmte ihn und tauschte mit ihm den Friedenskuß. Inzwischen hatten sich auch Karl und sein Gefolge auf die Ankunft des Papstes vorbereitet, waren ihm von Paderborn aus auf eine offene Ebene entgegengezogen und hatten sich dort zu einer wohldurchdachten Empfangsordnung formiert: der Klerus in drei Chören, das Volk in ringförmiger Anordnung und das Heer in Form eines offenen Kreises, in dessen Mitte der fränkische König stand. Sobald Leo die äußeren Reihen durchschritten hatte und zum König herangetreten war,

Abb. 3 Karlsepos. Zürich, Zentralbibliothek, Ms. C. 78, fol. 113r

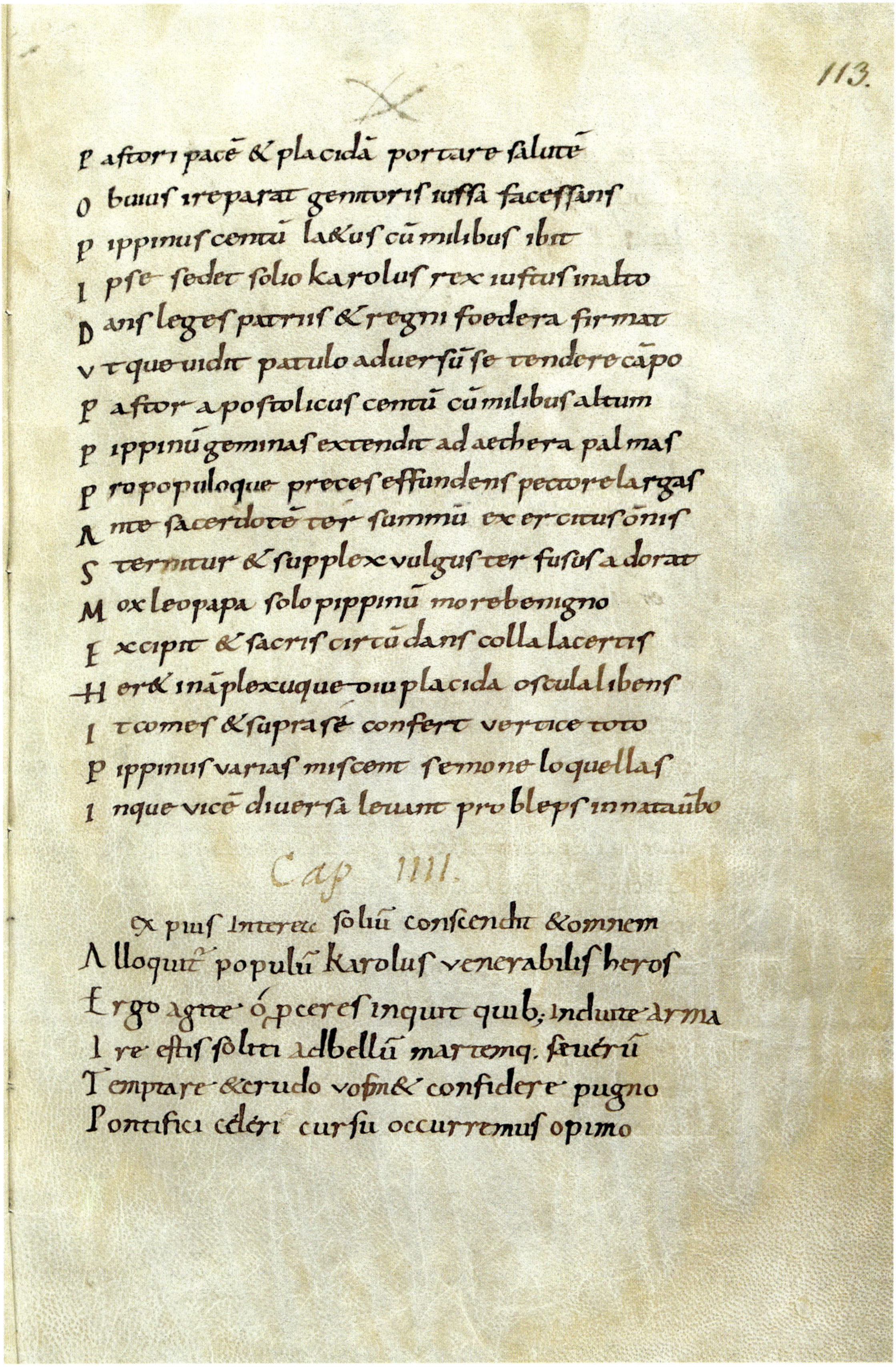
113.

P astori pacē & placidā portare salutē
O bvius it reparat genitoris iussa facessans
P ippinus centū la&us cū milibus ibit
I pse sedet solio karolus rex iustus in alto
D ans leges patriis & regni foedera firmat
V t quo uidit patulo aduersū se tendere cāpo
P astor apostolicus centū cū milibus altum
P ippinū geminas extendit ad aethera palmas
P ro populoque preces effundens pectore largas
A nte sacerdotē ter summū exercitus ōnis
S ternitur & supplex vulgus ter fusus adorat
M ox leo papa solo pippinū more benigno
E xcipit & sacris circū dans colla lacertis
H er& in āplexu que diu placida oscula libens
I t comes & supra sē confert vertice toto
P ippinus varias miscent sermone loquellas
I nque vicē diuersa leuant pro bleps in natau bo

Cap IIII.

ex pius interea soliū conscendit & omnem
A lloquit populū karolus venerabilis heros
E rgo agite ó proceres inquit quib; induite arma
I re estis soliti ad bellū martemq; seuerū
T emptare & crudo vos in & confidere pugno
P ontifici celeri cursu occurremus opimo

erwies ihm Karl ehrerbietig die Adoration, umarmte ihn und tauschte mit ihm den Friedenskuß; dann reichten sich beide die rechte Hand und wechselten freundliche Worte. Auch das fränkische Heer warf sich dreimal dem Papste zu Füßen, und Leo hielt dreimal ein stilles Gebet über das Volk. Sodann schritten König und Papst gemeinsam zur Paderborner Pfalz hinauf und traten dort unter lautem Rufen und wechselchörigen Laudes des Klerus in die Kirche hinein. Nach beendeter Messe bat Karl den Gast in seine Pfalz, bereitete ihm dort ein festliches Mahl und tauschte mit ihm Geschenke. Schließlich zog sich Karl in die inneren Räume seiner Pfalz zurück, und auch Leo begab sich in das Lager der Seinigen.

Neben der größeren Ausführlichkeit verdient das anonyme Karlsepos auch noch in anderer Hinsicht Beachtung. Das Ritual zum Empfang des aus Rom geflüchteten Papstes bot wie kaum ein anderer Anlaß Gelegenheit zur Selbstdarstellung der fränkischen Gesellschaft und ihres Königs Karl. Interessant ist nun vor allem, welche Gruppen durch den Dichter besonders hervorgehoben werden. Dieser erwähnt nämlich zwar den fränkischen Klerus, der in liturgischen Gewändern an der Occursio teilnahm und ein Kreuzbanner mit sich führte, er bemerkt auch das Volk, das in festlicher Kleidung erschienen ist, eingehend beschreibt er aber nur das fränkische Heer, das sich zum Empfang des Papstes wie zum Aufbruch in den Krieg rüstete. Karl, der auf dem Thron der Paderborner Pfalz Platz genommen hatte, legt er folgende Worte in den Mund:

'Ergo agite, o proceres', inquit, 'quibus induite arma
Ire estis soliti ad bellum Martemque saeverum
Temptare et crudo vosmet confidere pugno:
Pontifici celere cursu occurremus opimo!'

„Auf denn, ihr Edlen, legt die Waffen an, mit denen ihr in den Krieg zu ziehen, den finstern Mars zu versuchen und euch der Kraft der Faust zu vertrauen gewohnt seid, und so wollen wir eilig dem großen Bischof entgegenziehen!" (Verse 465–468; Abb. 3).

Der Befehl des Königs wurde ohne Zögern ausgeführt, und sogleich bestimmte ein militärisches Treiben die Szene:

Vix haec dixit heros, fremit undique turba tumultu,
Tela manu glomerat mox, loricasque trilices,
Et latos clipeos, galeasque et spicula; peltae
Aerate resonant; acies hinc inde videntur
Ire aequitum; sparso nigrescunt pulvere nubes,
Et tuba lugubri medio strepit aggere voce.
Classica signa sonant; campi densentur aperti
Agmine, cristatus fulgetque exercitus omnis.
Tela micant pariter, vexilla levata coruscant,
Armati incedunt iuvenes et freta iuventus
Gaudet equis; siccus fervescit in ossibus ardor
Audendi.

„Kaum hat der Held dies gesprochen, da beginnnt überall im Heere geräuschvolle Unruhe, sie nehmen die Waffen zur Hand, die dreifach verstärkten Panzer, die breiten Schilde, die Helme und Pfeile; es klirren die erzbeschlagenen Schilde. Das Korps der Reiterei wogt hin und her, in dunklen Wolken wirbelt der Staub auf, mit klagendem Ton erschallt inmitten des Lagers die Tuba, die Kriegsposaunen ertönen, auf dem offenen Felde drängt sich das Heer, im Helmschmuck erstrahlen die Krieger alle, die Waffen funkeln zumal, die Fähnlein flattern im Winde, gewappnet schreitet einher die reisige Mannschaft, tummelt stolz ihre Rosse, es lodert in ihrem Gebein das dörrende Feuer der Kühnheit." (Verse 469–480).

Aus der großen Menge der Krieger ragte aber Karl als ihr Anführer klar hervor:

At Karolus medio micat agmine laetus:
Aurea crista tegit frontem, et conspectus in armis
Fulget; equo ingenti portatur ductor opimus.

„Karl erstrahlt inmitten des Heeres, frohgemut; golden deckt der Helm das Haupt, glanzvoll erscheint er in der Waffenrüstung, ein riesiges Roß trägt den gewaltigen Führer." (Verse 480–482; Abb. 4).

Die militärische Selbstpräsentation der laikalen fränkischen Oberschicht im Rahmen des feierlichen Einholungsrituals könnte nicht deutlicher hervorgehoben werden und ist nicht zuletzt deshalb von besonderem Wert, weil keine andere Quelle der karolingischen Epoche ähnliche Einblicke ermöglicht.

Singulär ist aber auch die Art und Weise, mit der die Vielzahl von Sinneseindrücken schon bei der Vorbereitung zum päpstlichen Empfang geschildert wird: Schilde klirren, Fahnen flattern, Posaunen ertönen, die Reiterei wirbelt Staub auf und drängt sich im offenen Feld; bei Leos Ankunft dann eine symmetrische Aufstellung – der Klerus in mehreren Chören, das Volk und die Krieger in konzentrischen Kreisen –, die den König durch seine zentrale Position nachdrücklich hervorhebt. Doch keineswegs die Uniformität, sondern die Verschiedenheit an

Abb. 4 Karlsepos. Zürich, Zentralbibliothek, Ms. C. 78, fol. 113v

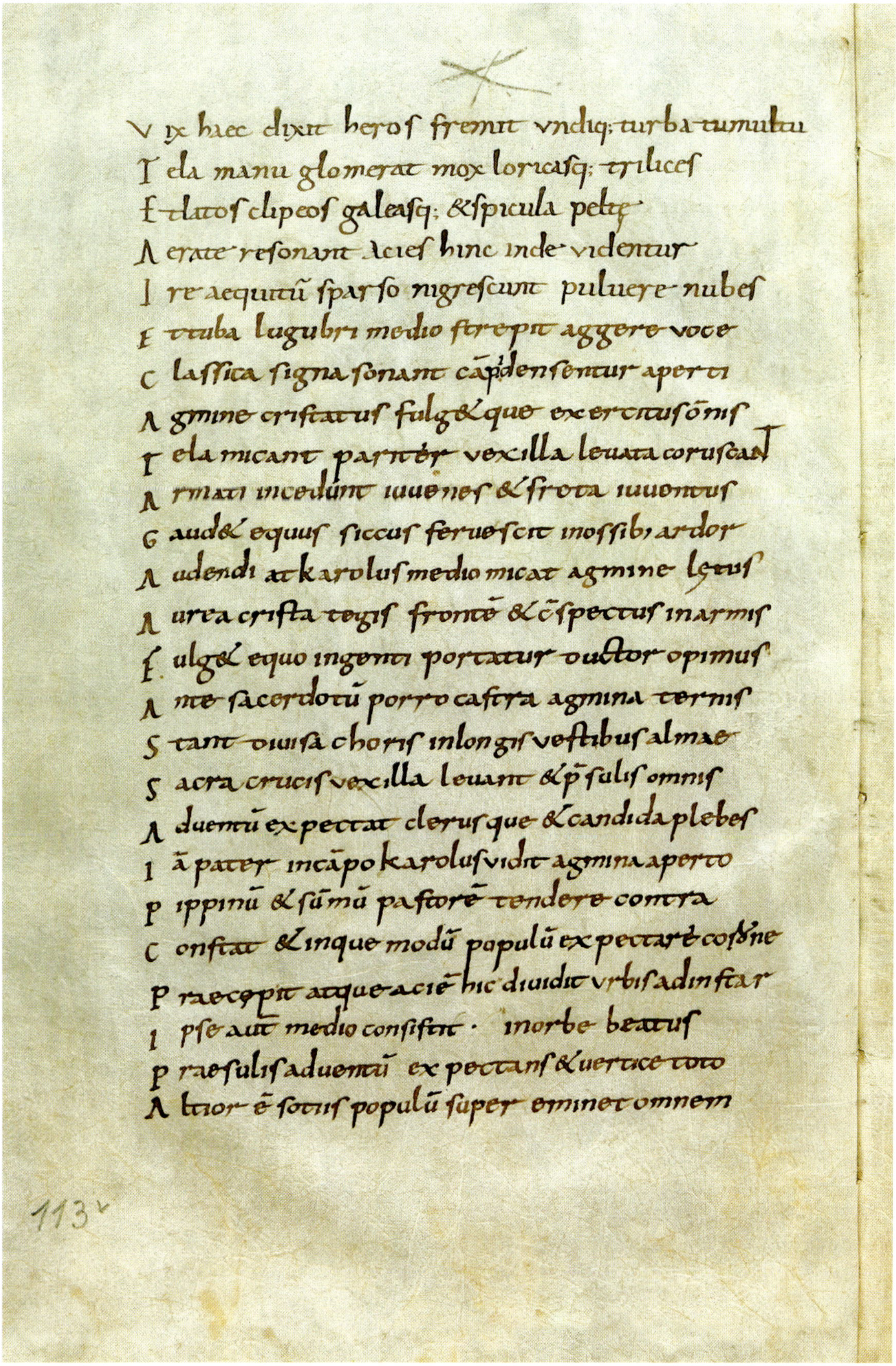
V ix haec dixit heros fremit undiq; turba tumultu
T ela manu glomerat mox loricasq; trilices
E latos clipeos galeasq; & spicula pelte
A erate resonant acies hinc inde videntur
I re aequitu̅ sparso nigrescunt puluere nubes
E ttuba lugubri medio strepit aggere voce
C lassica signa sonant cap̄ densentur aperti
A gmine cristatus fulg& que exercitus o̅mis
T ela micant pariter vexilla leuata coruscant
A rmati incedunt iuuenes & frota iuuentus
G aud& equus siccus feruescit mossib; ardor
A udendi at karolus medio micat agmine l&us
A urea crista tegis fronte̅ & e̅ spectus inarmis
F ulg& equo ingenti portatur ductor opimus
A nte sacerdotu̅ porro castra agmina ternis
S tant diuisa choris inlongis vestibus almae
S acra crucis vexilla leuant & p̄ sulis omnis
A duentu̅ expectat clerusque & candida plebes
I a̅ pater inca̅po karolus vidit agmina aperto
P ippinu̅ & su̅mu̅ pastore̅ tendere contra
C onstat & inque modu̅ populu̅ expectare co̅sne
P raecepit atque acie̅ hic diuidit urbis adinstar
I pse aut medio consistit · inorbe beatus
P raesulis aduentu̅ expectans & uertice toto
A ltior e̅ sotiis populu̅ super eminet omnem

113v

Trachten, Sprachen und Waffen war es, die dem Dichter zufolge den Papst beeindruckte und Karl als *pater Europe,* ja als Beherrscher des gesamten *orbis*, erscheinen ließ.

III. Zur Deutung des Rituals beim Paderborner Treffen

Wie lassen sich nun die Zeremonien bei der ersten Paderborner Zusammenkunft von König und Papst entschlüsseln? Welche Bedeutung wurde ihnen von den Zeitgenossen zugemessen? Zumindest die letzte Frage ist etwas voreilig gestellt. Denn es ist keineswegs von vornherein ausgemacht, daß die betreffenden Zeremonien insgesamt und in allen ihren Teilen Träger von bestimmten Bedeutungen waren. Vielmehr gehören Rituale in erster Linie zu jenen konventionalisierten Handlungsmustern, die sich auch allein aus Traditionalität erklären lassen. So kommen die Quellen zu der Begegnung von 799 weitgehend – und das ist im Mittelalter gewiß kein Einzelfall – ohne deutende Bemerkungen aus. Der Versuch einer ersten Einordnung der Zeremonien soll dennoch unternommen werden.

1. Einholungs- versus Aufbruchsritual

Die Zeremonien bei der Paderborner Begegnung lassen sich zunächst als Einholungsritual (*adventus*) charakterisieren und finden insofern in einem ebenso feierlich ausgestalteten Aufbruchszeremoniell (*profectio*) ihr entsprechendes Gegenstück. Diese Reziprozität der Rituale war bereits im antiken Rom so stark ausgeprägt, daß in den großen Reliefdarstellungen der frühen Kaiserzeit Ankunft und Aufbruch des Kaisers nur mit großer Mühe zu unterscheiden sind. Im frühen und hohen Mittelalter ist das Profectio-Zeremoniell indes nur äußerst selten belegt – mit Ausnahme der karolingischen Papst-Kaiser-Treffen. So werden für die Begegnungen 799 in Paderborn (Karl der Große und Leo III.), 804 in Reims (nochmals Karl der Große und Leo III.), 816 abermals in Reims (Ludwig der Fromme und Stephan IV.) und 858 in Quinto bei Rom (Ludwig II. von Italien und Nikolaus I.) die Abschiedszeremonien (und zwar meist in verschiedenen Quellen) mehr oder weniger ausführlich berichtet, und die bereits oben erwähnten Reichsannalen betonen sogar ausdrücklich die Reziprozität von Einholung und Aufbruch im Jahre 799. Als konstitutive Riten der Profectio lassen sich mindestens drei Elemente rekonstruieren: die Übergabe von Geschenken an den Papst, das Ehrengeleit durch fränkische Gesandte über eine größere Entfernung, unter Umständen bis nach Rom, sowie im Jahre 858 sogar das höchsteigene Geleit durch den fränkischen König mit Stratordienst am päpstlichen Pferde.

Charakteristisch für den Wandel der Verhältnisse zwischen Antike und Mittelalter ist die Umkehrung der Zuordnung von Profectio und Adventus: Während für die Kaiser des klassischen Altertums, die in Rom ihre feste Residenz hatten, der feierliche Aufbruch am Beginn eines Feldzuges oder einer Reise stand und der Adventus nach dessen Abschluß darauf Bezug nehmen konnte (etwa durch *vota*, d. h. Gelübde, von deren Einlösung z. B. die monumentale Ara pacis Augustae auf dem Marsfeld bis heute Zeugnis gibt), war unter den Bedingungen der Reisetätigkeit von fränkischem König und römischem Papst die Ankunft in einem Kloster, einer Pfalz oder einer Stadt an die erste Stelle getreten, und die feierliche Verabschiedung *simili, quo susceptus est, honore* (mit denselben Ehren wie beim Empfang), wie 799 in Paderborn, rückte an das Ende des Besuches.

2. Gastempfang versus Zusammenkunft

Das Empfangszeremoniell vom Jahre 799 gewinnt weiter an Konturen, wenn man vergleichsweise die verschiedenen zeitgenössischen Formen der Begegnung hochrangiger Persönlichkeiten heranzieht. Vor allem zwei denkbar konträre Typen lassen sich dabei unterscheiden: Gastempfang und Zusammenkunft.

Treffen von Herrschern, die gleichen Rang beanspruchten, waren in aller Regel als Zusammenkünfte konzipiert, bei denen durch möglichst vollständig symmetrische Anordnung der Riten jeder Anschein einer Unter- bzw. Überordnung vermieden wurde. Schon die Wahl des Ortes war dabei von großer Bedeutung: Man traf sich nach Möglichkeit genau auf der Grenze, auf Brücken, auf Schiffen oder auf Inseln in der Flußmitte, zumindest aber in grenznahen Gebieten. Fand das Treffen zu Lande statt, so ritten die Herrscher zunächst aufeinander zu, stiegen gleichzeitig von ihren Pferden, nahmen ihre Kopfbedeckung ab und begrüßten sich schließlich durch Umarmung, Wangenkuß und Händedruck, umgeben vom engsten Kreise ihrer Berater.

Im Unterschied dazu fanden die Empfänge – und zu diesem Typus gehören auch sämtliche mittelalterlichen Papst-Kaiser-Treffen – an einem möglichst repräsentativen

Ort im Herrschaftsgebiet des Gastgebers statt, der, darauf bedacht, seinem Gast die höchsten Ehren zu erweisen, dabei sogar bereit war, diesem in zeremoniellen Fragen den Vorrang und damit eine symbolische Überordnung zuzugestehen. So gab Karl im Jahre 799 Leo III. persönlich ein Stück weit das Geleit und adorierte den Papst mit Kniefall und Fußkuß – ein Verhalten, das sogar problemlos in einer Quelle berichtet werden konnte, die sich die Verherrlichung des Königs zum Ziel gesetzt hatte. Karls Handlungsweise ließ sich nicht nur dadurch rechtfertigen, daß dem römischen Bischof alle Ehrerweisungen, wie immer wieder betont wurde, an Stelle des heiligen Petrus entgegengebracht wurden; der Gastempfang war auch insofern auf Gegenseitigkeit angelegt, als der fränkische König bei einem Besuch in Rom erwarten konnte, mit einem vergleichbaren Ritual empfangen zu werden. Die Grundzüge dieses als Einholungsritual ausgestalteten Gastempfanges – charakterisiert durch die drei Elemente *adventus*, *occursio* und *deductio* – lassen sich bereits im Alten Orient nachweisen, wurden über den hellenistischen Kulturraum an Rom vermittelt, substituierten dort zunehmend den Triumph als kaiserlichen Einzugsritus und lassen sich auch das gesamte Mittelalter hindurch kontinuierlich belegen. Im Unterschied zu Rom ist im fränkischen Herrschaftsbereich eine ungebrochene Tradition, obwohl immer wieder behauptet, nicht schlüssig nachzuweisen: Nach zahlreichen Belegen aus der frühen Merowingerzeit klafft eine Lücke von rund anderthalb Jahrhunderten; erst bei der Begegnung zwischen Pippin dem Jüngeren und Stephan II. 754 in Ponthion ist das Ritual wieder deutlich zu fassen. So ist zumindest die Möglichkeit denkbar, daß in erster Linie die Päpste, die sowohl von den byzantinischen Kaisern als auch von den italienischen Exarchen (Stellvertreter des byzantinischen Kaisers in Italien) und sogar von den langobardischen Königen in dieser Weise empfangen wurden, für das Wiederaufleben der Einholung im Frankenreich verantwortlich waren.

3. Leos III. Anerkennung als legitimer Papst

Die anscheinend simple, jedoch außerordentlich wichtige Tatsache, daß die Durchführung des Einholungszeremoniells eine wechselseitige Anerkennung der daran beteiligten Personen voraussetzte, wird zwar im allgemeinen durchweg anerkannt, ist aber in ihrer Konsequenz für die Paderborner Begegnung von 799 noch nicht ausreichend gewürdigt worden. Dabei war die Frage nach Leos III. Legitimität zweifellos der maßgebliche Grund für dessen Reise an den Hof des Frankenkönigs.

Es war wohl nicht zufällig eines der aufwendigsten stadtrömischen Rituale, das den Rahmen für jenes Attentat abgab, durch das die Rechtmäßigkeit des Papstes massiv in Frage gestellt und dadurch die Reise über die Alpen überhaupt erst erforderlich wurde. Als nämlich Leo III. am Morgen des 25. April 799 die große Bittprozession (*letania maior*) in Rom beging, überfielen ihn seine Gegner und versuchten, ihn an Zunge und Augen zu verstümmeln; sie verfolgten damit offenbar die Absicht, die Absetzung des Papstes zu bewirken, „jedenfalls sprechen die Quellen von den Ereignissen ganz in der Art, wie man es vom Vollzug einer Deposition erwartet" (Zimmermann 1968).

Die Wahl der Umstände für dieses Unterfangen geschah anscheinend – zumindest legt das die Tatsache nahe, daß im Mittelalter immer wieder Überfälle auf Päpste im Verlauf von Prozessionen (z. B. 864 auf Nikolaus I.) stattfanden – mit dem Ziel, das päpstliche Ansehen gerade in dem Augenblick symbolisch zu zerstören, in dem seine Funktion als Bischof und Stadtherr in besonders markanter Weise öffentlich inszeniert wurde. Es liegt daher in der Logik der Dinge, daß auf die öffentliche Demontage auch eine öffentliche Bestätigung der päpstlichen Würde zu erfolgen hatte, wenn man weiterhin an Leo als Papst festhalten wollte. Daß sich dafür das Einholungsritual besonders eignete und daß diese Funktion den Zeitgenossen auch deutlich bewußt war, geht aus den Quellen – und zwar aus den fränkischen ebenso wie aus der römischen – eindeutig hervor. Damit ist nicht nur gemeint, daß sämtliche Historiographen Leo den Papsttitel auch zwischen Attentat und Reinigungseid uneingeschränkt zugestehen, sondern vor allem, daß sie den Sachverhalt unmittelbar zum Ausdruck bringen. So berichten etwa die sog. Einhardsannalen, Karl habe befohlen, Leo *ut vicarium sancti Petri et Romanum pontificem cum summo honore* (mit höchsten Ehren als Stellvertreter des heiligen Petrus und römischen Bischof) an seinen Hof zu geleiten, und der Verfasser des Liber Pontificalis betont nachdrücklich, Karl habe den römischen Flüchtling *sicut vicarium beati Petri apostoli venerabiliter et honorifice* (ehrerbietig und ehrenvoll als Stellvertreter des heiligen Apostels Petrus) in Paderborn empfangen. Das Paderborner Empfangszeremoniell erweist sich somit als öffentliche Anerkennung der Papstwürde Leos III. seitens der Franken, die einen späteren Untersuchungsprozeß in hohem Maße prädestinieren, wenn nicht sogar zur reinen Formsache abwerten mußte.

Doch damit nicht genug, sollte die Anerkennung auch auf Italien und besonders auf Rom ausgedehnt werden. Vermutlich unter dem maßgeblichen Einfluß der fränkischen Gesandten, die Leo das feierliche Geleit gaben, wurde der Papst – so berichtet wieder der Liber Pontificalis – in jeder Stadt entlang seines weiten Weges feierlich eingeholt, als ob er der Apostel Petrus selbst wäre: *Qui per unaquaque civitate, tamquam ipsum suscipientes apostolum, usque Roma deduxerunt.* Namentlich für die Stadt am Tiber schildert der Papstbiograph dann viele Einzelheiten der zeremoniellen Einholung und betont mehr als deutlich, daß es alle gesellschaftlichen Gruppen waren, die dem Papst freudig vor die Tore der Stadt entgegenzogen und dadurch ihre Anerkennung zum Ausdruck brachten:

Qui Romani, prae nimio gaudio, suum recipientes pastorem, omnes generaliter in vigilias beati Andreae apostoli, tam proceres clericorum cum omnibus clericis quamque optimates et senatus cunctaque militia, et universo populo Romano cum sanctimonialibus et diaconissis et nobilissimis matronis seu universis feminis, simul etiam et cuncte scole peregrinorum videlicet Francorum, Frisonorum, Saxonorum atque Langobardorum, simul omnes conexi, ad pontem Molvium, cum signis et vandis, canticis spiritualibus susceperunt, et in ecclesia beati Petri apostoli eum deduxerunt. Die Feier der Eucharistie, die abschließend erwähnt wird, sollte offenbar die wiedergefundene Gemeinschaft der römischen Christenheit noch zusätzlich religiös bekräftigen.

Wie übrigens mit einem Papstprätendenten verfahren werden konnte, den man nicht anzuerkennen gewillt war, zeigt das Beispiel Gregors (VI.). Nach der Schilderung des Thietmar von Merseburg (Chronicon VI, 101) reiste dieser nämlich zu Weihnachten 1012 an den Hof König Heinrichs II. im sächsischen Pöhlde, um dort seine Ansprüche gegenüber Benedikt VIII. zu verteidigen, der in Rom und in Mittelitalien die Oberhand gewonnen hatte. Obwohl er in vollem päpstlichem Ornat erschien, wurde ihm die feierliche Einholung verweigert, das päpstliche Vortragekreuz abgenommen und außerdem befohlen, auch sonst keine päpstlichen Insignien zu tragen, bis Heinrich II. selbst in Rom eine Entscheidung gefällt habe. Zu dem geplanten Urteilsspruch ist es allerdings wohl nie gekommen; von Gregor (VI.) verlautet fortan nichts mehr in den Quellen.

4. Karls Einholung am 23./24. November 800 in Rom

Mehr Aufmerksamkeit als der päpstliche Empfang in Paderborn hat – besonders seit den Forschungen von Percy Ernst Schramm und Joseph Deér – das Zeremoniell der römischen Einholung Karls des Großen am 23. und 24. November 800 erfahren. Innerhalb einer Zeitspanne von nur knapp anderthalb Jahren erhielt Leo III. nämlich die Gelegenheit, nun seinerseits dem fränkischen König einen feierlichen Empfang zu bereiten. Der Papst kam dabei seiner Pflicht nach, indem er – komplementär zu seinem eigenen Empfang in Paderborn – ebenfalls eine feierliche Einholung anordnete. Bemerkenswert ist dabei vor allem die Tatsache, daß sich Leo selbst an der Occursio beteiligte und seinem Gast 12 Meilen weit bis nach Mentana entgegenzog; damit erwies er Karl bereits über vier Wochen vor seiner Krönung eine Ehre, wie sie ausschließlich den byzantinischen Kaisern vorbehalten war (in Rom etwa bei der Einholung Konstans' II. 663 durch Papst Vitalian). Bei seinen früheren Rombesuchen war Karl, wie es im Liber Pontificalis zum Jahre 774 ausdrücklich heißt, nach der Art eines Patricius und Exarchen eingeholt worden, der als kaiserlicher Stellvertreter in Italien in der Rangordnung eine Stufe unter dem byzantinischen Basileus stand.

5. Das Empfangsritual als Indikator politischer Entscheidungen

Das Empfangsritual, das bei den Treffen zwischen Leo III. und Karl dem Großen 799 in Paderborn und 800 in Rom ausgeführt wurde, erweist sich bei näherem Hinsehen also als Indikator politischer Entscheidungen, über die wir zu dem entsprechenden Zeitpunkt aus keinen anderen Quellen unterrichtet sind. Diese Funktion von Ritualen ist keineswegs selbstverständlich, wenngleich dies von Historikern immer wieder ohne weiteres unterstellt wird. Rituale nehmen stets eine eigenständige Entwicklung, die mit der politischen Geschichte nicht unmittelbar gekoppelt zu sein braucht.

Erst unter den besonderen Bedingungen der Jahre 799 und 800 – der fraglichen Legitimität Leos III. und der bevorstehenden Rangerhöhung Karls des Großen – wurde die Durchführung des Einholungsrituals zu einem beachtenswerten Zeugnis für die gewandelten Verhältnisse: Durch seinen feierlichen Empfang in Paderborn bekannte sich Karl zu der Rechtmäßigkeit des geflüchteten Papstes, lange bevor dies die römisch-fränkische Synode am 23. Dezember 800 förmlich bestätigte; und mit seiner Beteiligung an der Occursio der Römer Ende November 800 anerkannte der Papst den Frankenkönig Karl erstmals offiziell als künftigen Kaiser, der infolgedessen durch eine päpstliche Krönung am Weihnachtstag nicht mehr wirklich überrascht werden konnte.

Kommentierte Bibliographie:

Zu I.: Annales regni Francorum/Annales qui dicuntur Einhardi 1895, zu 799: 106 f.; Chronicon Moissiacense 1826, zu 799: 304; Vita Leonis III, 1892, 5 f. – Zu den fränkischen Quellen vgl. WATTENBACH/LEVISON/LÖWE 1952–1990, 245–266 (Annales regni Francorum), 265 f. (Chronicon Moissiacense), 254–256 (Annales qui dicuntur Einhardi); AFFELDT 1980, 102 f. (Annales regni Francorum), 186 (Annales qui dicuntur Einhardi); NONN 1995, jeweils mit der älteren Literatur. – Über die Vita Leonis III. und den Liber Pontificalis vgl. WATTENBACH/LEVISON/LÖWE 1952–1990, 456 f.; ferner GEERTMAN 1975; ZIMMERMANN 1981; HERBERS 1996, 11–48. – Das Vergleichsmaterial für das Empfangszeremoniell bei den karolingischen Papst-Kaiser-Begegnungen ist zusammengestellt und ausgewertet bei HACK 1999. – Über Verlauf und politischen Rahmen der päpstlichen Reisen, jedoch ohne jegliches Interesse für das Zeremoniell, informiert zuletzt ENGELBERT 1993.

Zu II.: a) Editionen des Karlsepos: Seit der Editio princeps von Melchior Goldast (Genf 1600) ist das Karlsepos in den Jahren 1614, 1617, 1636, 1744, 1777, 1828, 1832, 1881,1966 und 1999 immerhin zehnmal herausgegeben worden, worin ein ungewöhnlich starkes Interesse an diesem karolingischen Text zum Ausdruck kommt. Vor allem die drei jüngsten Ausgaben werden regelmäßig benützt: Karolus magnus et Leo papa, hrsg. v. DÜMMLER 1881; Karolus magnus et Leo papa, hrsg. v. BROCKMANN 1966; De Karolo rege et Leone Papa, hrsg. v. HENTZE 1999. Der Ausgabe von Brockmann ist eine deutsche Übersetzung beigegeben, zu der die einschlägigen Bemerkungen von SCHALLER 1995/b zu vergleichen sind. Eine nützliche Hilfe für die Textanalyse bietet STIENE 1982. – b) Titel: Die Diskussion um den Titel der anonymen Dichtung ist noch immer nicht abgeschlossen. Alle gebräuchlichen Bezeichnungen weisen allerdings schwerwiegende Mängel auf. Karl wird an keiner Stelle das Attribut „magnus" beigegeben, so daß „[Carmen] De Carolo magno" oder „Karolus magnus et Leo papa" – gerade in der scheinbar authentischen lateinischen Form – einen völlig falschen Eindruck erwecken. Dagegen nehmen Benennungen wie „De Karolo rege et Leone papa", „Paderborner Epos" und ebenso der in polemischer Abgrenzung davon geprägte Titel „Aachener Karlsepos" nur auf einen kleinen Ausschnitt des Inhaltes Bezug – schon was das erhaltene Fragment betrifft und wahrscheinlich noch viel mehr im Hinblick auf das gesamte Epos. Es wird daher vorgeschlagen, künftig den unverfänglichen und zugleich den (gegenwärtig bekannten) Inhalt besser kennzeichnenden Titel 'Karlsepos' zu verwenden. – c) Literatur zum Karlsepos in Auswahl (chronologisch): Zu dem Epos MANITIUS 1883; ERDMANN 1951; WATTENBACH/LEVISON/LÖWE 1952–1990, 241–245; BEUMANN 1966; HAUCK 1970/a, 421 f.; HAUCK 1970/b, 162–165; ZWIERLEIN 1973; SCHALLER 1995/a; SCHALLER 1995/b; EBENBAUER 1978; SCHALLER 1983; SCHALLER 1991; SCHALLER 1995/c; D'ANGELO 1993; RATKOWITSCH 1997; HACK 1999. Die mehrfach zitierte Arbeit von J. AHRENDTS, Die Tradition panegyrischer Adventus-Reden am Beispiel des Paderborner Epos, phil. Diss. Münster, ist anscheinend nie erschienen.

Zu III.1: Die Erforschung des Einholungszeremoniells beginnt mit der einschlägigen Untersuchung von PETERSON 1930. – Eine systematische zusammenfassende Untersuchung ist noch immer nicht erschienen. Eine gute Sammlung des antiken und frühmittelalterlichen Materials hat NUSSBAUM 1976 zusammenstellt. Die jüngste Monographie stammt von DUFRAIGNE 1994 (Lit.). – Speziell zur karolingischen Epoche, wenn auch weitgehend auf den monastischen Bereich beschränkt, vgl. WILLMES 1976. Zur reziproken Gestaltung von Empfang und Aufbruch (in Hinblick auf die römische Antike) bes. KOEPPEL 1969. – Für die Kontinuitätsfrage war die Arbeit von HAUCK 1967 wegweisend, wenn auch seine Thesen inzwischen einer neuerlichen Prüfung bedürfen.

Zu III.2: Über das Empfangszeremoniell bei frühmittelalterlichen Herrscherbegegnungen vgl. MICHAEL 1887; SCHNEIDER 1977; VOSS 1987; SIERCK 1995; HACK 1999; die Unterschiede zwischen Zusammenkunft und Gastempfang sind in der Dissertation von KOLB 1988 besonders deutlich herausgearbeitet.

Zu III.3: Über die feierliche Einholung Leos III. 800 in Rom berichtet die Vita Leonis III 1892, 6; zur ersten Einordnung vgl. die kommentierenden Bemerkungen des Editors (S. 36). – Zum Papstattentat und seinen rechtlichen Folgen vgl. ZIMMERMANN 1968, 26–37; HAGENEDER 1983. – Über das Papstzeremoniell als Ausdruck der päpstlichen Stadtherrschaft vgl. SCHIMMELPFENNIG 1992 und die entsprechenden Abschnitte bei SCHIMMELPFENNIG 1996. – Zur letania maior vgl. PAX 1954; BALDOVIN 1987. – Den Empfang Gregors (VI.) 1012 in Pöhlde schildert als einzige Quelle die Chronik des Thietmar von Merseburg 1935, 394.

Zu III.4: Zu Karls Einholung 800 in Rom vgl. Annales regni Francorum/Annales qui dicuntur Einhardi 1895, zu 800: 110–113; Vita Hadriani 1881, 7. – Zum kaiserlichen Vorrecht der Einholung vgl. SCHRAMM 1968; DEÉR, 1972.

Zu III.5: Die Literatur zur Ritualtheorie ist inzwischen beinahe ins Uferlose angewachsen. Zur ersten Orientierung vgl. BELL 1992; GLADIGOW 1998. – Die These von der bloßen Traditionalität von Ritualen hat sehr pointiert STAAL 1975 vertreten; seine theoretisch und empirisch gut fundierte Position ist nicht zu verwechseln mit Stellungnahmen in der Art von ENGELBERT 1993, der ritualgeschichtliche Fragen schlicht ignoriert: „Das bei derartigen Begegnungen übliche Protokoll kann uns über den Sinn dieser Reisen wenig sagen, weil es – wie bei heutigen Staatsbesuchen – vor allem den Schein wahrt" (79).

Quellen und Literatur:

Annales regni Francorum inde ab a. 741 usque ad a. 829, qui dicuntur Annales Laurissenses maiores et Einhardi, hrsg. v. Friedrich KURZE (MGH SS rer. Germ. [6]), Hannover 1895. – Chronik des Bischofs Thietmar von Merseburg und ihre Korveier Überarbeitung (Thietmari Merseburgensis episcopi Chronicon), hrsg. v. Robert HOLTZMANN (MGH SS rer. Germ. N.S. 9), Berlin 1935. – De Karolo rege et Leone Papa. Der Bericht über die Zusammenkunft Karls des Großen mit Papst Leo III. in Paderborn 799 in einem Epos für Karl den Kaiser, hrsg. v. Wilhelm HENTZE (Studien und Quellen zur westfälischen Geschichte 36), Paderborn 1999. – Karolus magnus et Leo Papa, hrsg. v. Ernst DÜMMLER, MGH Poetae I, Berlin 1881, 366–379. – Karolus Magnus et Leo Papa – Text u. Übersetzung, hrsg. v. Franz BRUNHÖLZL, in: Karolus Magnus et Leo papa. Ein Paderborner Epos vom Jahre 799, hrsg. v. Joseph BROCKMANN, Paderborn 1966, 55–97. – Vita Hadriani, in: Liber Pontificalis. Texte, introduction, et commentaire 1, hrsg. v. Louis DUCHESNE, Paris 1886, ND Paris 1981, 486–523. – Vita Leonis III, in: Liber Pontificalis. Texte, introduction, et commentaire 2, hrsg. v. Louis DUCHESNE, Paris 1892, ND Paris 1981, 1–48.

John F. BALDOVIN, The Urban Character of Christian Worship. The Origins, Development and Meaning of Stational Liturgy (Orientalia Christiana analecta 228), Rom 1987. – Catherine BELL, Ritual Theory, Ritual Practice, New York/Oxford 1992. – Helmut BEUMANN, Das Paderborner Epos und die Kaiseridee Karls des Großen, in: Karolus Magnus et Leo Papa. Ein Paderborner Epos vom Jahre 799, hrsg. v. Joseph BROCKMANN (Studien und Quellen zur westfälischen Geschichte 8), Paderborn 1966, 1–54. – Edoardo D'ANGELO, Carlo Magno e Leone III. Osservazioni sullo „Aachener Karlsepos", in: Quaderni Medievali 36, 1993, 53–72. – Josef DEÉR, Die Vorrechte des Kaisers in Rom (772–800), in: Zum Kaisertum Karls des Großen. Beiträge und Aufsätze, hrsg. v. Gunther WOLF (Wege der Forschung 38), Darmstadt 1972, 30–115. – Pierre DUFRAIGNE, Adventus Augusti, Adventus Christi. Recherche sur l'exploitation idéologique et littéraire d'un cérémonial dans l'antiquité tardive (Collection des Études Augustiennes Série Antiquité 141), Paris 1994. – Alfred EBENBAUER, Carmen historicum. Untersuchungen zur historischen Dichtung im karolingischen Europa 1 (Philologica Germanica 4), Wien 1978. – Pius ENGELBERT, Papstreisen ins Frankenreich, in: Römische Quartalsschrift 88, 1993, 77–113. – Carl ERDMANN, Forschungen zur politischen Ideenwelt des Frühmittelalters. Aus dem Nachlaß des Verfassers, hrsg. von Friedrich BAETHGEN, Berlin 1951. – Burkhard GLADIGOW, Art. Ritual, komplexes, in: Handbuch religionswissenschaftlicher Grundbegriffe 4, Stuttgart/Berlin/Köln 1998, 458–460. – Achim Thomas HACK, Das Empfangszeremoniell bei mittelalterlichen Papst-Kaiser-Treffen (Forschungen zur Kaiser- und Papstgeschichte des Mittelalters 18), Köln/Weimar/Wien 1999. – Othmar HAGENEDER, Das 'crimen maiestatis', der Prozeß gegen die Attentäter Papst Leos III. und die Kaiserkrönung Karls des Großen, in: Aus Kirche und Reich. Studien zu Theologie, Politik und Recht im Mittelalter. Festschrift für Friedrich Kempf zum 75. Geburtstag, hrsg. v. Hubert MORDEK, Sigmaringen 1983, 55–79. – Karl HAUCK, Von einer spätantiken Randkultur zum karolingischen Europa, in: Frühmittelalterliche Studien 1, 1967, 3–93. – DERS., Die fränkisch-deutsche Monarchie und der Weserraum, in: Die Eingliederung der Sachsen in das Frankenreich, hrsg. v. Walther LAMMERS (Wege der Forschung 185), Darmstadt 1970, 416–450 (Hauck 1970/a). – DERS., Die Ausbreitung des Glaubens in Sachsen und die Verteidigung der römischen Kirche als konkurrierende Herrscheraufgaben Karls des Großen, in: Frühmittelalterliche Studien 4, 1970, 138–172 (Hauck 1970/b). – Gerhard KOEPPEL, Profectio und Adventus, in: Bonner Jahrbücher 169, 1969, 130–194. – Werner KOLB, Herrscherbegegnungen im Mittelalter (Europäische Hochschulschriften III; 359), Bern/Frankfurt a. M./Paris/New York 1988. – Max MANITIUS, Das Epos 'Karolus Magnus et Leo papa', in: Neues Archiv 8, 1883, 9–45. – Wolfgang MICHAEL, Die Formen des unmittelbaren Verkehrs zwischen den Deutschen Kaisern und souveränen Fürsten (vornehmlich im X., XI. und XII. Jahrhundert), phil. Diss., Berlin 1887, Hamburg o. J. – Ulrich NONN, Art. Reichsannalen, in: Lexikon des Mittelalters 7, München/Zürich 1995, Sp. 616 f. – Otto NUSSBAUM, Art. Geleit, in: Reallexikon für Antike und Christentum 9, Stuttgart 1976, Sp. 908–1049. – Wolfgang PAX, Art. Bittprozession, in: Reallexikon für Antike und Christentum 2, Stuttgart 1954, Sp. 422–429. – Erik PETERSON, Die Einholung des Kyrios, in: Zeitschrift für systematische Theologie 7, 1930, 683–702. – Christine RATKOWITSCH, Karolus Magnus – alter Aeneas, alter Martinus, alter Iustinus. Zu Intention und Datierung des 'Aachener Karlsepos' (Wiener Studien. Beihefte 24) (Arbeiten zur mittel- und neulateinischen Philologie 4), Wien 1997. – Dieter SCHALLER, Art. De Karolo rege et Leone papa (Aachener Karlsepos), in: Verfasser-Lexikon 4, Berlin/New York [2]1983, Sp. 1041–1045. – DERS., Art. Karl I. der Große in der Dichtung: Mittellateinische Literatur, in: Lexikon des Mittelalters 5, München/Zürich 1991, Sp. 961–962. – DERS., Das Aachener Epos für Karl den Kaiser, in: DERS., Studien zur lateinischen Dichtung des Frühmittelalters (Quellen und Untersuchungen zur lateinischen Philologie des Mittelalters 11), Stuttgart 1995, 129–163 und 419–422 (Schaller 1995/a). – DERS., Interpretationsprobleme im Aachener Karlsepos, in: DERS., Studien zur lateinischen Dichtung des Frühmittelalters (Quellen und Untersuchungen zur lateinischen Philologie des Mittelalters 11), Stuttgart 1995, 164–183 und 422 (Schaller 1995/b). – DERS., Frühkarolingische Corippus-Rezeption, in: DERS., Studien zur lateinischen Dichtung des Frühmittelalters (Quellen und Untersuchungen zur lateinischen Philologie des Mittelalters 11), Stuttgart 1995, 346–360 und 431 (Schaller 1995/c). – Bernhard SCHIMMELPFENNIG, Die Bedeutung Roms im päpstlichen Zeremoniell, in: Rom im hohen Mittelalter. Studien zu den Romvorstellungen und zur Rompolitik vom 10. bis zum 12. Jahrhundert. Reinhard Elze zur Vollendung seines siebzigsten Lebensjahres gewidmet, hrsg. v. Bernhard SCHIMMELPFENNIG u. Ludwig SCHMUGGE, Sigmaringen 1992, 47–61. – Bernhard SCHIMMELPFENNIG, Das Papsttum. Von der Antike bis zur Renaissance, Darmstadt [4]1996. – Reinhard SCHNEIDER, Mittelalterliche Verträge auf Brücken und Flüssen (und zur Problematik von Grenzgewässern), in: Archiv für Diplomatik 23, 1977, 1–24. – Percy Ernst SCHRAMM, Die Anerkennung Karls des Großen als Kaiser (bis 800). Ein Kapitel aus der Geschichte der mittelalterlichen 'Staatssymbolik', in: DERS., Kaiser, Könige und Päpste. Gesammelte Aufsätze zur Geschichte des Mittelalters 1: Beiträge zur allgemeinen Geschichte. Von der Spätantike bis zum Tode Karls des Großen (814), Stuttgart 1968, 215–302. – Michael SIERCK, Festtag und Politik. Studien zur Tagewahl karolingischer Herrscher (Beihefte zum Archiv für Kulturgeschichte 38), Köln/Weimar/Wien 1995. – Frits STAAL, The Meaninglessness of Ritual, in: Numen 26, 1979, 2–22. – Ingrid VOSS, Herrschertreffen im frühen und hohen Mittelalter. Untersuchungen zu den Begegnungen der ostfränkischen und westfränkischen Herrscher im 9. und 10. Jahrhundert sowie der deutschen und französischen Könige vom 11. bis 13. Jahrhundert (Beihefte zum Archiv für Kulturgeschichte 26), Köln/Wien 1987. – Wilhelm WATTENBACH, Deutschlands Geschichtsquellen im Mittelalter, bearb. v. Wilhelm LEVISON u. Heinz LÖWE, Weimar 1952–90. – Peter WILLMES, Der Herrscher – „Adventus" im Kloster des Frühmittelalters (Münstersche Mittelalter-Schriften 22), München 1976. – Harald ZIMMERMANN, Papstabsetzungen des Mittelalters, Graz/Wien/Köln 1968. – Otto ZWIERLEIN, Karolus Magnus – alter Aeneas, in: Literatur und Sprache im europäischen Mittelalter. Festschrift für Karl Langosch zum 70. Geburtstag, hrsg. v. Alf ÖNNERFORS, Johannes RATHOFER u. Fritz WAGNER, Darmstadt 1973, 44–52.

Stiftmosaikfußboden.
Aachen, Dom (Pfalzkapelle), Lapidarium (Kat.Nr. II.67a) ▷

KAPITEL II

Renovatio Imperii

Donald A. Bullough

Die Kaiseridee zwischen Antike und Mittelalter

„Die *imperialis dignitas* (Kaiserwürde) mit weltlicher Macht über das zweite Rom ist die mittlere von drei Positionen der Ehre (oder „Gewalten“, lat. *personae*), die bis jetzt höchstes Ansehen in der Welt genossen“, erklärte Alkuin in einem Brief an den Frankenkönig Karl im Juni/Juli 799 (Epist., hrsg. v. Dümmler, Nr. 174, S. 288; vgl. Kat.Nr. II.5). Die erste dieser drei Gewalten sei die „Apostolische Hoheit“ und die dritte die Königswürde, die die beiden anderen Gewalten „an Macht, Weisheit und Herrschaftswürde überragt“ und die nun der fränkische David als „Lenker des christlichen Volkes“ innehabe. Im Gegensatz zum Amtsinhaber des Heiligen Stuhls von St. Peter in Rom, der nur sehr selten erwähnt wird, und dem fränkischen Herrscher, der wiederholt vorkommt, hatten weder die kaiserlichen Machthaber im Osten noch Konstantinopel vorher in Alkuins Korrespondenz eine Rolle gespielt, obwohl die *Graeci* (als Aggressoren und Legaten) Erwähnung fanden. Die Bezeichnung ihrer Hauptstadt Konstantinopel als *secunda Roma* ging vermutlich auf einen Konzilstext zurück, vielleicht sogar auf die verschollene lateinische Version der Gesetze des II. Konzils von Nicaea. (Nur wenige Jahre später sollte *secunda Roma* am fränkischen Hof eine völlig andere Bedeutung haben.) Mit diesen kurzen Worten und dem hinzugefügten Kommentar über „die frevelhafte Art (*impie*), in der der Herrscher seines (des?) Imperiums nicht von Fremden, sondern von seinem eigenen Volk gestürzt wurde“, faßt Alkuin fast fünf Jahrhunderte der Kaisergeschichte zusammen, wobei er den Universalitätsanspruch des Kaisertums völlig ignoriert.

Vergils Jupiter hatte Romulus ein grenzenloses und ewiges *imperium* versprochen (Aen. I 278–279), aber bereits zu Lebzeiten des Dichters mußte man eingestehen, daß das Ausmaß des Imperiums des ersten Augustus durch territoriale Grenzen bestimmt war, ebenso wie durch ein gemeinsames Rechtssystem und die Lese- und Schreibfähigkeit seiner herrschenden Klasse, wodurch es sich von den nicht eroberten *gentes* unterschied. Kaiser Konstantins (306–337) Bekehrung zum Christentum stellte sicher, daß der christliche Glaube in diesem begrenzten *orbis romanus* vorherrschend blieb und, was von ebensolcher Tragweite war, daß die Kirche und ihre klerikale Hierarchie eng mit dem säkularen Staat verbunden wurde (Abb. 1); er selbst rief das „ökumenische Konzil“ von Nicaea im Jahre 325 zusammen, um den Glaubensstreit über die Person Christi beizulegen, und war aktiv an den Beratungen und der Formulierung eines Glaubensbekenntnisses beteiligt. Fünf Jahre später wurde das am Bosporus wiedergegründete griechische Byzanz unter seinem neuen Namen „Constantinopolis“ in den Worten des lateinischen Historikers Orosius aus dem 5. Jahrhundert (Hist. adversus paganos, III 13,2, cf. VII 28,27) zur *gloriosissimi imperii sedes at totius caput Orientis*. Konstantins Nachfolger als *Imperator*, *Augustus* und *Basileus* (Abb. 2) und diejenigen, die ihre Höflinge und sowohl militärische als auch zivile privilegierte Vertreter waren oder werden wollten, beteuerten in den folgenden Jahrhunderten unablässig, daß alle Länder, die einst zum römischen *orbis* gehört und sich zum christlichen Glauben bekannt hätten, „auf ewig und unanfechtbar unter ihrer Herrschaft“ bleiben würden.

Dieser Anspruch wurde eher bestärkt als geschwächt durch die von griechischen Chronisten um das Jahr 500 artikulierte Überzeugung, daß ein eigenständiges weströmisches Reich mit seinem *caput* in Ravenna oder Rom in der zweiten Hälfte des 5. Jahrhunderts, wenn nicht sogar exakt im Jahre 476, zugrunde gegangen sei. Umgekehrt hatten bedeutende Persönlichkeiten, die sich der *Romania* und ihren Werten sehr verpflichtet fühlten – als Beispiel sei hier der Aristokrat Sidonius Apollinaris (Bischof von Clermont 470 – ca. 480) genannt –, ihr Überleben schon vorher nicht mehr an die Autorität der Kaiser im Osten geknüpft. Als die meisten Teile des *regnum Hesperium* (unser „westliches Imperium“) im 5. und 6. Jahrhundert unter die Kontrolle neuer Herrscher und ihrer Nachfolger gerieten und später ausgedehnte Gebiete im Osten und entlang der südlichen Mittelmeerküsten von islamischen Mächten erobert wurden, waren Konstantinopels Beteuerungen zunehmend politische Rhetorik und entsprachen immer weniger der politischen Realität. Es

Abb. 1 Rom, Konstantinsbogen

war jedoch eine Rhetorik, die von einem prachtvollen, sorgfältig festgelegten und ganz auf die Person des „sakralen Kaisers" ausgerichteten Hofzeremoniell und einem oft gleichzeitigen, aber dennoch eigenen Kirchenzeremoniell unterstützt wurde; so wurden bei der Thronbesteigung eines neuen *Augustus* die seit langem etablierten weltlichen Akklamationen mit der Krönung durch den Patriarchen verbunden. Beide Zeremonien fanden an architektonisch bedeutenden Schauplätzen statt, die mit dekorativer und (bis zum zweiten Viertel des 8. Jahrhunderts) figürlicher Kunst von hoher Qualität ausgestattet wurden: Aus Elfenbein, Marmor und Edelmetallen, in Mosaikform oder gemalt, und manchmal, beispielsweise bei dem kaiserlichen Monopol auf Gewändern aus Seide, spiegeln sie die Einzigartigkeit seiner Autorität in der Welt wider.

Wenn die nachfolgenden germanischen Königtümer in ihren eigenen Staaten die Machtinstrumente und die öffentliche Ordnung ihrer kaiserlichen Vorgänger einführten, wie etwa die schriftlichen *leges* (Gesetze) mit ihrem Ausgangspunkt im Codex Theodosianus aus dem 5. Jahrhundert, königliche und private Urkunden, rituelle militärische Siegesfeiern und gelegentlich sogar das „Herrscherbild", dann erfolgte dies überwiegend in den Formen, die in den eroberten Provinzen üblich waren. In vielen Gebieten waren gewöhnlich die Bischöfe die Vermittler. Eine bemerkenswerte Ausnahme bildete in mancher Hinsicht das Königtum der Ostgoten in Italien und dem südlichen Gallien vor seiner Zerstörung durch die Heere Kaiser Justinians (527–565). Im Jahre 498 erkannte Kaiser Anastasius I. Theoderichs selbstausgerufenen Status als *rex Italiae* an, indem er ihm die westlichen *ornamenta palatii* zurückgab, die 476 nach Konstantinopel gesandt worden waren. In einem 508/509 im Namen Theoderichs geschriebenen Brief heißt es: „Unser Königtum ist eine Nachahmung des Eurigen, geformt nach Eurer guten Absicht, eine Kopie des alleinigen Imperiums auf Erden; und insoweit wie wir Euch folgen, über-

Abb. 2 Silbernes Missorium des Kaisers Theodosius I: Dargestellt sind Theodosius und seine Söhne Arcadius und Valentinianus (um 388). Madrid, Real Academia de la Historia

treffen wir alle anderen Nationen." In einem der erhaltenen Fragmente von Cassiodors Lobreden auf den König der Goten wird er dafür gepriesen, die hochmütigen Ausländer mit seiner absoluten Autorität (*imperium*: ersetzt *iustitia* aus der entsprechenden Zeile bei Vergil, Aen. I 523) in die Schranken zu verweisen; und höchstwahrscheinlich im Jahr 509, nach mehreren aufeinanderfolgenden Siegen über andere „Barbaren" und Theoderichs Übernahme der Regentschaft über das westgotische Spanien, wurde ein goldenes Medaillon geprägt, das seinem Gewicht nach drei gewöhnlichen kaiserlichen *solidi* entsprach und den König frontal in militärischem Gewand, aber ohne Helm zeigte, mit dem Titel REX und (auf der Rückseite) mit dem traditionell kaiserlichen Beinamen VICTOR GENTIUM (Abb. 3). Als der austrasisch-fränkische König Theudebert I. (534–548) Goldsolidi prägen ließ (Abb. 4), bei denen die reguläre kaiserliche Prägung aus dem 5. und frühen 6. Jahrhundert imitiert wurde, die aber seinen eigenen Namen trugen, erachtete der griechische Chronist Procop dies – wie auch den Vorsitz von Königen bei Streitwagenrennen in Arles – als eine widerrechtliche Aneignung eines kaiserlichen Vorrechts; es ist jedoch unwahrscheinlich, daß Theudebert, der vorher eine große Menge an Gold erworben hatte, dies wirklich bewußt beabsichtigte.

Die Kenntnisse des lateinischen Westens über die kaiserliche Vergangenheit und das zeitgenössische Kaisertum während der nächsten zwei Jahrhunderte waren zwar nicht unbeträchtlich, aber offensichtlich sogar bei den am besten Unterrichteten sehr lückenhaft; es hing sehr davon ab, wo man lebte und auf welche Texte man zurückgreifen konnte. Vielleicht gab es noch zahlreichere und größere Gesandtschaften sowie andere Reisende aus Konstantinopel als diejenigen, die in den überlieferten Texten belegt sind; aber selbst nach den justinianischen Rückeroberungen in der westlichen Mittelmeerregion entfernten sich diese Besucher in der Regel nicht allzu weit von der Küste. Die vereinzelten Gesandtschaften eines Barbarenkönigs nach Konstantinopel, wie die vom burgundisch-fränkischen König im Jahre 586, verschafften dem königlichen Initiator und dem Kaiser Maurikios, der Bundesgenossen gegen die Langobarden brauchte, kurzfristig einen Vorteil, hatten langfristig aber keine erkennbaren Folgen. Die einzige ausführliche schriftliche Beschreibung des Konstantinopels jener Jahre, in der es als „zweifellos die Hauptstadt des Römischen Reiches“ (*proculdubio Romani metropolis imperii*) charakterisiert wird, ist in Bischofs Arculfs mysteriösem Bericht über die Heiligen Stätten zu finden, der in der Version Adomnans von Iona überliefert ist.

Ein großer Teil der italienischen Halbinsel, einschließlich Roms und Ravennas, wo eine Reihe von Bauwerken Zeugnis für die Größe und Freigebigkeit vergangener Kaiser ablegte, blieb auch nach mehr als einem Jahrhundert langobardischer Eroberung und Besiedlung kaiserliches Territorium. Die Exarchen, die im Namen des Kaisers und mit einigen der Insignien eines modifizierten kaiserlichen Zeremoniells die oberste militärische und zivile Autorität ausübten, waren bis ins frühe 8. Jahrhundert hinein vorwiegend hochrangige Beamte des Hofes, die nur für kurze Zeit nach Italien gesandt wurden. In den Jahren 664–668 gab es sogar einen Besuch eines rechtmäßigen Kaisers, Konstans II., mit gebührendem Zeremoniell und hauptsächlich unliebsamen Folgen. Umgekehrt waren zwei Päpste unfreiwillige Besucher in Konstantinopel, wobei der erste von ihnen, Martin, bis zu seinem Tod im Jahre 653 im Kaiserreich festgehalten wurde.

Abb. 3 Goldmedaillon des Theoderich. Rom, Museo Nazionale

Abb. 4 Goldmünze des Theudebert I. von Metz (534–548). Berlin, Münzkabinett

Nichtsdestotrotz waren die sich in Rom und seiner Umgebung im Zusammenhang mit Kirchenfesten und der Person des Papstes entwickelnden Zeremonien nicht unerheblich von den Gebräuchen im kaiserlichen Konstantinopel beeinflußt. In den lateinischen Gebeten der Eucharistiefeiern wurde der Kaiser regelmäßig namentlich genannt; darüber hinaus beinhalteten beide wichtigen Formen der Meßbücher, die (wahrscheinlich) im 7. und 8. Jahrhundert in Rom gebräuchlich waren, Karfreitagsgebete, in denen sowohl *pro christanissimo imperatore nostro* – nämlich daß er alle barbarischen Völker unterwerfen und ewigen Frieden bringen möge – als auch für das *romanum imperium* gebetet wurde. Eines dieser Meßbücher, das Sacramentarium Gelasianum, benutzte man auch andernorts in Italien und weit darüber hinaus, was aufgrund einer um das Jahr 750 im fränkischen Chelles angefertigten Abschrift bekannt ist (Kat.Nr. XI.2) (Abb. 5). Bezeichnenderweise charakterisierte der Süditaliener Paulus Diaconus, der gegen Ende des 8. Jahrhunderts schrieb, die Kaisererhebung Justins II. im Jahre 565 als *rem publicam apud Constantinopolim regendam* (Herrschaftsübernahme im Reich von Konstantinopel) und die des Philippicus im Jahr 711 als *in imperiali dignitate* (in das kaiserliche Amt) eingesetzt.

Ohne einen schriftlichen Beleg über den etwa im Jahre 680 geschlossenen Pakt zwischen dem Langobardenreich und dem byzantinischen Kaiserreich wissen wir nicht, wie die Herrschergewalt des jeweils anderen eingeschätzt wurde. Die Zentralverwaltung des langobardischen Königreichs mit ihrem Mittelpunkt im *sacrum palatium* von Pavia (wie schon aus Dokumenten um die Mitte des 8. Jahrhunderts hervorgeht) war im wesentlichen spätrömisch-provinziell orientiert; aber für die Erneuerungen, die sich in den späteren Edikten widerspiegeln, könnte der direkte Einfluß des Exarchats verantwortlich sein. König Aistulf (749–756) bezeichnete sich selbst im Prolog der im Jahre 750 verkündeten Gesetze als „König des langobardischen Volkes (*gentis*), dem das *populum romanorum* von Gott gegeben wurde“, obwohl es Belege dafür gibt, daß er Ravenna und dessen Region erst ein Jahr später eroberte; und in Urkunden wurde der königliche Titel weiterhin mit *Flavius N. rex excellentissimus* oder *vir excellentissimus rex* angegeben. Mit einer Art *imitatio imperii*, wozu der Bau einer der Heiligen Weisheit gewidmeten Kirche neben ihrem „heiligen Palast“ gehörte, wollten die letzten langobardischen Herzöge von Benevent aus der Zeit vor 774 in erster Linie ihre Unabhängigkeit von den Königen in Pavia geltend machen (vgl. Beitrag Mitchell).

Der gebildete Klerus des erneut christianisierten Nordwestens konnte aus den Schriften des heidnischen Historikers Eutrop, des christlichen Historikers Orosius oder aus der Chronik des Hieronymus und ihrer Fortführung sowie im Laufe der Zeit hin und wieder aus den frühen Versionen des Liber Pontificalis etwas über das Kaisertum der Zeit vor 450 erfahren; die gleichzeitige Verfügbarkeit aller dieser vier Quellen und zusätzlich, wie in Bedas Kloster Wearmouth-Jarrow, der Chronisten der Spätantike, muß außergewöhnlich gewesen sein. Eutrop erklärt in seinen einleitenden Worten, daß er sich das *Romanum imperium*, dessen schlecht dokumentierte Anfänge und dessen gut überlieferte Ausdehnung zum Thema gemacht habe. In den letzten Abschnitten wird Konstantin für seine Errungenschaften gepriesen; aber in deutlichem Gegensatz zu Orosius wird weder auf des Kaisers Bekehrung zum Christentum und seine anschließende Taufe noch auf seine Verlegung der Hauptstadt hingewiesen. Diejenigen, die über eine der ausführlicheren Versionen der *Actus Silvestri* aus dem 5./6. Jahrhundert verfügen konnten, hatten die Möglichkeit, einen detaillierteren Bericht zu lesen. Dennoch hielt Gregor von Tours Ende des 6. Jahrhunderts lediglich „die Wiederherstellung des Friedens in den Kirchen“, die Auffindung des Kreuzes Christi und eine der eher unehrenhaften Episoden aus Konstantins Regierungszeit schriftlich fest; aber nachdem der Verfasser des ersten Teils der Fredegar-Chronik aus dem frühen 7. Jahrhundert in diesem Punkt die Darstellung des Hieronymus weiter ausgeführt hatte, ‘interpretierte’ er Gregor phantasievoll: Nach Auffindung des Kreuzes sei Konstantin von seiner Mutter bekehrt worden.

In der Weltsicht des Beda Venerabilis, für den in Anlehnung an einen illyrischen Chronisten aus dem 6. Jahrhundert das *Hesperium regnum* 454 oder 455 zugrunde gegangen war, nimmt das zeitgenössische Oströmische Reich einen bescheidenen, aber nicht zu vernachlässigenden Platz ein. In seiner 725 fertiggestellten Hauptchronik sind alle östlichen Herrscher, zwar ohne Titel, aber mit der Länge ihrer Regierungszeit, von der Reichsteilung an aufgeführt, während die letzten weströmischen Kaiser (nach 455) und die Rückgabe ihrer Insignien im Jahre 476 außer acht gelassen werden. Seine Ausführungen schließen auch die dortigen Ereignisse im Zusammenhang mit den theologischen Kontroversen im 7. Jahrhundert und das „sechste ökumenische Konzil“ mit ein, größtenteils auf der Basis des Liber Pontificalis. Er gibt einen überraschend ausführlichen Bericht – für den die letztgenannte Quelle nicht die einzige war – über den kurzlebigen Triumph des Kaisers Philippicus (711–713) und seine Zurückweisung in Rom, die damit einherging, daß sein Bild nicht auf öffentlichen Plätzen ausgestellt und sein Name nicht in den Meßgebeten genannt wurde. Bedas letzte Ausführung (teilweise aus einer unbekannten Quelle) behandelt die Belagerung Konstantinopels von 716–717 durch die Sarazenen und deren Auswirkungen. Es überrascht nicht, daß er einige Jahre später in seiner Historia Ecclesiastica nichts weiter hinzuzufügen hat; nachdem Eutrop und Orosius nicht länger zu seinen Quellen gehören, scheint er den Begriff *imperium* nur noch einmal im territorialen Sinn zu benutzen, als er über Kaiser Justins II. Übernahme des *gubernaculum Romani imperii* im Jahre 565 berichtet – obwohl er zwangsläufig auf die herrschenden *imperatores* verweisen muß, als er für die Geschichte von Papst Gregor I. den chronologischen Kontext liefert. Die *Graeci* werden in seiner Schilderung nur hinsichtlich ihrer „Bräuche wider den wahren Glauben" erwähnt, die der im Osten geborene und ausgebildete Erzbischof Theodor von Canterbury (668/669–690) möglicherweise eingeführt hat. In der Regel schlossen die Entfernung und die Sprache jeden ernsthaften Austausch zwischen den Britischen Inseln und den kaiserlichen Griechen aus.

Nach Diaconus in seinem etwa 690 geschriebenen Werk Vita Columbae (über Columba von Iona) ist König Oswald von Northumbrien nach seinem Sieg über den britischen König Cadwallon (633?) zum Imperator Britanniens eingesetzt worden (*postea totius Britanniae imperator a deo ordinatus*) – eine Behauptung, die sicherlich eher dessen bekannte Ambitionen als die konstitutionelle Wirklichkeit oder eine bewußte *imitatio* widerspiegelt; liturgische Gebete und die Schriften des Bischofs Isidor von Sevilla († 636) sind nur zwei der möglichen Quellen für die Terminologie dieses Hagiographen. Die offensichtlich metaphorische Formulierung *Aquilonalis imperii sceptra gubernanti* (er übte die Herrschaft über das nördliche Kaiserreich aus), die der in Canterbury ausgebildete Aldhelm in dem umfangreichen Anredesatz eines Briefes an den zu der Zeit amtierenden northumbrischen König Aldfrith († 705) benutzte, geht auf Texte früheren Datums und ganz anderer Art zurück. Ein halbes Jahrhundert später kopierte Erzbischof Bonifatius diese Anrede unter Verwendung von *Anglorum* in einem an König Æthelbald von Mercia (716–757) gerichteten Mahnbrief. Zuvor hatte Beda im vorletzten Kapitel seiner Kirchengeschichte des englischen Volkes (V.23) berichtet, daß alle (Kirchen-) Provinzen südlich des Humber und ihre verschiedenen Könige Æthelbald unterworfen waren, ohne ihm dabei einen besonderen Titel zuzuschreiben. In seinen Berichten über englische Könige und Königreiche in früheren Büchern und in seiner Zusammenfassung im letzten Kapitel benutzt Beda generell den Begriff *regnum*, wenn das Territorium (Königreich), und *imperium*, wenn die „Autorität" im Vordergrund steht, und zwar eher die „rechtmäßige (christliche) Autorität", im Gegensatz zur *tyrannis* als die ausgeprägte „höhere Autorität, Oberherrschaft". Bonifatius' Verdammung der unrechtmäßigen Aktivitäten, *quod laicus homo vel imperator vel rex* (die ein Laie, ein Kaiser oder ein König) betreibe, in einem 747 geschriebenen Brief an den Erzbischof von Canterbury sollte besser als Anklang an die Liturgie (z. B. die Karfreitagsgebete in Sacr. Gel. I, XLI) mit allgemeiner Gültigkeit und nicht als spezifischer Hinweis auf den Herrscher Mercias verstanden werden.

Der Spanier Isidor von Sevilla nahm in seinen Etymologiae, Buch IX (in dem er auch erklärt, daß *Reges a regendo vocati ... Non autem regit qui non corrigit*), die Aussage mit auf, daß aufgrund eines Beschlusses des römischen Senats ausschließlich Augustus Cäsar den Titel *imperator* tragen sollte, „um sich dadurch gegenüber den Königen anderer Nationen auszuzeichnen", obwohl dieser Titel anschließend von allen nachfolgenden Cäsaren übernommen wurde (c. III, 14, cf. 16). Allgemein wird Isidor auch die einflußreiche Aussage „... das Römische Reich, von dem andere Königreiche abhängig sind" zugeschrieben, aber vielleicht trifft dies gar nicht zu. An früherer Stelle im gleichen Kapitel der Etymologiae (IX. III, 2–3) zitiert er wörtlich eine lange Passage aus Augustinus' De civitate Dei (Vom Gottesstaat) (XVIII, 2), in der es heißt, daß zwei von allen aufgestiegenen und wieder untergegangenen *regna terrarum* größeren Ruhm als die anderen erlangt hätten: Das erste sei das Königreich der Assyrer im Osten und, nach dessen Untergang, das zweite das der Römer im Westen gewesen; „alle anderen Königreiche und Könige werden sozusagen als ihnen untergeordnet angesehen" (*velut adpendices istorum habentur*). Augustinus' (und Isidors) *velut* läßt darauf schließen, daß die Idee der politischen Unterordnung oder Abhängigkeit einer näheren Bestimmung bedurfte; und *istorum* bezieht sich sicherlich auf die beiden *regna*, obwohl ein Spanier des 7. Jahrhunderts möglicherweise, wie neuzeitliche Übersetzer auch, angenommen hat, es beziehe sich ausschließlich auf *Romani (-orum)*. Noch unzutreffender ist die Annahme Carl Erdmanns und anderer, daß die in einer merowingischen (?) Decursio de gradibus, die auf dem erwähnten Kapitel Isidors basiert, aufgestellte Behauptung, „*imperator* ist derjenige, der in der ganzen Welt die Vorrangstellung innehat; die Könige anderer Kö-

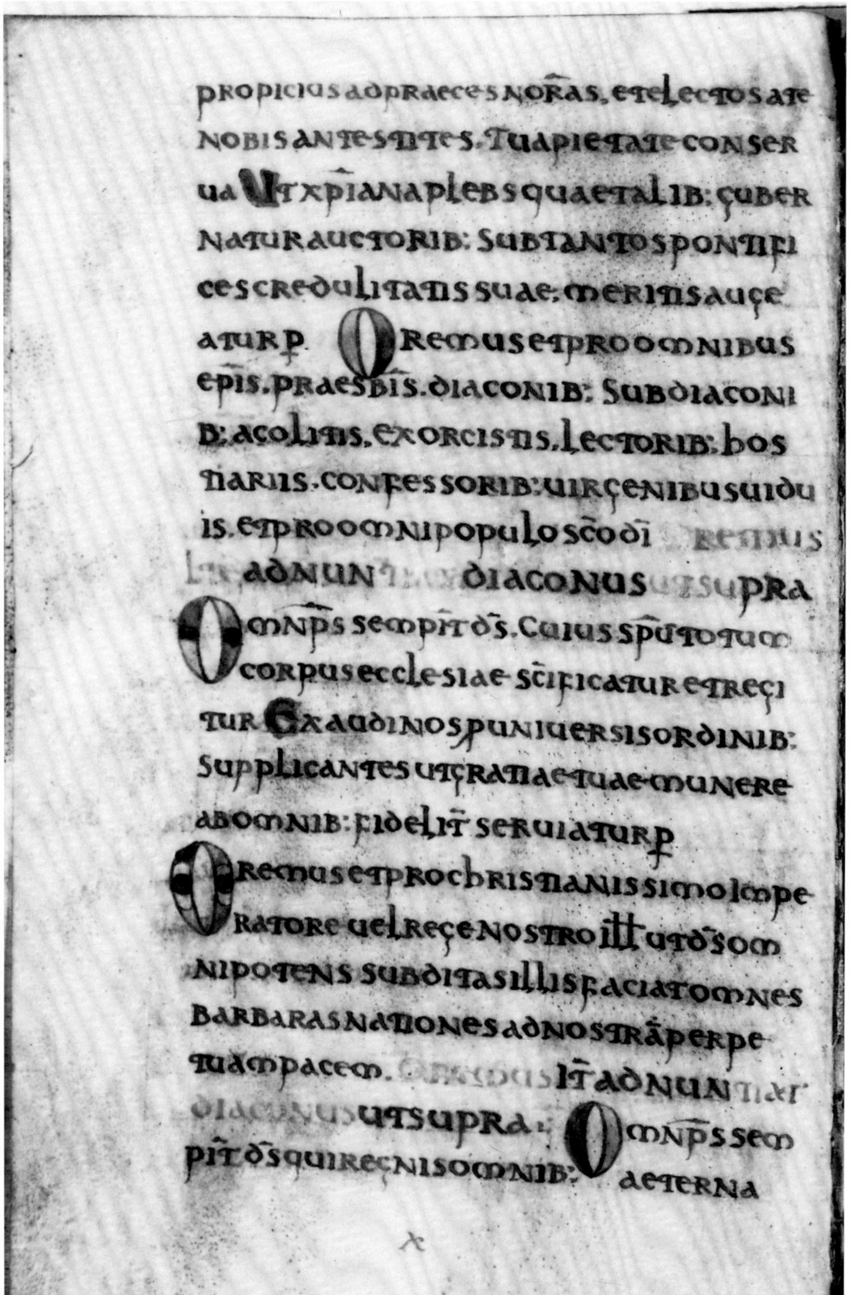
propicius ad praeces nostras, et electos a te
nobis antestites tua pietate conser
ua ut xpiana plebs quae talib; guber
natur auctorib; sub tanto pontifi
ces credulitatis suae meritis auge
atur p. Oremus et pro omnibus
epis. praesbis. diaconib; subdiaconi
b; acolitis. exorcistis. lectorib; hos
tiariis. confessorib; uirginibus uidu
is. et pro omni populo sco di
adnun diaconus ut supra
Omnps sempit ds. cuius spu totum
corpus ecclesiae scificatur et regi
tur exaudi nos pro uniuersis ordinib;
supplicantes ut gratiae tuae munere
ab omnib; fidelit seruiatur p.
Oremus et pro christianissimo impe
ratore uel rege nostro ill ut ds om
nipotens subditas illi faciat omnes
barbaras nationes ad nostram perpe
tuam pacem. it adnun
diaconus ut supra. Omnps sem
pit ds qui regnis omnib; aeterna

Abb. 5 Gebet für den Herrscher, Sacramentarium Gelasianum (Chelles, kurz vor Mitte des 8. Jahrhunderts). Vatikanstadt, Biblioteca Apostolica Vaticana, Reg. lat. 316, fol 64v

nigreiche stehen unter ihm“, bewußt „eine romfreie Kaiseridee“ zum Ausdruck bringe.

Im frühmittelalterlichen Westen scheinen Chronisten und andere gewöhnlich das Wort *regnum* zu benutzen, während neuzeitliche Gelehrte es vorziehen, vom „Kaiserreich“ zu sprechen, wenn es um ein Territorium geht, das von *imperatores* regiert wird; mit *imperium* wird im allgemeinen „die rechtmäßige Autorität, Herrschaft“ bezeichnet, obwohl es in England vielleicht manchmal – ganz sicher aber in einer einzelnen Passage in Alkuins Gedicht über York, seine Bischöfe und Könige – auch im speziellen Sinn von „Autorität, die über andere *gentes* und ihre Herrscher ausgeübt wird“, gebraucht wird. Die „Imitation“ von kaiserlichen Symbolen und Titeln, die Über-

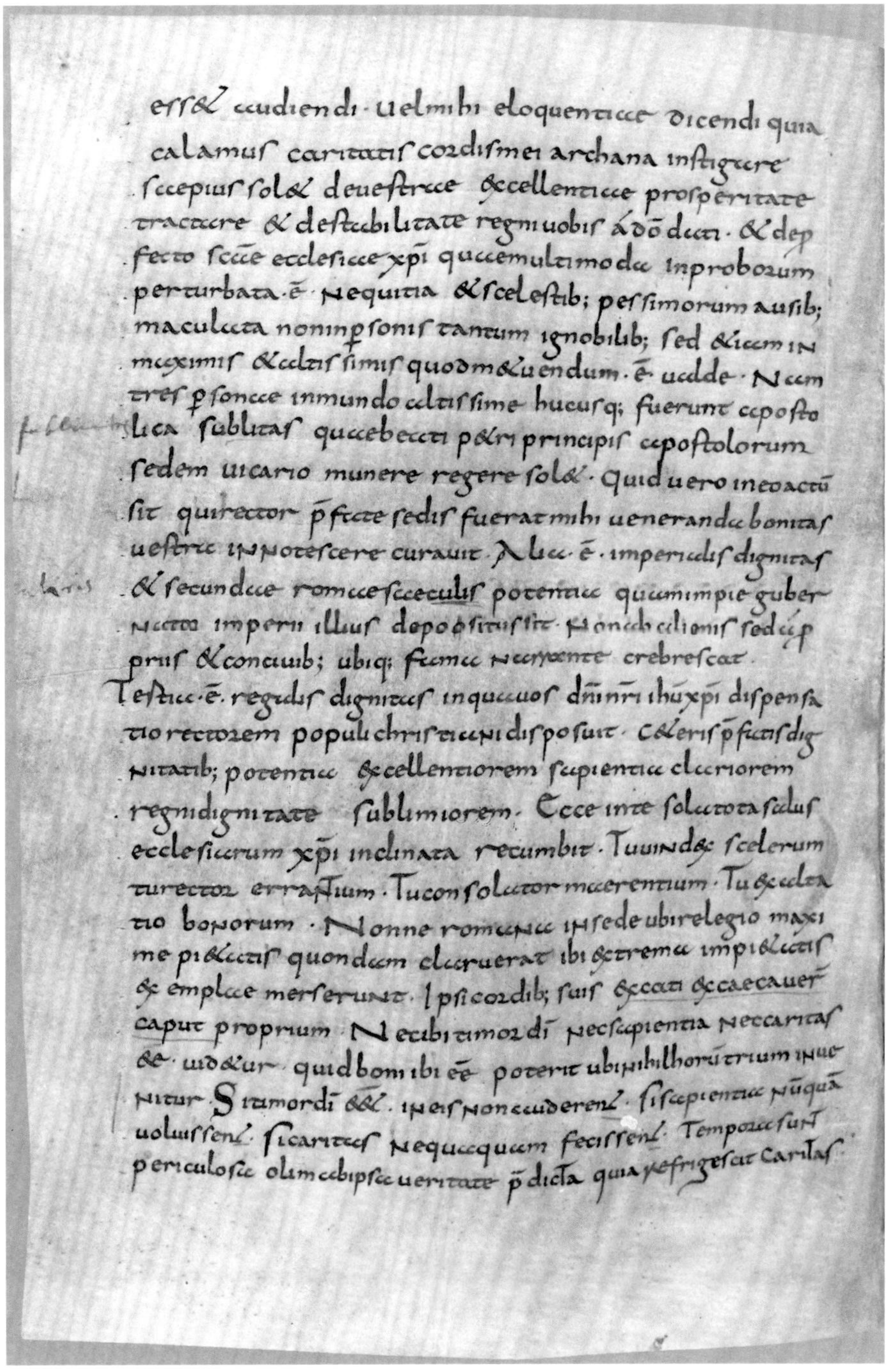

Abb. 6 Alkuin-Brief. Troyes, Bibliothèque Municipale, Ms. 1165, fol. 27v

nahme nur halb verstandener zeremonieller Rituale oder in der Nachahmung und Veränderung von Münzformen, war bis dahin noch nichts weiter als das Geltendmachen einer gestärkten und gottgewollten Autorität über die *gens* oder *gentes*. Die Idee einer von der Autoritätsauffassung des Kaisers im Osten unterschiedlichen Autorität war ein Vorrecht der Kirche und insbesondere des Bischofs von Rom als Nachfolger des „Apostelfürsten", des hl. Petrus. Diejenigen, die diese Idee verkündeten, wurden darin durch die häufig wieder heraufbeschworenen Bilder der Größe der einstigen Kaiserstadt bestärkt. In einer Predigt Papst Leos I. am Fest der Heiligen Petrus und Paulus, die ursprünglich im Jahre 441 gehalten und anschließend in verschiedenen Versionen in weit verbreitete Homilien

(Predigtsammlungen) aufgenommen wurde, heißt es: „Dies sind diejenigen, die dich [Rom] zu solchem Ruhm brachten, daß du, weil du zu einer heiligen Nation, zu einem auserwählten Volk, zu einer priesterlichen und königlichen Stadt [sic] und durch den gesegneten Heiligen Stuhl von St. Peter zum Haupt der Welt gemacht wurdest, eine größere Herrschaft durch die Gottesverehrung als durch weltliche Ländereien erhalten solltest. Denn obwohl du dich durch viele Siege vergrößert hast, so daß du deine rechtmäßige Herrschaft (*ius imperii*) über Land und See ausgedehnt hast, ist das, was deine Kriegführung unterworfen hat, dennoch weniger als das, was der christliche Friede erobert hat." (Tract. LXXXII). Das Gebiet der 'friedlichen Eroberung', das normalerweise durch die irdischen Waffen der christlichen *gentes* und ihrer Anführer bezwungen oder gesichert wurde, breitete sich gewaltig aus, zuerst, als Papst Gregor I. (590–604) Missionare aus Rom ins südliche England entsandte, und anschließend, als die dann christlichen Engländer ihren Glauben in das noch heidnische kontinentale Germanien trugen.

Der Primat des Heiligen Stuhls in Rom war ein wiederkehrendes Thema in den Briefen, die die aufeinanderfolgenden Päpste an den Klerus und die Monarchen richteten, auch wenn die „Romanisierung" der liturgischen Gebräuche und der Organisation der nationalen Kirchen lange Zeit halbherzig und unvollständig blieb. Der Kaiserhof und der Patriarch von Konstantinopel wurden ständig daran erinnert, daß die Behandlung von Glaubensfragen und der Schutz der *catholica fides* die historische Verantwortung der Bischöfe von Rom seien und daß die Einführung neuer Lehrsätze nur mit ihrer Zustimmung möglich wäre. Der uneingeschränkten päpstlichen Ablehnung der kaiserlichen Dekrete gegen bildliche Darstellungen in der sakralen Kunst, dem sog. Ikonoklasmus ab 726/727, folgte jedoch eine offene Infragestellung der politischen Autorität des Kaisers über Italien. Bereits im Jahre 739 soll Papst Gregor III. dem fränkischen *princeps* Karl (Martell) den ohne Wirkung gebliebenen Vorschlag unterbreitet haben, „er solle seine Verbindungen zum Kaiser lösen und sich mit Zustimmung des römischen Volkes ihm anschließen". Im Jahre 754 wurde dann Karls Sohn Pippin, der 751 mit päpstlicher Zustimmung zum König der Franken gesalbt worden war, und seinen Söhnen der neuartige Titel *Patricius Romanorum* verliehen; und Pippin „gab" dem Papsttum anschließend „aus Liebe zu Sankt Peter und als Buße für seine Sünden" ehemals kaiserliches Territorium „zurück". In diesen Zusammenhang gehört das in päpstlichen Kreisen entstandene Constitutum Constantini, gemäß dem der erste christliche Kaiser, der für die Reinheit seines Glaubens bekannt war, Papst Silvester angeblich ausgedehnte Gebiete im Westen, den Lateran und Symbole des kaiserlichen Amtes übergeben hatte; die unmittelbare Auswirkung dieses geschickt ersonnenen Textes war nicht der Rede wert. Weitaus größere politische Folgen hatte seinerzeit und auch noch danach die Erklärung von Papst Gelasius I. in einem oft kopierten Brief aus dem Jahre 494 an Kaiser Anastasius: „Die Welt wird hauptsächlich von diesen beiden regiert, der geistlichen Autorität der Päpste und der *regalis potestas*; wobei die Bischöfe die schwerere Last tragen, weil sie sich Gott gegenüber für die Könige der Menschen beim Urteil Gottes verantworten müssen; denn ... obwohl Ihr in Eurem Amt (*dignitate*) den führenden Platz in der Menschheit einnehmt, müßt Ihr ergeben Euer Haupt senken gegenüber denen, die für die religiösen Angelegenheiten zuständig sind, und bei ihnen die Wege zu Eurer Erlösung suchen."

In einer maßgeblichen Studie legte Percy Ernst Schramm dar, daß Papst Hadrian I. (772–795) früh in seinem Pontifikat damit begonnen habe, die kaiserlichen Vorrechte und die Insignien der kaiserlichen Herrschaft von den Griechen auf den fränkischen König Karl den Großen zu übertragen, und zwar in einem solchen Ausmaß, daß zum Zeitpunkt seines Todes nur noch die „Anerkennung" der kaiserlichen Position des fränkischen Königs gefehlt hätte. Ein genauerer Blick auf die Anhaltspunkte läßt eher darauf schließen, daß der Papst stetig die Zeichen der Autorität des Kaisers und die Rechte der Insignien beseitigte und sie wirkungsvoll für sich selbst beanspruchte. Darauf könnte beispielsweise die Datierung von Dokumenten allein nach dem Jahr seiner Amtszeit als Papst hindeuten und in ähnlicher Weise das Prägen von Münzen ohne das Bild des Kaisers auf der Vorderseite, obwohl sie bis 781 immer noch dem byzantinisch-römischen Gewichtsstandard folgten. Ein Wandel in der Tradition, der mit dem Amtsantritt Papst Leos III. im Jahre 795/796 in Zusammenhang steht, zeigte sich darin, daß der Papst die Benachrichtigung über seine Wahl zusammen mit den Schlüsseln zum Grab des heiligen Petrus und einem *vexillum* der Stadt an den Frankenkönig sandte; aber auf seinen Münzen aus der Zeit vor 801 taucht der Name des fränkischen Herrschers nicht auf; und Privaturkunden mit Datumsangaben, die sowohl das Herrschaftsjahr des Königs als auch das des Papstes enthalten, sind mit ziemlicher Sicherheit nach 800 angefertigte Fälschungen.

Die Wiedereinführung der Bilder durch das vom Kaiser einberufene Konzil von Nicaea im Jahre 787 und die schlechte Übersetzung seiner *acta*, durch die diese Konzilsentscheidungen im Frankenreich bekannt wurden, provozierte eine umfangreiche Antwort, die größtenteils von dem gelehrten und energischen Theodulf verfaßt wurde, der kurz zuvor aus Spanien bzw. der *Gothia* an Karls Hof gekommen war: Der vollständige Titel dieses *Opus Karoli* betonte die Autorität des Frankenkönigs über viele *provinciae*; im Prolog wurde der Status des Kaisers auf den eines *rex* des Ostens herabgestuft; und im letzten Kapitel (zu dessen Inhalt vielleicht auch Alkuin beitrug) sprach man sich für ein wahrhaft „universales" Konzil der westlichen Provinzen aus, auf dem die universelle Orthodoxie verkündet werden sollte. Obwohl die Endversion dieser Schrift die Zustimmung des Königs erhielt, stellte sich unglücklicherweise zu dem Zeitpunkt, als die Synode von Frankfurt abgehalten wurde, auf der die neue griechische Position im Bilderstreit abgelehnt werden sollte, heraus, daß Papst Hadrian die Schrift fast gänzlich gebilligt hatte! Eine ganz andere Form der 'Häresie' war der spanische Adoptianismus, der die Verhandlungen in Frankfurt beherrschte und Alkuin dazu veranlaßte, im Namen des Frankenkönigs (*filius et defensor sanctae Dei ecclesiae*) und der Bischöfe Mahnbriefe zu verfassen.

Es wurden mehr oder minder plausible Behauptungen über Beispiele einer *imitatio imperii* am karolingischen Königshof vor und nach der Niederlassung in Aachen aufgestellt. Der Begriff *sacrum palatium*, der erstmals in Frankfurt benutzt wurde, hat mit großer Sicherheit seinen Ursprung in Italien und nicht im Ostreich. In den 80er Jahren des 8. Jahrhunderts wurde Karls Tochter Rotrud (nach Angaben aus griechischen Quellen) von einem aus Konstantinopel gesandten Eunuchen und Gerichtsschreiber in „der Sprache und den Gebräuchen der Griechen" unterrichtet; ein Gedicht Theodulfs aus den späten 90er Jahren des 8. Jahrhunderts verzeichnet die Anwesenheit dreier Eunuchen als Kammerherren an der Aachener Pfalz, von denen zumindest einer Grieche war. Vielleicht haben griechische Besucher neue Gesänge oder Gesangsformen mitgebracht, die der Hofklerus für den einheimischen Gebrauch adaptierte; aber dies bedingt noch nicht zwangsläufig die Annahme, daß die ersten karolingischen *laudes regiae* (wohl aus den 80er oder frühen 90er Jahren des 8. Jahrhunderts) auf neuere kaiserliche Vorbilder zurückgehen (Kat.Nr. XI.18). Mit den (lateinischen) Versen von Corippus über die Krönung Kaiser Justins II. im 6. Jahrhundert lag vermutlich erstmalig ein schriftlicher Bericht über das kaiserliche Hofzeremoniell vor, und zwar in einer Form, die kaum von Nutzen für die Praxis gewesen sein kann.

In den Gebeten wurde der fränkische König sehr wahrscheinlich immer noch mit dem Titel *christianissimus rex noster* bezeichnet. Aus Briefen, die Alkuin einige Monate nach seiner Übersiedlung (Sommer/Herbst 796) nach Saint-Martin in Tours schrieb, wird deutlich, daß er es noch immer ablehnte, die „imperiale" Macht im Westen als ausschließlich oder rechtmäßig Karl zustehend zu betrachten: Er schreibt Karl, daß er viele Schüler „zu Ehren Eures imperialen Königtums" erziehe, aber daß die Einwohner Kents, die zu der Zeit Untertanen Mercias waren, auch ein *regnum imperiale* seien (Epist. 4, nos. 121, 129). Zuvor, nach dem fränkischen Sieg über die Awaren, hatte Alkuin einen gleichlautenden Brief an den König der vielen Provinzen und an die „heiligen Prediger des Wortes Gottes" gerichtet: Darin bejubelte er ihren Erfolg bei der „Ausweitung des *Christianitatis regnum* und der Verbreitung der Kenntnisse über den wahren Gott" und pries sie dafür, daß sie „viele Menschen nah und fern von den Täuschungen des Irrglaubens auf den Weg der Wahrheit gebracht haben", aber gleichzeitig kritisierte er einige der ergriffenen Maßnahmen als unklug und unangebracht; diese Kritik verschärfte er in weiteren Briefen während der folgenden Monate. Eines der Themen in Alkuins Vita Willibrordi, die im selben Zeitraum fertiggestellt wurde, ist der Zusammenhang zwischen dem *imperium* (Herrschaft) der ersten karolingischen Könige über andere *gentes* und über ihr eigenes – ein ausgewähltes Volk, das „Volk Gottes" – und der Verbreitung der christlichen Religion. Aber erst zur Osterzeit 798 wird die Blüte des „gesamten christlichen Reiches" (*cuncto Christianitatis imperio*) und die Ausübung der „geistlichen Herrschaft" durch den Frankenkönig (*sacratissimi gubernacula imperii*) als von Karls eigenem Wohlbefinden abhängig erklärt. Alkuins Reaktion auf die Anspielungen des reuelosen Adoptianisten Elipand von Toledo, er wäre möglicherweise der Erzhäretiker Arius neben dem Konstantin des fränkischen Hofes, ist nicht bekannt; für Alkuin, wie für andere Hofschreiber auch, war Karl „der neue David" und nicht „der neue Konstantin". Erst nachdem Alkuin von der Ankunft des Papstes in Paderborn unterrichtet worden war, taucht der Begriff *christianum imperium* wiederholt in seinen Briefen auf, der sich auf das gesamte dem Frankenkönig unterstehende Territorium bezieht, das von dem geistlich von Rom abhängigen *populus christianus* bewohnt wird.

Eine Lehrmeinung, die beispielsweise in den Schriften des verstorbenen François-Louis Ganshof zum Ausdruck kommt, vertritt die Ansicht, daß Alkuin mit seinem Sprachgebrauch in den Briefen bewußt den Weg für die

Ereignisse in Rom am 25. Dezember 800 bereitet habe und daß daher sein Einfluß hierauf trotz seiner Abwesenheit entscheidend gewesen sei. Gegen diese Ansicht wurden schwerwiegende Einwände vorgebracht. Der Begriff „christliches Kaiserreich" komme nur zufällig in seinen Briefen vor, die hauptsächlich von der Verteidigung oder der Verbreitung des christlichen Glaubens, aber auch von anderen Themen handeln. Es wäre eine unbewiesene Behauptung (eine verständliche, aber immer noch eine Behauptung), daß es eher Alkuin gewesen sei, der diesen Begriff geprägt oder zumindest sich zu eigen gemacht habe, als daß er in der allgemeinen Sprache des Hofes gebräuchlich gewesen sei, und daß Alkuins Verständnis dieses Begriffs von denen, die sich, anders als er selbst, in den Jahren 799/800 ständig in der Nähe des Königs aufhielten, geteilt worden sei. Bei der Charakterisierung der *tres personae*, die am Anfang vorgetragen worden ist, wird vielleicht wirklich unterschwellig impliziert, daß Karl nun das Recht hätte, seine *regalis dignitas* durch die *imperialis dignitas* zu ersetzen (Abb. 6). Alkuin legt dies jedoch weder hier noch anderswo in seinen Schriften, weder in den Briefen noch den Gedichten, ausdrücklich nahe. Es müssen sicherlich andere Einflüsse und andere Berater in Betracht gezogen werden, um zu erklären, warum der „Lenker des christlichen Volkes" und durch die Vermittlung des Papstes „Herrscher über die weite Welt" (*lato regnator in orbe*) siebzehn Monate später die Titel *rex Francorum* und *patricius Romanorum* aufgab und fortan *imperator et augustus* genannt wurde.

Quellen und Literatur:

Alcuin, Epistolae, hrsg. v. Ernst DÜMMLER, in: Epistolae Karolini aevi 2 (MGH Epist. 4), Berlin 1895. – Augustinus, De Civitate Dei, hrsg. v. Bernhard DOMBART u. Alfons KALB, in: CCSL 47/48, 1978. – Beda, Chronica Maiora, hrsg. v. Theodor MOMMSEN, in: MGH AA 13, Berlin 1898, 247–327. – Beda, Historia Ecclesiastica gentis Anglorum, hrsg. v. Bertram COLGRAVE u. Roger A. B. MYNORS, Oxford 1969. – Constitutum Constantini (Konstantinische Schenkung), hrsg. v. Horst FUHRMANN (MGH Fontes iur. Germ. 10), Hannover 1968. – Corippus, In laudem Iustini Augusti minoris, hrsg. v. Averil CAMERON, London 1976. – Eutropius, Brevarium ab urbe condita, hrsg. v. Hans DROYSEN, in: MGH AA 2, Berlin 1879. – Isidorus, Etymologiarum sive Originum libri XX, hrsg. v. Wallace Martin LINDSAY, Oxford 1911. – Libri Carolini sive Caroli Magni capitulare de imaginibus, hrsg. v. Hubert BASTGEN (MGH Conc. 2), Hannover/Leipzig 1924; Neuausgabe: Opus Caroli regis contra synodum (Libri Carolini), hrsg. v. Ann FREEMAN unter Mitwirkung v. Paul MEYVAERT (MGH Conc. 2), Hannover 1998. – Orosius, Historiarum adversum paganos, hrsg. v. Marie-Pierre ARNAUD-LINDET, Paris, 1990–1991.

M. ALBERI, The evolution of Alcuin's concept of the Imperium christianum, in: International Medieval Research, 4: The Community, the Family and the Saint. Patterns of Power in early medieval Europe; Selected Proceedings of the international medieval Congress, University of Leeds 4–7 July 1994 / 10–13 July 1995, hrsg. v. Joyce HILL u. M. SWAN, Turnhout 1998. – The Cambridge History of Medieval Political Thought, c. 350-c. 1450, hrsg. v. James H. BURNS, mit Beiträgen von D. M. NICOL, R. A. MARKUS, Janet NELSON, I. S. ROBINSON, Cambridge 1988. – Peter CLASSEN, Karl der Große, das Papsttum und Byzanz: Die Begründung des karolinischen Kaisertums, neu hrsg. v. Horst FUHRMANN u. Claudia MÄRTL (Beiträge zur Geschichte und Quellenkunde des Mittelalters 9), Sigmaringen 1985. – Eugen EWIG, Das Bild Constantins des Großen in den ersten Jahrhunderten des abendländischen Mittelalters, in: DERS., Spätantikes und fränkisches Gallien. Gesammelte Schriften (1952–1973) 1, hrsg. v. Hartmut ATSMA (Beihefte der Francia 3), München/Zürich 1976, 72–113. – Robert FOLZ, L'Idée d'Empire en Occident du Ve au XIVe siècle 1, Paris 1953. – André GRABAR, L'Empereur dans l'art Byzantin, Straßburg 1936. – Percy Ernst SCHRAMM, Die Anerkennung Karls des Großen als Kaiser (bis 800). Ein Kapitel aus der Geschichte der mittelalterlichen „Staatssymbolik", in: Beiträge zur allgemeinen Geschichte 1: Von der Spätantike bis zum Tode Karls des Großen (814) (Kaiser, Könige und Päpste. Gesammelte Aufsätze zur Geschichte des Mittelalters 1), Stuttgart 1968, 215–263.

Hubert Mordek

Von Paderborn nach Rom – der Weg zur Kaiserkrönung

6. Januar 754, Tag der Erscheinung des Herrn (Epiphanie) – beim Empfang des Papstes im Frankenreich hätte das Zeremoniell kaum ehrenvoller ausfallen können. Bis auf 100 Meilen ritt König Pippins Sohn, der damals noch kleine Karl, samt Gefolge dem hohen Gast entgegen, und fast drei Meilen vor der Pfalz Ponthion begrüßte ihn Pippin selbst mit Gemahlin, Prinzen und anderen Großen: Der König stieg vom Pferd, warf sich zu Boden und begleitete eiligen Schritts, den Stratordienst späterer deutscher Kaiser vorwegnehmend, ein Stück weit den reitenden Papst.

Sommer des Jahres 799 – weniger unterwürfig verhielt sich, will man dem Berichterstatter glauben, Karl der Große, als es erneut galt, einen nahenden Papst einzuholen. Zwar ähneln sich einzelne Vorgänge: Wieder zieht ein Prinz, Pippin von Italien, dem Papst entgegen, und wieder empfängt der König seinen Gast nicht in, sondern vor der Pfalz, außerhalb Paderborns. Aber während sich das Heer dreimal zu Boden warf, dürfte Karl, der im Zentrum seines Kriegsvolks den staunenden Ankömmling erwartet hatte, sich lediglich zu einer Verbeugung oder einem Kniefall verstanden haben, bevor er Leo ein herzliches Willkommen bot (Karlsepos, Verse 452 f. u. 487 f.; vgl. auch Beiträge Hack u. McCormick) (Abb. 1).

Allem Anschein nach trat Karl der Große 799 ungleich majestätischer auf als 754 der kurz vordem erst zum König erhobene Pippin – Ausdruck einer gewandelten Welt und Vorzeichen kommender Veränderungen?

Karl der Große befand sich 799 auf der Höhe der Macht. Die Awaren, „Hunnen" in den Augen der Zeitgenossen, hatte er niedergerungen und riesige Schätze erbeutet (795/796). Bei den zähesten Gegnern, den Sachsen, gab es ein letztes Aufbegehren nur noch jenseits der Elbe, nachdem Westfalen, Engern und Ostfalen dem Capitulare Saxonicum (797) zugestimmt hatten. Deutlich war auf dem großen Konzil von Frankfurt (794) die Kirchenhoheit Karls zur Geltung gekommen. Von den Stufen seines Thrones herab hatte der König selbst in dogmatische Fragen eingegriffen. „Herrscher über Gallien, Germanien, Italien und deren (einst römische) Grenzprovinzen" lautete Karls Titel in den Libri Carolini (792), die gegen das ikonoklastische Byzanz (Neu-Rom) Stellung bezogen. Und nach dem Triumph über die Agilolfinger konnte Karl es sich endlich leisten, Salzburg vom Papst zur bayrischen Kirchenprovinz erheben zu lassen (798).

Wie sich der große Karl die „Gewaltenteilung" mit dem Papsttum vorstellte, zeigt 796 das Gratulationsschreiben zur Wahl Leos III.: Karls Aufgabe sei es, die Kirche nach außen gegen die Heiden und Ungläubigen zu verteidigen und innen im katholischen Glauben zu stärken, Leos Aufgabe, wie Moses mit erhobenen Händen Karls Kampf zu unterstützen.

So wenig der agile Neuling auf dem apostolischen Stuhl seine Rolle auf das Gebet beschränkt sehen mochte, so rasch sollte er Karls Schutz benötigen – Schutz nicht der päpstlichen Stadt vor äußeren Feinden wie den Langobarden, deretwegen einst Stephan II. zu Pippin gereist war, sondern Schutz der päpstlichen Person vor innerrömischen Gegnern. Um Leos habhaft zu werden, ließen hohe Beamte aus dem Umkreis seines Vorgängers Hadrian I. († 795) die große Bittprozession am 25. April 799 überfallen. Offenbar wollten sie Leo absetzen, ihm das Augenlicht und die Sprache nehmen, um vollendete Tatsachen zu schaffen. Der Inhaftierte konnte aber unversehrt entkommen und sich mit Hilfe des nahen fränkischen Herzogs von Spoleto in Sicherheit bringen (vgl. Beitrag Becher in Kat.Bd. II, Kap. II).

Karl seinerseits hatte auf die erste Schreckensnachricht hin erwogen, sofort nach Rom zu ziehen, hielt dann aber am geplanten Sachsenzug fest und lud seinen Schützling nach Paderborn. Laut Karlsepos soll Leo selbst darum gebeten haben, vor Karl geführt zu werden, „damit er mit gerechtem Urteil (*iusto iudicio*) unser Handeln prüfe" (Verse 388 f.). Wie zum Beweis der Rechtmäßigkeit seiner Wahl am Stephanstag (26. Dezember) 795 brachte Leo Stephanusreliquien mit. Komplett wird das Bild eines Gerichtsverfahrens dadurch, daß auch die Gegenpartei eine Abordnung schickte und der Vorschlag aufkam, Leo solle sich eidlich von den vorgebrachten Klagen reinigen.

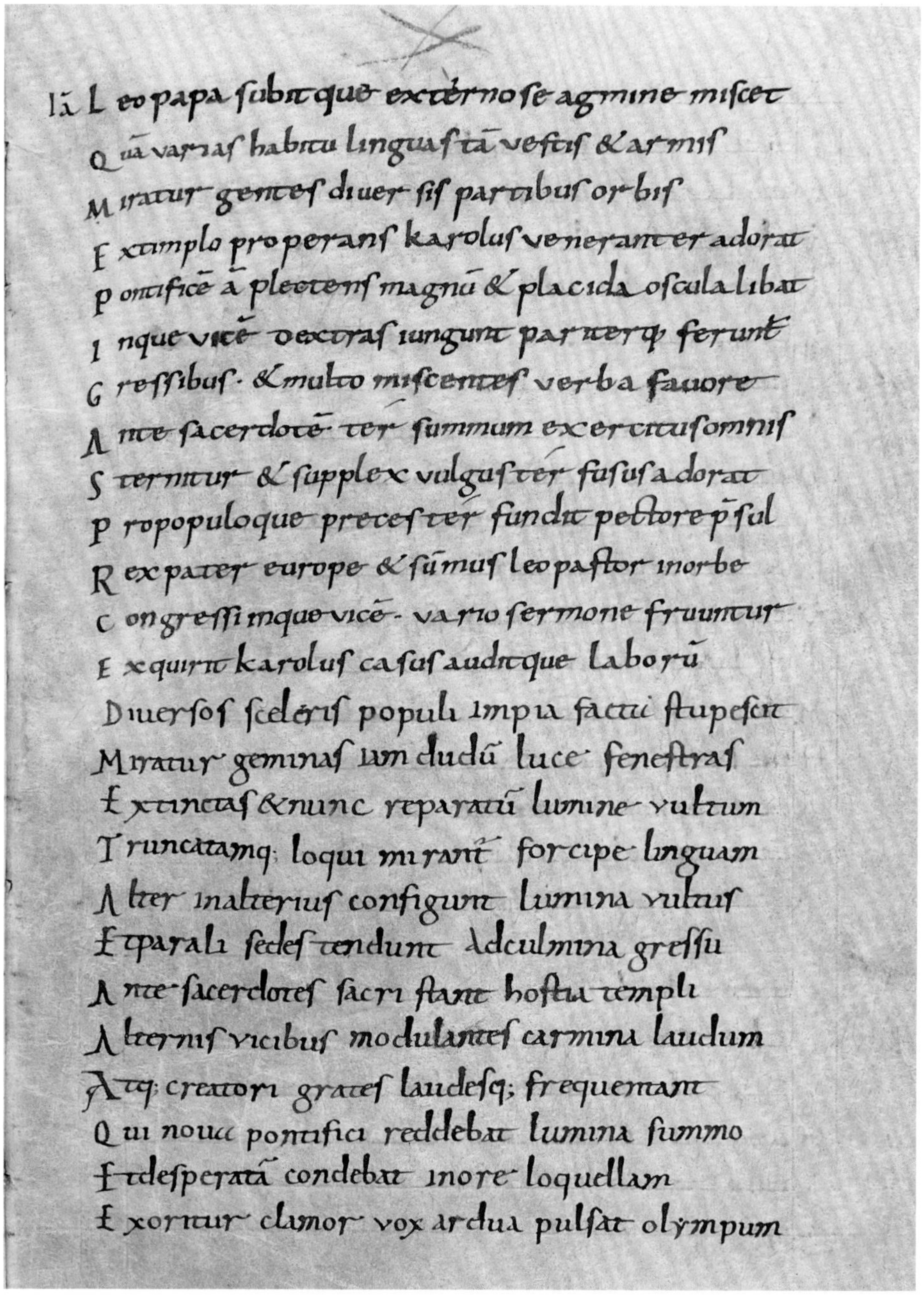

Iā L eo papa subit quo externo se agmine miscet
Q uã varias habitu linguas tã vestis & armis
M iratur gentes diuersis partibus orbis
E xemplo properans karolus ueneranter adorat
P ontificẽ ãplectens magnũ & placida oscula libat
I nque vicẽ dextras iungunt pariterq; ferunt
G ressibus· & multo miscentes verba fauore
A nte sacerdotẽ ter summum exercitus omnis
S ternitur & supplex vulgus ter fusus adorat
P ropopuloque preces ter fundit pectore p̃sul
R ex pater europe & sũmus leo pastor inorbe
C ongressi inque vicẽ· vario sermone fruuntur
E xquirit karolus casus audit que laborũ
D iuersos sceleris populi impia facta stupescit
M iratur geminas iam dudũ luce fenestras
E xtinctas & nunc reparatũ lumine vultum
T runcatamq; loqui mirant forcipe linguam
A lter inalterius configunt lumina vultus
E tparali sedes tendunt Adculmina gressu
A nte sacerdotes sacri stant hostia templi
A lternis vicibus modulantes carmina laudum
A tq; creatori grates laudesq; frequentant
Q ui noua pontifici reddebat lumina summo
E t desperatã condebat inore loquellam
E xoritur clamor vox ardua pulsat olympum

Abb. 1 Sog. Karlsepos. Zürich, Zentralbibliothek, Ms. C. 78, fol. 114r

Gerade dieser Reinigungseid, der ja später realisiert wurde, atmet fränkisches Rechtsempfinden und bedeutete, wie Alkuins Empörung verrät (Epist. 179), eine Zumutung für den Papst.

Wichtig bleibt vor allem der Umstand, daß beide römischen Parteien, aus welchen Beweggründen auch immer, vor Karl erschienen. Karl allein konnte und sollte entscheiden, ob Leo weiterhin Papst bleiben durfte. Alkuin hat diese neue Konstellation sofort erkannt. Von den „drei höchsten Personen der Welt“ – dem jüngst attackierten Papst Leo III., dem 797 eliminierten oströmischen Kaiser Konstantin VI. und schließlich König Karl – war nur Karls Königswürde, die höchste der genannten drei, intakt geblieben (Epist. 174, vgl. Kat.Nr. II.5): „Siehe, Du allein stützt noch das ganze Heil der Kirchen Christi“, folgert Alkuin und verwendet dabei bezeichnenderweise Worte aus Vergils römischem Gründungsepos (Aen. XII, 59). Die schmeichelhaften Verse, die er dann selbst schmiedet, setzen über Karl nur noch Gott: „Auch der Rektor der Kirche (Papst) werde von

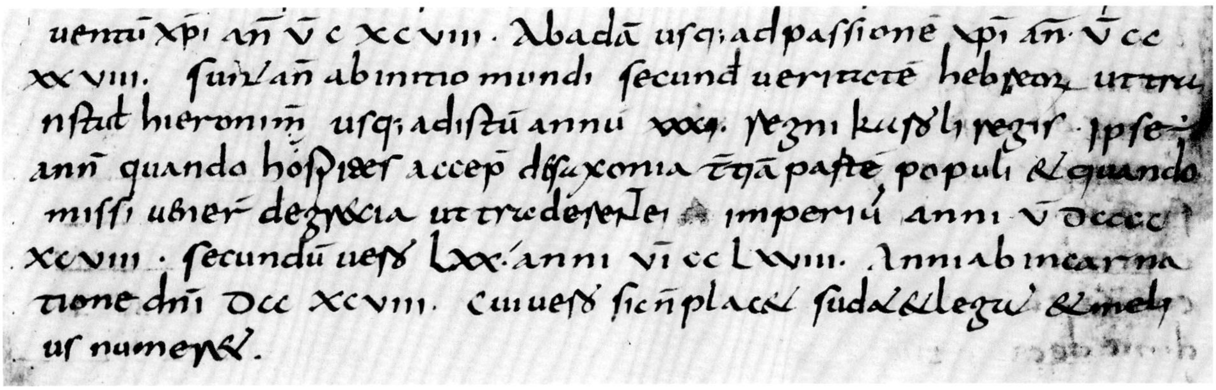

Abb. 2 Kölner Notiz zum Kaisertum in einer komputistischen Sammelhandschrift. Köln, Diözesan- und Dombibliothek, Cod. 83 II, fol. 14v

Dir, König, recht regiert. Und Dich regiere die großmächtige Rechte des Herrn" (Carm. XLV, 71). Oder, wie es Theodulf von Orléans nicht ohne ironischen Anflug ausdrückt: „Durch Dich besitzen Bischöfe geheiligte Rechte. Lügen müßt' ich, wenn nicht Papst Leo selbst dies erfuhr" (Carm. XXXII, 8 f.). König Karl, der niemanden mehr über sich hatte, der als Schutzherr sogar über dem Papst stand, war auf dem besten Wege, die höchste Würde der Welt zu erlangen, das Kaisertum.

Freilich lassen sich dahingehende königliche Pläne aus den unmittelbaren Quellen nicht sicher belegen. Und so fehlt auch der letzte Beweis für die hohe Wahrscheinlichkeit, daß Verhandlungen über die Kaiserkrönung schon in Paderborn stattfanden. Das 799 spielende Karlsepos, dessen Karlstitulaturen (vor allem *augustus*) man früher als zeitnahen Reflex solcher Verhandlungen ansah (Erdmann 1951, Beumann 1962), wird heute eher nach 800 datiert (Schaller 1976). Aber das schließt Paderborner Vorgespräche keineswegs aus. Je deutlicher Karls Interesse am Kaisertum hervortritt, etwa bei der Majestätsgesetzgebung (Hageneder 1983), desto glaubwürdiger wird die Annahme, von fränkischer Seite sei schon in Paderborn auf das Kaisertum hingearbeitet worden. Der Byzantiner Theophanes behauptet schlichtweg, Leo habe Karl zur Belohnung für seine Hilfe gekrönt, und ein Jahrhundert später lesen wir bei dem Neapolitaner Diakon Johannes, Leo habe die Krönung versprochen, wenn Karl ihn vor seinen Feinden rette. Das weitere Geschehen selbst enthüllt Aspekte, die eine gewisse Planung voraussetzen.

Zunächst entsandte Karl eine hochkarätige Kommission fränkischer *missi*, unter deren Schutz Leo am 29. November 799 in Rom einzog. Im Triklinium, dessen Apsidenfront bald die berühmten Mosaikdarstellungen des Petrus, Kaiser Konstantins, Karls und Leos schmücken sollten, fand die Untersuchung statt. Neu war dabei: Fränkische Würdenträger bearbeiteten den Fall, wenn auch nicht ohne Gefährdungen „wegen der Römer" (Alkuin, Epist. 184), und nach dem vorläufig positiven Ausgang für Leo wurden die Gegner in fränkischen Gewahrsam genommen.

Karl der Große ließ sich derweil Zeit. An das Kaisertum aber mußte ihn schon die sizilische Gesandtschaft erinnern, die im Auftrag Kaiserin Irenes (797–802) abgeordnet und in Paderborn kurz nach Leos Abreise eingetroffen war. Ob Irene das spätantike Doppelkaisertum mit Karl als westlichem Part reaktivieren wollte (Speck 1978), bleibt fraglich. Glaubt man einer zeitnahen Kölner Notiz (Abb. 2), so wollten byzantinische Gesandte schon 798 das *imperium* (des Westens?) an Karl übergeben. Jedenfalls war nach dem damaligen Friedensschluß (erneuert 802) von der wohlwollenden *imperatrix*, wie sie die Reichsannalen respektvoll nennen, kaum Widerstand zu erwarten. Selbst die gegen Irene eingestellten Lorscher Annalen erblicken in der byzantinischen „Weibsherrschaft" (*femineum imperium*) einen Hauptgrund für die Kaiserkrönung Karls (Abb. 3).

Und dann, etwa Mai/Juni 800, beehrte Karl mit seinem Besuch in Tours endlich jenen altehrwürdigen Alkuin, der wie kein anderer Karls Herrscherethos geprägt und, wie bemerkt, im Jahr zuvor Karl als die einzig verbliebene der „drei höchsten Personen der Welt" gepriesen hatte. Dem Treffen kam erhebliche Bedeutung zu. Denn in Tours fanden sich alle drei vollbürtigen Söhne Karls des Großen ein, auch der künftige Favorit Karl der Jüngere, dessen Königssalbung parallel zur Kaiserkrönung des Vaters stattfinden sollte. Für wahrlich welthistorische Perspektiven konnte Alkuin sorgen, mochte er auch persönlich „die rußgeschwärzten Dächer der Bewohner von

Abb. 3 Lorscher Annalen. Wien, Österreichische Nationalbibliothek, Cod. 25 a, fol. 3v – 4r

Tours den goldenen Kuppeln der Römer“ vorziehen (Epist. 178 vom Vorjahr). Karl ließ sich nicht einmal vom Tod seiner Gemahlin Liutgard beirren und zog zur Reichsversammlung nach Mainz (Anfang August). Dort „erinnerte er sich des Unrechts, das die Römer Papst Leo angetan hatten“ (Lorscher Annalen), und brach nach Rom auf (Abb. 4).

24. November 800 – wie ein Kaiser zog Karl in Rom ein und nicht mehr wie ein Exarch und Patricius, deren Zeremoniell ihm beim ersten Besuch (774) zuteil geworden war. Denn nun, am Vortag des Einzugs, begrüßte auch der Papst persönlich den Ankömmling „mit größter Demut und höchsten Ehren“ schon am zwölften Meilenstein vor Rom (Reichsannalen). Am folgenden Tag durfte Karl hoch zu Pferde, nicht zu Fuß wie 774, vor der Petersbasilika erscheinen. Vom Küssen jeder einzelnen Kirchenstufe und der bescheidenen Bitte, die Stadt am anderen Tiberufer betreten zu dürfen (774), hören wir nichts mehr. Im Gegenteil: Für die Lorscher Annalen besaß der künftige Kaiser Rom auf dieselbe Weise wie die übrigen ehemaligen (Kaiser-)Sitze seines Reiches in Italien, Gallien und Germanien (Abb. 3). Zur kaisergleichen Macht fehlte Karl nur noch eins: der Kaisertitel.

Sieben Tage nach dem Einzug begann in der Petersbasilika die Synodalverhandlung über Leo. Es war Karl, der hierzu hohe Geistlichkeit und Laienschaft, Franken wie Römer geladen hatte, der die Untersuchung leitete und die eigennützigen Motive der Gegner Leos erkannte. Freilich scheute die Versammlung davor zurück, den für nichtjudizierbar erachteten Papst einem Gerichtsverfahren zu unterziehen. Doch mußte irgendwie auch Leos Integrität wiederhergestellt werden. So kam es, daß Leo am 23. Dezember angeblich „freiwillig“, de facto aber dem Paderborner Vorschlag folgend, den heiligen Eid auf seine Unschuld ablegte.

Leos Rehabilitation machte den Weg frei für die Kaiserkrönung. Schon zwei Tage später, am Weihnachtstag des Jahres 800 (801 nach mittelalterlichem Verständnis), fand das denkwürdige Ereignis in derselben Kirche statt und, wie die Lorscher Annalen betonen, im Kreise jener

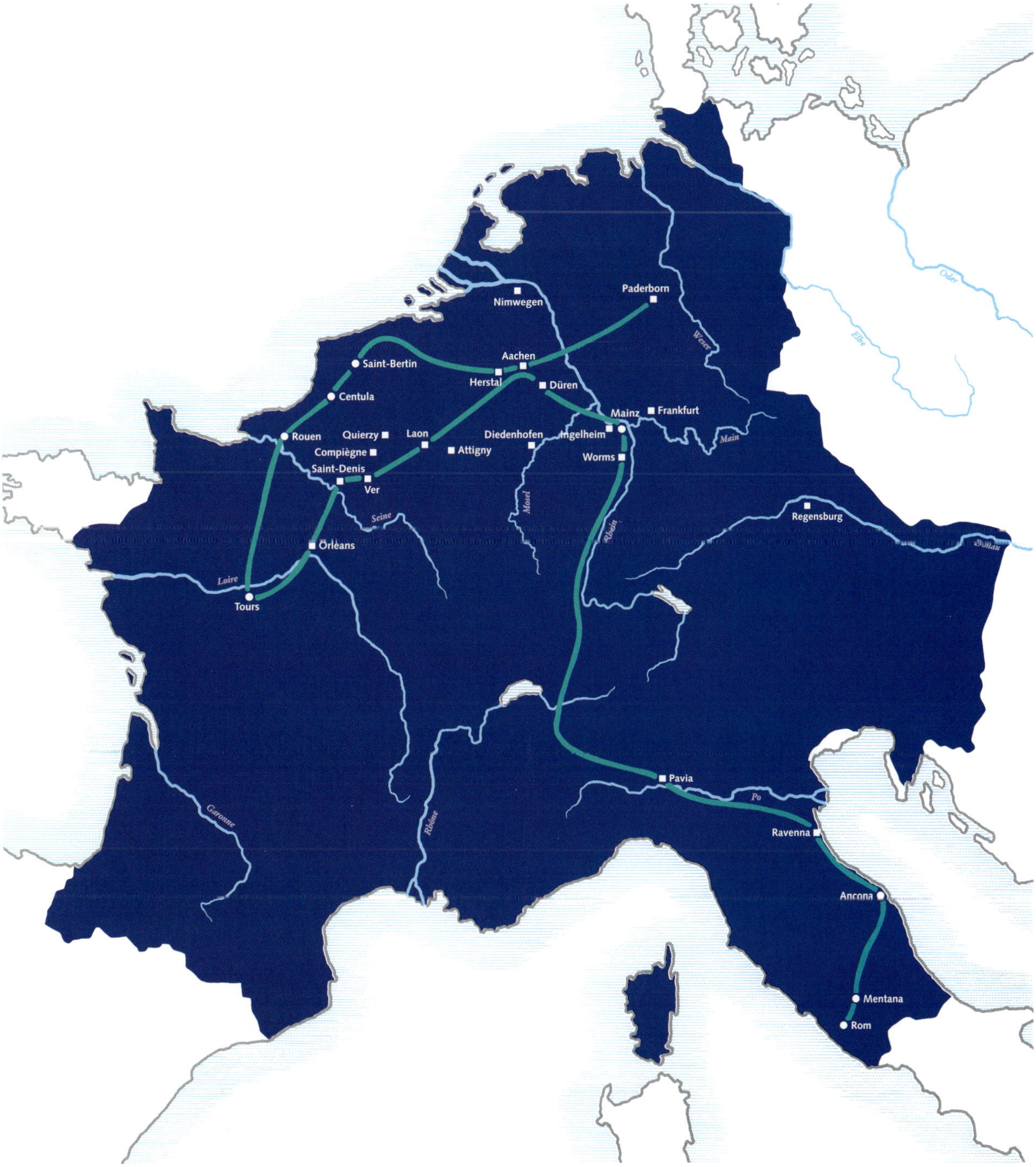

Abb. 4 Der Reiseweg Karls des Großen von Paderborn nach Rom

Versammlung, die über den Papst beraten hatte. Vor der Confessio des hl. Petrus, dem Petersgrab am Hauptaltar der Petersbasilika, setzte Leo III. eigenhändig Karl dem Großen eine kostbare Krone auf das Haupt, legte ihm wohl auch das purpurne Kaisergewand an, und auf ein Zeichen hin akklamierten die versammelten Römer (Franken sind nicht eigens erwähnt): „Karl, dem (frömmsten) erhabenen, von Gott gekrönten, großen und friedebringenden Kaiser (der Römer) Leben und Sieg" (Liber Pontificalis: *Karolo piissimo augusto a Deo coronato magno et pacifico imperatore vita et victoria!* Reichsannalen: *Carolo augusto a Deo coronato magno et pacifico imperatori Romanorum vita et victoria!).*

Daß die konstitutive Formel genauestens abgestimmt war, zeigt ihre Ähnlichkeit mit der jener Laudes (Kombination von Litanei und Akklamation), die Karl noch als König und *Patricius Romanorum* priesen: „Karl, dem hervorragendsten, von Gott gekrönten, großen und friedebringenden König der Franken und Langobarden und Patricius der Römer Leben und Sieg". Abgeändert auf den neuen Kaiser, wurden nun auch nach der Kaiserkrönung und der Akklamation dreifache Laudes ausgebracht. Nach den Laudes leistete der Papst den Kniefall, der einst den „alten Kaisern" gebührt hatte (Reichsannalen), und Karl erhielt das *nomen imperatoris*, den Kaisertitel. Dem Ort seiner Krönung zeigte sich der neue Kaiser äußerst dankbar; er stiftete der Confessio diverse Altargefäße aus reinstem edelsteinverziertem Gold und teilweise Edelsteinen, dazu eine goldene Weihekrone mit größeren Edelsteinen, die über dem Altar hängen sollte.

Das lange Procedere muß mehr oder weniger genau verabredet worden sein und paßt nicht zu dem, was Einhard in seiner berühmten Rückschau berichtet: Karl sei dem Kaisertitel anfangs derart abgeneigt gewesen, daß er versicherte, er hätte nicht einmal an diesem hohen Festtag die Kirche betreten, wenn er die Absicht (*consilium*) des Papstes vorausgewußt hätte (Vita Karoli c. 28). Was immer damit gemeint sein mag – Erklärungsversuche gibt es viele –, Karl hat den neuen Titel akzeptiert und gleich nach seiner Krönung als Kaiser gehandelt.

Rasch wurden die nun schon lange einsitzenden Attentäter nach römischem Recht als Majestätsverbrecher verurteilt – *maiestatis rei* natürlich nur kraft der neuen kaiserlichen Majestät! Und schon im ersten erhaltenen Kaisergesetz, einer wichtigen Novelle zum Langobardenrecht, wird Heerflucht zum todeswürdigen Majestätsverbrechen (Capitulare Italicum 801). Kaum zu Hause in Aachen, seinem „künftigen, zweiten Rom" (Karlsepos, Verse 94 und 98), ließ Karl den Treueid erneuern: Wer zuvor seine Treue auf den Namen des Königs (*regis nomine*) geschworen habe, solle dies nun auf des Kaisers Namen tun (*nominis cesaris*); entsprechend lang war die Liste der Pflichten, die sich mit dem neuen Treueid verbanden (Capitulare missorum generale 802). Mit Karls eigenem Pflichtverständnis als Kaiser hängt die ungemein produktive Gesetzgebung und Gesetzesrevision im Halbjahr 802/803 zusammen.

Ähnlich dem ersten Kaisergesetz weisen die neuen Kaiserurkunden einen „kunstvoll ausgearbeiteten" Kaisertitel auf (Classen). Ohne den alten, an den Stämmen der Franken und Langobarden haftenden Königstitel zu streichen, trug Karl auch dem „römischen Reich" (nicht den Römern) Rechnung: ... *imperator Romanum gubernans imperium.* „Erneuerung des römischen (oder Römer-)Reiches" (RENOVATIO ROMAN. IMP.) propagiert Karls Kaiserbulle auf der Rückseite, um vorn Karl mit Diadem, Lanze und Schild zu präsentieren (Abb. 5). Es sind dieselben Attribute, die das Elfenbeindiptychon von Am-

Abb. 5 Kaiserbulle Karls des Großen, Nachzeichnung von F. Le Blanc (1689)

bronay (um 800), heute in Florenz, zeigt, nur daß Karl hier ungleich eindrucksvoller als Sieger auftritt (Abb. 6). Einen Kirchenwächter, wahrscheinlich Karl den Großen, symbolisiert die Skizze auf der Innenseite des vorderen Originaleinbands des Wolfenbütteler Cod. 496a Helmst. (Fulda, um 800). Vor allem die Lanze und womöglich die Krone hat der flüchtige Zeichner vergessen (Abb. 7), ansonsten gleicht die Gestalt der unteren des Diptychons und späteren Darstellungen Ludwigs des Frommen. Das Kirchengebäude dahinter erinnert an die stilisierte Kirchenfront auf der Rückseite von Kaisermünzen (vgl. Kat.Nr. II.28); programmatisch verkündet deren Umschrift CHRISTIANA RELIGIO (vgl. Beitrag Kluge).

Im Schutz von Kirche und Glauben hat Karl 796 eine wichtige Aufgabe gesehen, und diese Pflicht nahm er nach 800 ernster noch als zuvor. Die Forschung hat sich daran gewöhnt, zwischen einer fränkischen, Aachener Kaiseridee einerseits und einer römischen Kaiseridee andererseits zu unterscheiden, um kuriale Vorstellungen hier beiseite zu lassen, die als Folgerung aus der Konstantinischen Schenkung im Papst den Kaisermacher sehen konnten. Karl, der schon sein Königtum durch den Vergleich mit David erhöhte, schöpfte offenbar aus fränkischer wie nichtkurial-römischer Idee. Sinnfällig muß sich die Synthese im untergegangenen Mosaikenzyklus der Ingelheimer Pfalz gezeigt haben. Denn dort thronte Karl, als jüngster Herrscher der Weltgeschichte, in der Nachfolge seiner tüchtigen Vorfahren Pippin und Karl Martell, aber auch der großen christlichen Kaiser der Spätantike, Konstantin und Theodosius.

Quellen und Literatur:

Alcuini Epistolae, in: Epistolae Karolini aevi 2, hrsg. v. Ernst DÜMMLER (MGH Epist. 4), Berlin 1895, vgl. bes. 287–289 (Epist. 174: Alkuin an Karl), 294–296 (Epist. 178: Alkuin an Karl), 296 f. (Epist. 179: Alkuin an Arn), 308–310 (Epist. 184: Alkuin an Arn). – Alcuini Carmina, Versus ad Carolum imperatorem, in: MGH Poetae 1, hrsg. v. Ernst DÜMMLER, Berlin 1881, 257–259. – Annales Laureshamenses, hrsg. v. Georg Heinrich PERTZ, in: MGH SS 1, Hannover 1826, 22–39. – Annales regni Francorum inde ab a. 741 usque ad a. 829, qui dicuntur Annales Laurissenses maiores et Einhardi, hrsg. v. Friedrich KURZE (MGH SS rer. Germ.[6]), Hannover 1895. – Einhardi vita Karoli magni, hrsg. v. Georg Heinrich PERTZ (MGH SS rer. Germ. [25]), Hannover 1911, ND 1965. – Johannes Diaconus, Gesta episcoporum Neapolitanorum, in: MGH SS rer. Lang., saec. VI–IX, Hannover 1878, ND 1964, 424–435. – Karolus Magnus et Leo Papa, in: MGH Poetae 1, hrsg. v. Ernst DÜMMLER, Berlin 1881, 366–379. – Karolus Magnus et Leo papa. Ein Paderborner Epos vom Jahre 799, mit Beiträgen von Helmut BEUMANN, Franz BRUNHÖLZL u. Wilhelm WINKELMANN (Studien und Quellen zur westfälischen Geschichte 8), Paderborn 1966, vgl. jetzt: De Karolo rege et Leone Papa. Der Bericht über die Zusammenkunft Karls des Großen mit Papst Leo III. in Paderborn 799 in einem Epos für Karl den Kaiser, hrsg. v. Wilhelm HENZE (Studien und Quellen zur westfälischen Geschichte 36), Paderborn 1999. – MGH Capit. 1, hrsg. v. Georg Heinrich PERTZ, Hannover 1835, ND 1965, bes. 71 f. (Saxonicum), 91–99 (missorum generale), 204–206 (Italicum). – Le Liber pontificalis 1 u. 2, hrsg. v. Louis DUCHESNE, Paris 1886–1892 (Vita Leonis: II, 1–48; vgl. zu 754 und 774 die Viten Stephans II. und Hadrians I. im 1. Bd.). – Das Wiener Fragment der Lorscher Annalen (Codex Vindobonensis 551 der Österreichischen Nationalbibliothek), Faksimile, Einführung und Transkription von Franz UNTERKIRCHER, Graz 1967. – Theodulfi carmina, Ad regem, in: MGH Poetae 1, hrsg. v. Ernst DÜMMLER, Berlin 1881, 523–524. – Theophanis Chronographia 1 u. 2, hrsg. v. Karl de BOOR, Leipzig 1883–1885.

Howard ADELSON u. Robert BAKER, The Oath of Purgation of Pope Leo III in 800, in: Traditio 8, 1952, 35–80. – Karl Josef BENZ, „Cum ab oratione surgeret“. Überlegungen zur Kaiserkrönung Karls des Großen, in: Deutsches Archiv 31, 1975, 337–369. – Helmut BEUMANN, Die Kaiserfrage bei den Paderborner Verhandlungen von 799, in: Das erste Jahrtausend. Kultur und Kunst im werdenden Abendland an Rhein und Ruhr, Textbd. 1, hrsg. v. Victor H. ELBERN, Düsseldorf 1962, 296–317. – Peter CLASSEN, Karl der Große, das Papsttum und Byzanz. Die Begründung des karolingischen Kaisertums, neu hrsg. v. Horst FUHRMANN u. Claudia MÄRTL (Beiträge zur Geschichte und Quellenkunde des Mittelalters 9), Sigmarin-

Abb. 6 Elfenbeintafel mit zwei triumphierenden Herrschern. Florenz, Museo del Bargello

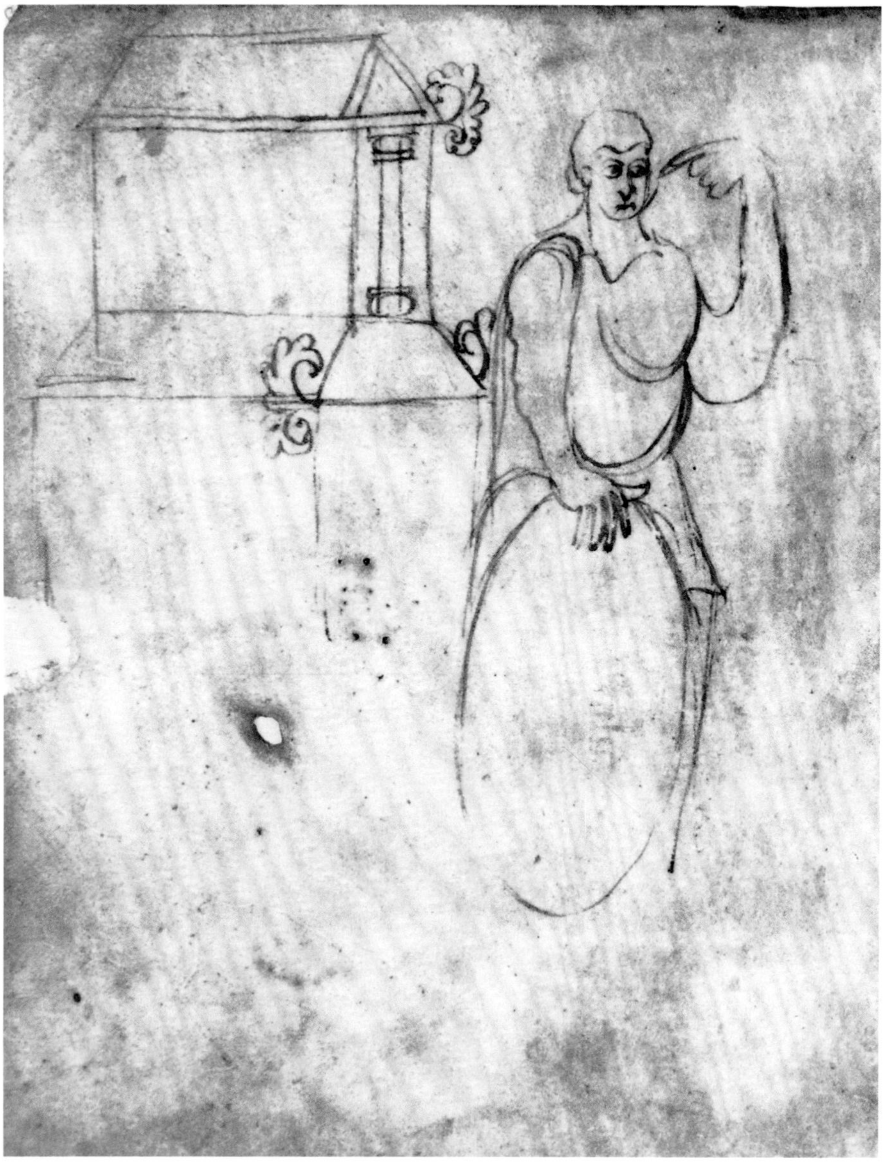

Abb. 7 Wolfenbüttel, Herzog August Bibliothek, Cod. Guelf. 486a Helmst., Vorsatzblatt

gen 1985. – The Coronation of Charlemagne. What Did It Signify?, hrsg. v. Richard E. SULLIVAN, Boston 1959. – Carl ERDMANN, Forschungen zur politischen Ideenwelt des Frühmittelalters. Aus dem Nachlaß des Verfassers hrsg. v. Friedrich BAETHGEN, Berlin 1951. – Robert FOLZ, Le couronnement impérial de Charlemagne (Trente journées qui ont fait la France 3), Paris 1964. – Thomas HACK, Das Empfangszeremoniell bei mittelalterlichen Papst-Kaiser-Treffen (Forschungen zur Kaiser- und Papstgeschichte 18), Köln/Weimar/Wien 1998. – Othmar HAGENEDER, Das crimen maiestatis, der Prozeß gegen die Attentäter Papst Leos III. und die Kaiserkrönung Karls des Großen, in: Aus Kirche und Reich. Studien zu Theologie. Politik und Recht im Mittelalter. Festschrift für Friedrich Kempf, hrsg. v. Hubert MORDEK, Sigmaringen 1983, 55–79. – Heinz LÖWE, Eine Kölner Notiz zum Kaisertum Karls des Großen, in: Rheinische Vierteljahrsblätter 14, 1949, 7–34. – Henry MAYR-HARTING, Charlemagne, the Saxons and the Imperial Coronation of 800, in: The English Historical Review 111, 1996, 1113–1133. – Hubert MORDEK, Frühmittelalterliche Gesetzgeber und Iustitia in Miniaturen weltlicher Rechtshandschriften, in: La giustizia nell'Alto Medioevo (secoli V–VIII) (Settimane di studio del Centro Italiano di Studi sull'Alto Medioevo 42/2), Spoleto 1995, 997–1052. – Bernhard OPFERMANN, Die liturgischen Herrscherakklamationen im Sacrum Imperium des Mittelalters, Weimar 1953. – Dieter SCHALLER, Das Aachener Epos für Karl den Kaiser, in: Frühmittelalterliche Studien 10, 1976, 134–168. – Percy Ernst SCHRAMM, Die deutschen Kaiser und Könige in Bildern ihrer Zeit 751–1190, unter Mitarbeit von Peter Berghaus u. Nikolaus Gussone neu hrsg. v. Florentine MÜTHERICH, München 1983. – Paul SPECK, Kaiser Konstantin VI. Die Legitimation einer fremden und der Versuch einer eigenen Herrschaft. Quellenkritische Darstellung von 25 Jahren byzantinischer Geschichte nach dem ersten Ikonoklasmus, München 1978, bes. 326–375. – Zum Kaisertum Karls des Großen. Beiträge und Aufsätze, hrsg. v. Gunther WOLF (Wege der Forschung 38), Darmstadt 1972.

Manfred Luchterhandt

Famulus Petri

Karl der Große in den römischen Mosaikbildern Leos III.

Die beiden Mosaikbilder Karls des Großen, die Papst Leo III. um 799/800 in Rom anbringen ließ, das eine in seiner neuerbauten Titelkirche S. Susanna, das andere im ebenfalls neuen Thronsaal des Papstpalastes (Abb. 1), führten vielleicht zum ersten Mal seit Jahrhunderten den Römern wieder das Bild eines weltlichen Herrschers im sakralen Kontext vor. Seit dem Weggang der Kaiser aus Rom und ihrem Zurücktreten als Stifter im 5. Jahrhundert waren auch ihre Bilder in den Kirchenräumen verschwunden, während sie in den Residenzstädten, in Konstantinopel, Ravenna und an den Höfen der Langobardenherrscher gegenwärtig blieben.

Mit der Phokassäule (608) endete in Rom auch die Tradition kaiserlicher Statuenehrungen, wohingegen sich im 7. und 8. Jahrhundert die Bilder päpstlicher Stifter in den Kirchen häuften. Die nominelle Oberhoheit des byzantinischen Kaisers, ausgeübt durch seinen Statthalter auf dem Palatin, reduzierte sich zunehmend auf formalrechtliche Herrschaftszeichen: Sein Name erschien bis mindestens 772 in den päpstlichen Urkunden und unter Konstantin V. (741–776) auf den Münzen, ertönte im Gottesdienst und bei Konzilien, und seine Bilder wurden vermutlich noch unter Papst Stephan III. (768–772) offiziell eingeholt, durch Huldigungen geehrt und in Kirchen, Gerichtsstätten sowie im Papstpalast aufgestellt. Dem entsprachen jedoch keine dauerhaften Formen monumentaler Repräsentation im öffentlichen Raum mehr. Für die städtischen Bewohner und Pilger wuchs der römische Bischof durch seine Bildpräsenz in die Rolle des eigentlichen Stadtherrn, der für Bauten und Kulte sorgte – ein Selbstverständnis, das auch die päpstliche Geschichtsschreibung im 8. Jahrhundert zunehmend betonte.

Nach dem Auftreten der Franken scheint erst Leo III. diese Tradition bewußt durchbrochen zu haben. Sein Mosaikbild Karls des Großen in S. Susanna (Abb. 2) war Bestandteil eines ehrgeizigen Kirchenneubaus, mit dem der Papst nach der bescheidenen Bautätigkeit der vorausgehenden Jahrhunderte schon zu Beginn seiner Amtszeit neue Maßstäbe setzte. Es muß in diesem Raum, im Glanz einer neuen, monumentalen Mosaikkunst, die in Rom inzwischen verlorengegangen war, beeindruckend und provozierend gewirkt haben. Das 1595 zerstörte Apsismosaik ist nur durch Beschreibungen sowie durch Aquarelle nach den Bildnissen Papst Leos III. und Karls des Großen überliefert, die Kirchenhistoriker wie Panvinio und Ciacconio im ausgehenden 16. Jahrhundert für dokumentarische Zwecke sammelten. Sein ikonographisches Schema folgte dem in Rom geläufigen Typus des siebenfigurigen Dedikationsbildes mit Christus, Petrus und Paulus, der Einführung (*praesentatio*) des links außen stehenden Stifterpapstes durch die Titelheilige sowie der Darstellung ihrer Gefährten und Verwandten Caius und Gabinus. Zusätzlich erschienen Maria zur Rechten Christi und als Pendant zu Leo III. auf der rechten Seite Karl als akklamierender Herrscher mit Schwert und goldenem Helmbusch. Er nahm damit unter den Apsisheiligen, obwohl kein Stifter, eine Stelle ein, die sonst ranghohen geistlichen Stiftern vorbehalten war.

Ob der König diese Erhöhung den reichen Geschenken verdankte, die er Leo 796 aus dem Awarenschatz hatte zukommen lassen, bleibt unklar. Als Bündnispartner des regierenden Papstes wurde ihm eine neue Rolle innerhalb der römischen Kirche zugewiesen, die über die zeremoniellen Ehrenrechte unter Papst Hadrian (772–795) hinausging. Dieser Schritt ist häufig als letztes Glied einer Reihe von staatssymbolischen Handlungen gesehen worden, mit denen sich Leo III. von Beginn seines Pontifikates an zur fränkischen Schutzherrschaft über Rom bekannte. Doch stellt sich die Frage, ob das Bildnis des Königs in seiner Titelkirche offiziellen Charakter besaß und den Römern in der Nachfolge der Kaiserbildnisse, die in den Kirchen aufgestellt wurden, einen neuen Stadtherrn präsentieren sollte (Schramm 1983) oder nur den päpstlich-fränkischen Freundschaftsbund dokumentierte (Deér 1957).

Die Bedeutungsebene des Bildes erschließt sich leichter aus der Rolle, die Karl der Große in der päpstlichen Liturgie einnahm. Die Allianz mit den Franken hatte unter Leo III. in den Jahren vor der Kaiserkrönung

Abb. 1 Rom, Lateransplatz, Trikliniumsmosaik Leos III. aus dem Lateranspalast in der Kopie Benedikts XIV. von 1743

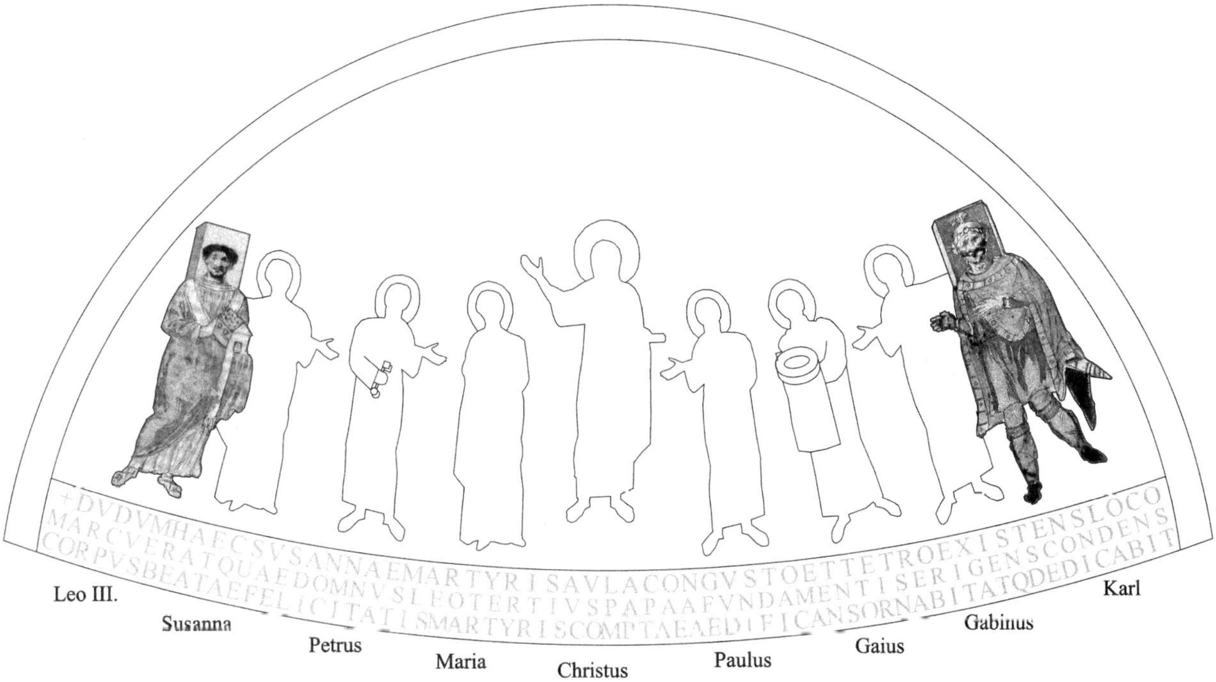

Abb. 2 Rom, S. Susanna, Rekonstruktion des verlorenen Apsismosaiks mit den Aquarellzeichnungen Ciacconios von Leo III. und Karl dem Großen (Rom, Biblioteca Angelica, Ms 1564)

(796–800) eine feste zeremonielle Form in der ersten Fassung der Königslaudes (*laudes regiae*) gefunden. In diesem responsorischen Wechselgesang, der an besonderen Festtagen in der Messe nach dem Gloria ertönte, huldigte der Klerus nacheinander Leo, Karl und seinem fränkischen Gefolge, jeweils gefolgt von hierarchisch geordneten Heiligengruppen, die für den Akklamierten in Litaneiform als Beistand angerufen wurden: Für den Papst wurden sie angeführt von Christus, Petrus und Paulus, für den fränkischen König von Maria und den Erzengeln (Kat.Nr. XI.19, fol. 163):

Exaudi Christe	*Leoni summo pontifici et universali papae vita!*
Salvator mundi	*tu illum adiuva*
S. Petre	*tu illum adiuva*
S. Paule	*tu illum adiuva*
...	
Exaudi Christe	*Carolo excellentissimo et a Deo coronato atque magno et pacifico regi Francorum et Longobardorum ac patricio Romanorum vita et victoria!*
Redemptor mundi	*tu illum adiuva*
S. Maria	*tu illum adiuva*
S. Michael	*tu illum adiuva*
...	

Die vier ranghöchsten Interzessoren für Papst und König – Christus, Maria, Petrus und Paulus – kehren im Mosaik wieder, obwohl ihre Zusammenstellung untypisch war. Maria gehörte nicht zum üblichen Personal der römischen Apsisprogramme. Ihre zusätzliche Einfügung, vermutlich als Fürbittende (*Maria Advocata*), könnte durch die Anwesenheit des Frankenkönigs bedingt gewesen sein, für dessen Herrschaft die Gottesmutter in den Laudes, wie traditionell auch bei den byzantinischen Kaisern, die wichtigste Schutzpatronin war, während Petrus und Paulus das Papsttum vertraten.

Einem älteren Römer, der noch erlebt hatte, wie man die Bilder der griechischen Kaiser in den Kirchen aufstellte und ihrer im Gottesdienst namentlich gedachte, dürfte das gemeinsame Auftreten von Frankenkönig und Stifterpapst als visuelle Entsprechung zu den Laudeshuldigungen spontan verständlich gewesen sein. Mit ihm gewann die Option für die Franken eine Deutlichkeit, die dem Zeremoniell noch gefehlt hatte: Unter Papst Hadrian hatten zeremonielle Vorrechte des byzantinischen Kaisers und des fränkischen Königs teilweise noch nebeneinander bestanden. Das gemeinsame Gebet für beide Herrscher in den Meßordnungen (Andrieu, OR XXIV, 3), zuerst für den Kaiser, dann für den König, ist nur ein

Beispiel für die staatsrechtlich ungeklärte Stellung Roms unter diesem Papst, der sich durch den politischen Schwebezustand eine gewisse Unabhängigkeit bewahrte. Das Mosaikbild ging insofern über diese Ehrenbezeigungen hinaus, als es durch seinen Anbringungsort dem fränkischen König einen Vorrang im Kirchenraum zuerkannte, demgegenüber die Gebete für Kaiser und Reich zu leeren Formeln werden mußten. Auch wenn nicht auszuschließen ist, daß schon Hadrian Bildnisse Karls in Rom anbringen ließ (s.u.), so spricht doch einiges dafür, daß ein derartiges Bildkonzept erst unter Leo III. denkbar wurde, der nach 796 die monarchischen Ambitionen seines Vorgängers durch eine staatssymbolisch eindeutige Anerkennung der fränkischen Schutzherrschaft ersetzt hatte.

Abweichend vom älteren Herrscherkult wurde auch im Bildverständnis eine Form gefunden, die der päpstlichen Sicht auf die Allianz entsprach. Als überdauerndes Mosaikbild entsprach es den bisherigen Stifterdarstellungen und konnte nicht zum Adressaten stellvertretender Verehrungen werden wie die kaiserlichen Tafelbilder, die *laureata*, die man einholte, bekränzte und vor denen man sich verneigte. Leo III. hat das Bild des fränkischen Königs auf diese Weise dem eigenen angepaßt: Statt der Sonderrolle des Herrschers betonte es dessen Mitverantwortung und Einbindung in die römische Kirche. Die Bedeutung seines neuen Herrscherbildes lag in seinen – freilich unklaren – politischen Implikationen, nicht in seiner rechtlich-zeremoniellen Verbindlichkeit.

Leos Neubau von S. Susanna ist nach der Chronologie der päpstlichen Stiftungslisten in den Jahren 797/798 begonnen worden (Geertman 1975). Das Apsismosaik selbst dürfte kaum vor 799, vermutlich erst nach den Paderborner Ereignissen ausgeführt worden sein, als der Papst weitgehend von der fränkischen Unterstützung abhing und die Weichen für eine politische Statusveränderung schon gestellt waren. Ugonios Beschreibung (1588) des bereits ruinösen Bildwerks nennt Karl ohne Beischrift. Seine Kleidung in Ciacconios zeitgenössischer Kopie (Abb. 2), bestehend aus Schnürstiefeln und dem von einer Agraffe zusammengehaltenen Paludamentum über dem gegürteten Rock, ähnelt dem Trikliniumsmosaik wie auch späteren Darstellungen fränkischer Herrscher und liefert keinen Hinweis, ob er noch als König oder schon als Kaiser dargestellt war. Der eigenartige Helm mit dem lilienartigen Stirnbesatz entspricht zwar der Pariser Bulle aus der Kaiserzeit Karls des Großen (Abb. 3), doch erwähnt bereits das Karlsepos einen „goldenen Helmbusch" (*aurea christa*).

Abb. 3 Kaiserbulle Karls des Großen, Vorderseite. Nachstich von A. Vetault, Tours 1877

Das Mosaikbild im Lateran

Das Mosaikbild in S. Susanna könnte somit noch vor der Kaiserkrönung 800 entstanden sein, gleichzeitig mit dem Mosaik der Festaula im Lateranspalast (Abb. 1), die Leo III. ebenfalls in den Jahren 797/798 begonnen hatte. Bereits im November 799, nach der Rückkehr des Papstes aus Paderborn, war in dieser Aula von fränkischen Gesandten der Prozeß gegen die römischen Verschwörer eröffnet worden. Vielleicht in der folgenden Zeit bis Weihnachten 800 entstand das Mosaik mit der berühmten Investiturszene, die Karl noch als *Rex* bezeichnet (Abb. 4). In ihr kniete der fränkische König am Thron des Apostels Petrus, der ihm eine Fahnenlanze überreichte, während er Leo III. gegenüber als Zeichen der päpstlichen Amtsgewalt das Pallium über den Kopf streifte. Unter der Szene befand sich eine Inschrift, welche nach der Fürbittenformel der Königslaudes (Kat.Nr. XI.19) den Apostelfürsten um Leben und Sieg für Papst und König bat:

> *Beate Petre donas*
> *Vita(m) Leoni P(a)P(e) et bicto-*
> *ria(m) Carvlo regi donas.*
> (Heiliger Petrus, mögest Du dem Papst Leo Leben spenden und dem König Karl Sieg verleihen).

Die Investiturszene war Teil einer größeren Mosaikkomposition an der Stirnseite des Thronsaales, die heute nur noch in einer Kopie erhalten ist und die Papst Benedikt XIV. 1743 um 180° gedreht weiter nördlich an der Seite der Scala Sancta neu erstellen ließ, nachdem das Original bei der Translozierung zerstört worden war. In der Hauptapsis erscheint die Szene des Missionsbefehles nach Mt 28,19 mit dem Evangeliumstext: „Darum gehet hin und lehret alle Völker und taufet sie auf den Namen des Vaters, des Sohnes und des Heiligen Geistes. Siehe, ich bin bei euch alle Tage bis an das Ende der Welt." In dichter Reihe stehen die Apostel mit verhüllten Händen zu beiden Seiten des purpurgewandeten Christus auf dem Paradiesberg, der die Rechte erhebt, während Petrus sei-

Abb. 4 Rom, Lateran, Trikliniumsmosaik, Investiturszene der rechten Stirnseite mit Petrus, Leo III. und Karl dem Großen

nen Missionsbefehl in bewegtem Fortschreiten auszuführen beginnt. Den Apsisbogen umläuft eine weitere Inschrift mit dem Weihnachtsgruß des Engels nach Lc 2, 14: „Ehre sei Gott in der Höhe und Friede auf Erden allen Menschen seiner Gnade." Links der Apsis erscheint entsprechend zur rechten Seite Christus, der einem unbenannten Papst die Schlüssel des Himmels überreicht und Kaiser Konstantin eine weitere Fahne, die durch das Kreuzzeichen als kaiserliches Labarum ausgewiesen ist.

Als wichtigstes Bildzeugnis aus der Vorgeschichte der Kaiserkrönung hat das Trikliniumsmosaik mit seiner rechten Investiturszene schon seit dem 16. Jahrhundert in der Geschichtsschreibung eine Berühmtheit erlangt, die es aus seinem ursprünglichen Zusammenhang weitgehend isoliert hat. Die Vielzahl seiner Interpretationen dokumentiert nicht nur eindrucksvoll die 'Macht des Bildes', auch über Historiker, sondern darüber hinaus die Schwierigkeit, eine zugleich individuelle wie toposhafte Bild-

Abb. 5 Rom, Lateran, Ansicht der Trikliniumswand vor der Restaurierung 1625 aus Nicolai Alemanni, De Lateranensibus parietinis …, Rom 1625

symbolik in bezug auf ihren komplexeren politischen Hintergrund zu deuten.

Die Konstantinsseite

Die Probleme bei der Interpretation des Bildprogramms beginnen mit seiner Überlieferung. Schon um 1560 war nach älteren Beschreibungen und Skizzen von der Stirnwand nur noch die rechte Seite teilweise erhalten (Abb. 5). Als Kardinal Francesco Barberini die ruinöse Saalwand 1625 durch eine Ädikula zum historischen Bilddenkmal rahmen ließ, wurde laut den Rechnungen der größere Teil der Mosaikoberfläche gänzlich erneuert, die übrigen Partien wurden restauriert und gesäubert, wobei man auch Veränderungen wie die Hinzufügung der Schlüssel auf Petrus' Schoß nicht scheute (Abb. 6). Für die zerstörte linke Seite lieferte der Leiter der vatikanischen Mosaik-

Abb. 6 Rom, Lateran, Ansicht der Trikliniumswand nach der Restaurierung 1625 aus Nicolai Alemanni, De Lateranensibus parietinis ..., Rom 1625

werkstätten Calandra einen Entwurf mit der Schlüsselübergabe von Christus an Petrus; von Konstantin ist in den Quellen nicht die Rede. Nach Angaben des päpstlichen Bibliothekars Alemanni, der anläßlich der Restaurierung in einer gelehrten, dem Kardinal gewidmeten Abhandlung die historische Bedeutung des Mosaiks erläuterte, wurde die schließlich ausgeführte Szene mit Christus, Konstantin und einem Papst nach einer älteren Zeichnung angefertigt, die noch vor der Zerstörung dieser Seite 70 Jahre zuvor entstanden sei. Der Kardinal habe sie nach längerem Suchen gefunden und in der Vatikanischen Bibliothek als Beweismittel deponiert.

Die Zeichnung blieb verschollen und scheint auch anderen christlichen Archäologen im Umkreis des Kardinals nicht bekanntgeworden zu sein. Gegen ihre Existenz wurde geltend gemacht, daß so frühe Zeichnungen nach christlichen Monumenten sonst nicht bezeugt sind. Noch Ghezzis Mosaikkopie des 18. Jahrhunderts (Abb. 1) zeigt

Abb. 7 Rom, Lateran, Trikliniumsmosaik, linke Stirnseite mit Schlüsselübergabe an Petrus und Investitur Kaiser Konstantins

den stilistischen Unterschied zwischen der rechten Investiturszene nach dem Originalmosaik und der 1625 neugeschaffenen linken Szene (Abb. 7), die den Faltenwurf plastischer gestaltet und die Figuren tiefenräumlich voreinanderschiebt. Möglicherweise hat Calandra daher nur die Figuren von Christus und Petrus nach einer flüchtigen oder falsch identifizierten Skizze neu entworfen und mit Hilfe eines Kartons die Konstantinsfigur übertragen, die weitgehend dem Vorbild Karls folgt und samt Fahne leicht aus dem Bild herauskippt.

Neben formalen sprechen auch ikonographische Unstimmigkeiten dafür, daß die linke Szene aus unterschiedlichen Vorbildern zusammengefügt wurde und als Rekonstruktion schon unter den Zeitgenossen umstritten war. Die in den Rechnungen erwähnte Übergabe der Schlüssel an Petrus (Mt 16, 19) stand als traditionelle Bildformel für den päpstlichen Primat in keinem Zusammenhang mit Konstantin, während eine Übergabe der Schlüssel an Papst Sylvester, wie Alemanni die Szene identifizierte, als Thema unbekannt ist. Alemannis

Bemühungen, die ikonographischen Widersprüche aufzulösen, zielten darauf, in der linken Szene Sylvester und Konstantin als historisches Vorbildgespann für Leo III. und Karl den Großen zu erkennen. Für den päpstlichen Gelehrten war das Trikliniumsmosaik der historische Bildbeweis für die *translatio imperii*, jene nach heutigem Wissen erst hochmittelalterliche Theorie der Übertragung des Kaisertums von den Griechen durch den Papst an die Franken, mit der die Abhängigkeit des westlichen Kaisertums von der geistlichen Sphäre (*potestas indirecta in temporalibus*) bewiesen sei. Alemanni reagierte damit auf eine ältere, noch nicht abgeklungene Kontroverse mit dem Protestantismus, der seit Luther gerade diese Übertragung bestritten hatte (Herklotz 1995).

Zumindest in einigen Punkten könnte diese im Dreißigjährigen Krieg brisante Theorie die Ergänzung von 1625 beeinflußt oder erst veranlaßt haben. Vermutlich von der Figur Karls erhielt Konstantin neben der fränkischen Tracht und der Fahne auch den rechteckigen Nimbus für Lebende sowie den ungewöhnlichen Königstitel R(EX). Die ungewöhnliche Kurzform R. war vermutlich durch die Einfügung der Inschrift in den Zwickel zwischen Nimbus und Fahne bedingt, bei der ein einzelner Buchstabe in die obere Ecke rückte. Sie setzte also Calandras Entwurf der Szene voraus und folgte keiner epigraphischen Überlieferung. Im Unterschied zu ihr läuft die Inschrift Karls um den Nimbus herum und über die Fahne hinweg. Ein letzter, deutlicher Hinweis auf eine geschichtstypologische Korrektur des Bildprogramms sind die nachträglich ergänzten Schlüssel auf dem Schoß des Petrus, welche diese Szene noch deutlicher als Folge der linken Schlüsselübergabe erscheinen ließen.

Was sich in karolingischer Zeit auf der linken Mosaikseite befand, läßt sich nur vermuten. Die meisten Forscher haben die Barberinische Restaurierung akzeptiert, und selbst Zweifler haben sich beruhigt, „daß man unmöglich ein geeigneteres Gegenstück ausdenken könnte" (Wilpert 1916). Die von der Bildsymmetrie ausgehende Ergänzung blieb bis heute stets die Prämisse, denn sie bestätigt zu sehr das etablierte Bild der römischen „Renovatio" um 800 als eines programmatischen Rückbezugs auf die Spätantike, als daß wir auf die Vorstellung verzichten mögen, Leo III. habe hier, am Vorabend der Kaiserkrönung, seine Allianz mit den Franken als Erneuerung der historischen Allianz zwischen Sylvester und Konstantin dargestellt – einer Allianz, die es freilich in der römischen Überlieferung der Sylvesterlegende oder der „Konstantinischen Schenkung" nie gegeben hat.

Die Konstantinstypologie bei den Päpsten ist belegt, aber die Zeugnisse sind selten, und ihre pragmatische Komponente sollte nicht unterschätzt werden. Bereits um das Jahr 757 hatte Paul I. als Gegenleistung für die Pippinsche Schenkung (756) dem fränkischen König ein kaiserliches Mausoleum am Querhaus von St. Peter als Privatkapelle überlassen und wohl schon damals mit einem Konstantinszyklus ausmalen lassen, der vielleicht die Stifterrolle Konstantins für St. Peter auf Pippin bezog. Deutlicher wurde Papst Hadrian I. in dem berühmten Brief von 778, in dem er Karl als „neuen Konstantin" beschwor, der die Kirche ein zweites Mal erhöhen möge (Codex Carolinus, Nr. 60, ed. W. Gundlach, MG Epp 3, S. 586 ff.). Aber es war nur einer unter den vielen Briefen an Karl, und in ihm drängte der Papst – verbunden mit einer Gesandtschaft, welche Karl alle Schenkungstitel der römischen Kirche zur Bestätigung vorlegen sollte – konkret auf einen Angriffskrieg zur Restituierung der süditalienischen Patrimonien, mit denen Konstantin die römischen Basiliken ausgestattet hatte. Nachdem diese Erwartungen enttäuscht worden waren, finden sich bis 800 keine weiteren Zeugnisse für die Konstantinstypologie. Dagegen hat insbesondere Leo III. im Papstzeremoniell, in seiner Stiftungspolitik und nicht zuletzt im Bauprogramm des Papstpalastes selbst fast planmäßig auf eine *Imitatio Constantini* gezielt. Der Vergleich Karls mit Konstantin im Hauptsaal seines Palastes wäre, auch wenn er den König auf die Rolle des Stifters und Verteidigers der Kirche festlegte, stets zweischneidig geblieben: Er hätte das Papsttum gerade an jenem Ort auf sein geistliches Amt zurückverwiesen, der unter Leo III. zum Inbegriff kaisergleicher Repräsentation werden sollte. Die römische Überlieferung betonte seit jeher für die Lateransbasilika, ihr Baptisterium und den Palast die Gründung durch Konstantin, und seit dem 7. Jahrhundert besaß der Palast eine Sylvesterkapelle, die Papst Zacharias (741–751) mit einem vielleicht entsprechenden Bildzyklus hatte ausstatten lassen.

Zu den Schwierigkeiten, das Trikliniumsmosaik als Dokument eines politischen Epochenbewußtseins zu deuten, kommt hinzu, daß vergleichbare Herrschertypologien in der frühmittelalterlichen Bildkunst nicht bekannt sind – vielleicht weil sie in ihrer Einseitigkeit der historischen Situation niemals gerecht werden konnten. Die panegyrischen Vergleiche Karls mit David, Moses und Konstantin, die Aneignung symbolträchtiger Herrschaftszeichen von der hohen Kaiserzeit bis in das 6. Jahrhundert folgen eigenen Gattungsgewohnheiten, die in den bildlichen Darstellungen keine Entsprechung finden. So hat Leo III. dem Frankenkönig in seinem Mosaik auch nicht den kaiserlichen Purpurmantel (Chlamys) verliehen, den dieser schon als Patrizius für Hadrian angelegt hatte und 800 noch einmal auf den Wunsch Papst Leos III. hin trug (Einhard, Vita Caroli Magni, c. 23). Wie in S. Susanna entsprach die fränkische Tracht weitgehend der Schilderung Einhards: Dem Frankenkönig wurde eine eigene, aktuell gültige Form der Selbstdarstellung zugestanden, die auf historische Vergleichstopoi verzichtete. Die Parallele zu Konstantin ergibt sich erst aus der Ergänzung des 17. Jahrhunderts.

Als Ausgangspunkt einer Deutung bleibt somit nur die rechte Seite des Mosaiks mit der Apsis. Seitdem anerkannt ist, daß es noch in Karls Königszeit entstand, hat sich auch die Forschungsdiskussion von der Kaiserfrage auf die allgemeineren Aspekte der päpstlich-fränkischen Allianz verlagert. Der älteren Ansicht, daß Petrus die Zeichen der geistlichen und weltlichen Gewalt verleihe und damit bereits das staatstheoretische Grundproblem des Mittelalters mit seinen späteren Konflikten aus päpstlicher Sicht dargestellt sei (Ladner 1941), weil Petrus als Vertreter der geistlichen Gewalt auch die weltliche stifte, widerspricht jedoch die Kenntnis der Insignien und Krönungsrituale. Das Herrschertum galt seit der Spätantike als gottunmittelbar (*a Deo coronatus*), war durch die Krone symbolisiert und kannte lediglich die priesterliche Mittlerschaft und bei den Franken die Salbung. Auch die päpstliche Krönungsliturgie hat diese Interpretation anerkannt. Das Banner war keine Herrschaftsinsignie, sondern eher ein päpstliches Ehrenzeichen und ist seit Alemanni häufiger mit dem *vexillum urbis Romae* identifiziert worden, das Leo III. nach seiner Papstwahl 796 dem Frankenkönig übersandt hatte (Annales regni francorum, ed. W. Kurze, MG SS rer. Germ., ad a. 796). Seine genaue Bedeutung blieb bislang unklar. Erst im 11. Jahrhundert erscheint wieder ein *vexillum sancti Petri* in der päpstlichen Kreuzzugspropaganda als persönliches Zeichen des Apostelfürsten, das dieser einem Herrscher verleiht mit der Aufgabe, das Hirtenamt des Papstes und den Missionsauftrag der Kirche militärisch zu unterstützen. In diesem Sinne haben jüngere Interpretationen das Missionsthema der Apsis in den Mittelpunkt gestellt und die Investitur Leos III. und Karls als Fortsetzung des universalen päpstlichen Missionsanspruches in die Gegenwart gedeutet, die sich durch intensive Missionstätigkeit bei den Awaren und Sachsen auszeichnete. Für die ungewöhnliche Verbindung des Missionsbefehls mit dem „Gloria" vermutete man Orosius als Quelle, der die mit dem Engelsgruß assoziierte Vorstellung eines augusteischen Reichsfriedens als historische Grundlage der Apostelmission gesehen hatte (Davis-Weyer 1968).

Der Titulus Hadrians I. und die Confessio in St. Peter

Es ist jedoch zweifelhaft, ob Leo III., der die Sachsenmission nur aus der Ferne verfolgt hat, in solchen universalgeschichtlichen Bezügen dachte. Die Bildmetaphorik seiner Investiturszene stammte bereits aus der Frühzeit des Kirchenstaates, und mit ihr hatten die Päpste schon mehrfach um Unterstützung bei den Franken geworben. Grundlage war die im 7. Jahrhundert entstandene Vorstellung von Petrus als Schutzpatron und Herrscher eines Staatswesens, das nach ihm seinen Namen trug (*patrimonium Petri*) und dessen Güter und Burgen (*castra Petri*) als sein Besitz aufgefaßt und von der päpstlichen Verwaltung regiert wurden. Dieses Bild verselbständigte sich. Bereits Papst Gregor III. (731–741) hatte fiktive Petrusbriefe an Karl Martell verfaßt, in denen der Apostel den merowingischen Hausmeier um Schutz gegen die Langobarden bat, und er hatte ihnen als Unterpfand die Petrusketten und -schlüssel beigegeben. Berühmt wurde der Petrusbrief Stephans II. von 756, in dem der Papst zwei Jahre nach Pippins Schutzversprechen von Ponthion wiederum in bedrängter Lage den fränkischen König aufforderte, seiner Pflicht zur Verteidigung der römischen Kirche nachzukommen.

Seinen deutlichsten Ausdruck hatte das Bild vom „Staat des Petrus" im Akt der Pippinschen Schenkung gefunden, die 756 am Grab des Apostels in St. Peter *in confessione* niedergelegt worden war (Kat.Nr. IX.6, Vergleichsabb.). Die als Altarstiftung deklarierte Territorienschenkung entsprach Pippins religiöser Mentalität. Dies dokumentieren seine nachfolgende Stiftung eines Altartisches für die Confessio, die dem König ein dauerhaftes Gebetsgedenken an diesem Ort sicherte, sowie die Übertragung von Reliquien der legendären Petrustochter Petronilla in die fränkische Königskapelle, die am südlichen Querhausarm in unmittelbarer Nähe zum Apostelgrab lag.

Auch unter Karl dem Großen blieb die Petersconfessio Beglaubigungs- und Bezugsort des päpstlich-fränkischen Bündnisses. Vor ihr bestätigte der König bei seinem ersten Rombesuch als Patricius 774 die Pippinsche Schenkung durch eine schriftliche Erklärung zum Schutz der römischen Kirche „im Angesicht des Apostelgrabes", wie Hadrian später den König erinnerte (*inter nos mutuo coram ... corpus b. Petri*). An die in der Confessio niedergelegte *promissio* erinnerte vermutlich der in einer Lorscher Inschriftensammlung überlieferte Titulus Hadrians I. auf einer Weihekrone des Petrusgrabes (Bibl.

Vaticana, Cod. Pal. lat. 833, Nr. 8), der häufiger als 'Vorstufe' des Trikliniumsmosaiks diskutiert worden ist.

Caelorum d(omi)n(u)s qui cum patre condidit orbem
Disponit terras virgine natus homo
Utquae sacer(dotum) regumque est stirpe creatus
Providus huic mundo curat utrumq(ue) ge(ne)ri
Tradit oves fidei petro pastore regendas
Quas vice hadriano crederet ille sua
Quin et romanum largitur in urbe fideli
[Vexillum] famuli(s) qui placuere sibi
Quod carolus mira praecellentissimus rex
Suscipiet dextra glorificante petri
Pro cuius vita triumphi(s)q(ue) haec munera regno
Obtulit antistes congrua rite sibi.

(Herr des Himmel und der Erde, der mit dem Vater die Welt erschuf, als Mensch von einer Jungfrau geboren, aus dem Stamm der Priester und der Könige abstammend, läßt er von beiden Geschlechtern die Welt lenken. Petrus, dem Hirten, gab er die Schafe des Glaubens zur Obhut, daß er sie seinem Vertreter Hadrian anvertraue. Ebenso verlieh er in der getreuen Stadt das römische ... [Banner] ... Dienern, die ihm wohlgefällig sind. Karl, der erhabene König, möge es aus Petrus' ruhmverleihender Rechter empfangen. Für dessen Leben und Triumph widmete der Papst diese Weihekrone nach dem angemessenen Brauch).

Die Inschrift beschreibt eine zweifache Einsetzungshandlung: In der ersten bestimmt Christus Priester und Könige zur Lenkung der Welt, gemäß der gelasianischen Zweigewaltenlehre, nach der die Welt durch die geheiligte Autorität der Priester (*sacrata auctoritas pontificum*) und die Macht der Könige (*potestas regalis*) regiert werde. In der zweiten reicht Petrus sein Hirtenamt an Hadrian weiter, während er mit seiner Rechten Karl ein römisches Amt oder Herrschaftszeichen verleiht, das ihn als Verteidiger dieser Stadt auszeichnet. Die Anschaulichkeit des Investiturvorgangs sowie die nachfolgende Verheißung von Siegesruhm läßt am ehesten an ein konkretes militärisches Symbol, ein Banner (*vexillum romanum*) denken, das durch die Belagerung Pavias während des Rombesuchs besondere Aktualität bekommen hätte.

Hadrian formulierte mit der Inschrift eine theologische Präambel für die päpstliche Metapher vom Petrusstaat, dessen Anspruch auf politische Souveränität er wie kaum ein anderer vertreten hat, ohne auf die Unterstützung der Franken zu verzichten. Ihre Argumentation war nicht historisch, sondern theologisch deduktiv und führte vom Herrn des Himmels und der Erde (Mt 28, 16–29) als Quelle aller irdischen Gewalt zur Teilung dieser Gewalt zwischen Priestern und Königen nach der gelasianischen Lehre bis zur Einsetzung und zum Primat des Papsttums durch Christus (Mt 16, 17–19: „Weide meine Schafe"). Gerade in dem letzten Punkt ging jedoch die abweichende Formulierung, die Schafe „zu lenken/regieren" (*ovas ... regendas*) über den pastoralen Aspekt des Bibelwortes deutlich hinaus. Die so legitimierte Doppelgewalt des Apostels und ihre Übertragung an den amtierenden Papst wie an seinen königlichen Partner bedeutete aber keine grundsätzliche Überordnung des Papsttums im Sinne einer „petrinischen Kaiseridee" (Beumann 1966), sondern propagierte lediglich einen Apostelfürsten, der als Hausherr der Peterskirche und Souverän seines Staatswesens einen christlichen Herrscher mit dessen Schutz beauftragte. Sie interpretierte so für den Kirchenbesucher am Ort des Schutzversprechens das dort begründete, in den Schenkungsurkunden gegenwärtige Bündnis. Das Bild der Doppelinvestitur hatte darüber hinaus vielleicht eine Parallele im liturgischen Zeremoniell an der Confessio. Das aus Schafwolle gefertigte Pallium, Symbol des Hirtenamtes, wurde im Hochmittelalter – vielleicht aber schon in karolingischer Zeit – in der Nacht vor der Weihe des neuen Papstes auf dem Petrusgrab niedergelegt und galt als unmittelbar vom Körper des Apostels übertragen. Ob auch Karl 774 durch ein Banner als Beschützer Roms symbolisch investiert worden war, ist nicht bekannt. Die Übersendung eines solchen Banners an den fränkischen König durch Leo III. nach dessen Amtsantritt 796 könnte darauf deuten. Die Schlüssel der Petersconfessio, die der Papst dem Banner beigab, wiesen es als Zeichen des Apostelfürsten aus, mit dem der neu Inthronisierte in der Tradition der Petrusbriefe den Frankenkönig an sein Schutzversprechen erinnerte.

Im 8. Jahrhundert war die Petrusmemorie seit der Neugestaltung Papst Gregors III. der prominenteste Ort in Rom, zugleich auch Schauplatz von Ordinationen, Konzilien, Eidesleistungen und Bannsentenzen. Die politische Bedeutung, die ihr aus der Verehrung der Reliquien und den reichen Altaroblationen zugewachsen war, verlieh den dort niedergelegten Zeugnissen, Dokumenten, Stiftungen, Inschriften und Bildern eine öffentliche Bedeutung. Karl der Große, dessen Krönung im Jahre 800 ein feierliches Gebet an der Confessio vorausging, ergänzte sie um einen weiteren Silberaltar mit liturgischen Geräten, darunter eine Patene mit seinem Namen. Nach den Plünderungen der Sarazenen 846 erhielt der Hochaltar über der Confessio ein mehrfiguriges Goldantependium mit den Darstellungen von Leo IV. (847–855) und Kaiser Lothar – das letzte in der Reihe karolingischer Doppelbildnisse. Die zitierte Versinschrift Hadrians scheint jedoch ohne bildliche Ergänzung auf einer Weihekrone oder einem Leuchter angebracht gewesen zu sein. Eine

Abb. 8 Rom, Lateran, Trikliniumsmosaik, Karl der Große

gemeinsame Investitur von Papst und König ist jedenfalls auszuschließen, da Karl im Titulus seine Gabe aus der Rechten Petri empfängt, also an einem Ehrenplatz, der im Bild dem Papst zukam.

Es überrascht daher nicht, daß Leo III. im Thronsaal seines Papstpalastes an die Symbolik der Petrusconfessio anknüpfte, die er wie sein Vorgänger durch eine beispiellose Pracht an Gold, Silber und Porphyr erhöhte. Das vom Titulus ins Mosaik übertragene Motiv der Doppelinvestitur sollte erneut an die 756–774 am Petrusgrab geschlossene Gründungsallianz des Kirchenstaates erinnern, wobei die traditionelle Metaphorik deutlicher war als der neue, „programmatische" Anspruch (Belting 1978). Ihr entsprechend erschien der thronende Petrus als Schutzpatron und Herrscher eines ihm geschenkten Territoriums, in welchem er seine Schafe weidete und zugleich regierte: durch seinen Stellvertreter Leo und seinen „Diener" Karl, der bei dem Leib des Apostels den Schutz der römischen Kirche geschworen hatte. Noch unter Hadrian war der Name des Apostels auf den päpstlichen Münzprägungen an die Stelle des kaiserlichen getreten, unter Leo III. auch sein Bild. Die grundsätzliche Debatte um den Vorrang des Sacerdotiums und das Verleihungsrecht der Päpste in der Kaiserfrage war dagegen zu diesem Zeitpunkt noch kein Thema: Sie entwickelte sich erst im späteren 9. Jahrhundert an der bereits bestehenden Problematik.

Das Bild vom Petrusstaat hing nicht nur an der theologischen Herleitung des päpstlichen Amtes, sondern auch an der Beglaubigungskraft der Apostelreliquien, durch die Petrus zugleich als Schutzheiliger für das Bündnis wirkte. Die Pflicht der geistlichen Vermittlung oder Fürbitte bei Petrus – im fränkisch-päpstlichen Briefwechsel ein wichtiges Thema – oblag in diesem Fall dem Papst. Bereits für Pippin war an der Confessio ein Gebetsoffizium eingerichtet worden; seinen Altar hatte Papst Paul I. (757–767) dem Apostel dargebracht. Papst Hadrian forderte von den Capuanern vor der Confessio einen Treueid auf den Apostel, den Papst und den fränkischen König. Seine genannte Weiheinschrift ließ in den Siegesverheißungen für Karl auch eine über die politische Aussage hinausgehende Stiftungsabsicht erkennen. Sie dürfte in Leos Mosaik (Abb. 4) durch die authentische Dativform D. N. CARVLO REGI („dem König Karl") über dem Nimbus angedeutet sein (Abb. 8), die Leos Titel (SCIMVS D. N. LEO PP) nicht zeigte und die als Geste der Widmung oder Huldigung verstanden werden konnte. Entsprechend dem hadrianischen Titulus und abweichend von den Laudesformeln war Petrus auf dem Mosaik zugleich Adressat der Gebete um „Leben" und „Sieg" für beide Amtsträger und erschien damit in einer Doppelfunktion als Inhaber einer Herrschaft sowie als deren Garant in der Rolle des Fürbittenden.

Von der Inschrift Hadrians fällt auch neues Licht auf die Rekonstruktion der linken Mosaikseite: Der Titulus betonte – wie auch Papst Hadrian in seinen Briefen an den Frankenkönig – ausschließlich die persönliche Verpflichtung Karls gegenüber Petrus. Der historische Bezug auf Sylvester und Konstantin spielte keine Rolle. Mit diesem Argument hat man die Inschrift oft zu einer Vorstufe des Mosaiks entwertet, ohne zu berücksichtigen, daß nur sie authentisch, das Mosaik jedoch rekonstruiert ist. Eine historische Typologie hätte überdies die Vasallenbindung Karls durch seinen Eid auf das Petrusgrab hinter eine historisch-moralische Argumentation zurücktreten lassen, die auf die Vorbildrolle des Kaisers als Protektor der Kirche zielte, die aber in der Sache unverbindlicher und für die Päpste zudem heikel war. Der Petrus-Eid blieb seit 774 stets das stärkere und unverfänglichere Argument. Auch Leo III. hat mit der Übersendung der Confessio-Schlüssel 796 zuerst die dort niedergelegte *promissio* in Erinnerung gebracht. Sein Trikliniumsmosaik enthielt

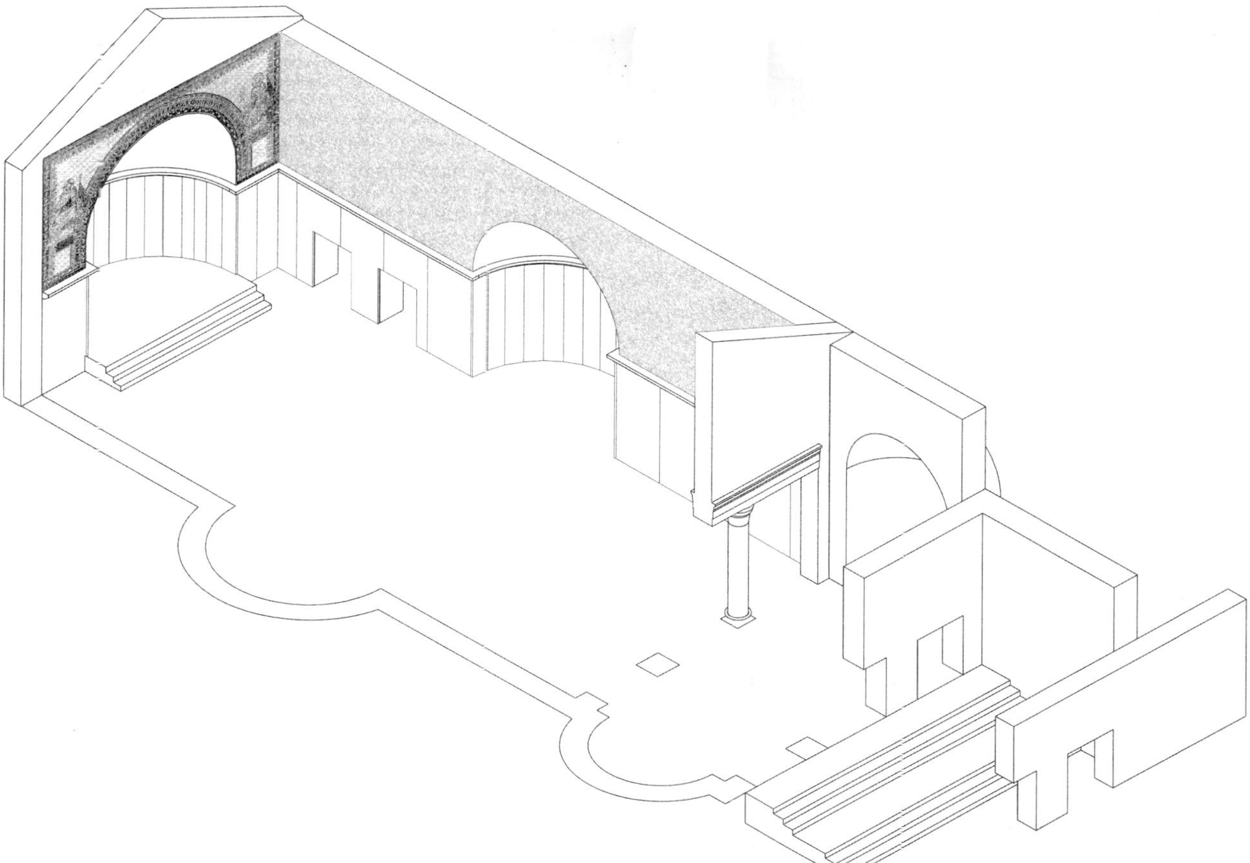

Abb. 9 Rekonstruktion der Thronaula des Lateranspalastes mit Trikliniumsmosaik

vermutlich auf der linken Seite keine Darstellung Konstantins, sondern nur eine Übergabe des Palliums oder der Schlüssel von Christus an Petrus, welche die Lücke zwischen Missionsbefehl und Papstinvestitur schloß. Es lieferte kein neues, säkulares Epochenverständnis, sondern eine theologisch-systematische, auf den anerkannten Legitimationsbildern aufbauende Begründung der Kirche, des päpstlichen Primates und der aktuellen Herrscherkonstellation, ohne sich in historische Widersprüche zu verwickeln.

Das Trikliniumsmosaik als Thronsaalbild

Um den Zusammenhang zwischen den Bestandteilen des Bildprogramms und seinen Inschriften zu verstehen, bedarf es auch eines Blicks in den Raum und seine Zeremonien (Abb. 9). Die von Leo III. neuerbaute Aula lag zwischen den öffentlichen und privaten Bereichen des Palastes und war in ihrer Hauptfunktion Thron- und Empfangssaal des Papstes (*basilica, aula*), Schauplatz wichtiger Palastzeremonien, einiger Kirchenversammlungen, diplomatischer Empfänge und Ort des bischöflichen Konsistoriums. Ihre längliche Grundform folgte dem Vorbild spätantiker Empfangssäle im kaiserlichen und privaten Wohnbau, die um seitliche, zur Aufnahme von halbrunden Speisesofas (*accubita*) gedachte Apsiden erweitert worden waren. Die Ausstattung mit Mosaiken, Malereien und Marmorverkleidungen sowie Porphyrsäulen war herrscherlich, ebenso die Inszenierung der Raumfolge. Während der Papst und seine Umgebung den Saal von ihren Gemächern an der hinteren Seite betreten konnten, lagen die repräsentativen Eingänge an der nördlichen Schmalseite. Über einige Treppenstufen erreichte man vom Gang durch einen Zwischenraum das *proaulion*, ein größeres Vestibül mit seitlichen Apsiden nach antikem Vorbild, das sich in voller Breite durch eine Kolonnade mit zwei Porphyrsäulen in die Thronaula öffnete. Der hinaufsteigende Besucher erlebte eine Steigerung der Räume und Architekturformen, deren Zielpunkt die Hauptapsis mit dem thronenden Papst war.

Der monumentale Neubau des Thronsaals unter Leo III. war Folge einer zunehmenden Verherrschaftlichung des Papsttums seit der Erweiterung seiner weltlichen Rechte. Der ursprüngliche Thron des Papstes war die bischöfliche Kathedra in der Lateransbasilika gewesen. Bereits im 7. Jahrhundert folgte auf die Wahl und Thronsetzung des neuen Papstes in dieser Kirche als wichtigster Erhebungsakt die feierliche, bei Doppelwahlen oft umkämpfte Einführung in den angrenzenden Palast (*possessio*) und die dortige Huldigung durch Klerus und weltliche Große. Thron und Thronsaal sind in den Quellen nicht explizit erwähnt, aber zu vermuten; erst 768 begegnet eine *sella pontificalis*, ein beweglicher Sitz, den der Papst auch zu den Stationsgottesdiensten mitführte. Im 9. Jahrhundert, nach dem Bau der Aula, berichten die Quellen, daß der Gewählte mit Hymnen und geistlichen Gesängen zum Palast geleitet, dort nach kaiserlichem Vorbild inthronisiert und von Klerus und Senat mit dem Fußkuß geehrt wurde. Bereits die „Konstantinische Schenkung" aus dem späteren 8. Jahrhundert hatte mit dem päpstlichen Herrschaftsanspruch über den Westen auch den Lateranspalast zu einem kaiserlichen, von Konstantin gestifteten *palatium* erhoben und für den Petrusthron imperiale Würden beansprucht. Parallel dazu verlor die bischöfliche Kathedra in der Lateranskirche seit 768 ihre Bedeutung im Erhebungszeremoniell; die Weihe des Papstes fand bereits seit Gregor dem Großen in St. Peter statt. Die Petrusverehrung im 7./8. Jahrhundert ließ den römischen Bischofsstuhl zu einer *sedes Petri* werden, deren geistliche und weltliche Befugnisse gemeinsam durch die Kathedra in St. Peter und durch den Thron (*solium, thronus*) im Lateranspalast repräsentiert wurden.

Der Thron in der Palastaula war vermutlich nicht fest installiert, da man im gleichen Saal auch Bankette feierte, bei denen in der Hauptapsis ein päpstlicher Speisetisch stand. Auf seine Gegenwart verweisen die Lambrequins der Mosaikumrahmung (Abb. 1), ein Motiv, das an textile Thronbaldachine erinnerte und die Stirnwand wie eine monumentale Rahmung des Residierenden erscheinen ließ. Als Teil der Inszenierung des Thrones ist auch die Bogenumschrift des „Gloria in excelsis" zu lesen, die sich wohl auf das liturgische Gloria bezog, einen Hymnus auf die Dreifaltigkeit, dem eine besondere Bedeutung im Herrscher- und Thronzeremoniell zukam: Bis zum 11. Jahrhundert blieb der Festgesang mit seinen Jubelrufen auf Gott und seinen Sohn dem Papst vorbehalten und wurde nur an hohen Festtagen angestimmt (Andrieu, OR II, 9; Sacramentarium Gregorianum H 1, 1–17, ed. H. Lietzmann, 1). Als Ausdruck höchster Freude war er oft Herrschern zugedacht, wobei die Verwandtschaft zu den Jubelrufen beim Einzug Christi in Jerusalem (Lc 19,38) seine Verwendung im „Adventus"-Zeremoniell nahelegte. Leo III. intonierte 799 bei der Begegnung mit Karl das Gloria, die päpstlichen Scholen sangen es erneut beim Einzug des Königs in Rom im Jahre 800. Im päpstlichen Hochamt folgten dem Gloria später häufig die Laudes.

Eine wichtige Rolle spielte der Hymnus seit ca. 600 bei Bischofsordinationen und im Verlauf der Papstweihe in St. Peter: Nach dem Weihegebet und der Anlegung des Palliums durch den Archidiakon stieg der Konsekrierte zur Kathedra hinauf und intonierte dort nach dem Friedenskuß stehend das Gloria, bevor er sich auf sie setzte. Dieser offizielle Abschluß des Weihevorgangs war die erste Amtshandlung des Geweihten und musikalischer Auftakt zum Bild des anschließend thronenden Papstes. Ein im späten 9. Jahrhundert entstandener Weiheordo fügt nach dem Gloria noch eine Laudeshuldigung durch die Schola und die Vorsteher der sieben römischen Regionen ein (OR XXXVI, 49). Priester durften das Gloria nur am Tag der eigenen Weihe und in Vertretung des Papstes anstimmen, also bei den Anlässen, an denen ihnen auch die Benutzung der bischöflichen Kathedra zustand. Die Verbindung des Hymnus mit dem päpstlichen Thron blieb bis in das 12. Jahrhundert, als das Gloria vornehmlich an den Krönungsfesten ertönte und der Neubau von S. Clemente im Zuge einer liturgischen Musterausstattung ein Apsismosaik erhielt, das aus der päpstlichen Thronaula die Bogenumschrift des Gloria mit einer bezeichnenden Ergänzung zitierte: GLORIA IN EXCELSIS DEO SEDENTI SVPER THRONVM ET IN TERRA PAX HOMINIBVS BONAE VOLVNTATIS („Ehre sei Gott in der Höhe, der zu Throne sitzt, und Friede auf Erden ...").

Das Triklinium war nicht nur Thronsaal, sondern organisatorisches Zentrum der römischen Bischofskirche überhaupt. Wohl auf diese allgemeinere Funktion dürfte das Apsisbild mit der Darstellung der Apostelmission anspielen (Kat.Nr. IX.22), deren Titulus erneut keine Stiftungsverse, sondern den Bibeltext enthielt. Den historischen, für eine Apsis unüblichen Stoff hatte der Mosaizist in eine streng hieratische Formation verwandelt, die Motive und Kompositionsformen römischer Apsismosaiken verarbeitete und das Erzählerische zurücktreten ließ. Gegenüber den allgemein repräsentativen Philosophen- oder Lehrversammlungen des 4./5. Jahrhunderts, den Darstellungen des thronenden oder stehenden Christus mit huldigenden Aposteln, behielt das karolingische Mosaik jedoch mit der Reduzierung auf elf Apostel (gemäß dem Bibeltext ohne den späteren Matthias) seine individuelle Thematik. Der Missionsgedanke wurde später von Leo III. beim Bau der zweiten großen Konzilsaula fortgesetzt, deren zehn seitliche Apsiden die Predigten der Apostel vor den Völkern (*gentibus praedicantes*) zeigten.

Die palastübergreifende Ausfaltung des Themas erhielt ihren Sinn im Kontext eines Festmahlzeremoniells an Ostern und Weihnachten, das sich in seinen Grundzügen bis in vorkarolingische Zeit zurückverfolgen läßt und in dem die kollektive Identität der römischen Kirche zum Ausdruck kam. Die Gemeinschaft der Apostel um Christus war das Vorbild für die Gemeinschaft der Kleriker um den Papst, der den hochmittelalterlichen Zeremonienbüchern zufolge am Osterfest mit zwölf Vertretern des Palastklerus auf einem halbrunden Speisesofa *in figura apostolorum* saß. In der Nacht zuvor waren die Kardinäle vom Baptisterium der Lateranskirche mit dem Missionsbefehl zu ihren Titelkirchen ausgesandt worden, um dort die Taufe in den Einzelgemeinden durchzuführen. Das abschließende Mahl im Palast, das zunächst wohl in der von Leo III. zuerst errichteten kleineren Thronaula abgehalten wurde, wurde im vollzogenen Auftrag des Bischofs gefeiert und diente zugleich zur Entlohnung aller Klerikerstände. Das Urbild dieses kirchlichen Amtsauftrags war der – nicht nur expansiv verstandene – Missionsbefehl der Trikliniumsapsis, dessen ikonographische Besonderheit die erhobenen, verhüllten Hände der Apostel darstellten (Kat.Nr. IX.22). Im spätantiken Hofzeremoniell wie in der frühchristlichen Ikonographie mußte derjenige die Hände verhüllen, der dem Herrscher Geschenke darbrachte oder sie von ihm erhielt. Wahrscheinlich warten die leeren, verhüllten empfangenden Hände der Apostel auf die Entlohnung für den Dienst an der Kirche, die das notwendige Pendant zum Amtsauftrag darstellte.

Das Trikliniumsmosaik vereinigte somit Bilder und Texte verschiedener Amtseinsetzungen und Huldigungsformeln in den Stilisierungen des jeweiligen Zeremoniells. Auch bei der Darstellung des königlichen Beschützers im päpstlichen Thronsaal wirkte eine zeremonielle Tradition nach: Die Verknüpfung von Bildnis und Huldigungsformel erinnerte noch deutlicher als in S. Susanna an den Kult der Kaiserbilder, die stellvertretend für den Herrscher die Akklamationsrufe entgegennahmen. In Rom waren sie bereits unter Gregor dem Großen zuerst im Lateranspalast durch Klerus und Senat geehrt und dann zur endgültigen Aufstellung in die Cäsariuskapelle auf dem Palatin überführt worden, wo der byzantinische Dux residierte. Nach dem Ende der byzantinischen Statthalterschaft 751 scheint die Cäsariuskapelle in den Papstpalast verlegt worden zu sein, wo sie erstmals unter Papst Stephan III. (768–772) als Teil des Vestiariums, der Schatz- und Insignienkammer, erscheint. Der Brauch, das Kaiserbild im Papstpalast auszustellen, wurde vielleicht bald abgeschafft, war aber um 800 wohl noch bekannt. Auch in diesem Fall hat Leo III. den Frankenkönig schon vor seiner Krönung in kaiserliche Rechte wiedereintreten lassen. Das mosaizierte Bild des königlichen Protektors über seinem Thron bedeutete zunächst eine Huldigung an dessen faktische Vormachtstellung in Rom und Italien, die der Papst nicht geleugnet, aber in einem für ihn günstigen Sinn auf das Schutzversprechen festgelegt hat.

Wenn auf diese Weise das erste mittelalterliche Herrscherbild in Rom und nicht in Aachen auftrat, dann, weil in dieser Stadt die Repräsentation durch Bilder eine ungebrochene Tradition besaß. Ihre mystische und zeremonielle Aura gehörte zur politischen und religiösen Vorstellungswelt der Römer, während sie den Franken zutiefst fremd war. Papst Leo III. hat jedoch in den Darstellungen Karls des Großen das traditionelle Kaiserbildnis über die liturgischen Ehrungen und das Stiftergedenken hinaus mit neuen Funktionszuweisungen verbunden, die für das westliche Kaisertum bestimmend bleiben sollten. Die im Bild der Fahneninvestitur erinnerte *promissio* von 774, die auch später Teil der kaiserlichen Krönungseide blieb, definierte stärker die Rechte als die Verpflichtungen des romverbundenen Frankenkönigs, von dem sich Leo III. erhofft haben mochte, er werde, ausgestattet mit allen förmlichen Ehrungen, wie Pippin die Belange des Papsttums unterstützen, ohne dessen Herrschaftsrechte in Frage zu stellen. Doch Karl war nicht Pippin, und zu groß war auch die Kluft zwischen dieser Ideologie und der politischen Wirklichkeit des Pontifikates von Leo III., der den im Bild des Petrus-Staates ausgedrückten Souveränitätsanspruch des Papsttums nur eingeschränkt durchsetzen konnte.

Kommentierte Bibliographie:

Die historischen Quellen sind weitgehend in den folgenden nach wie vor gültigen Zusammenfassungen erschlossen: CASPAR 1956; DEÉR 1957; CLASSEN 1965; BEUMANN 1966; ANGENENDT 1980; NOBLE 1984. – Quellen zur Überlieferungsgeschichte des Trikliniumsmosaiks: PANVINIO 1570; UGONIO 1588; GRIMALDI 1972; ALEMANNI 1625; CIAMPINI 1699. – Auf die große Zahl historischer Deutungen sei nur verwiesen. Wichtige Beiträge zu Überlieferung und Deutung: MÜNTZ 1884; LADNER 1935; WAETZOLDT 1964; DAVIS-WEYER 1965 u. 1968; WALTER 1970; ARONBERG-LAVIN 1975; GONZALEZ-PALACIOS 1976; WILPERT/SCHUMACHER 1976; BELTING 1976 u. 1978; KRAUTHEIMER 1987; IACOBINI 1989; ENGEMANN 1995; HERKLOTZ 1995. – Zu Papst- und Königsporträt: LADNER 1941; SCHRAMM 1983. – Liturgie und Zeremoniell im frühmittelalterlichen Lateranspalast sind nur wenig erforscht. Zum Hochmittelalter: HERKLOTZ 1985. – Die Nennung der Ordines folgt ANDRIEU 1931–1961. – Zu St. Peter: ANGENENDT 1977; de BLAAUW 1994. – Zu den Laudes: KANTOROWICZ ²1958.

Quellen und Literatur:

Nicolai ALEMANNI, De lateranensibus parietinis dissertatio ..., Rom 1625. – DERS., De Lateranensibus parietinis ab Illustr. Et Rev. Domino D. Francisco Card. Barberino restitutis dissertatio historica, Rom 1625. – Giovanni G. CIAMPINI, Vetera Monimenta I, Rom 1699, Taf. 39–40. – Giacomo GRIMALDI, Descrizione della basilica antica di San Pietro in Vaticano, hrsg. v. Reto NIGGL (Codices e Vaticanis selecti 32), Vatikanstadt 1972, 353–358. – Onofrio PANVINIO, De praecipius Urbis Romae sanctoribusque basilicis quas septem ecclesias vulgo vocant, Rom 1570. – Pompeio UGONIO, Historia delle stationi di Roma, Rom 1588, f. 45v.

Michel ANDRIEU, Les ordines Romani du Haut Moyen Age 1–5 (Spicilegium Sacrum Lovaniense 11, 23, 24, 28, 29), Löwen 1931–1961. – Arnold ANGENENDT, Mensa Pippini regis. Zur liturgischen Präsenz der Karolinger in Sankt Peter, in: Hundert Jahre deutsches Priesterkolleg beim Campo Santo Teutonico 1876–1976. Beiträge zu seiner Geschichte, hrsg. v. Erwin GATZ (Römische Quartalschrift für christliche Altertumskunde und Kirchengeschichte, Supplementheft 35), Rom 1977, 52–68. – DERS., Das geistliche Bündnis der Päpste mit den Karolingern (754–796), in: Historisches Jahrbuch 100, 1980, 1–94. – Marylin ARONBERG-LAVIN, Seventeenth Century Barberini Documents and Inventories of Art, New York 1975. – Hans BELTING, I Mosaici dell'Aula Leonina come testimonianza della prima „renovatio" nell'arte medievale di Roma, in: Roma e l'età Carolingia, Rom 1976, 167–182. – DERS., Die beiden Palastaulen Leos III. im Lateran und die Entstehung einer päpstlichen Programmkunst, in: Frühmittelalterliche Studien 12, 1978, 55–83. – Helmut BEUMANN, Das Paderborner Epos und die Kaiseridee Karls des Großen, in: Karolus Magnus et Leo Papa. Ein Paderborner Epos vom Jahre 799, hrsg. v. Joseph BROCKMANN, Paderborn 1966, 1–54. – Sible de BLAAUW, Cultus et Decor. Liturgia e architettura nella Roma tardoantica e medievale 2: Basilica Salvatoris, Sanctae Mariae, Sancti Petri (Studi e Testi 356), Rom 1994. – Erich CASPAR, Das Papsttum unter fränkischer Herrschaft, Darmstadt 1956. – Peter CLASSEN, Karl der Große, das Papsttum und Byzanz. Die Begründung des karolingischen Kaisertums, in: Karl der Große. Lebenswerk und Nachleben 1: Persönlichkeit und Geschichte, hrsg. v. Helmut BEUMANN, Düsseldorf 1965, 537–608. – Caecilia DAVIS-WEYER, Das Apsismosaik Leos III. in S. Susanna. Rekonstruktion und Datierung, in: Zeitschrift für Kunstgeschichte 28, 1965, 177–194. – DIES., Eine patristische Apologie des Imperium Romanum und die Mosaiken der Aula Leonina, in: Munuscula Discipulorum. Kunsthistorische Studien Hans Kauffmann zum 70. Geburtstag 1966, hrsg. v. Tilmann BUDDENSIEG u. Matthias WINNER, Berlin 1968, 71–83. – Josef DEÉR, Die Vorrechte des Kaisers in Rom (772–800), in: Schweizer Beiträge zur allgemeinen Geschichte 15, 1957, 5–63. – Joseph ENGEMANN, Skizzen zu Bedeutungsgröße und Seitenwertigkeit in frühmittelalterlichen und mittelalterlichen Bildwerken, in: Byzantine East, Latin West. Art-Historical Studies in Honor of Kurt Weitzmann, hrsg. v. Doula MURIKI, Princeton 1995, 143–152. – A. GONZALEZ-PALACIOS, Giovan Battista Calandra. Un mosaicista alla corte dei Barberini, in: Ricerche di Storia dell'Arte 1–2, 1976, 211–240. – Ingo HERKLOTZ, Der Campus Lateranensis im Mittelalter, in: Römisches Jahrbuch für Kunstgeschichte 25, 1985, 1–43. – DERS., Francesco Barberini, Nicolò Alemanni, and the Lateran Triclinium of Leo III: An Episode in the Restoration and Seicento Medieval Studies, in: Memoirs of the American Academy in Rome 40, 1995, 175–196. – Antonio IACOBINI, Il Mosaico del Triclinio Lateranense, in: Fragmenta picta. Affreschi e mosaici staccati del medioevo romano. Roma Castel Sant'Angelo, 15 dicembre 1989 – 18 febbraio 1990, hrsg. v. Maria ANDALORO, Rom 1989, 189–96. – Ernst KANTOROWICZ, Laudes Regiae. A Study in Liturgical Acclamations and Mediaeval Ruler Worship, Berkeley and Los Angeles ²1958. – Richard KRAUTHEIMER, Rom. Schicksal einer Stadt, 312–1308, München 1987. – Gerhart B. LADNER, I mosaici e gli affreschi ecclesiastico-politici nell'antico Palazzo Lateranense, in: Rivista di archeologia cristiana 12, 1935, 265–292; wiederabgedruckt in: DERS., Images and Ideas in the Middle Ages: Selected Studies in the History and Art 1 (Storia e letteratura 155), Roma 1983, 347–66. – DERS., Die Papstbildnisse des Altertums und des Mittelalters 1: Bis zum Ende des Investiturstreits (Monumenti di antiquita cristiana 2,4), Vatikanstadt 1941, 113–126 (DERS., 3: Addenda et corrigenda, Vatikanstadt 1984, 25–30). – Eugene MÜNTZ, Le Triclinium du Latran, Charlemagne et Leon III., in: Revue archéologique 8, 1884, 1–15. – Thomas F. X. NOBLE, The Republic of St. Peter. The Birth of the Papal State 680–825, Philadelphia 1984. – Percy Ernst SCHRAMM, Die deutschen Kaiser und Könige in Bildern ihrer Zeit 751–1190, unter Mitarbeit von Peter Berghaus u. Nikolaus Gussone neu hrsg. v. Florentine MÜTHERICH, München 1983. – Stephan WAETZOLDT, Die Kopien des 17. Jahrhunderts nach Mosaiken und Wandmalereien in Rom (Römische Forschungen der Bibliotheca Hertziana 18), Wien/München 1964. – Christoph WALTER, Papal Political Imagery in the Medieval Lateran Palace, in: Cahiers Archéologiques 20, 1970, 157–160, 170–176. – Joseph WILPERT u. Walter Nikolaus SCHUMACHER, Die römischen Mosaiken der kirchlichen Bauten vom IV.–XIII. Jahrhundert, Freiburg/Basel/Wien 1976.

Michael McCormick

Paderborn 799: Königliche Repräsentation – Visualisierung eines Herrschaftskonzepts

Vor 1200 Jahren begegneten sich in Paderborn der aus Rom geflüchtete und verwundete Papst und der mächtigste Herrscher Europas. Der zeitgenössische Dichter des sog. Karlsepos malte ein lebendiges Bild von diesem Treffen (Verse 426–536 – die folgenden Nachweise beziehen sich immer auf das Karlsepos). Der Sohn des Königs, selbst König von Italien, wurde ausgesandt, den Papst zu begrüßen und ihn zum Lager der Franken zu geleiten. Hoch zu Roß und in voller militärischer Rüstung stand dort das Heer. Es war in einem weiträumigen Rund aufmarschiert und erwartete, mit Standarten und Waffen versehen, den Papst. Mit Vortragekreuzen in den Händen und Hymnen singend schritten die in lange Gewänder gehüllten Geistlichen in drei Reihen dem ankommenden Papst entgegen. Dieser betrat den riesigen Kreis von Kriegern und bewunderte die unzähligen Trachten und die verschiedenen Sprachen der versammelten Völkerscharen des fränkischen Heeres. Mitten in diesem Kreis stand die hoch aufragende Gestalt des fränkischen Königs selbst. Karl der Große trat hervor, um Papst Leo III. zu begrüßen. Vor den Augen des versammelten Heeres warf sich der große König demütig dem Papst zu Füßen, während dieser im Wechselgesang mit den Geistlichen des königlichen Gefolges das „Gloria in excelsis Deo" anstimmte. Die Männer küßten und umarmten sich und reichten einander die Hände. Das gesamte Heer kniete nieder und folgte mit einer dreifachen tiefen Verbeugung der Ehrerbietung, die ihr königlicher Herrscher dem geflüchteten Bischof von Rom entgegengebracht hatte. Der Papst antwortete mit einer dreimaligen Segnung der Truppen. Zusammen mit dem König brach der Papst dann zur Kirche auf, wo er die Messe zelebrieren sollte. Vor dem Kirchenportal sangen fränkische Geistliche Lobpreisungen, vielleicht sogar die berühmten „Laudes regiae" selbst, jene hymnischen Akklamationen, deren wiederkehrender Vers „Christus siegt, Christus herrscht, Christus befiehlt" die Bitte enthält, Gott, der Herr, möge dem Papst, dem fränkischen König und seinem Heer Leben und Sieg gewähren.

Schon diese kurze Aufzählung der Ereignisse von Paderborn im Jahre 799 macht deutlich, daß bei der Begrüßung Papst Leos III. nichts dem Zufall überlassen blieb. Grandios und mit Bedacht inszeniert, wurden althergebrachte Gesten in neuer und einzigartiger Weise miteinander verbunden (vgl. auch Beitrag Hack). Sie sind besonders gut geeignet, jenen ebenso kritischen wie bedeutenden Moment in der Geschichte des karolingischen Europa klar vor Augen zu führen. Für das Heer, das die Vorgänge beobachtete, ohne jedes einzelne Wort unbedingt genau verstanden zu haben, drückte die Kombination der symbolischen Gesten deutlich, ja, unvergeßlich die Vorstellung des Königs von seiner eigenen Stellung sowie derjenigen des Papstes in der Welt aus. Das gleiche gilt auch für uns, die wir nicht anwesend waren; denn die Beschreibung der Begegnung spricht auch eine deutliche visuelle Sprache, die die Macht der Herrschenden in ihrer sinnbildlichen Bedeutung auszudrücken vermochte. Was sagt uns also diese zeremonielle Sprache über Herrschaft und Gesellschaft?

Macht zu symbolisieren ist eines der wesentlichen Anliegen der Macht selbst. Die Fähigkeit und Rücksichtslosigkeit Karls des Großen in Erwerb und Ausübung seiner Macht ist sicherlich für seine Zeitgenossen genauso offensichtlich gewesen wie für uns heute. Auf den soliden Grundlagen seines Vaters aufbauend, konnte Karl der Große, der die streitsüchtigen Klans der fränkischen Elite und der verbündeten ethnischen Gruppen zu einem gemeinsamen Ziel zusammenschloß, die Kreise der ihm Getreuen ausdehnen. Das Ergebnis war ein Herrschaftsgebiet, das über eine Million Quadratkilometer groß und von mehreren Millionen Untertanen bewohnt war. Allerdings waren die geographische Ausdehnung und die vorhandenen Ressourcen seines Reiches genauso groß wie dessen institutionelle Strukturen ungenau und vage blieben. Doch wußten die Zeitgenossen Karls des Großen während seiner von ständiger Expansion geprägten Regierungszeit nie, wann das Glück der Franken enden und wann sich eine Revolte erfolgreich durchgesetzt haben würde. Ebensowenig wußten sie, ob dem Leben des Herrschers, der das Ganze zusammenhielt, unerwartet ein gewalttätiges Ende beschieden sein würde, wie es zahlreichen anderen aus seiner Umgebung bereits ergangen war.

Die Möglichkeit, das riesige Gebiet des Frankenreiches zu regieren, war nur begrenzt. Die fränkische Gesellschaft war kein institutionelles Gebilde, sondern ein „Personenverbandsstaat". Dem Herrscher standen nur wenige und kaum effektive Mittel zur Verfügung, um seinen Willen beim Volk durchzusetzen. Der administrative Apparat seiner Regierung war eher unterentwickelt bzw. kaum existent: 400 bis 800 Bischöfe und Grafen verwalteten einen Großteil Europas. Die königliche Kanzlei selbst war auf fünf bis zehn Personen beschränkt – im Vergleich dazu benötigten die römischen Kaiser allein 396 Mitarbeiter, um Nordafrika zu verwalten. Hinzu kam, daß sich die Kommunikation über so weite Strecken außerordentlich schwierig gestaltete: Trotz der Bemühungen der Karolinger, die Reisestrukturen zu verbessern, dauerte die Hin- und Rückreise nach Rom immer noch zehn bis zwölf Wochen (vgl. Beitrag Heimann). Wie Gerd Tellenbach (1979) betonte, bedurfte jede politische Initiative der Überzeugungskraft des Königs, um einen Konsens zu erlangen. Dem König waren also die Hände gebunden, solange sich kein Einvernehmen innerhalb seiner Gefolgschaft erreichen ließ.

Die kaum zu bewältigenden, eher entmutigenden Aufgaben jener Zeit zu lösen erschien angesichts der historischen Umstände um so dringlicher. Zunächst galt es, die grundlegende Frage nach der Legitimation der karolingischen Familie zu beantworten. Im Gebiet des alten fränkischen Territoriums hatte man noch nicht vergessen, daß durch König Pippin, den Vater Karls des Großen, die beinahe legendären merowingischen Könige, die fast vier Jahrhunderte lang über das Kernland des Reiches geherrscht hatten, entmachtet worden waren. In seiner Beschreibung der Absetzung des letzten Frankenkönigs aus dem Geschlecht der Merowinger im Jahre 751 betonte deswegen ein Hofchronist nur weniger Jahre vor der Begegnung in Paderborn das leidenschaftliche Interesse der Franken an guten Beziehungen zum Papst in Rom. Die Zustimmung des Papstes sollte wie eine eigenständige Entscheidung wirken und nicht wie eine durch die Karolinger herbeigeführte.

So kann auch die Einführung einer neuen Zeremonie erklärt werden, bei der der König mit geweihtem Öl gesalbt wurde. Die neue Herrscherfamilie sollte also aus dem übrigen Adel – dem sie selbst entstammte – herausgehoben werden. Außerhalb des fränkischen Kernlandes wurde jedoch jeder Erfolg der Karolinger und ihrer Verbündeten mit Skepsis aufgenommen und erweckte von neuem das Problem ihrer Legitimation. Jede Eroberung der Karolinger bedeutete somit, sich zugleich auch über den Adel der neu hinzugekommenen ethnischen Gruppen zu stellen. Um deren Eliten in die politische Struktur des Reiches einbinden und ihre Treue dem Eroberer gegenüber erreichen zu können, mußten sie entweder umworben oder vernichtet werden. Erschwerend kam hinzu, daß der neue Adel nicht nur in Gesetz, Brauchtum und ethnischer Zugehörigkeit verschieden war; es herrschte auch eine Sprachenvielfalt, die von der griechisch geprägten, proto-romanischen Sprache in Istrien bis zum altsächsischen Dialekt der Gegend um Paderborn reichte.

In diesem historischen Zusammenhang ist der Begriff 'Ruhm' nicht mit Selbstgefälligkeit, Überheblichkeit oder Stolz zu verbinden. Wenig Aufmerksamkeit ist bislang der Rolle des Ruhms – als des Herrschers 'guter Ruf' – in einer kaum zu regierenden Gesellschaft gewidmet worden. Dem Autor des Karlsepos war die Bedeutung des königlichen Ansehens bewußt, und er betonte es lautstark (Verse 55–59). Das war richtig so, denn nur wenige Untertanen dürften ihren Herrscher je zu Gesicht bekommen haben, und ihre Einschätzung seiner Person dürfte ein wesentliches Zeugnis für die Machtausstrahlung des Königs abgegeben haben. Mündliche Berichte über den Reichtum Karls des Großen, seine Weisheit und seine strenggläubige Frömmigkeit sollten die Menschen aller Schichten dazu bringen, den Befehlen des Königs Folge zu leisten. Vielleicht noch wirkungsvoller im Bewußtsein seiner Untertanen war die Verbreitung von Berichten über die schonungslose Brutalität, mit der der Herrscher seine Feinde vernichtete. In der Gegend von Paderborn dürfte niemand vergessen haben, daß der große König – seiner eigenen Hofannalistik zufolge – im Jahre 782 die im Verlauf nur eines Tages erfolgte Hinrichtung von 4500 sächsischen Rebellen in Verden an der Aller befohlen hatte. Der Einsatz von Gewalt als Abschreckungsmittel war offensichtlich von großer Bedeutung für den Mann, der den aufständischen Sachsen so kaltblütig begegnete. Der Dichter des Karlsepos nahm diesbezüglich jedenfalls kein Blatt vor den Mund (Verse 41–44).

Zur Fähigkeit Karls des Großen, seine politische Stärke realistisch und effektiv auszuüben, kam seine persönliche Neigung, Macht auch in ihrer symbolischen Bedeutung wirkungsvoll einzusetzen. Eine vollständige Analyse sei-

Abb. 1 Buch der Makkabäer: Erstürmung einer Stadt in Judäa. Leiden, Universitätsbibliothek, Ms. Periz. F 17, fol. 9r

ner Herrscherrepräsentation müßte auf den grundlegenden Forschungen von Percy Ernst Schramm, Ernst Hartwig Kantorowicz und Florentine Mütherich sowie auf jüngeren Arbeiten aufbauen. Sie hätte alle Symbole, Insignien und Rituale königlicher Macht aufzunehmen und der Frage nachzugehen, wie sich deren Entwicklung im späten 8. und 9. Jahrhundert vollzogen hat. Sie hätte aber auch die Aufgabe, die historischen Ursprünge und Vermittlungswege eingehend zu untersuchen, die sich im spätantiken Erbe des fränkischen Gallien ebenso finden wie in den Zeremonien der byzantinischen Provinzen Italiens und in den selteneren direkten Übernahmen aus dem damaligen Konstantinopel. Doch die Zeremonie des Papstempfangs von Paderborn kann zumindest teilweise zu einer Beantwortung unserer Fragen führen.

Bei der Analyse von Zeremonien ist es das Publikum, dem unser primäres Interesse gilt. Danach geht es um das genaue Vokabular des Ritus, das die Zeremonie in ihrer tatsächlichen Ausführung beschreibt, und anschließend um den unmittelbaren historischen Hintergrund. Zusammen erlauben uns schließlich diese drei Punkte, die Bedeutung der gesamten Inzenierung zu verstehen. Das Publikum in Paderborn war das Heer, das aus den entferntesten Gegenden des Reiches zusammengerufen worden war. Daß der König gerade das Heer als „Zielpublikum" ansprach, läßt sich eindeutig aus der ungewöhnlichen Tatsache ableiten, daß er es in einem riesigen Kreis aufstellen ließ. Somit war es für einen Großteil der Truppen möglich, die Begegnung mit eigenen Augen zu sehen. Die Soziologie des karolingischen Heeres bedarf noch eingehenderer Erforschung. Allerdings wissen wir, daß, ungeachtet der theoretisch vorhandenen Pflicht aller freien Männer zur Heeresfolge, die hohen Ausgaben für Rüstung, Pferde und Waffen sowie die Hauptlasten der Kriegszüge auf die Bessergestellten, die Adligen und die königlichen Vasallen abgewälzt wurden. Das Publikum an diesem Sommertag in Paderborn war somit von der adligen Gefolgschaft dominiert. Ihre Söhne waren für den Kampf zu Pferde ausgebildet, ihr Geist war auf militärische Tugenden wie Kraft, Geschick und Mut eingeschworen. Ja, selbst karolingische Psalterhandschriften wie der Utrecht-Psalter, der Stuttgarter Psalter, aber auch die Leidener Makkabäer-Handschrift zeigen zahlreiche Szenen mit bewaffneten Kriegern (Abb. 1). Das Heer bildete also die Elite des karolingischen Reiches und war somit die Schicht, deren politische Zustimmung Karl der Große immer wieder erlangen mußte.

Wären wir im Jahr 799 als Angehörige des großen Heeres oder Mitglieder der päpstlichen Delegation in Paderborn gewesen, so hätten wir ohne Schwierigkeiten den König selbst identifizieren können. Die Untersuchung seiner Gebeine ergab, daß Karl der Große allein durch sein stattliches körperliches Erscheinungsbild (1,92 m) im wörtlichen Sinne sicherlich viele der an jenem Tag dort Anwesenden überragt hat. Doch auch wenn er nicht so groß gewesen wäre, hätten seine Zeitgenossen stets zu ihm aufschauen müssen: Der König sprach zwar im Sitzen zu seinen Untertanen, aber es geschah von einem hohen Thron aus, wie z. B. von dem königlichen Thron, den er in der Aachener Pfalzkapelle bauen ließ. Ein solcher Thron, vielleicht aber erst aus ottonischer Zeit, steht noch heute im oberen Umgang des Münsters (Abb. 2). Auch außerhalb der Pfalz mußte man zu ihm aufschauen, erlebte man ihn doch während seiner rastlosen Reisen durch alle Teile Europas faktisch mehr oder weniger auf dem Rücken seines Pferdes (Abb. 3).

Karl war sicherlich der vermögendste Mann der fränkischen Gesellschaft und kleidete sich dementsprechend in Gewänder aus kostbarsten Stoffen. Sein Biograph Einhard hält fest, daß Karl „römische" Gewänder und Sandalen nur dann trug, wenn er sich in Rom aufhielt (Abb. 4). In einer Gesellschaft, in der an der Kleidung ablesbar war, zu welchem Volk man gehörte, war die gelegentliche Abwendung des fränkischen Königs von der traditionellen fränkischen Kleidung durchaus von Bedeutung. So einfach und „fränkisch" der Geschmack des Königs auch gewesen sein mag, seine Tunika war stets mit Seide verziert, sein Schwert aus Gold und Silber war mit kostbaren Steinen besetzt. Im Winter trug er die feinsten Pelze. Sein Pferd, selbst ein Symbol von Rang und Lebensstil der fränkischen Gesellschaft, war stets verschwenderisch mit Gold geschmückt (Vers 165; vgl. Vers 482). Falls dies alles nicht genügte, um den Herrscher inmitten des Heeres zu identifizieren, trug Karl zudem eine goldene Krone auf dem Haupt. So dürften die versammelten Zuschauer den großen Herrscher unmittelbar erkannt haben, als dieser seinen Platz inmitten des großen Kreises von Kriegern hinter den Reihen der Kleriker einnahm.

Der zweite Schlüssel zum Verständnis der Bedeutung der Paderborner Begegnung liegt in ihren besonderen zeremoniellen Elementen. Den übergeordneten Rahmen der rituellen Handlung bildete die antike *adventus*-Zeremonie, mit der die Ankunft römischer Kaiser, Statthalter und später sogar auch die der Reliquien von Heiligen in großen und kleinen Städten in feierlichem Rahmen begangen wurde und die in verschiedenen Formen bis in das frühmittelalterliche Europa fortgeführt wurde. Die

Abb. 2 Aachen, Münster, Blick auf den Thron

aufsehenerregende Zeremonie, mit der Papst Hadrian I. Karl den Großen Ostern 774 in Rom willkommen geheißen hatte, verlieh dem alten Ritual neuen Glanz und neue Impulse. Indem Karl der Große 799 seinen Sohn aussandte, den ankommenden Papst Leo III. zu begrüßen und ihn mit dessen Delegation zu begleiten, folgte Karl einer jüngeren fränkischen Tradition. Annähernd ein halbes Jahrhundert zuvor hatte sein eigener Vater den zwölfjährigen Prinzen Karl nach Saint-Maurice ausgeschickt, um Papst Stephan II. im Frankenreich zu begrüßen und ihn zu seinem Vater zu geleiten. Den spätrömischen Zeremonien folgend, die das frühmittelalterliche Europa ererbt hatte, war es Aufgabe des in der Hierarchie Nachgeordneten, hervorzutreten, um die ranghöhere Person willkommen zu heißen. Damit signalisierte Karl der Große unmißverständlich, daß sein Sohn, der König der Langobarden, dem Bischof von Rom untergeordnet war. Die Tatsache, daß Karl den ankommenden Papst inmitten seines eigenen Heeres erwartete, ist jedoch von ambivalenter Bedeutung.

Nichtsdestotrotz folgte der König, als der Papst sich näherte, dem aus alter Tradition herrührenden Zugeständnis der Kaiser gegenüber großen heiligen Männern: Er trat vor, um den Papst zu begrüßen. Dann, vom Pferd abgestiegen, vollzog Karl der Große die uralte Geste der *proskynesis*, die seit spätrömischer Zeit als *adoratio* bekannt ist: Der Herrscher warf sich demütig und voller Verehrung (*veneranter adorat*, Vers 497) dem Bischof von Rom zu Füßen. Diese im spätrömischen Reich verbreitete Geste intensiven Flehens (heute noch bei der Priesterweihe in der römisch-katholischen Kirche ausgeübt) mag uns befremdlich erscheinen, war allerdings in der damaligen europäischen Gesellschaft durchaus geläufig. Die Bedeutung der Geste war jedermann ersichtlich, der am Empfangszeremoniell teilnahm und den großen Eroberer vor dem aus Rom geflüchteten Papst am Boden ausgestreckt liegen sah. Danach umarmten und küßten sich König und Papst, wie es unter bedeutenden Männern üblich war. Der alten römischen Allianzgeste entsprechend gaben sie sich anschließend die Hände. Das Heer unterstrich die Geste seines Königs mit einer eigenen dreifachen *proskynesis* vor beiden Männern. Angemessenen, gleichmäßigen Schrittes – d. h. keiner ging dem anderen voraus – bewegten sich Leo III. und Karl der Große auf das Kirchenportal zu, während die vor der Kirche in Reihen wartenden Kleriker Gesänge anstimmten. Der „selige Karl" (Vers 519; vgl. Vers 491) führte den Papst in die Kirche. Dort zelebrierte der Papst die Heilige Messe nach der römischen Liturgie, wie sie Karl der Große an allen Altären in ganz Europa vorschreiben wollte (vgl. Beitrag Schneider im Kat.Bd. II, Abb. 4).

Diese alten rituellen Elemente sind weit entfernt von Paderborn entstanden, doch sie wurden integrale Bestandteile der karolingischen Kultur. Dank der wissenschaftlichen Forschung lassen sich die unterschiedlichen Stadien und Entwicklungen dieser Rituale vom kaiserlichen Hof in Konstantinopel bis zu den provinziellen Zeremonien byzantinischer Amtsträger oder im christlichen Klerus nachvollziehen. Die beiden Hauptquellen vieler karolingischer Zeremonien waren die im merowingischen Gallien adaptierten und weiterentwickelten spätrömischen Bräuche sowie die römisch-byzantinischen Zeremonien, die die öffentlichen Auftritte hoher Amtsträger im byzantinischen Italien einschließlich der römischen Kirche prägten. Doch wesentlich ist hier nicht nur die geschichtliche Herkunft eines jeden rituellen Elements, sondern auch die Art und Weise, wie sie zu einer visuellen Botschaft verknüpft worden sind.

Die Zeremonie anläßlich des Treffens in Paderborn vermittelte dem anwesenden Heer – und damit den Gefolgsleuten Karls des Großen, von deren übereinstimmender Meinung und Zustimmung der König abhing – auf symbolische Weise die zentralen Werte und die Grundlagen karolingischer Herrschaft. Die Treue, ja, der Gehorsam des Königs gegenüber Petrus, dem mächtigen Apostelfürsten, dessen Kult im Frankenreich weit verbreitet war, war offensichtlich. Ebenso machte allerdings auch der Papst – als Vertreter Petri auf Erden – deutlich, daß die Treue des Apostelfürsten Petrus auch umgekehrt gegenüber den Herrschern bestand und daß die Nachfolger auf dem Stuhl Petri von der Macht Karls des Großen abhängig waren. Die liturgische Umrahmung der ganzen Zeremonie, d. h. das Vorantragen der Kreuze, das Singen des Gloria, die Segnungen und die antiphonalen Gesänge sowie die eucharistische Feier selbst, bekräftigte die zentrale Bedeutung der Verehrung Gottes im kulturellen und politischen Verständnis des Reiches. Gleichzeitig erinnert sie den Historiker daran, daß die Kleriker die wichtigsten Berater des Königs bezüglich der zeremoniellen Ausgestaltung waren, was die betont liturgische Herkunft der neuen rituellen Formen erklärt. Den Wünschen des Herrschers entsprechend wurden Verehrung und Gebet nach dem römischen Ritus abgehalten und nicht mehr nach der lokalen oder der gallikanischen Liturgie. In welchen Sprachen die zu Pferd versammelten Adligen auch redeten, der Sinn der einzelnen Gesten, aber auch die Bedeutung des gesamten Ablaufs der Begrüßung der beiden Männer war auch ohne Sprache offensichtlich. Sie konnten keinen Zweifel an der Stellung des großen Königs hegen, wenn sie sahen, daß der Papst in seiner Gegenwart das Gloria anstimmte und daß der König wiederum mit dem verehrungswürdigsten „Heiligen" in Europa, dem Nachfolger Petri in Rom, einen vertraulichen Umgang pflegte. Wahrlich war er der *beatus Karolus*, wie ihn der Dichter des Karlsepos titulierte.

Der dritte Punkt zum Verständnis der Zeremonie von Paderborn liegt in dem unmittelbaren zeitgenössischen Kontext. Im Jahre 799 befand sich Karl der Große auf dem Höhepunkt seiner Macht. Aber diese Macht war gegen Herausforderungen keineswegs immun. Genau zur Zeit der Begegnung in Paderborn wurde das kriegsmüde Heer zum zweiundzwanzigsten Mal innerhalb einer Generation aufgerufen, eine Revolte der unbeugsamen Sachsen niederzuschlagen. Königliche Verordnungen sowie einzelne Hinweise zeitgenössischer Geschichtsschreiber zeigen deutlich, daß der Aufforderung zur Heeres-

Abb. 3 Bronzestatuette Karls des Großen oder Karls des Kahlen. Paris, Louvre

Abb. 4 Elfenbeintafel mit Darstellung Kaiser Konstantins VII. Washington, Dumbarton Oaks Collection

versammlung vor einem bevorstehenden Feldzug nicht unbedingt automatisch Folge geleistet wurde. Manche kamen nur schleppend oder gar unwillig, wenn es wieder einmal darum ging, eine Revolte der aufsässigen Feinde niederzuschlagen. In jenen Sommertagen ging man davon aus, daß eine Invasion in Rom anstünde, um den vertriebenen Papst wieder in sein Amt einzusetzen. Einige der an diesem Tag anwesenden Männer aus dem engsten Gefolge des Königs kannten den Neffen des beliebten Papstes Hadrian I., der an dem Attentat auf Papst Leo III. beteiligt war. Die von den Gesandten der Rebellen vorgetragenen Vorwürfe wandten sich gegen den Papst. Die Frage nach Recht oder Unrecht war in diesem Fall also überhaupt nicht so eindeutig zu beantworten, wie es Vertreter des Königs später geschildert haben. Ein Bericht, demzufolge der Papst durch ein Wunder von der Blendung geheilt war und auch seine Zunge wieder gewonnen hatte, wurde als wichtiger Fingerzeig Gottes verstanden. Doch auch die Meinung des Königs selbst war für alle offensichtlich. Die zeremonielle Begrüßung bedeutete den ersten Schritt, um Zustimmung bei der Elite des Reiches herbeizuführen, die notfalls mit Gewalt direkt intervenieren sollte; und dies ausgerechnet in Rom, wo die Franken bis dahin keine feste Basis hatten.

Der Empfang in Paderborn zeigt, wie Zeremonien und Machtsymbole bei den immer wieder anstehenden politischen Verhandlungen verwendet wurden. Derartige 'Staatssymbolik' war keinesfalls nur auf die seltenen Zusammentreffen mit dem Papst beschränkt. Auch eher alltägliche Zeremonien wurden zum Anlaß genommen, königliche Macht und königlichen Reichtum vorzuführen. Audienzen für auswärtige Gesandte wurden zu einer vertrauten Zeremonie in den zahlreichen neu erbauten Palästen innerhalb und außerhalb des fränkischen Kernlandes. Dazu zählte auch die tägliche Teilnahme des Herrschers am Gottesdienst, vor allem an den besonders prachtvollen Feiern, die an den wichtigsten Festtagen in den Kapellen der neuen Pfalzen und Bischofskirchen zelebriert wurden. Der königlichen Jagd – für die fränkische Oberschicht eine Form 'nationaler' Zerstreuung – gingen der Herrscher und seine Familie vor den Augen der zusammengetroffenen Günstlinge des Reiches in offenkundig glänzender Weise nach, wie der Dichter des Karlsepos selbst beschreibt (Verse 137–235). Vielleicht die eindrucksvollste Geste von allen war die Teilnahme des Königs mit seinem Heer an den liturgischen Prozessionen, bei denen die „Laudes regiae" angestimmt und Gott und die Heiligen demütig angefleht wurden, Leben und Sieg im bevorstehenden Kampf zu bringen. Könnte hierin ein Hinweis auf den charismatischen Zauber der altgermanischen Kriegsherren verborgen sein? Oder war es dem Blatt eines Zeremonialbuches aus dem byzantinischen Reich entnommen? Beides ist möglich, und die Alternativen schließen einander nicht aus.

Abb. 5 Urkunde Karls des Großen. Modena, Biblioteca Capitolare, A.I.2

So kann man sagen, daß die Repräsentation des Herrschers den Zuschauern, d. h. vor allem dem so wichtigen Adel, bedeutungsvolle Inhalte der Herrschaft verdeutlichte. Aber die meisten Untertanen Karls des Großen dürften den Herrscher nie zu Gesicht bekommen haben. Sie wurden vom König in anderer Weise angesprochen: Wie sein Ruhm, drückten auch die Gegenstände, die mit seiner Person in Verbindung gebracht wurden, seine herausragende Stellung aus und dienten gleichermaßen der Ausdehnung seiner königlichen Macht. Seine bedeuten-

Abb. 6 Urkunde Karls des Großen, Detail: Siegel. Modena, Biblioteca Capitolare, A.I.2

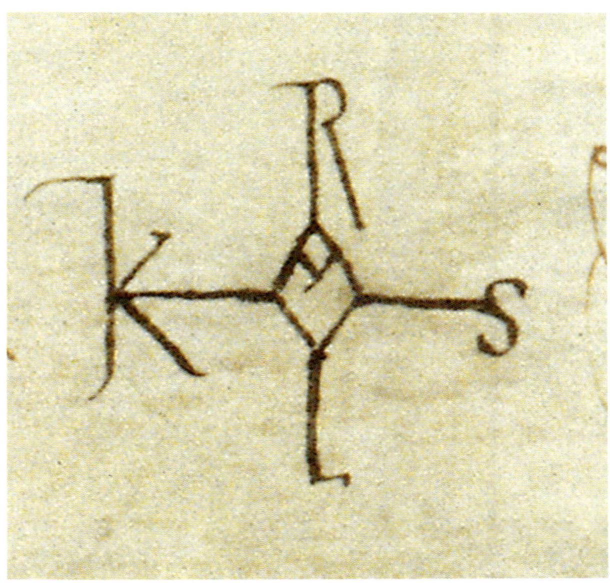

Abb. 7 Urkunde Karls des Großen, Detail: Monogramm Karls des Großen. Modena, Biblioteca Capitolare, A.I.2

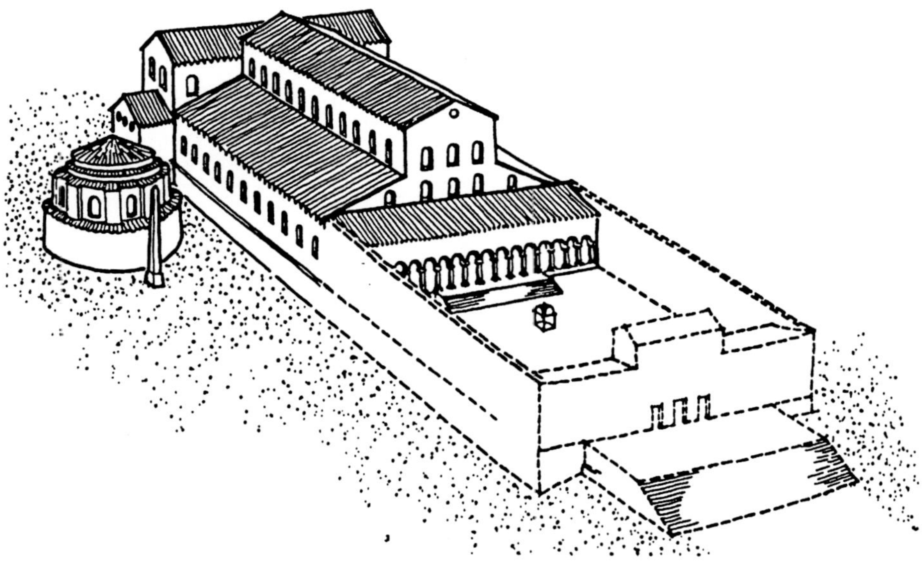

Abb. 8 Rom, Alt-St. Peter: Rekonstruktion

den Urkunden (Abb. 5) mit ihren Siegeln (Abb. 6), Monogrammen (Abb. 7) und den geheimnisvollen Schriften, deren Initialbuchstaben so groß und einzigartig waren, daß ihre Bedeutung selbst von Analphabeten erkannt worden sein dürfte, zeigten unmißverständlich, daß es sich hier um königliche Dokumente handelte, unabhängig davon, ob der Betrachter wirklich erkannte, daß die *litterae elongatae* von den „himmlischen Buchstaben" abstammten, die bereits Jahrhunderte zuvor die Dokumente als Schriftstücke der römischen Kaiser ausgewiesen hatten. Entsprechendes gilt für die königlichen Münzen, über die Karl der Große während seiner Regierungszeit strenge Kontrolle ausübte. Die einzige amtlich anerkannte Reichswährung war im Jahr 799 bildlos (Kat.Nr. II. 19–20). Das dort dargestellte Kreuz und das berühmte Monogramm des Königs – selbst eine Adaption eines byzantinischen Musters, das im Zeitalter Justinians (527–565) entwickelt worden war – sind die Hauptmerkmale, die von seinem Namen umgeben waren. Somit wurde deutlich, daß es sich um eine königliche Prägung handelte und daß selbst sein Name mit dem höchsten Symbol des Christentums, dem Kreuz, verbunden war. Hinzu kam, daß jeder Mann im Reich verpflichtet war, einen persönlichen Treueid auf den König zu leisten.

Die eindrucksvollste und wohl bleibendste Einwirkung des Königs auf das Bewußtsein seines weit verstreut angesiedelten Volkes vollzog sich im wöchentlichen Gottesdienst. Es wurde von Bauern und Bischöfen, Händlern und Grafen, von allen getauften Männern, Frauen und Kindern erwartet, daß sie an jedem Sonn- und Feiertag die Kirche besuchten. Dort wurde für den König und sein Heer gebetet. Bemerkenswert waren die Versuche Karls des Großen, mit der Abhaltung liturgischer Prozessionen, bei denen seine Untertanen u. a. die „Laudes regiae" singen und somit für den König und seine Erfolge beten sollten, die Macht der Spiritualität des ganzen Volks an seine eigenen Unternehmungen zu binden.

Dies war die Situation im Jahre 799. In wenig mehr als einem Jahr änderte sich die Lage vollständig, als am Weihnachtstag des Jahres 800 der zuvor bittstellende Papst Leo III. Karl den Großen in der Petersbasilika zu Rom zum Kaiser krönte (Abb. 8). Eine Analyse jener Zeremonie steht an dieser Stelle nicht zur Debatte. Dennoch ist es auch hier notwendig, das Publikum, das diesem Ereignis beiwohnte, zu berücksichtigen. Es bestand zunächst aus Römern und den Mitgliedern der römischen Kurie, die soeben eine traumatische 'Revolution' und deren Niederschlagung erfahren hatten, und – wiederum – aus dem fränkischen Heer. Es ist der römische Kontext, in dem die neuen Abweichungen von der Tradition gesehen werden müssen. Die Byzantiner dürften sich sicherlich über die zeremonielle Form dieses Ereignisses verwundert gezeigt haben, da sie allem Anschein nach nicht dem in Konstantinopel gepflegten Ritus folgte. Für Karl den Großen war sie auf jeden Fall von Bedeutung. Er verwendete nun den Kaisertitel, wobei er ihn typischerweise an dem damals im byzantinischen Italien verwendeten Vorbild ausrichtete. Der Herrscher war sich der besonderen Wirkung seines neuen Titels auf seine Untertanen sehr wohl bewußt, denn er verpflichtete sie dazu, ihren Treueid zu erneuern. Viel diplomatisches Geschick und Kapital waren nötig, um die Anerkennung des Kaisertitels in Konstantinopel zu erreichen, dazu gehörte auch sein Verzicht auf Ansprüche auf den immer stärkere Bedeutung erlangenden Hafen von Venedig. Als Karl der Große schließlich die ersehnte Anerkennung erlangt hatte, die ihm durch byzantinische Gesandte in der Aachener Pfalzkapelle mitgeteilt worden war, änderte er möglicherweise sofort das Aussehen seiner Münzen (vgl. Beitrag Kluge). Wie seine kaiserlichen Kollegen in Konstantinopel ließ er sein Porträt auf die Münzen prägen, doch typischerweise gehen diese Bildnisse nicht auf byzantinische Vorbilder zurück, sondern rezipieren direkt spätrömische Prototypen. Statt des abstrakten En-face-Bildnisses, das in Byzanz am Anfang des 9. Jahrhunderts verwendet wurde, übernahm Karl ein von klassischen Vorbildern beeinflußtes Profilporträt (Abb. 9 u. 10). Wie das von ihm geschaffene Reich, so beruhten auch seine symbolischen Vorstellungen von Macht auf unterschiedlichen Vorbildern; am Ende aber war das Resultat gänzlich sein eigenes.

Abb. 9 Bildnisdenar Karls des Großen. Berlin, Staatliche Museen, Münzkabinett

Abb. 10 Goldmünze Kaiser Michaels I. Washington, Dumbarton Oaks Collection

Quellen und Literatur:

Grundlegend für diesen Aufsatz ist das anonyme „Karlsepos", das manchmal Angilbert von Saint-Riquier oder Einhard zugeschrieben wurde: MGH Poetae 1, hrsg. v. Ernst DÜMMLER, Berlin 1881, 366–379 oder, besser, Karolus Magnus und Leo Papa. Ein Paderborner Epos vom Jahre 799, hrsg. v. Joseph BROCKMANN, übersetzt v. Franz Brunhölzl (Studien und Quellen zur westfälischen Geschichte, 8), Paderborn, 1966, 55–97; vgl. jetzt auch: De Karolo rege et Leone Papa. Der Bericht über die Zusammenkunft Karls des Großen mit Papst Leo III. in Paderborn 799 in einem Epos für Karl den Kaiser, hrsg. v. Wilhelm HENTZE (Studien und Quellen zur westfälischen Geschichte 36), Paderborn 1999; und Le Liber pontificalis, hrsg. v. Louis DUCHESNE, 1886–1957 (ND Paris 1981), 2.4–6.

Peter CLASSEN, Der erste Römerzug in der Weltgeschichte, in: DERS., Ausgewählte Aufsätze, hrsg. von Josef FLECKENSTEIN, Carl Joachim CLASSEN und Johannes FRIED (Vorträge und Forschungen 28), Sigmaringen 1983, 23–43. – Peter CLASSEN, Karl der Große, das Papsttum und Byzanz, hrsg. von Horst FUHRMANN und Claudia MÄRTL, Sigmaringen 31985. – Ernst Hartwig KANTOROWICZ, Laudes regiae: A Study in Liturgical Acclamations and Mediaeval Ruler Worship (University of California Publications in History 33), Berkeley 1946. – Michael MCCORMICK, The Liturgy of War in the Early Middle Ages: Crisis, Litanies and the Carolingian Monarchy, in: Viator 15, 1984, 1–23. – DERS., Analyzing Imperial Ceremonies, in: Jahrbuch der österreichischen Gesellschaft für Byzantinistik 35, 1985, 1–20. – DERS., Clovis at Tours, Byzantine Public Ritual and the Origins of Medieval Ruler Symbolism, in: Das Reich und die Barbaren (Veröffentlichungen des Instituts für österreichische Geschichtsforschung 29), Wien/Köln 1989, 155–180. – DERS., Eternal Victory. Triumphal Rulership in Late Antiquity, Byzantium, and the Early Medieval West (Past and Present Publications), Cambridge 21990. – DERS., Art. Zeremoniell, in: Lexikon des Mittelalters 9, München/Zürich 1998, 546–569. – Janet NELSON, Kingship and Royal Government, in: The New Cambridge Medieval History, 2, hrsg. von Rosamond MCKITTERICK, Cambridge 1995, 383–430. – Percy Ernst SCHRAMM, Die Anerkennung Karls des Großen als Kaiser, in: Historische Zeitschrift 172, 1951, 449–515. – Percy Ernst SCHRAMM u. Florentine MÜTHERICH, Denkmale der deutschen Könige und Kaiser (Veröffentlichungen des Zentralinstituts für Kunstgeschichte in München 2), München 1962. – Gerd TELLENBACH, Die geistigen und politischen Grundlagen der karolingischen Thronfolge, in: Frühmittelalterliche Studien 13, 1979, 184–302. – Zum Kaisertum Karls des Großen. Beiträge und Aufsätze, hrsg. v. Gunther WOLF (Wege der Forschung 38), Darmstadt 1972.

Bernd Kluge

Nomen imperatoris und Christiana Religio

Das Kaisertum Karls des Großen und Ludwigs des Frommen im Licht der numismatischen Quellen

Zu den großen Leistungen der Reichsverwaltung unter Karl dem Großen gehört eine Münzreform, die in ihrer ebenso weitreichenden wie praktischen Bedeutung nur mit der gleichfalls unter Karl eingeführten neuen Schrift, der karolingischen Minuskel (vgl. Beitrag Schmid) vergleichbar ist. Der durch diese Reform geschaffene silberne Denar (Pfennig) ist in Europa für über 400 Jahre das Maß aller Dinge gewesen. 12 dieser Pfennige galten einen Schilling (Solidus), 20 Schillinge (240 Pfennige) waren ein Pfund, ein System, das im Münzwesens Großbritanniens noch bis 1971 erkennbar war. Höherwertige Münzen als Pfennige hat es in der Karolingerzeit nicht gegeben, sieht man von wenigen Goldmünzen Ludwigs des Frommen ab, auf die wir noch zu sprechen kommen. Die *denari novi* werden erstmals in den Beschlüssen der Frankfurter Synode von 794 genannt, so daß diese Münzreform in die Jahre 793/794 zu datieren sein dürfte, was durch Fundzeugnisse und Parallelen im angelsächsischen Münzwesen gestützt wird. Diese neuen Denare sind aus reinem Silber mit einem Normgewicht von 1,70 g pro Stück bei einem Durchmesser von 20 mm. Sie sind reichsweit mit nur geringen Abweichungen von einheitlichem Äußeren: auf der einen Seite ein aus dem Namen CAROLVS gebildetes Monogramm, auf der anderen Seite ein Kreuz. Die Umschriften nennen Namen und Titel Karls, CARLVS REX F(rancorum), und den Namen der Münzstätte (Kat.Nrn. II.19–20). Die Reform ist offenbar gut vorbereitet worden, alle Münzstätten sind – soweit wir das beurteilen können – gleichzeitig auf den neuen Typ umgestellt worden, wobei das vorgegebene Muster so genau und stilistisch einheitlich befolgt worden ist, daß man annehmen kann, die Stempel seien in nur wenigen Zentren hergestellt und an die Münzstätten verteilt worden.

Die Kaisermünzen Karls des Großen

Mit der Kaiserkrönung des Jahres 800 trat sechs Jahre später ein Ereignis ein, von dem direkte Auswirkungen auf die Münzen zu erwarten waren. Man kann voraussetzen, daß eine so einschneidende Rangerhöhung auf den Münzen reflektiert wird. Schauen wir uns nach passenden Münzen um, so stoßen wir in der Tat sehr schnell auf eine Gruppe von Denaren, die ein lorbeerbekränztes Brustbild und die Umschrift KAROLVS IMP(erator) AVG(ustus) (Karl, erhabener Kaiser) zeigen. Als Zeugnisse des Kaisertums und als zeitgenössische Bildnisse Karls des Großen haben sie von jeher großes Interesse gefunden. Angesichts der Tatsache, daß außer der wohl erst nach Karls Tode um 860 entstandenen Reiterstatuette (Paris, Louvre) keine zeitgenössischen Bildnisse Karls überliefert sind, verdienen sie dieses Interesse auch. Sie verdienen es außerdem durch das damit ausgedrückte Programm eines abendländischen Kaisertums auf der Grundlage der *Christiana Religio*. Die mittelalterliche Vorstellung von den zwei Gewalten (zwei Schwertern), die die Welt führen, das weltliche Schwert des Kaisers und das geistliche der Kirche bzw. ihres Oberhauptes, des Papstes, läßt sich am Beginn des neuen abendländischen Kaisertums kaum sinnfälliger ausdrücken.

Die Münzen zeigen auf der Vorderseite das nach rechts gewendete Brustbild Karls des Großen. Er trägt den Lorbeerkranz der römischen Cäsaren, die *corona triumphalis*, deren geknotete Bänder hinten herabflattern, und ist mit dem Paludamentum, dem an der Schulter mit einer Spange zusammengehaltenen römischen Reitermantel, bekleidet. Die Darstellung knüpft ganz bewußt an das Münzporträt der römischen Kaiser an (Abb. 1 u. 2), in deren Tradition sich Karl selbst durchaus sah, zumindest soweit diese Vorgänger Christen waren. Schon von den Zeitgenossen ist Karl als Nachfolger Konstantins des Großen (307–337), als *novus Constantinus*, der neue Konstantin, bezeichnet worden.

Es ist mehrfach der Versuch unternommen worden, ein direktes Münzvorbild namhaft zu machen, ein an sich müßiges Unterfangen, denn der Stil der Münzen zeigt deutlich, daß es zwar um Anleihen aus der Antike geht, wie sie auch sonst vielfach in der „karolingischen Renaissance" zu beobachten sind, die gefundene Bildlösung aber durchaus eigenständig ist. Es hieße wohl auch das Selbstbewußtsein Karls zu verkennen, wenn man seine Münzen auf eine bloße Kopie eines antiken Vorbildes reduzieren wollte. Noch deutlicher wird dies an der Rückseite, die ein viersäuliges Kirchengebäude zeigt, in dessen Mitte und auf dessen Giebel sich ein Kreuz befindet, umgeben von der Umschrift XPICTIANA RELIGIO (oder RELIGIO XPICTIANA, je nachdem, ob man oben rechts oder unten links zu lesen beginnt). Die Ableitung von der Münzdarstellung antiker Tempel ist sicher beabsichtigt (Abb. 3 u. 4). Versuche, darin die Abbildung eines Bauwerkes der Zeit (St. Peter in Rom, Pfalzkapelle in Aachen) zu sehen, sind zu Recht abgelehnt worden, ebenso unwahrscheinlich ist die Deutung als Abbreviatur für Kalvarienberg und Grabeskirche in Jerusalem (Schumacher-Wolfgarten 1994). Das Kreuz ersetzte das Kultbild der antiken Gottheit, aus dem heidnischen Tempel war eine christliche Kirche geworden. Die christliche Religion (XPICTIANA RELIGIO) hat die heidnische überwunden, das Kreuz des Christentums über die antiken Götter gesiegt. Das neue Kaisertum und Reich war auf die allen gemeinsame *Christiana Religio* gegründet, wobei interessanterweise die Schreibweise auf den Münzen aus griechischen (XPIC= Chi, Rho, Jota, Sigma) und lateinischen (-TIANA RELIGIO) Buchstaben gemischt ist. Die Interpretation, daß griechische und lateinische Kirche gemeinsam die eine christliche Religion ausmachen, scheint naheliegender als die einer „Verbeugung" vor dem „Amtsbruder", dem Kaiser in Byzanz (Martin 1997).

Abb. 1

Abb. 2

Abb. 3

Abb. 4

Abb. 1–4 Antike Vorbilder für die Bildnismünzen Karls des Großen: Die Büste des Kaisers im Lorbeerkranz auf Goldmünzen (1) Trajans (89–117) und (2) Konstantins des Großen (307–337). Darstellungen heidnischer Tempel und Götterbilder auf Münzen (3) der Salonina, Gemahlin des Kaisers Gallienus (259–268), und (4) des Kaisers Maxentius (306–312). Berlin, Staatliche Museen, Münzkabinett (Vergr. 2:1)

Das Münzporträt Karls des Großen

Entwickelt die Rückseite mit der Abbreviatur für das Imperium Christianum geradezu das Staatsprogramm Karls, so überliefert uns die Vorderseite sein Bild (Abb. 5 u. 6; Kat.Nr. II.22). Die Frage, ob wir darin ein lebensnahes Bildnis zu sehen haben oder nur den Topos des Herrschers

Abb. 5–6 Bildnisdenar Karls des Großen, Vorder- und Rückseite, nach 800. Berlin, Staatliche Museen, Münzkabinett

wie etwa auf den gleichzeitigen Münzen des byzantinischen Kaisers, ist häufiger diskutiert worden. Dabei muß man sich vor Augen halten, daß es seit dem 4. Jahrhundert mit der Porträtähnlichkeit der auf den Münzen abgebildeten Herrscher vorbei ist und in Europa seit dem 7. Jahrhundert mit Ausnahme des langobardisch-byzantinischen Italien keine Herrscherbilder mehr auf den Münzen vorkommen. Insofern wären die Bildnismünzen Karls des Großen etwas ganz Einmaliges, wenn sie uns denn tatsächlich sein natürliches Aussehen überlieferten. Einhard, sein Biograph, beschreibt den alternden Kaiser aus der Erinnerung um 830 so: „Er war von breitem und kräftigem Körperbau, hervorragender Größe, die jedoch das rechte Maß nicht überschreitet [etwa 1,90 m] ... Der Schädel war rund, die Augen groß und lebhaft, die Nase überragte ein wenig das Mittelmaß. Er hatte schönes graues Haar und ein freundliches und heiteres Gesicht. So bot seine Gestalt im Stehen wie im Sitzen sich voller Autorität und Würde dar, wenngleich sein Nacken stark und etwas zu dick, sein Leib hervorzutreten schien, denn das Ebenmaß der anderen Glieder verdeckte das." Davon läßt sich auf einem Rund von 20 mm natürlich nicht allzuviel darstellen, doch zeigen die besten Exemplare immerhin sehr deutlich einen runden Kopf, eine Nase über Mittelmaß und tiefliegende, große Augen, das Ganze in durchaus majestätisch gebietendem Ausdruck. Ein Doppelkinn illustriert die von Einhard angedeutete Fettleibigkeit, und auch den Stiernacken meint man zu erkennen. Das Haar ist glatt nach vorn gekämmt und rund geschnitten. Der von Einhard nicht erwähnte Schnauzbart verbindet die Porträtdenare mit der Reiterstatuette des Louvre, die auch die gleiche runde Kopfform zeigt. Allerdings trägt Karl dort die Krone und keinen Lorbeerkranz. Der Schnauzbart ist jedenfalls eine individuelle Kennzeichnung und kommt auf römischen Kaisermünzen niemals vor.

In den Umschriften erscheint der Name Karls in der Form KARLVS und KAROLVS, auffallend immer mit K statt des auf seinen anderen Münzen üblichen C. Angeschlossen ist entweder nur der Kaisertitel IMP(erator) AVG(ustus) (erhabener Kaiser) oder eine ausführlichere Titulatur mit Kaisertitel sowie fränkischem und langobardischen Königstitel D(ominus) N(oster) KARLVS IMP(erator) AVG(ustus) REX F(rancorum) ET L(angobardorum) (Unser Herr, Karl, erhabener Kaiser, König der Franken und Langobarden). Die Münzen bieten damit eine prägnante Verkürzung des 801 gewählten umständlichen Titels eines *serenissimus augustus a deo coronatus magnus pacificus imperator, Romanum gubernans imperium, qui et per misericordiam Dei rex Francorum et Langobardorum* (der Allergnädigste und Erhabene von Gott gekrönte große und Frieden bringende Kaiser, der das Römische Reich regiert, zugleich durch die Barmherzigkeit Gottes König der Franken und Langobarden), der auch deutlich von der auf den Siegeln verwendeten, an antiken Vorbildern ausgerichteten Titulatur abweicht.

Auf den Siegeln erscheint übrigens kein den Münzen vergleichbares Porträt.

Die Kaisermünzen Karls des Großen als Problem

Wenn auch eine Porträtähnlichkeit nur den besten Stempeln aus der insgesamt stilistisch heterogen zusammengesetzten Gruppe der Bildnispfennige Karls des Großen zugesprochen werden kann, so sind sie doch alle eindeutige Zeugnisse des Kaisertums und haben diese neue Würde Karls auf ihre Weise verbreitet. Die ältere Forschung hat sie ganz naheliegend mit dem Datum der Kaiserkrönung Karls durch Papst Leo III. am 25. Dezember des Jahres 800 in Rom verbunden. Die neuere numismatische Forschung ist davon abgerückt. Sie hat für die Münzen Karls eine Abfolge von vier Typen ermittelt. Da die Bildnispfennige die einzigen Münzen mit Kaisertitel sind (alle anderen tragen nur den Königstitel), müssen sie zwangsläufig die jüngsten Münzen sein und an das Ende dieser Folge gesetzt werden (vierter Typ). Während nun die ab 793/794 als dritter Typ geprägten *denari novi* der eingangs geschilderten Münzreform relativ zahlreich sind, haben sich von den als vierten Typ geführten Bildnispfennigen nur knapp 30 Stücke erhalten. Das würde bedeuten, daß aus den sechs oder sieben Jahren von 793/794 bis zur Kaiserkrönung 800 sehr viel mehr Münzen existieren als aus den folgenden 14 Jahren bis zum Tode Karls (28. Januar 814). Das ist kaum vorstellbar, selbst wenn man eine sehr rigide Handhabung der für Ludwig den Frommen von den Quellen erwähnten Verrufung (Einziehung) der Münzen seines Vaters voraussetzt. Derartige Verrufungsverordnungen hat es im Mittelalter immer wieder gegeben, die praktischen Folgen sind meist gering gewesen. Um die Seltenheit der Kaisermünzen zu erklären, müßte ihre Prägezeit später angesetzt werden. Zunächst sind sie mit den Kapitularien von Thionville/Diedenhofen (Ende 805) und Nijmegen (807) in Verbindung gebracht worden (Grierson 1965). In beiden Kapitularien wird verfügt, daß wegen der vielen Münzfälschungen an keinem anderen Ort als *in palatio nostro* bzw. *ad curtem*, also nur noch am Hofe Karls des Großen selbst, gemünzt werden dürfe. Gegen die Annahme, daß die Porträtmünzen die neuen Reichsdenare Karls des Großen in Umsetzung der Bestimmungen des Kapitulare von Diedenhofen seien, sprechen neben der Seltenheit (aus immerhin noch wenigstens 8 Jahren nur knapp 30 Münzen) auch die Tatsache, daß sie zumindest teilweise Ortsnamen tragen (Arles, Dorestad, Lyon, Quentowic, Trier), also keineswegs alle *in palatio* entstanden sein können, sowie starke stilistische Unterschiede innerhalb der am ehesten dem *palatio* zuweisbaren *Christiana-Religio*-Gruppe.

Einleuchtender erscheint daher eine Hypothese, welche die förmliche Anerkennung des Kaisertums Karls durch Byzanz im Jahre 812 mit dem Prägebeginn der Münzen mit Kaisertitel in Verbindung gebracht hat (Lafaurie 1978). Der Zeitraum von eineinhalb Jahren vom Sommer 812, als eine byzantinische Gesandtschaft in Aachen Karl als *basileus/imperator* huldigte, bis zu seinem Tode am 28. Januar 814 ist eher plausibel, um die geringe Zahl der Bildnismünzen zu erklären. Freilich schafft auch diese These Probleme. Zum einen sprechen numismatische Gründe dagegen, auf die hier nicht eingegangen werden soll. Zum anderen schließt diese Erklärung ein, daß Karl sein Kaisertum letztlich von der Anerkennung durch Byzanz abhängig gemacht hätte. Das verkennt Situation und Persönlichkeit Karls vollkommen. Er hat sich nicht unter der „Oberhoheit" des byzantinischen Kaisers gefühlt, sondern war sich im Gegenteil der Ebenbürtigkeit seiner Stellung bewußt. Es sei nur daran erinnert, daß er 787 die Verlobung seiner ältesten Tochter Rotrud mit dem byzantinischen Kaiser Konstantin VI. kurzerhand platzen ließ und sich um den dadurch ausgelösten Eklat wenig scherte. Die Libri Carolini nennen 792 den Byzantiner abschätzig den „König des Ostens", und das oströmische Kaisertum dürfte sich in Karls Augen weiter diskreditiert haben, als die Kaiserinmutter Irene im Jahre 797 ihren Sohn, Kaiser Konstantin VI., absetzte und blenden ließ, um selbst zu herrschen. Nach fränkischem Recht war Frauenherrschaft im Amt des Königs und (wohl erst recht in dem des Kaisers) völlig außerhalb jeder Vorstellung. Man könnte annehmen, daß die im Westen so empfundene Vakanz des Kaiseramtes, des *nomen imperatoris*, für Karl ein Antrieb, vielleicht sogar eine Notwendigkeit war, die eigene Kaiserkrönung zu betreiben. Nicht nur der Chronist der Lorscher Annalen drückt diese Stimmung aus; am Hofe Karls werden viele so gedacht und vielleicht gedrängt haben. Zweifellos wird dies auch ein Thema beim Paderborner Treffen zwischen Karl dem Großen und Papst Leo III. im Jahre 799 gewesen sein, und vermutlich sind dabei die Weichen zum Krönungsakt des folgenden Jahres gestellt worden (vgl. Beitrag Mordek).

Jedenfalls urkundet Karl ab 801 als Kaiser, und seine Handlungen lassen in keiner Weise erkennen, daß er sich als unbestätigter, unrechtmäßiger, als Neben- oder Ersatzkaiser fühlte. Anfang 802 verordnete er als *imperator christianissimus* einen allgemeinen neuen Treueid auf

Abb. 7

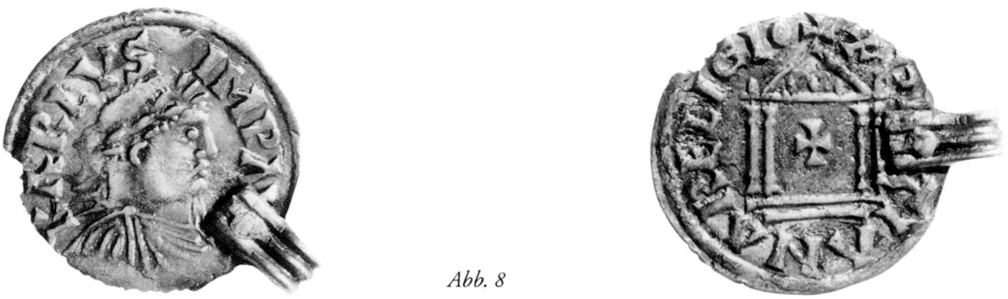

Abb. 8

Abb. 7–8 Bildnisdenare Karls des Großen, Münzstätte Aachen (?), nach 800. (7) Paris, Bibliothèque Nationale, (8) Stockholm, Kungliga Myntkabinettet (Vergr. 2:1)

das *nomen caesaris*. Als nach dem Sturz Irenes 802 mit Nikephoros I. (802–811) wieder ein „richtiger“ Kaiser in Byzanz regierte, mußten seine Gesandten 803 zur Kenntnis nehmen, daß Karl die formelle Gleichrangigkeit beanspruchte. Dazu hat sich Byzanz erst 812 bereitfinden können – für Karl sicher Triumph und späte Genugtuung, aber kein Grund, dies durch die Ausgabe neuer Münzen als ein besonderes, über dem Krönungsakt des Jahres 800 stehendes Ereignis zu feiern.

Erklärungsbedürftig bleibt nun allerdings die Tatsache, daß Karl zu seiner Kaiserkrönung zwar diese besondere Emission von Bildnismünzen auflegte, aber nicht daran dachte, aus diesem Anlaß seine Reichsprägung zu verändern und dort nicht einmal seinem Namen den Kaisertitel hinzufügte. Die Münzprägung war Teil der praktischen Reichsverwaltung, bei der Karl auch sonst seinen Kaisertitel nicht bei allen legislativen Akten im Munde führte. Ferner wissen wir aus verschiedenen Quellen, daß die 793/94 eingeführten neuen Münzen auf große Akzeptanzprobleme stießen. Da sie schwerer waren als die alten Münzen, mußte die Bevölkerung beim Umtausch Verluste hinnehmen. Man bekam für die alten (leichteren) Pfennige weniger neue (schwere) Pfennige. Angesichts des damaligen hohen Wertes eines Pfennigs (den wir aus heutiger Sicht deutlich über einem Hundertmarkschein ansetzen müssen) hat das sicher für erhebliche Aufregung gesorgt. Ob die Warenpreise im gleichen Verhältnis reduziert wurden, so daß zumindest die Kaufkraft der Münzen die gleiche blieb, wissen wir nicht genau. Manches spricht für einen Fall der Silberpreise und damit für reale Kaufkraftverluste. Bei Geldabgaben (die allerdings in dieser Zeit noch nicht die Regel waren) scheint alter Pfennig gleich neuer Pfennig gerechnet worden zu sein. Selbst wenn keine Verluste eintraten bzw. über einen längeren Zeitraum ausgleichbar waren, dürfte die psychologische Schwelle bei einer mit Münzgeld zudem nicht sonderlich vertrauten Bevölkerung erheblich gewesen sein. Wenn wir das mit der gegenwärtigen Diskussion um D-Mark und Euro vergleichen, sollten wir eigentlich zu diesem Problem aus der Zeit vor 1200 Jahren einen überraschend konkreten Verständnisbezug haben!

Wenn Karl also nach sechs (bzw. sieben) Jahren wieder einen neuen Münztyp eingeführt hätte, hätte dies vermutlich den noch nicht gesicherten Erfolg der Reform von 793/94 gefährdet und das Vertrauen in seine Münzen wieder untergraben. Daran konnte ihm nicht gelegen sein. Außerdem hätte eine erneute Münzumstellung

Abb. 9

Abb. 10

Abb. 9–10 Bildnisdenare Karls des Großen aus den Münzstätten Arles (9) und Melle (10). Das Stück aus Arles träge eine alte Vergoldung und dokumentiert wie das gehenkelte Exemplar aus einem Grab in Birka/Schweden die besondere Wertschätzung der Porträtdenare Karls des Großen schon im 9. Jahrhundert. (9) Berlin, Staatliche Museen, Münzkabinett, (10) Paris, Bibliothèque Nationale (Vergr. 2:1)

des Riesenreiches erhebliche Mühen und Kosten verursacht. Die Reichsverwaltung Karls des Großen dürfte in dieser Beziehung noch die Erfahrungen von 793/94 in (vermutlich schlechter!) Erinnerung gehabt haben.

Wir müssen also die Münzen Karls des Großen mit Bildnis und Kaisertitel als eine besondere Emission annehmen, die durch die Kaiserkrönung des Jahres 800 veranlaßt wurde und die neben der Reichsprägung einherlief, in der aus diesem Anlaß keine Veränderungen vorgenommen wurden. Dagegen hat Papst Leo seine Münzen nach 800 vollständig verändert. In Gewicht, Durchmesser und Stil wurden sie den Reichsdenaren Karls des Großen angeglichen und zugleich eine Seite dem Kaiser eingeräumt (Kat.Nr. II.18).

Die Bildnismünzen Karls des Großen lassen sich in zwei Hauptgruppen unterteilen: (1) die schon besprochenen Münzen, die auf der Rückseite ein Kirchengebäude mit der Umschrift XPICTIANA RELIGIO zeigen und keine Münzstätte nennen (Abb. 7 u. 8; Kat.Nrn. II.21; II.22; II.24), sowie (2) Münzen mit anderen Rückseitenbildern, die in der Umschrift statt XPICTIANA RELIGIO den Namen der Münzstätte führen (Abb. 9 u. 10; Kat.Nr. II.23). Auf die erste Gruppe entfallen 19 Denare, auf die zweite 10 (11) Denare und eine Goldmünze. Während die erste Gruppe vermutlich in direktem Zusammenhang mit der Krönung des Jahres 800 entstanden ist (jedenfalls zum größten Teil), verteilen sich die Münzen der zweiten Gruppe über einen längeren Zeitraum und dürften auch posthume, d. h. erst nach Karls Tod 814 entstandene Gepräge einschließen (vgl. Kat.Nr. II.25).

Die Bildnismünzen Karls des Großen erfreuten sich offenbar schon bei den Zeitgenossen größter Wertschätzung und sind als besondere Zimelien betrachtet worden. Davon zeugt, daß eine ganze Reihe vergoldet, gehenkelt, gefaßt oder zu Fibeln umgearbeitet wurde (vgl. Abb. 8 u. 9). Ein Stück ist sogar in den Einband eines (heute leider verschollenen) Evangeliars der Kathedrale von Noyon eingearbeitet worden! Weiter kommen sie, abgesehen von einem einzigen Stück, nicht in den Münzschatzfunden dieser Epoche vor, sind aber als Einzelstücke bis nach Schweden und Norwegen gelangt und dort bezeichnenderweise in Gräbern (Birka/Schweden, Moksnes/Norwegen) gefunden worden.

Münzen Ludwigs des Frommen

In den Münzen Ludwigs des Frommen (814–840) hat das von Karl begründete Programm des *nomen imperatoris* und der *Christiana Religio* nicht nur eine Fortsetzung, sondern sogar noch eine Steigerung erfahren. Das Bild der Kirche mit der Umschrift *Christiana Religio* hat Ludwig reichsweit zum einheitlichen, in großen Mengen geprägten Münztyp gemacht (Kat.Nr. II.28). Auch die Tradition der Bildnismünzen ist fortgesetzt worden (Abb. 11). Die Numismatik wertet die Bildnismünzen Ludwigs des Frommen als seinen ersten Münztyp und datiert sie in den Zeitraum 814–819. Möglicherweise stellen aber auch sie eine Sonderemission neben den eigentlichen Verkehrsmünzen, den eben erwähnten sog. *Christiana-Religio-* oder Reichsdenaren, dar.

Die Bildnismünzen Ludwigs sind ebenfalls selten, aber nicht so selten wie die seines Vaters. An der Prägung ist eine größere Anzahl von Münzstätten beteiligt. Wie bei Karl dem Großen gibt es die beiden Hauptgruppen: (1) mit Kirchengebäude und *Christiana-Religio*-Umschrift (Abb. 11) sowie (2) mit verschiedenen Rückseitenbildern und Münzstättennamen (Kat.Nrn. II.29; II.30; II.31). Die Vorderseite zeigt den gleichen Büstentyp wie bei Karl dem Großen mit Lorbeerkranz, Paludamentum und Schnauzbart, die Umschrift lautet schnörkellos einheitlich HLVDOVVICVS IMP(erator). Die Porträts sind teilweise noch ausdrucksvoll, ohne freilich die Qualität wie unter Karl dem Großen zu erreichen. Eine Neuerung stellen Obole (halbe Pfennige in geringerem Durchmesser und Gewicht) sowie vor allem Goldmünzen dar.

Karolingische Goldmünzen

Die Prägung von Goldmünzen ist seit der Antike ein kaiserliches Vorrecht. Mit keinem anderen Medium läßt sich kaiserliche Reputation besser verbreiten. Für Prokopius von Cäsarea (de bello Gothico III,33.5–6), den bedeutenden Historiographen des 6. Jahrhunderts, war es daher ein unerhörter Vorgang, als der Merowingerkönig Theudebert I. (510–534) als erster Germanenfürst seinen Namen auf eine Goldmünze setzte. Die Goldprägung der Merowingerkönige endete um 660. Mit der Wiederbegründung des Kaisertums durch Karl den Großen hätte man also durchaus auch Goldmünzen – und sei es nur aus Gründen des Prestiges gegenüber dem Basileus in Byzanz und dem Kalifen in Bagdad (beide ließen in größerem Umfang Goldmünzen schlagen) – erwarten können.

Es bedeutete daher eine numismatische Sensation, als 1996 bei Ausgrabungen in der karolingischen Pfalz Ingelheim eine Goldmünze zutage trat, auf der trotz einiger Verwilderung in der Schrift der Name Karl und der Kaisertitel zu lesen waren (Kat.Nr. II.26). Die Rückseite zeigt ein Stadttor mit dem Stadtnamen Arles in der Umschrift. Sie entspricht damit einem für Karl den Großen gesicherten Rückseitentyp (Abb. 9). Die als Solidus bezeichnete Münze ist daher zwar Karl dem Großen zugeschrieben, zugleich ist aber auch die Möglichkeit einer späteren Entstehung offengehalten worden (Martin 1997). Daß es sich in der Tat um eine posthume Prägung handelt, ist aus stilistischen Gründen sehr wahrscheinlich. Das Porträt und die Buchstabenformen der Vorderseite kommen auf Münzen Karls des Großen nicht vor, stehen dafür aber den Denarprägungen Ludwigs des Frommen aus Arles und Toulouse sehr nahe. Offenbar

Abb. 11 Bildnisdenar Ludwigs des Frommen, unbestimmte Münzstätte, nach 814. Berlin, Staatliche Museen, Münzkabinett

Abb. 12 Nachahmung der Goldmünze Ludwigs des Frommen, Dorestad, 9. Jahrhundert. Berlin, Staatliche Museen, Münzkabinett

sind in Arles, wie übrigens auch in Lyon, zur Zeit Ludwigs nochmals Münzen mit dem Namen Karls ausgegeben worden (vgl. Kat.Nr. II.25). Diese Erkenntnis späterer Nachprägungen ist erst durch den neuen Solidus eröffnet worden und hat weitreichende Folgen. Sie wird eine erneute Einzelprüfung der bisher bekannten Exemplare der Bildnismünzen Karls des Großen nach sich ziehen müssen und erschließt auch einen neuen Kontext für zwei bereits bekannte Goldstücke mit dem Namen Karls, die kontrovers diskutiert worden sind (Hävernick 1953, Grierson 1954), mit einiger Sicherheit aber als posthum angesehen werden können und in den Zusammenhang der friesischen Nachahmungen aus der Zeit Ludwigs des Frommen gehören dürften (Kat.Nr. II.27).

Für Karl den Großen bleibt es dabei, daß er als Kaiser keine Goldmünzen geprägt hat. Ein älterer, ganz vereinzelter Triens (Drittelsolidus) nach der Eroberung des Langobardenreiches 774 steht in einem anderen Zusammenhang, gleiches gilt für die bildlosen Münzen mit der Aufschrift VCECIA (Grierson 1954 b).

Die Goldmünzen Ludwigs des Frommen sind daher eine ganz neue Erscheinung und bezeugen den besonderen Wert, den Ludwig auf sein Kaisertum legte. Er hat den Kaisertitel im Unterschied zu seinem Vater allen seinen Münzen von Anfang an aufgeprägt. Mit seinen Goldmünzen knüpft er an ein besonderes Vorrecht des antiken Kaisertums an und demonstriert auch auf diesem Gebiet seine Gleichrangigkeit mit dem Basileus in Byzanz. Die sehr seltenen Goldmünzen Ludwigs des Frommen sind die augenfälligsten Zeugnisse des neuen abendländischen Kaisertums. Die Vorderseite zeigt das Brustbild mit Lorbeerkranz, Paludamentum und Schnauzbart, die Umschrift lautet D(ominus) N(oster) HLVDOVVICVS IMP(erator) AVG(ustus) (Unser Herr Ludwig, erhabener Kaiser). Auf der Rückseite erscheint ein Kreuz im Lorbeerkranz mit der Umschrift MVNVS DIVINUM (göttliches Geschenk) (Kat.Nrn. II.32–33). Ludwig hatte in der Tat allen Grund, sein Kaisertum als eine besondere Fügung Gottes anzusehen, denn erst der Tod seiner älteren Brüder Karl (811) und Karlmann (810) hat ihm den Weg dazu frei gemacht. Karl der Große hatte dem 778 als dritten und letzten legitimen Sohn geborenen Ludwig (sein Zwillingsbruder Lothar ist bereits 779/780 gestorben) nur ein Unterkönigtum in Aquitanien ausgesetzt und ihn offenbar nicht zu Höherem vorgesehen. Erst nach einigem Zögern hat er ihn im Jahre 813 zu seinem Nachfolger bestimmt und in Aachen, übrigens ohne jede Mitwirkung des Papstes, zum Kaiser gekrönt, wobei Ludwig die Krone selbst vom Altar nahm und sich aufs Haupt setzte. Es scheint daher, daß diese Münzen die als *munus divinum* gesehene Regierungsübernahme demonstrieren sollen und nicht erst später aus Anlaß der nachträglichen Krönung und Salbung Ludwigs durch Papst Stephan in Reims 816 (Grierson 1963) oder der Synode von Paris 825 (Morrison 1961) entstanden sind. Obwohl sie im Gewicht dem byzantinischen Pendant, dem Histamenon/Nomisma, entsprechen, dürften sie nicht als Verkehrs-, sondern als Zeremonialmünzen anzusprechen und in Aachen entstanden sein. Dies unterstreicht auch ihre Seltenheit: kaum ein Dutzend Stücke sind bekannt, davon ein Exemplar in deutlich höherem Gewicht (Kat.Nr. II.33). Daß sie im Geldverkehr verwendet wurden, ist dennoch nicht gänzlich ausgeschlossen. Davon künden auch zahlreiche barbarisierte Nachahmungen, die im friesischen Bereich, vermutlich in Dorestad, entstanden sind (Abb. 12). Diese Nachahmungen kommen weit häufiger vor als die Originale und belegen ein gewisses Bedürfnis nach Goldgeld im Fernhandel des 9. Jahrhunderts.

Kaiserlichen Repräsentationswillen bezeugen auch einige seltene Schmuckmünzen (Medaillons), für die sich aufgrund des Materials (Gold), der Verarbeitung und des Bildprogramms ein offizieller Charakter, vielleicht als Ehrengeschenke, annehmen läßt (Kat.Nrn. II.35–36).

Literatur:

Die bedeutendsten Bestände karolingischer Münzen besitzen das Münzkabinett der Staatlichen Museen zu Berlin (Bestandskatalog in Vorbereitung) und das Cabinet des Médailles der Bibliothèque Nationale Paris (Prou 1892). Von den ca. 30 bekannten Bildnismünzen Karls des Großen liegen in Berlin 13, in Paris 4 Stücke. In anderen öffentlichen Sammlungen befinden sich zusammen 10 Exemplare (Brüssel, Cambridge, Lyon, Paris, Banque de France, Rouen, Stockholm), der Rest (3–4 Ex.) ist in Privatbesitz bzw. der Standort unbekannt.

Den besten Überblick zur karolingischen Münzprägung und zum kompletten Forschungsstand bis 1986 bietet Philip Grierson in MEC I, 190–266 (s.u.). Nützliche Gesamtkataloge, die im einzelnen freilich mit Vorsicht zu benutzen sind, stammen von Morrison/Grunthal 1967 und Depeyrot 1993, das ältere Standardwerk ist Gariel 1884. Bestandskataloge existieren für Paris, Cabinet des Médailles (Prou 1892), London, Britisches Museum (Dolley/Morrison 1966) und Cambridge, Fitzwilliam Museum (MEC I). Zusammenfassende Behandlung der Münzprägung Karls des Großen bei Grierson 1965 (grundlegend) und Berghaus 1965, die Kaisermünzen (mit genauem Katalog) bei Lafaurie 1978. Über die Probleme der Münzreform Karls des Großen und der Akzeptanz der neuen Gepräge Suchodolski 1987 (der selbst diese Reform nicht 793/94 sondern 790 datiert, Suchodolski 1981). Für die antiken Vorbilder und die Antikenrezeption in den Münzen Karls jetzt zusammenfassend Matzke 1996. Das dort angeführte Vorbild Caracallas für die Bildnismünzen ist allerdings ebensowenig überzeugend wie die Deutung der Rückseite als „Kürzel“ für das Heilige Grab in Jerusalem durch Schumacher-Wolfgarten 1994. Die Bildnismünzen aller Karolinger sind von Berghaus in Schramm 1983, der neue Ingelheimer Solidus ist von Martin 1997 behandelt. Zur Münzprägung Ludwigs des Frommen allgemein jetzt Coupland 1990, zur Goldprägung und den friesischen Nachahmungen Grierson 1951 (mit genauem Katalog) und MEC I, S. 329–330, zur Deutung der Munus-Divinum-Solidi als normale Verkehrsmünzen und für die Prägung von Goldmünzen bereits unter Karl dem Großen vgl. Hävernick 1953, dagegen Grierson 1954. Zusammenstellung der karolingischen Schmuckmünzen bei Berghaus 1959.

Peter BERGHAUS, Ein karolingischer Münzring von Herbrum, in: Die Kunde NF 10, 1959, 90–97. – DERS., Das Münzwesen, in: Kat. Aachen 1965, 149–180. – Simon COUPLAND, Money and coinage under Louis the Pious, in: Francia 17, 1990, 23–54. – Georges DEPEYROT, Le numéraire carolingien. Corpus des monnaies, Paris 1993. – Reginald Hugh Michael DOLLEY u. Karl Frederick MORRISON, The Carolingian coins in the British Museum, London 1966. – Ernest GARIEL, Les monnaies royales de France sous la race carolingienne, 1–2, Straßburg 1883 u.1884. – Philip GRIERSON, The gold solidus of Louis the Pious and its imitations, in: Jaarboek voor Munt- en Penningkunde 38, 1951, 1–41. – Philip GRIERSON, Zum Ursprung der karolingischen Goldprägung in Nordwesteuropa, in: Hamburger Beiträge zur Numismatik 8, 1954, 199–206. – Philip GRIERSON, Le sou d'or d'Uzès, in: Le Moyen Age 60, 1954, 293–309. – Philip GRIERSON, La date des monnaies d'or de Louis le Pieux, in: Le Moyen Age 69, 1963, 67–74. – Philip GRIERSON, Money and coinage under Charlemagne, in: Karl der Große. Lebenswerk und Nachleben 1: Persönlichkeit und Geschichte, hrsg. v. Helmut BEUMANN, Düsseldorf 1965, 501–536. – Philip GRIERSON u. Mark BLACKBURN, Medieval European Coinage. With a catalogue of the coins in the Fitzwilliam Museum, Cambridge, 1: The Early Middle Ages (5th – 10th centuries), Cambridge/London/New York 1986 (= MEC I). – Walter HÄVERNICK, Die Anfänge der karolingischen Goldprägung in Nordwesteuropa, in: Hamburger Beiträge zur Numismatik 6/7, 1953, 55–60. – Jean LAFAURIE, Les monnaies impériales de Charlemagne, in: Académie des Inscriptions et Belles-Lettres, Comptes rendus des séances de l'année 1978, Janvier – Mars, Paris 1978, 154–172. – Peter-Hugo MARTIN, Eine Goldmünze Karls des Großen, in: Numismatisches Nachrichtenblatt 8, 1997, 351–355. – Michael MATZKE, Antikenrezeption am Beispiel der Münzen Karls des Großen, in: Geldgeschichtliche Nachrichten 176, 1996, 264–273. – Karl Frederick MORRISON, The gold medaillions of Louis the Pious and Lothaire I and the Synod of Paris (825), in: Speculum 36, 1961, 592–599. – Karl Frederick MORRISON u. Henry GRUNTHAL, Carolingian Coinage (Numismatic Notes and Monographs 158), New York 1967. – Maurice PROU, Les monnaies carolingiennes (Catalogue des monnaies françaises de la Bibliothèque Nationale), Paris 1892. – Percy Ernst SCHRAMM, Die deutschen Kaiser und Könige in Bildern ihrer Zeit 751–1190, hrsg. v. Florentine MÜTHERICH, München 1983. – Renate SCHUMACHER-WOLFGARTEN, XPICTIANA RELIGIO. Zu einer Münzprägung Karls des Großen, in: Jahrbuch für Antike und Christentum 37, 1994, 122–141. – Stanislaw SUCHODOLSKI, La date de la grande réforme monétaire de Charlemagne, in: Quaderni ticinesi di numismatica e antichità classiche 10, 1981, 399–409. – Stanislaw SUCHODOLSKI, Die Hauptprobleme der karolingischen Münzprägung, in: Litterae Numismaticae Vindobonensis 3, 1987, 289–309. – Hans Hermann VÖLCKERS, Die Christiana Religio-Gepräge. Ein Beitrag zur Karolingerforschung, in: Hamburger Beiträge zur Numismatik 6/7, 1952/53, 9–54 (ausführlich, aber auf z. T. veraltetem Forschungsstand).

Werner Jacobsen

Herrschaftliches Bauen in der Karolingerzeit

Karolingische Pfalzen zwischen germanischer Tradition und Antikenrezeption

Ein wenig beachtetes Gebiet der frühen Baukunst stellen die herrschaftlichen Pfalzen der Karolinger dar. Neben den neuen, mitunter durchaus spektakulären Kirchenbauten jener Zeit haben sie bisher erst geringe Aufmerksamkeit gefunden. Das beruht auf der schlichten Tatsache, daß wir über solche Anlagen erst wenig wissen. Zwar kennen wir namentlich eine Vielzahl von Orten, in denen einstmals königliche, aber auch herzogliche und bischöfliche Pfalzen bestanden. Ihre Namen werden in Chroniken und vor allem in den Urkunden jener Zeit allenthalben genannt. Doch sind damit zumeist nur die blanken Existenznachrichten gegeben, mehr nicht. Selten nur finden sich in den Schriftquellen nähere Angaben, etwa zu einzelnen Gebäuden oder zu deren Ausstattung und Benutzung; erst wenige solcher Pfalzen konnten archäologisch bisher überhaupt untersucht werden, und mit aufgehendem Mauerwerk haben sich solche Anlagen ohnehin nicht erhalten, abgesehen von Einzelbauten wie der Aachener Pfalzkapelle (dem heutigen „Münster") und der Ruine der Ingelheimer Aula regia (vgl. Beiträge Untermann und Grewe).

Was bedeutet der Begriff „Pfalz"? Das Wort stammt vom lateinischen *palatium* ab, welches seinerseits sowohl den eigentlichen herrschaftlichen Palast als auch den gesamten Palastbezirk bezeichnet. Dementsprechend ist keineswegs gewiß, was gemeint war, wenn in den mittelalterlichen Schriftquellen von einem *palatium* die Rede ist. Es kann der gesamte Pfalzbezirk des betreffenden Ortes gemeint gewesen sein, aber auch nur der dortige Palast als repräsentatives Hauptgebäude einer solchen Pfalz. Hinzu kommt das Problem, daß die Schriftquellen neben *palatium* noch zahlreiche weitere Begriffe für solche Anlagen verwenden, vor allem *villa*, *curtis*, *castrum*, *oppidum*, *civitas* und *urbs*. Auch bei ihnen bleibt eine präzise Unterscheidung durchaus problematisch, zumal wenn diese Begriffe in ein und derselben Quelle durchaus wechselweise benutzt wurden. Eine Differenzierung der Begriffe *villa*, *palatium* etc. wird in größerer Breite, wenn überhaupt, erst vor dem Korrektiv künftiger archäologischer Untersuchungen möglich sein.

Die ältere Forschung ging gerne von einer funktionalen Teilung von *villa* und *palatium* aus, entsprechend dem begrifflichen Gegensatzpaar „Königshof" und „Regierungspfalz", wobei die *villa* als zulieferndes ländliches Gehöft oder allenfalls als herrschaftliche „Sommerfrische" (die es gleicherweise für Bischöfe und Äbte gab) verstanden wurde, die Pfalz hingegen als der eigentliche Regierungssitz, an dem ein König zumindest zeitweise residieren konnte, die Reichsverwaltung untergebracht war und die sich zugleich zur logistisch problematischen Überwinterung der königlichen Familie und des Hofstaates eignen sollte. Als Idealtypus einer langfristigen Residenz galt der Forschung üblicherweise die Pfalz Karls des Großen in Aachen, die ja auch im Mittelalter bereits in solchem Sinne berühmt war, und von ihr hob sich eine ländliche *villa* im Sinne eines bescheidenen königlichen Gehöftes natürlich klar und deutlich ab, sowohl hinsichtlich ihrer Größe als auch ihrer Funktion.

Für das Reisekönigtum des frühen Mittelalters machte eine solche begriffliche und funktionale Trennung als historisches Konstrukt durchaus Sinn. Der König, üblicherweise in Ermangelung einer festen Residenz und unter der Notwendigkeit, den Zusammenhalt des Reiches wie auch die höchste Verwaltungstätigkeit in den verschiedenen Regionen des Reiches in eigener Person zu sichern, war genötigt, mitsamt seinem Hofstaat und zentralen Verwaltungsbereichen alle Regionen seines Herrschaftsgebietes zu bereisen. Dazu standen ihm an verschiedenen Orten solche Pfalzen zur Verfügung, geeignet für die angemessene Unterkunft und Repräsentation sowie für die Ausübung herrscherlicher Aufgaben und Auftritte, aber nur für befristeten Aufenthalt gedacht. Die zahlenmäßig weit stärker verbreiteten königlichen *villae* haben für die Versorgung solcher Pfalzen im engeren Sinn mit Lebensmitteln, mitunter auch für die nächtliche Unterkunft des Königs auf seinen Reisen gedient. In solcher Weise ließ sich das Begriffspaar *villa* und „Pfalz" funktional trennen und im Sinne einer einheitlichen Terminologie differenzieren. Erst in jüngerer Zeit ist eine solch präzise Trennung der mittelalterlichen Begriffe historischerseits zu

Recht in Frage gestellt worden, benutzten doch vor allem die westfränkischen Quellen den Begriff *villa* gleicherweise für ländliche Höfe und für bedeutende Pfalzen wie Quierzy, Attigny und Compiègne (vgl. Beitrag Renoux), welche große Tage der Reichsgeschichte gesehen haben und aus ostfränkischer Perspektive gewiß als *palatia* galten. Im westfränkischen Verständnis mag beim Begriff *villa* also die gleicherweise ländliche Lage dieser Anwesen gemeint gewesen sein, in Unterscheidung von den *palatia* als städtischen Residenzen der Römer und frühen Merowinger, die teils zwar noch in Gebrauch standen, aber mit den Neugründungen auf dem Lande funktionelle Konkurrenz erhielten.

Die hiermit sich abzeichnende begriffliche Unschärfe im mittelalterlichen Wortgebrauch dürfte aber auch noch einige unerwartete Konsequenzen haben hinsichtlich der bisherigen Beurteilung einzelner Anwesen, beispielsweise wenn wir in Erwägung ziehen, daß die alte *villa* Aachen, wie sie vor Karls großangelegtem Neubau der Pfalz bestand und die üblicherweise als unbedeutendes Hofgut angesehen wird, bereits im dritten Viertel des 8. Jahrhunderts König Pippin (751–768) sowie dem jungen Karl mehrfach als Winterquartier diente, also als Pfalz angesprochen werden muß. Vermutlich werden wir mit einem wesentlich freieren Umgang der diesbezüglichen Begriffe im Mittelalter rechnen müssen, ebenso wie die einzelnen Pfalzen im Laufe der Zeit seitens der Herrscher in sehr unterschiedlichem Maße bevorzugt wurden. Ihre Wertschätzung konnte von einem Herrscher zum anderen bereits erheblich wechseln, übrigens ohne daß deshalb sogleich umfangreiche Baumaßnahmen zu erwarten gestanden hätten. So erklären sich ja auch die Überlassungen von Pfalzen und *villae* als Morgengaben sowie als Stiftungsgut für Klöster und Bistümer nicht etwa innerhalb eines starren staatlichen Nutzungssystems mit festgelegten, normierten Funktionsunterschieden, sondern durchaus im Sinne einer fließenden Größen- und Nutzungsstaffelung vom einfachen ländlichen Hofgut zur 'winterfesten' Residenz. Dabei konnte eine bislang wichtige Pfalz ganz plötzlich bedeutungslos werden, andererseits ein bisher wenig bedeutender Ort schlagartig ins Zentrum der herrscherlichen Vorliebe und des politischen Geschehens geraten.

Dennoch läßt sich eine Unterscheidung zwischen ländlichem Hofgut und zentraler Pfalz im Sinne der älteren Forschung durchaus vertreten, nämlich hinsichtlich einer Funktionsteilung, wie sie im Versorgungssystem des Reichsgutes sowie im gegebenen Reisekönigtum notwendigerweise begründet lag, ungeachtet temporärer Verschiebungen der Prioritäten einzelner Orte. Solche Unterscheidung geht allein schon aus Lage und baulichem Aufwand der einzelnen Anwesen deutlich genug hervor.

Die römischen Prätorien hatten als Amtssitze der Statthalter mitsamt beigefügtem Armeestab, Zivilverwaltung, Polizeikräften und Rechtsprechung als übernommener Grundstock des fränkischen Verwaltungssystems innerhalb der alten Römerstädte gelegen und waren insoweit von vornherein als staatliche Repräsentations- und Verwaltungszentren angelegt. Ihr enormer baulicher Aufwand läßt sich nicht nur an der archäologisch erforschten Anlage in Köln ablesen, er wird zudem durch die genannten vielfältigen Funktionen eindrucksvoll bestätigt: Hier handelte es sich nicht lediglich um einen Palast zum Wohnen und Empfangen, sondern um einen Palastbezirk mit vielfältigen Aufgaben. Solche ausgedehnten Anlagen wurden von den Merowingern weiterbenutzt, zumindest solange sie mit den geringer werdenden technischen Möglichkeiten instand zu halten waren.

Erst im weiteren Verlaufe der Merowingerherrschaft kam es neben diesen schon bestehenden Anlagen zum Neubau von Pfalzen auf dem Lande, welche den alten, zunehmend baufällig werdenden Prätorien zur Seite traten und sie mit der Zeit ersetzten. Auch für diese neuen Anlagen, zumindest für die bedeutenden unter ihnen, müssen wir eine vergleichbare Vielfalt von Aufgaben voraussetzen. Und von Karls des Großen spektakulärer neuer Pfalz in Aachen wissen wir aus den Schriftquellen, daß es hier nicht nur die noch bestehende achteckige Pfalzkapelle und die riesige, später das städtische Rathaus bergende „Aula regia" gab, sondern daß hier neben den Wohnungen für den König und seine Familie auch das Pfalzgrafenamt, die Kanzlei, das Archiv, die Hofkapelle, eine zentrale Bibliothek und wahrscheinlich auch die erschließbaren künstlerischen Werkstätten untergebracht waren, neben Unterkünften und Arbeitsräumen für den Hofstaat, für die Ratgeber des Königs sowie für umfangreiches Dienstpersonal. Und natürlich waren hier auch Gästehäuser, Gesindestuben und Ställe vorhanden, ja sogar von umliegend angesiedelten Handwerkern und Händlern hören wir, so daß wir uns die gesamte Siedlung als eine kleine Stadt vorstellen müssen, für welche die Bezeichnung *urbs* durchaus zutreffend war.

Gegenüber solch einer Pfalz, die wir uns etwas bescheidener auch an anderen zentralen Orten des Reiches vorstellen müssen, fielen die königlichen Höfe, wie sie insbesondere ein Inventar der Zeit um 800 beschreibt (Kat.Nr. II.54), hinsichtlich ihrer räumlichen Anlage und funktionalen Tauglichkeit natürlich deutlich ab, bestanden sie doch zumeist nur aus einem bescheidenen königlichen Hause, einem Verwalterbau, einer Kirche, mehreren umliegenden Gesindehäusern und Scheunen sowie Ställen und sonstigen für die Landwirtschaft nötigen Gebäuden, die zur Aufrechterhaltung eines Gutsbetriebes nötig waren. Sie werden gemäß ihren Beschreibungen nicht viel anders ausgesehen haben als Weiler, allerdings variabel in Größe und Aufwand, welcher im soeben beschriebenen fließenden Sinne bis an die einfacheren „Pfalzen" heranreichen konnte. In anspruchsvolleren Königshöfen wird bisweilen auch eine Regierungshandlung möglich gewesen sein, wie eigens eingerichtete Räumlichkeiten in einigen Fällen belegen.

Doch wie sahen demgegenüber die eigentlichen großen Pfalzen der Karolinger tatsächlich aus, in denen die Reichstage stattfanden, in denen die großen kirchlichen Feste Ostern, Pfingsten und Weihnachten gefeiert wurden und in denen der König schließlich auch die Winterzeit verbrachte? Bisher wissen wir zur baulichen Anlage solcher anspruchsvollen Pfalzen erst sehr wenig. Der erste Karolingerkönig Pippin hat die bereits bestehenden merowingischen Pfalzen weiterbenutzt. Zu Karl dem Großen berichtet Einhard vom spektakulären Neubau der Pfalzen Nimwegen, Ingelheim und Aachen, unter Verwendung antiken Spolienmaterials aus Rom und Ravenna. Zuvor hatte Karl bereits die neue Pfalz in Paderborn errichten lassen (vgl. Beiträge Mecke u. Gai), in welcher der Reichstag des Jahres 777 stattfand, und vermutlich geht auf ihn auch die Pfalz Frankfurt zurück, in welcher die Synode des Jahres 794 zusammenkam. Karls Sohn, Ludwig der Fromme, residierte wie Karl dauerhaft in Aachen und soll daneben die bereits bestehenden Pfalzen Ingelheim und Frankfurt weiter ausgebaut haben. Von Karls Enkeln residierte Lothar weiterhin in Aachen, Ludwig der Deutsche in Regensburg, Karl der Kahle vornehmlich in Compiègne, doch wissen wir über das Aussehen der dortigen Pfalzen bislang nichts zu sagen.

Nur spärliche Informationen in den Schriftquellen helfen uns, einen kleinen Einblick in solche Anlagen zu erhalten. Genannt werden üblicherweise, wenn überhaupt, nur der königliche Palast bzw. die Aula regia sowie die Pfalzkapelle. Der königliche Palast war bei bedeutenden Pfalzen anscheinend generell ein zweigeschossiges Gebäude, wie wir es auch von karolingischen Bischofs- und Abtspalästen kennen; im Obergeschoß waren die königlichen Gemächer untergebracht. Mitunter wird hier im Obergeschoß ein Söller genannt, auf den der König hinaustreten und sich zeigen konnte und der noch im neuzeitlichen Schloßbau weiterlebte. Auch war man bestrebt, dem König von seinen Gemächern im Obergeschoß mittels hochgelegener Gänge und Anbauten einen direkten Zugang zur Pfalzkapelle zu schaffen. Zudem waren die königlichen Gemächer anscheinend schon mit erstaunlichem Komfort ausgestattet, wenn wir die für Gembloux (Belgien) bezeugte eiserne Wasserleitung des Palastes als Steigleitung richtig deuten. Die „Aula regia" war als Thronsaal der vielfältig nutzbare Festsaal für Reichsversammlungen, synodale Zusammenkünfte, Botschafterempfänge und Festessen. Hier waren Tische und Bänke aufgestellt, und bei Anwesenheit des Herrschers zierten Teppiche die Wände, die im übrigen zumeist mit profaner Malerei geschmückt waren, in Ingelheim mit einem Zyklus antiker und fränkischer Heldentaten, in Aachen mit Szenen aus den Kriegen Karls des Großen und mit den sieben Artes liberales. Am wenigsten erfahren wir aus den Schriftquellen zu den Pfalzkapellen. Doch lassen archäologische Untersuchungen, die an solchen Bauten angestellt worden sind, erkennen, daß sie in karolingischer Zeit zumeist einfache Saalkirchen mit Rechteckchor waren. Nur die Aachener Pfalzkapelle Karls des Großen setzte mit ihrem neuartigen Typus einen spektakulären neuen Akzent (vgl. Beitrag Untermann zu Aachen u. Beitrag Jacobsen), der später bei einigen besonders anspruchsvollen Bauten Nachahmung fand, auch wenn man ansonsten am traditionellen Saaltypus der Residenzkapelle bis weit in die Neuzeit hinein festhielt.

So spärlich die Nachrichten in den Schriftquellen sind, so wenig wissen wir bisher auch über die tatsächliche bauliche Gestalt einzelner Pfalzen. Archäologisch untersucht sind in breiterem Maße erst die karolingischen Anlagen in Paderborn, Ingelheim, Aachen und Frankfurt, durchaus mit unterschiedlicher Aussagekraft. Einige von ihnen werden im folgenden durch aktuelle Berichte vorgestellt, und es ist hier nicht der Ort, diesen Berichten vorzugreifen oder sie im voraus zusammenzufassen. Etwas anderes sollte jedoch an dieser Stelle erwähnt werden. Es ist der Aspekt, der all diesen Pfalzen zu eigen ist, nämlich die Form ihrer repräsentativen Nutzung. Pfalzen, gerade solche vom politischen Gewicht der hier angesprochenen, waren ja nicht einfach nur Zweckbauten. In ihnen fanden vielmehr wichtige politische Ereignisse in bestimmter zeremonieller Form statt. Wenn Könige erhoben wurden, wenn zu großen kirchlichen Festen der König vor den Großen des Reiches unter der Krone auftrat, wenn Gesandtschaften oder gar andere Herrscher empfangen wurden, wenn Reichstage stattfanden: In all diesen Fällen war die Inszenierung herrscherlicher Macht die inhaltliche Grundlage, nach der sich die Ausstattung der Räume, die architektonische Gestalt insbesondere von „Aula regia" und Pfalzkapelle, ja die Gesamtanlage der Pfalz mit Zuordnung ihrer einzelnen Bauteile, Lage ihrer Vor- und Innenhöfe, ihrer Zugänge und Treppen sowie der inneren Raumfolgen zu richten hatte, sollte der herrscherliche Auftritt eindrucksvoll gelingen. Dessen Konzept determinierte die Architektur und Ausstattung der Pfalz, und dieses Konzept wurde nicht nur an anderen Orten, soweit möglich, wiederholt, es bildete auch das Vorbild für spätere Nachahmungen, wie es seinerseits vielleicht Auftrittsformen alter, vorbildlicher Herrscher übernommen hatte.

In diesem Sinne machte es durchaus einen Unterschied, ob eine Pfalzkapelle oder eine „Aula regia" dergestalt angelegt war, daß ein Herrscher sogleich am Zielpunkt des Innenraumes seinen Eingang hatte, unter weitreichender Abschirmung vom übrigen Raum, oder ob sie solcherart gebaut waren, daß der Herrscher am entgegengesetzten Ende des Raumes eintrat und zwischen den Reihen der Anwesenden hindurch zum Throne schritt, so wie wir es beispielsweise vom päpstlichen Zeremoniell in Rom kennen. Hier gewinnen protokollarische Traditionen angesehener Mächte und deren Nachbildung anderenorts ihr Gewicht auch für die kunstgeschichtliche Forschung. Wenn Karl der Große in Aachen das unter Papst Leo III. gerade errichtete Triklinium des Lateranspalastes in Rom nachbaute, wenn Otto der Große in Magdeburg einen kompakten Palastkomplex mit gegenständigen Eingangsapsiden nach südländischen Vorbildern errichten ließ, wenn später Otto III. beschloß, in Rom so zu speisen, wie es in Byzanz die Kaiser zu tun pflegten, so werden hiermit Traditionsbezüge sichtbar, denen auch die kunstgeschichtliche Forschung künftig verstärkt wird nachspüren müssen. So steht denn der Erforschung karolingischer Pfalzen nicht nur hinsichtlich ihrer örtlichen Identifizierung und archäologischen Spurensuche, sondern auch hinsichtlich der internen Organisation ihrer Gebäude und Räume und den damit erschließbaren Nutzungskonzepten noch ein weites Feld offen.

Literatur:

Günther BINDING, Deutsche Königspfalzen von Karl dem Großen bis Friedrich II. (765–1240), Darmstadt 1996. – Deutsche Königspfalzen. Beiträge zu ihrer historischen und archäologischen Erforschung (Veröffentlichungen des Max-Planck-Instituts für Geschichte 11/1–11/4), Göttingen 1963–1996. – Die Pfalz. Probleme einer Begriffsgeschichte: vom Kaiserpalast auf dem Palatin bis zum heutigen Regierungsbezirk. Referate und Aussprachen der Arbeitstagung vom 4.–6. Oktober 1988 in St. Martin/Pfalz, hrsg. v. Franz STAAB (Veröffentlichungen der Pfälzischen Gesellschaft zur Förderung der Wissenschaften in Speyer 81), Speyer 1990. – Gerhard STREICH, Burg und Kirche während des deutschen Mittelalters. Untersuchungen zur Sakraltopographie von Pfalzen, Burgen und Herrensitzen 1–2 (Vorträge und Forschungen/Konstanzer Arbeitskreis für mittelalterliche Geschichte, Sonderband 29), Sigmaringen 1984.

Zu weiterführender Literatur vgl. die Beiträge von Mitchell, Bolognesi, Luchterhandt, Renoux, Wyss, Grewe u. Untermann

John Mitchell

Karl der Große, Rom und das Vermächtnis der Langobarden

Karl der Große war nicht nur der mächtigste Herrscher seiner Zeit, sondern auch ein großer Kunstförderer. Er entwarf in der zweiten Hälfte seiner Regierungszeit, seit den 90er Jahren des 8. Jahrhunderts und noch einmal nach der Kaiserkrönung im Jahre 800, ein umfassendes künstlerisches Programm, das große Bauunternehmungen, Kirchen- und Palastausstattungen sowie kostbare Handschriften umfaßte. Diese Maßnahmen betrafen sowohl den Hof selbst als auch die Bischofssitze und die großen Klöster, die unter königlichem Schutz standen.

Auch die Päpste zur Zeit Karls des Großen, Hadrian I. und Leo III., waren großzügige Stifter und statteten die Kirchen Roms prachtvoll aus. Der Liber Pontificalis, eine offizielle 'Chronik' der damaligen Päpste, gibt uns noch heute Kenntnis von der schier unüberschaubaren Menge an Kultbildern, kostbaren Behängen, vor allem aber von Lampen, Schalen und Hängekronen aus Gold und Silber, die von ihnen in Auftrag gegeben wurden (vgl. Beiträge Bauer u. de Blaauw).

Bereits die früheste, eng mit der Person Karls des Großen verbundene Handschrift, das nach dem Schreiber benannte Godescalc-Evangelistar (vgl. Beitrag Mütherich, Abb. 1–4), legt ein beredtes Zeugnis ab für die enge Verbindung des Herrschers zu Rom und den Päpsten. Entstanden ist die Handschrift zwischen 781 und 783 während des Italienaufenthalts Karls des Großen (vgl. Beitrag Mütherich). Die Widmungsinschrift des Buches erwähnt die Taufe von Karls Sohn Pippin im Jahre 781 durch den Papst im Baptisterium des Laterans, und daher erscheint es durchaus möglich, daß das Buch zur Erinnerung an dieses Ereignis erstellt wurde.

Bezüge zu italienischen Vorbildern zeigen sich in der frühkarolingischen Hofkunst in vielen Bereichen, und die kulturelle Vorherrschaft Roms auf der italienischen Halbinsel zur Zeit Karls des Großen ist eine von der Forschung offenbar stillschweigend akzeptierte Prämisse. Die fränkische Besetzung der Nordhälfte Italiens bis hinunter zum Herzogtum Benevent ist des öfteren als ein Ereignis betrachtet worden, das den italienischen Raum erst in den Einflußbereich der europäischen Kultur gebracht hat.

Was in dieser Argumentation jedoch keine Beachtung fand, ist die Bedeutung des langobardischen Königtums und die Stellung der verschiedenen Herzogtümer des langobardischen Italien. Im Norden waren diese mehr oder weniger der Kontrolle des Königs in Pavia unterworfen, im Süden, in Spoleto und Benevent, waren sie dagegen weitgehend unabhängig (Abb. 1). Vom späten 7. Jahrhundert bis in das ausgehende 8. Jahrhundert entstanden an den langobardischen Höfen durch die Förderung der langobardischen Elite Kunstwerke, die zu den anspruchsvollsten und künstlerisch herausragendsten des damaligen Europa gehörten. Ihre Bedeutung für die karolingische und angelsächsische Kunst ist bisher weitgehend übersehen worden.

In der ersten Hälfte des 8. Jahrhunderts, in einer Zeit des wirtschaftlichen Aufschwungs, als neue überregionale, ja internationale Handelsbeziehungen zur Entwicklung verschiedener Regionen Europas beitrugen, begannen die langobardischen Machthaber, repräsentative Bauwerke in Auftrag zu geben und prachtvoll mit Bauplastik und Wandmalereien ausstatten zu lassen. Die frühesten erhaltenen Bauten und Skulpturen, die mit dem beschriebenen Aufschwung in Verbindung gebracht werden können, scheinen in die Regierungszeit König Liutprands (712–744) zu fallen. Genannt seien hier vor allem Werke wie die Schrankenplatten mit Pfauen und Meereswesen aus S. Maria Teodote (auch: della Pusterla) in Pavia (Kat.Nr. II.42–43) oder das berühmte, aus Liutprands Sommerresidenz Corteolona stammende Schrankenfragment mit dem Kopf eines Tieres, das aus einem Kelch trinkt (Kat.Nr. I.5). Um die Mitte des 8. Jahrhunderts und in den Jahrzehnten kurz vor der Machtübernahme durch die Franken 773/774 war diese Vorliebe für ehrgeizige Bauaufträge und reichen Bauschmuck aus Stein, Stuck, Mosaik und Malerei dann im ganzen Langobardenreich verbreitet und wurde auch in den mittel- und süditalienischen Herzogtümern ausgiebig gepflegt.

Faßbar wird dies auch in S. Salvatore in Brescia, dem im

Abb. 1 Karte des Langobardenreiches am Vorabend der fränkischen Eroberung

Jahre 753 von Herzog Desiderius und seiner Frau Ansa gegründeten Frauenkloster. Die noch erhaltene Kirche ist eine Basilika mit hoch aufragenden Seitenschiffen, kunstvoller Stuckdekoration an den Gewölben und umfangreichen figürlichen Wandmalereien.

Die der ersten Kirche zugeschriebene Bauskulptur genügt in Entwurf und Ausführung höchsten Ansprüchen; die berühmte Pfauenplatte etwa, die ursprünglich zu einem Ambo oder zu Chorschranken gehört haben dürfte, nimmt – wie zahlreiche andere norditalienische Reliefs jener Zeit – ein ravennatisches Kompositionsschema des 6. Jahrhunderts auf (Kat.Nr. II.44). Ganz offensichtlich griff der verantwortliche Bildhauer hier auf spätantike Vorbilder zurück, übertrug diese dann aber in eine neue, gegenüber dem Original noch einmal verfeinerte Formensprache.

Abb. 2 Sog. Clitunno-Tempel bei Spoleto

Dasselbe Phänomen läßt sich in S. Maria in Valle in Cividale beobachten, einer kleinen Kapelle, die wohl kurz nach 750 als Hofkapelle des Gastalden – des königlichen Statthalters im Herzogtum Friaul – errichtet worden war. Der kunstvoll gewölbte Bau mit seinem regelmäßig gefügten Ziegelmauerwerk und seiner kostbaren Innenausstattung ist eine der ehrgeizigsten und gleichzeitig gelungensten Architekturschöpfungen des 8. Jahrhunderts: Das Zusammenspiel seiner mosaikbedeckten Gewölbe, seiner Stuckdekoration und seiner Wandmalereien findet sich in dieser Qualität sonst nur in hervorragenden byzantinischen Bauten der vorangegangenen Jahrhunderte.

Daß eine ähnliche Vorliebe für Repräsentationsbauten auch im langobardischen Herzogtum Spoleto verbreitet war, beweist die große Salvatorkirche im nördlichen Suburbium Spoletos, doch vor allem auch der sog. Tempietto sul Clitunno, der in einiger Entfernung im Norden der Stadt an der nach Foligno führenden Trasse der Via Flaminia liegt (Abb. 2). Beide Bauten sind etwa zur gleichen Zeit wie S. Maria in Valle in Cividale entstanden und gehören demnach in die erste Hälfte oder in die Mitte des 8. Jahrhunderts. Der Tempietto scheint als Grabkapelle für einen lokalen Machthaber – vielleicht den Herzog oder dessen Familie – konzipiert worden zu sein. Sowohl S. Salvatore als auch der Tempietto fallen durch ihr ausgesprochen römisches Gepräge auf, vor allem in ihrer hervorragenden Bauskulptur und in den Friesinschriften der drei Eingangsportiken. Selbst die Fresken im Innern des Tempels sind in einem ungewöhnlich retrospektiven Stil gehalten.

Vergleichbare Stiftungen sind auch für das unabhängige süditalienische Herzogtum Benevent belegt, an dessen Spitze damals Arichis II. (758–787) stand. Er war zugleich einer der fähigsten Herrscher und umtriebigsten Bauherren und Kunstförderer seiner Zeit. Auch hier findet sich ein ähnliches Interesse für repräsentative Bauten von komplexem Entwurf, eindrucksvoller Erscheinung und aufwendiger Dekoration. Die überkommenen Beispiele sind nicht sehr zahlreich, aber dennoch aussagekräftig. Zu nennen sind vor allem S. Sofia in Benevent (Abb. 3) und die dem hl. Petrus und Paulus geweihte Palastkapelle von Prinz Arichis II. in Salerno, ein weiträu-

Abb. 3 Benevent, S. Sofia

miger Bau, der im Obergeschoß und damit auf demselben Niveau wie die Palasträume lag – es handelt sich also um einen frühen Vorläufer der zweigeschossigen Palastkapellen, wie sie später weit verbreitet waren. Die Sophienkirche in Benevent ist ein aufwendig gewölbter Zentralbau, dessen hoher Anspruch aber nicht nur in der Architektur, sondern auch in den sorgfältig ausgewählten Spoliensäulen und in der einst alle Wände des Innenraums bedeckenden Ausmalung liegt (Abb. 4). Dies wie auch die Weihe an die „heilige Weisheit" (*sophia*) veranschaulicht auf unmißverständliche Weise die Orientierung an der justinianischen Sophienkirche in Konstantinopel, die wie ihre kleinere 'Kopie' in Benevent in unmittelbarer Nachbarschaft des Herrscherpalastes stand. Arichis' Palastkapelle in Salerno aus den 770/780er Jahren gehört hingegen zu einem Baukomplex, dessen Repräsentationsräume im Obergeschoß lagen und so angeordnet und dekoriert waren, daß sie einen eindrucksvollen Rahmen für das Hofzeremoniell boten. Elegante Rundbogenfenster sorgten dafür, daß das Innere der Kapelle in helles Licht getaucht wurde. Paulus Diaconus spricht zudem von einer Vergoldung des Innenraumes, womit vielleicht Goldmosaiken gemeint sind. Bei Grabungen in den 1980er Jahren traten Reste eines *opus-sectile*-Bodens aus rotem Porphyr, grünem Serpentin und anderen kostbaren Materialien zutage. Im Bereich der Apsis fand man außerdem einige rechteckige Fliesen unterschiedlicher Größe, deren Oberfläche unter einer dünnen Schicht aus transparentem Glas einen reichen Golddekor aufweist (Kat.Nr. II.53 u. VIII.48). Diese für Bodenplatten einmalige Technik er-

Abb. 4 Benevent, S. Sofia, Verkündigung an Zacharias, Detail

möglichte eine Teilvergoldung des Apsisbodens oder der Apsiswand und bildete damit eine beeindruckende Hervorhebung des Chor- bzw. Altarraums. Zusammen mit dem übrigen Golddekor des Raumes trugen diese Platten dazu bei, die Kapelle in einem wahrhaft kaiserlichen Glanz erstrahlen zu lassen.

Einzigartig im Vergleich zur gleichzeitigen Baukunst anderer Gebiete und gleichermaßen ein Hinweis auf die Absichten Arichis' ist ferner die monumentale, von Paulus Diaconus verfaßte Stifterinschrift aus vergoldeten Kupferlettern, die einst an der Palastkapelle in Salerno zu lesen war (Kat.Nr. VIII.55). Mit der Anbringung dieser Inschrift bewegte sich Arichis in bester römischer Tradition, stellten doch solche großformatigen Inschriften in der Kaiserzeit die repräsentativste Art öffentlicher Schriftzeugnisse dar. In der Spätantike kamen solche monumentalen Bauinschriften aus Metallbuchstaben kaum noch vor – eine der letzten im Westen ist die am Konstantinsbogen in Rom. Ein eigentliches Wiederaufleben dieser Tradition erfolgte erst unter Ludwig XIV. (1638–1715) in Paris, während aus dem ganzen Mittelalter nur eine Handvoll solcher Metallinschriften bekannt ist (Kat.Nr. VIII.52–55).

Obwohl nichts vom Bauschmuck der langobardischen Paläste in Salerno und Benevent erhalten geblieben ist, kann man anhand der Wandmalereien in einem der größten Klöster des südlichen Fürstentums, S. Vincenzo al Volturno (Abb. 5), eine gute Vorstellung davon bekommen, wie prachtvoll die Paläste einst vermutlich dekoriert waren.

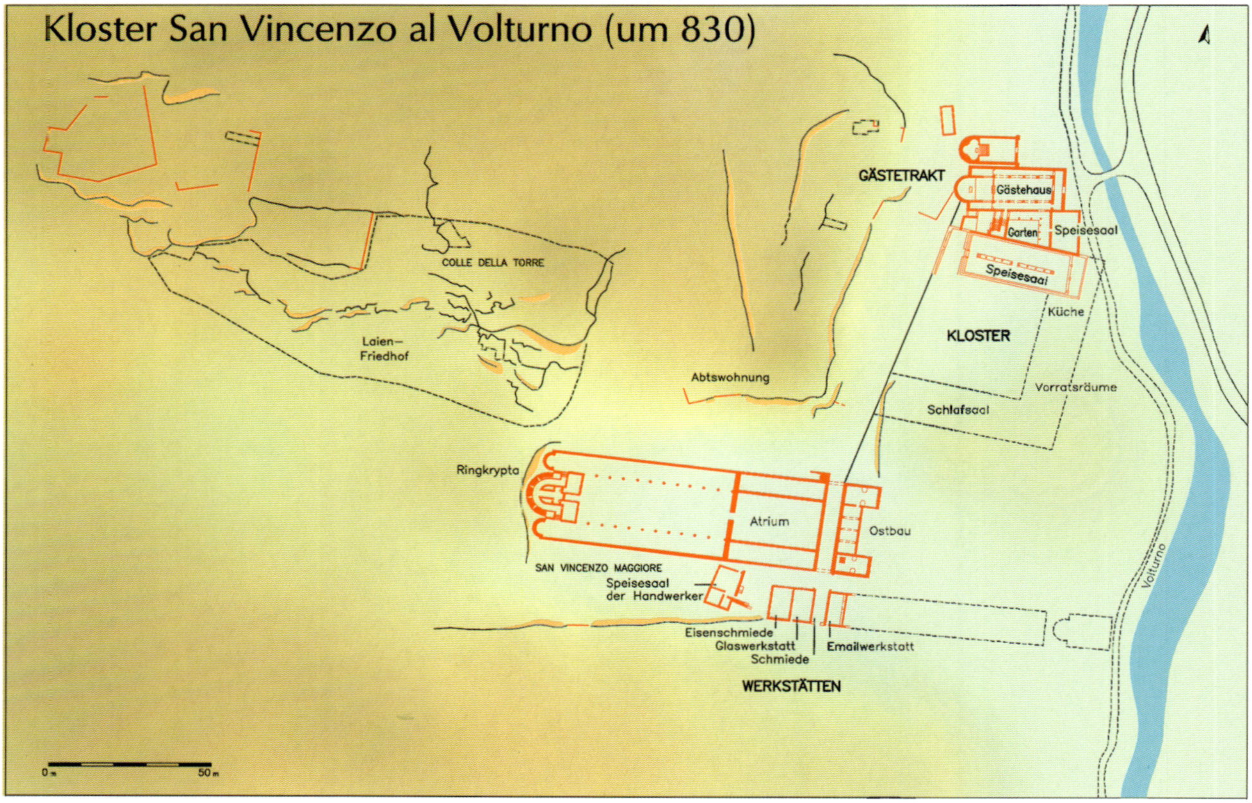

Abb. 5 S. Vincenzo al Volturno, Plan der Klosteranlage

Die Ausstattung der Ringkrypta in der Hauptkirche des Klosters mit Malereien aus den Jahren um 820 zeigt in der Sockelzone eine Abfolge ornamentierter Felder, die in Farbintensität, Erfindungsreichtum und Variationsbreite im frühmittelalterlichen Europa ihresgleichen suchen. Sie zeigen ein faszinierendes Spiel von Farben und Formen: Große, prunkvolle Zierscheiben, sog. *rotae*, wechseln mit rechteckigen Feldern, die mit komplizierten perspektivischen Mustern bedeckt sind (Abb. 6). Das hier verwendete Formenvokabular findet sich bereits in antiken Dekorationssystemen. Ein Großteil der Einzelmotive, aber auch einzelne Kompositionen der Wandfelder lassen sich unmittelbar von *opus-sectile*-Verkleidungen und Bodenmosaiken kaiserzeitlicher und spätantiker Prunkbauten ableiten. Auch die perspektivischen Effekte der Kryptafresken gehen letztlich auf römische Vorlagen zurück. Die Maler von S. Vincenzo haben sogar versucht, bestimmte antike Marmorsorten und andere kostbare Steine wie Porphyr, Rosso antico, Africano, Pavonazetto, Cipollino, Giallo antico, Alabaster usw. zu imitieren. Technik und Ausführung der Malerei zeigen große künstlerische Sicherheit und Souveränität, es muß sich also um geübte Maler gehandelt haben, die in einer langen Werkstatttradition standen. Da nicht anzunehmen ist, daß sie das in S. Vincenzo anzutreffende Formenrepertoire 'vor Ort' entworfen haben, stellt sich die Frage, wo sie ihr Handwerk erlernt hatten. Alles deutet darauf hin, daß diese verfeinerte und überaus kunstvolle Ornamentik ihren Ursprung nicht in der Sakral-, sondern in der Profankunst hat. Angesichts der zahlreichen nachgewiesenen personellen und künstlerischen Beziehungen zwischen S. Vincenzo und dem Herzogtum Benevent in dieser Zeit liegt die Vermutung nahe, die Kryptamalereien seien ein direkter Reflex der in der zweiten Hälfte des 8. Jahrhunderts unter Arichis II. entwickelten Hofkunst. So mag ein Gang durch die Krypta von S. Vincenzo Maggiore den besten Eindruck davon zu vermitteln, wie einst die Prunkräume der Paläste von Arichis aussahen.

Nach all dem Gesagten kann man sich des Eindrucks nicht erwehren, als habe Arichis – genau wie seine 'Amtskollegen' in Spoleto – seine Künstler explizit dazu angehalten, römische Bauwerke zu studieren und sich von die-

Abb. 6 S. Vincenzo al Volturno, Wandmalerei der Krypta (um 820)

sen inspirieren zu lassen. Möglicherweise haben diese Künstler bei ihrer Suche nach antiken Vorlagen zum Teil gar kleinere Grabungen vorgenommen, als sie in den Ruinenfeldern an der kampanischen Küste unterwegs waren. Auf der Grundlage dieser Vorbilder entstand dann eine neue, außerordentlich lebendige und originelle Formensprache. Diese hatte – wie die Architektur des Spoletiner Herzogshofes – keine konkreten Vorbilder, sondern es handelte sich um eine echte Renaissance der Antike.

Geht man von den erhaltenen Monumenten aus, so gewinnt man den Eindruck, Arichis habe – wie die Herzöge in Spoleto – einen höfischen Baustil und generell eine Hofkunst schaffen wollen, die in ihrer Grundauffassung unmißverständlich antik war. Die in den Bauten von Arichis anzutreffenden Antikenzitate sind aber nicht identisch mit denjenigen in Spoleto oder anderen 'klassizistischen' Bauten im frühmittelalterlichen Europa. Es scheint, als habe der beneventanische Herzog bewußt einen Stil schaffen wollen, der sich zwar antiker Formelemente bediente, in der Zusammenstellung dieser Elemente aber einzigartig war und sich demzufolge auch von vergleichbaren Tendenzen im damaligen Italien absetzte. Dies hängt vermutlich nicht zuletzt mit der politischen Situation im 8. Jahrhundert zusammen, in der jeder Machthaber eines auch noch so kleinen Territoriums versuchte, mit prunkvollen Bauten und kostbaren Kunstwerken seine Überlegenheit und sein Selbstverständnis gegenüber benachbarten Herrschern hervorzuheben. Damit diese Botschaft aber verstanden wurde, galt es, eine adäquate Formensprache zu finden, die sich größtenteils aus bekannten Vokabeln zusammensetzte, im einzelnen aber höchst individuell war.

Fast scheint es, als hätten sich in der Mitte des 8. Jahrhunderts die Machthaber in den verschiedenen Herzogtümern Italiens in einem politischen Wettstreit messen wollen, der aber auf kultureller Ebene ausgetragen wurde. So wurden ehrgeizige Bauprojekte initiiert, die Werkleute zu qualitätvoller Arbeit angeregt und offenbar sogar ausdrücklich ermutigt, auf der Basis römischer und spätantiker bzw. imperialer byzantinischer Vorbilder eine neue Formensprache zu entwickeln. Dies führte in den verschiedenen Reichsteilen zu unterschiedlichen Resultaten, doch bewegten sich diese Unterschiede gewissermaßen im Rahmen verschiedener Dialekte derselben Sprache. In einer Zeit des politischen Wandels und des sich ausweitenden Handels, in deren Folge sich die Gemeinschaften verstärkt nach außen orientierten, entwickelten die hier herrschenden Schichten äußerst aufwendige, teilweise sogar spektakuläre 'Kulturprogramme', um ihre Interessen zu verbreiten und ihre neue Stellung unmißverständlich kundzutun.

In gewisser Weise verfolgte die Politik des geistlichen 'Herzogtums' Rom eine ähnliche Strategie, allerdings mit einiger zeitlicher Verzögerung. Die Päpste hatten sich sporadisch bereits während des 8. Jahrhunderts reich ausgestattete Begräbniskapellen in der Basilika von St. Peter errichten lassen; es handelte sich dabei zumeist um mit Mo-

Abb. 7 Rom, S. Prassede, Masken vom Traufgesims

saiken geschmückte Bauten, die aber recht klein waren. Papst Zacharias hatte in der Mitte des Jahrhunderts ein sog. Triklinium bauen lassen, eine Empfangshalle, die mit unterschiedlichen Marmorsorten, Glas, Mosaik und Wandmalereien ausgestattet war, und ein zeremonielles, mit einem Turm versehenes Torhaus am Lateranspalast – offenbar eine Imitation der Bauformen am Kaiserpalast in Byzanz (vgl. Beitrag Luchterhandt zum Palastbau). Aber erst am Ende des Jahrhunderts – infolge der schwindenden langobardischen Macht in Italien und mit fränkischer Unterstützung – konnte Leo III. großartige neue Kirchen errichten und mit Mosaiken schmücken lassen. Seine neuen Empfangshallen im Lateranspalast mit den Mosaikbildnissen des Papstes und Karls des Großen an der Apsisstirnwand, mit roten Porphyr- und weißen Marmorsäulen und bedeutenden Marmorböden waren deutlicher Ausdruck für den Anspruch des Papsttums und seine ökonomische und politische Stellung. Diese Bilder sprechen dieselbe Sprache wie die der ehemaligen langobardischen Herrscher in Italien – reiche Materialien, Anklänge an herrschaftlichen Glanz mit deutlich erkennbaren Bezügen zur klassischen Antike und zur byzantinischen Kultur (vgl. Beitrag Luchterhandt zum Trikliniumsmosaik).

Spätere Beispiele für diese Tendenzen innerhalb der römischen Kunst, die eine ähnliche Wertschätzung luxuriöser Materialien zeigen und eine vergleichbare feinsinnige Rezeption der Antike und Spätantike pflegen, sind etwa die Mosaikausstattungen in Kirchen wie S. Prassede, einem Bauwerk Papst Paschalis' I. um 820, die ähnlich wie das Triklinium Leos III. in enger Anlehnung an spätantike Vorbilder entstanden (vgl. Beitrag Nilgen u. Beitrag Jacobsen in Kap. 10, Abb. 27). Dies gilt aber auch für die exotisch anmutenden Friese mit antikisierenden bärtigen Masken, die in S. Prassede und S. Martino ai Monti die Wände direkt unter der Traufe abschlossen (Abb. 7), oder im profanen Bereich die zweistöckigen Häuser, die in den letzten Jahren auf dem Nerva-Forum, im Bereich einer alten römischen Straße zwischen Augustusforum und Curia ergraben wurden (vgl. Beitrag Santangeli Valenzani). Diese Bauten waren aus antiken Steinen errichtet, die als Spolien wiederverwendet wurden, um unter anderem eine Portikus an der Fassadenseite zur Straße zu errichten.

Dies alles sollte sich erst 25 Jahre nach dem Italienzug Karls des Großen ereignen, bei dem Karl das langobardische Königtum unterwarf. Es war die Kultur der langobardischen Elite, die er in Zentren wie Pavia, Mailand und Verona vorfand. Ihr Einfluß auf den fränkischen Herrscher kann in der Folge kaum überschätzt werden. Die Kultur am fränkischen Hof scheint um die Mitte und in der zweiten Hälfte des 8. Jahrhunderts offenbar wenig entwickelt gewesen zu sein und war mit der Hofkultur und dem insgesamt hohen Lebensstandard, dem Karl in Italien begegnete, durchaus nicht vergleichbar.

Eine Reaktion auf diese Erfahrung mag der Palast in Aachen gewesen sein und ebenso die Pfalzen etwa in Paderborn oder Ingelheim. Bekanntermaßen reisten die fränkischen Könige von Pfalz zu Pfalz; die Idee einer zeitweilig festen Residenz wie in Aachen war nördlich der Alpen neu, aber bei den langobardischen Herrschern in Pavia und den Herzögen in ihren verschiedenen Zentren schon lange üblich. Eine weitere Besonderheit langobardischer Palastarchitektur war die Anlage einer Palastkapelle. Das erste überlieferte Beispiel ist die Kapelle König Liutprands in Pavia aus der ersten Hälfte des 8. Jahrhunderts. Vielleicht hatte auch S. Maria in Cividale eine ähnliche Funktion. In der Folge baute der südlangobardische Herzog Arichis Palastkapellen in seinen beiden wichtigsten Residenzen Benevent und Salerno. Sie waren prachtvoll ausgestattete Bauwerke, die zum Teil mit Mosaiken dekoriert waren. Wir können nur Mutmaßungen anstellen über die wirklichen Gründe Karls des Großen, eine feste Residenz in Aachen anzulegen. Aber als er in das langobardische

Königreich einfiel, hatte er Gelegenheit, die königlichen und herzoglichen Residenzen mit eigenen Augen zu sehen, und er muß zweifelsohne die 'eleganten' Kapellen wahrgenommen haben, die zu diesen Palästen gehörten. Diese Erfahrungen in Italien mögen ihn auf die Idee gebracht haben, eine feste Residenz zu errichten und sie mit einer Kirche von 'königlichen' Ausmaßen zu versehen. Die Entscheidung, auch die Kuppel der Palastkapelle in Aachen mit Mosaiken auszustatten – ebenso wie die Apsis des Oratoriums des Ratgebers Karls des Großen, Theodulf von Orléans, in Germigny-des-Prés –, aber auch die Verwendung von sorgfältig ausgewählten Spolien wie antiken Säulen und Kapitellen, die teilweise sogar direkt aus antiken Gebäuden von Italien nach Norden transportiert worden waren, alles dies weist auf die langobardische Hofkunst hin.

Der italienische Einfluß ist in vielen Bereichen der frühkarolingischen Kunst unübersehbar. In Karls Palast in Ingelheim am Rhein und an ein oder zwei anderen Orten findet man kannelierte Säulen mit Trapezkapitellen, die an der oberen Seite ein ungewöhnlich tief geschwungenes Sims aufweisen. Kannelierte Säulen mit derart gestalteten Kapitellen und mit exakt dem gleichen Gesims wurden in den Bauten des süditalienischen Klosters S. Vincenzo al Volturno aus dem späten 8. bzw. frühen 9. Jahrhundert verwendet, wo diese besondere Form der Simse die Norm bei allen Trapezkapitellen war. Es hat also den Anschein, als sei diese Besonderheit aus Italien importiert worden. Auch das berühmte Pferderelief in Ingelheim ist typisch langobardisch, besonders in den Pflanzenrankenornamenten.

Beziehungen zur langobardischen Kunst treten auch in den prachtvollen Handschriften aus der Hofschule Karls des Großen zutage. Ein Merkmal der reich dekorierten Kanontafeln der Evangeliare sind die diagonal verlaufenden Maserungen an den illusionistisch gemalten Marmorsäulen. Dies ist ein in den spätantiken Handschriften gelegentlich zu findendes Schmuckmotiv (Kat.Nr. X.10), das in der Hofschule Karls des Großen überaus häufig Anwendung fand (Abb. 8). Darüber hinaus aber handelt es sich um ein in den langobardischen Gebieten Italiens in dieser Zeit bevorzugtes Dekorationselement, das an Sockeln zur Anwendung kam, die diagonal gemaserten Täfelungen an marmorverkleideten Wänden imitierten (Abb. 9). Das Motiv ist vor allem in der Wandmalerei der Zeit verbreitet. Es existiert jedoch auch eine Handschrift aus der Mitte des 8. Jahrhunderts, die dieselben Elemente verwendet, nämlich der vermutlich in Benevent für einen Abt von S. Vincenzo al Volturno angefertigte sog. Codex Beneventanus (Kat.Nr. X.11) (Abb. 10).

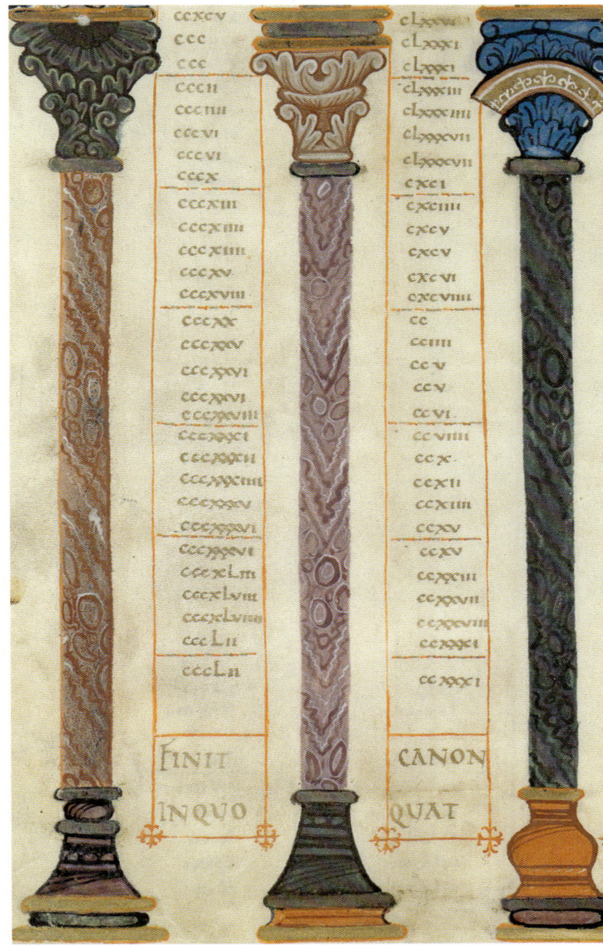

Abb. 8 Lorscher Evangeliar, Kanontafel (Detail). Bukarest, Nationalbibliothek, Filiale Alba Iulia, Biblioteca Batthyáneum, fol. 7v

Während diese Art der Sockelbemalung, die die diagonale Maserung von geschliffenem Marmor imitiert, in den langobardischen Gebieten Italiens im späten 8. und im 9. Jahrhundert weit verbreitet war, wurde sie meines Wissens nur ein einziges Mal im karolingischen Norden angewandt, und zwar schon sehr früh und an einem bedeutenden Ort: an den nach innen abgeschrägten Fensterlaibungen der Ringkrypta, in der von Abt Fulrad in den 70er Jahren des 8. Jahrhunderts gebauten königlichen Abteikirche von Saint-Denis nördlich von Paris, der traditionellen Grabstätte der fränkischen Herrscher. Dies scheint ein weiteres Beispiel einer Entlehnung aus dem italienisch-langobardischen Stil zu sein, ausgeführt mit-

Abb. 9 S. Vincenzo al Volturno, marmorierte Quader im Vestibül

ten im Herzen einer der wichtigsten und angesehensten karolingischen Klosteranlagen.

Ein weiteres gemeinsames Dekorationselement ist die Nachahmung von Marmor, wie sie sich etwa auf zwei Seiten der Kanontafeln in einer prachtvollen karolingischen Handschrift, dem eng mit Karl dem Großen verbundenen Wiener Krönungs-Evangeliar (vgl. Beitrag Mütherich, Abb. 29–30), finden läßt. Kennzeichnend ist eine Folge von einander überlagernden Bogenmotiven. Dieses Motiv gehörte zum Ornamentrepertoire der italienischen Künstler dieser Zeit und ist an so weit auseinander liegenden Orten wie S. Vincenzo al Volturno, Seppanibile bei Fasano tief im Süden und Müstair im Norden der damaligen langobardischen Kunstlandschaft (heute Graubünden) zu finden.

Das gleiche gilt für die Gestaltung der Köpfe in den Handschriften der Hofschule Karls des Großen. Der von den karolingischen Buchmalern angewendete Stil, beispielsweise im Evangeliar aus Soissons (vgl. Beitrag Mütherich, Abb. 16–20) und etwas später im Lorscher Evangeliar (Kat.Nr. X.21), hatte seinen Ursprung möglicherweise im langobardischen Hofstil, vergleicht man die Malereien in der Kirche von S. Salvatore in Brescia, die unter Desiderius, dem letzten Langobardenkönig vor 773, gebaut und ausgemalt wurde, und etwas später in S. Vincenzo al Volturno (Kat.Nr. II.52). Zu beachten sind hierbei etwa die Linearität bei der Zeichnung von Augen und Nase und die illusionistischen Licht-Schatten-Wirkungen.

Die Gemeinsamkeiten langobardischer und karolingischer Buchmalerei sind wohl noch weitreichender als die gerade geschilderten Einzelheiten. Eine der bemerkenswertesten künstlerischen Erscheinungen der frühen karolingischen Hofkunst sind die in der Hofschule hergestellten Prachthandschriften, prunkvolle Abschriften der Evangeliare und anderer liturgischer Texte, die auf den Altären bedeutender Kirchen im ganzen Reich ausgestellt werden sollten. Es spricht einiges dafür, daß schon die Idee, solche Prachthandschriften in Auftrag zu geben, was im Frankenreich vor Karl dem Großen nicht vorgekommen war, auf den Brauch am langobardischen Hof zurückgeht. Um 800 verwandte man in den Handschriften der karolingischen Hofschule, z. B. in dem Evangeliar in London (British Library, Ms. Harley 2788), einem der frühesten noch erhaltenen Beispiele dieser neuen Prachtentfaltung (vgl. Beitrag Mütherich, Abb. 13–15), einige neue Motive. Zu diesen gehörten ein reich verzierter rechteckiger Außenrahmen, der die innere Bogendekoration einfaßte, und die Verwendung von Behängen im Gewölbe. Ähnliche Illustrationen finden sich in der in Verona für den Bischof Egino angefertigten Handschrift (Abb. 11). Der Egino-Codex ist eines der wenigen erhaltenen Beispiele für die langobardische Tradition von Prachthandschriften, deren Schmuckelemente in die karolingische Buchmalerei übernommen wurden. Auch der bereits erwähnte Codex Beneventanus stellt ein Beispiel dieser Art dar (Kat.Nr. X.11).

Kurz gesagt scheint es, daß die frühkarolingische Hofkunst in vielen Punkten, sowohl im Gesamtkonzept als auch in vielen Details, von der italienischen Tradition angeregt wurde. Dies ist jedoch nur einer der Aspekte der Welle 'italienischer Mode', die im 8. Jahrhundert anscheinend ganz Europa 'überrollte'. Man kann dies vielleicht am besten im Alltagsleben an den angelsächsischen Gebrauchsgegenständen im England der damaligen Zeit beobachten. Es ist allgemein bekannt, daß England Italien viele künstlerische Techniken zu verdanken hat. Dies reichte von der Ausführung kostbar illuminierter Evangeliare für die Altäre englischer Kathedralen und Klosterkirchen bis hin zu den Formen der Bronzefibeln, die die Frauen im ganzen Land trugen. Diese kleinen Anstecknadeln mit fein geformten Köpfen, die zu Tausen-

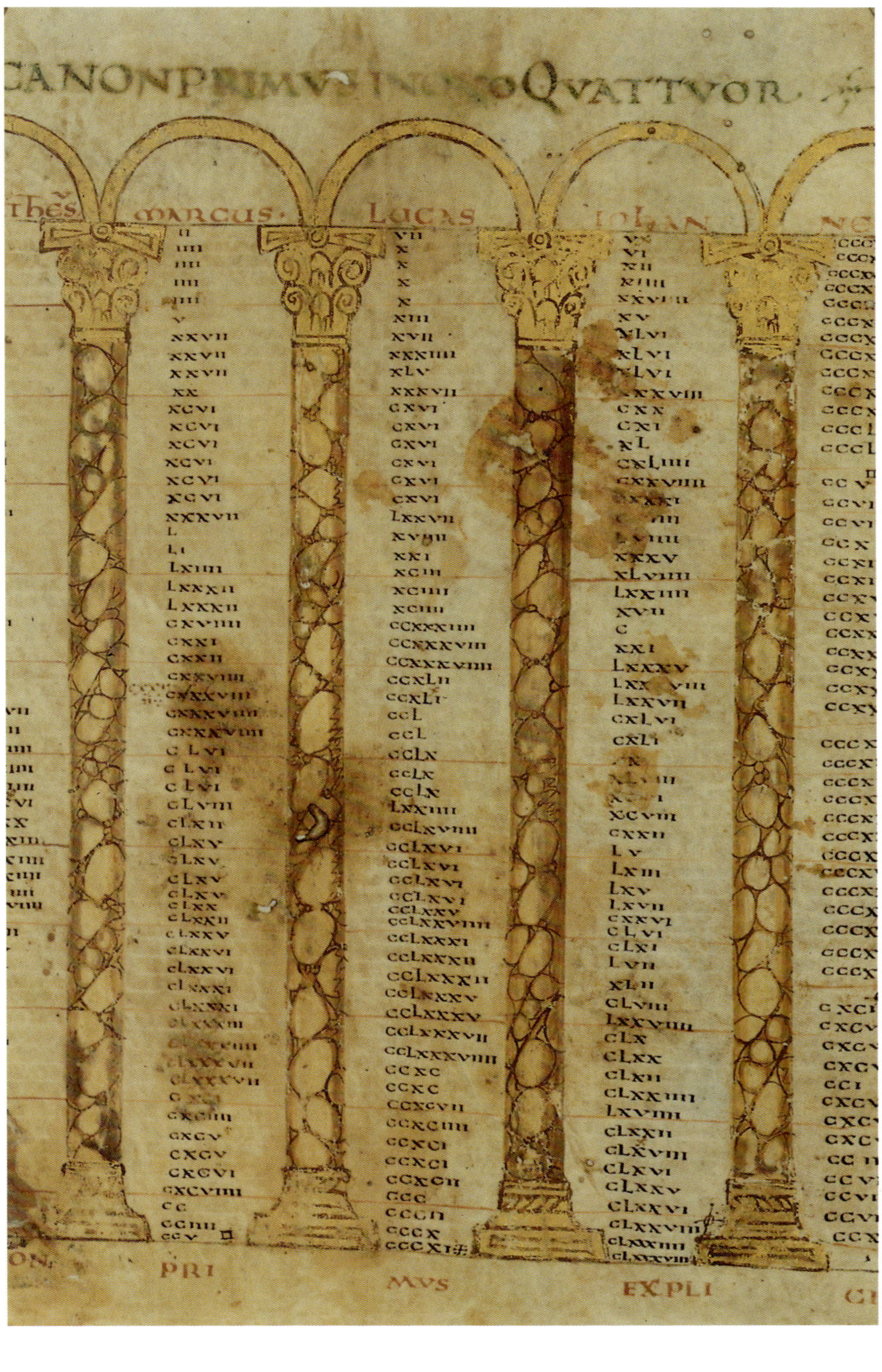

Abb. 10 Evangeliar aus S. Vincenzo al Volturno, sog. Codex Beneventanus, Kanontafel (Detail). London, British Library, Add. Ms. 5463, fol. 1v

Abb. 11 Sog. Egino-Codex (zwischen 796 u. 799). Berlin, Staatsbibliothek zu Berlin – Preußischer Kulturbesitz, Ms. Phillips 1676, fol. 25v

den in ganz England gefunden wurden, sind genaue Nachbildungen der italienisch-langobardischen Formen und bezeugen eindrucksvoll, in welchem Ausmaß die italienische Kleidermode von englischen Frauen in dieser Zeit übernommen wurde. Die Intensität der Kontakte zwischen England und Italien in dieser Zeit auf allen gesellschaftlichen Ebenen wird nirgends deutlicher als in dem berühmten Brief des hl. Bonifatius an Cuthbert, den Erzbischof von Canterbury, aus dem Jahr 747: „... es wäre gut und günstig für die Ehre und Reinheit Eurer Kirche sowie ein sicherer Schutz gegen das Laster, wenn Eure Synode und Eure Fürsten es den Matronen und Nonnen untersagen würden, ihre häufigen Reisen von und nach Rom zu unternehmen. Ein Großteil von ihnen verschwindet, und wenige bewahren ihre Tugend. Es gibt kaum eine Stadt in der Lombardei und Gallien, in der sich nicht eine Dirne englischer Herkunft aufhält. Dies ist ein Skandal und eine Schande für die ganze Kirche." Offenbar zog es die Angelsachsen nicht nur aufgrund der Reliquien in Rom nach Italien, sondern auch aufgrund des kultivierten südlichen Lebensstandards, der 'Nachtclubs' von Pavia, der zeitgenössischen Mode und vermutlich auch wegen des Essens und der Sonne, genau wie die angelsächsischen Touristen noch heute.

Zum Abschluß einige Anmerkungen dazu, wie sich diese Anziehungskraft Italiens und die Liebe zur italienischen Kunst und Mode auf die Karolinger im sächsischen Westfalen ausgewirkt haben mag. In der Abtei Corvey finden sich in dem großen, in den 80er Jahren des 9. Jahrhunderts gebauten Westwerk eine Anzahl italienischer Merkmale. Zunächst wären da die überlebensgroßen Stuckfiguren im Hauptraum zu nennen, die von Hilde Claussen entdeckt und publiziert wurden (Kat.Nr. VIII.58). Sie erinnern vor allem an S. Maria in Valle in Cividale, wo 100 Jahre zuvor bereits große Stuckfiguren weiblicher Heiliger an der Westwand aufgereiht und Figuren männlicher Heiliger ringsum an den Wänden aufgestellt waren. Ebenso kann die Inschrift in vergoldeten Bronzebuchstaben an der Pfalzkapelle Herzog Arichis' II. in Salerno als der einzige echte Vorläufer für die Widmungsinschrift in goldfarbenen Bronzebuchstaben oben an der Fassade des Westwerks angesehen werden (Kat.Nr. VIII. 52 u. VIII.55). Ein dritter Hinweis auf eine Rezeption italienischer Kunst in Corvey sind vielleicht die charakteristischen sechseckigen Glasplatten, die dazu dienten, die Wände eines der besonders wichtigen Bereiche der Abteikirche aus dem frühen 9. Jahrhundert zu verkleiden (Kat.Nr. VIII.45). Eine bekannte Parallele dazu sind die vergoldeten Glasplatten, die mehr als 50 Jahre zuvor Teile des Bodens oder der Wände in der Apsis von Herzog Arichis' Palastkapelle in Salerno schmückten (Kat.Nr. VIII.48).

Was ist zu Paderborn selbst zu sagen? Mit dem Bau der Pfalz wurde schon 776 begonnen, unmittelbar nach Karls Italienfeldzug. Es liegt nahe zu vermuten, daß er an den Königspalast von Pavia dachte, als er sich hier für den Bau seiner ersten Pfalz dieser Art entschied. Und es scheint, als gäbe es sogar italienisch-langobardische Spuren in den frühesten Wandmalereien, die mit der Pfalz und der dazugehörigen Kirche verbunden werden (vgl. Beitrag Preißler). Die bekannte, in prachtvollen roten Großbuchstaben gemalte Inschrift, die zwischen der Pfalz und der Domkirche in Fragmenten gefunden und erstmalig von Wilhelm Winkelmann publiziert wurde, war rings um ein großes Kreuz angebracht (Kat.Nr. III.17). Dies folgt einer weitverbreiteten langobardischen Tradition, die in bemalten Grabstätten und auf gemeißelten Grabsteinen zu finden ist. Die Malereien sind gewöhnlich zweifarbig in rot und weiß gehalten, genauso wie bei dem Paderborner Beispiel, und die Kreuze haben ähnlich weit auseinanderlaufende Endstreben an ihren Balken.

Ein anderes Charakteristikum der langobardischen Kunsttechniken war ein umfassendes und stilistisch verfeinertes Ornamentrepertoire, wie es an der Wandmalerei der Krypta von S. Vincenzo al Volturno zu finden ist. Es gibt zwei außergewöhnliche Fragmente von Wandgemälden aus Paderborn, eines mit einem auffallenden, etwas unregelmäßigen Schachbrettmuster (Kat.Nr. III.27) und das andere mit einem runden fächerförmigen Ornament mit Blattranken in den Ecken (Kat.Nr. III.22). Sie haben große Ähnlichkeit mit einigen der kunstvollen geometrischen Muster auf den bemalten Sockeln in der Krypta der Hauptkirche des südlangobardischen Klosters aus dem frühen 9. Jahrhundert (Abb. 6). Der eigentliche Ursprung dieser Muster in Paderborn könnte also durchaus ein langobardischer Palast gewesen sein.

Literatur:

The Anglo-Saxon Missionaries in Germany, hrsg. v. Charles TALBOT, London 1981. – Hans BELTING, Studien zum beneventanischen Hof im 8. Jahrhundert, in: Dumbarton Oaks Papers 16, 1962, 141–193. – DERS., Probleme der Kunstgeschichte Italiens im Frühmittelalter, in: Frühmittelalterliche Studien 1, 1967, 94–143. – DERS., I mosaici dell'aula Leonina come testimonianza della prima 'renovatio' nell'arte medievale di Roma, in: Roma e l'età Carolingia, Rom 1976, 167–182. – Alessandro DI MURO, La cultura artistica della Langobardia Minor nell'VIII secolo e la decorazione pavimentale e parietale della cappella palatina di Arechi II a Salerno,

Salerno 1996. – J. J. EMERICK, The Tempietto del Clitunno near Spoleto, University Park, Pa., The Pennsylvania State University Press 1998. – Richard HODGES, Light in the Dark Ages. The Rise and Fall of San Vincenzo al Volturno, London 1997. – Richard HODGES u. John MITCHELL, The Basilica of Abbot Joshua at San Vincenzo al Volturno (Miscellanea Vulturnese 2), Montecassino 1996. – Carola JÄGGI, San Salvatore in Spoleto. Studien zur spätantiken und frühmittelalterlichen Architektur Italiens, Wiesbaden 1998. – Kat. Frankfurt 1994. – Richard KRAUTHEIMER, Rom. Schicksal einer Stadt, 312–1308, München 1987. – I Longobardi, hrsg. v. Gian Carlo MENIS, Mailand 1990. – Cord MECKSEPER, Zur Doppelgeschossigkeit der beiden Triklinien Leos III. im Lateranspalast zu Rom, in: Schloß Tirol: Saalbauten und Burgen des 12. Jahrhunderts in Mitteleuropa (Forschungen zu Burgen und Schlössern 4), München 1998, 119–128. – John MITCHELL, The display of script and the uses of painting in Longobard Italy, in: Testo e immagine nell'alto medioevo 2 (Settimane di studio del Centro Italiano di Studi sull'alto medioevo 41), Spoleto 1994, 887–954. – DERS., The uses of spolia in Longobard Italy, in: Antike Spolien in der Architektur des Mittelalters und der Renaissance, hrsg. v. Joachim POESCHKE, München 1996, 93–115. – DERS., Arichis und die Künste, in: Für irdischen Ruhm und himmlischen Lohn. Stifter und Auftraggeber in der mittelalterlichen Kunst, hrsg. v. Hans Rudolf MEIER, Carola JÄGGI u. Philippe BÜTTNER, Berlin 1996, 47–64. – Paolo PEDUTO u. a., Un accesso alla storia di Salerno: stratigrafie e materiali dell'area palaziale longobarda, in: Rassegna storica salernitana, n.s. V/2, 1988, 9–28. – Paolo PEDUTO, Insediamenti longobardi del ducato di Benevento (secc. VI–VIII), in: Longobardia, hrsg. v. Stefano GASPARRI u. Paolo CAMMAROSANO, Udine 1990, 307–373. – Riccardo SANTANGELI VALENZANI, Edilizia residenziale e aristocrazia urbana a Roma nell'alto medioevo, in: I° Congresso nazionale di archeologia medievale, Pisa, 29–31 maggio 1997, hrsg. v. S. GELECHI, Florenz 1997, 64–70. – Santa Giulia di Brescia: Archeologia, arte, storia di un monastero regio dai Longobardi al Barbarossa, hrsg. v. C. STELLA und G. BRENTEGANI, Brescia 1992. – San Vincenzo al Volturno 1: The 1980–86 Excavations Part I, hrsg. v. Richard HODGES, London 1993. – San Vincenzo al Volturno 2: The 1980–86 Excavations Part II, hrsg. v. Richard HODGES, London 1995. – Rotraud WISSKIRCHEN, Das Mosaikprogramm von S. Prassede in Rom. Ikonographie und Ikonologie (Jahrbuch für Antike und Christentum, Erg.bd. 17), Münster 1990.

Manfred Luchterhandt

Päpstlicher Palastbau und höfisches Zeremoniell unter Leo III.

Als Karl der Große im November 800 die Stadt Rom wiedersah, traf er zwischen ihren Ruinen ein prosperierendes Gemeinwesen an, das zuletzt von Papst Hadrian I. mit großen Anstrengungen reorganisiert worden war: wiederaufgebaute Straßenportiken, neue Pilgerherbergen, ein stadtumfassendes Wohlfahrtssystem, ausgebesserte Aquädukte und Kirchendächer, renovierte Mosaiken und nicht zuletzt ein beeindruckender Reichtum an Paramenten, Seidenstoffen, Altargerät, Gold- und Silberschmuck in den Kirchen. Der Großteil der Baumaßnahmen hatte der Instandsetzung und Ausstattung gedient; anspruchsvollere Kirchenneubauten, wie sie zu dieser Zeit in Aachen, Lorsch oder Fulda entstanden, gab es bisher nicht. Noch auf dem Höhepunkt der karolingischen 'Renaissance' unter den Päpsten Leo III. und Paschalis I. darf man sich das kirchliche Rom nicht zu 'modern' vorstellen. Sein Stadtbild bestimmten die Titelkirchen und Patriarchalbasiliken des 4. und 5. Jahrhunderts, die über Generationen immer neu ausgestattet und bereichert worden waren. Die in ihrem Schatten entstehenden Nachfolgebauten der karolingischen Zeit erlangten als Zeugnisse der Gegenwart weniger selbständiges Gewicht, als es in der historischen Isolierung dieses Phänomens erscheinen mag. Für den Besucher oder Pilger blieb Rom eine alte Stadt, die sich mit neuer geistiger und wirtschaftlicher Intensität der Pflege und Aktualisierung ihres bedeutenden Erbes zuwandte. Papst Hadrian I., einem Vertreter des alten Senatsadels, scheint sie nach dem Eindruck seiner Biographie wichtiger gewesen zu sein als ein prestigeträchtiger Neubau, zu dem es ihm an Mitteln nicht gefehlt hätte.

Eine größere Dynamik im karolingischen Rom entfaltete der päpstliche Palastbau. In dem Jahrhundert zwischen den Päpsten Zacharias (741–751) und Nikolaus I. (858–867) erweiterte sich das frühmittelalterliche Patriarchum am Lateran zur größten Palastanlage des westlichen Mittelalters, die unter Papst Leo III. ihre spektakulärsten Bauleistungen hervorbrachte. Die nach dem Auszug der Päpste und zwei spätmittelalterlichen Bränden nur noch als Pilgerziel konservierte Palastruine repräsentierte zuletzt eine ganze Epoche römischer Kirchengeschichte, die schließlich Papst Sixtus V. (1585–1590) durch einen Abriß zugunsten eines zweckmäßigeren Neubaus beendete. Anders als später bei Alt-St. Peter kam der unter Zeitdruck stehende Abbruch jeder möglichen Dokumentation des Bestandes zuvor. Von dem Palast überlebte nur die päpstliche Privatkapelle (Sancta Sanctorum), die Sixtus V. mit den heiligen Stufen der ehemaligen Palasttreppe zu einem eigenen Bau vereinigte. Die Überreste des Wohnpalastes mit der Trikliniumsapsis genossen als Pönitenziarkloster noch ein längeres Schattendasein, ehe sie unter Clemens XII. (1730–1743) der Neugestaltung des Kirchenvorplatzes weichen mußten. Als Zeugnisse des verlorenen Komplexes sind zahlreiche Pilgerberichte, die Beschreibung Panvinios, der um 1560 den Palast durchwanderte, einige Skizzen zu Architektur und Bildwerken und verschiedene, in der Authentizität umstrittene Grundrißpläne erhalten geblieben. Lediglich dem zufälligen Interesse Marten van Heemskercks an der malerischen Nordfassade verdanken wir eine gewisse Anschauung (Abb. 1).

Die genaue Rekonstruktion des Palastes ist bis heute eines der schwierigsten Forschungsprobleme. Nach jüngsten Untersuchungen dürfte der sog. „Archivplan" (Abb. 2) die nach wie vor entscheidende Quelle darstellen. Er wurde in den Jahren 1585/86 vermutlich von Domenico Fontana angefertigt und gibt ein erstes, bisher übersehenes Umbauprojekt Sixtus' V. wieder. Es sah u. a. vor: 1. die Erhaltung der seit dem Spätmittelalter als Pilgerweg konservierten Raumfolge von der Sala del Concilio im Westen bis zur Sancta Sanctorum im Osten, 2. die Erneuerung des zerstörten Trikliniums als *Capella papalis* mit östlich angrenzenden Räumen für die Kurie, 3. die Unterbringung der seit 1570 in den Ruinen wohnenden Pönitenziarmönche in dem gegenüberliegenden Trakt westlich der Aula sowie 4. die Wiederherstellung der im Hochmittelalter zerstörten Zugangstreppe von dem Hauptkorridor des Palastes hinunter zum Fassadenportikus der Basilika, über die der Papst seinen Einzug zur Messe halten sollte. In den Monaten bis März 1586 führte

Abb. 1 Marten van Heemskerck, Ansicht des Lateranspalastes von Nordwesten (um 1534/35). Berlin, Kupferstichkabinett

Fontana den großen, noch im heutigen Bau erhaltenen Treppenkorridor aus – wobei er sich am Aufriß des alten Patriarchums orientierte – und erneuerte die Dächer einiger Korridore. Erst im März 1586 entschloß sich der Papst zu einem vollständigen Neubau und ließ die wichtigsten Heiltümer des Patriarchums in einem eigenen Komplex um die Sancta Sanctorum unterbringen.

Für die Rekonstruktion des Palastes stehen heute folgende Angaben zur Verfügung: 1. der noch erhaltene Treppenkorridor Fontanas und die Sancta Sanctorum

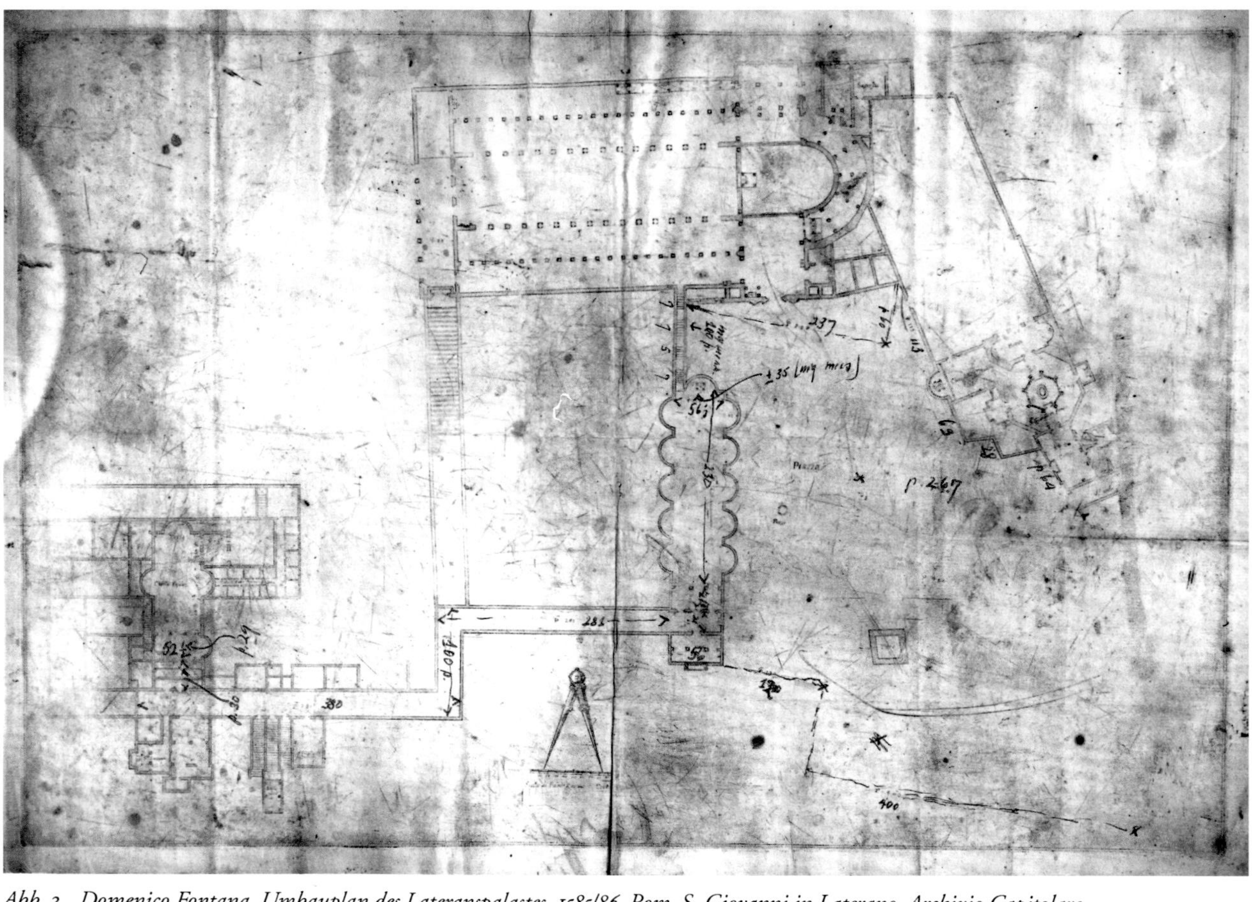

Abb. 2 Domenico Fontana, Umbauplan des Lateranspalastes, 1585/86. Rom, S. Giovanni in Laterano, Archivio Capitolare

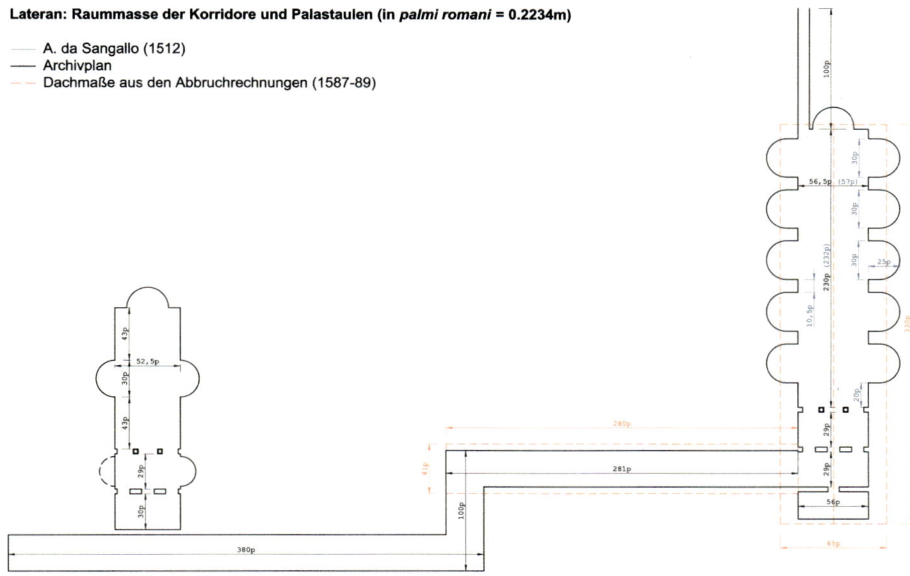

Abb. 3 Schematische Umzeichnung der Maßangaben zu den Innenräumen des Lateranspalastes nach Antonio da Sangallo und Domenico Fontana

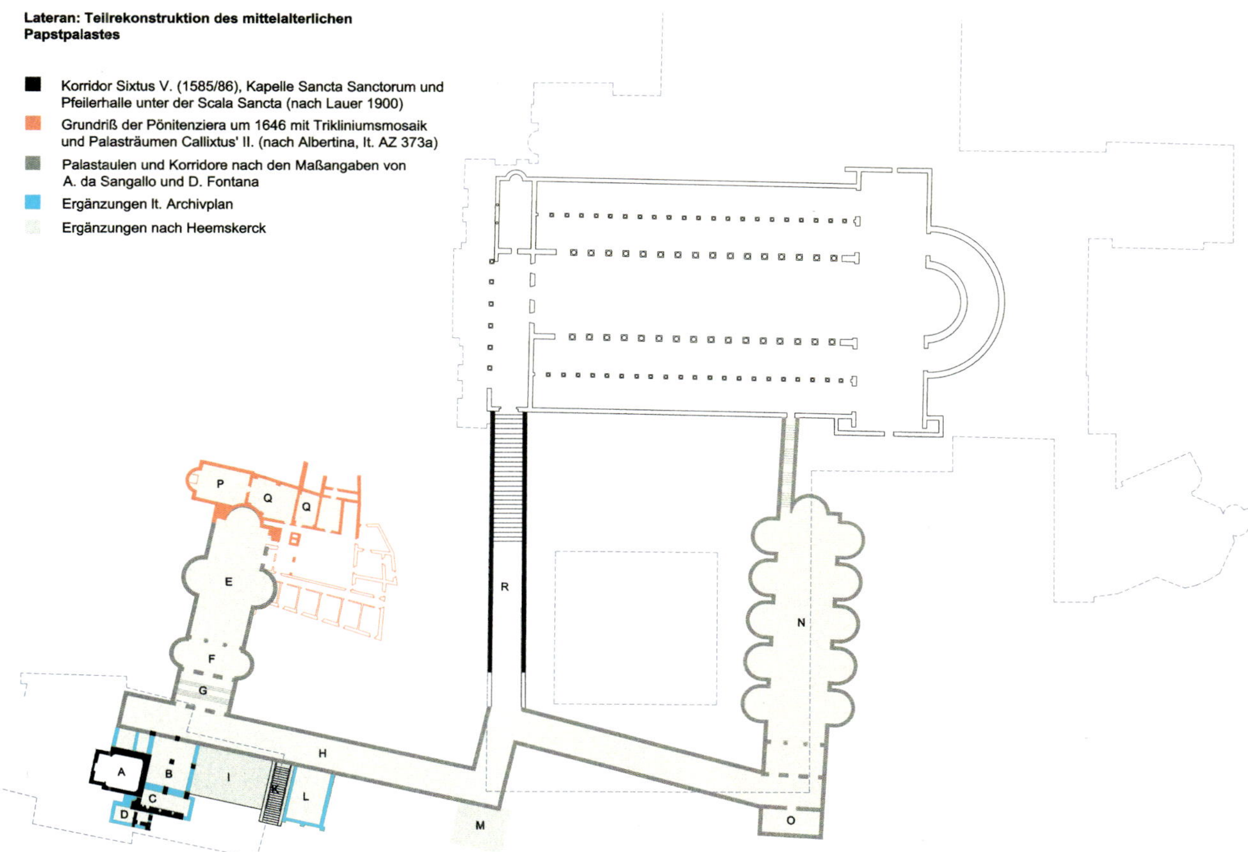

Abb. 4 Schematische Rekonstruktion des Palastgrundrisses nach den Überresten, Plänen und Vermessungen. A Sancta Sanctorum, B Halle, C quergelagerter Bau, D Turm, E Aula, F, G Vorräume der Aula, H Hauptkorridor, I länglicher Bau, K Palasttreppe, L Sylvesterkapelle, M turmhoher Bau, N Konzilsaula

Abb. 5 Filippino Lippi, Ansicht des Lateranspalastes von Westen mit Reiterstatue des Marc Aurel. Rom, S. Maria sopra Minerva, Carafa-Kapelle

mit den von Lauer 1899 vermessenen Substruktionen, 2. die Raummaße der Korridore und beider Leo-Aulen nach Antonio da Sangallo (1512) und Domenico Fontana (Abb. 3), 3. Borrominis Grundriß der Trikliniumsapsis mit den Resten des angrenzenden päpstlichen Wohnpalastes (Wien, Albertina, Ital. AZ 373a) sowie 4. Fontanas orthogonal vereinfachter Umbauplan ohne die neu geplanten Räume. Eine Projektion der Raummaße Fontanas und der Grundrißaufnahme des Borromini-Planes in den heutigen Bestand (Abb. 4) ergibt eine weitgehende Übereinstimmung der Daten: Sie zeigt neben der Sancta Sanctorum (A) eine von Fontana gezeichnete Halle (B) mit einer Säule im Zentrum, die genau über der noch existierenden Pfeilerhalle im Untergeschoß der heutigen Scala Sancta zu stehen kommt, davor einen quergelagerten Bau (C) und einen weiteren, leicht versetzten querrechteckigen Turm (D) – Baukörper, die in dieser Konstellation auch in Heemskercks Vedute (Abb. 1) wiederkehren. Den verbleibenden Raum bis zur Trikliniumsapsis füllen genau die Aula (E) samt ihren Vorräumen (F, G) und dem langen Hauptkorridor (H). Ein bei Heemskerck noch erkennbarer länglicher Bau (I) zwischen der Sancta Sanctorum und der einläufigen Palasttreppe (K) fiel offenbar der Erweiterung dieser Treppe auf drei Läufe unter Papst Gregor XIII. (1572) zum Opfer. Nach Westen schließt sich die Sylvesterkapelle (L) an sowie an der Ecke zum Platz ein weiterer, turmhoher Bau (M), den die Veduten von Heemskerck und Filippino Lippi (Abb. 5) zeigen. Die westlichen Palasträume können anhand ihrer Maßangaben in dieses Koordinatengerüst eingehängt werden. Prüfstein der Glaubwürdigkeit ist die in Heemskercks Vedute erkennbare leichte Drehung der Konzilsaula (N) gegenüber der Querhausfassade der Basilika sowie ihr spitzwinklig zurückweichender Zugangsportikus, dessen Portalüberbau Heemskerck in Schrägsicht wiedergibt. Der so rekonstruierte Palast (Abb. 6) umfaßt allerdings nur mehr einen Kernbestand, der zur Zeit des Abbruchs bereits durch zwei Brände des 14. Jahrhunderts und die früheren Abbruchmaßnahmen unter Paul III. (1537) dezimiert worden war.

Geschichte und Vorgeschichte des karolingischen Bischofspalastes lassen sich anhand dieses Bestandes nur umrißweise zurückverfolgen. Die weltliche Bautätigkeit der Päpste war ihren Biographen nicht überlieferungswert, so daß der Liber Pontificalis bis zum 8. Jahrhundert von den zahlreichen Palasträumen lediglich die Errichtung eines Oratoriums vermerkt. Bisher ist unbekannt, ob Konstantin der Große nach den Toleranzedikten von 312/313 dem römischen Bischof zusammen mit der Kathedrale auch einen Palast übereignet hatte. Das neue Gelände am südöstlichen Stadtrand, weitab vom Forum, war allerdings bereits 313, noch vor der Fertigstellung der Kathedrale, Ort eines synodalen Gerichtes, das Papst Miltiades vermutlich in dem Haus einer christenfreundlichen Aristokratin abhielt. Die ersten, noch unsicheren Nachrichten über einen päpstlichen Palast setzen erst im 5. Jahrhundert ein, als der römische Bischof nach dem Weggang der Kaiser erstmals auch als Stifter kirchlicher Großbauten auftritt. Zu dieser Zeit verfügten andere Städte des Reiches wie Mailand, Ravenna oder Neapel bereits über repräsentative Bischofspaläste. Einige ergrabene Beispiele des 5./6. Jahrhunderts im byzantinischen Raum (Abb. 7c, 7d) zeigen die typischen Bestandteile einer spätantiken *Domus*: Bäder, Magazine, kleine Wohnräume z. T. im Obergeschoß, manchmal ein Hospital und in der Regel ein bis zwei große Repräsentationssäle für die bischöfliche Audienz oder festliche Zusammenkünfte, die den größten Teil der Grundfläche einnehmen.

Nach allem, was sich über den römischen Palast bis zum 6./7. Jahrhundert ermitteln läßt, scheint er den Ge-

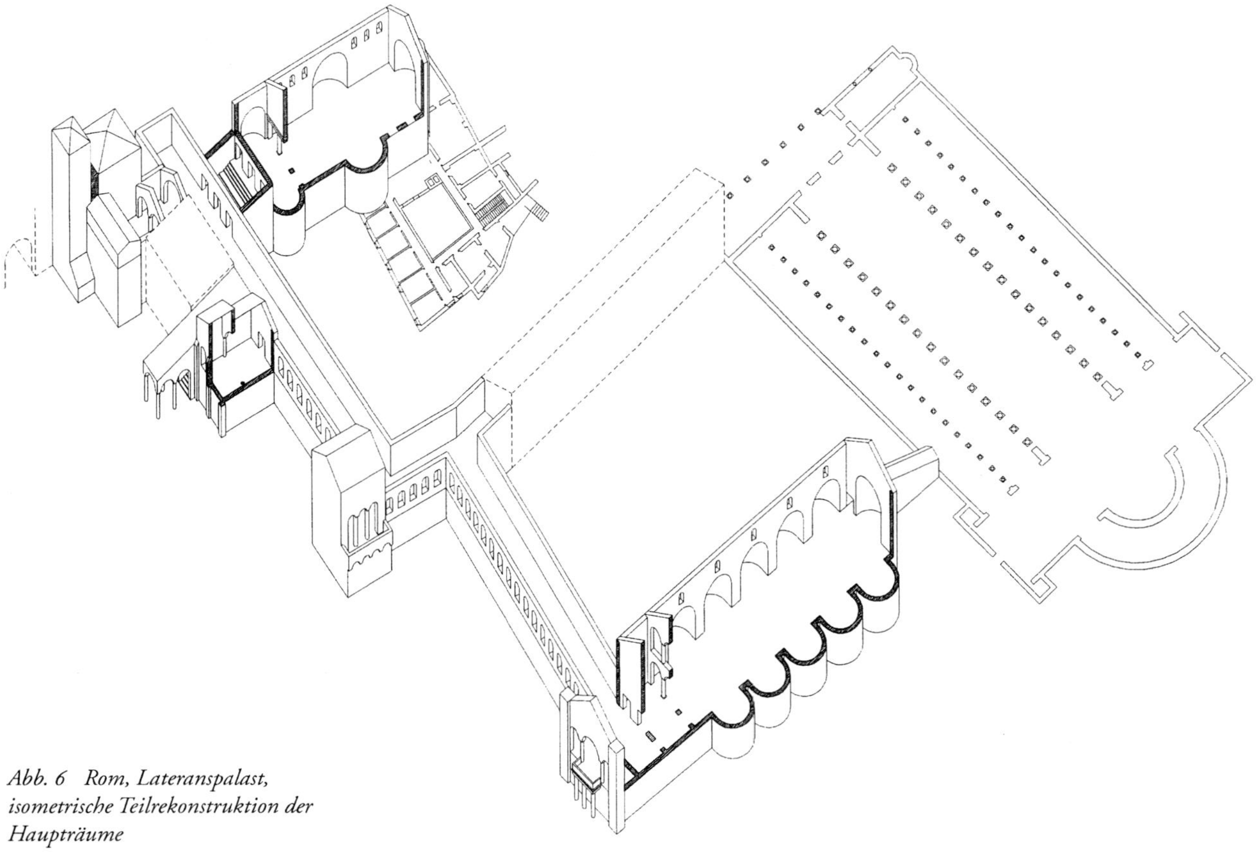

Abb. 6 Rom, Lateranspalast, isometrische Teilrekonstruktion der Haupträume

wohnheiten dieser Bischofspaläste entsprochen zu haben. Das älteste materielle Zeugnis, ein Fresko des 6. Jahrhunderts auf einer etwas älteren Wand unter der Kapelle Sancta Sanctorum, die vermutlich zu einem *scrinium* (Archiv, Schatzkammer) gehörte, dokumentiert bereits die Lage des Patriarchums nordöstlich der Kathedrale, an einer alten Straßenmündung nahe dem claudischen Aquädukt. Sie ermöglichte es dem Bischof, gemäß dem liturgischen Zeremoniell die Kirche von der Eingangsseite zu betreten.

Weiterhin bezeugen die Schriftquellen Bäder, Bibliotheken, ein Hospiz, eine Schatz- und Insignienkammer (*vestiarium*), die päpstlichen Privatwohnungen (*cubicula*) sowie einige Repräsentationsräume, die durch ihre Bezeichnung auf Erbauer und Entstehungszeit schließen lassen. Zu ihnen gehören eine wohl von Papst Vigilius (537–555) erbaute, als Thron- und Speisesaal genutzte *basilica Vigilii*, eine vielleicht noch ältere *basilica* (*domus*) *iuliae*, die bei der Papsterhebung und bei den zeremoniellen Kaiserbildhuldigungen eine wichtige Rolle spielte, sowie die nach Papst Theodor (642–649) benannte *basilica Theodori* im Eingangsbereich, vor deren Tür sich der Papst unter zwei Apostel-Ikonen huldigen ließ und in der 745 die erste römische Synode stattfand.

Während über die anderen Räume jede genaue Kenntnis fehlt, wurden die letzteren beiden Basiliken noch im Hochmittelalter genutzt. Die ältere, spätestens um 600 entstandene *basilica iulii* (*iuliae*) lag nach einer Quelle von 687 hinter dem Sylvesteroratorium am Ende des Palastes zum Platz hin gewendet und ist möglicherweise mit dem turmartigen Bau zu identifizeren, den Heemskerck schräg hinter dem Reiterstandbild Marc Aurels zeigt (Abb. 1). Die Aula, die laut Papstbuch „über den Platz blickte", war bei schismatischen Papstwahlen ein mehrfach umkämpfter Ort, vielleicht weil sie eine Loggia für die bei der Erhebungszeremonie konstitutiven Akklamationen besaß. Filippino Lippis Ansicht des Turmbaus (Abb. 5) zeigt eine nachträglich vermauerte Dreibogenöffnung über einem Balkon, die möglicherweise diesem Zweck diente. Auf die Basilika folgten nach Osten die im 7. Jahrhundert erstmals bezeugte Sylvesterkapelle mit der noch einläufigen Palasttreppe und ihrem Portikusvorbau sowie die Basilika des Theodor, die sich nach Auskunft der hochmittelalterlichen Zeremonienbücher an dem langen Gang zwischen der Sylvesterkapelle und der Sancta Sanctorum im Osten befand. Die Aufreihung der Räume an einer Portikusachse ging demnach bis in das 6./7. Jahrhundert zurück, sofern sie nicht schon älter war. Bereits die spätantike Villa in Piazza Armerina (Abb. 7a) zeigt eine solche Disposition. Die anspruchsvollere Mehrgeschossigkeit besaß schon der ravennatische Bischofspalast im 5. Jahrhundert.

Die rechtliche Bedeutung des römischen Patriarchums zeigte sich schon früh daran, daß seine nach kaiserlichem Vorbild vollzogene Inbesitznahme zu den ersten und konstituierenden Akten jeder Papsterhebung gehörte. Eine schwer zu bewältigende Hypothek war jedoch die große Entfernung vom urbanen Zentrum. Die Entvölkerung der südöstlichen Stadtgebiete im 5./6. Jahrhundert und die Verlagerung der päpstlichen Gottesdienste auf andere Kirchen („Stationswesen") isolierten den Lateransbezirk zunehmend gegenüber der Stadt. Im frühen 6. Jahrhundert fanden nur noch acht der 61 jährlichen Stationsgottesdienste in der Lateransbasilika statt. Zu den übrigen, oft einige Kilometer entfernten Kirchen mußte der Papst in einer feierlichen Prozession ausziehen, die zum festen Bestandteil der stadtrömischen Liturgie wurde. In S. Maria Maggiore und St. Peter, wo an Weihnachten und Epiphanias neben der Messe auch die Vigil am Vortag gefeiert wurde, bedurfte es für die Unterbringung und Versorgung des Klerus eigener Herbergen, die zu Keimzellen späterer Paläste wurden.

Die daraus entstehenden Probleme könnten Papst Johannes VII. (705–707), den Sohn des griechischen Palatin-Aufsehers Platon, neben anderen Gründen veranlaßt haben, einen neuen Bischofspalast oberhalb von S. Maria Antiqua, im Bereich der Domus Tiberiana oder des Atrium Vestae, zu begründen (Liber Pontificalis I, 385). Der Vorteil einer Residenz im Zentrum war die Nähe zum byzantinischen Statthalter und zum Forum, wo sich neben den jüngeren Kirchengründungen auch das Prozessionswesen und die öffentliche Versorgung konzentrierten. Es ist allerdings nicht sicher, ob Johannes VII. den päpstlichen Sitz ganz verlegte oder nur einen zusätzlichen Palast schuf, der auch die Verwaltung der nahen Diakonien übernehmen konnte. Die Bedeutung, die S. Maria Antiqua im 8. Jahrhundert für die Päpste behielt, könnte ein Hinweis sein, daß dort auch später noch ein päpstlicher Wohn- oder Verwaltungsbau in Gebrauch war.

Der Auszug zum Forum blieb Episode. Spätetens seit Zacharias (741–751) sollte der Palast an der Lateransbasilika wieder das Zentrum der römischen Bischofskirche werden, die ihre konstantinische Gründungslegitimation zunehmend betonte. Nach der Stiftung eines Petrusoratoriums durch Gregor II. (715–731) berichtet der Liber Pontificalis seit Zacharias erstmals über die gesamte, auch säkulare Bautätigkeit am Papstpalast. Die dicht aufeinanderfolgenden Angaben über Restaurierungsmaßnahmen, über den Bau neuer Portiken, Türme und Festaulen wurden deutliches Signal der Päpste zum Ausbau ihrer weltlichen Herrschaftsrechte im Kirchenstaat, für den der Lateranspalast nach dem Ende der byzantischen Dukatverwaltung 751 zur alleinigen Residenz wurde, in der die Aufgaben der öffentlichen Repräsentanz, der städtischen Administration und Fürsorge, der Rechtsprechung und Heeresleitung zusammenliefen. Für das folgende Jahrhundert blieb der Palast die größte Dauerbaustelle im karolingischen Rom, und seine Erweiterungen gingen nicht zufällig den wichtigen Kirchenneubauten zeitlich voraus.

Zacharias, der das Patriarchum „armselig und bejahrt" vorfand und grundlegend renovierte, scheint hauptsächlich den Baukomplex um die spätere Sancta Sanctorum umgestaltet zu haben. Laut seiner Biographie im Liber Pontificalis errichtete er bei der Theodorsbasilika ein neues, prächtig ausgestattetes *triklinium* und ließ die Portikus einschließlich der Sylvesterkapelle mit Heiligenbildern ausmalen. Vor dem Scrinium im Eingangsbereich ließ er eine Portikus und einen Turm erbauen, dessen Obergeschoß ein weiteres Triklinium mit einer symbolischen Darstellung des *orbis terrarum* in Bildern und Versen enthielt. Mit den Heiligenbildern und der Anbringung einer Salvatorfigur an der Portikus bezog Zacharias Position im aktuellen Bilderstreit, den der byzantinische Kaiser Leo III. 726 mit der Zerstörung der Christusikone am Palasttor eingeleitet hatte.

Reste der Portikus des Zacharias sind vermutlich noch in den Pfeilersubstruktionen der Scala Sancta erhalten. Im Archivplan (Abb. 2) tragen sie einen zweischiffigen Obergeschoßraum mit Fenster zur Sancta Sanctorum, der möglicherweise das ursprüngliche Triklinium des Zacharias wiedergibt. Dort fand im Hochmittelalter jeweils am Gründonnerstag nach der päpstlichen Fußwaschung in der Sancta Sanctorum das Mahl mit den Kardinälen statt. Die Portikus diente seit Hadrian I. (772–795) der täglichen Almosenausgabe an Bedürftige und wurde aus den von Zacharias begründeten Wehrgütern (*domuscultae*) vor der Stadt versorgt. Gleich dem *scrinium* scheint sie bewußt unter das Laurentius-Patrozinium der benachbarten Kapelle der Sancta Sanctorum gestellt worden zu sein, jenem Heiligen, der den Kirchenschatz des Papstes Sixtus an die Bedürftigen verteilt hatte. Ob auch diese 768

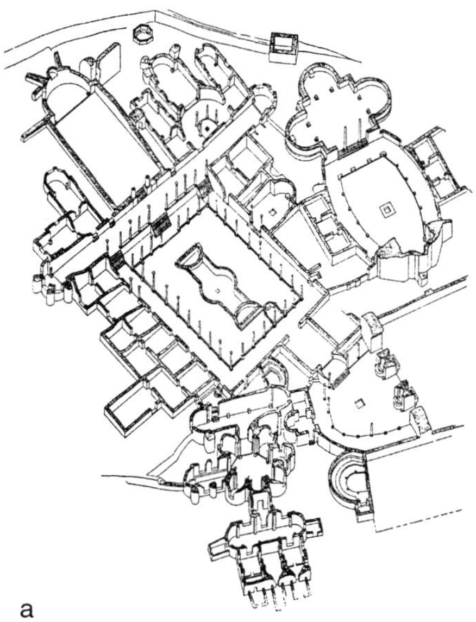

a

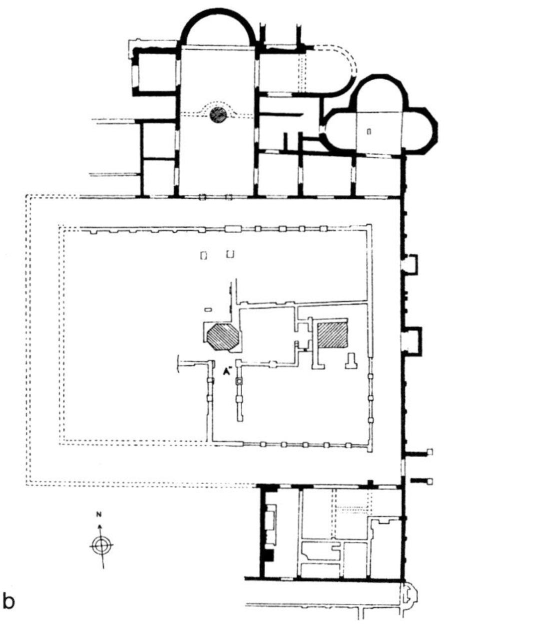

b

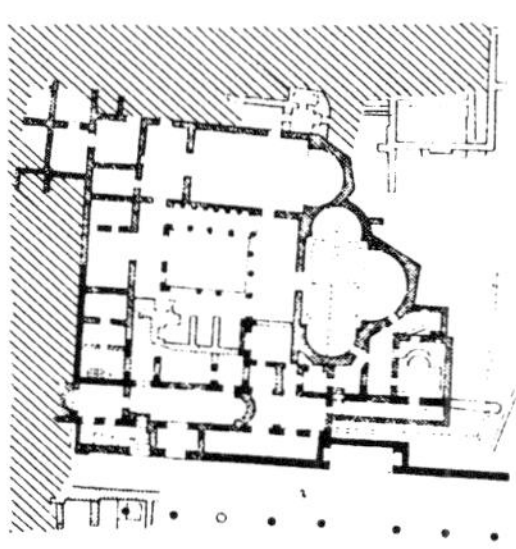

c

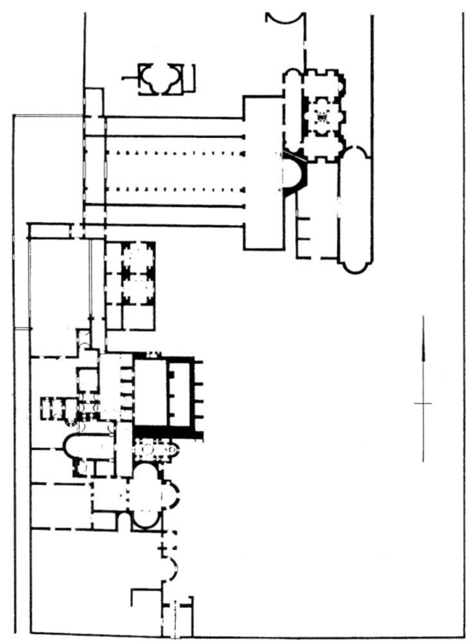

d

Abb. 7 Spätantike Palastanlagen:
a) Piazza Armerina
b) Ravenna, 'Palast des Theoderich'
c) Aphrodisias
d) Side

erstmals erwähnte Kapelle Teil des Zachariasbaus war, läßt sich nicht beurteilen.

Der von Zacharias eingeleitete Ausbau des bischöflichen Regierungszentrums am Lateran ist jedoch mit der Vermehrung weltlicher Herrschaftsrechte und den Souveränitätsbestrebungen des Patrimonium Petri allein nicht erklärt. Er folgte überdies der politischen Entwicklung des Papsttums nicht kontinuierlich, sondern wurde stärker vom repräsentativen Bedürfnis einzelner Päpste vorangetrieben. Die Pippinsche Schenkung von 756 blieb für den Aufbau ohne Folgen, und noch Hadrian I. (772–795), unter dem der päpstliche Monarchismus einen Höhepunkt erreichte, hat trotz seiner Bau- und Wiederherstellungstätigkeit in Rom den Palast seines päpstlichen

Onkels nur bescheiden erweitert. In den frühen Jahren seines Pontifikates (um 776/777) richtete er in der Portikus die Armenfürsorge ein, setzte die Renovierungen fort und erbaute einen zweiten, mit Marmor und Malereien ausgeschmückten Wohnturm an dem Gang zum Bad, für das er den Aquädukt wiederherstellen ließ. Der ohne Repräsentationsräume ausgestattete Anbau befand sich vermutlich in jenem Trakt, der auf den Ansichten von Lippi (Abb. 5) und Heemskerck (Abb. 1) östlich der Laurentiuskapelle über die Straße hinweg bis an den Aquädukt reicht. Die Räume, in denen der Papst Karl den Großen 774 zum Ostermahl empfing, dürften im Vergleich zu den späteren noch bescheiden gewesen sein.

Erst unter Hadrians Nachfolger Leo III. (796–816) begann unvermittelt ein ehrgeiziger Ausbau im imperialen Stil, mit dem der Lateran in wenigen Jahren jene Ausmaße erreichte, die er – abgesehen von einigen hochmittelalterlichen Erweiterungen – bis zuletzt behalten hat. Zu den spektakulärsten Unternehmungen des Papstes gehörte nach Auskunft seiner Biographie der Neubau zweier Festaulen „von wunderbarer Pracht und Größe" mit einer reichen Ausstattung an Mosaiken, Malereien und Marmorvertäfelungen. Es sind die rühmendsten Beschreibungen im ganzen Liber Pontificalis. Die an Größe und Aufwand jeder Kirche ebenbürtigen Festsäle waren die bedeutendsten Profanräume im nachantiken Rom und blieben noch bis zum 14. Jahrhundert Hauptschauplätze des päpstlichen Zeremoniells. Fontanas Grundriß (Abb. 2) zeigt die kleinere *Aula* oder *Basilica Leonina* inmitten der neugeplanten Papst- und Mönchswohnungen sowie die über 50 m lange, durch elf Apsiden bereicherte *Sala del Concilio* an der Nordseite der Basilika. Letztere betrat man sowohl von der Kirche über eine schmale Treppe links der Hauptapsis wie über eine lange Portikus entlang des Campus Lateranensis, die beide Aulen miteinander verband. Deutet man die Quellen richtig, so hat Leo III. mit der Aula auch die Portikus neu errichten und ausmalen lassen und damit das Palastareal nach Westen erheblich ausgedehnt. Rückgrat des alten Palastbereichs blieb die ältere Portikus aus dem 6. oder 7. Jahrhundert, die erstmals unter Leo III. nach dem Vorbild des Kaiserpalastes den Namen *macrona* (griech. „langer Gang") erhielt.

Herzstück des Palastes und Übergang zum „inneren" Wohnbereich der Päpste (*interior pars*) wurde der leoninische Thronsaal mit einer repräsentativen Dreiportalanlage an der Nordseite, durch die man über eine Treppe und ein Vestibül in den eigentlichen Hauptsaal gelangte. Nach Quellen des 12. Jahrhunderts konnte man den Saal zugleich an der hinteren Seite von den päpstlichen Beratungsräumen und Privatzimmern aus betreten. Der westliche, mit Historien ausgemalte Korridor bot wiederum ausreichend Raum für die Prozessionen zur Konzilsaula, die man durch die offene Bogenreihe zugleich vom Platz aus verfolgen konnte. Der repräsentative Charakter dieser monumentalen Westaula drückte sich bereits in ihrer Lage aus: Sie stand auf drei Seiten frei und besaß vor der Stirnseite einen eigenen Vorbau zum Campus mit Frontispizcharakter, dessen monumentales Triforium wohl schon vor der Anfügung der gotischen Kanzel durch Bonifaz VIII. als Erscheinungs- und Akklamationsloggia gedient hat (Abb. 6).

Insgesamt hat Leo III. so den zunächst kompakteren Bischofspalast zu einer weiträumig disponierten Anlage erweitert, deren Pole nun die beiden neuen, durch einen ca. 170 m langen Korridor verbundenen Festsäle bildeten. Bereits der gestalterische Aufwand der Flure, ihre Öffnung durch Bogenreihen sowie die repräsentative Zugangssituation beider Säle lassen erkennen, daß zeremonielle Aspekte der Inszenierung von Prozession und päpstlichem Introitus eine wichtige Rolle spielten. Die feierliche Prozession im Gefolge der Kleriker und Palastchargen war seit jeher eine der wichtigsten Erscheinungsformen des römischen Bischofs im Stadtbild. Als Übernahme aus dem Kaiserzeremoniell haben besonders die karolingischen Päpste diese *processio* durch imperiale Ausdrucksformen aufgewertet, die auch Gegenstand der berühmten, um 760/770 datierten „Konstantinischen Schenkung" wurden.

Es ist oft vermutet worden, daß der Ausbau des Lateran unter Leo III. einen Versuch darstellte, diese *imitatio imperii* des Papsttums zum Zeitpunkt seiner Lösung aus dem Reichsverband durch einen entsprechenden Palastbau zu unterstreichen, der unter Leo III. erstmals den Titel *palatium* übernimmt. Ein solcher „Ranganspruch" erklärt allerdings nur die allgemeine historische Situation des Baus, nicht dagegen Funktion und Charakter seiner neuen Räume, die für die besonderen Bedingungen der römischen Bischofskirche entworfen waren und jenseits ihrer imperialen Ausdrucksformen einen eigenen Zweck verfolgten.

Nach der Chronologie der päpstlichen Stiftungslisten hat Leo III. in den Jahren 797/798 zuerst den Thron- und Empfangssaal im inneren Palastbereich neugestaltet, den er in üblicher Weise mit einem *opus sectile*-Paviment, marmornen Wandverkleidungen sowie Malereien und Mosaiken ausstattete, darunter das Trikliniumsmosaik mit den Darstellungen von Leo III. und Karl dem Großen (vgl. Beitrag Luchterhandt zum Trikliniumsmosaik; Kat.Nrn. II.8–10). Laut dem Liber Pontificalis schuf er damit den größten Festsaal dieser Art im Palast (*triclinium maiorem super omnes triclineos nomini suo mire magnitudinis*), der möglicherweise einen älteren Vorgängerbau verdrängte, der zu klein oder baufällig war. Bereits Zacharias hatte das römische Konzil von 741 in der Theodorsbasilika abhalten müssen, dem damals offenbar größten Raum im Palast, dem Zacharias später eine eigene Basilika anfügte. Bei dem Vorgängerbau könnte es sich um die *basilica Vigilii* gehandelt haben, die als einzige der älteren Palastbasiliken nach dem 7. Jahrhundert nicht mehr in den Quellen erscheint. Johannes Diaconus zufolge lag sie ebenfalls in der Nähe der Privatgemächer und vereinigte ähnliche repräsentative Funktionen: In ihr empfing Gregor der Große am Ostersonntag den römischen Klerus thronend zum Friedenskuß und zahlte den Klerus mit dem *presbyterium* (Entlohnung für die Kleriker) aus. 663 speiste Kaiser Constans II. bei seinem Rombesuch in der Aula mit dem Papst.

Die offenbar schon von einem Vorgänger übernommene Doppelfunktion der neuen Thronaula als Empfangs- und Speisesaal scheint auch ihre Grundrißgestaltung bedingt zu haben, die keiner üblichen Typologie folgte: Der dreiapsidiale Speiseraum (*triclinium*), dessen Konchen die halbrunden Speisetische aufnahmen, war im spätantiken Villen- und Palastbau weit verbreitet. Mit knapp 7 m Durchmesser entsprachen die Konchen der Leo-Aula der üblichen Größe solcher *accubita*. Doch in den Triklinien waren die Apsiden meistens zur engeren Tischgemeinschaft in Kleeblattform zusammengerückt (Piazza Armerina, Abb. 7a; Ravenna, Theoderichspalast, Abb. 7b), während sie im Lateran etwa 10 m voneinander entfernt lagen. Es scheint, daß Leo III. so versucht hat, den klassischen Typ des Dreikonchentrikliniums mit einer längsgerichteten Thronaula für die *audientia episcopalis* zu verbinden, die als Empfangs- oder Gerichtshalle für die jeweilige Klientel aus spätantiken Stadtpalästen und Villen gut bekannt war und der häufig ein zweiapsidiales *proaulion* vorausging. Neben dem bekannten Beispiel in Trier besaßen in Rom der Sessoriumspalast oder die Villa des Kaisers Maxentius ähnliche Aulen; andere in Privathäusern waren später in Kirchen umgewandelt worden (S. Andrea in Catabarbara, S. Balbina, SS. Quirico e Giulitta). Die spätantike Villa von Piazza Armerina oder der von Theoderich umgebaute Kaiserpalast in Ravenna zeigen beide Raumtypen noch nebeneinander, ebenso die Bischofspaläste von Aphrodisias und Side (Abb. 7c.d).

Die kombinatorische Raumlösung im Lateran, die sich auch in den zeitgenössischen Bezeichnungen spiegelt (*triclinium, aula, basilica*), dürfte mit dem Zeremoniell der kirchlichen Hochfeste zusammenhängen, das vielleicht zu den ältesten der päpstlichen Hofhaltung gehörte. Wohl nach dem Vorbild der kaiserlichen Administration wurden seit dem Frühmittelalter städtischer Klerus und Palastbeamte jährlich an Weihnachten und zu Ostern im Rahmen feierlicher Gastmähler beschenkt. Bei dieser Gelegenheit wurden auch Beförderungen und Neuernennungen vorgenommen. Die oben erwähnte Quelle bestätigt, daß bereits unter Gregor dem Großen diese Austeilung des *presbyterium* im Thronsaal stattfand und vermutlich – wie bei dem Kaiserbesuch von 663 – auch das nachfolgende Mahl. Für Leo III. ist bezeugt, daß er die Weihnachtsgastmähler in der großen Elfkonchenaula feiern ließ, dieser Brauch aber von seinen Nachfolgern aufgegeben und erst durch Leo IV. (847–855) wieder eingeführt wurde. Der ursprünglich dafür vorgesehene Ort dürfte allerdings, da die Konzilsaula erst gegen 802/803 gebaut wurde, das kleinere Triklinium gewesen sein, dessen Mosaikprogramm eng auf das Ernennungs- und Belohnungszeremoniell bezogen ist (vgl. Beitrag Luchterhandt zum Trikliniumsmosaik). Die Erweiterung des traditionellen Aulentyps um seitliche Nischen schuf Raum für entsprechende Speisetische, die, anders als bei einem privaten Gastmahl, in einer hierarchischen Distanz zum päpstlichen Haupttisch zu stehen kamen.

Vielleicht weil auch dieser Saal nicht ausreichte, ließ Papst Leo III. später die größere Aula errichten, die nach ihrer typologischen Tradition wohl hauptsächlich für Gastmähler bestimmt war. Die von Leo III. für das Weihnachtsmahl aufgestellten Speisesofas (*accubita*) dürften nach den üblichen Sitzgewohnheiten Platz für mindestens 130 Personen geboten haben; für die Reinigung der Hände diente ein Porphyrbecken in der Raummitte. Ein Vestibül fehlte. Das Säulenpaar hinter dem Eingang trug nach der Beschreibung Panvinios eine Empore. Das Bildprogramm der Aula bot eine Fortsetzung des in der kleinen Aula dargestellten Missionsbefehls. In den Seitennischen befanden sich Darstellungen der Apostelpredigten vor den Völkern; die Hauptapsis zeigte nach einer Skizze Ugonios (vor 1587; Abb. 8) und nach verschiedenen Beschreibungen ein siebenfiguriges Dedikationsbild mit Christus, Maria, den Aposteln und weiteren Heiligen. An der Stirnseite des Saales waren nach dem Vorbild der fast gleichzeitig restaurierten Basilika von St. Paul die Verherrlichung Christi durch die Evangelisten, die 24 Ältesten und die 144 000 Gesiegelten dargestellt. Der Apsistitulus schließlich rief Christus in Form eines Tisch-

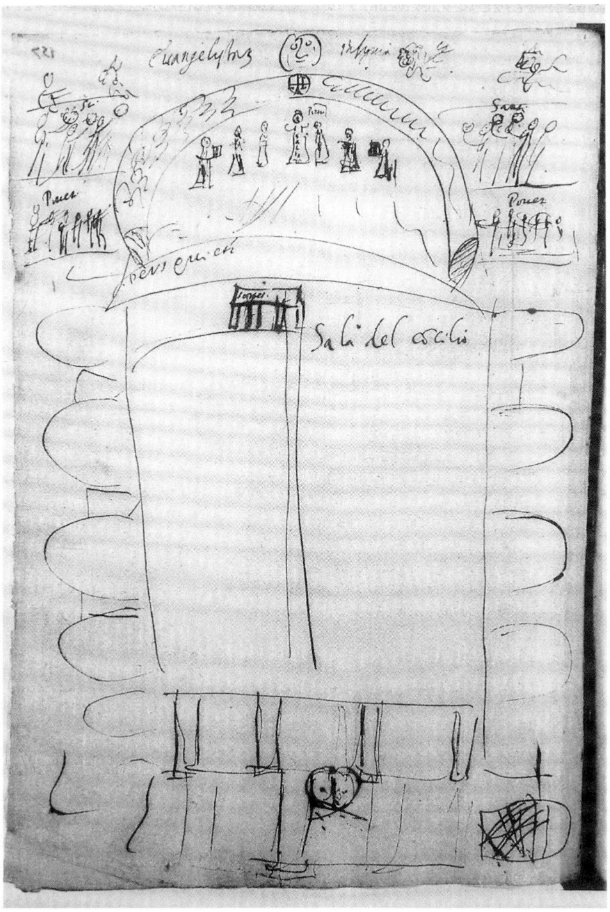

Abb. 8 Pompeo Ugonio, Skizze der 'Sala del Concilio'. Vatikanstadt, Biblioteca Vaticana, Cod. Barb. Lat. 2160, fol. 157v

gebetes zum Schutz des Hauses und der in ihm Speisenden an.

Über den genauen Verlauf der Gastmähler berichten erst die Zeremonienbücher des 12. Jahrhunderts (Ordo des Benedikt, Liber censuum), deren Archaismen jedoch auf ältere Gewohnheiten hinweisen. Damals erscheinen die Hauptfeste des Jahres bereits auf beide Säle verteilt. Das Weihnachtsmahl am 25. und 26. Dezember wird wieder in der kleineren Aula Leonina begangen – vielleicht aus klimatischen Gründen – das Ostermahl im großen Elfkonchensaal an der Westseite des Palastes: Am Weihnachtsmorgen empfängt der Papst nach seiner Rückkehr vom Gottesdienst in S. Maria Maggiore am Palastaufgang die Laudes und zieht dann durch die Basilica Leonina in ein benachbartes Gemach, wo er auf einem Faldistorium (Faltstuhl) oder einer Kathedra sitzend die Kleriker und Palastchargen gemäß ihrem Rang auszahlt. Anschließend findet in der benachbarten Basilika das Mahl statt. Bischöfe und Kardinäle sitzen zur Rechten des Papstes, die hohen Palastchargen, angeführt vom Archidiakon, zur Linken. Musik und Lesungen begleiten die Zeremonie.

Noch bedeutender erscheint das Mahl am Ostersonntag, bei dem ein offenbar älterer Ritus zur Anwendung kommt. An diesem Tag zieht die Prozession zur größeren Aula (*basilicam magnam Leonianam*) in die Hauptapsis, wo der päpstliche Tisch nach dem Vorbild des Abendmahls hergerichtet ist: Wie Christus mit den zwölf Aposteln liegt der Papst mit elf ranghohen Klerikern – je fünf Kardinälen und Diakonen sowie dem Primicerius – zu Tische, während der Vorsteher der Basilika vor dem Tisch als zwölfter die Rolle des Judas einnimmt. Nach der Verteilung des *presbyterium* in einer *camera* wird am Haupttisch ein symbolisches Passahmahl zelebriert und das gebratene Lamm an die anderen Tische weitergereicht. Das feierliche Zeremoniell ist untermalt von Gesang und Orgelklang, der vielleicht von der Empore über dem Eingang kam.

Der um 1140 verfaßte Ordo gibt offensichtlich ein älteres Ritual wieder. Den römischen Abendmahlsdarstellungen zufolge war der Brauch, zu Tisch zu liegen, zu dieser Zeit nicht mehr üblich. Während karolingische Miniaturen ihn häufig noch zeigen, erwies sich bereits Liutprand von Cremona bei seiner Konstantinopeler Gesandtschaft 948 mit dieser Sitte nicht mehr vertraut. Wieweit Leo III., der auch bei St. Peter nahe den päpstlichen Wohnbauten ein weiteres Triklinium und eine *accubita* errichtete, mit dem Bau seiner Aula bereits eine bestehende Tradition fortsetzte, ist schwer zu beantworten: Bereits die vorkarolingischen Ordines erwähnen eine *accubita* für das Ostermahl, die in der Nähe des Baptisteriums beschrieben ist. Eine ältere *accubita* an St. Peter hatte zuvor bereits Gregor III. (731–741) erneuern lassen. Außerhalb von Rom besaß der Bischofspalast in Neapel einen solchen Raum sowie derjenige in Ravenna eine von Bischof Neon (450–452) errichtete Fünfkonchenaula (*domus qui vocatur quinque accubita*), die wie die römische frei stand und allseits belichtet war. Für das Patriarchum des römischen Papstes, das die spätesten Beispiele dieser bis in die Antike zurückreichenden Bautradition aufweist, wäre eine entsprechende Vorgängeranlage nicht auszuschließen. Die Tatsache jedoch, daß bereits Leos Nachfolger die Aula wieder aufgaben und erst Leo IV. sie erneut ihrer ursprünglichen Bestimmung zuführte, spricht dafür, daß sowohl der Raum wie die spezifische Form des Zeremoniells eine gewisse Innovation darstellten, die außerrömischen Vorbildern folgte und sich im Palastzeremoniell nicht sofort durchsetzte.

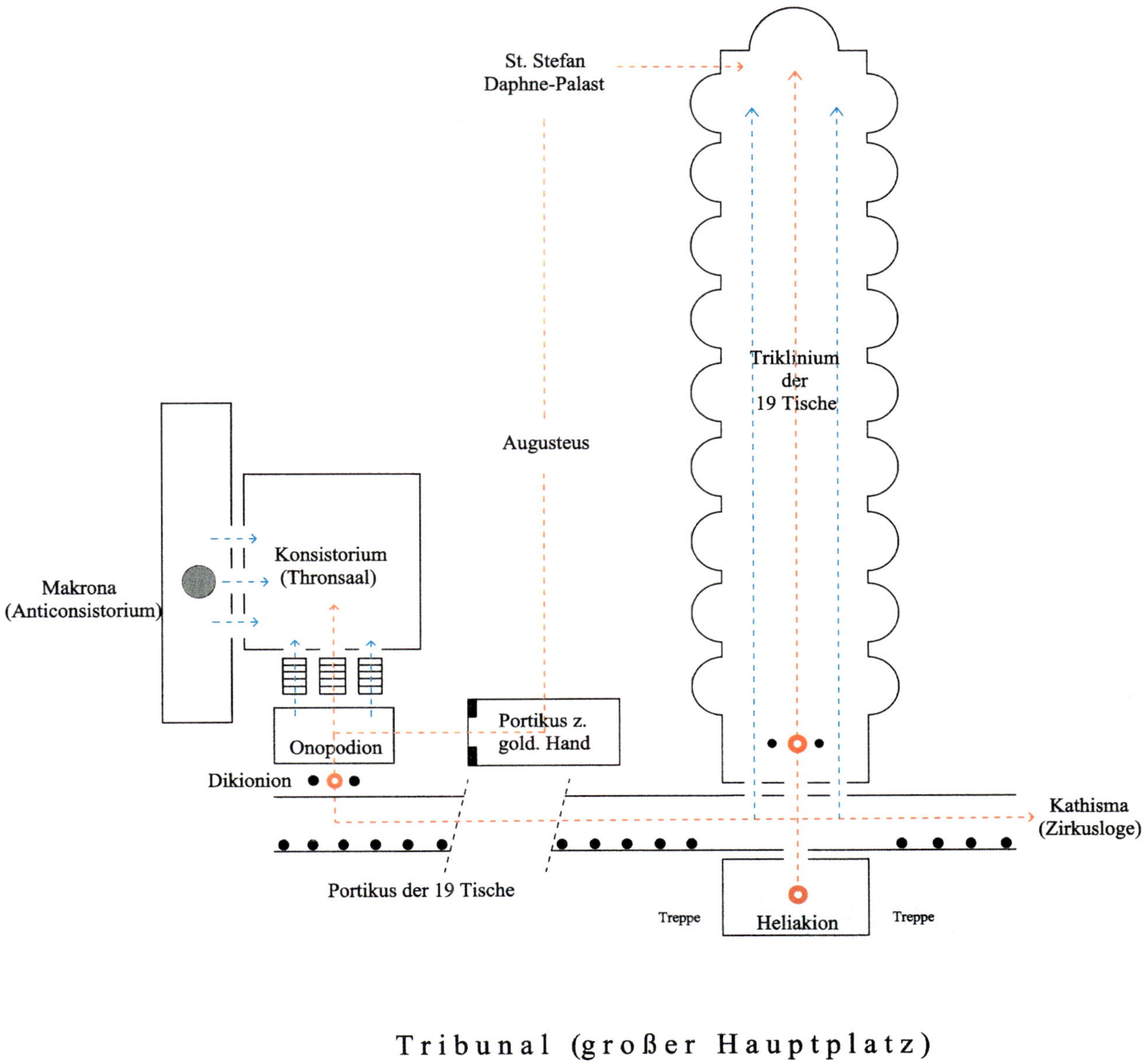

Abb. 9 Konstantinopel, Kaiserpalast. Schematisches Diagramm der Raumfolge nach dem Zeremonienbuch Konstantins VII.

Große Wahrscheinlichkeit besitzt daher die alte Forschungsmeinung, das eigentliche Vorbild für den römischen Prunksaal sei die *Decanneacubita*, der „Saal der 19 Divane", im großen Kaiserpalast von Konstantinopel gewesen (Krautheimer 1966). Letztere verdankte ihren Namen den 19 halbrunden, geneigten Speisesofas (*inclinata et curvata*), die in zwei Reihen in Nischen eingestellt waren, während der kaiserliche Tisch am Stirnende des Saales auf einer Empore stand. Im 10. Jahrhundert war die Decanneacubita der einzige Saal des Palastes, in dem man noch liegend speiste, in ihm fanden die großen Staatsgastmähler statt, darunter die zwölftägigen Weihnachtsbankette (*dôdékaèméron*), bei denen der Kaiser mit zwölf Gästen apostelgleich am Haupttisch lagerte und die Staatsbeamten für ihren jährlichen Dienst Geschenke erhielten.

Der nur aus Liutprands Beschreibung und dem Zeremonienbuch Konstantins VII. (945–959) rekonstruierbare Festsaal im großen Kaiserpalast zeigte in der Tat einige Parallelen in Baugestalt und Nutzung (Abb. 9):

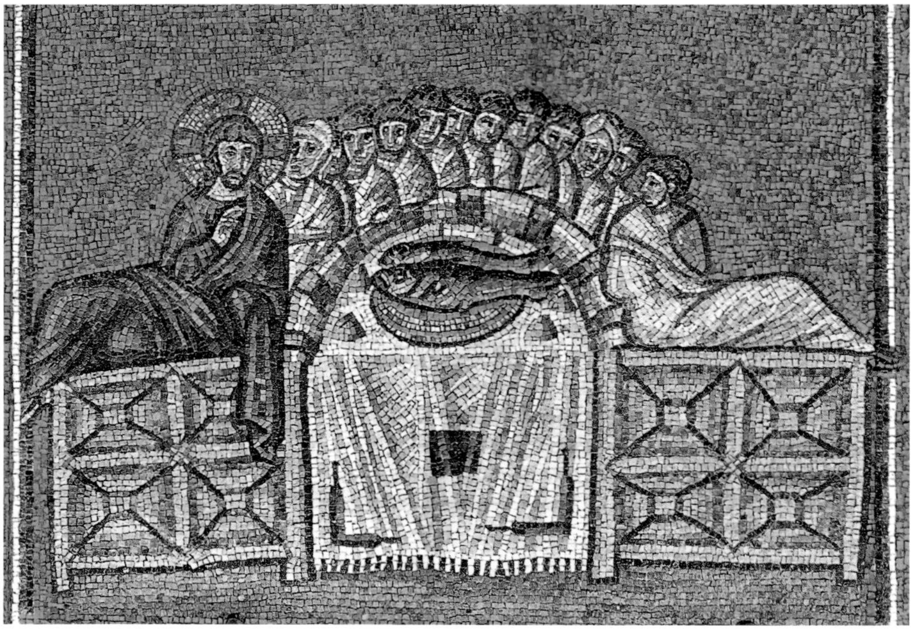

Abb. 10 Abendmahl. Ravenna, S. Apollinare Nuovo

Offenbar weitgehend freigestellt befand er sich westlich des Wohnpalastes, mit der Eingangseite zum nördlich gelegenen Tribunalsplatz und dem gegenüberliegenden Saalende im Süden. Eine zum Platz geöffnete Portikus vom Konsistorium führte an der Nordseite vorbei zur Zirkusloge. In den Saal gelangte man wie in Rom aus der Portikus durch drei Türen, deren mittlere dem Kaiser vorbehalten war. Am oberen Saalende befand sich rechts der Estrade ein zweiter, schmalerer Privatzugang für den Kaiser von der Stephanuskapelle und vom Wohnpalast. Der Gang führte auf kürzestem Wege zum kaiserlichen Ehrenplatz am rechten Tischende, der dem Ehrenplatz Christi in den spätantiken Abendmahlsdarstellungen entspricht (Abb. 10). In Rom scheint der Papst mit der Disposition des Ganges diese Sitzordnung übernommen zu haben, die auch den üblichen Fußkuß nach dem Mahl erleichterte. Die für eine Prozession zu schmale Treppe zur Basilika nutzte der römische Bischof im 12. Jahrhundert nach dem Osteressen, um in die Kirche hinunterzusteigen und sich im *secretarium* auszuruhen.

Parallelen gab es auch an der Eingangsseite: In Konstantinopel verließ der Kaiser die Decanneacubita häufig durch den Haupteingang, vor dem er zwischen zwei Säulen stehenblieb und zum Saal gewendet von den Anwesenden eine Huldigung entgegennahm. Es handelte sich um eine der regelmäßigen Prozeduren, bei denen der von Säulen gerahmte Herrscher mit den gerafften Vorhängen gleichsam als Tableau dargeboten wurde. Die römische Aula besaß vor dem Ausgang ein Säulenpaar, das Emporenarkaden trug, und hinter ihm lag nach der Beschreibung des Nürnberger Romreisenden Nikolaus Muffel 1452 ein „roter merbelstein“, eine Porphyrrota im Paviment, die auch Ugonio in seiner Skizze des Saales notiert hat (Abb. 8). Eine solche Rota ist in der Decanneacubita nicht explizit erwähnt, es gab sie aber an gleicher Stelle im Konsistorium und dem Triklinium Justians II., wo ihre Bedeutung im Herrscherzeremoniell gut bekannt ist.

Ein weiteres Motiv aus der kaiserlichen Repräsentationskunst war die mit einem Triforium geöffnete Stirnfront der Aula zum Campus, die vielleicht schon vor dem Anbau der gotischen Kanzel Papst Bonifaz' VIII. ihren Balkon besaß. Mögliches Vorbild war auch hier das Heliakion in Konstantinopel, der Herrscherbalkon zum Tribunalsplatz, der mit einer Zugangstür gegenüber dem Eingang zur Decanneacubita lag. Sein Aussehen ist nicht überliefert; allein die Ähnlichkeit der Stirnfront des Palatium von S. Apollinare in Ravenna deutet darauf, daß Leo III. für die Schauseite zur Stadt bewußt ein herrscherliches, nicht ausschließlich kaiserliches Architekturmotiv wählte. Wegen seiner exponierten Lage über dem Campus Lateranensis, die er von der älteren *basilica iulia* an seiner Ostseite übernahm, dürfte dieser Ort wie sein Vorbild am ehesten für das Akklamationszeremoniell gedient haben. Bereits 769 hatte das Wahldekret Stephans III. vorgeschrieben, daß der neugewählte Papst nach seiner Inbesitznahme des Palastes dort von Heer,

Adel und dem Volk der Stadt Rom (*universa generalitas populi*) begrüßt werden sollte. Eine akklamatorische Wahlbestätigung aller Stände konnte anders als der Fußkuß im Thronsaal durch Klerus und Senat wegen der großen Zahl an Beteiligten nur auf einem öffentlichen Balkon vollzogen werden.

Die explizite Anlehnung Leos III. an den Kaiserpalast inbesondere bei der zweiten Thronaula entsprach einem Passus der „Konstantinischen Schenkung", die den Lateran zu einer kaiserlichen Stiftung erklärt hatte und für Papst und Klerus die Würdezeichen von Kaiser und Senat beanspruchte (*ad imitationem imperii*). Wie die Merowinger, die Ostgoten und Langobarden hatte sich das Papsttum seit jeher der Repräsentationsformen aus der imperialen Sphäre bedient. Anders als in der inoffiziellen „Konstantinischen Schenkung" stand jedoch hinter dieser neuen, unter Leo III. kulminierenden Kaiserimitation weniger ein offizieller Herrschaftsanspruch als der Versuch, nach dem Leitbild einer vorbildhaften Hofkultur die dem Papsttum eigene Autorität und Souveränität geltend zu machen. „Die Bestrebung selbst, die rangälteste und reichste Macht der damaligen Welt in allen ihren Äußerungen möglichst genau nachzuahmen, bedeutet in der Geschichte des Mittelalters kaum etwas Neues" (Deér 1952, 15). Politisch hatte sich Leo III. von Beginn an zur fränkischen Schutzgewalt über Rom bekannt, während die quasimonarchische Unabhängigkeitspolitik seines Vorgängers Hadrian im Palastbau keinen entsprechenden Niederschlag fand.

Der Lateran konnte allerdings mit dem riesenhaften Areal des Kaiserpalastes an Baumasse nicht konkurrieren, und anders als die berühmten Konstantinopeler Kuppelbauten, das „goldene Triklinium" oder das große Oktogon, war die kleiner wiederholte Accubita eine zwar anspruchsvolle, aber nicht außergewöhnliche Architektur. Der Anstoß zum Bau dieser Festhalle dürfte zunächst vom Zeremoniell der Weihnachtsgastmähler ausgegangen sein, bei denen sich der päpstliche Hof nach dem Vorbild der kaiserlichen *dôdékaèméron* in der Decanneacubita entsprechend dem höfischen Beamtenzeremoniell als hierarchisches Kollektiv präsentierte. Im Rahmen dieser Gastmähler wurden vielleicht auch die jährlichen Kirchenstiftungen vollzogen, die um 802/803, gleichzeitig mit dem Bau der Aula, erstmals systematischen Charakter annahmen (Geertman 1975).

Die Bedeutung der päpstlichen Repräsentationsarchitektur ist in dem weiteren Rahmen einer zunehmenden Zentralisierung und Verherrschaftlichung der römischen Bischofskirche zu sehen, die im 8. Jahrhundert alle Bereiche einschließlich der Meßliturgie erfaßte. Noch stärker als Papst Hadrian I. hat Leo III. bevorzugt die Bischofskirche gefördert, indem er ihr Stiftungswesen flächendeckend ausbaute, die Einkünfte des Klerus erhöhte sowie in zahlreichen Kirchen gerade die Choranlagen mit großem Aufwand erneuern ließ. Der aus bescheidenen Verhältnissen stammende Papst scheint – anders als sein Vorgänger – keinen familiären Rückhalt im patrizischen Adel besessen zu haben (vgl. Beitrag Herbers in Kap. 2). Sein großräumiger Ausbau des päpstlichen Palastes, in dessen Hierarchie Leo aufgestiegen war, ließ diesen zum eigentlichen Ort der Identifikationsbildung werden. Der Bau repräsentativer Räumlichkeiten für die jährlichen Gemeinschaftsfeste etablierte die Kirche als eine vom lokalen Senatsadel unabhängige Systemelite und ließ sie an einem verbreiteten System von Herrschaftsrepräsentation teilhaben, das auch ohne expliziten „Machtanspruch" seine soziale Sicherungsfunktion erfüllte.

Demgegenüber hat Karl der Große in der Aachener Pfalz den Typ der trikonchalen Thronaula, losgelöst vom Zeremoniell, primär als symbolische Form zitiert. Die Priorität der nahezu gleichzeitig errichteten Festaulen in Rom und Aachen bleibt unklar, doch zeigt der römische Saal das ursprünglichere Konzept. Wo sich hier die Saal- und Nischenbreite noch an den Konventionen der spätantiken Trikliniumsarchitektur orientieren, werden in Aachen die Raumformen gesteigert, verlieren aber damit ihren eigentlichen Sinn: Die an Größe verdoppelten, fast 14 m breiten Seitennischen dürften bei den Franken nicht zur Aufnahme entsprechender Speisetische gedient haben und sind auch in anderen karolingischen Pfalzbauten nicht mehr verwendet worden. Der Bautyp wird zu einem monumentalen Zitat, mit dem die neue Dynastie der Karolinger an die spätantike Hofkultur anknüpft, ohne daß ihm die Gebräuche des fränkischen Königtums entsprochen hätten.

Kommentierte Bibliographie:

Die obigen Beobachtungen sind vorläufiges Ergebnis einer größeren Untersuchung zu Kunst und Zeremoniell im karolingischen Lateranspalast. Für einen Überblick über die allgemeine Bautätigkeit Leos III. sei hier auf den Beitrag von Franz Alto BAUER verwiesen, darüber hinaus die wichtigste Literatur bei Georges ROHAULT DE FLEURY 1877; LAUER 1911; CECCHELLI 1951; LAVIN 1962; KRAUTHEIMER 1966; GEERTMAN 1975; KRAUTHEIMER 1975; BELTING 1978; GEERTMAN 1986/87; KRAUTHEIMER 1987; delle ROSE 1991; MECKSEPER 1998. – Zu den Bischofspalästen allgemein: WARD PERKINS 1984. – Zu den Zeremonien im byzantinischen Kaiserpalast: EBERSOLT 1910; GUILLAND 1962/63 u. 1969.

Quellen und Literatur:

Hans BELTING, Die beiden Palastaulen Leos III. im Lateran und die Entstehung einer päpstlichen Programmkunst, in: Frühmittelalterliche Studien 12, 1978, 55–83. – Carlo CECCHELLI, Note nella topografia dell'antico Laterano. La „Ecclesia Theodorae", la „basilica domus Theodori papae" e la „basilica Julia", in: DERS., Studi e documenti sulla Roma sacra 2 (Società Romana di Storia Patria Miscellanea 18), Rom 1951, 143–153. – Josef DEÉR, Der Kaiserornat Friedrichs II., Bern 1952. – Jean EBERSOLT, Le Grand Palais de Constantinople et le Livre des Cérémonies, Paris 1910. – Herman GEERTMAN, More veterum. Il Liber Pontificalis e gli edifici ecclesiastici di Roma nella tarda antichità e nell'alto medioevo (Archaeologica Traiectina 10), Groningen 1975. – DERS., Forze centrifughe e centripete nella Roma cristiana: il Laterano, la basilica Julia e la basilica Liberiana, in: Atti della Pontifica Accademia Romana di Archeologia. Rendiconti, Ser. 3, 59, 1986/87, 63–91. – Rodolphe GUILLAND, Étude sur le Grand Palais de Constantinople. Les XIX lits, in: Jahrbuch der Österreichischen Byzantinischen Gesellschaft 11/12, 1962/63, 85–113. – DERS., Étude de Topographie de Constantinople Byzantine 1–2 (Berliner byzantinische Arbeiten 37), Berlin/Amsterdam 1969. – Richard KRAUTHEIMER, Die Decanneacubita in Konstantinopel. Ein kleiner Beitrag zur Frage Rom und Byzanz, in: Tortulae. Studien zu altchristlichen und byzantinischen Monumenten. Festschrift für Johannes Kollwitz, hrsg. v. Walter Nikolaus SCHUMACHER (Römische Quartalschrift 30, Suppl.bd.), Rom/Freiburg/Wien 1966, 195–199 (wiederabgedruckt in: DERS., Ausgewählte Aufsätze zur europäischen Kunstgeschichte, Köln 1988, 134–141 mit Ergänzungen u. neuerer Lit.). – DERS., Il Laterano e Roma. Topografia e urbanistica nel V/VI secolo, Rom 1975. – DERS., Rom. Schicksal einer Stadt 312–1308, München 1987. – Philippe LAUER, Le palais de Latran. Étude historique et archéologique 1–2, Paris 1911. – Irving LAVIN, The house of the Lord. Aspects of the role of palace Triclinia in the Architecture of Late Antiquity and the Early Middle Ages, in: Art Bulletin 44, 1962, 1–27. – Cord MECKSEPER, Zur Doppelgeschossigkeit der beiden Triklinien Leos III. im Lateranpalast zu Rom, in: Schloß Tirol: Saalbauten und Burgen des 12. Jahrhunderts in Mitteleuropa (Forschungen zu Burgen und Schlössern 4), München/Berlin 1998, 119–128. – Georges ROHAULT DE FLEURY, Le Latran au Moyen Age 1–2, Paris 1877. – M. delle ROSE, Il patriarchio. Note storico-topografiche, in: Il Palazzo Apostolico Lateranense, hrsg. v. Carlo PIETRANGELI, Florenz 1991, 19–36. – Bryan WARD PERKINS, From Classical Antiquity to the Middle Ages. Urban Public Building in Northern and Central Italy AD 300–850, Oxford 1984.

Eugenia Bolognesi Recchi Franceschini

Der byzantinische Kaiserpalast im 8. Jahrhundert

Die Topographie nach den Schriftquellen

Gegen Ende des 8. Jahrhunderts war die Erweiterung des Großen Palastes der byzantinischen Kaiser in Konstantinopel vom Bau des 4. Jahrhunderts zur Größe der mittelbyzantinischen Anlage fast abgeschlossen. Nach dem 6. Jahrhundert wurde das Regierungs- und Empfangszentrum des Palastkomplexes vom oberen Palast nahe dem Hippodrom und der Hagia Sophia zum unteren Palast in die Nähe des Hafens verlegt.

Der Große Palast wurde von Konstantin dem Großen (313–337) neben dem Hippodrom auf dem Hügel errichtet, der sich Richtung Süden hin zur Küste des Marmarameeres hinunterzog. Später wurde er durch Justinian I. (527–565) nach dessen Krönung im Jahre 527 durch einen Anbau in Gestalt seines Hormisdas-Privatsitzes bis zum Meer hin erweitert. Die Kirche der Heiligen Sergios und Bacchos war damals ein Teil des Hormisdas-Palastes. Diese heutige Moschee Küçük Aya Sofya (Kleine Hagia Sophia) bestätigt in etwa die Lage der Residenz Justinians und zeigt die Größe des Anbaus, der im 6. Jahrhundert dem Palast hinzugefügt wurde.

Der terrassenförmig angelegte Hügel – charakteristisch für alle Bauphasen des Großen Palastes – ist ebenfalls in diesem Bereich zwischen dem Sphendone (Kurvenende) des Hippodroms und dem Hafen zu erkennen. Eine große Terrasse befand sich 16 m ü. d. M. zwischen der Kirche der Heiligen Sergios und Bacchos, südlich durch das Meer und nördlich durch die hohe Terrassenmauer begrenzt. Sie stützt die untersten Bauten des oberen Palastes nahe dem Hippodrom, nämlich den Bereich des 26 m ü. d. M. liegenden Mosaik-Peristyls, das heute teilweise im Mosaikmuseum am Ende der Arasta Sokakı nahe der Blauen Moschee ausgestellt ist.

Diese 16 m ü. d. M. liegende Terrasse reicht sehr nahe an die Terrassenmauer der nordöstlichen Ecke des oberen Palastes heran (Abb. 1), wo sich auch die kleine Moschee Kapı Akası Mehmet Aka befindet. Eine verbindende Terrasse auf 21 m Höhe ü. d. M. ist auf dem Gelände, das vom oberen Palast entlang der Ostseite des Hippodroms leicht abfällt, gut zu erkennen (Abb. 2). Eine weitere kleine Terrasse auf 10 m Höhe ü. d. M. findet sich östlich der bei 16 m ü. d. M. liegenden Terrasse näher zum Meer hin gelegen (Abb. 3).

Ich möchte behaupten, daß sich die öffentlichen Räume des Heiligen Palastes, die später das Kernstück des mittelbyzantinischen Palastes des 9. und 10. Jahrhunderts werden sollten, bereits im 8. Jahrhundert auf diesen Terrassen befanden, und zwar im Zentrum der größten, bei 16 m ü. d. M. liegenden Terrasse. Diese Vermutung ergibt sich bei der Lektüre des „Buches der Zeremonien", in dem das Hofzeremoniell seit dem 6. Jahrhundert für Konstantin VII. Porphyrogennetos (913–959) zusammenstellt worden ist. Der größte Teil des Buches beschreibt Zeremonien, die zwischen dem 7. und 10. Jahrhundert stattfanden.

Die Terrasse des Chrysotrikliniums wurde zum neuen 'öffentlichen Zentrum'. Die Thronhalle des Chrysotrikliniums und die Kapelle der Heiligen Jungfrau Maria – falls diese mit der später als „Jungfrau des Leuchtturms" bezeichneten Kirche identisch ist – wurden einander gegenüber jeweils im Westen und Osten derselben Terrasse erbaut.

Das Chrysotriklinium wurde von Justin II. (565–578) erbaut oder wieder aufgebaut. Es war eine achteckige Halle, die normalerweise mit der von Justinian erbauten Kirche der Heiligen Sergios und Bacchos oder der von San Vitale in Ravenna verglichen wird. Sie ersetzte das von Konstantin im oberen Palast errichtete Konsistorium und wurde möglicherweise nach dem Vorbild der Aula Regia in Trier gebaut. Ich neige zu der Ansicht, daß die Umbauten durch Justin II. eher ein Wiederaufbau des Chrysotrikliniums sind als ein Neubau, da die acht Bögen des Gebäudes (Cer. II.15: 580.15–16), die im „Buch der Zeremonien" als sieben Bögen und eine östliche Apsis beschrieben werden (Cer. II.15: 581.10–16), anscheinend den sieben Apsiden im Hormisdas-Gebäude entsprechen, in dem sich der monophysitische Rat im Jahre 536 in Konstantinopel versammelte (Acta Conc. Oec., hrsg. v. Schwartz, IV/2, 169.4–6).

Eine der Jungfrau Maria geweihte Kirche, die die Palastkapelle der „Jungfrau des Leuchtturms" im 9. Jahr-

Abb. 1 Der Große Palast in Konstantinopel (16 m über dem Meeresspiegel)

hundert sein könnte, wird erstmals 768 als Ort erwähnt, an dem Leon IV. Khazare mit Irene Athenienses verlobt wurde (Theoph. Chron., hrsg. v. de Boor, I.444). Diese Kirche wurde anstelle der Palastkapelle von St. Stephan von Daphne erbaut, die sich auf der Seite des Großen Trikliniums der XIX. Accubita nahe dem Hippodrom befand. Vermutlich war Konstantin IV. Copronymus (741–775), Leons Vater, der Begründer der Kirche. Michael III. (842–867) ließ den Sarkophag von Konstantin zertrümmern, um die Bruchstücke für eine Balustrade an der von ihm erbauten Kirche zu verwenden (Leo Gr. 248–49). Die Kirche existierte noch zu Beginn des 13. Jahrhunderts. Aus dem Bericht von Mesarites über die von Johannes Komnenos zum Jahre 1203 angeführte Palastrevolution geht hervor, daß der Leuchtturm des Hafens vom südlichen Fenster der Kirche der „Jungfrau des Leuchtturms" sichtbar war und diese folglich nahe dem Wasser gestanden haben muß.

Der Blaue Hof *(phiale)* und der Grüne Hof *(phiale)* lagen südöstlich beziehungsweise nordöstlich der Terrasse des Chrysotrikliniums. Die *phialai* bestanden nur während einer sehr kurzen Zeitspanne; diese in die Zeit zwischen 694 und 881 zu datierenden Bauten gehören zu den charakteristischsten des Palastes im 8. Jahrhundert. Im Jahre 694 befahl Justinian II. (685–695/705–711) die Zerstörung der Marienkirche in der Hauptstadt und ließ an dieser Stelle den Blauen Hof erbauen (Theoph. Chron., hrsg. v. de Boor, 367–68). Wir können annehmen, daß der Grüne Hof etwa zu derselben Zeit erbaut wurde wie auch der Justinianos (die lange Halle, die im unteren Palast verschiedene Ebenen miteinander verband, nämlich das auf der Seite des Stadthippodroms liegende, über-

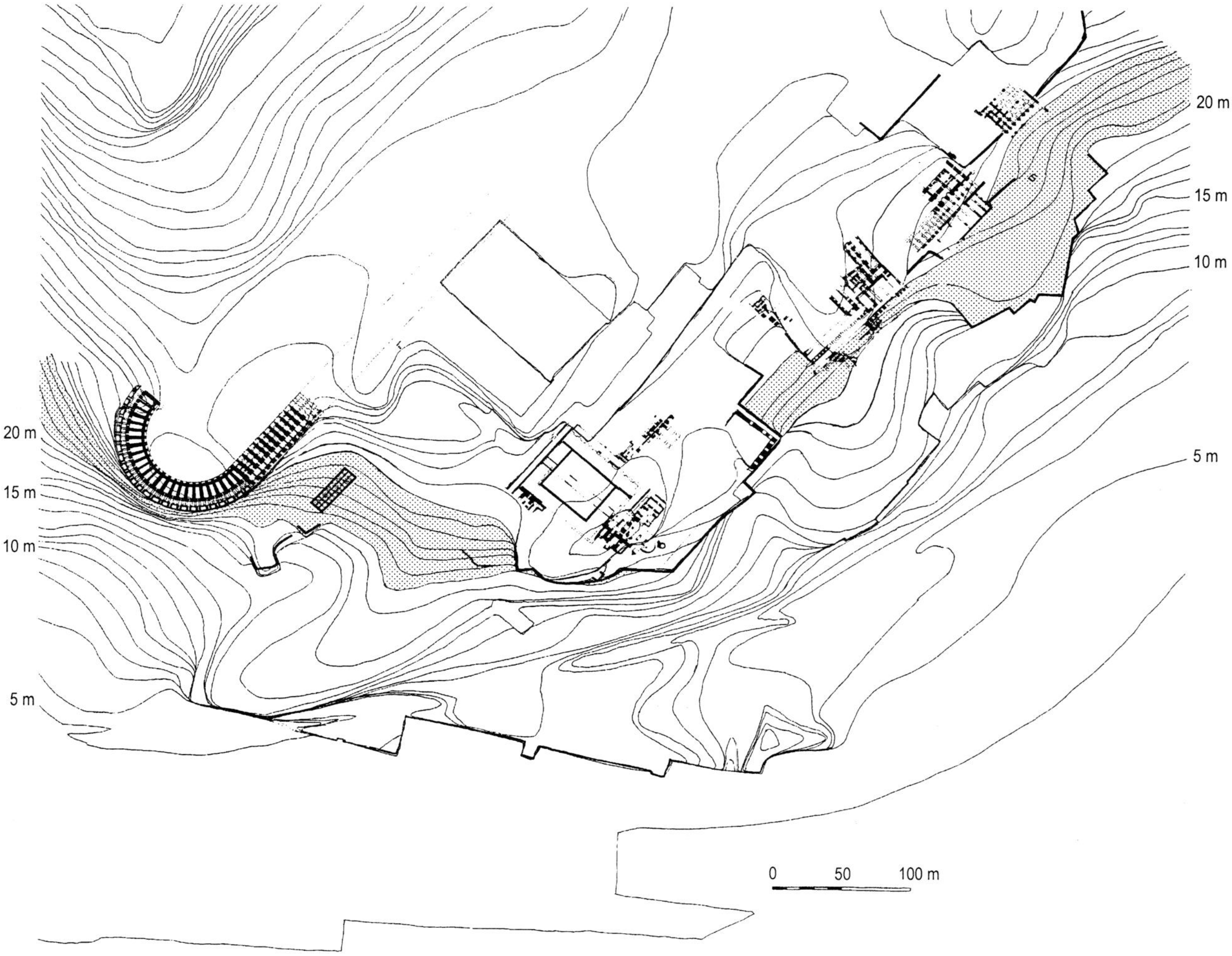

Abb. 2 Der Große Palast in Konstantinopel (21 m über dem Meeresspiegel)

dachte Hippodrom auf 26 m ü. d. M. mit dem Lausiakos, der Vorhalle des Chrysotrikliniums auf 16 m ü. M.) von Justinian II. an die Nordwestseite des Hofes gebaut (oder wiederaufgebaut) worden ist (Theoph. 562, hrsg. v. de Boor, 367; Cedr. I. 773). Zur Zeit seines Eingreifens hätte der Grüne Hof den Platz der Wasserbecken eingenommen, von denen Cedrenos berichtet, daß Heraclius sie „zwischen dem Justinianos und dem Triklinium des Ekthesis" (Cedr. Comp. Hist.: II. 241) eingefügt hätte. Die Identifikation des Ekthesis kann an dieser Stelle nicht erörtert werden. Doch soll festgehalten werden, daß sich durch diesen Textauszug belegen läßt, daß Justinian II. den Justinianos als ein bereits bestehendes Gebäude wiederherstellen ließ. Der Geschichte der *phialai* war 881 ein frühes Ende beschert. Als die neue Kirche eingeweiht wurde, zerstörte Basileios I. beide Höfe und ließ deren Springbrunnen in den vorderen Hof des Komplexes verlegen (Theoph. Cont. V. 90 [336]). An die Stelle des Blauen Hofes wurde das Bad Basileios' I. gebaut, und man könnte sich vorstellen, daß der Grüne Hof durch die Mesopatosgärten auf der Seite des Justinianos (Cer. II. 15 [585.21]) ersetzt wurde (diese sind allerdings von den Mesopatosgärten auf der Seite der neuen Kirche zu unterscheiden).

Im Hippodrom gab es in spätantiker Zeit zwei Gruppierungen – die Blaue und die Grüne Gruppe: Ursprünglich waren dies die Anhänger der einen oder anderen Wagenlenker während der Spiele, später wurden sie, insbesondere im 5. und 6. Jahrhundert, zu den politischen Parteien der Stadt. Der Aufbau der beiden Höfe am Ende des 7. Jahrhunderts kennzeichnet die sich verändernde Rolle der beiden Gruppen von der politisch ak-

Abb. 3 Der Große Palast in Konstantinopel (11 m über dem Meeresspiegel)

tiven zur rein zeremoniellen. Das Hippodrom spielte weiterhin eine zentrale Rolle bei den Zeremonien, die in den Höfen abgehalten wurden. Im „Buch der Zeremonien", das sich auf Schilderungen beruft, die mindestens bis in das 7. Jahrhundert zurückreichen, wird in den Kapiteln über das 10. Jahrhundert berichtet, daß die beiden Gruppen an den verschiedenen Stationen entlang der kaiserlichen Route sangen oder selbst Zeremonien in eigenen Bereichen des Palastes durchführten. Im ersten Fall war die zeremonielle Rolle der Gruppen sehr wichtig, während bei letzterem die Verbindung zum Hippodrom aufrechterhalten wurde. Das „Buch der Zeremonien" beschreibt die Zeremonien an den Höfen während der Empfänge (= *deximoi*), bei denen Tänze (= *saxima*) vor dem Beginn der Spiele im Hippodrom stattfanden.

Die detaillierteste Beschreibung gibt es über jenen öffentlichen Empfang durch die Gruppen in ihren Höfen, der vor Spielen im Goldenen Hippodrom am Montag nach dem ersten Sonntag nach Ostern stattfand. Eine *faklarea* (Fackelzeremonie) wurde im Grünen Hof abgehalten. Auf dem Weg vom Chrysotriklinium zum *deximos* des Goldenen Hippodroms, „geht der Kaiser durch (die Halle) und aus der Tür, die vom Justinianos auf die Terrasse führt", wo man vom Thron aus den Hof überschauen kann. Der Hof ist demnach unterhalb des Balkons. Am Ende der Zeremonie „entfernt sich der Zeremonienmeister und gibt den *domestikoi* der *tagmata* [hochrangigen „Beamten"] wie gewöhnlich ein Zeichen, und sie gehen zum Hof hinunter zu ihren Einheiten" (Cer. I.64: 284–87). Danach gingen sie durch den Lausiakos (die Vorhalle des Chrysotrikliniums) und über die Terrasse des Chrysotrikliniums zum Blauen Hof. Der Hof befand sich nahe dem Chrysotriklinium, da die *demarchoi* (die Vertreter der Gruppen) nach der Zeremonie Bankette in ihrem eigenen Hof abhielten und die Konsuln zurück ins Chrysotriklinium gingen (Cer. I.64 : 289–93). Während des Brumalia-Festes, den Feiern zum Reichsjubiläum, die jedes Jahr vom 24. Oktober bis 17. Dezember in Konstantinopel stattfanden, verfolgte der Kaiser den Empfang der Gruppen von der Terrasse des Chrysotrikliniums aus. Dort saß er unter einem Baldachin auf seinem Thron hinter einer nach Osten ausgerichteten Balustrade. Eine von den *domestikoi* benutzte Treppe führte von der Terrasse des Chrysotrikliniums hinunter zu den Gruppen im Hof (Cer. I.66. 297–99).

Ein drittes mit den Gruppen im Palast in Verbindung stehendes Gebäude war der Bereich des Sigma und der Trikonche. In der ersten Hälfte des 9. Jahrhunderts war das Sigma die Halle, in der die hochgestellten Würdenträger auf das Eintreffen des Kaisers vom Chrysotriklinium warteten, und die Trikonche war das Gebäude, in dem Kaiser Theophilos (827–842) täglich Recht sprach. Im Sigma-Hof (ein S-förmiger Hof) war es den Gruppen erlaubt, sich zu gemeinsamen Zeremonien zusammenzufinden. Die *demarchoi* warteten im Sigma auf die Ankunft des *praepositus* (Vorsteher), der den Beginn der Spiele im Hippodrom freigab. Auch tanzten sie dort während des Brumalia-Festes, das oft mit den Spielen im Hippodrom verbunden war.

Die Trikonche wird, basierend auf entsprechenden Passagen bei Theophanes Continuatus, gemeinhin auf das 11. Jahr der Regierungszeit (840) des Kaisers Theophilus datiert. Aber in der Aufzählung der Gebäude des Palastes, die mit Theophilus in Zusammenhang standen, wird die Trikonche direkt nach den Privatgemächern im Karianos erwähnt. Von keinem dieser beiden ist überliefert, daß Theophilus sie errichtete. Das Karianos wird erwähnt als „ein Werk seiner Voraussicht, wie auch die Trikonche bei den nahe liegenden goldenen Dächern" (Theoph. Cont. III. 340.1–20). Nicht überliefert ist, daß er sie tatsächlich erbauen ließ.

Das Sigma jedoch existierte seit dem Ende der Regierungszeit der Kaiserin Eirene (797–802). Als sie 802 verbannt wurde, lud Kaiser Nicephoros, der Bruder ihres Mannes, Eirenes Sohn Konstantin in den Palast. Er hoffte, daß Konstantin ihn zum geheimen Aufbewahrungsort der Schätze führen würde. Tatsächlich zeigte Konstantin ihm „die Schätze, die unter den Marmorwänden im Halbkreis, nun Sigma genannt, versteckt waren" (Cedr., Hist. Comp. 31.14–19). Die Form des Sigmas erinnert an spätantike Bauten, wie z. B. das Sigma nahe dem Hafen des Kaisers Julian (361–363).

Im Gegensatz zu dem Blauen und dem Grünen Hof wurde der Bereich des Sigmas und der Trikonche von Konstantin Porphyrogennetos ausführlich beschrieben. Es handelte sich um einen zweistöckigen Bereich, der auf der oberen Ebene aus einem halbkreisförmigen Hof bestand. Er war mit einer Reihe von Treppen versehen, zum Westen hin offen, Richtung Osten war er durch die Trikonche sowie das Tretraseron auf der unteren Ebene abgeschlossen. Die Hauptkonche der Trikonche zeigte nach Osten, die beiden Seitenkonchen nach Norden und Süden. Die Hauptkonche des Tetraserons, auch als „Mysterion" bekannt, zeigte indessen nach Norden, die anderen nach Osten und Westen. Das untere Gebäude besaß ein Echo. Ich möchte behaupten, daß es in den Hang des Hügels gebaut wurde, so daß die Nordkonche dieses Echo entstehen ließ.

Das Sigma befand sich wie der Blaue Hof auf einer tiefer liegenden Ebene als die Terrasse des Chrysotrikliniums. Während starker Schneefälle in der Regierungszeit Michaels III. (842–867) konnten die Gruppen nicht ihren eigenen Hof benutzen, und so zogen sie vom Lausiakos hinunter in den Sigma-Hof (Cer. II.18b: 605.3–9).

Abschließend sei noch erwähnt, daß Mango (1997) darauf hinwies, der Hafen sei im 8. Jahrhundert im Zuge von Arbeiten an den Mauern, deren Errichtung Justinian II. angeordnet hatte, eventuell auch umgebaut worden. Vielleicht wurde bei dieser Gelegenheit auch der Palast nach Osten hin bis zum Hafengebäude aus dem 5. Jahrhundert erweitert, das spätestens seit 867 an den Palast grenzte. Basileios I. betrat den Großen Palast von dort aus, als er vom Palast St. Mamas am Bosporus zurückkehrte, wo er Michael III. getötet hatte.

Wir können nun versuchen, die Lage dieser Gebäude in Istanbul zu identifizieren und noch einmal kurz die Belege für den Palast des 8. Jahrhunderts betrachten. Die Terrasse des Chrysotrikliniums (Abb. 4 A) nahe dem Meer könnte in der großen Terrasse wiedererkannt werden, die sich bei 16 m ü. d. M. und unterhalb der Kurve des Stadthippodroms (Abb. 4 B) befindet. Leicht abfallend entlang der Ostseite des Hippodroms hätte die Halle des Justinianos (Abb. 4 C) sich über die Terrassen von 26 bis 16 m ü. d. M. erstreckt, also vom überdachten Hippodrom bis zum Lausiakos. Nordwestlich der Terrasse des Chrysotrikliniums, noch hinter dem Lausiakos und direkt unter dem Justinianos könnte der Grüne Hof (Abb. 4 D) gelegen haben.

An dem Punkt, an dem sich dieser Platz zur nächsten Terrasse bei 10 m ü. d. M. neigt, würde ich den Bereich des Sigma und der Trikonche (Abb. 4 E) ansiedeln und damit auf derselben Ebene wie den Blauen Hof (Abb. 4 F),

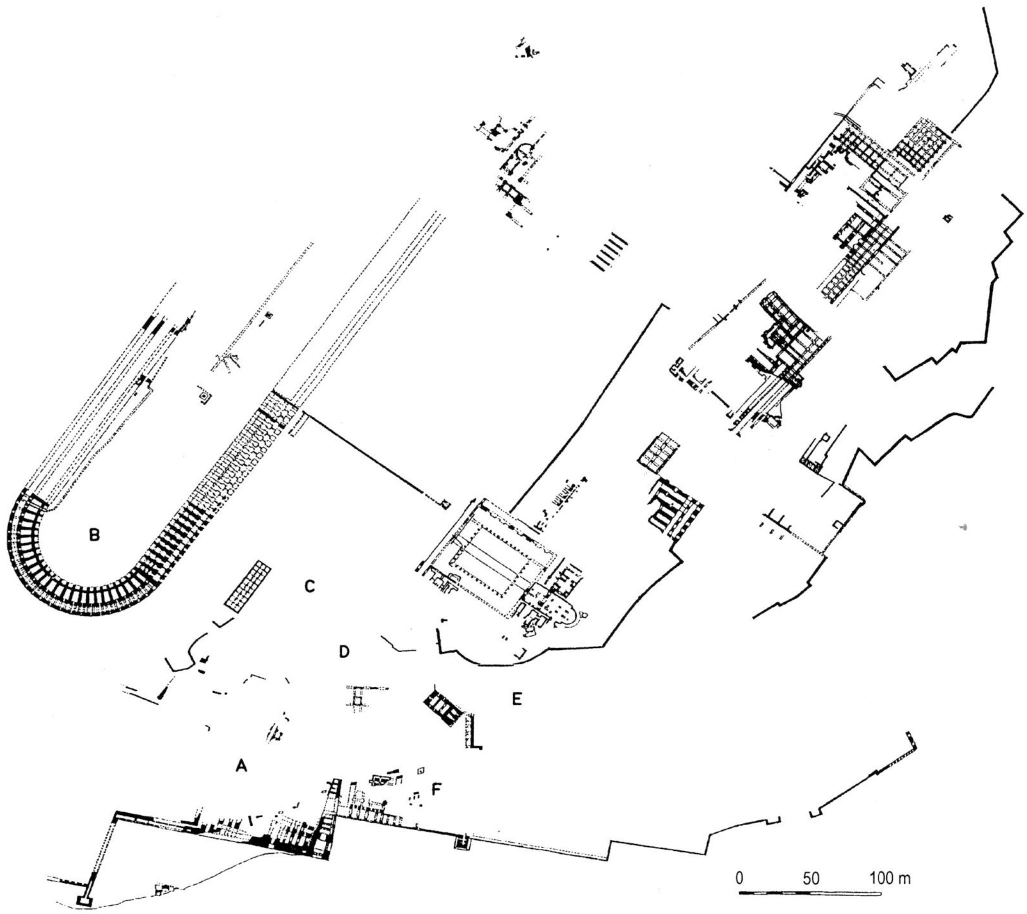

Abb. 4 Übersichtsplan des Großen Palasts in Konstantinopel: A Terrasse des Chrysotrikliniums. – B Hippodrom. – C Justinianos. – D Hof der Grünen. – E Sigma und Trikonche. – F Hof der Blauen

nur näher zur Seemauer hin. Die Trikonche, die, wie wir uns erinnern, im unteren Bereich im Tetraseron eine Konche besaß, in der man ein Echo hören konnte, muß sich sehr nahe an der Terrassenmauer befunden haben, und vielleicht ist die Konche des Tetraserons darunter ausgegraben worden.

Der Palast des 8. Jahrhunderts war, ähnlich wie der vorherige Palast, gekennzeichnet durch viele Höfe (die Terrasse mit dem Chrysotriklinium, der Blaue und der Grüne Hof, der Sigma-Hof) und mehrere langgestreckte Hallen (das Justinianos, die lange Halle par excellence, und das Lausiakos), eventuell mit Kolonnaden wie auch die langen Hallen im oberen Palast, etwa die Säulenhalle der *candidati*. Neben der Existenz des Blauen und Grünen Hofs, die es im Palast vorher nicht gab, ist es jedoch auch kennzeichnend für diese Phase, daß die meisten neuen Gebäude auf dem Gelände südlich des Palastes von Justinian I. erbaut wurden. Die neuen Gebäude könnten dem konstantinischen Palast von mehr als einem Kaiser hinzugefügt worden sein. Aber tatsächlich suchte Karl der Große seine Inspiration für den Westen im Palast Justinians I. und Justinians II.

Quellen und Literatur:

Concilia universale Constantinopolitanum sub Iustiniano habitum, hrsg. v. Eduard SCHWARTZ (Acta Conciliorum Oecumenicorum 4/2), Berlin 1914. – Constantinus VII Porphyrogenitus, De Cerimoniis aulae Byzantinae libri duo, hrsg. v. Johann Jacob REISKE (Corpus Scriptorum historiae byzantinae), Bonn 1828–30. – Constantin VII Porphyrogénète. Le Livre des Cérémonies 1 u. 2, übers.

v. Albert VOGT, Paris 1935 u. 1939. – Georgius Cedrenus, Historiarum Compendium 2, hrsg. v. Immanuel BEKKER (Corpus Scriptorum historiae byzantinae), Bonn 1839. – Leo Grammaticus, Chronographia, hrsg. v. Immanuel BEKKER (Corpus Scriptorum historiae byzantinae), Bonn 1842. – Nicholas Mesarites, Die Palastrevolution des Johannes Komnenos, hrsg. v. August HEISENBERG, Würzburg 1907. – Theophanes Continuatus (III–V), Ioannes Cameniata, Symeon Magister, Georgius Monachus, hrsg. v. Immanuel BEKKER (Corpus Scriptorum historiae byzantinae), Bonn 1838. – Theophanes, Chronographia, hrsg. v. Karl DE BOOR, Leipzig 1838–1885.

John Bagnell BURY, The Ceremonial Book of Constantine Porphyrogennetos, in: The English Historical Review 22,2, 1907, 209–227; 22,3, 1907, 417–439. – Alan CAMERON, Circus factions: Blues and Greens at Rome and Byzantium, Oxford 1976. – Jean EBERSOLT, Le Grand Palais de Constantinople et le Livre des Cérémonies, Paris 1910. – Rodolphe GUILLAND, Études de topographie de Constantinople Byzantine (Berliner byzantinische Arbeiten 37), Berlin/Amsterdam 1969. – J. H. JENKINS u. Cyril A. MANGO, The Date and Significance of the Tenth Homily of Photius, in: Dumbarton Oaks Papers 9–10, 1956, 123–141. – Cyril A. MANGO, The Palace of the Boukoleon, in: Cahiers Archélogiques 45, 1997, 41–50. – Alexander van MILLINGEN, Byzantine Constantinople. The Walls of the City and adjoining historical sites, London 1899. – Salvador MIRANDA, Justification du plan de reconstitution du Palais des empereurs byzantines, Mexico City 1969. – Wolfgang MÜLLER-WIENER, Bildlexikon zur Topographie Istanbuls. Byzantion, Konstantinopolis, Istanbul bis zum Beginn des 17. Jahrhunderts, Tübingen 1977, 225–237. – Neue Forschungen und Restaurierungen im Byzantinischen Kaiserpalast von Istanbul. Akten der internationalen Fachtagung vom 6. bis 8. November 1991 in Istanbul, hrsg. v. Werner JOBST, Raimund KASTLER u. Veronika SCHEIBELREITER, Wien 1999.

Annie Renoux

Karolingische Pfalzen in Nordfrankreich (751–987)

Nach vielversprechenden Ansätzen im 17. Jahrhundert beschränkte sich die französische Pfalzenforschung seit dem 19. Jahrhundert auf oft unzureichende monographische Darstellungen einzelner Orte. Bis in die 80er Jahre dieses Jahrhunderts bezogen sich die Forschungen allein auf die offiziellen Ausgrabungen in Quierzy und Samoussy, die 1917 von Georg Weise durchgeführt wurden (Abb. 1). Ein grundlegender Wandel vollzog sich erst in den Jahren 1965–90. Zu den Untersuchungen einzelner Pfalzen kamen nun auch Studien über die komplexen Zusammenhänge dieser Anlagen. Innerhalb dieser Entwicklung lassen sich zwei Phasen unterscheiden: Die erste umfaßt die Jahre zwischen 1965 und 1975. Sie ist im wesentlichen von der deutschsprachigen Forschung geprägt, die eine strenge Methodologie und genaue Begrifflichkeit einführte und sich der Untersuchung der Itinerare, der Verwaltungsorganisation der Pfalzen und der Siedlungstopographie widmete. Die zweite Phase ergab sich mit dem Aufbau nationaler, individueller und gemeinschaftlich organisierter Projekte, die der Pfalzenforschung neue Perspektiven eröffneten.

Mit dem Herrschaftsantritt der Karolinger im Jahre 751, ihrem Aufstieg und – nach mehr als hundert Jahren voller Auseinandersetzungen – ihrem Fall im Jahre 987 gingen jeweils auch bedeutsame Veränderungen der Pfalzen einher. Durch die Herausbildung einer sakral legitimierten Monarchie nahm die Konzeption der Pfalzen immer klarere Formen an. Die Pfalzenlandschaft veränderte sich sowohl mit den sozialen und ökonomischen Notwendigkeiten als auch mit den politischen und religiösen Erfordernissen, so daß Art und Ausdehnung der Pfalzanlagen einem ständigen Wandel unterworfen waren. Hier soll nur auf diesen letzten Aspekt besonders eingegangen werden, wobei zu betonen ist, daß sowohl die archäologischen Befunde als auch die schriftlichen Quellen hierfür nur sehr schmale Grundlagen bieten.

Einzig zwei kürzlich durchgeführte Grabungen in Compiègne und Saint-Denis bringen etwas Licht in die Fragestellung. Die Betrachtung der wenigen Daten und Fakten ergibt ein zweifaches Bild. Das erste steht im Einklang mit dem, was man seit langem über Pfalzen weiß: Es handelte sich um weitläufige Anlagen, in denen sich neben schlichten Annexbauten ein anspruchsvolles Zentrum von hoher Funktionalität und repräsentativer Bedeutung ausbildete. Aber dieses traditionelle, statische Bild wird ergänzt durch einen zweiten, dynamischen Aspekt. Die Pfalzanlagen erfahren Veränderungen und Umbauten, die Zeugnis ablegen von der Wirksamkeit der karolingischen Renaissance, aber auch von den bereits früh auftretenden Krisen karolingischer Herrschaft.

I. Umgebung und Topographie der Pfalz

Die Untersuchung der Steuereinkünfte macht deutlich, welche Bedeutung die Pfalz für ihre Umgebung besaß. In Attigny, einer Wirtschafts- und Verwaltungseinheit von nicht weniger als fünf *villae*, wird die eigentliche Pfalz von einer zusammenhängenden Fläche von 3500 ha umschlossen. Die Lage der Pfalzen ist nur selten bekannt. Die wenigen Beschreibungen idealisieren sie geradezu; sie werden, wie die Pfalz Ludwigs des Frommen in Doué-la-Fontaine, als „paradiesisch" charakterisiert.

Innerhalb dieser Anlagen bildeten sich unterschiedliche Zentren heraus. In Kapitularien, wie den berühmten „Brevium Exempla" von Annapes bei Lille, wird von einer Aufteilung in zwei Bereiche berichtet: zum einen in den *curtis* genannten Königshof, der auf die *sala* und auf die *camerae* ausgerichtet war, zum anderen in die sog. *curticula*, an die sich die Nebenbauten anschlossen. Das Ganze war von einer Palisade (*tunimum*) mit aufwendig errichteten Toren umschlossen. Dieses Ensemble stellte jedoch nur eine *villa* dar, was die Ansammlung von Wirtschaftsgebäuden und das Fehlen einer Kirche erklärt.

Aus den wenigen überlieferten Beschreibungen läßt sich zwar häufig die Ausdehnung der Pfalzen erschließen, aber die Aufteilung in einen Königs- und einen Wirtschaftshof ist nur selten erwähnt, was zu der Schlußfolgerung verleiten könnte, daß sie keineswegs die Regel war. Nur der Königshof ist relativ gut dokumentiert. Die bei-

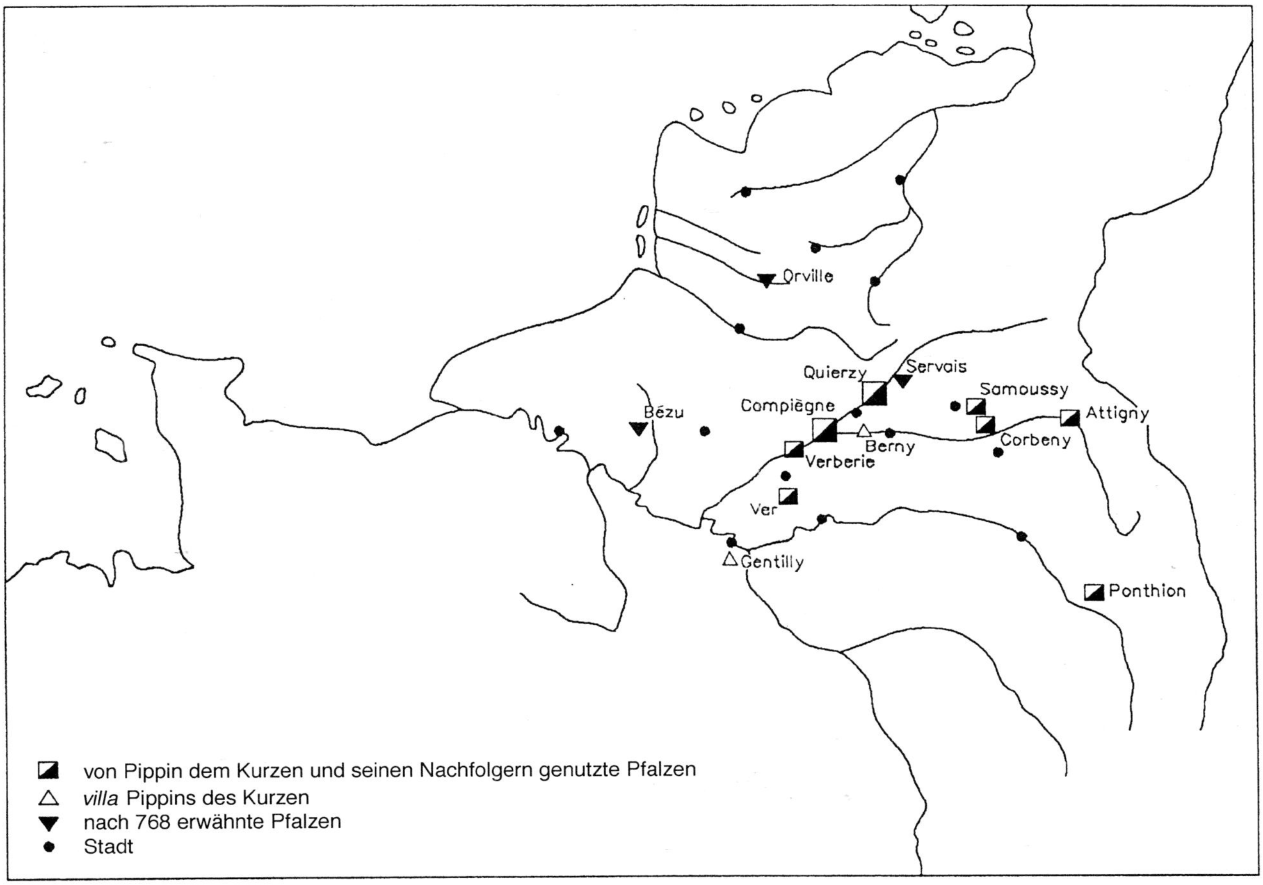

Abb. 1 Die karolingischen Pfalzen im westlichen Frankenreich (751–877)

den in Attigny erwähnten Tore deuten auf ein abgeschlossenes Gelände mit Repräsentationsgebäuden hin, die, wie z. B. in Doué-la-Fontaine, eine reich ausgestattete Palastanlage bildeten (*praecelsa palatia*). Die Vorstellung davon bleibt jedoch mehr als vage. Der Reichtum mißt sich vor allem an der Überlieferung von zahlreichen Bauteilen und Gebäuden mit mehr oder weniger ausgeprägten Funktionen, die diese Orte zu regelrechten Labyrinthen machten. Er mißt sich jedoch ebenso an der Qualität der Materialien, die für die Repräsentationsbauten verwendet wurden. Die *sala* in Annapes war aus Steinen gemauert, ebenso wie die Bauteile, die in Saint-Denis und Samoussy ergraben wurden, was das Vorhandensein von Holzbauten jedoch nicht ausschließt.

Die Kostbarkeit der eingesetzten Materialien läßt sich am Beispiel von Compiègne gut aufzeigen (Abb. 2). Bei Grabungen, die in der Nähe der Hauptgebäude durchgeführt wurden, kamen zahlreiche Fragmente aus wiederverwendetem römischem Marmor zutage, die zweifellos von einem zerstörten Herrschaftshaus in der Nähe stammen. Darüber hinaus ist bekannt, daß das kostbare Material auch für den Kirchenbau verwendet wurde. Die prächtige Ausstattung steht in engem Zusammenhang mit dem hohen Rang und der repräsentativen Funktion, die diese Gebäude erfüllen mußten.

Das Verhältnis von *aula*, *camera* und *capella* ist aus den Texten oft nur indirekt zu erschließen. Soviel aber läßt sich sagen: Der Profanbereich mit dem Königshof blieb vielfach unverändert, während der sakrale Bereich eine beträchtliche Erweiterung erfuhr.

II. Der profane Bereich

Die *aula* genannten Saalbauten werden in den Quellen kaum erwähnt, aber die Handlungen, die in den Pfalzen

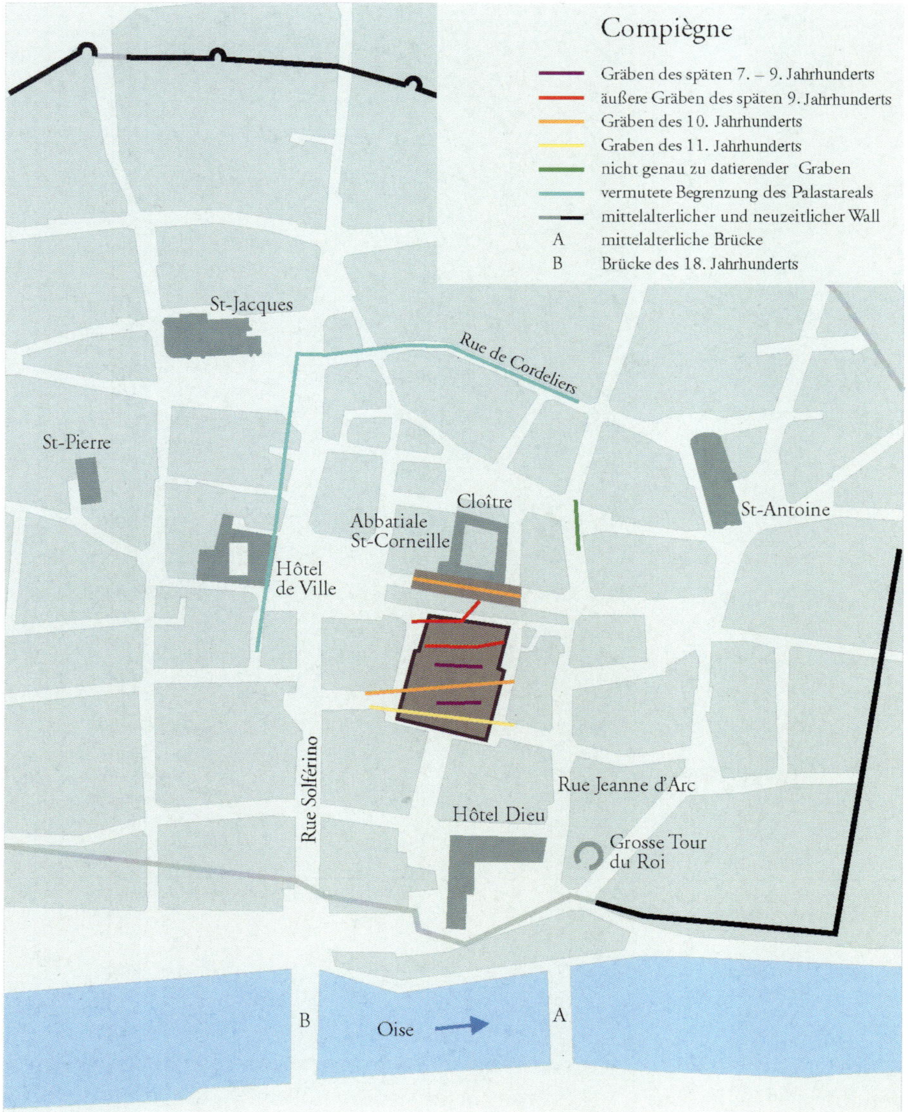

Abb. 2 Compiègne

vollzogen wurden, setzen ihre Existenz voraus. Ihre praktische und repräsentative Funktion blieb stets dieselbe. Sie waren der bevorzugte Raum herrscherlicher Machtausübung, prunkvoller Rahmen für Feste, aber auch eine offene, leicht erreichbare Zufluchtsstätte. In ihrer öffentlichen Funktion nahezu gleichrangig erscheint daneben die königliche *camera* (*thalamus*, *cubiculum* ...), ein Ort von geringerer Größe zur öffentlichen und privaten Nutzung, wo man, wie 920 in Soissons, Versammlungen in kleinerem Rahmen abhalten konnte. Die funktionale Aufteilung der Räume wird auch daran erkennbar, daß – wie z. B. in Ponthion – die Gemächer des Königs von denen der Königin getrennt sind.

Was den Aufriß betrifft, so entzieht sich die architektonische Gestalt dieser Gebäude weitgehend unserer Kenntnis. So wurden etwa für den Typus der *aula* erst zwei Beispiele ergraben: in Saint-Denis, wo man möglicherweise die *domus* Karls des Großen freigelegt hat, und in Samoussy, wo ältere, unzulängliche Grabungen schwer zu datierende Fundamentreste (9. oder 11. Jahrhundert?) zutage gebracht haben. Grundsätzlich war für die Funktion der *aula* ein großes Raumvolumen erforderlich. Die Grundrisse in Saint-Denis und in Samoussy besitzen die klassische, langgestreckte Form ohne Apsiden. Der Saalbau in Samoussy mißt 50 x 22 m und grenzt an einen 97 m breiten, halbrund geschlossenen Hof (Abb. 3). In

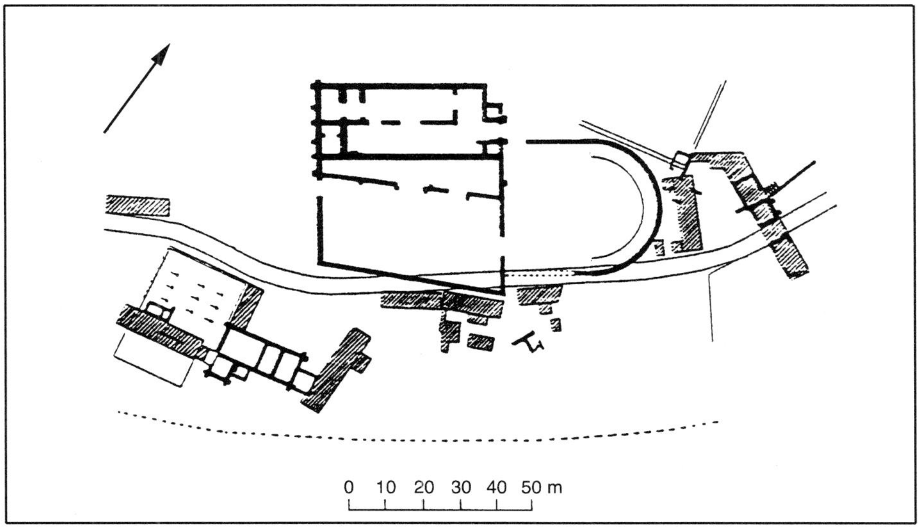

Abb. 3 Sammoussy, Grundriß der Pfalzanlage

beiden Fällen läßt der Grundriß eine Binnengliederung erkennen und legt die Ausbildung eines Obergeschosses nahe, das möglicherweise an den Seiten über Treppentürme zugänglich war. Obergeschosse werden in den Quellen gelegentlich erwähnt, so etwa für Annapes.

Über die dem Herrscher vorbehaltenen Privatgemächer ist noch weniger bekannt. Ihre Funktion legt eine Aufteilung in kleinere und vor allem noch wesentlich stärker untergliederte Bereiche nahe. Muß man sie sich getrennt von den Repräsentationsräumen vorstellen, oder waren sie in diese integriert? Dies dürfte sicherlich von der Bedeutung der jeweiligen Pfalzanlage abhängig gewesen sein. Sie enthielten Einrichtungen, die das Alltagsleben erleichterten (Kamine in Annapes), sowie Zierelemente, die die repräsentative Wirkung unterstrichen (Wandbehänge in Ponthion).

III. Erweiterung des Sakralbereichs

Die Ereignisse, die inmitten dieser Anlagen stattfanden, lassen darauf schließen, daß die Pfalzen vielfach auch über ein sakrales Zentrum verfügten. Doch war dies, insbesondere bei bescheideneren Anlagen, keineswegs zwingend. Je nach Bedeutung und Zweckbestimmung gab es unterschiedliche Möglichkeiten der Ausgestaltung des sakralen Bereichs, von einfachen bis hin zu komplizierten Formen – als Privatoratorien, Reliquienkapellen, Kollegiatstifte oder Kirchen mit unterschiedlichen Funktionen. Allgemein aber gilt, daß der sakrale Bereich immer stärker erweitert wurde. Er spiegelt damit zugleich die Entwicklung zu einer sakral legitimierten Monarchie wider, die in der Kirche ihre feste Stütze fand, aber auch den Wunsch, sich angesichts der äußeren Zwänge unter den Schutz der Reliquien zu stellen, für die man *capellae* errichtete. Vorformen hierfür finden sich schon im 7. Jahrhundert in der Doppelanlage von Clichy-Saint-Denis, deren Komponenten zwar getrennt sind, aber aufgrund der topographischen Gegebenheiten dennoch eine in sich zusammenhängende Einheit bilden.

Im weiteren Verlauf der Entwicklung kommt es zur Ausprägung zweier unterschiedlicher Arten von Pfalzanlagen, die auch unterschiedliche Bedeutung tragen: Die erste ist die unmittelbar mit einem Kloster verbundene Pfalz. Dieser Typus entstand am Beginn des 9. Jahrhunderts noch unter der Herrschaft Karls des Großen. Bei einigen dieser Bauten handelt es sich lediglich um königliche Aufenthaltsräume, die in ein Kloster integriert sind, wie z. B. in Saint-Denis. Sie gehen im übrigen auf die wohlbekannte Praxis des königlichen Gastungsrechts zurück. Andere gleichen eher selbständigen Pfalzen, die an Klosteranlagen angegliedert wurden. Dies gilt beispielsweise für Saint-Jean in Laon. Der Herrscher schließt sich dabei einem schon bestehenden kirchlichen, in der Regel suburban gelegenen Komplex an, zu dem er bereits seit langem dauerhafte Beziehungen unterhielt.

Etwas später entwickelte sich unter dem Einfluß des Herrscherhauses ein zweiter Typus, dem eine besondere Symbolkraft innewohnte. Er tritt erstmals unter Karl dem Kahlen und Karl dem Einfältigen auf, beides Herrscher, die sich am Vorbild Karls des Großen orientierten und sich auf die kaiserliche Tradition beriefen. Nur die größten und bedeutendsten Pfalzen wurden von dieser Entwicklung berührt. In Compiègne folgte auf die von Karl dem Kahlen gegründete, 875 geweihte Kirche Notre-Dame die Errichtung eines aufwendigen Bauwerks und eines *claustrum cleri*. Karl der Einfältige stellte die von einem Brand zerstörten Bauten nach 917 wieder her. Der Sakralbereich wurde durch die Errichtung des kleinen Kollegiatstifts Saint-Clement mit Bestattungsfunktion noch weiter ausgebaut. Des weiteren wurden das im 11. Jahrhundert erwähnte Oratorium im Turm und die angrenzende Kapelle, die 921 gebaut wurde, um die Gebeine der hl. Walburga aufzunehmen, errichtet. In Attigny gab es einen ähnlichen Vorgang mit der Gründung einer Kapelle für die Reliquien der hl. Walburga im Jahre 916 durch Karl den Einfältigen und der Errichtung einer Klausur für 12 Kanoniker.

Was die Architektur dieser Bauten betrifft, so sind es vor allem die Schriftquellen, die hierfür aufschlußreiche Hinweise bieten; dies gilt insbesondere für die berühmte Beschreibung der Pfalzkapelle Notre-Dame in Compiègne in den „Aulae Siderae“ des Johannes Scotus. Das 870/875–877 gegründete Bauwerk ist eine Kopie der Aachener Pfalzkapelle. Es wird als prachtvoller Tempel bezeichnet, der sich über Marmorsäulen erhebt und mit kostbarem Schmuck versehen war (Wandmalereien, Schmuckfußböden, Wandbehängen, Edelsteinschmuck, Gold etc.). Die Beschreibung läßt auf einen oktogonalen Zentralbau mit einer Empore für den König schließen. Das Oktogon war von einer Kuppel überspannt, die den imperialen Herrschaftsanspruch verdeutlichte. Nach dem Brand von 917 wurden dem Bau offenbar ein dem hl. Kornelius geweihtes Langhaus mit basilikalem Aufriß sowie Krypten und ein vorgelagertes Atrium hinzugefügt.

IV. Struktur der Pfalzanlage

Über die räumliche Anordnung von *aula*, *camera* und *capella* und ihre Verbindung untereinander ist aus den Quellen nur wenig zu entnehmen. Aula und Kirche als zentrale und sich ergänzende Pole der Macht lagen wohl oft in unmittelbarer Nähe. Dies ist für Compiègne sicher nachgewiesen und gilt auch für Doué-la-Fontaine und Reims als sehr wahrscheinlich. Waren sie miteinander durch Laufgänge verbunden? Für die großen Pfalzen liegt dies nahe, doch fehlt es hierfür an Belegen. Die Oratorien waren vorzugsweise in die weltlichen Herrschaftsgebäude integriert, so etwa in Reims (*cubiculum*) oder in Compiègne (*turris*).

Die oftmals eindrucksvolle Erweiterung des religiösen Bereichs zog häufig weitreichende Umstrukturierungen der Anlagen nach sich. Die Einfügung von Bauten in ein bereits bestehendes Kloster, wie auch die Errichtung von Kirchen und Klausurgebäuden, zwangen zu Veränderungen und hatten eine deutlichere Zweigliedrigkeit der Pfalzanlagen zur Folge. In Saint-Jean in Laon gibt es verschiedene Hinweise dafür, daß die beiden Höfe – der geistliche und der weltliche – innerhalb desselben Komplexes nebeneinander lagen. In Compiègne weisen die Größe des sakralen Bereichs – mit Notre-Dame, der späteren St. Kornelius-Kirche, im Zentrum – und die Errichtung eines an den Laienhof angrenzenden *claustrum cleri* in die gleiche Richtung. Dasselbe gilt für Attigny, wo sich an die Klausurgebäude Parzellen mit Gärten und Häusern anschlossen. Möglicherweise nimmt dieses Nebeneinander die spätere klare Zweiteilung höfischer Anlagen vorweg.

Ein gutes Beispiel für die Binnengliederung derartiger Pfalzanlagen bietet Attigny. Diese alte merowingische *villa* an der Aisne wird schon 750 „Pfalz“ genannt. Nach der Reichsteilung 843 gewann sie weiter an Bedeutung. Ihre Glanzzeit erlebte sie unter Karl dem Kahlen und Karl dem Einfältigen, der die Kirche St. Walburga und das zugehörige *claustrum* gründete. Im Jahre 978 fiel die gesamte Anlage einem Brand zum Opfer. Sie läßt sich unter der heutigen Gemeinde Sainte-Vaubourg lokalisieren und befindet sich nicht weit entfernt von der alten Römerstraße Reims – Trier, auf einer leichten Anhöhe, die sie vor Überschwemmungen schützte. Sie lag inmitten einer ovalen, weiträumigen Rodung, deren Umrisse heute noch sichtbar sind, und erstreckte sich bis zur Abtei St. Walburga, die 1102 an der Stelle des ehemaligen Kollegiatstiftes errichtet wurde. Der Katasterplan von 1846 zeigt drei oder vier große, zusammenhängende viereckige Areale (Abb. 4). Das ursprüngliche Dorf bildete sich um das Kollegiatstift St. Walburga herum und entlang der beiden Straßen, von denen die eine zur Kirche Sainte-Marie im Süden, die andere nach Attigny im Westen führte. Die Zerstörungen während des Hundertjährigen Krieges sowie jene des 16. und 17. Jahrhunderts führten zu einer Verdichtung der Besiedlung im Norden, die die Marienkirche außen vor ließ.

Über das Zentrum der Pfalz im 10. Jahrhundert läßt sich nur noch sagen, daß es sich westlich der Kirche St. Walburga und des *claustrum* befand, wobei sich dieses in Richtung Südtor erstreckte. Möglicherweise sind die Grenzen des Gebiets, die auch das Kollegiatstift einschlossen, in einigen der späteren Grenzmarkierungen

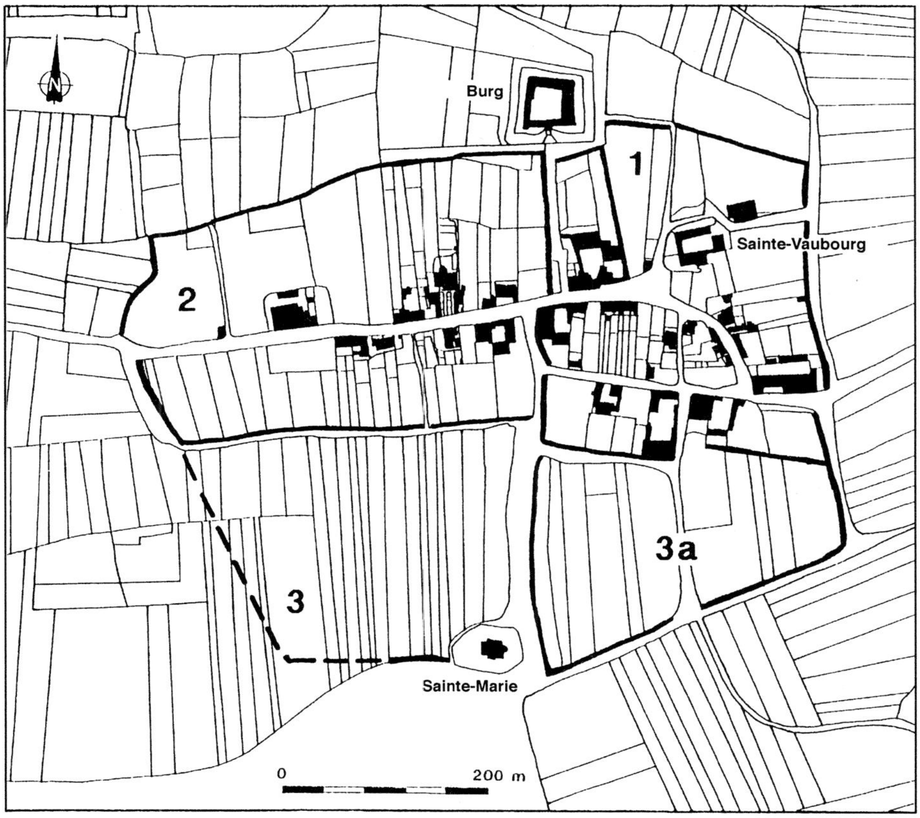

Abb. 4 Pfalz von Attigny, Katasterplan von 1846 mit der Kirche St. Walburga im Nordosten und der Marienkirche im Süden

noch ablesbar geblieben. Sie könnten dann dem Umfang der Teilbereiche 1 und 3a (13 Hektar), wenn nicht sogar der Gesamtfläche der Bereiche 1, 2, 3 und 3a (32 Hektar) entsprochen haben, was sowohl durch Schriftquellen als auch durch den Katasterplan nahegelegt wird. Wann die Marienkirche errichtet wurde, ist nicht bekannt, aber ihre Lage in der Nähe eines Tores folgt einer Bautradition, die sich bis in die Spätantike zurückverfolgen läßt. Es scheint also, als handle es sich hier um ein Beispiel für eine planvoll errichtete Gesamtanlage mit einer funktionalen Zweiteilung in einen weltlichen und einen sakralen Bereich.

V. Befestigung der Pfalzanlage

Die großen Pfalzanlagen waren Mikrokosmen, die zunehmend intensiver genutzt wurden und einem ständigen Wandel unterlagen. Durch die Errichtung von Befestigungsanlagen wurde dieser Wandel noch verstärkt und den Pfalzorten selbst zugleich eine gewisse Beständigkeit verliehen.

Der Bau der Befestigungen steht in Zusammenhang mit dem Ansturm der Normannen und Ungarn und den vielfältigen Unruhen, die diese Zeit prägten. So wurde Compiègne vor 917 zweimal niedergebrannt und danach, 945 und 978, noch zweimal geplündert. Ereignisse dieser Art zwangen zu mehrfachem Wiederaufbau und führten spätestens vom letzten Drittel des 9. Jahrhunderts an zur Errichtung von Befestigungsanlagen. Dabei lassen sich im wesentlichen zwei verschiedene Vorgehensweisen unterscheiden: Manche Orte, vor allem die kleineren, erhielten keine eigenen Verteidigungsanlagen, sondern stellten sich unter den Schutz einer benachbarten Festung (Samoussy und Laon). Die größeren Pfalzen hingegen, manchmal aber auch kleinere Anlagen wie Corbény, wurden entweder durch einen eigenen Wall gesichert oder nutzten, wie in Soissons, die Befestigungsanlage des Klosters, dem sie angeschlossen waren. Im Jahre 877 errichtete Karl der Kahle eine Befestigung für Compiègne und 869 für Saint-Denis, wo er Laienabt war. Laon wurde vor 949 verstärkt, Quierzy war, wenn man den Ergebnissen der damaligen Ausgrabungen glauben darf, von einer

Mauer umgeben. Die Entwicklung vollzieht sich demnach vor allem in den ländlichen, prä- und suburbanen Zentren, wenngleich dies keinesfalls verallgemeinert werden darf. Die im Niedergang befindlichen ländlichen Pfalzanlagen blieben davon unberührt.

Diese neuen Befestigungsanlagen folgten häufig den Grenzen der vorhandenen Siedlungen, was ihre große Ausdehnung und die Unregelmäßigkeit ihres Verlaufs erklärt. In Saint-Denis hat das *castrum* eine ovale Form und erstreckt sich über 12 Hektar (vgl. Beitrag Wyss, Abb. 1). In Quierzy gibt es zwei ovale Höfe, von denen der eine den anderen umschließt (Abb. 5). In Compiègne hat sich der Verlauf der Wallanlagen ständig verändert. Ihr genauer Umfang ist nicht bekannt, aber es scheint, als habe er eine viereckige Form gehabt und eine etwas geringere Ausdehnung als in Saint-Denis (Abb 2). Bei den Ausgrabungen in Compiègne wurden sechs Gräben freigelegt, von denen die ältesten noch vor der Zeit Karls des Kahlen ausgehoben worden sind. Ihre Anlage erweckt den Eindruck, als sei die Größe der Pfalz je nach den äußeren Umständen erweitert oder verringert worden.

Die Materialien, die für die Befestigung verwendet wurden, lassen sich nur selten bestimmen. In Saint-Denis waren Holz und Steine in der Wallanlage verbaut, gefunden wurden jedoch nur die Wassergräben.

Mauern wurden mit großer Sorgfalt errichtet. In Compiègne waren sie mit *propugnacula* (Vormauern) versehen und zeitweise von einem doppelten Graben geschützt. Eine ähnliche Anlage befand sich auch in Saint-Denis, wobei zumindest eines der Tore durch den Bau einer repräsentativen Zufahrt hervorgehoben war.

Parallel dazu vollzog sich aber wohl noch eine weitere Entwicklung: Es kam zur Errichtung von Türmen (*turres*), deren Zahl im 10. Jahrhundert noch erheblich zunahm. Dabei handelte es sich entweder um wiederverwendete alte Stadttürme oder um neu erbaute Befestigungstürme, gewissermaßen Vorläufer der Bergfriede. Es gibt in dieser Hinsicht nur zwei Bauwerke, die mit den Karolingern in Verbindung gebracht werden können: die *turris* Karls des Kahlen in Compiègne, die jedoch erst zu Beginn des 11. Jahrhunderts erwähnt wird, was ihre Zuschreibung wiederum fraglich erscheinen läßt, sowie der Turm der Pfalz in Laon, ein gemauerter Bau, der von König Ludwig IV. vor 949 errichtet wurde und den man neben dem Stadttor Saint-Jean vermutet hat. Im Jahre 988 wurde er durch Herzog Karl von Niederlothringen verstärkt, aufgestockt und mit einem Graben umgeben.

VI. Zusammenfassung

Die Erforschung karolingischer Pfalzen in Frankreich hat in den letzten Jahren große Fortschritte gemacht, aber die Lücken archäologischen Wissens sind noch immer er-

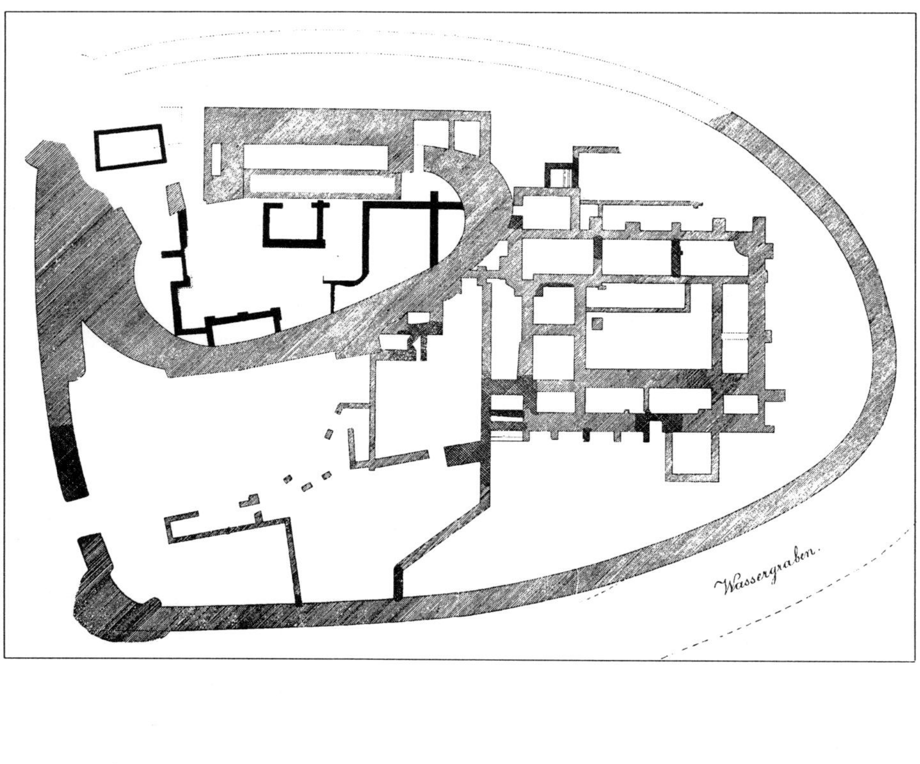

Abb. 5 Quierzy, Grundriß der Pfalzanlage

heblich. Dennoch kann eine positive Bilanz gezogen werden.

Die Untersuchung hat gezeigt, welchen Wandlungen und Entwicklungen diese Anlagen vor allem seit dem ausgehenden 9. Jahrhundert unterlagen und welche räumlichen und baulichen Veränderungen sich in dieser Zeit in ihnen vollzogen. Eine Reihe von Umgestaltungen läßt sich nur aus den politischen und religiösen Bestrebungen des karolingischen Herrscherhauses und dessen Machtanspruch erklären. Karl der Kahle und Karl der Einfältige stellten sich bewußt in die Herrschertradition Karls des Großen, was in einigen ihrer Pfalzen zu Erweiterungen des sakralen, aber wohl auch des weltlichen Bereichs führte und eine zunehmende Zweigliedrigkeit, ja sogar Zweiteilung des höfischen Bereichs zur Folge hatte. Andere Umstrukturierungen ergaben sich aus den äußeren Gegebenheiten. Unruhen und Verwüstungen machten Wiederaufbauten und Befestigungen erforderlich. Die dadurch entstandenen Neuerungen sind von besonderer Bedeutung. Sie verleihen den Pfalzen nunmehr den Charakter eines Mikrokosmos, ähnlich wie in den sich entwickelnden Städten, die hierfür als Vergleich dienen können.

Die Entwicklung der Pfalzen spiegelt bis in die Einzelheiten die Folgen der Renovatio Imperii, aber auch die daran anschließenden Krisen der karolingischen Herrschaft wider. Es muß jedoch betont werden, daß es im Grunde nur die wenigen großen Pfalzen waren, in denen sich diese Veränderungen unmittelbar vollzogen. Die in großer Zahl vorhandenen, aber nicht dokumentierten kleineren Anlagen sind davon deutlich abzusetzen. In ihnen fanden die Veränderungen zweifellos in wesentlich bescheidenerem Rahmen statt.

Literatur:

Josaine BARBIER, Le système palatial franc: genèse et fonctionnement dans le nord-ouest du regnum, in: Bibliothèque de l'Ecole de Chartes, 1990, 245–299. – Carlrichard BRÜHL, Palatium und Civitas. Studien zur Profantopographie spätantiker Civitates vom 3. bis zum 13. Jahrhundert, 1: Gallien, Köln/Wien 1975. – Fouilles de sauvetage sous la place du marché à Compiègne (Oise), 1991–1993. L'évolution urbaine de l'aire palatiale du Haut Moyen Age aux marchés médiéval et moderne, hrsg. v. Martine PETITJEAN (Revue archéologique de Picardie), Compiègne 1997. – Palais médiévaux (France – Belgique). 25 ans d'archéologie, hrsg. v. Annie RENOUX, Le Mans 1994. – Palais royaux et princiers au Moyen Age. Actes du colloque international tenue au Mans les 6–7 et 8 octobre 1994, hrsg. v. Annie RENOUX, Le Mans 1996. – Annie RENOUX, Palais et souveraineté en Francie occidentale (IXe – XIIIe s.), in: Aux sources de la gestion publique, 3, Lille, 1997. – Pierre RICHÉ, Les représentations du palais dans les textes littéraires du haut Moyen Age, in: Francia 1977, 161–171. – Georg WEISE, Zwei fränkische Königspfalzen. Bericht über die an den Pfalzen zu Quierzy und Samoussy vorgenommenen Grabungen, Tübingen 1923. – Michael WYSS, Atlas historique de Saint-Denis, Paris 1996.

Michael Wyss

Saint-Denis

Die Basilika von Saint-Denis, eine der vornehmsten Grablegen der französischen Monarchie, erhält ihre Bedeutung durch den Besitz der Reliquien des heiligen Dionysius, des ersten Bischofs von Paris, der zur Zeit der Christenverfolgung unter Kaiser Decius (249–251) den Tod durch das Schwert erlitt. Saint-Denis, heute ein Vorort von Paris, lag damals rund 9 km nördlich der Île de la Cité, östlich der Seine, in der Nähe einer römischen Fernstraße, die von Paris nach Rouen führte. An der Stelle der heutigen Basilika befand sich ein spätantikes Gräberfeld, das ab dem 3. Jahrhundert kontinuierlich belegt wurde. Das Alter der ersten über dem Märtyrergrab errichteten Me-

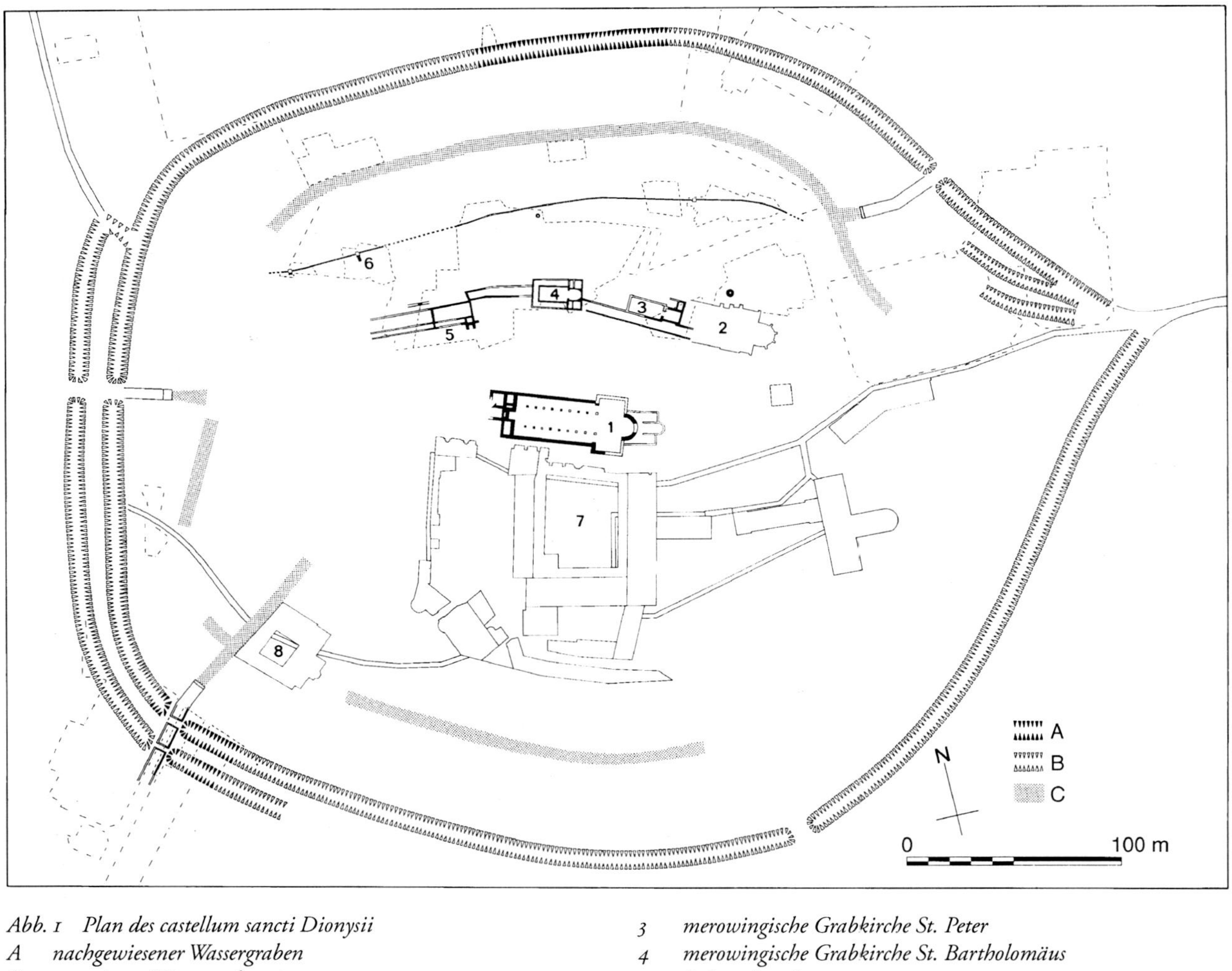

Abb. 1 Plan des castellum sancti Dionysii
A nachgewiesener Wassergraben
B vermuteter Wassergraben
C Straße
1 Abteikirche
2 Kanonikerkirche St. Paul (12. Jahrhundert)
3 merowingische Grabkirche St. Peter
4 merowingische Grabkirche St. Bartholomäus
5 Palastgebäude
6 Wasserleitung
7 Kloster (12.–13. Jahrhundert)
8 Krankenhaus (18. Jahrhundert)

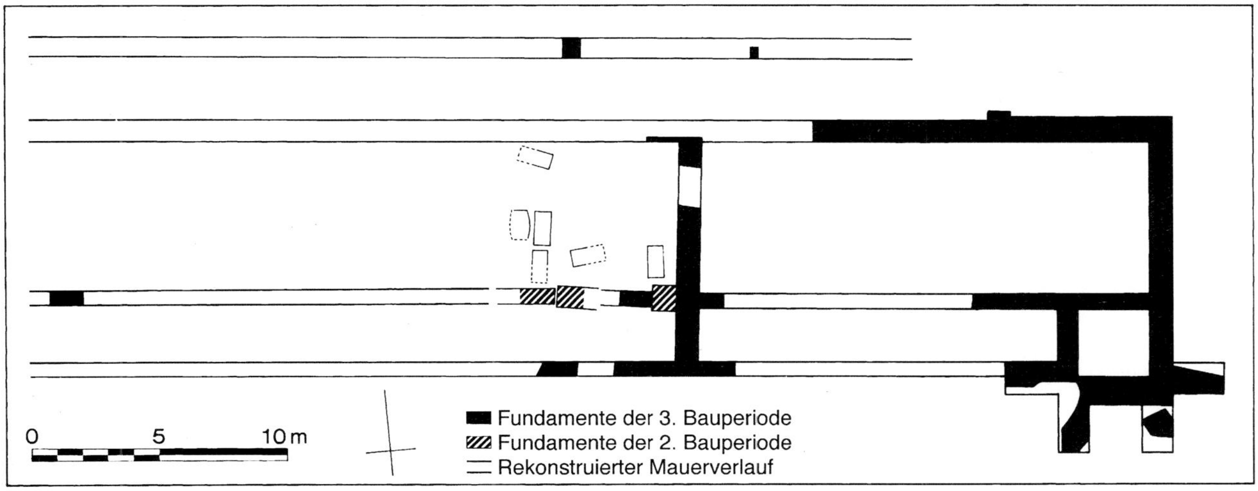

Abb. 2 Plan des karolingischen Pfalzgebäudes

morie ist umstritten, denn erst für das Jahr 475 bezeugt die Vita der hl. Genovefa den Bau einer Kirche.

Die seit 1973 im Zusammenhang mit dem Neubau des Stadtkerns großflächig (13 ha) angelegten Ausgrabungen erbrachten wichtige Erkenntnisse über die zugehörige ländliche Siedlung. Entscheidend für deren Entwicklung war das vom fränkischen Königtum geförderte Kloster. Besonders Dagobert I. dotierte die junge Klerikergemeinschaft am Grab des Heiligen mit königlichen Privilegien. Als Residenz bevorzugte der König die nur 3 km westlich gelegene Pfalz von Clichy. Von der engen Verbindung der beiden Orte zeugt die sogenannte Synode von Clichy, die im Jahre 626 oder 627 in einer Marienkirche im Atrium der Basilika tagte. Als bauliche Zeugen dieser Anlage betrachten wir einen im Norden der Basilika ergrabenen Gebäudekomplex (Abb. 1). Die an das merowingische Gräberfeld angrenzenden Begräbniskirchen waren an einer leicht gekrümmten Ost-West-Achse ausgerichtet und auf der Südseite mit gangartigen Annexbauten verbunden. Im Jahre 639 ließ sich Dagobert in der Basilika an der Seite des von ihm verehrten Patrons (*pecularis patronus*) beisetzen. Am Grabe hatte sich der König das fortwährend gesungene Psalmengebet einrichten lassen.

Das Interesse der frühen Karolinger an der Gestalt des hl. Dionysius führte zu einer erneuten Aufwertung des Klosters. So besuchte der junge Pippin in Saint-Denis die Klosterschule. Im Jahre 741 vermachte Karl Martell die Pfalz Clichy dem Kloster. Fortan darf in Saint-Denis mit einer Klosterpfalz gerechnet werden. Bei den Verhandlungen mit Rom, die zur Königserhebung Pippins führten, diente Abt Fulrad (ab 750) dem König als Ratgeber und Diplomat. Im Winter 754 wählte Papst Stephan II. die Dionysiusabtei als Ort der Salbung Pippins und seiner Söhne. Der König starb 768 in Saint-Denis und wurde gemäß seiner eigenen Anordnung am Eingang vor der Kirche beigesetzt. Im Jahre 775 weihte Fulrad in Gegenwart Karls des Großen seine neue Abteikirche. Der von Sumner McKnight Crosby freigelegte Grundriß und die Baubeschreibung des Jahres 799 geben uns aber nur ein unvollständiges Bild vom Neubau. Dem Grabungsbefund nach entsprach die Kirche einer römischen Basilika mit dreischiffigem Säulenlanghaus, östlichem Querhaus und einer Halbkreisapsis mit Ringkrypta. Problematisch ist der westliche Vorbau, der nach Aussage der bedeutenden Schriften Abt Sugers (1122–1151) einem *augmentum*, das Karl der Große über dem Grab Pippins errichten ließ, entspricht.

Aus derselben Quelle geht hervor, daß vor diesem Anbau die von Abt Fardulf (797–806) neu erbaute Pfalz lag (Abb. 2). Aufgrund dieser Lagebestimmung erwägen wir, die nordwestlich der Abteikirche ergrabenen Profanbauten mit diesem *palatium* zu identifizieren. Es kann aber beim gegenwärtigen Forschungsstand noch kein umfassendes Bild über das Aussehen der Bauten gewonnen werden. Von einer ersten spätmerowingischen Bauperiode zeugen einzig Putzfragmente mit farbiger Fassung, die entweder von einer Wand oder einer Decke mit Weidengeflecht stammen. Die spärlichen Farbreste lassen rote Streifen und Zickzacklinien erkennen. Auch das bei der

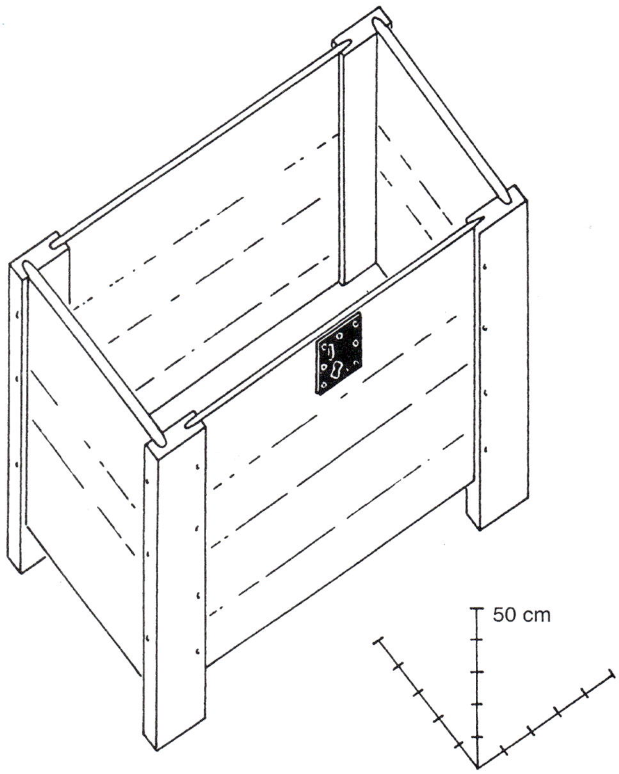

Abb. 3 Rekonstruktionsversuch einer Truhe

Grabung lediglich angeschnittene Fundament der zweiten Bauperiode läßt sich noch nicht deuten. Im Schutt der ausgebrochenen Mauer fanden sich in Fresco-Technik gemalte Putzfragmente. Ergiebiger ist der Bau der dritten Periode, dessen freigelegte Breite 14 m beträgt, bei einer beobachteten Länge von mindestens 50 m. Das sich in Ost-West-Richtung erstreckende Gebäude tritt aus der Flucht der Atriumskirchen hervor. Der Grundriß zeigt zwei große Säle, die auf der südlichen und wohl auf der nördlichen Seite durch Gänge verbunden waren. An der Süd-Ost-Ecke ist ein mit Strebepfeilern ausgestatteter Turm zu erkennen. Die Mauern besitzen eine äußerst gute Bauqualität. Dennoch gibt es für ein Obergeschoß keinen Beweis. Lediglich im westlichen Saal fanden sich Spuren aus der Benutzungszeit. Bei der Grabung traten vier Truhen und ein Faß zutage (Abb. 3). Sie waren ursprünglich so in den Boden eingelassen, daß die Deckel unter dem Estrich zugänglich blieben. In einer der aus Bohlen gezimmerten Truhen fand sich noch das Schloßblech. Die Einrichtung könnte als Versteck gedeutet werden. Eine mit dem Palast verbundene, dem hl. Cucufas geweihte Kapelle wird erst im 17. Jahrhundert erwähnt – in der nicht immer zuverlässigen „Histoire de l'abbaye de Saint-Denis en France" Jacques Doublets. Wir wissen nur, daß die Kapelle südlich des Eingangs der Abteikirche lag.

Rund 30 m nördlich des Profanbaus gab es ein sehr aufwendiges Wasserversorgungssystem (Abb. 1). Eine aus Kalksteinplatten hergestellte Leitung war in einen 2 m tiefen Graben hineingebaut (Abb. 4). Um deren Wartung zu ermöglichen, war der Graben nur halb zugeschüttet. Die Leitung hatte ein Gefälle von ungefähr 1 Prozent, und wir vermuten, daß sie das Wasser einer 700 m östlich gelegenen Quelle kanalisierte. Sie speiste drei Bassins, deren Becken aus Steinplatten mit Ziegelsplittmörtel gebunden waren. Formal sind sich die drei Bassins sehr ähnlich. Eine gerade, 1,40 m breite Treppe führte zum Wasserspiegel, der 1,50 m unter dem Bodenniveau lag (Abb. 5). Die 1 m tiefen Becken füllten sich bis auf die Höhe des Überlaufs. Die Anlage hat nur kurze Zeit funktioniert, und die Leitung war schnell verschlammt. Das

Abb. 4 Ausgrabung im Stadtzentrum mit Wasserleitung

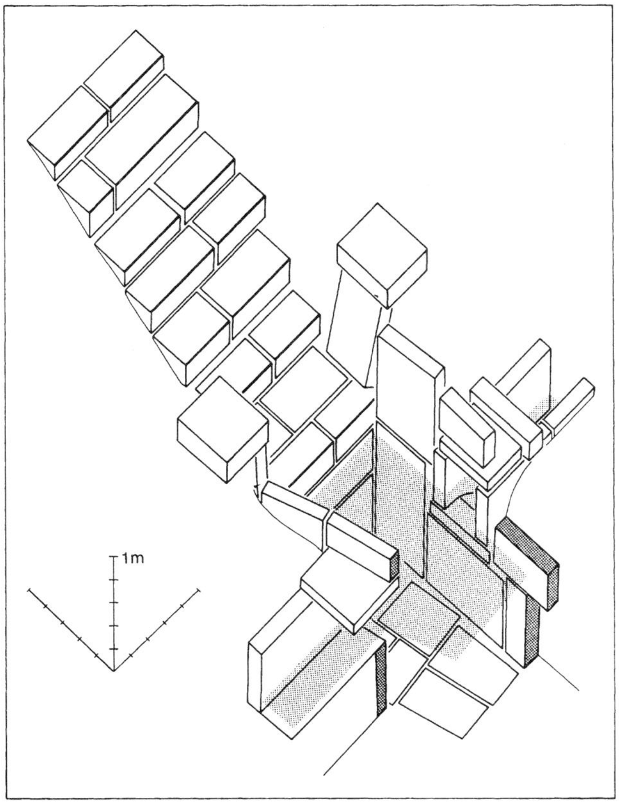

Abb. 5 Axionometrische Zeichnung des Bassins mit gedeckter Zuleitung und Überlauf

reichhaltige Kleinfundmaterial aus der Aufschüttung läßt sich in die zweite Hälfte des 8. Jahrhunderts datieren. Bemerkenswert ist die Fülle von Architekturfragmenten, wie Dachziegel, Hohlziegel von Luftheizungen und dünne Marmorplatten von Fußböden und Wandverkleidungen in der Art des sog. *opus sectile*. Scherben von Tatinger Kannen (Kat.Nr. III.40) und Bruchstücke von Trinkgläsern mit Reticellaverzierung spiegeln ebenfalls die gehobenen Wohnverhältnisse der Anwohner des Klosters wider. Zudem belegt der Fund einer Bleiplatte mit Probeabdrücken eines Prägeeisens aus der Zeit Pippins (Kat.Nr. VI.92), daß am Ort auch eine königliche Münzstätte tätig war.

Im Jahre 867 wurde Karl der Kahle Abt von Saint-Denis. Drei Jahre später ließ er das Kloster mit einem Kastell (*castellum*) aus Holz und Stein befestigen, um es vor den Normannen zu schützen. Die Ausgrabungen haben gezeigt, daß zu der Befestigungsanlage Wassergräben gehörten, die von einem über 7 km langen Kanal gespeist wurden. Das Befestigungswerk umschloß ein Areal von 400 bis 500 m Durchmesser und besaß vier Tore. Die 20 m hinter dem Wall angelegte Ringstraße umschloß die frühe Laiensiedlung, die sich später zur mittelalterlichen Stadt entwickelte.

Literatur:

Paul BENOIT u. Monique WABONT, Mittelalterliche Wasserversorgung in Frankreich. Eine Fallstudie: Die Zisterzienser, in: Die Wasserversorgung im Mittelalter (Geschichte der Wasserversorgung, 4), Mainz am Rhein 1991, 185–226, bes. 191–193. – Bernhard BISCHOFF, Eine Beschreibung der Basilika von Saint-Denis aus dem Jahre 799, in: Kunstchronik 34, 1981, 97–103. – Sumner MCKNIGHT CROSBY, The Royal Abbey of Saint-Denis from its Beginnings to the Death of Suger, 475–1151, hrsg. v. Pamela Z. BLUM (Yale Publications in the History of Art 37), New Haven/London 1987. – Jacques DOUBLET, Histoire de l'abbaye de Saint-Denis en France, Paris 1625. – Claude HÉRON u. Olivier MEYER, L'Environnement urbain du monastère de Saint-Denis, in: Les dossiers d'archéologie 158, 1991, 76–89. – Werner JACOBSEN, Die Abteikirche von Saint-Denis als kunstgeschichtliches Problem, in: La Neustrie. Les pays au nord de la Loire de 650 à 850; colloque historique international, 2, hrsg. v. Hartmut ATSMA (Beihefte der Francia 16/2), Sigmaringen 1989, 151–185. – Olivier MEYER, Un Coffre carolingien, in: Kat. L'Ile-de-France de Clovis à Hugues Capet, du Ve siècle au Xe siècle [Ausstellung Guiry-en-Vexin 1992–1993], Guiry-en-Vexin 1993, 245–248. – Josef SEMMLER, Saint-Denis: Von der bischöflichen Coemeterialbasilika zur königlichen Benediktinerabtei, in: La Neustrie: Les pays au nord de la Loire de 650 à 850; colloque historique international, 2, hrsg. v. Hartmut ATSMA (Beihefte der Francia 16/2), Sigmaringen 1989, 75–123. – Michael WYSS, Atlas historique de Saint-Denis: dès origines au XVIIIe siècle, Paris 1996. – Michael WYSS, L'Agglomération du haut Moyen Age aux abords de l'abbatiale de Saint-Denis, in: Wohn- und Wirtschaftsbauten frühmittelalterlicher Klöster. Internationales Symposium, 26.9.–1.10.1995 in Zurzach und Müstair, hrsg. v. Hans Rudolf SENNHAUSER (Veröffentlichungen des Instituts für Denkmalpflege an der ETH Zürich 17), Zürich 1996, 259–268. – Alfons ZETTLER, Eine Beschreibung von Saint-Denis aus dem Jahre 799, in: Kat. Mannheim 1996, 1, 435–437.

Holger Grewe

Die Königspfalz zu Ingelheim am Rhein

I. Ein Bauplan Karls des Großen für das Hofgut Ingelheim

„Karl erwies sich so, indem er sein Reich erweiterte und fremde Völker unterwarf, als großer Herrscher und war dauernd mit Plänen solcherart beschäftigt. Aber er begann auch zahlreiche Bauwerke, die dem Königreich zur Zierde und zum Nutzen gereichten; einige vollendete er auch. Als die wichtigsten davon gelten wohl nicht zu Unrecht die Kirche der heiligen Mutter Gottes in Aachen, die auf bewundernswerte Art und Weise gebaut wurde, und die Rheinbrücke bei Mainz, die fünfhundert Schritt lang war ... Auch begann Karl mit dem Bau von zwei herrlichen Palästen: einer war nicht weit von Mainz in der Nähe seines Gutes Ingelheim, der andere in Nijmegen am Flusse Waal ..." (Einhard, Vita Karoli, c. 17).

Neben den vier sicher zu erschließenden Aufenthalten Karls des Großen zwischen 774 und 807, der panegyrischen Schilderung einer *Regia domus* und einer *Aula dei* durch Ermoldus Nigellus und den Ortsnennungen in anderen Schriftquellen des 9. Jahrhunderts war es vor allem die Vita Karoli Magni des Einhard, die das Interesse der historischen Forschung auf Ingelheim lenkte. Vom bauhistorischen Standpunkt aus betrachtet, erschienen Untersuchungen gerade deshalb mit der Aussicht auf Erfolg durchführbar zu sein, weil der Standort der Ingelheimer Anlage, im Gegensatz zu einer Vielzahl anderer Pfalzorte aus karolingischer Zeit, eindeutig zu lokalisieren war. Der wehrhafte Ausbau der Pfalz in staufischer Zeit und die Weiternutzung dieser Wehranlagen in der Ortsbefestigung der „Im Saal" genannten Flur von Nieder-Ingelheim hat zu einer Tradierung des Pfalzgrundrisses in den Häuser- und Straßenfluchten bis in das bestehende Ortsbild geführt. Als die wichtigsten stehenden Reste dürfen gelten (Abb. 1): Abschnitte der vorgenannten Befestigung am Zuckerberg, deren älteste Teile mutmaßlich dem 12. Jahrhundert entstammen; die Saalkirche, deren Grundriß sich auf einen Sakralbau der Königspfalz des 10. Jahrhunderts zurückführen läßt, und schließlich die halbrunde Apsis und ein Rest der Ostwand des karolingischen Reichssaales. Aus den einzelnen Baugliedern ist jedoch weder der Gesamtgrundriß noch die Größe der Pfalzanlage ablesbar, die sich allein durch die Anwendung archäologischer Methoden rekonstruieren lassen.

II. Systematische archäologische Forschung seit 1909

Zeitgleich mit dem Beginn einer systematischen archäologischen Pfalzenforschung in Deutschland wurden auch in Ingelheim zwischen 1909 und 1914 Ausgrabungen unter der Leitung von Christian Rauch durchgeführt. Eine Rekonstruktion, die bedauerlicherweise bis heute stellvertretend für eine fachgerechte Vorlage von Funden und Befunden steht, wurde nach den Angaben des Ausgräbers 1931/32 als Gipsmodell angefertigt und fand als Rekonstruktionsgrafik darüber hinaus in der Fachliteratur, diversen Lexika und Atlanten weite Verbreitung. Aufgrund des weitreichenden Mangels an Vergleichsobjekten – nur aus Aachen lag ein ähnlich komplexer Grundriß vor – avancierte in der Folgezeit die rekonstruierte Form der Ingelheimer Pfalz zum Inbegriff einer karolingischen Pfalzanlage überhaupt (Rauch 1930, Jacobi/Rauch 1976).

Neue Ausgrabungen in den Jahren 1960–1970 unter der Leitung von Walter Sage konnten deutlich zeigen, daß diese Vorstellungen von der Baugestalt und Baugeschichte einer kritischen Untersuchung nicht standhielten (Sage 1962, 1968). Eine neue Rekonstruktion der Pfalz Karls des Großen, die 1975 ohne Beteiligung Sages entstand, bezieht eine im einzelnen nicht näher begründete Auswahl neuer Grabungsergebnisse ein. Trotz der zahllosen neuen Befunde, die es vor allem ermöglichten, einige bisher als karolingisch gedeutete Gebäude eindeutig einer jüngeren Entstehungszeit zuzuweisen, blieb auch die neue Rekonstruktion dem alten Grundriß weitgehend verpflichtet. Als neues Element erscheint nun eine burgartige Bewehrung der karolingischen Pfalz mit Ringmauer,

Abb. 1 Das Saalgebiet von Ingelheim mit den Bauresten der Königspfalz: Aula regia, Pfalzkirche, Ringmauer und vom Pfalzgrundriß geprägte Ortsstruktur (1993). Ansicht von Süden

Bastionen und Wehrtürmen (Weidemann 1975). Mit der Vorlage eines umfangreichen Vorberichts durch den Ausgräber wurde die Überzeugungskraft dieser und anderer Rekonstruktionselemente jedoch stark relativiert (Sage 1976).

Bauliche Veränderungen im Saalgebiet von Ingelheim haben 1993 zu einer Wiederaufnahme der Geländeuntersuchungen geführt (Abb. 2). Ein zweiter Schwerpunkt der aktuellen Forschung liegt auf der Auswertung der älteren Grabungen seit 1909, deren Funde und Grabungsdokumentation zusammengetragen werden konnten und die nun, zum Teil erstmals, einer Materialbearbeitung und Katalogisierung zugeführt werden. Alle Maßnahmen – Ausgrabungen und Auswertung – sind noch nicht abgeschlossen; eine Publikation der karolingischen Bauphasen ist in naher Zukunft geplant. In die folgende

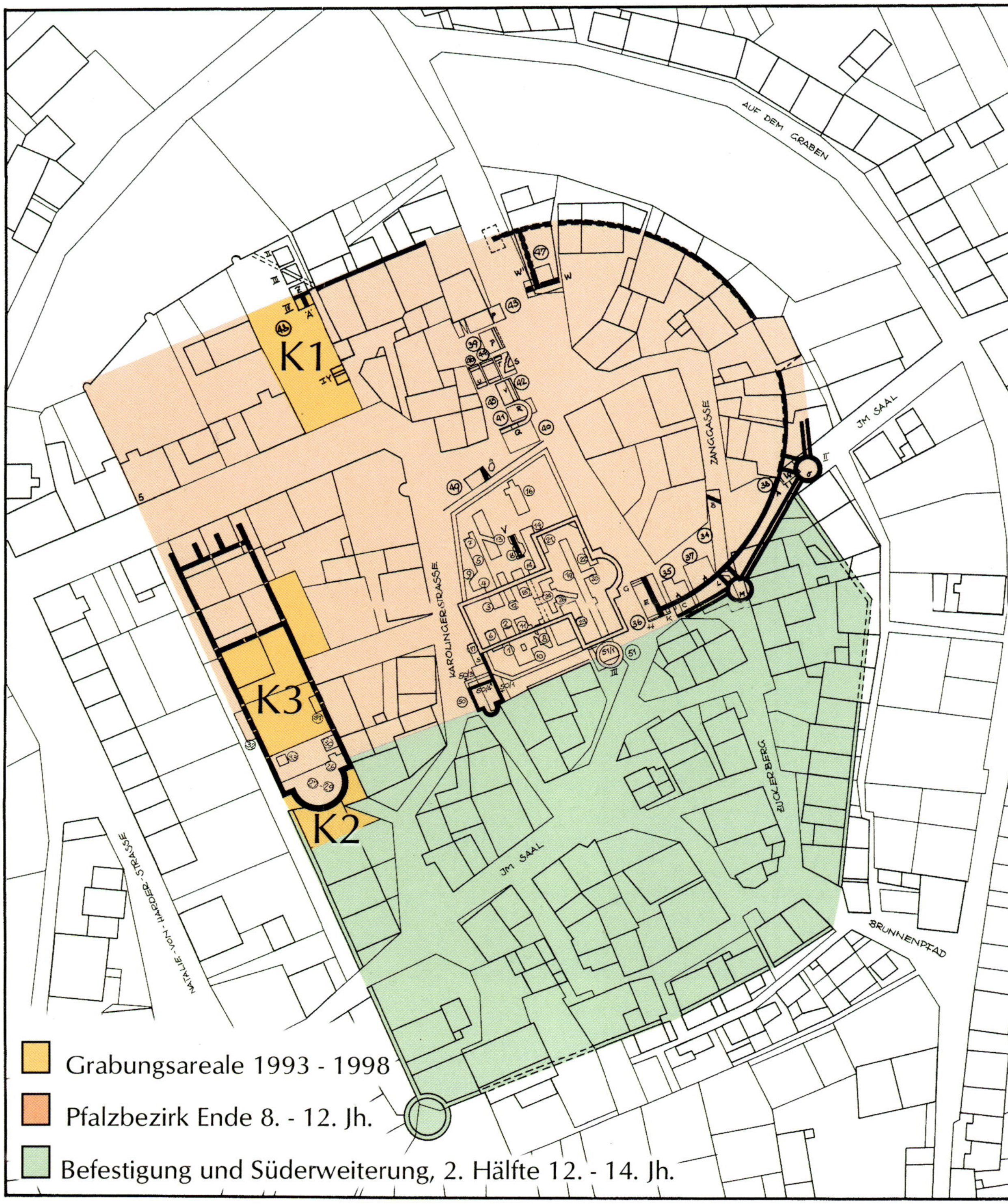

Abb. 2 Grundriß der Königspfalz Ingelheim mit staufischer Süd-Erweiterung. Auftrag der Grabungsareale 1993–1998 (Flächen K-1 bis K-3)

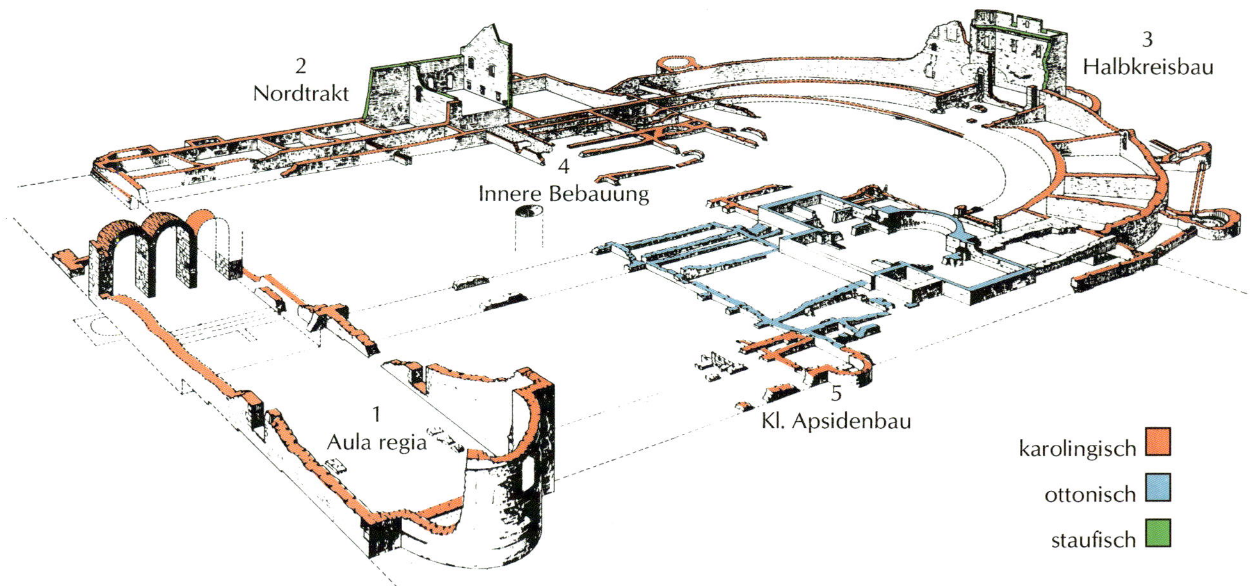

Abb. 3 Isometrische Darstellung zentraler Baubefunde der Königspfalz Ingelheim. Karolingische Gebäude: 1. Aula regia; 2. Nordflügel; 3. Halbkreisbau; 4. Innenbebauung; 5. Apsidenbau. Ansicht von Südwest

Schilderung der Pfalztopographie haben Tendenzen einer Neubewertung des Bauzustandes um 800 in Form von ersten Problemskizzen Eingang gefunden.

III. Das Hauptgebäude: Die Aula regia

Als das Hauptgebäude der karolingischen Pfalz darf die Aula regia gelten, ein Nord-Süd orientierter, einschiffiger Saal, dessen rechteckiger Grundriß auf einer der Schmalseiten eine eingezogene halbrunde Apsis aufweist (Abb. 3.1). Die Wände der Langseiten sind in ihrer Mitte von gegenüberliegend angeordneten Öffnungen durchbrochen. Im Gegensatz zur Aachener Aula, mit der der Ingelheimer Saal bei kleineren Abmessungen den Grundriß teilt, handelt es sich jedoch nicht um Nebenapsiden, sondern um seitliche Portale. Eine Grabung an der Außenseite der Aula-Westwand offenbarte, daß sich keine Hinweise auf hier anstoßende oder gar einbindende Mauern finden ließen. Die aus Sandsteinquadern gesetzten Wangen schließen innen wie außen vielmehr glatt ab und geben 2,25 m breite Durchgänge frei.

Eine genauere Kenntnis von der Ausstattung des Reichssaales konnte bei den jüngsten Ausgrabungen erlangt werden. Der älteste befestigte Fußboden zeichnet sich durch eine bis zu 0,4 m starke Rollierung, in diesem Fall ein aus Bruchsteinen gebildeter Unterbau, aus. Reste eines daraufliegenden Estrichs fanden sich nicht, wohl aber kleinformatige Steinplättchen, die zu einem opus-sectile-Boden gehört haben könnten. Nach ihrer Kleinteiligkeit und dem insgesamt geringen Vorkommen zu urteilen, könnte es sich jedoch ebenso um die Überreste einzelner Zierfelder handeln (Kat.Nr. II.65). In demselben geschlossenen Fundzusammenhang zwischen diesem und einem Boden des 10. Jahrhunderts wurden große Mengen von bemaltem Putz freigelegt (Abb. 4). Das Spektrum der Farben ist umfangreich, wobei neben den einfarbigen auch zwei- oder mehrfarbige Fragmente mit linearen Dekoren und Rankenmustern geborgen wurden. Das Vorhandensein eines Wandmalereizyklus, wie ihn Ermoldus Nigellus für die Aula und eine Kirche in der Pfalz Ludwigs des Frommen zu 826 beschreibt, findet allerdings durch den archäologischen Befund keine Bestätigung (Lammers 1972). Keines der Fragmente deutet zwingend auf figürliche oder ornamentale Darstellungen, Inschriften oder ähnliches hin. Wenngleich deren vormalige Existenz in Anbetracht der geringen Größe aller erhaltenen Stücke nicht vollständig ausgeschlossen werden kann, erscheint eine Ausmalung mit linear umgrenzten Farbflächen wahrscheinlicher (Kat.Nr. II.66).

Der Haupteingang in die Aula darf angesichts der unbedeutenden Größe der Seitenportale auf der Nordseite

Abb. 4 Grabungsfoto der Ingelheimer Aula regia, 1994. Kulturschicht am inneren Fuß der Ostmauer. Karolingische Rollierung und Fußboden des 10. Jahrhunderts. Ansicht von Süden

vermutet werden. Tiefreichende Störungen im Bereich der ehemaligen Nordwand gestatten es allerdings nur mehr, deren Lage zu konstatieren. Ein erhaltener Rest der Nordostecke ermöglicht die Rekonstruktion der Saallänge von 38,3 m.

Hinweise auf den Zugang selbst lassen sich nur indirekt dem Bericht Philip Striglers von 1875 entnehmen, der anläßlich von Abrißmaßnahmen eine die ganze Aula-Breite einnehmende Dreibogenstellung entdeckte (Strigler 1883). Die aus Steinquadern errichteten Pfeiler geben drei Durchgänge von je 4 m Breite frei (Abb. 5). Die Bogenstellung endet mit glattem Abschluß 24,5 m nördlich der Aula. Über die bauliche Beschaffenheit des Zwischenraums können nur Mutmaßungen angestellt wer-

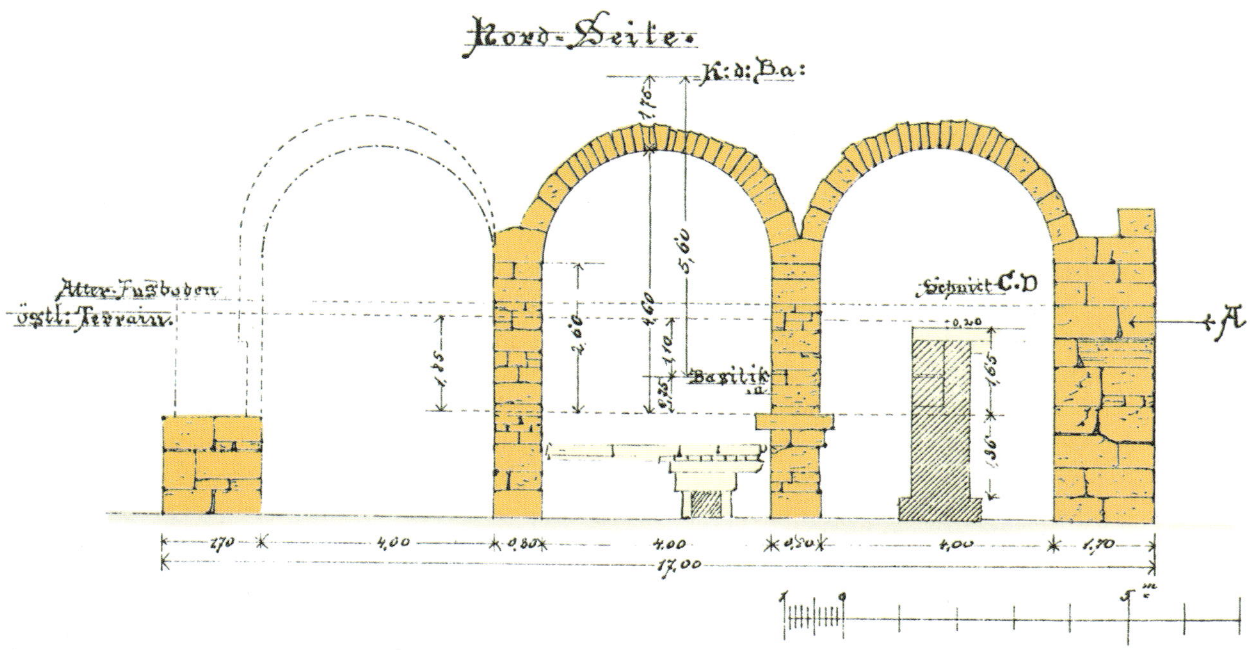

Abb. 5 Aufmessung eines dreischiffigen Portals nördlich vor der Ingelheimer Aula regia durch Philip Strigler von 1875. Nordansicht

den. Es könnte sich um einen offenen Vorhof ebenso wie um einen überdachten Narthex gehandelt haben. Der Befund ist undatiert. Die Bearbeitung des Mauerwerks und eine Fundkonzentration von Pyramidenstumpfkämpfern lassen an eine Entstehung in karolingischer Zeit denken. Die Fortsetzung der Aulaflucht nach Norden ist aufgrund ihrer über die Nordwand hinaus durchlaufenden Ostmauer jedenfalls mit Sicherheit anzunehmen.

IV. Repräsentation in großen Sälen: Der Nordflügel

Die Frage nach der Existenz und Beschaffenheit von verbindenden Baugliedern und das Problem der Anschlüsse von weiteren Gebäuden oder Anbauten im allgemeinen sollen in diesem Zusammenhang nur erwähnt werden. Zunächst sind uns die besser bekannten Gebäude wichtig, zu denen der im Nordosten der Aula regia gelegene Nordtrakt zählt (Abb. 3.2).

Der Gebäuderiegel von 59,8 m Länge und 11 m Innentiefe ist Ost-West orientiert und verläuft demnach rechtwinklig zur Aula. Sein Inneres ist in sechs Raumabteile von unregelmäßiger Breite zwischen 8 m und 13 m gegliedert. Ein zur südlichen Abschlußmauer parallel verlaufender Mauerzug darf als vorgelegter Gang, möglicherweise ein Peristyl (Säulenhof), gedeutet werden. Die Geländeoberfläche ist hier durch ein stärkeres Gefälle als im übrigen Pfalzareal gekennzeichnet, und die Bebauung endet in gerader Flucht an einer Hangkante. Es ist aufgrund des Geländereliefs als sicher anzunehmen, daß mit dem Nordflügel ein äußerster Punkt der Pfalzbebauung markiert wird. An der Ostseite des Flügels schließt quer abgewinkelt ein Baukörper an, der um 6,5 m aus der nördlichen Außenflucht verspringt. In dem Rechtecksaal von bedeutenden Maßen (23,5 m x 14 m) wurden bislang an keiner Stelle Hinweise auf eine Untergliederung des Innenraumes gefunden.

Die Funktion des Nordflügels ist mehrfach als Wohntrakt gedeutet worden, eine hypothetische Annahme, für die einschlägige Funde – zum Beispiel Spuren von Heizeinrichtungen – fehlen. Drei Altane, die den Raumabteilen 1 und 2 sowie dem großen Saal jeweils auf der Nordseite in zentrierter Position vorgelagert sind, dürfen aber in diesem Sinne als Hinweise auf eine beabsichtigte repräsentative Außenwirkung gedeutet werden.

V. Antikisierende Architekturzitate: Der Halbkreisbau

Der dritte Bauteil, der dem karolingischen Gründungsbau zugehört, ist der exedraartige Halbkreisbau im Osten der Pfalzanlage (Abb. 3.3). Dieser schließt an den Nordflügel an und führt mit einem Durchmesser von 89 m bis auf die Höhe des apsidialen Südabschlusses der Aula zurück. Es handelt sich um das nach seiner Form und Größe bemerkenswerteste architektonische Element der Pfalz, das dem Ingelheimer Palast seinen charakteristischen Grundriß verleiht. Zwischen den Umfassungsmauern lagen radial angeordnete Räume verschiedener Breite, die von einem Säulengang her betreten wurden. Dessen Existenz ist durch den Fund einer Säulenbasis in situ zweifelsfrei belegt; gleiches gilt für die von Pilastern eingefaßten Portale der Innenräume. Augenscheinlich sind die Architektur des Halbkreisbaues und die des Nordflügels aufeinander bezogen. Die Abfolge gleich breiter Raumabteile, das Fehlen einer inneren Untergliederung und der auf der Innenseite vorgelegte Gang zeigen die Verwandtschaft der Baumuster an.

Von den wenigen Befunden zur Fassadengestaltung der Pfalzbauten liegen für den Halbkreisbau die insgesamt umfassendsten Hinweise vor. Die äußere Erscheinung der Exedraarchitektur nämlich wurde von runden Vorlagetürmen dominiert. Diese waren über doppelte Halsmauern mit dem Halbkreisbau verbunden, welche zugleich die Eingänge zu den Türmen bildeten. Die unregelmäßigen Abstände der Turmreihe verdichten sich von den Kopfenden zum Scheitelpunkt des Halbkreisbaus. In dieser zentralen Position – die Türme geben einen Zwischenraum von 8,5 m frei – haben sich möglicherweise im heutigen „Heidesheimer Tor" die Überreste eines der Haupttore der Pfalz erhalten.

Über die Funktion der bogenförmigen Architektur liegen ebensowenig zwingende Hinweise vor wie für den vormals betrachteten Nordflügel. Daß es sich mit an Sicherheit grenzender Wahrscheinlichkeit aber nicht um Wehrarchitektur gehandelt haben wird, verdeutlicht folgender Befund: Die Vorlagetürme werden von einem gemauerten Kanal durchflossen. Dieser verläuft in den Türmen offen, im Außenbereich jedoch überwölbt und ehedem unterirdisch. Seine lichten Maße von 0,4 m x 1 m Öffnungsweite hätten das Unterminieren der Türme nur zu leicht ermöglicht. Es erscheint demgegenüber kaum anders möglich, als die Rundtürme in erster Linie als Teil jener Repräsentationsarchitektur anzusehen, die der Halbkreisbau selbst zuvorderst darstellt. Dessen Form und mehr noch der Säulengang auf der Hofseite sind schmückende Architekturelemente, welche den antikisierenden Gesamtcharakter der Pfalz Ingelheim am deutlichsten zum Ausdruck bringen (Kat.Nrn. II.59; II.60 u. II.63).

Ungleich schlechter als im Hinblick auf die beschriebenen drei Bauteile der karolingischen Pfalz sind wir von den übrigen Gebäuden unterrichtet. Gesicherte Kenntnis von der Existenz wenigstens eines weiteren Baukörpers vermittelten Grabungen in der südlichen Verlängerung des großen Rechtecksaals im Nordflügel (Abb. 3.4). Inmitten einer Vielzahl verschiedenartiger Mauern, über deren Funktion und Zeitstellung überwiegend Unklarheit besteht, finden sich die Reste von mindestens zwei halbrunden Apsiden, deren eine geostet ist. Ihre Bauweise und der stratigraphische Kontext weisen sie als karolingisch aus. Bemerkenswert ist die Häufung von Wand- oder Bodenplatten innerhalb dieses Fundareals sowie das Vorkommen von Stuckfragmenten. Es wird ein vordringliches Anliegen künftiger Ausgrabungen sein, dieses Gelände zu untersuchen, dessen Reste an Thermenanlagen, aber gleichermaßen auch an Sakralarchitektur denken lassen. Es kann nur mit größtem Bedauern festgestellt werden, daß in diesem Geländeausschnitt und auch weiter südlich am Zuckerberg erst in jüngerer Zeit großflächige und tiefreichende Bodeneingriffe stattgefunden haben, so daß ein Grabungserfolg nachhaltig gefährdet ist.

Schließlich sei noch auf einen kleinen quadratischen Raum mit Apsis hingewiesen, der in völlig isolierter Lage im „Südflügel" gelegen ist (dieses eine Terminologie, die kaum mehr zutreffend ist). Auch für diesen in paralleler Ausrichtung zur Aula regia angeordneten Bau ist eine karolingische Entstehungszeit anzunehmen (Abb. 3.5): An seine Nord- und Ostwand schließt jüngeres, vielleicht erst mit dem Kirchenbau des 10. Jahrhunderts in Verbindung stehendes Mauerwerk an.

VI. Die Topographie der Pfalz Karls des Großen

Die bisher genannten Gebäude können zum Bestand der karolingischen Pfalz gerechnet werden. Aufbauend auf der Beschreibung derjenigen Bauteile, welche sicher der ersten Bauperiode angehören, ergeben sich zwei Problemkreise: 1. Die Gesamttopographie – Fiktion einer randgeschlossenen Bebauung; 2. Die Sakraltopographie – Fragen nach dem Standort der karolingischen Pfalzkirche.

Das Problem der Ingelheimer Sakraltopographie in karolingischer Zeit ist besonders komplex: Dies wird zum Beispiel durch das Fehlen eines Pfalzstiftes, welches erst 1354 gegründet wurde, indiziert (Schmitz 1974). Darüber hinaus ist die archäologische Quellenlage erst in diesen Tagen durch neue Grabungsergebnisse erweitert worden. Hierzu zählen Ausgrabungen im Umfeld der St. Remigiuskirche und die Freilegung von Bestattungen in unmittelbarer Nachbarschaft zur Aula regia. Es wird einem künftigen Grabungsbericht vorbehalten sein, diese Befunde darzustellen und einzuordnen. Da eine nähere Betrachtung der beiden oben skizzierten Fragen den Rahmen dieses Berichtes sprengen würde, wird im folgenden nur mehr der erste genannte Aspekt, die Gesamttopographie, behandelt werden.

Unverkennbar sind die Bauglieder der karolingischen Periode nach ihrer Form und Anordnung bereits aufeinander bezogen. So ist die formale Verwandtschaft von Nordflügel und Halbkreisbau bereits herausgestellt worden. Aber auch die Lage der einzelnen Gebäude selbst läßt ihre Beziehung auf einen gemeinsamen Gesamtgrundriß deutlich hervortreten: Ihre Fluchten liegen parallel oder rechtwinklig zueinander, und ihre Außenmauern teilen gemeinsame Bebauungsgrenzen. Doch so deutlich wie ihre aufeinander bezogene Ausrichtung ist weiterhin sichtbar, daß die offenbar auf Geschlossenheit hin berechnete Gesamtanlage der Pfalz Ingelheim partiell offen und unvollständig ist. Es stellt sich die Frage, ob es sich hierbei um „weiße Flecken" handelt, die in dem gegenwärtigen Forschungsstand begründet sind, oder ob vielmehr der erste karolingische Bau – aus nicht mehr bestimmbaren Gründen – eine solche Geschlossenheit noch nicht besaß.

Kehren wir für die Klärung dieser Frage zur Aula regia zurück. Ein allseitig geschlossener Hof setzte voraus, daß es im Nordwesten – im Winkel zwischen Aula regia und Nordtrakt – eine Verbindung beider Flügel gegeben hat. Die nähere Betrachtung des westlichen Flügels zeigt jedoch: Das dreibogige Portal, das in einen vor der Aula regia gelegenen Vorhof oder Narthex führte, endet fortsetzungslos. Die Eckquader der Dreibogenstellung und ihre mittleren Pfeiler sind nach Norden glatt abgemauert. Dies allein stellte noch keinen unlösbaren Widerspruch zu einer Fortführung der Fluchten dar, wenn nicht im Nordtrakt analoge Befunde angetroffen worden wären. Dieser endet in der Flucht der Aulawestwand, und auch hier sind bis tief in die Fundamentzone hinab keine Fort-

Abb. 6 Ingelheim, Pfalz: Schnittplan der Grabungskampagne Christian Rauchs. Unbereinigte Bleistiftzeichnung der Grabungsflächen im nordwestlichen Pfalzbereich; gelb: fundleere Suchschnitte, blau: Bebauung um 1910, grün: gültiger Katasterplan

setzungen der Fluchten vorhanden. Die Feldzeichnungen der Grabungskampagne Rauchs zeigen im nicht publizierten, unbereinigten Stadium drei Schnitte, die über den erwarteten Verbindungsmauern eingetieft worden waren – aber befundleer blieben (Abb. 6). Das Ergebnis dieser Betrachtung ist eindeutig: Die Randbebauung der Pfalz ist im Nordwesten, im Winkel von Aula regia und Nordflügel, nicht geschlossen. Für die Rekonstruktion von ineinandergreifenden Flügeln (Jacobi/Rauch 1976) oder für einen ummauerten Vorhof mit Eingangsportal finden sich keine Hinweise.

Dieselbe Fragestellung gilt für den Südflügel. Die Ergebnisse der Grabungen Sages betreffen das Aussehen und die Baugeschichte der dort befindlichen Pfalzkirche (Abb. 7). Neben der Feststellung, daß es sich nicht um eine Basilika, sondern um eine einschiffige, kreuzförmige Kirche handelte, ist das zentrale Untersuchungsergebnis darin zu sehen, daß der Sakralbau frühestens in den Jahren nach 900 in den Pfalzkomplex eingegliedert wurde. Das Vorkommen von Scherben echter bemalter Pingsdorfer Ware in der Rollierung des zweifellos ältesten Fußbodens zeigte, daß die Kirche nicht Bestandteil der karolingischen Pfalz war. Spuren, die auf einen sakralen Vorgängerbau hindeuten würden, fanden sich indessen nicht. Die Kirche zieht über eine Kulturschicht mit Keramik des 9. Jahrhunderts hinweg, in deren stratigraphischem Kontext jedoch keine Baubefunde angetroffen wurden. Erst ein darunterliegender Horizont ist durch Gruben- und Pfostenhäuser gekennzeichnet, die jedoch einer fränkischen Besiedlung des 5./6. Jahrhunderts angehören. Eine karolingische Bebauung fand sich hingegen nicht, und auch in den außerhalb im Kirchhof gelegenen Grabungsflächen begegneten allein solche Mauern, die eindeutig auf die Kirche zu beziehen sind. Aus diesen Feststellungen ergibt sich, daß auf der Grundlage einschlägiger Grabungsergebnisse eine frühe, zeitgleich mit der Aula

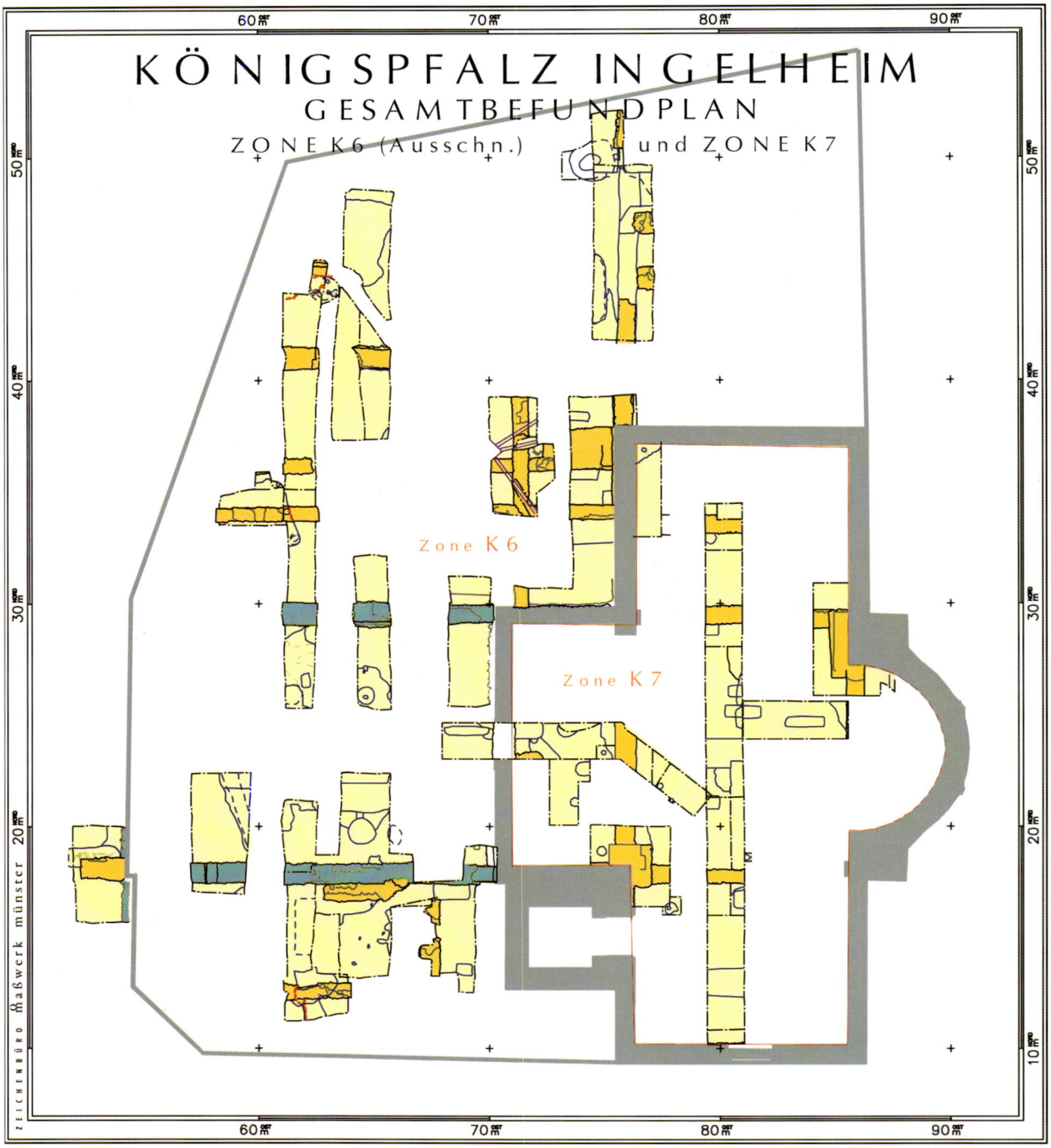

Abb. 7 Ingelheim, Pfalz: Schnittplan der Grabung von Walter Sage: Kirchhof (1960/61) und Saalkirche (1963); gelb: Baubefunde, blau: Kirchenschiff 10. Jahrhundert

regia entstandene Bebauung am Standort der späteren Pfalzkirche nicht erschlossen werden kann, ja sogar ausgeschlossen werden muß, nachdem Kirche und Kirchhof insgesamt von der Ausgrabung erfaßt worden sind.

Unsere Betrachtung der Architektur von West- und Südflügel hat ein Problem skizziert, das für die Rekonstruktion der karolingischen Pfalz von grundlegender Bedeutung ist: Der geschlossene Grundriß derjenigen

Modelle, die für eine lange Zeit unsere Vorstellung bestimmt haben, hält einer Überprüfung nicht stand.

Eine der Folgen dieser Feststellung soll abschließend skizziert werden. Hatten wir bei der Beschreibung der exedraartigen Architektur bereits einen Verteidigungszweck ausschließen können, so ergibt sich auf das gesamte Erscheinungsbild hin nun die Feststellung, daß eine Bewehrung, zumal wenn sie auf einer ringmauerartigen Befestigung aufbaut, nicht existiert haben kann. Die Pfalz Ingelheim war, wie die Mehrzahl der Pfalzen ihrer Zeit, eine unbefestigte Anlage.

Fassen wir abschließend noch folgende Gedanken zusammen: Die Wiederholung des Aula-Grundrisses in dem kleinen Apsidenbau und die Verwandtschaft der Raumgliederung von Nordflügel und Halbkreisbau lassen einen wiederkehrenden Formenkanon erkennen, welcher diesen Pfalzgebäuden der ersten Bauperiode zugrunde liegt. Zugleich deuten ihre Ausrichtung und die Orientierung an denselben Fluchten auf eine Raumordnung hin, welche nach ihrem Planideal auf eine geschlossene Form hin angelegt war. Diese Beobachtung wird von der Formensprache der Architekturelemente, insbesondere mit Blick auf die Aula und den exedraartigen Halbkreisbau, bestätigt. Sowohl im Grundriß als auch bei der Bauplastik und in der Innenausstattung ist der vielfache Rückbezug auf originär klassisch-antike und spätantike Vorbilder ablesbar. Es ist daher naheliegend, anzunehmen, daß die römische Palastidee mit ihrer monumental-geschlossenen, zu Höfen gruppierten Bauweise nicht ohne Einfluß auf den Ingelheimer Bauplan insgesamt war.

Wenn wir vorläufig von dieser Annahme ausgehen, so ist zuletzt nach den Gründen für den abweichenden, d. h. nach unserer Interpretation den nicht fertiggestellten Plan der ersten karolingischen Bauperiode zu fragen. Auf der Grundlage der bislang gesichteten archäologischen Quellen allein ist eine abschließende Antwort kaum möglich, nachdem weder lokal noch großflächig Brand- oder Zerstörungshorizonte und dergleichen mehr beobachtet worden sind. Eine Annäherung an dieses Problem gestatten demgegenüber jedoch die Herrscheritinerare. Sie bezeugen für die spätere Regierungszeit Karls des Großen erstens nur einen Aufenthalt im Jahre 807 und zweitens die besondere Hervorhebung Aachens unter allen anderen Residenzorten nach 800. Es ist wohl möglich, daß mit dem Einfluß der Idee einer fest installierten Kaiserresidenz eine Herabsetzung anderer Pfalzorte und eine nachrangige Behandlung anderer Bauvorhaben zugunsten Aachens als *sedes regni* einherging. Der archäologische Befund und die eingangs zitierte Schriftquelle kommen hierin zu einer vollständigen Deckung: *inchoavit ... palatia operis egregii* – „*er begann* mit dem Bau von herrlichen Palästen" (Vita Karoli, c.17).

Quellen und Literatur:

Ermoldus Nigellus. In honorem Hludowici christianissimi Caesaris Augusti Ermoldi Nigelli exulis elegiacum carmen, hrsg. v. Ernst DÜMMLER, in: MGH Poetae 2, 1864, 4–79 (ND Zürich/Berlin 1964). – Einhard, Vita Karoli Magni, MGH SS rer. Germ 25.

I. Grabungsberichte: Christian RAUCH, Die Pfalz Karls des Großen zu Ingelheim am Rhein, in: Neue deutsche Ausgrabungen, Münster 1930, 266–277 (Zusammenfassung der Grabungsberichte von 1910 und 1915 und „Wiederherstellungsversuch" der karolingischen Pfalz). – Walter SAGE, Vorbericht über neue Ausgrabungen im Gelände der Pfalz zu Ingelheim am Rhein, in: Germania 40, 1962, 105–116 (Erste stratigraphische Grabungen, Veröffentlichung von Schnittprofilen, neue Datierung der Pfalzkirche). – Hermann AMENT, Walter SAGE u. Uta WEIMANN, Die Ausgrabungen in der Pfalz zu Ingelheim am Rhein in den Jahren 1963 und 1965, in: Germania 46, 1968, 291–312 (Fortsetzung Kirchengrabung und neue Grabungsergebnisse zur Aula regia). – Walter SAGE, Die Ausgrabungen in der Pfalz zu Ingelheim am Rhein 1960–1970, in: Francia 4, 1976 (1977), 141–160 (Umfassender Grabungsbericht mit zahlreichem Planmaterial, neue Grabungsergebnisse zum Halbkreisbau). – Hans Jörg JACOBI u. Christian RAUCH, Die Ausgrabungen in der Königspfalz Ingelheim 1909–1914 (Monographien des Römisch-Germanischen Zentralmuseums Mainz 2), Mainz 1976 (Teilveröffentlichung von Grabungsfotos und -plänen, Wiederabdruck älterer Vorberichte, neuer Rekonstruktionsversuch von H. J. Jacobi).

II. Bau- und kunsthistorische Abhandlungen: Philip STRIGLER, Mittheilung des Architekten Ph. Strigler in Frankfurt a.M. über die im Jahre 1875 zum Abbruch gelangten Baureste in dem Saale zu Nieder-Ingelheim, in: Correspondenzblatt des Gesammtvereins der deutschen Geschichts- und Alterthumsvereine 10, 1883, 73–78. – Walther LAMMERS, Ein karolingisches Bildprogramm in der Aula regia von Ingelheim, in: Festschrift für Hermann Heimpel zum 70. Geburtstag am 19. Sept. 1971, 3, hrsg. v. Mitarbeitern des Max-Planck-Instituts für Geschichte (Veröffentlichungen des Max-Planck-Instituts für Geschichte 36/III), Göttingen 1972, 226–289 (Ausführliche Besprechung der Quelle von 826, problematischer Rekonstruktionsversuch, Ludwig der Fromme als Auftraggeber). – Konrad WEIDEMANN, Ausgrabungen in der karolingischen Pfalz Ingelheim, in: Ausgrabungen in Deutschland 2, Mainz 1975, 437–446 (Teilrezeption der Grabungsergebnisse 1960–1970, neuer Rekonstruktionsversuch, problematisch: Pfalzbefestigung im karolingischen Bauzustand). – Hans SCHMITZ, Pfalz und Fiskus Ingelheim (Untersuchungen und Materialien zur Verfassungs- und Landesgeschichte 2), Marburg 1974 (Umfangreiche Bearbeitung der Schriftquellen, bauhistorische Bezugnahmen und Einbeziehung archäologischer Ergebnisse).

Matthias Untermann

„*opere mirabili constructa*“

Die Aachener ‘Residenz’ Karls des Großen

Das erste Hochfest seiner Regierungszeit, Weihnachten 768, feierte Karl der Große in der *villa Aquis* (Aachen). Dieser römische Badeort mit seinen im späten 4. Jahrhundert zerstörten Thermenbauten an den warmen Quellen war bereits unter Pippin Zentrum eines Reichsgutbezirks geworden. Während der römische Ortsname unbekannt ist, wird ab 765 der mittelalterliche Name *Aquis* („bei den Wassern“), später auch *Aquisgranum*, in der schriftlichen Überlieferung faßbar; die Pfalz selbst (*palatium publicum*) ist erstmals 769 urkundlich genannt.

Karl der Große scheint schon früh beschlossen zu haben, diese Pfalz mit großem Aufwand auszubauen. Seit 788/789 wurde Aachen zu einem der wichtigsten Regierungsplätze, 794/795 zur Winterresidenz. In den Jahren zuvor hatte der Hof in dieser Region auch für längere Aufenthalte die benachbarten Pfalzen Herstal (bei Lüttich) und Düren benutzt. Die ungewöhnlich anspruchsvolle Gestaltung und Ausstattung der Pfalzgebäude (Abb. 1) zeigt, daß Aachen zu einer „Hauptstadt“ des Reichs wurde, in der sich nicht nur die königliche Verwaltung einrichtete, sondern auch zahlreiche Adelige feste Unterkünfte erbauten (*mansiones*). Neben der Pfalz entwickelte sich eine stadtartige, schon früh befestigte Siedlung (*villa, vicus*), die 1171 von Friedrich Barbarossa formelle Stadtrechte erhielt.

Die Marienkirche der Pfalz, die schon 829 als *capella* bezeichnet wurde, ist in Baugestalt und Ausstattung der bedeutendste erhaltene Sakralbau karolingischer Zeit; sie war kontinuierlich als Stiftskirche („Münster“) in Benutzung und dient heute Aachen als Bischofskirche. Auf den Grundmauern der monumentalen *Regia* (Königshalle) Karls des Großen erhebt sich seit dem 14. Jahrhundert das Aachener Rathaus; in Resten erhalten sind das Atrium der Kirche sowie ein steinerner Verbindungsgang zwischen Atrium und *Regia.* Andere Bauten der Pfalz sind durch Grabungen faßbar; in weiten Teilen ist jedoch die karolingerzeitliche Gestalt von Pfalz und *villa* Aachen noch gar nicht bekannt.

Die vielfältige Schriftüberlieferung bietet zwar zahlreiche Einblicke in die Strukturen von Pfalz und umliegender Siedlung; da aber diese Texte nicht einfach zu deuten sind, gibt es zahlreiche immer noch kontrovers diskutierte Hypothesen zu Baugestalt, Datierung und Rekonstruktion der Pfalzgebäude und der *villa* Aachen in der Zeit Karls des Großen. Trotz dieser offensichtlichen Forschungsprobleme blieben alle Ansätze zu detaillierter, kritischer Gesamtdarstellung und zu einer Auswertung der älteren Grabungen fragmentarisch; überdies waren qualifizierte archäologische Beobachtungen bei den zahllosen Baumaßnahmen im Stadtareal die Ausnahme. Der archäologische Kenntnisstand zum karolingischen Aachen geht, von *Regia* und Thermenbezirk abgesehen, noch kaum über die umfangreichen Grabungen vor dem Ersten Weltkrieg hinaus.

Die Pfalzkirche

Die Aachener Marienkirche wird bis zur Gegenwart von Baugestalt und Ausstattung aus der Zeit Karls des Großen geprägt (Abb. 2 u. 3). Zwar ist der karolingische Kernbau außen von Anbauten jüngerer Zeit umschlossen, doch wird der achteckige Innenraum höchst eindrücklich vom Bauentwurf der Zeit Karls des Großen geprägt, auch wenn die Plünderung durch Revolutionstruppen 1794 und die nachfolgenden Restaurierungen im 19. und frühen 20. Jahrhundert vieles verändert und überdies Wände wie Böden in wilhelminisch-prunkvoller Weise mit Marmor und Mosaik überzogen haben.

Die Kirche Karls erhebt sich über einem frühmittelalterlichen Kirchenbau (des 5./6. Jahrhunderts?), der in den Ruinen einer römischen Thermenanlage errichtet worden war und zu dem Bestattungen und Grabinschriften dieser frühen Zeit gehören (Abb. 4). Insgesamt lassen sich die erkennbaren Bauphasen dieser älteren Kirche noch nicht genauer datieren. Ihr Reliquienaltar scheint während der Bauzeit des Oktogons provisorisch weitergenutzt worden zu sein.

Der ungewöhnliche Zentralbautyp hebt den Kirchenneubau Karls des Großen über alle anderen Pfalzkirchen

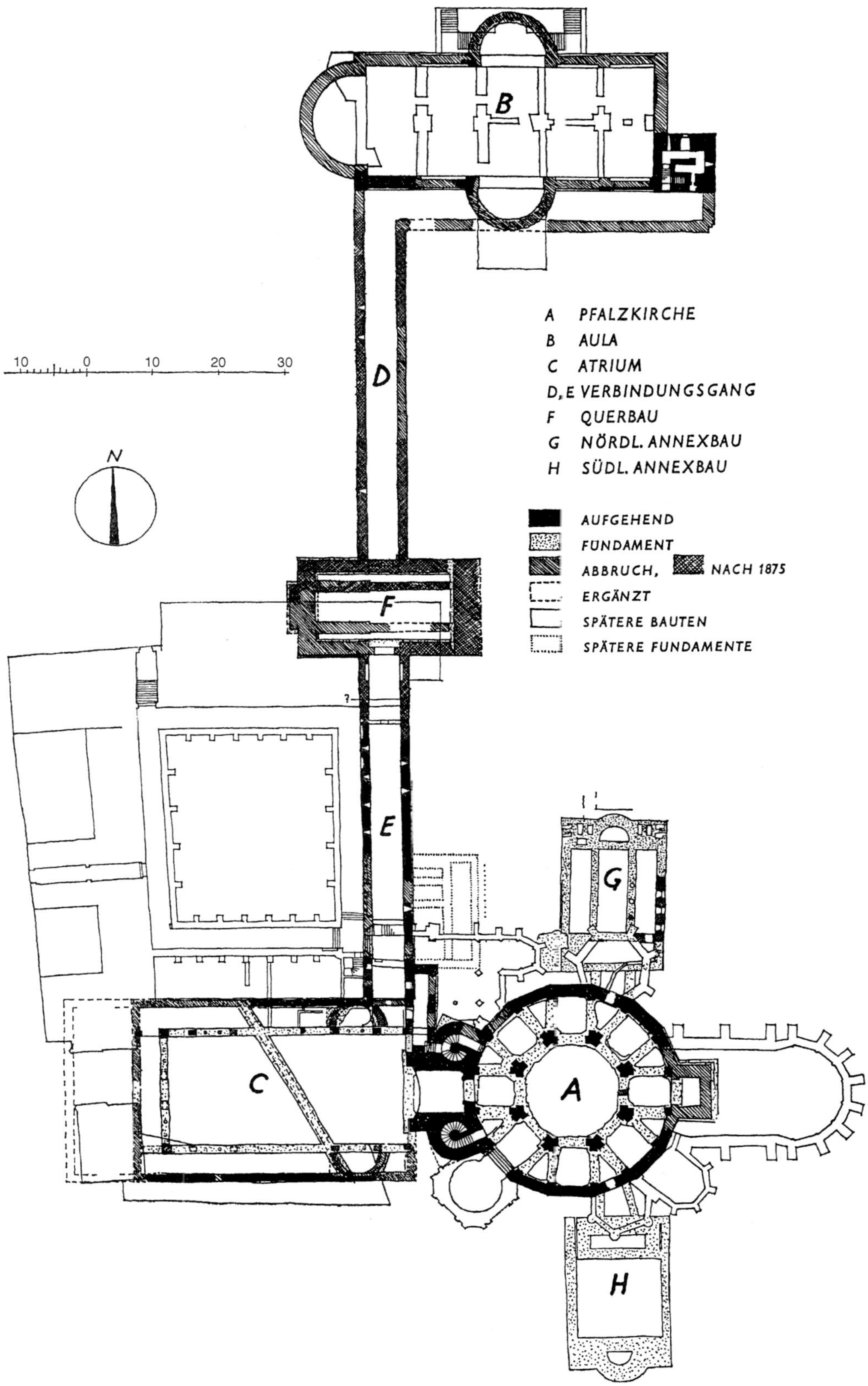

Abb. 1 Aachen, Pfalzbezirk (Bestand 1964)

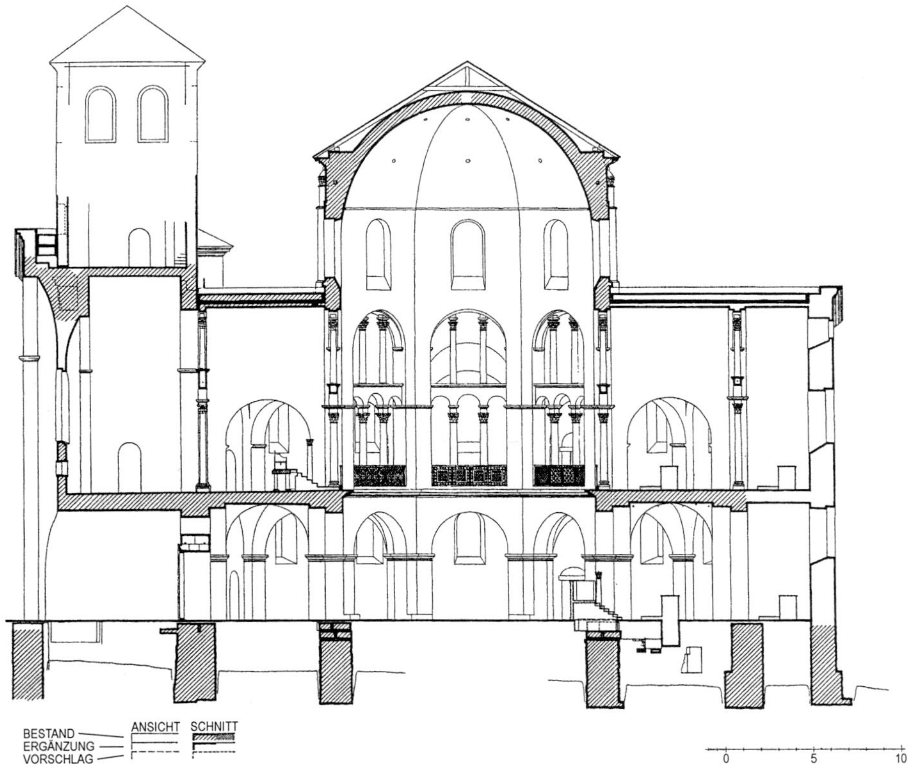

Abb. 2 Aachen, Pfalzkirche 798, Längsschnitt mit Rekonstruktionen des Westturms und der Chorapsis

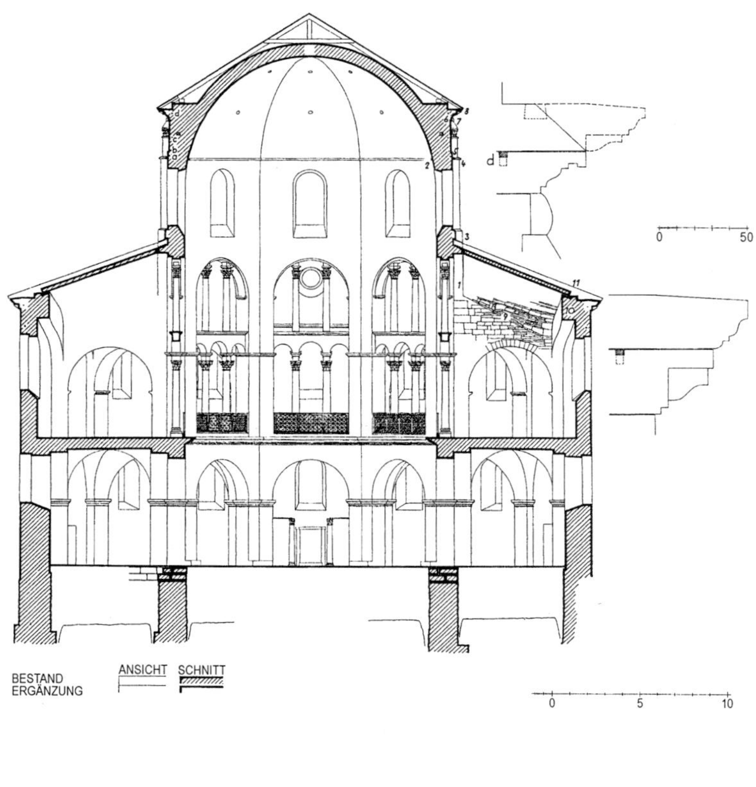

Abb. 3 Aachen, Pfalzkirche 798, Querschnitt

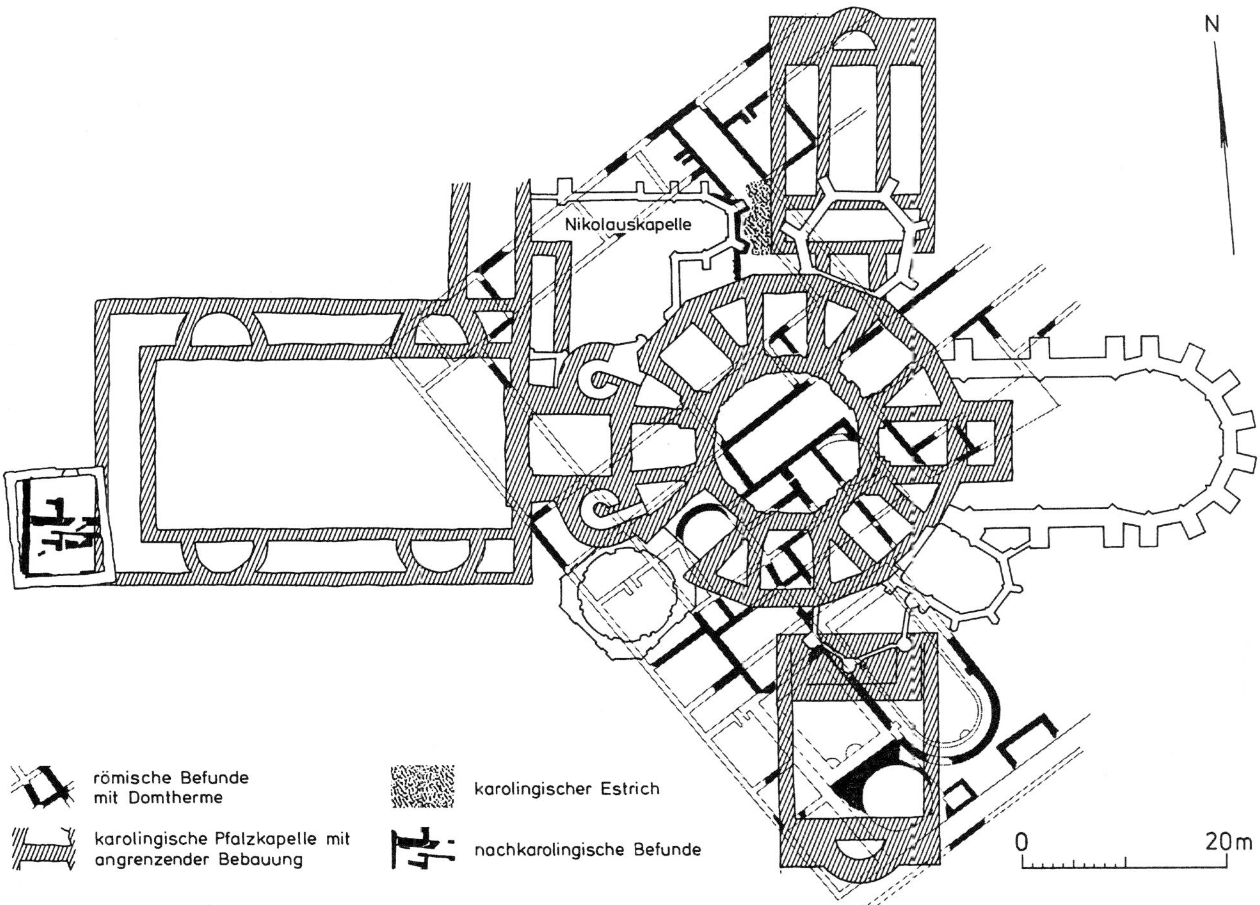

Abb. 4 Aachen, Münster. Gesamtplan mit Eintragung der Grabungsbefunde

seiner Zeit hinaus und weist ihm eine Ausnahmestellung im frühmittelalterlichen Kirchenbau zu – dies war sicherlich die Absicht des Bauherrn und ist schon von seinen Zeitgenossen so gesehen worden. Ein großer achteckiger, hoch aufragender Zentralraum wird umschlossen von einem zweigeschossigen Umgang, dem ein kleiner Altarraum im Osten (später ersetzt durch den gotischen Chor) und ein turmüberhöhter Eingangsbau im Westen angefügt sind. Zum Komplex dieser Kirche gehören weitere Gebäude: ein Säulenvorhof (Atrium) im Westen sowie ergrabene mehrteilige Anbauten im Norden und Süden.

Den Eingang zierte ein hoher, steiler Bogen vor einer apsisartigen Wandnische, der seitlich von den beiden Treppentürmen flankiert wurde. Die niedrige Vorhalle war zum Atrium hin offen und von einem Tonnengewölbe überspannt; über ihr befand sich ein später veränderter Emporenraum.

Der achteckige Mittelraum wird von allseits gleichartigen Wandfeldern umschlossen; die Lage von Eingang und Altarraum ist hier nicht erkennbar. Über den schweren Arkaden des Erdgeschosses verlief die Widmungsinschrift. Das Emporengeschoß öffnet sich in sehr hohen Rundbögen, denen jeweils ein horizontal geteiltes „Säulengitter" eingestellt ist, das erkennbar keine tragende Funktion hat: Zwei schlanke Säulen tragen einen von drei Bögen unterstützten Architrav; darüber reichen zwei weitere Säulen bis zum Arkadenscheitel hinauf, dem ein schmaler, sichelförmiger Bogen untergelegt ist (Abb. 5).

Bei den Säulen und Kapitellen handelte es sich um römische und byzantinisch-oberitalienische Spolien aus unterschiedlichen farbigen Materialien, die durch karolingische Kapitelle ergänzt wurden; die Abweichungen in den Maßen wurden durch unterschiedliche Basen ausgeglichen. Fast alle Kapitelle, alle Basen und zahlreiche Säu-

DOMINI TOTAM QUI CONSTRUIT AULAM
EFFECTUSQUE PIIS DAT STUDIIS HOMINUM QUORUM PERPETUI DECORIS STRUCTURA

len sind 1843/1847 neu geschaffen worden; einige der Originale blieben im Louvre bzw. im Aachener Dommuseum erhalten (Kat.Nr. II.69). Zwei besonders kostbare grüne Porphyrsäulen und zwei Granitsäulen, die Basen aus Bronze (römisch?) erhalten hatten, gehörten bis 1794 zu einer barocken Schranke; ihr ursprünglicher Standort ist unbekannt. Ergänzt wird das Säulengitter der Arkaden durch aufwendig gegossene Emporengitter, paarweise mit jeweils unterschiedlicher, antikisierender Ornamentik (1794 ausgebaut und um 1850 in veränderter Ordnung wieder angebracht). Eines dieser Gitter, vermutlich das östliche (heute im Westen) ist mit zwei Türflügeln versehen und konnte geöffnet werden – ohne daß der Zweck dieser Einrichtung zu erschließen ist.

Der Mittelraum wird durch hochsitzende Fenster belichtet und von einem achtteiligen Kappengewölbe von 30,6 m Scheitelhöhe und ca. 14,5 m Durchmesser geschlossen. Dieses Gewölbe war mit einem Mosaik geschmückt, das durch eine Zeichnung von J. Ciampini von 1690 überliefert ist (1879/1881 frei erneuert). An der Basis hatten sich die 24 Ältesten der Apokalypse von ihren Thronen erhoben und huldigten Christus in der Mandorla. Das Scheitelbild ist nach einer Gewölbeauswechslung (wohl im 12. Jahrhundert) erneuert worden; ob dort ursprünglich nur das Lamm Gottes dargestellt war, ist in der Forschung umstritten. In jedem Fall muß man das Mosaik als Stellungnahme zum byzantinischen Bilderstreit verstehen, der 790/794 auch im Frankenreich kontrovers diskutiert wurde.

Der rund um diesen Zentralraum geführte Umgang besteht aus wechselnd rechteckigen und dreieckigen Jochen, da das Gewölbe des Mittelraums von ansteigenden Tonnengewölben über der Empore abgestrebt wird (Abb. 6a u. b). Der Außenumriß wird dadurch sechzehneckig – allerdings wird dies dort nicht durch Gliederungen betont, während die acht Seiten des Tambours über dem Mittelraum außen durch Pilaster ausgezeichnet sind. Die Fußbodengestaltung im Erdgeschoß ist unbekannt; auf der Empore blieben zahlreiche Reste von Platten- und Stiftmosaikböden erhalten, die zum Teil von römischen Bauten stammen, zum Teil römische Techniken nachbilden (Kat.Nr. II.67–68). Im Westjoch der Empore steht seit der Krönung Ottos I. 936 ein Thron, auf dem er nach dem feierlichen Krönungsakt (im Atrium?) die Huldigung des Volkes entgegennahm.

Abb. 5 Aachen, Münster, Innnenansicht

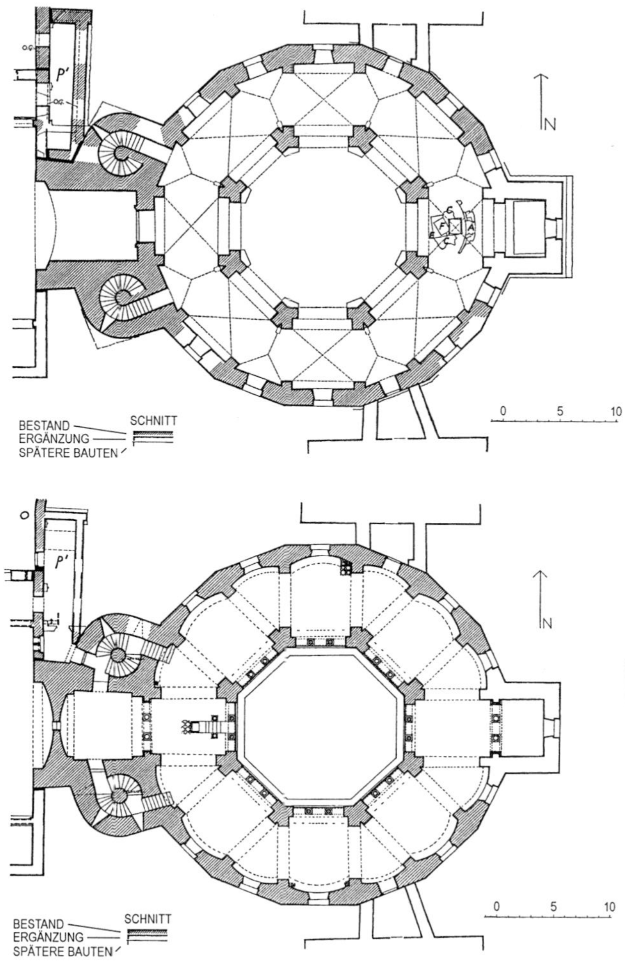

Abb. 6 Aachen, Grundriß des Münsters
a Untergeschoß
b Obergeschoß

Zu den schon im 9. Jahrhundert besonders beachteten Ausstattungsstücken gehören die fünf Bronzeportale der Kirche, die sich im Westportal und in den Erd- und Obergeschoßeingängen befinden und die von den seitlichen Anräumen in die Kirche führten. Vier von ihnen sind erhalten, die Erdgeschoßtür der Nordseite sogar am ursprünglichen Platz. Auch die Türflügel variieren antike Gliederungsmotive in eigenwilliger Weise: Eingetiefte, glatte Felder werden jeweils gerahmt von flachen Ornamentleisten mit Perlstab- und Zungenblattfriesen; die Türzieher werden, wie im Mittelalter später allgemein üblich, von Löwenköpfen gehalten. Der Guß der ca. 3,9 x 1,35 m (Westportal) bzw. 2,2–2,4 x 0,7 m großen Portalflügel mit 3,6–5,9 cm dicker Wandung, jeweils in einem Stück, war eine der bedeutendsten technischen

Leistungen der Zeit Karls des Großen. Der Standort der Gußwerkstatt wurde 1911 auf dem Katschhof nördlich der Pfalzkirche ergraben; zu den Fundstücken gehörte das Gußformfragment eines Türflügels (im Zweiten Weltkrieg verloren).

Aus der gleichen Werkstatt stammen die acht Bronzegitter der Emporen, deren Ornamentik in ähnlicher, teils recht genauer, teils freier Weise römische Vorbilder aufgreift, insgesamt aber ganz „unantik" eingesetzt wurde. Bemerkenswert ist auch der Brand von Backsteinen, die in den Anbauten der Pfalzkirche gefunden wurden. Zu den repräsentativen Spolien für Säulengitter und Fußböden kam die Verwendung von zahlreichen römischen Werkstücken Aachener Herkunft, unsichtbar in den Fundamenten.

Die Bauzeit der Pfalzkirche war lange umstritten; die dendrochronologische Datierung eines Ringankers (aus Holz) im Oktogon oberhalb der Säulengitter auf 776 +/- 10 Jahre belegt, daß der Bau dieser Kirche sicherlich vor Weihnachten 788 fertiggestellt war, als Karl die Reihe seiner häufigen Aachen-Aufenthalte eröffnete. Auch die Bronzeguß-Werkstatt muß damals längst gearbeitet haben; die Türflügel wurden nämlich, technisch bedingt, beim Aufmauern der Türgewände eingesetzt und nicht nachträglich zugefügt. Der berühmte Brief von Papst Hadrian I. (772–795), in dem er Karl gestattete, Säulen und Marmor aus Ravenna für seine (nicht näher bezeichneten) Bauten holen zu lassen, mag sich auf die Aachener Kirche beziehen.

Bedeutung und Vorbilder

Noch dem heutigen Besucher wird unmittelbar bewußt, daß Karl der Große mit dem Bau dieser Pfalzkirche etwas ganz Besonderes im Sinn hatte. Nach dem 4. Jahrhundert war auf dem Gebiet des fränkischen Reichs kein auch nur annähernd vergleichbares Gebäude entstanden, und auch Karl selbst hat keine zweite Kirche dieser Art bauen lassen.

Eine ungewöhnliche Leistung war schon der technische Bauaufwand: der Zentralbau mit seinem monumentalen, kuppelartigen Gewölbe und dem statisch komplizierten Strebesystem, die Großquaderbauweise und die Bauplastik des Innenraums, der schwierige Guß der zahlreichen Gitter und der großformatigen Türflügel. Dies hat bereits die Zeitgenossen beeindruckt: Schon bald hieß es, daß die Aachener Marienkirche „mit staunenswerter Kunst erbaut" (*opere mirabili constructa*) und „von bewundernswerter Größe" (*mirae magnitudinis*) sei. Die Chronik von Moissac (um 815) und Einhard in der Vita Karoli Magni (um 825/26) erwähnen ausdrücklich die Ausstattung mit ehernen Gittern und Türen; Einhard nennt auch die Säulen und Marmorplatten, die Karl aus Rom und Ravenna herbeibringen ließ. Der St. Gallener Mönch Notker (um 885) kann sich dieses Bauwerk nur erklären, weil Karl der Große es selbst entworfen und für den Bau Werkleute und Künstler „aus allen Ländern diesseits des [Mittel-]Meeres" angeworben habe. Bis heute ist es unmöglich, die Herkunft der verschiedenen Spezialisten genauer zu bestimmen, die um 780 diese antiken Bau- und Gußtechniken noch beherrschten – nur der Mittelmeerraum kommt in Frage.

Ebenso ungewöhnlich wie die Bautechnik ist die Baugestalt. Weder der Grundriß des Zentralbaus noch die aufwendige Wandgestaltung des Innenraums (mit dem „Säulengitter") dürften ein freier, rein künstlerischer Entwurf sein. Der Bauherr selbst – also Karl der Große – muß Vorbilder im Sinn gehabt haben, die er in seiner „Hauptstadt" nachbilden wollte – auch wenn uns für diese Fragen aussagekräftige Schriftquellen fehlen. Das unmittelbare Vorbild für den Innenraum ist die Kirche San Vitale in Ravenna, ein byzantinisches Bauwerk aus der Zeit Kaiser Justinians (547 vollendet; vgl. Beitrag Effenberger, Abb. 6). Ihr Hauptraum ist ebenfalls achteckig und wird von einem zweigeschossigen Umgang umschlossen (Abb. 7). Die Wände sind wie in Aachen durch große Säulengitter aufgelöst – freilich entspricht die Doppelgeschossigkeit der Säulenstellung hier dem dahinterliegenden Umgang. Die großen Arkaden des Erdgeschosses fehlen, dafür wechseln in Ravenna gerade und rund ausschwingende Oktogonseiten einander ab. Das Gewölbe des Mittelraums wurde mit leichten „Wölbtöpfen" gebaut, deshalb konnte der Umgang flachgedeckt bleiben. Eine sehr ähnliche Kirche aus dieser Zeit steht in Konstantinopel selbst (Hagios Sergios und Bacchos).

In Aachen wurde das Säulengitter rein „dekorativ" eingesetzt. Außerdem hat man diese Wandgliederung ringsum geführt, ohne sie (wie in Ravenna und Konstantinopel) für den Altarraum zu unterbrechen. Beide Beobachtungen zeigen deutlich, daß Bauherr und Baumeister in Aachen diese Vorbilder nicht detailliert kopieren wollten, sondern daß vermutlich nur eine grobe Skizze von Grundriß und Wandaufriß sowie Erinnerungen an Raumstruktur und Kuppelgewölbe vorlagen. Die Aachener Kirche wurde vor diesem Hintergrund ganz neu konzipiert: Man hat sich offenbar nicht zugetraut, das zweigeschossige Säulengitter mit der Empore zu belasten und

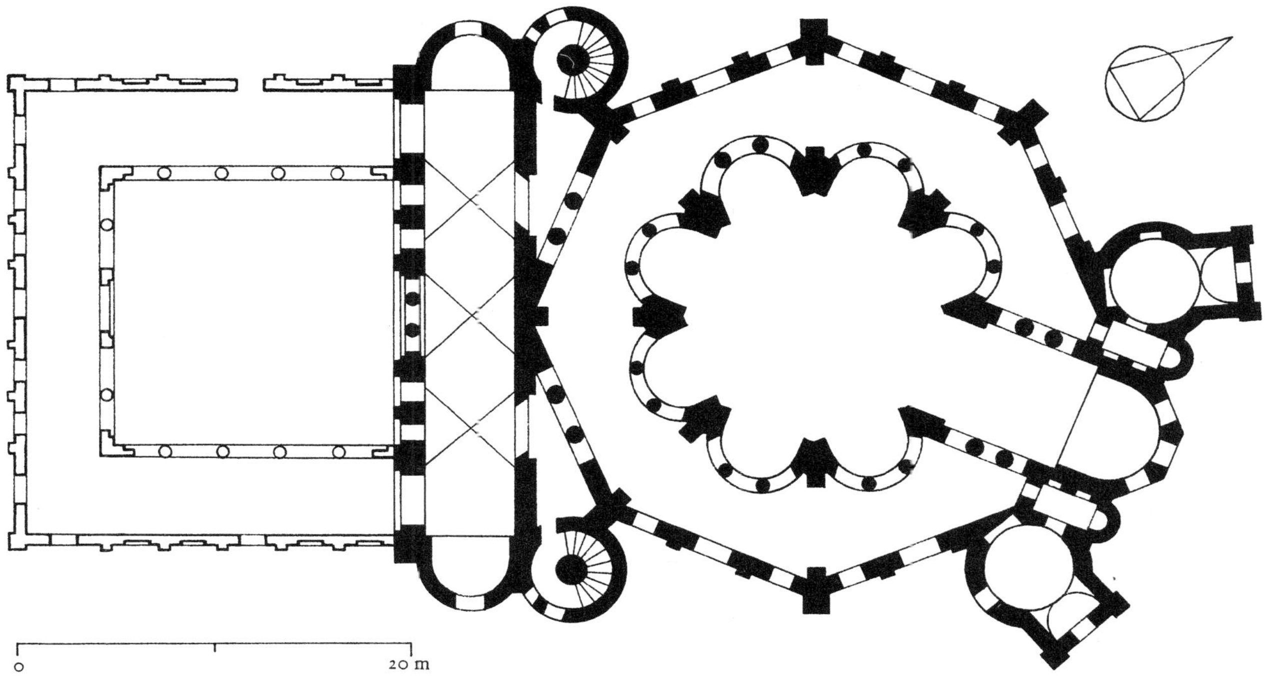

Abb. 7 Ravenna, San Vitale, Grundriß

deshalb einfache Erdgeschoßarkaden gebaut. Die Abstrebung des Mittelraums mit schräg ansteigenden Tonnengewölben bedingte rechteckige Joche hinter den Arkaden – dies führte zum sechzehneckigen Außenumriß mit den dreieckigen Zwickeljochen; der konsequent geschlossene Altarraum war liturgisch wenig glücklich und führte zu dem kleinen zweigeschossigen Altaranbau. So wenig routiniert sich hierin der Entwurf präsentiert, so geübt und sicher erscheint die Bauausführung.

Was diese Vorbildwahl für Karl den Großen bedeutete, ist immer noch umstritten. Vieles spricht dafür, daß er nicht die Kirche San Vitale selbst im Blick hatte, auch wenn diese vielleicht (wegen des Kaiserbildes im Innenraum) als Palastkirche galt, oder die Stadt Ravenna, die ja nur kurzzeitig Hauptstadt eines byzantinischen Teilreichs gewesen war. Ganz im Gegenteil, dieser Ort diente ihm als „Steinbruch“ für kostbares antikes Baumaterial: für die bereits genannten Säulen, Kapitelle und Marmorplatten. Karl dürfte ein anderes Monument im Blick gehabt haben: den größten christlichen Zentralbau der damaligen Welt, die Hagia Sophia in Konstantinopel, die Hauptkirche des byzantinischen, oströmischen Kaiserreichs (Abb. 8). Dieses riesenhafte, überaus reich ausgestattete Bauwerk des Kaisers Justinian, errichtet in angeblich nur fünf Jahren (532–537), bestand aus einem überkuppelten Mittelraum von ca. 50 m Höhe und 33 m Durchmesser, der von zweigeschossigen „Seitenschiffen“ begleitet wurde. Im modernen vergleichenden Blick überwiegen die Unterschiede zwischen beiden Kirchen. Jedoch lassen sich die eben genannten wesentlichen Strukturelemente in Aachen mit gleichen Stichworten beschreiben; Bauaufwand, Monumentalität und Ausstattungsreichtum sind – unter den jeweiligen Bedingungen – gleich anspruchsvoll. Zentralraum, ein zweigeschossiger Umgang, hohe Kuppel und Vielzahl der Säulen sind auch die Grundmerkmale von San Vitale in Ravenna – diese Kirche konnte als gültiges Abbild der Hagia Sophia gelten.

Der gedankliche Hintergrund für diese Vorbildwahl erscheint deutlich: Die Maßstäbe Karls orientieren sich (bis hin zur Kaiserkrönung) am Römischen und Byzantinischen Reich, auch wenn dessen politisches Gewicht aus heutiger Sicht natürlich unerreichbar war – von wirtschaftlicher Potenz und Lebensstandard ganz zu schweigen. Eine Kirche von Art und Bauaufwand der „oströmischen“ Hagia Sophia war dem Sitz des fränkischen Königs, der Anspruch auf die römische Kaiserwürde erheben konnte, durchaus angemessen. Es ist sicher kein Zufall, daß Karl die 812 in Aachen eintreffenden byzantinischen Gesandten in der Pfalzkirche empfing.

Abb. 8 Istanbul, Hagia Sophia, Innenansicht

Notker traf also etwas Richtiges, wenn er um 885 konstatiert, daß Karl hier „in seinem Heimatland eine Kirche bauen wollte, die herrlicher war als die alten Werke der Römer" – neben die Hagia Sophia, die ja Hauptkirche des (ost)römischen Reichs war, tritt hier der monumentale Kuppelbau des Pantheons in Rom selbst, dessen heidnische Vergangenheit trotz der Weihe zur Marienkirche (609) nie vergessen wurde.

Karl stand mit seinem Kirchenbau nicht allein: Schon der langobardische Herzog Arichis II. hatte bald nach 758 in seiner Residenz Benevent eine merkwürdige Zentralbaukirche errichten lassen, die er mit dem Patrozinium der Hagia Sophia versah und die ausdrücklich als Nachbildung der konstantinopolitanischen Hauptkirche galt (vgl. Beitrag Mitchell, Abb. 3). Arichis stiftete seinen Bau „für das Wohl des Reiches". Derselbe Stiftungszweck, der zu den konventionellen dynastischen und memorialen Zielen (Familienbegräbnis, Stiftergedenken) hinzutrat, wird z. B. durch die Stifterinschrift auch für Aachen erschließbar.

Zudem war die Ausstattung der Aachener Kirche „eines Kaisers würdig": Von „Gold, Silber und Fenster[-gittern] (*luminaria*)", die Einhard erwähnt, läßt sich zwar keine sichere Vorstellung mehr gewinnen; ebenso bemerkenswert sind aber die kostbaren Säulen, der Marmor- und Mosaikfußboden, die Bauplastik, das Mosaik der Kuppel und nicht zuletzt die Bronzegüsse der Emporengitter, Säulenbasen und Türflügel.

Am 28. Januar 814 starb Karl in der Pfalz Aachen. Er wurde, obwohl er früher sein Grab in der fränkischen Königsgrabkirche Saint-Denis finden wollte, in der Aachener Pfalzkirche beigesetzt, „die er selbst erbaut" und an der vielleicht schon er selbst ein Stift gegründet hatte. Der Ort des Grabes ist auffallenderweise bis heute nicht sicher bekannt. Bei der Graböffnung durch Kaiser Otto III. im Jahre 1000 lag es „unterhalb des Thrones", also wohl im Westbau.

Die *Regia*

Nördlich der Pfalzkirche, 120 m entfernt, erhob sich die monumentale *Regia* der Pfalz (Abb. 1.B). Das partiell im Aufgehenden erhaltene, sonst ergrabene Mauerwerk erlaubt die Rekonstruktion eines (im Lichten) 44 m langen, 17 m breiten, außen von Lisenen gegliederten Saalbaus. Im Süden, Westen und Norden schlossen große Konchen an, von denen nur die Westkonche in den gotischen Rathausneubau übernommen wurde. An die Südostecke stößt ein viergeschossiger Turm („Granusturm"), der nach interpolierter dendrochronologischer Datierung „um 798 +/- 6 Jahre" errichtet wurde und den Bau der *Regia* datieren könnte.

Im Detail sind auch hier viele Fragen ungeklärt, z. B. nach dem Zweck der Querfundamente innerhalb der *Regia* (für ein unterteiltes Erdgeschoß unterhalb des großen Saals?), nach der Funktion des Granusturms und seiner über gewinkelte Treppen zugänglichen Räume.

Verbindungsgang, Atrium und Nebenbauten der Pfalzkirche

Dem Westportal der Kirche vorgelagert war ein Atrium, das im heutigen Vorhof noch teilweise erhalten ist (Abb. 1.C). Die zweigeschossigen Anräume weisen im Erdgeschoß abwechselnd Arkaden und Säulengitter auf, hinter denen Konchen ausschwingen. Die genaue Datierung dieser mehrphasigen Anlage ist ebenso noch zu klären wie ihre Nutzung.

Atrium und *Regia* waren im zweiten Bauzustand durch einen genau rechtwinklig geführten, 120 m langen Gang verbunden (Abb. 1.D, E), dessen Erdgeschoß im Süden erhalten blieb und im Nordteil partiell ergraben ist. Das dunkle, wohl nur als Lager genutzte Erdgeschoß war 4,7 m breit und tonnengewölbt; das erschließbare Obergeschoß lag im Norden auf Erdgeschoßhöhe der *Regia*, im Süden auf Emporenhöhe der Kirche.

In der Mitte dieses Gangs erhob sich auf mächtigen Fundamenten ein vermutlich mehrgeschossiger, turmartiger Bau, dessen ältere Benennung als „Torgebäude" dem Grabungsbefund nicht gerecht wird (Abb. 1.F). Für turmartige Repräsentationsbauten mit Sälen in den Obergeschossen gibt es literarisch belegte Parallelen in Rom, Ravenna und Konstantinopel. Gang und Turm schlossen den riesigen Innenhof der Pfalz (heute: „Katschhof") nach Westen ab.

Die Überlieferung von einem Einsturz (oder zwei?) der hölzernen *porticus*, die *basilica* und *Regia* verband, im Jahre 817 (und 813?) könnte den Anlaß für den Umbau des Atriums und für den Neubau des langen, steinernen Gangs bezeichnen – seine Datierung in die Zeit Karls des Großen ist allerdings bislang nicht gesichert.

An den sechzehneckigen Außenbau der Pfalzkirche selbst schließen sich, nach Osten verschoben, zwei mehrschiffige Anbauten an. Sie waren nach Norden bzw. Süden gerichtet und endeten jeweils mit einer Apsis (Abb. 1.G, H). Beide Anbauten wiesen, wie die erhaltenen Türen in der Kirchenwand zeigen, zwei Geschosse auf. Für diese Räume werden das überlieferte *secretarium* („Sakristei") und die *domus pontificis* („Bischofshaus") in Anspruch genommen; im *secretarium* tagte 816/817 die Synode der Mönche und Kleriker; die *domus pontificis*, die 814 von der herabfallenden Dachbekrönung der Pfalzkirche getroffen wurde, diente vielleicht als Residenz des Erzkanzlers – dieses Amt wurde in Karls Zeit regelmäßig von einem (Erz-)Bischof versehen.

Die karolingische *villa* Aachen

Schriftquellen unterschiedlicher Art überliefern für die Zeit Karls des Großen die Existenz einer *villa* bzw. eines *vicus* (Siedlung) Aachen, der nicht identisch war mit dem eigentlichen Pfalzareal. Einhard bewohnte dort z. B. als Hofkapellan eine *mansio* und brachte seine Reliquien der hll. Petrus und Marcellinus in der Kapelle (*oratorium*) des bereits erwähnten „Bischofshauses“ (*domus pontificis*) unter, das neben der Pfalzkirche stand. Unterkünfte des Adels (*habitacula procerum*), Häuser und Hütten werden in weiteren Texten genannt.

Erstaunlicherweise hat bislang keine Grabung oder Baustellenbeobachtung innerhalb und außerhalb der Altstadt von Aachen eindeutige Siedlungsreste karolingischer Zeit erfaßt, obwohl die Überlieferung auf die Anwesenheit von Kaufleuten und zahlreichen Einwohnern sowie auf die Existenz durchaus anspruchsvoller Adelshöfe schließen läßt, von deren Gebäuden und Sachkultur einiges im Boden zu finden sein müßte. Alle bisherigen Aussagen zu Straßensystem, Siedlungsstruktur und Grenzen dieser Siedlung beruhen allein auf Schriftquellen und theoretischen Überlegungen.

Während die monumentalen römischen Thermenbauten im Areal der Pfalzkirche („Münsterthermen“) und weiter südöstlich („Büchelthermen“) nach Zerstörungen in spätrömischer Zeit aufgelassen wurden (Abb. 4), wird die „Kaiserquelle“ selbst bis heute genutzt: Über der römischen Quellfassung entstand in nachantiker Zeit ein großes Gebäude mit einem rechteckigen Badebecken, das Heinz Cüppers als karolingisch ansprach und mit den zeitgenössischen Aussagen Einhards und des Epos De Karolo rege et Leone papa, des sog. Karlsepos, verband. Die Anlage blieb im Hauptgebäude der spätmittelalterlichen und frühneuzeitlichen „Kaiserthermen“ bis 1864 erhalten (1240: *balneum regis*, 1677: „des Kaissers Badt“), die bis 1266 in der Tat Reichslehen waren. Das südlich angrenzende Ruinenfeld der „Büchelthermen“ blieb eine sumpfige Niederung; die zwei bis fünf Meter dicke Moderschicht wurde erst seit dem 10./11. Jahrhundert überbaut.

Der 1171 von Friedrich Barbarossa erteilte Auftrag zum Bau einer Stadtmauer galt der bisherigen Forschung als Beweis dafür, daß die ältere Siedlung und auch die Pfalz unbewehrt waren und keine Befestigung hatten, auch wenn bereits 1928 Reste einer älteren Wehrmauer gefunden worden waren. Aachen würde sich damit, trotz seiner größeren Bedeutung, z. B. von den Pfalzen Duisburg und Frankfurt unterscheiden. 1997 wurden allerdings unterhalb der „Barbarossa“-Mauer die Spuren zweier älterer Grabenphasen gefunden, von denen eine sicherlich ins frühe Mittelalter zurückreicht. Der zugehörige Wall war dort nicht mehr erhalten. Die genaue Datierung dieser Anlagen bleibt zu klären: Sie können durchaus erst dem späten 9. Jahrhundert, der Zeit der Wikingerüberfälle, entstammen.

Aachen – ein neues Rom ?

Die These von Richard Krautheimer, Günther Bandmann und Heinrich Fichtenau, daß Karl der Große in Aachen ein „zweites, neues Rom schaffen wollte“, hat – als scheinbar folgerichtiges Element der „karolingischen Renaissance“ – breite Resonanz gefunden (zuletzt ausführlich: Jacobsen 1994 u. d'Onofrio 1996). Sie findet eine Stütze in einer (vielfach an Vergil angelehnten) hymnischen Beschreibung Aachens im Karlsepos (nach 800). Die im Liber pontificalis überlieferten römischen Baumaßnahmen der Päpste des 8. Jahrhunderts (Bronzetüren und -gitter, Portiken, Türme, Empfangsräume) scheinen noch deutlicher zu zeigen, an welchen Ansprüchen sich Karl orientiert hat. Die übrigen Schriftquellen und unsere Kenntnis der Bauten erlauben jedoch nicht, wie Ludwig Falkenstein mehrfach betont hat, diese Vorstellung als planleitend zu akzeptieren. Man wird die Interpretation der Aachener Pfalz mit ihrem hohen Bau- und Ausstattungsaufwand allgemeiner begründen müssen.

Karl der Große hat in Aachen einen Regierungssitz, eine fränkische „Hauptstadt“ geschaffen, die mit allen hergebrachten Insignien eines altehrwürdigen Herrschaftszentrums ausgestattet war: mit einer großen, überreich geschmückten Zentralbau-Kirche, mit der aufwendigen Beschaffung von kostbaren Spolien aus großer Distanz, mit einer monumentalen, von drei Konchen ausgezeichneten *Regia*, mit demonstrativ langgestreckten Verbindungsgängen, mit weiteren populären Herrschaftsattributen wie großen Bronzeplastiken (Reiterstandbild, Wölfin, Pinienzapfen [?]), mit einem Tierpark und mit der Thermenanlage mit ihren „Marmorstufen“. Daß der Versammlungsraum der Kleriker den Beinamen „Lateran“ erhielt, paßt in dieses Bild. Nicht ein realistisches Bild von „Rom“ prägt die Pfalz Aachen, sondern eine eklektische, idealisierende Vorstellung von angemessener, der Residenz eines Königs würdiger Repräsentation. Im Hintergrund stehen nicht die genaue Kenntnis der Verhältnisse in Rom und Karls angeblicher Wunsch, diese nachzubilden, sondern eine (von Texten und Erzählungen geprägte) „imperiale Erwartungshaltung“ aller Beteiligten, die freilich im Streben nach der römischen Kaiserwürde gipfelte.

Der überaus hohe Stellenwert der Aachener Pfalz für Karl den Großen wird auch darin deutlich, daß sich an seinen anderen Pfalzen großformatige Bronzegüsse und Mosaiken nicht finden, sondern nur die konventionelleren Ausstattungstechniken, Wandmalerei und Stuckplastik. Veränderte geopolitische Bedingungen, vor allem die

Reichsteilungen unter den Söhnen Ludwigs des Frommen, haben die Bedeutung Aachens bald sinken lassen; als Vorbild einer Hauptstadt aber scheint diese Pfalz für die Residenzkonzeptionen der fränkischen und deutschen Könige, der Bischöfe und des Hochadels noch auf lange Zeit prägend gewesen zu sein – ebenso wie die Person Karls des Großen selbst.

Literatur:

Günter BANDMANN, Die Vorbilder der Aachener Pfalzkapelle, in: Karl der Große. Lebenswerk und Nachleben 3: Karolingische Kunst, hrsg. v. Wolfgang BRAUNFELS u. Hermann SCHNITZLER, Düsseldorf 1965, 424–462. – Günther BINDING, Multis arte fuit utilis. Einhard als Organisator am Aachener Hof und als Bauherr in Steinbach und Seligenstadt, in: Mittellateinisches Jahrbuch 30, 1995, 29–46. – DERS., Zur Ikonologie der Aachener Pfalzkapelle nach den Schriftquellen, in: Mönchtum, Kirche, Herrschaft 750–1000, hrsg. v. Dieter R. BAUER, Rudolf HIESTAND, Brigitte KASTEN u. Sönke LORENZ, Sigmaringen 1998, 187–211. – Beat BRENK, Spolia from Constantine to Charlemagne: aesthetics versus idoleogy, in: Dumbarton Oaks Papers 41, 1987, 103–109. – Paul CLEMEN, Die romanische Monumentalmalerei in den Rheinlanden (Publikationen der Gesellschaft für rheinische Geschichtskunde 32), Düsseldorf 1916, 1–76, 741–745. – Heinz CÜPPERS, Beiträge zur Geschichte des römischen Kur- und Badeortes Aachen, in: DERS., Aquae Granni. Beiträge zur Archäologie von Aachen (Rheinische Ausgrabungen 22), Köln 1982, 1–75, bes. 32–37, 59–67. – Mario D'ONOFRIO, Aquisgrana e Roma, Neapel [2]1996. – Ludwig FALKENSTEIN, Der „Lateran" der karolingischen Pfalz zu Aachen (Kölner Historische Abhandlungen 13), Köln/Graz 1966. – DERS., Zwischenbilanz zur Aachener Pfalzenforschung, in: Zeitschrift des Aachener Geschichtsvereins 80, 1970, 7–71. – Karl FAYMONVILLE, Das Münster zu Aachen (Die Kunstdenkmäler der Stadt Aachen 1; Die Kunstdenkmäler der Rheinprovinz 10,1), Düsseldorf 1916. – Dietmar FLACH, Pfalz, Fiskus und Stadt Aachen im Lichte der Pfalzenforschung, in: Zeitschrift des Aachener Geschichtsvereins 98/99, 1992/93, 31–56. – Josef FRANZEN u. Bernd PÄFFGEN, Untersuchungen im Nordwestbereich des Aachener Domhofs, in: Archäologie im Rheinland 1989, Köln 1990, 98–101. – Hartmut GALSTERER, Das römische Aachen: Anmerkungen eines Althistorikers, in: Zeitschrift des Aachener Geschichtsvereins 98/99, 1992/93, 21–27. – Ernst HOLLSTEIN, Mitteleuropäische Eichenchronologie. Trierer dendrochronologische Forschungen zur Archäologie und Kunstgeschichte (Trierer Grabungen und Forschungen 11), Mainz 1980, 44 f. – Leo HUGOT, Die Pfalz Karls des Großen in Aachen. Ergebnisse einer topographisch-archäologischen Untersuchung des Ortes und der Pfalz, in: Karl der Große. Lebenswerk und Nachleben 3: Karolingische Kunst hrsg. v. Wolfgang BRAUNFELS u. Hermann SCHNITZLER, Düsseldorf 1965, 534–572. – DERS., Baugeschichtliches zum Grab Karls des Großen, in: Aachener Kunstblätter 52, 1984, 13–28. – Werner JACOBSEN, Die Pfalzkonzeptionen Karls des Großen, in: Karl der Große als vielberufener Vorfahr. Sein Bild in der Kunst der Fürsten, Kirchen und Städte, hrsg. v. Lieselotte E. SAURMA-JELTSCH (Schriften des Historischen Museums 19), Sigmaringen 1994, 23–48. – DERS., Spolien in der karolingischen Architektur, in: Antike Spolien in der Architektur des Mittelalters und der Renaissance, hrsg. v. Joachim POESCHKE, München 1996, 155–177. – Hiltrud KIER, Der mittelalterliche Schmuckfußboden unter besonderer Berücksichtung des Rheinlandes (Die Kunstdenkmäler des Rheinlandes, Beiheft 14), Düsseldorf 1970, bes. 84–86. – Wilfried Maria KOCH, Archäologische Anmerkungen zum Dom von Aachen, in: Archäologie im Rheinland 1987, Köln 1988, 105–107. – DERS., Ausgrabungen im Stadtgebiet von Aachen, in: Kat. Spurensicherung. Archäologische Denkmalpflege in der Euregio Maas-Rhein (Kunst und Altertum am Rhein 136) [Ausstellung Aachen 1993], Mainz 1992, 343–352. – DERS., Neue Aspekte zur Bau- und Siedlungsgeschichte des mittelalterlichen Aachen, in: Zeitschrift des Aachener Geschichtsvereins 98/99, 1992/93, 135–143. – DERS., Die Aachener „Barbarossamauer" und ihre Vorgänger, in: Archäologie im Rheinland 1996, Köln 1997, 102–104. – Felix KREUSCH, Über Pfalzkapelle und Atrium zur Zeit Karls des Großen (Dom zu Aachen, Beiträge zur Baugeschichte 4), Aachen 1958. – DERS., Kirche, Atrium und Portikus in der Aachener Pfalz, in: Karl der Große. Lebenswerk und Nachleben 3: Karolingische Kunst, hrsg. v. Wolfgang BRAUNFELS u. Hermann SCHNITZLER, Düsseldorf 1965, 463–533. – DERS., Im Louvre wiedergefundene Kapitelle und Bronzebasen aus der Pfalzkirche Karls des Großen zu Aachen, in: Cahiers archéologiques 18, 1968, 71–98. – DERS., Zwei im Louvre wiedergefundene Kapitelle aus Karls des Großen Pfalzkirche zu Aachen, in: Bonner Jahrbücher 171, 1971, 407–415. – Werner JACOBSEN, in: Vorromanische Kirchenbauten. Katalog der Denkmäler bis zum Ausgang der Ottonen, hrsg. v. Friedrich OSWALD u. Werner JACOBSEN (Veröffentlichungen des Zentralinstituts für Kunstgeschichte in München 3), München 1966–1971, Nachtragsband. München 1991, 15 f. – Hans Erich KUBACH u. Albert VERBEEK, Romanische Baukunst an Rhein und Maas 1: Katalog der vorromanischen und romanischen Denkmäler A-K, Berlin 1976, 1–13; 4: Berlin 1989, 21–29, 555–557. – Albrecht MANN, Vicus Aquensis. Der karolingische Ort Aachen (Bau- und stadtgeschichtliche Lehrstoffe 3), Aachen 1984. – DERS., Renovatio Romani Imperii. Gedanken zur karolingischen Antikenfortsetzung in der Aachener Palastarchitektur, in: Celica Ihervsalem. Festschrift für Erich Stephany, hrsg. v. Clemens BAYER u. a., Köln/Siegburg 1986, 311–326. – Cord MECKSEPER, Das „Tor- und Gerichtsgebäude" der Pfalz Karls des Großen in Aachen, in: Architektur und Kunst im Abendland. Festschrift zur Vollendung des 65. Lebensjahres für Günter Urban, hrsg. v. Michael JANSEN u. Klaus WINANDS, Rom 1992, 105–113. – Ursula MENDE, Die Bronzetüren des Mittelalters, 800–1200. München 1983, 21–24, 131–133. – Ruth MEYER, Frühmittelalterliche Kapitelle und Kämpfer in Deutschland. Typus – Technik – Stil, Berlin 1997, 12–39. – Friedrich OSWALD, in: Vorromanische Kirchenbauten. Katalog der Denkmäler bis zum Ausgang der Ottonen, hrsg. v. Friedrich OSWALD u. Werner JACOBSEN (Veröffentlichungen des Zentralinstituts für Kunstgeschichte in München 3), München 1966–1971, 14–18. – Katharina PAWELEC, Aachener Bronzegitter. Studien zur karolingischen Ornamentik um 800 (Bonner Beiträge zur Kunstwissenschaft 12), Köln 1990. – Ruth Maria PLUM, Die merowingerzeitliche Besiedlung in Stadt und Kreis Aachen und im Kreis Düren, Bonn 1994. – Walter SAGE, Stadtkerngrabungen in Aachen 1962–1964, in: Aquae Granni. Beiträge zur Archäologie von Aachen (Rheinische

Ausgrabungen 22), Köln 1982, 77–89. – DERS., Die Ausgrabungen am „Hof" 1965, in: Aquae Granni. Beiträge zur Archäologie von Aachen (Rheinische Ausgrabungen 22), Köln 1982, 91–100. – Hermann SCHNITZLER, Das Kuppelmosaik des Aachener Domes, in: Aachener Kunstblätter 29, 1964, 17–44. – Heinz STOOB, Aachen (Deutscher Städteatlas IV 1), Altenbeken 1989. – Dorothee STRAUCH, Römische Fundstellen in Aachen, in: Zeitschrift des Aachener Geschichtsvereins 100, 1995/96, 7–128, bes. 36–38. – Gerhard STREICH, Burg und Kirche während des deutschen Mittelalters. Untersuchungen zur Sakraltopographie von Pfalzen, Burgen und Herrensitzen (Vorträge und Forschungen/Konstanzer Arbeitskreis für mittelalterliche Geschichte; Sonderband 19), Sigmaringen 1984, 26–32. – Felix THÜRLEMANN, Die Bedeutung der Aachener Theoderich-Statue für Karl den Großen (801) und bei Walahfrid Strabo (825). Materialien zu einer Semiotik visueller Objekte im frühen Mittelalter, in: Archiv für Kulturgeschichte 59, 1977, 25–65. – Matthias UNTERMANN, Der Zentralbau im Mittelalter, Darmstadt 1988. – Ulrike WEHLING, Die Mosaiken im Aachener Münster und ihre Vorstufen (Arbeitsheft der Rheinischen Denkmalpflege 46), Köln 1995.

Matthias Untermann

Karolingische Architektur als Vorbild

Einige der Bauten, die im Auftrag Karls des Großen oder zu seiner Zeit entstanden, wurden mehr als drei Jahrhunderte lang immer wieder als Vorbild gewählt. Die Gründe dafür sind vielschichtig; der Blick zurück auf Karl den Großen und die mit seinem Namen verbundene Epoche war von wechselnden, oft nur lokal oder regional aktuellen Konstellationen und Absichten geprägt.

Daß man das Architekturschaffen der Zeit Karls des Großen nur ausschnitthaft zur Kenntnis nahm, wird schon in Einhards Lebensbeschreibung des Herrschers faßbar: als wichtigste Bauten genannt werden die Marienkirche der Aachener Pfalz (vgl. Beitrag Untermann zu Aachen) und die – damals schon zerstörte – Brücke in Mainz. Karls Pfalzbauten in Ingelheim, Nimwegen oder Paderborn (vgl. Beiträge Grewe, Gai u. Mecke) finden – jedenfalls als Leistungen der Baukunst – keine Erwähnung.

Einhards Einschätzung wurde von der Nachwelt akzeptiert. In der Tat hat nur die Zentralbau-Architektur der Aachener Pfalzkapelle eine langdauernde Nachwirkung gezeitigt, ihre Bauform wurde vielfach und mit verschiedener Zielsetzung nachgeahmt – und der Bau selbst ist bekanntlich mit Sorgfalt über die Zeiten bewahrt worden (Abb. 1).

Von Karls unmittelbaren Nachfolgern wurde die Aachener Kirche sowohl im Stiftungsziel wie auch in der Baugestalt nachgebildet. Einen ersten Bau „nach dem Vorbild der Aachener [Kapelle]" (*instar Aquensis*) soll Ludwig der Fromme (814–840) in seiner Pfalz Diedenhofen (Thionville in Lothringen) errichtet haben; diese Kirche wurde 939 zerstört und ist archäologisch bislang nicht sicher zu fassen. Karl der Kahle errichtete in seiner Pfalz Compiègne in der Ile-de-France (vgl. Beitrag Renoux) ebenfalls eine Stiftskirche St. Maria (später Saint-Corneille), geweiht am 5. Mai 877, die wiederum nicht nur in Rechtsstellung und Aufgabe, sondern auch in der Bauform die Kirche Karls zitierte – weil ihm nämlich, wie er in der Gründungsurkunde ausdrücklich formulieren ließ, „jener Teil des Reichs (d. h. Aachen) durch das Los der Teilung noch nicht gehört". Diese Kirche wurde im 13. Jahrhundert durch einen Neubau ersetzt; ihre ursprüngliche Baugestalt läßt sich lediglich aus einem Preisgedicht des Johannes Scotus erschließen (*Aulae siderae*): sie war von der Achtzahl bestimmt, polygonal, mit Umgängen in zwei Geschossen, Säulen und Bögen, ausgemalt und reich ausgestattet – mit solchen Stichworten ließe sich auch die Aachener Kirche beschreiben. Der Bau in Compiègne war aber technisch wohl einfacher, nicht gewölbt, sondern mit Holzwerk (laquear) gedeckt.

Eine überraschend genaue Nachbildung fand die Aachener Kirche auch in Brügge, der heutigen Hauptstadt von Flandern. Der Grundriß der Stiftskirche St. Donatus wurde unter dem Neubau des 13. Jahrhunderts ergraben: er zeigt einen achteckigen Hauptraum mit einem sechzehneckigen Umgang, ein kurzes, rechteckiges Sanktuarium (Altarraum) sowie einen Westbau mit zwei Turmfundamenten – bis hin zu den wechselnd dreieckigen und rechteckigen Umgangsjochen entspricht dies exakt dem Aachener Vorbild (Abb. 2). Die Baugestalt wird überdies von Galbert von Brügge, einem Chronisten des 12. Jahrhunderts, im Zusammenhang mit der Ermordung von Graf Karl dem Guten (1127) mit vielen Details beschrieben: Die Kirche hatte eine umlaufende Empore (*solarium*) mit einem Marienaltar, das Chorgestühl der Kanoniker stand im Mittelraum. Ungeklärt bleibt, welcher der flandrischen Grafen diesen Zentralbau errichten ließ: Balduin I. (862–879) oder erst Arnulf I. (918–965).

Die Funktion der Aachener Kirche als Krönungskirche der deutschen Könige setzt ein mit den Krönungen Ludwigs des Frommen (813) und Lothars I. (817); Otto I. und seine Nachfolger wählten den Ort seit 936 in bewußter Anknüpfung an die Königsherrschaft Karls; eine ungebrochene Tradition bis zum Jahre 1531 begründete allerdings erst die Krönung Heinrichs III. (1028). An den konkurrierenden Krönungsorten im Reich und an den Krönungsorten anderer europäischer Königreiche sind keine Kirchen erbaut worden, die baulich den Aachener Anspruch aufgegriffen hätten.

Als Grablege Karls des Großen fand die Aachener Kirche erst bei Otto III. größeres Interesse, der das Grab im

TUTUM STABILI FUNDAMINE TEMPLUM QUOD CAROLUS
CUM LAPIDES VIVI PACIS COMPAGE

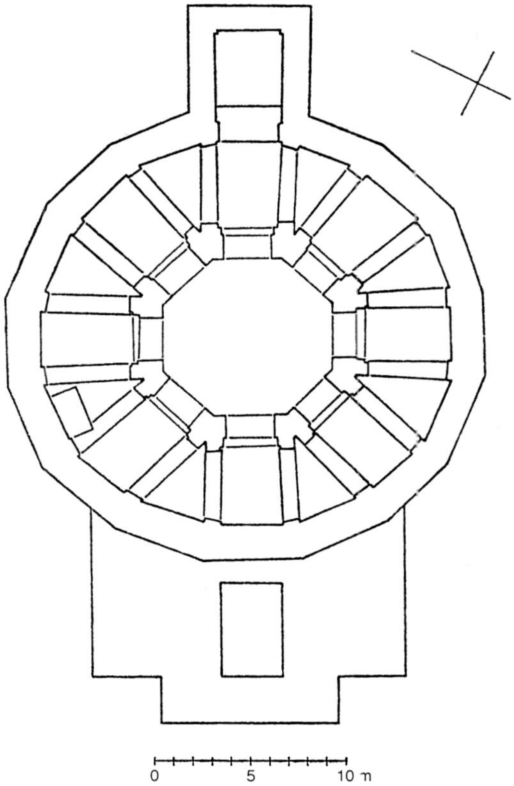

Abb. 2 Brügge, St. Donatus, Grundriß

Jahr 1000 öffnen ließ; Friedrich Barbarossa betrieb dann 1165 die Heiligsprechung des Karolingers.

In der Zeit ab ca. 980 entstanden an verschiedenen Orten große Kirchen, deren Zentralbau-Gestalt recht deutlich Aachener Architekturmotive aufgriff. Die älteren sind von Kirchenfürsten als Grablege errichtet worden: Saint-Jean l'Evangeliste in Lüttich (Liège), durch Bischof Notker (972–1008); St. Maria (später S. Heribert) in (Köln-)Deutz durch den Erzbischof Heribert (999–1021); beide Bauten sind nur aus alten Ansichten, Beschreibungen und Grabungsbefunden bekannt. In Mettlach bei Trier ließ Abt Lioffin (985–993), nach Aussage der im späten 11. Jahrhundert geschriebenen Miracula S. Liutwini in Aachen einen Plan zeichnen und danach die Marienkirche seines Klosters neu bauen, in die das Grab des hl. Liutwin († 717) übertragen werden sollte: der als Ruine erhaltene Bau zeigt tatsächlich einige Bezüge zu seinem Vorbild – es bleibt unklar, ob Lioffin mit dem Aachener Vorbild die Verwandtschaft und Ranggleichheit des Klostergründers mit den Karolingern demonstrieren wollte; vielleicht aber hat erst der Autor der Miracula versucht, die ungewöhnliche Baugestalt der Mettlacher Kirche mit einem bekannten Vorbild zu erklären (Abb. 3 u. 4). Die älteren Kirchenbauten an diesem Ort und die aufgegebene Erstplanung der Marienkirche könnten in dieser Frage weiterführen, sind bislang aber noch unbekannt.

Abb. 1 Aachen, Münster, Innenraum nach Osten

Wenige Jahrzehnte später, unter den salischen Königen, wurde der Aachener Zentralbau zum Vorbild für Pfalzkirchen: in Nimwegen (St. Nikolaus, um 1030), Goslar (St. Georg, um 1030), vielleicht auch in Ottmarsheim im Elsaß (um 1030/40). Alle diese Bauten vereinfachten das Vorbild: die Außenmauer des Umgangs ist nicht mehr sechzehneckig gebrochen, sondern ganz parallel zum achteckigen Mittelraum geführt; auch der Wandaufriß und die Bauplastik werden weniger kleinteilig. Darin drückt sich nicht allein die zeitliche Distanz aus: die kaum jüngeren, unten zu nennenden Kirchen in Essen und Köln erhielten präziser 'kopierte' Bauformen. Die Abstraktion des Aachener Vorbilds in damals modernen, kubisch vereinfachten und gebundenen, hochromanischen Formen scheint einen Betrachter vorauszusetzen, der sich der zeitlichen Distanz zu Karl dem Großen bewußt war. Diese Pfalzkirchen sehen nicht aus, als ob sie in karlischer Zeit gebaut worden wären, sondern demonstrieren, daß sich die salischen Fürsten mit eigenen Bauten in die Nachfolge der Karolinger stellen.

An zahlreichen weiteren Zentralbauten des 10.–11. Jahrhunderts, die in die Nachfolge der Aachener Pfalzkapelle gestellt wurden, beschränkt sich die Vergleichbarkeit auf einen polygonalen, oft nicht einmal achteckigen Grundriß mit zweigeschossigem Umgang; insgesamt scheint sich dieser Bautyp damals schon längst vom Vorbild Aachen gelöst zu haben.

Die karlischen Pfalzanlagen haben in ihren eigentümlichen Bautypen keine Nachfolge im hohen Mittelalter gefunden; dies gilt sowohl für die dreiapsidale Aula der Aachener Pfalz wie für den „Exedra-Umriß" der Ingelheimer Anlage. Allerdings erinnern die demonstrativ vor die Mauerflucht gestellten Rundtürme der Hildesheimer Domburgmauer (Abb. 5) – ein Bauwerk Bischof Bernwards (996–1020) – in auffälliger Weise an die äußere Turmreihe der Ingelheimer Pfalz. Dort besaßen die Türme jedoch keine Wehrfunktion, sondern sie hatten einen rein repräsentativen Zweck, dem ihr funktionaler Nutzen untergeordnet war.

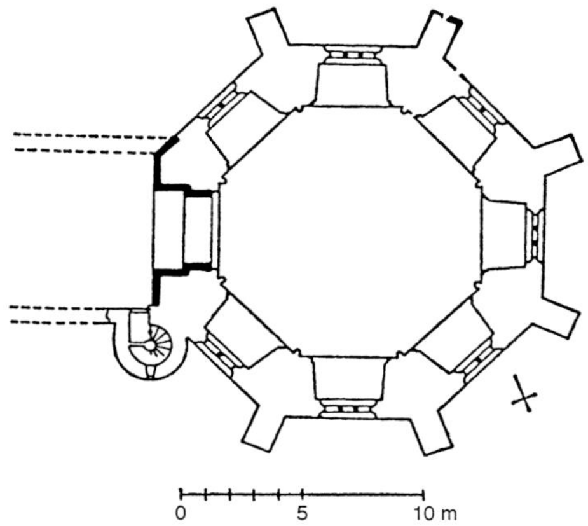

Abb. 3 Mettlach, Marienkirche, sog. „Alter Turm“, Grundriß

Erstaunlich ist allerdings, daß im normalen Kirchenbau des 10.–11. Jahrhunderts überraschend oft altertümlich-ehrwürdige Bauformen der Karolingerzeit verwendet wurden, die den Bauten eine besondere, geschichtsträchtige Authentizität verleihen konnten. Die kunsthistorische Forschung war von dieser „Renaissance“ der karolingischen Architektur immer wieder irritiert, so daß bei vielen Bauten die Datierung (karolingisch oder ottonisch/salisch) lange umstritten blieb; dies gilt sowohl für ganze Kirchenbauten wie besonders für Krypten und für die Bauplastik. Es gibt in dieser Epoche also nicht nur einen neuen Rückbezug auf die Antike, sondern eine Angleichung an die überlieferte Baupraxis Karls des Großen

Abb. 4 Mettlach, Marienkirche, sog. „Alter Turm“, Außenbau

Abb. 5 Modell Hildesheim um 1022: Domburg, Ansicht von Süden

Abb. 6 Essen, Münster, Innenraum nach Westen

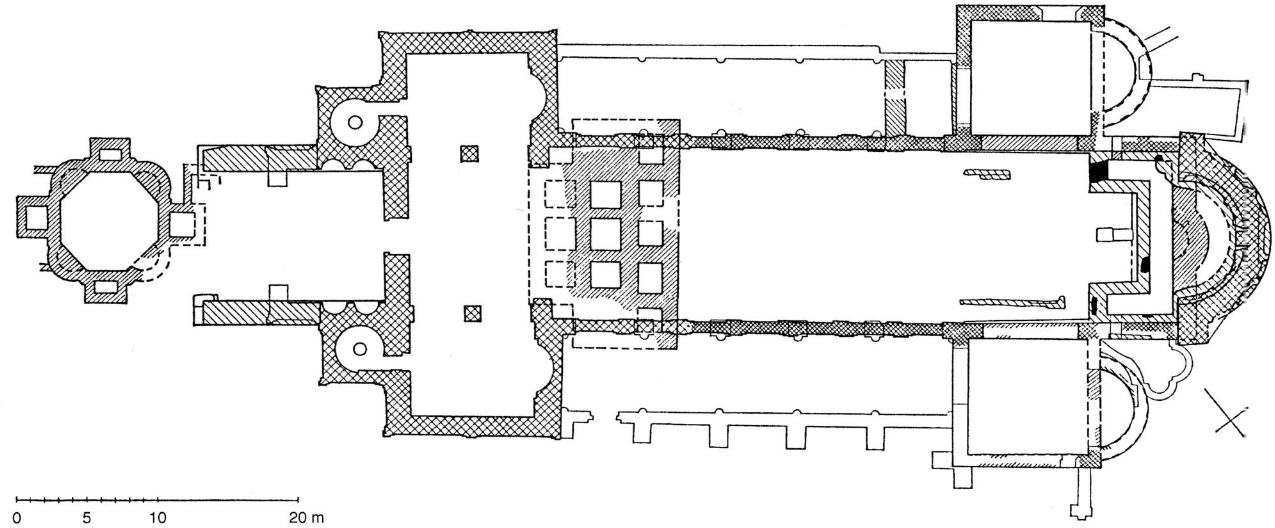

Abb. 7 Köln, St. Pantaleon, Grundriß

(im Einsatz antiker Spolien) sowie eine Vorbildwahl an Bauten seiner Zeit.

Besonders eindrucksvoll ist die demonstrative Verwendung des Aachener Wandaufrisses an den Westbauten der Damenstiftskirchen in Essen (1039/58) und Köln, St. Maria im Kapitol, geweiht 1065. Über einem glatt eingeschnittenen Rundbogen erhebt sich ein zweigeschossiges Säulengitter, dessen Kapitelle sogar die charakteristischen Kämpferblöcke erhielten. In Essen zeigt der Westbau dieses Motiv in dreifacher, polygonal zueinander gestellter Wiederholung (Abb. 6). Beide Äbtissinnen, Theophanu von Essen und Ida von St. Maria im Kapitol, waren Enkelinnen Kaiser Ottos II. Daß sie in ihren Kirchenbauten unmittelbar auf Karl den Großen Bezug nahmen, scheint weit in die Vergangenheit zurückprojizierte Rang- und Statusfragen ihrer Institutionen klären zu sollen, nicht private Verbindungen.

An anderen Orten war das (tatsächliche oder gesuchte) Alter eines Heiligengrabes Anlaß zur Wahl einer „altehrwürdigen" Bauform: Genannt seien z. B. die Stollenkrypten von Saint-Médard in Soissons in der Ile-de-France oder von St. Fridolin in Säckingen (am Hochrhein), die beide erst dem 11. Jahrhundert angehören, aber auch die Außenkrypta von St. Maximin in Trier.

Als bewußte Nachbildung großer karolingischer Abteikirchen ist die nach 1038 neugebaute Kirche des Klosters Hersfeld in Hessen zu verstehen: fast schmucklose Wandflächen, der Verzicht auf eine Vierung und die Ausbildung eines durchlaufenden, „römischen" Querschiffs sind demonstrativ altertümlich; die Hallenkrypta, das langgestreckte Sanktuarium sowie die Außengliederung der Apsis modern, die Stollengänge im Ostteil der Krypta wiederum evozieren hohes Alter. Vorbild war, wenn nicht die bislang unbekannte, spätkarolingische Kirche von Hersfeld selbst, die 802–822 erbaute Klosterkirche von Fulda, der seit alters mit Hersfeld in Konkurrenz stehenden Abtei. Hersfeld, 774 von Karl dem Großen in den Schutz des Reiches aufgenommen, konnte nach dem Brand von 1038 nicht ohne altehrwürdige, mit Fulda ranggleiche Kirche dastehen.

In Fulda wiederum wurde die karolingische Rotunde St. Michael, erbaut in der Frühzeit Ludwigs des Frommen durch Abt Eigil (820–822), beim Neubau im späten 11. Jahrhundert recht zurückhaltend modernisiert; die Disposition und besonders die Krypta mit dem Grab des Abtes blieben unverändert. Die karolingische Abteikirche selbst ist dort erst dem barocken Neubau zum Opfer gefallen.

Die Diskussion um die Datierung des Kölner Dombaus „VII" (vgl. Beitrag Jacobsen in Kap. 10, Abb. 2[illegible]),

Abb. 8 Mainz, Dom, Bronzetür

Willigisportal
um 1000

der eine vermutlich zur Zeit Karls des Großen gebaute Kirche ersetzt hat, zeigt die Probleme der kunsthistorischen Interpretation eines karolingisch gestalteten Bauwerks, dessen Bauzeit wohl erst im 10. Jahrhundert anzusetzen ist. Die unmittelbar an beide Querschiffe anschließenden Apsiden, die beiden Ringkrypten (mit Längs- und Querstollen) sowie der erschlossene Aufriß mit weitgehend abgetrennten, niedrigen Querarmen können hier als altertümlich verstanden werden. Die letztgenannten Elemente treten an einem zweiten Kölner Kirchenbau wieder auf, der von Erzbischof Bruno (um 1000–1137) gestifteten Klosterkirche St. Pantaleon, die mit ihrem von Blendarkaden gesäumten Langhaussaal sogar auf Bauten römischer Zeit Bezug nahm (Abb. 7).

Noch in der jüngeren Forschung umstrittene Kirchenbauten wie die Abteikirche Hersfeld, St. Pantaleon und der Dom in Köln, aber auch St. Justinus in Frankfurt-Höchst oder Reichenau-Oberzell machen deutlich, daß mit stilkritischem Gespür begründete Frühdatierungen in karolingische Zeit mit baugeschichtlichen Beobachtungen oft nur mühsam, aber doch schlüssig zu widerlegen sind. An den Zentralbauten in der Nachfolge der Aachener Stiftskirche sind schon länger Kriterien entwickelt, als Bezugspunkt hochmittelalterlicher Bauten nicht nur die Antike, Rom oder Byzanz zu bestimmen, sondern die Epoche Karls des Großen. Beobachtungen an der Buchmalerei, aber auch an der Urkunden- und Buchschrift zeigen klar, daß man im 10.–11. Jahrhundert archaisierende Formen beherrscht hat. Die Fähigkeit, altertümliche Vorbilder sehr genau zu kopieren, erschwert Datierungen gerade in der Kapitellplastik dieser Zeit.

Das Vorbild Karls wird in der Inschrift auf der Bronzetür des Mainzer Doms ausdrücklich genannt, die Erzbischof Willigis um 1000 gießen ließ und die auch formal auf die Bronzetüren der Aachener Pfalzkirche Bezug nahm (Abb. 8): *„Postquam magnus imperator Karolus suum esse iuri dedit naturae, Willigisus archiepiscopus ex metalli specie valvas effecerat primus.“* (Nachdem der große Kaiser Karl gestorben war, hat Erzbischof Willigis als erster aus Metall Türflügel machen lassen). Wie schon in der Karlsvita Einhards, so erinnert man sich auch hier an Karl als einen Herrscher, der in seinen Bauten ungewöhnliche technische Leistungen demonstriert hatte. Für den Mainzer Dombau selbst und andere Kirchenbauten des Willigis lassen sich karolingische Grundrißformen, wie z. B. in Köln und Hersfeld, noch nicht allzu sicher erschließen.

Skeptisch gegenüberstehen muß man dem Versuch, jede Anlehnung an Gestaltungsprinzipien karlischer (oder karolingischer) Zeit mit politischen Ambitionen erklären zu wollen. Die große Zeit Karls, in der die monumentale Baukunst erstmals in weite Regionen des entstehenden deutschen Reichs Eingang fand, hat Maßstäbe gesetzt, denen sich auch die erneut nach Italien und Byzanz blickenden Epochen des 10. und 11. Jahrhunderts oft nicht entziehen konnten.

Quellen und Literatur:

Galbert of Bruges, The Murder of Charles the Good, Count of Flandres, hrsg. u. übers. v. James Bruce ROSS, New York/Evanston/London 1967.

Klaus Gereon BEUCKERS, Die Ezzonen und ihre Stiftungen (Kunstgeschichte 42), Münster 1993. – DERS., Die Erweiterung des Alten Kölner Domes, in: Kunstwissenschaftliche Studien, Hugo Borger zum 70. Geburtstag, hrsg. v. Klaus Gereon BEUCKERS, Holger BRÜLL u. Achim PREISS, Weimar 1995, 9–68. – Günther BINDING, Willy WEYRES u. Franz-Josef SCHMALE, in: Die Domgrabung Köln. Altertum, Frühmittelalter, Mittelalter. Vorträge und Diskussionen. Kolloquium zur Baugeschichte und Archäologie 14.–17. März 1984 in Köln, hrsg. v. Arnold WOLFF (Studien zum Kölner Dom 2), Köln 1996, bes. 129–193 (mit Diskussionsbeiträgen). – Günter BORCHERS, Die Grabungen und Untersuchungen in der Stiftskirche St. Georg in Goslar (1963/64), einem Nachfolgebau der Pfalzkapelle Aachen, in: Bonner Jahrbücher 166, 1966, 235–252. – Ludwig FALKENSTEIN, Die Kirche der Heiligen Maria zu Aachen und Saint-Corneille zu Compiègne. Ein Vergleich, in: Celica Ihervsalem. Festschrift für Erich Stephany, hrsg. v. Clemens BAYER, Theo JÜLICH u. Manfred KUHL (Veröffentlichungen des Vereins für Christliche Kunst im Erzbistum Köln und Bistum Aachen 1), Köln/Siegburg 1986, 13–70. – Michel FOUSSARD, Aulae siderae, in: Revue archéologique 21, 1971, 79–88. – Werner JACOBSEN, Die ehemalige Abteikirche Saint-Médard bei Soissons und ihre erhaltene Krypta, in: Zeitschrift für Kunstgeschichte 46, 1983, 245–270. – Eugene W. KLEINBAUER, Charlemagne's palace chapel at Aachen and its copies, in: Gesta 4, 1965, 2–11. – Philippe LAMAIR, Recherches sur le palais carolingien de Thionville (VIIIe – début du XIe siècle), in: Publications de la section historique de l'institut G.-D. de Luxembourg 96, 1982, 1–92, bes. 39–49. – Cord MECKSEPER, Antike Spolien in der ottonischen Architektur, in: Antike Spolien in der Architektur des Mittelalters und der Renaissance, hrsg. v. Joachim POESCHKE, München 1996, 179–204. – Ruth MEYER, Frühmittelalterliche Kapitelle und Kämpfer in Deutschland. Typus – Technik – Stil, Berlin 1997 (mit meist zu frühen Datierungen). – Ulrich ROSNER, Die ottonische Krypta (Veröffentlichung der Abteilung Architekturgeschichte des Kunsthistorischen Instituts der Universität zu Köln 40), Köln 1991. – Germain SIEFFERT, Les imitations de la chapelle palatine de Charlemagne à Aix-la-Chapelle, in: Cahiers de l'Art médiévale 5.2, 1968 (1969), 29–70. – Jürgen SISTIG, Die Architektur der Abteikirche

St. Maximin zu Trier im Lichte ottonischer Klosterreform (Furore-Edition 867), Kassel 1995. – Matthias UNTERMANN, Der Zentralbau im Mittelalter. Form, Funktion, Verbreitung, Darmstadt 1989. – Albert VERBEEK, Zentralbauten in der Nachfolge der Aachener Pfalzkapelle, in: Das erste Jahrtausend. Kultur und Kunst im werdenden Abendland an Rhein und Ruhr, Textbd. 2, hrsg. v. Victor H. ELBERN, Düsseldorf 1964, 898–947. – Albert VERBEEK, Die architektonische Nachfolge der Aachener Pfalzkapelle, in: Karl der Große, Lebenswerk und Nachleben 4: Das Nachleben, hrsg. v. Wolfgang BRAUNFELS u. Percy Ernst SCHRAMM, Düsseldorf 1967, 113–156. – May VIELLARD-TROIEKOUROFF, La chapelle du palais de Charles le Chauve, in: Revue archéologique 21, 1971, 89–108.

Wandputzfragment mit Schachbrettmuster. Paderborn, Westfälisches Museum für Archäologie, Museum in der Kaiserpfalz (Kat.Nr. III.27) ▷

KAPITEL III

Die Pfalz Paderborn

Birgit Mecke

Die Pfalzen in Paderborn

Entdeckung und Auswertung

Entdeckung der ottonischen und karolingischen Pfalzanlage

Als man im Jahre 1963 nördlich des Paderborner Domes eine Neuerschließung des Geländes plante, dessen Bebauung im Zweiten Weltkrieg zerstört worden war, stieß die Baggerschaufel beim Durchdringen der meterdicken Schuttschichten sehr bald auf ältere Gebäudemauern (Abb. 1).

Schon in der Mitte des 19. Jahrhunderts war man in dem damals noch überbauten Gelände auf gut sichtbare und markante Sandsteinverquaderungen von Gebäudeecken aufmerksam geworden und hatte sie mit den in der Vita Meinwerci erwähnten Bauten des Bischofs Meinwerk (1009–1036) in Verbindung gebracht. Die Mauern wurden zunächst als Reste des bischöflichen Marstalls gedeutet. Auch auf einen „vermauerten alten Rundbogen aus massigen Sandsteinquadern in der Südwand dieses Gebäudes, der wahrscheinlich als Zugangsöffnung vom palatium zum marstabulum" gedient haben dürfte, war man bereits gegen Ende des vorigen Jahrhunderts gestoßen (Vüllers 1898) (Abb. 2).

Erst 1935 gelangte dieser markante Bogen wieder in das Bewußtsein der Öffentlichkeit, als das Haus Ikenberg 11, in dessen Mauern das Portal eingebaut war, abgerissen wurde. Man erkannte in diesem Baufragment und an-

Abb. 1 Blick vom Dom auf die Grabungsfläche der Paderborner Pfalz zu Beginn der Grabung 1963

Abb. 2 Blick auf den Rundbogen, der ursprünglich zu einem Portal in der Südwand der ottonischen Aula gehörte

deren Mauerresten südwestlich des heutigen Domturmes tatsächlich Teile der Bautätigkeit Bischof Meinwerks im 11. Jahrhundert.

Verschiedene Grabungen und Untersuchungen im Gelände nördlich des Domes und auch im Bereich des Domes selbst fanden spätestens seit 1952 statt. Hier sind vor allem die Paderborner Lokalforscher Bernhard Ortmann und Friedrich Esterhues zu nennen, deren Grabungsergebnisse zu einem großen Teil in publizierter Form vorliegen.

In den Jahren 1958 bis 1962 konnte die Befestigung der karolingischen Burg bei Baumaßnahmen und Grabungen punktuell freigelegt und in wesentlichen Zügen als identisch mit der späteren Grenze der Domimmunität erwiesen werden. Auch hier sind vor allem Esterhues und Ortmann als Aktive vor Ort zu nennen (z. B. Ortmann 1958, 1969).

Die schließlich 1963 begonnenen, eingangs erwähnten Baggerarbeiten wurden angesichts der erfaßten Gebäudestrukturen sehr schnell eingestellt, und das Gelände wurde für archäologische Untersuchungen freigegeben. Nach ersten Sondagen durch das Denkmalamt in Münster und mit der Überlegung, das ganze Gelände freizulegen, übernahm ab 1964 Wilhelm Winkelmann im Auftrag des damaligen Landesmuseums für Vor- und Frühgeschichte Münster die Untersuchungen in dem etwa 8000 m^2 großen Gelände, die alles in allem bis 1978 andauerten. Die Grabungen wurden vom damaligen Dompropst Joseph Brockmann und dem Metropolitankapitel Paderborn, dem Kultusministerium Nordrhein-Westfalen und dem Landschaftsverband Westfalen-Lippe großzügig gefördert.

Winkelmann stieß bald nach Aufnahme der Arbeiten mit dem Bagger auf Schichten und Mauerreste, die älter sein mußten als die Befunde aus der Zeit Bischof Meinwerks. Sie lagen unter ausgedehnten Brandschichten, die – der schriftlichen Überlieferung nach – Zeugnis für den Stadtbrand des Jahres 1000 ablegten. Mit der Kenntnis der historischen Quellen, speziell des Karlsepos, war der Schluß, hier – neben den ottonischen Gebäuden – auf die Reste der Pfalz Karls des Großen getroffen zu sein, nahezu zwingend. Auch Historiker wie Helmut Beumann und Karl Schoppe hatten sich für die Existenz einer karolingischen Pfalzanlage an diesem Ort ausgesprochen (Beumann 1966, Schoppe 1967).

Die Befunde, die sich dem Ausgräber boten, waren vielfältig (Abb. 3): Neben einem etwa 10 x 30 m großen Saalbau aus Bruchsteinmauerwerk war es vor allem ein früher Kirchenbau, der bereits 1953 von Esterhues ansatzweise ergraben worden war und den Winkelmann der ersten Bauphase um 776/777, also der Gründungsphase, zurechnete. Zwei der Aula im Süden vorgelagerte Anbauten gehörten seiner Ansicht nach auch zu dieser frühen Bauphase. Die zwei Durchgänge durch diese Querriegel, die er fast in ihrer ganzen Nord-Süd-Ausdehnung als früh betrachtete, deutete Winkelmann als Linie einer West-Ost-Achse, die auf den Mitteleingang der Salvator-Kirche im Osten (Kat.Nr. VIII.25) zuführte.

Abb. 3 Blick vom Dom auf die Grabungsfläche der Paderborner Pfalz

Einen flach fundamentierten Mauerrest auf der Nordseite dieser Kirche, der einige Bestattungen begrenzte, interpretierte er als Teil eines ersten Kreuzgangs. Auch in einem der Kirche im Westen nachträglich vorgelagerten ummauerten Bezirk – von Winkelmann „Atrium“ genannt – fanden sich in Reihen liegende Kinder- und Erwachsenengräber in West-Ost-Richtung. In engem Zusammenhang mit diesen hervorgehobenen Gräbern ist ein südlich der Salvatorkirche gelegener großflächiger Friedhof mit Hunderten von Bestattungen zu sehen, den Uwe Lobbedey bei seinen Grabungen unter dem heutigen Dom Ende der siebziger und in den achtziger Jahren freilegen konnte (Lobbedey 1986).

Der große Saalbau nordwestlich des Domes war Winkelmanns Beobachtung zufolge nach Zerstörungen dreimal auf denselben Fundamentzügen wiedererrichtet worden, das letzte Mal nach dem Sachsenaufstand der Jahre 793/94. Eben diese dritte Aula fand demnach der Papst

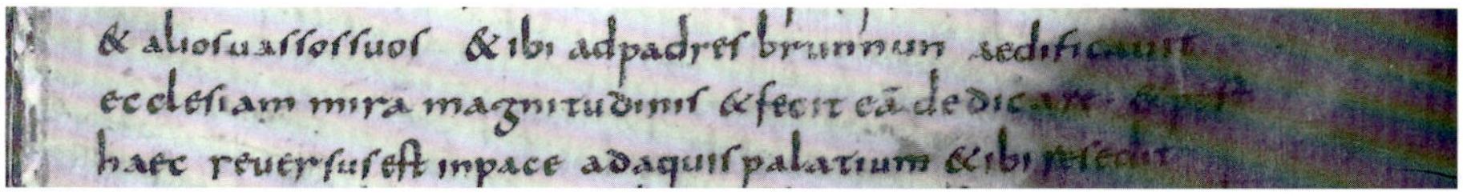
& aliosuassossuos & ibi adpadres brunnun sedificauit
ecclesiam mira magnitudinis & fecit eā dedicare. & post
haec reuersus est inpace adaquis palatium & ibi

Abb. 4 Annales Laureshamenses ad a. 799, Wien, Österreichische Nationalbibliothek, Cod. 515, fol. 3r

im Jahre 799 neben anderen Baulichkeiten vor, als es zu seiner Begegnung mit Karl dem Großen in Paderborn kam.

Als besonders beachtenswertes Bauwerk ist für die letzten Jahre vor 800 vor allem die große dreischiffige *ecclesia mirae magnitudinis* (Abb. 4) anzusehen, deren Errichtung im Jahre 799 den schriftlichen Quellen zufolge weitgehend abgeschlossen gewesen sein dürfte. Diese große Säulenbasilika wurde jedoch während der Grabungen Winkelmanns nicht als solche identifiziert. Er beschrieb lediglich die Freilegung der Nordmauer, der Nordost- und Nordwest-Ecke sowie weniger Quadratmeter des Innenraums eines neuen Gebäudes am südlichen Ende des sog. Ostquertraktes. Mauermaße und bauliche Ähnlichkeiten mit der nördlich gelegenen Aula ließen den Ausgräber zu der Annahme gelangen, daß es sich bei diesem Gebäude ebenfalls um ein Bauwerk der dritten Bauphase nach 793/794 handelte. Zu seiner Funktion äußerte er sich jedoch nicht.

Der Bautätigkeit im Zusammenhang mit dem sog. Ostquertrakt widmete Winkelmann große Aufmerksamkeit. Als letztes Glied einer Kette von baulichen Aktivitäten in diesem Bereich sah er die Errichtung eines Erdhügels sowie eines Mauerblocks mit noch fünf erhaltenen Stufen auf der Westseite dieses Ostflügels. Bereits für die erste Hälfte des 9. Jahrhunderts nahm er eine Abtragung und damit Funktionslosigkeit dieses ursprünglich höheren Monuments an. Für den Ausgräber lag somit eine Datierung in die Zeit um 800 und – entsprechenden Vergleichsbeispielen wie etwa dem Karlsthron in Aachen zufolge – eine Deutung als Unterbau eines Throns Karls des Großen nahe (Abb. 5a u. b).

Große Baumaßnahmen aus der Zeit Bischof Badurads (815–862) in der ersten Hälfte des 9. Jahrhunderts lassen sich nach Auffassung des Ausgräbers an verschiedenen neuen Elementen ablesen. So sind zu nennen: die Erweiterung der Aula nach Westen und Süden, der Ausbau des Monasteriums im Osten des Grabungsareals oder auch ein Umbau des Westquertraktes im Südwesten der Aula. Hier sah Winkelmann die bewußte Anbindung dieses nun verlängerten Flügels an neu entstandene Bauelemente des Doms, deren Errichtung er mit der Überführung und Niederlegung der Gebeine des hl. Liborius im Jahre 836 in Verbindung brachte. Daß dieser Westtrakt des karolingischen Doms letzlich erst unter Bischof Rethar kurz vor der Jahrtausendwende entstanden sein dürfte, ergaben später die Grabungen von Lobbedey unter dem heutigen Dom.

Winkelmanns Überlegungen zu dem Paderborner Pfalzengelände lassen erkennen, daß er für etwa anderthalb Jahrhunderte bis zu dem großen Stadtbrand des Jahres 1000 keine größeren Veränderungen im Gelände annahm. Erst unter Bischof Meinwerk kam es dann zu einer durchgreifenden Neukonzeption und -bebauung der Domburg, die ebenfalls durch die Grabungen Winkelmanns wieder direkt faßbar wurde. Die Ergebnisse der Neubearbeitung

Abb. 5 Ansicht des „Throns" Karls des Großen. Das steinerne Stufenpodest liegt nördlich der Roten Pforte des Doms, an den sog. Ostquertrakt angebaut. – a Ansicht von Nordwesten, b Ansicht von Westen

dieser wichtigen Bau- und Nutzungsphase werden im Anschluß an die Präsentation der karolingischen Befunde im Rahmen einer Gesamtedition der Paderborner Pfalzgrabungen umfassend publiziert werden.

Erste Auswertungen

Während der laufenden Grabungskampagnen legte der Ausgräber großen Wert auf eine umfangreiche Dokumentation der Arbeit vor Ort. Neben der Betreuung einer oftmals recht großen Grabungsmannschaft führte er Tagebuch und hielt auf diese Weise wichtige Ereignisse und Arbeitsschritte fest. Neben der zeichnerischen Dokumentation, die im wesentlichen in der Hand eines Zeichners lag, fand eine regelmäßige Beschreibung der Herkunft und Zusammensetzung der Funde statt. Die Profile und Schnitte wurden in großem Umfang in Schwarzweißfotos und Farbdias im Bild festgehalten; Filmaufnahmen ergänzten die Dokumentation von Zeit zu Zeit. Eine direkte Verknüpfung aller Grabungsbestandteile wie das Zusammenbringen von Schichten mit den entsprechenden Funden oder die Benennung eines Profils auf einem Foto erfolgte jedoch in der Regel nicht.

Noch während der Grabung und vor allem im Anschluß daran setzte ansatzweise eine erste Auswertung der Grabung ein. Eine eigens zu diesem Zweck ins Leben gerufene „Edition Paderborn" unter der wissenschaftlichen Leitung Winkelmanns beschäftigte über einen langen Zeitraum Zeichner und Schreibkräfte, die die zahlreichen Bestandteile der Dokumentation zu sortieren und in eine übersichtliche Form zu bringen hatten. Besonderes Augenmerk galt bei dieser Arbeit von Anfang an einigen Fundgruppen wie dem Glas (vgl. Beitrag Gai zum Glas) oder – in bevorzugter Weise – den etwa 10 000 Putzstücken mit Malereiresten (vgl. Beitrag Preißler). Die Keramik bot mit den Tatinger Scherben eine außergewöhnliche Warengruppe, der ebenfalls besondere Aufmerksamkeit zuteil wurde (vgl. Beitrag Grothe). Diese Aspekte seiner Grabungsergebnisse wurden von Winkelmann in einigen zusammenfassenden Aufsätzen publiziert und so dem öffentlichen Interesse verfügbar gemacht (Winkelmann 1990). Die immense Menge des Fundmaterials sowie die Vorlage der kompletten Grabungsschritte und Grabungserkenntnisse waren jedoch letztlich von dem kleinen Team um Winkelmann nicht abschließend zu leisten. Um für das Treffen von Karl dem Großen und Papst Leo III. im Sommer 799 ansatzweise eine Vorstellung des architektonischen Rahmens, in dem es stattgefunden hatte, bieten zu können, wurde ein neues Projekt „Edition Paderborn" gegründet, das zu Beginn des Jahres 1994 seine Arbeit aufnahm. Mit insgesamt vier Wissenschaftlern und einer Zeichnerin wurden Voraussetzungen geschaffen, die eine Neubearbeitung der Grabung unter anderen, nicht zuletzt verbesserten technischen Bedingungen ermöglichen.

Methodik der Ausgrabung und neue Auswertung

Die vom Ausgräber verfaßte, überaus umfangreiche Dokumentation seiner mehrjährigen Tätigkeit im Gelände nördlich und westlich des heutigen Domes stellte die späteren Bearbeiter zunächst vor eine schwierige Aufgabe. Den etwa 2000 Profilzeichnungen größeren und kleineren Formats stehen ca. 200 Flächenzeichnungen gegenüber, die zu einem Teil skizzenhaft sind und zum anderen oft nur kleinere Bereiche abdecken. Diese Dokumentation spiegelt die Vorgehensweise im Gelände recht deutlich wider: Ein wesentlicher Teil der unter schwierigen Umständen durchgeführten Ausgrabungstätigkeit beruhte auf dem Anlegen bzw. Dokumentieren von Profilschnitten. Nur gelegentlich wurden größere Flächen planiert – was nicht zuletzt auch durch die vielfältig sich kreuzenden Mauerzüge verursacht war – und zeichnerisch festgehalten, so daß das Verfolgen einer bestimmten Schicht über eine größere Distanz hinweg allein in der Fläche nicht möglich war. Diese Form der Darstellung erforderte demnach eine Vorgehensweise in der Auswertung, die sich an den zahlreichen Profilen orientierte. Eine nicht unwesentliche Erschwernis war dabei allerdings, daß die Schichten in der zeichnerischen Dokumentation fast nie durch Nummern, Buchstaben oder ähnliche Merkmale gekennzeichnet worden waren. Beschreibende Texte sind nur für etwa zehn Prozent der Profile vorhanden, wobei auch hier die Schichten nicht prägnant gekennzeichnet sind, sondern eher deskriptiv behandelt wurden. Demzufolge mußte eine Neubearbeitung der Grabung mit der Identifizierung von Schichten und Schichtverhältnissen beginnen, der anschließend eine Zuordnung des Fundmaterials folgen konnte. Um den ungeheuren Datenmengen gerecht werden zu können und eine effiziente Bewertung zu ermöglichen, wurde eine computergestützte Vorgehensweise gewählt. In eine den Erfordernissen angepaßte Datenbank wurden sämtliche gewonnenen Erkenntnisse zu Funden und Befunden eingegeben und mittels Vernetzung allen Mitarbeitern zur Verfügung gestellt.

Die Darstellung der stratigraphischen Verhältnisse aus insgesamt 14 neu definierten Arbeitszonen erfolgt in einer „Harris-Matrix“, einer schematischen Graphik, die eine relative Abfolge der einzelnen Schichten deutlich macht. Die absolute Datierung dieser Schichten kann aber erst mit Hilfe der schon weit fortgeschrittenen Materialbearbeitung vorgenommen werden. Die bereits neu hinzugewonnenen Erkenntnisse bezüglich der Datierung haben mittlerweile zu einer etwas anderen Bewertung der Bauphasen im Gelände der Pfalzanlage geführt, als dies bisher in der Literatur geschehen ist (vgl. Beitrag Gai).

Handwerk und Baubetrieb auf dem Gelände der Pfalzanlage

Neben den markanten Steingebäuden sind vor allem auch zahlreiche Pfosten- und Schwellbalkenhäuser aus Holz im Pfalzgelände zu vermuten. Von diesen haben sich unzählige Pfostenspuren, Wandgräbchen oder auch Steinfundamente erhalten, die über das ganze Terrain verteilt zu beobachten sind. Eine Zuordnung einzelner Pfostenspuren zu Gebäudegrundrissen ist durch vielfältige Überlagerungen jedoch kaum möglich, so daß auf eine Darstellung der Holzgebäude in den Rekonstruktionen und Modellen weitgehend verzichtet wurde. Datierbare Gegenstände – wie etwa Keramikscherben – in den Verfüllungen der Pfostengruben lassen zudem erkennen, daß ein Teil dieser Zeugnisse für eine Holzbebauung im Pfalzgelände noch der Römischen Kaiserzeit zuzurechnen ist. Ein anderer nicht unwesentlicher Teil ist vermutlich auch im Zusammenhang mit handwerklichen Tätigkeiten vor und während der Pfalzbauphasen zu sehen. Pfostengruben, die parallel zu Mauerzügen, etwa im Vorraum zur Ikenberg-Kapelle oder im Umfeld der karolingischen Aula, auftraten, lassen sich als Reste von Gerüstbauten interpretieren. Sicherlich ist auch davon auszugehen, daß es eine größere Anzahl an Bauhütten gegeben hat. Hinweise für die Baumaßnahmen begleitende handwerkliche Tätigkeiten gibt es einige: Eisenverarbeitung beispielsweise läßt sich anhand zahlreicher Schlackenfunde indirekt nachweisen. Öfen oder Eisenschmelzstellen sind mit Hilfe von Hinweisen in Tagebüchern oder Fundverzeichnissen zu erschließen, aber kaum mit Zeichnungen oder Fotos zu belegen. Eine deutliche Holzkohlekonzentration, vom Ausgräber als Eisenofen oder Eisenschmelzstelle bezeichnet, lag beispielsweise westlich des Ostquertraktes, vor der Aula-Südwand. Weitere Brandstellen oder Schlackekonzentrationen fanden sich im Bereich direkt südlich der Ikenberg-Kapelle, im Gelände des Klausurbereichs und im Umfeld des späteren, unter Bischof Meinwerk errichteten Nord-Süd-Traktes nördlich der Bartholomäus-Kapelle. Es ist auffällig, daß sich diese Hinweise auf Eisenverarbeitung im wesentlichen auf den nordöstlichen Teil des ergrabenen Geländes konzentrieren. Leider läßt sich nicht mehr feststellen, wie lange eine solche Schmiede- oder Schmelzstelle jeweils in Betrieb war, ob sie immer wieder verlagert wurde oder ob wir mit einem festen, über längere Zeit an einem Ort ansässigen Handwerksbetrieb oder gar einem Handwerkerzentrum zu rechnen haben. Nicht geklärt ist bisher auch, ob hier vor Ort nur Ausschmelzprozesse stattfanden oder auch eine Weiterverarbeitung und Herstellung von Gerät oder Waffen zu postulieren ist, wie es Winkelmann andeutet. Zur Klärung dieser Fragen können jedoch Analysen der Schlacken und Luppen beitragen, die in der Gesamtpublikation der Grabungsergebnisse vorgelegt werden. Eine große Anzahl unterschiedlichster metallener Zeugnisse für den Baubetrieb und für eine langandauernde Nutzung des Pfalzareals legt jedoch die Produktion vor Ort nahe (Kat.Nrn. III.7–8).

Neben der Metallverarbeitung gibt es deutliche Hinweise auf einen oder mehrere Glasöfen, ebenfalls im Gelände nördlich der späteren Bartholomäus-Kapelle angesiedelt. Dieser Handwerkszweig verdient besondere Beachtung und wird auch in einem eigenen Artikel näher beleuchtet (vgl. Beitrag Gai).

Inwieweit vor Ort auch Keramik getöpfert wurde, ist durch die Grabung nicht nachgewiesen worden. Man wird aber davon ausgehen können, daß im Umfeld der Palastbauten Geschirr für den täglichen Bedarf hergestellt wurde. Hochwertige Tonware für die königliche Tafel wurde dagegen nachgewiesenermaßen importiert (vgl. Beitrag Grothe).

Ein weiterer wesentlicher Handwerkszweig ist die für Paderborn so wichtige Wandmalerei, die offensichtlich verschiedene Gebäude im Pfalzbereich geziert haben muß (vgl. Beitrag Preißler).

Darüber hinaus kann man mit den unterschiedlichsten handwerklichen Tätigkeiten rechnen, die im Umfeld einer Pfalz anzusiedeln sind und das Bild dieser eindrucksvollen Palastanlage mit allen Facetten vervollständigt haben (Abb. 6). Wichtige neue Erkenntnisse hinsichtlich handwerklicher Tätigkeiten, die in engem Zusammenhang mit der Paderborner Pfalz zu sehen sind, bieten vor allem die aktuellen Grabungen im Balhorner Feld (vgl. Beitrag Eggenstein).

Abb. 6 „Handwerker" bei der Errichtung der Stiftshütte (um 900). Sog. Codex Aureus, St. Gallen, Cod. Sang. 22, pag. 64

Literatur:

Helmut BEUMANN, Das Paderborner Epos und die Kaiseridee Karls des Großen, in: Karolus Magnus et Leo Papa. Ein Paderborner Epos vom Jahre 799, hrsg. v. Joseph BROCKMANN (Studien und Quellen zur westfälischen Geschichte 8), Paderborn 1966, 1–54. – Uwe LOBBEDEY, Die Ausgrabungen im Dom zu Paderborn 1978/80 und 1983 (Denkmalpflege und Forschung in Westfalen11,1), Bonn 1986. – Bernhard ORTMANN, Die frühesten Nachrichten über Paderborn und die ältesten Befestigungsreste innerhalb seiner Altstadt, in: Die Warte 19, 1958, 90–91; 105–107; 116–118. – DERS., Vorbericht zur Befestigungsuntersuchung an den westlichen Paderquellen (Paderabhang) 1969, in: Westfälische Zeitschrift 119, 1969, 423–424. – Karl SCHOPPE, Das karolingische Paderborn 1 (Schriftenreihe des Paderborner Heimatvereins 4), Paderborn 1967. – Andreas VÜLLERS, Über älteste Baureste Paderborns, in: Westfälische Zeitschrift 56, 1898, 165–176. – Wilhelm WINKELMANN, Beiträge zur Frühgeschichte Westfalens. Gesammelte Aufsätze (Veröffentlichungen der Altertumskommission im Provinzialinstitut für westfälische Landes- und Volksforschung Landschaftsverband Westfalen-Lippe 8. Beiträge zur Frühgeschichte Westfalens), Münster [2]1990 (in diesem Band sind die wesentlichen Artikel und Aufsätze von Winkelmann gesammelt worden; hier finden sich auch seine Arbeiten zu den Paderborner Pfalzanlagen).

Sveva Gai

Die Pfalz Karls des Großen in Paderborn

Ihre Entwicklung von 777 bis zum Ende des 10. Jahrhunderts

Die Überreste der 776 gegründeten Pfalz Karls des Großen sind seit den archäologischen Untersuchungen Wilhelm Winkelmanns nördlich des Domes, am Hang des zum östlichen Quellbecken der Pader abfallenden Geländes lokalisiert und in ihrem Umfang wieder faßbar geworden. Die über einen Zeitraum von zwölf Jahren durchgeführten Ausgrabungen (1964–1971 u. 1974–1977) haben die Grundlagen geliefert, die Steinbauten im Bereich nördlich des Domes zu identifizieren und wichtige Strukturen des gesamten Pfalzkomplexes zu deuten (Winkelmann 1972). Eine gründliche und umfassende Auswertung des Gesamtmaterials hat aber bisher gefehlt, so daß ältere Interpretationen in vielen Einzelheiten fraglich erscheinen (vgl. Beitrag Mecke). Die Wiederaufnahme der analytischen Auswertung der Grabungsdokumentation mehr als zwanzig Jahre nach Grabungsabschluß bietet heute neue Anhaltspunkte zur Rekonstruktion der baulichen Entwicklung der karolingischen Pfalz zwischen ihrer Gründung im Jahre 776 und der weitgehenden Zerstörung durch den Stadtbrand des Jahres 1000. Nun zeichnet sich ein neues Bild ab, in dem die Pfalz in den wechselseitigen Zusammenhängen mit den kirchlichen Gebäuden, die die Gesamtanlage prägen, und deren baulicher Entwicklung erkennbar wird.

Die Gründung der Pfalz

Aus zahlreichen, dicht nebeneinanderstehenden Pfostenlöchern, die für die früheren Schichten dokumentiert sind, läßt sich eine ausgedehnte Holzbebauung auf dem Gelände vor Baubeginn der karolingischen Burg erschließen. Nach der Zerstörung dieser hölzernen Bebauung wurden der rechteckige Saal, die *aula regia*, und die erste königliche Kapelle, die Salvatorkirche, errichtet (Abb. 1). Die karolingische Befestigung bot der Pfalzaula und der Kirche Schutz (Abb. 2). Größe und Umfang des in karolingischer Zeit befestigten Areals sind durch sieben weitere Sondierungen, die in den 50er und 60er Jahren vor allem im nördlichen und südöstlichen Bereich durchgeführt wurden, bekannt. Es ergibt sich so ein ca. 280 x 250/300 m großes Areal, dessen Ausdehnung dem anderer sächsischer Bischofsstädte, wie Münster, Minden, Bremen oder Hildesheim, entspricht (Balzer 1979). Es wurde bisher vermutet, daß bereits in der ersten Bauphase eine Holz-Erde-Konstruktion errichtet wurde (Winkelmann 1971), die gleich nach der ersten Zerstörung im Jahre 778 durch eine 1,3 bis 1,5 m breite Steinmauer ersetzt wurde. Bei der Untersuchung des Pfalzgeländes aber wurde auch der Nordteil der Befestigungsmauer freigelegt, ohne daß die Überreste einer älteren Befestigungsanlage zutage gebracht werden konnten. Hier lagen auf derselben Flucht Reste einer Mauer aus großen Kalkbruchsteinen, an deren Nordseite eine Berme von ca. 2 m Breite und eine zum heutigen Quellenbereich abfallende Böschung freigelegt wurden (Abb. 3).

Die Mehrphasigkeit der Befestigungsmauer konnte an der Mauerstruktur nicht belegt werden. Aus der Dokumentation ist nicht zu erschließen, zu welcher der jeweiligen Bauphasen der Pfalz die einzelnen Mauerbereiche gehörten. Nur die Stratigraphie im Bereich der Böschung läßt Schutt- bzw. Mörtelstreifen erkennen, die vermutlich auf Wiederherstellungsphasen der noch vorhandenen Mauer zurückzuführen sind. Es ist somit anzunehmen, daß der Verlauf der Befestigung seit der Errichtung im Jahre 776 bis in die Meinwerk-Zeit im 11. Jahrhundert, zumindest in diesem Bereich, unverändert geblieben ist. Da Befestigungen bei anderen Pfalzen erst im Verlauf des 9. Jahrhunderts vorgenommen wurden (Binding 1996, 63), ist die besondere Stellung der Pfalz Paderborn zu betonen, die im „Feindesland" errichtet wurde, weshalb zum Zweck der Sicherung und Verteidigung eine Befestigung notwendig war.

Innerhalb dieser Befestigung ist folgende Binnenstruktur zu erkennen: Im Nordwesten der Anlage lag die Aula der Pfalz und etwa in der Mitte die Kirche, an die sich östlich und südlich der Friedhof anschloß. Über die Nutzung der Südhälfte des Areals ist nichts bekannt, obwohl Winkelmann eine Parallele zu der Situation in der Münsterschen Domburg zieht und von einer Ansiedlung

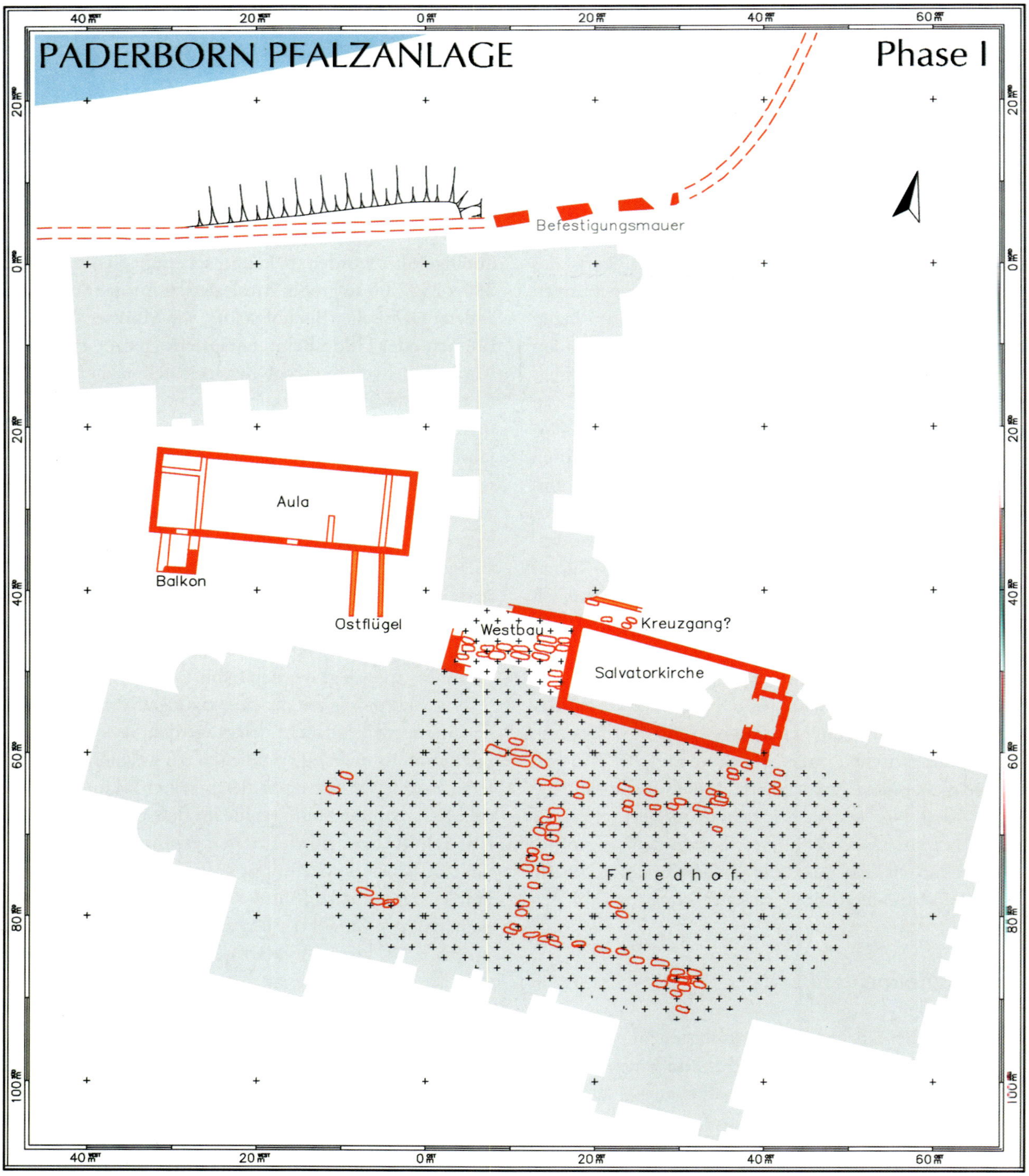

Abb. 1 Die erste Bauphase der Pfalz Paderborn (um 776)

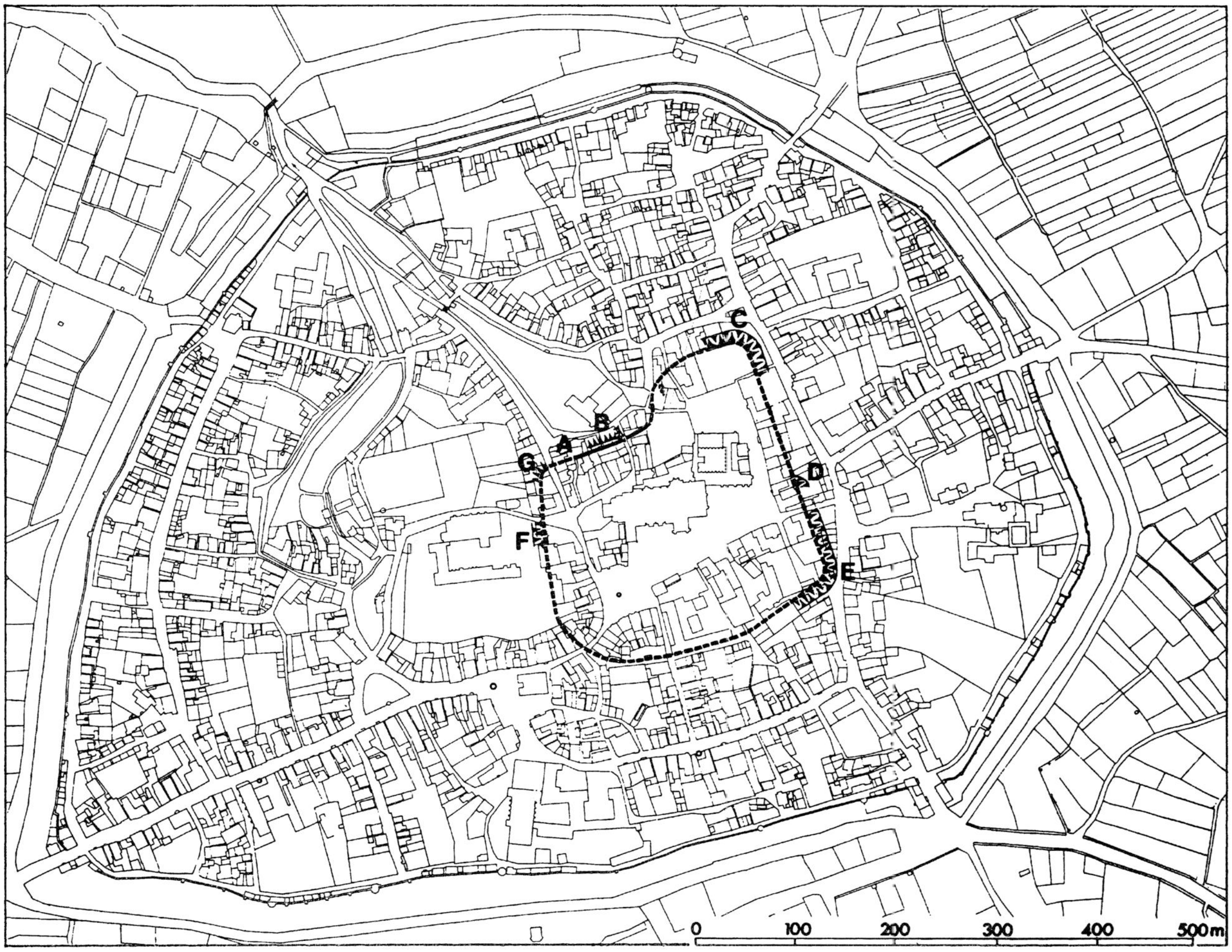

Abb. 2 Paderborn, Rekonstruktion der karolingischen Burg. A – G Angabe der Sondierungen in den 1950er Jahren

von Handwerkern und Dienstleuten auf kleinen Parzellen ausgeht. Nur Ausgrabungen könnten in diesem bisher leer gebliebenen Bereich der Befestigung Klarheit schaffen.

Die Schriftquellen belegen für die Jahre 777 und 785 Reichsversammlungen in Paderborn sowie für die Jahre 777 und 799 die Errichtung von Kirchen. Doch nur im sog. Karlsepos, einer zeitgenössischen Quelle (Brunhölzl 1966, 60–97), ist ausdrücklich von einer *aula regalis*, also von einem Gebäude, das auf eine Königspfalz hinweist, die Rede.

Zum Jahre 777 war Paderborn schon zur Burg ausgebaut und Zentralort des königlichen Fiskus zur Verwaltung der neueroberten Gebiete geworden. Der Bau einer Kirche, einer *ecclesia in honore Salvatoris*, ist für diese Zeit überliefert. Nach dem großen Sachsenaufstand und den weitgehenden Zerstörungen im Jahre 778 wurde die Anlage wiedererrichtet und vielleicht erweitert. Ein Teil von ihr, insbesondere die Kirche, stand bereits seit 777 als Ort einer Missionszentrale fest, der erste bedeutende Schritt zur Eingliederung Sachsens in das Frankenreich.

Das in seiner unteren Steinlage und somit in seinem Umriß heute noch erhaltene 31 x 10 m große Aulagebäude stellt in seiner Bausubstanz den Kernbau der letzten Phase dar. Bei der mehrfach nach partieller oder vollständiger Zerstörung infolge sächsischer Aufstände wiederaufgebauten Aula handelt es sich nicht um eine Errichtung *a fundamentis,* sondern sehr wahrscheinlich um die Wiederherstellung durch Einbeziehung des noch vorhandenen Mauergrundrisses. Die innere Einteilung des Raumes durch vier in regelmäßigen Abständen angemauerte Quermauern spricht dafür, daß die Aula als zwei-

Abb. 3 Blick auf die nördlichen Reste der Befestigungsmauer der Pfalz und auf die darunterliegende Böschung

Abb. 5 Die erste Bauphase der Pfalz Paderborn, isometrische Rekonstruktion ▷

Abb. 4 Die Aula mit dem südlichen Eingangsbereich. Links ein Rest des Kalkofens aus dem 13. Jahrhundert

geschossiger Bau konzipiert und errichtet wurde. Im kellerartigen Bereich des Untergeschosses waren vermutlich Diensträume untergebracht. Der Zugang zum Untergeschoß der Aula war von Süden in der Gebäudemitte und im Westen möglich (Abb. 4). Stärkere Fundamentmauern lassen schon für die frühe Phase am westlichen Eingang die Errichtung eines quadratischen Anbaus annehmen, vermutlich eines Altans oder Balkons auf einer tonnengewölbten Substruktion, der vom Obergeschoß des Gebäudes zu erreichen war. Es ist jedoch auch möglich, daß sich an dieser Stelle ein geschlossener, quadratischer Anbau befunden hat, der eine Innenfläche von ca. 8 m^2 hatte und dessen Obergeschoß vermutlich nur von der Aula zugänglich war.

Der Ostflügel zeigte keinen südlichen Abschluß: Der westliche und der östliche Mauertrakt endeten jeweils mit einer aus behauenen Sandsteinquadern gemauerten stumpfen Ecke. Es ist denkbar, daß sich hier ein Zugang

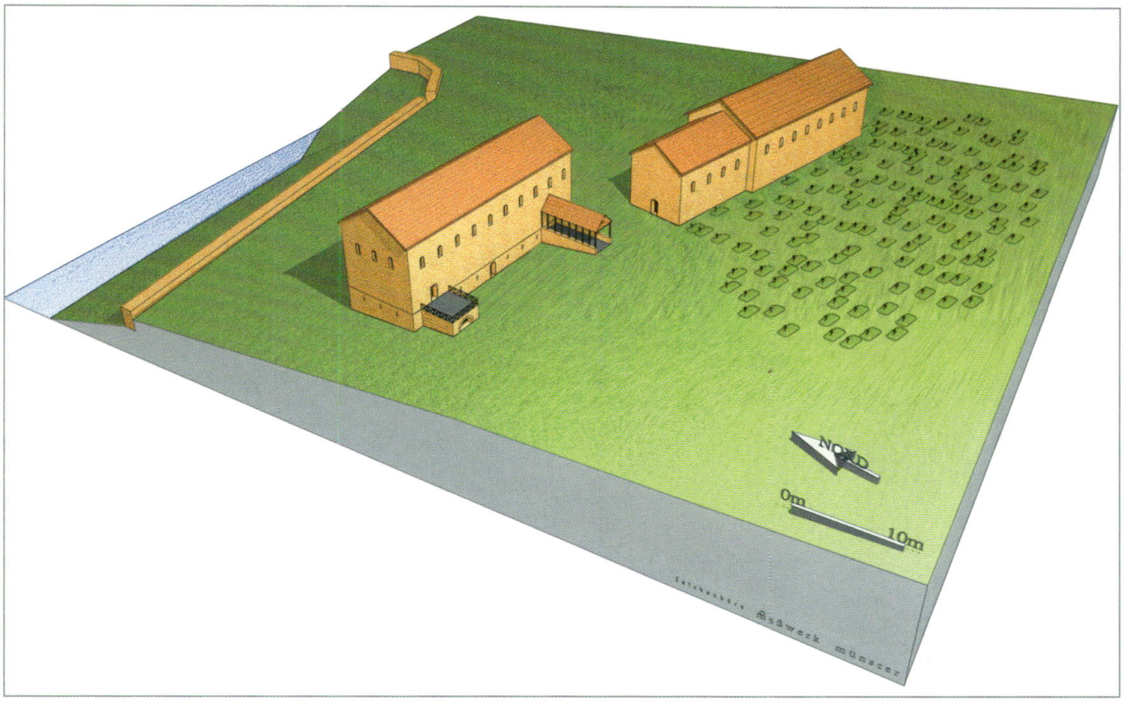

zur im Obergeschoß gelegenen Aula befand und daß der ca. 3 m breite Ostflügel zur Anlage einer Zugangsrampe oder Treppe gedient haben könnte.

Die südöstlich der Aula ergrabenen Mauerzüge, durch spärliche Reste im Dombereich ergänzt, wurden als Überreste der 777 erwähnten Salvatorkirche erkannt, die in etwa die Ausmaße der *aula regia* hatte. An der Westseite der Kirche lassen mächtige Fundamentmauern einen Westbau von gestrecktem Grundriß erkennen, der an die Kirche anschloß. Der Befund scheint zusammen mit dem Kirchenbau schon zu einem ersten Baukonzept zu gehören.

Aula und Kirche stehen sich in der neu errichteten Pfalz als isolierte Gebäude gegenüber, die keine bauliche Verbindung zueinander haben (Abb. 5).

Eine dichte Bebauung aus Holzkonstruktionen erstreckte sich sehr wahrscheinlich auf der restlichen unbebauten Fläche um die Steingebäude, insbesondere im Bereich nördlich der bereits existierenden Pfalz. Südlich der Kirche weitete sich der unter dem heutigen Dom noch zum Teil erhaltene und untersuchte Friedhof aus, der somit zu den ältesten Befunden des Areals gehörte. Weitere Gräber wurden innerhalb des westlichen Anbaus an die Kirche gefunden. Die Gräber in diesem privilegierten Bestattungsbereich sind allerdings wahrscheinlich erst nach der ersten sächsischen Zerstörung von 778 angelegt worden, da sie in eine dünne, aber durchgehend nachweisbare Brandschicht eingetieft sind.

Nördlich der Kirche weist eine nur im Fundamentbereich erhaltene schmale Ost-West-Mauer, die ebenfalls in die Spuren eines Brandes eingreift, auf eine bauliche Veränderung hin. Ob an dieser Stelle der erste Hinweis auf einen Kreuzgangbereich abzulesen ist, wie schon Winkelmann vorgeschlagen hat, bleibt bisher noch offen. Hinweise auf einen Klosterbereich auf der Nordseite des Domes, die eine solche Annahme auch für die frühe Phase bekräftigen könnten, existieren auch für die folgenden Phasen, obwohl eine Kontinuität in der Ausrichtung und den Ausmaßen der Gebäude fehlt.

Die baulichen Veränderungen um das Jahr 799

Mit der Errichtung der *ecclesia mirae magnitudinis* im Jahre 799 entsteht neben der alten Pfalzkapelle eine neue querhauslose, dreischiffige Basilika, die mit der alten, im Grundriß unveränderten Aula den baulichen Rahmen für den im Epos De Karolo rege et Leone papa (Karlsepos) beschriebenen Besuch des Papstes im Jahre 799 darstellt (Abb. 6).

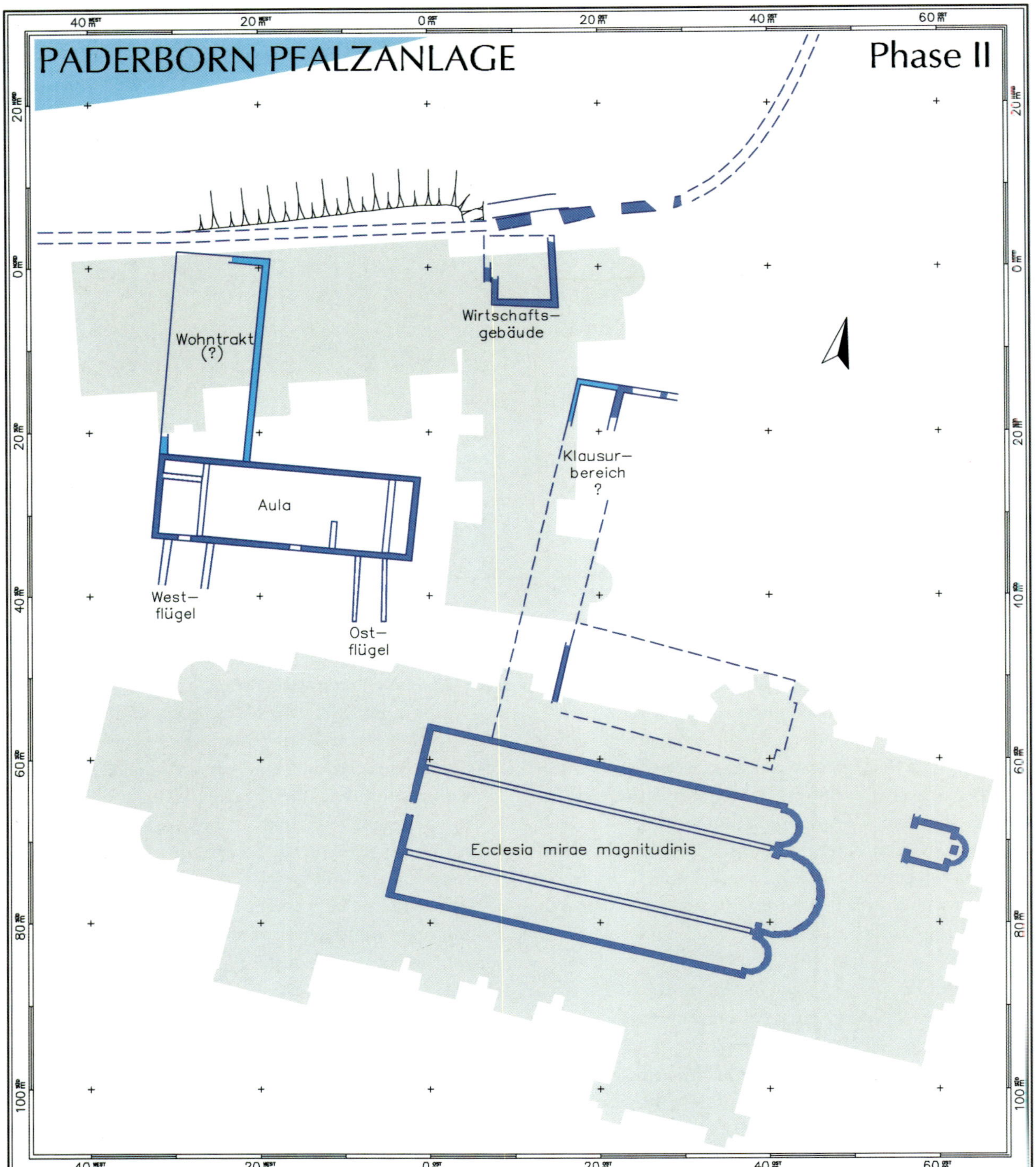

Abb. 6 Die Pfalz nach 799 (Phase 2)

Abb. 7 Reste des an der Nordseite der Befestigungsmauer anschließenden Gebäudes unterhalb der Ikenberg-Kapelle

Zu dieser Zeit ist wahrscheinlich noch kein weiterer Ausbau der Aula erfolgt. Nur an der Stelle des westlichen turmartigen Anbaus zeigt der Befund, daß dieser Baukörper abgetragen wurde. Hier wurde ein kurzer Westflügel in ähnlicher Art und Weise wie der östliche Trakt errichtet, der als überdachter Eingangsraum in das westliche Untergeschoß der Aula führte und möglicherweise auf der Höhe des Obergeschosses der Aula eine Nutzung als Balkon ermöglichte.

An der Nordseite der Aula und rechtwinklig zu dieser kam unter dem Niveau des 11. Jahrhunderts in spärlichen Resten ein ca. 25 x 10 m großes Gebäude zutage. Die Errichtung eines Gebäudes an dieser Stelle, zur Befestigungsmauer hin ausgedehnt, scheint dadurch besonders günstig gewesen zu sein, daß eine der Paderquellen innerhalb der Befestigung lag. Wahrscheinlich sind hier die Gemächer des Königs zu vermuten, der damit über genügend Platz für sich und sein Gefolge verfügen konnte.

Im Jahr 799 hatte die karolingische Pfalz noch nicht ihren größten baulichen Umfang erreicht. Kirche und *aula regia*, der sakrale und der profane Bereich, wiesen noch keine bauliche Verbindung auf. Einzelne Bauten kamen vielleicht schon zu dieser Zeit hinzu, wie der nördliche Befund an der Befestigungsmauer belegt. Hier wurden unter der ottonischen Ikenberg-Kapelle Fundamentzüge gefunden, die auf ein rechteckiges Gebäude, vielleicht einen Schwellbalkenbau mit mehrlagigem Steinfundament schließen lassen (Abb. 7). Das Gebäude befand sich direkt an der Befestigungsmauer und kann in seiner Funktion nicht mehr bestimmt werden, da die zugehörigen dünnen Laufhorizonte nur in sehr spärlichen Resten erhalten sind. Der Nachweis einer tiefen, schon in frühkarolingischer Zeit aufgefüllten Eingrabung läßt außerdem vermuten, daß, vielleicht in Verbindung mit den dichten Pfostenreihen südlich der Ikenberg-Kapelle, an dieser Stelle innerhalb der Befestigung noch eine weitere Quelle entsprungen ist. Ein nicht näher identifizierbares Grubenhaus östlich des Schwellbalkenbaus könnte vielleicht zur Aufbewahrung von Vorräten gedient haben.

In die Zeit um 800 lassen sich noch einige weitere südlich der Ikenberg-Kapelle liegende Mauern datieren, deren Ausrichtung sich nicht an der Aula, sondern an der Kirche orientierte (Abb. 8). Herausragend bemalte Wandputzreste aus den Schuttschichten deuten auf eine besonders prächtige Ausstattung dieser Räume hin (vgl. Beitrag Preißler). Obwohl es an weiteren Hinweisen fehlt, könnte es sich hierbei um einen nördlich an die Kirche anschließenden Klausurbereich handeln. Die Erwähnung der Dotierung des Klosters von Saint-Mars-La-Brière seit 799 an das *Monasterium Paderburnensis* in der Translatio Sancti Libori (Balzer, in: Lobbedey 1986, 112, T. 8) belegt für diese frühe Zeit die Existenz eines Klosters. Ob die gefundenen Strukturen den baulichen Rahmen für das Verständnis der schriftlichen Überlieferung bestätigen können, bleibt ungewiß. Weitere Hinweise bietet noch ein am Ostende des Nordseitenschiffs abzweigen-

Abb. 8 Reste der nordöstlich der Aula verlaufenden Mauer, vielleicht Hinweis auf ein Gebäude im Klausurbereich

der Gang, den Lobbedey nicht datieren konnte, der aber in die Zeit vor Bischof Meinwerk zu setzen ist und der sicher einen Verbindungstrakt zwischen dem Ostteil des Domes und dem Kloster darstellte (Lobbedey 1986, 148, Abb. 20 und 158). Die Vermutung eines Klausurbereichs führt dazu, daß eine deutliche bauliche Trennung zwischen Osten und Westen, zwischen dem öffentlichen Pfalzbereich und dem klösterlichen Klausurbereich angenommen werden muß. Geht man von einem klösterlichen Bauzusammenhang im Westtrakt aus, so stellen die reich mit Wandmalereien ausgestalteten Räume eine funktionale Verbindung zwischen Pfalz und Kloster dar, wie sie z. B. bei einem Gästetrakt gegeben sein könnten.

Die architektonische Umgestaltung in der ersten Hälfte des 9. Jahrhunderts

In der Zeit nach 800 erfolgten wesentliche bauliche Veränderungen im Pfalzareal, die im Zusammenhang mit den Baumaßnahmen (vor 836) am Dom unter Bischof Badurad (815–862) zu sehen sind (Abb. 9).

Südwestlich der Aula führte jetzt eine Außentreppe auf das Obergeschoß des neuen Westflügels, der den ursprünglichen Westbau ersetzte, in die Aula (Abb. 10). Vom Erdgeschoß der Aula konnte durch die alte Südwest-Tür des Untergeschosses nun der neue Westtrakt erreicht werden. Von hier führten einige Stufen in das Untergeschoß eines an die westliche Stirnseite der Aula angefügten Anbaus. An die Mitte von dessen Westwand schließt ein kleiner viereckiger Annex an, der bisher von der Forschung als Thronapsis gedeutet, aber mit seinen knapp 2,50 m Breite jedem Vergleich mit den bekannten, als Ort des Thrones genutzten Apsiden der *aulae regales* von Ingelheim und Aachen nicht standhalten kann. Denn gerade ein Vergleich mit diesen zeigt, daß die architektonische Gestaltung dort völlig andere Proportionen als bei dem spärlichen Paderborner Befund hatte (Jacobsen 1994, 30–31 u. 34–35). Die geringen Ausmaße dieses Annexes, verglichen mit der beträchtlichen Abmessung der *aula regia* von Aachen, legt daher den Schluß nahe, daß es sich nicht um einen Thronplatz gehandelt haben kann. Der gesamte Westanbau muß als ein von der älteren Aula baulich und funktional getrennter Baukörper angesehen werden. Er ist im Zusammenhang mit einer der alten Südwand der Aula vorgelegten Mauer zu sehen, die die gleiche südliche Flucht besaß. Die Mauer kann als Fundamentierung eines erhöhten, wohl mit einem Pultdach ausgestatteten Ganges auf der Höhe des Obergeschosses verstanden werden, der vom Ostflügel aus die Verbindung zum Westanbau außerhalb der Aula gewährleistete.

Neben dieser ersten Interpretation ist aber auch die Möglichkeit eines kompletten Wiederaufbaus der Aula

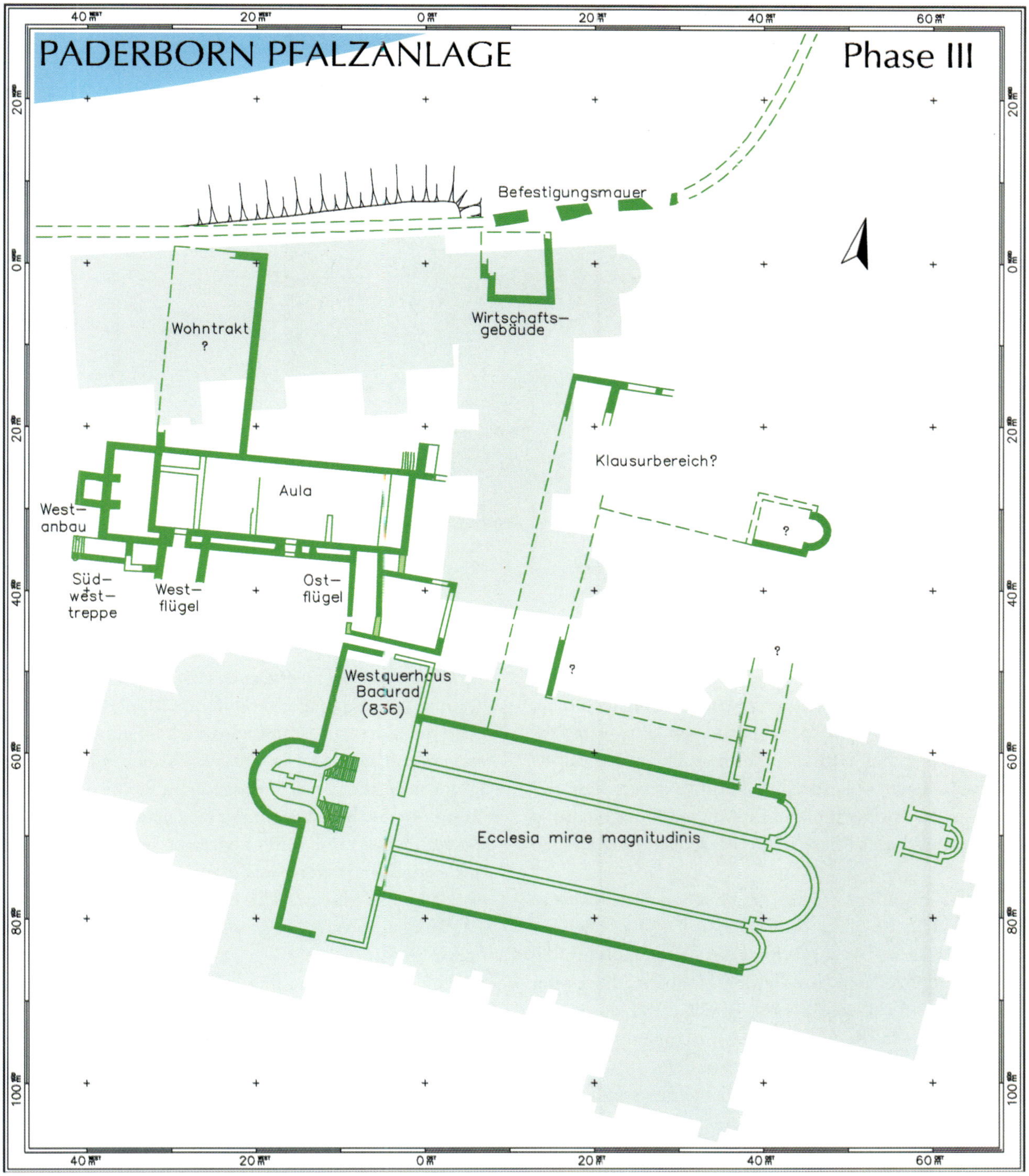

Abb. 9 Die dritte Bauphase der Pfalz Paderborn (um 836)

Abb. 10 Blick auf die im westlichen Bereich um 836 erfolgten Umbauten (links unten)

in vergrößerten Dimensionen zu erwägen, die dazu im Obergeschoß nach Westen und Süden erweitert worden wäre, während man im Untergeschoß die alten Räume, ergänzt durch die Anbauten, beibehalten hätte. Das Fehlen der Fundamente für eine Verbreitung an der südöstlichen Ecke der Aula spricht allerdings gegen diese Rekonstruktion und zeigt, daß die bauliche Ausgestaltung der Aula in dieser Phase noch offen diskutiert werden muß.

Zum Zeitpunkt der schriftlich überlieferten *translatio* der Reliquien des hl. Liborius 836 von Le Mans nach Paderborn war das Westquerhaus des Doms zum großen Teil schon errichtet. Die Baumaßnahmen, die an der südöstlichen Ecke der Aula festzustellen sind, lassen sich nur mit der Absicht erklären, den profanen und den sakralen Bau zu einer Einheit zu verbinden.

Der Ostflügel wurde unter Beibehaltung seiner Funktion als Eingangsraum zum Obergeschoß erneuert. Da der Zugang von Süden durch das neue Querhaus verstellt war, wurde der Eingang um 90 Grad nach Westen verlegt und eine neue Rampe zum Obergeschoß aufgeschüttet (Abb. 11). Die östliche Seite des Flügels war zu einem frühen Zeitpunkt zugemauert worden, so daß ein geschlossener Raum entstand. Der Ostflügel diente gleichzeitig als überdachter Gang zwischen Aula und Westquerhaus der Kirche: Vom Obergeschoß der Aula aus war es somit möglich, über ein hölzernes Podest das Innere des Westquerhauses zu erreichen. Die zur Nordmauer des Westquerhauses parallel verlaufende Mauer richtet sich genau nach dieser aus und wird deshalb als die jüngere Anlage betrachtet. Der in Ost-West-Richtung angelegte Gang wurde allerdings nie begangen, da die errechnete Raumhöhe bei der Annahme eines hier gelegenen Zugangs zum Dom nur 1,40 m betragen hätte. Vermutlich wurde er schon in der Bauzeit zugemauert und verfüllt (Abb. 12). Die Mauer, die in einem so geringen Abstand zum Westquerhaus errichtet wurde, hatte somit eine statische Funktion.

Es bleibt aber noch offen, ob sich an dieser Stelle ein weiterer Raum befand, der sich östlich des Osttraktes mit unregelmäßigem Grundriß erstreckte und der durch wenige verbliebene Mauerreste belegt scheint. Sämtliche baulichen Veränderungen, die an dieser Stelle zu beobachten sind, gewinnen aber nur in Verbindung mit den Umbauten an der Kirche einen Sinn: Ein Gebäude an dieser Stelle würde quasi in der Funktion eines 'Gelenks' beide Bereiche verbinden. Alternativ könnte man sich aber auch vorstellen, daß der Bereich unbebaut geblieben und als eine Art Innenhof von beiden Seiten zugänglich war.

Abb. 11 Ostflügel von Norden mit Resten der noch erhaltenen Rampe, die den Zugang zum Obergeschoß der Aula ermöglichte

Abb. 12 Gang zwischen Nordmauer des Westquerhauses und parallel geführter Ost-West-Mauer

Die Veränderungen vor dem Brand des Jahres 1000

Gegen Ende des 9. Jahrhunderts verliert der Ostflügel seine ursprüngliche Funktion als Raum für die Zugangsrampe zur Aula: Der Raum wurde zugemauert und mit Steinschutt verfüllt. Das Platzniveau wurde um 40–50 cm erhöht, und erst jetzt wurde das stufenartige Podest, der sog. Thron der früheren Forschung, angebaut (Abb. 13).

Nachdem der Ostquertrakt seine Funktion verloren hatte, war es notwendig, an dieser Stelle eine Verbindung zwischen Pfalz und Kirche einzurichten. Das stufenartige Podest diente als überdachte Treppe, wie die Standspuren für Pfosten belegen, die den Zugang zur Pfalz und zum Dom vom erhöhten Gelände und über dem abgerissenen und verfüllten Ostflügel ermöglichen sollte. Das Treppenpodest behielt wahrscheinlich seine Funktion bis in die Zeit der letzten Baumaßnahmen unter Bischof Rethar (983–1009) vor dem Stadtbrand des Jahres 1000.

Die Mauerstrukturen nordöstlich der Aula, die für die vorausgegangenen Phasen als Klausurgebäude interpretiert wurden, erfahren einen deutlichen Umbau. Zwei große zusammenhängende Räume sind an dieser Stelle belegt, und eine Nord-Süd-Treppe führte zur Befestigungsmauer.

Mit der Errichtung eines Westwerkes im Anschluß an das bestehende Westquerhaus des Doms am Ende des 10. Jahrhunderts wurden die Mauern des Westflügels nach Süden verlängert und an das Westwerk angeschlossen, so daß jetzt im Westen die Verbindung zwischen Aula und Kirche entstand. Auch in dieser Phase wurde eine Veränderung der beiden Wände des Westflügels vorgenommen. Eine Eingangssituation, zu der die beiden Ost-West-Spannmauern gehören müssen, entstand erst in dieser

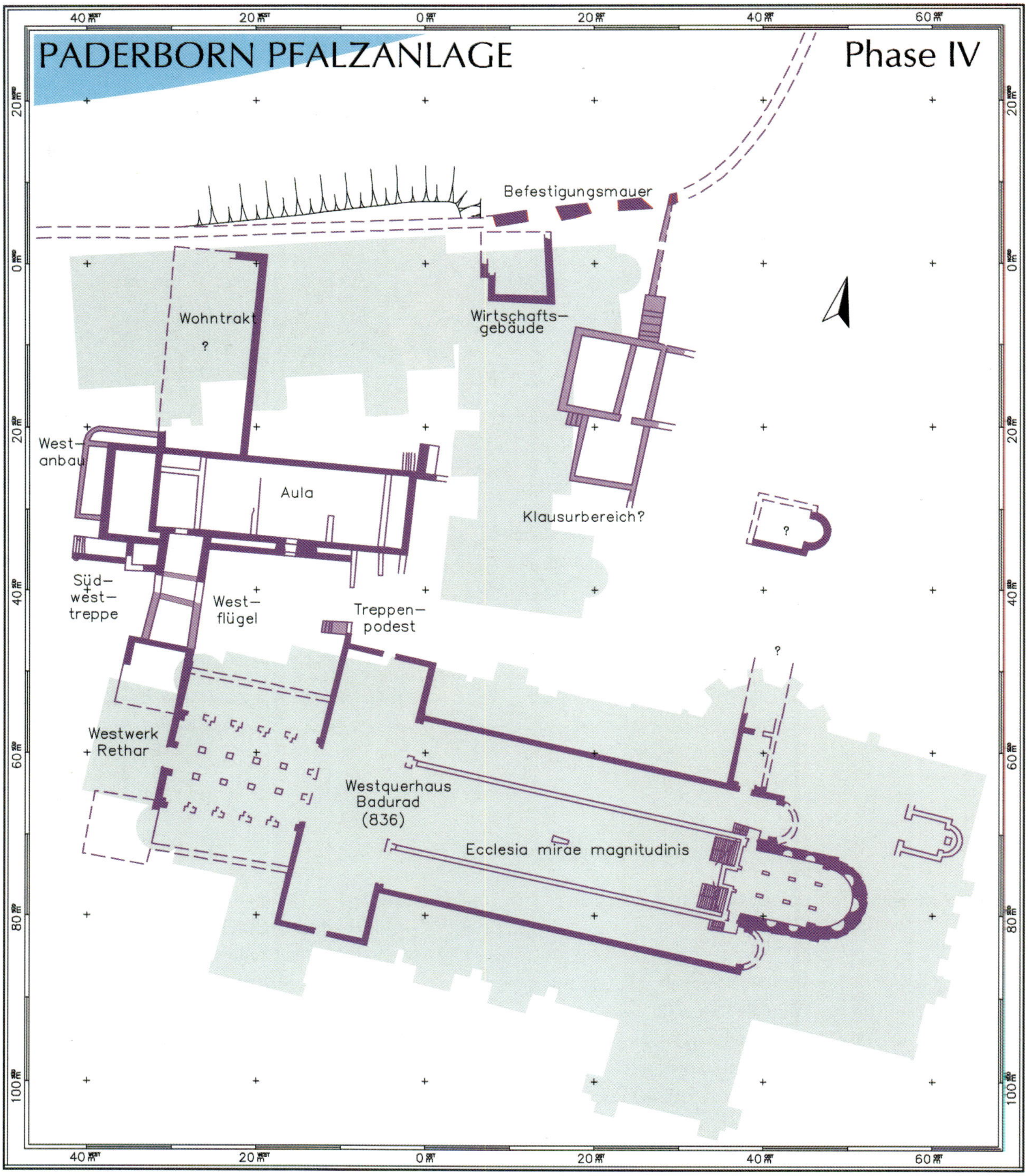

Abb. 13 Die vierte Bauphase der Pfalz Paderborn (9./10. Jahrhundert vor dem Stadtbrand im Jahre 1000)

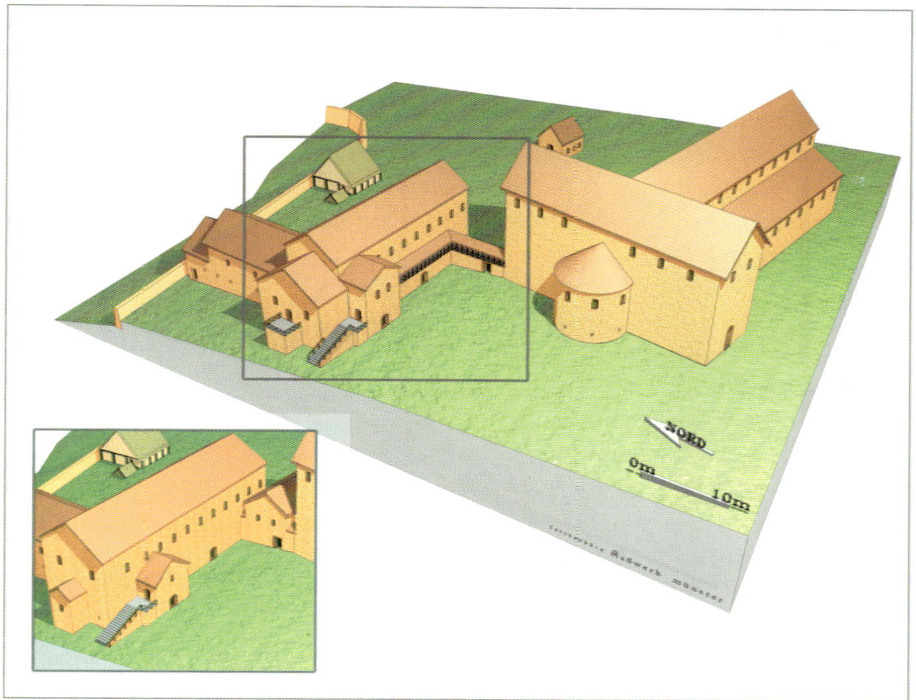

Abb. 14 Die dritte Bauphase der Pfalz Paderborn, isometrische Rekonstruktion

Phase und führte in einen geschlossenen Hofbereich. Der Ostflügel war jetzt nicht mehr sichtbar: An seine Stelle tritt möglicherweise als östliche Begrenzung die Westwand des Klosterbereiches.

Die bei den Brandzerstörungen des Jahres 1000 schwer in Mitleidenschaft gezogene Pfalz wurde dann von Bischof Meinwerk vollständig abgerissen. An ihrer Stelle entstand vor dem nach Norden verschobenen Neubau der Pfalz ein großer Platz, unter dessen Planierungen die karolingerzeitlichen Fundamente bis in unsere Zeit überdauert haben.

Zusammenfassung

Die gesamte Pfalzanlage in Paderborn scheint nach diesen ersten Ergebnissen in einer direkten baulichen und funktionellen Abhängigkeit von den Kirchenbauten gestanden zu haben, die die profanen Räume der Pfalz in ihrer Ausdehnung und architektonischen Gestaltung beeinflußten und bestimmten. Bei den Pfalzgebäuden zeichnet sich so eine gut datierbare architektonische Entwicklung ab. Die am Anfang errichteten steinernen Bauten betonen zwar in ihren beträchtlichen Ausmaßen und in ihrer Ausstattung den repräsentativen und politischen Zweck, verraten aber kein besonderes architektonisches Konzept (Abb. 5). Der einfache Grundriß erinnert jedoch an die Bauten der in den Brevium exempla beschriebenen Königshöfe (Kat.Nr. II.54). Hier werden verschiedene Räume erwähnt, so der aufwendig gebaute königliche Saalbau aus Stein, die drei Gemächer, ein ganz von Söllern umgebenes Wohngebäude, das auch Arbeitsräume enthält, weitere andere Wohngebäude aus Holz, ein Viehstall, eine Küche, ein Backhaus sowie Scheune und Vorratsbauten. Obwohl die Pfalz Paderborn sich von einem einfachen Königshof unterscheidet, indem sie eine Kirche als Ort für liturgische Feiern, als Ausdruck der Würde königlicher Herrschaft sowie als Zentralort der Missionierung besaß, scheint sie sich ebenfalls in dieses Schema einzufügen: Die funktional bestimmten Gebäude werden nebeneinander gestellt. Obwohl sie mit einer *aula regia* und einer Pfalzkapelle etwas stattlicher und repräsentativer ausgestattet war, diente die Einrichtung in erster Linie zur kurzfristigen Versorgung. Eine übergreifende architektonische Konzeption ist noch nicht zu erkennen.

Nicht untersucht wurde, ob sich vielleicht im östlichen Bereich der Domimmunität Wirtschaftshöfe für die landwirtschaftliche Versorgung der Bediensteten ausdehnten;

diese müssen jedoch für Paderborn sicher angenommen werden.

Die Pfalz Paderborn war keine 'ständige Residenz', sondern gehörte zu den Pfalzen, in denen sich der König nur für die Dauer der Reichsversammlung und somit nur für eine relativ kurze Zeit aufhielt. Sie erhielt aber schon in ihrer ersten Bauphase mit den steinernen Gebäuden, mit der Errichtung einer Pfalzbefestigung und mehr noch seit 799 mit dem Bau der *ecclesia mirae magnitudinis* einen besonderen Charakter, der sie zu Repräsentationszwecken in den neu eroberten Gebieten empfahl.

Erst in den 80er und 90er Jahren des 8. Jahrhunderts entstand in der Pfalzenarchitektur eine neue Perspektive mit dem Bau der Ingelheimer Pfalz. Die karolingische Renaissance zeigt sich dort besonders in der Übernahme antikisierender Elemente, so im regelmäßig ausgebildeten Grundriß und in dem mit Säulen versehenen Gang. Die Errichtung der Pfalz in Aachen verwirklichte dann die Idee, ein in spätantiker Tradition stehendes Palastambiente nachzubilden. Gleichzeitig wird der Wille spürbar, dem Gesamtkomplex den Charakter eines dauerhaften Aufenthaltsortes zu geben. Im Vergleich mit Ingelheim und Aachen steht Paderborn am Anfang der Entwicklungsgeschichte: Wichtiger für die bauliche Ausgestaltung waren hier die politischen Gründe und die praktischen Notwendigkeiten als der Ausdruck von ideellen Konzepten. Erst unter dem Einfluß der politischen und architekturgeschichtlichen Veränderungen, die sich am Ende des 8. und am Anfang des 9. Jahrhunderts auch in der Pfalzenarchitektur zeigten, wurden auch in Paderborn bauliche Veränderungen vorgenommen, die die vorhandenen profanen und sakralen Bauelemente zu einer baulichen Einheit zusammenfügten (Abb. 14).

Literatur:

Manfred BALZER, Paderborn als karolingischer Pfalzort, in: Deutsche Königspfalzen. Beiträge zu ihrer historischen und archäologischen Erforschung 3 (Veröffentlichungen des Max-Planck-Instituts für Geschichte 11/3), Göttingen 1979, 9–85. – Günther BINDING, Deutsche Königspfalzen von Karl dem Großen bis Friedrich II. (765–1240), Darmstadt 1996. – Franz BRUNHÖLZL, Karolus magnus et Leo papa, in: Karolus magnus et Leo papa. Ein Paderborner Epos vom Jahre 799, hrsg. v. Joseph BROCKMANN (Studien und Quellen zur westfälischen Geschichte 8), Paderborn 1966, 55–97. – Werner JACOBSEN, Die Pfalzkonzeptionen Karls des Großen, in: Karl der Große als vielberufener Vorfahr. Sein Bild in der Kunst der Fürsten, Kirchen und Städte, hrsg. v. Liselotte E. SAURMA-JELTSCH (Schriften des Historischen Museums 19), Sigmaringen 1994, 23–48. – Uwe LOBBEDEY, Die Ausgrabungen im Dom zu Paderborn 1978/80 und 1983 (Denkmalpflege und Forschung in Westfalen 11), Bonn 1986. – Wilhelm WINKELMANN, Der Schauplatz, in: Karolus Magnus et Leo papa. Ein Paderborner Epos vom Jahre 799, hrsg. v. Joseph BROCKMANN (Studien und Quellen zur westfälischen Geschichte 8), Paderborn 1966, 101–107. – DERS., Est locus insignis, quo Patra et Lippa fluentant. Über die Ausgrabungen in den karolingischen und ottonischen Königspfalzen in Paderborn, in: Château Gaillard. Etudes de castellologie médiévale V. Colloque de Hindsgavl 1970, 1972, 203–216; wieder abgedruckt in: DERS., Beiträge zur Frühgeschichte Westfalens. Gesammelte Aufsätze (Veröffentlichungen der Altertumskommission im Provinzialinstitut für westfälische Landes- und Volksforschung Landschaftsverband Westfalen-Lippe 8. Beiträge zur Frühgeschichte Westfalens), Münster [2]1990, 118–128. – DERS., Die Frühgeschichte im Paderborner Land, in: Paderborner Hochfläche. Paderborn, Büren, Salzkotten (Führer zu vor- und frühgeschichtlichen Denkmälern 20), Mainz 1971, 87–121.

Matthias Preissler

Fragmente einer verlorenen Kunst

Die Paderborner Wandmalerei

Man hat die wenigen erhaltenen Reste karolingischer Wandmalerei mit einzelnen Steinchen eines großen Mosaiks verglichen – ein Vergleich, der beim Anblick der Paderborner Fragmente in mehrfachem Sinn angebracht erscheint. Wie ein riesiges Puzzle wirken die vielen tausend Putzstücke, die dem heutigen Betrachter zunächst kaum einen Eindruck geben von der einstigen Pracht der Dekorationen (Abb. 1). Vielleicht 10 000 Fragmente haben die Ausgrabungen im Bereich der Pfalzanlage erbracht, weitere 3000 Stücke kamen aus Schichten unter dem heutigen Dom zutage. Insgesamt sind wohl 10–20 m² karolingischer Wandoberfläche erhalten – aber leider fast alles aus dem Schutt mittelalterlicher Zerstörungen und Umgestaltungen. Wie sahen die Paderborner Malereien also ursprünglich aus? In welchen Zusammenhang gehörten sie, und welche Bedeutung hatten sie für den Betrachter der Zeit um 800?

Die karolingische Wandmalerei

Die Suche nach Vergleichsbeispielen bringt zunächst nur geringen Ertrag. Zwar haben Freilegungen und Ausgrabungen den Bestand an bekannter karolingischer Wandmalerei seit dem Anfang des Jahrhunderts stark vergrößert – trotz der zunehmenden Beschädigung des Vorhande-

Abb. 1 Wandmalereifragmente aus der Pfalz Paderborn: In ca. 1000 Kartons werden die mehr als 10 000 Fragmente verwahrt

Abb. 2 Regensburg, St. Emmeram, Ringkrypta: südlicher Ringgang, Innenseite (Zustand 1998)

nen durch Eingriffe in die Bausubstanz und Umwelteinflüsse, aber von einem umfassenden Überblick ist die Forschung noch immer weit entfernt: Obwohl Beobachtungen der Restauratoren und Archäologen sowie mittelalterliche Textquellen nahelegen, daß beinahe jede Kirche und einige andere Bauformen des 8. Jahrhunderts – also wohl viele hundert Bauten – großflächig mit Wandmalereien ausgestattet waren, sind heute nur wenige Dutzend Denkmäler in ganz Europa erhalten und die meisten davon nur fragmentarisch! In Deutschland sind als nächstgelegenes Beispiel die Wandmalereien der ehemaligen Abteikirche in Corvey zu nennen, denen an anderer Stelle in dieser Ausstellung gebührender Raum gegeben wird (Kat.Nr. VIII.61). In der Ringkrypta von St. Emmeram, der ehemaligen Benediktinerklosterkirche in Regensburg, wurden verschiedene Malereien, unter anderem Flechtband- und Rankenfriese, freigelegt (Abb. 2). In der Krypta der ehemaligen Benediktinerpropsteikirche auf dem Petersberg bei Fulda ist recht großflächig karolingische Putzoberfläche erhalten, auf der sich noch Teile der Vorzeichnungen und Untermalungen zahlreicher Heiligendarstellungen und anderer Malereien erkennen lassen. Aus der Krypta von St. Maximin in Trier kennen wir Reste einiger schreitender Figuren (Abb. 3). Architekturmalerei ist dagegen das Hauptmotiv der Dekoration in der Torhalle der ehem. Benediktinerabtei Lorsch (Abb. 4). Über einer gemalten, mit Steinplatten vertäfelten Sockelzone ist eine Säulenstellung wiedergegeben, die ein reich profiliertes Gebälk trägt. In einer Ecke des Raumes sind darüber hinaus Reste großformatiger Buchstaben zu erkennen. Im Hauptschiff der Einhards-Basilika in Steinbach im Odenwald kann man im oberen Wandbereich einen gemalten Konsolfries betrachten (Abb. 5). Die Reihe ließe sich zwar noch um einige Orte ergänzen, aber entweder sind diese Malereien noch nicht publiziert, oder sie haben nur einen geringen Umfang.

Aus anderen bedeutenden Pfalzbauten Karls des Großen, wie z. B. Aachen, Nimwegen oder Ingelheim, sind so gut wie keine Wandmalereien im Original überliefert. Wenn man Ermoldus Nigellus' Beschreibung der Wandbilder in Ingelheim (verfaßt 826/828) für eine verläßliche Nachricht hält, ist dies ein herber Verlust für die Kunstgeschichte: Ermoldus berichtet hier von einem Bilderzyklus in der Kirche mit je zwölf großen Szenen aus dem Leben Christi und aus dem Alten Testament. Für die Aula Regia werden mehrere Szenen mit berühmten Herrscherpersönlichkeiten aus der Geschichte bis hin zu Karl dem Großen selbst genannt. Leider geben die bisher ergrabenen Wandmalereifragmente aus dem Ingelheimer Pfalzbereich kaum einen Hinweis auf diese großartigen Malereien (Kat.Nr. II.66). Immerhin bezeugt dieser Text mit vielen anderen in Manuskripten wiedergegebenen *tituli*, den Bildunterschriften, daß umfangreiche 'Gestaltungsprogramme' in den Wandbildern umgesetzt wurden. Ganze Bildergeschichten konnten die Betrachter 'lesen', für den Schriftkundigen ergänzt durch lateinische Erläuterungen. Tatsächlich werden in der Überlieferung Text und Bild in der Aussage verschiedentlich gleichgesetzt: Schrift für Leute, die lesen können, Bilder für die *Illiterati*. Textquellen, wie die von Theodulf von Orléans verfaßten Libri Carolini, machen ersichtlich, welchen Stellenwert man den Bildern für die Zeit um 800 in theologischer und 'kulturpolitischer' Hinsicht zuwies. Vor dem Hintergrund des Bilderverbots durch den byzantinischen Kaiser Leon III. und seinen Nachfolger Konstantin V. werden hier in den Libri Carolini Aufgabe und Funktion des Bildes aus der Sicht des karolingischen Hofes als Instrument zur Hebung des Bildungsniveaus und zur Unterweisung in der christlichen Lehre beschrieben.

Einen anschaulicheren Eindruck von den komplexen Dekorationsprogrammen und Bilderzyklen, die man sich in diesem Zusammenhang vorstellen muß, vermitteln

Abb. 3 Wandmalerei aus Trier, St. Maximin, Krypta (Zustand 1989), heute im Bischöflichen Dom- und Diözesanmuseum Trier

Abb. 4 Lorsch, Torhalle, Obergeschoß, Ansicht nach Norden (Zustand 1997)

Abb. 5 Steinbach, Einhardsbasilika, Mittelschiff, Nordwand: Detail des Konsolfrieses über dem vierten Fenster von Osten

Abb. 6 Naturns, St. Prokulus, Darstellung einer Gruppe von Frauen

heute, sieht man von einigen schwer einzuordnenden Denkmälern einmal ab, tatsächlich nur noch drei Kirchenbauten im Vintschgau in Südtirol. Die kleine, dem hl. Prokulus geweihte Kirche in Naturns ist im Hauptraum umlaufend mit Wandmalereien geschmückt (Abb. 6 u. 7). Zwischen zwei komplizierten Mäanderbändern sind mehrere Szenen, vermutlich aus dem Leben des Namenspatrons, dargestellt. In der nur wenige Kilometer entfernten Kirche St. Benedikt in Mals ist vor allem die Ostwand mit den beiden beeindruckenden 'Stifterfiguren' und den bemalten Stuckfragmenten gut erhalten (Abb. 8). An der Nordwand sind – wieder unter einem Mäanderband – von den ursprünglich jeweils fünf in zwei Ebenen angeordneten Bildfeldern noch sechs in Teilen zu entziffern (Abb. 9). Die Darstellungen zeigen Szenen aus dem Leben des Apostels Paulus, des hl. Benedikts und des Papstes Gregors des Großen. Das hervorragendste Zeugnis karolingischer Malerei ist, trotz der problematischen Erhaltungssituation, die Klosterkirche St. Johann in Müstair. In ursprünglich 91 Bildern waren das Jüngste Gericht, neutestamentliche Szenen und die Geschichte Davids und Absaloms dargestellt. Auch wenn in größeren Flächen die oberen Malschichten verloren sind und jüngere Putzschichten die karolingischen Malereien v. a. in den Apsiden überdecken, kann man noch heute einen Eindruck von der Gesamtanlage des um 800 ausgemalten Raumes gewinnen.

Neben der wichtigen Rolle des Bildschmucks in Liturgie und Lehre kann man den Malereien im Zusammenhang mit der Architektur eine noch weiter reichende Bedeutung zuweisen. Die großen Steinbauten, die normalerweise Träger solcher aufwendigen Dekorationen waren, sind für das 8./9. Jahrhundert – zumindest in den Regionen nördlich der Alpen oder gar in Sachsen – keineswegs die übliche Bauform für die Mehrzahl der Gebäude. Sowohl in Hinblick auf das benötigte technische Spezialwissen, den Planungsaufwand, aber auch bezüglich der Wirkung auf den Betrachter unterschied sich diese Architektur wohl deutlich von den sonst üblichen Holzbauten. Für die Bauherren der Gebäude, aus der führenden Gesellschaftsschicht und mit höchsten politischen und kirchlichen Ämtern ausgestattet, waren sie Objekte der Selbstdarstellung und herrscherlichen Repräsentation.

Abb. 7 Naturns, St. Prokulus, Rinder

Abb. 8 Mals, St. Benedikt, Stifterfigur

Abb. 9 Mals, St. Benedikt, perspektivischer Mäander

Abb. 10 Im 'Sandkasten' können Teile der Dekoration aus der Paderborner Pfalz rekonstruiert werden

So kann man diese zentralen Kirchen oder Paläste in der Tradition der öffentlichen Bauten der römischen Antike sehen. Ravenna, die letzte Hauptstadt des Weströmischen Reichs, bietet hierfür mit seinen großartigen, mit prächtigen Mosaiken und Malereien ausgestatteten Bauten ein eindrucksvolles Beispiel.

Die Paderborner Funde

Um nun die Stellung der Paderborner Funde innerhalb der frühmittelalterlichen Wandmalerei zu beleuchten, muß zunächst den besonderen Bedingungen von archäologischem Fundgut Rechnung getragen werden. Die Untersuchung begann daher mit der Analyse der Fundumstände. Wandmalereifragmente wurden über die gesamte Fläche der Ausgrabungen verteilt gefunden, die Masse der Funde war allerdings auf bestimmte Bereiche konzentriert. Die größte Zahl der Befunde mit Malereiresten lag in einem etwa halbmondförmigen Areal, das sich vom Bereich zwischen Kirche und Aula, um die Bartholomäuskapelle herum, hangabwärts bis unterhalb der Kapelle am Ikenberg erstreckte. Bemerkenswerterweise haben die Grabungen im Bereich der Aula selbst kaum mehr als zwanzig Stücke ans Licht gebracht, während an den Stellen mit der größten Fundkonzentration, also im Bereich des sog. Ostquertrakts und vor allem zwischen der Kapelle am Ikenberg und der Bartholomäuskapelle, Tausende Fragmente gefunden wurden. Da fast alle Fundstücke aus teils schon im Mittelalter umgelagerten Schutt- und Abbruchschichten stammen, bleibt die Zuordnung der Fragmente zu einzelnen Baukörpern der Pfalzanlage allerdings ein besonderes Problem (Abb. 10). Die Verbreitung der Stücke, Überlegungen zu den dargestellten Motiven und mindestens in einem Fall sogar direkte Vergleichsstücke aus den Grabungen unter dem Dom, legen jedoch den Schluß nahe, daß die Wandmalerei primär Kirchenbauten oder liturgisch genutzten Räumen der Pfalzanlage zuzuschreiben ist. In Frage kommen hier vor allem die große Kirche, verschiedene Kapellen oder ein möglicherweise vorhandener Klausurbereich.

Neben den archäologischen Zusammenhängen und Motiven der Wandmalereien bietet die Betrachtung technologischer Details Möglichkeiten zur Klassifizierung und Unterscheidung einzelner Gruppen. Die Paderborner Malereien sind im wesentlichen als Fresko- bzw. als sog. Kalkmalerei ausgeführt. Bei der ersten Technik werden die Farbpigmente, ohne ein zusätzliches Bindemittel, nur in Wasser angerührt, auf den noch feuchten Verputz aufgetragen und durch den Kalk des Putzmörtels an der Ober-

fläche gebunden. „Kalkmalerei" ist eine Variante dieser Technik. Sie ist in Paderborn meist an den Malereien der älteren Phasen zu beobachten. Hier ist der eigentliche Malgrund eine dicke Tünche, die auf den bereits ausgehärteten Putz aufgebracht wird. Die naß in naß darübergelegten Malschichten werden dabei wie beim Fresko von dem Kalk der Tünche gebunden. Vermutlich hat es darüber hinaus bei Malereien beider Grundtechniken in Paderborn Nacharbeiten oder ganze Partien in Seccotechnik gegeben, bei denen die Farbpigmente mit organischen Bindemitteln wie Leim oder Öl versetzt wurden – allerdings ist der konkrete Nachweis dieser Substanzen bei dem heutigen Erhaltungszustand der Fragmente nur schwer möglich.

Vorherrschende Farben der Malereien sind neben dem Weiß der Kalktünche bzw. der unbemalten Putzoberfläche vor allem Rot, Gelb aus verschiedenen Ockersorten und Schwarz aus Verkohlungsprodukten verschiedener Substanzen. Mischfarben aus diesen Grundfarben bilden differenzierte Orange-, Rosa- und Brauntöne sowie Grau. Blaue Farbwirkung wurde teilweise wohl durch Grautöne erreicht, in einigen Fällen ist jedoch die Verwendung von echtem Lapislazuli als Pigment naturwissenschaftlich nachgewiesen – das Pulver aus diesem Edelstein dürfte auch im 8.–9. Jahrhundert eines der kostbarsten Malmittel gewesen sein. Auffällig ist dagegen, daß Grün auf den karolingischen Fragmenten aus Paderborn nicht vorkommt.

Wie bereits angesprochen, gehören auch Ausführung und Beschaffenheit des Wandverputzes unmittelbar zur Malerei. An den Fragmenten aus der Kaiserpfalz lassen sich tatsächlich verschiedene Putzarten unterscheiden. Insbesondere die ältesten Stücke bilden dabei eine relativ einheitliche Gruppe, bei der der Deckmörtel in einer Schicht aufgebracht wurde. Andere Fragmente, die u. a. „al fresco" angelegten figürlichen Malereien zuzuschreiben sind, zeigen über einem Grundputz eine dünne Lage von besonders feinem und gut geglättetem Deckputz als Malgrund.

Die Rückseiten der Stücke geben im Abdruck die Beschaffenheit der Wände bzw. anderer verputzter Gebäudeteile wieder. In mehreren Fällen gelingt dadurch eine Zuschreibung zu einzelnen Baugliedern. So deutet einiges darauf hin, daß ein Mäanderfragment und ein Bruchstück einer Ranke ursprünglich in Gewölbebogen zu lokalisieren sind: An den Putzstücken anhaftende Mauersteine zeigen, daß die Putzoberfläche offenbar in einem schrägen Winkel zum Mauerverband stand, wie dies z. B. in Bogenlaibungen vorkommt. An einigen Stücken haben sich Abdrücke von Rohrgeflecht erhalten: Sie sind wie die Spuren von Holzleisten an anderen Funden ein Beleg für verputzte und bemalte Decken. Eine größere Zahl von Eckstücken kann als Reste von Fenstergewänden, aber auch von Gewölbegraden angesprochen werden.

Bei den Motiven der Malerei können recht unterschiedliche Gruppen differenziert werden. Wie bei allen bekannten karolingischen Wandmalereien nehmen auch in Paderborn ornamentale Elemente großen Raum ein. Mehrere hundert Fragmente zeigen Teile roter Linienraster, die sich als Vorzeichnungen für verschiedene Ornamentmuster identifizieren lassen. Die über der Vorzeichnung angelegten Farbflächen – Dreiecke, Rauten und Streifen – können zu verschiedenen Varianten zweier Grundmuster ergänzt werden (Kat.Nr. III.29–30). Ein vornehmlich aus bunten Dreiecken aufgebautes Schema könnte man, in Analogie zu antiken Vorbildern, der Sockelzone von Wänden zuschreiben. Die größere Zahl von Stücken dieser Gruppe gehörte aber wohl zu perspektivischen Mäanderbändern (Kat.Nr. III.28). Soweit die Anordnung der Farbflächen dies erkennen läßt, handelt es sich um einen farbig geteilten, zweizügigen Mäander – vielleicht in ganz ähnlicher Form wie die Beispiele in Mals und Naturns.

Mehrere Putzstücke sind mit einem Quadratraster aus Ritzlinien überzogen. Einzelne der Quadrate sind dabei farbig hervorgehoben, so daß sich eine Art „Schachbrett-Muster" ergibt (Kat.Nr. III.27) – ein Motiv, dessen engste Parallelen sich in den zeitgenössischen Monumenten in Italien finden (vgl. Beitrag Mitchell, Abb. 6). Dem Plättchenmosaik antiker Vorbilder nachempfunden, schmückten solche Ornamente häufig den Sockelbereich bemalter Wände. Ebenfalls aus dem Bereich südlich der Ikenbergkapelle stammen insgesamt vier Fragmente, die sich zu großen kreisförmigen Ornamenten ergänzen lassen. Drei der Stücke gehören zu einem achtstrahligen Stern, der mit mehrfarbigen, konzentrischen Ringen und einem Perlreif eingefaßt ist (Kat.Nr. III.22). Die einzelnen Segmente des Sterns sind dabei abwechselnd rot/grau geteilt, so daß der Eindruck einer plastisch gestalteten Oberfläche entsteht. Reste zweier schwarzer Linien, die tangential am äußeren Ring vorbeiführen, sowie der Ansatz einer rot/schwarzen Wellenranke, die parallel dazu verlief, lassen die ursprüngliche Plazierung der Malerei in der Wand erahnen: Wie Vergleiche mit ähnlichen Anordnungen, beispielsweise in Müstair, nahelegen, handelt es sich um Teile einer großen Rahmenkomposition aus breiten Streifen, deren Schnittpunkte durch Rosetten oder

Sterne besonders hervorgehoben sind. Das vierte der Stücke kann zu einem weiteren Stern mit identischen Maßen, aber umgekehrter Farbfolge ergänzt werden (Kat.Nr. III.23).

Etwa 200 Stücke, die eine Bemalung mit Buchstaben, Spiralranken sowie anderen geometrischen Motiven tragen, können mehreren gemalten Inschriften zugeordnet werden. Die Buchstaben wurden in leuchtend roter Farbe auf eine dicke, tropfend aufgetragene Tünche gemalt. Zwei Ritzungen im frischen Verputz gaben dabei den Zeilenabstand und die Zeilenhöhe von ca. 5 cm an, und mehrere zusammengefügte Komplexe belegen mindestens zwei übereinander angeordnete Zeilen. In einem Fall konnte einer roten Inschriftenzeile, mit einem geringen Abstand nach oben hin, eine weitere Zeile mit deutlich größeren schwarzen Buchstaben zugeordnet werden. Die Schrift – ganz in Großbuchstaben gehalten – folgt bei allen Fragmenten einem stark an antike Vorbilder angelehnten Typus, der sog. Capitalis Quadrata.

Das bedeutendste Objekt dieser Gruppe und einen Schwerpunkt der Ausstellung bilden einige Fragmente, die sich in einen größeren Kontext einbinden lassen. Anhand verschiedener zusammenpassender Fundstücke kann hier der Mittelpunkt einer symmetrisch angeordneten Komposition aus vier Textfeldern erschlossen werden. Entlang einer Vorzeichnung, in Form von zwei sich rechtwinklig kreuzenden Ritzlinien, wird die Fläche durch alternierende, rot-weiße Streifen in vier Felder gegliedert (Kat.Nr. III.17). Schwarze bzw. rote Konturstriche verstärken dabei die plastische Wirkung der Teilung, so daß der Eindruck einer in Relief ausgeführten Leiste mit dreieckigem Querschnitt entsteht. Vier Buchstaben im linken unteren Feld bezeugen mindestens zwei Textzeilen. Im rechten oberen Feld ist unter einer schwarz/roten Ranke ein 'A' am Beginn einer Zeile zu erkennen, während von der unmittelbar darunterliegenden nur Reste der Vorritzung erhalten sind. Und es kann davon ausgegangen werden, daß auch in den beiden anderen Feldern mindestens zwei Inschriftenzeilen angeordnet waren, auch wenn keine direkt anpassenden Stücke gefunden wurden. Tatsächlich sind sehr ähnliche Malereien aus dem langobardischen Italien des 8. und 9. Jahrhunderts bekannt (vgl. Beitrag Mitchell). Vergleichsstücke etwa aus Mailand, Pavia oder auch San Vincenzo al Volturno zeigen das gleiche Schema: ein zweifarbiges Streifenkreuz mit vier Schriftfeldern. Alle genannten Beispiele stammen dabei aus aufwendig ausgestalteten Gräbern. Aber auch außerhalb der Wandmalerei, z. B. auf einer großen Zahl von Grabsteinen der Zeit, läßt sich das Motiv wiederfinden. Wahrscheinlich handelt es sich daher auch bei den Paderborner Stücken um die Reste einer Grabinschrift.

Die wohl qualitätvollsten Wandmalereien, die sich aus dem Fundmaterial erschließen lassen, sind leider auch am allerstärksten zerstört. Viele hundert kleine Stücke zeigen bunte Bemalung auf einem sorgfältig geglätteten Putz. Zur feinen Oberflächenstruktur kommt die Verwendung von Lapislazuli in den blauen Partien, und auch Details in der Malweise deuten auf die besondere Stellung dieser Malereien. Die Fragmente wurden v. a. im Bereich zwischen Kirche und Aula gefunden und können als Reste von Gewändern aus großen figürlichen Darstellungen angesprochen werden. Da andere Stücke aus den Grabungen im westlichen Teil des Doms sehr ähnliche Merkmale zeigen, können diese Malereien mit großer Wahrscheinlichkeit der großen Kirche zugeschrieben werden, die 799 zum Besuch des Papstes in der Pfalzanlage stand – genauer sogar, der Westwand dieser Kirche. Einige Bruchstücke von ganz anderer Machart, mit vorwiegend in Weiß sowie Rot- und Rosatönen gehaltenen Streifen, lassen sich ebenfalls als Gewanddarstellungen deuten (Kat.-Nr. III. 24–25).

Die Darstellung eines Vorhangs auf einem besonders großen Fundstück muß der Apsis eines Kirchenraums zugeschrieben werden.

Zusammenfassung

Zusammenfassend kann man sagen, daß sich in den Fundstücken aus den Grabungen in der Paderborner Kaiserpfalz die Reste von ursprünglich sehr umfangreichen Malereien erhalten haben. Trotz des fragmentarischen Zustandes kann aus dem Material eine Fülle von Erkenntnissen gewonnen werden. So ist über die archäologischen Zusammenhänge eine vergleichsweise sehr genaue Datierung in die Zeit zwischen dem letzten Viertel des 8. und der ersten Hälfte des 9. Jahrhunderts möglich. Sowohl hinsichtlich der Technik als auch der Malweise handelt es sich durchweg um sehr qualitätvolle Arbeiten. Da weder die Steinbauweise noch diese Art der Wandmalerei eine lokale Tradition hat, muß angenommen werden, daß Handwerker aus anderen Gegenden des Reiches zu deren Anfertigung hinzugezogen wurden. Allerdings läßt sich, auch wenn motivische Vergleiche speziell auf Vorbilder aus dem langobardischen Einflußbereich zu verweisen scheinen, nicht mit Bestimmtheit sagen, woher diese Spezialisten kamen.

Die von den ältesten Bauphasen an außerordentlich aufwendige Ausgestaltung der ersten unter Karl dem Großen gebauten Pfalzanlage betont noch einmal mehr deren besondere Bedeutung.

Literatur:

Wolfgang BRAUNFELS, Die Wandmalerei, in: Kat. Aachen 1965, 473–488. – Hilde CLAUSSEN, Die Wandmalereifragmente, in: Uwe LOBBEDEY, Die Ausgrabungen im Dom zu Paderborn I, Bonn 1986, 247–279. – Hilde CLAUSSEN u. Matthias EXNER, Abschlußbericht der Arbeitsgemeinschaft für frühmittelalterliche Wandmalerei, in: Zeitschrift für Kunsttechnologie und Konservierung 4, 1990, 261–290. – Albert KNOEPFLI u. Oskar EMMENEGGER, Wandmalerei bis zum Ende des Mittelalters, in: Reclams Handbuch der künstlerischen Techniken 2: Wandmalerei u. Mosaik, Stuttgart 1990. – Wandmalerei des frühen Mittelalters, hrsg. v. Matthias EXNER (ICOMOS-Hefte des Deutschen Nationalkomitees 23), München 1998. – Matthias PREISSLER, Die Paderborner Wandmalerei (Phil. Diss. in Vorbereitung). – Wilhelm WINKELMANN, Capitalis Quadrata, in: Westfalen 48, 1970, 171–176.

Anja Grothe

Zur karolingischen Keramik der Pfalz Paderborn

„Man sitzt zu Tische frohgemut, genießt gar manchen leckren Bissen; so feiert man das Festmahl drinnen in der Pfalz, und auf den Tischen bauchen sich die goldnen Krüge mit Falerner. Der König Karl und Leo, höchster Bischof auf Erden, speisen zusammen, trinken aus Schalen schäumenden Wein." Mit diesen wenigen Worten wird im Epos „De Karolo rege et Leone Papa" eines der gesellschaftlichen Ereignisse während des Treffens in Paderborn geschildert. Leider finden sich aber keine Hinweise auf das zu diesem Anlaß im Sommer 799 an der Tafel sowie in Küche und Vorratskammer verwendete Geschirr. Auch das bei den Ausgrabungen am Ort des Geschehens zutage getretene Scherbenmaterial läßt sich nicht dem Jahr des Papstbesuches zuordnen, erlaubt dennoch vielfältige Aussagen zum karolingerzeitlichen Tongeschirr der Pfalz Paderborn.

Keramik stellt bei den meisten Ausgrabungen, so auch in Paderborn, den mengenmäßig größten Anteil des Fundmaterials. Sie hat im Gegensatz zu Holz, Leder und Textilien den Vorteil, in einem trockenen Bodenmilieu nicht zu vergehen. Zudem läßt sich ein zerbrochenes Tongefäß nicht der Wiederverwertung zuführen, wie dies bei schadhaften Metall- und Glasgegenständen möglich ist. Darüber hinaus bieten Keramikgefäße und die an ihnen ablesbaren formalen Veränderungen gerade in frühmittelalterlichen Siedlungszusammenhängen mangels Münzdatierungen oder naturwissenschaftlicher Untersuchungsmöglichkeiten oftmals die einzigen Anhaltspunkte für eine zeitliche Einordnung.

Die in der Paderborner Pfalz geborgenen einheimischen Gefäßreste lassen erkennen, daß sie in der Tradition der frühgeschichtlichen Keramik der ostwestfälischen Region stehen. Die dickwandigen Gefäße sind ausschließlich ohne Zuhilfenahme einer Töpferscheibe von Hand aufgebaut. Als Rohmaterial verwendete man in der näheren Umgebung anstehende Tone. Diesem Rohstoff wurden zerkleinerte Anteile des vor Ort anstehenden Gesteins zugesetzt, um das Reißen der Gefäßwandung während des Brennens zu verhindern. Dieses ist im Fundmaterial der Paderborner Pfalz überwiegend Granitgrus oder Sand, mitunter findet sich aber auch Kalk als Magerungsbestandteil. Öfen, in denen derartiges Geschirr gebrannt wurde, kennt man trotz intensiver Ausgrabungstätigkeit in den zurückliegenden Jahrzehnten bis heute nicht. Dies liegt wohl daran, daß die Keramik außerhalb der in römischer Tradition arbeitenden Töpfereien des Rheingebietes in einfachsten Anlagen gebrannt wurde, die kaum Spuren im Boden hinterlassen haben (vgl. Beitrag Warnke). In diesen unscheinbaren, wohl meilerartigen Ofenanlagen ließen sich offensichtlich nur etwa 650–950° C Brenntemperatur erreichen, daher sind die frühmittelalterlichen Töpfe nicht annähernd so hart wie ihre spätmittelalterlichen 'Nachfahren' gebrannt.

Die Oberfläche der karolingischen Keramik ist in der Regel dunkelbraun bis dunkelgrau, bisweilen aber auch braun bis rötlich-braun. Farbwechsel auf ein und derselben Gefäßwandung sind durchaus nicht ungewöhnlich. Hierbei ist oft nicht zu entscheiden, ob dieser bereits während des Brennvorgangs oder erst während des Gebrauches in der offenen Feuerstelle entstanden ist.

Die einheimischen Gefäße des späten 8. Jahrhunderts, aus den ältesten Bauphasen der karolingischen Pfalz, sind mit einem Standboden versehen, der Gefäßkörper ist von leicht kugeliger Form, wobei die Gefäßwand zur Mündung hin etwas einbiegen kann (Kat.Nr. III.56). Der Rand ist kaum vom Gefäßkörper abgesetzt (Abb. 1). Leider erlauben die sehr kleinteiligen Scherben nur selten Ergänzungen zu einem kompletten Gefäß.

Unter dem Einfluß der Entwicklung in den rheinischen Töpfereizentren und der in der friesischen Küstenregion hergestellten Muschelgruskeramik entsteht auch im Binnenland als neue Gefäßform der Kugeltopf (Kat.-Nr. III.58). Er ähnelt in seiner technischen Ausführung stark den älteren Standbodengefäßen. Geändert hat sich jedoch die Form: Der Gefäßkörper ist kugeliger und zeichnet sich durch den gerundeten Boden aus. Der Rand biegt deutlich aus, ist aber gerade in der Anfangsphase dieser Gefäßform nur kurz und ansonsten ungegliedert (Abb. 2). Die handgefertigte Keramik läßt nur selten den Einsatz von Werkzeugen erkennen, mit denen der Töp-

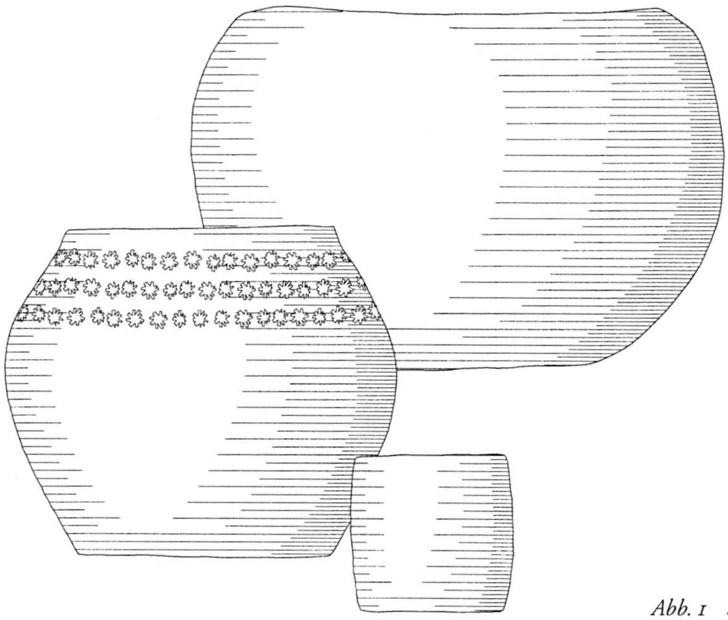

Abb. 1 Standbodentopffamilie

fer den ausbiegenden Rand besser aus der keramischen Masse des Gefäßkörpers herausarbeiten konnte.

Der Kugeltopf mit seiner an allen Seiten gleich starken Wandung hat den Vorteil, die Hitze des Herdfeuers gleichmäßig an den Inhalt weiterzugeben. Zudem steht der gefüllte Topf durchaus standsicher in der Glut der Feuerstelle, wogegen er ungefüllt eher instabil wirkt.

Im Material der ersten Phase der Pfalz finden sich einige Fragmente von Gefäßen, die Merkmale beider Typen, des Standbodentopfes und des Kugeltopfes, in sich vereinen (Kat.Nr. III.57). Diese scheinen nur kurzzeitig verwendet worden zu sein und somit eine echte Übergangserscheinung zwischen Standboden- und Kugeltopf darzustellen. Unter den wenigen Stücken weisen einige eine Stempelverzierung unterhalb des Randumbruches in Form von einzelnen rundlichen Gitterstempeln oder sternförmigen Eindrücken auf. Vereinzelt zeigen auch Standbodengefäße diese Verzierung, nicht aber die Gefäße, die sich eindeutig den Kugeltöpfen zuweisen lassen.

Die Funktion der einheimischen Gefäße, sei es in ihrer Ausführung als Standbodengefäß oder als Kugeltopf, ist nicht immer eindeutig zu bestimmen. Verkohlte Speisereste, die sich als schwärzliche Ablagerung auf der keramischen Oberfläche auch über die Jahrhunderte erhalten haben, sowie Schmauchspuren an der Außenseite lassen auf die Verwendung als Kochtopf schließen. Die größeren Gefäße wurden wahrscheinlich auch in der Bevorratung und Lagerung von Lebensmitteln eingesetzt. Flüssigkeiten mußte man hingegen in Holzgefäßen vorhalten, da die schwachgebrannten Tontöpfe diese nach einiger Zeit durch den Scherben hätten aussickern lassen.

In der frühmittelalterlichen Küche und Vorratskammer fanden sich Töpfe von ganz unterschiedlicher Größe, so auch kleine Standbodentöpfe, die nur die Dimensionen einer heute gebräuchlichen Kaffeetasse erreichen. Daneben lassen sich auch kleinformatige Kugeltöpfchen in Bechergröße sowohl bei der einheimischen als auch bei der importierten Ware unter den Funden ausmachen. Diese Kleingefäße weisen, soweit erkennbar, keine Schmauchspuren auf. Möglicherweise wurden hierin kleine Mengen als kostbar angesehener Substanzen, wie

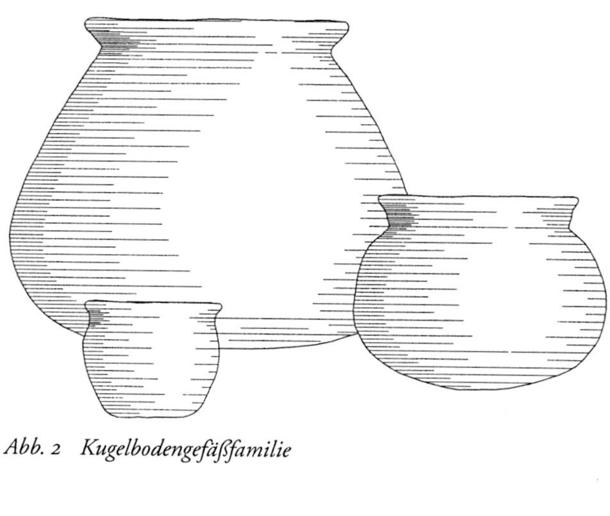

Abb. 2 Kugelbodengefäßfamilie

etwa Gewürze, aufbewahrt. Denkbar wäre aber auch eine Verwendung als Trinkgefäß. Aus merowingerzeitlichen Gräberfeldern wie Krefeld-Gellep sind gläsernen Bechern nachempfundene Keramikgefäße bekannt, die die kostbareren Glasgefäße ersetzen sollten. Sicherlich wird auch in Paderborn nicht allen Gästen, die hier in der Pfalz zu Tisch gebeten wurden, ein gläsernes Trinkgefäß angeboten worden sein.

Der fränkische Einfluß auf die materielle Kultur macht sich besonders bei der importierten Keramik bemerkbar. Hierbei lassen sich als eine größere Gruppe die gelben Irdenwaren herausstellen. Diese Gefäße sind im Gegensatz zur einheimischen Produktpalette in der Regel auf der schnellrotierenden Töpferscheibe hergestellt. Sie sind in Öfen gebrannt, die eine kontrollierbare oxidierende Brandführung erlaubten, deren Ergebnis die hellen, gelblichen und gelb-orangefarbenen Gefäßoberflächen sind. Zudem ließen sich höhere Temperaturen erreichen, die eine härtere, auch Flüssigkeiten besser haltende Keramik erbrachten.

Diese Gefäße wurden vornehmlich im Rheinischen Vorgebirge, aber auch in Nordhessen gefertigt. Im Rheinland und in Teilen Hessens blickte man auf eine Töpfertradition seit römischer Zeit zurück, die sich in den hier kurz skizzierten technologischen Unterschieden zu den in Westfalen hergestellten Waren äußerte.

Auf dem Gelände der Paderborner Pfalz fanden sich unter den Funden aus karolingischer Zeit Reste von mindestens 20 Gefäßen, deren Ursprung in den Töpfereien im Gebiet um Badorf und Walberberg bei Bonn zu suchen ist (Kat.Nr. III.45; III.48). Als Verzierungselemente weisen sie häufig Reihen von kleinen viereckigen Rollstempeln auf, die sich meist im oberen Gefäßdrittel finden; einmal ist ein zweizeiliger Stempeldekor auch direkt auf dem Randabschluß zu erkennen (Kat.Nr. III.45). Zu erwähnen sind zwei Fragmente einer Reliefbandamphore, einem einstmals etwa 50 cm hohen Gefäß. In solchen Behältnissen wurde Wein an der Tafel vorgehalten (Kat.-Nr. III.43). Das Wandungsfragment ziert das typische, mit einem zweizeiligen Viereckstempel versehene Reliefband. Dem Randfragment ist die Auflage im Laufe der Zeit verlorengegangen, die Oberfläche läßt jedoch anhand von Farbunterschieden und einem abgerissenen Ansatz ihren ursprünglichen Verlauf erahnen. Das Randfragment weist eine weitere Besonderheit auf: Auf der annähernd waagerecht verlaufenden Randlippe findet sich eine vor dem Brand angebrachte Markierung, ähnlich einem Andreaskreuz mit einem weiteren senkrechten Balken. Mit derartigen Kennzeichnungen versah vermutlich der Töpfer eine bestimmte Partie innerhalb einer Ofenladung, entweder um eine bestimmte in Auftrag gegebene Menge Geschirr oder aber um seinen Anteil an der gesamten, aber von mehreren Handwerkern hergestellten Ofenladung zu kennzeichnen.

Als zweite Herstellungsregion läßt sich Nordhessen für das späte 8. Jahrhundert anführen. Der Anteil an der Gesamtmenge ist zwar geringer als der aus dem Rheinland, aber deutlich faßbar. Es sind nur einige wenige Wandungs- und Bodenfragmente (Kat.Nr. III.51), die ihre Parallelen im Material der Büraburg bei Fritzlar und der Befestigung auf dem Christenberg bei Marburg haben. Ein Gefäß scheint in den weiter südlich anschließenden Gebieten hergestellt worden zu sein (Kat.Nr. III.48), denn ganz ähnliche Stücke finden sich beispielsweise in der karolingischen Siedlung von Karlburg nördlich von Würzburg.

Zum keramischen Tafelgeschirr des gehobenen Bedarfs kann man mit Sicherheit die Fragmente des mit Zinnfolie verzierten Schenkgeschirrs aus geglätteter Irdenware mit schwarzer Oberfläche zählen. Diese sind, benannt nach einem Fundort in Schleswig-Holstein, unter dem Namen „Tatinger Kannen“ in die Literatur eingegangen. Die Gefäße sind zwar weit über das nordwestliche Europa verbreitet, begegnen uns allerdings nur an Plätzen mit herausgehobener Bedeutung, weshalb man sie auch als 'keramische Statussymbole' ansieht. Außerhalb des karolingischen Reiches sind dies die Handelsplätze entlang der Küsten von Nord- und Ostsee, innerhalb der Reichsgrenzen meist Pfalzorte, Bischofssitze und Klöster entlang der großen Wasserstraßen und Landwege.

Mit mehr als 80 Fragmenten gehört der Paderborner Komplex zu den größten im Binnenland (vgl. Kat.Nr. III.34). Nur noch wenige Fragmente weisen allerdings Reste dieser charakteristischen Zinnfoliendekoration auf. Anhand von gut erhaltenen Exemplaren lassen sich die auf der Drehscheibe gefertigten, bauchigen Kannen als in der Regel 23–26 cm hoch beschreiben, mit einem Randdurchmesser von ca. 10 cm sowie einem maximalen Bauchdurchmesser von 15 cm. Die polierte Oberfläche ist dunkelgrau bis schwarz. Etwa in Höhe des Überganges vom Hals zur Schulter ist die Tülle eingesetzt. Sie reicht bis auf Höhe des Randes und ist mit dem Gefäßkörper durch einen Steg verbunden. Als Handhabe dient ein verdickter Bandhenkel. Der Gefäßboden ist als Standboden ausgeführt. Verziert sind die 'klassischen' Tatinger Kannen mit einer Auflage aus dünn ausgehämmerter Zinnfolie, die auf dem Gefäßuntergrund wahrscheinlich mit einem Kleber befestigt wurde. Die Motive sind geo-

Abb. 3 Nachbau einer Tatinger Kanne, rechts das Original aus Birka, Grab 551. Stockholm, Statens Historiska Museum

metrische Muster wie Bänder aus Rauten sowie Gittermuster, kombiniert mit horizontal und vertikal aufgelegten Zinnstreifen, meist auf dem oberen Gefäßbereich angebracht. Gelegentlich finden sich Auflagen in Form von Kreuzen mit sich verbreiternden Kreuzarmen auf dem Gefäßunterteil, wie sich dies auch an einem Stück aus dem Paderborner Komplex zeigen läßt.

Neben den Kannen, wie man sie aus Birka bei Stockholm kennt (Kat.Nr. III.36), lassen sich noch weitere Formen aufzeigen. Dazu sei auf einige englische Fundorte verwiesen. Neben der Röhrenausgußkanne aus Old Windsor westlich von London mit ihrer sehr sparsamen Auflage aus feinen Zinnstreifen im Wechsel mit Bahnen aus senkrecht angeordneten Rauten sei auf die Kanne aus London, Peabody Site, aufmerksam gemacht. Das etwa birnenförmige Gefäß ist mit einem gröberen Streifenraster aus Zinnfolien versehen. Die Stücke aus Hamwic (heute Southampton) weichen zwar äußerlich von den 'klassischen' Kannenformen ab, nähern sich aber über die Zinnauflage stärker dem Vorbild an (Kat.Nr. III.41). Außer den Kannen lassen sich im Kanon der zinnfolienverzierten Keramik Fragmente von zwei kleineren Schüsseln aus Medemblik/Niederlande sowie eine flache Schale aus Ipswich/Großbritannien und der Becher aus Grab 597 aus Birka aufzählen. Insgesamt fällt aber das Überwiegen von Kannenformen auf, wobei einschränkend angemerkt werden muß, daß aufgrund des hohen Fragmentierungsgrades der bislang geborgenen Gefäße eine Zuordnung zu einer bestimmbaren Form nicht einfach ist. Dies zeigen auch die ausgestellten Stücke aus Saint-Denis bei Paris (Kat.Nr. III.40). Die Diskussion um die Herstellungsorte dieser außergewöhnlichen Keramik wird seit langem geführt. Für Kannen wie die aus Birka kann das Gebiet um den Töpferort Mayen in der Eifel trotz fehlender Funde nicht ausgeschlossen werden. Dies zeigt ganz deutlich das Schenkgefäß aus Karlburg bei Würzburg, welches in seiner äußeren Form den Tatinger Kannen ähnelt (Kat.Nr. III.42). Die Verzierung mit vertikal angeordneten Zickzacklinien und Punktreihen stellt es jedoch neben Gefäße aus der hinlänglich bekannten Produktion von Mayen. Für die westeuropäischen Funde kommen dagegen eher nordfranzösische Töpferorte in Frage.

Führt man sich die verschiedenen Keramikformen des Paderborner Fundmaterials – seien es Importe oder einheimisches Material – vor Augen, fällt auf, daß offene Formen wie Schalen, Teller und Schüsseln fehlen. Dies gilt sowohl für die einheimischen als auch für die importierten Gefäße. Das mag daran liegen, daß die Keramikfunde nur einen Ausschnitt des Küchen- und Tafelgeschirrs darstellen. Hinweise auf hölzernes Geschirr haben sich in Paderborn nicht erhalten. Hier sei daher auf die Beispiele aus Gräberfeldern wie Oberflacht (Kr. Tuttlingen) in Baden-Württemberg, aus Birka sowie aus dem Kölner Dom oder auf die hochmittelalterlichen Funde aus Haus Meer bei Büderich am Niederrhein verwiesen. Auch für Bronzefunde muß auf die Fundplätze außerhalb der Paderstadt zurückgegriffen werden: Zu nennen wären hier wiederum Gräber aus Birka oder Siedlungsfunde aus dem frühmittelalterlichen Handelsplatz Dorestad in den Niederlanden. Für das Fehlen von Vorlegeschüsseln und Handwaschbecken in Paderborn kann man mutmaßen, daß das kostbare metallene Tafelgeschirr als bewegliche Habe im Troß des Königs von Pfalz zu Pfalz mitgeführt wurde. Auch die relativ wenigen Stücke von importiertem Keramikgeschirr scheinen auf diese Weise nach Paderborn gelangt zu sein.

Um uns die Tafel des Königs in all ihrer Pracht vorzustellen, bleibt uns leider nur unsere Phantasie. An der Replik einer Tatinger Kanne aus Birka (Abb. 3) läßt sich dennoch ersehen, daß auch keramisches Geschirr einstmals, als es die Paderborner Tafel schmückte, zusammen mit den mit Wein gefüllten Gläsern einen bleibenden Eindruck zu hinterlassen imstande war, auch wenn der Autor des Karls-Epos in seiner Begeisterung nur die mit Falerner gefüllten goldenen Krüge erwähnt.

Literatur:

Holger ARBMAN, Birka I. Die Gräber, Uppsala/Stockholm 1943. – Werner BEST, Funde der Völkerwanderungs- und Merowingerzeit aus der frühgeschichtlichen Siedlung Fritzlar – Geismar, Schwalm-Eder-Kreis (Materialien zur Vor- und Frühgeschichte von Hessen 12/2), Wiesbaden 1990. – Ingo GABRIEL, Hof- und Sakralkultur sowie Gebrauchs- und Handelsgut im Spiegel der Kleinfunde von Starigard/Oldenburg, in: Bericht der Römisch-Germanischen Kommission 69, 1988, 103–291. – Rolf GENSEN, Christenberg, Burgwald und Amöneburger Becken in der Merowinger- und Karolingerzeit, in: Althessen im Frankenreich, hrsg. v. Walter SCHLESINGER (Nationes 2), Sigmaringen 1975, 121–172. – Uwe GROSS, Die Töpferware der Franken, in: Kat. Mannheim 1996, 581–593. – Anja GROTHE, Die frühmittelalterliche Keramik der Pfalz Paderborn, phil. Diss. Tübingen 1999 (in Vorbereitung). – Sofie GUSTAFSSON, Vad här kärlen använts till? Analyser av 4 krukskärvor av keramik från bosättningen vid Birkas stadsvall, in: C/D-uppsatser i laborativ arkeologi läsåret 94/95,1, Stockholm 1995, 3–42. – Hans-Werner PEINE, Vorwiegend Alltagssachen. Das Fundgut der Grabungen 1988 bis 1991 im Überblick, in: Ausgrabungen in der Abtei Liesborn. Eine Dokumentation des Westfälischen Museums für Archäologie, Münster/Westfalen, hrsg. v. Bendix TRIER [Ausstellung Münster 1993], Münster 1993, 135–251. – Mark REDKNAP, Medieval pottery production at Mayen: recent advances, current problems, in: Zur Keramik des Mittelalters und der beginnenden Neuzeit im Rheinland, hrsg. v. David R. M. GAIMSTER, Mark REDKNAP u. Hans-Helmut WEGNER (British Archaeological Reports, International Series 440), Oxford 1988, 3–37. – Ralf RÖBER, Die Keramik der frühmittelalterlichen Siedlung von Warendorf (Universitätsforschungen zur Prähistorischen Archäologie 4), Münster 1990. – Hans-Georg STEPHAN, Mittelalterliche Keramik in Ostwestfalen (600–1500). Generelle Entwicklungstendenzen und regionale Eigentümlichkeiten, in: Beiträge des 26. Internationalen Hafnerei-Symposiums, Soest 5.10.–9.10. 1993, hrsg. v. Werner ENDRES u. Frederike LICHTWARK (Denkmalpflege und Forschung in Westfalen 32), Bonn 1995, 245–264. – Wilhelm WINKELMANN, Liturgisches Gefäß der Missionszeit aus Paderborn. Zur Verbreitung und Deutung der Tatinger Kannen, in: Paderbornensis Ecclesia. Festschrift für Lorenz Kardinal Jaeger, hrsg. v. Paul-Werner SCHEELE, Paderborn 1972, 37–48.

Sveva Gai

Karolingische Glasfunde der Pfalz Paderborn

I. Die Fundorte karolingischen Glases

Es ist der Beibehaltung heidnischer Bestattungsriten in Skandinavien zu verdanken, daß Glasprodukte aus dem 8. und 9. Jahrhundert in annähernd vollständiger Form erhalten geblieben sind. Im rechtsrheinischen Raum hingegen wurde mit der Verbreitung des Christentums der Brauch, die Toten mit Beigaben zu bestatten, aufgegeben. Hier sind bislang nur wenige kleine Glasfragmente aus anderen Zusammenhängen, z. B. aus Siedlungsbefunden, bekannt.

Die zahlreichen Funde aus Birka in Schweden bildeten in den 1930/40er Jahren den Ausgangspunkt zur Erforschung des karolingischen Glases (Arbman 1937 und 1940/1943). Die Stücke wurden mit den Funden aus Kordel an der Mosel verglichen (Loeschcke 1915), der einzigen zum damaligen Zeitpunkt bekannten karolingischen Glaswerkstatt, wobei sich allerdings eine weitaus höhere Qualität der Gläser schwedischer Provenienz herausstellte. Seitdem hat sich das Spektrum karolingischen Glases erweitert und ergänzt; neue Fundorte haben das Bild vervollständigt, und seit den 1970er/80er Jahren lassen sich erste deutliche Konturen erkennen. Neue Grabungen in Ribe/Dänemark (Bencard u. a. 1979) und in Kaupang/Norwegen (Hougen 1969) erbrachten weitere Glasfunde. Es folgten Publikationen über die mehrjährige Grabung in Helgö/Schweden (Holmqvist 1961 und 1964; Lundström u. a. 1981), in denen die Glasfunde ausführlich gewürdigt werden, sowie die Entdeckung mehrerer Fragmente in Southampton/Großbritannien (Harden 1956; Hunter 1980), die auf die Glasproduktion im angelsächsischen Raum verweisen. Ausgrabungen in Deutschland haben Glas aus karolingischer Zeit in Augsburg (Pohl 1977), in Paderborn und in Esslingen (Haevernik 1979) ans Licht gebracht. Gegenstand einer neuen Publikation sind die Glasfunde aus dem Bereich der Handelsstadt Haithabu bei Schleswig (Jankuhn 1986; Steppuhn 1998), wo umfangreiches Material aus karolingischer Zeit gefunden wurde. Entdeckungen neueren Datums in Holland stammen aus dem Hafen von Dorestad (Isings 1980) und aus Maastricht (Panhuysen 1986). Auch im belgischen Lüttich (Evison 1988a) fanden sich Bruchstücke von Gläsern aus dieser Zeit. In Saint-Denis (Meyer u. a. 1980 und 1985) haben Ausgrabungen im Bereich der Basilika zur Entdeckung mehrerer Abfallgruben geführt, die umfangreiches Material des 9. und 10. Jahrhunderts aufwiesen. Als ein weiteres Zentrum intensiver Glasproduktion der Karolingerzeit erwies sich San Vincenzo al Volturno in Italien (Hodges 1995, Dell'Acqua 1996 und 1997).

Trotz der in einzelnen Details recht unterschiedlichen Glastypen weisen die meisten Funde eine gemeinsame, von merowingischen Formen abzuleitende Herkunft auf. Neben einfachen grünen und blaugrünen Exemplaren finden sich auch aufwendig gestaltete Stücke aus roter und brauner Glasmasse. Die Verzierungen bestehen aus Fadenauflagen mit z. T. komplizierten, aus mehreren Fäden zusammengesetzten Dekoren. Dabei läßt sich feststellen, daß eine starke Homogenität das gesamte Spektrum prägt: Neben den beutelförmigen Bechern erscheinen hohe Schalen mit leicht eingestochenen Böden, Becher mit gerader Wandung und – seltener – Flaschen. Eine gewisse Mobilität der Glasmacher muß aufgrund der Ähnlichkeit der Produkte angenommen werden, aber auch die Notwendigkeit, daß die Glasherstellung an große „Baustellen" bei der Errichtung von Kirchen oder Palästen gebunden war, ließ die Glasmacher nur für die Dauer der Bauarbeiten am Ort bleiben. Nur die intensiven Handelsbeziehungen können die Ähnlichkeiten der verschiedenen Glasprodukte in fast ganz Europa erklären.

II. Die Glaswerkstätten

Noch offen ist die Frage nach der Lage der Produktionszentren, die nur in seltenen Fällen mit den Fundorten übereinstimmen. Abgesehen von der Abtei San Vincenzo al Volturno, wo eine umfangreiche Produktion nachgewiesen werden konnte, läßt sich bei keinem der im mitteleuropäischen Raum entdeckten Fundorte der gesamte

Abb. 1 Glasabfall aus der Pfalz Paderborn

Prozeß der Glasherstellung belegen. Die Glasbetriebe der Karolingerzeit und der vorangegangenen Jahrhunderte haben wahrscheinlich halbfertige Produkte verarbeitet, die in Form von Fritte-Klumpen oder halbfertigen Glasstücken geliefert wurden und denen Glasfragmente, zeitgleich oder älter, hinzugefügt wurden. Es ist anzunehmen, daß neben wenigen größeren Glaswerkstätten zahlreiche kleinere existierten, die halbfertige Produkte verarbeiteten. Dieses geschah oft nur für eine sehr kurze Zeit am gleichen Ort, wie auch die Untersuchung der Glaswerkstatt in Paderborn gezeigt hat.

Eine besondere Rolle in der chemischen Zusammensetzung des Glases spielte im 9. Jahrhundert der Ersatz des Sodas durch die Pottasche. Beide dienen als Flußmittel, um die Schmelztemperatur herabzusetzen und um die Masse geschmeidiger und flüssiger zu machen. Beide Zusammensetzungen erscheinen in dieser experimentierfreudigen Phase der Glasherstellung – wie es auch für Paderborn nachgewiesen werden konnte – gleichzeitig am selben Ort.

Die Mehrzahl der in Paderborn gefundenen Glasfragmente, denen Soda als Flußmittel beigegeben war, weisen eine erstaunliche Ähnlichkeit in der Zusammensetzung ihrer Glasmasse auf. Es ist zu vermuten, daß neben dem Einhalten einer sorgfältig angewendeten Glasrezeptur einige wenige Glaswerkstätten mit direktem Zugang zu optimalen Rohstoffen für mehrere kleinere Glasbetriebe die Glasmasse produzierten. Dieses erklärt auch, warum an fast keinem der untersuchten Fundorte Hinweise auf die Produktion von Rohglas gefunden worden sind.

III. Die Paderborner Glasfunde

Auch in Paderborn erscheint das Vorkommen von Glasfragmenten in der gesamten Anlage als eine Besonderheit, die durch ihre Funktion als Königspfalz zu erklären ist.

In der Nähe des *palatium* wurden zunächst die Reste einer kleinen Glaswerkstatt entdeckt, die für eine Glasverarbeitung in der ersten Bau- und Nutzungsphase der Pfalz sprechen. Leider wurde die Ausgrabung in der Mitte der 70er Jahre nur mit vereinfachten Methoden durchgeführt, so daß Photos und Zeichnungen der Ofenstrukturen, soweit sie noch zu erkennen waren, völlig fehlen. Das Grabungstagebuch spricht aber von Resten eines kleinen Ofens, dessen zerschlagene Kuppel zusammen mit Teilen der Ofenwandung in kleineren Haufen in der Nähe des ursprünglichen Standortes lag. Eine dichte Reihe von Pfostenlöchern, die aber keine Struktur erkennen ließen, befand sich unmittelbar nördlich der Ofenreste. Hier barg die Füllung der verschiedenen Pfostengruben kleine Glasfragmente und eine Vielzahl von Mosaiksteinen, die sicher zu den Resten der ersten Glasproduktion gehören (Abb. 1).

Die 76 gefundenen kleinen Mosaiksteine (*tesserae*), von denen mehr als 50 aus den Pfostenfüllungen stammen, belegen, daß sie in Zweitverwendung zur farblichen Verfeinerung der Schmelzmasse benutzt wurden (Kat.Nr. III.61). Weitere Belege für die Schmelztätigkeit in dieser ersten Phase der Pfalz erbringen einige Fragmente von Schmelztiegeln sowie zahlreiche Glastropfen und Glasfäden, die unmittelbar bei der Produktion des Werkstoffes anfielen und die ebenfalls hauptsächlich im Bereich der Pfostenreihe gefunden wurden. Es ist anzunehmen, daß es sich um einen sehr kleinen Ofen gehandelt hat, der keinen vollständigen Herstellungsprozeß zuließ, sondern nur die Schmelze der fertigen Glasmasse zur Fabrikation kleiner Objekte für die Bedürfnisse der gerade errichteten Pfalz ermöglichte.

In welchem Umfang die Glasproduktion in Paderborn bestanden hat und welcher Art sie war, läßt sich nicht mehr mit Sicherheit sagen. In dem Ofen sind – soviel steht nach den Glasanalysen fest – Soda-Kalk-Gläser produziert worden. Der Ofen war nur für eine sehr kurze Zeit in Benutzung, und er wurde vielleicht sogar während der ersten Zerstörung der Pfalz 778 verwüstet. Welche Stücke im einzelnen zum Produktionsspektrum des Ofens gehörten, läßt sich nicht mehr nachweisen; sicher aber betrifft dies nur kleine Hohlglasfragmente, die nach den wenigen weiteren analysierten Stücken eine ähnliche Zusammensetzung aufzeigen (Wedepohl/Winkelmann/Hartmann 1997). Der Glasofen dürfte sich nicht weit entfernt von den bei den Grabungen gefundenen Wand- und Kuppelfragmenten befunden haben. Vielleicht gehörte auch noch die Pfostenreihe zu einem Gebäude des Werkstattbereichs. Die nur über einen kurzen Zeitraum produzierende Werkstatt war sicherlich kaum in der Lage, den Bedarf der Pfalz über eine längere Zeit hinweg zu decken, so daß auch Gläser anderer Provenienz benutzt werden mußten.

Die relativ wenigen Glasbruchstücke, die in der Pfalzanlage gefunden wurden, spiegeln die grundsätzliche Fundarmut wider, die auf dem gesamten Areal beobachtet wurde. Dieser Befund ist sicherlich auch damit zu erklären, daß die bewegliche Ausstattung im Troß des Königs mitgeführt wurde. Die spärliche Menge von Fensterglasfragmenten deutet hingegen darauf hin, daß Fensterglas nur äußerst sparsam Verwendung gefunden hat. Bei den Grabungen wurden insgesamt 1657 Fragmente von Fensterglas und 340 Fragmente von Hohlglas gefunden, wobei die Gesamtheit des Materials zum Teil stark zerscherbt ist. Die Mehrzahl der Bruchstücke datiert in das späte 8. und beginnende 9. Jahrhundert.

Die am häufigsten nachweisbare Form ist der Trichterbecher (Abb. 2), der sowohl in kaliumhaltiger Zusammensetzung vorkommt, die durch die dunkelgrüne Färbung und die blättrige, stark angegriffene Glasmasse erkennbar ist, als auch in der sodahaltigen Glasmasse vorhanden ist, die sich durch den besseren Erhaltungszustand und eine leichte grüne oder rötliche Färbung auszeichnet (Kat.Nr. III.67). Der Trichterbecher scheint in

Abb. 2 Trichterbecherfragmente aus der Pfalz Paderborn

Abb. 3 Prudentius, Psychomachie: Darstellung der Luxuria und zweier Männer mit Trichterbechern (Ende 9. Jahrhundert). Paris, Bibliothèque Nationale, lat. 8085, fol. 61v

der Zeit um 800 bis ins 10. Jahrhundert hinein der Trinkbecher schlechthin gewesen zu sein und war von Skandinavien bis Mitteleuropa weit verbreitet. Einige Dokumente jener Zeit zeigen die übliche Benutzung derartiger Becher bei Trinkgelagen (Abb. 3): In kurzen Abständen und ohne lange Zwischenpause wurden sie ausgetrunken, um sie danach mit dem Becherrand nach unten auf dem Tisch abzustellen (Kyll 1972). Zudem dürfte diese Art von Glas auch als Lampe benutzt worden zu sein, wobei hier ein Glasstück aus Villiers-le-Sec (Paris) zum Vergleich heranzuziehen ist, bei dem auf einer ähnlich langen Spitze eine schmale Schale auflag, in der ein Docht brannte (vgl. Kat.Nr. IV.137).

Weit verbreitet dürften die Becher mit wenig eingezogenem Boden und gerader, mit Fadendekor versehener Wandung gewesen sein. Mindestens ein Becher dieses Typs ist in Paderborn nachgewiesen, der ebenfalls aus Schichten des 8. Jahrhunderts stammt (Kat.Nr. III.68). Ein anderes Glas dürfte mit Rippen verziert gewesen sein, es war wohl Teil einer Flasche oder eines beutelförmigen Bechers. Zwei kleine Fragmente belegen das Vorkommen von Bechern mit Buckeldekor auf braun-grünem Glas (Kat.Nr. III.69). Wenngleich ihre Form nicht näher rekonstruiert werden kann, so lassen sie sich doch mit komplett erhaltenen Kugelbechern aus Birka, den sog. Traubenbechern, mit gerader, nach innen gezogener Mündung vergleichen (Kat.Nr. III.74).

Ein Paderborner Einzelfund weist einen besonderen Dekor auf: Es handelt sich um ein braungefärbtes Randfragment, dessen oberer Bereich mit kleinen dreieckigen und rautenförmigen Einkerbungen dekoriert ist (Kat.Nr. III.71). Diese Eintiefungen waren wohl ursprünglich mit Metall oder einem anderen Material ausgefüllt. Die zunächst vermutete Einlage mit Gold läßt sich aufgrund einer chemischen Analyse inzwischen ausschließen.

Typisch für die Zeit sind kleine Fragmente von gut erhaltenem grünem Glas, das von roten Schlieren durchzogen ist. Keines dieser Stücke konnte aber einer bestimmten Form zugeordnet werden.

Weitere Glasfragmente gehören zu Schüsseln oder Trichterbechern. Neben größtenteils grünen Gläsern zeigen einige Stücke rote oder blaue Randfäden, die vielleicht zu einer der vielen möglichen Ausführungen der Trichterbecher gehörten.

Die Glasanalysen haben ergeben, daß in dieser Zeit sowohl Soda-Kalk-Gläser als auch Glas mit Pottasche produziert worden ist. Obwohl von den Paderborner Glasfragmenten nur einige analysiert worden sind, lassen sich die beiden Glastypen bereits bei genauer Betrachtung deutlich unterscheiden. So erscheint Soda-Glas durch die lange Lagerung im Boden besser konserviert und weniger angegriffen. Während in dem Glasofen ausschließlich Objekte aus Sodamasse produziert worden sind, wurden sehr wahrscheinlich weitere Stücke anderer Zusammensetzung, wie zum Beispiel einige der verschiedenen Trichterbecher, von anderen Orten importiert.

Das Fensterglas stellt in der Gesamtheit der Glasfragmente mit mehr als 1600 Stücken den weitaus größten Teil der Glasfunde dar. Neben einer größeren Anzahl von stark korrodierten Glasfragmenten, die wahrscheinlich überwiegend von verglasten Öffnungen stammen, wurden kleinere, aufwendig geformte Teile gefunden, die sicher im baulichen Zusammenhang besonders hervorgehobene Fensteröffnungen verschlossen. Während Funde aus dem Bereich der sog. Klausur (Hausbrandfläche) vollkommen fehlen und für das Areal der ottonischen Aula in nur sehr geringer Zahl erhalten sind, stammen die meisten Fragmente aus dem Hofbereich nördlich des Domes und aus der karolingischen Aula, die somit, wie es scheint, mit Fenstern prächtig ausgestattet war. Die Mehrheit der Fensterglasfragmente besteht ausschließlich aus Kaliumglas und wurde also mit Sicherheit nicht im Werkstattbereich hergestellt (Kat.Nr. III.63–64). Sie entstammen zudem einer späteren Bauphase der Pfalz, die mit den baulichen Erweiterungen und Veränderungen während des 9. Jahrhunderts zusammenhängt.

Der Großteil der Fragmente, zumeist in stark korrodiertem Zustand erhalten, gehörte ursprünglich zu rechteckig zugeschnittenenen Scheiben, die mit Bleiruten zusammengehalten wurden. Unterschiedlich erweisen sich die Größen der verschiedenen Teile: Viel größer und viel weniger zugeschnitten sind die Kalium-Gläser.

Neben diesen einfachen Scheiben ist eine Gruppe von kleinen geometrischen Formen festzustellen, runde, quadratische oder länglich geschnittene Scheiben von intensiver Farbigkeit, wie z. B. rot oder rauchrötlich bzw. rauchquarzrötlich, smaragdgrün, blau und grün (Kat.Nr. III.66). Sie zeigen nur sehr geringe Korrosionserscheinungen. An zwei Fragmenten durchgeführte Analysen ergaben eine Soda-Kalk-Zusammensetzung, die sich von den anderen, bisher analysierten Trinkglasfragmenten unterscheidet. Ein einziges Stück aus quarzrötlicher Glasmasse stellt mit dem Rest einer ursprünglich aufgezeichneten Ranke – jetzt nur noch im Streiflicht sichtbar – eine Besonderheit dar (Kat.Nr. III.65).

Karolingische Fensterfragmente, die in Gebieten nördlich der Alpen entdeckt wurden, weisen in ihren ursprünglichen Maßen in der Regel kleinere Dimensionen auf als solche aus Grabungszusammenhängen des Mittelmeerraumes. Derartig kleinformatige Gläser, wie die in Paderborn gefundenen, könnten somit als Bestandteile eines Reliquiars interpretiert werden. Doch ist es bei den Paderborner Funden sehr viel wahrscheinlicher, daß auch die geometrischen Teile mit Hilfe von Bleiruten miteinander verbunden wurden und besondere Fenster schmückten. Diese Stücke stammen aus verschiedenen Bereichen des Pfalzareals und nur zum Teil aus dem Fußbodenniveau der ersten karolingischen Anlage.

Die in der Paderborner Pfalz gefundenen Glasfragmente bilden nur einen Bruchteil des Glases, das ursprünglich dort vorhanden war. Doch muß man sich vergegenwärtigen, daß allein das Vorhandensein von Glas in jener Zeit schon Zeichen eines besonderen Reichtums und einer kostbaren Ausstattung ist, wie ihn nur ganz wenige Orte zeigen. Die Verschiedenheit von Typen und Formen und die Vielfältigkeit der Farbgebung – sowohl bei dem Hohlglas als auch bei dem viel zahlreicher erhaltenen Fensterglas – sind typisch für die Karolingerzeit, in der ein breites Spektrum an Farben und Formen wiederentdeckt und in vielfältiger Weise eingesetzt worden ist.

Literatur:

Holger ARBMAN, Schweden und das karolingische Reich. Studien zu den Handelsverbindungen des 9. Jahrhunderts, Stockholm 1937. – Holger ARBMAN, Birka1: Die Gräber, Uppsala 1940 (Tafeln) u. 1943 (Text). – Mogens BENCARD u. a., Wikingerzeitliches Handwerk in Ribe. Eine Übersicht, in: Acta Archaeologica 49, 1978, 113–138. – Francesca DELL'ACQUA, Monastero di San Vincenzo al Volturno. Il vetro da finestra, in: Alte Vitrie, L'arte del vetro e dintorni 3, 1996, 3–7. – Francesca DELL'ACQUA, Ninth-century window glass from the monastery of San Vincenzo al Volturno (Molise, Italy), in: Journal of Glass Studies 39, 1997, 33–43. – Vera I. EVISON, Vieux Marché, Place Saint Lambert à Liège. The Glass, in: Les Fouilles de la Place Saint Lambert à Liège 2: Le Vieux Marché, hrsg. v. Marcel OTTE (Études et recherches archéologiques de l'Université de Liège 23), Lüttich 1988, 215–219. – Excavations at Helgö 1: Report for 1954–1956, hrsg. v. Wilhelm HOLMQVIST, Stockholm 1961. – Thea Elisabeth HAEVERNICK, Karolingisches Glas aus St. Dionysius in Esslingen, in: Forschungen und Berichte der Archäologie des Mittelalters in Baden-Württemberg 6, Stuttgart 1979, 157–171. – Donald B. HARDEN, Glass vessels in Britain and Ireland, AD 400–1000, in: Dark Age Britain. Studies presented to Edwart T. Leeds, hrsg. v. Donald B. HARDEN, London 1956, 132–167. – Richard HODGES u. John MITCHELL, La basilica di Giosué a S.Vincenzo al Volturno (Miscellanea Vulturnense 2), Montecassino 1995. – Wilhelm HOLMQVIST, Glass, in: Excavations at Helgö 2: Report for 1957–1959, hrsg. v. Wilhelm HOLMQVIST u. Birgit ARRHENIUS, Stockholm 1964, 242–260. – Ellen-Karin HOUGEN, Glassmaterial fra Kaupang, in: Viking 33, 1969, 119–137. – John R. HUNTER, The glass, in: Philipp HOLDSWORTH, Excavations at Melbourne Street, Southampton, 1971–76 (Southampton Archaeological Research Committee: Report 1) (Council for British Archaeology: Research Report 33), London 1980, 59–72. – Clasina ISINGS, Glass Finds from Dorestad, Hoogstraat 1, in: Willem Albertus van ES, W. J. H. VERWERS, Excavations at Dorestad 1: The Harbour: Hoogstraat1 (Nederlandse Oudheden 9) (Kromme Rijn Projekt 1), s'-Gravenhage 1980, 225–237. – Herbert JANKUHN, Haithabu. Ein Handelsplatz der Wikingerzeit, Neumünster [8]1986. – Nikolaus KYLL, Tod, Grab, Begräbnisplatz, Totenfeier. Zur Geschichte ihres Brauchtums im Trierer Lande und in Luxemburg unter besonderer Berücksichtigung des Visitationshandbuches des Regino von Prüm (gest. 915) (Rheinisches Archiv 81), Bonn 1972, 164–170. – Siegfried LOESCHCKE, Zur angeblich römischen Glashütte auf der Hochmark bei Kordel. Römische Glasfabrikation in Trier, in: Römisch-Germanisches Korrespondenzblatt 8, 1915, 49–57. – Agnetta LUNDSTRÖM, Cuppa vitrea aurea ornata, in: Early Medieval Studies 3 (Antiqvarist Arkiv 40), 1971, 52–68. – DIES. u. a., Survey of the glass from Helgö, in: Excavations at Helgö 7: Glas, Iron, Clay, hrsg. v. Agnetta LUNDSTRÖM, Stockholm 1981, 1–28. – Olivier MEYER, L. BOURGEAU u. D.-J. COXALL, Archéologie urbaine à Saint Denis (Seine-Saint-Denis), présentation d'une expérience en cours, in: Archéologie Médiévale 10, 1980, 271–308. – Olivier MEYER, Michael WYSS, David-J. COXALL u. Nicole MEYER, Saint-Denis. Recherches urbaines 1983–1985. Bilan de Fouilles. Saint-Denis 1985. – Titus PANHUYSEN, De Archeoloog, in: De Sint Servaas 28, 1986, 221–223. – Gerhard POHL, Frühmittelalterliche Grubenhütte mit Resten frühmittelalterlicher Glasherstellung, in: Die Ausgrabungen in St. Ulrich und Afra in Augsburg 1961–1968, hrsg. v. Joachim WERNER (Münchner Beiträge zur Vor- und Frühgeschichte 23), München 1977, 465–470. – Peter STEPPUHN, Die Glasfunde von Haithabu (Berichte über die Ausgrabungen in Haithabu 32), Neumünster 1998. – Kat. Un village au temps de Charlemagne. Moines et paysans de l'abbaye de Saint-Denis du VIIe siècle à l'An Mil [Ausstellung Paris 1988/89], Paris 1988. – Karl Hans WEDEPOHL, Wilhelm WINKELMANN u. Gerald HARTMANN, Glasfunde aus der karolingischen Pfalz in Paderborn und die frühe Holzasche-Glasherstellung, in: Ausgrabungen und Funde in Westfalen-Lippe 9 A, Mainz 1997, 41–53.

Karl Hans Wedepohl

Karolingisches Glas

Wir kennen aus unserem heutigen Alltag eine vielseitige Verwendung von Glas. Die besonderen Eigenschaften dieses nicht einfach zu verarbeitenden Werkstoffs haben seit der Bronzezeit zu seinem Gebrauch für Schmuck und Gefäße sowie schließlich zur Herstellung von Fensterglas geführt. Ähnliche Schmelztemperaturen, wie sie für den Bronzeguß nötig waren, legen nahe, daß die Konstruktion der Schmelzöfen für Glas von der Entwicklung der Schmelzöfen für Bronze profitiert hatte. Wie das Zusammenschmelzen von Kupfer und Zinn zu Schmelztemperaturen der Bronze führt, die niedriger als die der Ausgangsmetalle sind, kann man aus dem hochschmelzenden Quarzsand nur niedriger schmelzende Gläser herstellen, wenn zum Quarz Kalk und Soda gemischt werden. Bis zu unserem technischen Zeitalter war die Herstellung der genannten Werkstoffe von der Konstruktion der nur mit Holz beheizbaren Schmelzöfen und von der Verfügbarkeit der Rohstoffe abhängig. Wind oder Gebläse steigern die Temperatur der Öfen.

Für unser heutiges Fensterglas stehen reiner Quarzsand und Kalk als natürliche Rohstoffe zur Verfügung, und die hinzuzufügende Soda wird von der chemischen Industrie synthetisiert. Die bronzezeitlichen Glasmacher fanden dagegen ihren soda- und kalkhaltigen Rohstoff in der Asche von Strand- und Wüstenpflanzen, die im Orient schon lange als Waschmittel benutzt wurde. Sie stellten vor allem farbiges Glas für Schmuckstücke her. Die besonderen technischen Kenntnisse und der Aufwand zur Glasherstellung wurden im Altertum so hoch gewertet, daß man ihre Produkte zusammen mit Edelsteinen z. B. zu dem prächtigen Goldschmuck der Pharaonen verarbeitete. Die Edelsteinen vergleichbaren grünen, blauen und roten Farben erzeugte man durch geringfügige Zusätze der Metalle Kupfer und Kobalt zur Glasschmelze. Organisationsvermögen und technisches Verständnis haben die Römer der Kaiserzeit befähigt, in ihrem Weltreich eine umfangreiche handwerkliche Glasindustrie für Gefäße, Fensterscheiben und qualitätvolles Kunstgewerbe zu unterhalten. Sie benutzten für ihre Glasgemenge ein sodaähnliches Mineral vom Ufer ägyptischer Salzseen an Stelle von Pflanzenasche. Die Effektivität der römischen Glashütten beruhte vor allem darauf, daß sie sich auf ein Rezept zur Glasherstellung beschränkten und dieses sehr genau einhielten. Inzwischen bestand die Hauptmenge des Gebrauchsglases aus ungefärbtem Glas, für das besonders saubere Rohstoffe notwendig waren. Ja, es galt für bestimmte Glasqualitäten sogar als besonders wünschenswert, die Farblosigkeit von Bergkristall zu erreichen. Glasbecher als Grabbeigaben des römischen und fränkischen Friedhofs von Krefeld-Gellep zeigen, daß die

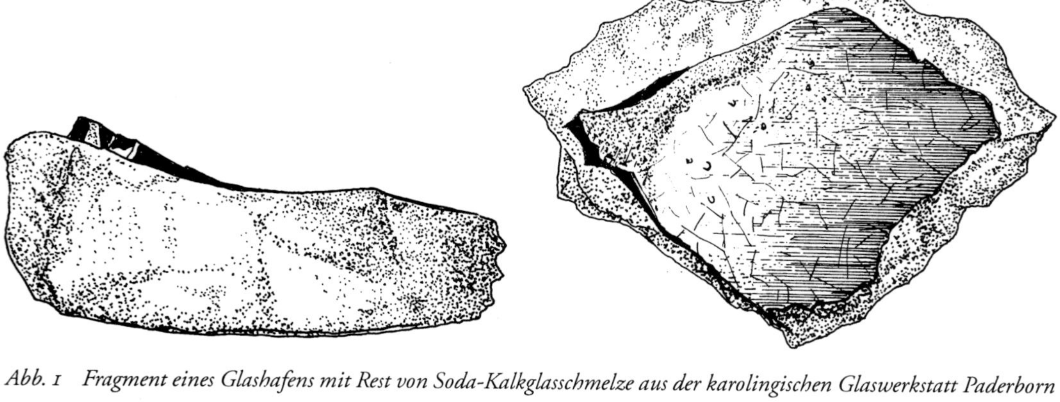

Abb. 1 Fragment eines Glashafens mit Rest von Soda-Kalkglasschmelze aus der karolingischen Glaswerkstatt Paderborn

Franken die römische Tradition der Glasherstellung übernommen hatten, zu der ihnen weiterhin Soda oder Rohglas aus dem mediterranen Fernhandel zur Verfügung stand. Ihre Glasmacher waren allerdings in der Auswahl des Glassandes oder bei dem Zusatz von Entfärber nicht mehr ganz so sorgfältig wie die Römer.

Die Glasfunde aus der karolingischen Königspfalz in Paderborn nehmen in der frühmittelalterlichen Glasentwicklung eine Schlüsselstellung ein. Das liegt daran, daß kurz vor 800 der offenbar gestiegene Glasbedarf für die weltliche und kirchliche Repräsentation nicht mehr ausschließlich mit Rohstoffen aus dem mediterranen Fernhandel zu bedienen war. In den gut datierbaren Abbruchschichten eines durch Kriegshandlungen (evtl. 778) zerstörten ersten Pfalzgebäudes und einer Glaswerkstatt fanden sich in Paderborn Fragmente des lange benutzten, hier bereits erwähnten Soda-Kalkglastyps und eines neuen, ausschließlich aus mittel- und westeuropäischen Rohstoffen hergestellten Glases (Wedepohl/Winkelmann/Hartmann 1997). Dieses neue Glas wurde aus Holzasche, Quarzsand und Kalk erschmolzen und enthält deshalb anstelle des Natriums der Soda das Kalium der Holzasche. Die Glaswerkstatt lag nördlich der späteren Bartholomäuskapelle und enthielt, als Nachweis der dortigen Tätigkeit, einen kleinen Schmelzofen, Bruchstücke von etwa 2 cm dicken Tiegeln (Häfen) mit Resten von Sodaglasschmelze, ca. 70 gläserne Mosaiksteine und Schmelzbrocken aus Soda-Rohglas. Darunter befand sich auch ein fast 7 cm langes Bruchstück eines Hafens, das noch einen dunklen Schmelzrest besitzt (Abb. 1). Die ebenfalls aus Soda-Kalkglas bestehenden *tesserae* (Mosaiksteinchen) waren vor allem im frühmittelalterlichen Skandinavien ein beliebtes Handelsobjekt und wurden dort zur Herstellung von Perlen benutzt. Die *tesserae* sind zumindest zum Teil römischen Ursprungs (Wedepohl/Winkelmann/Hartmann 1997). Zu den besonderen Funden der Königspfalz in Paderborn gehören Fragmente von Glasgefäßen mit breitem roten und dunkelblauen Randstreifen, von gläsernen Trinkgefäßen mit eingraviertem Rautenornament als Randverzierung, von Traubenglasbechern und von Trichterbechern mit Fadenauflage sowie Fragmente von z.T. an den Rändern retuschiertem Fensterglas (Abb. 2). Ein Trichterbecher mit blauem Rand aus Birka/Schweden kann verdeutlichen, wie das „Standard-Trinkglas" der karolingischen Zeit aussah. Als Sturzbecher ohne Standfläche weist es zudem auf die Trinksitten hin (Abb. 3). In Paderborn wurden mehrere Unterteile solcher Trichterbecher gefunden, die wohl den Funden aus den Gräbern in Birka vergleichbar waren.

Abb. 2 Glasmosaiksteinchen und Glasabfall aus der Pfalz Paderborn

Abb. 3 Trichterbecher aus Birka, Grab 526. Stockholm, Statens Historiska Museum

Wegen der chemischen Ähnlichkeit der Soda-Kalkglas-Fragmente untereinander ist es schwer, von der Schmelze im Paderborner Glashafen auf eventuell in dieser Glaswerkstatt hergestellte Gefäße rückschließen zu wollen.

Als bisher älteste gut datierte Fragmente von frühmittelalterlichem Holzascheglas konnten drei Fenstergläser und ein Hohlglasstück untersucht werden. Der Befund ergab, daß sie hohe Gehalte an Kalium und Calcium, den Hauptbestandteilen der Buchenholzasche, aufweisen. Buchen waren in Mitteleuropa damals die häufigste Baumart. Obwohl Kalium Hauptbestandteil der Asche ist, sind die Kaliumgehalte von Buchenholz selbst so niedrig, daß man für 1 kg Glas 200–250 kg Holz benötigte. Flachglas, das aufgrund der chemischen Zusammensetzung nach dem gleichen frühen Holzascheglas-Rezept hergestellt worden war, fand sich außerdem in Fundzusammenhängen des 8.–10. Jahrhunderts im Reichskloster Corvey, im Kloster Brunshausen-Gandersheim, im karolingischen Kloster Lorsch sowie in weiteren frühmittelalterlichen Funden in Frankreich (Rouen), England (Beverly) und Norwegen (Borg). Einige etwas jüngere gläserne Glättsteine des 9.–10. Jahrhunderts vom wikingerzeitlichen Handelsplatz Haithabu (bei Schleswig) erwiesen sich, einer kürzlich erfolgten Untersuchung zufolge, als ebenfalls aus dem frühen Holzascheglas bestehend (Wedepohl 1998). Das ist insoweit überraschend, als nach den Untersuchungen von Maria Dekówna (1990) um diese Zeit in Haithabu noch vorwiegend mit hochwertigem Sodaglas gehandelt wurde. Im hohen Mittelalter trat in der Zusammensetzung des Holzascheglases, das jetzt zum häufigsten Glastyp wurde, eine deutliche Änderung ein. Es wurde nun, wie Theophilus um 1100 in seiner Diversarum Artium Schedula schrieb, aus zwei Teilen Buchenholzasche und einem Teil Quarzsand hergestellt. Der Ansatz zur frühmittelalterlichen Schmelze des Holzascheglases enthielt dagegen erheblich mehr Quarz und weniger Kalium und benötigte deshalb höhere Schmelztemperaturen in den Öfen. Die Verschlechterung der Ofentechnik und damit der Glasqualität vom frühen zum hohen Mittelalter scheint zunächst unverständlich. Sie wird nur plausibel, wenn wir für die altersunterschiedlichen Glastypen verschiedene Herstellungsregionen mit größerer oder geringerer Tradition in der Glasherstellung annehmen. Sehr wahrscheinlich wurde das in Paderborn und zeitgleichen Fundstätten entdeckte frühmittelalterliche Holzascheglas aus dem Westen des fränkischen Reiches importiert, wo durch die römische Tradition bessere Öfen verfügbar waren. Unterstützt wird diese Annahme durch die Feststellung, daß auch hoch- und spätmittelalterliches französisches Glas immer aus einem Ansatz mit mehr Quarz hergestellt wurde als das zeitgleiche deutsche Glas (Wedepohl 1998). Die Situation in Italien in der ersten Hälfte des 8. Jahrhunderts läßt sich am Beispiel des von Karl dem Großen geförderten Klosters San Vincenzo al Volturno zeigen. Dort wurden eine Glaswerkstatt und im Klostergelände nahezu 7000 Fragmente von Fensterglas gefunden, das im Gegensatz zu Paderborn ausschließlich Soda-Kalkglas ist, vorwiegend grün, aber auch blau gefärbt (Dell'Acqua 1997).

Zusammenfassend läßt sich aus der Untersuchung der Glasherstellung feststellen, daß die Karolingerzeit technologisch noch durch die Antike geprägt war. Es wurde allerdings in dieser Zeit schon Holzasche als Rohstoff, der nördlich der Alpen verfügbar war, in untergeordneter Menge benutzt. Eine eigenständige umfangreiche Glasproduktion begann bei uns erst im hohen Mittelalter.

Literatur:

Maria DEKÓWNA, Untersuchungen an Glasfunden aus Haithabu (Berichte über die Ausgrabungen in Haithabu 27, Das archäologische Fundmaterial V), Neumünster 1990, 9–63. – Francesca DELL'ACQUA, Ninth Century Window Glass from the Monastery of San Vincenzo al Volturno (Molise, Italy), in: Journal of Glass Studies 39, 1997, 33–41. – Karl Hans WEDEPOHL, Mittelalterliches Glas in Mitteleuropa: Zusammensetzung, Herstellung, Rohstoffe (Nachrichten der Akademie der Wissenschaften in Göttingen II Mathematisch-Physikalische Klasse 1), Göttingen 1998, 1–55 (Lit.). – DERS., Wilhelm WINKELMANN u. Gerald HARTMANN, Glasfunde aus der karolingischen Pfalz in Paderborn und die frühe Holzasche-Glasherstellung, in: Ausgrabungen und Funde in Westfalen-Lippe 9 A, Mainz 1997, 41–53.

Scheibenfibeln aus Soest.
Münster, Westfälisches Museum für Archäologie
(Kat.Nr. IV.53 oben, Kat.Nr. IV.50 unten) ▷

KAPITEL IV

Sachsen und Franken in Westfalen

Matthias Springer

Geschichtsbilder, Urteile und Vorurteile

Franken und Sachsen in den Vorstellungen unserer Zeit und in der Vergangenheit

I. Begriffe und Wörter

Ein heute verbreitetes Bild von den Franken und Sachsen kleidet sich etwa in folgende Worte: „In der Frühphase der Geschichte beider Stämme waren gemeinsame politische Interessen die Grundlage für ein gutes Verhältnis zwischen Sachsen und Franken. Ein Umschwung trat im 6. Jahrhundert ein und führte schließlich im späten 8. Jahrhundert zu den Sachsenkriegen Karls des Großen. Diese endeten mit der Unterwerfung der Sachsen unter die Herrschaft der Franken." (Laux 1996, 331).

Diesem Urteil, das wir nicht auf seine Richtigkeit im einzelnen prüfen wollen, liegt die Vorstellung zugrunde, daß die Franken und die Sachsen je ein Volk gebildet hätten, dem je ein politischer Wille eigen gewesen wäre. Statt vom Volk spricht man auch von der Völkerschaft oder vom Stamm. Wenn man unter einem Stamm nicht dasselbe wie ein Volk versteht, sieht man ihn wenigstens als Teil eines Volkes, als „Teilvolk" an. In diesem Sinne sagt man, das deutsche Volk bestehe aus den deutschen Stämmen. In bezug auf die Vorstellungen von der inneren Einheit und der Willensbildung des Stammes ändert sich dabei nichts.

Neuerdings ist in wissenschaftlichen Darstellungen häufig von der *gens* der Franken, der Sachsen oder anderer Germanen die Rede. Der Leser gibt das Wort im Geiste bestimmt mit „Volk" oder „Stamm" wieder. Genauso verfahren manche Verfasser. Einige von ihnen setzen *gens* mit Volk gleich, andere mit Stamm. Es ist also nichts weiter geschehen, als daß die mehr oder weniger klaren Wörter Volk und Stamm durch das unklare *gens* ersetzt worden sind.

Ferner geht das herrschende Bild von der Voraussetzung aus, daß der Franken- oder der Sachsenstamm im 4. Jahrhundert ebenso bestanden hätte wie im 9. Jahrhundert. Unter Verweis auf ein Buch von Reinhard Wenskus wird zwar oftmals betont, man hätte bei den *gentes* nicht an gleichbleibende Gebilde zu denken; aber von Folgerungen, die dieser Satz hervorrufen müßte, ist wenig zu spüren.

Schließlich liegt dem eingangs genannten Bild die Ansicht zugrunde, daß die Franken und die Sachsen vom 4. bis zum 9. Jahrhundert als Volk oder Stamm nicht nur bestanden hätten, sondern als solche Gebilde auch in den Geschichtsquellen faßbar wären. Faßbar sind dort aber allenfalls der Name der Franken und derjenige der Sachsen. Daß es sich bei dieser Unterscheidung nicht um eine Haarspalterei handelt, werden die weiteren Ausführungen zeigen.

Es ist ein Vorurteil, daß die Zeitgenossen der sog. Völkerwanderungszeit oder des Frühmittelalters die Menschen in der Weise nach Völkern unterschieden hätten, wie wir es tun. Ein Volk ist für uns gleichbedeutend mit einer bestimmten Gesamtbevölkerung. Ihm gehören alle gleichermaßen und ohne Standesunterschiede an.

Was wir das Volk nennen, erschien jedoch den Menschen des Frühmittelalters lediglich als Zubehör des Herrschers (oder der Herrschenden). Wer heute „mein Volk" sagt, meint: „Das Volk, dem ich angehöre." „Mein Volk" kann man auf lateinisch als *populus meus* wiedergeben. Wer aber vor tausend Jahren „*populus meus*" sagte, meinte: „Die Leute, die mir gehören." Diese Weltsicht machte es möglich, die Untertanen mit dem Namen des Herrschergeschlechts zu bezeichnen: *Karolingi* konnte man im 10. Jahrhundert die Bewohner des westfränkischen Reichs, „die Westfranken", nennen. Ein solcher Sprachgebrauch steht nicht vereinzelt da. Sogar im Althochdeutschen ist er belegt: *franci tîe uuír nû héizên chárlinga*, „*Franci*, die wir jetzt Karolinger nennen", sagt Notker der Deutsche († 1022) (Notker, Werke, 6).

Wer in jener Zeit die Namen der Franken und Sachsen sprach oder hörte, schrieb oder las, der konnte die damit bezeichneten Gruppen von Menschen nicht unter den Begriff des Volkes fassen, weil er über diesen Begriff nicht verfügte. Daraus folgt, daß eine frühmittelalterliche Wortgruppe wie *gens Francorum* nicht „das Volk der Franken" bedeutet hat. Ich halte es übrigens für richtig, diesen lateinischen Ausdruck als „das Geschlecht der Franken" wiederzugeben.

Genausowenig wie im Frühmittelalter hatte im Altertum die Möglichkeit bestanden, mit einem Völker- oder Einwohnernamen eine bestimmte Gesamtbevölkerung zu bezeichnen. Der *populus Romanus* bestand nicht aus der Bevölkerung Roms, sondern aus der römischen Bürgerschaft. Uns dagegen ist es nicht möglich, von den Römern zu sprechen und mit diesem Wort nur einen Teil der Bewohner Roms zu bezeichnen.

Bei der Arbeit mit den Quellen müssen wir jeweils herausfinden, was die dort vorkommenden Wörter bezeichnet haben, die uns wie Völkernamen anmuten. Gleich anderen Gruppenbezeichnungen bezogen sich die Namen *Franci* und *Saxones* im Frühmittelalter oftmals nur auf eine bestimmte Oberschicht. So steht in einem Gesetz des Königs Childebert II. († 596) *Francus* als Gegenwort zu *debilior persona*, „einer Person niederen Standes" (Eckhardt 1967). Die Jahrbücher, die wir die fränkischen Reichsannalen nennen, berichten zum Jahre 776, *Saxones omnes*, „alle Sachsen", seien zu Karl dem Großen an die Lippequellen gekommen. Hier handelte es sich jedoch nicht um die Einwohnerschaft Sachsens, sondern um die maßgeblichen Leute, die ausdrücklich als Grundherren vorgestellt werden: Sie verfügten über *patria*, über „Grund und Boden" (Annales regni Francorum, 46).

Nach denselben Annalen hat der Kaiser 803 *Saxones* mit ihren Frauen und Kindern aus dem Gebiet nördlich der Elbe ins Frankenland (*Francia*) schaffen lassen. Das waren nicht „die Sachsen" in unserem Sinne. Die älteren Jahrbücher von Metz beschreiben den betroffenen Personenkreis als „die Treulosen [...], die den *populus Saxonicus* vom Weg der Wahrheit abgebracht hatten" (Annales Mettenses priores z. J. 804, 91; Drögereit 1977). Es handelte sich also um eine Anzahl einflußreicher Persönlichkeiten.

Vor allem sollten wir uns vor dem Glauben hüten, daß sich frühmittelalterliche Sammelbezeichnungen von Personen auf geistige Einheiten bezogen hätten, wie das Volk eine ist. Bei Wörtern, denen wir die Bedeutung „Volk" zuschreiben, dachten die Leute vor tausend Jahren zuerst an gestalthaft faßbare Gruppen von Menschen: Wenn der Geschichtsschreiber Widukind von Corvey († nach 973) schreibt, Otto I. sei (936 in Aachen) vom *omnis populus Francorum atque Saxonum* zum König erhoben worden (Widukind von Corvey, 63), so sagt er nicht „vom ganzen Volk der Franken und Sachsen", sondern er meint die leibhaftig anwesende Versammlung von Franken und Sachsen, die die Königswahl vornahm. Nach dem Gottesdienst, der zu der feierlichen Handlung gehörte, setzte sich der neue König *cum omni populo* zu Tisch, also mit den anwesenden Wählern und nicht mit der Bevölkerung Frankens und Sachsens (Widukind von Corvey, 67).

Im Bericht der Reichsannalen zum Jahre 776 heißt es, die Sachsen hätten sich der Herrschaft Karls des Großen *et Francorum* („und der Franken" oder „von Franken") unterworfen (Annales regni Francorum, 46). Mit den Franken, denen die betreffenden Sachsen zu gehorchen versprachen, war aber nicht „das Volk der Franken" gemeint. Es ging um die Leute, die im Auftrag des Königs in Sachsen als Obrigkeit wirkten. In der nächsten Zeile steht nämlich, Karl habe *cum Francis* („mit den Franken" oder „mit Franken") die Eresburg wiederaufgebaut. Es leuchtet ein, daß auch hier nicht vom „Volk der Franken" die Rede sein kann, sondern von den tatsächlich vorhandenen Leuten, die den Bau beaufsichtigten. Natürlich haben die betreffenden Franken nicht selbst Hand angelegt, während die Sachsen nur zugeschaut haben. Der Bau von Burgen war eine Fron, traf also die Besiegten und nicht die Sieger.

Geben wir *populus* mit Volk wieder, so entstehen häufig Aussagen, die unverständlich sind: Der Geschichtsschreiber Einhard († 840) verfaßte wohl in der Mitte der zwanziger Jahre des 9. Jahrhunderts eine Lebensbeschreibung Karls des Großen. Wie er darin bemerkt, habe der Krieg zwischen Karl und den Sachsen damit geendet, daß die Sachsen unter anderem die Bedingung des Kaisers annahmen, „mit den Franken vereint zu einem *populus* zu werden": *ut* [...] *Francis adunati unus cum eis populus efficerentur* (Einhard, Vita Karoli, 174 f.).

Sagen wir „zu einem Volk", so ist das mit den Vorstellungen der Neuzeit ganz und gar nicht zu vereinbaren. Nach unseren Begriffen waren die Franken und die Sachsen stets zwei verschiedene Völker (oder Stämme oder *gentes*). Offensichtlich meint *populus* etwas Faßbares und tatsächlich Verfügbares, nach unseren Begriffen eine politische Einheit, aber keine „ethnische". Der Bezug auf eine greifbare Personengruppe verliert den Anschein des Befremdlichen, wenn wir uns ins Gedächtnis rufen, daß die Wörter *Franci* und *Saxones* eben nicht die jeweilige Gesamtbevölkerung, sondern eine jeweilige Oberschicht meinen.

Die von Einhard genannte Bedingung Karls des Großen konnte nicht besagen, daß die Sachsen in den Franken aufgehen sollten. Der Kaiser hat ja nicht etwa eines der beiden fränkischen Rechte (das salische oder das ribuarische) auf Sachsen übertragen. Das sächsische Recht hat weiterbestanden.

Zu guter Letzt sei noch einmal betont, daß sich heute wie vor tausend und mehr Jahren hinter Sammelbezeichnungen von Personen ganz andere Menschengruppen verbergen können, als es Völker sind. Vor elfhundert Jahren gab es die Wikinger; aber es gab kein Volk der Wikinger. Diese Erkenntnis wollen wir auf die folgenden Betrachtungen anwenden.

II. Die Namen „Franken" und „Sachsen"

Wir beginnen mit dem 3. Jahrhundert n. Chr., denn seit jener Zeit kommen sowohl der Name der Franken als auch derjenige der Sachsen bis zum heutigen Tage immer wieder vor. Allerdings sind die entsprechenden Erwähnungen keineswegs gleichmäßig über die einzelnen Jahrhunderte verteilt. Es bietet sich an, die Darlegungen bis ins zehnte Jahrhundert zu führen, weil die von Karl dem Großen geschaffenen Ordnungen mindestens bis in jene Zeit weitergewirkt haben.

Im Jahre 291 n. Chr. wurde der Name der Franken erstmals genannt, und zwar in einer Ansprache, die ein Redner namens Mamertinus in Gallien auf den Kaiser Maximian gehalten hat (Hermann 1991, 376 f.). Die zweite und die dritte Erwähnung gehören in die Jahre 297 und 298. Auch sie stammen aus Reden, die in Gallien, wahrscheinlich in Trier und in Autun, vorgetragen worden sind (ders., 382 f. u. 384).

Ältere Nennungen des Frankennamens als die eben erwähnten gibt es nicht. Davon zu unterscheiden ist die Tatsache, daß ihn Quellen des 4. Jahrhunderts oder einer späteren Zeit bei der Schilderung von Ereignissen gebrauchen, die vor dem Jahre 291 gelegen haben. Die Geschichtsschreiber des Altertums hatten die Gewohnheit, Wörter ihrer Gegenwart, die nach unseren Begriffen Völkernamen sind, zur Beschreibung vergangener Zeiten zu verwenden, und zwar auch dann, wenn der Vergangenheit diese Namen noch unbekannt waren.

Das über den Namen der Franken Gesagte gilt in ähnlicher Weise für den der Sachsen. Vor dem 4. Jahrhundert tritt er höchstens bei einem einzigen Verfasser auf, nämlich bei Ptolemäus († um 165 n. Chr.), der eine Erdbeschreibung in griechischer Sprache verfaßt hat. Doch ist umstritten, ob sich der Name der Sachsen in diesem Werk tatsächlich findet (Springer 1996, 194 f.). Seine früheste sichere Erwähnung stammt aus dem Jahre 356. Sie steht in einer griechischen Rede, die der nachmalige Kaiser Julian († 363) zum Lob seines Vetters, des Kaisers Constantius II., gehalten hat (Hermann 1991, 418 f.).

Warum habe ich nun so umständlich von der Nennung des Namens der Franken oder der Sachsen gesprochen und nicht einfach von der Erwähnung der Franken und Sachsen geredet? Nun, Franken und Sachsen sind neuhochdeutsche Wörter. In den Schriften des Altertums haben sie nicht gestanden. Allerdings kommen in den lateinischen Quellen die Wörter *Franci* und *Saxones* vor.

Der Abstammung nach ist das lateinische Wort *Franci* dasselbe wie das deutsche Franken und das lateinische *Saxones* dasselbe wie das deutsche Sachsen. Daraus folgt aber nicht, daß die lateinischen Wörter *Franci* oder *Saxones* dasselbe hätten bezeichnen müssen wie die deutschen Wörter Franken oder Sachsen – noch nicht einmal unter den Einschränkungen, die wir oben schon gemacht haben.

Wir wollen diese Aussagen zunächst am Beispiel der Franken belegen: 842 schwuren zu Straßburg die Könige Ludwig der Deutsche und Karl der Kahle angesichts ihrer versammelten Heere, daß sie einander im Kampf gegen ihren Bruder, den Kaiser Lothar, beistehen wollten. Ludwig der Deutsche leistete den Eid in (alt)französischer Sprache, damit er vom Heer Karls des Kahlen verstanden wurde. Dieser dagegen sprach den Schwur auf (althoch)deutsch, um Ludwigs Leuten verständlich zu sein.

In den zeitgenössischen Quellen erscheinen die Untertanen Karls des Kahlen ebenso als *Franci* wie der Anhang Ludwigs des Deutschen. Daraus folgt, daß *Franci* hier nicht dasselbe bedeutet wie unser Wort Franken. Unter den Franken verstehen wir nämlich eine Anzahl von Germanen. Wer aber französisch, also eine romanische Sprache als Muttersprache redet wie die Leute Karls des Kahlen, der ist kein Germane, sondern ein Romane. Demnach können sich hinter dem Wort *Franci* in der Mitte des 9. Jahrhunderts sowohl Franken als auch Nichtfranken, nämlich Romanen verbergen.

Aber der Inhalt von *Franci* war auch vor dem 9. Jahrhundert nicht mit dem unseres Wortes Franken deckungsgleich: 687 hat der Hausmeier Pippin II., der Urgroßvater Karls des Großen, bei Tertry die Neustrier geschlagen. Die Schlacht war einer der großen Wendepunkte in der Geschichte des Frühmittelalters. Sie brachte Pippin II. die führende Stellung im fränkischen Reich ein und bildete eine Voraussetzung dafür, daß sein Enkel Pippin III. 751 die Königswürde erlangen konnte.

Ohne Zweifel war der Sieger von Tertry nach unseren Begriffen ein Franke. Doch die Jahrbücher des Klosters Saint-Amand, die sog. Annales Sancti Amandi, schildern das Ereignis mit den Worten *bellum Pippino in Testricio, ubi superavit Francos*: „Die Schlacht Pippins bei Tertry, wo er die *Franci* überwunden hat" (MG SS 1, 6).

Für den Verfasser der Aufzeichnung war Pippin II. also

kein *Francus*, während es sich bei seinen Gegnern, den Neustriern, um *Franci* handelte. Neustrien war ein vornehmlich romanischer Reichsteil – unabhängig davon, welche Sprache die Oberschicht redete. Austrien dagegen, wo Pippin II. den Schwerpunkt seiner Macht hatte, schloß die germanischen Reichsteile ein. Der Gebrauch des Wortes *Franci* an der betreffenden Stelle der Annales S. Amand. steht beinahe im Gegensatz zu unserer Verwendung des Wortes Franken.

Auch das im Jahre 727 abgeschlossene „Buch der Frankengeschichte" (Liber historiae Francorum) nennt die Neustrier *Franci* – im Unterschied zu den Bewohnern Austrasiens. Dieser Sprachgebrauch führt zu Aussagen, die nach unseren Begriffen mehr als absonderlich sind. So beschreibt dieses Geschichtswerk die 673 erfolgte Erhebung Childerichs II. zum König von Neustrien mit den Worten: *In regno Francorum elevatus est.* Wenn wir nicht wüßten, daß er zu dem Zeitpunkt schon elf Jahre König in Austrien war, müßten wir den Satz so verstehen, daß er 673 überhaupt erst auf den Thron gelangt wäre, denn wir haben größte Schwierigkeiten, unter dem *regnum Francorum*, „dem Frankenreich", das neustrische Königtum zu begreifen.

Indem die Neustrier den Frankennamen für sich beanspruchten, verweigerten sie ihn den (von uns so genannten) Arnulfingern, den Vorfahren Karls des Großen, die in Austrien den Schwerpunkt ihrer Macht hatten. Doch dieses Geschlecht wollte seinerseits den Frankennamen für sich haben. Nachdem es die alleinige Herrschaft errungen hatte, erlangte *Franci* seine einstmalige Geltung für das gesamte Reich zurück, indem es alle Untertanen Karls des Großen nördlich der Alpen bezeichnete.

Der Name der Sachsen birgt ähnliche Schwierigkeiten. In den Quellen der Merowinger- und der Karolingerzeit vermag er nicht nur die Leute zu bezeichnen, die nach unseren Begriffen Sachsen sind, also die Bewohner des nachmaligen Nordwestdeutschlands, sondern auch die Bewohner Englands.

Noch bei Einhard findet sich dieser Sprachgebrauch. In seiner Lebensbeschreibung Karls des Großen erzählt er unter anderem von dem berühmten Gelehrten Alkuin, der aus England in die Umgebung des Kaisers gekommen war. Diese Herkunft beschreibt Einhard mit den Worten, Alkuin sei *de Britannia Saxonici generis* gewesen. Wenn man übersetzt „aus Britannien von sächsischem Geschlecht" (Einhard, Vita Karoli, 197), so stiftet das Verwirrung. Einhards Worte bedeuten vielmehr „von englischem Geschlecht".

Man wird in diesem Zusammenhang darauf verweisen, daß England von Sachsen besiedelt worden ist. Abgesehen davon, daß noch andere Germanen nach Britannien hinübergezogen sind, ist damit nichts anderes erklärt als die Übertragung des Namens der Sachsen auf die Insel. Doch geht es darum, daß das Wort *Saxones* zur selben Zeit zwei verschiedene Personengruppen bezeichnen kann, nämlich die Sachsen und die von uns so genannten Angelsachsen.

Hinter der Bezeichnung einer Gruppe von Germanen muß sich nicht notwendigerweise ein Volk verbergen, ein Beispiel bietet der oben erwähnte Name der Wikinger (altnord. *víkingr*, altengl. *wicing*). Unter dieser Bezeichnung erscheinen skandinavische Raubscharen, die seit dem Beginn des 9. Jahrhunderts das übrige Europa unsicher machten. Sie kamen zu Schiff, suchten die Küsten heim und fuhren auch die Flüsse hinauf. Häufig sind sie in den lateinischen Quellen einfach *piratae* genannt worden.

Ein Volk der Wikinger hat es nie gegeben. Wikinger war noch nicht einmal ein Einwohnername. Das Wort bedeutet nicht etwa „Buchtbewohner", obwohl es ein altnordisches *vík* „Bucht" gibt. Ein Wikinger war man nur, solange man sich auf der Heer- oder Raubfahrt befand. *Víkingar* (Mehrzahl) konnte im Altnordischen sogar zur Bezeichnung slawischer Küstenräuber gebraucht werden (Snorri Sturluson, 1, 178; Snorris Königsbuch, 144).

Neben *piratae* ist *Northmanni* eine geläufige Bezeichnung der lateinischen Quellen für die Wikinger. Dieses Wort entspricht etymologisch unseren Normannen. Das ist heute ein Einwohnername, denn es bezeichnet die Bewohner der Normandie.

Die Erkenntnisse, die wir bei den Normannen gewonnen haben, können wir nun auch auf die Franken und Sachsen anwenden. Die Träger dieser Namen erscheinen seit dem 4. oder dem ausgehenden 3. Jahrhundert zunächst einmal als Kriegerscharen, die die Küsten verheerten wie ein halbes Jahrtausend später die Wikinger. In Gallien und Britannien wurden eigens Befestigungsanlagen gegen sächsische Angriffe errichtet. Sie hießen *litus Saxonicum.*

Mamertinus, der 291 die Franken zuerst erwähnt hat, betrachtete sie als Seeräuber: Der Kaiser Maximian habe sich wegen der „Unterdrückung der Piratenkriege durch die Unterwerfung der Franken" ein großes Verdienst erworben. Diesen Erfolg des Kaisers unterschied der Redner ausdrücklich von einem Sieg Maximians östlich des Rheins (Hermann 1991, 376 f.). Mamertinus kannte also noch keine *Francia*, kein Frankenland östlich des Rheins.

Die ebenfalls schon angeführte Rede vom Jahre 297, eine Festansprache auf Constantius I., gebraucht den Namen der Franken zur Bezeichnung von Küstenräubern, die zur Zeit des Kaisers Probus (276–282) vom Schwarzen Meer aus Griechenland, Kleinasien, Nordafrika und Sizilien heimgesucht hätten und dann ins Atlantische Meer eingefahren wären (Hermann 1991, 382 f.). Dieser Bericht liest sich wie eine Schilderung von Wikingerzügen des 9. oder 10. Jahrhunderts.

Offensichtlich bezeichnete das Wort *Franci* in der Festansprache etwas ganz anderes als das Volk der Franken. Es ändert daran nichts, daß der Redner die Räuber als entflohene Kriegsgefangene ansieht (*paucorum ex Francis captivorum*). Im beginnenden 6. Jahrhundert erzählte der griechische Geschichtsschreiber Zosimos von denselben Ereignissen, daß jene „Franken" (*Phrágkoi*) vom Kaiser Probus die Erlaubnis erbeten hätten, sich (auf dem Boden des Römischen Reichs) niederzulassen. Danach seien sie abtrünnig geworden und hätten ihre Raubzüge unternommen (Hermann 1992, 388). Die Gefangenen oder Neusiedler werden nicht oder nicht allein aus dem Land auf der rechten Seite des Niederrheins gekommen sein, wo nach den heutigen Vorstellungen die Heimat des Frankenvolks gelegen haben soll. Sie oder viele von ihnen dürften von Nordeuropa her ihren Weg ans Schwarze Meer gefunden haben. Auf jeden Fall waren sie wie die Wikinger mit der Seefahrt vertraut.

Im Jahre 310 rühmte ein namentlich nicht bekannter Redner in Trier die Taten Kaiser Konstantins I. († 337). Dabei erwähnte er ein Frankenland (*Francia*), das Gebiete einschloß, die ehemals von den Römern besetzt worden waren, die also nach heutigen Begriffen in den Niederlanden oder in Deutschland gelegen haben müssen. Aber nicht dort, sondern in weiter Ferne suchte der Redner die Heimat der Barbaren, gegen die Konstantin I. gekämpft hatte (Hermann 1991, 388 f.).

In seiner uns bekannten Ansprache aus dem Jahre 356 betrachtete Julian neben dem Gebiet des Rheins alle Küsten im Norden des Atlantischen Ozeans als die Heimat der Franken und Sachsen.

Es ist davon auszugehen, daß die Namen Franken und Sachsen im Urgermanischen entstanden sind. Doch können wir nicht sagen, was für Menschengruppen sie auf dieser Sprachstufe bezeichnet haben. Wir lernen die Namen der Franken und der Sachsen erst auf der zweiten Stufe ihrer Geschichte kennen, als Wörter, die in lateinischer oder griechischer Gestalt verwendet werden. *Franci* und *Saxones* scheinen im 3. und 4. Jahrhundert für Raubscharen gegolten zu haben wie fünfhundert Jahre später die Namen Wikinger und Normannen. Vermutlich ist die spätantike *Francia* rechts des Rheins deswegen zu ihrem Namen gekommen, weil sich Franken dort festgesetzt hatten, wie die Normandie zu ihrem Namen gekommen ist, weil sich Normannen dort festgesetzt haben. Auf dieser dritten Stufe der Entwicklung wurde *Franci* also zum Einwohnernamen. Es bezeichnete die Bewohner der Francia, wie die Bewohner der Normandie Normannen heißen.

Daß die *Francia* zu ihrem Namen kam, weil sich Franken dort niedergelassen hatten, vermuten wir. Daß ein Land namens *Saxonia* zu seinem Namen gekommen ist, weil sich Sachsen dort niedergelassen hatten, können wir beweisen: Im Frühmittelalter hieß England, oder wenigstens ein Teil Englands, *Saxonia*. Dieser Sprachgebrauch findet sich sogar in Schriftwerken aus dem Merowingerreich, was merkwürdig genug ist. Wir wissen, daß kein Teil der britischen Inseln *Saxonia* geheißen haben kann, bevor Sachsen sich dort festgesetzt hatten.

Nachdem *Franci* zu einem Einwohnernamen geworden war, war es noch lange kein Völker- oder Stammesname. Ebensowenig bildeten die Franken während des 4. Jahrhunderts eine politische Einheit. Diese hat erst Chlodwig († 511) geschaffen, indem er die anderen fränkischen Könige beseitigte. Wir finden keinen Hinweis, daß bereits vorher ein Königtum von der Art vorhanden gewesen wäre, daß es alle Franken umfaßt hätte und daß ein solches Königtum dann wieder aufgeteilt worden wäre, wie das fränkische Reich unter Chlodwigs Söhne aufgeteilt worden ist.

Wenn wir die Angaben der Völkerwanderungszeit über die Franken und Sachsen auswerten, dann haben wir es mit mindestens drei Sprachen zu tun, nämlich dem Urgermanischen, aus dem die Namen Franken und Sachsen stammen, dem Lateinischen (oder Griechischen), in dem von den Franken und Sachsen die Rede ist, und dem Neuhochdeutschen, in das wir die Aussagen über die Franken und Sachsen übertragen. Eine solche Verschränkung kann erhebliche Mißverständnisse nach sich ziehen.

Wiederum führen wir die Wikinger zum Vergleich an. Der Geschichtsschreiber Widukind von Corvey († nach 973) spricht mehrmals von ihnen. Meistens bezeichnet er sie als *Dani*, was unserem Wort Dänen entspricht. Das hat sonderbare Folgen. So erscheint Rothun bei ihm als *Danorum urbem* (Akk.), als „Burg der Dänen" (Widukind von Corvey, 107). Zufällig wissen wir, daß es sich bei Rothun um Rouen in der Normandie handelt. Umgekehrt berichten die fränkischen Reichsannalen zum

Jahre 815, daß ein Heer im Auftrag Kaiser Ludwigs des Frommen über die Eider *in terram Nordmannorum* gezogen sei (Annales regni Francorum, 142), gemeint ist Nordschleswig. Widukind von Corvey gebraucht nicht nur *Dani*, sondern auch *Northmanni* zur Bezeichnung der Wikinger. Die lateinischen Quellen des 9. und 10. Jahrhunderts vermitteln also den Eindruck, daß die Wikinger, Dänen und Norweger nicht zu unterscheiden wären. Schuld an diesem Eindruck waren aber nicht die Träger der Namen Wikinger, Dänen und Normannen. Schuld daran sind die Geschichtsschreiber des 9. und 10. Jahrhunderts wegen ihres mangelnden Unterscheidungsvermögens oder wegen ihres Sprachgebrauchs, der sich unserem Verständnis verschließt. Es handelt sich um denselben Sachverhalt wie bei den Mitteilungen der spätantiken Quellen über die Sachsen und Franken.

Eines ist gewiß: Karl der Große hat sehr wohl zwischen Franken und Sachsen unterschieden. Man wüßte nur gern, nach welchen Gesichtspunkten. Diese Frage erscheint bloß dann abwegig, wenn man stillschweigend voraussetzt, daß die Sachsen und die Franken zur Zeit Karls des Großen gleichermaßen einen Stamm oder ein Volk gebildet hätten und nach den uns geläufigen Merkmalen auseinandergehalten worden wären.

Nun stellten die Franken spätestens seit 771 wieder eine politische Einheit dar. In jenem Jahr war Karls jüngerer Bruder Karlmann gestorben. Das Reich wurde unter Karls Szepter geeint. Die politische Einheit beruhte nicht auf dem Volkswillen, sondern auf dem Willen des Königs.

Beim Begriff der politischen Einheit dürfen wir nicht an den Einheitsstaat denken, wie wir ihn kennen und wie er sich im Zeitalter der Französischen Revolution herausgebildet hat. Dem Herrscher standen die einzelnen Gebiete seines Reichs in sehr unterschiedlichem Maße zur Verfügung. Ebenso konnte er seinen Willen nur eingeschränkt zur Geltung bringen. Der Kaiser selbst hat (wahrscheinlich 813, in seinem letzten Lebensjahr) über Leute geklagt, „die sein Machtgebot so viele Jahre hindurch mißachtet haben“: *qui tam multis annis [...] decretum nostrum contempserunt* (Mordek 1995, 994).

Offensichtlich bildeten die Sachsen vor der Zeit Karls des Großen kein politisches Ganzes. Über diese Einsicht haben die Forscher des vorigen Jahrhunderts noch verfügt (Abel 1888, 122). Sie ist inzwischen verlorengegangen. An ihrer Stelle herrscht die Lehre vom sächsischen Stammesstaat: Gewählte Abgeordnete hätten sich an einem Ort namens Marklo zu einem Parlament versammelt und über Sachsen regiert. Der Ansicht von den gewählten Volksvertretern liegt die Mißdeutung einer Angabe der Lebensbeschreibung des hl. Lebuin zugrunde (Springer 1998; vgl. Beitrag Pohl sowie Beitrag Becher im Kat.Bd. I, Kap. IV). Das Werk ist nach 840 entstanden, beschreibt aber Begebenheiten aus der Zeit vor den Sachsenkriegen Karls des Großen.

Gerade das Unvermögen des Kaisers, Sachsen in wenigen Feldzügen zu unterwerfen, bildet einen wichtigen Hinweis darauf, daß das Land der politischen Einheit entbehrte. Das Langobardenreich und Bayern fielen 774 und 788 mit einem Schlag. Sie hatten ein Haupt, das Karl der Große treffen konnte. Hätte zu Marklo ein Stammesparlament als oberste Behörde des sächsischen Stammesstaates getagt, dann wäre dem Eroberer ein lohnendes Ziel gesetzt gewesen, die Axt an die Wurzel der sächsischen Selbständigkeit zu legen. In Wirklichkeit verfügten die Sachsen jedoch ebensowenig über ein gemeinsames Oberhaupt wie die Franken vor Chlodwig.

Mit den Sachsenkriegen unterwarf der Kaiser nicht nur das Land, sondern zwang er die Unterworfenen auch, das Christentum anzunehmen. Ein solches Vorgehen war weltgeschichtlich neu. In den Augen Karls erschienen die Sachsen somit als Heiden, die dem Christentum zuzuführen waren.

Nicht alle Heiden in seinem Machtbereich hat Karl der Große mit Gewalt für den Christengott gewinnen wollen. Mit keinem Wort hören wir davon, daß der Kaiser solche Anstrengungen etwa bei den Elbslawen unternommen hätte, die unter seine Oberhoheit gekommen waren.

Ein Blick auf die weitere Geschichte dieser Leute mag uns helfen, die rechte Anschauung von Karls des Großen Vorgehen gegenüber den Sachsen zu gewinnen: Kaiser Otto I. (936–973) hat das Gebiet der (von uns so genannten) Elbslawen unterworfen und begonnen, seine Bewohner zum Christentum zu bekehren. Das Ergebnis war die Entstehung eines Landes namens *Sclavinia*. Zusammen mit der Roma, der Gallia und der Germania erscheint die *Sclavinia* auf den berühmten Bildern, die den Machtbereich Ottos III. (983–1002) veranschaulichen, indem sie diese Länder als Frauen darstellen, die dem Kaiser huldigen.

Als politische Einheit ist die *Sclavinia* eine Schöpfung Ottos I., denn er hat die verschiedenen Menschengruppen, die das Land bewohnten, unter seiner Herrschaft zusammengefaßt. Daraus ergibt sich, daß die Grenzen des Landes von der Eroberung abhängig waren. *Sclavinia* meinte nicht „das von Slawen besiedelte Land“. Slawische Streusiedlungen bestanden auch in Sachsen und in Bayern.

Sachsen als politische Einheit ist eine Schöpfung Karls des Großen. Der Kaiser war es auch, der dem Land die Grenzen zugewiesen hat. Wir fassen die Feldzüge von 772 bis 804 unter dem Begriff der Sachsenkriege zusammen und erwecken damit den Eindruck, als ob sie sich gegen einen einheitlichen Gegner gerichtet hätten. Aber seit 792 bildete nur noch das Land zwischen der Unterweser und der Unterelbe (das Land Wigmodien) und das Gebiet nördlich der Elbe ihr Ziel. Erst die Unterwerfung dieses „Nordalbingiens" hat dazu geführt, daß es zu Sachsen gerechnet wurde.

Einhard spricht nicht von *Saxonia* „dem Land Sachsen", solange er von der Zeit berichtet, in der Karl der Große im Kampf mit den Sachsen lag. Auch an der Stelle, wo der Geschichtsschreiber die sächsisch-fränkische Grenze erwähnt, kommt das Wort *Saxonia* nicht vor. Die Rede ist nur von „unserem und ihrem Gebiet": *termini nostri et illorum* (Einhard, Vita Karoli, 174 f.). *Saxonia* wird von Einhard erst benutzt, als er das Land als Teil des Karlsreichs schildert. Hat das etwas zu bedeuten, oder ist es ein Zufall?

Auf Einhard geht der Eindruck zurück, daß die Feldzüge Karls des Großen gegen die Sachsen ein zusammenhängender Krieg gewesen wären und daß sie keine Vorgänger gehabt hätten. Aber der Kaiser war keineswegs der erste fränkische Herrscher, der gegen Sachsen im Kampf gelegen hatte. Der König Chlothar I. († 561) soll einen sehr großen Teil aufrührerischer Sachsen vernichtet, später aber eine Niederlage gegen sie erlitten haben (Gregor von Tours, Zehn Bücher Geschichten, 204 f. u. 212 f.). Der Vater Karls des Großen, Pippin III., der von 751 bis 768 als König regierte, hat wie sein Sohn Feldzüge nach Sachsen unternommen. Damit haben wir die frühesten und die spätesten Sachsenkriege genannt, die Könige des Frankenreichs vor Karl dem Großen geführt haben.

III. Die Sprache

Häufig spricht man von einer „Stammverwandtschaft" der Sachsen mit den Angelsachsen. Wahrscheinlich denkt man dabei an die Verwandtschaft der altsächsischen Sprache mit der altenglischen.

Wir kommen damit zu den Vorstellungen der Merkmale zurück, nach denen sich die einzelnen germanischen Stämme oder Völker voneinander unterschieden hätten. Etliche Wissenschaftler gehen davon aus, daß es „Stammessprachen" gegeben habe. Gerade in bezug auf die Franken versagt diese Annahme. Ein einheitliches Fränkisch hat nämlich nicht bestanden.

Die Sprachwissenschaft unterscheidet das Altniederfränkische vom anderen Fränkischen, z. B. dem Rheinfränkischen. Das Altniederfränkische gehört zum Niederdeutschen, das übrige Fränkisch zum Hochdeutschen. Niederdeutsch und Hochdeutsch bildeten im Frühmittelalter zwei verschiedene Sprachen.

Zum Altniederdeutschen, dem Niederdeutschen des Frühmittelalters, rechnet die Wissenschaft auch das Altsächsische. Wo die Grenze zwischen ihm und dem Altniederfränkischen verlief, läßt sich nicht bestimmen (Mihm, 1992, 92; Tiefenbach 1997, 269 f.). Überhaupt sind die beiden Mundarten nicht leicht zu unterscheiden (Haubrichs 1995, 203 f.). Bei der Bestimmung dessen, was als Altniederfränkisch und was als Altsächsisch angesehen wird, gehen die neuzeitlichen Wissenschaftler von Feinheiten aus: Die Lautung */uo/* kann man als altniederfränkisch, */o:/* dagegen als altsächsisch betrachten usw. Rückschlüsse von den sprachlichen Gegebenheiten auf die politischen Verhältnisse sind dabei auf keinen Fall möglich.

Jedenfalls waren die Unterschiede zwischen dem Altenglischen (dem Angelsächsischen) und dem Altsächsischen wesentlich größer als die zwischen dem Altniederfränkischen und dem Altsächsischen. Demnach müßten die Sachsen den Franken viel „stammverwandter" gewesen sein als den Angelsachsen.

Ergrimmte es Karl den Großen besonders, daß gerade die „stammverwandten" Sachsen sich seinem Machtgebot nicht fügen wollten? Wir wissen es nicht und werden es nie erfahren. Doch können wir zu einem tieferen Verständnis der Vergangenheit gelangen, wenn wir den damals lebenden Menschen nicht unser Weltbild zuschreiben, sondern ihre Handlungen aus ihren Vorstellungen zu erklären versuchen. Da ist noch viel zu tun, gerade auf dem Gebiet der politischen Geschichte.

IV. Ausblick

Nach den Begriffen Karls des Großen und seiner Zeitgenossen lag Paderborn in Sachsen und Köln in Franken. Nach heutigen Begriffen liegt Paderborn nicht in Sachsen und Köln auch nicht in Franken. Die Namen Franken und Sachsen bezeichnen in unseren Tagen also ganz andere Länder als vor 1200 Jahren. Sachsen dient nunmehr als Name eines deutschen Bundeslandes, nämlich des Freistaats Sachsen. Außerdem gibt es ein Bundesland namens Sachsen-Anhalt und ein weiteres namens Niedersachsen. Franken bezeichnet jetzt einen Teil Bayerns, nämlich die Regierungsbezirke Oberfranken, Mittelfranken und Niederfranken. Wie ist nun der Bedeutungswandel der Wörter Sachsen und Franken zu erklären? Die Namen sind politischen Entwicklungen gefolgt. Wir gehen zuerst der Geschichte des Ländernamens Sachsen nach: Im 10. Jahrhundert ist das Herzogtum Sachsen gebildet worden. Es umfaßte das Gebiet, das nach heutigen Begriffen etwa dem nördlichen Deutschland westlich der Elbe entspricht. Heinrich der Löwe († 1195) war der letzte, der dieses große Herzogtum innehatte. 1180 verlor er seine Macht; Sachsen wurde aufgeteilt. Der Westen fiel als Herzogtum Westfalen an die Erzbischöfe von Köln. Diesem Territorium kam der Name Sachsen ebenso abhanden wie den Fürstentümern, die von den Nachkommen Heinrichs des Löwen regiert wurden und die nach heutigen Begriffen auf dem Boden Niedersachsens lagen. Zu nennen sind hier das Herzogtum Braunschweig und das Königreich Hannover.

Den größten Teil des östlichen Sachsens und die Würde des Herzogs von Sachsen erhielt 1180 Bernhard von Aschersleben († 1212) aus dem Geschlecht der Askanier, das in mehrere Zweige aufgespalten war. Einer von Bernhards Enkeln, nämlich Albrecht II. († 1298), nahm seinen Sitz in Wittenberg. Er und seine Nachkommen gehörten zu den sieben deutschen Kurfürsten. 1422 starb der Wittenberger Zweig des askanischen Hauses aus. Kaiser Sigismund übertrug 1423 das Herzogtum Sachsen (-Wittenberg) mit der Kurwürde an den Markgrafen Friedrich den Streitbaren († 1428) von Meißen aus dem Hause Wettin. Fürsten nennt man bei ihrem höchsten Titel. Die Länder eines Fürsten werden häufig mit Wörtern bezeichnet, die von seinem Titel abgeleitet sind. So ist der Name Sachsen auf alle deutschen Besitzungen der Wettiner übergegangen und am Königreich Sachsen haftengeblieben. Dessen unmittelbarer Nachfolger ist der Freistaat Sachsen.

Wie ist Sachsen-Anhalt zu seinem Namen gekommen? 1815 mußte der König von Sachsen etwa die Hälfte seines Landes an den König von Preußen abtreten. Aus dem größten Teil der Abtretungen (und einigen anderen Gebieten) wurde die preußische Provinz Sachsen gebildet. Diese wiederum wurde 1946 zu ihrem größten Teil mit dem Gebiet des (vormals bestehenden) Freistaats Anhalt zum Land Sachsen-Anhalt vereint, das zunächst bis 1952 bestand und 1990 wieder so benannt wurde.

Und Niedersachsen? Im 16. Jahrhundert wurde das Deutsche Reich in zehn Kreise eingeteilt. Zu ihnen gehörten der niedersächsische und der obersächsische Kreis. Der niedersächsische Kreis umfaßte wesentlich mehr als das heutige Niedersachsen, zum Beispiel auch Mecklenburg. Der obersächsische Kreis schloß unter anderem Brandenburg und Pommern ein.

Der Name Niedersachsen war im 19. Jahrhundert zunächst nur noch Historikern geläufig. Erst nach 1866 wurde er aus der politischen Versenkung geholt, und seit 1946 dient er als Bezeichnung des in jenem Jahr gegründeten deutschen Bundeslandes. Niedersachsen bildet ein schönes Beispiel dafür, wie untergegangene Wörter wiederbelebt wurden, um neue politische Gebilde zu benennen.

Auch ein politisches Gebilde namens Franken hat es seit dem 10. Jahrhundert als Bestandteil des ostfränkisch-deutschen Reichs gegeben. Wie das Herzogtum Sachsen verfiel es der Zersplitterung, aber auf ganz anderen Wegen und mit sehr verschiedenen Ergebnissen. Der Name Franken blieb an den östlichen Landesteilen haften; den Titel eines Herzogs von Franken führten die Bischöfe von Würzburg.

Zu den deutschen Reichskreisen zählte auch der fränkische. Der größte Teil seines Gebiets wurde zwischen 1803 und 1815 dem Kurfürstentum, seit 1806 dem Königreich Bayern angegliedert und auf drei Regierungsbezirke (ehemals Kreise) verteilt. Ihre Namen Ober-, Mittel- und Unterfranken erhielten diese Verwaltungseinheiten aber erst 1837, und zwar auf Betreiben König Ludwigs I. von Bayern, der von 1825 bis 1848 regierte. Vorher hießen sie Obermainkreis, Rezatkreis und Untermainkreis. So hat der romantische und geschichtsfreudige Herrscher dem Frankennamen ein neues Leben eingeflößt.

Quellen und Literatur:

Annales Mettenses priores, hrsg. v. Bernhard von SIMSON (MGH SS rer. Germ. [10]), Hannover 1905 (ND 1979). – Annales regni Francorum inde ab a. 741 usque ad a. 829 qui dicuntur Annales Laurissenses maiores et Einhardi, hrsg. v. Friedrich KURZE (MGH SS rer. Germ. [6]), Hannover 1895 (ND 1950). – Annales Sancti Amandi, hrsg. v. Georg Heinrich PERTZ, in: MG SS 1, Hannover 1826 (ND Stuttgart/New York 1963), 6–14. – Einhard, Vita Karoli Magni, in: Quellen zur karolingischen Reichsgeschichte 1, hrsg. v. Reinhold RAU (Ausgewählte Quellen zu deutschen Geschichte des Mittelalters. Freiherr vom Stein-Gedächtnisausgabe 5), Darmstadt 1955 (ND 1993), 163–211. – Gregor von Tours, Zehn Bücher Geschichten, Bd. 1, hrsg. von Rudolf BUCHNER (Ausgewählte Quellen zur deutschen Geschichte des Mittelalters. Freiherr vom Stein-Gedächtnisausgabe 2). Darmstadt [7]1990. – Griechische und lateinische Quellen zur Frühgeschichte Mitteleuropas bis zur Mitte des 1. Jahrtausends unserer Zeit. Von Tacitus bis Ausonius (2. bis 4. Jahrhundert unserer Zeit), hrsg. v. Joachim HERMANN (Schriften und Quellen der Alten Welt 37/3), Berlin 1991. – Griechische und lateinische Quellen zur Frühgeschichte Mitteleuropas bis zur Mitte des 1. Jahrtausends unserer Zeit. Von Ammianus Marcellinus bis Zosimos (4. und 5. Jahrhundert unserer Zeit), hrsg. v. Joachim HERMANN (Schriften und Quellen der Alten Welt 37/4), Berlin 1992. – Liber historiae Francorum, hrsg. v. Bruno KRUSCH, in: MGH SS rer. Merov. 2, Hannover 1888 (ND 1956), 215–328. – Notkers des Deutschen Werke 1, 1, hrsg. v. Eduard H. SEHRT und Taylor STRACK, Halle 1933. – Die Sachsengeschichte des Widukind von Corvey, hrsg. v. Hans-Eberhard LOHMANN u. Paul HIRSCH (MGH SS rer. Germ. 60), Hannover [5]1935 (ND 1977). – Snorri Sturluson, Heimskringla 1, hrsg. von Finnur JÓNSSON, Kopenhagen 1893–1900. – Snorris Königsbuch (Heimskringla) 1, übers. von Felix NIEDNER, Jena 1922.

Sigurd ABEL u. Bernhard SIMSON, Jahrbücher des Fränkischen Reiches unter Karl dem Großen, 1. 768–788, Berlin 1883 (ND Berlin 1969). – Richard DRÖGEREIT, Die Christianisierung Wigmodiens, in: Studien zur Sachsenforschung 1, hrsg. v. Hans-Jürgen HÄSSLER, Hildesheim 1977, 53–88. – Wilhelm Alfred ECKHARDT, Die Decretio Childeberti und ihre Überlieferung, in: Zeitschrift der Savigny-Stiftung für Rechtsgeschichte. Germanistische Abteilung 84, 1967, 1–71. – Wolfgang HAUBRICHS, Volkssprache und volkssprachige Literaturen im lotharingischen Zwischenreich (9.–11. Jh.), in: Lotharingia – eine europäische Kernlandschaft um das Jahr 1000, hrsg. v. Hans-Walter HERRMANN u. Reinhard SCHNEIDER, Saarbrücken 1995, 181–244. – Arend MIHM, Sprache und Geschichte am unteren Niederrhein, in: Niederdeutsches Jahrbuch 115, 1992, 88–122. – Hubert MORDEK, Bibliotheca capitularium regum Francorum manuscripta. Überlieferung und Traditionszusammenhang der fränkischen Herrschererlasse (MGH Hilfsmittel 15), München 1995. – Matthias SPRINGER, Sage und Geschichte um das alte Sachsen, in: Westfälische Zeitschrift 146, 1996, 193–214. – DERS., Was Lebuins Lebensbeschreibung über die Verfassung Sachsens wirklich sagt, oder warum man sich mit einzelnen Wörtern beschäftigen muß, in: Westfälische Zeitschrift 148, 1998, 241–259. – Heinrich TIEFENBACH, Schreibsprachliche und gentile Prägung von Personennamen im Werdener Urbar A, in: Nomen et gens, hrsg. v. Dieter GEUENICH, Wolfgang HAUBRICHS u. Jörg JARNUT (Ergänzungsbände zum Reallexikon der Germanischen Altertumskunde 16), Berlin/New York 1997, 259–278.

Walter Pohl

Franken und Sachsen: die Bedeutung ethnischer Prozesse im 7. und 8. Jahrhundert

Wer waren eigentlich Franken und Sachsen? Lange Zeit schien in der Forschung wie in der Öffentlichkeit die Antwort selbstverständlich. Sie waren „deutsche Stämme", hervorgegangen aus den Stammvätern der Deutschen, den Germanen (den „ersten Deutschen", wie noch vor nicht allzu langer Zeit der anachronistische Titel eines Sachbuches lautete). In der Völkerwanderungszeit verstreuten sich Germanen über die ganze Mittelmeerwelt: Goten und Vandalen, Burgunder und Langobarden zogen in die Kernräume des Römischen Imperiums. Andere Stämme blieben in der Germania und wurden dort zu Trägern des fränkischen, später deutschen Reiches. Zugleich bewahrten Bayern und Schwaben, Franken und Sachsen als Stammesherzogtümer mehr oder weniger ihre Eigenständigkeit. Die mittelalterliche Geschichte des deutschen Reiches erschien als wechselvolle Auseinandersetzung zwischen den Stammesherzogtümern und dem Reich, aus dem schließlich seit der Stauferzeit beide geschwächt hervorgingen. So deutete man auch die Kämpfe in fränkischer Zeit: Die Karolinger brachten im 8. Jahrhundert die Stammesherzogtümer unter Kontrolle, doch aus dem Niedergang der Karolingerherrschaft im 9. Jahrhundert erstanden sie abermals. Daß in all diesen Konflikten die Stämme selbst so gut wie unverändert blieben, wurde als selbstverständlich vorausgesetzt.

So erzählt, hat die Geschichte des Frühmittelalters in Mitteleuropa den Vorteil, anschaulich und gut nachvollziehbar zu sein, ähnlich wie eine lange Fernsehserie, in der immer wieder vertraute Charaktere und Schauplätze eine Rolle spielen. Zudem beantwortet sie ohne Umschweife die naheliegende historische Frage nach den Ursprüngen: Aus einer fernen Vergangenheit, vierzig oder fünfzig Generationen vor unserer Zeit, wird „unsere" Vergangenheit. Was an Sachsen, Franken oder Deutschen das jeweils Besondere ist, scheint dort schon vorgegeben. Heimatstolz und, schlimmer, nationale Unduldsamkeit konnten sich der deutschen Vorzeit bemächtigen. Germanisches Heldentum längst vergangener Zeiten wurde zur verhängnisvollen Verpflichtung der Gegenwart hochgejubelt. Gerade diese unbekümmerte Aneignung der Vergangenheit ist es, der die Forschung in den letzten Jahrzehnten den Boden entzogen hat. Immer noch stellt sich der Geschichtsforschung die faszinierende Aufgabe, in der Vergangenheit nach Spuren zu suchen. Aber es sind nicht „wir", die diese Spuren hinterlassen haben, sondern Menschen, für die selbst heute noch vertraute Worte und Namen ganz anders klangen als für uns – zum Beispiel „Franken" oder „Sachsen".

Die zahlreichen Korrekturen, die von der jüngeren Forschung am eingangs gezeichneten Bild angebracht wurden, können hier nur skizziert werden. Ein deutsches Volk gab es um 800 noch nicht, der Begriff selbst, *theotiscus* (das Adjektiv zum Wort *theod*/Volk), begann gerade erst, in die politische Sprache einzudringen. Er bezeichnete die (germanische) Volkssprache (also auch das Angelsächsische oder zuweilen das Langobardische), zum Unterschied vom Latein oder den davon abgeleiteten romanischen Sprachen. In manchen Gegenden, vor allem am südlichen Alpenrand in Italien, nannte man auch jene, die diese Sprache sprachen, *theotisci (homines)*. Doch bis daraus tatsächlich eine gebräuchliche Bezeichnung für „die Deutschen" wurde, sollten viele Generationen vergehen. Und auch das Reich, in dem sie (neben anderen Völkern) lebten, war ein fränkisches, seit Karl dem Großen ein römisches, dann auch ein heiliges, aber erst viel später und niemals im modernen Sinn ein deutsches.

Gar nicht selbstverständlich ist auch der Begriff der Germanen. Ein Volk, das sich selbst Germanen nannte, hat es vielleicht nie gegeben, zumindest nicht in unserem Sinn. Caesar hatte diesen Begriff pauschal auf die rechtsrheinischen Barbaren übertragen (und berichtete dennoch auch von linksrheinischen Germanen). Seither hatten die Germanen in der römischen Politik und Ethnographie, ebenso wie als Hilfstruppen der römischen Armee, ihren festen Platz, und der Begriff beschwor zahlreiche Ängste und Vorurteile herauf. Ob die so Benannten sich (außer als Markomannen, Cherusker oder Friesen) selbst als Germanen verstanden, ist schwer festzustellen. In jedem Fall verlor der Begriff gerade durch den großen Erfolg der Franken seine Bedeutung. Römische und griechische Schriftsteller des 6. Jahrhunderts wiesen gelegentlich pflichtschuldig darauf hin, daß die ehemaligen Germanen nun Franken hießen. Im 7. und 8. Jahrhundert ist von Germanen kaum die Rede. Der gelehrte Germanenbegriff des Mittelalters wurde erst langsam wieder volkstümlich, als im 15. Jahrhundert die Germania des Tacitus wiederentdeckt wurde und bald deutsches Selbstbewußtsein begründen half. Die moderne Sprachwissenschaft verstand unter Germanen alle, die germanische Sprachen sprachen, was uns als objektive und eindeutige Definition erscheint, aber nicht dem Verständnis der Zeit entspricht (die Goten etwa betrachtete die spätantike Ethnographie gar nicht als Germanen, seit sie ab dem 3. Jahrhundert außerhalb der Germania wohnten).

Für Franken oder Sachsen des 8. Jahrhunderts waren in wohl unterschiedlichem Maß lokale, regionale oder eben fränkische oder sächsische Zugehörigkeiten wichtig; als Germanen betrachteten sie sich kaum, als Deutsche sicher nicht. Sie als Stämme zu bezeichnen, mit all den Obertönen von Stammverwandtschaft, Kleinräumigkeit, aber auch Primitivität, macht wenig Sinn, da man sie nicht mehr als Glieder eines übergeordneten Volkes verstehen kann. Im Latein der Zeit wurden sie meist *gentes* genannt; im modernen Deutsch kann man es kaum vermeiden, sie Völker zu nennen, so belastet das aus der jüngeren Geschichte sein mag. Der Begriff hat freilich vieles von seiner beruhigenden Konkretheit verloren. Wir können nicht mehr davon ausgehen, daß die Völker der Frühzeit unbedingt festgefügte, deutlich abgrenzbare Einheiten waren. Die Forschung hat im wesentlichen folgende Möglichkeiten, die Zugehörigkeit zu frühmittelalterlichen Völkern zu definieren:

1. Die Sprecher einer Sprache, wobei in vielen Fällen wiederum unterschieden werden kann zwischen dem Bereich, in dem sich Zeitgenossen miteinander verständigen konnten, und dem von der modernen Philologie erschlossenen Verbreitungsgebiet einer (in vorgeschichtlicher Zeit ebenfalls aus späteren Verhältnissen rekonstruierten) Sprache.

2. Diejenigen, die aufgrund von Grab- und Siedlungsfunden einer archäologischen Kultur zugeordnet werden können, wobei sich solche Kulturen mit sehr unterschiedlicher Deutlichkeit ausprägen können. Besondere Vorsicht ist dann geboten, wenn die Zuordnung nur aufgrund weniger Objekttypen, sozusagen 'Leitfossilien' erfolgt.

3. Eine Gruppe, die in schriftlichen Quellen mit einem bestimmten Völkernamen bezeichnet wird. Dabei treten vor allem zwei Schwierigkeiten auf: Zum einen ist oft schwer zu rekonstruieren, auf welche Bevölkerung sich dieser Name tatsächlich bezieht und wie sie abzugrenzen ist. Zum anderen müssen Selbst- und Fremdbezeichnung nicht übereinstimmen, die Nachricht kann überhaupt auf einem Irrtum beruhen oder überholte Verhältnisse widerspiegeln.

4. Eine Abstammungsgemeinschaft, biologische oder rassische Gruppe. Die großen Hoffnungen, die auf der Suche nach einer nordischen Rasse bis 1945 in die physische Anthropologie gesetzt wurden, haben sich nicht erfüllt. Heute ist die Forschung so gut wie einig darüber, daß die zeitgenössischen Vorstellungen von gemeinsamer Abstammung ein Mythos sind und alle historischen Völker durch Vermischung entstanden sind.

5. Der politische Verband. Obwohl historische Quellen der Antike und des Frühmittelalters politische Verbände meist mit Völkernamen bezeichnen, deckten sich die oft kurzlebigen Herrschaftsräume kaum je mit Völkern, Sprachgemeinschaften oder Kulturprovinzen. Einerseits erleichterten Kommunikationsräume mit ähnlicher Sprache oder ähnlichen Bräuchen die Ausbreitung politischer Herrschaft, andererseits erhöhte es das Prestige eines Königs, wenn er über möglichst viele Völker gebot. Beim Aufstieg der Karolinger wird das immer wieder rühmend hervorgehoben; etwa heißt es (wohl anachronistisch) in den kurz nach 800 entstandenen Annales Mettenses Priores schon über Pippin II., zum Jahr 687, er habe Sachsen, Friesen, Alemannen, Bayern, Aquitanier, Basken und Bretonen unter fränkische Herrschaft zurückgebracht.

Lange Zeit war es üblich, von einem dieser fünf Elemente auf die anderen zu schließen, solange sich das nicht widerlegen ließ; so begründete man durch archäologische Befunde die Ausdehnung eines ethnisch geschlossenen Siedlungs- und Herrschaftsgebietes und gab ihm einen aus den Quellen bekannten Namen. Heute lehnt man solche Rückschlüsse als „vermischte Argumentation" ab und geht vorsichtiger vor. Manche Franken der Zeit um 800 sprachen wohl schon einen altfranzösischen Dialekt, und wenn Einhard betont, daß Karl der Große fränkische Tracht trug, richtet sich das vermutlich an zahlreiche fränkische Große, die das nicht taten. Ebenso unterschiedlich wie ihr Auftreten war die Herkunft dieser fränkischen Reichsaristokratie, von denen manche wohl von Römern, Alemannen oder Burgundern abstammten. Die Franken waren also nicht durch objektive Kriterien, sondern durch gemeinsames Zugehörigkeitsbewußtsein definiert. Dieser subjektive Faktor ist im Frühmittelalter für die ethnische Identität ausschlagebend. Dieses Gemeinschaftsbewußtsein kann, aber muß sich nicht in gemeinsamen Institutionen, einer verbindenden und archäologisch faßbaren Symbolsprache, sprachlicher Angleichung oder eindeutiger Wahrnehmung und Benennung durch die Nachbarn ausdrücken. Jene Merkmale, auf die sich die Definition von ethnischen oder sozialen Gruppen stützt, sind aus einer Vielzahl nicht distinktiver Elemente vom Betrachter ausgewählt. So gingen übrigens schon zeitgenössische Beobachter vor. Als Ausdruck der Stammesverwandtschaft verstand man Gemeinsamkeiten des Aussehens *(habitus)*, der Sitten und Gebräuche, der Sprache, der Tracht und Bewaffnung. Die Formulierung der Aeneis Vergils findet sich fast unverändert im Karlsepos wieder: die Völker seien *varias habitu, linguis, tam vestis et armis*, unterschiedlich im Aussehen, den Sprachen, ebenso in Kleidern und Waffen. Andere antike Autoren gaben etwas andere Kriterien für die Zugehörigkeit zu einem Volk an, und Isidor von Sevilla brachte sie im 7. Jahrhundert in für das Mittelalter grundlegender Weise in ein System. Doch war es offenbar schwierig, sich im Einzelfall konkret nach solchen Merkmalen zu orientieren.

Den Ursprung der Völker suchten die Zeitgenossen in ferner Vergangenheit. Abstammungsmythen, *origines gentium*, und Genealogien verfolgten die Herkunft von Völkern zurück zu mythischen Stammvätern, auf die oft auch der Name zurückgeführt wurde. Die ältere Forschung suchte nach authentischen, volkstümlichen Herkunftssagen und lehnte anderes als gelehrte Spekulation ab. Das betraf gerade die im Frühmittelalter verbreiteten Herkunftsmythen der Franken und Sachsen, wozu es unterschiedliche Vorstellungen gab. Von den Franken hieß es, daß sie – wie die Römer – von den Trojanern abstammten und dann fast ganz Europa durchzogen hätten, bevor sie an den Rhein kamen. Von den Sachsen wiederum glaubten viele, daß sie Abkömmlinge der Makedonen seien. Andere dachten, daß sie aus England eingewandert seien, wo es ja auch Sachsen gab (die in Wirklichkeit vom Kontinent kamen). Es ist wenig zweckmäßig, solche Herkunftssagen danach zu befragen, was wirklich geschah. Wichtig ist für uns, daß Franken wie Sachsen ihre Herkunft in der antiken Welt suchten. Letztlich aber führten sich alle christlichen Völker auf die Söhne Noahs zurück, wofür Isidor von Sevilla die verbreitetste, aber keineswegs einzige Lösung anbot.

Für wen war fränkische oder sächsische Identität aber tatsächlich von Bedeutung? Sicherlich nicht für alle Bewohner des Frankenreiches oder des Sachsenlandes in gleichem Maß. Die Ausdehnung der Begriffe schwankt in den Texten. Oft heißt es, ein Merowingerkönig oder karolingischer Hausmeier habe „alle Franken" zu einer Versammlung zusammengerufen oder zu einem Heerzug aufgeboten. In diesem Sinn waren Franken nur jene, die die Mittel hatten, jährlich an den politischen und militärischen Geschäften teilzunehmen, und deren Teilnahme auch akzeptiert wurde. Das war ein Personenkreis von einigen hundert, höchstens einigen tausend Männern, wenn man die persönliche Gefolgschaft dazurechnet. An einen größeren, wenn auch immer noch beschränkten Personenkreis wenden sich die fränkischen Gesetzessammlungen, vor allem die Lex Salica, wo auch von Franken die Rede ist, die in etwas bescheideneren Verhältnissen lebten. In den Gesetzen werden auch gelegentlich Franken von Romanen abgehoben, die Untertanen des Frankenkönigs waren, ebenso wie Angehörige anderer Völker, die wiederum nach fränkischem oder nach eigenem Recht leben konnten. Vor allem von außen konnte man schließlich alle Untertanen des Frankenreiches pauschal Franken nennen. Ebenso bezeichnete „*Francia*" im 7./8. Jahrhundert vor allem den Kernraum des Frankenreiches im heutigen Nordostfrankreich. Bei den Sachsen ist die Reichweite des Volksnamens schwer festzustellen, er ist aber im 8. Jahrhundert ethnisch und geographisch jedenfalls unscharf und konkurriert mit regionalen Namen wie West- und Ostfalen.

Bei näherem Hinsehen löst sich für den modernen Betrachter die klare ethnische Ordnung auf, die Handbücher und historische Landkarten suggerieren. Das zwanglose Nebeneinanderdenken mythologisch-historisch fundierter Idealtypen, klassifizierenden Augenscheins, in unterschiedlichem Maß ethnisch legitimierter politischer Strukturen und realer Bevölkerungsvielfalt in den Texten der Zeit ist für uns schwer zu durchschauen, weil wir viel eindeutigere Begriffe gewöhnt sind. Als Ordnungskategorie konnte ethnische Identität im Frühmittelalter für Orientierung sorgen, aber nicht für saubere Klassifikation. Da die Orientierungsbedürfnisse unterschiedlich waren, stimmen auch die überlieferten Wahrnehmungen nicht immer überein. Dennoch erfüllte die ethnische Ordnung Europas ihren Zweck und erwies sich im Lauf der abendländischen Geschichte als brauchbares und flexibles Element bei der Organisation von Großgruppen. Gegenüber den Verhältnissen im antiken Römerreich, das sich mehr auf Städte als auf Völker aufbaute, war das ein entscheidender Wandel. Barbarische Gemeinschaftsformen, biblische Vorbilder und antike Ethnographie verbanden sich zu einer Organisationsform, deren späte Erben wir sind.

Literatur:

Aspekte der Nationenbildung im Mittelalter, hrsg. v. Helmut BEUMANN u. Werner SCHRÖDER (Nationes 1), Sigmaringen 1978, 127–170. – Matthias BECHER, Rex, Dux und Gens. Untersuchungen zur Entstehung des sächsischen Herzogtums im 9. und 10. Jahrhundert, Husum 1996. – Beiträge zur mittelalterlichen Reichs- und Nationenbildung in Deutschland und Frankreich, hrsg. v. Carlrichard BRÜHL u. Bernd SCHNEIDMÜLLER, München 1997. – Peter BROWN, The Rise of Western Christendom: Triumph and Diversity A. D. 200–1000, Oxford/Cambridge, Mass. 1996. – Carlrichard BRÜHL, Deutschland – Frankreich. Die Geburt zweier Völker, Köln/Wien 1990. – Torsten CAPELLE, Die Sachsen des frühen Mittelalters, Darmstadt 1998. – Joachim EHLERS, Die Entstehung des deutschen Reiches, München 1994. – Eugen EWIG, Die Merowinger und das Frankenreich, Stuttgart/Berlin/Köln/Mainz 1988. – Eugen EWIG, Volkstum und Volksbewußtsein im Frankenreich des 7. Jahrhunderts, in: DERS., Spätantikes und fränkisches Gallien 1 (Beihefte der Francia 3, 1), München 1976, 231–273. – Paul FOURACRE u. Richard GERBERDING, Late Merovingian France. History and Hagiography 640–720, Manchester/New York 1996. – Johannes FRIED, Gens und regnum. Wahrnehmungs- und Deutungskategorien politischen Wandels im frühen Mittelalter, in: Sozialer Wandel im Mittelalter, hrsg. v Jürgen MIETHKE u. Klaus SCHREINER, Sigmaringen 1994, 73–104. – Wolfgang FRITZE, Untersuchungen zur frühslawischen und frühfränkischen Geschichte bis ins 7. Jahrhundert, Frankfurt 1994. – Patrick GEARY, Die Merowinger. Europa vor Karl dem Großen, München 1996. – Dieter GEUENICH, Geschichte der Alemannen, Stuttgart u. a. 1997. – Hans-Werner GOETZ, 'Dux' und 'Ducatus'. Begriffs- und verfassungsgeschichtliche Untersuchungen zur Entstehung des sog. jüngeren Stammesherzogtums an der Wende vom 9. zum 10. Jahrhundert, Bochum 1981. – Jörg JARNUT, Teotischis homines (a. 816). Studien und Reflexionen über den ältesten (urkundlichen) Beleg des Begriffes theodiscus, in: Mitteilungen des Instituts für Österreichische Geschichtsforschung 104, 1996, 26–40. – Kat. Mannheim 1996. – Walter POHL, Tradition, Ethnogenese und literarische Gestaltung: eine Zwischenbilanz. In: Ethnogenese und Überlieferung. Angewandte Methoden der Frühmittelalterforschung, hrsg. v. Karl BRUNNER u. Brigitte MERTA (Veröffentlichungen des Instituts für Österreichische Geschichtsforschung 31), Wien 1994, 9–26. – Walter POHL, Die Germanen, München 1999 (im Druck). – Siedlung, Sprache und Bevölkerungsstruktur im Frankenreich, hrsg. v. Franz PETRI (Wege der Forschung 49), Darmstadt 1973. – Strategies of distinction. The construction of ethnic communities, 300–800, hrsg. v. Walter POHL u. Helmut REIMITZ (The Transformation of the Roman World 2), Leiden/Boston/Köln 1998. – Reinhard WENSKUS, Stammesbildung und Verfassung: das Werden der frühmittelalterlichen „gentes", Köln/Wien ^{2}1977. – Reinhard WENSKUS, Die deutschen Stämme im Reich Karls des Großen, in: Karl der Große. Lebenswerk und Nachleben, 1: Persönlichkeit und Geschichte, hrsg. v. Helmut BEUMANN, Düsseldorf 1965, 178–219. – Reinhard WENSKUS, Sachsen – Angelsachsen – Thüringer, in: Enstehung und Verfassung des Sachsenstammes, hrsg. v. Walther LAMMERS (Wege der Forschung 50), Darmstadt 1967, 483–545. – Reinhard WENSKUS, Sächsischer Stammesadel und fränkischer Reichsadel, Göttingen 1976. Herwig WOLFRAM, Origo et religio. Ethnische Traditionen in frühmittelalterlichen Quellen, in: Mittelalter: Annäherungen an eine fremde Zeit, hrsg. v. Wilfried HARTMANN, Regensburg 1993, 27–39 (ausführlichere englische Version in: Early Medieval Europe 3, 1994, 19–38). – Ian WOOD, The Merovingian Kingdoms, 450–751, London/New York 1994. – Erich ZÖLLNER, Die politische Stellung der Völker im Frankenreich, Wien 1950.

Horst Wolfgang Böhme

Ethnos und Religion der Bewohner Westfalens

Methodische und historische Problematik

Die Frage nach der ethnischen Zugehörigkeit der Bewohner Westfalens zwischen dem 3. und 8. Jahrhundert hat die archäologisch-historische Forschung schon immer sehr lebhaft, aber auch recht kontrovers diskutiert. Da dieses Land zu Beginn der Sachsenkriege Karls des Großen im späten 8. Jahrhundert zum sächsischen Herrschaftsbereich gehörte, geht man wie selbstverständlich davon aus, daß die Lande zwischen Wiehengebirge und Sauerland auch tatsächlich von einst landfremden Sachsen besiedelt wurden. Dieser angeblich von großen Bevölkerungsverschiebungen begleitete Vorgang wird als „sächsische Landnahme" bezeichnet.

Die Archäologen früherer Generationen haben sich eifrig bemüht, alle Sachaltertümer und archäologischen Zeugnisse Westfalens zusammenzutragen, die man irgendwie mit den von Norden vorstürmenden Sachsen glaubte in Verbindung bringen zu können. Dazu gehören in erster Linie Süd-Nord-Körpergräber, Nord-Süd-Pferdegräber, sog. schiffsförmige Häuser vom Typ Warendorf und kumpfartige oder eiförmige Töpfe.

Die sächsische Ausbreitung nach Süden in Richtung Westfalen bis hin zur nachhaltigen Landnahme irgendwann zwischen dem 4. und 6. Jahrhundert wird also schon seit längerem ganz allgemein als feststehende Tatsache akzeptiert und gilt heute als Prämisse für alle weiteren Überlegungen. Mit der Möglichkeit, daß die ohnehin spärlichen Funde und Befunde auch anders zu interpretieren wären – wie im folgenden versucht wird – und somit zu ganz neuen, abweichenden Ergebnissen für die Bevölkerungsgeschichte Westfalens führen könnten, wurde nicht gerechnet.

Die Spärlichkeit archäologischer Quellen

Grabfunde spielen für Aussagen zur Bevölkerungsgeschichte eine eminent wichtige Rolle. Leider kannte man bis vor kurzem nur sehr wenige entsprechende Funde aus Westfalen. Dies liegt nicht zuletzt an der hier während der späten Kaiserzeit (3.–5. Jahrhundert) herrschenden Bestattungssitte einer Bevölkerung, die offenbar nur die Brandbestattung (Brandgruben, Brandschüttungsgräber, Leichenbrandnester) kannte, wobei Urnenbeisetzungen selten waren. Die in anderen Gegenden oft zahlreichen und recht aussagekräftigen Grabbeigaben sind in den meisten westfälischen Brandgräbern vielfach bis zur Unkenntlichkeit zerstört. Aus diesem Grunde sind die spärlichen und eher unscheinbaren westfälischen Brandbestattungen auch nur begrenzt auszuwerten. Die in etwas größerem Umfang ausgegrabenen westfälischen Friedhöfe mit Körperbestattungen des 5.–7. Jahrhunderts stehen der Forschung leider bisher nicht in angemessenen Editionen zur Verfügung.

Trotz dieser bislang recht unbefriedigenden Quellenlage, die Vorsicht und Zurückhaltung bei allzu weitgehenden Interpretationen zur Frühgeschichte Westfalens nahelegt, hat sich gerade in den letzten Jahren manches zum Besseren gewendet. Der westfälischen Denkmalpflege ist es erst kürzlich gelungen, einige neue Bestattungsplätze auszugraben, wie Wünnenberg-Fürstenberg, Herzebrock-Clarholz oder Beelen, die neues Licht auf die Bevölkerungsverhältnisse in Westfalen werfen.

Die frühen Franken im Spiegel schriftlicher Zeugnisse

Nordöstlich des Niederrheins, außerhalb der römischen Reichsgrenzen, lebten während der späten Kaiserzeit verschiedene Völkerschaften oder Stämme, die von den Archäologen aufgrund der Hinterlassenschaften ihrer materiellen Kultur als Rheinwesergermanen bezeichnet werden. Durch die antike schriftliche Überlieferung haben wir hin und wieder sogar die Namen einzelner dieser Bevölkerungsgruppen erfahren, die offenbar recht lange ihre ethnische Identität bewahrten und unter der Führung eigener Könige standen: Brukterer, Chattuarier, Chamaven, Amsivarier, ferner Salier, Tubanten (Tuihanten), Angrivarier und Falchovarier. Gelegentlich werden einige von ihnen auch direkt als Franken angesprochen.

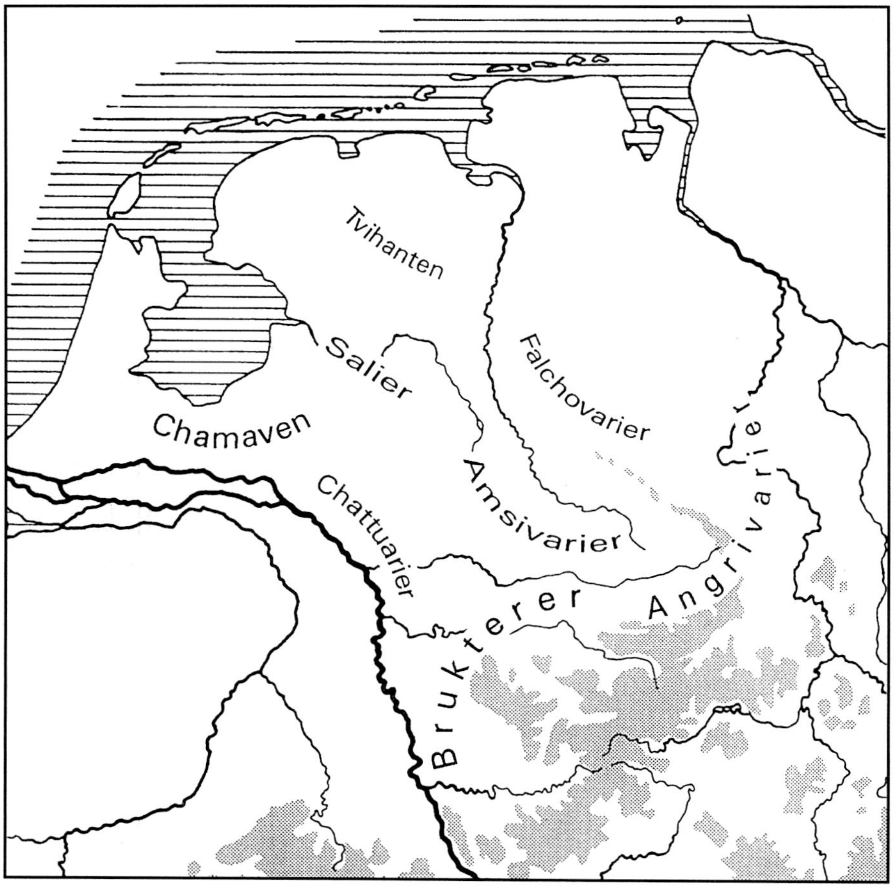

Abb. 1 *Die mutmaßlichen Siedlungsgebiete fränkischer Völker außerhalb des spätrömischen Reiches*

Wo diese Volksgruppen ansässig waren, ist für die eher grenznahen Bewohner wie Chamaven, Chattuarier, Brukterer und Amsivarier einigermaßen zuverlässig bezeugt, da die Römer mit ihnen in militärische Konflikte gerieten. Die Wohnsitze der übrigen Völkerschaften sind dagegen zumeist nur durch spätere Landschaftsnamen bzw. archäologisch erschlossene Siedlungskammern wahrscheinlich zu machen (Abb. 1).

Im Verlaufe der Kaiserzeit, besonders seit dem 4. Jahrhundert, entwickelte sich der von fränkischen Kleinstämmen besiedelte westfälische Raum zu einer vor dem Limes gelegenen, wirtschaftlich aufblühenden Kontaktzone zwischen dem Römischen Reich und der *Germania magna*, in die zahlreiche Erzeugnisse der römischen Luxusgüterindustrie ebenso wie große Mengen gemünzten Geldes flossen. Gerade in der zweiten Hälfte des 4. Jahrhunderts erreichte der Zufluß von Goldmünzen (*solidi*) einen bemerkenswerten Höhepunkt, der sich in zahlreichen Hortfunden in Westfalen und den westlich angrenzenden Niederlanden niederschlug.

Es besteht heute kaum noch ein Zweifel daran, daß diese gewaltigen Edelmetallhorte das Ergebnis von Sold- oder Tributzahlungen Roms an rechtsrheinische fränkische Könige und ihre kriegerischen Gefolgschaften gewesen sind. Dabei mag es sich sowohl um Anwerbegelder als auch um Soldzahlungen für Militärdienste gehandelt haben, die den Grundstock der verborgenen Solidihorte bildeten.

Fränkische Söldner in römischem Dienst

In nachkonstantinischer Zeit war es der römischen Militärverwaltung gelungen, barbarische Truppenführer mit ihren Gefolgschaften in die Armee einzubinden, indem die Kaiser den Angehörigen fürstlicher oder gar königlicher Familien seit der ersten Hälfte des 4. Jahrhunderts die Möglichkeit boten, einen steilen, bisher nicht gekannten Aufstieg in der römischen Militärhierarchie bis hin zum obersten Heermeisteramt zu vollziehen. So hatten die fränkischen Könige Merobaudes, Bauto und Arbogast zwischen 372 und 394 in ununterbrochener Folge dieses Amt inne.

Die von ihnen und ihren Unterführern befehligten Gefolgschaften und Kriegerverbände dienten als Hilfstruppen (*auxilia*) in regulären Truppeneinheiten des renommierten Feldheeres (*comitatenses*) und waren vornehmlich in gallischen Garnisonen zwischen Niederrhein und Loire stationiert, wobei viele barbarische Söldner mit ihren Familien nach Gallien kamen. Manche blieben viele Jahrzehnte im Lande und wurden nach ihrem Tode auch hier bestattet, und zwar fast ausschließlich in Körpergräbern, wie es in Gallien der Brauch war.

Kehrten diese 'Soldatenfamilien' nach Beendigung des Dienstes aber wieder in ihre Heimat östlich des Rheins zurück, dann nahmen die ehemaligen Söldner die einstigen Symbole ihrer prestigeträchtigen Tätigkeit – allen voran die Waffen und die breiten Militärgürtel – mit nach Hause. Dort gelangten sie später in die Gräber, die zumeist als Brandbestattungen angelegt wurden. Angeregt durch den andersartigen Totenkult in Gallien, übernahmen aber zunehmend mehr Heimkehrer die Körperbestattung, die sich im 5. Jahrhundert langsam überall durchzusetzen begann.

Seit dem frühen 4. Jahrhundert kamen zahlreiche rechtsrheinische Franken für kürzere oder längere Zeit bzw. für immer auf folgende Weise nach Gallien: durch zwangsweises Seßhaftmachen von Kriegsgefangenen, durch Ansiedlung größerer Bevölkerungsgruppen auf genau festgelegter Rechtsbasis sowie durch das Anwerben von freiwilligen Söldnern, die häufig nach einigen Jahren zurückkehren konnten, aber vielfach am Ende doch im Römischen Reich verblieben. Im Verlaufe von mehr als 100 Jahren mußten diese intensiven Verbindungen zwischen dem spätantiken Imperium und dem Barbaricum nachhaltige Folgen für die Bevölkerungsverhältnisse sowohl in Gallien als auch im Rechtsrheinischen haben.

Neben der 'Barbarisierung' Galliens führten diese 'schleichenden Migrationen' in den Landschaften östlich des Niederrheins zu einem erheblichen Bevölkerungsschwund, so daß es dort zur Aufgabe von zahlreichen Siedlungen kam. Überall verzeichnen daher die Archäologen einen Rückgang spätkaiserzeitlicher Ansiedlungen und das Abbrechen der zugehörigen Friedhöfe, nicht zuletzt auch in Westfalen.

Außer den Franken wurden verstärkt seit dem späten 4. Jahrhundert zum römischen Militärdienst auch Sachsen angeworben, die vornehmlich in Britannien eingesetzt wurden. Die etwas später einsetzende Migration der Angeln und Sachsen nach Britannien führte in manchen Küstenregionen zu ebensolchen Bevölkerungsverlusten wie bei den Franken zwischen Drenthe und Ostwestfalen, so daß im späten 5. Jahrhundert weite Gebiete an Elbe und Weser erheblich entvölkert waren.

Die Goldhorte in Westfalen als Hinweise auf fränkische Herrschaftszentren

Bedenkt man diese gewaltigen Bevölkerungsverschiebungen und die dadurch eingetretenen Veränderungen in den rechtsrheinischen Siedlungslandschaften, dann kann man kaum ernstlich annehmen wollen, daß an Elbe und Weser lebende Sachsen zwischen dem ausgehenden 4. und dem mittleren 5. Jahrhundert bedeutsame und wirkungsvolle Einfälle oder gar Eroberungszüge Richtung Süden nach Westfalen durchgeführt hätten. Dazu wären sie weder zahlenmäßig in der Lage gewesen, noch dürften diese Landschaften einen größeren Anreiz zur Besiedlung geboten haben als die reichen, attraktiven römischen Provinzen Britannien und Gallien.

Auch die westfälischen Goldhorte, die stets als Hinweis auf sächsische Einfälle im 4. Jahrhundert herangezogen wurden, verdanken offenbar ganz anderen Ursachen ihre Vergrabungen, zumal diese überwiegend erst im 5. Jahrhundert erfolgten.

Der niederländische Archäologe Heidinga hat recht eindrücklich glaubhaft machen können, daß es sich bei den westfälischen und niederländischen Solidi- und Halsringhorten vom Typ Velp (Abb. 2) um Weiheopfer von Angehörigen der obersten Gesellschaftsschicht (Häuptlinge, Fürsten, Könige) gehandelt haben dürfte, die aus ihrem (Königs-)Schatz oder *thesaurus* den Göttern, von denen sie abzustammen glaubten, Teile zum Opfer darbrachten. Als Gründe für diese Opferungen während der ersten Hälfte und der Mitte des 5. Jahrhunderts nennt Heidinga mehrere Anlässe: Erhöhung des sozialen Status der götternahen Könige oder Fürsten, Erflehen göttlicher Hilfe, Dank an die Götter, Absicherung der Ansprüche auf das Land, welches man zeitweilig oder für immer zu verlassen gedachte. Die fast gleichartige Ausstattung der niederländischen und einiger westfälischer Goldhorte (Dortmund, Östrich-Letmathe) mit nahezu identischen Hals- bzw. Armringen läßt sogar an gemeinsames Handeln der offenbar eng verbundenen königlichen Eliten denken, was auf gemeinsame kultisch-religiöse Praktiken, ja auf eine umfassendere Kultgemeinschaft hinweisen könnte. Nicht zufällig wurden diese mutmaßlich als

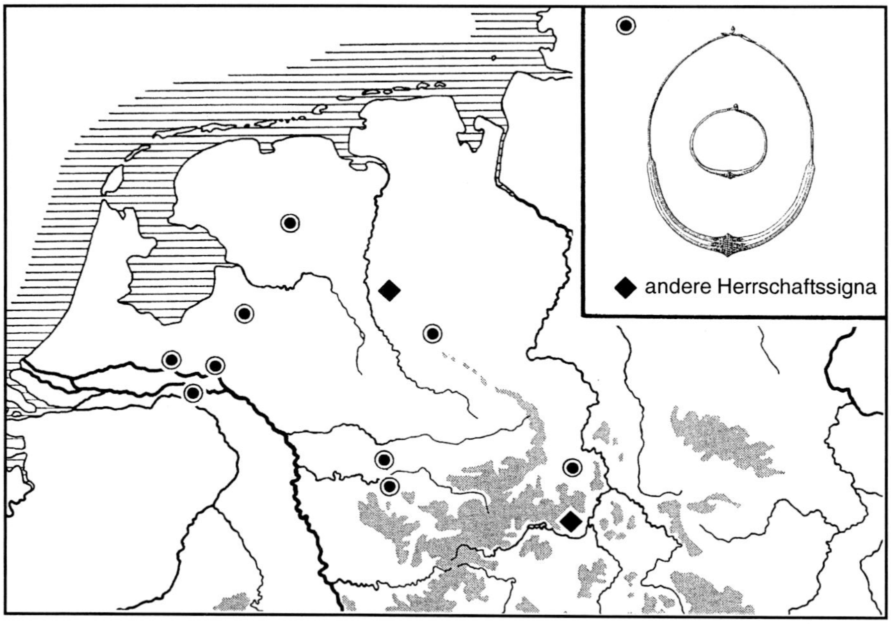

Abb. 2 Verbreitungskarte der mutmaßlichen Opferfunde des späten 4. bis mittleren 5. Jahrhunderts mit goldenen Hals- und Armringen (Typ Velp und verwandte Formen) sowie anderen Herrschaftssymbolen aus Edelmetall zwischen Niederrhein und Weser

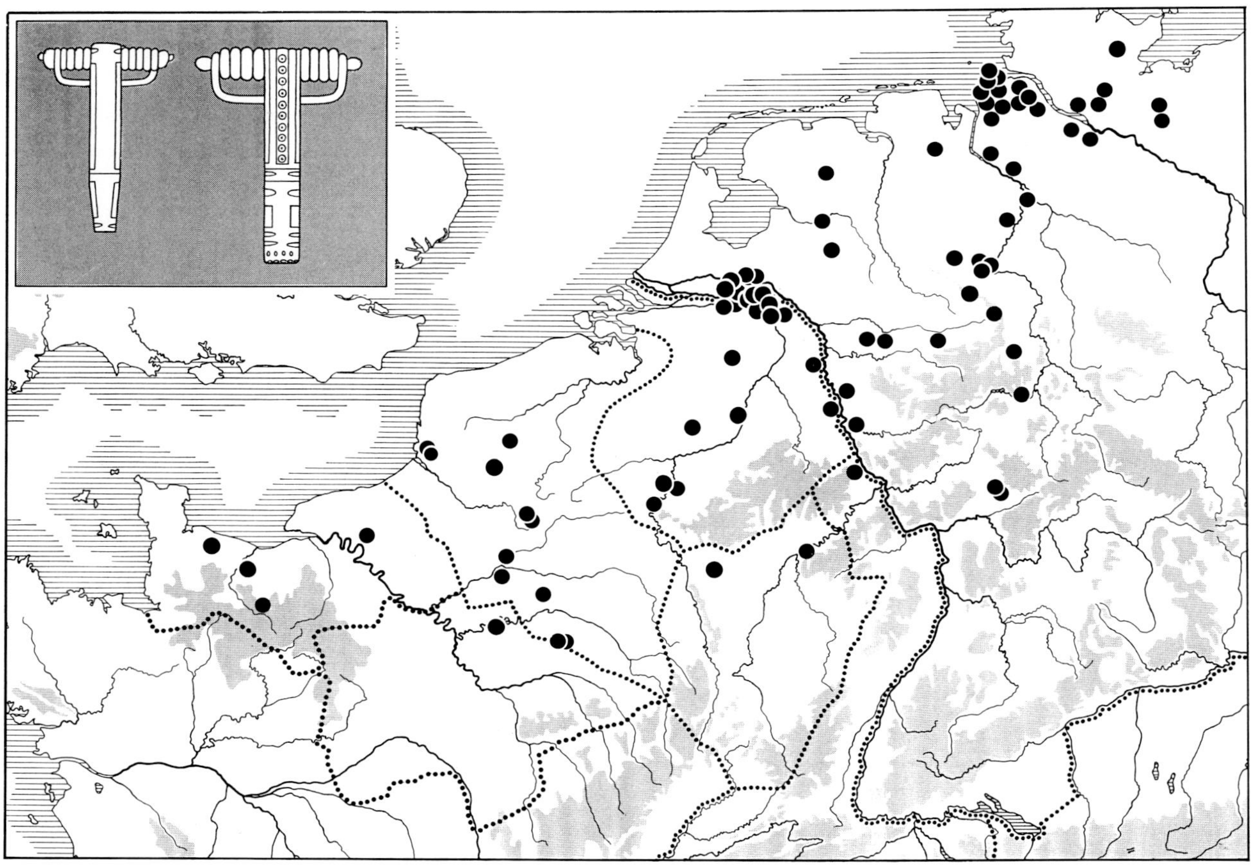

Abb. 3 Verbreitungskarte der einfachen Armbrustfibeln des 4. bis mittleren 5. Jahrhunderts

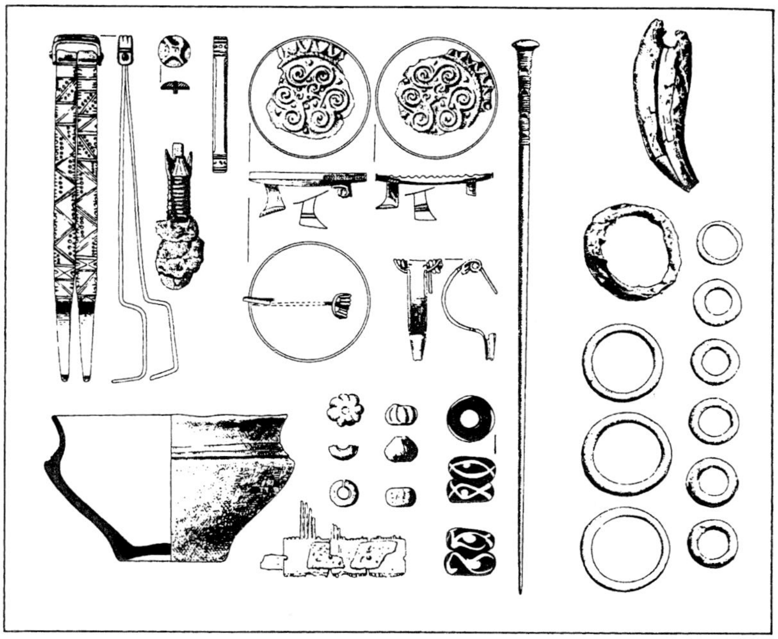

Abb. 4 Beigaben aus dem Süd-Nord-Körpergrab 1 von Bad Lippspringe

Weiheopfer anzusprechenden Goldschätze bisher nur in jenen Landschaften gefunden (Abb. 2), von denen man vermuten darf, daß sie von fränkischen Völkerschaften bewohnt gewesen sind (Abb. 1). Bei aller gebotenen Zurückhaltung scheint der Gedanke nicht allzu abwegig, den schon immer vermuteten „Bund der Franken" nicht allein als einen nur politisch-militärischen Zusammenschluß aufzufassen, sondern auch als eine Vereinigung fränkischer Völker, bei der kultische Aspekte eine große Rolle spielten.

Gräber der einheimischen Bevölkerung Westfalens und ihre Bestattungssitten

Mit dem gerade in letzter Zeit erheblich angewachsenen Fundmaterial des 4.–5. Jahrhunderts in Westfalen wird für den Archäologen erstmals in größerem Umfang richtig erkennbar, wodurch sich die materielle Kultur der rechtsrheinischen Franken auszeichnet und welche Begräbnissitten hier herrschten bzw. neu hinzukamen. Soweit man beurteilen kann, handelt es sich dabei um eine Zivilisation mit ausgeprägten eigenständigen Facetten, die freilich viele Gemeinsamkeiten mit jener der anderen Stämme zwischen Rhein und Elbe aufweist.

Vom 3.–5. Jahrhundert verbrannten die rheinwesergermanischen Völker in Westfalen und den Niederlanden, die wir als frühe Franken kennengelernt hatten, ihre Toten auf dem Scheiterhaufen und bestatteten den mit wenigen Beigaben versehenen Leichenbrand meist in schlichten Gruben. Seit dem mittleren 5. Jahrhundert lassen sich in Beckum, Bad Lippspringe, Beelen und anderswo erstmals Süd-Nord-Körpergräber nachweisen, die uns das Trachtzubehör der einheimischen Bevölkerung erkennen lassen. Dabei handelt es sich u. a. um Fibeln, mit denen die Kleidung auf Brust und Schulter verschlossen wurde und die, wie die einfachen Armbrustfibeln (Abb. 3), von fast allen germanischen Frauen zwischen Niederelbe und Loire benutzt wurden. Andererseits besaß eine Frau in Bad Lippspringe (Abb. 4) neben ihrer gefibelten Kleidung eine Haube mit typischem Nadelverschluß, der ausschließlich von fränkischen Frauen beidseits des Niederrheins und in Westfalen getragen wurde, wie deren Verbreitungskarte belegt (Abb. 5).

In Beckum wurde um die Mitte des 5. Jahrhunderts ein einheimischer Mann mit einem spätrömischen Militärgürtel bestattet, und zu seinen Füßen wurde sein Reitpferd beigesetzt: die wohl älteste Pferdebestattung in Westfalen (vgl. Beitrag Grünewald).

Von großer Bedeutung ist die sich langsam durchsetzende Erkenntnis, daß zahlreiche Gräberfelder (u. a. Beckum, Beelen, Lünen-Wethmar) vom 3./5.–7. Jahrhundert ständig in Benutzung waren und daß es offenbar doch mehr zugehörige Siedlungen der einheimisch-

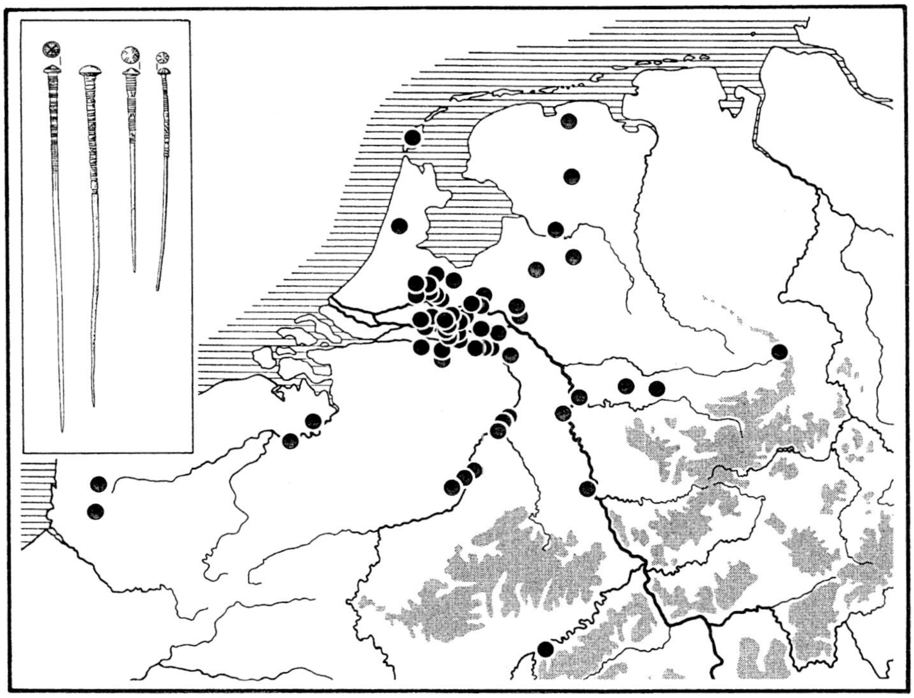

Abb. 5 Verbreitungskarte der großen Haarpfeile vom Typ Wijster der ersten Hälfte bis Mitte des 5. Jahrhunderts

fränkischen Bevölkerung gegeben hat, die von der späten Kaiser- bis zur Merowingerzeit kontinuierlich Bestand hatten, als früher angenommen.

Die recht große Anzahl merowingisch-fränkischer Grabbeigaben (Keramik, Hohlgläser, Waffen und Fibeln), die man in vielen Körpergräbern Westfalens antrifft, macht deutlich, in wie starkem Maße die einheimische Bevölkerung unter den Einfluß der linksrheinischen, fränkischen Reichskultur während des 6. Jahrhunderts geraten war, ohne daß man deshalb etwa mit einer Landnahme seitens merowingischer Franken aus dem Rheinland zu rechnen hätte.

Man gewinnt nach dieser Aufzählung den Eindruck, daß sich in Westfalen um die Mitte des 5. Jahrhunderts langsam, aber mit steigender Tendenz die Körperbestattung durchzusetzen begann. Dieser neue, sicherlich durch Vorbilder im spätrömischen Nordgallien angeregte Bestattungsritus hatte bei den Franken am Niederrhein und im sächsischen Elb-Weser-Gebiet partiell bereits Ende des 4. Jahrhunderts Eingang gefunden, so daß Westfalen offenbar etwas verzögert diesen Wandel vollzog.

Der Wechsel von der traditionellen Brand- zur neuartigen Körperbestattung ist ein Vorgang, der im gesamten germanischen Bereich zwischen Rhein und Oder zu beobachten ist und sich über einen längeren Zeitraum hinzog. Während jedoch die bereits früher einsetzenden Körpergräber der Elbgermanen zwischen Saale und Oder bzw. der Alemannen fast durchgehend Nord-Süd ausgerichtet waren, handelt es sich bei den etwas später folgenden Gräbern der Franken und Sachsen sowie bei den entsprechenden Grablegen der germanischen Söldner in Nordgallien überwiegend um Süd-Nord-Bestattungen (Abb. 6). Die Süd-Nord-Ausrichtung der westfälischen Körpergräber des 5. Jahrhunderts entspricht also vollständig jenem Grabritus, der im 4. und 5. Jahrhundert von den meisten germanischen Bevölkerungsgruppen zwischen Niederelbe und Loire bevorzugt wurde und kann somit keinesfalls als spezifisch und ausschließlich „sächsisch" bezeichnet werden.

Während aber die in Gallien siedelnden Franken unter christlichem Einfluß seit dem späten 5. Jahrhundert ausschließlich in West-Ost-Gräbern bestatteten, hielt die freilich stark reduzierte fränkische „Reliktbevölkerung" Westfalens an der gerade angenommenen Süd-Nord-Grabrichtung fest, was sicher mit deren paganen Glaubensvorstellungen zusammenhing. Damit dürfte deutlich geworden sein, daß die für viele Gräberfelder Westfalens (6.–8. Jahrhundert) übliche Süd-Nord-Richtung der Grablegen als geradezu charakteristisch für das Fortleben der einheimisch-fränkischen Bevölkerung und ihrer heidnisch geprägten Jenseitsvorstellungen anzusehen ist. Durch diese konservative Verhaltensweise unterschieden sich die späten Rheinwesergermanen oder rechtsrheinischen Franken ganz wesentlich von ihren immer stärker unter spätantiken Einfluß geratenden Stammesverwandten in Gallien und dem Rheinland, nicht aber von den nördlich wohnenden Sachsen, die ähnliche Bestattungsriten wie in Westfalen beibehielten, ohne daß man deshalb eine „sächsische Landnahme" bemühen muß, um solche Gemeinsamkeiten zu erklären, die vielmehr auf gleiche Wurzeln zurückzuführen sind.

Zu solchen Gemeinsamkeiten gehört beispielsweise auch die erst im 5. Jahrhundert aufkommende Sitte, neben dem Verstorbenen ein Pferd als Beigabe in einem separaten Grab zu bestatten. Der offenbar aus dem mitteldanubischen Raum übernommene Brauch des Pferdegrabes verbreitete sich relativ rasch bei fast allen germanischen Völkern Mitteleuropas, wobei in vielen Fällen an thüringische Vermittlung zu denken ist.

Zu den ältesten Pferdegräbern im fränkischen Siedlungsbereich gehören die Bestattungen in Beckum und vor allem Tournai, wo allein 21 Reittiere anläßlich des Todes von Frankenkönig Childerich († 482) beigesetzt wurden. Es darf folglich als sicher gelten, daß die Sitte der Bestattung von Pferden bereits im 5. Jahrhundert sowohl den Franken als auch den Sachsen bekannt war. Während sie sich aber im bald darauf christlich gewordenen Merowingerreich westlich des Rheins nur in sehr bescheidenem Maße durchzusetzen vermochte, hielten die Völker östlich des Flusses – besonders Alemannen, Thüringer, Franken und Sachsen – unbeirrt an dem Brauch fest, unabhängig davon, ob sie nominell oder de facto zum Frankenreich gehörten bzw. außerhalb desselben standen.

Die Pferdegräber des 6.–8. Jahrhunderts in Westfalen sind demnach kein spezifisches Kennzeichen für sächsisches Totenbrauchtum, sondern viel eher Hinweise auf kaum oder gar nicht christlich beeinflußte Bevölkerungsgruppen am Ostrand des Frankenreiches, wo sich traditionell pagane Glaubensvorstellungen länger hielten als westlich des Rheins. Besonders die rechtsrheinischen

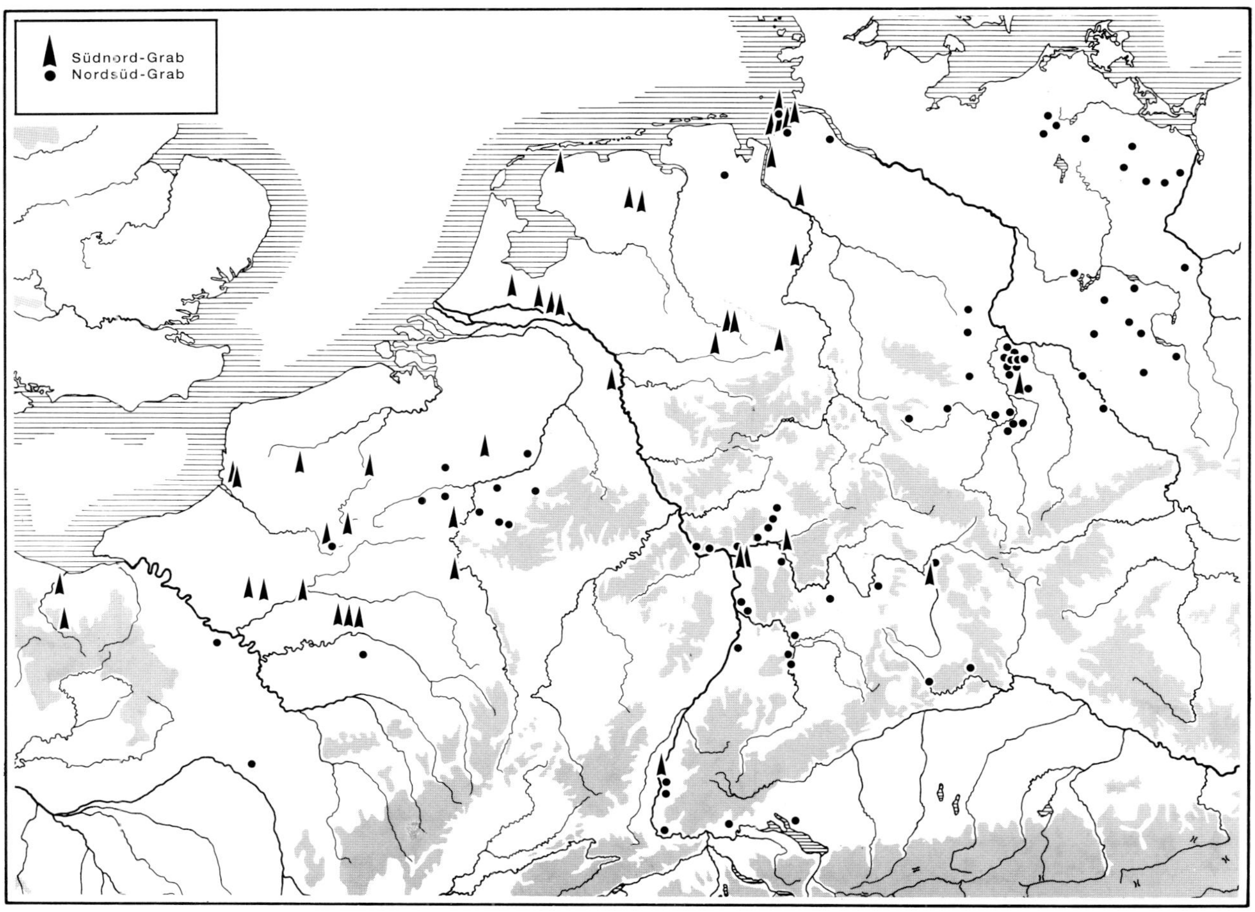

Abb. 6 Verbreitung der Süd-Nord- und Nord-Süd-Körpergräber des 4. und 5. Jahrhunderts

Franken standen den Thüringern und Sachsen in ihrem religiös-kultischen Verhalten viel näher als ihren Verwandten im Rheinland, Belgien und Nordfrankreich.

Ausblick auf die merowingerzeitlichen Friedhöfe Westfalens

Seit dem 4./5. Jahrhundert machten die rechts und links des Rheins wohnenden Franken eine recht unterschiedliche Entwicklung durch. Jene im spätrömischen Nordgallien lebenden Germanen vollzogen während des 5./6. Jahrhunderts ihre Ethnogenese zum Volk der Franken auf dem Boden des ehemaligen Reiches mit seinen fortbestehenden städtischen Strukturen, während die rechts des Rheines zurückgebliebene, reduzierte Bevölkerung der späten rheinwesergermanischen Stämme in ihrer bäuerlichen Umwelt von dieser Entwicklung ausgeschlossen blieb. Die kulturellen und nicht zuletzt die geistig-religiösen Unterschiede zwischen diesen beiden Welten konnten nicht überwunden werden und mögen sich sogar noch weiter vertieft haben, zumal die politischen, wirtschaftlichen und militärischen Zentren des aufstrebenden fränkischen Merowingerreiches, allesamt Bischofssitze, eindeutig westlich des Rheins lagen.

Trotz dieser Isolation blieb offenbar der östlich des Rheins lebenden (alt-)fränkischen Bevölkerung doch deutlich bewußt, Bestandteil dieses neuen Königreiches zu sein und – bei aller Eigenständigkeit – an den Errungenschaften seiner Kultur zu partizipieren. Für das 6. und 7. Jahrhundert lassen sich in Westfalen neben einigen fortbestehenden auch zahlreiche neue Friedhöfe der wieder angewachsenen einheimischen Bevölkerung nachweisen, deren Grabbeigaben eine starke kulturelle Beeinflussung seitens der linksrheinischen Franken anzeigen. Vielfältige Formen von Schmuck, Waffen und Keramik verdeutlichen sehr eindrücklich, daß die merowingerzeitlichen Bewohner Westfalens und der nördlichen Niederlande zu den regelmäßigen Abnehmern rheinischer Waren gehörten und ohne Zweifel regen Anteil an der sog. fränkischen Reihengräberzivilisation hatten, auch wenn sie stets in einem Randgebiet blieben.

Seit der Mitte des 6. Jahrhunderts, stärker vielleicht noch um 600, kommt es offenbar zu einer nachhaltigeren kulturellen, vermutlich auch stärkeren politischen Einbeziehung der rechtsrheinischen, fränkisch besiedelten Gebiete. Als Ausdruck dieser Vorgänge mögen die überdurchschnittlich reich ausgestatteten Kriegergräber von Wünnenberg-Fürstenberg und Beckum angesehen werden. Die jeweils mit einer Ringknaufspatha gerüsteten vornehmen Herren dürfen wohl als Angehörige und Vertreter einer einheimischen Oberschicht angesehen werden, die vermutlich im Auftrage des fränkischen Königs die bisher politisch eher vernachlässigten östlichen Randgebiete enger an das Reich binden sollten.

Ihr eindeutig merowingisch-fränkisch geprägter Grabritus, der im sächsischen Siedlungsgebiet weder Vorbilder noch Nachahmung fand, sowie das in Beckum, Fürstenberg und Soest zu beobachtende elitäre Verhalten bei Wahl und Gestaltung des Bestattungsplatzes macht deutlich, daß die hier beigesetzten Personen einer bodenständigen Elite vollständig dem Sozialverhalten der fränkischen Aristokratie verpflichtet waren. Einzig die im linksrheinischen Frankenreich in dieser Zeit (um 600) unübliche Beisetzung mehrerer Pferde zu Füßen des Toten läßt erkennen, daß der adlige Herr von Beckum – trotz seiner offen zur Schau gestellten Hinwendung zur fränkischen Reichskultur – den heimischen Jenseitsvorstellungen und Bestattungsriten treu geblieben war.

Erst gegen Ende des 7. Jahrhunderts wurden im fränkischen Westfalen, ebenso wie im Rheinland, einige wenige Damen mit Fibeln bestattet, die durch ihre Kreuzform bzw. Heiligendarstellung erkennen lassen, daß ihre Trägerinnen sich der damals gerade im nördlichen Austrasien einsetzenden christlichen Mission aufgeschlossen zeigten und ihren neuen Glauben demonstrativ bekundeten.

Gerade als offenbar die ersten Erfolge christlicher Missionsbestrebungen in Westfalen sichtbar wurden, kam es zu den folgenschweren Angriffen der Sachsen (694/95) auf das Land und die Bevölkerung südlich der Lippe (*Borachtra*). Jene militärischen Vorstöße haben augenscheinlich bewirkt, daß diese (alt-)fränkischen Gebiete, die niemals vollständig von der reichsfränkischen Kultur erfaßt worden waren und stets ein peripheres Eigenleben geführt hatten, seitdem zum sächsischen Herrschaftsbereich gehörten. Die noch weitgehend heidnisch gebliebene, einheimisch-fränkische Bevölkerung Westfalens, die in geistig-religiöser Beziehung mehr Gemeinsamkeiten mit den nördlich lebenden Sachsen hatten als mit den verwandten rheinischen Reichsfranken, wurde durch diese Eroberung vom Merowingerreich getrennt.

Allerdings äußerten sich diese nachhaltigen Veränderungen vor allem auf politischem und kulturellem Gebiet, weniger hingegen in demographischer Hinsicht. Mit dem Einströmen zahlreicher landnehmender Sachsen aus dem Gebiet nördlich des Wiehengebirges ist wohl kaum zu rechnen, denn im archäologischen Fundmaterial Westfalens lassen sich dafür keinerlei gesicherte oder überzeugende Hinweise finden.

Die Zugehörigkeit der rechtsrheinischen Franken zum Sachsenbund seit dem frühen 8. Jahrhundert verzögerte in jedem Fall deren wirkungsvolle, gerade erst begonnene Christianisierung um rund hundert Jahre. Erst durch die Wiedereroberung Westfalens und die Einrichtung der Bistümer Paderborn, Münster, Osnabrück und Minden durch Karl den Großen konnten die stammesverwandten Bewohner des Landes zwischen Mittelweser und Hellwegzone endgültig für den christlichen Glauben gewonnen werden.

Literatur:

Daniel BÉRENGER, Die Römische Kaiserzeit, in: Westfälische Geschichte 1: Von den Anfängen bis zum Ende des Alten Reiches, hrsg. v. Wilhelm KOHL, Düsseldorf 1983, 167, 185. – Werner BEST, Das Gräberfeld von Herzebrock-Clarholz – Ein seltener Fundplatz der Völkerwanderungszeit in Ostwestfalen, in: Kat. Köln 1990, 271–275. – Horst Wolfgang BÖHME, Franken oder Sachsen? Beiträge zur Siedlungs- und Bevölkerungsgeschichte in Westfalen vom 4.–7. Jahrhundert, in: Studien zur Sachsenforschung 12, hrsg. v. Hans Jürgen HÄSSLER, Hildesheim 1999, 43–74. – Christoph GRÜNEWALD, Das frühgeschichtlich-sächsische Gräberfeld von Beelen und weitere Ausgrabungen 1991 und 1992, in: Warendorfer Schriften 21–24, 1991–1994 (1993), 221–237. – Hendrik Anthonie HEIDINGA, Zwischen Friesen, Franken und Sachsen. Einige Bemerkungen zur Gruppenbildung im frühen Mittelalter in den Niederlanden, in: Studien zur Sachsenforschung 6, hrsg. v. Hans Jürgen HÄSSLER (Veröffentlichungen der urgeschichtlichen Sammlungen des Landesmuseums zu Hannover 34), Hildesheim 1987, 55–71. – Hendrik Anthonie HEIDINGA, From Kootwijk to Rhenen: in search of the elite in the Central Netherlands in the Early Middle Ages, in: Medieval Archaeology in the Netherlands. Studies presented to H. H. van Regteren Altena, hrsg. v. J. C. BESTEMAN, J. M. BOS, u. H. A. HEIDINGA, Assen/Maastricht 1990, 9–40. – Hartmut POLENZ, Römer und Germanen in Westfalen (Einführung in die Vor- und Frühgeschichte Westfalens 5), Münster 1985. – Gabriele WAND, Beobachtungen zu Bestattungssitten auf frühgeschichtlichen Gräberfeldern Westfalens, in: Studien zur Sachsenforschung 3, hrsg. v. Hans Jürgen HÄSSLER (Veröffentlichungen der urgeschichtlichen Sammlungen des Landesmuseums zu Hannover 27), Hildesheim 1982 (1983), 249–314. – Wilhelm WINKELMANN, Frühgeschichte und Frühmittelalter, in: Westfälische Geschichte 1. Von den Anfängen bis zum Ende des Alten Reiches, hrsg. v. Wilhelm KOHL, Düsseldorf 1983, 187–230.

Christoph Grünewald

Frühmittelalterliche Gräberfelder im Münsterland

Der Raum zwischen Lippe und Niederrhein, Teutoburger Wald und oberer Ems war einer der Hauptschauplätze der Sachsenkriege Karls des Großen und seiner Vorgänger. 696 berichtet Beda Venerabilis (673–735) vom Sieg der Sachsen über Brukterer südlich der Lippe, 715 sind Hattuarier an der unteren Ruhr betroffen. In beiden Fällen dürfte das Münsterland zumindest Durchzugsgebiet gewesen sein. 758 schlägt Pippin eine Schlacht bei Sythen (Stadt Haltern, Kr. Recklinghausen); 779 erobert Karl der Große sächsische Befestigungen bei Bocholt. Wenngleich beide Ortsangaben nicht unumstritten sind, liegt das Münsterland in jedem Falle im Spannungsraum zwischen Fränkischem Reich und dem sächsischen Wirkungskreis (Abb. 1). Über die Bewohner dieses Raumes bis zum 9. Jahrhundert, über Aus- und Wechselwirkungen der Sachsenkriege berichten die Schriftquellen jedoch nicht. Schon früh hat sich daher die Archäologie bemüht, ihre Quellen in Hinsicht auf diese Fragen zu deuten und mit den bekannten politischen und kriegerischen Ereignissen zur Deckung zu bringen. Es wurde versucht, Franken und Sachsen anhand der archäologischen Sachkultur voneinander zu scheiden und nachfolgend beiden wechselnde Herrschafts- und Einflußgebiete zuzuweisen. Für viele Gräberfelder wurde eine Überlagerung von Schichten unterschiedlich gearteter Bestattungen konstatiert, wobei meistens nicht klar ist, ob hiermit eine reale, stratigraphische Überlagerung oder eine rein chronologische Ablösung gemeint ist. Leider läßt der Dokumentations- und Publikationsstand der Altgrabungen eine Überprüfung am Original nicht zu.

Die Quellenlage zur Besiedlungsgeschichte des Münsterlandes ist schnell umrissen. Beiderseits der niederländischen Grenze sind Chamaven überliefert, die in der Tabula Peutingeriana, einer spätrömischen Militärkarte des 4. Jahrhunderts, die nur als mittelalterliche Kopie vorliegt, zu den Franken gezählt werden. An der unteren Lippe siedelten Brukterer, die ursprünglich an der oberen Ems heimisch waren, dort aber von Angrivariern verdrängt worden waren. Diese zählten dann später als Engern mit zum traditionstragenden Kern der Sachsen. Für das Kernmünsterland sind hingegen keine Stammesnamen überliefert.

Aus dem Arbeitsgebiet kennen wir etwa 60 Siedlungen und 30 Gräberfelder (Abb. 2) des 4./5. bis 9. Jahrhunderts. Mit Sicherheit komplett ergraben ist allerdings nur der Friedhof von Beelen (Kr. Warendorf). Sonst handelt es sich meistens um Altgrabungen oder unkontrollierte Bergungen. Es muß daher offenbleiben, ob die jeweils nur wenigen Gräber den gesamten damaligen Bestand ausmachen. So sind beispielsweise aus Dorsten-Deuten (Kr. Recklinghausen) 16 Bestattungen erforscht, die einen Zeitraum vom späten 5. bis etwa zur Mitte des 7. Jahrhunderts abdecken (Abb. 3). Es ist indes evident, daß dies nicht die gesamte Bevölkerung einer Siedlung gewesen sein kann, selbst wenn hier nur ein Einzelhof stand.

Das gleiche gilt allerdings auch für Beelen, wo sich 25 Brand- und 10 Körpergräber auf die Zeit vom 3. bis zum 7. Jahrhundert verteilen. Neben Verlusten durch Erosion, nur in Teilen erfolgte Ausgrabung etc. muß daher noch damit gerechnet werden, daß Teile der Bevölkerung an anderer Stelle, vielleicht nach anderem Ritus, bestattet wurden und daher alle Fragen zu Demographie und Sozialstruktur zur reinen Spekulation werden. Trotzdem läßt sich – mit den genannten Unsicherheiten – grob eine Entwicklungslinie der Besiedlung skizzieren.

Im 4. Jahrhundert scheint das Münsterland – in Widerspruch zur Tabula Peutingeriana – weitestgehend siedlungsleer gewesen zu sein. Zwei Gräberfelder an der oberen Ems geben aber Hinweise darauf, daß dies eventuell nur eine Kenntnislücke ist. Am schon genannten Fundplatz Beelen wie auch im benachbarten Herzebrock-Clarholz (Kr. Gütersloh) begann die Belegung mit Brandschüttungsgräbern und sog. Leichenbrandnestern, d. h., hier wurde der Leichenbrand als kompaktes Paket ohne Scheiterhaufenreste niedergelegt. Die unscheinbaren Bestattungen waren nur wenig eingetieft und sind bei Baumaßnahmen leicht zu übersehen. Besonders die Leichenbrandnester sind fast immer beigabenlos und lassen sich nicht von gleichartigen Gräbern der Eisenzeit oder

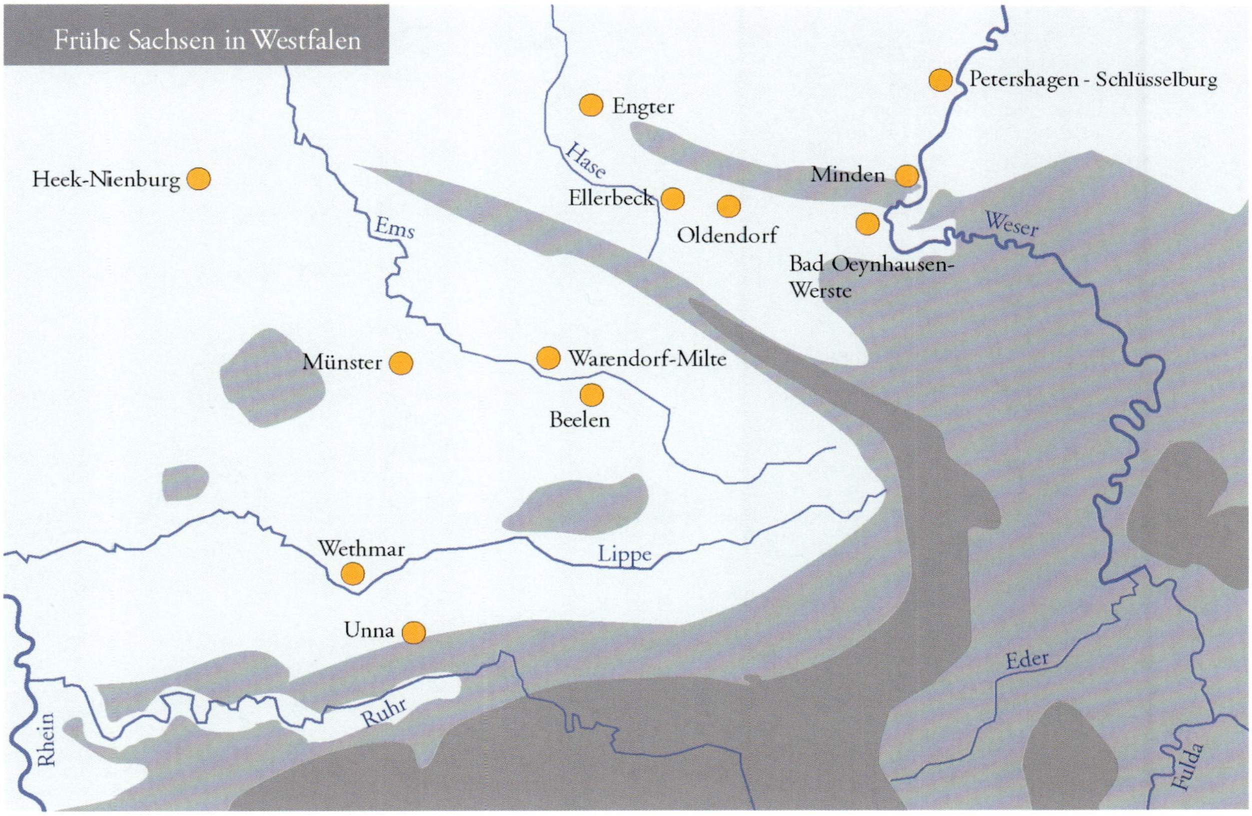

Abb. 1 Frühe Sachsen in Westfalen

der römischen Kaiserzeit unterscheiden. Mit einer hohen Dunkelziffer ist demnach zu rechnen.

Viele der Brandschüttungsgräber waren zwar beigabenführend, die Verbrennung der Beigaben zusammen mit dem Toten erschwert aber leider ihre Bestimmung. Häufig finden sich Reste von Glasgefäßen, mehrfach treten auch Armbrustfibeln auf. In einem Grab lag ein Satz knöcherner Spielsteine. Die Auswahl der Beigaben erinnert zwar an die großen Urnengräberfelder an Elbe und Weser, die Art der Bestattung ist aber deutlich verschieden, Urnengräber kommen nicht vor. Man wird daher in den Bestatteten keine Einwanderer sehen dürfen, sondern vielmehr Einheimische, die allerdings auch Kontakte zum kernsächsischen Bereich hatten. Entscheidend ist, daß in einigen Gräbern Keramik gefunden wurde, die von einheimischer Keramik der Eisenzeit und Kaiserzeit nicht zu unterscheiden ist. Vielleicht liegt hier auch einer der Gründe, warum Fundplätze der Völkerwanderungszeit im Münsterland so selten scheinen.

In Beelen wie in Herzebrock ging man um die Mitte des 5. Jahrhunderts zur Körperbestattung über; am Beginn steht jeweils ein überdurchschnittlich ausgestattetes Grab. Dem Knaben aus dem Grab in Herzebrock hatte man eine Silbermünze als Charonspfennig in den Mund gelegt, ein Tongefäß enthielt eine Speisebeigabe. Das handgemachte Töpfchen erinnert an frühe fränkische Knickwandtöpfe. Die Frau aus dem Grab in Beelen besaß fünf Fibeln: eine einzigartige Scheibenfibel mit goldenem Preßblech und Tierstil I-Verzierung (Kat.Nr. IV.21), zwei bronzene Scheibenfibeln – ebenfalls Unikate – sowie zwei eiserne Armbrustfibeln. Ihr Trinkgeschirr bestand aus einer Terra-Sigillata-Flasche und einem fränkischen gläsernen Sturzbecher (Abb. 4). Beide Gräber waren Süd-Nord ausgerichtet (d. h. Kopf im Süden).

Die Beigaben lassen keine eindeutige ethnische Unterscheidung zwischen fränkisch und sächsisch zu, für beide Deutungen lassen sich Argumente finden. Eher sind die Bestattungen germanischen Bevölkerungskreisen unterschiedlicher Herkunft zuzuordnen, deren verbindendes Element darin besteht, daß sie als Söldner oder Siedler im spätrömischen Reich neue Anregungen aufgenommen haben.

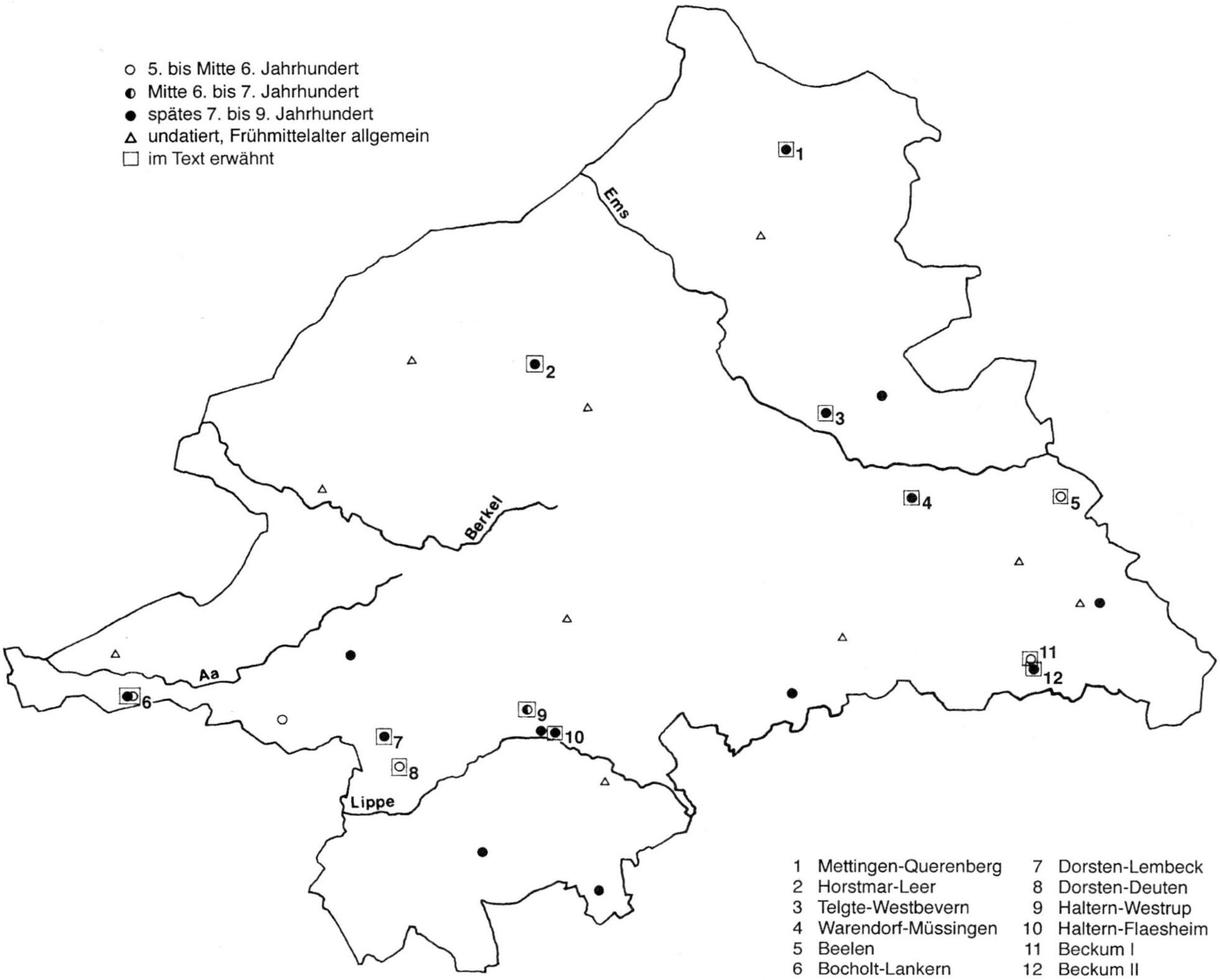

Abb. 2 Frühmittelalterliche Gräberfelder im Münsterland

Nach den Schriftquellen waren zumindest zeitweilig Kontingente fast aller bekannten germanischen Stämme in römischen Diensten; als Heimkehrer nahmen sie nicht nur die Idee der Körperbestattung, sondern auch Teile ihrer privaten und militärischen Ausrüstung mit. Dieser Horizont der spätrömischen Gürtelgarnituren markiert auch den Beginn des Gräberfeldes von Beckum (Gräberfeld I). In dem Süd-Nord ausgerichteten Grab 77 lag eine einfache bronzene Schnalle mit festem, trapezförmigem Beschlag, die von einem solchen Soldatengürtel stammt.

Während der Friedhof von Herzebrock mit der Anlage des Knabengrabes abbricht, wird die Belegung in Beckum und Beelen bis in das frühe 7. Jahrhundert fortgeführt. Um 500 n. Chr. wurde hier eine Frau beigesetzt, die ihr Gewand mit zwei bronzenen Bügelfibeln mit gelappter Kopfplatte (Kat.Nr. IV.20) verschloß. Dieser Fibeltyp hat einen Verbreitungsschwerpunkt im sächsischen Elb-Weser-Dreieck, von wo die Frau dann auch ins Münsterland gekommen sein dürfte. Diese Beobachtung korrespondiert mit einigen vereinzelten Siedlungsfunden sächsisch geprägter Buckelkeramik und Schalenfibeln aus der engeren Umgebung.

Wir können hiermit eine frühe sächsische Südausbreitung im späten 5. und frühen 6. Jahrhundert fassen. Sie ist allerdings nicht als Expansion oder Eroberung mißzuverstehen, sondern eher als Infiltration von Einzelpersonen oder kleinen Gruppen in wenig besiedeltes Gebiet. Dem Phänomen war zunächst auch keine Dauer beschieden.

In Beckum und Beelen fällt auf, daß hier über den gesamten Zeitraum die Süd-Nord-Ausrichtung der Gräber dominiert, während auf den fränkischen Friedhöfen des Rheinlandes bald die 'christliche' West-Ost-Ausrichtung üblich wird.

Allerdings liegen auch in Beckum einige West-Ost-Gräber locker im Bestattungsareal des 6. Jahrhunderts verstreut. Dies muß als Indiz dafür gewertet werden, daß zumindest zu dieser Zeit noch eine Art friedlicher Koexistenz unterschiedlicher Gruppierungen herrschte. Ähnliche Belege gibt es auch aus anderen Friedhöfen, etwa aus Lünen.

Bei weiteren Friedhöfen aus dem Lipperaum – beispielsweise in Raesfeld-Erle (Kr. Borken) – hingegen wird fast ausschließlich in West-Ost-Ausrichtung bestattet. Wenige Kilometer entfernt beginnt die Belegung des Friedhofs von Dorsten-Deuten bemerkenswerterweise mit einem Brandgrab, ausgestattet mit einem scheibengedrehten Krug. Die späteren Körpergäber sind dann eher West-Ost ausgerichtet. Ebenfalls für die Zeit um 500 sind Bestattungen auf dem Friedhof von Bocholt-Lankern belegt. Von den Grabinventaren sind leider nur noch wenige Gegenstände überliefert. Eine kleine Gruppe von ca. 30 Gräbern wurde 1928 ausgegraben und von den Ausgräbern an den Beginn der Entwicklung des Friedhofs gestellt. Neben einem Kriegergrab in einer großen, hölzernen Grabkammer fällt vor allem auf, daß fast alle Bestattungen mit Knickwandtöpfen des späten 5. bis 7. Jahrhunderts ausgestattet sind, handgemachte Kümpfe sind sehr selten. Trotzdem dominiert die Süd-Nord-Ausrichtung. Viele Gräber waren von Kreis- oder Ovalgräben umgeben, zumindest für diese Frühzeit eher ein Charakteristikum westfälischer als fränkischer Friedhöfe. Aber auch aus dem sächsischen Gräberfeld von Liebenau an der Weser ist aus dem 6. Jahrhundert ein Kreisgraben um ein Süd-Nord-Grab bekannt.

Der Versuch, in den Gräberfeldern Franken, Sachsen und Einheimische anhand der Ausrichtung und Anlage der Bestattungen zu trennen, muß letztlich als gescheitert angesehen werden, teils aus methodischen, teils aber sicher auch aus den oben genannten sachlichen Gründen. Es kommt noch hinzu, daß eine Trennung anhand des Fundguts ebensowenig gelingt. Dies liegt vor allem daran, daß es nach der Zeit, während der die Bügelfibeln mit gelappter Kopfplatte getragen wurden, kein eigenständiges

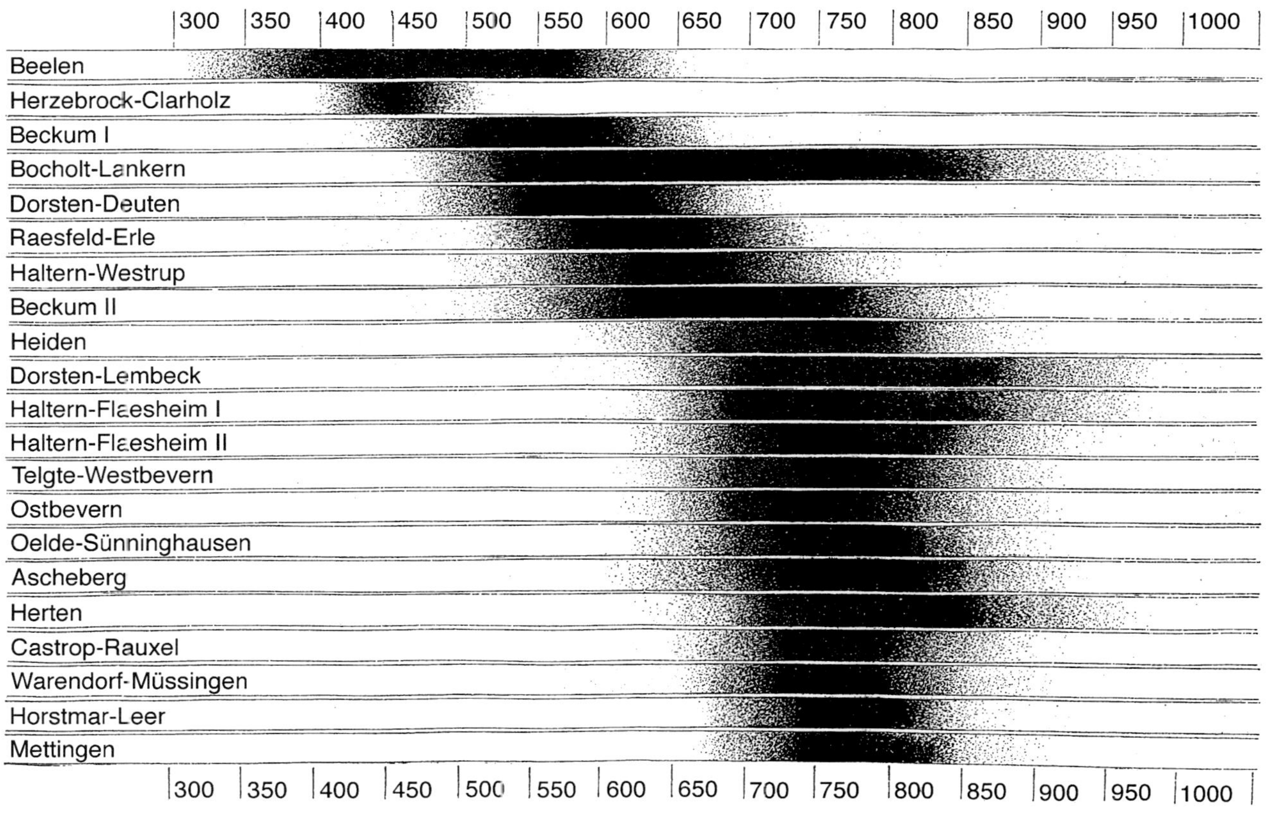

Abb. 3 Belegungszeiten der frühmittelalterlichen Gräberfelder im Münsterland (nach Publikationsstand 1998)

Abb. 4 Beelen, Kr. Warendorf. Frauengrab aus dem 5. Jahrhundert

sächsisches und erst recht kein westfälisches Metallhandwerk mehr gab, das beispielsweise spezifische Schmuck- oder Gürteltypen produzierte. Der fränkische 'gemeinsame Markt' überflutete ganz Nordwestdeutschland mit seinen Waren. Im frühen 6. Jahrhundert staunten die Franken – glaubt man der Sachsengeschichte Widukinds von Corvey – noch über „die neue Tracht [der Sachsen], auch über ihre Bewaffnung und das über die Schulter wallende Haar und vor allem über die gewaltige Festigkeit ihres Mutes. Sie waren nämlich bekleidet mit Kriegsröcken und bewehrt mit langen Lanzen, standen gestützt auf kleine Schilde und hatten an den Hüften lange Messer". Später, im Jahr 775, berichtet Einhard in den Reichsannalen, daß sich eine Gruppe von Sachsen völlig unerkannt zusammen mit heimkehrenden Franken in deren Lager einschleichen konnte, um in der darauffolgenden Nacht ein Blutbad anzurichten.

Geradezu stellvertretend für die Schwierigkeiten ethnischer Ausdeutung westfälischer Gräber steht das bekannte Fürstengrab von Beckum (Kat.Nr. IV.28). Etwa zwischen 580 und 600 angelegt, markiert es den Beginn eines zweiten Friedhofs, nur etwa 300 m vom ersten Gräberfeld entfernt (Abb. 5), aber deutlich durch eine fundfreie Zone geschieden. Das Grab war weder West-Ost noch Süd-Nord angelegt, sondern etwa Südwest-Nordost. Die Anlage als großes Holzkammergrab mutet ebenso fränkisch an wie die gesamte Beigabenausstattung mit Trinkhorn, Bronzeschale, Sturzbecher etc. sowie die Bewaffnung mit Ringknaufschwert, Sax, Ango, Lanze und Schild. Um das Grab herum waren aber insgesamt zehn Pferde- und eine Hundebestattung angelegt, die vom Ausgräber alle dem 'Fürsten' zugeordnet werden. Sieht man einmal vom Grab des Königs Childerich ab, ist eine solche Konstellation bei den Franken nicht bekannt (Abb. 6a.b). Auch die Niederlegung dreier beigabenloser Männerbestattungen in bzw. über der Grabgrube des 'Fürsten', exakt um 90° gedreht, bleibt ein Einzelfall. Die späteren Gräber des Friedhofs Beckum II bleiben – soweit der Publikationsstand hier eine Aussage zuläßt – in ihrer Ausstattung im üblichen Rahmen. Auffällig sind eine größere Anzahl von meist beigabenlosen Brandgräbern, die zeitgleich mit den Körpergräbern angelegt wurden. Warum es zur Anlage eines zweiten Friedhofs kam, kurz bevor der erste aufgegeben wurde, bleibt unklar. Beckum II scheint aber nicht zu den vielerorts zu beobachtenden Separatfriedhöfen eines sich entwickelnden Adels zu gehören.

Es findet sich indes nicht nur Fränkisches in den Gräbern. In Beckum I, Grab 23, war eine Frau mit einer nicht nur veralteten, sondern auch ortsfremden bronzenen Fi-

Abb. 5 Beckum, Kr. Warendorf. Frühgeschichtliche Gräberfelder I und II südwestlich der mittelalterlichen Stadt

bel mit umgeschlagenem Fuß und einer ostgotischen Schnalle (Kat.Nr. IV.26) bestattet. Der Mann aus Grab 55 besaß neben seinem 'normalen' Sax noch ein weiteres, höchst ungewöhnliches Schwert. Es handelt sich um einen sehr langen, extrem schmalen Sax, der allerdings mit dem Griff einer Spatha ergänzt wurde. Die Kombination zweier Saxe ist völlig unüblich. Der schmale Sax selbst könnte zu einer kleinen Gruppe von Hiebwaffen gehören, die aus südosteuropäischem, reiternomadischem Milieu herzuleiten und in einigen Exemplaren aus Mitteldeutschland bekannt sind. Um seiner Funktion als Spatha gerecht zu werden, wurde der Sax dann später mit einer neuen Handhabe versehen. Ob es sich hierbei um Beispiele persönlicher Mobilität oder – wie an anderen Orten – um Ergebnisse fränkischer Bevölkerungs- und Umsiedlungspolitik handelt, kann aber zunächst nicht entschieden werden.

Soweit der bisherige Publikationsstand, aber auch das Fehlen einer westfälischen Feinchronologie solche Aussagen überhaupt zulassen, scheinen die Gräberfelder des

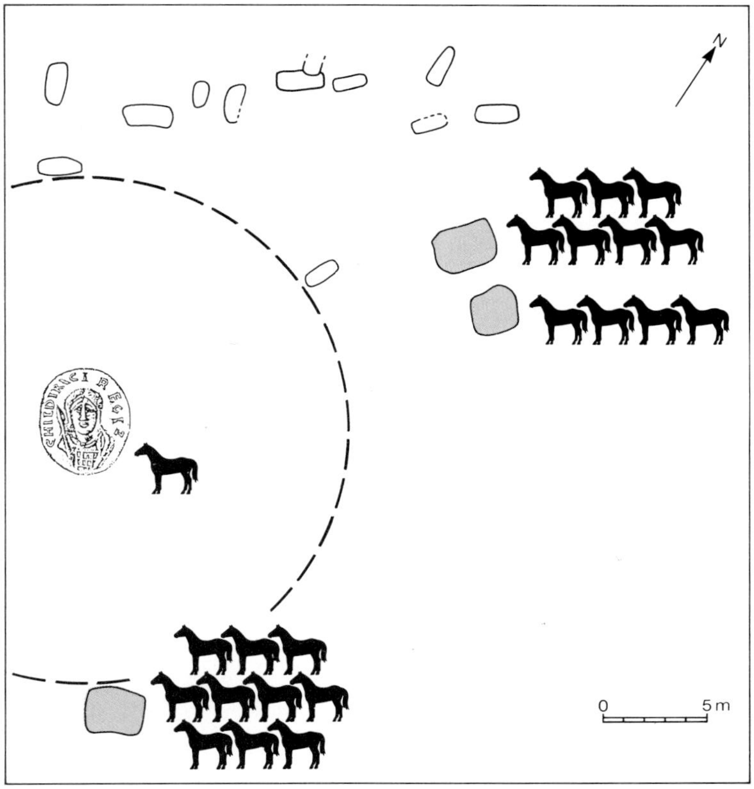

Abb. 6a Grab des Childerich mit Pferdegräbern

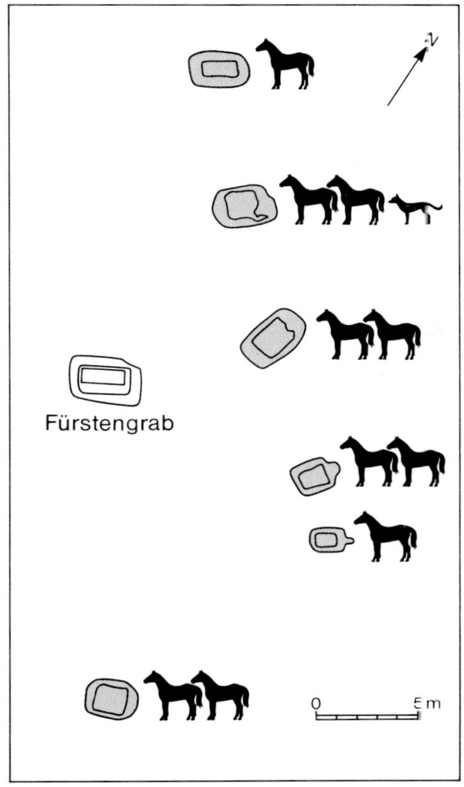

Abb. 6b Fürstengrab von Beckum mit Pferde- und anderen Tiergräbern

Münsterlandes um die Mitte, spätestens im zweiten Drittel des 7. Jahrhunderts abzubrechen. Der gesamte Zeithorizont, der durch Gegenstände wie vielteilige Gürtelgarnituren, große goldene Filigranscheibenfibeln etc. charakterisiert wird, scheint zu fehlen. In diesen älteren Gräberfeldern sind dann auch jüngere Bestattungen des späten 7. oder 8. Jahrhunderts nicht mehr nachweisbar, so daß das Phänomen nicht auf eine vom Fränkischen zeitweilig asynchron verlaufende Tracht- oder Beigabensitte zurückgeführt werden kann.

Da dieser Abbruch auch weit vor dem Ende der Beigabensitte und der Bestattung auf den alten Friedhöfen im Frankenreich liegt, muß sicherlich für das Münsterland im späteren 7. Jahrhundert mit bedeutenden Bevölkerungsverschiebungen gerechnet werden. 692 berichtet Beda von einer Niederlage der Brukterer an der unteren Lippe gegen die Sachsen; diejenigen, die bereits christlichen Glaubens waren, wurden vertrieben. Beda ist dieses Ereignis nur einen Satz wert, der Informationsgehalt ist denkbar gering. Es soll daher hier nicht der Versuch gemacht werden, den Abbruch der Friedhofsbelegung mit diesem Ereignis zu verknüpfen – hier ständen auch chronologische Erwägungen dagegen. Wahrscheinlich ist aber, daß die Auseinandersetzungen zwischen Franken und Sachsen eine Intensität erreicht hatten, die den Menschen im Münsterland das Leben hier nicht mehr sicher erscheinen ließen.

Eine Ausnahme in diesem Schema bildet der Friedhof von Bocholt-Lankern. Eine große Anzahl von Bestattungen des 8. und 9. Jahrhunderts deutet hier eine Platzkontinuität an, genauere Aussagen verbietet der Überlieferungsstand. Möglicherweise durchbricht auch der Friedhof Beckum II dieses Schema. Außerhalb des engeren Münsterlandes, etwa in Lünen, Soest oder Dortmund-Wickede, gibt es allerdings zahlreiche Friedhöfe, die im fraglichen Zeitraum weiter belegt wurden.

Ein Indiz, das darüber hinaus für eine gewisse Bevölkerungskontinuität sprechen könnte, ist auf frühen wie späten Friedhöfen zu beobachten und muß als Spezifikum westfälischer Gräberfelder betrachtet werden: die Anlage von Kultbauten auf den Friedhöfen. Bei den vielfach auftretenden Vier- oder Fünfpfostensetzungen mag man noch darüber diskutieren, ob es sich um Substruktionen von Scheiterhaufen später verlorener Brandbestattungen handelt. Zwischen den Gräbern von Dorsten-Deuten wurde aber eine Pfostensetzung gefunden, die sich so nicht erklären läßt. Sieben Pfosten, durch Gräben verbunden, bilden ein nach Nordosten geöffnetes U mit einer Querteilung. Eine Bestattung fand sich nicht darin. Eine ähnlich U-förmige Pfostensetzung, diesmal mit einer Brandbestattung im Inneren, wurde in Warendorf-Müssingen ergraben. Sie gleicht einer Pfostenkonstruktion über einem Körpergrab aus Liebenau/Weser, ist aber sicherlich mindestens ein Jahrhundert jünger. Sechspfostensetzungen über, aber auch zwischen Gräbern kennen wir aus Beckum II, Dorsten-Lembeck und Haltern-Flaesheim (Kr. Recklinghausen), runde oder ovale Einhegungen mittels Flechtzäunen desgleichen aus Beckum und Lembeck.

Ebenfalls ein westfälischer Sonderfall ist ein anderer Friedhof bei Haltern. In der Westruper Heide wurden um die Jahrhundertwende zwölf kleine Grabhügel geöffnet, die Brandbestattungen – mit und ohne Urnen – enthielten. Bei den Urnen soll es sich um Drehscheibenware gehandelt haben. Die wenigen bekannten Beigaben datieren in das 7. Jahrhundert.

Im späten 7. Jahrhundert entsteht eine größere Anzahl neuer Gräberfelder im Münsterland. Hierfür stehen beispielsweise Ostbevern (Kr. Warendorf), Haltern-Flaesheim oder Lembeck. Im kontinuierlich belegten Bocholt-Lankern scheint die Anzahl der Gräber sprunghaft anzusteigen. Lagen die älteren Gräberfelder noch eher in den Randbereichen des Kernmünsterlandes, so setzen jetzt auch im mittleren und nördlichen Münsterland Friedhöfe ein. Die Anzahl der Gräber reicht von einigen wenigen bis zu mehreren hundert. Für Lembeck nimmt Wilhelm Winkelmann bis zu tausend Bestattungen an. Dieser plötzliche Anstieg der Bevölkerungszahlen kann nicht mit normalen demographischen Entwicklungen erklärt werden. Hier muß ein Zuzug von außerhalb stattgefunden haben. Die Anlagestruktur dieser neuen Gräberfelder mit eng beieinanderliegenden Bestattungen, meist in Baumsärgen in Süd-Nord-Ausrichtung, zeigt, daß es sich bei den Neueinwanderern nicht um Franken gehandelt haben kann. Wir können demnach hier eine massive sächsische Südausbreitung fassen. Hierbei dürften sich – erinnert sei an die Indizien für eine teilweise Bevölkerungskontinuität – Eroberung, Einwanderung und Akkulturation ergänzt haben.

Beispielhaft soll hier der Friedhof von Haltern-Flaesheim vorgestellt werden – in aller Vorläufigkeit, da die Grabungs- und Restaurierungsarbeiten noch nicht abgeschlossen sind. Die Belegung beginnt mit einem Süd-Nord-Waffengrab des 7. Jahrhunderts (Abb. 7). Das Grab fällt in mehrfacher Hinsicht aus dem üblichen Rahmen der bislang etwa 100 Bestattungen. Der Mann trug eine Spatha, die nachträglich zu einem Langsax umgearbeitet war, Indiz für die auch andernorts zu beobachtende zeitweilige Ablösung der Spatha als Hauptwaffe durch den Sax. Auffällig ist vor allem die Grablege selbst: Der Schädel des Toten war abgetrennt und zwischen den Oberschenkeln niedergelegt worden, wobei aber eine Verlagerung durch Grabraub o. ä. ausscheidet.

In der Folge wird das Gräberfeldareal dicht mit Süd-Nord- und West-Ost-Bestattungen belegt. Dabei ist eine strenge räumliche oder zeitliche Trennung bzw. Ablösung beider nicht offenkundig. Vielmehr lassen sich – ähnlich wie beispielsweise in dem spätsächsischen Gräberfeld von Ketzendorf bei Buxtehude – eher kleinräumige Gruppen

Abb. 7 Haltern-Flaesheim, Kr. Recklinghausen: Körpergrab des 7./8. Jahrhunderts

von Gräbern ähnlicher Orientierung beobachten. Charakteristische überlange Riemenzungen aus Bronze sind aus beiden Orientierungsgruppen belegt, sie gehören zum älteren Gräberhorizont des späten 7. und frühen 8. Jahrhunderts.

Tendenziell ist allerdings sehr wohl ein Trend zur West-Ost-Ausrichtung und eine Abnahme der Beigabensitte zu konstatieren. So sind zwar schon mehr als ein Drittel der Süd-Nord-Gräber beigabenlos, bei den West-Ost-Gräbern aber bereits zwei Drittel. Jedoch sind Verfälschungen des Bildes durch Grabraub – der für Westfalen hier erstmals nachzuweisen ist – bei beiden Gruppen möglich. Selten kommen Überschneidungen vor, immer überlagert aber das West-Ost-Grab das Süd-Nord-Grab.

'Echte' Beigaben wie Gefäße sind nur aus Süd-Nord-Gräbern belegt, durchweg handelt es sich um handgemachte Gefäße, meist Kümpfe. Trachtbestandteile und persönliche Ausstattung wie Fibeln, Perlen, Gürtel oder Messer treten in beiden Gruppen auf. Baumsärge und Brettersärge werden ebenfalls bei beiden Gruppen und in gleichem Maße benutzt. Das Ende der Belegung läßt sich zeitlich bislang nicht fassen. 799/800 wird ein *vicus Flaveresheim*, der eventuell mit Flaesheim gleichzusetzen ist, an das Stift Werden geschenkt; vielleicht markiert dieser Übergang auch das Ende des Friedhofs.

Etwa zur gleichen Zeit wie in Flaesheim beginnt die Belegung des Friedhofs von Lembeck. Mangels einer lokalen Feinchronologie läßt sich der Belegungsablauf bislang nur grob überblicken. Es scheint aber so, als wäre hier die Beigabensitte noch länger als in Flaesheim geübt worden. Mehrere Gräber enthielten schwere karolingerzeitliche Langschwerter mit den typischen massiven und verzierten Knäufen (Kat.Nr. V.37). Die Befundsituation ermöglichte detailliertere Beobachtungen zur Anlage der Gräber. Baumsärge kamen nur bei West-Ost-Gräbern vor. Große, Süd-Nord ausgerichtete Kammergräber waren mit einer Bodendielung und Eckpfosten versehen. Mehrere von ihnen waren mit einem Zaun aus Flechtwerk umgeben, der auch nach der Bestattungszeremonie sichtbar gewesen sein muß. Konstruktionen aus vier bis sechs Pfosten wurden bereits erwähnt. In einem Falle scheint es, als überlagere eine Ost-West ausgerichtete Sechspfostenkonstruktion ein Süd-Nord-Grab. Mehrfach überschneiden West-Ost-Gräber solche mit Süd-Nord-Ausrichtung. Bei anderen West-Ost-Gräbern gewinnt man den Eindruck, als seien sie bewußt in Lücken zwischen den – dann wohl obertägig noch erkennbaren – Süd-Nord-Gräbern gesetzt worden. Einen wertvollen Hinweis auf die Zeitstellung dieser Gräber und damit der West-Ost-Bestattungen allgemein bietet das ansonsten beigabenlose Grab 137. Es enthielt eine halbierte Münze Ludwigs des Frommen (814–840) (Kat.Nr. IV.31). Demnach wurde hier mindestens bis zur Mitte des 9. Jahrhunderts bestattet, über die Zeit der Sachsenkriege und der fränkischen Eroberung hinaus.

Ebenfalls bis mindestens in diese Zeit reichen die Gräberfelder von Horstmar-Leer (Kr. Steinfurt) und Bocholt-Lankern (Kr. Borken), hier nachgewiesen durch ein Grabgefäß mit Bemalung nach Pingsdorfer Art.

Weitere, durch ihre Waffenbeigabe herausragende Gräber sind u. a. aus Dülmen (Kr. Coesfeld), Castrop-Rauxel (Kr. Recklinghausen) oder Telgte-Westbevern (Kr. Warendorf) bekannt. Hier sollen darüber hinaus bis zu 250 beigabenlose Bestattungen gelegen haben. Nur beigabenlose Gräber fand man beispielsweise auf dem Mackenberg bei Oelde (Kr. Warendorf). Hier fällt eine sichere Zuordnung in das frühe Mittelalter natürlich schwer. Eine große Dunkelziffer unerkannt zerstörter Bestattungen ist im Münsterland mit seinen Sandböden – in denen sich Skelette in der Regel nicht erhalten – sehr wahrscheinlich.

Abschließend soll noch kurz ein Gräberfeld vorgestellt werden, das besonders eindrucksvoll den 'westfälischen Sonderweg' zwischen Franken und Sachsen dokumentiert.

1932 wurden auf einem Höhenzug des Teutoburger Waldes, dem Querenberg bei Mettingen (früher Ibbenbüren, beide Kr. Steinfurt), insgesamt 25 Gräber entdeckt und teilweise erforscht. Acht von ihnen waren von runden oder ovalen Grabhügeln überdeckt, deren Schüttung aus lokalen Sandsteinen bestand (Abb. 8). Die Hügel besaßen jeweils eine Einfassung aus aufrecht gestellten Steinen, darunter bemerkenswerterweise eine Anzahl halbfertiger runder Handmühlsteine. Diese waren wohl in der näheren Umgebung produziert worden, worauf auch der Name Querenberg hindeutet (niederdeutsch querne = Handmühle).

In mindestens zwei Hügeln lagen West-Ost ausgerichtete Körperbestattungen. Ein Hügel war – wie die an einer Seite gestauchte Einfassung belegt – in eine Lücke zwischen anderen Gräbern eingepaßt worden. Zwei West-Ost-Gräber überlagern eine ovale Grube, die vom Ausgräber als Süd-Nord-Pferdegrab gedeutet wird. Neben und zwischen die Hügel gruppieren sich Körperbestattungen, meist West-Ost ausgerichtet, die teilweise von rechteckigen Steinsetzungen eingefaßt sind. Als Baumsargbestattungen unterscheiden sie sich aber deutlich von merowingerzeitlichen Steinplattengräbern des Rheinlan-

Abb. 8 Mettingen, Kr. Steinfurt: Steinhügelgräber des 8. Jahrhunderts

des. Von den wenigen erhaltenen Beigaben erlaubt nur eine Millefioriperle aus einem West-Ost-Grab mit Steineinfassung eine Grobdatierung in das 8. Jahrhundert, eine ursprünglich vorhandene, eiserne Scheibenfibel ist leider verschollen. Grabhügel aus spätmerowinger- oder karolingerzeitlichem Zusammenhang sind zwar vor allem aus der Eifel und Nordhessen belegt, bilden aber insgesamt nur eine verschwindend geringe Minderheit. Für unseren Bereich muß man sie wohl als bewußte Manifestation nichtchristlichen Glaubens ansehen, der durch die obertägig dauerhaft sichtbare Überhügelung geradezu demonstrativ zum Ausdruck gebracht wurde. Auf vielen Gräberfeldern im fränkischen Reich sind zu dieser Zeit ähnliche Phänomene zu beobachten – etwa Kreisgräben um reichere Bestattungen, die eine Überhügelung oder zumindest eine Separierung anzeigen. Inwieweit dies vielleicht auch mit einer geistigen Auseinandersetzung mit dem Heidentum zusammenhängt, das durch die Sachsenkriege wieder deutlicher ins Rampenlicht geriet, muß offenbleiben.

Versucht man, die Entwicklung im Münsterland zu resümieren, ist folgendes festzustellen: Eine saubere Trennung von Sachsen und Franken gelingt nicht. Für die Frühzeit des 5. Jahrhunderts spricht alles für eine – wenn auch geringe – Bevölkerungskontinuität zumindest seit der Eisenzeit. Hinzu kommen einerseits Anregungen aus dem spätrömischen Reich – wie beispielsweise die Sitte der Körperbestattung – und andererseits eine zahlenmäßig geringe Einwanderung von Menschen aus dem Elb-Weser-Raum. Im 6. und 7. Jahrhundert dominiert im Sachgut fränkischer Import, während die Gräberfelder in ihrer Anlage deutliche Eigenständigkeit bewahren. Inwieweit hierbei Sachsen oder Sächsisches eine Rolle spielte, muß wegen des Fehlens eines abgrenzbaren sächsischen Metallhandwerkes Spekulation bleiben. Im späten 7. Jahrhundert deutet sich ein Abbruch der meisten Gräberfelder des Münsterlandes an, der wahrscheinlich mit den fränkisch-sächsischen Auseinandersetzungen dieser Zeit zu verknüpfen ist. Es muß allerdings betont werden, daß sich diese Zäsur im Siedlungsbild – vielleicht auch in Ermanglung einer westfälischen Feinchronologie – nicht so deutlich abzeichnet. Auch für Ost- und Südwestfalen läßt sich die geschilderte Entwicklung nicht verallgemeinern.

An der Wende zum 8. Jahrhundert wird eine Vielzahl von Friedhöfen neu angelegt, was wohl als Anzeichen einer sächsischen Südausbreitung zu deuten ist. Gleichwohl bewahren sich die Friedhöfe noch immer eine gewisse Eigenständigkeit, beispielsweise durch die häufig auftretenden Kultbauten.

Im Unterschied zum fränkischen Raum – und auch in eindeutigem Widerspruch zu den Ergebnissen der Sachsenkriege – bestehen die Friedhöfe, teils sogar unter Beibehaltung der Beigabensitte, noch bis weit in das 9. Jahrhundert.

Literatur

Torsten CAPELLE, Die Sachsen des frühen Mittelalters, Stuttgart 1998. – Christoph GRÜNEWALD, Neues zu Sachsen und Franken in Westfalen, in: Sachsen und Franken in Westfalen, hrsg. v. Hans-Jürgen HÄSSLER (Studien zur Sachsenforschung 12), Hildesheim 1999, 83–108. – Kat. Hamburg 1978. – Kat. Mannheim 1996. – Gabriele WAND, Beobachtungen zu Bestattungssitten auf frühgeschichtlichen Gräberfeldern Westfalens, in: Studien zur Sachsenforschung 3, hrsg. v. Hans-Jürgen HÄSSLER (Veröffentlichungen der urgeschichtlichen Sammlungen des Landesmuseums zu Hannover 27), Hildesheim 1982 (1983), 249–314. – Wilhelm WINKELMANN, Zur Frühgeschichte des Münsterlandes, in: Münster, Westliches Münsterland, Tecklenburg 1 (Führer zu vor- und frühgeschichtlichen Denkmälern 45), Mainz 1980, 175–210. – DERS., Frühgeschichte und Frühmittelalter, in: Westfälische Geschichte 1. Von den Anfängen bis zum Ende des Alten Reiches, hrsg. v. Wilhelm KOHL, Düsseldorf 1983, 187–230.

Frank Siegmund

Frühmittelalterliche Gräberfelder in Ostwestfalen

Die gängigen Thesen zur frühmittelalterlichen Geschichte Ostwestfalens stützen sich neben den Schriftquellen in starkem Maße auf die archäologische Auswertung der Friedhöfe dieser Zeit, denn Siedlungen sind einstweilen kaum ergraben. Die Sitte der frühmittelalterlichen Menschen, die Verstorbenen in ihrer Tracht samt dem zugehörigen Schmuck zu bestatten und ihnen zudem Waffen, Ton- und Glasgefäße mit ins Grab zu geben, führt zu ansehnlichen Funden, die bei zufälliger Entdeckung auch vom Laien bemerkt und meist der Denkmalpflege zur Kenntnis gebracht werden. Allerdings fanden in Ostwestfalen an solchermaßen zufällig entdeckten Plätzen meist nur Nachuntersuchungen oder begrenzte Notgrabungen statt, so daß bislang kaum eines dieser Gräberfelder vollständig erfaßt worden ist.

Dieser vergleichsweise schlechten Quellenlage stehen bemerkenswert klare Thesen zu ihrer historischen Deutung gegenüber, die sich vor allem auf das Verhältnis von Franken und Sachsen konzentrieren. Danach sei die fränkische Besiedlung Westfalens im 6. und frühen 7. Jahrhundert greifbar an West-Ost ausgerichteten Körpergräbern, oft als sog. Kammergräber ausgelegt und mit fränkischer Drehscheibenkeramik versehen; für Ostwestfalen werden u. a. Fürstenberg, Ossendorf und Daseburg als Belege zitiert (Winkelmann 1983, 198 mit Abb. 2). Im frühen 7. Jahrhundert sei dann eine Südausbreitung der Sachsen erfolgt, am prominentesten greifbar im Fürstengrab von Beckum, von der auch Ostwestfalen erfaßt worden sei; archäologische Zeugnisse dafür seien Süd-Nord ausgerichtete Gräber – oft mit Baumsärgen –, die z. T. ältere West-Ost-Gräber überschneiden, sowie Süd-Nord ausgerichtete Bestattungen geopferter Pferde und eine andersartige Keramik. Für Ostwestfalen werden u. a. die Gräberfelder in Paderborn, Fürstenberg und Warburg-Daseburg als Belege genannt (Winkelmann 1983, 215 ff. mit Abb. 4).

Eine Bewertung dieser Thesen sei zurückgestellt, um zunächst exemplarisch die größeren Nekropolen im südlichen Ostwestfalen vorzustellen und damit Einblick in die Argumentationsgrundlagen zu geben.

I. Fürstenberg

Nahe Fürstenberg (Stadt Wünnenberg) konnte auf dem Steinernberg 1983–1984 ein Ausschnitt aus einem größeren Gräberfeld untersucht werden (Abb. 1). Soweit erschlossen, begann die Belegung des Gräberfeldes mit vier merowingerzeitlichen Gräbern sowie vier Pferdebestattungen am Beginn des Gräberfeldes. Zwei größere West-Ost-Gräber (Grab 61 und 68) werden von je zwei Nord-Süd ausgerichteten Pferdebestattungen (Grab 33 und 39, Grab 74 und 22) flankiert, nach Norden hin schließen fünf Süd-Nord ausgerichtete Körpergräber (Gräber 1, 9, 40, 2 und 3/8) an (vgl. Kat.Nrn. IV.38–40 u. IV.42–43). Die Beigaben fallen in die Zeit zwischen etwa 555 und 610, wobei die Süd-Nord-Gräber noch im 3. Viertel des 6. Jahrhunderts zeitlich dicht und ohne Grabüberschneidungen an das hervorgehobene West-Ost-Grab 61 anschließen. Der Tote aus Grab 61 mit seinem Knaufringschwert hatte sicherlich engen Kontakt zur fränkischen Reichskultur, doch auch die übrigen Männergräber zeigen eine fränkisch geprägte Bewaffnung.

Diesem frühen Horizont folgen nach fast einhundertjähriger Unterbrechung 47 weitgehend beigabenlose West-Ost orientierte Körpergräber und fünf Pferdegräber. Die, wie in dieser Zeit üblich, spärlichen Trachtbestandteile erlauben eine Datierung in die Zeit zwischen 700 und der ersten Hälfte des 9. Jahrhunderts. Unklar bleibt einstweilen, ob die Bestattungen im 7. Jahrhundert tatsächlich ausgeblieben waren oder ob solche Gräber in den noch nicht ausgegrabenen Bereichen liegen. Immerhin weist die Nekropole von Fürstenberg schon vor den Sachsenkriegen Karls des Großen 'christliche' Gräber auf und wird über diese Unruhezeit hinweg bis ins 9. Jahrhundert hin kontinuierlich belegt.

II. Daseburg

In Daseburg (Stadt Warburg) wurden in einer Ziegelei Ende der 1920er Jahre mehrfach frühmittelalterliche

Grabfunde geborgen. Nachrichten über die Zusammengehörigkeit einiger Grabinventare sind zweifelhaft, so daß man bei der Deutung des Komplexes allein von den Funden ausgehen sollte. Zuverlässige Angaben über die Art und Ausrichtung der Gräber fehlen anscheinend. Nach dem heute noch vorhandenen Bestand wurden mindestens ein Frauen- und ein Männergrab der ersten Hälfte des 6. Jahrhunderts geborgen sowie zwei Männergräber der Zeit um 700. Zudem wurde ein Pferdegrab entdeckt, in dem sich unter dem Pferdekiefer eine eiserne Halfterkette befand (Kat.Nr. V.64). Das markanteste Stück unter den Frauenbeigaben ist das Bruchstück einer silbernen Bügelfibel vom „Typ Hahnheim", und zwar in ihrer östlichen Variante, die bevorzugt am fränkisch besiedelten Mittelrhein zwischen Main- und Neckarmündung verbreitet war (Martin 1976, 77 ff.). Dazu fügt sich unter den Männerbeigaben ein Ango (besondere Form einer Lanzenspitze), der erneut die Bezüge Daseburgs in die Francia dokumentiert.

III. Ossendorf

In Ossendorf (Stadt Warburg) wurde 1965 beim Hausbau ein Gräberfeld angeschnitten. Es konnten acht West-Ost orientierte Körpergräber und drei ebenso ausgerichtete Pferdebestattungen ergraben werden (Abb. 2). Unklar bleibt, ob der Bestattungsplatz damit vollständig erfaßt ist. Die Pferde lagen durchweg mit angewinkelten Beinen auf der Seite, waren nicht geköpft und beigabenlos. Die Beigaben der Toten fallen in das mittlere und letzte Drittel des 6. Jahrhunderts. Unter den insgesamt recht gut ausgestatteten Inventaren ragen je ein Männer- und ein Frauengrab des fortgeschrittenen 6. Jahrhunderts durch besonderen Reichtum heraus. Der mit Schwert, Lanze und Schild bewaffnete Mann in Grab 7 (Abb. 3) war in einem Kammergrab bestattet, in dem die Beigabe einer Ringtrense und eines eisernen Steigbügelpaares seine Eigenschaft als Reiter und Mitglied der damaligen Oberschicht unterstreicht (Kat.Nr. IV.118). Die Steigbügel in ihrer letztlich mediterranen Form und die Lanzenspitze eines nordischen Typs zeugen von den weitreichenden Fernkontakten dieses Toten. Diesem Grab ist die Frauenbestattung in Grab 8 (Abb. 4) an die Seite zu stellen, ebenfalls ein Kammergrab, in dem neben einer Perlen-

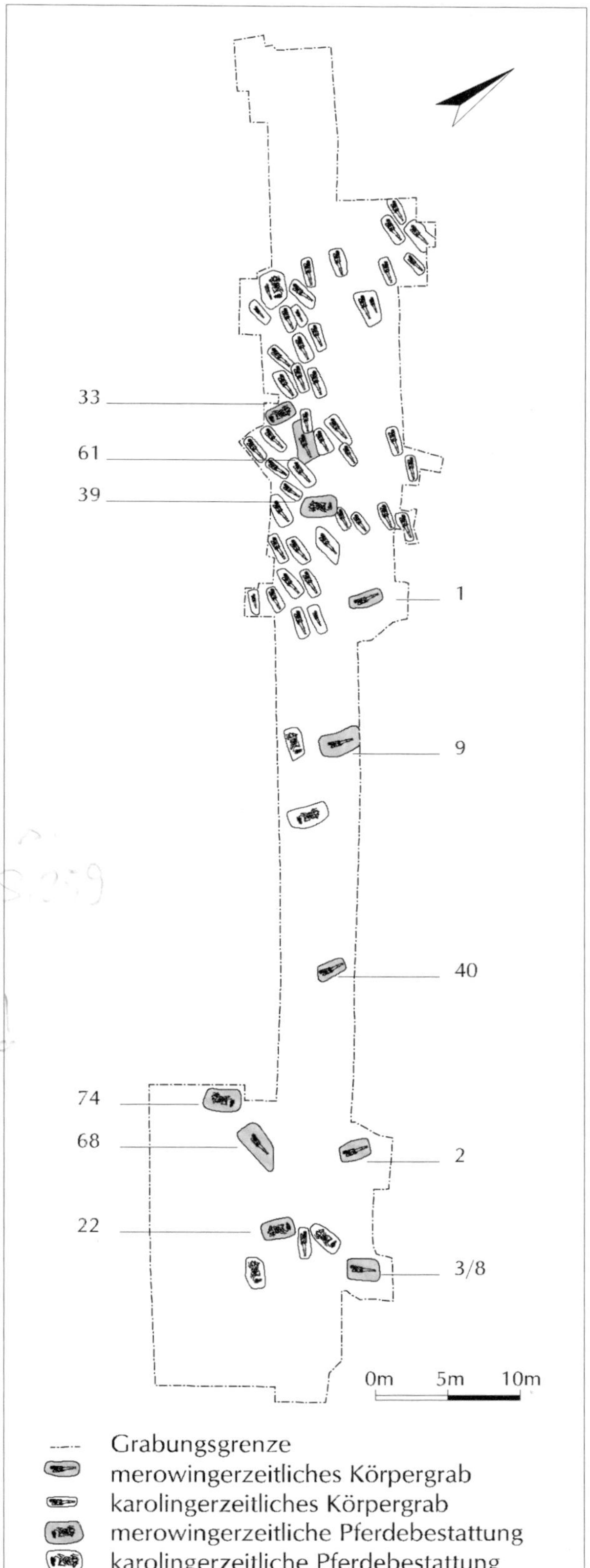

Abb. 1 Wünnenberg-Fürstenberg, Gräberfeld

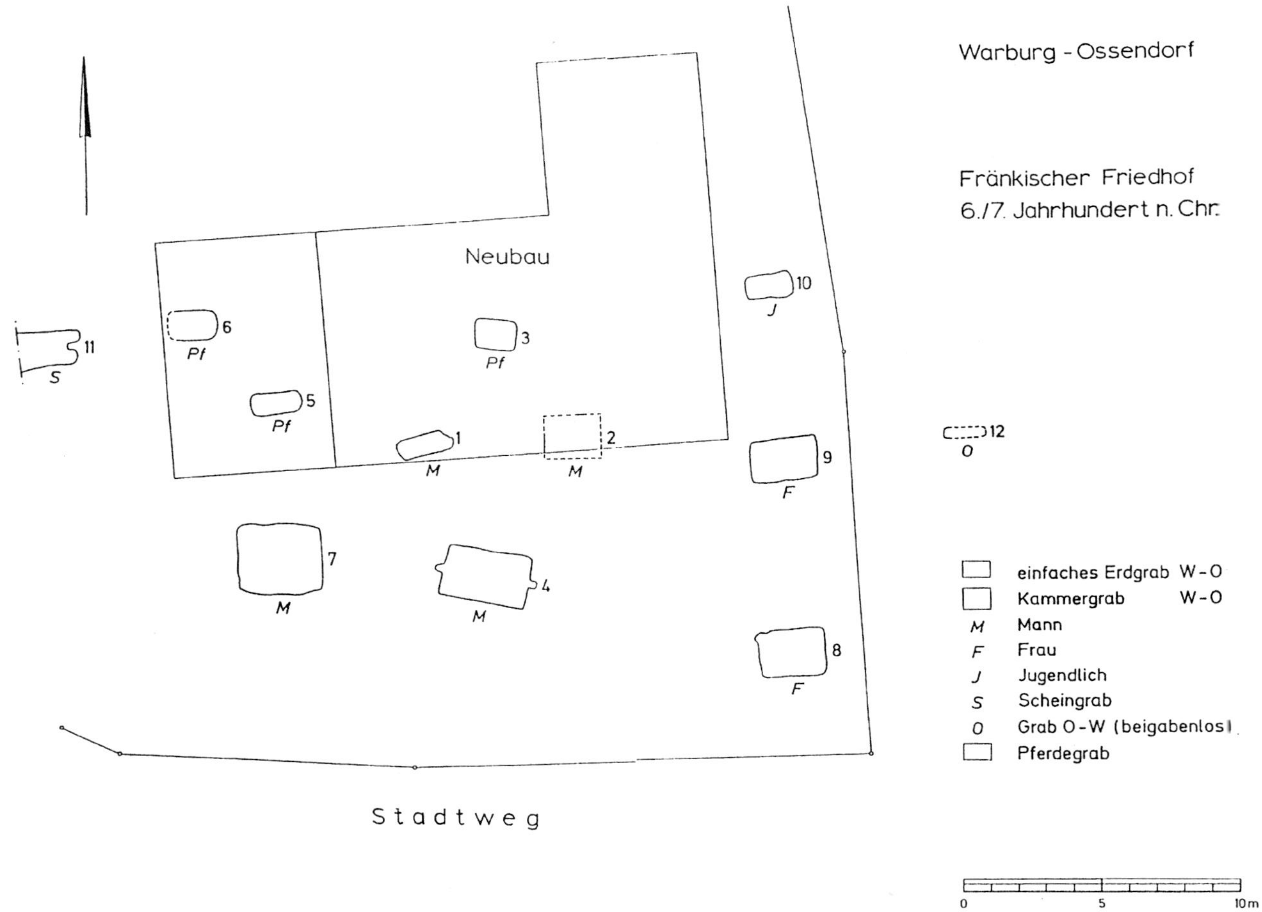

Abb. 2 Warburg-Ossendorf, Gräberfeld

kette und gängigem Fibelschmuck auch ein Armring aus Elfenbein gefunden wurde (Kat.Nr. IV.119). Die herausgehobene gesellschaftliche Stellung gab der Frau Gelegenheit zu gepflegter Muße, symbolisiert durch die Beigabe eines ebenfalls elfenbeinernen Spielsteins; er gehört zu einem bislang in Deutschland noch einzigartigen Typus, der im Mittelmeergebiet beheimatet ist (Stauch 1994, 61 f.). Zudem war ihr ein eisernes, aus einer Spatha umgearbeitetes Webschwert in das Grab gelegt worden; eine seltene Beigabe, die in Mitteleuropa nur aus reichen Frauengräbern der Mitte und der zweiten Hälfte des 6. Jahrhunderts bekannt ist. Bei Sachsen, Franken und Alemannen war die Beigabe von Webschwertern unüblich, sie findet sich vorwiegend bei reichen Langobardinnen und Thüringerinnen und strahlte vereinzelt in von ihnen beeinflußte Gebiete aus.

IV. Paderborn – Benhauser Straße

Am östlichen Stadtrand von Paderborn wurde 1977 bei einem Hausbau an der Benhauser Straße ein Gräberfeld entdeckt und anschließend kleinflächig in Ausschnitten untersucht (Abb. 5). Bislang wurden 17 Gräber und zwei Pferdebestattungen aufgedeckt, doch ist der Platz sicherlich nicht vollständig erfaßt. Die Bestattungen setzten nach jetziger Kenntnis im mittleren Drittel des 6. Jahrhunderts ein, anschließend wurde hier kontinuierlich bis in die Zeit um 700 bestattet. Die Gräber des 6. und frühen 7. Jahrhunderts scheinen durchweg Süd-Nord ausgerichtet gewesen zu sein. Das Frauengrab 4 (Kat.Nr. IV.35) aus dem letzten Drittel des 7. Jahrhunderts war West-Ost orientiert, doch gibt es daneben auch zeitgleiche Süd-Nord-Gräber mit gleichartigen Beigaben. Alle Grä-

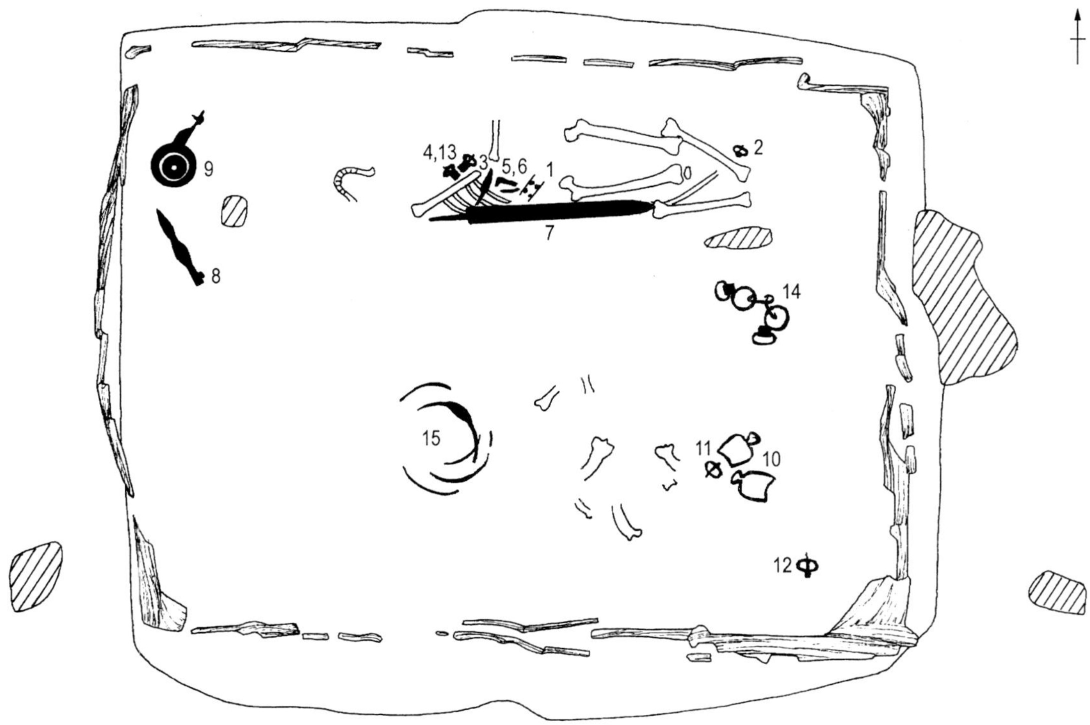

Abb. 3 Warburg-Ossendorf, Gräberfeld, Grab 7: West-Ost orientiertes Männergrab, Ende 6. Jahrhundert.
1 Riemenbeschlag. – 2 Schnalle. – 3 Messer. – 4 Feuerschlagstein. – 5 Hakenschlüssel? – 6 Stabförmiges Eisenfragment. – 7 Spatha. – 8 Lanzenspitze. – 9 Schildreste. – 10 Zwei Paar Steigbügel. – 11–12 Zwei Schnallen. – 13 Schnallen. – 14 Ringtrense u. Riemendurchzüge. – 15 Fragmente eines Eimers

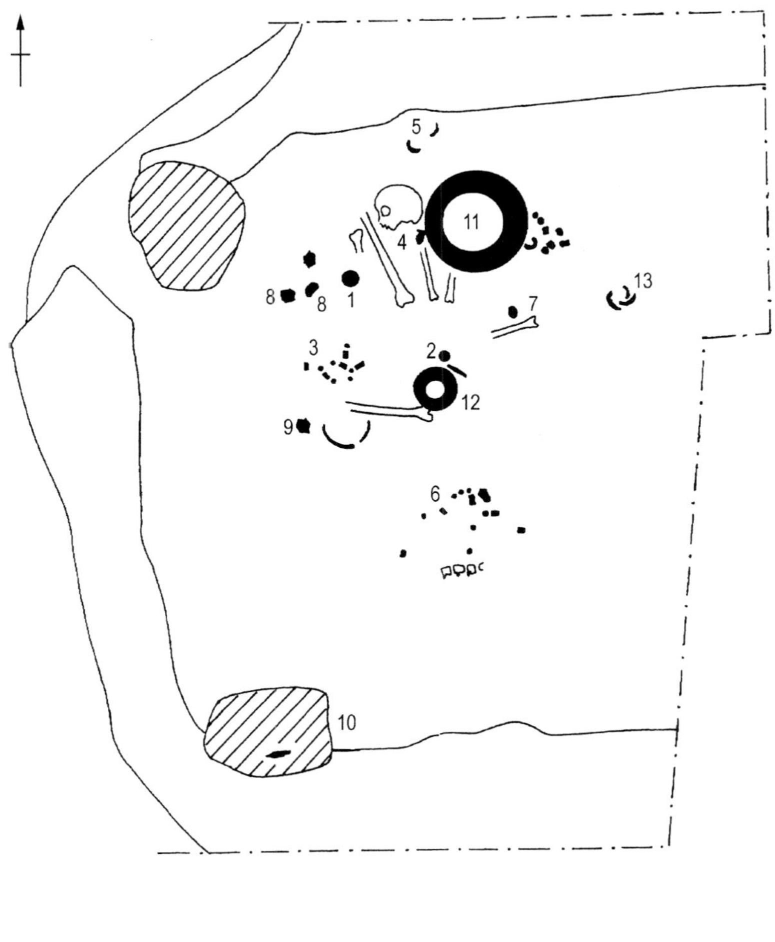

Abb. 4 Warburg-Ossendorf, Gräberfeld, Grab 8: West-Ost orientiertes Frauengrab, um 570–585.
1 u. 2 Almandinscheibenfibeln. – 3 Reste von Perlenketten. – 4 Anhänger. – 5 Armring. – 6 Feuerschlagstein. – 7 Spielstein. – 8 Wirtel. – 9 Spinnwirtel. – 10 Webschwert. – 11 Knickwandtopf. – 12 Knickwandtopf. – 13 Reste eines Eimers

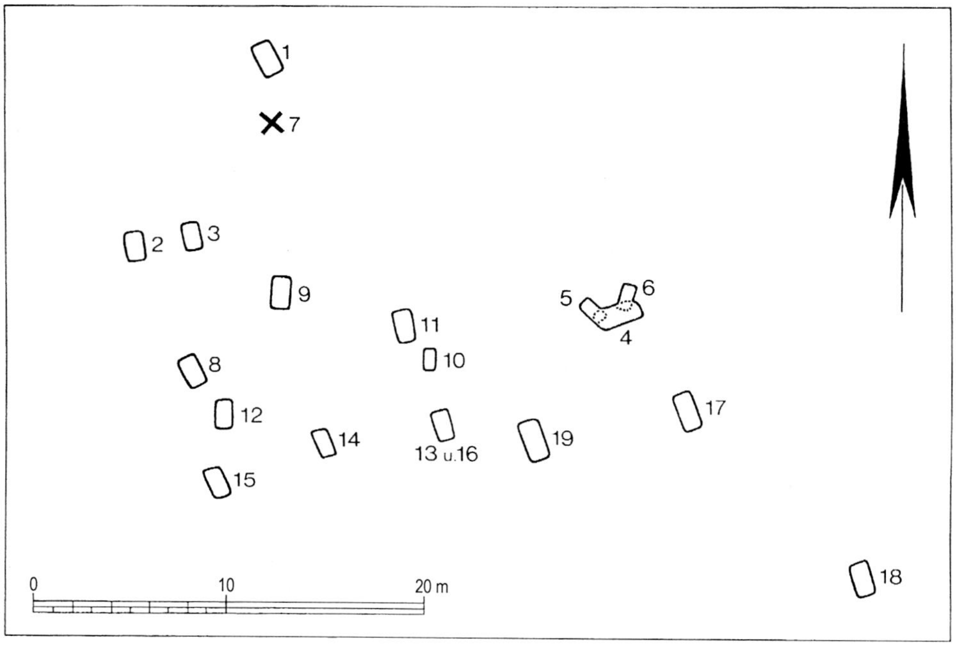

Abb. 5 Paderborn, Benhauser Straße, Gräberfeld

ber sind recht schlicht ausgestattet (Kat.Nr. IV.35–37) (Abb. 6 u. 7). Es fällt auf, daß den Toten keine Glas- oder Tongefäße mit ins Grab gegeben wurden, sondern nur Trachtbestandteile und Waffen. Auffällige Stücke befinden sich nicht darunter. Doch auch unscheinbare Details können sich als wichtig erweisen: Im Frauengrab 1 lag ein schlichter bronzener Ohrring; solche Ohrringe sind im 7. Jahrhundert in alemannisch und fränkisch besiedelten Gebieten ein weithin üblicher Schmuck der Frauen, auf sächsischen Gräberfeldern, wie etwa in Liebenau, wurden Ohrringe jedoch nie gefunden.

V. Sachsen oder Franken?

Jenseits familiärer Bande war vielen frühmittelalterlichen Menschen die Zugehörigkeit zu einem Stamm wichtig. Einige Stämme hatten spezifische, auch schriftlich fixierte Rechtssysteme. Angesichts deutlicher Unterschiede zwischen diesen Stammesrechten wird es im Konfliktfall wichtig gewesen sein, zu welchem Stamm man gehörte und nach welchem Recht ein Fall zu beurteilen war. So überrascht es nicht, daß sich Alemannen und Franken auch in ihren Bestattungssitten deutlich voneinander unterscheiden: die Zugehörigkeit des Verstorbenen zu seinem Stamm, und damit eben auch die seiner noch lebenden Familienmitglieder, wurde bis ins Bestattungszeremoniell öffentlich demonstriert. Nördlich und östlich des Rheins gelegene frühmittelalterliche Gräberfelder unterscheiden sich von denen der Franken und Alemannen: Hier ist die Sitte der Brandbestattung geläufig, die Körpergräber sind üblicherweise Süd-Nord ausgerichtet, die Sitte der Pferdebestattung ist augenfällig häufig (Siegmund 1999). So läge es auf den ersten Blick nahe, hierin sächsische Eigenheiten zu sehen und anhand solcher Merkmale ein Stammesgebiet der Sachsen zu umreißen. Detailstudien zeigen jedoch rasch, wie uneinheitlich diese 'sächsischen' Gräberfelder sind. Eine große, in sich geschlossene Gruppe von Gräberfeldern mit zahlreichen übereinstimmenden Merkmalen, die es erlauben würde, von *den* Sachsen zu sprechen, zeichnet sich nicht ab. So ähnelt das merowingerzeitliche Gräberfeld von Fürstenberg mit seinen Süd-Nord-Körpergräbern, den häufigen Pferdebestattungen und einem deutlichen fränkischen Einfluß im Sachgut dem Gräberfeld von Beckum I und unterscheidet sich insofern deutlich vom gleichzeitigen Ossendorf, wo in scheinbar fränkisch-alemannischer Sitte die Toten West-Ost orientiert bestattet wurden. Verglichen mit den fränkischen Gräberfeldern an Mittel- und Niederrhein besaßen die Ossendorfer jedoch trotz ihres Reichtums kaum Glasgefäße und unter den Tongefäßen überdurchschnittlich viele handgeformte Stücke. Weitere Detailvergleiche zeigen immer wieder, wie unterschiedlich die ostwestfälischen Nekropolen auch untereinander sind. Entweder spielten die Zeremonien bei der Totenbestattung, anders als bei Alemannen und Franken, hier

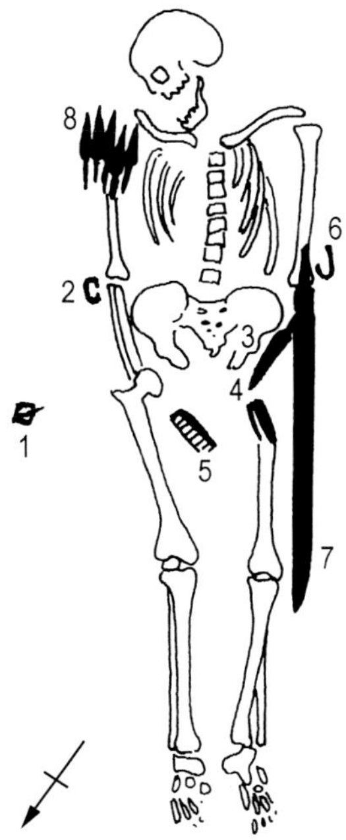

Abb. 7 Paderborn, Benhauser Straße, Gräberfeld, Grab 8: 1 u. 2 Schnalle. – 3 Messer. – 4 Klappmesser. – 5 Kamm. – 6 Ortband. – 7 Sax. – 8 Pfeilspitzen

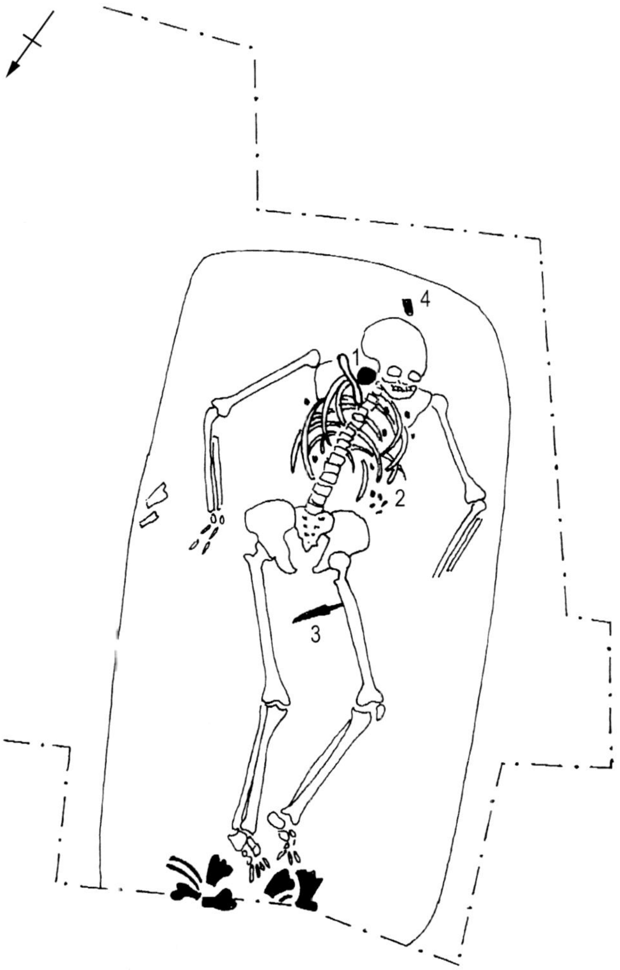

Abb. 6 Paderborn, Benhauser Straße, Gräberfeld, Grab 15: 1 – Scheibenfibel. – 2 Perlenkette. – 3 Messer. – 4 Riemenzunge

kaum eine Rolle bei der Formierung und Aufrechterhaltung eines Gruppenbewußtseins, oder es gab hier ein vergleichbares Gruppenbewußtsein nicht.

Trotz aller Unterschiede und den Abweichungen vom typisch fränkischen Bestattungsmuster zeigen die drei vorwiegend im 6. Jahrhundert belegten Nekropolen von Daseburg, Fürstenberg und Ossendorf immerhin einen deutlichen Einfluß aus dem Bereich der Francia, wie ihn die ältere Forschung immer betont hat. Doch auch das in das 7. Jahrhundert zu datierende Gräberfeld von Paderborn zeigt, greifbar etwa an dem genannten Beispiel des Ohrringes in Grab 1 oder an weiterhin West-Ost orientierten Gräbern, solche 'fränkischen' Einflüsse und weicht in seinen deutlich geringeren Gefäßbeigaben von den Sitten der Sachsen etwa in Liebenau nahe Bremen erheblich ab.

Die geschilderten Beobachtungen erlauben es einstweilen nicht, griffige historische Thesen zu Stämmen und Bevölkerungsverschiebungen zu stützen; sie zeigen allerdings deutlich, daß manche liebgewonnenen einfachen Bilder zur Frage von Sachsen und Franken in Ostwestfalen weiter untermauert werden müssen, bevor sie als gesichert gelten können.

Literatur:

Als allgemeinverständliche und aktuelle Einführung in die Archäologie des Frühmittelalters empfehlen sich drei jeweils frühmittelalterlichen Völkern gewidmete Ausstellungskataloge: Kat. Hamburg 1978; Kat. Mannheim 1996; Kat. Stuttgart 1997 sowie folgende weiterführende Literatur: Daniel BÉRENGER, Das frühmittelalterliche Körpergräberfeld von Fürstenberg im Sintfeld, Stadt Wünnenberg, Kreis Paderborn, in: Ausgrabungen und Funde in Westfalen-Lippe 4, 1986, 139–166. – Max MARTIN, Das fränkische Gräberfeld von Basel-Bernerring (Basler Beiträge zur Ur- und Frühgeschichte 1), Basel 1976. – Walter MELZER, Das frühmittelalterliche Gräberfeld von Wünnenberg-Fürstenberg, Kreis Paderborn (Bodenaltertümer Westfalens 25), Münster 1991. – Judith OEXLE, Studien zu merowingerzeitlichem Pferdegeschirr am Beispiel der Trensen (Germanische Denkmäler der Völkerwanderungszeit A 16), Mainz 1992. – Dieter QUAST, Das hölzerne Sattelgestell aus Oberflacht Grab 211: Bemerkungen zu merowingerzeitlichen Sätteln, in: Fundberichte Baden-Württemberg 18, 1993, 437–464, hier: 453 Abb. 11 mit Liste 3 Nr. 23. – Frank SIEGMUND, Rezension zu Walter Melzer, in: Bonner Jahrbuch 193, 1993, 626–628 (zur Chronologie ergänzend). – DERS., Sachsen und Franken: Ein Beitrag zur ethnischen Fragestellung, in: Völker an Nord- und Ostsee und die Franken. Akten des 48. Sachsensymposiums in Mannheim, 7.–11. September 1997. Kolloquien zur Vor- und Frühgeschichte, hrsg. v. Uta von FREEDEN, Ursula KOCH u. Alfried WIECZOREK (Mannheimer Geschichtsblätter, Beiheft N.F. 2) (Kolloquium zur Vor- und Frühgeschichte 3), Berlin 1999, 167–173. – Eva STAUCH, Merowingerzeitvertreib? Spielsteinbeigabe in Reihengräbern (Universitätsforschungen zur prähistorischen Archäologie 23), Bonn 1994. – Gabriele WAND, Beobachtungen zu Bestattungssitten auf frühgeschichtlichen Gräberfeldern Westfalens, in: Studien zur Sachsenforschung 3, hrsg. v. Hans-Jürgen HÄSSLER (Veröffentlichungen der urgeschichtlichen Sammlungen des Landesmuseums zu Hannover 27), Hildesheim 1982 (1983), 249–314. – Herbert WESTPHAL, Untersuchungen an Saxklingen des sächsischen Stammesgebietes. Schmiedetechnik, Typologie, Dekoration, in: Studien zur Sachsenforschung 7, hrsg. v. Hans-Jürgen HÄSSLER (Veröffentlichungen der urgeschichtlichen Sammlungen des Landesmuseums zu Hannover 39), Hildesheim 1991, 271–365. – Wilhelm WINKELMANN, Frühgeschichte und Frühmittelalter, in: Westfälische Geschichte 1. Von den Anfängen bis zum Ende des Alten Reiches, hrsg. v. Wilhelm KOHL, Düsseldorf 1983, 187–230.

Walter Melzer

Das frühmittelalterliche Gräberfeld Soest – Lübecker Ring

Wie so oft in der Bodendenkmalpflege führten Bauarbeiten 1930 zur Entdeckung des frühmittelalterlichen Friedhofes am südöstlichen Stadtrand von Soest. Eine neue Zufahrtsstraße, heute der „Lübecker Ring“, die zu einer Landes-Kranken- und Pflegeanstalt führte, hatte bereits größere Teile eines Gräberfeldes zerstört, als August Stieren vom Landesmuseum in Münster, durch Funde von Grabbeigaben alarmiert, eine systematische 'Ausgrabung' beginnen konnte, die eine Fläche von ca. 1600 m^2 umfaßte (Abb. 1).

Damit begann eine der so oft beschriebenen Sternstunden der Archäologie, aber gleichzeitig nahm auch ein Trauerspiel westfälischer Frühmittelalterarchäologie seinen Anfang. Von einigen kleinen Vorberichten Stierens und der Vorlage eines Grabungsplans abgesehen, warten die Fachwelt wie auch die Soester Bevölkerung bisher vergeblich auf die wissenschaftlichen Ergebnisse der Grabung, eine Tatsache, die allerdings auf viele weitere westfälische Nekropolen zutrifft. Dies ist um so bedauerlicher, als der Abriß über die westfälische Frühgeschichte (Win-

Abb. 1 Gräberfeld Soest – Lübecker Ring: Blick auf mehrere sich überschneidende Bestattungen (Gräber 150–160)

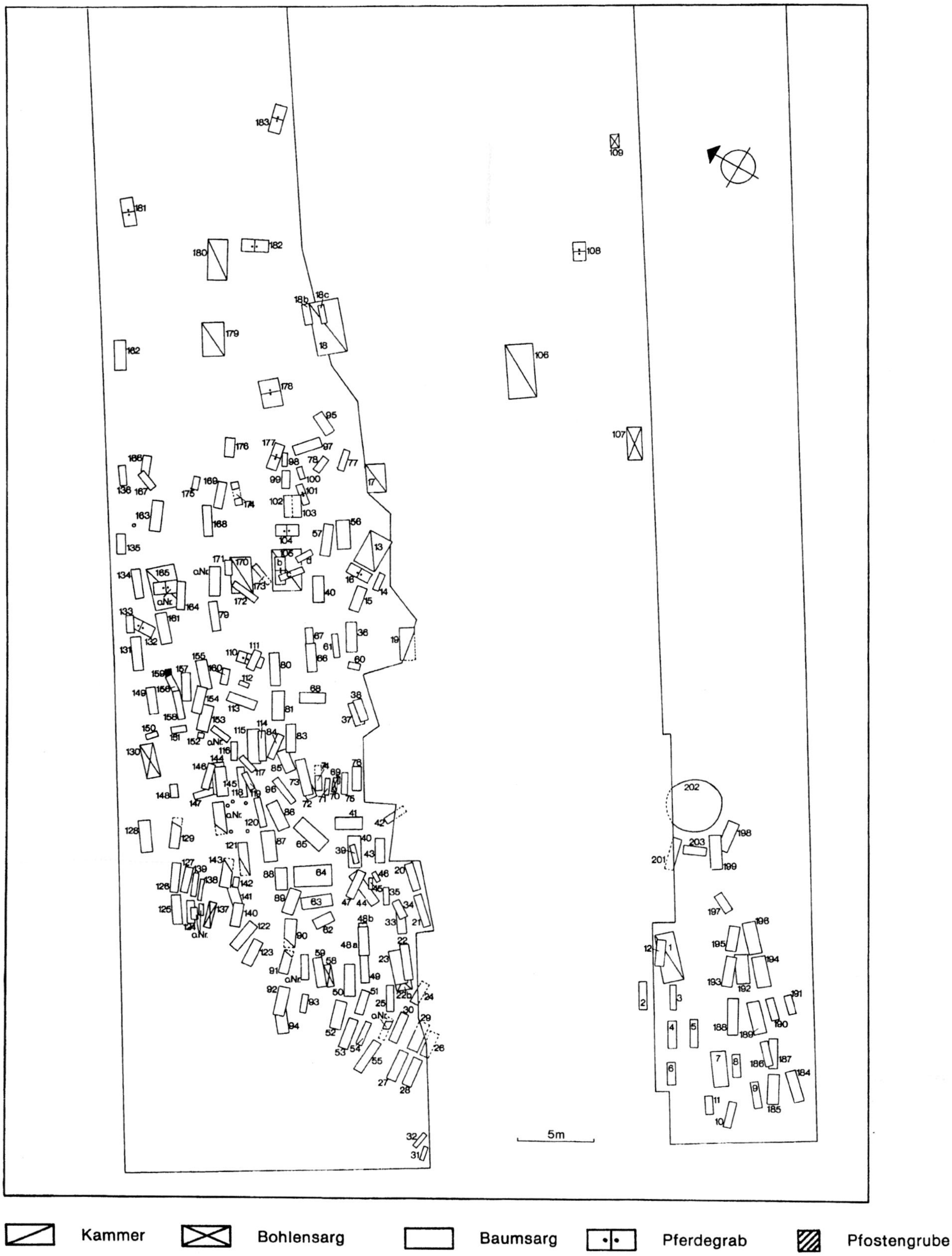

Abb. 2 Gräberfeld Soest – Lübecker Ring: Plan

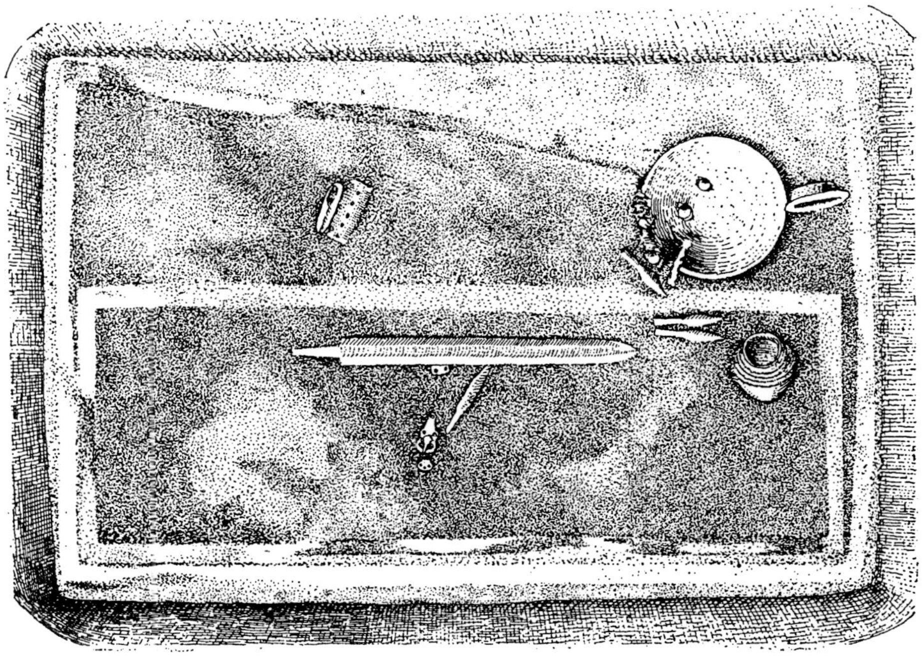

Abb. 3 Gräberfeld Soest – Lübecker Ring: Männergrab 17 mit Waffenbeigaben innerhalb eines Kammergrabes, gut erkennbar ist die Sargverfärbung

kelmann 1983) ein immenses Forschungspotential – bisher nur für Eingeweihte erschlossen – erahnen läßt.

So gehört das Soester Gräberfeld mit 215 ergrabenen Bestattungen in 214 Grabgruben zu den größten und bedeutendsten frühmittelalterlichen Friedhöfen Westfalens. Die exakte Gesamtgröße ist unbekannt – Stieren schätzte ca. 300 Gräber –, jedoch darf der Friedhof, von seiner Nordwest-Ecke zur Rumbeke-Kaserne (heute Universität Gesamthochschule Paderborn, Abt. Soest) hin abgesehen, als nahezu ausgegraben bzw. zerstört gelten (Abb. 2).

Nach Sichtung der Grabungsdokumentation kann festgehalten werden, daß elf Holzkammergräber (Grab 1, 13, 17, 18, 105, 106, 165, 170, 178, 179, 180) freigelegt wurden, darunter das Pferdegrab 178. Zu den 202 Körperbestattungen kommen noch 13 Pferdegräber (Grab 16, 101, 104, 105B, 108, 110, 132, 165B, 177, 178, 181, 182, 183), ein Kreisgraben und eine Pfostensetzung. Während die Toten in den Kammergräbern alle in Holzsärgen beigesetzt worden waren, begegnen Brettersärge hier lediglich acht weitere Male (Grab 19, 40, 58, 70, 107, 109, 130, 137). Die mit 184 Bestattungen häufigste Beisetzungsart war die in Baumsärgen.

Gabriele Wand, die sich bisher am intensivsten mit dem Gräberfeld beschäftigte, versuchte anhand der wenigen publizierten Inventare der Gräber 1, 17, 18, 64, 97, 105, 106, 149 und 165 sowie einer Analyse der Grabausrichtungen und der Grabüberschneidungen eine Belegungsabfolge des Gräberfeldes zu rekonstruieren, jedoch sah auch sie die großen Probleme angesichts der vielen noch unpublizierten Grabinventare. Dem großen öffentlichen Interesse an der Geschichte der Karolingerzeit und nicht zuletzt den Vorbereitungen der Paderborner Ausstellung ist es zu verdanken, daß die umfangreichen Funde, die meistens unbeachtet in der Schausammlung des Westfälischen Museums für Archäologie in Münster, in dessen Magazin und im Burghofmuseum der Stadt Soest liegen, seit dem Sommer 1998 fachmännisch restauriert werden und die Grabungsdokumentation – wenn man sie so nennen will – gesichtet und ausgewertet werden kann. Es wird jedoch noch einige Detektivarbeit nötig sein, um die Funde den oft umbenannten oder schlecht dokumentierten Grabbefunden zuzuordnen. Es kann zur Zeit noch nicht entschieden werden, ob später etwa nur eine Materialvorlage präsentiert werden kann oder ob sich noch Fragen z. B. zu Details des Grabbaus, zum frühmittelalterlichen Grabraub, zur Belegungsabfolge oder auch zur Ethnie der Bestatteten beantworten lassen.

Gerade die Kammergräber des späten 6. und frühen 7. Jahrhunderts – eine Grabform, die für Bestattungen der frühmittelalterlichen Oberschichten in fast ganz Mitteleuropa typisch ist – erbrachten reiche Grabinventare. In hölzernen Grabkammern von ca. 2 x 3 m Größe, 2 m unter dem heutigen Niveau, wurden die Toten in Holzsärgen in gestreckter Rückenlage beerdigt. Die Verstorbenen wurden in ihrer Tracht bestattet und zusätzlich mit Beigaben ausgestattet. Trank- und Speisebeigaben wurden meist am Fußende deponiert und ließen sich in Form von erhaltenen Keramik-, Glas-, Holz- und Metallgefäßen nachweisen. Zur Ausstattung der beiden Männergräber 17 und 179 zählte neben Gürtelbeschlägen besonders die Bewaffnung (Abb. 3), während bei den Frauengräbern 1, 13, 18, 105, 106, 165, 170 und 180 vor allem die Bestandteile der Tracht wie Perlenketten, Fibeln, Gürtelschnallen und -gehänge, Schuh- und Wadenbindengarnituren bemerkenswert sind, wobei sich auch hier nur die metallenen Bestandteile erhalten haben (Abb. 4). Einzelne Fundobjekte wie die Scheibenfibeln, Bügelfibeln, Münzen, Gürtelbeschläge o. ä. wurden immer wieder in Untersuchungen herangezogen und gewürdigt (Kat.Nrn. IV.49–56).

Die bisherigen Berichte zeigen, daß die Belegung des Friedhofes in der 2. Hälfte des 6. Jahrhunderts mit fränkischen West-Ost orientierten Gräbern einsetzt. Diese erste Belegungsphase ist bis in die 1. Hälfte des 7. Jahrhunderts hinein geprägt durch das Vorkommen von beigabenführenden Holzkammergräbern, in denen sich auf-

Abb. 4 Gräberfeld Soest – Lübecker Ring: Frauengrab 106

grund der exzeptionellen Trachtbestandteile und Beigaben, besonders bei den Frauengräbern, die Mitglieder einer adligen Oberschicht erkennen lassen. Auf die fränkischen West-Ost-Gräber folgte wahrscheinlich eine zweite Belegungsphase mit Süd-Nord orientierten Bestattungen, nun ausnahmslos in Baumsärgen, die die älteren Gräber oftmals überschneiden. Daß dies auf geänderte politische und religiöse Verhältnisse in der 2. Hälfte des 7. Jahrhunderts zurückzuführen sein dürfte, ist zu vermuten. Eine weitere, dritte Belegungsphase läßt sich besonders im Westteil des Friedhofes gut ablesen. Perlenketten und Rechteckfibeln in Frauengräbern sowie Langsaxe und einmal eine Spatha in Männergräbern sind typisch für die Bestattungen des 8. Jahrhunderts, deren Baumsärge nun wieder West-Ost ausgerichtet sind. Auf die Zuordnung und Datierung der 13 Pferdegräber muß beim gegenwärtigen Bearbeitungsstand verzichtet werden.

Auch wenn eine Gesamtpublikation noch aussteht, so kann für den Friedhof vom Lübecker Ring eine Belegungszeit von über 200 Jahren angenommen werden, ein Zeitraum, der zeigt, daß die den Friedhof nutzende Bevölkerung relativ klein gewesen sein muß (Donat/Ullrich 1971) und wir hier nicht etwa die 'Keimzelle' der späteren Stadt Soest vor uns haben, wie Stieren bereits richtig erkannte (Stieren 1930), jedoch viele der archäologischen Laien angesichts der z. T. kostbaren Funde wie etwa der Goldscheibenfibel aus Grab 106 immer wieder annehmen (vgl. Beitrag Melzer in Kap. VI). Mit der Übergabe der Dokumentation an den Verfasser und der Möglichkeit, sämtliche Funde zu bearbeiten, ist nun die Basis für eine vollständige Aufarbeitung vorhanden. Dieser Beitrag konnte dazu allerdings erst einige Einblicke bieten, ohne schon Antworten auf die grundlegenden Fragen des Gräberfeldes wie z. B. nach der Zusammensetzung der bestattenden Bevölkerung (Franken/Sachsen) zu geben.

Literatur.

Birgit ARRHENIUS, Merovingian garnet jewellery, Stockholm 1985. – Gisela CLAUSS, Die Tragsitte von Bügelfibeln. Eine Untersuchung zur Frauentracht im frühen Mittelalter, in: Jahrbuch des Römisch-Germanischen Zentralmuseums 34/2, 1987 (1989), 491–603. – Peter DONAT u. Herbert ULLRICH, Einwohnerzahlen und Siedlungsgröße der Merowingerzeit, in: Zeitschrift für Archäologie 5, 1971, 234–265. – Rüdiger HERMANN, Attos Gabe. Die Inschriften der Runenfibel von Soest und ihre Sprache, in: Jahrbuch des Vereins für niederdeutsche Sprachforschung, 112, 1989, 7–19. – Herbert KÜHN, Die germanischen Bügelfibeln der Völkerwanderungszeit in der Rheinprovinz. Die germanischen Bügelfibeln der Völkerwanderungszeit 1, Graz ^{2}1965. – Herbert KÜHN, Die germanischen Bügelfibeln der Völkerwanderungszeit in Süddeutschland. Die germanischen Bügelfibeln der Völkerwanderungszeit 2/2, Graz 1974. – Michael MÜLLER-WILLE, Pferdegrab und Pferdeopfer im frühen Mittellalter, in: Berichte ROB 20/21, 1970–71, 119–248. – Judith OEXLE, Studien zu merowingerzeitlichem Pferdegeschirr am Beispiel der Trensen (Germanische Denkmäler der Völkerwanderungszeit A 16), Mainz 1992. – Helmut ROTH, Kunst und Handwerk im frühen Mittelalter. Archäologische Zeugnisse von Childerich I. bis zu Karl dem Großen, Stuttgart 1986. – Frauke STEIN, Adelsgräber des achten Jahrhunderts in Deutschland (Germanische Denkmäler der Völkerwanderungszeit A 9), Berlin 1967. – Heiko STEUER, Frühgeschichtliche Sozialstrukturen in Mitteleuropa. Eine Analyse der Auswertungsmethoden des archäologischen Quellenmaterials (Abhandlungen der Akademie der Wissenschaften in Göttingen, Phil.-Hist. Klasse, F. 3, 128), Göttingen 1982. – August STIEREN, Ein neuer Friedhof fränkischer Zeit in Soest, in: Germania 14, 1930, 166–175. – DERS., Die vorgeschichtliche Denkmalpflege in Westfalen, in: Nachrichtenblatt für Deutsche Vorzeit 6, 1930, 228–248. – DERS., Haben die Holzkammergräber der Wikinger Vorbilder?, in: Westfalen 17, 1932, 42–50. – Bettina THIEME, Filigranscheibenfibeln der Merowingerzeit aus Deutschland, in: Berichte der Römisch-Germanischen Kommission 59, 1978, 381–500. – Gabriele WAND, Beobachtungen zu Bestattungssitten auf frühgeschichtlichen Gräberfeldern Westfalens, in: Studien zur Sachsenforschung 3, hrsg. v. Hans-Jürgen HÄSSLER (Veröffentlichungen der urgeschichtlichen Sammlungen des Landesmuseums zu Hannover 27), Hildesheim 1982 (1983), 249–314. – Ursula WARNKE, Der merowingerzeitliche Töpferofen von Geseke, Kr. Soest und sein Absatzgebiet, mit einem Beitrag v. Cornelia Schmitt-Riegraf, phil. Diss., Münster 1993. – Joachim WERNER, Münzdatierte austrasische Grabfunde (Germanische Denkmäler der Völkerwanderungszeit A 3), Berlin 1935. – Wilhelm WINKELMANN, Frühgeschichte und Frühmittelalter, in: Westfälische Geschichte 1. Von den Anfängen bis zum Ende des Alten Reiches, hrsg. v. Wilhelm KOHL, Düsseldorf 1983, 187–230. – Gundula ZELLER, Zum Wandel der Frauentracht vom 6. zum 7. Jahrhundert in Austrasien, in: Studien zur vor- und frühgeschichtlichen Archäologie. Festschrift Joachim Werner zum 65. Geburtstag (Münchner Beiträge zur Vor- u. Frühgeschichte, Erg.-bd. 1), München 1974, 381–385.

Anna Helena Schubert

Das mehrperiodige Gräberfeld von Lünen-Wethmar

Der Raum zwischen Lippe und Ruhr ist aufgrund unserer inzwischen gewonnenen Kenntnisse von Siedlungen und Gräberfeldern als ein Altsiedelland zu verstehen, das seit der Frühzeit nichts von seiner Bedeutung eingebüßt hat. Die in der Gegenwart ständig fortschreitende Besiedlungsentwicklung führt einerseits zur Entdeckung neuer Fundstellen, andererseits zu ihrer Zerstörung.

Am Ostrand der Stadt Lünen wurde etwa 1 km nordwestlich der Lippe auf der ersten Flußterrasse in den fünfziger Jahren bei Gartenarbeiten ein Gefäß mit Knochenbrand gefunden. Anstehende Baumaßnahmen in unmittelbarer Nähe machten 1989 eine archäologische Sondage notwendig. Im Verlaufe von sieben ausgedehnten Grabungskampagnen wurde das betroffene Gelände von der Außenstelle Olpe des Westfälischen Museums für Archäologie in Münster untersucht. Obwohl Teile der Fläche durch Ackerbau, Sandgewinnung und Terrassierung bereits gestört waren, lassen die ergrabenen Bestattungen ein mehrphasig belegtes Gräberfeld erkennen (Abb. 1).

Die frühesten Gräber, die in die jüngere Bronzezeit (1200 v. Chr.) datieren, waren mit ihrer bemerkenswerten Architektur – Hügel, begrenzt durch Schlüssellochgräben bzw. Kreisgräben oder ein Langbett – vermutlich noch lange nach ihrer Errichtung im Gelände sichtbar, so daß man sie Jahrhunderte später bewußt als Grabstätte neu nutzte. Die Fundlage der 13 Bestattungen aus der römischen Kaiser- und Völkerwanderungszeit sowie der 70 Brand-, Körper- und Pferdegräber der Merowinger- und Karolingerzeit bestätigte diese Annahme. Die Untersuchungen ergaben ferner, daß in Lünen-Wethmar – ähnlich wie auf vielen westfälischen Gräberfeldern – leider nur ein Teil des Friedhofs erfaßt werden konnte, was die Aussagekraft der neu gewonnenen Befunde einschränkt.

Sieht man einmal von den jungbronze- und den kaiserzeitlichen Brandbestattungen ab, läßt in Lünen-Wethmar die Vielfalt der frühgeschichtlichen archäologischen Hinweise chronologische und ethnische Unterschiede erahnen (Abb. 2). Auch wenn sich bisher die Brandbestattungen der alteingesessenen Bevölkerung des 5. Jahrhunderts im Fundmaterial noch nicht mit Sicherheit herausfiltern lassen, bestätigt das Urnengrab Befund 223 (Kat.Nr. IV.25) doch die Präsenz dieser Belegungsphase im Gräberfeldareal (Abb. 3). Im Südwesten der untersuchten Fläche, fast an der Grabungsgrenze, konnte in einer rechteckigen, Nord-Süd ausgerichteten und mit Scheiterhaufenresten verfüllten Grube eine verzierte Buckelurne mit Knochenbrandresten einer jungen Frau freigelegt werden. Neben unverbrannten Bernstein- und Glasperlen hatte man ihr ein kleines Kumpfgefäß beigegeben. Vergleichbare Gefäße weisen auf eine Herkunft aus dem Weser-Elbe-Gebiet hin. Eine neue Besiedlungswelle lassen die Bestattungen in holzverschalten Kammergräbern mit Holzsärgen und Gräber mit schlichten Holzsärgen, die jeweils sowohl West-Ost als auch Süd-Nord ausgerichtet waren, erkennen. Die aufwendige Grabbauweise und die Ausstattung im West-Ost ausgerichteten Kammergrab Befund 269 (Kat.Nr. IV.58), bestehend aus zwei silbervergoldeten Almandinscheibenfibeln, Glas- und Bernsteinperlen, einem Spinnwirtel aus Ton, einem Sturzbecher, einem Knickwandtopf und einer schlichten Schnalle aus Eisen sowie drei Knochenkammnieten, deuten auf eine wohlhabende Frau fränkischer Herkunft hin. Ein fast identisches Beigabenensemble wies auch die Verstorbene des Süd-Nord ausgerichteten Kammergrabes Befund 53 auf (Abb. 4). Es handelt sich dabei um eine der wohlhabenden Fränkin offenbar ebenbürtige Frau, die zur einheimischen Bevölkerung gehörte, wie die einfachere Bauart der Kammer und das Fehlen eines Sarges nahelegen. Dem jugendlichen Verstorbenen im dritten Süd-Nord ausgerichteten Kammergrab mit einem Sarg Befund 423 wurden eine Lanze, zwei Pfeile, eine Eisenschnalle, ein Vierkantstab mit eingerolltem Ende und ein Knickwandtopf mitgegeben. Ob zwischen diesen Gräbern des 6. Jahrhunderts eine innere Verbindung bestand, läßt sich nicht mehr überprüfen; denn gerade im Westen der Grabungsfläche war das Gelände durch Gartenbau stark gestört.

In unmittelbarer Nähe fanden sich auch zwei West-Ost und eine Süd-Nord ausgerichtete Bestattung in

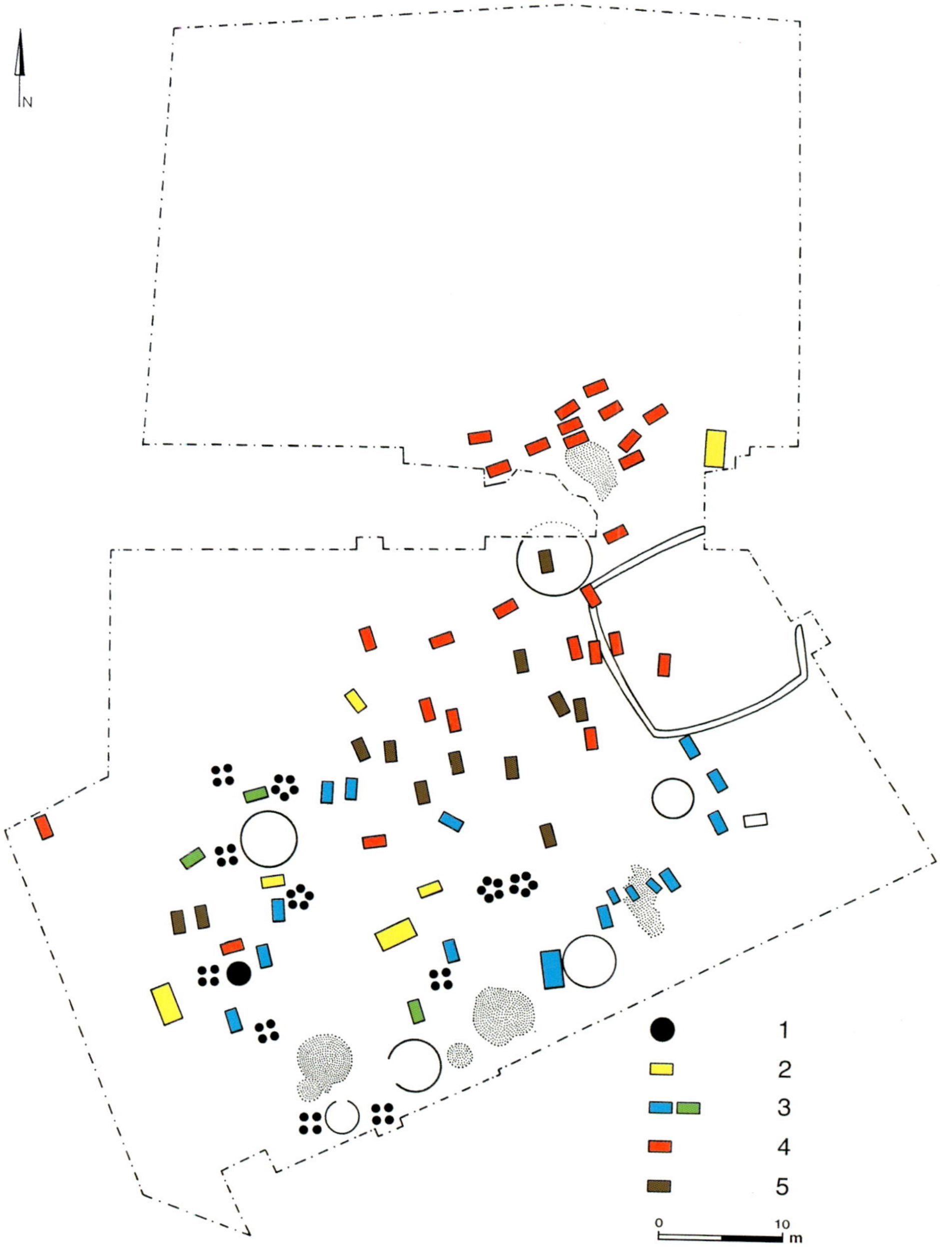

Abb. 1 Lünen-Wethmar: Schematischer Plan des Gräberfeldes

1 Grab des 5. Jhs.
2 Gräber des 6. Jhs.
3 Gräber des 7. Jhs.
4 Gräber des 8. Jhs.
5 Pferdegräber (zeitlich nicht differenziert)

schlichten Kastensärgen. Die Grabbeigaben der drei Verstorbenen datieren in das 7. Jahrhundert. Ob man sie als nachfolgende Generation bezeichnen darf, muß noch untersucht werden.

Im Gräberspektrum der gleichen Belegungszeit läßt sich auf den ersten Blick eine Gruppe aussondern, die durch den Grabbau und ihre Süd-Nord-Ausrichtung sofort auffällt. Die Grabgruben zeigen einen ovalen Grundriß, bei dem sich das Verhältnis von Grubenlänge zu Grubenbreite konstant 1:2 verhält. Als weiteres gemeinsames Merkmal ist eine braune bandförmige Verfärbung zu bezeichnen, die die Grabgruben umrahmt. In einigen Fällen konnten auch Baumsärge festgestellt werden. Die Beigaben bestehen aus eisernen Messern, einfachen Eisenschnallen, Perlen, vor allem aber groben Kumpfgefäßen, die zwei Kindern und einem Jugendlichen

Abb. 2 Lünen-Wethmar, Gräberfeld, Aufsicht

beigegeben wurden. Als Bestattung einer höhergestellten Person ist das Grab Befund 165 anzusehen, dessen Grube wegen ihrer Größe an ein Kammergrab erinnert. Zur Ausstattung gehörten lediglich ein kurzer Sax mit drei durch Tierwirbelmuster verzierten Bronzenieten und ein Messerfragment. In diesen Belegungsabschnitt (7. Jahrhundert) sind auch die Brandgräber, Scheiterhaufenplätze und möglicherweise die Pfostenkonzentrationen, deren Funktion als Bestattungsplatz in Lünen-Wethmar noch nicht gesichert ist, einzuordnen. Vergleichbare Befunde kennt man aus dem Elbe-Weser-Raum, dem sächsischen Stammgebiet. Diese Gräber der Fremden konzentrieren sich im Süden des Areals mit einer leichten Streuung in der Mitte. Auffallend ist die große Zahl von Jugendlichen und Kindern. Möglicherweise spiegeln auch die Kreisgräben ohne zentrale Grablegung den Bestattungsritus dieser fremden Gruppe wider.

Den jüngeren Belegungsabschnitt bilden die Süd-Nord

Abb. 3 Lünen-Wethmar, Befund 223

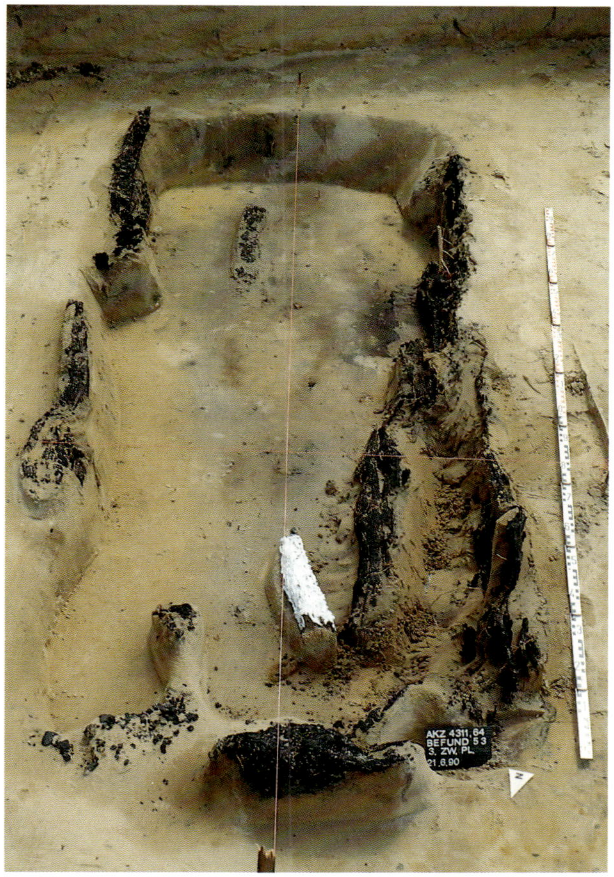

Abb. 4 Lünen-Wethmar, Befund 53

und West-Ost ausgerichteten Gräber mit einfachen Kastensärgen im Norden der Grabungsfläche. Die Süd-Nord-Ausrichtung der Grabgruben sowie die Funde, die in das 8. Jahrhundert datieren, könnten auf eine Integration der Neusiedler hinweisen.

Es ist noch zu früh, die kleine Gruppe der West-Ost ausgerichteten Gräber im Norden der Grabungsfläche, die die Belegung abschließt, trotz ihrer Orientierung als christliche Bestattungen zu bezeichnen. Die zahlreichen Beigaben (Perlen, Fibeln, ein Amulett aus Chalcedon, eiserne Messer, eiserne Schnallen, eiserne Pfeilspitzen, in zwei Fällen auch Saxe, Feuerstähle, Rasiermesser, Pinzetten und Stabdorn) sowie eine dazwischen angelegte Brandbestattung, deren Grabgrube größenmäßig einem Körpergrab entspricht, stellen eher den Übergang zu einer Umorientierung der Körpergräber von Süd-Nord auf West-Ost dar.

Die Pferdebestattungen, die eine zentrale Lage einnehmen, lassen sich zeitlich erst einordnen, wenn eine Vergleichsmöglichkeit mit den anderen westfälischen Gräberfeldern besteht. Aufgrund der unterschiedlichen Größe der Grabgruben kann man zwischen Bestattungen in breiten und Bestattungen in schmalen Gruben unterscheiden. Singulär ist die Beigabe eines Pferdeschädels in einem Brandgrab im Zentrum eines Kreisgrabens.

Von besonderem Interesse sind neben den acht Brandgräbern unterschiedlicher Größe die zahlreichen Vier- und Fünfpfostenkonstruktionen sowie die große viereckige Umfriedung und einige Kreisgräben, die eindeutig zum Gräberfeld gehören.

Obwohl nur Teile der Nekropole ausgegraben werden konnten und die Auswertung der Befunde noch im Gange ist, lassen sich bereits einige interessante Aspekte beobachten: Der Bestattungsplatz gibt neben der chronologischen Einordnung des Fundstoffes in die Zeit vom 5. bis in das 8. Jahrhundert einen Einblick in die rechtsrheinischen Verhältnisse zwischen Lippe und Ruhr. Einheimische Komponenten verbinden sich mit Impulsen aus dem fränkischen Süden. Gleichzeitig wird die Eingliederung fremder Siedler erkennbar, die zwar eine vorhandene Begräbnisstätte aufsuchten, ihre Eigenständigkeit aber noch längere Zeit bis zu einer völligen Integration beibehielten.

Literatur:

Hermann AMENT, Chronologische Untersuchungen an fränkischen Gräberfeldern der jüngeren Merowingerzeit im Rheinland, in: Berichte der Römisch-Germanischen Kommission 57, 1976, 285–336. – Kurt BÖHNER, Die fränkischen Altertümer des Trierer Landes (Germanische Denkmäler der Völkerwanderungszeit B 1), Berlin 1958. – Erhard COSACK, Das sächsische Gräberfeld bei Liebenau, Kr. Nienburg (Weser) (Germanische Denkmäler der Völkerwanderungszeit A 15), Berlin 1982. – Hans-Jürgen HÄSSLER, Kulturelle Einflüsse aus dem fränkischen Reich, in: Kat. Hamburg 1978, 163–177. – DERS., Das sächsische Gräberfeld bei Liebenau, Kr. Nienburg (Weser) 2–4. Beiträge zur Frühgeschichte Nordwestdeutschlands (Studien zur Sachsenforschung 5,1–5,3 = Veröffentlichungen der urgeschichtlichen Sammlungen des Landesmuseums zu Hannover 29–31), Hildesheim 1983, 1985 u. 1990. – Karl HUCKE, Sächsische Funde der Völkerwanderungszeit in Westfalen, in: Urgeschichtsstudien beiderseits der Elbe, Karl Hermann Jacob-Friesen gewidmet, hrsg. v. Gustav SCHWANTES, Hildesheim 1939, 341–353. – DERS., Ausbreitung der Sachsen vom 6.–8. Jahrhundert in Norddeutschland aufgrund der Grabfunde, in: Bericht über die Kieler Tagung 1939, Neumünster 1944, 195–202. – Jörg KLEEMANN, Grabfunde des 8. und 9. Jahrhunderts im nördlichen Randgebiet des Karolingerreiches, phil. Diss., Bonn 1992. – Ursula KOCH, Das Reihengräberfeld bei Schretzheim (Germanische Denkmäler der Völkerwanderungszeit A 13), Berlin 1977. – Friedrich LAUX, Der Reihengräberfriedhof in Oldendorf, Samtgemeinde Amelinghausen, Kr. Lüneburg, Niedersachsen, in: Hammaburg N.F. 5, 1983, 91–147. – DERS., Nachklingendes heidnisches Brauchtum auf spätsächsischen Reihengräberfriedhöfen und an Kultstätten der nördlichen Lüneburger Heide in frühchristlicher Zeit, in: Kunde N.F. 38, 1987, 179–198. – DERS., Das frühmittelalterliche Gräberfeld beim Rehrhof, Samtgemeinde Amelinghausen, Kr. Lüneburg, Niedersachsen, in: Studien zur Sachsenforschung 2, hrsg. v. Hans-Jürgen HÄSSLER, Hildesheim 1980, 203–229. – Judith OEXLE, Merowingerzeitliche Pferdebestattungen – Opfer oder Beigaben?, in: Frühmittelalterliche Studien 18, 1984, 122–172. – Berthold SCHMIDT, Die späte Völkerwanderungszeit in Mitteldeutschland (Veröffentlichungen des Landesmuseums für Vorgeschichte in Halle 29), Berlin 1976. – Frauke STEIN, Adelsgräber des Trierer Landes (Germanische Denkmäler der Völkerwanderungszeit A 9), Berlin 1967. – August STIEREN, Ein neuer Friedhof fränkischer Zeit in Soest, in: Germania 14, 1930, 166–175. – Gabriele WAND, Beobachtungen zu Bestattungssitten auf frühgeschichtlichen Gräberfeldern Westfalens, in: Studien zur Sachsenforschung 3, hrsg. v. Hans-Jürgen HÄSSLER (Veröffentlichungen der urgeschichtlichen Sammlungen des Landesmuseums zu Hannover 27), Hildesheim 1982 (1983), 249–314.

Henriette Brink-Kloke

Ein Dorffriedhof des 6.–10. Jahrhunderts in Dortmund-Wickede

Drei Gefäße führten zur Auffindung des ersten frühmittelalterlichen Friedhofs auf Dortmunder Stadtgebiet. Ein Friedhofsgärtner entdeckte sie 1954 beim Ausheben eines Grabes auf dem Bezirksfriedhof in Dortmund-Wickede. Der Fund von zwei scheibengedrehten fränkischen Wölbwandtöpfen und eines handgearbeiteten Kumpfs weckten den Verdacht, daß hier ein Grab zerstört worden sein könnte. Diese Gefäße waren 40 Jahre später der Anlaß für eine archäologische Untersuchung, da der Wickeder Bezirksfriedhof nun erweitert werden sollte. Die Ausgrabung wurde von der Unteren Denkmalbehörde Dortmund zwischen 1993 und 1995 durchgeführt und erbrachte einen Friedhof mit 97 Bestattungen aus der Zeit vom 6. bis zum 10. Jahrhundert. Der Fundort liegt südlich des heutigen Ortes Wickede am Bockumweg, der als breiter Hohlweg vom Hellweg nach Süden verläuft (Abb. 1). Die Gräber des Friedhofs waren gleichförmig orientiert und in Reihen parallel zum Bockumweg angeordnet (Abb. 2). Die Längsachse fast aller Bestattungen war West-Ost ausgerichtet, der Kopf lag dabei im Westen, der Tote blickte nach Osten. Nur zwei Gräber orientierten sich in Nord-Süd-Richtung (Gräber 10 und 38). Sie befanden sich im Zentrum des Friedhofs. Grab 10 zeigte sich fast ungestört, während Grab 38 durch jüngere, West-Ost ausgerichtete Bestattungen überschnitten worden war. Die beiden Gräber erwiesen sich als die ältesten des Friedhofs. Die Beigaben der Verstorbenen und die erhaltenen Bestandteile ihrer Tracht erlauben eine Datierung in die 2. Hälfte des 6. Jahrhunderts. Grab 10 enthielt einen Glasbecher, ein Eisenmesser, einen eisernen Pfriem sowie eine bronzene Gürtelschnalle und zwei bronzene Hafteln (Kat.Nr. IV.61). Der Glasbecher ist ein in dieser Zeit weit verbreitetes Wohlstandsgut. Er wird auch als Spitz- oder Sturzbecher bezeichnet, da er keine Standfläche besitzt. Bei der Schnalle handelt es sich um eine Schilddornschnalle, deren Dorn schildförmig verbreitert und mit Kerben verziert ist. Die beiden Hafteln dienten als Zierbeschläge des Gürtels. Ihre Kopfplatte wird ebenfalls von Einkerbungen gerahmt und trägt jeweils ein eingeritztes Kreuz. Für alle Gegenstände lassen sich Parallelen in fränkischen Gräbern der 2. Hälfte des 6. Jahrhunderts im Rheinland finden (Pirling 1986). Einmalig ist bislang das Kreuzzeichen auf den beiden Hafteln (Hübener 1962, Martin 1989).

Dem Verstorbenen in Grab 38 hatte man eine kleine Glasschale, eine eiserne Bügelschere, drei eiserne Pfeilspitzen, ein Eisenmesser, ein Feuerzeug sowie ein Schwert mitgegeben (Kat.Nr. IV.65). Da sich von dem Schwert nur noch die Reste des Ortbandes (Verstärkung der Schwertscheide am Klingenende) der Schwertscheide fanden, ist anzunehmen, daß die Schwertklinge bei den Grabarbeiten für die sich überschneidenden Gräber 31 oder 33 entnommen worden ist. Das Feuerzeug bestand aus einem Eisenblech als Feuerstahl und einem Kernstein aus Silex als Schlagstein, der den Funken am Feuerstahl erzeugte. Das Eisenblech wurde außen, an einer Gürteltasche befestigt, getragen (Brown 1977). In der Tasche befanden sich der Schlagstein und leicht brennbares Material, z. B. Zunderschwamm, das als Zunder den Funken aufnehmen konnte. Auch die Beigabenkombination von Grab 38 besitzt zahlreiche Parallelen zu fränkischen Gräbern der 2. Hälfte des 6. Jahrhunderts (La Baume 1967).

Zu allen Zeiten wurden die Toten häufig mit Gegenständen beigesetzt, die zur Trachtausstattung zählen. Es handelte sich dabei um Objekte, die täglich oder nur gelegentlich am Leib getragen wurden und die auch bei der Grablegung Bestandteil der Bekleidung waren. ‘Echte’ Beigaben, wie vor allem Geschirrteile aus Ton, Glas oder Holz, aber auch Tierknochen, belegen dagegen eine Vorstellung vom Weiterleben des Toten im Jenseits.

Bei den anderen Gräbern des Wickeder Friedhofs ist gegenüber den Gräbern 10 und 38 außer der veränderten Graborientierung in West-Ost-Richtung auch eine Veränderung der Beigaben- und Trachtausstattung deutlich erkennbar. So sind mehr als 50% beigabenlos. Alle anderen Gräber enthielten Keramikgefäße und Holzkohle, die meistens neben dem Sarg auf dem Boden der Grabgrube abgestellt worden sind. Häufig wurden nur eine Gefäßhälfte bzw. ein Gefäßdrittel oder große Scherben

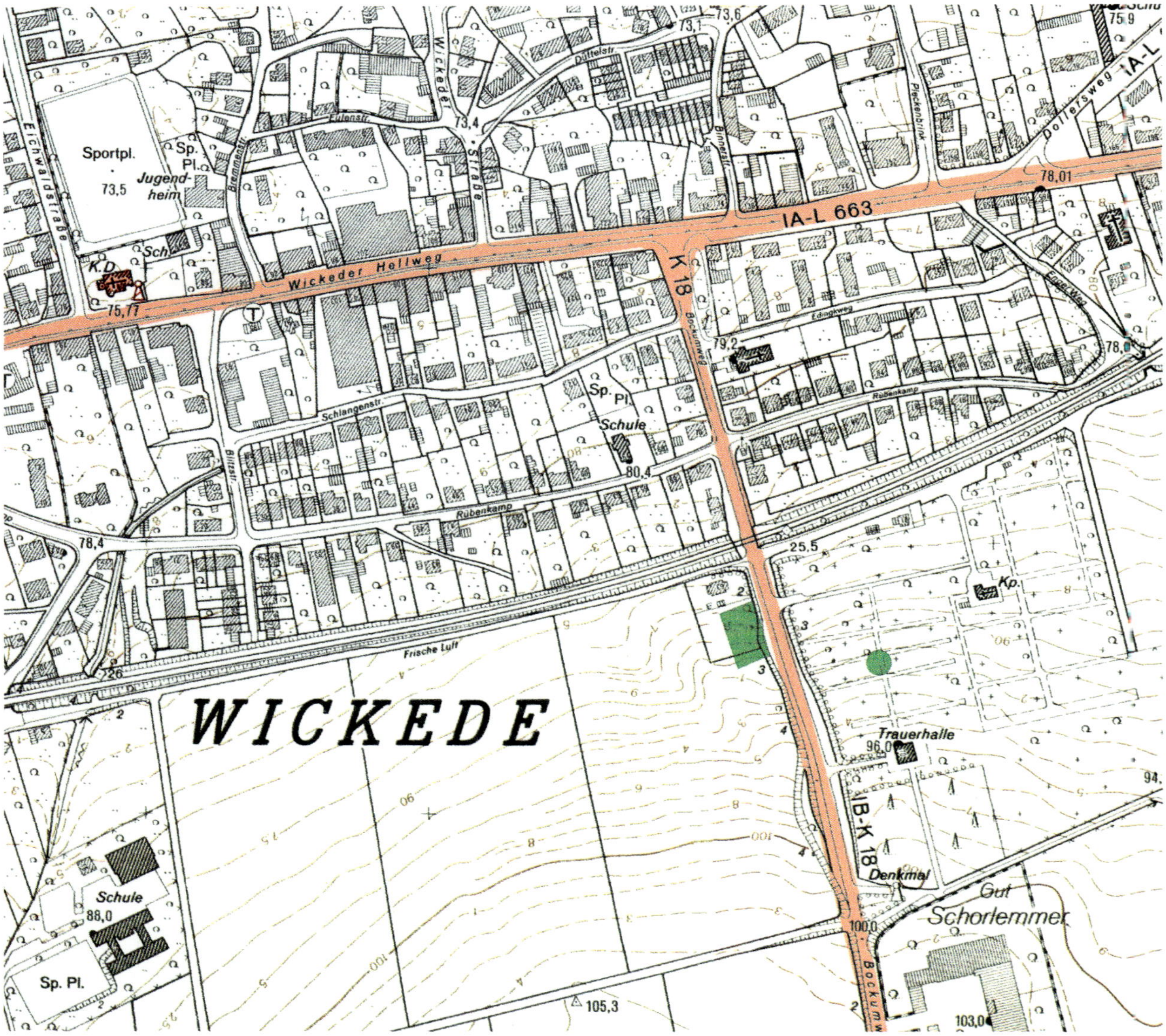

Abb. 1 Dortmund-Wickede; Ausschnitt aus der deutschen Grundkarte: eingetragen ist die Lage der Grabungsfläche (grünes Rechteck), die Fundstelle von 1954 (grüner Kreis), der Verlauf des Hellwegs durch Dortmund-Wickede (rot), die spätromanische Kirche St. Georg am Hellweg und der Bockumweg, der nach Süden vom Hellweg abzweigt (rot)

dort niedergelegt. An den meisten der Gefäße konnte man Holzkohle, Asche- oder Rußspuren beobachten, teilweise lagen die Scherben noch auf oder neben der Holzkohle im Grab. Diese Beobachtungen sind als Hinweis auf Beerdigungsfeierlichkeiten zu verstehen. Es ist davon auszugehen, daß während der Bestattungszeremonie am offenen Grab Opferungen stattfanden, die vielleicht sogar an den mit Graböffnungen verbundenen Jahrestagen wiederholt wurden. Rituelle, 'unchristliche' Handlungen bei Beerdigungen kamen nicht nur in den Randgebieten des karolingischen Reiches vor. So beschwerte sich im 9. Jahrhundert der Mönch Regino von Prüm über Trinkgelage an Grabstätten im Trierer Raum (Kyll 1973). Auch mehrere Erlasse Karls des Großen unterstreichen diese weitverbreitete Praxis, von der man offenbar nicht ohne weiteres lassen wollte. Das Bestattungsritual aus Wickede mit halbierten Gefäßen und Feuer im offenen Grab ist bislang allerdings einzigartig.

Die Art der Gefäße und ihre Verteilung auf dem Friedhof liefern wichtige Hinweise über das Alter der Gräber, über die Belegungsfolge, über Gräbergruppen und Familienverbände, eventuell sogar über ethnische Zugehörig-

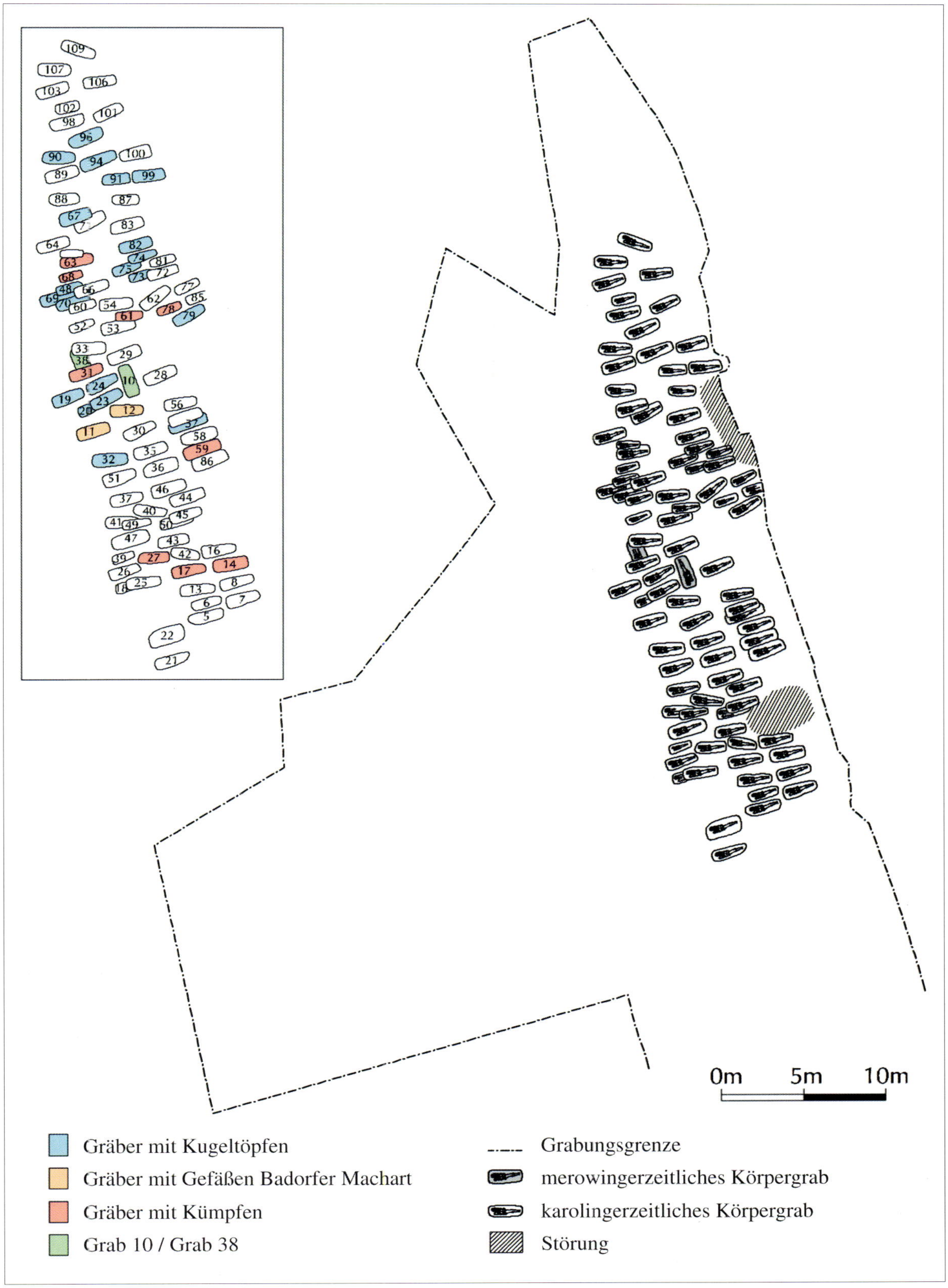

Abb. 2 Dortmund-Wickede; Gräberplan des frühmittelalterlichen Friedhofs

keiten. In Dortmund-Wickede kommen drei verschiedene Tongefäßformen vor: Kümpfe, Kugeltöpfe und Gefäße Badorfer Art. Unter einem Kumpf versteht man ein halbkugeliges Gefäß mit Standboden und geradem, bis nach innen einbiegendem Rand (Kat.Nr. IV.64). Im Gegensatz zu den Kugeltöpfen ist seine Wandung meist dicker und rotbraunfarbig. Gute Vergleiche zu den Kümpfen des Wickeder Friedhofs finden sich in der frühmittelalterlichen Siedlung von Warendorf in Westfalen (Röber 1990). So läßt sich die Mehrzahl der Grabbeigaben in das 8. Jahrhundert datieren, auch für das 9. Jahrhundert gibt es Belege. Kugeltöpfe nennt man kugelige Gefäße mit ausbiegendem Rand von graubrauner, grauer oder schwarzgrauer Färbung. Besonders anhand der Randgestaltung kann man die Gefäße feiner datieren. So gehören die Kugeltöpfe aus dem Wickeder Gräberfeld in das 9. und 10. Jahrhundert (Röber 1990) (Kat.Nr. IV.63). Als Keramik „Badorfer Art" bezeichnete man ockerfarbene bis rotgelbe Gefäße, die auf der Drehscheibe hergestellt und häufig mit umlaufenden Reihen aus Rollstempeleindrücken verziert sind. In zwei Gräbern auf dem Wickeder Friedhof fanden sich große Fragmente von derart verzierten Badorfer Gefäßen (Kat.Nr. IV.63), die sich aufgrund ihrer guten Vergleichbarkeit in das 9. Jahrhundert datieren lassen (Wirth 1990).

Die durch die Ausgrabung erfaßte Belegung des Wickeder Friedhofs (Abb. 2) begann in der 2. Hälfte des 6. Jahrhundert mit den durch Beigaben datierten Gräbern 10 und 38. Sie lagen im Zentrum des Gräberfeldes, das sich zunächst nach Süden ausweitete. So wurden zwei beigabenlose West-Ost-Bestattungen, die Gräber 46 und 51, durch C 14-Kohlenstoffmessungen in das 6. bzw. 7. Jahrhundert datiert; das ebenfalls beigabenlose Grab 43 konnte mit der gleichen Methode in das 8. Jahrhundert eingeordnet werden. In der Mitte und in der Südhälfte des Friedhofs befanden sich auch die Gräber, die Kümpfe als Beigefäße enthielten und in das 8. bzw. frühe 9. Jahrhundert gestellt werden können. Im 9. Jahrhundert dehnte sich der Friedhof dann auch nach Norden aus. Noch in der Friedhofsmitte lagen die Gräber 11 und 12, die rollstempelverzierte Gefäßreste Badorfer Machart enthielten (9. Jahrhundert). Die Gräber mit Kugeltöpfen befanden sich in der Friedhofsmitte und in der nördlichen Hälfte (Abb. 3); sie datieren in das 9. und 10. Jahrhundert. Vereinfacht ausgedrückt läßt sich festhalten, daß die Friedhofsmitte und der Südteil seit der 2. Hälfte des 6. Jahrhundert belegt waren, während der Norden erst ab dem 9. Jahrhundert mit Gräbern besetzt wurde. Im Hinblick auf den allgemein schlechten Forschungsstand zum Frühmittelalter in Westfalen ist im Augenblick noch nicht zu klären, ob der Belegungsablauf des Wickeder Friedhofs und seine damit korrespondierenden wechselnden Beigabensitten und Keramikformen außer einer zeitlichen Entwicklung verschiedene Zugehörigkeiten widerspiegeln. In Westfalen lebten im 6. und 7. Jahrhundert u. a. die von den Chronisten als „fränkisch" bezeichneten Brukterer. Die Ausstattung der Gräber 10 und 38 spricht für enge Verbindungen zum linksrheinischen Gebiet. Der Einfluß des Christentums auf die rechtsrheinisch wohnenden fränkischen Stämme dürfte bis auf vereinzelte Missionierungsversuche irischer und schottischer Mönche zu diesem Zeitpunkt noch sehr gering gewesen sein. Um so überraschender erscheint die Kreuzritzung auf den beiden Hafteln in Grab 10 (Kat.Nr. IV.61; vgl. Roth/Wamser 1984). Am Ende des 7. Jahrhundert eroberten die Sachsen die Gebiete zwischen Ruhr und Lippe. Mit den Sachsen wird in der Regel der Kumpf als Gefäßform in Verbindung gebracht. Die Sachsen ihrerseits wurden erst von Karl dem Großen 775 mit der Eroberung der Sigiburg in Dortmund-Syburg nach Osten zurückgedrängt. Das Ereignis war entscheidend für die fränkische Besetzung dieser Region. Karl ließ zum Zeichen des Sieges die Kirche St. Peter inmitten der ehemals feindlichen Wallburg Sigiburg errichten. Papst Leo III. weihte sie vermutlich im Jahr 799 auf seinem Rückweg von Paderborn. Die Erweiterung des Wickeder Friedhofs nach Norden und die Beigabe der Kugeltöpfe stehen für die Zeit nach der fränkischen Eroberung der Sigiburg. Allerdings erscheint es unwahrscheinlich, daß sich hier ehemals feindliche Bevölkerungsgruppen ablösen. So fügen sich einige beigabenlose Gräber, die durch C 14-Kohlenstoffmessung in das 9. und 10. Jahrhundert gehören (z. B. Gräber 22 und 42) zwanglos in die Gräberreihen der älteren Friedhofsteile, während sich umgekehrt das Kumpfgrab 68 in der nördlichen Hälfte einer Gräbergruppe mit Kugeltöpfen angliedern läßt.

Der Friedhof wurde vermutlich aufgegeben, als man im Ort die erste Kirche baute. Schon am Ende des 8. Jahrhundert hatte König Karl die Errichtung von Kirchen, die Beisetzung der Toten in ihrer unmittelbaren Nähe und die Aufgabe der alten, „heidnischen" Friedhöfe angeordnet. Die Belegung des frühmittelalterlichen Friedhofs am Bockumweg endete dagegen erst im 10. Jahrhundert. So dokumentiert die Untersuchung des frühmittelalterlichen Friedhofs von Dortmund-Wickede anschaulich den Umgang der einheimischen Bevölkerung mit dem christlichen Glauben und belegt mehr als deutlich, daß die Bewohner dieses Dorfes am Hellweg trotz aller Bewegung

Abb. 3 Dortmund-Wickede; Grab 69 mit Sargschatten und senkrecht halbiertem Kugeltopf in der Grabgrube; neben und unter dem Gefäß befinden sich Holzkohlereste

in der großen Politik ihre Verstorbenen weiterhin einvernehmlich nebeneinander bestatteten.

Literatur:

Henriette BRINK-KLOKE u. Axel DUDA, Christen im 6. Jahrhundert? Ausgrabungen in Dortmund-Wickede, in: Heimat Dortmund 2, 1995, 19–23. – David BROWN, Firesteels and Pursemounts again, in: Bonner Jahrbücher 177, 1977, 451–477. – Wolfgang HÜBENER, Schildförmige Gürtelhaften der Merowingerzeit in Spanien und Mitteleuropa, in: Madrider Mitteilungen 3, 1962, 152–176. – Kat. Frankfurt 1984. – Nikolaus KYLL, Tod, Grab, Begräbnisplatz, Totenfeier. Zur Geschichte ihres Brauchtums im Trierer Land und in Luxemburg unter besonderer Berücksichtigung des Visitationshandbuches des Regino von Prüm (gest. 915), (Rheinisches Archiv 81), Bonn 1973. – Peter LA BAUME, Das fränkische Gräberfeld von Junkersdorf bei Köln, Ort 1967. – Max MARTIN, Bemerkungen zur chronologischen Gliederung der frühen Merowingerzeit, in: Germania 67,1, 1989, 121–141. – Renate PIRLING, Römer und Franken am Niederrhein. Katalog-Handbuch des Landschaftsmuseums Burg Linn in Krefeld, Mainz 1986. – Ralph RÖBER, Die Keramik der frühmittelalterlichen Siedlung von Warendorf. Ein Beitrag zur sächsischen Siedlungsware Nordwestdeutschlands (Universitätsforschungen zur prähistorischen Archäologie 4), Bonn 1990. – DERS., Hoch- und spätmittelalterliche Keramik aus der Klosteranlage tom Roden (Denkmalpflege und Forschung in Westfalen 21), Bonn 1990. – Gabriele WAND, Beobachtungen zu Bestattungssitten auf frühgeschichtlichen Gräberfeldern Westfalens, in: Studien zur Sachsenforschung 3, hrsg. v. Hans-Jürgen HÄSSLER (Veröffentlichungen der urgeschichtlichen Sammlungen des Landesmuseums zu Hannover 27), Hildesheim 1982, 249–314. – Sabine WIRTH, Mittelalterliche Gefäßkeramik. Die Bestände des Kölnischen Stadtmuseums, Köln 1990.

Christoph Reichmann

Die Entwicklung des Hausbaus in Nordwestdeutschland von der Vorgeschichte bis zum frühen Mittelalter

Die Entwicklung des Hausbaus in weiten Teilen Nordwestdeutschlands ist von starken Brüchen gekennzeichnet. Eine die Zeit der Völkerwanderung (300–500) überbrückende kontinuierliche Siedlungsentwicklung läßt sich kaum irgendwo aufzeigen. Auch der für das frühe Mittelalter charakteristische Haustyp Warendorf mit schräg eingegrabenen Außenwandpfosten und ausbauchendem („schiffsförmigem") Grundriß, den Wilhelm Winkelmann zu Beginn der 50er Jahre erstmals nachweisen konnte, erschien zunächst als eine in Westfalen völlig neue und fremdartige Bauform. Daher lag es nahe, ihn mit dem historisch bezeugten Vordringen der Sachsen in Verbindung zu bringen. In den letzten Jahrzehnten ist die Zahl der großflächigen Siedlungsgrabungen jedoch so stark angestiegen, daß die Frage nach der Neuartigkeit und möglichen Herkunft des Hauses vom Typ Warendorf neu gestellt werden muß.

Da es die Archäologie außerhalb der engeren Küstenregion normalerweise nicht mit greifbaren Überresten der Häuser zu tun hat, sondern allein mit Bodenverfärbungen – den Spuren der mit „gestörtem", d. h. umgegrabenem Erdreich verfüllten Gruben, in denen die mittlerweile vergangenen Holzpfosten gestanden haben –, ist man weitgehend auf die Auswertung von Grundrissen angewiesen. Es zeigte sich schon früh, daß die Grundrisse schon in vorgeschichtlicher Zeit gewöhnlich zwei unterschiedliche Spurengruppen aufwiesen, nämlich Wand- und Gerüstspuren. Offenbar hatten die Wände anfangs noch gar keine tragende Funktion. Gewöhnlich erstellte man wohl zunächst das dachtragende Hausgerüst und errichtete dann unabhängig davon in einem zweiten Schritt die das Haus nach außen abschließenden Wände.

Diese Beobachtung führte dazu, daß die Forschung vor allem das Gerüst als Unterscheidungsmerkmal heranzog (Abb. 1) und die Befunde nach der Anzahl der im Hausinnern aufgestellten Längspfostenreihen in einschiffige (ohne Innenpfosten), zweischiffige (mit Mittelpfostenreihe), dreischiffige (mit zwei Pfostenreihen) und vierschiffige Grundrisse (mit drei inneren Pfostenreihen) unterteilte. Damit ergab sich für die Mehrzahl der Grundrisse eine Einteilung, die auch durch archäologische Datierungen gestützt wurde. Vierschiffige Grundrisse beschränkten sich weitgehend auf die ältere und mittlere Bronzezeit (1800–1100 v. Chr.), während einschiffige Häuser – von einem frei überspannten Innenraum von ca. 5 m – anscheinend erst in der römischen Kaiserzeit aufkamen. Als grobe Tendenz ergab sich somit – bei prinzipiell gleichbleibenden Hausbreiten – eine Entwicklung von zahlreichen, den Innenraum verstellenden Pfosten während der älteren Bronzezeit bis hin zu völlig stützenlosen Häusern im frühen Mittelalter.

Trotz dieser im Prinzip klaren Entwicklung scheint es aber in den meisten Gebieten Nordwestdeutschlands über Jahrhunderte kaum Veränderungen in der Konstruktion der Häuser gegeben zu haben, denn die überwiegende Zahl der aufgefundenen Grundrisse ist von der Bronzezeit bis in die Völkerwanderungszeit hinein dreischiffig angelegt. Dies gilt auch für die westlich und östlich angrenzenden Gebiete bis hinauf nach Skandinavien. Offenbar zeigte man wenig Neigung, von einer einmal bewährten Konstruktion abzuweichen. Eine Ausnahme bildet allein ein kleinerer Raum im Südwesten, und zwar das niederrheinisch-westfälische Gebiet. Hier überwiegt schon seit der jüngeren vorrömischen Eisenzeit (300 v. Chr. – um Christi Geburt) der zweischiffige Grundriß (Typ Haps, nach einem Fundort in den Niederlanden; Abb. 2) und dann in der späten Römerzeit der weitgehend stützenfreie Innenraum (Typ Soest).

Die Anregung zum Bau veränderter Hausgerüste wird kaum aus den stabilen Landschaften des Nordens

Abb. 1 Versuch einer Rekonstruktion der Hausgerüstentwicklung in Nordwestdeutschland von der älteren vorrömischen Eisenzeit bis ins frühe Mittelalter. Die Lage der abschließenden Wände wird durch Querstriche und die der konstruktiven Längshölzer durch Kreissignaturen markiert. Anbindungen oder Anblattungen sind durch kurze Schrägstriche angedeutet – Grün: das Dach unmittelbar stützende Hölzer (direkt); blau: das Dach mittelbar stützende Hölzer (indirekt); rot: selbsttragende Dachkonstruktionen (Sparrendach); braun: tragfähiger Dachboden

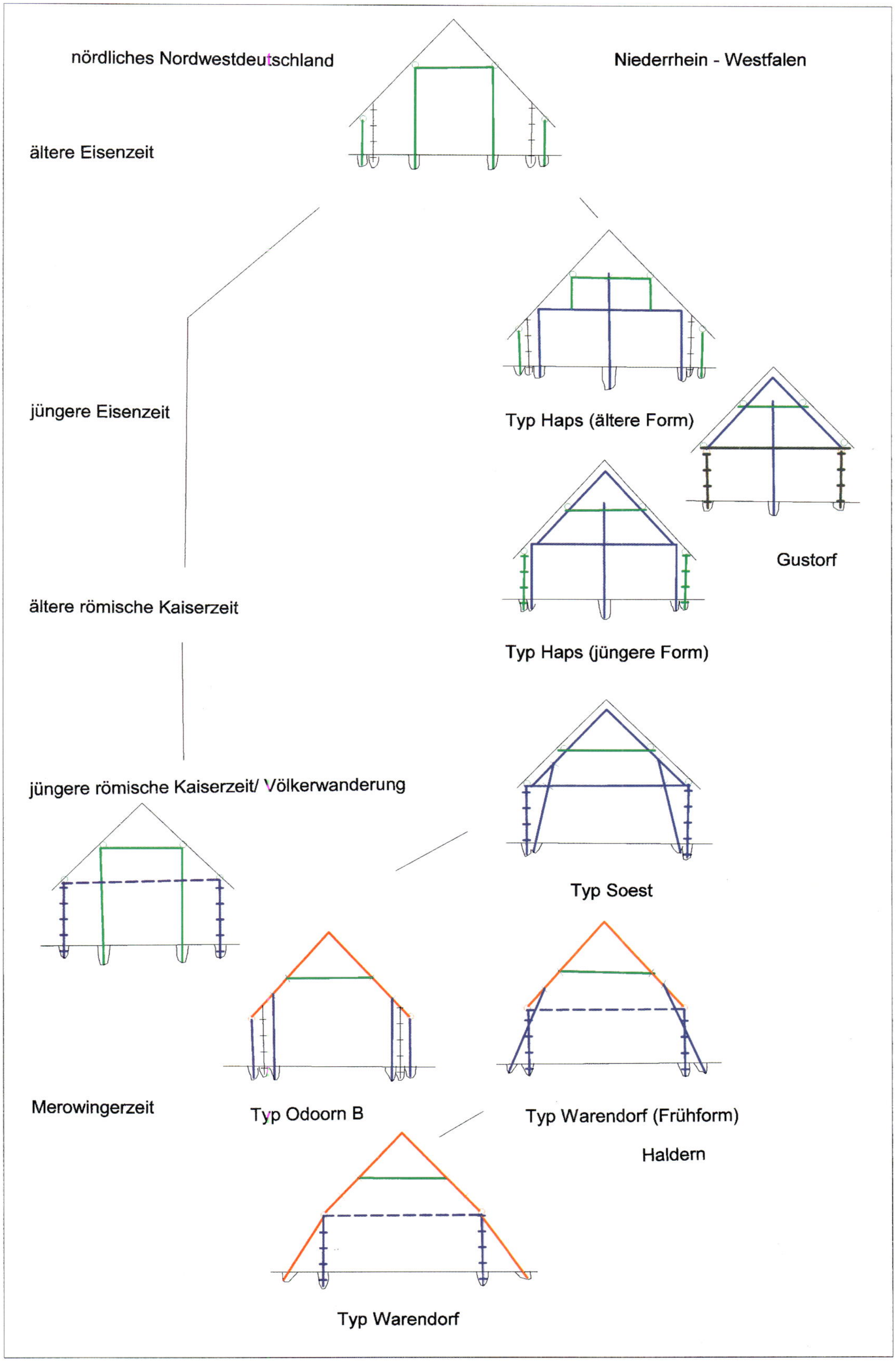
nördliches Nordwestdeutschland
Niederrhein - Westfalen
ältere Eisenzeit
jüngere Eisenzeit
Typ Haps (ältere Form)
Gustorf
ältere römische Kaiserzeit
Typ Haps (jüngere Form)
jüngere römische Kaiserzeit/ Völkerwanderung
Typ Soest
Merowingerzeit
Typ Odoorn B
Typ Warendorf (Frühform)
Haldern
Typ Warendorf

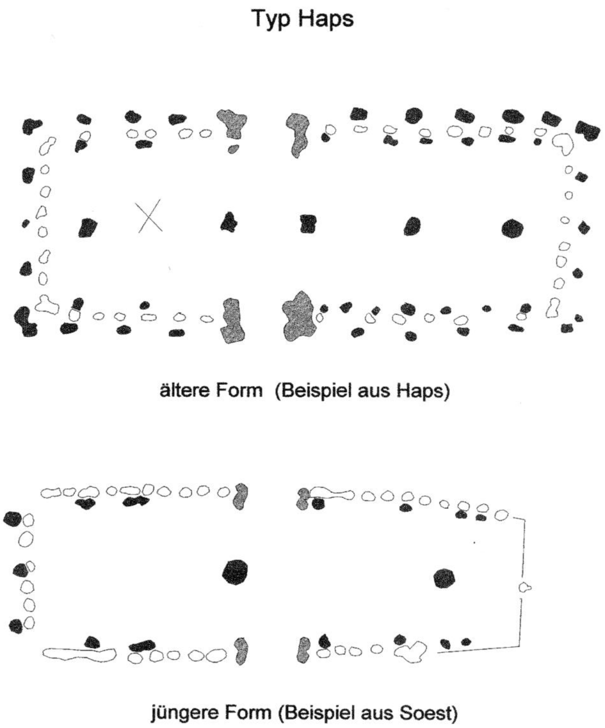

Abb. 2 Charakteristische Grundrisse des Typs Haps: oben, jüngere Eisenzeit, unten, um Christi Geburt. Das konstruktive Gerüst ist durch Raster hervorgehoben

gekommen sein, die in ihrem Hausbau weitgehend konstant blieben, sondern wohl eher aus dem Süden, zumal von hier auch andere Neuerungen eingeführt wurden. Allerdings kann sich dies nur auf allgemeine Konstruktionsprinzipien beziehen, denn gewöhnlich findet man am südlichen Nieder- und Mittelrhein ganz andere Hausformen als in Nordwestdeutschland. Anstelle von Großhäusern mit regelmäßig einbezogenen Stallungen und Platz für hauswirtschaftliche Verrichtungen scheinen hier spezielle Kleinbauten für die verschiedenen Nutzungen üblich gewesen zu sein. Immerhin wird aber deutlich, daß die Häuser im Aufgehenden relativ gut verzimmert gewesen sein müssen, wahrscheinlich in vielen Fällen bereits tragfähige Lagerböden enthielten und zudem die Trennung zwischen Wand und dachtragender Konstruktion früh aufgegeben wurde.

Dem entspricht, daß sich auch die Häuser vom Typ Haps – in Westfalen fanden sich Beispiele in Albersloh bei Münster oder in Soest und Böddeken im Hellweggebiet – durch eine aufwendigere Verzimmerung sowie später einen stärkeren Einbezug der Wand in die tragende Konstruktion auszeichnen. Als Bindeglied wird man wohl eine Variante des Typs Haps aus dem Erftgebiet (Grevenbroich-Gustorf) ansehen können. Das Haus vermittelt nicht nur in der Größe zwischen beiden Hauslandschaften, sondern zeigt auch bereits Spuren rechteckig zugerichteter Pfosten, was auf einen erhöhten Verzimmerungsaufwand schließen läßt. Am unteren Niederrhein steht dagegen die Wand bei den älteren Häusern vom Hapstyp noch frei. Das Dach ruht auf drei Stützenreihen, von denen die erste – dem Dachüberstand entsprechend – außerhalb der Wand eingegraben, die zweite innen unmittelbar gegen die Wand gestellt und die dritte schließlich mit wenigen kräftigen Exemplaren in der Mitte aufgerichtet wurde. Dabei fällt auf, daß die innen an die Wand gerückten Pfosten in der Regel Paare bilden, die in Anzahl und Abstand ungefähr den Pfosten innerhalb der gewöhnlichen dreischiffigen Häuser entsprechen. Das legt den Schluß nahe, daß sie auch eine ähnliche Funktion hatten. Während bei den gewöhnlichen Häusern die Hauptbiegepunkte – d. h. die Stellen in der Mitte der beiden Dachseiten, an denen die Dachhölzer am meisten durchhingen – direkt von unten abgestützt wurden, geschah dies offenbar bei den Häusern vom Typ Haps auf eine indirekte Weise. Anscheinend führte man hier die wandnahen Stützen nicht bis in den Dachraum hoch, sondern nur bis zu einem waagerechten Querbalken, auf dem dann die eigentlichen Dachstützen in der alten Position aufgestellt waren. So ergeben auch die Mittelpfosten einen Sinn, denn den kurzen Dachstützen fehlte es natürlich an Stabilität, die ihnen früher durch die feste Verankerung im Boden verliehen worden war. Um sie daher einigermaßen sicher aufrichten und gegen Winddruck schützen zu können, benötigte man wenigstens an zwei oder drei Punkten innerhalb des Hauses feste Verbindungen zwischen Erdboden und Dachraum.

Infolge der Ausdehnung des Römischen Reiches im 1. Jahrhundert v. Chr. hatte das außerhalb der Reichsgrenzen liegende Verbreitungsgebiet der Häuser vom Typ Haps unmittelbaren Kontakt mit Gebieten, in denen ganz andere Holzkonstruktionen verwendet wurden. So gehörte es zur Konstruktionsweise römischer Häuser, die Wände immer als tragende Elemente einzusetzen und die Dächer darüber nicht als Ganzes zu konstruieren, sondern gleichsam im Baukastenprinzip aus stabilen Einzelgliedern (Dreiecken) zusammenzusetzen. Auf diese Weise erreichte man eine größere Flexibilität in der Grundrißgestaltung.

Offensichtlich kam es in der Folge zu einigen Änderungen im Hausbau. Zwar scheinen diese auf den ersten Blick kaum Beziehungen zu den römischen Konstruk-

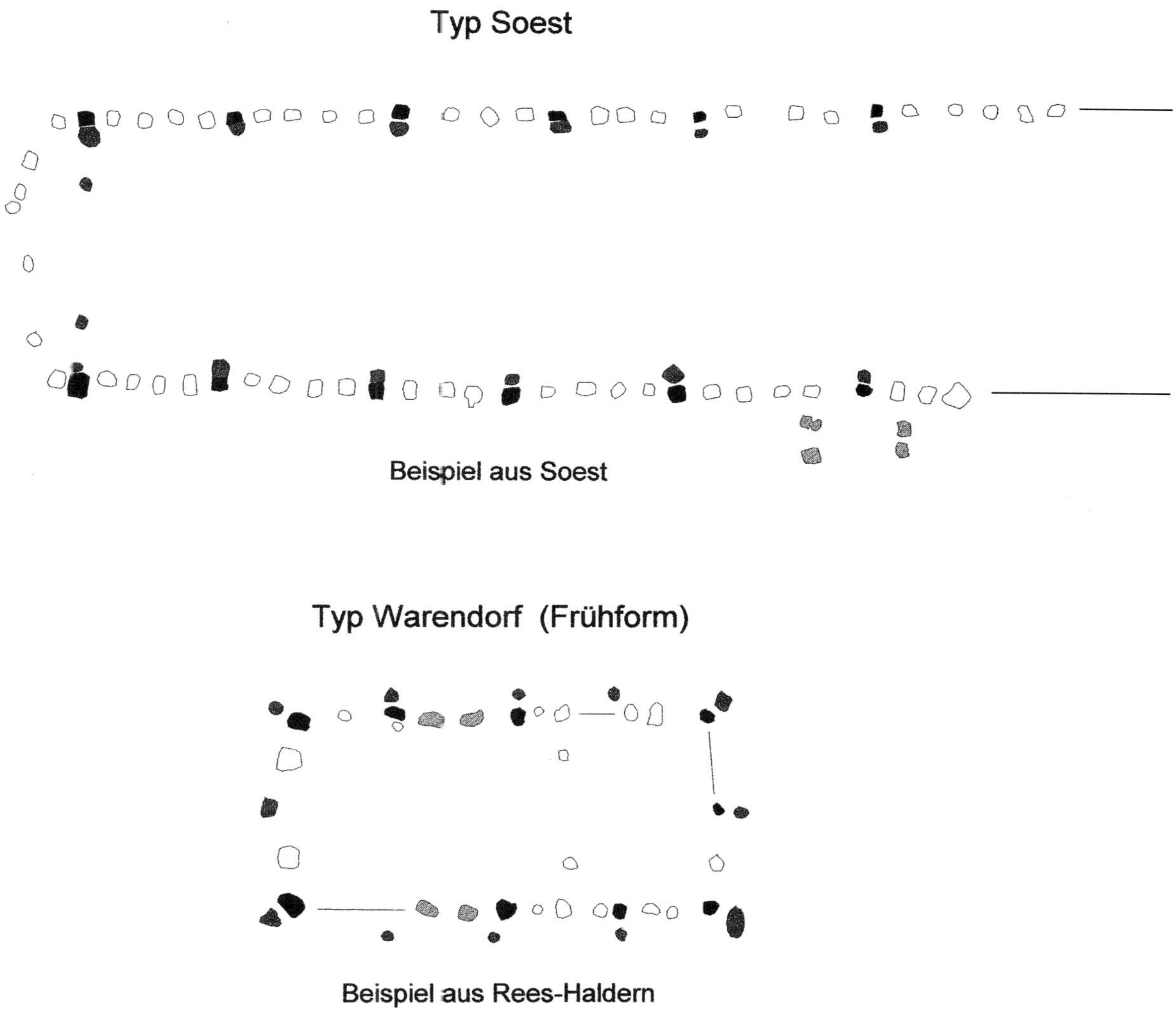

Abb. 3 Charakteristische Grundrisse des Typs Soest. Oben jüngere römische Kaiserzeit und Frühform des Typs Warendorf, unten Merowingerzeit

tionen aufzuweisen, doch fällt auf, daß die Innovationen in den Grenzregionen jetzt schneller als früher aufeinanderfolgen. Auch ist leicht verständlich, warum man die meisten der römischen Techniken nicht unmittelbar übernehmen konnte. Während der Holzbau bei den Römern weitgehend in der Hand von Berufshandwerkern und Ingenieuren lag, wurde er im germanischen Bereich noch weitgehend von Nachbarschaften ausgeführt. Gefragt war demnach nicht eine einfache Übernahme, sondern eine den Verhältnissen angepaßte Umsetzung.

Offenbar verfolgte man weiterhin die Schaffung eines möglichst stützenfreien Innenraums. Allerdings gab es hier zwei unterschiedliche Konstruktionsweisen. Die erste zeigt Doppelpfosten im Wandbereich und beginnt sich bereits im 3. Jahrhundert zu entwickeln. Da die Pfostenstellung oftmals nur auf Teile des Hauses angewandt wurde, liegt der Schluß nahe, daß nach wie vor nur das Abfangen von Dachstützen und noch nicht die Konstruktion eines völlig neuen Daches betrieben wurde. Der in dieser Hinsicht besonders entwickelte Haustyp Soest (Abb. 3) zeigt, daß die inneren Pfosten schräg eingesetzt waren. Offenbar suchte man den senkrechten Mittelpfosten jetzt durch zwei gegenläufige Diagonalstreben zu ersetzen. Die größere Tiefe der Außenpfosten zeigt außerdem, daß es Querbalken gegeben haben muß, die nun von Wand zu Wand durchliefen. Die Streben scheinen,

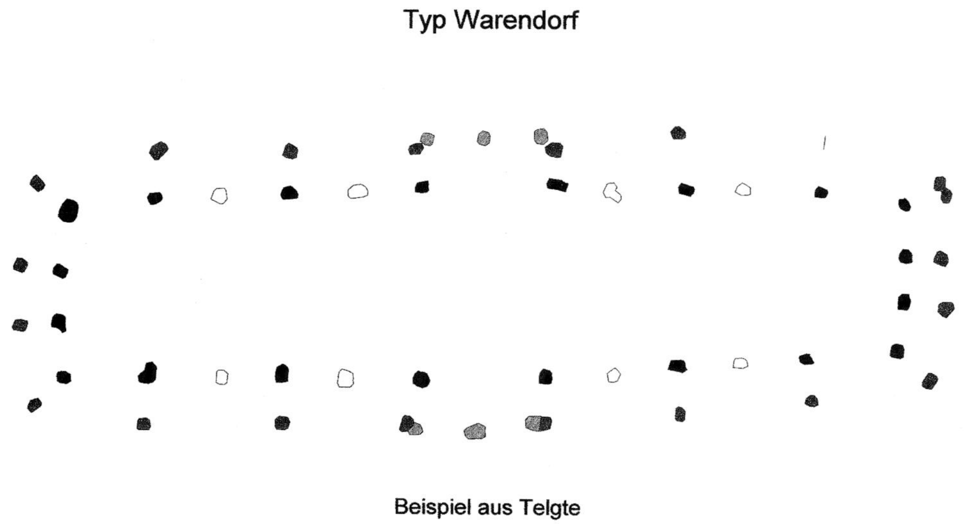

Abb. 4 Kennzeichnender Grundriß des Typs Warendorf, Karolingerzeit

da sie mindestens teilweise in einer Flucht liegen, mit den Balken verzimmert (verblattet) worden zu sein, so wie es im Römischen Reich üblich war. Über das Aussehen des eigentlichen Dachstuhls lassen sich nur Vermutungen anstellen. Möglicherweise entsprach er immer noch dem der gleichzeitigen dreischiffigen Häuser (senkrechte Stuhlsäulen). Wahrscheinlich hatte man ihn aber zumindest im Westen des hier betrachteten Gebietes (Typ Gustorf) lange in der stabileren Form als geneigtes Dreieck und damit als sog. Scherenstuhl ausgebildet.

Die zweite Konstruktionsweise oder vermutlich einfach der nächste Entwicklungsschritt wird in Westfalen durch das oben bereits genannte Haus vom Typ Warendorf vertreten (Abb. 4). Auf den ersten Blick unterscheidet es sich erheblich vom Typ Soest, doch die meisten der äußerlichen Merkmale, wie die ausbauchende Gestalt des Grundrisses, die vorgesetzten Eingangslauben und der weite Pfostenabstand, finden sich entweder vereinzelt auch schon früher (z. B. ausbauchende Gestalt bei Häusern vom Typ Haps in Soest) oder bilden direkte Übernahmen aus dem römischen Holzbau, so der weite Pfostenabstand. Wirklich neuartig ist somit nur die Verwendung von schräg eingegrabenen Außenwandstützen.

Die Frage nach dem technischen Zweck der Außenstreben wird im allgemeinen dahingehend beantwortet, daß mit ihrer Hilfe ein von oben seitlich auf die Wand treffender Druck abgefangen werden sollte. Eine derartige Druckverteilung ist neu und daher sicher auch nur durch eine grundlegende Neuerung innerhalb der Dachkonstruktion erklärbar. In Betracht kommt eine Vorform des von hochmittelalterlichen Häusern her bekannten (und im Prinzip auch heute noch gebräuchlichen) Sparrendaches. Unter einem Sparrendach versteht man eine Dachkonstruktion, die ohne unterstützenden Stuhl auskommt und daher selbsttragend ist. Die einzelnen Dachhölzer werden nicht mehr auf eine Unterkonstruktion aufgelegt, sondern paarweise gegeneinander gestemmt sowie meist auch mit Querhölzern (sog. Kehlbalken) zu festen Dreiecken verbunden. Zweifellos entspricht das Sparrendach im Prinzip der römischen Dachkonstruktion. Allerdings sind die römischen Holzdreiecke normalerweise so verzimmert, daß der Druck senkrecht auf die Wände abgeleitet wird, d. h., die Dachhölzer (Sparren) stehen hier immer auf den Querbalken und nicht unmittelbar auf der Wand, wie es bei den mittelalterlichen Häusern teilweise der Fall ist und vermutlich auch schon beim Typ Warendorf, denn andernfalls gäbe es keinen seitlichen Druck aufzufangen. Im Mittelalter löste man das Problem durch den Einzug sog. Ankerbalken. Der Grund dafür, daß man ein so umständlich anmutendes Verfahren in Kauf nahm und nicht gleich die technisch ausgereifte römische Dreieckskonstruktion übernahm, liegt wohl an dem großen Aufwand, den diese mit sich gebracht hätte, und zwar nicht allein an Zimmerarbeit, sondern vor allem an gutem Bauholz (für die in diesem Falle sehr zahlreichen Quer- oder Dachbalken). Schließlich betrug die Lebensdauer von Holzhäusern mit eingegrabenen tragenden Bauteilen normalerweise nur ein bis zwei Generationen.

Der Wandel der Konstruktionsweise läßt sich an verschiedenen Übergangsformen ablesen. Ihnen gemeinsam ist der kürzere Abstand der Außenpfosten zur Wand.

Während bei einem Haus von Rees-Haldern die Stützen bereits schräg eingegraben, aber noch nach innen bis an die Sparren hochgeführt gewesen sein können, scheint man in Drenthe (Typ Odoorn B) die Sparrenschwelle von der Wand auf die Außenpfosten verlegt zu haben. Der Schub sollte hier offensichtlich durch Innenstreben aufgefangen werden. Anscheinend hat sich diese Konstruktion jedoch nicht sonderlich bewährt, denn es fanden sich kaum Nachfolger.

Abschließend ist festzustellen, daß sich für den zunächst in Westfalen fremd erscheinenden Haustyp Warendorf im weiteren Nordwestdeutschland keine Vorbilder beibringen lassen. Statt dessen weisen die meisten technischen Einzelheiten auf enge Beziehungen zu provinzialrömischen Bauweisen und deren schon früher im Lande selbst erfolgten Umsetzungen. Wenn es auch in Nordwestdeutschland bislang schwierig ist, über die Zeit der Völkerwanderung hinaus örtliche Siedlungskontinuiäten archäologisch nachzuweisen, so deutet doch zumindest im Hausbau vieles auf durchlaufende Traditionen hin. Später fand das technische Prinzip des Haustyps Warendorf allerdings auch im Norden Eingang, und zwar nicht allein in den angrenzenden Gebieten, sondern auch im wikingerzeitlichen Skandinavien.

Literatur:

Johanna BRABANDT, Hausbefunde der römischen Kaiserzeit im freien Germanien. Ein Forschungsstand (Veröffentlichungen des Landesamtes für Archäologische Denkmalpflege Sachsen-Anhalt 46), Halle 1993. – Rainer HALPAAP, Der Siedlungsplatz Soest-Ardey (Bodenaltertümer Westfalens 30), Mainz 1994. – Hermann HINZ, Die Ausgrabungen auf der Wittenhorst in Haldern, Kr. Rees, in: Bonner Jahrbücher 163, 1963, 369–392. – Carlo S. T. J. HUIJTS, De voor-historische boerderijbouw in Drenthe: Reconstructiemodellen van 1300 voor tot 1300 na Chr., Arnheim 1992. – Christoph REICHMANN, Ein mittellatènezeitliches Gehöft bei Grevenbroich-Gustorf, Kr. Neuss, in: Rhein. Ausgrab. 19, 1979, 561–599. – DERS., Der ländliche Hausbau in Niederdeutschland zur Zeit der salischen Kaiser, in: Siedlungen und Landesausbau zur Salierzeit 1, hrsg. von Horst Wolfgang BÖHME (Römisch-Germanisches Zentralmuseum. Forschungsinstitut für Vor- und Frühgeschichte. Monographien 27), Sigmaringen 1991, 277–298. – Bendix TRIER, Das Haus im Nordwesten der Germania libera, Münster 1969. – Gerrit Jan VERWERS, Das Kamps Veld in Haps in Neolithikum, Bronzezeit und Eisenzeit, Leiden 1972. – Wilhelm WINKELMANN, Eine westfälische Siedlung des 8. Jahrhunderts bei Warendorf, Kr. Warendorf, in: Germania 32, 1954, 189–213. – W. Hajo ZIMMERMANN, Die Siedlungen des 1. bis 6. Jahrhunderts n. Chr. von Flögeln-Eekhöltjen, Niedersachsen. Die Bauformen und ihre Funktionen (Probleme der Küstenforschung im südlichen Nordseegebiet 19), Hildesheim 1992.

Christiane Ruhmann

Frühmittelalterliche Siedlungen im Münsterland

Aus dem Münsterland, das räumlich im Spannungsfeld zwischen dem reichsfränkischen Herrschaftsgebiet und dem sächsischen Kulturbereich mit seinem mutmaßlichen Zentrum an der mittleren Weser liegt, sind zahlreiche große Siedlungen frühgeschichtlicher Zeit durch neuere Ausgrabungen bekanntgeworden (Abb. 1). Unterschiede in ihrer Struktur und ihrem Erscheinungsbild können Ausdruck verschiedenster Gegebenheiten sein. Sie sind u. a. abhängig von der Einbindung eines Ortes in den regionalen oder überregionalen Handel, von den vorhandenen Ressourcen, vom Grad der Spezialisierung der Bewohner, aber auch vom Umfang des zur Verfügung stehenden Acker- und Weidelandes. Weitere wichtige Punkte stellen Art und Umfang herrschaftlicher Strukturen und speziell für das Mittelalter das Ausmaß kirchlichen und weltlichen Grundbesitzes dar. Zur Beurteilung dieser Fragen ist die Forschungssituation bislang allerdings noch unzureichend. Wenige Siedlungen des Münsterlandes sind vollständig publiziert, keine in ihrer Gesamtausdehnung erfaßt. Aussagen zu Bevölkerungs- und Besiedlungsstruktur lassen sich daher vorerst noch nicht treffen. Allein einige übergreifende Bemerkungen zur Hofstruktur, Wirtschaftsweise, zum Handwerk und zum Handel sind möglich. Mit der Eroberung des Gebietes durch die Karolinger kam es sicher zu einer zunehmenden Einbindung des Münsterlandes in ein übergreifendes ökonomisches System, in dem auch kirchliche Strukturen eine Rolle spielten. Über die Art der Herrschaftsausübung und -organisation vor der Zeit der Sachsenkriege ist wenig bekannt.

Im Münsterland ist für das 7. Jahrhundert eine Zunahme der Besiedlung gegenüber früheren Jahrhunderten festzustellen. Diese Tatsache wird auch durch neuere, z. T. noch unpublizierte Untersuchungen bestätigt. Allerdings kann das genaue Ende des spätestens seit der jüngeren Kaiserzeit einsetzenden Siedlungsrückgangs zum jetzigen Zeitpunkt noch nicht genauer bestimmt werden. Einige Gräberfelder – sowohl eher fränkischer als auch eher sächsischer Prägung – sind bereits mit mehr oder weniger großen Fundinventaren für das 5. und/oder 6. Jahrhundert nachgewiesen. Bei den Siedlungen dagegen liegen bislang nur wenige versprengte Hinweise auf eine chronologische Einordnung in diesen Zeitabschnitt vor, da entsprechend datierte Funde fast völlig fehlen. Auch eine ethnische Identifikation der Siedler ist nicht ohne weiteres möglich.

Im frühmittelalterlichen, vorkarolingischen Münsterland waren Städte unbekannt. Die Menschen lebten in kleinen Dörfern, Weilern oder aber Einzelhöfen, häufig – wie zahlreiche Befunde entlang der Ems belegen (Abb. 1) – in hochwasserfreier Lage am Rande von Flüssen oder Bächen. Neben archäologischen Spuren, die das Aussehen und die Wirtschaftsweise der Siedlungen dokumentieren, liegen auch Hinweise aus schriftlichen Quellen vor – hier sind vor allem die zur Zeit Karls des Großen, z. T. jedoch bereits im 6. Jahrhundert schriftlich fixierten Volksrechte der einzelnen germanischen Stämme bzw. Stammesgruppen zu nennen.

Die frühgeschichtlichen Ansiedlungen des Münsterlandes zeigen durchweg agrarische Prägung. Hinweise auf eine Überschußproduktion liegen äußerst selten vor. Innerhalb der Siedlung ausgeübtes Handwerk diente hauptsächlich der Selbstversorgung ihrer Einwohner. Eine Hofstelle – in den Volksrechten zumeist *curtis*, manchmal auch *villa* (was dort jedoch gelegentlich auch Dorf meint) genannt – bestand in der Regel aus einem großen Wohnstallhaus als Hauptgebäude sowie diversen Nebengebäuden – zu nennen sind Scheunen, Speicher und Grubenhäuser. Brunnen sind nicht für jeden Hof belegt. Die meisten der Wohnstallhäuser besitzen eine ungefähr west-östliche Ausrichtung, mit der den vorherrschenden Westwinden Rechnung getragen wurde.

Größere Veränderungen in der Konstruktion dieser Gebäude lassen sich vom 6./7. bis zum 9. Jahrhundert aufzeigen. Diese Erkenntnis verdankt man u. a. den großflächig untersuchten Siedlungsarealen in Norddeutschland und den östlichen Niederlanden. Vor allem in der Provinz Drenthe, aber auch anhand einiger Fundorte in der Veluwe bei Arnheim kann die Siedlungsentwicklung von der Bronzezeit bis in das späte Mittelalter

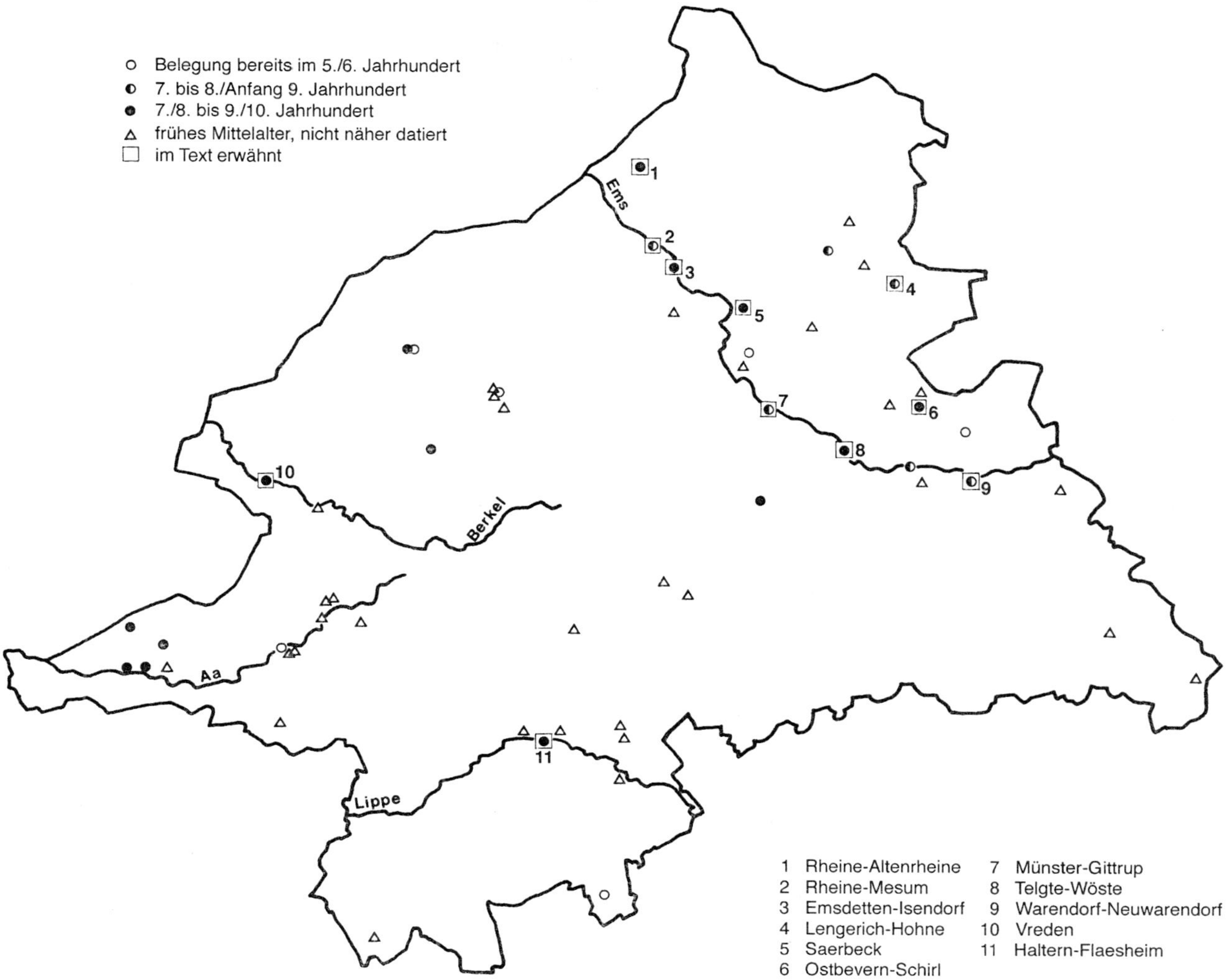

Abb. 1 Frühmittelalterliche Siedlungen im Münsterland

durchgehend verfolgt werden. Die Entwicklung der Hausgrundrisse im Münsterland ist wohl in enger Verbindung zum (ost)niederländischen Gebiet zu sehen. Seit der jüngeren Kaiserzeit wird bei der Konstruktion von Häusern die Tendenz erkennbar, eine Vergrößerung bzw. bessere Nutzbarkeit des Innenraumes durch Verlagerung der stützenden Innenpfosten in Richtung der Wände zu erreichen. Etwa im 7. Jahrhundert befinden sie sich nahe der Wandflucht bzw. bilden eine knapp außerhalb der Hauswand stehende Pfostenreihe. Zum Ende des 7. bzw. zu Beginn des 8. Jahrhunderts setzen sich im drenthischen Odoorn einschiffige Bauten durch, deren manchmal leicht schiffsförmig gebogene Längswände über eine in einem Abstand von ungefähr 1 m außerhalb der Flucht der Hauswand stehende Außenpfostenreihe verfügen. In der Veluwe, vor allem auf den benachbarten Fundplätzen Hoog Buurlo und Kootwijk, zeichnen sich diese Entwicklungen in der Gebäudekonstruktion möglicherweise ein oder zwei Generationen früher ab als in Drenthe. Hier zeigen bereits die merowingerzeitlichen Hausgrundrisse des 6./7. Jahrhunderts große Ähnlichkeiten zu denen von Odoorn. Die Dachlast wird nicht von den häufig durch Wandgräbchen angedeuteten Hauswänden, sondern von den innen und außen dicht vor ihnen stehenden, paarweise angeordneten Pfosten getragen (Abb. 2.2). Ein weiteres Merkmal der merowingerzeitlichen Häuser des 6. und 7. Jahrhunderts ist ihre rechteckige Grundform bei gleichzeitiger leichter Abrundung der Hausecken. Auch im Münsterland sind solche frühen rechteckigen Hausformen mit gerundeten Ecken sowie außen- und/

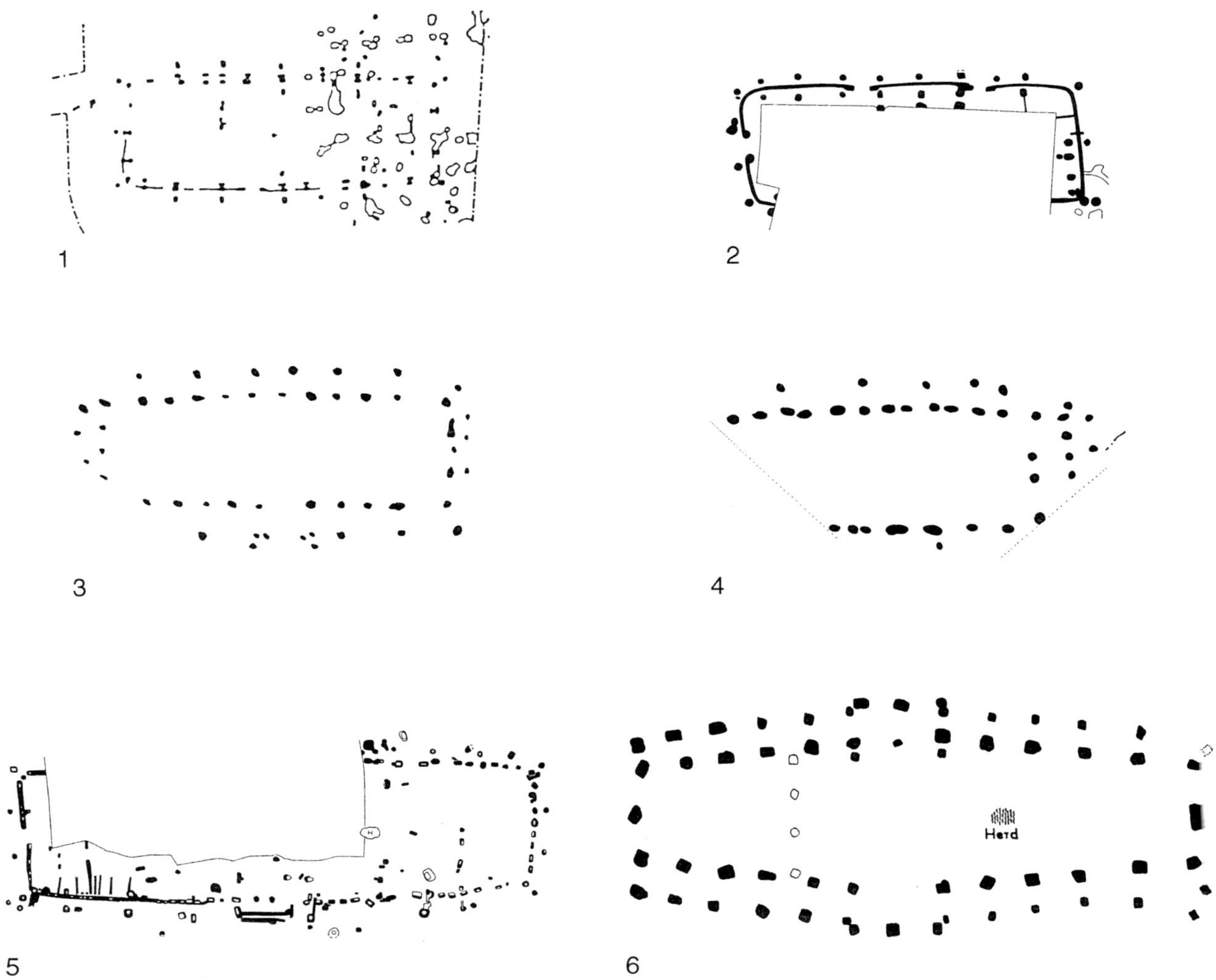

Abb. 2 Haustypen frühmittelalterlicher Siedlungen des 7./8. Jahrhunderts: 1 Warendorf-Neuwarendorf. – 2 Hoog Buurlo/Braamberg, Veluwe. – 3 Münster-Gittrup. – 4 Lengerich-Hohne. – 5 Kootwijk, Veluwe. – 6 Warendorf-Neuwarendorf

oder innenständigen Pfostenreihen in einigen Siedlungen belegt. Beispiele stammen u. a. aus Warendorf-Neuwarendorf (Kr. Warendorf) (Abb. 2.1), Rheine-Mesum (Kr. Steinfurt) oder Münster-Gittrup (Kr. Münster). Wie bei den niederländischen Beispielen aus Kootwijk (Abb. 2.5) und Odoorn läßt sich auch bei den westfälischen Grundrissen der Wohnstallhäuser seit dem Ende des 7. bzw. dem Beginn des 8. Jahrhunderts eine Ausbauchung der Längsseiten beobachten. Parallel zu den Hauswänden verlaufen oft schräg zu den Wandpfosten stehende, die Dachlast des Sparrendaches abfangende Außenpfostenreihen. Frühe Beispiele dieser Grundrißform sind unter Umständen durch flaue Schiffsform sowie eher eng gestellte, nicht sehr massive Pfosten charakterisiert. Beispiele hierfür stammen aus Lengerich-Hohne (Kr. Steinfurt), Saerbeck (Kr. Steinfurt), Warendorf-Neuwarendorf sowie möglicherweise aus Münster-Gittrup (Abb. 2.3, 4). Entwickelte schiffsförmige Grundrisse mit massiveren Pfostenverfärbungen sowie beidseitig mittig der Längsseiten ausgebildeten Eingangslauben werden nach ihrem namengebenden Fundort als Typ Warendorf bezeichnet (Abb. 2.6). Charakteristische Beispiele dieses Typs finden sich weiterhin in den Siedlungen Telgte-Wöste (Kr. Warendorf), Ostbevern-Schirl (Kr. Warendorf) sowie Vreden (Kr. Borken). Wie Christoph Reichmann zeigen konnte, läßt sich eine Entwicklungslinie von diesen Hausgrundrissen bis zum neuzeitlichen Typ des sog. Niedersächsischen Hallenhauses verfolgen (vgl. Beitrag Reichmann). Selten sind Spuren von hölzernen Viehboxentrennungen der Wohnstallhäuser überliefert. Ein gut er-

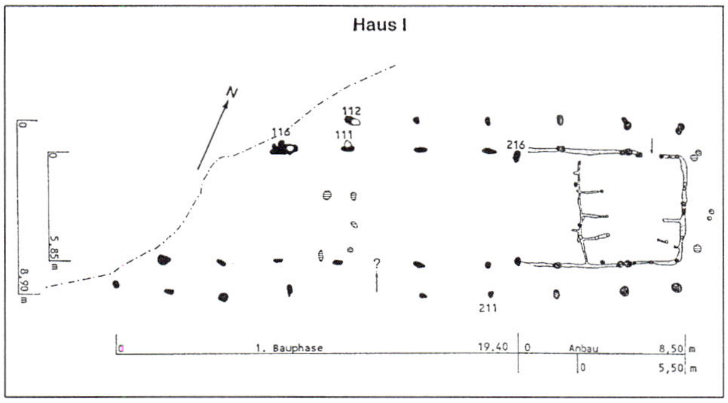

Abb. 3 Hausgrundriß aus Saerbeck mit Resten der hölzernen Viehboxen, Mitte 7. Jahrhundert

haltenes Beispiel entstammt der Siedlung von Saerbeck, wo die Viehboxen allerdings ungewöhnlicherweise quer zur Längsausrichtung des Hauses angelegt waren (Abb. 3). Das Haus, welches noch eine rechteckige Form besitzt, wird in die Mitte des 7. Jahrhunderts datiert. Die Hauptgebäude frühmittelalterlicher Höfe werden in den Volksrechten vornehmlich als *domus* oder *casa* bezeichnet und stellen dort den hervorragenden Bau des Gehöftes dar, der auch als pars pro toto für das gesamte Anwesen stehen konnte. Er stand unter besonderem rechtlichen Schutz und ist damit deutlich von den ebenfalls zum Gehöft gehörigen Nebengebäuden abgehoben.

Neben die großen Wohnstallhäuser treten in den Siedlungen regelmäßig kleinere Gebäude, die ebenfalls zumindest teilweise mit einem Kranz von Außenpfosten umgeben sind. Zum einen könnte es sich um auch in den Volksrechten erwähnte, kleinere Wohngebäude für einzelne Hofmitglieder gehandelt haben. Zum anderen ist hier an zusätzliche Viehställe – in den Volksrechten u. a. *scuria* für Großvieh bzw. *sutes* für Schweine genannt – zu denken. Auch eine Nutzung als Scheune oder Speicher ist möglich. Für die Lagerung von Heu oder Stroh wurden daneben sicherlich die archäologisch etwa in Warendorf-Neuwarendorf nachgewiesenen Heubergen verwendet.

Eine wichtige, im Rahmen fast aller frühmittelalterlichen Siedlungsgrabungen in größerer Anzahl auftretende Gebäudegruppe bilden die als Werkstätten gedeuteten Grubenhäuser. Diese waren bis zu 1 m Meter in die Erde eingetieft und meistens von rechteckiger Form. Ihr stützendes Gerüst wurde im Münsterland im frühen Mittelalter oft aus vier Eckpfosten gebildet. Oftmals tritt in der Mitte der Schmalseiten jeweils ein Firstpfosten hinzu. Die Wandpartien zwischen den Pfosten bestanden entweder aus mit Lehm bestrichenem Flechtwerk oder aus nebeneinandergestellten Wandbrettern. Es liegen sowohl archäologische als auch schriftliche Hinweise auf die Funktion der Grubenhäuser vor. Die Volksrechte nennen *screona*, sog. Erdhäuser, die sie der Frauenarbeit – hauptsächlich wohl dem Spinnen und Weben – zuordnen (Abb. 4). Archäologisch wird diese Deutung etwa durch Reste von Webgewichten auf der Sohle eines Grubenhauses von Warendorf-Neuwarendorf bestätigt. Grubenhäuser aus Lengerich-Hohne (Abb. 5) und Rheine-Altenrheine (Kr. Steinfurt) zeigten in ihre Fußböden eingetiefte, längliche Gruben. Diese werden in der Regel als Hängeraum der an einem stehenden Gewichtwebstuhl angebrachten und die Kettfäden spannenden Webgewichte interpretiert. Die Verarbeitung und das Spinnen von Fasern belegen zahlreiche Spinnwirtel in den Siedlungsinventaren sowie der singuläre Fund einer Flachshechel aus Münster-Gittrup (Kat.Nr. IV.73).

Daneben liegen weitere Hinweise auf Funktionen von Grubenhäusern vor. Die bereits vom römischen Schriftsteller Tacitus im 1. Jahrhundert n. Chr. erwähnten unterirdischen „Fruchtspeicher" – also Vorratsgebäude im weitesten Sinne – ließen sich für die Siedlung von Lengerich-Hohne belegen. In einem besonders kleinen und damit für die Ausübung von Handwerken ungeeigneten Grubenhaus fand sich Getreide, welches nur durch sehr wenige Ackerunkräuter verunreinigt war. Es könnte sich hier um ausgesiebte und im Grubenhaus zwischengelagerte Vorräte handeln. Hinweise auf Verarbeitung von Getreide lieferte ein Grubenhaus aus Ostbevern-Schirl, auf dessen Sohle sich das Fragment einer runden, steinernen Handmühle fand.

Abb. 4 Greven, Sachsenhof: Rekonstruktion eines Grubenhauses

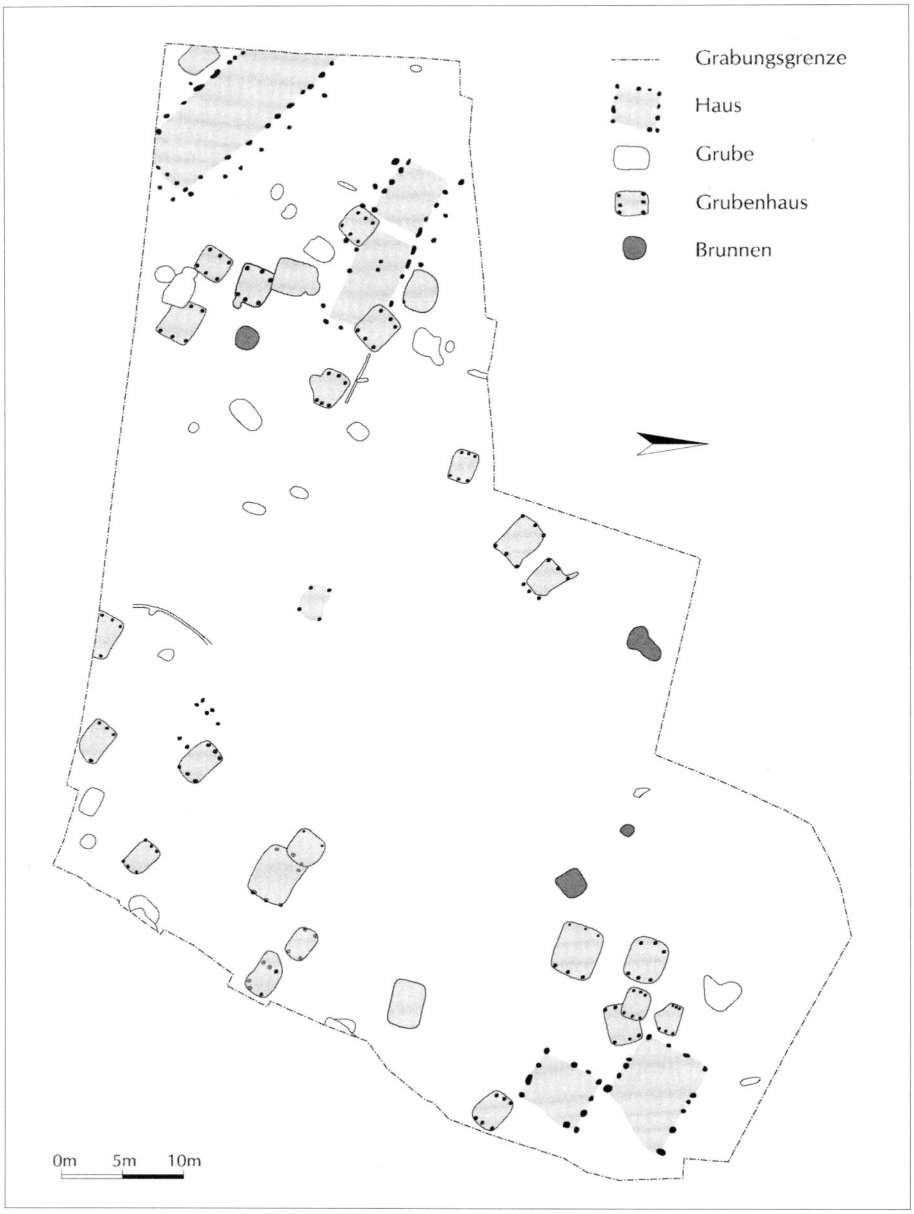

Abb. 5 Siedlung Lengerich-Hohne: Grabungsplan

Brunnen lassen sich in den meisten frühgeschichtlichen Siedlungen in unterschiedlichsten Konstruktionen nachweisen. Häufig belegt – u. a. in Lengerich-Hohne – sind Baumstammbrunnen, daneben kommen jedoch auch Faß- und Kastenbrunnen vor.

Relativ selten sind im münsterländischen Gebiet zusammenhängende Spuren ehemals am Ort vorhandener Zäune überliefert. Entweder handelt es sich um nebeneinandergestellte Pfosten, wie sie in Warendorf wohl der Abgrenzung eines Siedlungsbereiches dienten, oder es zeichnen sich vereinzelte Spuren schmaler Gräbchen ab, wie etwa in Telgte-Wöste. Für Vreden ist es Reichmann gelungen, anhand eines Zaunes einzelne Gebäude zu einer Hofstelle zu gruppieren (Abb. 6). In den Volksrechten kam dem Zaun eine große Bedeutung zu. Er bildete die Abgrenzung von Eigentumsrecht bzw. der Verfügungsgewalt des Hofeigners. Der Zaun bestand dort aus Pfählen oder Stangen, die im oberen Bereich durch Weidenruten, im unteren durch Flechtwerk zusammengehalten wurden. Er reichte einem erwachsenen Mann etwa bis zur Brust bzw. bis zum Kinn.

Nicht nur durch die Befunde, sondern vor allem auch

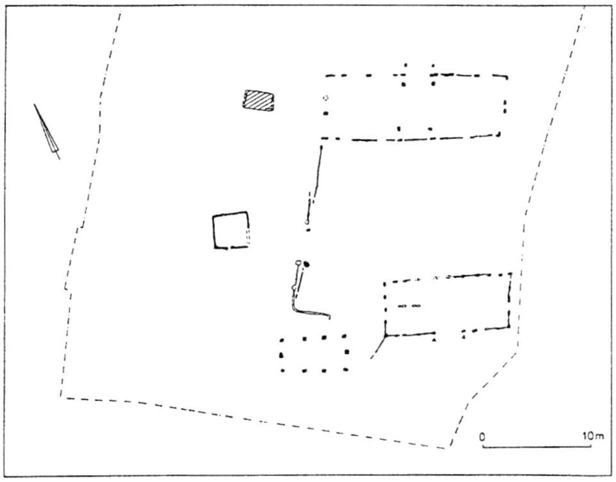

Abb. 6 Vreden: Hofstelle mit Nebengebäuden und Einzäunung

mit Hilfe der Funde läßt sich das Bild einer agrarisch geprägten Siedlung des frühmittelalterlichen Münsterlandes nachzeichnen. Eine Reihe von Tieren sind in den Volksrechten und auch durch Knochenfunde in den Siedlungen selbst als Bestand der Höfe belegt. Neben Rindern, Schweinen, Schafen/Ziegen und Pferden sind weiterhin Hühner, Gänse, Enten, Tauben, Hunde, Katzen und Bienen nachgewiesen.

Das benötigte landwirtschaftliche und handwerkliche Gerät wurde zumeist in den Siedlungen selbst hergestellt. Vornehmlich Geräte aus Eisen haben sich erhalten. Hinweise auf die Verhüttung dieses Metalles lieferte die Siedlung von Warendorf-Neuwarendorf, wo sich neben den Überresten eines Rennfeuerofens eine durch Schmieden verdichtete Eisenluppe als Produkt des Verhüttungsprozesses fand (Kat.Nr. IV.71). Als Ausgangsmaterial wird hier u. a. Brauneisenstein aus dem Weserbergland vermutet. Daneben kommt jedoch auch das im frühmittelalterlichen Münsterland besonders in feuchten Niederungen vorkommende Raseneisenerz möglicherweise für eine Verhüttung in Frage. Indizien für eine Weiterverarbeitung von Eisen liegen aus Lengerich-Hohne in Form von Tondüsen eines Schmiede- bzw. Ausheizherdes, großen Mengen an Schmiedeschlacken sowie eines Eisenbarrens vor (Kat.Nr. IV.83). Die Fundinventare der münsterländischen Siedlungen enthalten weiterhin eine Reihe von vielseitig – etwa in der Metall-, Holz- oder Knochenverarbeitung – einsetzbaren Werkzeugen. Hier sind etwa eine Vierkantfeile, ein Stecheisen oder eine kleine Axt aus Lengerich-Hohne zu nennen (Kat.Nrn. IV.79–81). Dem Zimmermannshandwerk ist ein Hammer aus Ostbevern-Schirl zuzuordnen (Kat.Nr. IV. 88). Der Fund eines Sechs (Pflugmesser) aus Warendorf-Neuwarendorf belegt den Einsatz eines Wendepfluges (Kat.Nr. IV.72). Parallele längliche, den Boden durchziehende Furchen, wie sie z. B. in Münster-Gittrup nachgewiesen werden konnten, bezeugen allerdings lediglich die Nutzung eines Hakenpfluges bei der Bestellung der Äcker. Dem häuslichen Bereich frühmittelalterlicher Siedlungen lassen sich neben vereinzelten Funden wie dem eines eisernen Bratspießes aus Warendorf-Neuwarendorf (Kat.Nr. IV.69) hauptsächlich Reste von handgefertigten Tongefäßen zuweisen. Neben Behältnissen mit einbiegenden, nicht abgesetzten Rändern – sog. Kümpfen (Kat.Nr. IV.67) – kommen vor allem auch terrinenartige Gefäße mit leicht ausbiegenden, kurzen Rändern häufig vor (Kat.Nr. IV.66; IV.74). Seit dem Ende des 8. Jahrhunderts entwickelte sich aus letzteren – möglicherweise unter Einflußnahme der importierten Muschelgruskeramik – die Gefäßform des Kugeltopfes, die für die folgenden Zeiten geradezu charakteristisch wird (Kat.Nr. IV.68).

Eine Beteiligung am Handel – beispielsweise mit dem Gebiet des merowingischen Frankenreichs – kann für die münsterländischen Siedlungen anhand der Importkeramik in Ansätzen nachgezeichnet werden. Für diese Keramik lassen sich vor allem zwei Herkunftsgebiete grob eingrenzen: Die größte Gruppe stellt in den meisten Siedlungen die wohl in Friesland hergestellte Muschelgrusware dar. Sie läßt sich in Westfalen seit der 2. Hälfte des 8. Jahrhunderts nachweisen, gehört jedoch hauptsächlich dem 9. Jahrhundert an. Mit Ausnahme des Westmünsterlandes, wo sie bislang nicht vorkommt, ist diese Warenart in jedem münsterländisch-frühmittelalterlichen Fundinventar vertreten, wenn auch naturgemäß in deutlich geringerer Anzahl als in den Herkunftsgebieten und deren Nachbarregionen. Der Anteil der aus dem fränkischen Kulturbereich stammenden Keramik ist in den meisten münsterländischen Siedlungen dagegen sehr gering. Lediglich die Siedlung von Haltern-Flaesheim (Kr. Recklinghausen), zeigt deutlich höhere Zahlen dieser Importwaren, was wohl der Nähe des Fundplatzes zum reichsfränkisch geprägten Gebiet zuzuschreiben ist. Neben der Keramik sind vereinzelt in den Siedlungsinventaren vorkommende Reste von Mühlsteinen aus Basaltlava (Kat.Nr. VI.81), für die allen bislang durchgeführten Untersuchungen zufolge die Vulkaneifel als Herkunftsort identifiziert werden konnte, als Importgut zu charakterisieren. Als mögliche Handelswege der Importe ins Münsterland kommen vor allem die Flüsse Ems und Lippe in Betracht.

Daneben lassen sich auch einige über Land führende Routen – möglicherweise bereits in frühmittelalterlicher Zeit – nachweisen. Hier ist neben dem Hellweg u. a. eine südlich des Teutoburger Waldes von Rheine über Lengerich und Iburg nach Südosten verlaufende, später Deetweg genannte Trasse zu nennen. Auch einige Süd-Nord-Verbindungen, wie z. B. eine Route von Münster über Tecklenburg und Lengerich nach Osnabrück sind bereits für diese Zeit belegt.

Es bleibt die Frage, ob der in den archäologischen Quellen ablesbare Siedlungszuwachs im 7. Jahrhundert auf eine Aufsiedlung des Münsterlandes durch Zuwanderer bzw. Landnehmer z. B. aus dem niedersächsischen Gebiet zurückzuführen ist. Eine Antwort ist nicht ohne weiteres möglich. Charakteristische Befunde oder Funde, die eine Herkunft der Siedler aus diesem Gebiet nachweisen könnten, liegen nicht vor. Wie oben bemerkt, weisen die Hausgrundrisse auf Verbindungen zum (ost)niederländischen Gebiet – u. a. zur Veluwe und nach Drenthe. Ähnlichkeiten im Hausbau zu dieser Region bestehen schon sehr lange – spätestens seit der jüngeren Eisenzeit. Die einheimische Keramik weist ebenfalls nicht ausdrücklich auf den sächsischen Bereich als Ursprungsgebiet. Vielmehr handelt es sich bei der Masse um freihändig hergestellte, äußerst langlebige Formen, die sich im Münsterland – auch die Technologie ihrer Herstellung betreffend – mit Unterbrechungen bis in die Eisenzeit zurückverfolgen lassen. Eine weitere und grundlegende Schwierigkeit bei der Identifikation der Neusiedler des 7. Jahrhunderts stellt die Tatsache dar, daß für die Merowinger- und Karolingerzeit im sächsischen Stammesgebiet selbst kein eigenständiges Kunsthandwerk mehr nachgewiesen werden kann. Einige der spätestens seit der zweiten Hälfte des 7. Jahrhunderts belegten Siedlungen, wie Lengerich-Hohne oder Rheine-Mesum, finden ihr Ende in der Zeit der Sachsenkriege Karls des Großen, ohne allerdings Hinweise auf eine kriegerische Zerstörung zu liefern. Andere jedoch, wie z. B. Emsdetten-Isendorf, Ostbevern-Schirl oder Haltern-Flaesheim gehen zeitlich z. T. weit darüber hinaus (Abb. 1). Bislang zeichnet sich bei den chronologisch differenzierten Siedlungsgruppen weder eine regionale noch eine strukturelle Trennung ab. Bereits erwähnt wurde die auffällige Konzentration der Siedlungen entlang der Ems. Zu vermerken ist, daß aus weiten Teilen des südlichen Kreises Warendorf zwar Gräberfelder, nicht jedoch Siedlungsplätze bekannt sind. Ein neu einsetzender Besiedlungshorizont nach dem Ende der Auseinandersetzungen mit dem Frankenreich ist zum momentanen Zeitpunkt im münsterländischen Gebiet nicht zu erkennen. Die in den Schriftquellen geschilderten Kämpfe im Rahmen der Sachsenkriege Karls des Großen und ihre mutmaßlichen Auswirkungen auf die Siedlungsstruktur spiegeln sich – zumindest zum gegenwärtigen Zeitpunkt – weder im Befund- noch im Fundbild frühmittelalterlicher Siedlungen des Münsterlandes.

Literatur:

Hildegard DÖLLING, Haus und Hof in westgermanischen Volksrechten (Veröffentlichungen der Altertumskommission im Provinzialinstitut für westfälische Landes- und Volkskunde 2), Münster 1958. – Hendrik Anthonie HEIDINGA, Zwischen Friesen, Franken und Sachsen: Einige Bemerkungen zur Gruppenbildung im frühen Mittelalter in den Niederlanden, in: Studien zur Sachsenforschung 6, hrsg. v. Hans-Jürgen HÄSSLER (Veröffentlichungen der urgeschichtlichen Sammlungen des Landesmuseums zu Hannover 34), Hildesheim 1987, 55–71. – DERS., Medieval Settlement and Economy North of the Lower Rhine. Archeology and History of Kootwijk and Veluwe, Assen/Maastricht 1987. – Gaby HÜLSMANN, Eisenzeitliche und frühmittelalterliche Siedlungsspuren bei Saerbeck, ungedr. Magisterarbeit (WMfA, Gebietsreferat Münster), Münster 1996. – Friedrich LAUX, Die Sachsen – Nachbarn und Gegenspieler der Franken, in: Kat. Mannheim 1996,1, 331–337. – Christoph REICHMANN, Ländliche Siedlungen der Eisenzeit und des Mittelalters in Westfalen, in: Offa 39, 1982, 163–182. – Christiane RUHMANN, Die frühmittelalterliche Siedlung von Lengerich-Hohne, Kr. Steinfurt, phil. Diss., Münster 1998. – Frans THEUWS, Haus, Hof und Siedlung im nördlichen Frankenreich (6.–8. Jahrhundert), in: Kat. Mannheim 1996, 2, 754–768. – Wilhelm WINKELMANN, Beiträge zur Frühgeschichte Westfalens. Gesammelte Aufsätze von Wilhelm Winkelmann (Veröffentlichungen der Altertumskommission im Provinzialinstitut für westfälische Landes- und Volksforschung 8), Münster 1984.

Bernhard Schroth

Die frühmittelalterliche Siedlung von Halle-Künsebeck

Lange Zeit befaßte sich die frühmittelalterliche Archäologie in Deutschland fast ausschließlich mit der Erforschung von Gräberfeldern. Die Untersuchung der daraus stammenden Grabfunde galt überwiegend der Klärung ihrer zeitlichen Stellung und der geographischen und ethnischen Herkunft der hier beigesetzten Toten. Die Siedlungsarchäologie wurde dagegen eher vernachlässigt. Eine Ursache hierfür lag sicherlich in dem Umstand, daß Gräber einfacher zu entdecken sind, die Erforschung von Siedlungen hingegen archäologisch viel aufwendiger ist und meistens weniger spektakuläre Funde erbringt als reich ausgestattete frühmittelalterliche Gräber.

Erst seit den ersten Jahrzehnten dieses Jahrhunderts begann man, auch ländliche Siedlungen eingehender zu erforschen. Bekannte Beispiele sind die Ausgrabungen in Haithabu bei Schleswig oder an den Wurten Hessens, Stadt Wilhelmshaven und Feddersen Wierde (Kr. Cuxhaven). Dabei stellte sich heraus, daß die Untersuchung von Gräbern nur begrenzt Einblicke in den Lebensalltag der Menschen vergangener Epochen ermöglicht, Siedlungen hingegen zusätzliche Aussagemöglichkeiten über Wohnverhältnisse und Wirtschaftsweisen bieten. Mit der Ausgrabung der frühmittelalterlichen Siedlung von Warendorf (Kr. Warendorf) durch Wilhelm Winkelmann wurde in den fünfziger Jahren in Westfalen das erste siedlungsarchäologische Großprojekt begonnen.

Zur gleichen Zeit wurde auch die bisher noch unveröffentlichte frühmittelalterliche Siedlung von Halle-Künsebeck (Kr. Gütersloh) ausgegraben. Die Reste dieser Siedlung wurden bei Baggerarbeiten auf dem Gelände einer Sandgrube ca. 12 km westlich des Stadtzentrums von Bielefeld entdeckt. Die Siedlungsstrukturen befanden sich auf einer Schotterterrasse, unmittelbar nördlich des Künsebaches. Nach Osten hin wird das Gelände durch die Ausläufer des Teutoburger Waldes begrenzt. An seiner Westflanke verläuft eine alte Wegetrasse, die das Künsebachtal querte und als 'Alter Landweg' oder als 'Hellweg' in Karten verzeichnet wurde.

Um die Siedlung vor der undokumentierten Zerstörung zu retten, wurden von 1950–1957 jährlich Notgrabungen durchgeführt. Das gesamte Grabungsareal von ca. 120 x 80 m umfaßte die Grundrisse von mindestens zehn ebenerdigen Pfostengebäuden und weiteren 16 Grubenhäusern sowie sieben Körpergräber (Abb. 1). Nahezu alle Gebäude waren mit ihren Schmalseiten annähernd Nordwest-Südost ausgerichtet. Ob die Erbauer dieser Häuser damit der ehemaligen Geländestruktur folgten oder ob es witterungsbedingte Ursachen für diese Ausrichtung gab, kann nicht mehr geklärt werden. Ebenfalls bleibt ungewiß, ob die Siedlung in ihrer ganzen Ausdehnung durch die Ausgrabungen erfaßt worden ist.

Erste Auswertungen der Gebäudeformen und der Keramik ermöglichen eine Datierung der Siedlung in die Zeit vom 6. bis 8. Jahrhundert. Innerhalb dieser Zeitspanne wurden einige Gebäude durch neue ersetzt, aber es ist davon auszugehen, daß die Gesamtzahl der Hauptgebäude über alle Siedlungsphasen nahezu konstant geblieben ist.

Die Grundrisse der stets unvollständig erhaltenen Pfostenbauten sind durch die Abfolge der in regelmäßigen Abständen entdeckten Pfostengruben und teilweise auch durch Wandgräbchen zu erkennen (Abb. 2). Die meisten dieser Gebäude besitzen einen einschiffigen, mindestens 15 x 6 m großen Grundriß in rechteckiger Form oder mit leicht ausbiegenden Langseiten (schiffsförmige Häuser). Die Wandfüllung bestand vermutlich aus Flechtwerk oder Holzbohlen. Sämtlichen Wandpfosten sind schrägstehende Außenpfosten zugeordnet, die den durch die Last des Sparrendachs entstehenden Druck auf die Wände abfangen sollten. Bei manchen Gebäuden existierte ein Vorbau, der in der Mitte einer Langseite den Eingang des Hauses markiert. Im Innern der großen Pfostenbauten befindet sich meist in der westlichen Haushälfte eine Feuer- bzw. Herdstelle.

In der oben bereits erwähnten frühmittelalterlichen Siedlung von Warendorf wurden vergleichbare schiffsförmige Hausbefunde ausgegraben, die jedoch mit jeweils zwei gegenüberliegenden Eingängen an den Langseiten ausgestattet waren. Sie wurden für diese Bauart namengebend, so daß solche schiffsförmigen Gebäude in

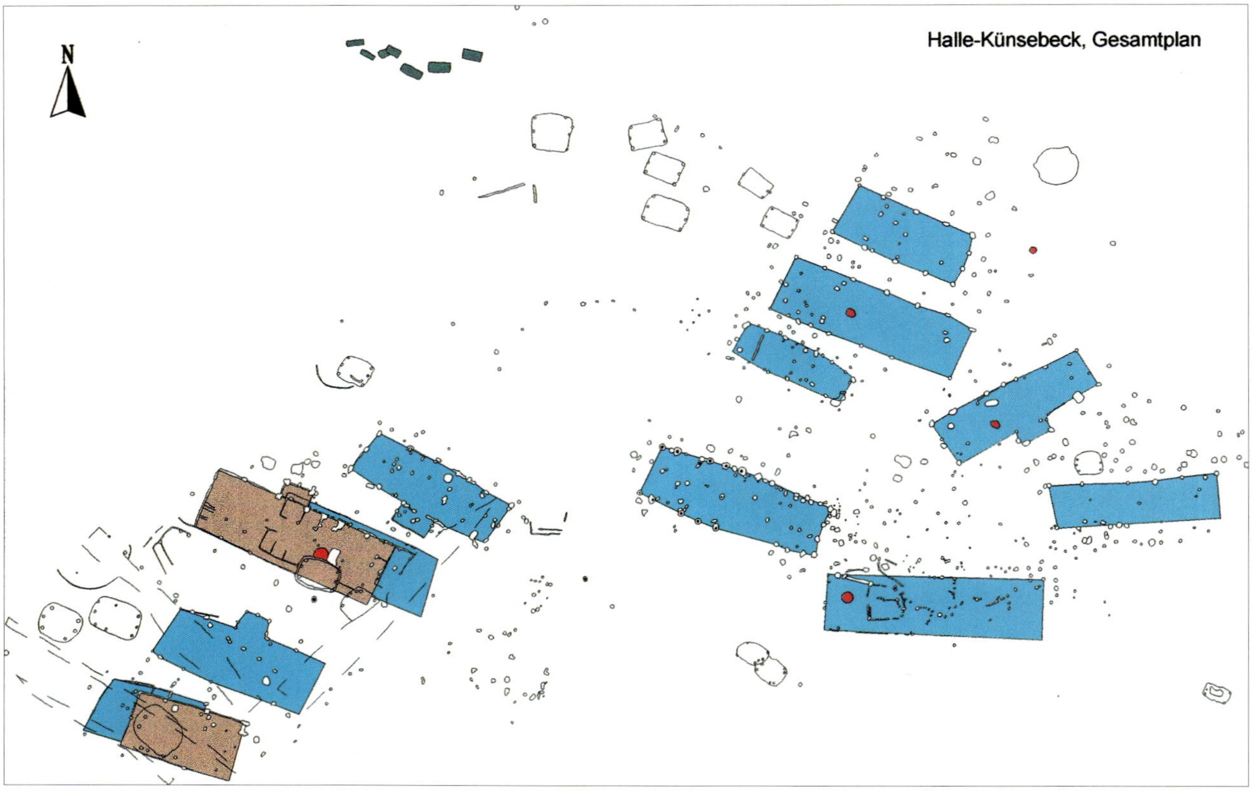

Abb. 1 Gesamtplan der Siedlung Halle-Künsebeck. Grün: Körpergräber, rot: Herd- bzw. Feuerstellen, blau und braun: sicherer Hausgrundriß

der Forschung als Häuser des Warendorfer Typs bezeichnet werden.

Einige Gebäude im Westen der Siedlung von Halle-Künsebeck stellen eine Besonderheit dar. Sie unterscheiden sich vom Warendorfer Typus durch einen Eingang an der westlichen Schmalseite. In einem Fall ist eine viehboxenartige Binnenstruktur erhalten geblieben. Zudem sind die Wandgräbchen der Außenwände dieser Häuser fast vollständig zu erkennen, während sie an anderen Gebäuden, wenn überhaupt vorhanden, nur partiell erhalten sind.

Eine andere in Halle-Künsebeck dokumentierte Hausform ist das in zahlreichen Beispielen erhaltene, in den Boden eingetiefte Grubenhaus. Es wird mit einem Giebeldach rekonstruiert, das von jeweils drei Pfosten an den Schmalseiten des Grubenhauses getragen wurde. Die Eckpfosten markieren eine Grundfläche von ca. 3,5 x 2 m. Die geringe Grundfläche macht die Nutzung dieser Grubenhäuser als Wohngebäude unwahrscheinlich. Sie wurden vielmehr als Vorratshäuser oder als Arbeitsräume für handwerkliche Tätigkeiten, wie z. B. als Webhaus, genutzt.

Überschneidungen einzelner Hausgrundrisse weisen auf eine Mehrphasigkeit der Bebauung hin, vor allem im westlichen Teil der Siedlung. Hier überlagern Grubenhäuser mindestens zwei aufeinanderfolgende Pfostengebäude, so daß in diesem Bereich sogar von drei Siedlungsphasen auszugehen ist. Für eine solche Besiedlungsphase in Halle-Künsebeck muß mit einem oder zwei Gehöften gerechnet werden, die aus einem großen Pfostengebäude und einigen Nebengebäuden bestanden haben.

Betrachtet man die Siedlungsstruktur im Ganzen, so fällt im Vergleich zum nur 30 km entfernten Warendorf auf, daß sich die Siedlungen bezüglich ihrer Haustypen unterscheiden. Während in Warendorf zahlreiche mehreckige Speicher bzw. Rutenberge (Heustapel) vorhanden sind, fehlt dieser Gebäudetyp in Halle-Künsebeck völlig. Zukünftige Untersuchungen müssen erweisen, ob an diesem Befund unterschiedliche Wirtschaftsweisen abzulesen sind. Weiterhin können in Halle-Künsebeck auch keine Pfostengebäude mit an den Langseiten gegenüberliegenden Eingängen nachgewiesen werden. Die oben bereits erwähnten Bauten mit nur einem Zugang an einer Schmalseite fehlen demgegenüber in Warendorf. Nach dem derzeitigen Forschungsstand, wurden letztere in der Frühzeit der Siedlung im 6. Jahrhundert errichtet. Ihre oben genannten Konstruktionsmerkmale zeigen, daß mit einem Weiterbestehen der sog. Wohnstallhäuser im Frühmittelalter zu rechnen ist. Bislang war man davon ausgegangen, daß frühmittelalterliche, vor allem sächsische Gehöfte ausschließlich aus mehreren Häusern mit jeweils unterschiedlichen Funktionen bestanden. Ob nun getrennt oder unter einem Dach vereint, dienten die Pfostenhäuser als Wohngebäude und als Wirtschaftsgebäude, wie z. B. Scheunen, Speicher oder Ställe.

Die bei den Grabungen zutage getretenen archäologischen Funde können den Alltag in diesen Häusern erhellen und liefern uns weitere Aufschlüsse über die Lebens- und Wirtschaftsweisen der Bewohner. Neben den zahlreichen Knochen von Pferd, Rind und Schwein bildet eine große Anzahl von Keramikscherben die mit Abstand größte Fundgruppe. Fragmente von handgemachten, kumpfartigen Gefäßen sind in Halle-Künsebeck am häufigsten vertreten. Sie sind zumeist aus Ton mit groben Einschlüssen gefertigt und weisen zum Teil einen schlechten Brand auf. Neben den kumpfartigen Gefäßformen mit meistens einbiegenden Rändern finden sich unter dem Keramikmaterial auch Gefäße, die Vor- bzw. Frühformen der später gebräuchlichen Kugeltöpfe darstellen. Als einzige Verzierungsmuster wurden Kerben mit Daumen und Zeigefinger in die Außenseiten der Gefäße eingedrückt. Diese Gefäße dienten im weitesten Sinne der Zubereitung und Aufbewahrung von Lebensmitteln. Drei Scherben geben einen Hinweis darauf, daß in Halle-Künsebeck auch auf der Drehscheibe gefertigte Keramik benutzt wurde, obwohl es sich dabei aller Wahrscheinlichkeit nach nicht um ein lokales Produkt gehandelt hat.

Funde von Webgewichten, Nadeln und Spinnwirteln bezeugen die Herstellung von Stoffen; Messer, Pfeil- und Lanzenspitzen liefern Informationen über Jagdmethoden und die Wehrhaftigkeit der Bewohner. Schlackenfunde innerhalb der Siedlung sind ein Indiz dafür, daß Eisen verarbeitet wurde und auch kleinere Schmiedearbeiten von den Bewohnern selbst ausgeführt werden konnten. Knochenkammfragmente weisen zudem auf ein gewisses 'Hygienebewußtsein' hin. Das Leben in der Siedlung war offenbar nicht ausschließlich vom Nahrungserwerb geprägt. Das zeigt der Fund einer tönernen Figur in Gestalt eines kleinen Schweins, die vielleicht als Kinderspielzeug diente (Kat.Nr. IV.94).

Etwas abseits der Häuser wurden im Nordwesten der Siedlung sieben Körpergräber entdeckt. Die fast rechteckigen Grabgruben waren mehr oder weniger West-Ost ausgerichtet. In zwei Fällen befand sich der Kopf im Westen. Alle Bestattungen bezeugen offenbar eine pietätlose Beisetzung, denn keiner der Toten lag in der sonst üblichen gestreckten Rückenlage. Ihre Position in der Grabgrube scheint eher zufällig zu sein. Die anthropologische Untersuchung der Knochen ergab, daß es sich bei den insgesamt acht Toten überwiegend um Männer gehan-

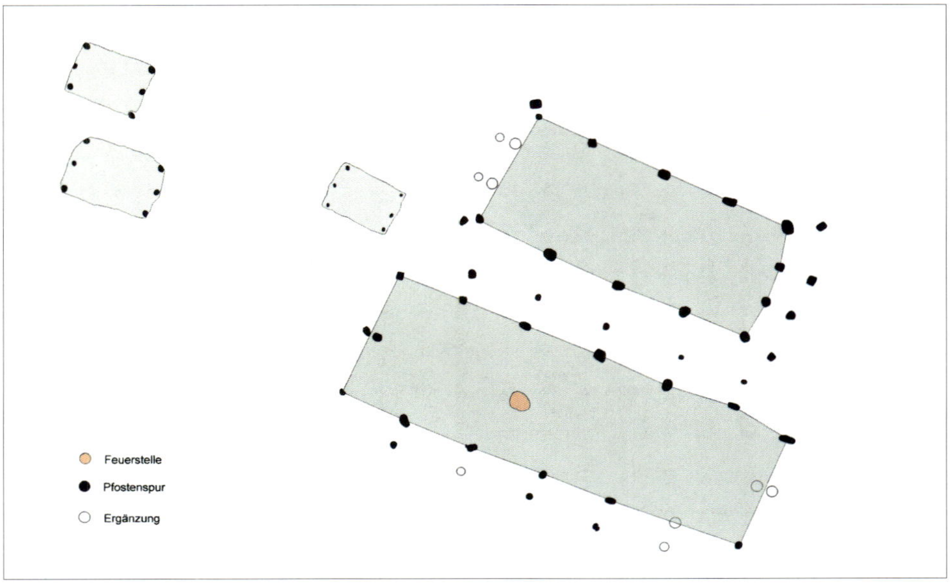

Abb. 2 Grundriß eines Gehöfts mit Haupt- und Nebengebäuden

delt hat. Bei drei Toten konnte das Geschlecht nicht bestimmt werden. Die meisten Bestatteten sind in einem Alter zwischen 18 und 40 Jahren verstorben. Die Gräber waren beigabenlos, lediglich in zwei Gräbern befanden sich eiserne D-förmige bzw. runde Gürtelschnallen und eiserne Ringe als Überreste der schlichten Kleidung. Diese Funde bieten leider kaum Anhaltspunkte für eine Zugehörigkeit der Gräber zur Siedlung oder für ihre Datierung.

Aussagen über die Anzahl der Bewohner von Halle-Künsebeck und ihre ethnische Zugehörigkeit lassen sich nur schwer treffen. Die Befunde und Funde erlauben jedoch den Schluß, daß sie im großen und ganzen Selbstversorger waren. Sie betrieben Landwirtschaft und Viehzucht, waren aber auch imstande, vielfältige handwerkliche Produkte selbst herzustellen. Vielleicht profitierten die Bewohner auch von der Nähe zu dem wohl damals schon existierenden Weg, der den Künsebach kreuzte. Neben den Siedlungen von Lengerich-Hohne und Bielefeld-Sieker ist Halle-Künsebeck einer der wenigen Fundplätze, der ein wenig Licht auf das ländliche Leben im frühen Mittelalter am äußersten Nordostrand Westfalens werfen kann.

Literatur:

Peter DONAT, Haus, Hof und Dorf in Mitteleuropa vom 7.–12. Jahrhundert. Archäologische Beiträge zur Entwicklung und Struktur der bäuerlichen Siedung (Schriften zur Ur- und Frühgeschichte 33), Berlin 1980. – Christoph REICHMANN, Ländliche Siedlungen der Eisenzeit und des Mittelalters in Westfalen, in: Offa 39, 1982, 163–182. – Wilhelm WINKELMANN, Die Ausgrabungen in der frühmittelalterlichen Siedlung bei Warendorf (Westfalen), in: Neue Ausgrabungen in Deutschland, hrsg. v. Werner KRÄMER, Berlin 1958, 492–517.

Ursula Warnke

Der fränkisch-merowingerzeitliche Töpferofen von Geseke, Kr. Soest

Überreste merowingerzeitlicher Öfen haben sich an folgenden Orten erhalten: Cuijk und Ubbergen (NL); Altdorf, Kr. Landshut; Barbing-Kreuzhof, Kr. Regensburg; Bonn; Bornheim-Waldorf, Rhein-Sieg-Kr.; Donzdorf, Kr. Göppingen; Haucourt (F); Heidelberg; Hout (NL); Huy (B); Krefeld-Gellep; Ladenburg, Rhein-Neckar-Kr.; Maastricht (NL); Marilles (B); Mayen, Kr. Mayen-Koblenz; Saran (F); Trier; Wülfingen a. Kocher. Das einzige bisher bekannte westfälische Beispiel findet sich in Geseke.

Die Fundstelle Geseke, Kr. Soest, liegt im fruchtbaren Lößgebiet des östlichen Teils der Westfälischen Bucht zwischen der Lippeniederung und dem Haarstrang direkt am Hellweg, der heutigen Bundesstraße 1. Der Töpferofen wurde 1973 bei Bauarbeiten innerhalb des Geseker Stiftsbezirks, der Keimzelle der späteren Stadt, entdeckt.

Bei dem Bodeneingriff mit einem Bagger wurde die südliche Hälfte des Ofens einschließlich des Feuerungskanals und der angrenzenden Arbeitsgrube aufgedeckt. Der nördliche Teil lag geschützt unter dem Fundament eines Gebäudes des im 10. Jahrhundert gegründeten Damenstifts und war somit besonders gut erhalten. Der inselartig erhöhte Stiftsbereich wird noch heute vom Geseker Bach umflossen. Der Töpferofen war, ebenso wie zeitgleiche Vergleichsfunde (Warnke 1993,14 ff.), direkt in ein örtliches Tonvorkommen eingetieft; auch war der ständige Zugang zum Wasser durch den nahe gelegenen Bachlauf gewährleistet. Die Feuerungsgrube und der durch die Ofenzunge geteilte Brennraum liegen in einer Ebene hintereinander. Es handelt sich um ein typisches Beispiel des merowingerzeitlichen liegenden nordwestdeutschen Töpferofens (Abb. 1). Dieser wird in karolingischer Zeit im rheinischen Vorgebirge zur vorherrschenden Form. Neben Beispielen aus Belgien und den Niederlanden liegt der räumlich nächste Vergleichsfund in Krefeld-Gellep. Die dort hergestellte Keramik, überwiegend Wölbwandgefäße, entspricht formal der Geseker Ware. Der Töpferofen war bei seiner Aufdeckung mit größeren Mengen von Keramikscherben und auch mit Teilen der eingestürzten Ofenkuppel verfüllt (Kat.Nrn. IV.98–99). Die dort gefundenen Lehmabdrücke der seinerzeit verwendeten Hölzer lassen Rückschlüsse auf die Bauweise zu: Zuerst steckt man biegsame Ruten möglichst dicht nebeneinander in den Boden, eventuell in eine vorher ausgehobene flache Grube. So entsteht der birnenförmige Grundriß. Die senkrechten Stecken werden dann im oberen Bereich, d. h. am späteren Scheitelpunkt der Ofenkuppel, zusammengebunden. Danach erfolgen horizontale Verflechtungen des so gebildeten Gerüsts, das später den korbartigen Unterbau für die Kuppel der Brennkammer und den etwas kleineren überwölbten Feuerungskanal bildet. Dieser Unterbau wird dann in mehreren Schichten mit Lehm bestrichen. Nach länge-

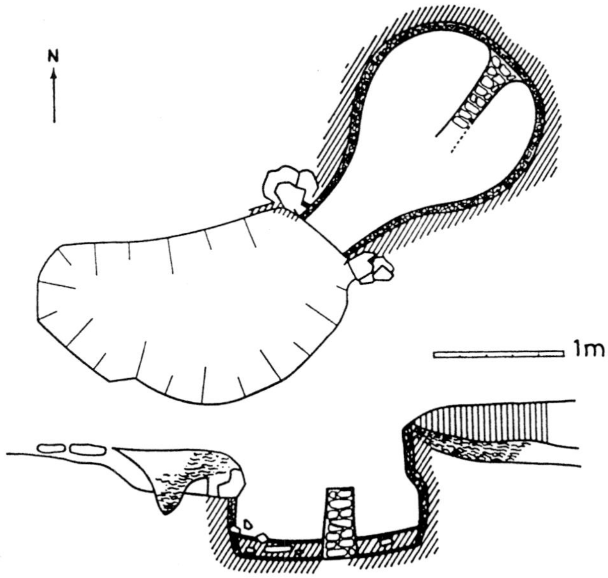

Abb. 1 Grundriß des Geseker Töpferofens.

Arbeitsgrube: 2,0 x 2,5 m; Feuerungskanal: B. 0,4 m, L. 0,8 m. Brennplatte Stärke 4–5 cm, Dm. 1,3 m, errechnete Kuppelhöhe (nach Warnke 1993) 1,14 m, errechnetes Brennraumvolumen (nach Warnke 1993) 1 m³.
Erhaltene Höhe der Ofenwand im Westen 0,47 m, im Osten 0,97 m. Ofenzunge: Länge 0,6 m, Höhe 0,4 m, Breite am Fuß 0,2 m, am oberen Abschluß 0,12 m

Abb. 2 Boden eines Wölbwandgefäßes mit Ablösungsspuren von der Töpferscheibe. Münster, Westfälisches Museum für Archäologie

ren Trocknungsphasen erfolgt ein erster stabilisierender Brand des noch nicht mit Gefäßen beschickten Ofens. Dabei verbrennen die Hölzer und hinterlassen lediglich die 2–4 cm starken Abdrücke.

Neben Rückschlüssen auf die Bauweise lassen sich auch solche zur Beschickung ableiten. Eingedrückte Rillen auf den Gefäßrändern zeigen, daß die Gefäße für den keramischen Brand in Lagen aufeinandergestapelt waren. Daraus läßt sich eine Normung der Rand- und Bodendurchmesser, ähnlich wie bei römischen Töpfereien, ableiten. Innerhalb des Ofens fanden sich auch Teile von Einbauten und Brennhilfen wie die Bruchstücke einer kleinen Säule.

Nach erfolgtem Brand mußte die Kuppel der Brennkammer aufgebrochen werden, um die fertige Keramik entnehmen zu können. Trotz dieser notwendigen Zerstörung fanden sich am Geseker Töpferofen Hinweise für

Abb. 3 Scherben von Knickwandgefäßen mit Rollrädchenverzierung. Münster, Westfälisches Museum für Archäologie

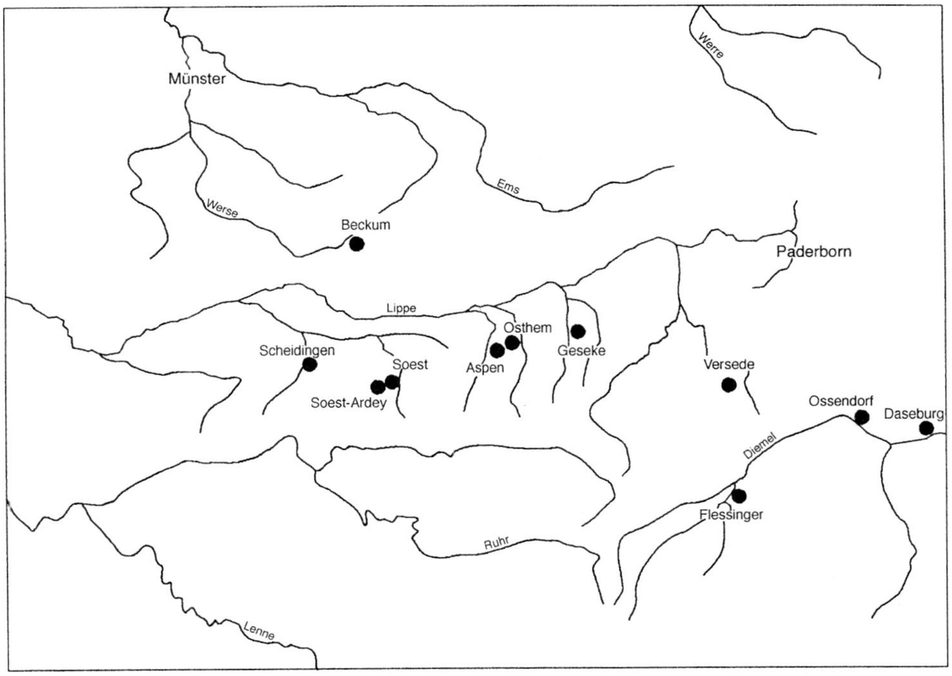

Abb. 4 Verbreitungskarte der fränkischen Geseker Keramik

einen mehrmaligen Gebrauch. So konnte bei der Ausgrabung eine nachträgliche Erhöhung der Brennplatte durch eine 12 cm starke Lehmlage festgestellt werden.

Der Ofen einschließlich der darin und in der direkten Nachbarschaft aufgefundenen Keramik stellt einen geschlossenen Fund dar, der es ermöglicht, zeitgleich hergestellte Formen und Typen merowingerzeitlicher Siedlungskeramik Westfalens aufzuzeigen. Bei der Keramik handelt es sich um den Ausschuß mehrerer Brände, den man auf eine neben dem Ofen gelegene Abfallhalde warf, wobei die Keramik in sehr kleine Teile zerbrach. Mit dem Keramikbruch wurden auch der Ofen und die Arbeitsgrube verfüllt, nachdem diese nicht mehr in Betrieb waren. Das geborgene umfangreiche keramische Material aus der Verfüllung und dem unmittelbaren Werkstattbereich zeigt eine reiche Herstellungspalette. Neben den bekannten, auf der Drehscheibe gefertigten Knickwand- und Wölbwandgefäßen stellte die Geseker Töpferei auch rauhwandige Schalen, Spinnwirtel, kleinere scheibengedrehte Trinkbecher und kleine handgefertigte Gefäße her.

Die merowingerzeitliche Produktion handgefertigter Keramik läßt sich sonst innerhalb von Siedlungen nur schwer nachweisen. Allgemein sind Funde von Siedlungskeramik dieser Zeit selten. Bemerkenswert ist daher die aus den Durchmessern der ergrabenen Bruchstücke zu erschließende Größe der Geseker Wölbwandgefäße. Diese sind im Gegensatz zu Vergleichsstücken aus den benachbarten Gräberfeldern wesentlich größer bemessen.

Die Keramik zeigt aber noch weitere Merkmale. So ist eine Umwicklung der schweren Böden von Wölbwandgefäßen nachzuweisen, die diesen beim Trocknen, nach der Herstellung auf der Töpferscheibe, von außen Halt gab. Die aufgehende Wandung oberhalb des Bodens zeigt in einigen Fällen Eindrücke einer solchen Umwicklung, die nicht, wie sonst üblich, nachträglich mit Ton verstrichen war (Abb. 2).

Die Verzierung der Knickwandkeramik erfolgte mit einem Rollrädchen, welches spiralig umlaufende Muster in den Gefäßkörper eindrückte (Abb. 3). Belegt sind aneinandergereihte Kreuze, Reihen des sog. römischen Zahlenmusters, tannenzweigartige Motive, ein- und zweizeilige Rechteckreihen und kombinierte Motive. In Geseke wurden auf diese Weise stempel- und somit auch mustergleiche Gefäßensembles wie Kanne und zugehörige Trinkbecher hergestellt. Außerdem finden sich unter einer von innen herausgedrückten plastischen Leiste auf den Schulterpartien der Knickwandgefäße häufig umlaufende mehrzeilige Wellenbänder. Die durch mineralogische Untersuchungen belegte durchschnittliche Brenntemperatur der Geseker Keramik betrug ca. 700° C.

Die typischen auf der Drehscheibe hergestellten Keramikformen des frühen 7. Jahrhunderts belegen einen fränkischen Fundpunkt im östlichen Westfalen in der Zeit vor den Sachsenkriegen. Ein früher Vorstoß erfolgte wahrscheinlich über den Hellweg, wie es die Lage der fränkisch-merowingerzeitlichen Gräberfelder und Siedlungen veranschaulicht. Ein frühes Wegesystem (Buchner 1974, 49, 67) kann in Westfalen für die vorkarolingische Zeit vorausgesetzt werden (vgl. Beitrag Heimann). Auch das Absatzgebiet der Geseker Töpferei unterstreicht dieses Bild – die Fundpunkte liegen in der Regel direkt am Hellweg oder an anderen später bedeutsamen Wegen (Abb. 4). Im Osten liegt der entfernteste Fundpunkt in Warburg-Daseburg, im Westen bei Soest und Beckum. Zu vermuten ist, daß es neben der Töpferei in Geseke auch ein Gräberfeld mit einer zugehörigen Siedlung oder einem „Adelshof" gab.

Quellen und Literatur:

Quellen zur karolingischen Reichsgeschichte 1, hrsg. v. Rudolf BUCHNER (Ausgewählte Quellen zur deutschen Geschichte des Mittelalters. Freiherr vom Stein-Gedächtnisausgabe 5), Darmstadt 1974.

Rudolf BERGMANN, Die Wüstungen des Geseker Hellwegraumes. Studien zur mittelalterlichen Siedlungsgenese einer westfälischen Getreidebaulandschaft (Bodenaltertümer Westfalens 23), Münster 1989. – Andreas HEEGE, Die Keramik des frühen und hohen Mittelalters aus dem Rheinland. Stand der Forschung – Typologie, Chronologie, Warenarten (Archäologische Berichte 5), Bonn 1995. – Walter JANSSEN, Der technische Wandel der Töpferöfen von der Karolingerzeit zum Hochmittelalter, dargestellt anhand rheinischer Beispiele, in: La Céramique (Ve. – XIXe s.). Fabrication – Commercialisation – Utilisation. 1er Congrès International d'Archéologie Médiévale (Paris 1985), Caen 1987, 107–119. – DERS., Die Importkeramik von Haithabu (Berichte über die Ausgrabungen in Haithabu 9), Neumünster 1987. – Renate PIRLING, Ein fränkischer Töpferofen aus Krefeld-Gellep, in: Germania 38, 1960, 149–154. – Gabriele WAND, Beobachtungen zu Bestattungssitten auf frühgeschichtlichen Gräberfeldern Westfalens, in: Studien zur Sachsenforschung 3, hrsg. v. Hans-Jürgen HÄSSLER (Veröffentlichungen der urgeschichtlichen Sammlungen des Landesmuseums zu Hannover 27), Hildesheim 1982, 249–314. – Ursula WARNKE, Der merowingerzeitliche Töpferofen von Geseke, Kr. Soest und sein Absatzgebiet, mit einem Beitrag v. Cornelia SCHMITT-RIEGRAF, phil. Diss. Münster 1993. – Wilhelm WINKELMANN, Archäologische Zeugnisse zum frühmittelalterlichen Handwerk in Westfalen, in: Frühmittelalterliche Studien 11, 1977, 92–126. – DERS., Beiträge zur Frühgeschichte Westfalens. Gesammelte Aufsätze von Wilhelm Winkelmann (Veröffentlichungen der Altertumskommission im Provinzialinstitut für Westfälische Landes- und Volksforschung 8), Münster 1984.

Werner Best, Cornelia Kneppe, Hans-Werner Peine und Frank Siegmund

Frühmittelalterliche Siedlungszentren im Warburger Raum

Die bislang bekannten frühmittelalterlichen Fundplätze Ostwestfalens liegen nicht gleichmäßig über die gesamte Region verstreut, sondern jeweils dicht beieinander zu kleinen Gruppen gehäuft in Siedlungskammern, die jeweils ca. 20–30 km auseinanderliegen. Beispiele sind im südlichen Ostwestfalen die Siedlungskammern um Paderborn, um Fürstenberg sowie der Warburger Raum. Dieses Bild spricht für eine insgesamt spärliche Besiedlung der Region und eine geringe Bevölkerungsdichte. Im Warburger Raum, unterhalb des Gaulskopfes, liegen entlang der Diemel die Gräberfelder von Ossendorf, Warburg und Daseburg. Aus Warburg ist nur ein heute verschollener Langsax des späten 7. oder frühen 8. Jahrhunderts bekannt. Etwas umfangreicher ist der Fundkomplex aus Daseburg, der in der ersten Hälfte des 6. Jahrhunderts einsetzt; Funde wie eine Ringtrense geben Hinweise auf die Anwesenheit einer Oberschicht und zeigen im Sachgut Bezüge in die Francia.

I. Ossendorf

Besonders hervorzuheben sind die Bestattungen aus Ossendorf, wo bislang acht Gräber des mittleren und letzten Drittels des 6. Jahrhunderts entdeckt wurden (vgl. Beitrag Siegmund). Unter den insgesamt recht gut ausgestatteten Gräbern ragen zwei Bestattungen aus dem ausgehenden 6. Jahrhundert besonders hervor, die einer sozialen Führungsschicht in der Zeit angehören. Es liegt nahe, sie mit der spätestens im mittleren Drittel des 7. Jahrhunderts beginnenden Besiedlung des Burgwalles auf dem Gaulskopf zu verbinden.

Eine konkrete ethnische Zuweisung von Bestatteten der Oberschicht ist angesichts ihrer üblichen Fernkontakte immer problematisch; doch erscheint zumindest die Aussage tragfähig, daß typisch fränkische Oberschichtsgräber jener Zeit andere Beigaben aufweisen.

F. Siegmund

II. Burg Gaulskopf

Die Wallburg Gaulskopf liegt etwa 3000 m südlich des Gräberfeldes Ossendorf, jenseits der Diemel auf einem etwa 370 m hohen Bergplateau mit steil abfallenden Hängen (vgl. auch Beitrag Best/Gensen/Hömberg). Nur vom Westen her ist ein ebener Zugang möglich. Hier befindet sich auch heute noch der am besten erhaltene Wall mit etwa 3 m Höhe und 10 m Breite an der Basis. An der östlichen Flanke lag der alte Zugang in die Anlage, was durch die Ausgrabung zweier gemörtelter Tore nachgewiesen wurde. Sie gehören der letzten Ausbauphase der Burg im 9. Jahrhundert an. Der gemörtelte Ausbau zumindest eines Tores basiert auf einem hölzernen Vorgänger, der vermutlich in die 2. Hälfte des 8. Jahrhunderts datiert.

Die Umwehrung der Burg bestand aus einer Holz-Erde-Konstruktion, wobei eine hölzerne Front mit Erdhinterschüttung nachgewiesen ist. Vermutlich war die Front zusätzlich durch trocken gesetzte Steine verstärkt. Vor der Mauer befand sich ein etwa 1,5 m tiefer Sohlgraben. Noch heute beträgt am südlichen Wall der Höhenunterschied zwischen Wallkrone und Grabensohle 3,3 m. Die Messung ergibt den „heutigen“ Wert. Sie soll verdeutlichen, wie mächtig die Umwehrung war. Ursprünglich wird der Höhenunterschied noch größer gewesen sein. Im Bereich der Tore kann die Holz-Erde-Mauer in das 7. Jahrhundert datiert werden. Im Bereich zwischen zwei Wallschnitten ist keine genauere Datierung möglich; in einem der Schnitte konnte jedoch eine Zweiphasigkeit des Wallkörpers festgestellt werden.

Das wichtigste Ergebnis der Untersuchungen im Innenraum der Burg in den Jahren 1990 bis 1995 war die Freilegung von drei Pfostenbauten und drei Körpergräbern, die durch Überschneidungen eine Zweiphasigkeit der Bebauung anzeigen (Abb. 1). Die erste Bebauungsphase wird durch die Häuser 3 und 5 gebildet. Haus 3 war 11,2 m lang und an den Giebelwänden 4,4 m breit. In der Mitte des Gebäudes erweiterte sich die Breite auf etwa 5 m. Beide Giebelwände wiesen einen firsttragen-

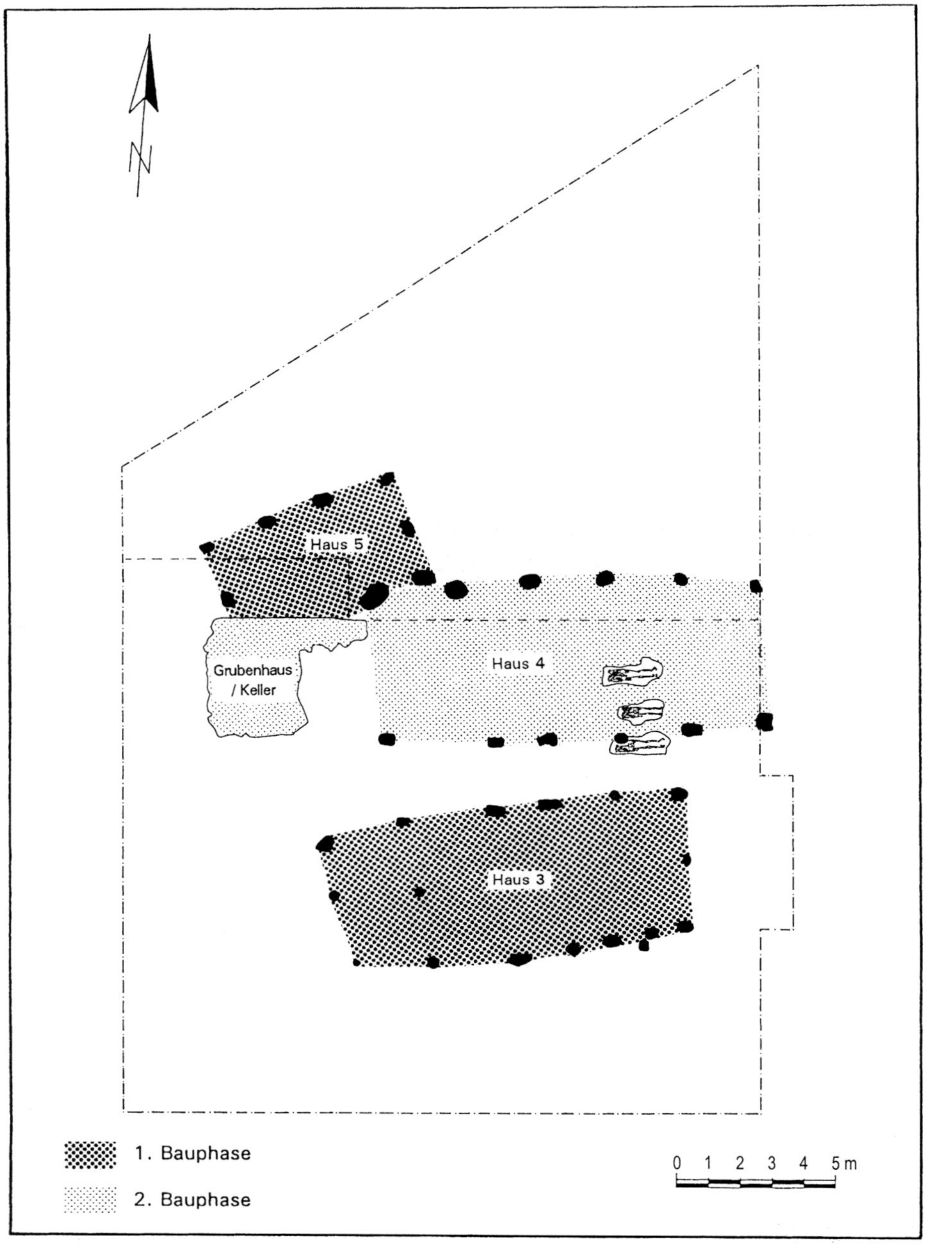

Abb. 1 Gaulskopf: Befundplan der zentralen Bebauung mit Pfostenhäusern

den Stützbalken auf. Zusätzlich fand sich ein Stützbalken zwischen dem zweiten Pfostenpaar von Westen. Somit läßt sich ein einschiffiges Gebäude von etwa 8,5 m Länge mit einer vermutlich offenen Vorhalle von 2,7 m Länge rekonstruieren. In den meisten Pfostengruben der Südwand fanden sich durch Feuer gerötete Verkeilsteine, die auf einen Brand des Gebäudes hindeuten. Neben Haus 3 konnten drei beigabenlose West-Ost-Gräber aufgedeckt werden. Der bemerkenswerte Grundriß mit hallenartigem Hauptteil im Osten und abgetrennter Vorhalle im Westen sowie die auf das Gebäude bezogenen Körpergräber lassen an eine sakrale Nutzung denken.

Etwa 7 m nördlich von Haus 3 wurde Haus 5 aufgedeckt. Der streng rechteckig angelegte Pfostenbau war 3,8 m breit und 6,2 m lang. Die Giebelwände besaßen je einen Firstträger. Trotz der kleinen Dimensionen dürfte dieses Haus wohl auch als Wohnhaus gedient haben.

Die zweite Bauphase wird durch Haus 4 und ein Grubenhaus bzw. einen Keller gekennzeichnet. Haus 4 war über den drei Körpergräbern errichtet worden und wegen eines in ein Grab eingetieften Wandpfostens erwiesenermaßen jünger als die Bestattungen. Es war 12 m lang und 4,7–5,2 m breit mit gleichmäßig ausschwingenden Seitenwänden. Die Giebelwände besaßen keine firsttragenden Pfosten.

Unmittelbar an die westliche Giebelwand schloß sich der etwa 1 m in den Fels eingetiefte Keller bzw. das Grubenhaus mit etwa 12 qm Grundfläche an. Es ist derzeit noch nicht ganz klar, ob es sich hierbei um ein eigenständiges Gebäude (Grubenhaus) oder um den Keller des Hauses 4 handelt.

Auf zwei weiteren Grabungsflächen konnten darüber hinaus Spuren von drei Schwellbalkenhäusern dokumentiert werden. Bei diesen wird zuerst ein Fundament (im Frühmittelalter in der Regel aus trocken verlegten Steinen) gefertigt. Auf dieses Fundament werden Balken aufgelegt (Schwellbalken), in die das Aufgehende des Hauses, d. h. auch die tragenden Konstruktionsteile, eingezapft werden. Im Prinzip ist jedes Fachwerkhaus ein „Schwellbalkenhaus". Es hat gegenüber dem Pfostenhaus den Vorteil, daß die tragenden Elemente nicht so schnell faulen. Eines dieser jetzt dokumentierten Häuser war zur Hälfte unterkellert.

Neben zahlreichen Keramikbruchstücken traten z. T. sehr qualitätvolle Metallfunde zutage. Sie umfassen folgende Bereiche (Kat.Nrn. IV.104–116): 1. Hinterlassenschaften einer militärischen Nutzung; 2. Gegenstände aus dem Bereich des Handwerks; 3. Gegenstände des täglichen Lebens und 4. Trachtbestandteile.

Die Datierung der Kleinfunde verdeutlicht, daß die Burg spätestens ab der Mitte des 7. Jahrhunderts vorhanden war und bis in das 10. Jahrhundert genutzt wurde. Ob während dieser Zeit die Befestigungsanlagen immer intakt waren, läßt sich nicht mit letzter Sicherheit sagen. Es ist außerdem zu bedenken, daß eine Holz-Erde-Mauer nicht über dreihundert Jahre halten kann. Wie oben dargelegt, ist aber nur an einer Stelle eine Zweiphasigkeit der Mauer festgestellt worden.

Besonders bemerkenswert unter den Funden sind die außergewöhnlichen Fibeln, denn diese aus reinem Gold hergestellten Fibeln waren in Ostwestfalen bislang praktisch unbekannt (Kat.Nr IV.107). Darüber hinaus stellt die aus Gold hergestellte Kreuzfibel (Kat.Nr. IV.108) im Hinblick auf das verwendete Material ein absolutes Unikum unter den frühmittelalterlichen Funden Europas dar. Die Form hingegen ist vielfach belegt. Weiterhin außergewöhnlich sind ein vergoldeter Schwertgurtbeschlag und ein Sporn mit Buntmetallapplikationen, die in das ausgehende 9. bzw. in das 10. Jahrhundert datieren und somit mit der Ausbauphase der Osttore in Stein in Zusammenhang stehen. Diese Beobachtung kann darauf hinweisen, daß nach Abschluß der Sachsenkriege der Gaulskopf einen repräsentativen Ausbau erfuhr und möglicherweise als Verwaltungszentrum genutzt wurde.

Aber auch Funde des 8. Jahrhunderts zeigen, daß der Gaulskopf während der Sachsenkriege Bestand hatte und sicherlich neben den in den Quellen namentlich genannten sächsischen Burgen eine wichtige Rolle spielte. „Unter den gekennzeichneten Umständen scheint es zweckmäßig, auch die übrigen (...) Burgen des 8./9. Jahrhunderts des Mittelgebirgsraumes zu betrachten, zumal in den zeitgenössischen Quellen neben den namentlich genannten Burgen immer wieder auf weitere sächsische Befestigungen pauschal verwiesen wird. (...) Bisher hatten wir die in den fränkisch-sächsischen Kämpfen überlieferten Burgen betrachtet. Sie konzentrieren sich im Winkel von Diemel und Lippe und Weser. Ihnen ist mit Gewißheit der Gaulskopf (...) an die Seite zu stellen." (Brachmann, 1993, 131).

W. Best

III. Die Hüffert bei Warburg: Adeliger Besitzschwerpunkt zur Zeit des karolingischen Landesausbaus

Für die Hüffert, eine der Warburger Vorstädte, wurde ein hohes Alter angenommen, weil dort bis 1622 eine dem hl. Petrus geweihte Pfarrkirche den Mittelpunkt der Siedlung gebildet hatte. 1964/65 bot sich für Anton Doms vom Westfälischen Museum für Archäologie die Gelegenheit, den Kirchenstandort teilweise archäologisch zu untersuchen (Abb. 2).

Es zeigte sich, daß der letzten, im Kern romanischen Kirche bereits zwei Kirchenbauten vorangegangen waren. Bei dem ältesten Kirchengebäude handelte es sich um eine jener frühen Holzkirchen, die sich im westfälischen Raum und darüber hinaus nur selten nachweisen lassen (Abb. 3). Erfaßt wurden auf ca. 7 m drei Pfostengruben in Ost-West-Flucht, die die Nordwand der Kirche markieren, während Spuren der Südwand nur durch eine Pfostengrube angezeigt wurden. Ein offensichtlich zur Holzkirche gehöriges Gräberfeld erlaubt es, den Grundriß der Kirche näher einzugrenzen: Demnach kann die Länge des von Bestattungen unberührten Kirchenschiffes mit 7 m oder mehr, die Breite sicher mit knapp 7 m angegeben werden, über die Form des Chores lassen sich keine Aussagen machen. Zerstört wurde die Holzkirche durch ei-

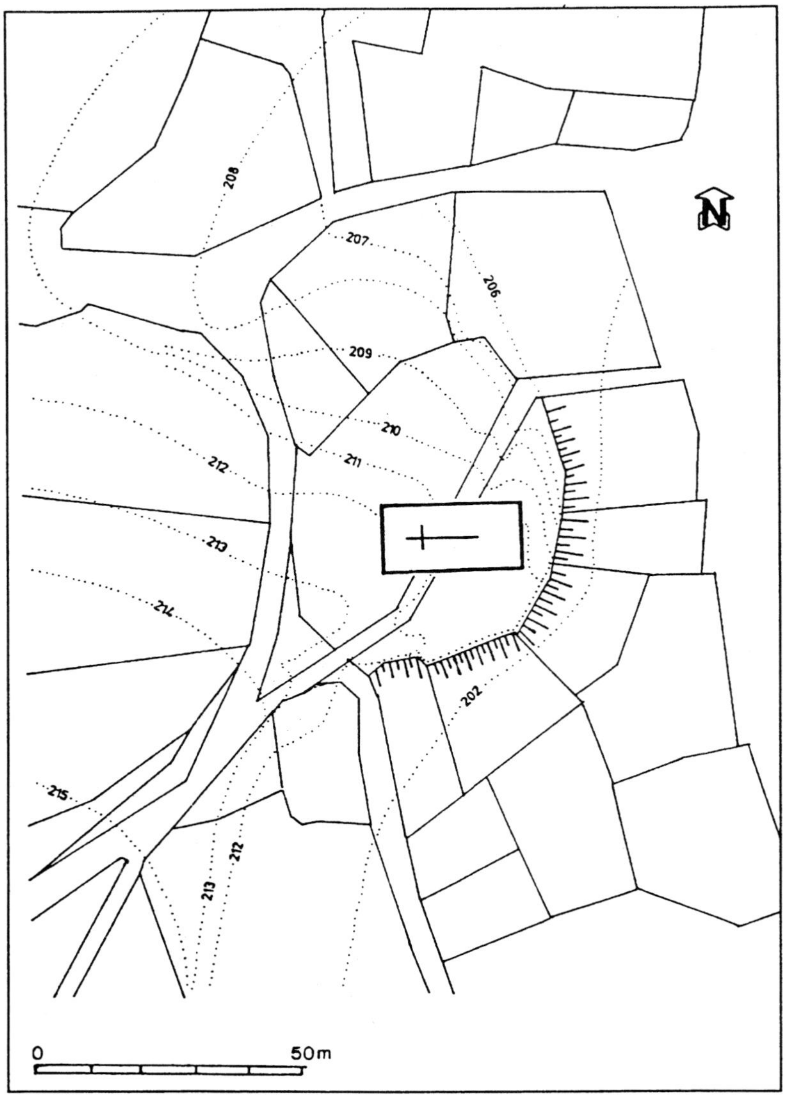

Abb. 2 Der Standort der 1622 abgebrochenen Pfarrkirche St. Peter auf dem Geländesporn der Hüffert. Lokalisierung der Kirche durch die Grabung von A. Doms 1964/65 auf der Grundlage der Urkatasterkarte von 1831 mit Einzeichnung der heutigen Höhenlinien

nen Brand. Daß die Kirche bereits in karolingischer Zeit vorhanden war, belegen bei den Untersuchungen gefundene rauhwandige Drehscheibenwaren, wie sie im angrenzenden nordhessischen Raum dominieren. Hinzu treten uneinheitlich gebrannte Irdenwaren mit Kalksteinmagerung, die nur bis zur Mitte des 9. Jahrhunderts im ostwestfälischen Raum produziert wurden.

Der älteste Gräberhorizont des Friedhofes war in Reihen und die Gräber selbst in regelmäßigen Abständen zueinander angelegt. Die Toten waren in geosteter Lage in Baum- und Brettersärgen bestattet. Dieser älteste Gräberfeldhorizont wird stellenweise von etwas jüngeren Gräbern überlagert bzw. gestört. Hervorzuheben ist unter ihnen zum einen eine Gruppe von Gräbern, bei denen es sich wegen ihrer Nord-Süd-Ausrichtung wohl nicht um christliche Bestattungen handelt, zum anderen eine Gruppe von Ost-West-Bestattungen, die, direkt an der Kirchennordwand gelegen, sich durch einen aufwendigen Grabbau sowie wertvolle Trachtbestandteile auszeichnen und somit auf die besondere Stellung der Bestatteten rückschließen lassen. Besonders erwähnt werden soll unter ihnen eine Doppelbestattung. Ihre durch Eisenklammern verbundene Holzbohlenabdeckung lagerte auf einer Steinkonstruktion (Abb. 4). In dem Grab war ein etwa 40jähriger Mann bestattet, der durch eine Hiebverletzung am Kopf ums Leben gekommen war, sowie eine 25jährige Frau, deren Kopf im Schoß des Mannes ruhte. Die Frau war in ihrer Tracht beigesetzt

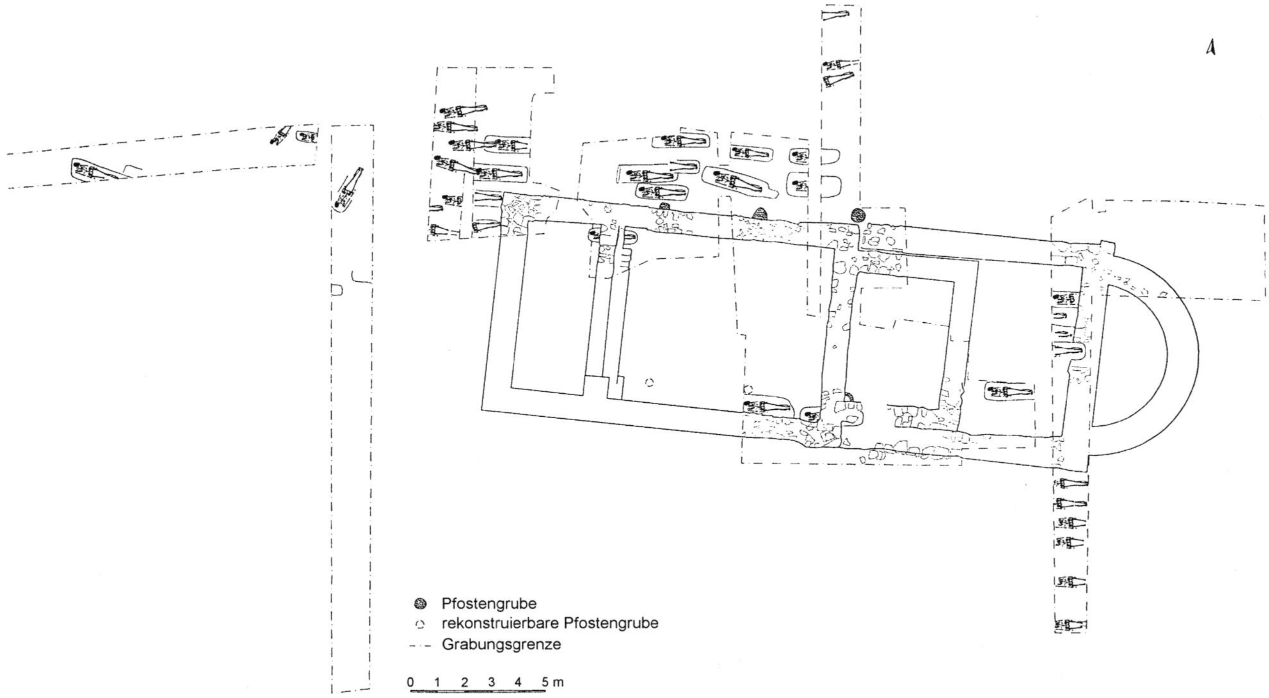

Abb. 3 Die Grabungsergebnisse des 9.–12. Jahrhunderts im Überblick. Die Skelette der ältesten Gräber des Friedhofes wurden schwarz angelegt

worden, von der sich ein silberner Drahtohrring von mutmaßlich slawischer Provenienz auf der linken Kopfseite erhalten hat (Kat.Nr. IV.101). Von besonderer Bedeutung sind die beiden auf der linken Brustseite gefundenen, beidseitig feuervergoldeten Scheibenfibeln mit der Darstellung zweier Tauben, ein Motiv, das ihre Trägerin als Christin ausweist (Kat.Nr. IV.103). Übereinander auf der Brust getragen, haben sie die Tunika der Toten unterhalb des Halsausschnittes zusammengehalten. Daß die Kleidung der Toten kostbar war, ihre Besitzerin also einem hohen sozialen Stand angehörte, belegen auch Hinweise auf Silber, mit dem die Kleidung verziert oder durchwirkt war. Aufgrund der Trachtbestandteile ergibt sich für die Datierung der Doppelbestattung ein zeitlicher Rahmen, dessen Eckpunkte im späten 8. und im frühen 11. Jahrhundert liegen. Ob diese Doppelbestattung noch aus der Zeit der Holzkirche stammt oder aber dem nachfolgenden Steinbau zugerechnet werden darf, muß offenbleiben, ebenso die Frage, ob ein Zusammenhang zwischen der Zerstörung der Holzkirche und dem offensichtlich gewaltsamen Tod des aufwendig bestatteten Paares angenommen werden darf.

Das hölzerne Kirchengebäude wurde durch eine Saalkirche von 17,7 m Länge und 8,6 m Breite ersetzt. Ihr eingezogener Rechteckchor wies eine lichte Weite von 3,5 x 4,9 m auf. Von einfachen Saalkirchen hob sich diese durch einen um drei Stufen erhöhten Einbau im Westen ab, der das Kirchenschiff in einen schmalen vorgelagerten und einen größeren Raum, das eigentliche Kirchenschiff, unterteilte. Der Aufriß dieses Vorraumes könnte sich als arkadengeöffnetes Untergeschoß mit darüberliegendem Emporengeschoß darstellen, doch ist eine Deutung als narthexartige Vorhalle ebenfalls nicht auszuschließen. Der ursprüngliche Chor des Steinbaus wurde zu einem späteren Zeitpunkt aufgegeben und durch einen größeren Rechteckchor mit halbrunder Apsis ersetzt.

Geht man davon aus, daß die frühen Holzkirchen Westfalens bereits im 9. Jahrhundert durch Steinkirchen ersetzt wurden, möchte man auch auf der Hüffert den Neubau diesem Jahrhundert zuweisen, zumal der Kirchengrundriß sowie weitere noch zu erörternde Argumente geeignet sind, die Frühdatierungen von Holz- und Steinkirche zu stützen.

Bereits Anton Doms erkannte, daß die Grabungsergebnisse auf der Hüffert für die Frühgeschichte der Stadt Warburg herausragende Bedeutung haben. Doch bislang nahezu unberücksichtigt blieben die Voraussetzungen, die zur Gründung der ersten Kirche führten, daß es näm-

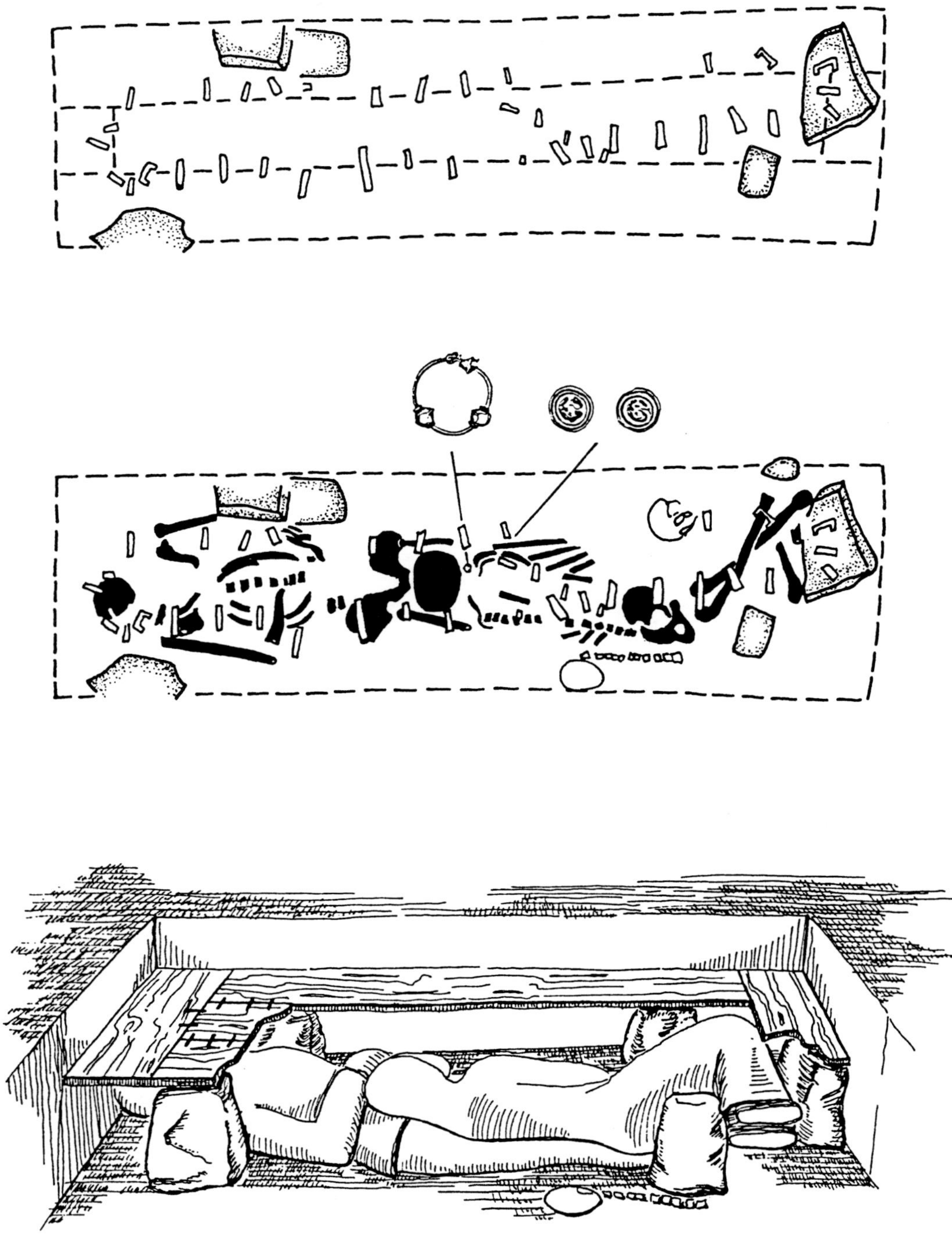

Abb. 4 Die Doppelbestattung im Ausgrabungsbefund und in der Rekonstruktion

lich einen Hof mit abhängigen Nebenhöfen gab. Diese Hofanlage wird 1036 erstmalig urkundlich als Besitz des Paderborner Bischofs Meinwerk erwähnt. Vorbesitzer war aller Wahrscheinlichkeit nach der auf dem Warburger Burgberg ansässige Graf Dodiko, denn er überließ Bischof Meinwerk kurz vor seinem Tod um 1020 große Teile seines Warburger Besitzes. Von einem der Paderborner Bischöfe muß im späten 12./13. Jahrhundert die Auflösung des Hofverbandes ausgegangen sein. Damit förderte er die Stadtgründung Warburgs, doch er verzichtete nicht

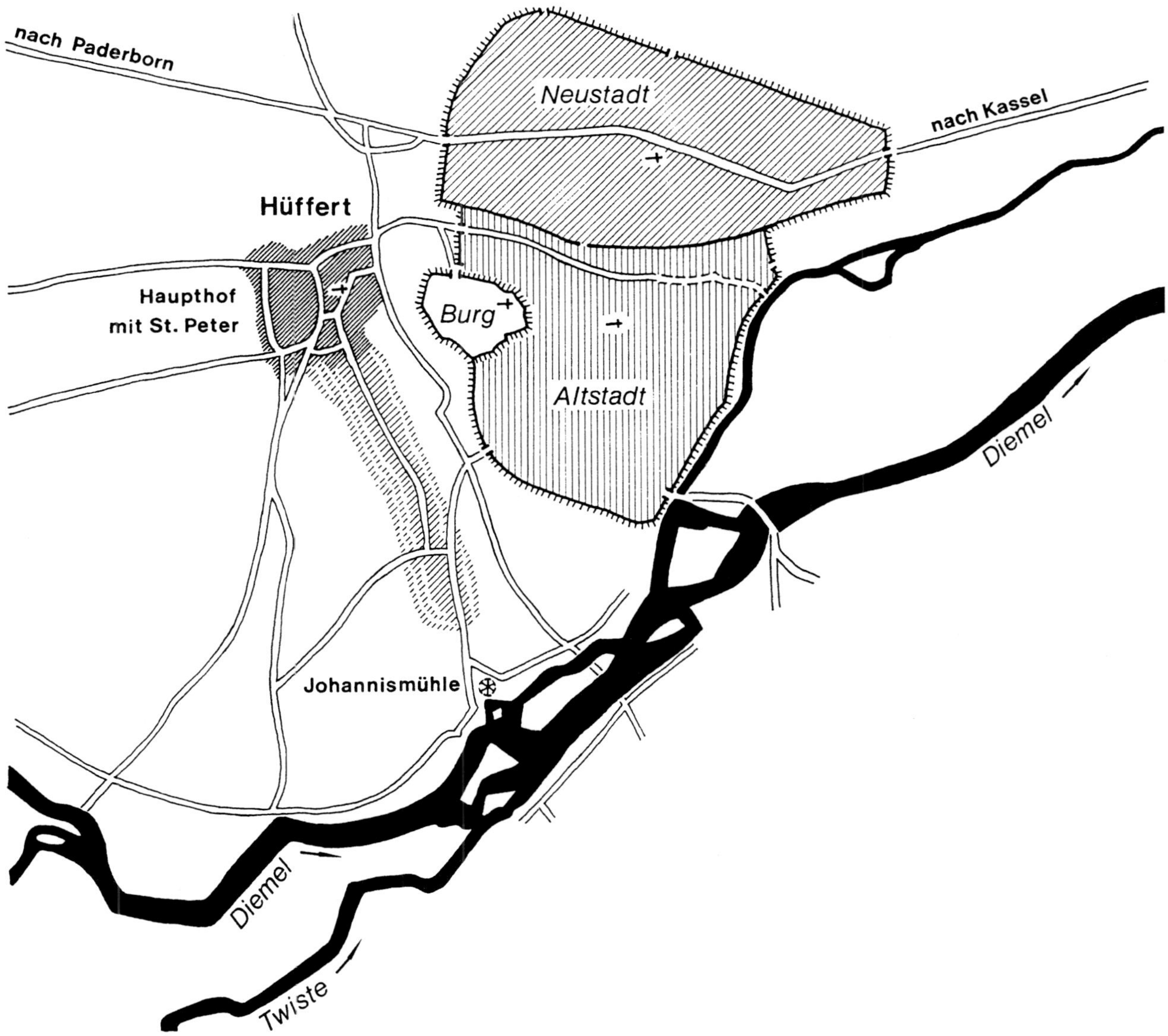

Abb. 5 Rekonstruktion der Siedlungslandschaft um Warburg im 11. Jahrhundert

auf das großflächige Areal des Haupthofes mit seinen Ländereien auf der Hüffert. Aus der durch Urkunden zu rekonstruierenden Besitzgeschichte ist zu entnehmen, daß der Hof neben der ergrabenen Kirche auf dem Bergsporn der Hüffert über der Diemelfurt gelegen hat, ferner, daß der Spornhang zur Diemel nahezu lückenlos besiedelt war (Abb. 5).

Ließ sich aus den Schriftquellen der Standort des Hofes Warburg auf der Hüffert lokalisieren, so spricht seine aus späteren Hinweisen zu erschließende Organisationsform dafür, daß er bereits in fränkisch/karolingischer Zeit vorhanden war. Seine straffe Organisation kennzeichnet ihn als fränkisch geprägtes Wirtschaftssystem, in dem der Haupthof einen hohen Anteil von Land in Eigenregie bewirtschaftete und dazu die Frondienste der abhängigen Höfe verstärkt in Anspruch nahm.

Die Lage des Hofs mit zugehöriger Eigenkirche auf einem Sporn oberhalb eines Wasserlaufes mit dazwischenliegender Hangbesiedlung hat Parallelen in Süd- und Westdeutschland, aber auch in Nordhessen. Beispielsweise sind dort Geismar und Kirchberg als fränkische Siedlungen des 8. Jahrhunderts mit entsprechender

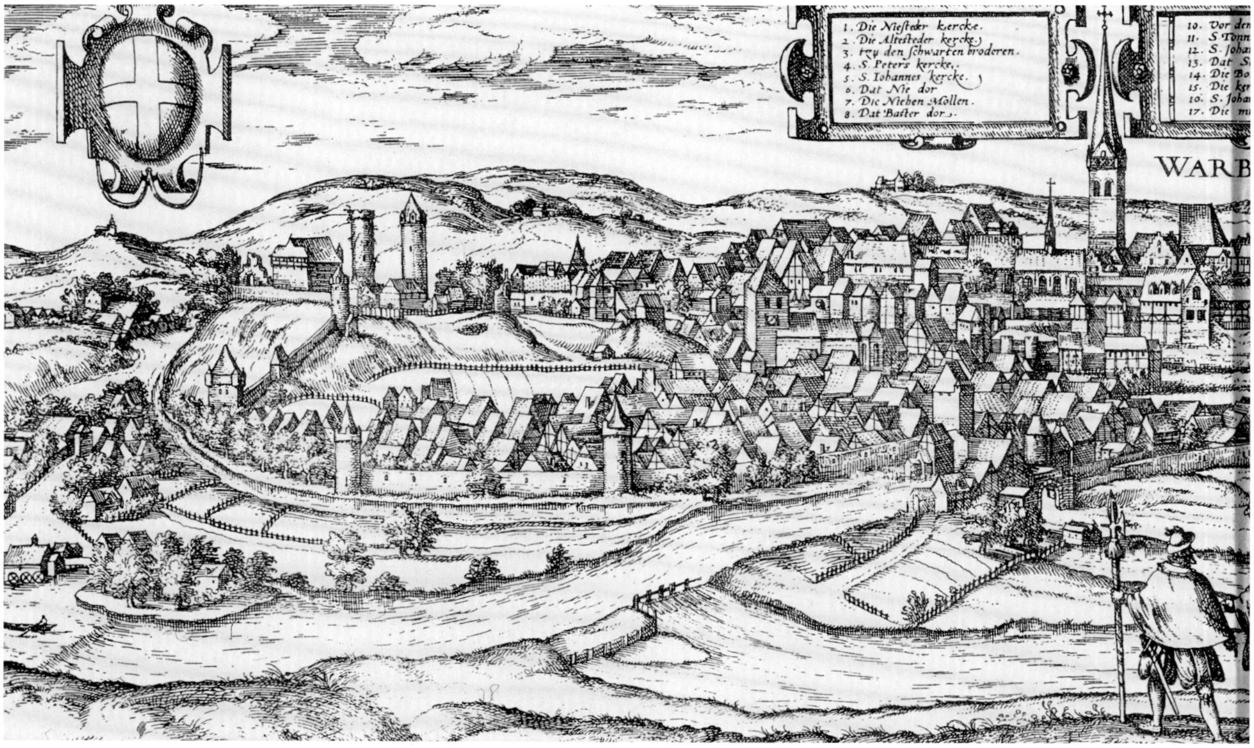

Abb. 6 Ansicht der Hüffert in der 2. Hälfte des 16. Jahrhunderts. Ausschnitt aus dem Kupferstich von Braun/Hogenberg (Civitates orbis terrarum, Bd. 3, Köln 1581, Nr. 37). Zu sehen sind nicht nur die Obere Hüffert mit der Petrikirche, sondern auch die damals ebenfalls noch vorhandene Niedere Hüffert mit der Johanniskapelle sowie die Johannismühle an der Diemel

Besiedlungsstruktur nachgewiesen. Weitere Hinweise auf den fränkischen Landesausbau in der Warburger Börde liefert die Ortsnamenforschung: In nächster Nähe zu Warburg sind die wüstgefallenen Orte Rottheim, Silheim, Dalheim, Ostheim und Papenheim nachgewiesen, deren -heim-Endung eine Besiedlung in fränkischer Zeit belegt. Vorangetrieben und geschützt wurde die Besiedlung des Diemeltales durch den königstreuen Adel, dessen Kleinburgen in karolingischer Zeit neben die älteren Großburgen traten. Königsbesitz, wie er im Diemel- und nahen Wesertal zahlreich vertreten war, und der Einbezug in die Grafschaftsverwaltung belegen einmal mehr die Integration des Diemelraumes in das Karolingerreich. Unter Hinzunahme zahlreicher kaiserzeitlicher bis frühmittelalterlicher Funde läßt sich somit erschließen, daß der Warburger Raum als ältere, bereits bestehende Siedlungskammer Ausgangspunkt des fränkischen Siedlungsausbaus wurde (Abb. 6).

Der von Hessen ausgehende Siedlungsausbau wurde erleichtert durch ein Straßensystem, das Karl der Große bereits für seinen Aufmarsch gegen die heidnischen Sachsen genutzt hatte. Großburgen wie die Hohensyburg bei Dortmund, die Eresburg bei Obermarsberg (vgl. Beitrag Best/Gensen/Hömberg) oder der Gaulskopf bei Warburg flankierten die wichtigsten Einfallsstraßen nach Sachsen und waren im 8. Jahrhundert von Franken und Sachsen erbittert umkämpft. Eine dieser Einfallsstraßen ins sächsische Stammesgebiet verlief über Fritzlar, Warburg, Peckelsheim, Nieheim, Steinheim und Horn, „in Betonung der historischen Komponente könnte man diesen Weg die fränkische -heim-Orte-Straße nennen“ (Brand 1985).

Auch die von Bonifatius getragene Mission in Nordhessen, die ihr Zentrum auf der Büraburg und in Fritzlar besaß, könnte auf diesen Wegen Warburg noch im 8. Jahrhundert erreicht haben. Ein wichtiger Anhaltspunkt hierfür ist das Peterspatrozinium der Pfarrkirche auf der Hüffert, das sie mit den ältesten Kirchen Nordhessens in Fritzlar, Geismar, Gensungen und auf dem Schützeberg bei Wolfhagen verbindet.

Hinzu kommt, daß Graf Dodiko, dessen Grundbesitz überwiegend im Diemelraum lag, diesen nach den Untersuchungen von Hermann Bannasch (1972) wohl aus dem väterlichen Erbe erlangt hat. Da seine Grafschaftsrechte im Hessen-, Nethe- und Ittergau dagegen von dem nordhessischen Geschlecht der Esikonen hergeleitet werden, ist so eine engere Verbindung väterlicherseits zu dieser Familie in Erwägung zu ziehen. Von Asic, dem Stammvater der Esikonen ist überliefert, daß er als Anhänger Karls des Großen fliehen mußte und nach dem Ende der Sachsenkriege mit Besitz im Kaufungerwald zwischen Fulda und Werra entschädigt wurde. Vielleicht noch im 9. Jahrhundert erhielten Mitglieder dieser Familie die Grafenwürde im sächsischen Hessengau, so daß die Esikonen eines der wichtigtsen sächsischen Grafengeschlechter waren und vielleicht auf einen ihrer Familienzweige der Landesausbau um Warburg in karolingischer Zeit zurückgeführt werden kann. Vor 1000 übernahm Dodiko die bereits zersplitterten Grafschaftsrechte im Hessen-, Nethe- und Ittergau und wählte seinen Stammsitz in Warburg.

Ob die frühe Zerstörung der Kirche auf der Hüffert mit der zwischenzeitlichen Vertreibung der Esikonen zusammenhängt, muß offenbleiben. Immerhin könnten die über den ältesten geosteten, also christlichen Bestattungen angetroffenen Nord-Süd-Gräber dafür sprechen, daß christliche Bestattungssitten kurzzeitig wieder von heidnischen abgelöst wurden. Leider läßt die lückenhafte Dokumentation dieses Befundes eine genaue Deutung nicht mehr zu, und nur eine zukünftige Grabung könnte in diesem wichtigen Punkt Aufschluß geben.

Zusammenfassend machen die Ergebnisse der Ausgrabungen deutlich, daß im mittleren Diemelraum um Warburg bereits im 6. Jahrhundert Menschen lebten und arbeiteten, die in ihrer Sozialstruktur deutliche Differenzierungen aufwiesen. Die Führungsschicht, die sich zuerst durch Grabfunde manifestiert, wird seit der Mitte des 7. Jahrhunderts durch den Bau einer Großburg, den Gaulskopf, nachweisbar.

Nach dem Abschluß der Sachsenkriege sind karolingerzeitliche Neuerungen archäologisch und historisch zu belegen: Eine christianisierte Oberschicht schenkt nicht nur Güter an Corvey, die älteste Abtei Sachsens, sondern gründet auch eigene kirchliche Mittelpunkte, sog. Eigenkirchen, auf ihren Höfen und Burgen.

Während die Hüffert zur ältesten Pfarrkirche auf dem späteren Stadtgebiet von Warburg aufsteigt, bricht die zu vermutende kirchliche Entwicklung auf dem Gaulskopf nach kurzer Zeit ab. Gemeinsames Kennzeichen des karolingischen Einflusses, der auch hier für uns faßbar von der sozialen Oberschicht getragen wird, ist im sakralen und profanen Bauwesen die Einführung der Steinbauweise auf der Hüffert und dem Gaulskopf. Auf beiden Plätzen belegen ferner die Funde hochwertiger Trachtbestandteile die Anwesenheit dieser Führungsschicht bis in das 10. Jahrhundert.

C. Kneppe und H.-W. Peine

Literatur:

Hermann Bannasch, Das Bistum Paderborn unter den Bischöfen Rethar und Meinwerk (983–1036) (Studien und Quellen zur Westfälischen Geschichte 12), Paderborn 1972. – Werner Best, Die Ausgrabungen in der frühmittelalterlichen Wallburg Gaulskopf bei Warburg-Ossendorf, Kr. Höxter. Vorbericht. Mit einem Beitrag von H. Löwen, in: Germania 75,1, 1997, 159–192. – Ulrich Bockshammer, Ältere Territorialgeschichte der Grafschaft Waldeck (Schriften des hessischen Amtes für geschichtliche Landeskunde 24), Marburg 1958. – Hansjürgen Brachmann, Der frühmittelalterliche Befestigungsbau in Mitteleuropa. Untersuchungen zu seiner Entwicklung und Funktion im germanisch-deutschen Bereich (Schriften zur Ur- und Frühgeschichte 45), Berlin 1993. – Friedrich Brand, Die bäuerlich-altsächsischen -trup-Orte. Siedlungsgeographische Einordnung und Bedeutung im Gefüge der ländlich agraren Siedlungen des Lipperlandes, in: Der Kreis Lippe 1 (Führer zu archäologischen Denkmälern in Deutschland 10), Stuttgart 1985, 159–180. – Anton Doms, Der Gaulskopf bei Warburg-Ossendorf, Kreis Höxter (Frühe Burgen in Westfalen 7), Münster 1986. – Cornelia Kneppe u. Hans-Werner Peine, Die Klockenstraße im Siedlungsgefüge der Altstadt. Auswertung archivalischer Quellen und archäologischer Untersuchungen, in: Kat. Mittelalterliches Leben an der Klockenstraße, hrsg. v. Bendix Trier [Ausstellung Warburg 1995], Warburg 1995, 5–58. – Cornelia Kneppe u. Hans-Werner Peine, Die Hüffert: Fränkisch-Karolingische Keimzelle der Stadt Warburg. Weiterführende Ergebnisse zur Grabung Petrikirche. Mit einem Anhang zur romanischen Kirche von Otfried Ellger, in: Archäologische Beiträge zur Geschichte Westfalens. Festschrift für Klaus Günther zum 65. Geburtstag, hrsg. v. Daniel Bérenger, Rahden 1997, 229–248.

Drei zweischneidige Schwerter (Spathen) aus Lembeck und Lankern.
Münster, Westfälisches Museum für Archäologie
(Kat.Nrn. V.37; V.81, V.36) ▷

Kapitel V

Die Sachsenkriege

Heiko Steuer

Bewaffnung und Kriegsführung der Sachsen und Franken

I. Ständiger Krieg als Form menschlicher Existenz

Einhard zitiert in seiner Vita Karoli Magni (c. 16) ein byzantinisches Sprichwort: „Der Franke soll dein Freund, nicht aber dein Nachbar sein", nachdem er festgestellt hat, daß die Macht der Franken von Griechen und Römern immer mit Mißtrauen betrachtet wurde – und man muß hinzufügen, sicher nicht nur von diesen.

Denn Krieg war für die Elite der Karolingerzeit Mitte der menschlichen Existenz. Die karolingischen Könige führten jedes Jahr Krieg, im wesentlichen als Beutezüge zur Ausplünderung der Länder in unmittelbarer Nachbarschaft des Reiches. Die erzwungenen Tributzahlungen der Nachbarn waren gewissermaßen institutionalisierte Plünderungen; blieb der Tribut aus, folgte die Strafexpedition. Karl Leyser formulierte in Umkehrung des berühmten Satzes von Carl von Clausewitz: „Politik war die Fortsetzung des Krieges mit anderen Mitteln" (Leyser 1994, 59). Für die meisten Völkerschaften in Europa rund um das Karolingerreich waren im 8. und 9. Jahrhundert die Franken das, was später die räuberischen Wikinger wurden. Diese Realität bekamen jahrzehntelang die Sachsen zu spüren, wie sehr sie sich – gezwungenermaßen bald militärisch gleich gerüstet und ausgebildet wie die Franken – auch zu wehren wußten. Als bei der Erweiterung des karolingischen Imperiums die Grenzen durch Einbindung Sachsens vorgeschoben waren, wurden die nächsten Nachbarn, die Slawen, Ziel der Raubzüge, wobei auch Sklaven zum Beutegut gehörten. Dieser neue Name für die menschliche Beute entstand damals.

Die ständigen kriegerischen Konfrontationen zwischen Sachsen und Franken schufen schon früh im 8. Jahrhundert eine militärisch einheitliche Welt, in der man sich bei den Waffen und in der Bewaffnung nicht mehr unterschied. Im Gegensatz dazu zwangen Araber und Awaren, die über eine fremdartige Bewaffnung und Kampfesweise verfügten, die Karolinger zum Aufbau einer Kavallerie und zur Verwendung der Bogenwaffe, um standhalten zu können.

II. Die Bewaffnung in Schrift-, Bild- und archäologischen Quellen

Nur auf den ersten Blick informieren schriftliche, bildliche und archäologische Quellen, sich gegenseitig ergänzend, umfassend über die Bewaffnung und die Kriegsführung jener Epoche um 800. Es bleiben Widersprüche, wenn man nicht einer Quellengattung den Vorrang einräumt.

Die gesetzlichen Anordnungen der karolingischen Capitularien sollten eigentlich Realitäten beschreiben. Im Capitulare missorum von 792/793 (MGH Capit. I Nr. 25 c.4, S. 67) wird von den Großen des Reiches als Ausrüstung für den Krieg Pferd, Schwert, Sax, Lanze und Schild gefordert. Nach dem Capitular von Aachen aus dem Jahr 802/803 (MGH Capit. I Nr. 75 c.9, S. 171) sollen die Fußkämpfer Lanze und Schild, außerdem den Bogen mit zwölf Pfeilen führen. In einem Brief an den Abt Fulrad von Saint-Denis schreibt Karl der Große im Jahr 806 (MGH Capit. I.168), wie die Krieger sich zur Reichsversammlung im östlichen Sachsen einzufinden hätten: „Deine Gefolgschaft muß vollständig ausgerüstet sein, mit Waffen, sonstigem Kriegsgerät, Lebensmitteln und Kleidung. Jeder Reiter muß einen Schild, eine Lanze, ein langes und ein kurzes Schwert, einen Bogen und einen pfeilgefüllten Köcher haben ... Vom Datum der Versammlung an muß der Proviant für drei Monate reichen, Waffen und Kleider sind für ein halbes Jahr mitzuführen."

Die karolingerzeitliche Handschrift B der Lex Ribuaria und andere Texte bringen zu den Waffen Wertangaben, entweder in der Recheneinheit „Solidus in Silber" oder in den inzwischen gängigen Silbermünzen, den Denaren, wobei einem Solidus zwölf Denare entsprachen: Helm 6 (72), Brünne (Ringpanzer) 12 (144), Beinschienen 6 (72) – das waren für Schutzwaffen 24 Solidi bzw. 288 Denare. Der Wert des Schwertes mit kostbarer Scheide betrug 7 (84), von Lanze und Schild 6 (72), eine volle Bewaffnung hatte demnach einen Wert von 13 Solidi oder 156 Denaren. Vorstellbar werden diese Angaben im Vergleich: Eine Kuh hatte den Wert von 1–3 Solidi oder 12 bis 36 Denaren, ein durchschnittliches Pferd von 7 (84), eine Stute von 3 (36) und ein Hengst von 12 (144). Eine vollständige Bewaffnung mit Reitpferd entsprach damit einer Rinderherde von zwei Dutzend Tieren und mehr.

Dabei fällt die Nennung der Schutzwaffen Helm, Panzer und Beinschienen auf, die in den Capitularien nicht gefordert werden und sehr wertvoll waren. Nach den zeitgenössischen Psalter- oder Bibelillustrationen ist aber ein beachtlicher Anteil der Krieger mit Helmen und Kettenhemden ausgestattet. Eine grobe statistische Auswertung der gezeigten Bewaffnungen in dem um 820 in Saint-Germain-des-Prés entstandenen Stuttgarter Bilderpsalter ergibt folgenden Befund (Abb. 1 u. 2): Helm und Panzer kommen erstaunlich häufig und mit jeder Art sonstiger Bewaffnung zusammen vor. Etwas mehr als die Hälfte der Krieger trägt einen Helm, ungefähr ein Fünftel eine Brünne. Unter den mehr als 120 Szenen mit Bewaffnungen (von insgesamt 316 Bildern und 470 Einzelszenen) beträgt das Verhältnis zwischen Reiterkriegern und Fußkämpfern ungefähr 1 : 6; etwa 25% der Krieger führen nur eine Lanze, 25% Lanze und Schild, 25% nur ein Schwert, 5 % Schwert und Schild. Eine volle Bewaffnung aus Schwert, Lanze und Schild haben nicht einmal 5% der Krieger, und diese sind Fußkämpfer; die Reiter führen fast ausschließlich Lanze und Schild bei sich. Erstaunlich häufig mit rund 10% ist der Einsatz von Pfeil und Bogen zu beobachten, aber in sehr verschiedenen Zusammenhängen, die nicht immer mit Kämpfen, mehr mit Mord und Marter, Jagd und Hinrichtung zu tun haben. Nur ein Krieger trägt deutlich eine Saxscheide am Gürtel (fol. 5v), nur ein Reiter hat am linken Fuß einen Sporn (fol. 21v). Während im Stuttgarter Psalter Steigbügel nicht dargestellt sind, kommen sie im Psalterium Aureum Sancti Galli aus der zweiten Hälfte des 9. Jahrhunderts schon mehrfach vor (Abb. 4). Helme und Kettenpanzer sind auch hier regelmäßig Schutzwaffen. In den Miniaturen haben die Lanzen schlanke, lange weidenblattförmige Spitzen, teilweise mit den damals neuartigen Flügelansätzen (Abb. 3). Im Stuttgarter Psalter hat ein Drittel der Lanzenspitzen Flügel, demgegenüber kommen im etwa zeitgleichen Utrecht-Psalter (Utrecht, Universitätsbibliothek, Ms. 32) fast ausschließlich Flügellanzen vor. In den beiden eng verwandten Apokalypsen von Cambrai und von Trier aus dem 9. Jahrhundert ist jeweils eine Gruppe von vier gleich gerüsteten Kriegern mit Flügellanze und Schild mit zuckerhutförmigem Buckel abgebildet. Auf den Bildern der Psalter haben die Schwerter dreigeteilte Knäufe, einige aber auch dreieckige oder halbrunde Knaufabschlüsse. Zu den meisten gehören mit Bändern umwundene Scheiden, und die Malereien lassen auch die Schwertgurte mit allen Riemenbeschlägen und den Durchzügen auf der Außenseite der Scheide erkennen. Die Schilde sind mit weiten Spiralbögen bemalt, haben als Schmuck Ziernieten am äußeren Rand und auf der Fläche sowie fast immer einen hohen, zuckerhutförmigen Buckel aus Eisen, der manchmal in einer kleinen Spitze ausläuft, so daß sie auch als Stoßwaffen eingesetzt werden konnten. Die häufigste Waffenkombination besteht aus Helm und Schuppenpanzer, Schild und Lanze, gleich ob die Krieger beritten sind oder zu Fuß kämpfen. Die Exaktheit in der Wiedergabe der Flügellanzenspitzen, der verzierten Schilde und der Details der Schwerter, belegt auch durch archäologische Funde, steht in krassem Gegensatz zur Ungenauigkeit in der Darstellung der Anzahl und der Rangzugehörigkeit der Waffen in den Bildquellen, in denen die Krieger regelmäßig Helme und Panzer tragen, während sie in der archäologischen Überlieferung fehlen. Nach dem Aachener Capitular (MGH Capit. I Nr. 77 c.9, S. 171) hatten militärische Anführer der Bischöfe, Grafen und Äbte Brünne und Helm, nach dem Diedenhofener Capitular (MGH Capit. I Nr. 44 c.6, S. 123) königliche Vasallen mit einer Grundherrschaft von zwölf und mehr Mansen, das sind selbständige Hofstellen, oder Hufen als Bewaffnung beim Heereszug eine Brünne zu tragen. In gräflichen Testamenten des 9. Jahrhunderts werden mehrfach Brünnen genannt, die zu vererben waren. Markgraf Eberhard von Friaul, Schwiegersohn Ludwigs des Frommen, führt 865 in seinem Testament u. a. neun Schwerter auf, drei Brünnen und einen Helm mit Panzerhemd. Auch die verschiedenen Verbote von Waffenexporten über die Grenzen des Reiches in den Capitularien nennen Brünnen.

Während ranghohe Adlige als Vasallen Karls des Großen zahlreiche Bewaffnete stellen mußten und konnten, wobei auch deren Aftervasallen wiederum Krieger mitbrachten, war die allgemeine Heerespflicht des freien Bauern schon deshalb sehr eingeschränkt, weil dieser die wertvollen Waffen und das Streitroß nicht aufbringen konnte. Eine neue Regelung von 807 sah deshalb vor, daß nur derjenige, der wenigstens über drei Hufen Land, und dann von 808 an jeder, der über vier Hufen verfügte, also über vier (oder mehr) funktionsfähige Bauernhöfe, bewaffnet zur Heeresversammlung zu erscheinen habe, während die anderen, die nur eine Hufe oder zwei oder drei Hufen hatten, sich zusammenschließen mußten, um auf der Basis von vier Hufen einen Krieger zu stellen und auszurüsten. Das Nebeneinander von großen Grundher-

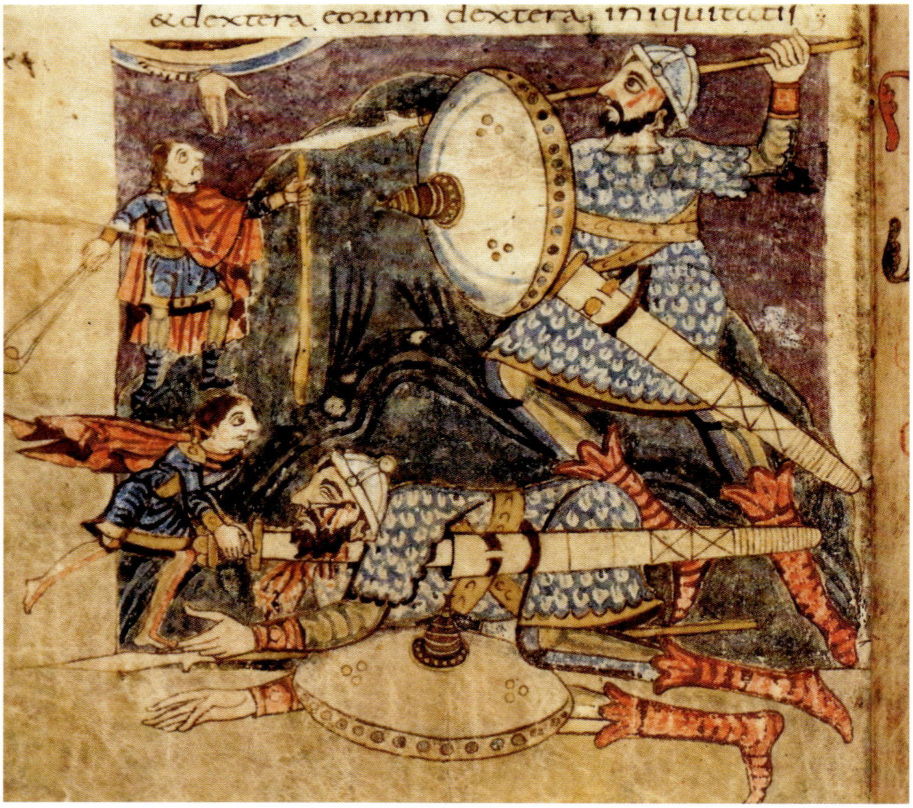

Abb. 1 Stuttgarter Psalter: David und Goliath. Stuttgart, Württembergische Landesbibliothek, Bibl. fol. 23, fol. 158 v

ren, die sogar Helm und Brünne besaßen, und den kleinen Grundbesitzern, von denen nicht einmal die einfache Bewaffnung allein aufgebracht werden konnte, schildert nicht etwa zwei verschieden zahlreiche Gruppen in einem Heer, sondern erklärt sich aus dem unterschiedlichen Einsatz: Die Anwohner waren gefordert bei Bedrohung des Reiches, also für den Fall der *defensio patriae*, während an den jährlichen Heerfahrten und Beutezügen nur die ranghohen Krieger, die Eliteeinheiten der sog. *scarae*, beteiligt waren. Somit zeigen die Miniaturen in der Regel die ranghohen Eliteeinheiten der Vasallen, der Zahl nach gering, aber schlagkräftig, während in den Rechtstexten neben der Bewaffnung der Elitekrieger auch die Ausrüstung der kleinen Landeigentümer genannt wird. Die kleinen Freien bildeten also nicht den Rückhalt der karolingischen Armee; das übernahmen die größeren Grundherren mit einem Benefizium von 20 bis 100 Hufen oder mehr und eigenem Kriegergefolge, das sich an den Höfen aufhielt und aus der Beute bezahlt wurde.

Wenn der gegen Ende des 9. Jahrhunderts schreibende Notker von St. Gallen in seinen Gesta Karoli (II 17) die Ankunft Karls des Großen vor Pavia schildert, dann geht es ihm nur darum, die einschüchternde Wirkung der Streitmacht auf den langobardischen König Desiderius und den zu ihm geflüchteten fränkischen *dux* Autchar zu vermitteln, weshalb die Beschreibung der Bewaffnung nicht der Realität zu entsprechen braucht: „Und nun sah man den eisernen Karl selbst, mit einem Eisenhelm auf dem Kopf, mit Eisenspangen an den Armen und einem Eisenpanzer, der die eiserne Brust und die platonischen Schultern deckte, die hochaufgereckte Eisenlanze in der Linken, weil die Rechte immer nach dem unbesieglichen Stahl ausgestreckt war; die Außenseite seiner Schenkel, die bei andern, um leichter zu Pferd steigen zu können, ungepanzert ist, war bei ihm durch Eisenschuppen geschützt. Was soll ich noch von den Beinschienen reden, die auch beim ganzen Heer immer aus Eisen in Gebrauch waren? Am Schild war nichts außer Eisen zu sehen. Auch sein Roß spiegelte in Temperament und Farbe das Eisen wider. Dieser Rüstung hatten sich alle, die ihm vorangezogen, alle, die zu beiden Seiten ihn umgaben, alle, die ihm nachfolgten, und allgemein die ganze Streitmacht nach Möglichkeit angeglichen ... Des Eisens Glanz warf die Strahlen der Sonne zurück."

Auch die archäologischen Waffenfunde spiegeln nicht exakt die vergangene Realität. Zwar liegen originale Waffen vor, aber kaum komplette Bewaffnungen. Nur noch außerhalb des Karolingerreichs wurden Waffen in die Gräber gelegt, so auch bis in die Mitte des 8. Jahrhunderts bei den Sachsen im Binnenland oder bis ins 9. Jahrhundert hinein bei den küstennahen Friesen und Sachsen. Der Bestattungsvorgang unterliegt Ritualen, die nicht von der Bewaffnung im Krieg bestimmt sein müssen. Unter den Männergräbern sind überhaupt nur sehr wenige eindeutig als Kriegerbestattungen anzusprechen, was von der Zahl der Krieger her schon nicht der Realität entspricht. Ob für diese Auswahl eine besondere gesellschaftliche Stellung und ein höherer Rang verantwortlich waren, eine rechtliche Verpflichtung der Nachkommen oder ein Ritual nach einem besonderen Ereignis, ist vielfach diskutiert worden, ohne daß jedoch eine überzeugende Deutung möglich ist. Vielleicht sind die mit Waffen bestatteten Männer in Fehden oder in Feldzügen gefallen und als (fremde) Krieger begraben worden. Ihre Waffen verblieben ihnen, da diese fern ihres Familienverbandes nicht weitergegeben werden konnten und der Lehnsherr weit war. Ein solcher Sonderfall ist die Kriegerdoppelbestattung (Grab 217) von Schortens (Kr. Friesland) aus dem Ende des 8. Jahrhunderts, datiert über die Beigabe einer unter Karl dem Großen geprägten Münze (Abb. 5). Beiden Kriegern wurden Spatha und Sax, das Hiebschwert und die einschneidige Hieb- und Stichwaffe, beigelegt, und sie trugen Sporen. Es fehlen die Schilde; auch führten die Reiter anscheinend keine Lanze, keine Panzerung und keinen Helm. Die Ausstattung entspricht somit nicht der Realität für den Kampf. Auffällig ist außerdem, daß die beiden Schwerter verschiedene Knäufe haben: das wiederum stimmt mit den Schwertdarstellungen im Stuttgarter Psalter überein.

Eine Brandbestattung (Grab 42) vom Gräberfeld Dunum (Kr. Wittmund), Ostfriesland, ebenfalls aus dem Ende des 8. Jahrhunderts, enthielt, zusammengebogen und in und neben der Urne eingegraben, die Waffen Langschwert, Sax, Flügellanzenspitze und Schild. Hier

Abb. 2 Stuttgarter Psalter: Reiter im Galopp mit Flügellanze. Stuttgart, Württembergische Landesbibliothek, Bibl. fol. 23, fol. 32v

Abb. 3 Psalterium Aureum: Reiterkrieger und Fußkämpfer. St. Gallen, Cod. Sang. 22, pag. 140

Abb. 4 Psalterium Aureum: Reiterkrieger mit Steigbügeln, Helmen, Kettenhemden, Flügellanzen, Schwertern und Schilden. St. Gallen, Cod. Sang. 22, pag. 141

fehlen Hinweise darauf, daß dieser Krieger beritten war, obgleich zeitgleich Sporenpaare aus demselben Gräberfeld (Grab 326) und aus dem nicht weit entfernten Gräberfeld von Sievern überliefert sind, wo wiederum Waffen fehlen. Der Reiter in einem Grab von Antum (Niederlande, Prov. Groningen) war mit Spatha, Sax, Flügellanze, weiteren Lanzen, einem Schild und zwei Steigbügeln in der zweiten Hälfte des 8. Jahrhunderts beigesetzt worden. In einem Grab von Wildeshausen (Kr. Oldenburg), war ein sächsischer Krieger mit seinem Pferd, mit Schwert und Steigbügeln bestattet worden. Die Grabbeigaben bestätigen also, daß sächsische Krieger die gleichen Schwerter und auch Flügellanzen wie die Franken hatten (Abb. 6).

Innerhalb des karolingischen Reiches wurden alle Waffen als Einzelstücke bei Baggerarbeiten zur Kiesgewinnung in flußnahen Bereichen gefunden und stammen somit aus Flüssen. Dabei fällt wiederum auf, daß immer Schwerter und niemals Saxe, immer Flügellanzenspitzen, aber keine anderen Lanzenspitzen unter den Flußfunden zu registrieren sind. Die Auswahl muß erklärt werden und

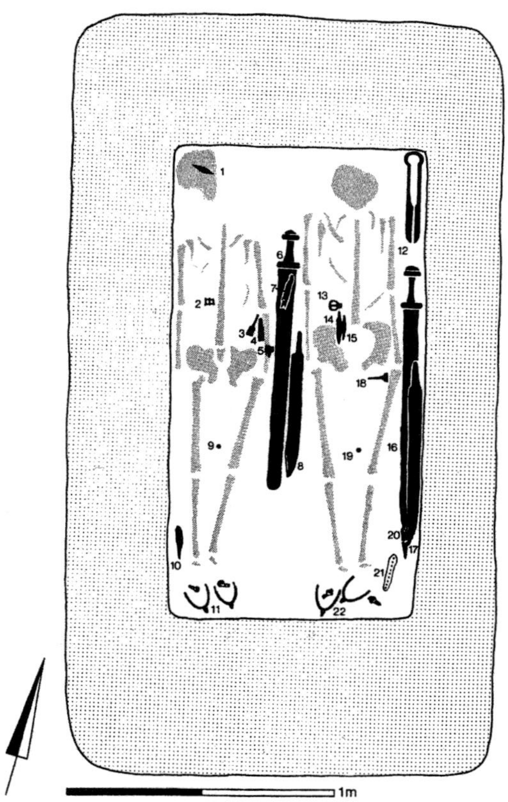

Abb. 5 Grab 217 von Schortens: Plan mit zwei Kriegerbestattungen aus dem späten 8. Jahrhundert

außerdem überhaupt der Brauch, Waffen in Flüsse zu werfen. Es steht außer Frage, daß sie nicht alle durch Zufall oder bei Kämpfen an Furten, auf Brücken oder zwischen Schiffen ins Wasser fielen, sondern aufgrund einer bestimmten Glaubensvorstellung versenkt wurden; denn sonst ließe sich die Auswahl der Waffentypen nicht erklären. Es bietet sich an, daß – in christlicher Umwelt durchaus möglich – ein Tabuverhalten dahinter verborgen ist: Die Waffen besiegter Gegner hatten keine Fortune und wurden daher vernichtet, oder mit der Waffe war in einem Zweikampf, nicht in einem Krieg, ein Mensch getötet worden, und sie durfte daher nicht weiter geführt werden.

Bei den in Bildern dargestellten Helmen sprechen Bänder, zur Versteifung des Randes und im Kreuz über den Kopf gelegt, für eine Metallkonstruktion wie bei den überlieferten Spangenhelmen der Merowingerzeit. Aber auch aus Leder könnten diese Kopfbedeckungen hergestellt worden sein, an denen die für Metallhelme sonst üblichen Wangenklappen nämlich fehlen. Aus der Merowingerzeit sind auf dem Kontinent und in Skandinavien einige Dutzend Spangen- oder Kammhelme überliefert und aus dem hohen Mittelalter vollständig aus Eisen geschmiedete kegelförmige Helme mit Nasenblech. Aus der Karolingerzeit fehlen jedoch entsprechende Funde. Aber nach Abbildungen im Psalter von Corbie wurden Spangenhelme noch um 800 getragen. Der einzige überlieferte Helm wurde in einem verfüllten Brunnen in der englischen Stadt York gefunden, er kann aufgrund der Ornamentik an den Zierblechen in das späte 8. Jahrhundert datiert werden, und erst noch einmal hundert Jahre später gelangte er in den Brunnen (Abb. 7). Dieses Stück steht in der Tradition der merowingerzeitlichen Helme mit Versteifungsrippen, Wangenklappen und Nackenschutz aus Kettengeflecht. Ein ähnlicher alter Helm lag im wikingischen Kriegergrab des 10. Jahrhunderts von Gjermundbu in Norwegen, und die mit Tierstilornamentik verzierte Scheitelspange eines solchen Helms wurde in der Wurt Hallum in den Niederlanden entdeckt.

Die Bildquellen zeigen Panzerhemden, die aus Metallschuppen zusammengesetzt erscheinen und den ganzen Körper wie ein Hemd bedecken (Abb. 1 u. 3). Derartige Schutzpanzer sind ebenfalls nicht überliefert. Aus der Merowingerzeit ist ein Lamellenpanzer aus einem der reichen Waffengräber von Niederstotzingen in Württemberg bekannt. Unter den archäologischen Funden der Karolingerzeit würde man statt dessen aber eher Kettenhemden erwarten, zusammengefügt aus vielen tausend Eisenringen, so wie sie seit der römischen Kaiserzeit auch bei den Ger-

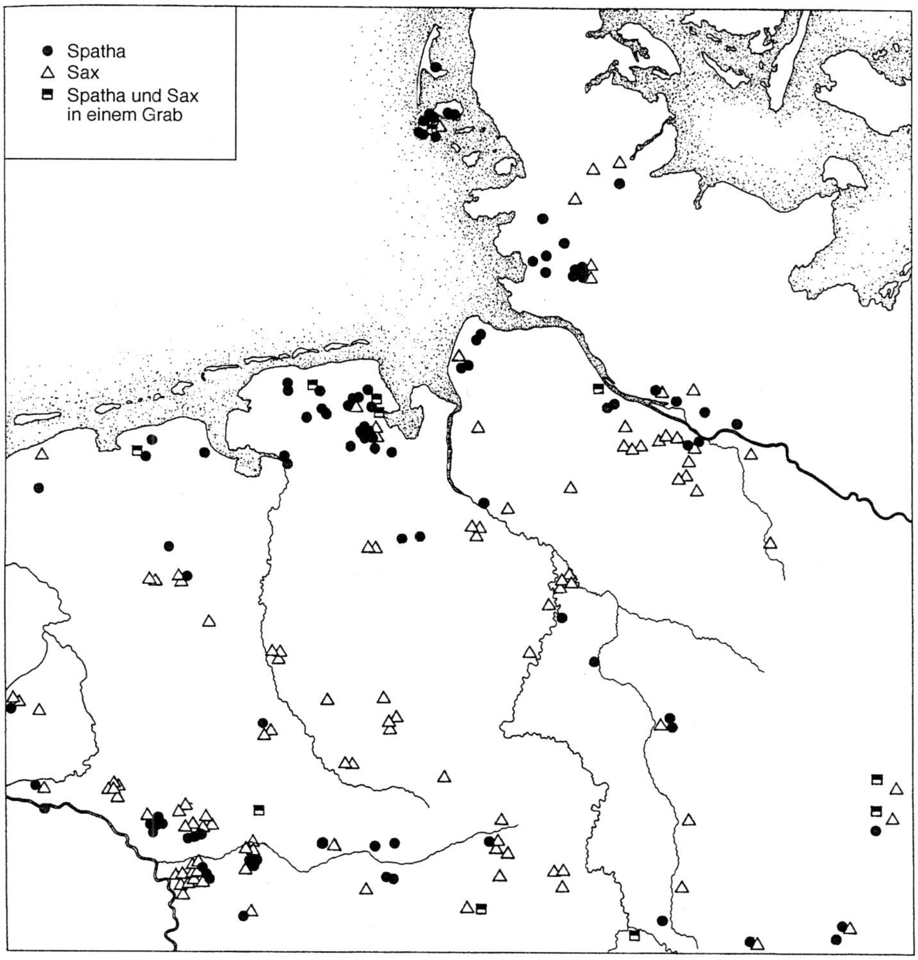

Abb. 6 Vorkommen von Spatha und Sax während des 8. und frühen 9. Jahrhunderts im sächsisch-friesischen Gebiet

manen überliefert und für die Merowingerzeit noch aus Gräbern des frühen 8. Jahrhunderts, z. B. in Dürbheim (Kr. Tuttlingen), Adelsgrab 2, in den schwedischen Häuptlingsgräbern von Vendel und Valsgärde des 7. und frühen 8. Jahrhunderts und später wieder aus dem hohen Mittelalter nachgewiesen sind. So fanden sich Reste eines Kettenhemdes in einem sächsischen Grab von Rullstorf (Kr. Lüneburg) aus der ersten Hälfte des 8. Jahrhunderts (Kat.Nr. V.69). In der Hauptburg der Slawen in Wagrien, Starigard/Oldenburg, liegen Reste von fünf Kettenhemden aus Schichten des 9. bis 11. Jahrhunderts vor.

Das Schwert als ranghöchste und wichtigste Waffe wurde in der Karolingerzeit verändert. Aus dem mehr als 90 cm langen Schwert des Zweikämpfers zu Fuß wurde eine etwas kürzere Waffe mit ca. 80 cm Klingenlänge, die zudem zur Spitze hin schmaler wird. Dieses neue Schwert war auch zum Kampf vom Pferd aus geeignet. Die älteren Klingen sind aus damasziertem Stahl, die jüngeren aus noch qualitätvollerem Eisen, so daß eine Damaszierung nicht mehr nötig war. In den Miniaturen ist oftmals eine Zickzacklinie auf die Klinge gezeichnet, mit der entweder ein Damastmuster oder die Blutrinne gemeint sein kann. Auch Klingeneinlagen aus Eisen sind bekannt, die vor allem Namen von Schwertfegern zeigen, zumeist den des VLFBERHT (Kat.Nr. V.84). Diese im Niederrheingebiet gefertigten Waffen wurden weithin über Europa durch Handel und Beute verbreitet (vgl. Beitrag Capelle u. Beitrag Westphal). Die Schwerter gewannen an Wert durch besonders geformte und verzierte Knäufe und Parierstangen, nach denen die heutigen Archäologen sie gruppieren und datieren. Dreieckige und dreigeteilte Knäufe (Schwerter vom Typ Mannheim, die Sondertypen 1 und 2 und Typ H) und fünfteilige Knäufe (Schwerter vom Typ K; Abb. 8) sind kennzeichnend für die Zeit um 800 und für das frühe 9. Jahrhundert. Teilweise mit Verzierungen aus Silber- und Messingtauschierung ma-

Abb. 7 Sog. Coppergate-Helm, spätes 8. Jahrhundert. York, Castle Museum

chen sie einen prunkvollen Eindruck. In der Bildüberlieferung ist der dreigeteilte Knauf oftmals sehr deutlich gezeichnet.

Zu den prachtvollsten Exemplaren aus einer Werkstatt des Karolingerreichs gehört das Prunkschwert aus dem Bootkammergrab von Haithabu mit fünfteiligem, ornamental verziertem Knauf und ebenfalls verzierter Parierstange, das in den Anfang des 9. Jahrhunderts datiert, vielleicht das Geschenk eines Karolingers an einen dänischen Adligen (Abb. 9).

Insgesamt etwa 150 Schwerter mit derartigen Knäufen vom Typ H und K und 120 Ulfberht-Klingen wurden gefunden. Im Jahr 869 forderte ein sarazenischer Fürst als Teil des Lösegeldes für Erzbischof Rotland von Arles immerhin 150 Schwerter (Annales Bertiniani). Zum Schwert gehörte eine Scheide aus Holz und Leder, umwikkelt mit Bändern, und Riemenzug, um die Waffe über die Schulter gehängt zu tragen. Die Riemenzüge sind mit Endbeschlägen und kleeblattförmigen Riementeilern aus Metall versehen, die im charakteristischen karolingischen Stil kostbar verziert und manchmal vergoldet sind. Auch diese Beschläge sind wie die Waffen weit in den Norden und Osten über die Grenzen exportiert worden. Im Lothar-Evangeliar (Berlin, Staatsbibliothek zu Berlin – Preußischer Kulturbesitz, Ms. theol. lat. fol. 260, fol. 1r) und in der Vivian-Bibel Karls des Kahlen (Paris, Bibliothèque Nationale, Ms. lat.1, fol. 215v, 423r) sind diese Beschläge auf den Bildseiten exakt wiedergegeben. Das Schwert war immer zugleich auch Rang- und Hoheitszeichen. Der auf einem Fresko in St. Benedikt in Mals/Südtirol dargestellte Würdenträger, wohl ein Verwandter Karls des Großen, trägt demonstrativ das Schwert (mit dreigliedrigem Knauf) vor der Brust (vgl. Kat. Aachen 1965, Abb. 114); Könige haben das Schwert als Zeichen der Gerichtsbarkeit über die Knie gelegt, so wie König David im Stuttgarter Psalter (Stuttgart, Württembergische Landesbibliothek, Bibl. fol. 23, fol. 195r).

Die Lanze war nach der Schrift- und Bildüberlieferung die Hauptwaffe sowohl der Reiterkrieger als auch der Kämpfer zu Fuß, sie wurde geworfen wie ein Speer oder zum Stoß eingesetzt (Abb. 2 u. 4). Die Länge betrug rund 2 m, manchmal, den Miniaturen nach zu urteilen, auch 2,50 m. Die damals moderne Flügellanze mit den bis zu 5 cm langen gegenständigen Fortsätzen an der Tülle der bis zu 60 cm langen Lanzenspitze und oft einem Gewicht von mehr als 500 g entwickelte beim Einsatz eine beachtliche Durchschlagskraft. Was diese Fortsätze bedeutet haben, ist in der Forschung umstritten. Eine Erklärung mag darin liegen, daß durch die Flügel gewissermaßen ein Kreuzzeichen entsteht, unter dem dann gegen den heidnischen Feind gekämpft wurde. Auch die Heilige Lanze der Reichsinsignien ist eine knapp 50 cm lange Flügellanzenspitze, deren in der Mitte aufgeschnittenes Blatt Eisen, Teile eines Nagels vom Kreuz Christi, enthalten soll.

Der runde Schild hatte je nach Größe des Kriegers etwa 80 bis 100 cm Durchmesser und wurde in gleicher Ausführung vom Fußkämpfer wie vom Reiterkrieger eingesetzt.

Bogenstäbe sind nicht überliefert, nach den Miniaturen – etwa im Utrecht-Psalter –, benutzte man kurze Reflexbögen wie die reiternomadischen Heere der Awaren. Daß Pfeil und Bogen tatsächlich auch im Kampf eingesetzt wurden, belegen archäologische Befunde unmittelbar: Einer der Reiterkrieger aus dem Doppelgrab von Schortens mit Schwert, Sax und Sporenpaar ist da-

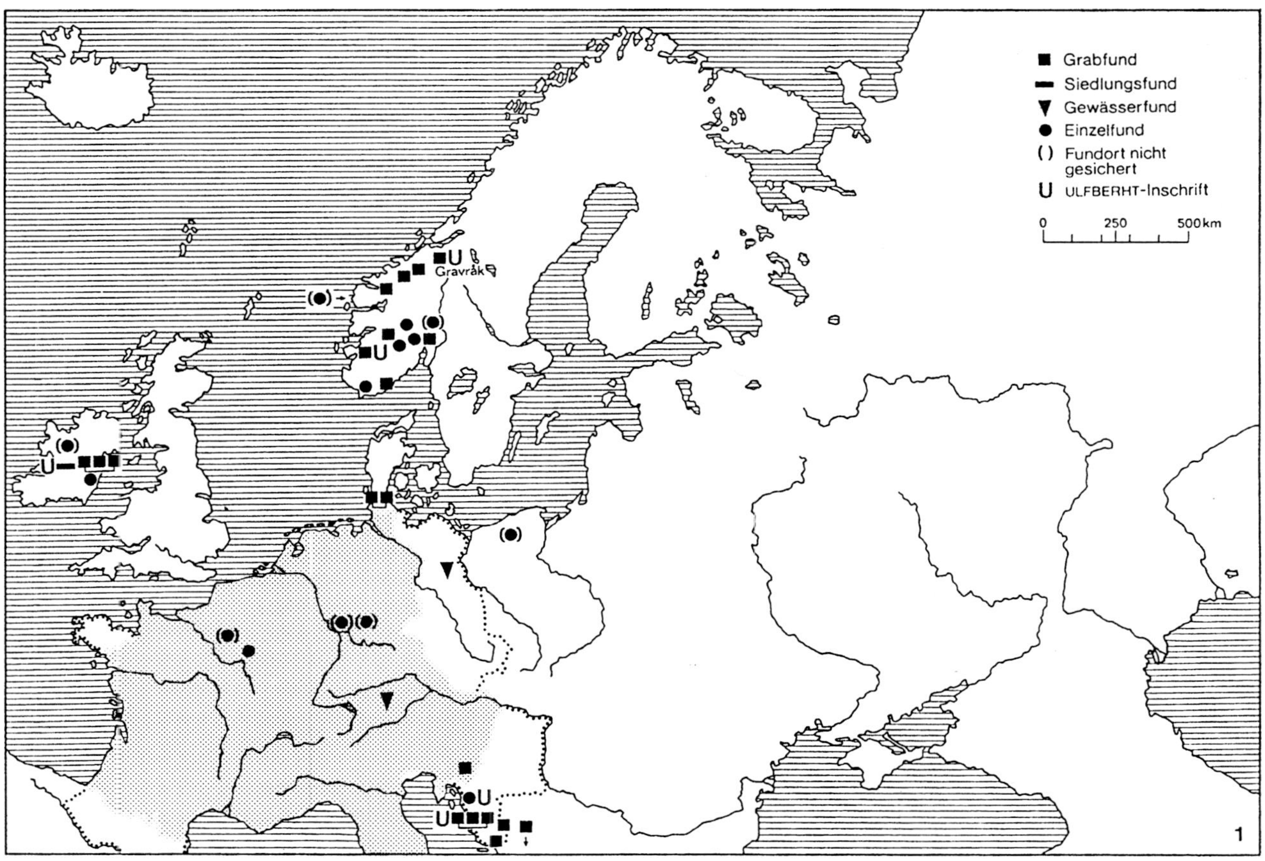

Abb. 8 Vorkommen von karolingischen Schwertern mit Knäufen des Typs K

Abb. 9 Karolingisches Prunkschwert aus dem Bootkammergrab von Haithabu, Anfang 9. Jahrhundert. Haithabu, Wikinger Museum

mit erschossen worden; die Pfeilspitze steckte noch in der Schädelbasis unterhalb des linken Augenhöhlendaches (Abb. 5).

Der Sax verschwand im Laufe des 9. Jahrhunderts aus der Bewaffnung der Franken, erst später auch aus der Rüstung der Sachsen. Die Saxklinge wurde seit der Merowingerzeit immer schwerer, breiter und vor allem auch länger und konnte zeitweilig die Rolle des Schwertes übernehmen. Anscheinend bevorzugten im 8. Jahrhundert die Sachsen diesen schweren und langen Sax gegenüber der Spatha. Im Inneren des Sachsenlandes wurde der Sax als Hauptwaffe ins Grab gelegt, begleitet von der Lanze, auch der Flügellanze, während in der Küstenzone sehr viel häufiger die Spatha Beigabe war oder gar die doppelte Ausstattung mit Spatha und Sax. Der archäologische Befund könnte die von Widukind von Corvey überlieferte Herleitung des Namens der Sachsen von „sahs“, was soviel wie Messer bedeutet, unterstützen.

III. Die neue „Waffe“ – schwerbewaffnete Reiterkrieger

Der Krieger zu Pferd, die Kavallerie, wurde als neue Heereseinheit von den karolingischen Herrschern entwickelt. Gegenüber den meist kleineren Pferden der Germanen bis zur Merowingerzeit mit einer Widerristhöhe von 135 cm waren die Pferde der Karolingerzeit mit 140 cm wohl schon größer, hatten jedoch noch längst nicht die Höhe mancher römischer Züchtungen und heutiger Pferde mit 160 cm erreicht. Geritten wurde in der Regel mit Sattel, vom dem – da aus Leder gefertigt – selten Reste erhalten geblieben sind. Schon aus der Merowingerzeit sind kostbare Sattelbeschläge überliefert, aus sächsischen Gräbern der Karolingerzeit Beschläge und Montageschnallen für die Riemenzüge. In den Miniaturen des Stuttgarter Bilderpsalters sind die Pferde immer gesattelt. Verzierungen des Leders sind erkennbar; durch andersfarbige Malerei sind auch die Riemenzungen und Riemenverteiler vom Zaumzeug unterschieden. Sogar mehrteilige Nebenriemen als Zierde sind sorgfältig dargestellt.

Das neue schlankere Schwert, die erstaunlich schwere Flügellanze und der Schild mit zuckerhutförmigem Buckel waren das neue Waffenensemble der Karolinger, das für den Kampf vom Pferd aus entwickelt wurde. Das Pferd ermöglichte neue Geschwindigkeiten zum und auf dem Kriegsschauplatz und erhöhte die Durchschlagskraft des Waffeneinsatzes. Dafür waren Steigbügel und Sporen, obwohl lange bekannt, anscheinend nicht immer notwendig, sondern wurden nur von Elitekriegern verwendet. Schon im frühen 7. Jahrhundert wurde der Steigbügel von Kriegern im Merowingerreich nach dem Vorbild der Awaren übernommen, bei denen er seit dem letzten Drittel des 6. Jahrhunderts nachgewiesen ist. Auch in Bestattungen jenseits der Grenzen des Reiches im Norden, im Großmährischen Reich oder in Kroatien gibt es kostbare, mit typischen Tier- und Pflanzenornamenten der Karolingerzeit verzierte und vergoldete Sporen (Kat.-Nr. I.7).

Historiker haben in jüngster Zeit bestritten, daß die Kavallerie im Heer der Karolinger schon eine besondere und Schlachten entscheidende Bedeutung gehabt hätte. Doch ist im Abwehrkampf gegen die Araber und Awaren in der Zeit Karl Martells der Reitereinsatz ausgebaut worden. Pippin der Jüngere hatte als erster im Jahr 755 „zum Nutzen der Franken" die jährliche Heeresversammlung vom März auf den Mai verlegt (Annales Mosellenses und Annales Petaviani 755), weil dann erst für die Pferde genügend Futter bereitstand. Schon 758 wurde der Sachsentribut von 500 Rindern auf 300 Pferde umgestellt. Das Capitulare de villis von etwa 795 (MGH Capit. I Nr. 32 c. 13–15, S. 82) widmet der Pferdehaltung auf den Gütern Karls des Großen derartige Aufmerksamkeit, daß die militärische Bedeutung nicht zu übersehen ist (Kat.Nr. II.54). Auch das spezielle Interesse an den ersten gezüchteten Kriegspferden, den schnelleren Araberpferden, die über die Iberische Halbinsel importiert wurden, ist mehrfach überliefert. Doch bleibt zu fragen, welche Rolle die Pferde im Kriegswesen tatsächlich spielten. Der Einsatz von Reitertruppen setzt Exerzieren voraus, die Ausbildung der Pferde und der Reiterkrieger. Die Überlieferung berichtet von Reiterangriffen, aber auch davon, daß zwar zum Schlachtfeld geritten wurde, der entscheidende Kampf dann aber zu Fuß stattfand. Zur schnelleren Bewegung der Truppen und zum Kräftesparen war der Transport zu Pferd eine wesentliche Erleichterung. Da „Reiten" immer schon ein Zeichen von Macht und Rang war, ergab sich daraus je nach Vermögen die prächtige Ausgestaltung von Zaumzeug, Steigbügel und Sporen. Vielfach ist überliefert, daß der König und die Großen ihre Anhänger außer mit Waffen auch mit Pferden und prunkvollem Zaumzeug beschenkten, um sich ihrer Gefolgschaft zu vergewissern. Die Reiter setzten die Lanze ein, kämpften mit dem Schwert, schützten sich mit dem Schild und brauchten auch Pfeil und Bogen.

Sieht man die nicht sehr zahlreichen, etwas ausführlicheren Berichte über den Heereseinsatz durch, so fällt auf, daß die Reiterei, die Elitetruppe der *scarae*, eingesetzt wurde, um in den angegriffenen Ländern in raschen Vorstößen zerstören, plündern und Befestigungen erstürmen zu können. Auch im Utrecht-Psalter sind Reiterangriffe auf befestigte „Städte" abgebildet. Der für das Jahr 810 überlieferte Bau der Burg Esesfeld bei Itzehoe zur Sicherung der Nordgrenze des karolingischen Reiches gegen die Dänen berücksichtigte mögliche Reiterangriffe. Die Ausgrabungen haben dort die Reste eines Walles und zwei parallele Gräben nachgewiesen sowie zwölf rechtwinklig, strahlenförmig von dieser Befestigung ausgehende 10–26 m lange Grabenabschnitte, die als Reiterhindernisse zu deuten sind: Sie teilen eine angreifende Schar zwangsweise in kleine Gruppen auf und verhindern eine Querbewegung vor dem Wall. Schon Gregor von Tours erzählt, daß die Thüringer beim Angriff Theuderichs im Jahre 534 als Schutz vor der Reiterei Gräben, getarnt mit Buschwerk, vor der Schlachtreihe aushoben (Hist.Franc. II.90). Die Franken gewannen trotzdem, weil die Reiter nicht in geschlossener Phalanx anrückten. Die fränkischen Reichsannalen, hier in einem Zusatz aus den sog. Einhardsannalen, berichten zum Jahr 782 über eine Niederlage der Franken am Süntelgebirge (an der Weser bei Hameln): Damit dem zweiten Heerhaufen nicht die Ehre des Sieges und auch die Beute zufiele, nahmen sie „die Waffen zur Hand und rückten, als ob sie es nicht mit einem zur Schlacht geordneten Feind zu tun, sondern Fliehende zu verfolgen und Beute zu machen hätten, so schnell als jeden sein Roß tragen mochte, dahin vor, wo die Sachsen vor ihrem Lager in Schlachtreihe standen (*pro castris in acie stabant*). So übel der Anmarsch, so übel war auch der Kampf selbst; sobald das Treffen begann, wurden sie von den Sachsen umringt und fast bis auf den letzten Mann niedergehauen". Hier siegten die zu Fuß kämpfenden Sachsen durch diszipliniertes Handeln ihrer Schlachtreihe gegen wild vorstürmende fränkische Reiterkrieger.

IV. Karolingerzeitliche Heere

Die Heere, oft nur einige Dutzend oder wenige hundert Reiter, zogen sengend und brennend durch das Feindesland; der offenen Feldschlacht wich man aus, wenn die gegnerischen Heerhaufen stärker erschienen und zog sich in Befestigungen zurück, so daß Kriegszüge in der Regel aus Belagerungen und Plünderungen bestanden. Bei entsprechender Übermacht bot man Unterwerfung und die Bereitstellung von Geschenken und Geiseln an. Wagte man den Kampf, so stellte man sich zur Schlachtreihe auf, aber oft stürmten die Heere auch als wilde Haufen aufeinander los, und die Schlacht löste sich in Einzelkämpfe auf.

Die Waffen für das königliche Heer wurden an den königlichen Höfen und Pfalzen, aber auch in den Grundherrschaften der Großen des Reiches und vor allem in den Klöstern produziert (vgl. Beitrag Capelle). Überliefert sind die jährlichen Abgaben an Schilden und Lanzen; auf dem Klosterplan von St. Gallen werden Schwertfeger genannt: *emundatores vel politores gladiorum*. Der Schmied Ermenulf lieferte der Abtei Saint-Germain-des-Prés jährlich sechs Lanzen für seine halbe Hufe, die er bewirtschaftete. Zur Zeit Ludwigs des Deutschen hatte St. Gallen jährlich zwei Pferde mit Schild und Lanze zu liefern; Bistümer hatten entsprechend mehr, z. B. sechs Pferde im Jahr, zu stellen. Bei mehr als 600 Klöstern im Reich wäre da regelmäßig die Ausrüstung für ein beachtliches Heer zusammengekommen. Die Ausgrabungen im großen Klostergelände von San Vincenzo al Volturno im langobardisch-karolingischen Süditalien haben zahlreiche Werkstätten freigelegt, darunter auch solche, die im karolingischen Zierstil geschmückte Riemengarnituren für Pferdezaumzeug oder Schwertgurte hergestellt haben.

Die Heerhaufen waren in der Regel klein. Die Abbildungen im Utrecht-Psalter, gezeichnet mit feinen Linien, zeigen einheitlich mit Schild und Flügellanze oder mit Schwert und Schild bewaffnete Einheiten von einem oder auch zwei Dutzend Kriegern. Adlige mit ihrer bewaffneten Gefolgschaft werden in den Quellen mehrfach als *exercitus*, als Heer, bezeichnet. Schlachtentscheidend waren oft bewaffnete Gruppen von gerade 50 Kriegern.

Schätzungen über die Größe des Heeresaufgebots Karls des Großen liegen zwischen 10 000 und 100 000 Kriegern, auch Zahlen wie 36 000 Reiter und 100 000 Fußkämpfer werden errechnet. Doch solche Angaben mögen für das mögliche Gesamtaufgebot des Reiches gelten, für einen Heereszug konnten kaum jemals mehr als 5000 oder 6000 Reiter und Fußkrieger zusammengebracht werden, und dann nur aus dem näheren Umland. Denn allein die Anreisewege quer durch das Reich zu den Grenzen hätten sonst die meiste Zeit gebraucht und unnötige Versorgungsprobleme aufgeworfen.

Literatur:

Simon COUPLAND, Carolingian arms and armor in the ninth century, in: Viator 21, 1990, 29–50. – Ralph H. C. DAVIS, The Medieval Warhorse. Origin, Development and Redevelopment, London 1989. – E. HOFFMANN u. H. J. KÜHN, Art. Esesfeld, in: Reallexikon der Germanischen Altertumskunde 7, Berlin/New York 1989, 566–571. – Kat. Utrecht 1996. – Martin LAST, Art. Bewaffnung der Karolingerzeit, in: Reallexikon der Germanischen Altertumskunde 2, Berlin/New York 1976, 466–473. – Friedrich LAUX, Überlegungen zum Reihengräberfriedhof von Ashausen, Gem. Stelle, Kreis Harburg (Niedersachsen), in: Studien zur Sachsenforschung 6, hrsg. v. Hans-Jürgen HÄSSLER (Veröffentlichungen der urgeschichtlichen Sammlungen des Landesmuseums zu Hannover 34), Hannover 1987, 123–154. – Karl LEYSER, Early Medieval Warfare, in: DERS., Communications and Power in Medieval Europe. The Carolingian and Ottonian Centuries, hrsg. v. Timothy REUTER, London/Rio Grande 1994, 29–50. – Wilfried MENGHIN, Neue Inschriftenschwerter aus Süddeutschland und die Chronologie karolingischer Spathen auf dem Kontinent, in: Vorzeit zwischen Main und Donau. Neue archäologische Forschungen und Funde aus Franken und Altbayern, hrsg. v. Konrad SPINDLER (Erlanger Forschungen A 26), Erlangen 1980, 227–272. – Michael MÜLLER-WILLE, Zwei karolingische Schwerter aus Mittelnorwegen, in: Studien zur Sachsenforschung 3, hrsg. v. Hans Jürgen HÄSSLER (Veröffentlichungen der urgeschichtlichen Sammlungen des Landesmuseums zu Hannover 27), Hildesheim 1982, 101–154. – Timothy REUTER, Plunder and tribute in the Carolingian empire, in: Transactions of the Royal Historical Society, Fifth Series 35, 1985, 75–94. – Pierre RICHÉ, Die Welt der Karolinger, Stuttgart 1981. – DERS., Die Karolinger. Eine Familie formt Europa, München 1991. – Frauke STEIN, Adelsgräber des achten Jahrhunderts in Deutschland (Germanische Denkmäler der Völkerwanderungszeit A; 9), Berlin 1967. – Heiko STEUER u. Martin LAST, Zur Interpretation der beigabenführenden Gräber des achten Jahrhunderts im Gebiet rechts des Rheins, in: Nachrichten aus Niedersachsens Urgeschichte 38, 1969, 25–88. – DERS., Flügellanze, in: Reallexikon der Germanischen Altertumskunde 9, Berlin/ New York 1995, 251–254. – Der Stuttgarter Bilderpsalter 1–2, Faksimile u. Kommentare, Stuttgart 1965–1968. – Kurt TACKENBERG, Über die Schutzwaffen der Karolingerzeit und ihre Wiedergabe in Handschriften und auf Elfenbeinschnitzereien, in: Frühmittelalterliche Studien 3, 1969, 277–288. – Hayo VIERCK, Ein westfälisches 'Adelsgrab' des 8. Jahrhunderts n. Chr. Zum archäologischen Nachweis der frühkarolingischen und altsächsischen Oberschichten, in: Studien zur Sachsenforschung 2, hrsg. v. Hans-Jürgen HÄSSLER (Veröffentlichungen der urgeschichtlichen Sammlungen des Landesmuseums zu Hannover), Hildesheim 1980, 457–488. – Egon WAMERS, König im Grenzland. Neue Analyse des Bootkammergrabes von Heidaby, in: Acta Archaeologica 65, 1994, 1–56. – Friedrich-Wilhelm WULF, Karolingische und ottonische Zeit, in: Ur- und Frühgeschichte in Niedersachsen, hrsg. v. Hans-Jürgen HÄSSLER, Stuttgart 1991, 321–368.

Herbert Westphal

Zur Bewaffnung und Ausrüstung bei Sachsen und Franken

Gemeinsamkeiten und Unterschiede am Beispiel der Sachkultur

Mit einer gewissen Selbstverständlichkeit sprechen wir heute von *den* Sachsen oder *den* Franken und gehen damit von klar definierten Unterschieden aus. Tatsächlich aber können wir nicht sicher sein, daß die Menschen jener Zeit in uns vertrauten Kategorien dachten.

Wie war es bestellt um das Selbstverständnis von Zeitgenossen, die für einige Generationen mehr oder weniger friedlich benachbart lebten und dann über dreißig Jahre lang einen erbitterten Krieg gegeneinander führten?

Neben einer Neubetrachtung historischer und der Auswertung archäologischer Erkenntnisse jüngerer Zeit wird in diesem Beitrag eine weitere Quellengattung, die der Sachkultur, intensiver als bisher üblich einbezogen.

Eine Recherche soll klären, ob anhand der materiellen Hinterlassenschaft Differenzierungen zwischen Sachsen und Franken möglich sind. Dabei ist es ratsam, Objektgruppen auszuwählen, die einerseits einen hohen Stellenwert in der damaligen Zeit einnahmen, andererseits jedoch auch noch heute Ansatzpunkte für eine Überprüfung bieten. Beide Kriterien werden vor allem von Waffen erfüllt; sie sind *die* Statussymbole des freien Mannes und Kriegers der alten Zeit, und sie zeigen in ihrem komplexen Aufbau ein breites gestalterisches Spektrum, das wir erkennen und interpretieren können. Zu den aufwendigsten und insoweit ergiebigsten Arbeiten zählen zweischneidige Schwerter (Spathen), einschneidige Schwerter (Saxe) sowie Flügellanzen; in eingeschränktem Maße spielen auch weitere Ausrüstungsstücke eine Rolle.

Anhand dieser Waffen läßt sich überprüfen, inwieweit tatsächliche oder vermeintliche Unterschiede zwischen Völkern und Stämmen des Frühmittelalters in der Gestaltung ihrer Sachkultur zum Ausdruck kommen. Die Untersuchung stützt sich wesentlich auf schmiedetechnische und – damit verbunden – morphologische Befunde, schließt jedoch Merkmale der Konstruktion und Dekoration ebenso ein wie waffenkundliche Gesichtspunkte.

Grundsätzlich werden Verfahren der zerstörungsfreien Werkstoffprüfung angewandt, wobei Röntgenaufnahmen die wesentliche Rolle spielen. Ergänzend können partielle Gefügefreilegungen, d. h. die restauratorische Freilegung metallisch erhaltener Substanz, erfolgen.

Bisher wurden 290 Exemplare untersucht, darunter 113 Spathen, 148 Saxe sowie 29 Lanzen. Während norddeutsche Funde ausgewertet sind, konnte eine vergleichende Gegenüberstellung mit süddeutschen Exemplaren noch nicht abgeschlossen werden.

Ein realistisches Bild ist zu erwarten, sofern letztlich eine vergleichbare Anzahl von Funden gegenübergestellt werden kann, welche dieselbe Zeitspanne abdecken. Hier allerdings liegt ein Problem. Es resultiert aus der Tatsache, daß, bedingt durch die im fränkisch dominierten Gebiet früher erfolgte Christianisierung, die Beigabensitte eher endet als im Norden. Die jüngsten beigabenführenden Bestattungen des Südens erfolgen im zweiten Viertel des 8. Jahrhunderts. Im sächsischen Bereich dagegen sind sie noch gegen Ende des 8. Jahrhunderts gebräuchlich, in Friesland reichen sie weit in das 9. Jahrhundert hinein, und im nordelbischen Gebiet sind noch Gräber des 10. Jahrhunderts mit prachtvollen Waffen ausgestattet.

So sind wir bei der Beurteilung von Waffen des Südens seit der zweiten Hälfte des 8. Jahrhunderts auf Einzelfunde angewiesen, die lediglich in Ausnahmefällen ebensogute Voraussetzungen für die archäologische Datierung bieten wie Grabinventare.

Es wird angestrebt, die Abfolge der Entwicklungsschritte einzelner Waffengattungen zu erkennen sowie zu klären, inwieweit technologische Innovationen zu gattungsübergreifenden Gemeinsamkeiten führten.

Trutzwaffen: Spatha, Sax und Lanze

Später als im merowingischen Bereich setzt in Niederdeutschland die Beigabe frühmittelalterlicher Waffen und Ausrüstung in Kriegergräbern ein. Wenngleich einige wenige zweischneidige Schwerter im heutigen Niedersachsen aus derartigen Bestattungen bereits im 5. Jahrhundert bekannt sind, ist doch diese Sitte erst in der ersten Hälfte des 6. Jahrhunderts, in Westfalen seit der Mitte des 6. Jahrhunderts häufiger zu belegen. Erst aus dieser Zeit kennen wir in diesen Territorien das gesamte Spektrum der Objekte, das eine Kriegerausrüstung ausmachen kann.

Aus diesem Grund fehlen Prototypen; wir treffen von Beginn an auf hochentwickelte, ausgereifte Formen, die solchen von merowingischen Fundplätzen gleichen. Eine Herkunft dieser Waffen aus merowingischen Werkstätten wird daher vermutet, zumindest jedoch eine Orientierung an jenen Vorbildern. Eine Anlehnung an merowingische Vorstellungen findet ihre Entsprechung während des 6. Jahrhunderts auch in den Bestattungsbräuchen.

Diese frühe Phase der Kriegerbestattungen ist mit den dekorierten Schmalsaxen des Typs I (Kat.Nrn. V.71–72) und der Spatha (Kat.Nr. V.73) belegt. Die Spatha allerdings zeigt eine Besonderheit, nämlich die Kennzeichnung mit einer tauschierten (d. h. in diesem Fall einer in Buntmetall eingelegten) Klingenmarke. Signaturen von Klingenschmieden – als eine solche haben wir diese Marke aufzufassen – sind an sich nicht ungewöhnlich; bereits aus römischer Zeit sind sie bekannt und haben sich bis in unsere Tage in Form von Fabrikationsstempeln oder Ätzungen behauptet. Im konkreten Falle jedoch könnte die spezifische Marke auf sächsische Provenienz deuten.

Ein Schmalsax vom Typ II und eine Spatha (Kat.Nrn. V.74–75), welche derselben Bestattung entstammen, stellen den anschließenden Entwicklungsschritt dar, der in die Zeit um 600 bzw. in das frühe 7. Jahrhundert fällt. Während der beiden Phasen kommt es vor – den Sachverhalten des merowingischen Bereichs vergleichbar –, daß Spatha und Sax im Grab vergesellschaftet sind, das heißt, daß beide Waffen in das Grab gegeben werden.

Einschneidende Veränderungen sind dann mit dem Auftreten des breiten Sax (Kat.Nr. V.76) in der ersten Hälfte des 7. Jahrhunderts festzustellen. Diese Waffe zeigt eine andere Gestalt und Dekoration und kommt in sächsischen Gräbern nicht gemeinsam mit Spathen vor, wohl aber mit anderen Waffen. Seit dieser Zeit ist die Abkehr von merowingischen Vorbildern zu beobachten. Sie betrifft unterschiedliche Bereiche; sowohl in der Gestaltung von Gegenständen der Sachkultur als auch in der Beigabensitte oder der Graborientierung stoßen wir auf Entwicklungen, in denen bestimmte Eigenarten zum Ausdruck kommen. In Westfalen, dem am weitesten südlich gelegenen Teil der sächsischen Territorien, finden sich zahlreiche Belege dieser Sachverhalte.

Noch deutlicher ist die sich damit anbahnende Entwicklung während der zweiten Hälfte des 7. Jahrhunderts mit dem Auftreten der Langsaxe zu fassen. Darin erkennen wir im sächsischen Bereich eine Waffe von ausgeprägter Eigenart, der offenbar identitätsstiftender Charakter zukommt. Neben schlichten Exemplaren (Kat.Nr. V.77) sind nämlich viele dieser Klingen durch einen beispiellosen schmiedetechnischen Aufwand gekennzeichnet. Damaszierungen, die ansonsten Charakteristika zweischneidiger Schwerter darstellen, treten in modifizierter Form an Langsaxen auf. Bei der Damaszierung handelt es sich um eine Schweißverbundtechnik, mit der Klingenteile, „Schweißbahnen", mit unterschiedlichen Eigenschaften zu einer Klinge gefügt werden. Wird damit ursprünglich die Verbesserung mechanischer Eigenschaften angestrebt, so treten im weiteren Verlauf der Entwicklung die dekorativen Effekte in den Vordergrund und werden zu sichtbaren, prestigeträchtigen Symbolen einer meisterhaften Schmiedearbeit. Daneben tritt eine schmiedetechnische Innovation, die an diesen Saxen entwickelte aufwendige Technik der „gezahnten Schweißnaht". Beide Techniken, die auch gemeinsam an einer Klinge auftreten können, führen zu einer veränderten Formgebung, die hier durch zwei Exemplare (Kat.Nrn. V.78–79) vertreten ist. Doppelkehlen, welche Langsaxe etwa seit der Mitte des 8. Jahrhunderts kennzeichnen, schneiden unterschiedliche Ebenen des damaszierten Gefüges an und führen zu besonderen optischen Effekten (Kat.Nrn. V.79–80). Die Feinheit und Regelmäßigkeit des Gefügebildes ist ein sichtbarer Beleg der qualitätvollen Schmiedearbeit. Die für aufwendige Klingen entwickelte Gestaltungsweise, welche zunächst den beschriebenen Zweck verfolgt, setzt sich im folgenden allgemein durch: Auch nicht damaszierte Klingen können Doppelkehlen tragen (Kat.Nr. V.78). Unter den Langsaxen von niederdeutschen Fundplätzen machen Klingen, welche durch einen hohen Aufwand gekennzeichnet sind, etwa ein Drittel der Gesamtzahl aus.

Die Technik der gezahnten Schweißnaht ist an Langsaxen aus dem Süden nicht bekannt. Auch deren weitere schmiedetechnische Ausstattung, etwa mit Damaszierungen, besitzt nicht den Stellenwert, welcher an den Funden des Nordens erkennbar ist; sie beschränkt sich auf wenige Einzelfälle.

Doch nicht allein an Langsaxen aus dem Norden treffen wir auf schmiedetechnische Besonderheiten, welche von anderen Fundregionen nicht beschrieben sind; auch Spathen können vom Standard ihrer Zeit abweichen. Ein Beispiel dafür ist das bereits erwähnte Schwert (Kat.Nr. V.75) des Gräberfeldes „Beckum II", das mit einer zu jener Zeit ungewöhnlichen Variante der Damaszierung ausgestattet ist: Zwei Stäbe aus massivem Torsionsdamast bilden den Mittelteil des Klingenblattes. Sie nehmen den überwiegenden Teil des Klingenvolumens ein und wirken sich daher entscheidend auf die mechanischen Eigenschaften der Waffe aus. Das optisch sichtbare Merkmal dieser Technik besteht in einer gegenläufigen Orientierung der Muster auf den beiden Seiten des Blattes. Das Schwert steht in der Tradition weiterer Klingen dieses Aufbaus von niederdeutschen Fundplätzen.

Mit Waffen dieser Zeitstellung, die während der ersten Hälfte des 7. Jahrhunderts in Gräber gelangen, bricht die Sitte, zweischneidige Schwerter beizugeben, im sächsischen Bereich für etwa ein Jahrhundert ab und setzt erst gegen die Mitte des 8. Jahrhunderts wieder ein. Diese Tatsache fällt vor allem deshalb auf, weil sowohl die Beigabensitte generell als auch die Beigabe anderer Waffen fortgesetzt wird. Offenkundig übernimmt im sächsischen Bereich der Sax die Rolle der Spatha im Beigabenspektrum (Kat.Nrn. V.26 a–b), für die er in besonderer Weise ausgestattet wird (Kat.Nrn.V.27a–b).

Während dieser Zeitspanne sind wir über die Weiterentwicklung des zweischneidigen Schwertes ausschließlich durch Grabfunde des Südens informiert (Kat.Nrn. V.31–33). Bestattungen, denen diese Waffen entstammen, können, anders als im sächsischen Bereich, außerdem Langsaxe (Kat.Nr. V.25) sowie im Norden nicht bekannte Schildbuckelformen enthalten (Kat.Nrn. V.52–53). Aus derartigen Fundzusammenhängen kennen wir neben Lanzen der überlieferten Art (Kat.Nrn. V.42–45) die frühesten Belege einer Variante, die zur späten Merowingerzeit entwickelt wurde: die Flügellanze (Kat.Nrn. V.46–47).

Seit der Mitte des 8. Jahrhunderts gelangen Spathen dann auch im sächsischen Gebiet wieder in die Gräber. Sie zeigen veränderte Schmiedetechniken und Formen; ihre Gefäßteile (Konstruktionsteile, in welche die Klinge gefaßt wird; sie ermöglichen die Handhabung der Waffe und dienen dem Schutz der Hand) sind gelegentlich reich dekoriert, wobei neben Metalleinlagen auch nichtmetallische Materialien verwendet werden (Kat.Nrn. V.37; V.81). Auch die Untersuchung dieser Waffen kann Rückschlüsse auf ihre Herkunft zulassen. Neben Merkmalen der Schmiedetechnik und der Dekoration muß einem weiteren, nämlich der Konstruktion des Gefäßes, besondere Aufmerksamkeit gelten. Es zeigt sich, daß gleichartig dekorierte Gefäße durchaus unterschiedlich konstruiert sein können. Eine weitere Beobachtung weist darauf hin, daß es sich dabei nicht etwa um Zufälligkeiten handelt, denn Merkmale der Gefäßkonstruktion treten mit geradezu regelhafter Tendenz gemeinsam mit bestimmten schmiedetechnischen Befunden auf, während gleichartige Dekorationen unabhängig davon vorkommen. Offenkundig ist daher die Dekoration lediglich als Modeerscheinung anzusehen, sie zeigt zeittypische, weitverbreitete Standards. Die Konstruktion und die Schmiedetechnik dagegen bieten verläßlichere Hinweise auf werkstattspezifische Verfahren und damit gegebenenfalls auf unterschiedliche Herkunft.

Damaszierte Klingen, welche in schlichte Gefäße montiert wurden (Kat.Nrn. V.34; V.82), repräsentieren die im sächsischen und friesischen Bereich üblichen Spathen einer Zeit, in der im Süden die Beigabensitte nicht mehr geübt wird. Eine Waffe, die jenen in der Schmiedetechnik ihrer Klinge sowie der Morphologie und Konstruktion ihres Gefäßes gleicht, weicht lediglich in der aufwendigen Dekoration davon ab (Kat.Nr. V.81). Jedoch finden sich daneben reich dekorierte Schwerter, die wohl fränkischen Werkstätten entstammen, auch in den Gräbern des Nordens (Kat.Nrn. V.35–37). Wir können sie daran erkennen, daß ihre Schmiedetechnik, Konstruktion und Morphologie der von süddeutschen und französischen Fundplätzen stammenden Einzelfunde, die zumeist in Flüssen entdeckt wurden (Kat.Nrn. V.38–41), entspricht.

Wiederholt ist eine arbeitsteilige Entstehung dieser Schwerter zu beobachten. Die Annahme, daß Klingen-, Gefäß- und Scheidenherstellung in zentralisierten Werkstätten des fränkischen Reichs erfolgte, liegt nahe. Daneben jedoch tauchen Belege für einen Klingenhandel auf. Man verhandelt Klingen, den wichtigsten Teil einer Blankwaffe, ebenso wie vollständige Schwerter. Diese werden dann weit vom vermuteten Ort ihrer Herstellung entfernt mit Gefäßen und Scheiden im regionalen oder lokalen Geschmack versehen.

Während in der zweiten Hälfte des 8. Jahrhunderts damaszierte Klingenmarken im Norden wie im Süden verbreitet sind (Kat.Nr. V.85), entstehen in wohl fränkischen Werkstätten um die Wende zum 9. Jahrhundert Klingen mit damaszierten Inschriften, die besondere Berühmtheit erlangen (Kat.Nr. V.84). Sie stellen zugleich die frühesten frühmittelalterlichen Klingen dar, mit denen uns der Name eines Schmiedes, VLFBERHT, überliefert ist. Diese Schwerter zählen zu den kostbarsten Waffen ihrer Zeit.

Neben überkommenen Formen der Lanzen (Kat.Nrn. V.42–45; V.49) treffen wir im 8. Jahrhundert auf sog. Flügellanzen. Sie unterscheiden sich von ihren Vorgängern durch ein auffallendes Merkmal: An den Tüllen werden

Aufhalter, 'Flügel', angebracht, welche ein zu tiefes Eindringen in den getroffenen Körper verhindern sollen. Die Spannweite der Flügel reicht daher stets über die Breite des Klingenblattes hinaus. Auch an diesen Funden können wir Stadien ihrer Entwicklung unterscheiden, welche das gesamte Erscheinungsbild ebenso wie gestalterische Details betreffen. Die frühe Variante (Kat.Nrn. V.46–47), um 700 erstmals belegbar, zeigt im Süden wie im Norden eine vergleichbare Gestalt. Damit allerdings sind die Gemeinsamkeiten erschöpft, denn die Untersuchung belegt auffallende Unterschiede in der Schmiedetechnik und trennt die Waffen der beiden Fundregionen.

Eine weiter entwickelte Variante der Flügellanze (Kat.Nr. V.50) löst sich in morphologischer Hinsicht von dem Vorbild, knüpft jedoch im schmiedetechnischen Aufbau daran an. Einschränkend ist anzumerken, daß Ergebnisse zu Vertretern dieses Typs bisher nur von norddeutschen Fundplätzen vorliegen, allein hier kennen wir nämlich die Lanzen aus Grabzusammenhängen. Im Süden dagegen ist eine Reihe von Einzelfunden bekannt, deren zeitliche Einordnung aufgrund der in diesem Beitrag dargestellten morphologischen und schmiedetechnischen Merkmale angestrebt wird.

Wird es im Falle der Flügellanzen vor allem auf solche Weise möglich sein, zu Differenzierungen zu gelangen, bieten andere Fundgruppen offenkundigere, auch optisch leicht wahrnehmbare Ansätze. Dennoch reicht es nicht aus, allein die Funde in Augenschein zu nehmen.

Schutzwaffen: Schild und Rüstung

Die während der ersten Hälfte des 8. Jahrhunderts bestehende Unterschiedlichkeit der Schildbuckelform im Norden und Süden scheint auch während dessen zweiter Hälfte fortzubestehen (vgl. Kat.Nrn. V.52–53 mit Kat.-Nrn. V.54–56). Dabei ist jedoch zu berücksichtigen, daß uns wegen der nicht mehr geübten Beigabensitte im Süden lediglich die Funde des Nordens überliefert sind. Ziehen wir allerdings stellvertretend eine andersartige Quellengattung des Südens hinzu, nämlich Miniaturen aus karolingischen Handschriften, entsteht ein anderes Bild. Hier finden wir den Typus des im Norden verbreiteten Schildbuckels (Kat.Nrn. V.54–56) wiederholt dargestellt (vgl. Beitrag Steuer, Abb. 1–4). Die Schildbukkelgestalt ist demnach den Künstlern jener Zeit durchaus vertraut, nur fehlt sie im archäologischen Fundgut des Südens. Wir haben derartige Darstellungen bis zu einem gewissen Grad offenbar als realistisch und detailgenau aufzufassen, denn es werden auch andere Waffen, so z. B. Spathen und Saxe dargestellt, wie wir sie vor allem aus dem archäologischen Fundgut des Nordens kennen. Dies gilt jedoch nicht uneingeschränkt: Neben Waffen und Ausrüstungsgegenständen, welche archäologischen Funden entsprechen, sind solche dargestellt, die im Fundgut fehlen. Hier ist an erster Stelle ein signifikanter Helmtyp zu nennen, mit dem Fußtruppen wie Reiter ausgerüstet sind. Auch vielfältige Formen und Materialien der Panzerung, welche in den Darstellungen breiten Raum einnehmen, haben keine Entsprechung im Fundgut. Reste eines Ringgefüges, das von einem Panzer stammen dürfte, finden sich in einem Grab des 8. Jahrhunderts von Rullstorf (Kr. Lüneburg) (vgl. Kat.Nr. V. 69). Mit diesem einzigen bekanntgewordenen derartigen Fund gelingt es nur unzureichend, den Eindruck, welchen Bild- und Schriftquellen vermitteln, aus archäologischer Sicht zu bestätigen.

Weitere Ausrüstung, Reitzeug

In der schriftlichen Überlieferung wird der Bogenwaffe eine Bedeutung zugemessen, welche allerdings in Grabinventaren des 8. Jahrhunderts keine Rolle spielt. Pfeilspitzen (Kat.Nr. V.57–60) kennen wir eher von Siedlungsplätzen. Wir wissen nicht, ob man in der alten Zeit zwischen Jagd- und Kriegspfeilen unterschieden hat; eine Differenzierung der wenigen Funde ist demnach nicht möglich.

Zu den reichsten Bestattungen des 8. Jahrhunderts zählen die berittener Krieger, denen neben ihren Waffen auch die Reitausrüstung in das Grab folgt (Kat.Nrn. V.61–68). Ohne Zweifel stellen sie im gesamten Untersuchungsgebiet Vertreter einer sozialen Elite dar. Dennoch zeigen sich auch hier Unterschiede zwischen fränkischem und sächsischem, selbst friesischem Grabbrauch. So enthält ein fränkisches Reitergrab in aller Regel eine Spatha, daneben eine Lanze und häufig einen Langsax. Schriftquellen bestätigen diesen Ausrüstungsstandard hochrangiger karolingischer Krieger. Auch friesische Grabinventare weisen seit der zweiten Hälfte des 8. Jahrhunderts dieselben Verhältnisse auf. Im sächsischen Bereich dagegen wird dem Langsax, häufig in besonderer Ausstattung, die alleinige Rolle der Seitenwaffe zugedacht. Er tritt an die Stelle der Spatha, während das weitere Beigabenspektrum dem anderer Fundregionen entspricht.

Zusammenfassung

Eine Einbeziehung technologischer Befunde und ihre Deutung kann interessante Aspekte zur Beurteilung archäologischer Funde beitragen. Sie klärt den Verlauf von Entwicklungssträngen und erkennt Abweichungen davon. So erbringt sie einerseits eigenständige Ansätze zu Differenzierungen, andererseits ist es ebenso wichtig, daß sie gegebenenfalls erklären kann, weshalb bestimmten (in besonderer, jedoch nicht offenkundiger Weise ausgestatteten) Funden eine veränderte Rolle im Beigabenspektrum zukommen kann. Stehen auch die Feststellungen weitgehend im Einklang mit archäologischen Erkenntnissen sowie historischer Überlieferung, so gehen sie doch bezüglich ihrer Differenzierungsmöglichkeiten darüber hinaus.

Im Untersuchungsgebiet sind grundsätzlich gleichartige Entwicklungen während des hier behandelten Zeitraums von etwa drei Jahrhunderten festzustellen. Sie lassen einen über ganz Europa verbreiteten Standard entstehen. Dieser prägt das schmiedetechnische 'Know-how' und die konstruktiven Grundlagen der Waffengestaltung ebenso wie gesellschaftliche oder religiöse Vorstellungen, welche sich im Grabbrauch ausdrücken. Wichtige Impulse zum Entstehen dieser Strukturen gehen offenbar vom merowingischen, später vom fränkischen Bereich aus.

Daneben sind jedoch in einer ansehnlichen Größenordnung Besonderheiten festzustellen, welche lediglich regional begrenzt verbreitet sind. Sie finden sich in der Detailgestaltung der Sachkultur ebenso wie in der Kampfweise und der Grabsitte. Mit einer Identifizierung derartiger Besonderheiten ergeben sich Ansätze für eine feinere Differenzierung, da darin offenbar Merkmale der kulturellen Identität zum Ausdruck kommen.

Für die Hinterbliebenen muß es eine selbstverständliche Verpflichtung gewesen sein, einen Verstorbenen über den Tod hinaus mit diesen Kennzeichen zu versehen; nur deshalb sind wir heute in der Lage, Rückschlüsse zu Sachverhalten zu ziehen, zu denen die damaligen Schriftquellen schweigen. So liegt die Annahme nahe, daß sich in der Ausstattung der Toten für das Jenseits Gewohnheiten der Lebenden spiegeln.

Die Erforschung archäologischer Funde und Befunde vermittelt auf diese Weise einen zwar begrenzten, doch offenbar recht konkreten Ausschnitt aus der Lebenswirklichkeit einer vergangenen Zeit.

Literatur:

Joachim EMMERLING, Technologische Untersuchungen an eisernen Bodenfunden, in: Alt-Thüringen 12, 1972, 267–320. – Manfred SACHSE, Damaszenerstahl. Mythos, Geschichte, Technik, Anwendung, Bremerhaven 1989. – Herbert WESTPHAL, Untersuchungen an Saxklingen des sächsischen Stammesgebietes. Schmiedetechnik, Typologie, Dekoration, in: Studien zur Sachsenforschung 7, hrsg. v. Hans-Jürgen HÄSSLER (Veröffentlichungen der urgeschichtlichen Sammlungen des Landesmuseums zu Hannover 39), Hildesheim 1991, 271–366. – Jaap YPEY, Europäische Waffen mit Damaszierung, in: Archäologisches Korrespondenzblatt 12, 1982, 381–388.

Werner Best, Rolf Gensen und Philipp R. Hömberg

Burgenbau in einer Grenzregion

Frühmittelalterliche Burgen – gewöhnlich als Wallburgen oder Ringwälle bezeichnet – bestehen in der Regel aus verstürzten, uns heute als Wälle erscheinenden, trocken aufgesetzten und dann oft mit Holzwerk versteiften oder aus mit Kalkmörtel errichteten Mauern. Sie sind die markantesten Zeugnisse von drohenden oder stattgefundenen Kriegen zwischen Stämmen, Völkern oder Staaten.

Bei der drei Jahrzehnte währenden Auseinandersetzung zwischen dem Stamm der Sachsen und dem fränkischen Großreich am Ende des 8. Jahrhunderts werden Burgen in den spärlichen Schriftquellen manchmal genannt. Oft bleiben die Burgen aber namenlos.

I. Christenberg und Büraberg

Zur Gliederung der frühgeschichtlich-frühmittelalterlichen Befestigungen im nord- und mittelhessischen Grenzgebiet nach Westfalen sind in den letzten 35 Jahren dank der Unterstützung durch die Deutsche Forschungsgemeinschaft von der archäologischen Denkmalpflege erhebliche neue Erkenntnisse durch die hessische Bodendenkmalpflege gewonnen worden, die im folgenden kurz vorgestellt werden sollen.

In einem späten Abschnitt des 7. Jahrhunderts entstehen mit der 8 ha großen Büraburg bei Fritzlar (Schwalm-Eder-Kreis; Abb. 1), und dem einschließlich Vorburg 7 ha umfassenden Christenberg (Kesterburg) bei Münchhausen (Kr. Marburg-Biedenkopf; Abb. 2) Großburgen, die ein Ausgreifen der reichsfränkischen Macht in das nordhessische „Niemandsland" oder das „Land zwischen den Stämmen" (Franken, Sachsen, Thüringer und zum Teil auch Slawen) eindrucksvoll belegen. Auf die Zuweisung als „fränkische" Reichsburgen ist noch zurückzukommen.

Wohl in der zweiten Hälfte des 8. Jahrhunderts und um 800 entsteht ein weiterer Burgentyp, der gewöhnlich eine kleinere Fläche bis zu 2 ha Größe umschließt. Ähnlich wie die erstgenannten „Reichsburgen" nutzen diese Burgen natürliche Spornlagen aus. Sie sind aber weniger stark befestigt und haben gewöhnlich – mit Ausnahme der „Höfe" von Dreihausen (Kr. Marburg-Biedenkopf) – keine entsprechend intensive Innenbesiedlung. Beispiele sind die Hunburg bei Kirchhain-Burgholz (Kr. Marburg-Biedenkopf), der Burgring bei Lichtenfels-Goddelsheim (Kr. Waldeck-Frankenberg) und im Kreis Kassel die Burgen Laar bei Zierenberg-Escheberg, die Eberschützer Klippen bei Trendelburg-Eberschütz, der Hahn bei Trendelburg-Deisel und die Wahlsburg bei Oberweser-Odelsheim.

Seit dem 9. Jahrhundert und vor allem im 10. Jahrhundert gibt es dann fast winzig zu nennende Kleinburgen auf markanten Bergkuppen, die den Typ der späteren „Ritterburgen" vorwegnehmen. Beispiele, die sich sicher noch vermehren ließen, sind der Weiße Stein bei Marburg-Wehrda (Kr. Marburg-Biedenkopf), der Rickelskopf bei Weimar-Stedebach (Kr. Marburg-Biedenkopf), die Burg bei Lahntal-Caldern (Kr. Marburg-Biedenkopf), der Stenderberg bei Liebenau-Ostheim (Kr. Kassel) und die älteste „Marburg" unter dem Marburger Landgrafenschloß. Man wird die Errichtung dieser Kleinburgen wohl als Zeugnis für die Übernahme des Burgenbaus durch den einheimischen Adel ansehen können.

Die erstgenannten, der fränkischen Reichsgewalt zuzuordnenden Burgen bieten einige Charakteristika, die sie vor allem von den benachbarten westfälischen und damit wohl sächsischen Großburgen unterscheiden:

Hervorstechend ist eine besondere Technik der Befestigungsmauer. Diese 1,80–2,50 m breite Mauer ist als zweischaliges, mit Mörtel gebundenes Mauerwerk ausgeführt und hat zwischen den Schalen eine Füllung aus einem betonartigen Mörtel-Stein-Gemisch. Das setzt die Gewinnung von Kalkstein, den Transport und das Kalkbrennen voraus. Beim Mauerbau hat man sich ganz auf die Bindefähigkeit des neuen Kalkmörtels verlassen und fast ganz auf Fundamenteingrabungen verzichtet.

Bei den relativ intensiv erforschten Anlagen Christenberg und Büraburg ist den Befestigungen auf den gefährdeten Seiten ein ausgeprägtes Grabensystem vorgelagert. Beim Christenberg sind es sieben aufeinanderfol-

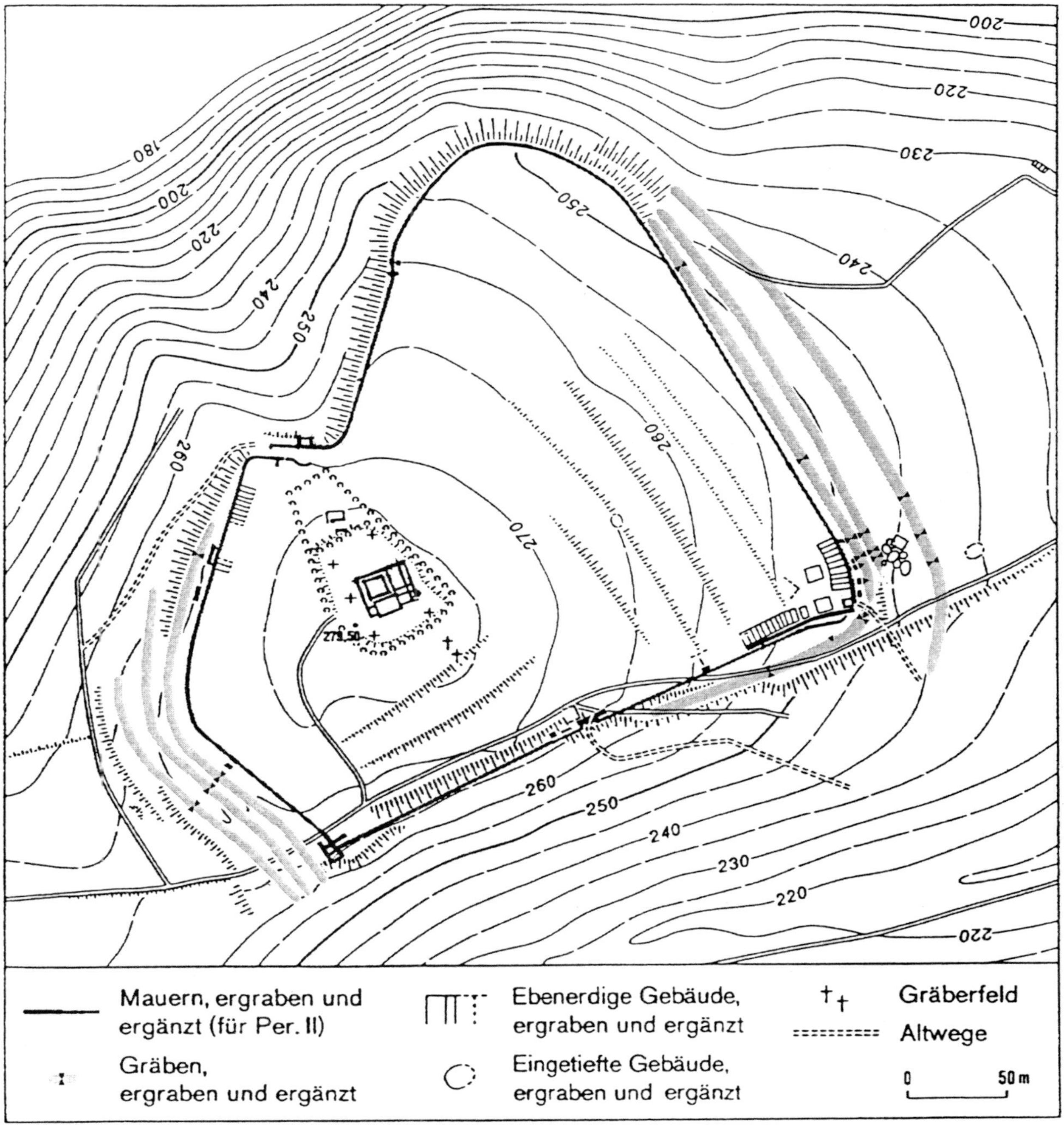

Abb. 1 Büraburg bei Fritzlar, Gesamtplan

gende Gräben mit dazwischenliegenden Wällen, bei der Büraburg je drei im Südwesten und Nordosten. Diese Grabensysteme dienten vor allem der Abwehr von berittenen Einheiten.

Während auf dem Christenberg das erst in einer jüngeren frühmittelalterlichen Befestigungsphase angelegte Nordtor zum Typ der vom späten 8. bis ins 10. Jahrhundert errichteten Tore mit zangenartig einziehenden Mauerenden und anschließenden Torkammern – allerdings hier mit der Besonderheit einer außen im Nordwesten angesetzten Bastion und einer zusätzlichen hufeisenförmigen Turmanlage im Bereich der Zufahrt – gehört, hat das Süd-

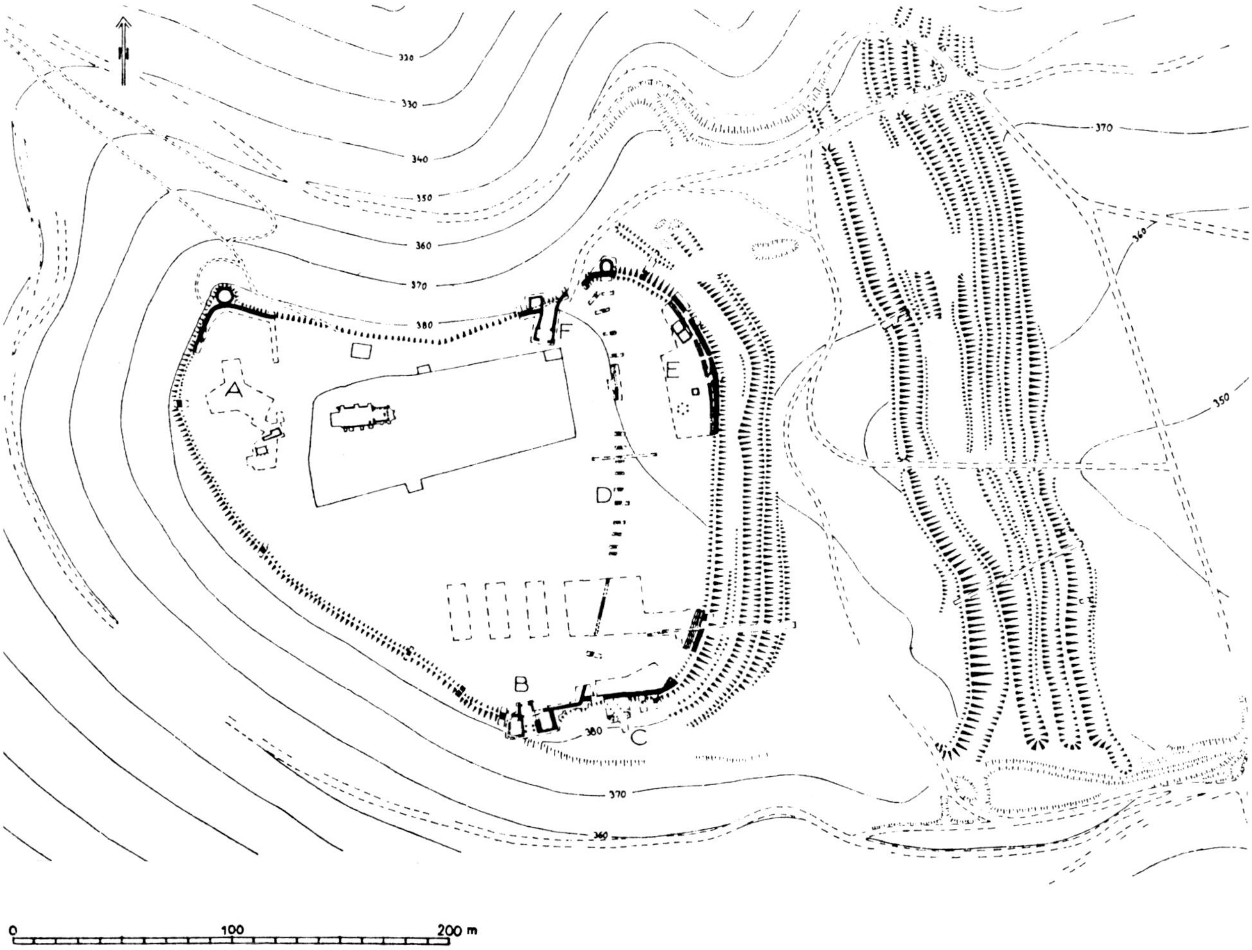

= Karolingerzeitliche Mauern
= Ausgrabungsgrenze
= Frühkeltenzeitlicher Holz-Erde-Steinwall
= Pfosten von vollständig ausgegrabenen Gebäuden

A = Standort des Wirtschaftsgebäudes mit Ausstellung von Funden
B = Karolingisches Südtor
C = Frühkeltenzeitliche Toranlage
D = Mauer der frühkarolingischen Periode 1
E = Karolingische Gebäude und Brunnen
F = Karolingisches Nordtor

Abb. 2 Kesterburg auf dem Christenberg, Übersichtsplan

tor, dessen Entwicklung sich über vier Ausbauphasen verfolgen läßt, eine andere Gestalt (Abb. 3 u. 4). In der ersten Phase ist in die geradlinig verlaufende südliche Befestigungsmauer eine einfache Torkammer eingesetzt, die vorn und hinten eine 2,60 m breite Durchfahrt hat. In der zweiten Bauperiode ist unter Beibehaltung des Torhauses die westliche Befestigungsmauer um 1,50 m nach außen (Süden) versetzt worden, so daß man von dort aus Einsicht in das unmittelbare Vorfeld der östlich an das Tor anschließenden Befestigungsmauer hatte. In der dritten Phase sind beiderseits des weiterbestehenden Torhauses außen zwei mächtige Bastionen von im Osten 8 x

9 m und im Westen 7 x 9 m Größe angesetzt worden, und in der vierten Phase ist die östliche Bastion auf beiden Seiten nochmals durch eine Mauerverblendung verstärkt worden. Die Menge des bei der Ausgrabung angetroffenen Versturzmaterials läßt für das Torhaus auf zwei Obergeschosse und bei den Bastionen auf je ein Obergeschoß schließen. Bruchstücke von Wandverputz, der mit farbigen Ornamenten bemalt war, unterstreichen den repräsentativen Charakter der Südtoranlage.

Darüber hinaus gehören der schon genannte hufeisenförmige Turm im Nordosten und ein angesetzter runder Turm im Westen zum weiteren Ausbau der Befestigung.

Noch heute steht auf der höchsten Stelle des Christenberges die Martinskirche, deren heutiger Bau mit Ausnahme des viel jüngeren Chores aus dem 11. Jahrhundert stammt. Ihr ergrabener Vorgänger besaß ein etwas breiteres Kirchenschiff und einen quadratischen Chorabschluß von 7 x 7 m Größe.

Auch auf der höchsten Stelle des Büraberges steht eine Kirche, die Brigidenkirche, mit den lichten Maßen von 11 x 7 m und einem Chor von 5,20 x 4 m Größe. Die Büraburg wurde namengebend für das erste 742 durch Bonifatius gegründete Hessenbistum und hat 774 einem großen sächsischen Angriff widerstanden. An den gefährdeten Seiten im Südwesten und Nordosten sind der Mauer jeweils drei mächtige Gräben vorgelagert. Die Befestigungsmauer – in gleicher Weise wie auf dem Christenberg als zweischalige Betongußmauer ohne größere Fundamentierung errichtet – hat zwei Bauphasen mit Verstärkungen in einer dritten Phase.

Unmittelbar hinter der Befestigungsmauer der Büraburg standen in fast lückenloser Bauweise kasemattenartige Holzbauten, die wie beim Christenberg eine straff geplante und organisierte Innenbesiedlung sowie eine militärische Nutzung bezeugen (Abb. 5).

Während sich die Kleinfunde aus den „fränkischen Reichsburgen" Hessens kaum von solchen aus den westfälisch-sächsischen Befestigungen unterscheiden, sieht die Keramik in den hessischen „Reichsburgen" völlig anders aus. Besteht in den westfälisch-sächsischen Befestigungen das keramische Fundgut fast nur aus Scherben handgeformter Kümpfe und früher Kugeltöpfe, finden sich in den älteren Phasen des Christenberges und der Büraburg fast ausschließlich Bruchstücke von importierten, auf der Drehscheibe hergestellten Wölbwandtöpfen mit unterschiedlichen, meist scharf profilierten Randbildungen und dicken, innen spiralig abgedrehten Böden. In der zweiten Hälfte des 8. Jahrhunderts wird diese Keramik ergänzt und bald abgelöst durch eine ebenfalls importierte dünnwandigere, gewöhnlich gelblich-beige Keramik mit oft eng umgelegten Randlippen und dünneren, oft linsenförmigen Böden. Die Oberteile der kugeliger gestalteten Gefäße sind sehr oft mit umlaufenden ein- oder mehrzeiligen Rädchenmustern in Badorfer Art verziert. Gegenüber dieser aus dem fränkischen Reichsgebiet importierten Keramik ist der Anteil der von Hand geformten und im Hausbrand erstellten Keramik äußerst gering.

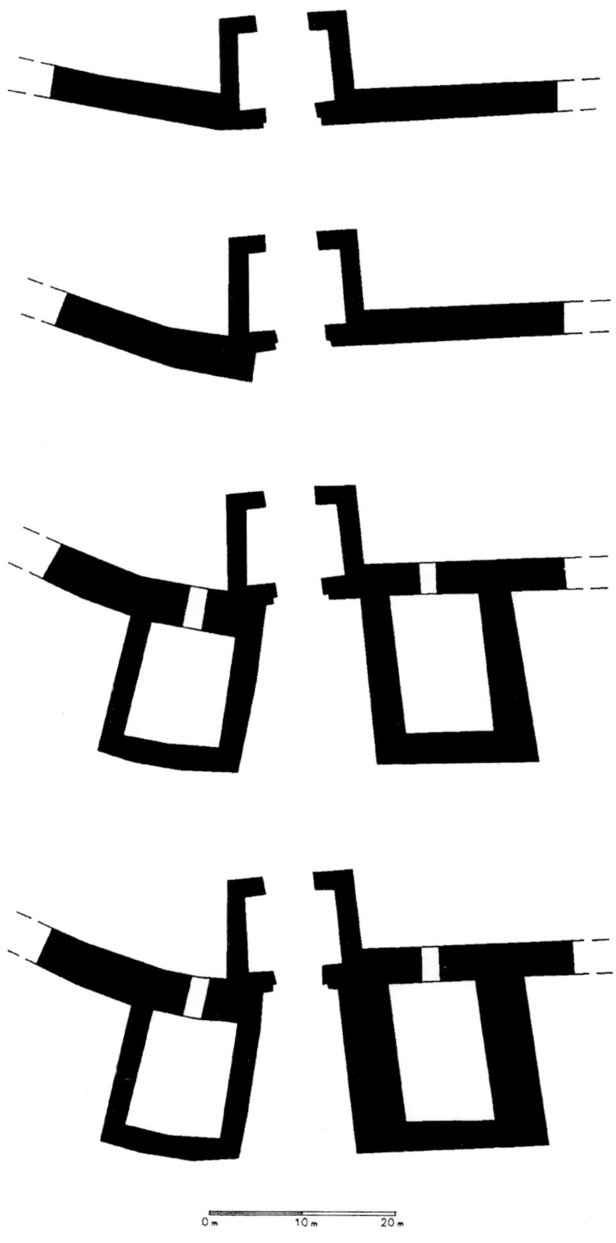

Abb. 3 Christenberg, Südtor, Schema der vier Ausbauphasen

Abb. 4 Christenberg, restauriertes Südtor von Westen

Auf dem Christenberg beträgt dieser Anteil 4,7 %, und auf der Büraburg bleibt er auch deutlich unter 10 %.

Die zuletzt stark verallgemeinernd beschriebene, wegen ihrer Besonderheit auch als „Hessisches Badorf" zu bezeichnende Keramik, die in der zweiten Hälfte des 8. Jahrhunderts aufkommt, aber sicher bis weit in das 10. Jahrhundert in Nordhessen in Gebrauch ist, bildet dann auch in dem zweitgenannten Burgentyp der Anlagen bis zu 2 ha Größe das charakteristische Fundmaterial. Diese Anlagen sind oft in Verbindung mit dem Begriff *curtis* als Beleg für planmäßig angelegte fränkische Befestigungen entlang aller Heerstraßen in Anspruch genommen worden.

R. Gensen

II. Eresburg und Sigiburg

Schriftliche und archäologische Quellen zeigen übereinstimmend, daß in den jahrzehntelangen Auseinandersetzungen zwischen Sachsen und Franken im ausgehenden 8. Jahrhundert auf beiden Seiten Burgen eine wichtige Rolle spielten. In den schriftlichen Quellen werden mit wenigen Ausnahmen Befestigungen nur pauschal erwähnt, aber doch so häufig, daß von ihrer allgemeinen Verbreitung auszugehen ist. Allerdings können sie selten genauer bestimmt werden, da eine sichere Identifizierung im Gelände in der Regel an ungenügenden Angaben scheitert. Nähere Beschreibungen fehlen sogar ganz. Unklar bleibt bisher auch, warum in den Schriftquellen unterschiedliche Begriffe (*castrum, castellum firmitatis, munitia*) benutzt werden. Weder aus schriftlichen noch aus archäologischen Quellen bietet sich hier eine Erklärung an.

Die Benutzung und Auswertung der zur Verfügung stehenden archäologischen Quellen wird erschwert durch einen generell schlechten Forschungsstand bei den Baubefunden in den westfälischen Ringwällen und der schwierigen Feinchronologie der ohnehin spärlichen Funde, die zudem im strengen Sinne die Wehranlagen selber nicht einmal datieren, sondern „nur" aus dem Innenraum stammen. Dennoch lassen sich unter den etwa 50 aus Westfalen bekannten Ring- und Abschnittswällen, die man dem Frühmittelalter wird zuordnen dürfen (oft pauschal als „karolingisch-ottonische" Wallburgen bezeichnet), eine Reihe von Burgen herausstellen, von denen wir annehmen müssen, daß sie bereits im ausgehenden 8. Jahrhundert bestanden haben. Ihre Anfänge liegen allerdings weitgehend im dunkeln. Von besonderem Interesse sind dabei jene 772 bzw. 775 erstmals namentlich genannten sächsischen Wehrbauten, bei denen eine Lokalisierung im Gelände möglich ist. Als Beispiele sind hier die Eresburg (Abb. 6.8) und die Sigiburg (Abb. 6.1) zu nennen, etwa auch die fränkischen Anlagen, wie die im hessischen Grenzland gelegene, 774 genannte Buriaburg, die Büraburg (Abb. 6.19) und die 776 erwähnte Burg „an der Lippe", in der wir wohl Paderborn (Abb. 6.14) sehen dürfen.

Die historische Überlieferung zur Eresburg ist so gut, daß keine Zweifel an der Identifizierung mit dem heutigen Obermarsberg (Hochsauerlandkreis) bestehen, auch wenn oberirdisch keinerlei archäologische Reste eines Ringwalles erkennbar sind. Die etwa 24 ha große Anlage liegt an der oberen Diemel auf einem plateauartig ausgebildeten Berg mit steilen Berghängen. Dieses zwischen einem Diemelbogen und der einmündenden Glinde vorgeschobene Plateau (Abb. 7) ist ohne größere Schwierigkeiten nur von Süden über einen Sattel zu erreichen. Seine Länge beträgt von Norden nach Süden ca. 900 m, seine Breite maximal 500 m. An der Nordspitze steht heute die Stiftskirche, die aus einer karolingischen, um 780 entstandenen Kirchengründung hervorgegangen ist. Bereits zu Beginn der sächsisch-fränkischen Auseinandersetzungen wird die Eresburg 772 als sächsische Burg genannt, die in diesem Jahr von den Franken erobert wurde. Bemerkenswert sind für das Jahr 776 überlieferte, von den Franken erbaute *muros et opera* (Mauern und Bauten), die anläßlich der Rückeroberung durch die Sachsen zerstört worden sind. Sie deuten auf Baulichkeiten hin, die neben dem reinen Wehrbau zu diesem Zeitpunkt bereits bestanden haben müssen. Hierzu paßt ein für 785 überlieferter mehrmonatiger Aufenthalt Karls mit seiner Familie. Die 826 erfolgte Schenkung der Eresburg durch König Ludwig den Frommen an das Kloster Corvey und die weitere Nutzung des Standortes als militärischer Stützpunkt in den Auseinandersetzungen des frühen 10. und 11. Jahrhunderts belegen die Kontinuität des Platzes von der sächsischen Eresburg bis in die jüngere Zeit hinein.

Das heutige Obermarsberg läßt im Gelände keine der sonst bei Ring- oder Abschnittswällen üblichen Wehrelemente wie Wälle, Terrassen oder Gräben erkennen. Der Berg ist heute geprägt durch die 1217 von Erzbischof Engelbert von Köln vorgenommene Stadtgründung, deren Ausdehnung mit der sächsisch-fränkischen Burg identisch zu sein scheint. In der Folgezeit hat die strategische Grenzlage der Kölner Gründung im Dreieck zwischen den Bistümern Köln und Paderborn und dem hessischen Waldeck dazu geführt, daß bis in die Mitte des 17. Jahr-

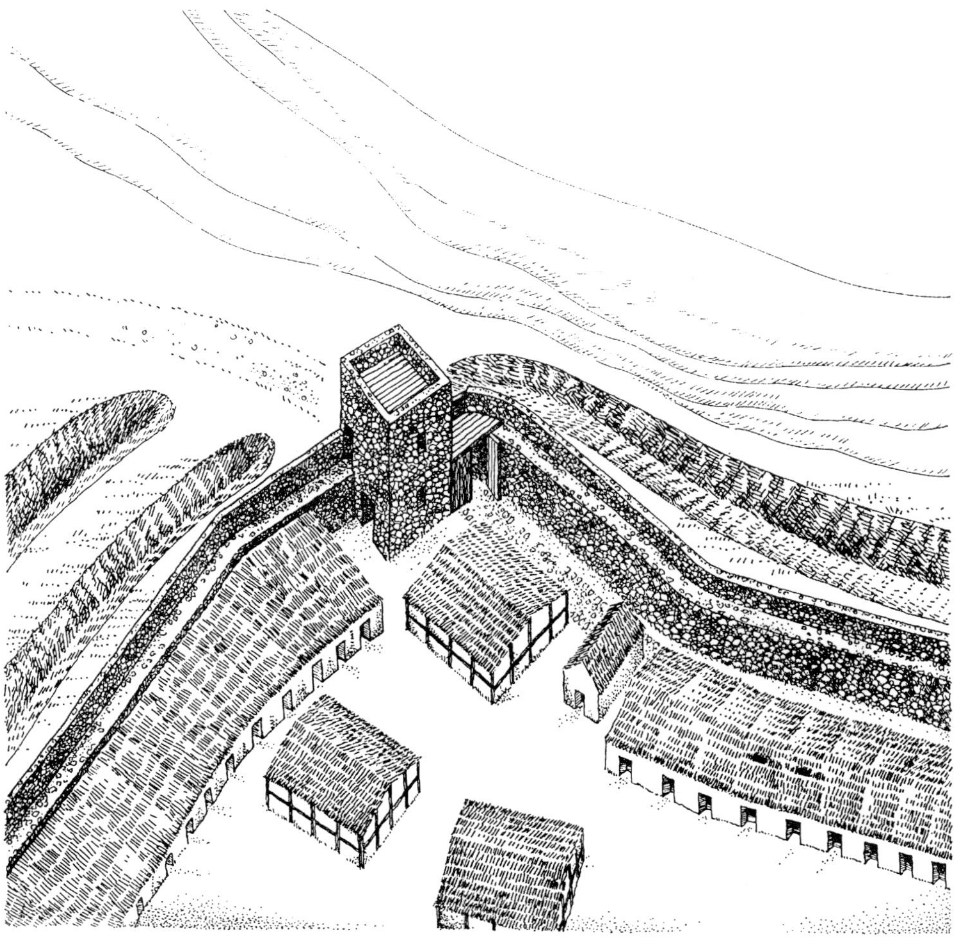

Abb. 5 Büraburg bei Fritzlar, Rekonstruktion der Bebauung der Südostecke nach den Ausgrabungsbefunden

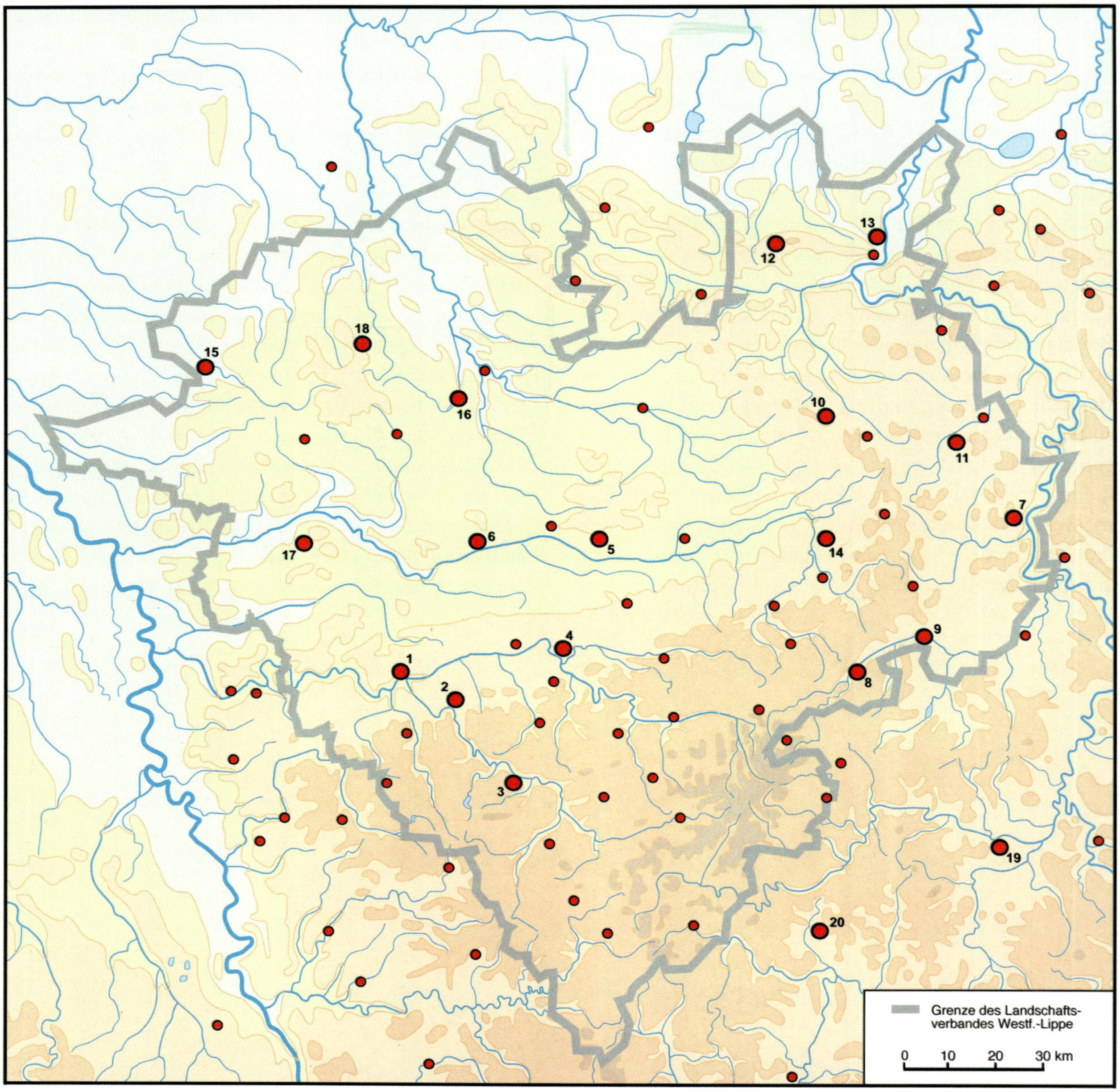

Abb. 6 Verbreitungskarte der westfälischen Burgen des frühen Mittelalters: 1 Hohensyburg (Stadt Dortmund) – 2 Burgberg Oestrich (Iserlohn, Märkischer Kreis) – 3 Hünenburg a. d. Sundern (Plettenberg, Märkischer Kreis) – 4 Oldenburg Fürstenberg (Ense, Kr. Soest) – 5 Havixbrock (Lippetal, Kr. Soest) – 6 Bumannsburg (Bergkamen, Kr. Unna) – 7 Brunsburg (Höxter, Kr. Höxter) – 8 Eresburg (Obermarsberg, Hochsauerlandkreis) – 9 Gaulskopf (Warburg, Kr. Höxter) – 10 Tönsberg (Oerlinghausen, Kr. Lippe) – 11 Altenschieder (Schieder-Schwalenberg, Kr. Lippe) – 12 Babilonie (Lübbecke, Kr. Minden-Lübbecke) – 13 Domburg Minden (Kr. Minden-Lübbecke) – 14 Domburg Paderborn (Kr. Paderborn) – 15 Hünenburg bei Stadtlohn (Stadtlohn, Kr. Borken) – 16 Domburg Münster (Kr. Münster) – 17 Burg bei Sinsen (Marl, Kr. Recklinghausen) – 18 Oldenburg bei Laer (Kr. Steinfurt) – 19 Büraburg (Schwalm-Eder-Kreis) – 20 Kesterburg-Christenberg (Kr. Marburg-Biedenkopf)

Abb. 7 Obermarsberg, Ansicht von Südosten

hunderts hinein zahlreiche Verteidigungsanlagen entstanden sind, die zu einer völligen Verformung des ursprünglichen Zustandes geführt haben. So entzieht sich die Eresburg, trotz der ausgezeichneten historischen Überlieferung, jeder archäologischen Einordnung. Weder haben Lesefunde noch die Beobachtung von Baugruben oder anderen Aufschlüssen archäologische Befunde erbracht, die mit der Zeit der sächsisch-fränkischen Burg in Zusammenhang gebracht werden könnten.

Aus der historischen Überlieferung kennen wir eine zweite, namentlich genannte sächsische Burg, die 775 anläßlich einer Belagerung und anschließenden Eroberung durch Karl den Großen Erwähnung findet. Es handelt sich um die Sigiburg, in der wir trotz einer im Gegensatz zur Eresburg schlechteren historischen Überlieferung die heutige Hohensyburg (Dortmund) sehen dürfen. Auch sie wurde nach der Eroberung durch die Franken von diesen weiter genutzt, denn 776 berichten die Annalen von einem gescheiterten Versuch der Rückeroberung durch die Sachsen, bei dem eine innerhalb der fränkischen Burg gelegene Kirche eine Rolle gespielt haben soll.

Im Gegensatz zur Eresburg sind ehemalige Spuren eines Ringwalles bei der Hohensyburg noch gut zu erkennen (Abb. 8). Etwa 144 m über dem Zusammenfluß von Ruhr und Lenne liegt auf der nördlichen Ruhrseite ein nach drei Seiten steil abfallendes Bergplateau mit deutlich erkennbaren Wall-, Terrassen- und Grabenresten. Das dreieckige Bergplateau verfügt im Süden über einen natürlichen Schutz in Form von teilweise senkrecht abfallenden Klippen. Dagegen finden sich im Nordwesten, Norden und Osten künstliche Annäherungshindernisse. Die Gesamtanlage besteht aus zwei ineinanderliegenden Ringwällen, von denen der äußere ca. 12 und der innere etwa 5,6 ha groß ist. Im Innenraum sind neben dem bekannten Kaiser-Wilhelm-Denkmal die Ruinen der hochmittelalterlichen Syburg erhalten. Das Ostende des Berges ist durch die hier stehende Petri-Kirche gekennzeichnet.

Von dem größeren, äußeren Ringwall sind im Norden Erdwälle und Terrassen erkennbar, die von Gräben begleitet werden. Zwischen dem Kaiser-Wilhelm-Denkmal und der modernen Hohensyburgstraße sind sie im Waldstreifen des nördlichen Hanges gut erhalten. Sie werden

Abb. 8 Hohensyburg, Gesamtplan

von der Straße unterbrochen, umfassen dann einen hier liegenden Geländesporn über der Ortschaft Syburg und können dann östlich der Petri-Kirche in Form einer schwachen Terrassenkante und eines anschließend steiler werdenden Hanges weiterverfolgt werden. Die Terrasse führt von der Kirche nach Süden und endet im Steilhang der Ruhr, auf den letzten Metern aus einem deutlichen Wall mit Außengraben und Gegenböschung bestehend. Auf der Südseite der Hohensyburg sind äußerlich keine Befestigungsreste auszumachen. Auch ein natürlicher Zugang zur Hohensyburg bietet sich an keiner Stelle an, wäre aber am ehesten im Bereich der Petri-Kirche zu suchen, wo der sog. Limburger Kirchweg, zumindest in jüngerer Zeit, das Betreten ermöglicht hat.

Der kleinere, im Inneren liegende Ringwall befindet sich zwischen dem Westende des heutigen Parkplatzes und dem Kaiser-Wilhelm-Denkmal. Gut erhalten ist allerdings allein sein stellenweise noch über 2 m hoher Ostwall, der parallel zur heutigen oberen Zufahrt zum Kasino verläuft. Er erweckt zwar heute den Eindruck eines reinen Nord-Süd-verlaufenden Abschnittswalles, doch ist er ursprünglich im Norden wenige Meter vor dem größeren Außenring nach Westen umgebogen. Der weitere Verlauf ist durch Hausbau und Geländeveränderungen anläßlich des Denkmalbaues so stark umgeformt, daß keine verläßlichen Aussagen mehr möglich sind. Dies trifft auch auf das Südende des Walles wegen der hier erhaltenen mittelalterlichen Syburg zu.

Nennenswerte Ausgrabungen haben bisher in der Hohensyburg nicht stattgefunden. Beim größeren Außenring schneiden die heutige Hohensyburg- und Kirchstraße so tief in die Terrasse ein, daß ursprünglich in ihnen vorhanden gewesene Steinmauern in den Profilen äußerlich erkennbar sein müßten. Da dies nicht der Fall ist, wird man am ehesten von einer aus Holz bestehenden Befestigung in Form einer Palisade oder Holz-Erde-Mauer ausgehen dürfen. Ferner haben beim Bau des Kasinos mehrere Sondagen gezeigt, daß auf der Südseite der Hohensyburg keinerlei Mauerreste vorhanden gewesen sind. Falls hier überhaupt eine künstliche Befestigung bestanden haben sollte, wird man auch hier von einem Holzwerk ausgehen müssen. Aus den östlichen Innenflächen, fälschlicherweise immer wieder „Vorburg" genannt, stammen Lesefunde von Scherben verschiedener „Badorfer Macharten". Die im Vorfeld des Kasinobaues 1980–1983 durchgeführten Sondagen haben zudem Reste sächsischer Kümpfe erbracht.

Dürftig sind auch die bisher bekanntgewordenen Befunde der kleineren Anlage. Bereits äußerlich erkennbar ist eine im Inneren der Wallschüttung vorhandene, aber nicht näher untersuchte, trocken gesetzte Mauer. Im Norden der Ostseite treten Mauern des abgegangenen ehemaligen Schultenhofes hinzu, von dem ein restaurierter Brunnen erhalten ist. Ergraben von Carl Schuchhardt, wurde ein in der Mitte der Ostseite liegendes Zangentor freigelegt, dessen Lage im Gelände noch gut an einem Einschnitt der heutigen Wallkrone zu erkennen ist. Es handelte sich um eines der in Westfalen typischen, leider nicht genauer datierbaren Steinkammertore mit Pfeilervorlagen am Beginn und am Ende der eigentlichen Torkammer. Das Tor muß noch zur Zeit der mittelalterlichen Syburg benutzt worden sein, da kein anderer, älterer Zugang existiert. Vor dem Wall verlief unter der heutigen Straße ein breiter Sohlgraben, der bei Kanalbauarbeiten nachgewiesen werden konnte.

Ausgrabungen in der im Krieg teilweise zerstörten Petri-Kirche haben unter dem westlichen Kirchenschiff Mauern und Gruben erbracht, bei denen es sich, entgegen der Ansicht des Ausgräbers Christoph Albrecht, nicht um einen älteren, gar karolingischen Kirchenbau gehandelt hat. Dennoch wird man die aus den historischen Nachrichten bekannte fränkische Kirche im näheren Umfeld der heutigen Petri-Kirche suchen müssen. Daraus dürfte sich ableiten lassen, daß die fränkische und damit auch die sächsische Burg das ganze, durch die Bergform vorgegebene Plateau eingenommen hat.

Neben den beiden durch ihre Erwähnungen in den Quellen datierten sächsischen Burgen Eresburg und Hohensyburg gibt es weitere, zeitlich genauer faßbare Anlagen, nämlich die in Westfalen gegründeten karolingischen Bischofssitze Minden, Paderborn und Münster (Abb. 6.13, 6.14, 6.16). Unstrittig ist, daß wir in der bereits 776 erwähnten fränkischen „Burg an der Lippe" das spätere Paderborn sehen dürfen. Da der Kenntnisstand über seine karolingischen Befestigungswerke durch die jüngeren Baumaßnahmen Bischof Meinwerks (1009–1036) schlechter ist als jener in Münster, sei an dieser Stelle kurz der dortige Wehrbau gestreift, da der Befund in den „Domburgen" mit jenen der Wallburgen direkt vergleichbar ist (vgl. Beitrag Ellger). Aufgrund der historischen Quellenlage wird man davon ausgehen dürfen, daß die karolingische Burg Münster spätestens 792/793 vorhanden war und zwar an der Stelle einer älteren (unbefestigten?) sächsischen Siedlung. Umgeben war sie von Wall und Graben, deren Reste (vom Domplatz aus gesehen) innerhalb des Straßenzuges Pferdegasse – Rothenburg – Prinzipalmarkt – Bogenstraße – Spiekerhof liegen. Die Befestigung lehnte sich so halbkreisförmig gegen die im Westen fließende Aa und umfaßte eine Fläche von ca. 7 ha. Auf der Ostseite hatte sie eine Holz-Erde-Mauer. Zu dieser Bauform könnte ein doppelflügeliges hölzernes Kastentor gehört haben. Im Gegensatz dazu bestand die Befestigung im Nordosten aus einer zwischen 1,4 und 2,0 m breiten Mörtelmauer. In ähnlicher Bauweise war ein schmales, gemörteltes Zangentor an der Horstebergtreppe aufgeführt, bei dem es sich aber nach Meinung des Ausgräbers Wilhelm Winkelmann um eine jüngere Bauperiode gehandelt hat.

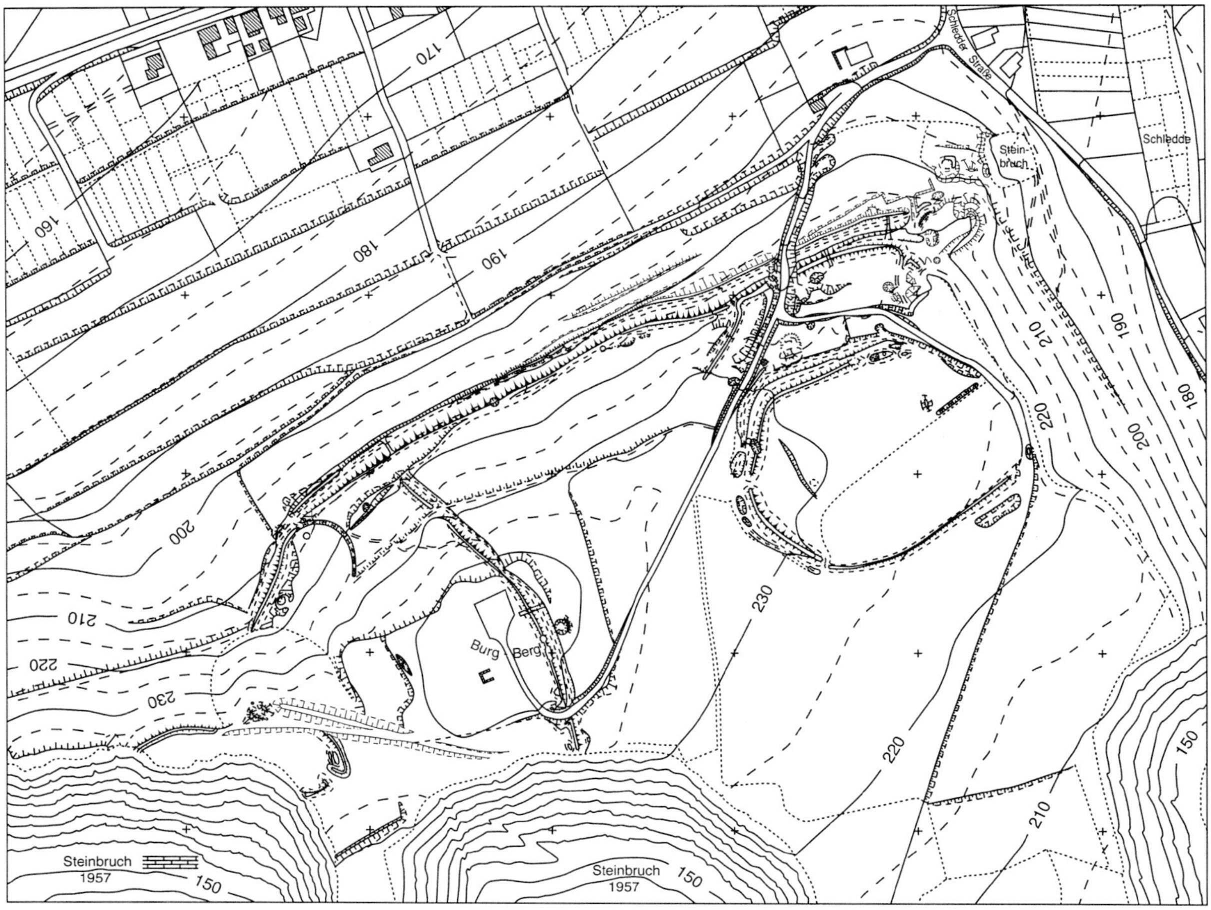

Abb. 9 Burgberg Letmathe-Oestrich, Gesamtplan

Das Vorstehende hat gezeigt, daß unser Wissensstand über den sächsischen und den frühkarolingischen Wehrbau gering ist. Den Schriftquellen verdanken wir den Hinweis auf die Existenz der beiden sächsischen Burgen Eresburg und Hohensyburg, von denen aber bisher nur die letztere archäologische Überreste erkennen läßt. Diese unterscheiden sich in ihrem äußeren Erscheinungsbild nicht von anderen westfälischen Ringwällen, die bisher nur eine pauschale Datierung in das „frühe Mittelalter" erlauben. Da wegen der bisher fehlenden Ausgrabungen in der Hohensyburg auch keine „typisch sächsischen" Bauweisen erkennbar sind, kann hier nur indirekt versucht werden, weitere entsprechend alte Befestigungen herauszustellen.

Bereits die fränkischen Reichsannalen erwähnen neben den beiden namentlich genannten sächsischen Burgen weitere Befestigungen, die bei Kampfhandlungen eine Rolle gespielt haben und deren Lage vielleicht wenigstens annähernd eingegrenzt werden kann. Es fällt nämlich auf, daß Ortsnamen in den Annalenwerken auftauchen, in deren Nähe Kämpfe stattgefunden oder Burgen ohne nähere Angaben gelegen haben sollen. So gibt es nördlich des 779 genannten „Bohholz" (Bocholt?) zwischen Vreden und Stadtlohn im westlichen sächsischen Grenzland die Hünenburg (Abb. 6.15) bei Wessendorf. Sie besteht aus zwei ineinanderliegenden Wallvierecken von 8,5 bzw. 1,7 ha Größe auf einem flachen Geländesporn in der Berkel-Niederung. Eine kleine Untersuchung hat unter dem inneren Wall eine ältere Siedlungsschicht nachgewiesen, die dem 8. Jahrhundert angehören kann und die vielleicht mit dem Außenwall in Verbindung gebracht werden darf. Beim Bau der Erdwälle wurden Holz-Erde-Werke unter Verwendung aufgeschichteter Heideplaggen benutzt.

Auch in der Nähe des 775 genannten „Hlidbeki" (Lüb-

Abb. 10 Burgberg Letmathe-Oestrich, Blick auf den Nordwall mit Holz-Erde-Werk

Abb. 11 Oldenburg auf dem Fürstenberg, Blick von Süden

becke, Kr. Minden-Lübbecke) gibt es eine weitere Wallburg, die Babilonie (Abb. 6.12). Sie liegt auf der nördlichen Randhöhe des Wiehengebirges auf einem leicht abfallenden Plateau und besteht aus fünf hintereinander gestaffelten Wallsystemen. Im Kern (Wall 3 von Norden) handelt es sich zwar um eine ca. 9,7 ha große Burg der vorrömischen Eisenzeit, doch scheinen die beiden nördlich vorgelagerten Wälle, die eine Gesamtfläche von etwa 12 ha umfassen, dem Frühmittelalter anzugehören. In einem der Wälle konnten schwache Spuren einer Holz-Erde-Mauer nachgewiesen werden. Um die Kuppe (225 m NN) herum befinden sich zwei weitere Abschnittswälle, von denen der eine eine Steinmauer und der andere ein Tor mit einziehenden Wallenden (Zangentor?) aufwies.

Zum Jahre 775 wird an der mittleren Weser ein Ort namens „Brunisberg" bei Höxter genannt, so daß eine Identifizierung mit der auf der westlichen Weserhöhe bei Godelheim gelegenen Brunsburg (Abb. 6.7) naheliegt. Die Anlage, deren Grundriß durch eine mittelalterliche Burg des 13. Jahrhunderts stark verändert wurde, entzieht sich allerdings einer genaueren Datierung der vorhandenen Befestigungswerke. Ähnliches gilt auch für die 784 genannten Burgen bei Schieder (Abb. 6.11) mit der Herlingsburg und Altenschieder.

Neben diesen Burgen, die aus den Quellen durch Beschreibungen von Kampfhandlungen bekannt sind, gibt es eine Reihe von weiteren Ringwällen, die zwar nach den Schriftquellen nicht einzuordnen sind, bei denen aber unterschiedlich umfangreiche Ausgrabungen die Zugehörigkeit zu den hier interessierenden Burgen nahelegen. Hierzu wird man sicherlich den Burgberg bei Letmathe-Oestrich (Abb. 6.2) rechnen dürfen. Er liegt auf einem flachen Bergplateau, das sich etwa 100 m aus den Tälern der Lenne und Grüne erhebt und damit wiederum an die typische Lage der etwa 20 km entfernten Hohensyburg erinnert. Alte Steinbrüche haben zwar zu starken Störungen geführt, lassen aber den ehemaligen Grundriß der Wehranlage noch gut erkennen (Abb. 9): Im Norden schirmte ein ca. 430 m langer „Nordwall" den Zugang zum Plateau ab und schützte so eine wenigstens 12 ha große Innenfläche mit zwei dahinterliegenden rundlich-ovalen Erdwerken (Ostring: 1,3 ha, Westring: 0,7 ha) und einem kleinen Abschnittswall. In den fünfziger und frühen sechziger Jahren haben Ausgrabungen stattgefunden, bei denen im Nordwall und im Ostring Holz-Erde-Mauern mit Schuttfüllungen bzw. Trockenmauern nachgewiesen werden konnten (Abb. 10). Unter den Funden befanden sich Scherben von Badorfer Keramik.

Ähnlich gute Ausgrabungsergebnisse haben wir von der Oldenburg auf dem Fürstenberg, Kr. Soest (Abb. 6.4). Sie liegt auf den nördlichen Randhöhen der mittleren Ruhr auf einem flachen Plateau mit steil abfallenden Hängen im Süden, Westen und Norden (Abb. 11). Im Osten befinden sich Annäherungshindernisse aus Wällen und Gräben, die im Nordhang einsetzen und im Süden, im Ruhrhang, enden. Sie umfassen eine Fläche von wenigstens 7,4 ha. Gegen Westen schließt sich im Abstand von 70 bis 210 m ein kleinerer Ringwall an (ca. 2,3 ha), der die ganze flache, innere Kuppe umfaßt, in deren Kern (0,6 ha) heute eine in der Barockzeit umgestaltete Kapelle steht. Ende der fünfziger Jahre haben auch hier Ausgrabungen stattgefunden. Dabei konnten beim äußeren Abschnittswall zwei Perioden beobachtet werden, nämlich eine ältere mit hinterschütteter Palisadenwand und vorgelagertem Spitzgraben und eine jüngere mit einer in den vorhandenen älteren Wall eingetieften Trockenmauer. Vor der Mauer verlief ein Spitzgraben, der in den verfüllten Vorgängergraben eingetieft war. Beim Mittelwall zeigte sich eine Mörtelmauer mit vorgelagertem Sohlgraben. Interessant ist, daß unter seiner Wallschüttung Siedlungsspuren des 8. Jahrhunderts angegraben wurden. Der Kreis der hier in Frage kommenden Burgen läßt sich ohne Schwierigkeiten weiter vergrößern, so um den im westfälisch-hessischen Grenzraum liegenden Gaulskopf, Kr. Höxter (Abb. 6.9), auf den noch näher einzugehen ist. Weiterhin um den Tönsberg, Kr. Lippe (Abb. 6.10), die Bumannsburg, Kr. Unna (Abb. 6.6), die Burg im Havixbrock (Abb. 6.5), die Burg bei Sinsen, Kr. Recklinghausen (Abb. 6.17), mit vielleicht mehr als 14 ha Größe oder auch die in der Münsterschen Bucht liegenden Oldenburg bei Laer, Kr. Steinfurt (Abb. 6.18), mit einer Größe von eventuell mehr als 8 ha.

Ph. R. Hömberg

III. Der Gaulskopf

Die Wallburg Gaulskopf befindet sich am südwestlichen Rand der Warburger Börde südlich des Flusses Diemel auf einem Plateau des Asseler Waldes in etwa 370 m Höhe. Das nach Osten abfallende Gelände ist allseitig bis auf die Westseite von sehr steilen Hängen umgeben. Nur wenige hundert Meter südlich der Burg verläuft die heutige Landesgrenze zwischen Nordrhein-Westfalen und Hessen, die sich mit einer älteren Grenze zwischen dem Hochstift Paderborn und der Grafschaft Waldeck deckt. Aus dieser Zeit stammen noch zahlreiche, 1775 gesetzte Grenzsteine. Seit dem 15. Jahrhundert bis heute ist dieses Gebiet mit den Wällen des Gaulskopfes im Besitz der Stadt Warburg.

Die in unterschiedlicher Höhe erhaltenen Wälle der Burg umschließen eine Fläche von etwa 4,5 ha. Westlich

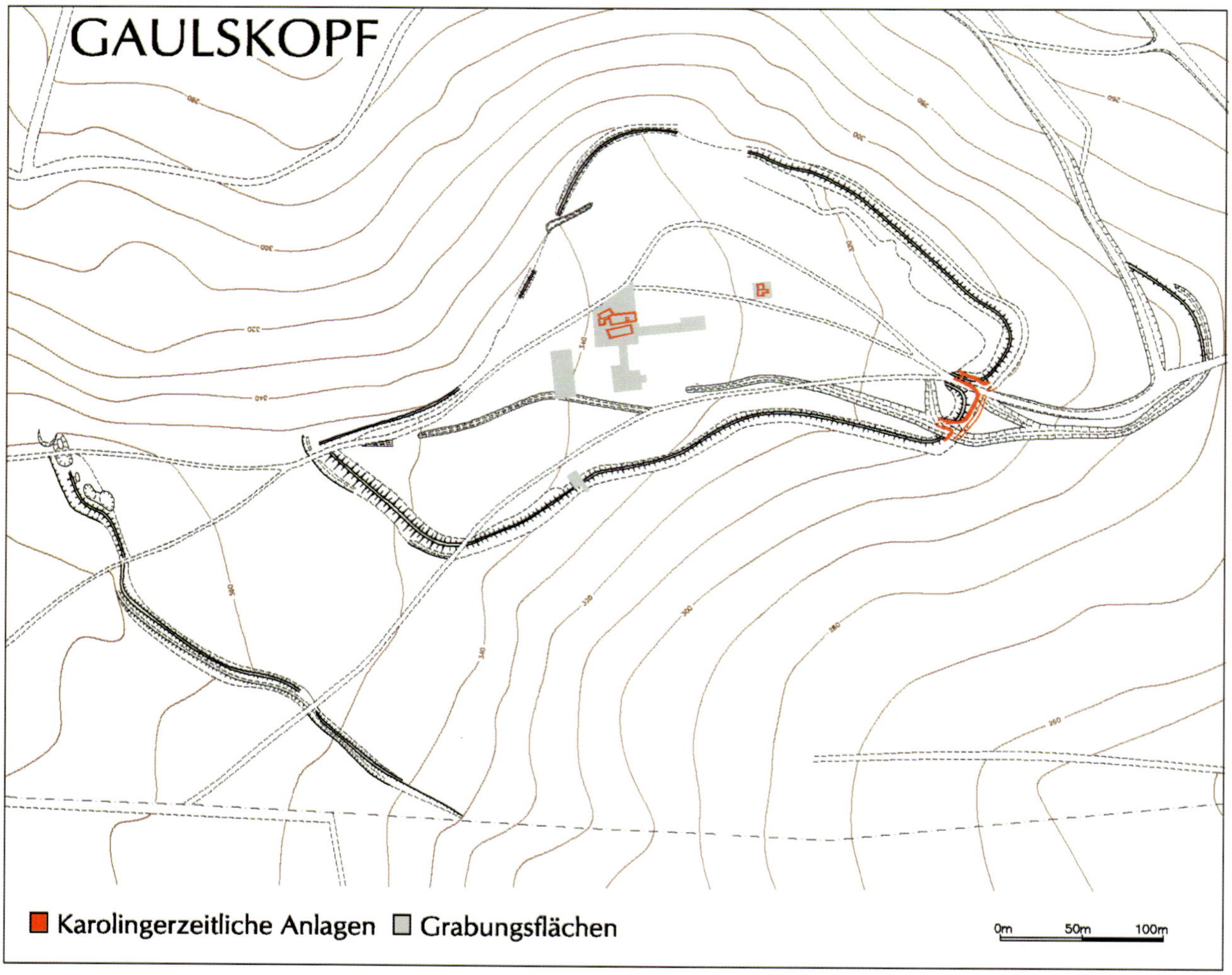

Abb. 12 Gaulskopf, Gesamtplan

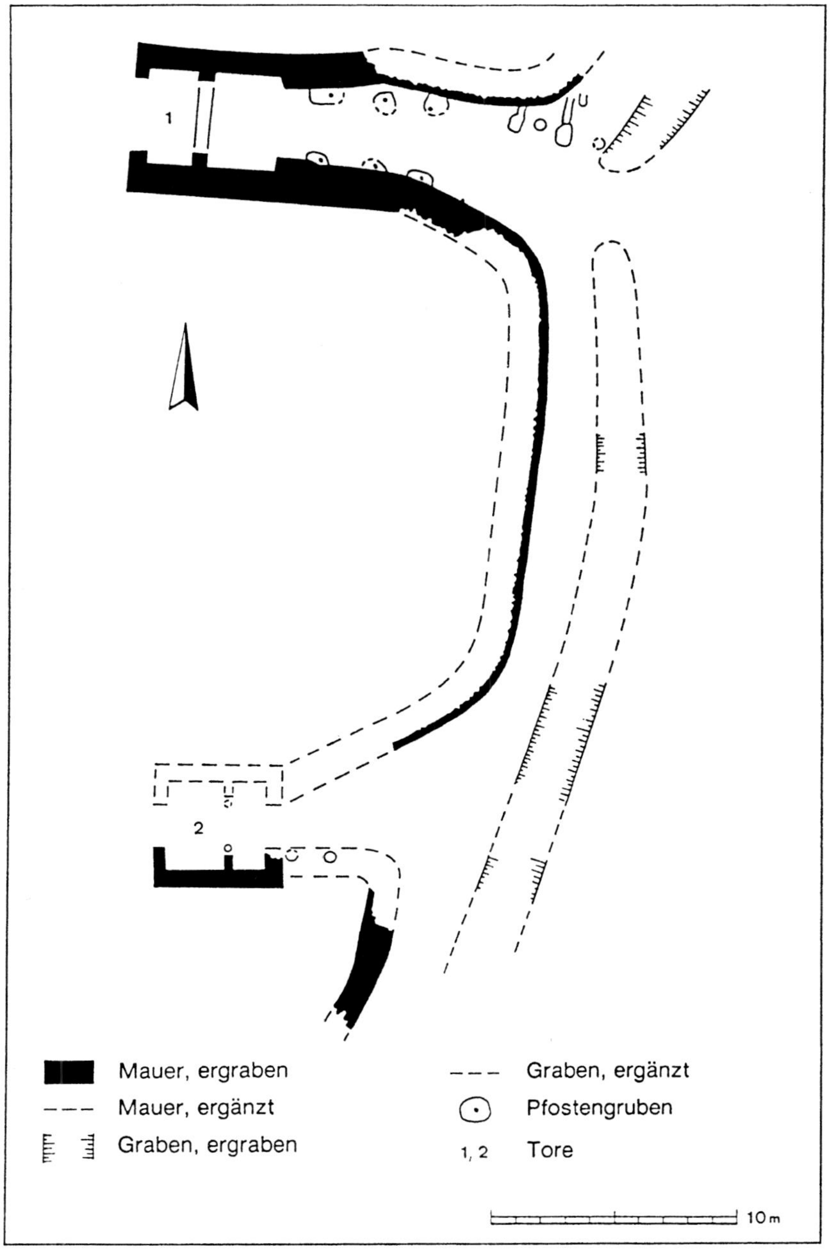

Abb. 13 Gaulskopf, Grundrisse der Toranlagen

und östlich vor der Burg sind weitere Wallreste erhalten. Es läßt sich jedoch nicht sicher entscheiden, ob diese Annäherungshindernisse zu der frühmittelalterlichen Anlage gehören (Abb. 12). In den Jahren 1967 und 1990–1995 wurden umfangreiche Grabungen auf dem Gaulskopf durchgeführt. Daher gilt der Gaulskopf heute als die archäologisch am besten untersuchte Burg des frühen Mittelalters in Ostwestfalen (vgl. auch Beitrag Best/Kneppe/Peine/Siegmund).

Bei der nördlich der 1967 an der Ostflanke der Burg entdeckten Toranlage konnte ein zweiphasiger Aufbau festgestellt werden. Phase 1 des Tores, das sich am Ende der an dieser Stelle nach innen ziehenden Wälle befand, war aus Holz aufgebaut. Sechs mächtige, bis zu 1 m im Durchmesser große Einsatzgruben für Pfosten markieren die Konstruktion. Die so gebildete Torkammer war 4 m lang und 3 m breit und möglicherweise überdacht (Abb. 13). Die zu dem Tor gehörende Wallfront bestand wahrscheinlich aus Holz mit einer zusätzlichen, schützenden Trockenmauerfront.

Phase 2 des Tores war völlig anders aufgebaut. Am Ende der auf 10 m verlängerten Torgasse errichtete man nun eine gemörtelte Torkammer von 4 m Breite und gut 5 m Länge. Das Innere der Kammer unterteilten zwei gegenüberliegende Mauervorsprünge. Als Baumaterial verwendete man Buntsandstein, wobei einzelne Blöcke eine sorgfältige Bearbeitung aufweisen. Dieses Tor wird ebenfalls überdacht gewesen bzw. als Torhaus aufgebaut worden sein. Auch die Burgmauer bekam im Bereich des Tores eine andere Gestaltung. Die ältere Front aus Holz und Trockenmauerwerk wurde durch eine gemörtelte Steinfront ersetzt. Die rampenartige Hinterschüttung aus Erde und Steinen blieb dagegen erhalten.

Keramikfunde datieren die jüngere Phase in das frühe 9. Jahrhundert. Für die ältere Phase liegen keine Funde vor. Allerdings weisen Mörtelreste in den Pfostengruben darauf hin, daß das ältere Tor erst beim Bau des jüngeren abgerissen wurde. Das könnte bedeuten, daß es in der zweiten Hälfte des 8. Jahrhunderts errichtet wurde, wenn man von einer Lebensdauer von etwa fünfzig Jahren für die hölzernen Pfosten ausgeht.

Etwa 24 m südlich dieses Tores fanden sich die Reste eines weiteren, gemörtelten Kammertores, das allerdings durch einen jüngeren Hohlweg an seiner Nordflanke tiefgründig zerstört war. Im Prinzip besaß es die gleichen Merkmale wie das andere Tor, aber in der Gesamtheit macht es einen wesentlich schwächeren Eindruck (Abb. 13). Bei seiner Anlage wurde der ursprünglich durchgehende Wall unterbrochen und der davor verlaufende Graben zugeschüttet. Die Frage, ob die beiden Tore gleichzeitig bestanden haben, läßt sich nicht klar beantworten. Einerseits spricht die verbindende, gemörtelte Steinfront dafür, andererseits schwächen zwei nebeneinanderliegende, gleichzeitig genutzte Toranlagen die Verteidigungsfähigkeit der Burg.

1990 und 1995 wurden zwei Schnitte im südlichen Wall angelegt, die eindeutig bewiesen, daß auch hier die Umwehrung aus einer Holz-Erde-Konstruktion bestand. Nach den Befunden hat es sich um eine hölzerne Front mit Erdhinterschüttung gehandelt, was durch ein in den Fels eingehauenes Einsatzgräbchen für Pfosten verdeutlicht wird. Vor der Holzfront deuten einige Lagen übereinanderliegender Steine möglicherweise eine zusätzliche Verstärkung an. Zwischen der Außenseite des Walles und der Böschung eines vorgelagerten Grabens befand sich eine etwa 1 m breite Berme, eine ebene Fläche zwischen Burgmauer und -graben. Der Graben selbst wies an der Innenseite noch eine Tiefe von 1,5 m und an der Außenseite eine Tiefe von 0,6 m auf. Noch heute beträgt der Höhenunterschied von der Grabensohle bis zur Wallkrone etwa 3,3 m. Die Datierung der Umwehrung bereitet allerdings einige Schwierigkeiten, da in der Schüttung des Walles nur wenige frühmittelalterliche Kumpfscherben mit ausbiegendem Rand gefunden wurden. Sie können ungefähr in das 7. oder 8. Jahrhundert datiert und dadurch mit der älteren Phase des nördlichen Osttores in Verbindung gebracht werden.

Auf dem sehr gut erhaltenen westlichen Wall befinden sich die untersten Lagen einer 1,65 m breiten Mörtelmauer, die aber sicherlich erst zur zweiten Ausbauphase, wie die Tore an der Ostflanke, gehört haben kann.

Bei den großflächig durchgeführten Innenraumuntersuchungen konnte neben zahlreichen Bebauungsspuren, die etwa in der Mitte der Anlage auf einem relativ ebenen, siedlungsgünstigen Gelände gefunden wurden, eine Fülle von Funden geborgen werden. Besonders auffallend war dabei die Menge der Kleinfunde. Sie lassen sich grob in vier Kategorien aufteilen: 1. Hinterlassenschaften einer militärischen Nutzung; 2. Gegenstände aus dem Bereich des Handwerks; 3. Gegenstände des täglichen Lebens und 4. Trachtbestandteile.

Aus dem Bereich der militärischen Ausrüstungsgegenstände liegen Riemenzungen vor, die in das Ende des 7. und in die Mitte des 8. Jahrhunderts datieren. Besonders aufwendig hergestellt ist ein pyramidenförmiger Riemendurchzug aus Eisen mit Tauschierungen aus dem mittleren Drittel des 7. Jahrhunderts (Kat.Nr. IV.106); zeitgleich zu datieren ist ein Riemenbeschlag mit zungenförmigem Fortsatz aus Bronze. Aus der Mitte des 9. Jahrhunderts stammt ein blattgoldüberzogener Riemenbeschlag aus Bronze mit Kreuzdarstellung (Kat.Nr. IV.105).

Ebenfalls in das 7. Jahrhundert gehören die Reste von drei eisernen Schlaufensporen (Kat.Nr. IV.111). Der ersten Hälfte des 8. Jahrhunderts gehört ein einfacher eiserner Nietsporn (Kat.Nr. IV.112) an und dem Ende des 9. bzw. dem Anfang des 10. Jahrhunderts ein aufwendig gearbeiteter, mit Draht umwickelter Nietplattensporn (Kat.Nr. IV.113) mit langem Stimulus (am Sporn angebrachter Dorn).

Bei den Trachtbestandteilen zeigt sich eine ähnliche zeitliche Einordnung. Ein Zierblech einer gepunzten Rechteckfibel datiert in die zweite Hälfte des 7. oder in die erste Hälfte des 8. Jahrhunderts (Kat.Nr. IV.109). Opake, farbige Perlen gehören auch dem 7. Jahrhundert (Kat.Nr. IV.114) an, während eine transluzide Perle mit eckigem Querschnitt zeitlich eher in das 8. Jahrhundert fällt.

Besondere Glanzstücke der Grabung stellen zwei goldene Fibeln dar, von denen eine kreuzförmig, die andere in Form eines Blütensterns gestaltet ist (Kat.Nr. IV. 107–108). Die Diskussion zum Alter der Kreuzfibel ist noch nicht abgeschlossen, ihre Entstehungszeit wird derzeit gegen Ende des 8. bzw. Anfang des 9. Jahrhunderts vermutet. Die zweite Goldfibel ist vergleichbar mit einer Scheibenfibel aus dem Schatzfund von Féchain bei Douai (Nordfrankreich), der 887 oder kurz danach niedergelegt wurde.

Die keramischen Funde setzen sich aus Fragmenten von Drehscheibenware und handgeformten Gefäßen zusammen. Wenn auch die Analyse dieser sehr umfangreichen Fundgattung noch nicht abgeschlossen ist, so kann jetzt schon gesagt werden, daß etwa 80–90% handgeformter Ware, die aus westfälischen Siedlungen bekannt sind, 10–20% auf der Drehscheibe getöpferten Gefäßen, deren Parallelen aus Nordhessen hinlänglich bekannt sind, gegenüberstehen.

Zusammenfassend läßt sich für die Wallburg Gaulskopf folgendes feststellen: Die Burg entstand in der Mitte des 7. Jahrhunderts und wurde bis in den Beginn des 10. Jahrhunderts genutzt. Für das 8. Jahrhundert kann an der Ostflanke ein aus Holz gebautes Tor nachgewiesen werden, das man zu Beginn des 9. Jahrhunderts durch einen Neubau aus Stein ersetzte. Im Rahmen dieser Umgestaltung erhielt sowohl die westliche als auch die östliche Front der Anlage eine gemörtelte Außenseite. Ob der lange nördliche Wall als Holz-Erde-Konstruktion zu dieser Zeit noch Bestand hatte, läßt sich nicht mit Sicherheit nachweisen. Im Verlauf des 10. Jahrhunderts fiel die Burg wüst, ohne daß die Hintergründe dafür heute schlüssig nachvollzogen werden können.

Die Datierung des Gaulskopfes zeigt, daß die Burg in den fränkisch-sächsischen Auseinandersetzungen bereits existierte und gewiß eine bedeutende Rolle spielte. Sie darf ohne Zweifel als Grenzfestung angesehen werden. Die jüngere Ausbauphase kann nach Abschluß der Sachsenkriege erfolgt sein. Möglicherweise wurde die Anlage dann von der Grenzfestung zu einem repräsentativen Herren- oder Verwaltungssitz umgestaltet. Auch die äußerst wertvollen Funde aus dem 9. Jahrhundert lassen diese Deutung zu.

Der Gaulskopf ist als Holz-Erde-Konstruktion errichtet worden. Ergänzungen oder Überbauungen in Mörteltechnik gehören jüngeren Phasen an. Die gefundene Keramik weist überwiegend lokale Merkmale auf. So kommt man zu dem Schluß, daß mit hoher Wahrscheinlichkeit der Gaulskopf als sächsische Anlage gewertet werden kann, obwohl die Funde von Ausrüstungs- und Trachtbestandteilen dagegen eindeutig fränkischer Herkunft sind.

W. Best

IV. Zusammenfassung

Die vorstehende Betrachtung einiger „frühgeschichtlicher" Wehranlagen Westfalens läßt annehmen, daß neben den beiden aus historischen Quellen bekannten sächsischen Burgen Eresburg und Hohensyburg mit ziemlicher Wahrscheinlichkeit weitere sächsische Burgen vorhanden gewesen sind, die auch bei den Kämpfen zwischen Sachsen und Franken eine Rolle gespielt haben. Innerhalb der etwa 50 frühgeschichtlichen Anlagen, die wir heute kennen, fällt, wie erwähnt, eine Reihe von Burgen mit gemeinsamen Merkmalen auf. Hier handelt es sich in erster Linie um eine Größe von in der Regel deutlich mehr als 7 ha Innenraum und einer (im Bergland) zu beobachtenden Lage auf plateauartig ausgebildeten Bergkuppen mit flacherem Innenraum und steil abfallenden Berghängen. Gerade durch diese Größe unterscheiden sich die Anlagen deutlich von den sicher fränkischen Domburgen in Westfalen (4 bis 7 ha) oder auch den fränkisch-hessischen Burgen Büraburg und Christenberg. Dem muß auch die Beobachtung nicht widersprechen, daß die Franken die sächsischen Burgen nach der Eroberung in alter Größe weiterbenutzt haben, wie es das Beispiel der Hohensyburg zeigt; denn dies mag allein im aktuellen Kriegsgeschehen begründet gewesen sein, da die Wiederherstellung einer, wenn auch teilweise zerstörten sächsischen Befestigung sicher schneller zu verwirklichen war als ein kompletter fränkischer Neubau. Eine Verkleinerung könnte später dann durchaus einen Sinn gehabt haben, wenn Veränderungen in der Funktion und Nutzung der Burgen bezweckt wurden. Die umgebende Bevölkerung nutzte die Burgen wahrscheinlich als Fliehburgen, während bei den fränkischen Burgen die Nutzung eher in Militär- und Verwaltungszwecken lag. Daraus ergab sich, leichter zu verteidigende, kleinere Anlagen zu errichten, sei es als Neubauten, sei es als kleinere Einbauten in ehedem größeren Burgen (etwa Hohensyburg, Babilonie, Oldenburg bei Laer).

Zwei weitere Beobachtungen wären ebenfalls noch zu nennen. In den wenigen Fällen, in denen stratigraphische Beobachtungen bei den Wehrelementen selbst möglich waren, scheint der Holzbau älter zu sein als der jüngere, dann dominierende Bau von Mörtelmauern. Zwar scheinen in Münster nach dem heutigen Forschungsstand Holz-Erde- und Mörtelmauern nebeneinander existiert zu haben, aber in der Mehrzahl sind Holz-Erde-Mauern mit unterschiedlichsten Füllungen älter (z. B. Außenring Oldenburg auf dem Fürstenberg, Hohensyburg, Gaulskopf) und werden durch Mörtelmauern abgelöst, häufig bei Erneuerungen der Tore (z. B. Oldenburg bei Laer, Hünenburg auf dem Sundern). Ähnliches wäre auch bei den Torformen denkbar, nämlich der Wandel von dem älteren Kasten- zum jüngeren Zangentor (Hünenburg auf dem Sundern, Oldenburg bei Laer) oder gar dem noch jüngeren Kammertor mit Pfeilervorlagen, die die Durchfahrt einengen (Gaulskopf).

Das oben Gesagte hat deutlich gemacht, daß der Forschungsstand über den sächsisch-karolingischen Wehrbau für den westfälischen Bereich verglichen mit dem hessischen zwar insgesamt schlecht ist, daß es aber, wenn auch mit allen Einschränkungen, möglich ist, unter den etwa 50 Anlagen, die häufig als „karolingisch-ottonische" Burgen bezeichnet werden, eine kleine Gruppe herauszustellen, bei der eine Zuordnung zu den „sächsischen" Burgen möglich erscheint. Durch die in den Schriftquellen genannte Kirche in der Hohensyburg liegt die Vermutung nahe, daß die sächsische Burg das gesamte Bergplateau zwischen dem heutigen Kaiser-Wilhelm-Denkmal und der Petri-Kirche in Anspruch genommen haben wird. Damit aber ist zumindest ein vager Anhaltspunkt über die mögliche Größe dieser Burgen vorhanden. Da sich Burgen dieser Lage, Größe und vielleicht auch Bauart deutlich von den „fränkischen" Burgen der westfälischen Domstädte oder auch des hessischen Grenzlandes zu unterscheiden scheinen, wird es bei kommenden Ausgrabungen eventuell auch möglich werden, zu einer noch differenzierteren Datierung westfälischer Ringwälle des Frühmittelalters zu gelangen.

PH. R. HÖMBERG

Literatur:

Christoph ALBRECHT, Die Ausgrabungen in der Reinoldikirche und in der Peterskirche auf der Hohensyburg, in: Festschrift des Römisch-Germanischen Zentralmuseums Mainz zur Feier seines hundertjährigen Bestehens 1952, 2, Mainz 1952, 81–85. – Atlas vor- und frühgeschichtlicher Befestigungen in Westfalen, hrsg. v. d. Altertumskommission für Westfalen mit Unterstützurg des Ministeriums für Wissenschaft, Kunst und Volksbildung und des westfälischen Provinzialverbandes, Münster 1920. – Daniel BÉRENGER, Die Wallburg Babilonie, Stadt Lübbecke, Kreis Minden-Lübbecke (Frühe Burgen in Westfalen 12), Münster 1997. – Werner BEST, Die Ausgrabungen in der frühmittelalterlichen Wallburg Gaulskopf bei Warburg-Ossendorf, Kreis Höxter. Vorbericht, in: Germania 75, 1997, 159–192. – Anton DOMS, Der Gaulskopf bei Warburg-Ossendorf, Kreis Höxter (Frühe Burgen in Westfalen 7), Münster 1986. – Rolf GENSEN, Christenberg, Burgwald und Amöneburger Becken in der Merowinger- und Karolingerzeit, in: Althessen im Frankenreich, hrsg. v. Walter SCHLESINGER (Nationes 2), Sigmaringen 1975, 121–172. – DERS., Althessens Frühzeit. Frühgeschichtliche Fundstätten und Funde in Nordhessen (Führer zur hessischen Vor- und Frühgeschichte 1), Wiesbaden 1979. – DERS., Der Christenberg bei Münchhausen. Führungsheft zu der frühkeltischen Burg und der karolingischen Kesterburg im Burgwald, Landkreis Marburg-Biedenkopf (Archäologische Denkmäler in Hessen 77), Wiesbaden 1989. – DERS., Ein Keramikkomplex mit dem Schlußdatum 753 vom Christenberg, Gde. Münchhausen am Christenberg, Kr. Marburg-Biedenkopf, in: Archäologische Beiträge zur Geschichte Westfalens. Festschrift für Klaus Günther zum 65. Geburtstag, hrsg. v. Daniel BÉRENGER (Internationale Archäologie: Studia honoraria 2), Rahden 1997, 219–228. – Albert K. HÖMBERG, Die karolingisch-ottonischen Wallburgen des Sauerlandes, in: Zwischen Rhein und Weser. Aufsätze und Vorträge zur Geschichte Westfalens (Schriften der Historischen Kommission Westfalens 7), Münster 1967, 80–113. – Philipp R. HÖMBERG, Untersuchungen an frühgeschichtlichen Wallanlagen Westfalens, Münster 1980. – DERS., Die archäologischen Untersuchungen in der Wallburg Sinsen, Kr. Recklinghausen, in: Vestische Zeitschrift 76, 1977, 123–130. – DERS., Die Burgen des frühen Mittelalters in Westfalen, in: Hinter Schloß und Riegel – Burgen und Befestigungen in Westfalen [Ausstellung Münster 1997/98], Münster 1997, 120–159 (mit weiterer Literatur). – Friedrich HOHENSCHWERT, Ur- und frühgeschichtliche Befestigungen in Lippe (Veröffentlichungen der Altertumskommission im Provinzialinstitut für Westfälische Landes- und Volksforschung 5), Münster 1978. – Ruth LANGEN, Die Bedeutung von Befestigungen in den Sachsenkriegen Karls des Großen, in: Westfälische Zeitschrift 139, 1989, 181–211. – Sigrid LUKANOW, Fundchronik Hochsauerlandkreis 1948 – 1980 (Ausgrabungen und Funde in Westfalen-Lippe, Beiheft 1), Olpe-Biggesee 1988. – Neujahrsgruß 1993. Jahresbericht für 1992. Westfälisches Museum für Archäologie – Amt für Bodendenkmalpflege Münster und Altertumskommission für Westfalen, Münster 1992. – Hans-Werner PEINE, Dodiko, Rütger von der Horst und Simon zur Lippe: Adelige Herren des Mittelalters und der frühen Neuzeit auf Burg, Schloß und Festung, in: Kat. Hinter Schloß und Riegel – Burgen und Befestigungen in Westfalen [Ausstellung Münster 1997/98], Münster 1997, 160–223. – Fred SCHWIND, Die Franken in Althessen, in: Althessen im Frankenreich, hrsg. v. Walter Schlesinger (Nationes 2), Sigmaringen 1975, 211–280. – Hans-Georg STEPHAN, Die Brunsburg. Prähistorische Höhensiedlung – Sächsische Volksburg – hochmittelalterliche Corveyer Landesburg, in: Beiträge zur archäologischen Burgenforschung und zur Keramik des Mittelalters in Westfalen 1 (Denkmalpflege und Forschung in Westfalen 2), Bonn 1979, 115–122. – August STIEREN, Ältere Bauweisen in jüngeren Ringwällen Westfalens, in: Germania 37, 1959, 308–318. – DERS., Die Ausgrabungen in der Oldenburg bei Laer. Ein Vorbericht, in: Westfalen 40, 1962, 3–37. – Rafael von USLAR, Studien zu frühgeschichtlichen Befestigungen zwischen Nordsee und Alpen (Beihefte der Bonner Jahrbücher 11), Köln/Graz 1964. – Norbert WAND, Der Büraberg bei Fritzlar (Führer zur nordhessischen Ur- und Frühgeschichte 4), Kassel 1974. – DERS., Die Büraburg bei Fritzlar. Burg- „oppidum"- Bischofssitz in karolingischer Zeit (Kasseler Beiträge zur Vor- und Frühgeschichte 4), Marburg 1974. – DERS., Die Büraburg bei Fritzlar – eine fränkische Reichsburg mit Bischofssitz in Hessen, in: Frühmittelalterlicher Burgenbau in Mittel- und Osteuropa, hrsg. v. Joachim HENNING u. Alexander T. RUTTKAY, Bonn 1998, 175–188 – Albert WORMSTALL, Übersicht über die vor- und frühgeschichtlichen Wallburgen, Lager und Schanzen in Westfalen, Lippe-Detmold und Waldeck, in: Mitteilungen der Altertumskommission 1, Münster 1899, 1–30.

Schallgefäße aus der Stiftskirche St. Walburga in Meschede. Paderborn, Westfälisches Museum für Archäologie, Museum in der Kaiserpfalz (Kat.Nr. VI.82) ▷

KAPITEL VI

Kulturwandel einer Region: Westfalen im 9. Jahrhundert

Hans Jürgen Warnecke

Sächsische Adelsfamilien in der Karolingerzeit

Zwischen 783 und 794 wurden in der Kirche des Klosters Notre-Dame zu Soissons zum ersten Mal die Laudes zu Ehren Papst Hadrians I. (772–795), des Königs Karl, seiner Söhne Pippin, Karl und Ludwig sowie der Königin Fastrada († 794) angestimmt. In der Heiligenlitanei mit Fürbitten für Leben und Wohlergehen des Papstes und der Königsfamilie und für einen Sieg des Heeres der Franken riefen die Gottesdienstbesucher erstmals und nur hier auch die hl. Jungfrau Pusinna an, die nach der Übertragung ihrer Gebeine aus Binson im Westfrankenreich im Jahre 860 zur Titelheiligen der Kirche von Herford, einer der berühmtesten Abteien im Ostfrankenreich, aufsteigen sollte.

Hier, im noch nicht endgültig dem Christentum gewonnenen Sachsenlande sorgte der sächsische, aber frankenfreundliche Edeling Waltger um das Jahr 789 für die Einrichtung einer klosterähnlichen Frauengemeinschaft nach angelsächsischem Vorbild, für die er persönlich Reliquien des Märtyrerkönigs Oswald von Northumbrien († 642) von der britischen Insel geholt hatte.

Nach fehlgeschlagenen Gründungsversuchen in Müdehorst und Altenherford fand diese Frauengemeinschaft ihre endgültige Heimat an einer Furt nahe des Zusammenflusses von Aa und Werre im heutigen Herford (Abb. 1). Dies war die älteste geistliche Einrichtung in ganz Sachsen, älter als die vom Frankenkönig nach und nach ins Leben gerufenen Bistümer Bremen, Halberstadt, Hildesheim, Minden, Münster, Osnabrück, Paderborn und Verden und auch älter als Hameln und Brunshausen, die Gründungen des Klosters Fulda waren.

Nach der Aachener Synode des Jahres 816 und der dort verabschiedeten Institutio Sanctimonialium (Kanonissenregel) für Frauenkommunitäten und sicherlich auch erst nach der im Jahre 819 erfolgten zweiten Heirat Kaiser Ludwigs des Frommen mit der Halbsächsin Judith wandelte sich die Gründung Waltgers zur Reichsabtei Herford, geleitet in Personalunion von der Äbtissin Theodrada von Notre-Dame zu Soissons, von wo sie auch das Patrozinium der Gottesmutter mitbrachte (Abb. 2).

Wenn Paderborn seit dem Jahre 777 auch der zentrale Ort der Sachsenmission Karls des Großen war (vgl. Beitrag Balzer in Kat.Bd. I), wohin er mehrmals Reichsversammlungen und Synoden einberief, so stand Herford in engen oder lockeren Beziehungen zu den wichtigsten sächsischen Adelsfamilien, deren Struktur im 9. Jahrhundert erst langsam sichtbar wird: zu den Ekbertinern oder Cobbonen, zu den Billungern, zur Asig- und Hessi-Sippe, zu den Widukinden oder Immedingern und den Liudolfingern oder Ottonen. Diesen Familien und auch der Ricdag-Sippe, für die keine unmittelbare Verbindung zu Herford erkennbar ist, hat die Forschung 'Notnamen' nach den bekanntesten Mitgliedern ihrer Familien gegeben, weil sie zum einen keinen Geschlechtsnamen führten und sich zum anderen im 9. Jahrhundert auch noch nicht nach einem Stammsitz benannten.

Die zeitgenössischen, ausschließlich fränkischen Quellen überliefern seit Einführung der karolingischen Grafschaftsverfassung in Sachsen im Jahre 782 zahlreiche Namen von Grafen, die zumeist dem einheimischen Adel zugerechnet werden können. Ihre genealogische Einordnung in eine der vorgenannten bedeutenderen Adelsfamilien Sachsens oder überhaupt in einen Familienverband erweist sich als unmöglich. Aber auch von den Ekbertinern, Liudolfingern, Widukinden, der Hessi-, Asig- und Ricdag-Sippe sowie den Billungern wüßte man kaum etwas, wenn sie sich nicht durch eine Kloster- oder Stiftsgründung und eine Reliquienübertragung hervorgetan und das Ereignis in vielen Einzelheiten schriftlich hätten niederlegen lassen. Aus den Gründungsgeschichten und Translationsberichten leuchtet vielfach ein Zusammenwirken mit dem Kaiser und König oder ein längerer Aufenthalt der Hauptpersonen am Königshof im Ost- und Westfrankenreich auf, manchmal auch – erkennbar an den Namen – eine Eheverbindung mit dem karolingischen Reichsadel oder gar dem Königshaus selbst.

Die Neuedition karolingerzeitlicher Nekrologien und Verbrüderungsbücher hat der Forschung das Rüstzeug für deren Auswertung und Kommentierung an die Hand gegeben. Die damit einhergehenden prosopographischen (personengeschichtlichen) Untersuchungen der letzten

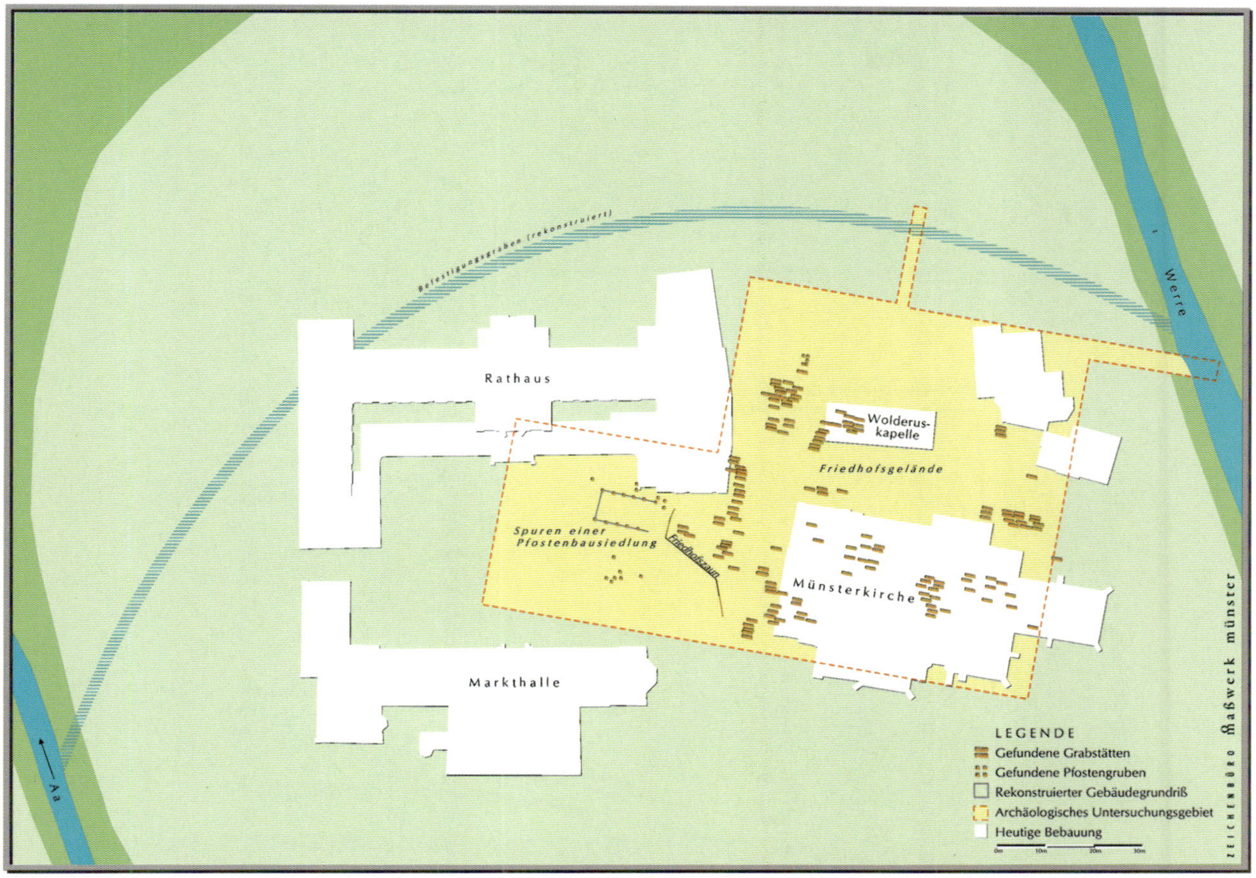

Abb. 1 Herford, Archäologisches Untersuchungsgebiet im Bereich der ehem. Münsterkirche: Bereits am Ende des 8. Jahrhunderts befanden sich auf dem Hügel zwischen Werre und Aa ein großer Friedhof mit bis zu 1500 Bestattungen und einige Pfostengebäude. Der Standort der sicher vorhandenen Kirche konnte bei den Grabungen nicht nachgewiesen werden

50 Jahre haben die Kenntnisse über die frühmittelalterliche Gesellschaft Italiens, Frankreichs und Deutschlands – und damit auch Sachsens – in ungeahnter Art und Weise bereichert. Sie haben so viele neue Erkenntnisse gebracht und Fakten geschaffen, daß – man muß es einmal aussprechen – fast sämtliche Untersuchungen und Arbeiten des vergangenen und der ersten Hälfte dieses Jahrhunderts über den Adel im Karolingerreich, also auch in Sachsen, veraltet, überholt und nicht mehr zitierfähig sind. Die Vielfalt und Menge der modernen prosopographischen Arbeiten, nicht selten veröffentlicht an versteckten Orten und Stellen, verwehren so manchen Historikern und historisch interessierten Laien den Zugang zu den neuesten Erkenntnissen und zum aktuellen Stand der Forschung.

Die Auffindung neuer Quellen zur weiteren Erforschung des sächsischen Adels in der Karolingerzeit ist kaum noch zu erwarten. Auch die Neuinterpretation der vorhandenen Urkunden, der Einträge in Verbrüderungsbüchern und Nekrologien und anderer Überlieferungen wird sich in Grenzen halten. Vielleicht eröffnet aber die Nutzung der modernen Computertechnik einen neuen Weg zur Entschlüsselung des in sehr vielen mittelalterlichen Urkunden auftretenden Problems der kanonischen Eheverbote wegen zu naher Verwandtschaft. In nicht wenigen prosopographischen Untersuchungen werden die Verwandtschaftsgrade der zulässigen und unzulässigen Nahehen angesprochen und erörtert. Mit einem Computerprogramm könnte versucht werden, komplizierte Verwandtschaftsverhältnisse, nachweisbare und vermutete Nahehen, historisch überlieferte und von der Forschung konstruierte Filiationen zu überprüfen, zu bestätigen oder zu verwerfen. Da Ehen nach dem kanonischen Recht bis zum 4. kanonischen (dem 7. römischen)

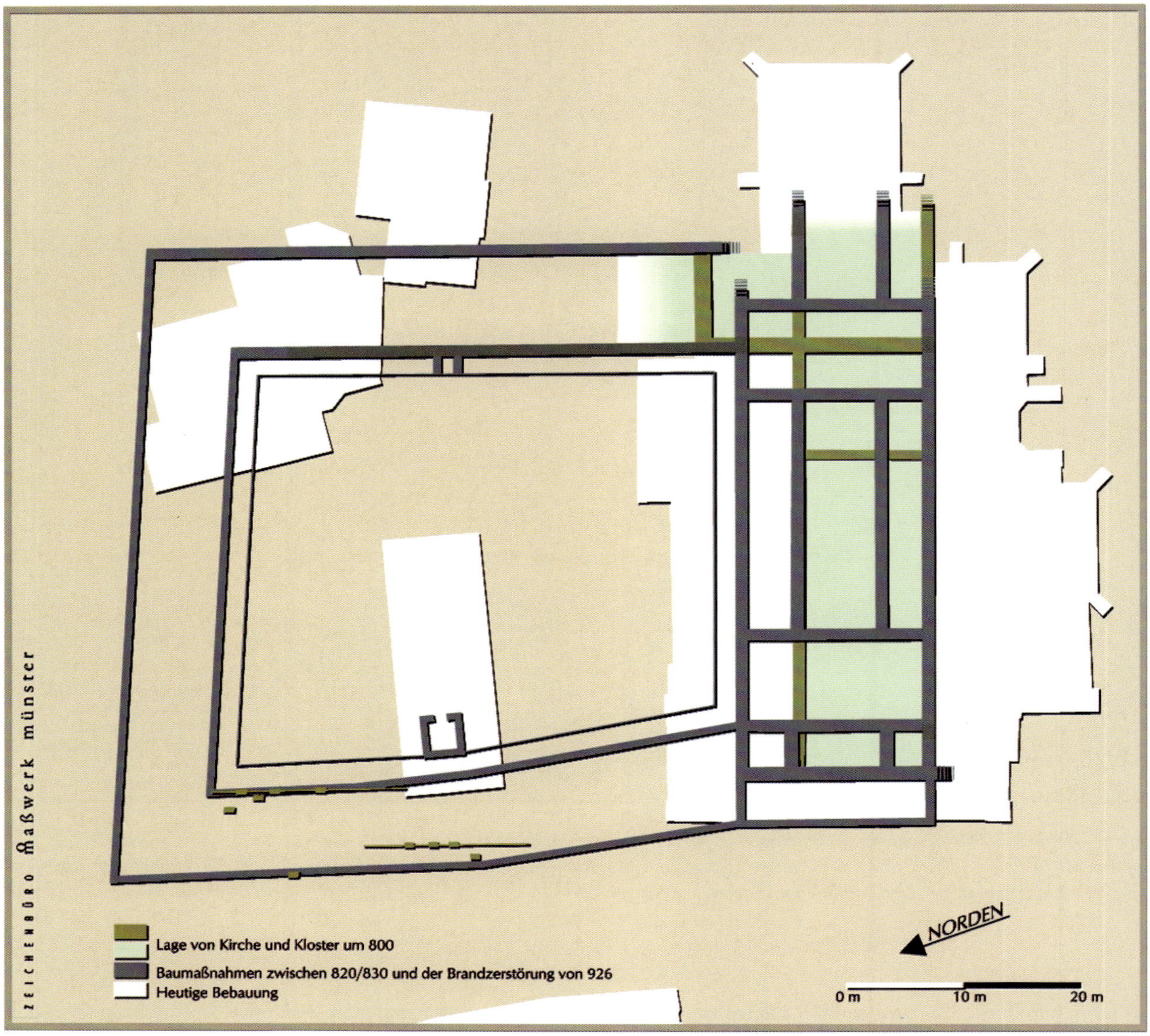

Abb. 2 Herford, Plan des ehem. Damenstifts: Bereits um das Jahr 800 wurde mit dem Bau einer großen Klosteranlage begonnen, deren Konzeption um 820/830 insbesondere im Bereich der Kirche nochmals verändert worden ist

Grad verboten waren, gingen Abkömmlinge eines gemeinsamen Vorfahren in der Regel erst nach vier Generationen wieder eine eheliche Verbindung ein, wenn das Eheverbot wegen zu naher Verwandtschaft nicht mehr galt. Lag eine solche Konstellation beispielsweise bei den Liudolfingern, den Billungern der Hermannschen Linie und den Grafen von Stade vor, bei denen die Namen Heinrich, Mathilde, Hathui und Swanhild auftreten? Kann bei ihnen eine so nahe, im 9. Jahrhundert zustande gekommene Blutsverwandtschaft vorausgesetzt werden, die eine erneute Eheverbindung zwischen diesen in ihrem Adel gleichrangigen Familien noch nicht wieder zuließ?

Die schlechte Quellenlage verhindert für das 9. Jahrhundert bedauerlicherweise eine weitgehende Aufhellung genealogischer Verflechtungen der sächsischen Adelsfamilien untereinander, sind doch oftmals schon die Namen der Eltern und Großeltern der handelnden Personen unbekannt. Die fränkischen Quellen nennen zum Jahre 775 die Anführer der sächsischen Heerschaften der Engern und Ostfalen, Brun und Hessi, *dux Angriorum* (Herzog der Engern) und *unus e primoribus Saxonum* (einer von den sächsischen Großen). Widukind, der Anführer der Heerschaft Westfalen, wird 777 als *unus e primoribus Westfalorum* (einer der westfälischen Großen) bezeichnet.

Hessis und Widukinds Nachkommen zeichnen sich im 9. Jahrhundert durch die Gründung geistlicher Kommunitäten aus. Das tun auch die Nachkommen des Engernherzogs Brun, wenn man die Weitergabe seines Namens bei den Liudolfingern in mehreren Generationen als Indiz für ihre Abstammung von diesem Vorfahren ansieht.

Eine umfassende Genealogie dieser führenden Familien Sachsens ist nicht überliefert. So kennt man von den acht Urgroßeltern des Liudolfingerkönigs Heinrich I. († 936) nur zwei, den Franken Billung und seine Frau Aeda. Vielleicht darf man sie und ihre Tochter Oda mit *Pillung*, *Ueta* und *Ata* gleichsetzen, die sich mit anderen, darunter einer *Kerbirg*, in das Reichenauer Verbrüderungsbuch haben eintragen lassen. Da Billung ein Franke war, könnte seine Heimat das geheimnisumwitterte Unterregenbach bei Langenburg in Hohenlohe mit seiner Veits-Kirche, der nur noch in ihren Fundamenten greifbaren großartigen Basilika, ihrer erhaltenen Krypta und dem nebenan ergrabenen Herrenhof gewesen sein. In der Nachbarschaft von Unterregenbach liegen nicht nur die Orte Billingsbach und Amlishagen – entstanden aus Amelungshagen –, sondern auch das Dorf Michelbach an der Heide. Seine von Fulda aus gegründete Kirche war den Heiligen Bonifatius und Burghard geweiht. Sie gilt als die Mutterkirche von Amlishagen.

König Heinrichs I. Gemahlin Mathilde († 968), die von der gleichnamigen Großmutter in Herford erzogen worden war, hatte eine aus dänisch-friesischem Geschlecht stammende Mutter namens Reinhilde. Ihr Vater Theoderich oder Dietrich und dessen Brüder Widukind, Immed und Reginbern haben den großen Sachsenführer Widukind zum Ahnherrn. Der genealogische Weg zu ihm bleibt aber im Dunkel der Geschichte verborgen. Ein Nachkomme Widukinds dürfte im 9. Jahrhundert in die Familie des als Tradent und Zeuge in den Corveyer Traditionen mehrfach vorkommenden Grafen Imad oder Immed eingeheiratet haben und sein Erbe geworden sein. Die Nachfahren des Westfalenherzogs in dieser Linie nannten sich wegen dieser Erbheirat unter Weitergabe des Namens in die nächsten Generationen dann *Immedinger*.

Widukind, der Spitzenahn der Königin, dessen Geburtszeit man um 730 ansetzen kann – bei seiner Taufe in Attigny im Jahre 785 steht ja schon sein Schwiegersohn (*gener*) an seiner Seite –, ist wahrscheinlich von seiner Nachfahrin Mathilde noch um eine oder zwei Generationen weiter als bisher angenommen entfernt.

Ebenso sind die Eltern Hermann Billungs († 973) und die seiner Frau Oda, die Eltern Luder von Stades († 929) und die seiner Frau Swanhilde, die Eltern Graf Thietmars († 932), des Erziehers König Heinrichs I. und Vaters der Markgrafen Siegfried und Gero, die sämtlich auch acht Vorfahrenfamilien in der Generation der Urgroßeltern zur Zeit Karls des Großen gehabt haben, unbekannt. Die hier aufgezählten sieben Personen stammen rein rechnerisch von 56 Familien ab, die alle zu Beginn des 9. Jahrhunderts gelebt haben. Man kann sich schwer vorstellen, daß es in Westfalen, Engern und Ostfalen damals so viele Edelings-Geschlechter gab. Wahrscheinlich waren es viel weniger, und deshalb müssen – aus statistischen Gründen – ihre um das Jahr 900 lebenden Nachkommen sehr nahe blutsverwandt gewesen sein.

Über das Zustandekommen und den Umfang von Heiratsverbindungen über Stammesgrenzen hinweg lassen sich für die Zeit vor den Sachsenkriegen (772–804) allerdings keine Aussagen machen. Doch hat es sicher Verbindungen zwischen Franken und Sachsen gegeben.

Die Sächsin Gersuind hat Karl dem Großen die Tochter Adalthrud geboren. Karls Vettern Adalhard (752–826) und Wala (773–836) – letzterer hatte eine sächsische Mutter – haben sich um die Gründung von Corvey und die Zustiftung von Herford verdient gemacht. In Herford setzten sie ihre verwitwete Schwester Theodrada († 846) als Äbtissin ein, die in Personalunion auch weiterhin dem Marienkloster in Soissons vorstand. Bei den Nachkommen des Ostfalenführers Hessi, der im Jahre 804 als Mönch im Kloster Fulda starb, fallen die Karolingernamen Bernhard, Gisela und Hruothild auf, ohne daß man genau sagen könnte, ob und wann eine Versippung mit dem Herrschergeschlecht zustande gekommen ist.

Ähnliches kann für den Gründer des Stiftes Vreden, den Grafen Wal(t)bert aus der Nachkommenschaft Widukinds festgestellt werden (Abb. 3 u. 4). Seine Frau Bertradis trug einen ausgesprochenen Karolingernamen. Da ihre Memorie in Vreden mit hohen festlichen Zeremonien am 26./27. Februar und die ihres Mannes am 27./28. November gefeiert wurden, die Memorie des Grafen Walbert, des Gründers von Wildeshausen, aber am 28. Februar, können diese beiden Grafen nicht identisch gewesen sein. Zudem war der am Hofe Kaiser Lothars I. erzogene Walbert nach der Translatio S. Alexandri mit einer Altburg verheiratet.

Die Reliquien der hl. Felicitas, die im Jahre 839 mit

Abb. 3 Stifterbild des Grafen Wal(t)bert (11. Jahrhundert). Vreden, Ehem. Stiftskirche St. Felicitas

Abb. 4 Gedenkstein für den Grafen Wal(t)bert. Vreden, Ehem. Stiftskirche St. Felicitas

denen von Agapitus und Felicissimus in die hinter einer Kathedralkirche nicht zurückstehende Vredener Kirche (vgl. Kat.Nrn. VI.23–28 u. Beitrag Drescher, Abb. 5) übertragen wurden und dem Stift seinen Namen gaben, hatten ihre Heimat möglicherweise in dem dieser Heiligen geweihten Nonnenkloster Schwarzach bei Würzburg. Dieses war damals im Besitz von Theodrada, der Tochter Karls des Großen und der Königin Fastrada. Ihr Nießbrauchrecht an Schwarzach ließ sie vor 853 für Ludwigs des Deutschen Tochter Hildegard († 856) durch die Würzburger Kirche bestätigen, die es dann ihrerseits an ihre jüngere Schwester Bertha († 877) weitergab. Der berühmte Psalter ihres Vaters (Berlin, Staatsbibliothek zu Berlin – Preußischer Kulturbesitz, Ms. theol. lat. fol. 58), auf dessen Schmucktafeln mehrfach die Worte HLUDOWICO REGI VITA SALVS FELICITAS PERPES zu lesen sind, befand sich im Jahre 1536 in Vreden im Besitz des dortigen Kanonikers Johannes Swane.

Man ist versucht, im Namen von Odrada, der Frau des Widukind-Sohnes Wigbert, welcher 834 Güter in Oosterbeke und Praast an St. Martin in Utrecht, also außerhalb Sachsens, tradierte, eine verkürzte Form des Karolingernamens Theodrada zu sehen. Es drängt sich geradezu die Frage auf, ob die Karolinger nicht bewußt die Nachkommen des ihnen durch Patenschaft und die dadurch begründete geistige Verwandtschaft nahestehenden Sachsenherzogs Widukind mittels Ehen von Töchtern und Angehörigen der eigenen Familie fester an sich und den neuen Glauben binden wollten.

Wie der Ostfalenführer Hessi waren noch zwei andere sächsische Adlige mit der Reichsabtei Fulda eng verbunden: die Gründer der Bonifatius-Stifte Hameln und Freckenhorst, Bernhard und Everword. Letzterer starb als Laie an einem 3. Mai – wohl 863 – im Kloster Fulda, nachdem er zwei Drittel seines nördlich der Lippe gelegenen Besitzes seiner Neugründung Freckenhorst und das südlich der Lippe liegende Drittel seinem Sterbekloster zugedacht hatte. Diese Besitzverteilung und der Sterbeort machen es nicht gerade wahrscheinlich, daß Everword ein Mitglied der Ekbertiner-Familie war. Das Vitus-Patrozinium der Jungfern-Kapelle im Bereich der Freckenhorster Klausur muß nicht aus Corvey gekommen sein, auch eine direkte Übertragung aus Fulda wäre denkbar. Das Sachsen-Cartular dieses Klosters verzeichnet für die Zeit zwischen 802 und 822 die Güterschenkung eines Grafen Bernhard im Tilithi-Gau (um Hameln), der sein Bruder Adalhard und ein Eberkar (? = Everword/ Eberwart) *in memoriam* Bernhards († 826) und seiner Gemahlin Christina weiteren Besitz hinzufügten. Aus der Eigenkirche der offenbar kinderlosen Eheleute Bernhard und Christina in Hameln entwickelte sich nach ihrem Übergang an Fulda das Bonifatius-Stift, wohin im Jahre 851 die Reliquien des hl. Romanus übertragen wurden.

Von dem Grafen Bernhard kaufte Ludwig der Fromme nach der 'Markbeschreibung' im Liber Vitae von Corvey und der Fundatio Corbeiensis monasterii aus Herford auch den Bauplatz für das Kloster Corvey, nachdem die Vorgründung in Hethis mißglückt war. Die außerordentliche Förderung Corveys durch die Karolinger wird bereits mit diesem Grundstückskauf deutlich. Zu den Wohltätern des Klosters zählten auch Judith, die zweite Gemahlin Ludwigs des Frommen, und ihre Schwester Hemma, die Gemahlin Ludwigs des Deutschen. Wahrscheinlich war ihre Mutter Heilwig/Eigilwi eine nahe Verwandte Walas und Theodradas, der Äbtissin von Soissons – ihre Tochter und dortige Nachfolgerin, Imma, dürfte ihren Namen an die Königin Hemma weitergegeben haben. Die Karolinger wahrten ihren Einfluß auf Corvey durch die Wahl ihres Verwandten Warin zum Abt, denn seine Mutter Ida, die Gemahlin des *dux* der Sachsen zwischen Rhein und Weser, war mit hoher Wahrscheinlichkeit karolingerblütig, wenn auch nicht eine Tochter König Karlmanns, des Bruders Karls des Großen. Ein solches Faktum hätte sich der Verfasser der *Vita S. Idae*, der Werdener Mönch Uffing, bestimmt nicht entgehen lassen. Wenn er aber schreibt, Ida sei aus dem königlichen Geblüte der hll. Jungfrauen Odilia und Gertrud, einer Tochter König Pippins, dann ist ihre hohe Abstammung hinreichend gekennzeichnet. Bei Ekberts und Idas Nachkommen tauchen auch keine Namen auf, die eine engere Verwandtschaft mit der Königsfamilie nahelegen könnten.

Ekbert und Ida wählten nicht das ihnen und ihrer Familie so nahestehende Kloster Corvey zu ihrer Grablege, sondern ihre in Herzfeld an der Lippe gelegene, der Gottesmutter und – bemerkenswerterweise – dem hl. Germanus v. Auxerre geweihte Eigenkirche inmitten eines größeren Grundbesitzes.

Ekberts und Idas Enkelin von einer mit Namen unbekannten Tochter war die Herforder Äbtissin Haduwy. Die nicht bei dem Ungarnüberfall auf Herford im Jahre 926 zugrunde gegangenen Urkunden Ludwigs des Deutschen und Arnulfs von Kärnten belegen für sie eine Regierungszeit von 858 bis 887, doch müssen diese Jahreszahlen nicht den Anfang und das Ende ihres Wirkens in der Stiftung Waltgers bedeuten. Haduwy könnte durchaus schon die direkte Nachfolgerin der Äbtissin Theodrada (Tetta) († 846) und noch die unmittelbare Vorgängerin der Äbtissin Mathilde gewesen sein, die ihre um 890/895 geborene Enkelin Mathilde, die spätere Königin, in Herford erzogen hat. Alle drei Äbtissinnen haben erst im Witwenstand die Leitung des Reichsstifts Herford übernommen. Während die Namen der Ehegatten von Theodrada und Mathilde unbekannt sind, kennen wir den Gemahl der Haduwy. Es ist der den Billungern zugerechnete Graf Amelung, welcher aus zeitlichen Gründen aber wohl nicht mehr als der Vater des Grafen Bennit in Frage kommt, dem Karl der Große im Jahre 811 den Besitz des Befangs bei *Waldisbecchi* im Wald Bochonia bestätigte (vgl. Kat.Nr. VI.5).

Amelung, der Gemahl der Äbtissin Haduwy, wird vielmehr ein Sohn dieses Grafen Bennit gewesen sein, weil er einen nach dem Großvater und einen weiteren nach ihm selbst benannten Sohn hatte. Für das Seelenheil ihres Gemahls und ihrer Söhne übergab Haduwy, vermutlich um die Zeit ihres Eintritts in die Abtei Herford, Güter in Werden, Upwerden und Beverungen an das Kloster Corvey, dem schon vorher von Haduwys Onkel Cobbo für die Seele ihres Gemahls, seines Neffen, Güter im Gau *Mosweddi* an der Elbe südlich von Hamburg geschenkt worden waren.

In der Nachkommenschaft Haduwys und ihrer Brüder muß jener Graf Ekbert zu suchen sein, dem Kaiser Arnulf von Kärnten im Jahre 892 nach eigener Wahl ansehnlichen Güterbesitz im Tilithi-Gau bei Hameln, im Marstem-Gau bei Hannover, im Barden-Gau bei Uelzen und im Leine-Gau an der Aller schenkte. Dieser Graf Ekbert kann mit einiger Sicherheit als Vater der Billunger-Brüder Wichmann († 944), Hermann († 973) und Amelung († 962) angesehen werden.

Unter der Äbtissin Haduwy kamen im Jahre 860 die wundertätigen Reliquien der hl. Pusinna aus Binson im Westfrankenreich nach Herford. Der zeitgenössische Translationsbericht vermerkt ausdrücklich die Blutsverwandtschaft im 3. und 4. Grad zwischen der Äbtissin und Karl dem Kahlen, dem Herrscher des Westfrankenreiches. Zu gerne wüßte man, wie diese Verwandtschaftsgrade aufzuschlüsseln sind. Es liegt jedoch nahe, daß diese Blutsbande über die sächsischen Vorfahren des Königs und der Äbtissin, Ekbert und Eigilwi, zustande gekommen sind.

In Herford konnte die hl. Pusinna die Gottesmutter nicht aus dem Hauptpatrozinium des Stifts verdrängen, aber die heutige Münsterkirche hieß bis zur Aufhebung der Fürstabtei im 19. Jahrhundert fast nur „Pusinnen-Kirche“. In der sog. Pusinnen-Kapelle im Nordostturm der Münsterkirche sind auf einem mittelalterlichen Wandbild die Gottesmutter und die hl. Pusinna, eingerahmt zwischen dem hl. Kilian und dem hl. Burghard, in ganzer Figur zu sehen, sicherlich ein deutlicher Hinweis auf den Mitpatron des Paderborner Doms und auf die von Würzburg ausgehende Mission im Bistum Paderborn, in dem Herford liegt.

Von Herford aus gelangte das Pusinna-Patrozinium in die von der Hessi-Tochter Gisela vor 840 in Wendhausen am Harz gegründete, der Gottesmutter und vielleicht dem hl. Nikolaus geweihte Frauenkommunität. Das nur die Tage vom 31. März bis zum 6. April umfassende Bruchstück eines Necrologiums bewahrt nicht nur die Memorie der Inkluse (Einsiedlerin) Liutbirg am 3. April, die eines Grafen Ekbert am 4. April, der Stifterin Gisela am 5. April, sondern auch den Gedenkeintrag für die Herforder Äbtissin Haduwy (Hathuvvif abbatissa) am 1. April. Zum 3. April wird der *Adventus sanctorum de Hierusalem ad Quidelingaburg* (Ankunft der Heiligen aus Jerusalem in Quedlinburg) vermerkt.

Als die eben verwitwete Königin Mathilde im Jahre 936 Wendhausen mit ihrer Neugründung vereinigen wollte, kam es darüber zum Streit mit der Wendhausener Äbtissin Diemot. Über den Streit und seine Folgen kann hier nicht gesprochen werden. Es stellt sich aber die Frage, ob die Königin überhaupt ein Recht hatte, in solcher Weise über eine eigenkirchliche Gründung der Hessi-Familie zu verfügen. Waren ihre Großmutter Mathilde oder deren unbekannter Gemahl vielleicht Nachkommen der Stifterfamilie? Jedenfalls haben, in Anbetracht der Übertragung des Pusinna-Patroziniums von Herford nach Wendhausen, engere Beziehungen zwischen den beiden Kommunitäten und selbstverständlich auch zur Königin Mathilde bestanden.

Welche Vorbildfunktion die Abtei Herford im 9. Jahrhundert in Sachsen hatte, läßt sich auch an der Entscheidung der Stammeltern der Liudolfinger-Dynastie, Liudolf und Oda, ablesen, ihre im Jahre 840 geborene älteste Tochter Hathumod dort erziehen zu lassen, um sie auf ihre Aufgabe vorzubereiten, die Leitung des im Aufbau befindlichen Familienstifts Gandersheim zu übernehmen. Mit 12 Jahren wurde Hathumod dann die erste Äbtissin von Gandersheim, das damals noch provisorisch im nahen Brunshausen untergebracht war. Hier in Brunshausen starb sie auch am 29. November 874. Ihre jüngeren Schwestern Gerberga (874–896/897) und Christina (896/897–919) folgten ihr nacheinander als Äbtissin. Wenn man im Stephans-Patrozinium von Gandersheim eine Verbindung zu Corvey sehen will, könnte der an das Weserkloster schenkende Graf Odo vielleicht der Vater des Stifters von Gandersheim gewesen sein. Herzog Otto der Erlauchte († 912) hätte dann seinen Namen vom Großvater, wie auch Otto I. der Große seinerseits den Namen von diesem Großvater hat.

Die ersten vier Zeugen der Schenkung (Corveyer Tradition Nr. 36) von Gütern in Sunstedt im Derlin-Gau bei Königslutter, Cobbo, Esic, Immed und Bernhard sind uns aus ekbertinischen und widukindischen Zusammenhängen wohlbekannt. Betrachtet man noch den Reichenauer Gedenkeintrag mit den Namen *Choppo – Eila – Egpert – Liutolt – Prun – Ita – Heiluuih – Hadamuat*, wundert es einen nicht mehr, die Liudolftochter Hathumod als junges Stiftsfräulein in Herford zu finden. Verwandtschaftliche, ekbertinische Beziehungen haben ihren Weg nach Westfalen gelenkt.

Die prosopographischen Adelsforschungen der letzten Jahrzehnte haben überraschende und unerwartete Ergebnisse gebracht und die Struktur des Adels im Frühmittelalter (auch in politischer und reichsgeschichtlicher Hinsicht) wesentlich deutlicher hervortreten lassen. Es ist zu hoffen, daß bei künftigen Forschungsvorhaben dieser Art für Gebiete in Thüringen, Meißen und westlich des Rheins (Ripuarien) auch neue Erkenntnisse über den Adel des 9. und 10. Jahrhunderts in Westfalen, Engern und Ostfalen gewonnen werden können.

Quellen und Literatur:

Die Necrologien von Merseburg, Magdeburg und Lüneburg, hrsg. v. Gerd ALTHOFF u. Joachim WOLLASCH (MGH Libri mem. N.S. 2), Hannover 1983. – Das Verbrüderungsbuch der Abtei Reichenau (Einleitung, Register, Faksimile), hrsg. v. Johanne AUTENRIETH, Dieter GEUENICH u. Karl SCHMID (MGH Libri mem. N.S. 1), Hannover 1979. – Ex historia Translationis s. Pusinnae, hrsg. v. Georg Heinrich PERTZ, in: MGH SS 2, Hannover 1829, 681–683. – Ex Vita s. Idae, hrsg. v. Georg Heinrich PERTZ, in: MGH SS 2, Hannover 1829, 569–576.

Gerd ALTHOFF, Unerforschte Quellen aus quellenarmer Zeit (III). Necrologabschriften aus Sachsen im Reichenauer Verbrüderungsbuch, in: Zeitschrift für die Geschichte des Oberrheins 131, 1983, 91–108. – DERS., Adels- und Königsfamilien im Spiegel ihrer Memorialüberlieferung. Studien zum Totengedenken der Billunger und Ottonen (Münstersche Mittelalter-Schriften 47), München 1984. – DERS., Gandersheim und Quedlinburg. Ottonische Frauenklöster als Herrschafts- und Überlieferungs-Zentren, in: Frühmittelalterliche Studien 25, 1991, 123–144. – Matthias BECHER, Rex, Dux und Gens. Untersuchungen zur Entstehung des sächsischen Herzogtums im 9. und 10. Jahrhundert (Historische Studien 444), Husum 1996. – Beiträge zur Geschichte und Struktur der mittelalterlichen Germania Sacra, hrsg. v. Irene CRUSIUS (Veröffentlichungen des Max-Planck-Instituts für Geschichte 93) (Studien zur Germania Sacra 17), Göttingen 1989. – Das Bistum Hildesheim 1: Das reichsunmittelbare Kanonissenstift Gandersheim, bearb. v. Hans GÖTTING (Germania Sacra, NF 7), Berlin/New York 1973. – Der Liber Vitae der Abtei Corvey. Studien zur Corveyer Gedenküberlieferung und zur Erschließung des Liber Vitae 2, hrsg. v. Karl SCHMID u. Joachim WOLLASCH (Veröffentlichungen der Historischen Kommission für Westfalen 40), Wiesbaden/Münster 1989. – Die Klostergemeinschaft von Fulda im früheren Mittelalter 1–3, hrsg. v. Karl SCHMID, unter Mitwirkung v. Gerd Althoff, Eckhard Freise, Dieter Geuenich, Franz-Josef Jakobi, Hermann Kamp, Otto Gerhard Oexle, Mechthild Sandmann, Joachim Wollasch u. Siegfried Zörkendörfer (Münstersche Mittelalter-Schriften 8), München 1978. – Walter GROSSE, Das Kloster Wendhausen, sein Stiftergeschlecht und seine Klausnerin, in: Sachsen und Anhalt 16, Magdeburg 1940, 45–76. – Karl HAUCK, Paderborn, das Zentrum von Karls Sachsen-Mission 777, in: Adel und Kirche. Gerd Tellenbach zum 65. Geburtstag, hrsg. v. Josef FLECKENSTEIN u. Karl SCHMID, Freiburg/Basel/Wien 1968, 92–140. – Eduard HLAWITSCHKA, Zur Herkunft der Liudolfinger und zu einigen Corveyer Geschichtsquellen, in: Rheinische Vierteljahrsblätter, 38, 1974, 92–165. – DERS., Stirps Regia. Forschungen zu Königtum und Führungsschichten im früheren Mittelalter. Ausgewählte Aufsätze. Festgabe zu seinem 60. Geburtstag, hrsg. v. Gertrud THOMA u. Wolfgang GIESE, Frankfurt/Bern/New York/Paris 1988. – Klemens HONSELMANN, Die alten Mönchslisten und die Traditionen von Corvey 1 (Abhandlungen zur Corveyer Geschichtsschreibung, Band 6) (Veröffentlichungen der Historischen Kommission für Westfalen 10), Paderborn 1982. – DERS., Die Bistumsgründungen in Sachsen unter Karl dem Großen, in: Archiv für Diplomatik 30, 1984, 1–50. – Kat. Corvey 1966. – Wilhelm KOHL, Bemerkungen zur Typologie sächsischer Frauenklöster in karolingischer Zeit, in: Untersuchungen zu Kloster und Stift (Veröffentlichungen des Max-Planck-Instituts für Geschichte 68) (Studien zur Germania Sacra 14), Göttingen 1980. – Sabine KRÜGER, Studien zur Sächsischen Grafschaftsverfassung im 9. Jahrhundert (Studien und Vorarbeiten zum Historischen Atlas Niedersachsens, 19), Göttingen 1950. – Wolfgang METZ, Austrasische Adelsherrschaft des 8. Jahrhunderts. Mittelrheinische Grundherren in Ostfranken, Thüringen und Hessen, in: Historisches Jahrbuch 87, 1967, 257–304. – DERS., Corveyer Studien, in: Archiv für Diplomatik 34, 1988, 157–230; 35, 1989, 255–296; 36, 1990, 11–43. – DERS., Genealogisch-verfassungsgeschichtliche Probleme, vornehmlich im Deutschen Reich des 10. und frühen 11. Jahrhunderts, in: Historisches Jahrbuch 110, 1990, 76–109. – Klaus NASS, Untersuchungen zur Geschichte des Bonifatiusstifts Hameln. Von den monastischen Anfängen bis zum Hochmittelalter (Veröffentlichungen des Max-Planck-Instituts für Geschichte 83) (Studien zur Germania Sacra 16), Göttingen 1986. – Ostwestfälisch-Weserländische Forschungen zur geschichtlichen Landeskunde, hg. v. Heinz STOOB (Kunst und Kultur im Weserraum 3, Forschungsband), Münster 1970. – Thomas SCHILP, Norm und Wirklichkeit religiöser Frauengemeinschaften im Frühmittelalter. Die Institutio sanctimonialium Aquisgranensis des Jahres 816 und die Problematik der Verfassung von Frauenkommunitäten (Veröffentlichungen des Max-Planck-Instituts für Geschichte 137) (Studien zur Germania Sacra 21), Göttingen 1998. – Karl SCHMID, Die Nachfahren Widukinds, in: Deutsches Archiv 20, 1964, 1–47. – Leopold SCHÜTTE, Die alten Mönchslisten und die Traditionen von Corvey 2, Indices und andere Hilfsmittel 2 (Abhandlungen zur Corveyer Geschichtsschreibung, Band 6) (Veröffentlichungen der Historischen Kommission für Westfalen 10), Paderborn 1992. – Hans Jürgen WARNECKE, 789 und wie alles begann, in: 1200 Jahre Herford. Spuren der Geschichte, hrsg. v. Theodor HELMERT-CORVEY u. Thomas SCHULER (Herforder Forschungen 2), Herford 1989, 585–611, Anm. 674–681. – Lorenz WEINRICH, Wala. Graf, Mönch und Rebell. Die Biographie eines Karolingers (Historische Studien 386), Lübeck/Hamburg 1963. – Westfälisches Klosterbuch. Lexikon der vor 1815 errichteten Stifte und Klöster von ihrer Gründung bis zur Aufhebung 1 u. 2, hrsg. v. Karl HENGST (Quellen und Forschungen zur Kirchen- und Religionsgeschichte 2) (Veröffentlichungen der Historischen Kommission für Westfalen 44), Münster 1992 u. 1994.

Hans Drescher

Die Glocken der karolingerzeitlichen Stiftskirche in Vreden, Kreis Ahaus

vgl. Bd. 1 u. Illich

„Karl der Große steht am Beginn des abendländischen Europas; er steht auch für den Anfang von 'Glockeneuropa'; denn er bestimmte für seinen Herrschaftsbereich *ut omnes sacerdotes horis competentibus diei et noctis suarum sonent ecclesiarum signa* („... daß alle Priester ihre Glocken zu bestimmten Tages- und Nachtzeiten läuten"; Kramer 1990, 19).

Auf dem Konzil in Aachen wurde 801 verfügt, daß das Läuten der Glocken ein heiliger Dienst sei und die Priester deshalb diese Aufgabe selbst wahrzunehmen hätten. 817 wurde festgesetzt, daß jede Pfarrei mindestens zwei, jede Stiftskirche drei und jede Bischofskirche sechs Glokken haben müsse. Darüber hinaus wurden Beiglocken verschiedenster Art vorgesehen. Schon Papst Sabinianus († 606) hatte dem Kreuz als gleichwertiges Zeichen des Christentums die Glocke beigefügt und ordnete Glockengeläut zu festen Gebetsstunden an.

Der älteste Hinweis auf Glocken in Mitteleuropa ist in einem 746/747 geschriebenen Brief des Bonifatius († 754) an den Abt seines angelsächsischen Heimatklosters enthalten, in dem er um die Übersendung einer Glocke bittet. Hier tritt als *clocca* der heute gebräuchliche Name zum ersten Mal auf. Abt Cuthbert in Wiremund schreibt an Erzbischof Lullus in Mainz († 786), daß er ihm eine Glocke zugehen lasse. Vor diesem Hintergrund ist es sicher zutreffend, daß Papst Leo III. 799 bei seinem Besuch in Sachsen neben mehreren Kirchen auch eine Glocke für eine Kapelle in Berchkerken (Minden) geweiht und im Jahre 809 dem Kaiser eine Glocke geschenkt haben soll. Bedeutsam ist auch, daß – wie Hrabanus Maurus 822/841 schreibt – aus Fulda an Bischof Gauzbert in Birka *unam gloggam et unum tintinnabulum* geschickt wird (vgl. Otte 1884, Schönermark 1889, Walter 1913, Kramer 1986 u. 1990).

Wie schnell sich das Christentum nach dem Sachsenkrieg im Norden bis an den Rand der heidnischen Welt ausgebreitet hatte, zeigt der auf Ansgar bezogene Bericht Rimberts von 849/854 (Vita Anskarii, c. 24,31–32, vgl. Kat.Nr. VIII.14), nach dem er in Schleswig eine Kirche bauen ließ, für die er später mit Erlaubnis des dänischen Königs eine Glocke anschaffen durfte. „Das wäre früher den Heiden als Frevel erschienen", fügt der Chronist hinzu.

Im Hafen Haithabus bei Schleswig wurden nicht nur die bekannte Glocke aus der Mitte bzw. der zweiten Hälfte des 10. Jahrhunderts und weitere Fragmente kleinerer Glocken, sondern auch die Überreste von zwei 'Zimbeln' geborgen (Drescher 1984). Diese Funde bezeugen die allgemeine Verbreitung und den Gebrauch von Glocken. Das gilt auch für einen Fund aus dem Landkreis Harburg, denn drei Meter westlich vor der um 850 aus Holz erbauten Kirche Tostedt II fanden sich die Überreste eines 55 x 55 cm starken Pfahls. Dieser kann mit einiger Berechtigung als Glockenpfahl gedeutet werden (Drescher 1985). Im Wortsinn „bruchstückhaft" ist zu erkennen, daß in Mitteleuropa nicht Glocken aus der Ottonenzeit vom Typ Haithabu/Mainz am Anfang standen, sondern daß es ältere Vorläufer mit eiförmig gerundetem Glokkenkörper gab. Doch ist bisher nur eine vollständige Glocke dieser Art aus Canino bei Viterbo in der Nähe Roms bekannt (Abb. 1). Sie befindet sich heute in den Vatikanischen Museen, wo noch ein etwas kleineres Exemplar „aus Rom" aufbewahrt wird (Drescher 1997/98). Die Canino-Glocke wird allgemein ins 7./8. Jahrhundert, „um 800" oder ins 8./9. Jahrhundert datiert, doch ist hier nach einem Hinweis von Dr. Fr.-A. Bornschlegel, München, zu beachten, daß der bei der Inschrift verwendete Buchstabentyp eher ins 9./10. Jahrhundert zu setzen ist (Brief vom 17.3 1998 an Verfasser „... die linear geprägten Buchstaben sind von uniformer Durchgestaltungsweise. Sie heben sich deutlich ab von den rustikalen Inschriften der Vorkarolingerzeit, aber auch von den klassisch orientierten zeitgenössischen Inschriften der Stadt Rom. Die Ausstrahlung der karolingischen Schriftform im Laufe des 9. Jahrhunderts bildete sicherlich die Voraussetzung für die Schriftform unserer Glocke ..."). Dazu paßt, daß die hier zu behandelnden Funde aus Vreden zum Typ Canino gehört haben dürften, gleiches gilt auch für ein zerschmolzenes Fundstück aus Haithabu und Fragmente aus Oldenburg in Holstein. Auch eine kleine Zim-

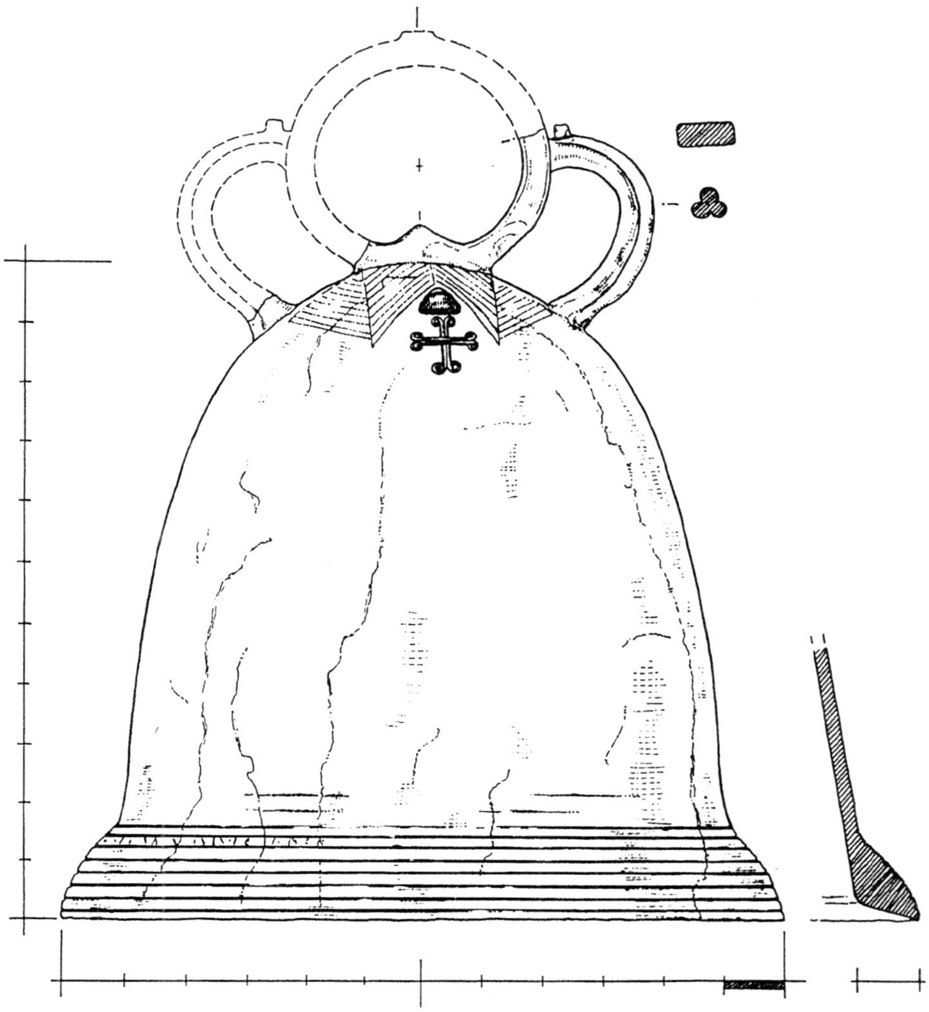

Abb. 1 Zeichnung der Glocke aus Canino bei Viterbo, 9. Jahrhundert, (Vatikanstadt, Musei Vaticani)

bel aus Haithabu, die wohl in das 9. oder 10. Jahrhundert zu datieren ist, weist auf diesen Glockentyp hin, denn es ist anzunehmen, daß sie die Miniaturausführung einer größeren Glocke ist (Abb. 2). Wie die Haithabu-Glocke und die Gießformen für eine ähnliche Glocke aus Vreden (Abb. 3) zeigen, muß der neue – ottonische – Glockentyp in Mitteleuropa wohl ab Anfang des 10. Jahrhunderts den älteren abgelöst haben. Alle runden Glocken, gleich welcher Größe, wurden bis zur Zeit um 1200 nach Modellen aus Wachs/Talg mit Hilfe einer Drehspindel gefertigt und in Lehmformen gegossen (Drescher 1984; 1992; 1995; 1998) (Abb. 4). In der Regel trug man das Formmaterial auf einen Kern aus Formlehm auf. Kleinere Glocken mit dicken Wandungen könnte man aber auch in antiker Tradition aus massiven Wachsrohlingen gedreht haben. Auch bei der Herstellung des kleinen, von Egon Wamers (1994) um 800 datierten Rauchfasses aus Mönchengladbach im Schnütgen-Museum in Köln (Kat.Nr. XI.14) kam eine Drehspindel zur Anwendung. Die Wachsmodelle des beide Schalen zierenden Blattwerkes wurden aus entsprechenden Vorformen gewonnen, ein seltener Hinweis auf dieses besondere Verfahren, denn sonst wurden im 9. Jahrhundert, was besonders die vielen Guß- und Fehlgußstücke und die Gießformen aus Haithabu zeigen, die Formen aus Lehm durch Abdrücken fester Modelle hergestellt. Mit Wachsmodellen arbeitete man nur in besonderen Fällen. Von der Haithabu-Glocke ausgehende Vermessungen zeigten, daß man schon die Canino-Glocke und alle jüngeren mittelalterlichen nach festen Regeln – später Glockenordnung genannt – konstruierte, wobei die Randbreite das Grundmaß war. Diese Erkenntnis erlaubt die Rekonstruktion einer Glocke bereits auf der Grundlage einiger Fragmente. Ein besonderes Beispiel für das Modellieren und Schneiden in Wachs

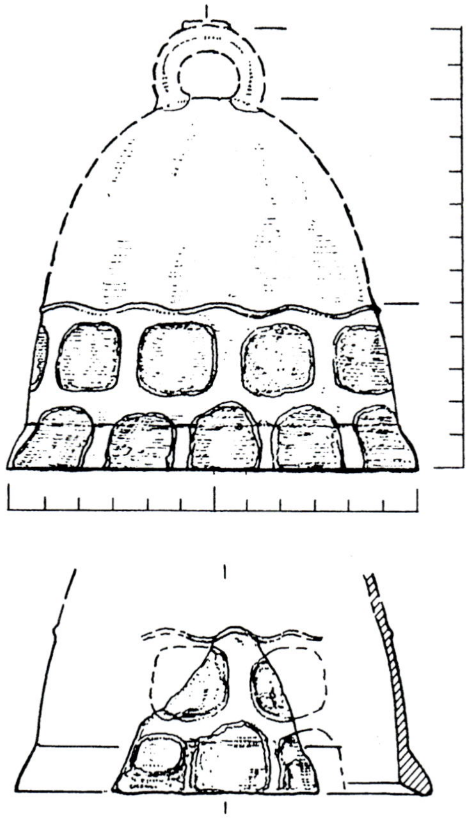

Abb. 2 Zeichnung der sog. Zimbeln aus Haithabu, 9./10. Jahrhundert, mit rekonstruiertem „Grundmaß" (Schleswig)

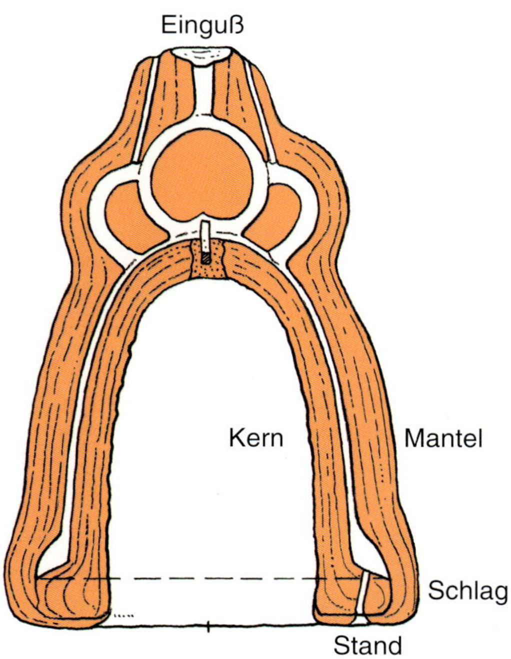

Abb. 3 Rekonstruktion der Gießform für eine Vredener Glocke vom Typ Canino

sind die großen, um 800 gegossenen Türen und Gitter des Aachener Münsters (Buchkremer 1924; Mende 1983; Pawelec 1990).

Einhard gibt in der Vita Karoli (c. 26) einen Hinweis auf das dabei verwendete Material *aere solido*, das, wie die bekannten Analysen zeigen, eine Legierung aus Kupfer und Zinn im Verhältnis 10 : 1 ist.

In den Reichsannalen wird bezogen auf 807–808 noch *auricalco* als Messing für besondere Leuchter erwähnt. Ein Name für das Glockenmetall ist aus dieser Zeit nicht überliefert.

Nach einer Beschreibung des Benediktiners Notker Balbulus aus St. Gallen († 912) in den Gesta Karoli Magni wußte man aber schon zur Zeit Karls des Großen, daß reines Metall den Klang der Glocken verbesserte.

Ausgrabung der Vredener Stiftskirche 1949–1951

Die Ausgrabung der 1945 zerbombten Pfarrkirche St. Georg in Vreden (Kreis Ahaus) durch Wilhelm Winkelmann 1949–1951 (Winkelmann/Claussen 1953) brachte im Bereich der karolingerzeitlichen Stiftskirche Teile von Glockenwandungen, zerschmolzenes Glockengut, eine 'Klangscheibe', Barrenstücke und eine Gußgrube mit Gießformfragmenten zutage.

Mit Ausnahme der Gußgrube und einem Stück aus einer Störung wurden alle hier behandelten Funde aus der untersten Brandschicht auf einem 10–12 cm starken Lehmestrich geborgen, der in wesentlichen Teilen des Kirchenraumes erhalten war (vgl. Punktierung in Abb. 5). Sie werden Anfang bis Ende 9. Jahrhundert datiert. Doch wäre auch eine etwas spätere Zerstörung denkbar. Erwähnt wurde die Kirche des hochadeligen Kanonissenstiftes erstmals 839 anläßlich einer Reliquien-Übertragung.

Zur baugeschichtlichen Einordnung der karolingischen Kirche schreibt Hilde Claussen: „Die älteste Anlage, eine dreischiffige Kirche mit zellenartig abgetrennten Querhausarmen und quadratischem Westbau, kann nach dem Fundmaterial bereits ins ausgehende 8. Jahrhundert, nach ihrer baugeschichtlichen Stellung eher ins frühe 9. Jahrhundert datiert werden. Der nachfolgende Umbau, bei dem die ältere abgeschnürte Vierung durch ein offenes Querhaus ersetzt und dem Chor eine Ringkrypta angefügt wurde, ist wohl mit der Reliquienübertragung von 839 zu verbinden, während die Nischengliederung und

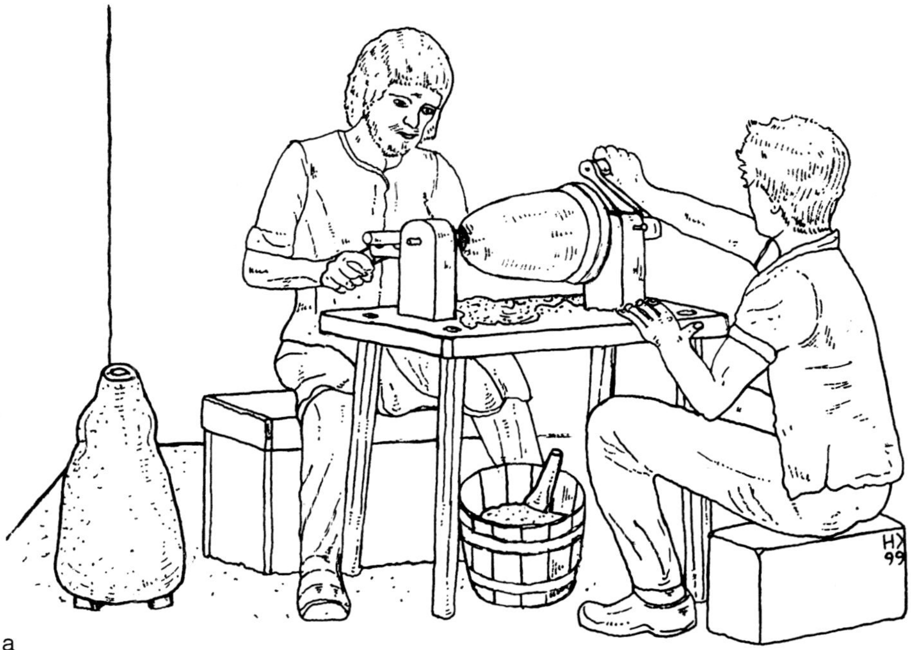
a

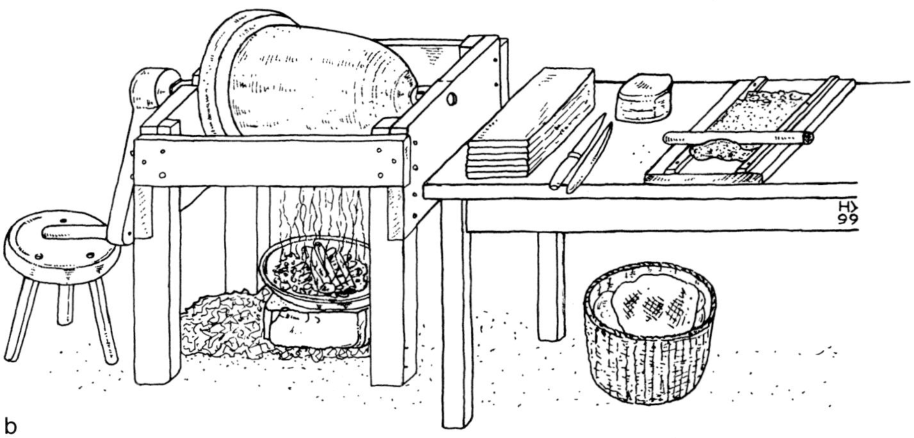
b

Abb. 4 Rekonstruktion einer Werkstatt des 9. Jahrhunderts für Glocken vom Typ Canino:

a Der Formkern einer kleinen Glocke vom Typ Canino-Vreden auf der Drehspindel vor dem Auftragen des Wachsmodells. Die Vorrichtung entspricht der von Theophilus Presbyter um 1120 beschriebenen Vorrichtung für das Formen von Rauchgefäßen. Links im Bild die Gießform.

b Formbank nach der Beschreibung des Theophilus: Über einem leichten Feuer wird der Gußkern einer größeren Glocke getrocknet, bevor die vorbereiteten Wachsplatten aufgelegt werden. Auf dem Tisch der Vorrat an Wachs-/Talgplatten und das Rollbrett, mit dem diese gefertigt wurden

die Rechteckkapelle der Krypta erst einem späteren Umbau entstammt, der also nach 839, aber vor der Zerstörung der Kirche um 900 anzusetzen ist." (Claussen 1953).

Es darf davon ausgegangen werden, daß schon zu dem ersten Gebäude mehrere Glocken gehörten und daß nach dem Umbau der Kirche bzw. deren Erweiterung und besonderen Ausstattung der Krypta, weitere angeschafft oder ältere, kleine durch größere ersetzt worden sind. In keiner Kirche und auf keinem Siedlungsplatz wurden bisher so viele Fragmente von Glocken gefunden wie 1949–1951 bei der Untersuchung in Vreden.

Alle Glockenfragmente und mit dem Glockenguß in Verbindung stehenden Funde sowie die zerschmolzene Bronze wurden 1996 vermessen, gewogen und ihre Metallproben analysiert. Es sollte geklärt werden, wie viele Glocken diese frühe Kirche besaß und von welcher Größe diese waren. Durch die Funde aus Vreden läßt sich die Geschichte der Glocken in Mitteleuropa nach den archäologischen Funden bis ins 9. Jahrhundert zurückverfolgen.

Einzigartig sind die Stücke eines großen Langbarrens bisher unbekannter Form aus Vreden. Sie zeigen nicht nur, wie die Bronze vor dem Einsetzen in den Schmelzofen in handliche Stücke zerkleinert wurde, sondern auch, daß schon in der Frühphase des Glockengusses in Mitteleuropa vorlegiertes Rohmaterial an örtliche Gießer bzw.

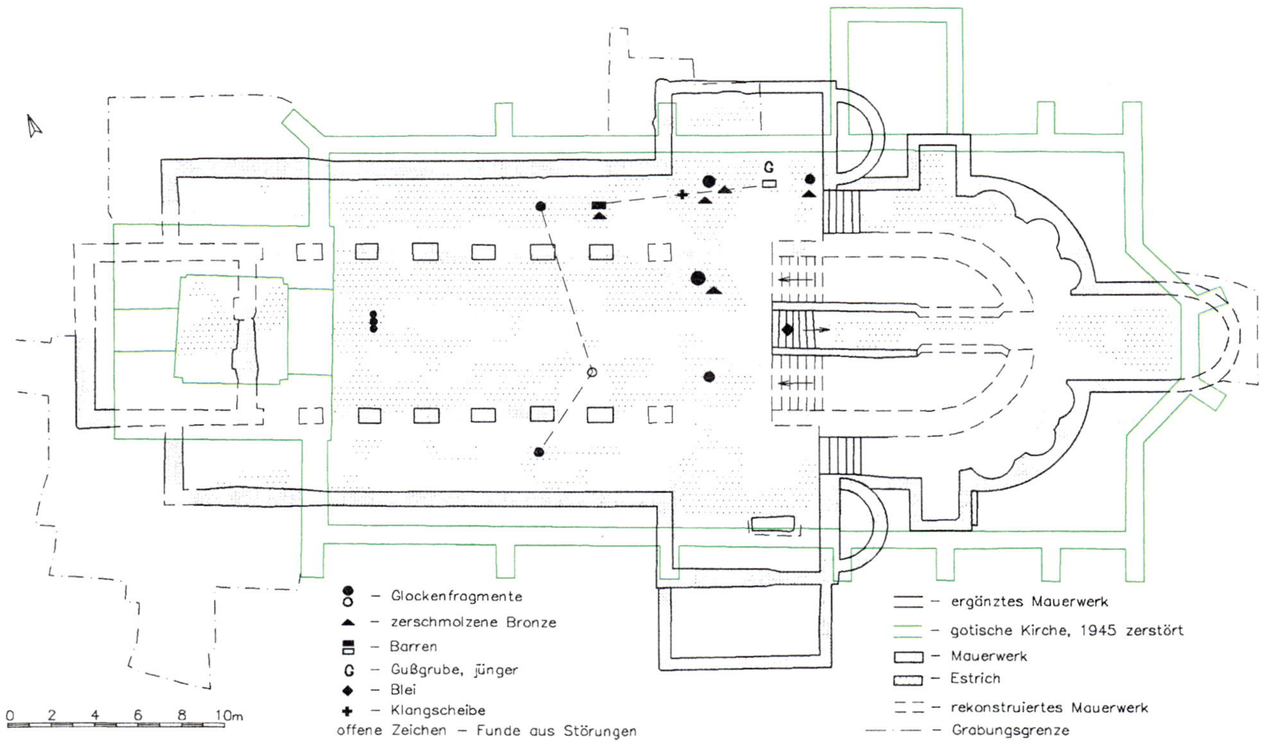

Abb. 5 Vreden, Grundriß der karolingerzeitlichen Kirche nach dem Ausgrabungsbefund von Wilhelm Winkelmann (1953) mit Eintragung der Fundstellen der Glockenfragmente

ihre kirchlichen Auftraggeber geliefert worden ist. Auch aus jüngerer Zeit gibt es keine entsprechenden Funde, es hat sich nur eine Nachricht von 1192 über die Lieferung von *aes campanarum* nach Österreich (Theobald 1933, 419) erhalten.

An den Glockenfragmenten läßt sich in der Regel erkennen, auf welche Weise die Glocken zerstört worden sind. Wenn dies bei einem Brand erfolgte, wurde das Glockenmetall schon im Dach- oder Glockenstuhl glühend, fing an zu schmelzen und tropfte herab. Wenn ein glühendes Gußstück zerbrach, entstanden sog. Warmbrüche.

Anderer Art waren die meistens scharfkantigen Bruchränder, wenn die Glockenreste nach dem Aufsammeln aus dem Brandschutt – oder zum Einschmelzen – zerschlagen worden sind. Daß sich bei Ausgrabungen in der Regel nur Wandungsteile – weniger solche von Rändern und noch seltener solche von der Glockenkrone oder der Öse mit Seitenhenkeln – fanden, ist verständlich. Diese massiveren Teile zerschmolzen nicht so leicht wie die dünneren Wandungen und konnten so leichter erkannt und aufgesammelt werden. Auch die eisernen Klöppel zerstörter Glocken fehlen in der Regel.

Zu den Bronzen aus Vreden

Außer der sog. Klangscheibe (Kat.Nr. VI.33) und zwei Barren gibt es vierzehn Teile von Glocken und sieben Stücke zerschmolzene Bronze. Davon stehen aber mindestens vier mit dem Glockenguß im 10. Jahrhundert in Zusammenhang.

Vier Wandungsstücke, die unmittelbar oberhalb ihrer Ränder gesessen haben dürften, zeigen, daß gerundete Glockenkörper dazugehörten. Das dürfte auch für die meisten Stücke aus den oberen Teilen der Wandungen gelten, denn deren Rundungen sind die von in sich gerundeten eiförmigen Glockenrippen – und keine Schulterrundungen –, die an gerade Flanken anschlossen. In solchen Fällen ist – wie die Haithabu-Glocke oder die Vredener und die Mainzer Gießformen zeigen – bei in sich gerader Flanke der Glockenkörper oben schärfer gerundet. Wahrscheinlich gehörten alle frühen Glocken aus Vreden zum Typ der Canino-Glocke.

Aus den Rand- und Wandungsfragmenten ließen sich mehrere Glockendurchmesser erschließen. Diese liegen bei 230–250, 255, um 300, 330, 382, um 450, 460 und dreimal bei (600 bis) 700 mm. Abgebildet werden hier Rekonstruktionen der kleinsten und der größten Glocke mit zwei Zwischenstufen (Abb. 6).

Da Glocken des 9. bis 12. Jahrhunderts aufgrund des Formverfahrens gleichmäßig starke Wandungen erhielten und noch keine sich vom Rand nach oben verjüngende oder profilierte Rippen hatten, dürfte sicher sein, daß alle Stücke mit unterschiedlichen Wandstärken auch auf verschiedene Glocken hinweisen. Es liegen sechs Wandstärken zwischen 9 und 11 mm, drei weitere zwischen 14 und 15 mm und nochmals drei zwischen 16 und 17 mm vor. Die Wandungen der größeren Glocken waren 17–17,5 mm und 20 mm dick. Aufgrund der Wandstärken und der Durchmesser lassen sich aus den Fragmenten acht Glocken nachweisen. Die Metallanalysen zeigen aber, daß es wahrscheinlich 15 Glocken oder Stücke unterschiedlicher Glockenbronze von dieser Fundstelle gab, einschließlich des Metalls aus den zwei jüngeren Gießformen und aus der Gußgrube.

Fundstellen und Materialanalyse

Die in den Grundriß der karolingerzeitlichen Kirche eingetragenen Fundstellen zeigen eine Häufung an der Nordostseite des Schiffes. Danach dürften die Glocken, darunter auch die größten, ihren Platz in einem „Vierungsturm“ oder einem entsprechenden Glockenstuhl im östlichen Teil des Schiffs gehabt haben. Dieser ist beim Brand vermutlich zur Nordseite hin abgekippt. Drei kleine Glocken saßen wohl ursprünglich über ihrer Fundstelle in einem Dachreiter über dem westlichen Mittelschiff. Die besonders kleine dickwandige Glocke (Kat.Nr. VI.31) könnte unmittelbar über ihrer Fundstelle, an der Wand zwischen Treppe und Nebenapsis, ihren Platz gehabt haben.

Die Fundstellen der Glockenteile erlauben Rückschlüsse auf nur über Treppen zu erreichende Einbauten unter dem „Vierungsturm“ und dem westlichen Dachreiter. Aus der Nähe des Hauptaltars können sie nicht geläutet worden sein.

Die Analysen der Bronzen im Rathgen-Forschungslabor in Berlin (Prof. Dr. Josef Riederer) zeigen, daß Stücke, die von ein und derselben Glocke stammen dürften, nicht immer zusammen gefunden worden sind. Andere können trotz gleicher Legierung und Spurenelemente wegen abweichender Maße nicht von einer Glocke, wohl aber aus einem Gußvorgang stammen. In einzelnen Fällen konnte gar auch zerschmolzene Bronze einer Glocke zugeordnet werden.

Wie die Analysen der Vredener Bronzen zeigen, war der Barren eine „Standardlegierung“ aus drei Teilen Kupfer mit einem Teil Zinn/Blei, wobei der Bleianteil wiederum etwa ein Viertel des Zinns ausmachte.

Das Material der dickwandigen Glocke (Kat.Nr. VI.31) erlaubt wegen ihrer hohen Zinn- und der niedrigen Bleiwerte wie auch der Kombination der Spurenelemente keine Zuordnung zu den anderen Fundstücken. Das könnte dafür sprechen, daß diese besondere Glocke als Geschenk nach Vreden kam.

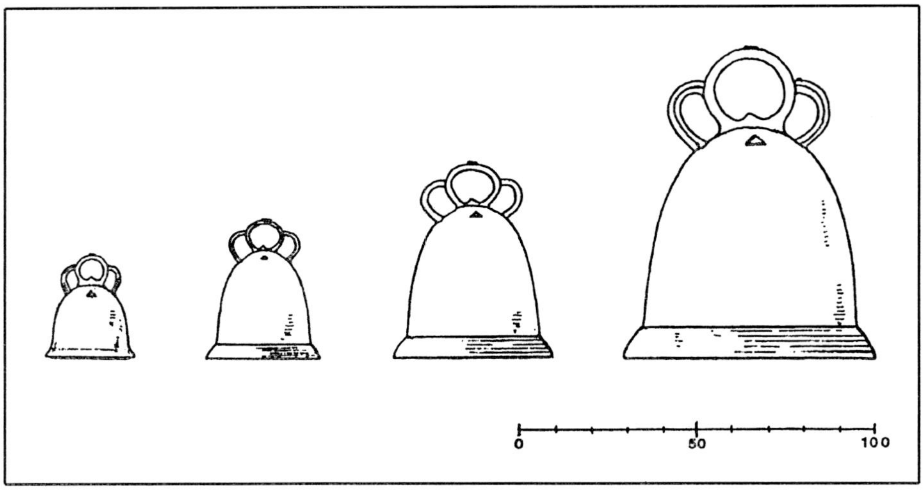

Abb. 6 Rekonstruktion verschiedener Glockengrößen nach den Fragmenten aus Vreden

Wie die Glockenbronzen zeigen, legierte man in der Regel – und das gilt nicht nur für die Vredener Funde – in den ersten Jahrhunderten des Glockengusses bevorzugt im Verhältnis von drei Teilen Kupfer plus einem Teil Zinn mit Blei. Das später von Theophilus Presbyter um 1120 empfohlene Legierungsverhältnis 4 : 1 hat nur ein Wandungsstück aus Vreden.

Bei einigen Vredener Funden mit einem Legierungsverhältnis von ca. 2,5 : 1 oder 2,25 : 1 oder 2 : 1 setzte man dem Kupfer außergewöhnlich viel Zinn/Blei zu. Das dürfte kein Zufall gewesen sein, sondern in der Absicht der Gießer gelegen haben, denn ähnliche Legierungen fanden sich in Haithabu und bei Glockenbronzen aus Hitzacker und aus Parchim. Durch hohe Zinn/Bleizusätze sollte entweder der Guß erleichtert, d. h. die Schmelztemperatur gesenkt werden, oder man wollte das teure Zinn sparen. Auf den Klang der Glocke Einfluß nehmen konnte man so jedoch kaum, denn schon kleine Bleianteile vermindern die Resonanz der Glocken erheblich.

Ergänzend zu den Metallanalysen, die allgemein Aufschlüsse über das beim Guß von Kleingerät, Glocken, Töpfen oder Großbronzen verwendete Material geben sollten, wurde geprüft, inwieweit das Kupfer aus dem Rammelsberg bei Goslar, dem Kupferberg Mitteleuropas, stammen könnte (Laub 1993, Drescher 1993), und es gelang den Erwartungen entsprechend der Nachweis, daß alle älteren Bronzen aus Goslar mit großer Wahrscheinlichkeit aus Rammelsberg-Kupfer gefertigt worden sind.

Auch einige Funde aus Haithabu, darunter die Glocke und die kleine verzierte Zimbel, die wohl aus dem 9./10. Jahrhundert stammt (Abb. 2), wurden aus diesem Material gefertigt. Glockenbronze, die in Mainz und in Ulm um 1000 verarbeitet wurde, und der Aachener Pinienzapfen aus dem Anfang des 11. Jahrhunderts enthielten ebenfalls dieses besondere Kupfer (Effenberger, Drescher 1993).

Jetzt wurden auch die Analysen der Vredener Funde ausgewertet. In ein Arsen-Antimon-Nickel- bzw. Kobalt-Silber-Nickel-Dreieck eingetragen, liegen sie im Bereich der ins (8.) 9. bis Mitte 11. Jahrhundert zu datierenden Funde aus Haithabu. Analysiert wurden vorwiegend Barren, Gießereiabfall, etwas Rohkupfer, Messing, Blei- oder Mischbronzen. Aufgrund besonderer Abweichungen und anderer Spurenelemente ließen sich in Haithabu aber auch „Fremdlinge" erkennen. Diese waren der Ring eines insularen Bischof- oder Abtstabes aus dem 8.–9. Jahrhundert, eine fränkische Pfeilnocke sowie fränkische Schnallen und Trensenknebel vom Anfang des 9. Jahrhunderts aus dem Bootskammergrab (Wamers 1994, Drescher 1994). Im Bereich der Haithabufunde liegen auch zwei Teile des Rauchfasses aus „Mönchengladbach" aus der Zeit um 800 (Kat.Nr. XI.14) und auch das Kupfer des Essener Leuchters (um 1000), das der Mainzer Türen (vor 1009) und der Hildesheimer Bronzen (nach 1015 und 1020). Auch die Glockenfragmente aus Corvey vom Anfang des 11. Jahrhunderts liegen im Bereich des von Gerhard Laub ermittelten „Rammelsbergfeldes" oder sind deckungsgleich mit den Bronzen aus Mainz, Hildesheim und Corvey. Dort liegen auch alle Vredener Fundstücke. So ist es wahrscheinlich, daß im 9. Jahrhundert für die Vredener Glocken schon dasselbe Kupfer wie später für die Türen in Mainz und Hildesheim, für die Haithabu-Glocke und den Aachener Pinienzapfen verwendet worden ist. Es wäre zu prüfen, ob nicht sogar schon bald nach der fränkischen Eroberung Ostsachsens Ende des 8. Jahrhunderts die bergmännische Ausbeutung der Kupfervorkommen des Rammelsberges begann. Von diesem könnte dann das in Mitteleuropa benötigte Kupfer bezogen worden sein. Denkbar ist, daß die fränkischen Kriegszüge in diese Region auch dem Kupfer galten. Die Silbervorkommen des Harzes wurden dagegen erst im 10. Jahrhundert entdeckt bzw. gelang es dann erst, diese Erze zu verarbeiten.

Durch die Christianisierung weiter Teile Mitteleuropas am Ende des 8. und im 9. Jahrhunderts und durch den Ausbau der Kirchenorganisation wurde zum Guß der Glocken Kupfer in einem vorher nicht bekannten Ausmaß benötigt. Schrott antiker Denkmäler war dafür z. B. ungeeignet. Man benutzte den Analysen nach auch bei den älteren Glocken in der Regel gutes Kupfer und Zinn, das allerdings zum Teil etwas unrein war bzw. bewußt mit Blei 'gestreckt' wurde. Woher man das Zinn bezog, ist noch unbekannt, am wahrscheinlichsten ist aber Südengland.

Materialgerechte Rekonstruktionen zu Vredener Funden

Nachdem vor Jahren die zwar guterhaltene, aber in sich korrodierte Glocke aus Haithabu für Anschauungszwecke, vor allem aber auch für Tonmessungen, materialgerecht nachgegossen worden war, wurden auch die 'Zimbeln' aus Haithabu und eine 'Schelle' aus Mainz und nach den Gießformfragmenten vom gleichen Ort drei unterschiedlich große Glocken für die Salierausstellung in Speyer 1992 materialgerecht nachgegossen (Drescher 1992, ders. 1998). Von den Funden aus Vreden wurden

Abb. 7 Vier Nachgüsse karolingerzeitlicher Glocken unterschiedlicher Größe aus Vreden in der Glockengießerei Rincker in Sinn (Hessen)

für die Rekonstruktionen zwei Fragmente – die der kleinsten und der größten Glocke (Kat.Nr. VI.31–32) – sowie die Klangscheibe (Kat.Nr. VI.33) ausgewählt (Abb. 7).

Die nach über 1000 Jahren wiedererweckten Klänge dieser Glocken lassen uns nachvollziehen, wie sie seinerzeit zum Gottesdienst riefen oder ihr Amt versahen und wie man die Klangscheiben verwenden konnte.

Dieser Bericht ist ein 'Extrakt' aus einer abgeschlossenen, aber noch unpublizierten größeren Arbeit: Glocken und Glockenguß nach Bodenfunden des 9. bis 13. Jahrhunderts in Norddeutschland – Ergänzungen zu den Angaben des Theophilus Presbyter durch Ausgrabungsbefunde – Bemerkungen zu Rekonstruktionen nach Angaben des Theophilus und Untersuchungen zu mittelalterlichen Glockenbronzen.

Literatur:

Joseph BUCHKREMER, Die Wolfstüren des Aachener Münsters, Aachen 1924. – Hans DRESCHER, Tostedt. Die Geschichte einer Kirche aus der Zeit der Christianisierung im nördlichen Niedersachsen bis 1880 (Materialhefte zur Ur- und Frühgeschichte Niedersachsens 19), Hildesheim 1985, 252, 34 Taf. – DERS., Glockenfunde aus Haithabu, in: Das archäologische Fundmaterial der Ausgrabung Haithabu 4 (Berichte über die Ausgrabungen in Haithabu 19), Neumünster 1984, 9–62. – DERS., Glocken und Glockenguß im 11. und 12. Jahrhundert, in: Kat. Das Reich der Salier 1024 – 1125 [Ausstellung Speyer 1992], Sigmaringen 1992, 405–419. – DERS., Zur Technik bernwardinischer Silber- und Bronzegüsse, in: Kat. Hildesheim 1993, 1, 337–351; 2: III-4, Pinienzapfen (mit Arne Effenberger), 115–118, VI-21, Glocke (mit Ingrid Ulbricht), 348–349. – DERS., Ein Kommentar zu Gerhard Laub, Zum Nachweis von Rammelsbergkupfer in Kunstgegenständen aus Goslar und in anderen Metallarbeiten des Mittelalters, in: Goslar, Bergstadt – Kaiserstadt in Geschichte und Kunst. Bericht über ein wissenschaftliches Symposion in Goslar vom 5. bis 8. Oktober 1989, hrsg. v. Frank Neidhart STEIGERWALD (Schriftenreihe der Kommission für Niedersächsische Bau- und Kunstgeschichte bei der Braunschweigischen Wissenschaftlichen Gesellschaft 6), Göttingen 1993, 313–316. – DERS., Zur Legierung einer Pfeilnocke sowie einer Schnalle und einer Knebelstange der Trense aus dem Bootskammergrab von Haithabu. Exkurs 1 zu Egon Wamers, König im Grenzland, in: Acta Archaeologica 65, 1994, 43–47. – DERS., Gießformen früher Glocken aus Mainz, in: Mainzer Zeitschrift 90, 1999 (im Druck). – DERS., Zwei besondere christliche Glocken und drei bisher unbekannte Randprofile von Läuteglocken des 9. bis 11. Jahrhunderts, in: Jahrbuch für Glockenkunde 9/10, 1997/98, 5–12. – Glockenkunde, bearb. v. Karl WALTER, Regensburg/Rom 1913. – Kurt KRAMER, Die Glocke – kunst- und sakralhistorische Bedeutung, in: Glocken in Geschichte und Gegenwart. Beiträge zur Glockenkunde, bearb. v. Kurt KRAMER, Karlsruhe 1986, 49-65. – DERS., Die Glocke und ihr Geläute. Geschichte, Technologie und Klangbild vom Mittelalter bis zur Gegenwart, München ³1990. – Gerhard LAUB, Zum Nachweis von Rammelsbergkupfer in Kunstgegenständen aus Goslar und in anderen Metallarbeiten des Mittelalters, in: Goslar, Bergstadt – Kaiserstadt in Geschichte und Kunst. Bericht über ein wissenschaftliches Symposion in Goslar vom 5. bis 8. Oktober 1989, hrsg. v. Frank Neidhart STEIGERWALD (Schriftenreihe der Kommission für Niedersächsische Bau- und Kunstgeschichte bei der Braunschweigischen Wissenschaftlichen Gesellschaft 6), Göttingen 1993, 302–312. – Uwe LOBBEDEY, Zur archäologischen Erforschung westfälischer Frauenklöster des 9. Jahrhunderts (Freckenhorst, Vreden, Meschede, Herford), in: Frühmittelalterliche Studien 4, 1970, 320–340 (zu Vreden 326–330). – DERS., Baugeschichtliche Feststellungen in der Stiftskirche zu Vreden (Kreis Ahaus), in: Westfalen 50, 1972, 223–257. – DERS., Der frühe Kirchenbau im Oberstift Münster, in: Münster, westliches Münsterland, Tecklenburg 1 (Führer zu vor- und frühgeschichtlichen Denkmälern 45), Mainz 1980, 217–237. – Ursula MENDE, Die Bronzetüren des Mittelalters, 800–1200, München 1983 (zu Aachen, 131–133). – Heinrich OTTE, Glockenkunde, Leipzig ²1884. – Katharina PAWELEC, Aachener Bronzegitter. Studien zur karolingischen Ornamentik um 800 (Bonner Beiträge zur Kunstwissenschaft 12), Köln/Bonn 1990. – Gustav SCHÖNERMARK, Die Altersbestimmung der Glocken, Berlin 1889. – Wilhelm THEOBALD, Technik des Kunsthandwerks im 10. Jahrhundert. Des Theophilus Presbyter Diversarum Artium Schedula, Berlin1933 (ND Düsseldorf 1984). – Hans THÜMMLER, Karolingische und ottonische Baukunst in Sachsen, in: Das erste Jahrtausend. Kultur und Kunst im werdenden Abendland an Rhein und Ruhr, Textbd. 2, Düsseldorf 1964, 867–897. – Egon WAMERS, König im Grenzland, neue Analyse des Bootskammergrabes von Haidaby, in: Acta Archaeologica 35,1994, 1–56. – Wilhelm WINKELMANN, Archäologische Untersuchung unter der Pfarrkirche zu Vreden. Mit baugeschichtlichem Beitrag von Hilde Claussen, in: Westfalen 31, 1953, 304–319.

Walter Melzer

Soest zur Karolingerzeit

Veniunt in villam, quae Sosat vocatur ... „Und es kam ihnen hier eine große Schar Sachsen entgegen, daß es ein unglaubliches Heer beiderlei Geschlechts war ..." (Rütting 1986, 8).

Als bevölkerungsreich und auffallend groß beschreibt der Verfasser der „Translatio S. Viti martyris" (836) im 9. Jahrhundert das damalige Gemeinwesen Soest. Weitere Zeitgenossen des 10. Jahrhunderts, wie der spanische Araber Ibrahim ibn Ya'qub aus Tortosa, Gesandter am Hof Ottos I., in den Jahren 961–966 und der Werdener Mönch Uffig in der Lebensbeschreibung der hl. Ida, um 980, berichten ebenfalls von einem *castrum* oder einer *civitas*.

Zu dieser Zeit besaß Soest eine Befestigung, ähnlich der karolingischer Domburgen, an deren Peripherie sich Handwerker und Händler niederließen und so die Keimzelle der späteren mittelalterlichen Stadt bildeten (Abb. 1).

Die heutige Stadt Soest liegt am Südrand der Westfälischen Bucht in einem ca. 20 km breiten, in Ost-West-Richtung verlaufenden Streifen zwischen der Lippe und der Anhöhe der Haar. In dieser durch die Eiszeiten geformten Landschaft lagerte sich nach den Kaltzeiten Löß ab, der die Grundlage für den fruchtbaren Ackerboden der Bördelandschaft bildet. Seit dem Neolithikum ist das heutige Stadtgebiet von Soest ein bevorzugtes Siedlungsgebiet. Dies hängt sowohl mit der hervorragenden Bodengüte als auch mit dem Vorkommen von Salz- und Süßwasserquellen im Altstadtbereich zusammen, das durch die Anhebung der geologischen Schichtstufen (Plänerkalk) entstand und einen in Ost-West-Richtung verlaufenden Quellhorizont zutage treten ließ. Es ist daher nicht verwunderlich, wenn wir aus allen Zeitepochen archäologische Nachweise im Stadtgebiet finden. Von überregionaler Bedeutung sind etwa die Fundplätze Soest-Deiringsen/Ruploh mit einer Siedlung der Rössener Kultur (4500 v. Chr.), ein neu ergrabenes Erdwerk der Michelsberger Kultur (3800 v. Chr.) innerhalb der Altstadt, Soest-Ardey als eisenzeitlicher bis merowingischer Siedlungsplatz oder das fränkische Gräberfeld vom Lübecker Ring (vgl. Beitrag Melzer in Kap. IV).

Frühmittelalterliche Siedlungsbefunde scheinen sich konzentrisch um den Soester Stadtkern zu gruppieren, wie etwa die Fundplätze Soest-Ardey oder Soest-Paradiese im Westen, im Nordosten die Wüstung Gelmen oder im Südosten das berühmte frühmittelalterliche Gräberfeld des 6.–8. Jahrhunderts. Die zum Gräberfeld gehörende Siedlung konnte bisher nicht entdeckt werden, jedoch dürfte aufgrund des frühmittelalterlichen Siedlungswesens nur eine größere Hofanlage in der Nähe – ca. 300 Bestattungen über einen Zeitraum von 250 Jahren legen dies nahe – dafür in Betracht kommen. Ein karolingerzeitlicher Hausgrundriß ist z. B. von dem nur 400 m entfernten Riga-Ring bekannt. Eine Verbindung zu zeitgleichen Siedlungsbefunden innerhalb der Soester Altstadt könnte nur indirekt durch den in einigen Gräbern dokumentierten Reichtum hergestellt werden. Die Gräber belegen jedoch, daß im Soester Stadtgebiet mit einem durch verschiedene Faktoren bevorzugten Siedlungsareal zu rechnen ist.

Die Stadt Soest, topographisch günstig am Hellweg, der alten Heer- und Handelsstraße zwischen Duisburg und Magdeburg, gelegen, geht wahrscheinlich auf eine merowingische Gründung zurück, deren große Bedeutung unmittelbar mit einer umfangreichen Salzgewinnung in Verbindung zu bringen ist, die mittlerweile bis in die Zeit um 600 zurückverfolgt werden kann.

Zwar sind frühmittelalterliche Befunde im Altstadtbereich selten, wir wissen aber durch die Ausgrabungen am Kohlbrink im Norden der Altstadt, daß dort schon Ende des 6. Jahrhunderts Salzsieder gewerbsmäßig Salz gewannen, jedoch fehlen auch hier bisher die zeitgleichen Siedlungsbefunde. Die Wohnstätten der Sälzer dürften in der Nähe der Produktionsstätten gelegen haben, und die Hofanlage des Salinenherrn ist im Bereich des Großen Teiches, analog zur frühmittelalterlichen Siedlungsweise nahe bei den Süßwasserquellen, zu vermuten. Ca. 200 m hangaufwärts, auf einer leichten Spornlage – dem heutigen nördlichen Petrikirchhof – könnte der merowingerzeitliche Friedhof zu suchen sein. Ein starkes Indiz dafür ist der Nachweis eines Frauengrabes der Zeit um 600, das

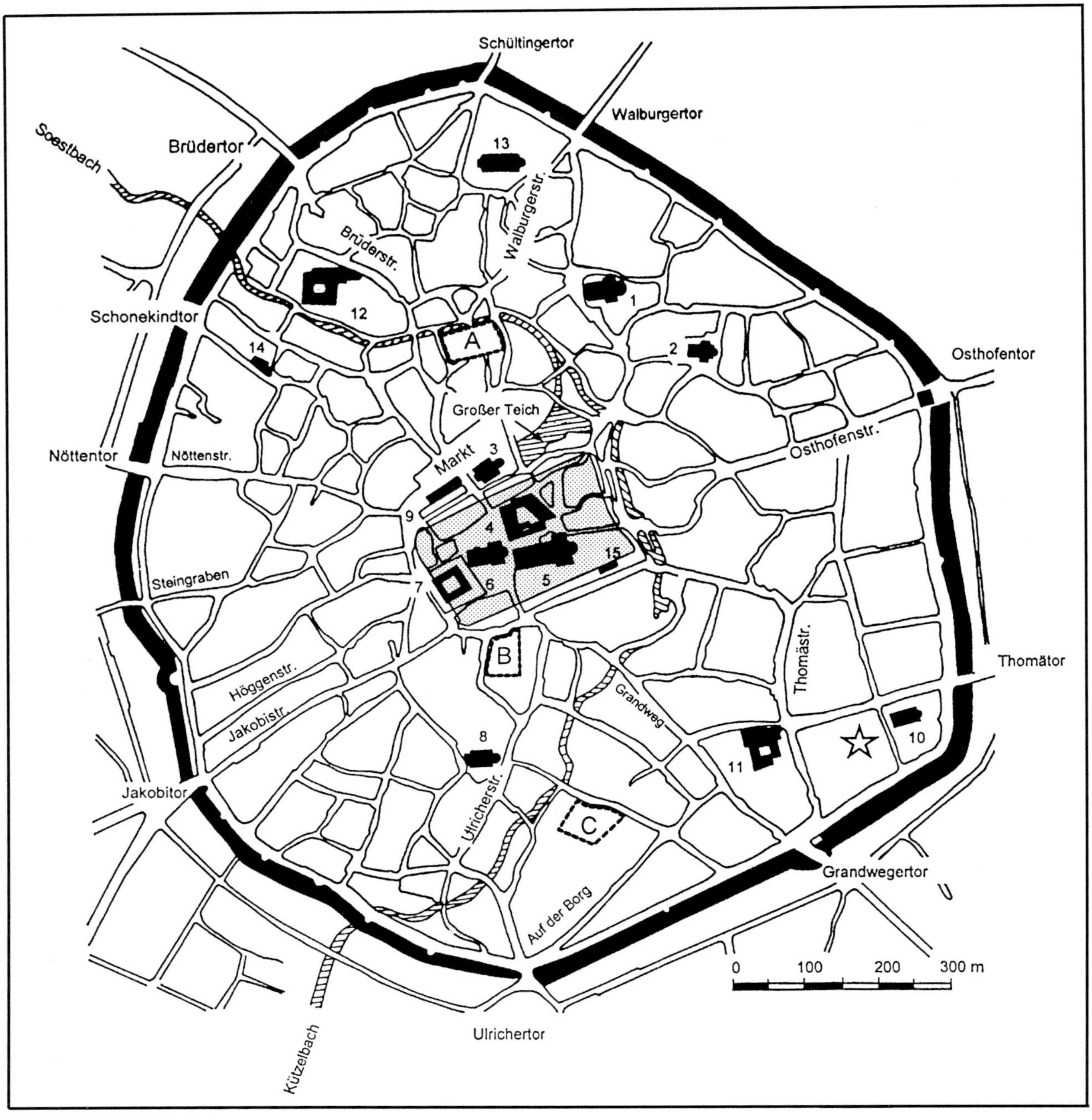

Abb. 1 Soest im Mittelalter

1 Wiesenkirche
2 Hohnekirche
3 Georgskirche
4 Rathaus
5 St. Patrokli-Münster
6 Petrikirche
7 Alte erzbischöfliche Pfalz/Hohes Hospital
8 Paulikirche
9 Stalgadum
10 Alt-St. Thomaekirche
11 Franziskaner-/Minoritenkloster
12 Dominikanerkloster
13 Augustinerinnenkloster St. Walburgis
14 Brunsteinkapelle
15 Nikolaikapelle

A Sälzersiedlung „am Kohlbrink"
B Eisenverarbeitung „am Isenacker"
C Metallhandwerker „am Plattenberg"

Karolingisch-ottonische Befestigung
☆ *Neue erzbischöfliche Pfalz*

bei den Ausgrabungen unter der St. Petri-Kirche entdeckt wurde (Kat.Nr. VI.36). Auch die neuen (hypothetischen) Überlegungen, die einen 'wahren Kern' in der sog. Dagobert-Schenkung Soests an den Kölner Erzbischof Kunibert den Heiligen sehen wollen, und die mögliche Existenz einer Eigenkirche unter der späteren Marktkirche St. Georg gehen in die gleiche Richtung und lassen vermuten, daß die Kölner Erzbischöfe bereits in der ersten Hälfte des 7. Jahrhunderts über bedeutenden Besitz in Soest verfügten.

Die wenigen bisher entdeckten Spuren des späten 7. und 8. Jahrhunderts innerhalb der heutigen Altstadt fanden sich fast alle im Zentrum. Zu dieser Zeit gab es dort wahrscheinlich eine größere Siedlung. Auf verschiedenen Grabungen angeschnittene Grubenhäuser, Pfostenlöcher und Gruben erbrachten etwas Kumpfkeramik sowie rollstempelverzierte Rheinische Vorgebirgsware (Badorfer Ware). Bemerkenswert sind auch die Fragmente von auf der Drehscheibe gearbeiteten, rauhwandigen Wölbwandtöpfen des späten 7. Jahrhunderts aus zwei Siedlungsgruben an der Nikolai-Kapelle. Während die Salzsiedewerkstätten offenbar unverändert weiterproduzierten, scheint sich die Besiedlung in wesentlichen Teilen auf die Anhöhe des Sporns verlagert zu haben. Inwieweit dies etwa auf politische Veränderungen wie die Sacheneinfälle zurückzuführen ist, kann nur vermutet werden.

In karolingischer Zeit stieg Soest zwar nicht zu einem Bischofssitz auf, wurde jedoch früh – oder wahrscheinlicher: war bereits schon – bedeutender Missionsstandort und Nebenresidenz der Kölner Erzbischöfe.

Noch im 9. Jahrhundert wurde eine Befestigung angelegt, deren rechteckige Form sich bis heute deutlich im Stadtgrundriß ablesen läßt. Innerhalb dieser frühen, knapp 4,5 ha umfassenden Befestigung konnten archäologisch die am Ende des 8. Jahrhunderts gegründete Missionskirche St. Petri sowie Teile eines zu ihr gehörenden, umfangreichen Gräberfeldes aus dem 9. und 10. Jahrhundert nachgewiesen werden (Kat.Nr. VI.35).

Die schriftlichen Quellen unterstützen dieses Bild des frühen Soest. Für das Jahr 836 wird Soest während der Überführung der Gebeine des hl. Vitus von Saint-Denis nach Corvey als *villa Sosat* bezeichnet, wo dem Zug eine „große Schar Sachsen" entgegenkam. Mit der Gründung des St. Patroklistifts wurde spätestens nach dem Tode des Kölner Erzbischofs Bruno I. im Jahre 965 ein weiterer bedeutender Bereich innerhalb der Befestigung bebaut. Um das Jahr 1000 integrierte man außerdem in die Westflanke der Befestigung einen mächtigen Wohnturm, der mit der Pfalzanlage des Kölner Erzbischofs gleichgesetzt wird und eindrucksvoll die primär klerikale Nutzung der befestigten Anlage unterstreicht.

Im Schutze dieses *castrum* ließen sich Kaufleute und Handwerker nieder, so daß die befestigte Kernsiedlung schnell eine Ausdehnung in alle Richtungen erfuhr. Archäologisch untersucht sind bisher der Markt, die nördlich davon gelegenen Salzsiedewerkstätten am Kohlbrink, ein im Westen am Hellweg gelegener Siedlungsplatz (Grabung „Burgtheaterparkplatz", ab dem 10. Jahrhundert besiedelt) und die im Süden nachgewiesenen eisenverarbeitenden Betriebe (am Isenacker).

Die Befestigung

Durch den Abriß eines neuzeitlichen Fachwerkhauses konnten im Jahr 1990 in der Mariengasse, nordwestlich der Petrikirche, Reste der vermuteten Befestigungsanlage aus dem 9. Jahrhundert freigelegt werden. Eine Mauer aus vermörtelten Bruchsteinen verlief in Südwest-Nordost-Richtung und war noch 0,8 m hoch erhalten. Während die Nordseite der 0,6 m dicken Mauer auf Sicht ausgeführt war, verzahnte sich ihre Südseite unregelmäßig mit einem angeschütteten Wall aus Steinen und Lehm. Wall wie Steinverblendung sind auf einen Laufhorizont (alte Oberfläche) mit Fundmaterial des 8./9. Jahrhunderts aufgesetzt worden, der wiederum ein Grubenhaus mit Fundmaterial des 7./8. Jahrhunderts überlagerte (Abb. 2). Die Errichtung der Befestigung dürfte auch nach den Funden aus der Wallschüttung noch in das 9. Jahrhundert zu datieren sein.

Der Befund aus der Mariengasse korrespondiert auffallend mit dem Ergebnis der Ausgrabungen südwestlich des Hohen Hospitals. Dort wurde die Befestigung auf einer Länge von 13 m in Form einer zweischaligen Mauer von 2,1 m Breite und max. 0,5 m erhaltener Höhe freigelegt. Davor gab es eine ca. 2 m breite Berme (Weg vor der Mauer), an die sich mehrere zeitlich aufeinanderfolgende Gräben anschlossen. Es handelte sich um vier 8–12 m breite und 3–4,5 m tiefe Spitzgräben sowie einen 14 m breiten und 4,5 m tiefen Sohlgraben. Datiert wurde die Errichtung dieser Befestigung durch den Ausgräber Anton Doms an das Ende des 9. bzw. den Anfang des 10. Jahrhunderts.

An ihrer Südseite konnten im Bereich der Nikolai-Kapelle die sich ablösenden Befestigungsgräben ebenfalls nachgewiesen werden. Bisher gibt es hier keine archäologischen Hinweise auf eine Steinmauer. Die karolingisch-

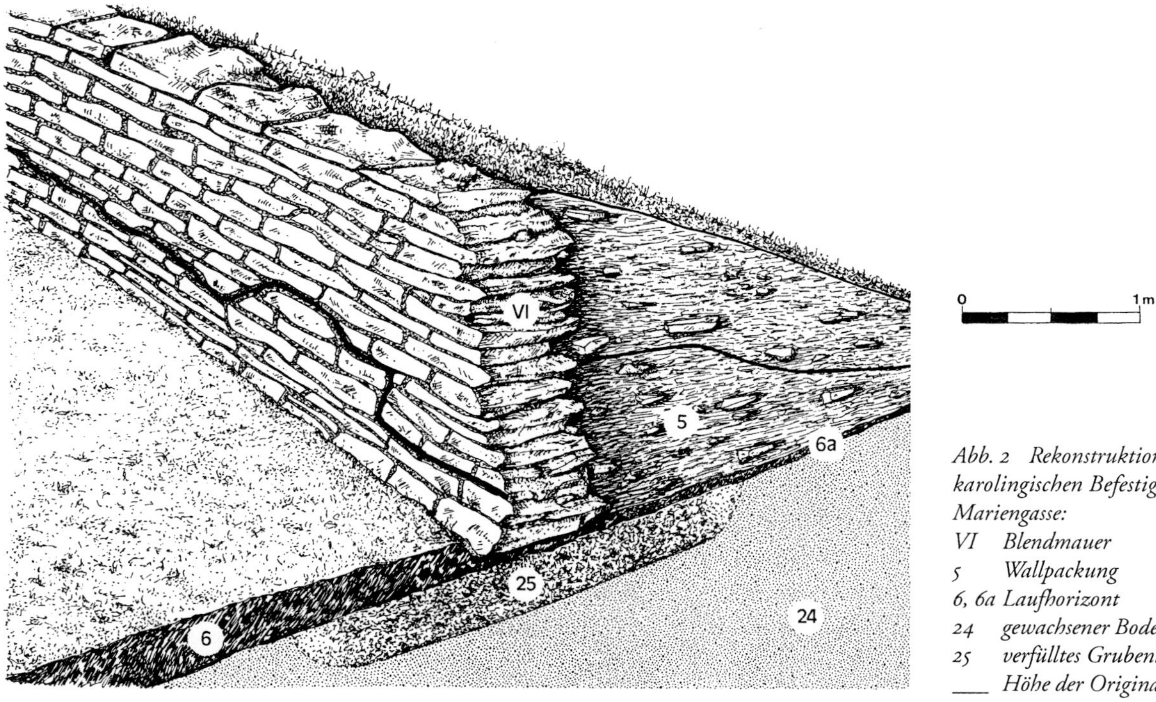

Abb. 2 Rekonstruktion der karolingischen Befestigung in der Mariengasse:
VI Blendmauer
5 Wallpackung
6, 6a Laufhorizont
24 gewachsener Boden
25 verfülltes Grubenhaus
___ Höhe der Originalsubstanz

ottonische, ca. 250 x 170 m große Befestigung fand im Osten eine natürliche Grenze durch einen Süd-Nord verlaufenden Bach sowie im Nordosten durch den umfangreichen Quellhorizont zahlreicher Süßwasserquellen.

Im Norden dagegen paßte sich die Befestigungsanlage offenbar den topographischen Gegebenheiten an. Das Gelände fiel zum Markt, der im Mittelalter ca. 1,2 m unter dem heutigen Niveau lag, um nahezu 4 m deutlich steiler ab als jetzt, so daß man hier auf die dicke Steinmauer und den davor gelegenen Graben verzichten und sich mit einem Wall mit Steinverblendung begnügen konnte. Während das Zentrum der Altstadt etwa gleichmäßig zwischen 95 m und 97 m über NN liegt, gibt es ungefähr 15 m Höhenunterschied im Gelände innerhalb der Stadtmauer.

Die Pfalz des Kölner Bischofs

Westlich der Petrikirche ermöglichte der Abriß des Petri-Gemeindehauses erneut umfangreiche Ausgrabungen im Stadtzentrum. Obwohl das Gebäude unterkellert war, kam noch Erstaunliches zum Vorschein. Die ältesten Funde gehören zu der auch bei früheren Grabungen angetroffenen Siedlung des 8. Jahrhunderts, von der zwei Abfallgruben nachgewiesen und ein riesiger Brunnenschacht bis in 6 m Tiefe angegraben werden konnten. Weiterhin wurden die Nordost-Ecke der erzbischöflichen Pfalz sowie das Fundament ihrer Ostseite auf 14 m Länge freigelegt. Die 2,6 m dicke, zweischalige Mörtelmauer war noch ca. 1,5 m tief erhalten und läßt erahnen, welch mächtiges Bauwerk die Pfalz einst war. Der turmartige Palast mit 25 x 25 m Grundfläche diente den Kölner Erzbischöfen als zeitweilige Wohnstätte und Repräsentationsbau. Um das Jahr 1000 in die bestehende Befestigung integriert, hatte der Bau, als Westbollwerk gegen den Hellweg gerichtet, sicherlich auch eine strategische Bedeutung. Die Bezeichnung *palatium sive turris* bei der Umwandlung in eine Hospitalstiftung zum Heiligen Geist hat in Zusammenhang mit dem Bau einer neuen erzbischöflichen Residenz an der Thomästraße und den zahlreichen Herrscherbesuchen in Soest die Identifizierung des Gebäudes als Pfalz begründet.

Der Friedhof von St. Petri

Die Pfalz wurde mitten in das Gräberfeld der Petrikirche, die am Ende des 8. Jahrhunderts errichtet worden war, hineingebaut. Daher waren zahlreiche Bestattungen durch

Abb. 3 Soest, Petrigemeindehaus, Baumsargbestattungen des 9./10. Jahrhunderts

die Fundamente gestört. Dennoch ließen sich noch insgesamt 165 Gräber des 9. und 10. Jahrhunderts nachweisen sowie ca. 20 Bestattungen bei späteren Baggerarbeiten feststellen. Neben einfachen Erdgräbern gab es Baumsargbestattungen, Bestattungen in Leichentüchern und auch Gräber mit Steinsetzungen (innerhalb der Grabgruben) (Abb. 3). Die gut erhaltenen Skelette wurden anthropologisch untersucht, so daß wichtige Ergebnisse zur Bevölkerung des frühen Soest gewonnen werden konnten: Die bei vielen Bestatteten festgestellten Krankheitsbilder sowie der offenbar schlechte Ernährungszustand verdeutlichen, daß es sich, weit entfernt von Chorraum und Altar, nicht um die begehrtesten Bestattungsplätze gehandelt haben dürfte, an denen die weniger privilegierte Bevölkerung beigesetzt wurde. Dennoch unterstützen die Gräber eindrucksvoll die archivalischen Quellen, die gerade den Bevölkerungsreichtum des frühen Soest betonen. Die hohe Anzahl der freigelegten Bestattungen des einst sicherlich sehr großen Friedhofs rund um die Kirche ist um so beeindruckender, als die mit 230 m^2 relativ kleine Grabungsfläche noch durch zwei weitere spätmittelalterliche Gebäude tief gestört war und so nur ca. 80 m^2 des Friedhofareals untersucht werden konnten.

Die Petrikirche, die älteste Pfarrkirche Soests, wurde verschiedentlich archäologisch untersucht. Von den zwei nachgewiesenen steinernen Vorgängerbauten konnte außer der dreischiffigen Basilika des 10. Jahrhunderts auch ein großer einschiffiger Saalbau (ca. 25 x 10 m) aus der Zeit um 800, mit eingezogenem Rechteckchor, belegt werden (Abb. 4). Ob ein weiterer, oft für St. Petri behaupteter hölzerner Vorgänger existiert hat, erscheint beim heutigen Stand der Aufarbeitung der alten Grabungen eher unwahrscheinlich.

Salzgewinnung

Salz als Grundlage menschlichen Lebens war seit Jahrtausenden ein teuer gehandeltes Lebensmittel. Die Menschen wandten allen Erfindungsreichtum auf, um aus Gestein, Meerwasser oder Sole die unverzichtbaren Kristalle zu gewinnen. Wie schon erwähnt, waren für die Soester Stadtentwicklung ein Süß- und ein Salzwasserhorizont von größter Bedeutung. Von der Salzgewinnung in Soest durch Eindampfen der Sole berichtet schon zwischen 961 und 966 der anfangs erwähnte arabische Reisende. Noch heute weisen Straßennamen wie Salzbrink, Solgasse oder Salzgasse darauf hin.

In den Jahren 1981 und 1982 konnten Teile des Soester Sälzerviertels am Kohlbrink durch eine archäologische Ausgrabung erforscht werden (Abb. 5). Hierbei wurden in dem 230 m^2 großen Grabungsareal 66 Öfen ergraben, die mit der Salzsiederei in Verbindung zu bringen sind. Alle Öfen zeigen denselben Bautyp. Eine Veränderung der Technologie war nicht zu erkennen. Die Öfen, die sich bis in 3,5 m Tiefe nachweisen ließen, wa-

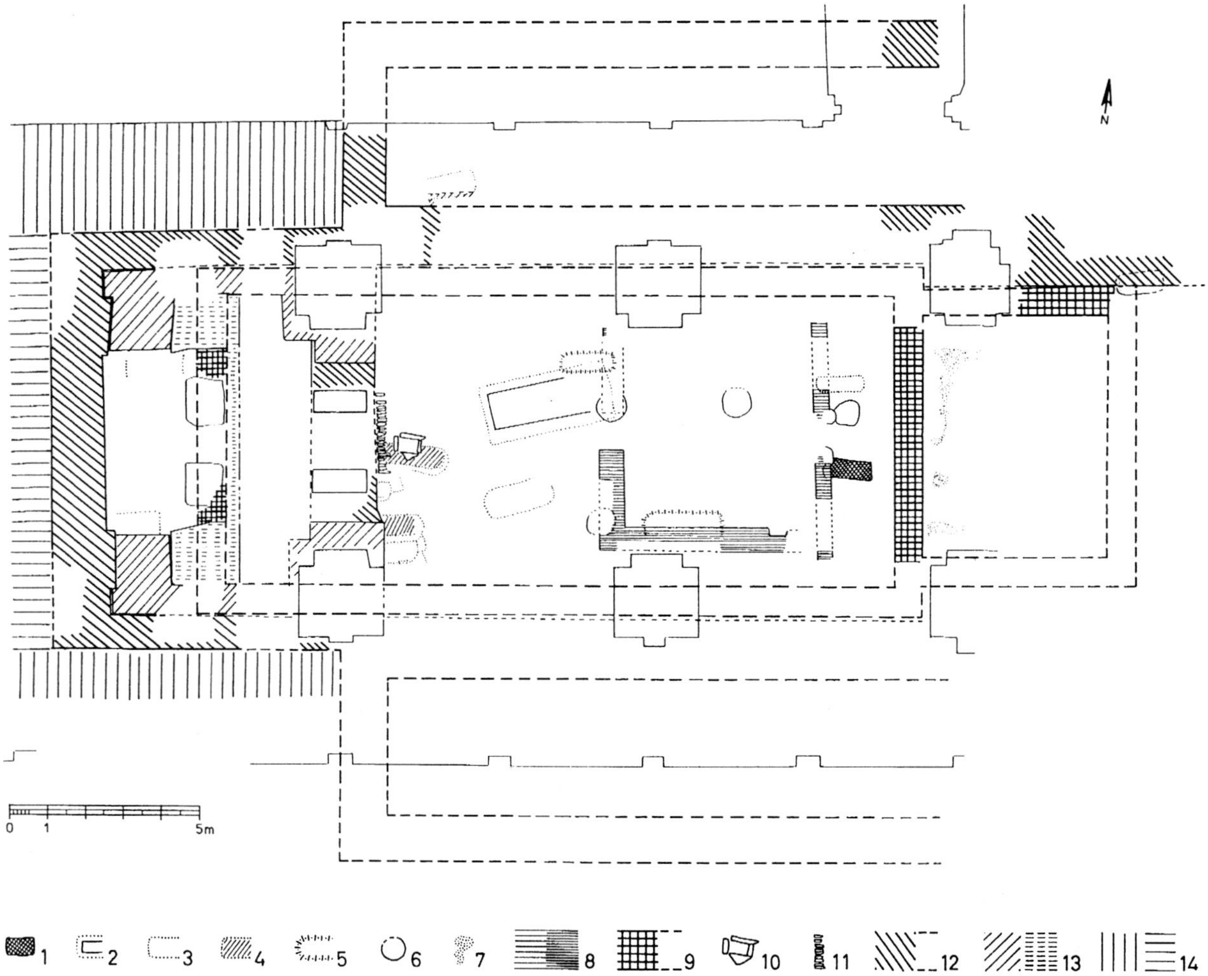

Abb. 4 Soest, St. Petri, vorläufiger Grabungsplan

1 Brandschüttungsgrab
2 Kammergrab
3 ältere Skelettgräber
4 Baumsarggräber
5 hochliegende Skelettgräber
6 große Pfostengruben
7 dünner Lehmestrich
8 flache Fundamente
9 Saalkirche: ergraben, ergänzt
10 Steinkasten
11 hochkant gestellte Bruchsteine, Stufe
12 dreischiffige Kirche mit Westanlage: ergraben, ergänzt
13 in die Westanlage eingebaute Fundamente
14 Fundamente des bestehenden Westwerks

ren aus Tonplaggen gemauert. Davor befanden sich 2–3 m große, flache Arbeitskuhlen, von denen aus die 2–2,5 m langen Ofenkanäle, auf denen ursprünglich bleierne Siedepfannen standen, befeuert wurden (vgl. Beitrag Isenberg in Kat.Bd. 1, Abb. 2a u. b). Flechtwerkkonstruktionen für Windfänge wurden ebenso nachgewiesen wie Holzpfosten von Überdachungen der Ofenanlagen. Die Untersuchung von Holzproben mit Hilfe der Dendrochronologie erbrachte schließlich auch eine verläßliche Datierung für die Existenz der Soester Saline bereits zum Ende des 6. Jahrhunderts.

Wann die Soester Salzproduktion aufgegeben wurde, ließ sich auf archäologischem Wege nicht ermitteln. Ab dem 13. Jahrhundert gibt es keine archivalische Überlieferung mehr für eine Soester Salzsiederei. Dagegen wird im 12. Jahrhundert die Sassendorfer Saline zum erstenmal erwähnt, die bis zum Beginn des 19. Jahrhunderts produzierte.

Abb. 5 Soest, Kohlbrink, Ausgrabung des Sälzerquartiers 1981/82

Metallverarbeitung

Neben Salz und Tuchwaren war Eisen das wichtigste Handelsprodukt im mittelalterlichen Soest. Zahlreiche archivalische Überlieferungen besonders aus der frühen Neuzeit belegen einen intensiven Handel mit Fertigprodukten speziell aus dem märkischen Sauerland ebenso wie ein eigenes Schmiedehandwerk mit Weiterverarbeitung von Roheisen (Handwerkerquartier Isenacker). Soest als Vorort der Hanse im Herzogtum Westfalen war dank der günstigen Verkehrslage zusammen mit Dortmund Drehscheibe des westfälischen Metallhandels.

Die archäologischen Befunde zeigen zusammen mit der archivalischen Überlieferung deutlich die große Bedeutung des Soester Metallhandwerks im Verlauf des gesamten Mittelalters. Die Wurzeln für diese Entwicklung dürften aber bereits in der Karolingerzeit liegen (vgl. Beitrag Krabath/Lammers/Rehren/Schneider).

Die aktuellen archäologischen Grabungen auf dem Plettenberg zeigen anschaulich, daß auf dem gesamten Areal des kleinen natürlichen Hügels mit einer früh- und hochmittelalterlichen Bebauung in Form von hölzernen Pfostenbauten und Grubenhäusern zu rechnen ist. Auf der 800 m^2 großen Grabungsfläche konnten bisher acht Grubenhäuser, meist vom Sechspfostentyp, dokumentiert werden (Abb. 6). Schmelztiegelfragmente in großer Stückzahl, Schlackereste, Gußformfragmente u. v. m. belegen eine offenbar bedeutende, gewerbsmäßige Verarbeitung von Buntmetall an diesem Platz (Kat.Nrn. VI.105; VI.108; VI.111; VI.116 u. VI.125). Kleinere Trockenmauerzüge, einmal in einem Grubenhaus belegt, dürften zu Schmiedeessen o. ä. gehört haben.

Nicht die karolingisch-ottonische Besiedlung in diesem Teil der Stadt Soest stellt eine Besonderheit dar, sondern die Art der Nutzung dieses Areals, nämlich als ein Quartier von hochqualifizierten Buntmetallhandwerkern.

Abb. 6 Soest, Plettenberg, Freilegung eines karolingerzeitlichen Grubenhauses

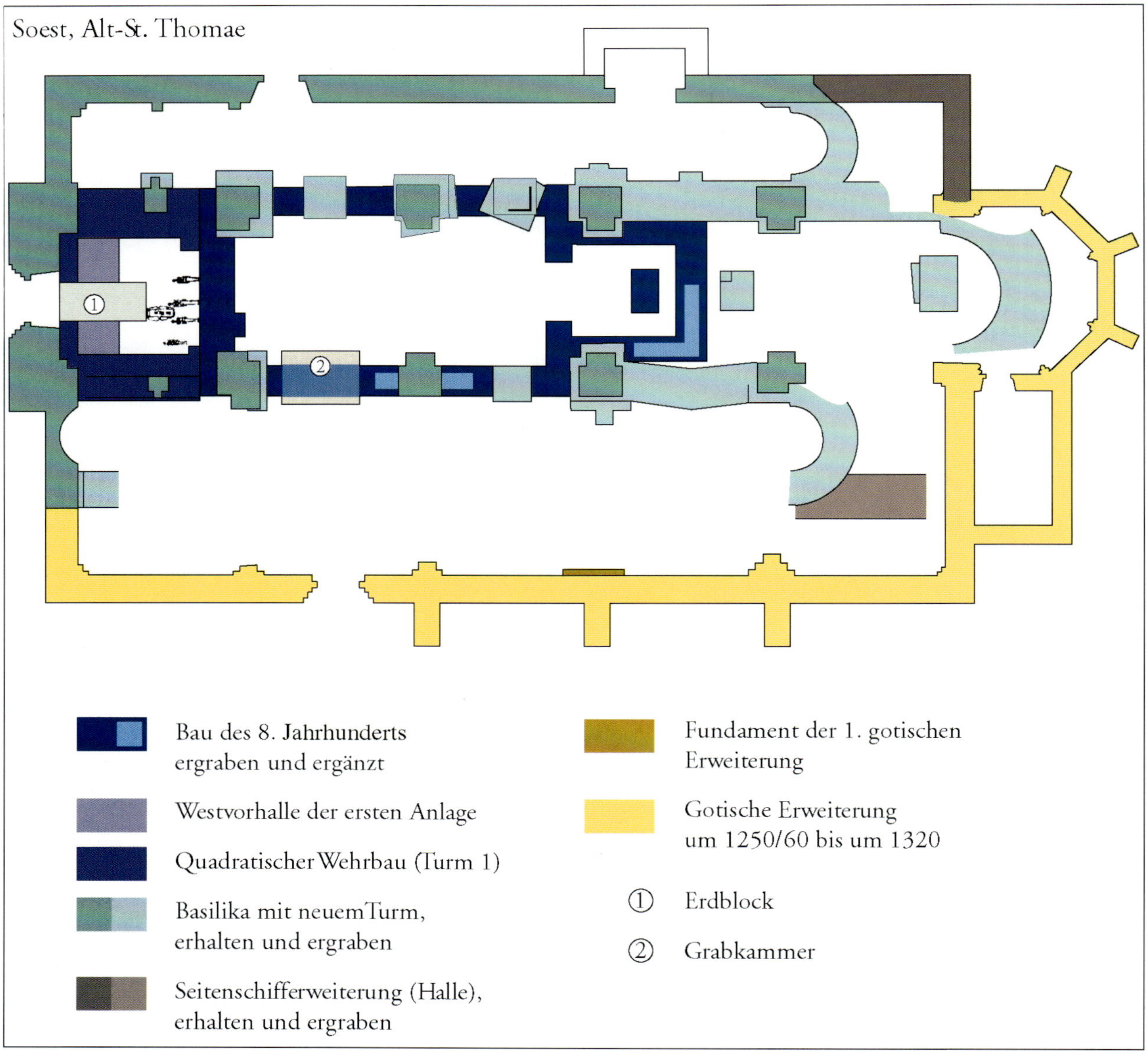

Abb. 7 Soest, Alt-St. Thomae, Grundriß

Der westliche und südliche Bereich um die karolingisch-ottonische Befestigung scheinen dichter besiedelt gewesen zu sein als bisher angenommen. So wurde erst 1997 ein großes karolingisches Grubenhaus westlich von Neu-St. Thomae, der Kirche des ehemaligen Franziskanerklosters, aufgedeckt. Dieser Fundplatz am Fuß eines Hügels, der den höchsten Punkt innerhalb der Altstadt markiert, könnte so eine Verbindung zwischen dem Plettenberg und der Kirche Alt-St. Thomae auf dem Hügel herstellen. Ein weiterer bedeutender Siedlungskern im Südosten der Altstadt scheint sich so herauszukristallisieren. Die Kirche Alt-St. Thomae ist leider direkt nach dem Krieg (1948–50) ergraben worden, so daß man eine Datierung nur vage nach der Grundrißform (ca. 19 x 8 m), einem Saalbau mit eingeschnürtem Rechteckchor, vornehmen kann. Eine ähnlich frühe Zeitstellung wie bei St. Petri kann aber nicht ausgeschlossen werden (Abb. 7).

Die weitere Stadtentwicklung

Im 11. und 12. Jahrhundert nahm Soest einen enormen Aufschwung. In der 2. Hälfte des 12. Jahrhunderts entstand eine mit zehn Toren ausgestattete und 102 ha umfassende, mächtige Befestigungsmauer, die die Entwicklung Soests hin zu einer mittelalterlichen Großstadt auch nach außen dokumentierte. Nach der Ächtung Heinrichs des Löwen, des Herzogs von Sachsen, durch Kaiser Friedrich I. Barbarossa im Jahre 1180 wurde Soest Hauptstadt des kölnischen Westfalen. Bis zur Soester Fehde (1444–1449) gelang es der Stadt dank günstiger politischer Entwicklungen und der durch die Hanse bedingten guten Handelsmöglichkeiten, das anfangs bedeutendere Dortmund sowie die Bischofsstädte Münster, Osnabrück, Paderborn und Minden zu übertreffen und zur mächtigsten Stadt in Westfalen mit ca. 10 000 Einwohnern aufzusteigen.

Nach dem Sieg in der Soester Fehde folgte jedoch eine allmähliche Isolierung der Stadt, und auch der Niedergang der Hanse verursachte einen Verlust der Prosperität. Hinzu kam noch die Übernahme des evangelisch-lutherischen Glaubens im Jahre 1531 in einem nahezu vollständig katholischen Umfeld. Der Dreißigjährige und der Siebenjährige Krieg waren weitere Einschnitte im Niedergang der Stadt bis hin zu einer unbedeutenden Landstadt mit ca. 3200 Einwohnern zu Anfang des 19. Jahrhunderts. Erst die beginnende Industrialisierung und die immer noch günstige Verkehrslage ließen die heutige Kreisstadt Soest mit ihren 50 000 Einwohnern wieder an Bedeutung gewinnen. Die bauliche Entwicklung erfolgte in erster Linie um den Altstadtkern herum, so daß die archäologische Hinterlassenschaft in großen Teilen erhalten blieb.

Literatur:

Arabische Berichte von Gesandten an germanische Fürstenhöfe aus dem 9. und 10. Jahrhundert, hrsg. v. Georg JACOB (Quellen zur Deutschen Volkskunde 1), Berlin 1927. – Anton DOMS, Die Ausgrabung unter der Petrikirche in Soest, in: Westfalen 50, 1972, 213–217. – Peter ENGELS, Der Reisebericht des Ibrahim ibn Ya'qub (961/966), in: Kaiserin Theophanu. Begegnung des Ostens und Westens um die Wende des ersten Jahrtausends. Gedenkschrift des Kölner Schnütgen-Museums zum 1000. Todesjahr der Kaiserin 1, hrsg. v. Anton von EUW u. Peter SCHREINER, Köln 1991, 413–422. – Gabriele ISENBERG, Soest und die Kölner Erzbischöfe aus archäologischer Sicht, in: Soester Zeitschrift 104, 1992, 4–15. – DIES., Neue Erkenntnisse zur Frühgeschichte Soests, in: Westfalen 70, 1992, 194–210. – Volker JAKOB u. Gerhard KÖHN, Wege zum Modell einer mittelalterlichen Stadt – Sozialtopographische Ermittlungen am Beispiel Soest, in: Civitatum communitas. Studien zum europäischen Städtewesen. Festschrift für Heinz Stoob zum 65. Geburtstag, hrsg. v. Helmut JÄGER (Städteforschung A21/1), Köln/Wien 1984, 296–308. – Kat. Alltagsleben in einer westfälischen Hansestadt. Stadtarchäologie in Soest, hrsg. u. bearb. v. Walter MELZER (Soester Beiträge zur Archäologie 1) [Ausstellung Soest 1995], Soest 1995, 52 u. 53. – DERS., Karolingisch-ottonische Stadtbefestigungen in der Germania Libera, in: Die Befestigung der mittelalterlichen Stadt, hrsg. v. Gabriele ISENBERG u. Barbara SCHOLKMANN (Städteforschung A 45), Köln/Wien/Weimar 1997, 61–77. – DERS., Stadtarchäologie in der westfälischen Hansestadt Soest – Ein Überblick, in: Zeitschrift für Archäologie des Mittelalters 23/24, 1995/96 (1997), 3–39. – Hans-Werner PEINE, Die früh- und hochmittelalterliche Keramik der Grabung Soest, Petristraße 3, in: Ausgrabungen und Funde in Westfalen-Lippe 8B, Mainz 1993, 241–278. – Othmar RÜTTING, Zur ersten Soest-Erwähnung anläßlich der Reliquien-Überführung des hl. Vitus im Jahre 836, in: Soester Zeitschrift 98, 1986, 5–30. – Soest – Geschichte der Stadt 2, hrsg. v. Heinz-Dieter HEIMANN, Soest 1996. – Berthold Michael WENZKE, Soest – Strukturen einer ottonischen Stadt, phil. Diss. Bonn 1990.

Anja Grothe und Andreas König

Villa Huxori

Das frühmittelalterliche Höxter

Der Ursprung der an der Oberweser gelegenen Kreisstadt Höxter verliert sich im Dunkel der Frühgeschichte. Der Ortsname geht wortgeschichtlichen Untersuchungen zufolge auf eine germanische Namensbildung zurück und läßt sich als „trockener Hügel" deuten. Mit dem Jahr 775 fällt erstmals das für das gesamte Frühmittelalter noch schwache Licht der archivalischen Überlieferung auf die nähere Region um Höxter. In diesem Jahr versuchten die Sachsen vergeblich, den Weserübergang des fränkischen Heeres zu verhindern. Bei dem etwa 4 km flußaufwärts gelegenen Dorf Godelheim kam es zur entscheidenden Schlacht unterhalb der sächsischen Höhenburg auf dem Brunsberg. Die Ersterwähnung Höxters geht auf das Jahr 822 zurück (Abb. 1), als in unmittelbarer Nachbarschaft der Siedlung die Reichsabtei Corvey gegründet wurde. Kaiser Ludwig der Fromme, der jüngste Sohn und Erbe Karls des Großen, stattete das Kloster reich mit Privilegien und Ländereien aus, so auch mit der *villa* und *marca Huxori*. Bis zur Säkularisation 1803 bleibt die Geschichte Höxters auf das engste mit der Corveys verbunden.

Seit nunmehr nahezu 40 Jahren werden in Höxter archäologische Untersuchungen zur Erforschung der mittelalterlichen Siedlungsgeschichte durchgeführt. Als gesichert ist ein Bestehen des Ortes seit spätsächsischer Zeit anzusehen. Für ein wesentlich höheres Alter der Siedlung sprechen derzeit der ursprünglich altgermanische Ortsname sowie vereinzelt auftretende Keramikfunde aus der Völkerwanderungszeit und der römischen Kaiserzeit. Bodenfunde des 7./8. Jahrhunderts sind bislang vergleichsweise selten zutage getreten und beschränken sich weitgehend auf Keramikfragmente und Speiseabfälle in Form von Tierknochen. Die in der Regel uniforme und verzierungsarme Siedlungskeramik gestattet bisher keine detaillierte zeitliche Ansprache. Näher zu datierende Fundstücke, wie beispielsweise spezifische Trachtbestandteile und Waffen, fehlen im Bereich der Altstadt. Zu verweisen bleibt vorerst auf drei Millefioriperlen des 8./9. Jahrhunderts (Abb. 2.1–2). In diesem Zusammenhang ist anzumerken, daß ein Gräberfeld dieser Epoche noch nicht lokalisiert wurde. Die spätsächsischen Funde stammen aus Grubenhäusern und nicht näher zu klassifizierenden Siedlungsgruben. Häufiger treten sie jedoch umgelagert in deutlich jüngeren Fundzusammenhängen auf. Vor dem Hintergrund der weitgehend hochwassergeschützten Lage des Ortskerns, die letztlich zu keinem nennenswerten Anwachsen der Siedlungsschichten führte, hat die intensive Bautätigkeit der vergangenen Jahrhunderte größtenteils die Spuren aus der Frühzeit getilgt. Eine Konzentration der Funde läßt sich in einem Bereich von etwa 200 m um die Kilianikirche feststellen, augenscheinlich orientiert an der Weserfurt des Hellweges. Umfang und Anzahl der sächsischen Hofstellen sind nicht mehr zu erschließen; nachweisbar sind lediglich Überreste von einigen wenigen Grubenhäusern, bei denen es sich um kleine, eingetiefte Nebengebäude mit vier Eckpfosten und einem Giebelpfostenpaar handelt. 1994 konnte erstmals ein 2,7 m x 3,5 m großes Grubenhaus annähernd vollständig freigelegt werden.

Um das Jahr 800 verdichten sich die Siedlungsspuren im Bereich der Altstadt. Nahe der Weserfurt wurde eine steinerne Saalkirche mit den lichten Maßen 8,9 m x 17,8 m erbaut, die mit großer Wahrscheinlichkeit bereits dem als Apostel der Ostfranken geltenden hl. Kilian geweiht war. Sie zählt zu den frühesten Missionskirchen in Sachsen. Auf der Südseite der Kirche wurde 1991 der älteste christliche Friedhof Höxters entdeckt, der eine zweiphasige Belegung erkennen läßt. Die 25 untersuchten, West-Ost ausgerichteten Bestattungen wiesen ausnahmslos keine Grabbeigaben auf. Teilweise hatten sich noch Überreste von Baumsärgen erhalten, und in einem Fall legt der Fund von eisernen Krampen (Abb. 2.7) den Gedanken an einen gezimmerten Sarg nahe. Nach ersten anthropologischen Analysen litten die Bestatteten zu Lebzeiten u. a. unter Arthrose, Muskelsehnen- und Hirnhautreizungen. Anscheinend noch im 9. Jahrhundert wurde das betreffende Areal als Friedhof aufgelassen.

Infolge der Gründung der Reichsabtei Corvey ist ein deutlicher Ausbau des karolingischen Höxter archäologisch nachweisbar. Begünstigt wurde diese Entwicklung zu einem der frühen Zentralorte in Sachsen vor allem durch

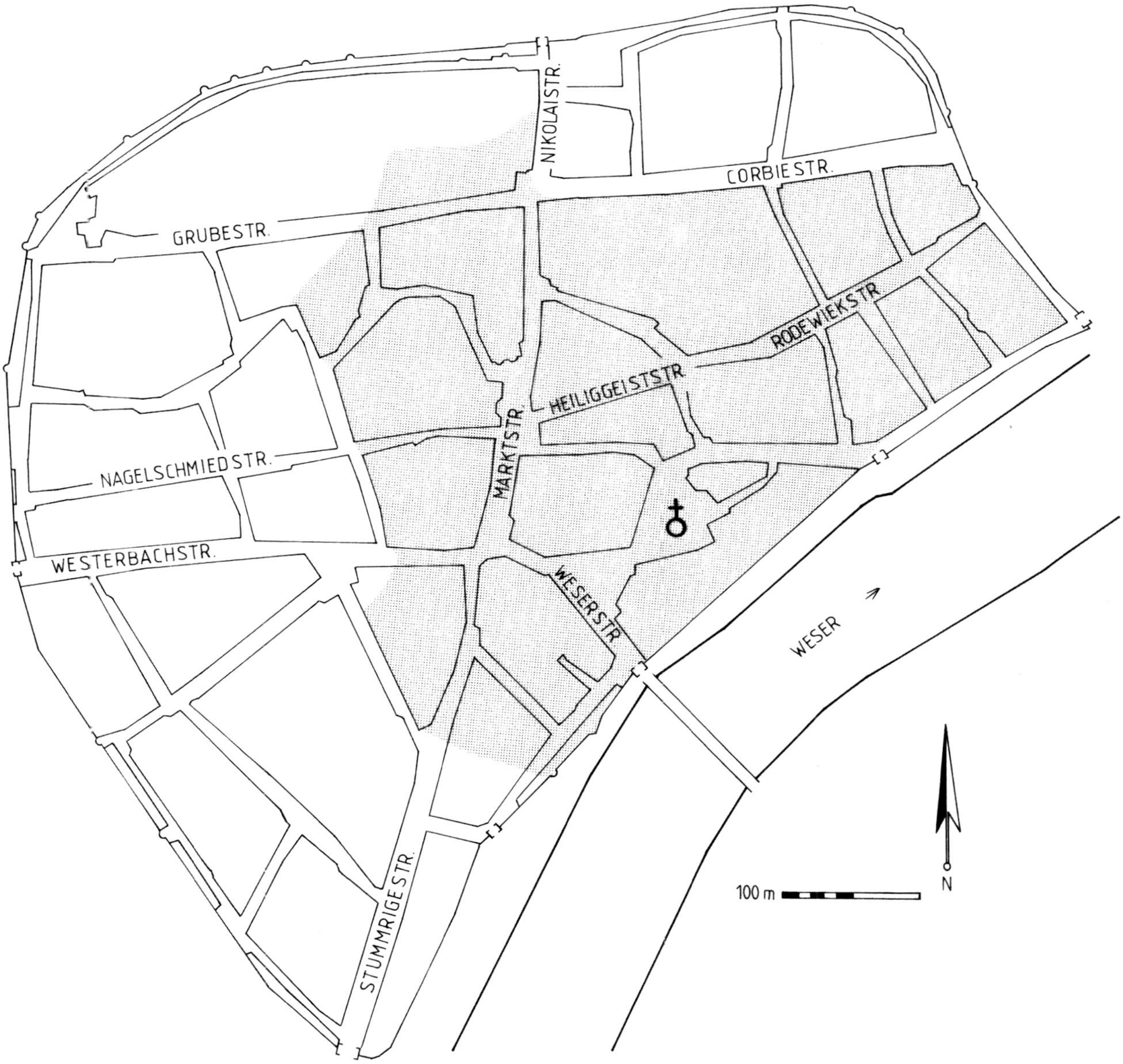

Abb. 1 Höxter. Grundriß der Altstadt (nach dem Urkataster von 1831) mit dem karolingischen Siedlungsareal

das dem Kloster 833 von Ludwig dem Frommen verliehene Markt- und Münzprivileg, dem ältesten seiner Art östlich des Rheins (Kat.Nr. VI.37). Dieses geschah unter dem ausdrücklichen Hinweis, daß die Region eines Handelsplatzes entbehre. Es ist anzunehmen, daß das frühe Marktgeschehen im Bereich des seit 1115 überlieferten Brückenmarktes zu lokalisieren ist, wo der von Paderborn kommende westfälische Hellweg die Weser querte. In einer zeitgenössischen Schilderung wird in Zusammenhang mit der bedeutungsvollen Überführung der Reliquien des hl. Vitus von Saint-Denis (bei Paris) nach Corvey bereits für das Jahr 836 eine Fähre erwähnt. Neben dieser wichtigsten Trasse, deren Verlauf noch heute die Westerbach- und Weserstraße markieren, gliederten anscheinend zwei weitere Hellwegführungen nach Corvey (einerseits Nagelschmied-, Heiliggeiststraße und im weiteren Verlauf vermutlich an das Steilufer der Weser ziehend sowie andererseits Grube- und Corbiestraße) und eine die Weser begleitende Handelsroute (Stummrige-, Markt- und Nikolaistraße) den frühmittelalterlichen

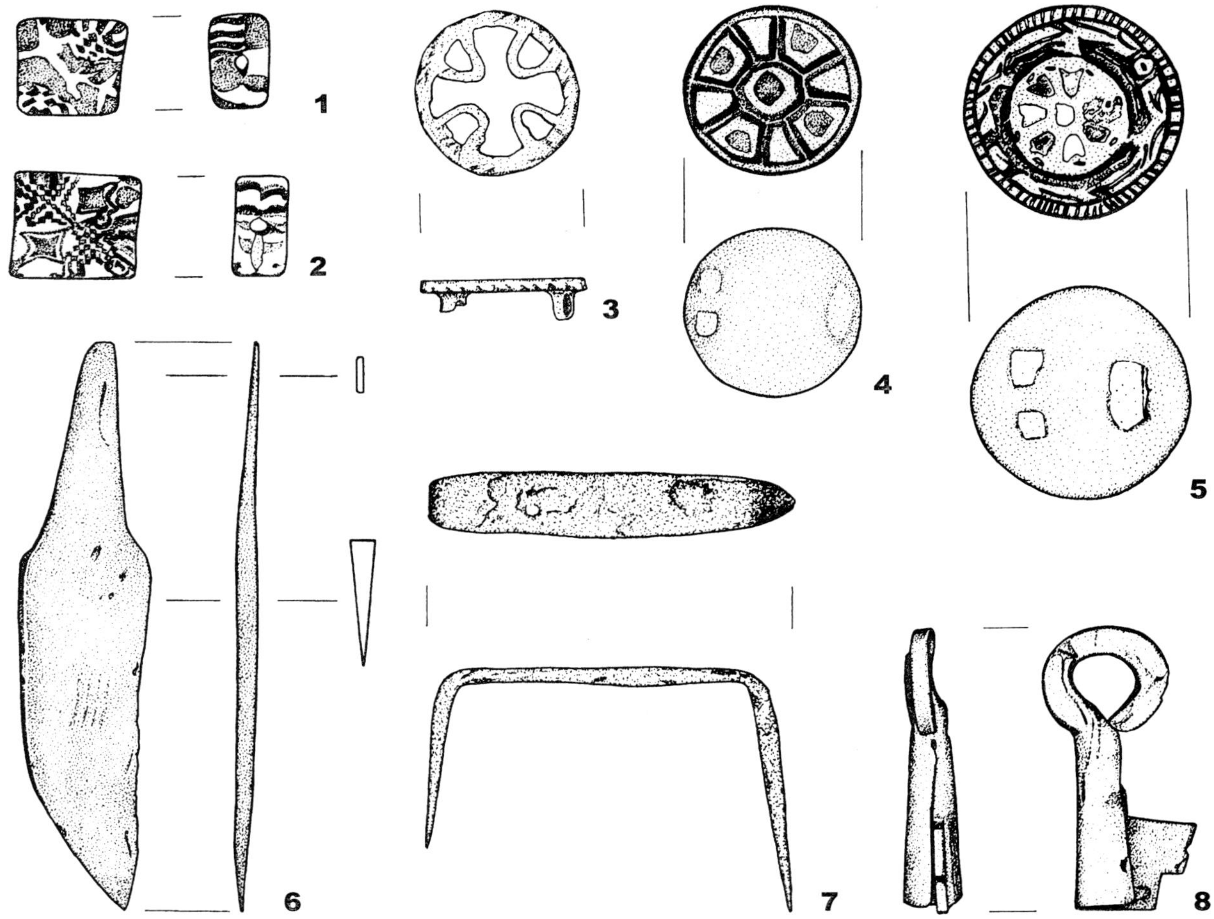

Abb. 2 Höxter. 1 u. 2 Millefioriperlen, 8./9. Jh., blaue, gelbe und rote Glasmasse. 3 Scheibenfibel, 9./10. Jh., Messing, graugelbes Email. 4 Scheibenfibel, Mitte 11. Jh., Kupferlegierung, graugelbes Email. 5 Scheibenfibel, um 1000, Kupferlegierung, dunkles und gelbes Email. 6 Messerklinge, um 800, Eisen. 7 Krampe, 9. Jh., Eisen. 8 Hohlschlüssel, um 800, Eisen (M. 1:1)

Marktort. Der nördliche und anscheinend jüngste Hellwegarm, der direkt auf die Reichsabtei zuführte, verläuft neben einem etwa 5 km langen Kanal, der im 9. Jahrhundert zur zusätzlichen Wasserversorgung Corveys angelegt wurde. Die drei Hellwegzweige sind archäologisch nachweisbar als breite, ausgeprägte Hohlwege, deren Ausfahren mit Schotterungen entgegengewirkt wurde. Die aus dem Spätmittelalter überlieferte Benennung der Stummrigestraße als „Grote Wegedal" legt nahe, daß auch die Nord-Süd-Achse Höxters, zumindest in ihrem südlichen Abschnitt, als Hohlweg ausgebildet war. Noch während des 9. Jahrhunderts erreichte der Ort eine Ausdehnung von schätzungsweise 15 ha, deren Grenzen erst nach der Jahrtausendwende überschritten wurden. Zusammen mit dem etwa 8 ha großen Areal der Reichsabtei und dem zwischen Corvey und Höxter zu lokalisierenden, 863 geweihten Stift Negenkerken entwickelte sich eine für diese Zeit wohl einzigartige Siedlungskonzentration in Sachsen.

Die eingehendere Rekonstruktion des karolingischen Höxter stößt aufgrund der lückenhaften archäologischen Überlieferung schnell an ihre Grenzen. Die Schriftquellen schweigen diesbezüglich vollständig. Profane Bebauungsspuren haben sich wiederum lediglich in Gestalt von Grubenhäusern erhalten, die im Vergleich mit ihren sächsischen Vorläufern keine erkennbaren konstruktiven Unterschiede aufweisen. Ebenso unverändert bleibt ihre Größe mit einer Länge von 3,3–3,6 m und einer Breite

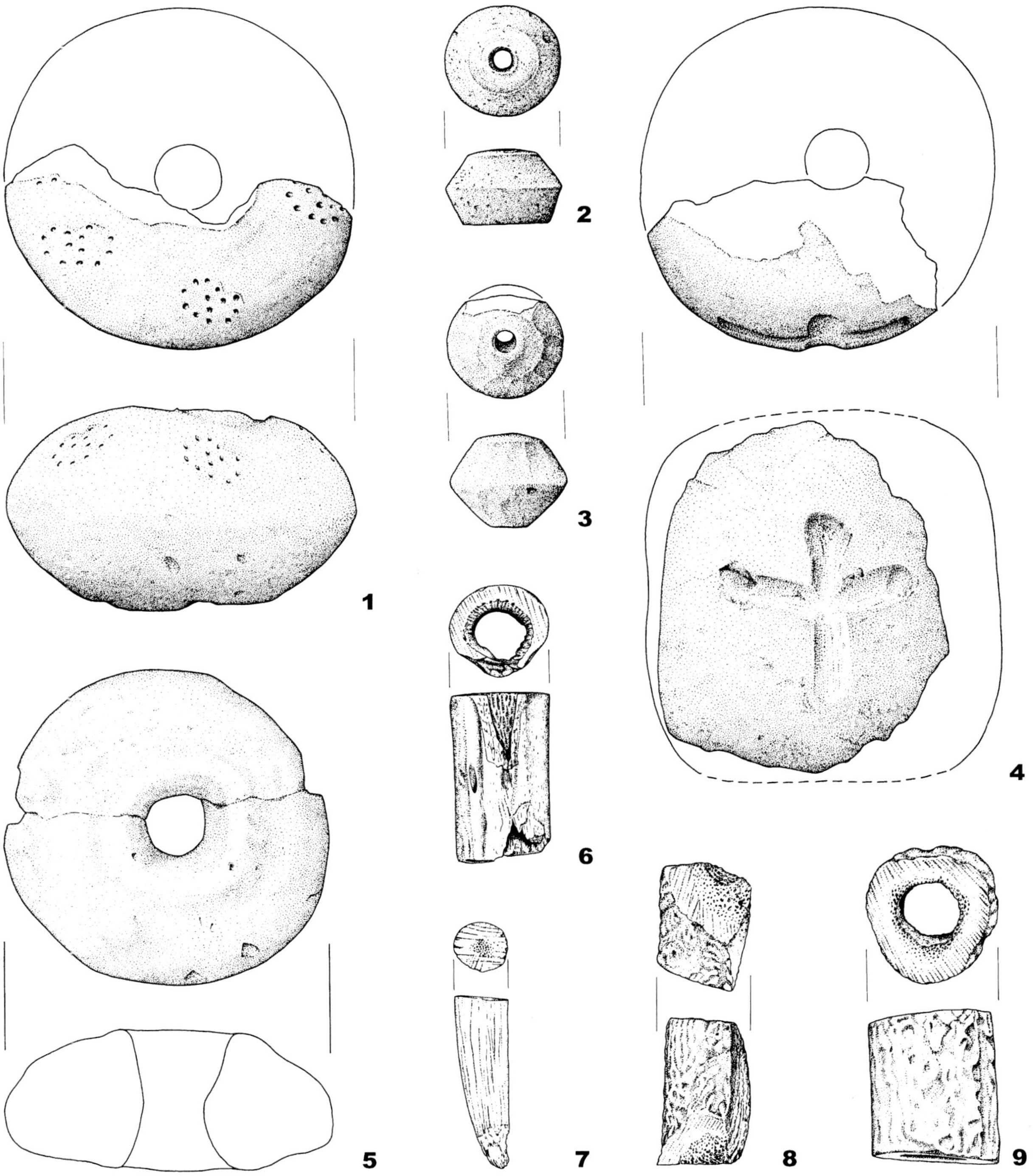

Abb. 3 Hēxter. 1 Webgewicht mit Stempeldekor, 7./8. Jh. 2 u. 3 Spinnwirtel, 7./8. Jh. 4 Webgewicht mit Kreuzmotiv, 9./10. Jh. 5 Webgewicht, 7./8. Jh. (1–5 uneinheitlich gebrannte Irdenware). 6 Knochenrohling, 9. Jh. 7–9 Geweihrohlinge, 9. Jh. (M. 1 : 2)

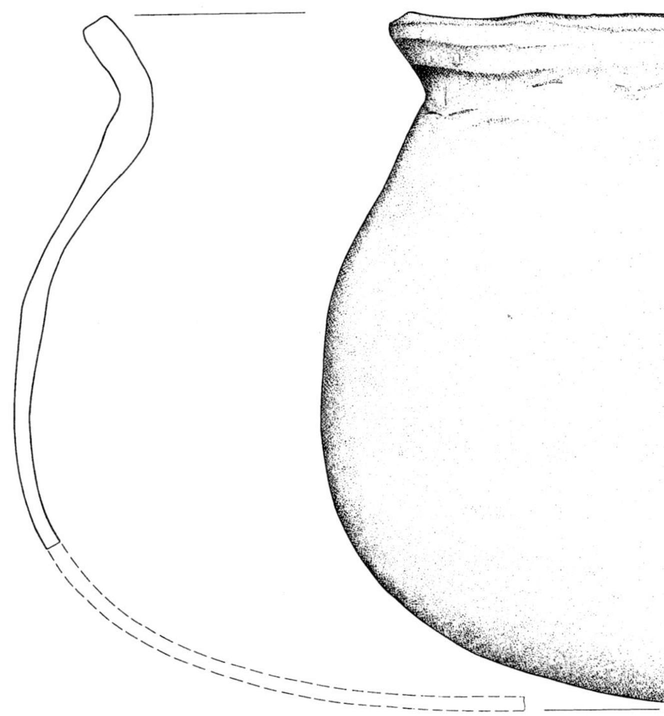

Abb. 4 Höxter. Kugeltopf, 9. Jh., uneinheitlich gebrannte Irdenware (M. 1:2)

von 2,4–2,7 m, die annähernd genormt anmutet. Wie bereits im 7./8. Jahrhundert scheint ein Teil dieser Nebengebäude mit stehenden Webstühlen ausgestattet gewesen zu sein. Hinweise auf eine Nutzung zu Wohnzwecken, wie beispielsweise das Vorhandensein von Feuerstellen, liegen nicht vor. Möglicherweise noch im 9. Jahrhundert wurde der klassischen Holz-Lehm-Bauweise der Grubenhäuser ein neuer Typus an die Seite gestellt: Es entstanden eingetiefte Gebäude mit nunmehr steinerner Wandkonstruktion. Diese aufwendigeren und deutlich größer dimensionierten Häuser (z. B. 3,8 m x 7,6 m) waren anscheinend speziellen Nutzungen vorbehalten, wie beispielsweise als Werkstätten zur Metallverarbeitung und als Lagerhäuser. Brunnen sind für diese frühe Zeit nicht zu belegen; die Wasserversorgung scheint demzufolge durch Bäche, die das Siedlungsareal durchflossen, und den zuvor erwähnten Grubekanal in ausreichender Qualität gesichert gewesen zu sein.

Sicherlich bot das frühmittelalterliche Marktgeschehen den Einwohnern Möglichkeiten, am Warenumschlag teilzuhaben, und führte darüber hinaus zur Ansiedlung von Kaufleuten und Handwerkern. Für das 9. Jahrhundert läßt sich bisher einzig die Verarbeitung von Geweih und Knochen archäologisch belegen (Abb. 3.6–9). Ungeklärt ist noch, ob die Buntmetallverarbeitung, die im Hochmittelalter zu einer gewissen Blüte gelangte, bereits zu dieser Zeit ihre Anfänge genommen hatte (Kat.Nrn. VI.110; VI.127; VI.130–131). Die Funde von irdenen Spinnwirteln (Abb. 3.2 u. 3) und Webgewichten (Abb. 3.1, 4 u. 5) verweisen auf die Textilherstellung seit spätsächsischer Zeit. Bei den Webgewichten ist eine Entwicklung von scheiben- bzw. ringförmigen Varianten zu schweren, bauchigen Gewichten des 9. Jahrhunderts festzustellen. Eine Konzentration der Funde innerhalb der frühmittelalterlichen Siedlung ist nicht zu erschließen – vielmehr hat es den Anschein, daß dem Spinnen und Weben im Hauswerk nachgegangen wurde. Für die Bereiche Landwirtschaft und Ernährung liegen derzeit nur wenige Beobachtungen vor. Eine erstmalige Untersuchung der frühmittelalterlichen Tierknochenfunde bezeugt die Haltung von Rind, Schaf, Schwein und Geflügel (Huhn und Gans) sowie von Pferd und Maultier als Reit- und Lasttiere (vgl. Beitrag Doll). Hunde und Katzen als spezifische Haustiere fehlen bisher unter dem vergleichsweise geringen Fundmaterial ebenso wie Wildtiere. Sie treten erst in Befunden des 11. Jahrhunderts zutage. Aufgrund der trockenen Bodenverhältnisse im Bereich der Altstadt bilden Pflanzenreste aus dem Frühmittelalter die große Ausnahme. Einzig in einer Grubenhausverfüllung des 9./10. Jahrhunderts hatte sich verkohltes Getreide erhalten: nachzuweisen waren Roggen, Gerste, Hafer, Emmer und Weizen.

Die karolingische Sachkultur wird unter dem höxterschen Fundgut vor allem durch Keramik repräsentiert. In der regionalen Töpferei erscheinen in der Zeit um 800 der Kugeltopf (Abb. 4) und die Kugelkanne als neue, dem fränkischen Raum entlehnte Gefäßformen. Sie verdrängen noch im Laufe des 9. Jahrhunderts vollständig die traditionelle Standbodenkeramik (Kat.Nrn. VI.38–39). Der Import von Töpferwaren beschränkt sich auf qualitätvollere, scheibengedrehte Gefäße aus Nordhessen, zu denen Wölbwandtöpfe sowie seit der 2. Hälfte des 9. Jahrhunderts Kugeltöpfe und -kannen der sog. rauhwandigen Drehscheibenware zählen. Aus dem Rheinland eingeführte Irdenware ist bisher nicht zu belegen – ebenso fehlen Belege für die Verwendung von gläsernem Geschirr. Die besondere Wertschätzung von Metall in dieser Epoche ist anhand seiner Seltenheit als Bodenfund zu ersehen. Offensichtlich wurden schadhafte Objekte im Regelfall dem 'Recylingprozeß' zugeführt, und es hat den Anschein, daß auch der Schutt von niedergebrannten Gebäuden nachhaltig auf Metall durchsucht wurde. An Funden ist eine Emailscheibenfibel aus Messing mit Kreuzmotiv des 9./10. Jahrhunderts zu erwähnen (Abb. 2.3), die der Frauentracht zugeschrieben wird. Hinzu treten eine eiserne Messerklinge (Abb. 2.6) und ein kleiner eiserner Hohlschlüssel der Zeit um 800 (Abb. 2.8). Erst für die Zeit ab der Jahrtausendwende ist ein stärkerer Fundniederschlag von Metallgegenständen im höxterschen 'Bodenarchiv' zu verzeichnen. In diesem Zusammenhang sei noch auf zwei Emailscheibenfibeln mit Kreuzmotiv aus Fundzusammenhängen der Zeit um 1000 (Abb. 2.5) und der Mitte des 11. Jahrhunderts (Abb. 2.4) verwiesen, von denen das ältere Stück einen stilisierten Tierfries auf der Randzone trägt.

Resümierend bleibt festzuhalten, daß unser heutiges Wissen über das frühmittelalterliche Höxter, einem der bedeutenden karolingischen Zentralorte in Sachsen, als äußerst lückenhaft bezeichnet werden muß. Die zu dieser Zeit noch recht spärlich fließenden Schriftquellen setzen den groben Rahmen, sind jedoch in ihrem Aussagewert bezüglich der Siedlungsgeschichte mehr als beschränkt. Eingehendere Rückschlüsse gestattet die archäologische Forschung im Diskurs mit ihren Nachbarwissenschaften, die letztlich mit jeder Ausgrabung im sächsisch-karolingischen Kern neue Einblicke in das Siedlungsgeschehen ermöglicht und somit maßgebend zur Rekonstruktion beiträgt.

Literatur:

Anja GROTHE, Zwei eingetiefte Gebäude mit steinerner Wandkonstruktion in Höxter. Ein Beitrag zum frühen profanen Steinbau im nördlichen Mittelgebirgsraum, in: Zeitschrift für Archäologie des Mittelalters 23/24, 1995/96 (1997), 41–60. – Andreas KÖNIG u. Hans-Georg STEPHAN, Ausgrabungen 1971–1986 im Bereich des ehemaligen Heilig-Geist-Hospitals in Höxter an der Weser. Ergebnisse und Perspektiven. Mit textilkundlichen und botanischen Beiträgen von Ulrike REGENHARDT und Gisela WOLF, in: Ausgrabungen und Funde in Westfalen-Lippe 5, 1987 (1988), 343–399. – Andreas KÖNIG, Archäologische Stadtkernforschungen in Höxter an der Weser, in: Ein Land macht Geschichte. Archäologie in Nordrhein-Westfalen (Schriften zur Bodendenkmalpflege in Nordrhein-Westfalen 3), Köln 1995, 101–104. – Andreas KÖNIG, Bibliographie zur archäologischen Forschung in Höxter und Corvey, in: Jahrbuch 1997 Kreis Höxter, 1996, 215–227. – Andreas KÖNIG, Archäologische Handwerksnachweise im mittelalterlichen Höxter, in: Jahrbuch 1999 Kreis Höxter, 1998, 241–253. – Holger RABE, Corbeia Nova et Villa Huxeri – Zur Gründung der Reichsabtei Corvey und zur Situation im karolingerzeitlichen Höxter, in: Jahrbuch 1997 Kreis Höxter, 1996, 205–213 (Zusammenfassung der historischen Forschung). – Hans-Georg STEPHAN, Archäologische Beiträge zur Frühgeschichte der Stadt Höxter (Münstersche Beiträge zur Vor- und Frühgeschichte 7), Hildesheim 1973. – Hans-Georg STEPHAN, Stadtarchäologie in Höxter und in Corvey: die Siedlungsgeschichte, in: Zeitschrift für Archäologie 28, 1994, 123–137.

Elke Treude

Minden im frühen Mittelalter

Die Stadt Minden, die aus einer karolingischen Bistumsgründung hervorging, zählt neben Paderborn und Münster zu den ältesten Städten Westfalens. In direktem Zusammenhang mit der Sachsenmission und den Sachsenkriegen wurde hier Anfang des 9. Jahrhunderts von Karl dem Großen ein Bischofssitz errichtet. Die erste Nennung des Ortes Minden „Minda" erfolgte 798 in den fränkischen Reichsannalen. In diesem Jahr hielt Karl der Große, bevor er die Weser überquerte, um weiter nach Osten, in sächsische Gebiete vorzudringen, dort eine Reichsversammlung ab.

Zeitgenössische Schriftquellen zu den Anfängen des Bistums und auch das genaue Gründungsdatum sind nicht bekannt. Die ältesten Überlieferungen liegen erst mit den Nekrologien vor, von denen das älteste, Nummer 4, aus dem Ende des 12. Jahrhunderts stammt.

Im Gegensatz zu Münster und Paderborn, wo schon sehr früh archäologische Untersuchungen Einblicke in die Gründungssituation und die Entwicklung der karolingisch-ottonischen Domburgen boten, blieb Minden als der dritte karolingische Bischofssitz im heutigen Westfalen archäologisch zunächst wenig erforscht.

Otto-Kurt Laag verdanken wir zahlreiche Beobachtungen an Bodenaufschlüssen aus dem Bereich der Altstadt, die erstmals zu genaueren Aussagen über die ursprünglichen Geländeverhältnisse in der Mindener Unterstadt und im Dombereich führten (Abb. 1). In den Jahren nach dem Zweiten Weltkrieg, als die kriegszerstörte Stadt wiederaufgebaut wurde, konnten planmäßige Grabungen nur in ganz geringem Umfang durchgeführt werden. Dazu zählt die 1948 durch Erwin Schirmer und Otto-Kurt Laag begonnene Untersuchung in der Domburg, die allerdings bald aus Geldmangel eingestellt wurde. Während des Wiederaufbaues des Mindener Domes dienten umfangreichere Grabungen als Grundlage einer Rekonstruktion aller wichtigen Bauperioden bis zurück zur karolingischen Urkirche (Bau I). Aufgrund der Ergebnisse der archäologischen Untersuchungen beim Einbau einer Heizungsanlage 1986 im Dom ist die bisherige Befundinterpretation in wesentlichen Punkten so stark zu korrigieren gewesen, daß nun ein neues Bild der Baugeschichte gezeigt werden kann (Abb. 2).

Die Beobachtung eines hochmittelalterlichen Knüppeldammes an der oberen Bäckerstraße sowie eines Erdwalles mit Holzeinbauten im Bereich des Domklosters bildeten neben den genannten Grabungen bis zum Beginn der siebziger Jahre die einzigen nennenswerten Ergebnisse der Archäologie in Minden. Eine neue Phase archäologischer Stadtkernforschung begann in Minden erst mit der Stadtsanierung. In diese Phase gehören die von Gabriele Isenberg 1973–1979 durchgeführten stadtkernarchäologischen Plangrabungen in der Mindener Unterstadt sowie die von Anton Doms und Klaus Günther 1974–1978 auf dem Kleinen Domhof geleiteten Ausgrabungen. Damit erfaßten die Archäologen Flächen innerhalb und außerhalb der Domburg, die mit ihren Befunden wichtige Erkenntnisse zur Frühzeit Mindens liefern.

Sowohl die Entstehung als auch die weitere Entwicklung verdankt Minden seiner geographischen Lage. Nördlich des Gebirgsdurchbruchs der Porta Westfalica verzweigt sich die Weser bei Minden durch einen Werder, d. h. durch eine Flußinsel, in zwei Arme. Die dadurch entstandene Furt bot flußabwärts bis nach Bremen den günstigsten Flußübergang für die frühen Heer- und Handelsstraßen. Alle Verkehrswege trafen hier auf der linken Weserseite zusammen. Hier kreuzte der Frankfurter Weg den Hellweg, der von Holland über Osnabrück, Hildesheim und Braunschweig nach Magdeburg führte.

Die Lage der späteren Stadt ist durch die von der Weser gebildeten Terrassen bestimmt, die sie in Unter- und Oberstadt gliedern. Die Höhenunterschiede werden vielfach durch Treppen wie die Marien- und die Simeonstreppe überwunden. Auf der unteren Terrasse, auf der eine Schicht von Hochflutlehm aufliegt, errichtete Karl der Große die erste karolingische Kirche, die eine der Keimzellen für die weitere Entwicklung Mindens war.

Es stellt sich die Frage, warum Karl der Große diesen Platz auf der unteren, hochwassergefährdeten Weserterrasse wählte und nicht die hochwasserfreie obere Terrasse, die eine noch exponiertere Lage besaß und hervorragend

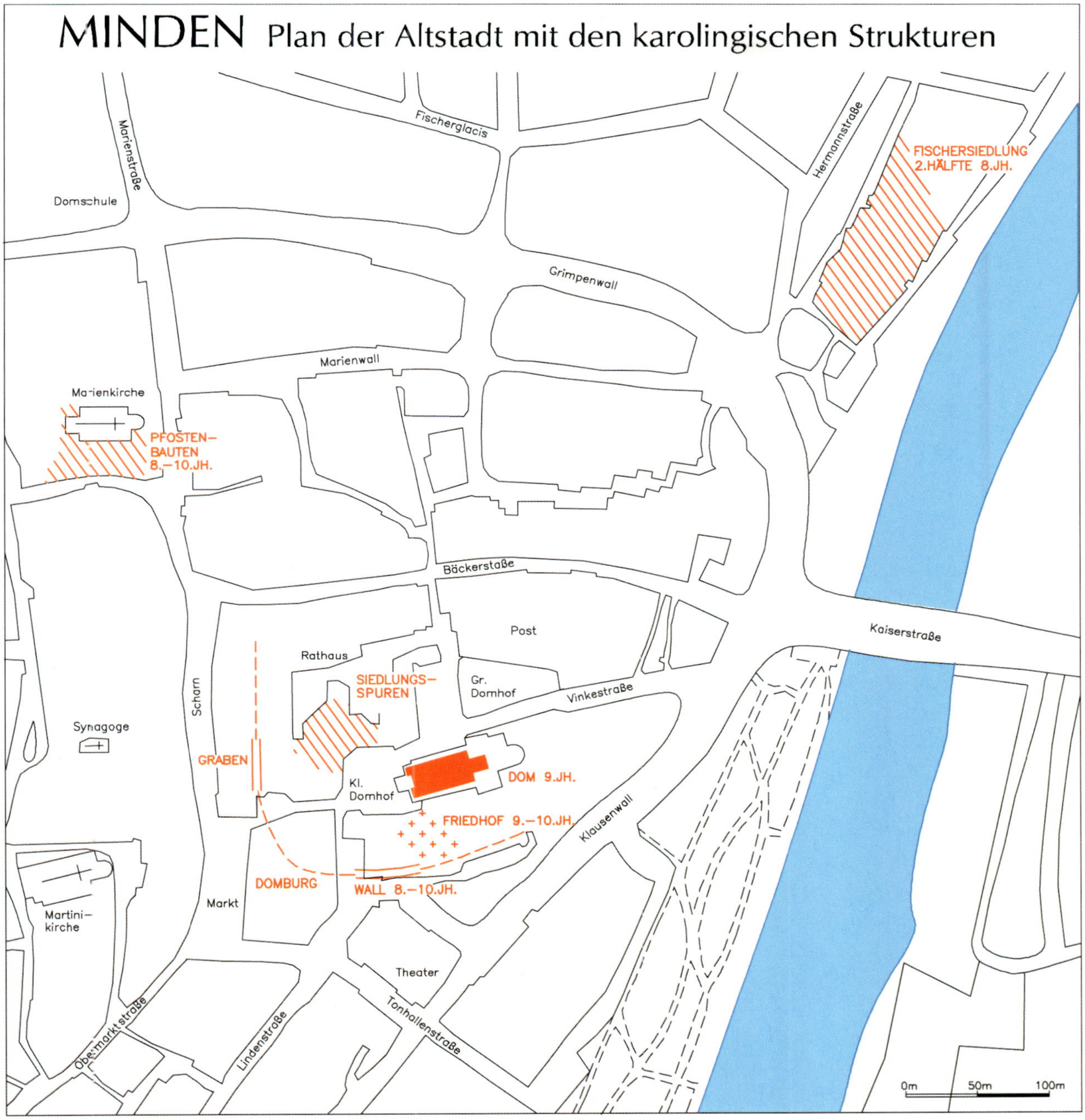

Abb. 1 Minden, Plan der Altstadt mit den karolingischen Strukturen

zur Kontrolle der Weserfurt geeignet war. Stand dieser Platz, auf dem später die Kirche St. Martini gebaut wurde, nicht mehr zur Verfügung? Zur festen Überlieferung der älteren Mindener Chronistik gehört die Vorstellung, daß die Domgründung in einer Burg Widukinds erfolgt sei. Dazu paßt auch die Deutung des Namens Minden, der nach bekannter, sagenhafter Überlieferung, aus den Worten min – din (Mein – Dein) entstanden sein soll. Der Sachsenherzog Widukind soll als Zeichen seiner Unterwerfung den Bereich des heutigen Domes mit den Worten „min und din schall dusse borch sin" (mein und dein soll diese Burg sein) an den Frankenkönig Karl den Großen abgetreten haben. Eine andere Namensdeutung will Minden von Minda, Minthum bzw. Mindum ab-

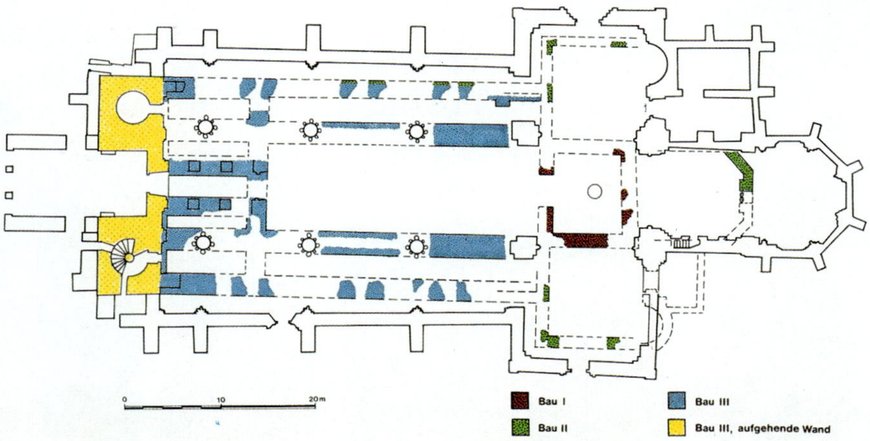

Abb. 2 Minden, Dom, Grundriß

leiten und mit „Mündung" übersetzen. Die neuere Sprachforschung erklärt den Namen Minden als Gewässernamen „Mimindo", der später auf den Ort übertragen wurde.

Die Gründung des Bischofssitzes durch Karl den Großen stellte sicherlich nicht die erste Ansiedlung an diesem verkehrsgünstig und strategisch ideal gelegenen Platz dar. Fundstellen im Mindener Stadtgebiet belegen den sporadischen Aufenthalt von Menschen seit dem Endpaläolithikum (12 000 v. Chr. – 10 000 v. Chr.). Umfangreicheres Fundmaterial stammt aus der vorrömischen Eisenzeit (700 v. Chr. – um Christi Geburt) und der römischen Kaiserzeit (um Christi Geburt – 400 n. Chr.). Bei den Grabungen im Bereich von Domburg und Marienstift fanden sich Belege für eine Besiedlung dieses Orts schon im 8. Jahrhundert, also vor der Gründung des Bischofssitzes Anfang des 9. Jahrhunderts.

Nach einer kirchenrechtlichen Forderung, die auch bei den Bistumsgründungen der Karolingerzeit immer wieder genannt wird, soll der Bischof seine Residenz nicht auf dem flachen Lande, sondern in städtischen Ansiedlungen errichten. Die Translatio S. Liborii beschreibt die Bedingungen, die bei der Wahl eines neuen Bischofssitzes zu berücksichtigen sind: Zum einen sollte die Lage des Ortes „von der Natur begünstigt" (*naturali quadam excellentia*) sein, zum anderen an „volkreichen Orten" (*populi frequentia*) liegen (c. 2; MGH SS 4, 150). Dazu kommen aber sicherlich noch weitere Gründe wie eine gute Verkehrslage, die strategische Bedeutung des Platzes während der Eroberungszeit und eine ideale Kontrollfunktion des Umlandes durch die exponierte Lage.

Hans Nordsiek hält es für denkbar, daß es bis zur Mitte des 10. Jahrhunderts im späteren Stadtgebiet nur die Domburg, die Fischersiedlung und einige wenige bäuerliche Siedlungen aus altsächsischer Zeit gegeben hat. Nach einer lokalen Mindener Tradition des 14. Jahrhunderts soll Karl der Große im Brühl nördlich der Fischersiedlung ein *castrum* gegen Widukind gebaut und darin eine Kirche zu Ehren des hl. Ägidius errichtet haben. Bislang wurde weder der Standort der Ägidienkirche ermittelt, noch haben umfangreichere archäologische Untersuchungen in dem als Fischerstadt bezeichneten Areal stattgefunden, so daß Alter und Funktion der Fischerstadt als frühe Furtansiedlung nicht abschließend bestimmt werden können.

Eindeutige Aussagen für den Domhügel ermöglichen die Befunde auf dem Kleinen Domhof. Das ursprüngliche Gelände fiel vom Domwestwerk nach Westen und Südwesten in eine nasse, siedlungsungünstige Niederungszone ab, die erst durch stetige Aufschüttungen für eine dauerhafte Ansiedlung gewonnen werden konnte. In der westlich an den Domhügel anschließenden Senke wurde als älteste Kulturschicht eine Brandschuttschicht vorgefunden, die hier ausplaniert wurde und wohl Schutt aus dem höher gelegenen, östlichen Teil des Siedlungsplatzes enthält. Die Brandschuttschicht barg neben frühkarolin-

Abb. 3a.b Frühmittelalterliches Gräberfeld südlich des heutigen Domwestwerks mit Bestattungen des 9./10. Jahrhunderts

gischen Funden auch Keramik, die als sächsische Kumpfkeramik anzusprechen ist.

Zu den ältesten ergrabenen Befunden zählt die karolingische Urkirche, deren Gründungsbau sich als Saalkirche mit Rechteckchor rekonstruieren läßt. Damit entsprach ihre Grundrißform den Missions- und Urpfarrkirchen, die um 800 im sächsischen Raum entstanden. Die erste Mindener Kirche ist wohl bald umgebaut worden, da sie als einfacher Saalbau mit Rechteckchor den Funktionen einer Bischofskirche nicht gerecht geworden wäre: Sie war zu klein und konnte den Anspruch nach Repräsentation nicht erfüllen. Die archäologischen Untersuchungen 1986 belegen, daß der heutige Dom bereits einen dreischiffigen und mit einer Krypta (?) versehenen Vorgängerbau gehabt hat, der mit großer Wahrscheinlichkeit vor 952 entstanden sein muß und vermutlich bereits im Zusammenhang mit der Bistumsgründung errichtet worden ist.

Daß die älteste Kirche nicht auf unberührtem Gelände gegründet wurde, belegen Siedlungsanzeiger wie Holzkohle und verziegelter Lehm sowie mit Siedlungsabfällen gefüllte Gruben und einzelne Pfostenspuren. Der südlich des heutigen Domwestwerkes aufgedeckte Friedhof (Abb. 3a.b) mit 50 geosteten, überwiegend beigabenlosen Bestattungen setzt die Existenz einer christlichen Kirche voraus. Das Fundmaterial spricht für einen Belegungszeitraum des Friedhofes von der Zeit um 800 bis zum 10. Jahrhundert.

Ein weiterer Mosaikstein, der das gründungszeitliche Aussehen des Bischofssitzes erhellen kann, ist der Verlauf eines Holz-Erde-Walles im Süden des Kleinen Domhofes. Er ist Teil der karolingischen Domburgbefestigung (Treude, im Druck).

Die ersten Jahrhunderte nach Gründung des Bischofssitzes werden bestimmt durch die Festigung der kirchlichen Macht und die Stiftung von Kirchen und Klöstern. Die Mindener Bischöfe, deren erster der aus Fulda stammende Erkanbert war, nahmen im Früh- und Hochmittelalter häufig eine einflußreiche Stellung im Reich ein. Das gute Verhältnis zwischen dem Bistum Minden und den frühmittelalterlichen Herrschern kommt deutlich durch die zahlreichen Besuche der Kaiser und Könige in Minden zum Ausdruck.

Im Jahre 852 hielt König Ludwig der Deutsche in Minden einen Reichstag ab. Bischof Landward (958–969) spielte eine bedeutende Rolle am Hofe Ottos I. und gehörte fast ständig zu dessen Gefolge. Sein Nachfolger, Bischof Milo, stand ebenfalls bei Otto I. und Otto II. in hohem Ansehen. Letzterer verlieh den Mindener Bischöfen 977 das Münz-, Markt- und Zollrecht. Diese Privilegien förderten nicht nur Veränderungen im Bereich der Domimmunität, sondern vor allem auch die Entwicklung einer Marktsiedlung, die um die Domimmunität herum entstand und im Verlauf des 11. Jahrhunderts immer mehr Eigenständigkeit erreichte. Die Fläche, die von der Domimmunität eingenommen wurde, bildete annähernd ein Rechteck von etwa 250 m Länge und 170 m Breite.

Im Süden und Westen des Kleinen Domhofes konnte für die Zeit um 1000 eine 2,10 m breite Befestigungsmauer mit je einem Turm im Süden und im Westen nachgewiesen werden, die den Domimmunitätsbereich gegen die Stadt abgrenzte. Für dieselbe Zeit lassen sich weitere Baumaßnahmen im Süd- und Nordwesten der Domburg beobachten. Im Nordwesten entstand ein 25,50 x 9,0 m großes Gebäude, das durch eine Zwischenwand in einen saalartigen Hauptraum und einen Nebenraum unterteilt wurde. In den Hauptraum war mittig eine nur noch in Resten nachweisbare Heizungsanlage eingebaut. Im Südwesten entstand ebenfalls ein größeres, aufwendiges Gebäude, das auf 14 m Länge und 7 m Breite erfaßt werden konnte. Die funktionale Zuweisung ist in beiden Fällen nicht möglich. Für das repräsentative, saalartige Gebäude wäre eine Nutzung als Bischofspfalz denkbar. Spätestens unter Bischof Volkwin von Schwalenberg (1275–1293) wurde die nördlich an das Domwestwerk anschließende Bischofspfalz errichtet. Sie bestand aus dem Hauptgebäude, dem nördlichen Erweiterungsbau und ab dem 16. Jahrhundert aus der zusätzlich angebauten „Alten Cantzley". Zu dem bischöflichen Hof gehörten natürlich auch eine ganze Anzahl von Nebengebäuden wie Stallungen und Wirtschaftsbauten. Ob der ältere Vorgängerbau ebenfalls nördlich des Domwestwerkes oder weiter im Nordwesten gelegen hat, läßt sich nicht endgültig entscheiden.

Parallel zur Entwicklung im Bereich der Domimmunität vollzogen sich im Verlaufe des 11. und 12. Jahrhunderts einschneidende Veränderungen im Bereich der aufstrebenden Kaufmannssiedlung. Wie in fast allen westfälischen Städten des 11. und 12. Jahrhunderts ist auch in Minden die Entwicklung des Marktes an die großen Durchgangsstraßen geknüpft. Daher kommt der Bäckerstraße, die zum einzigen Übergang über die Weser führte, herausragende Bedeutung zu. Erste Ansiedlungen lassen sich an der Bäckerstraße in der Zeit des späten 10. Jahrhunderts belegen. Die archäologisch nachgewiesene kleinparzellige Bebauung zwischen Scharn- und Hohnstraße läßt auf einen Marktbetrieb an den westlich an der Domimmunität vorbeiführenden Straßenzügen schließen. Mit der Errichtung des Rathauses um 1200 am Hauptzugang zur Domimmunität und dem Bau der Stadtmauer, die im Jahre 1231 schon erwähnt wurde, 1268 aber noch nicht vollendet war, fanden die Autonomiebestrebungen der Mindener Bürgerschaft sichtbaren Ausdruck.

Literatur:

Des Domherrn Heinrich Tribbe Beschreibung von Stadt und Stift Minden (um 1460), hrsg. v. Klemens LÖFFLER (Mindener Geschichtsquellen 2) (Veröffentlichungen der Historischen Kommission der Provinz Westfalen), Münster 1932. – Anton DOMS, Bericht über die Probegrabung südwestlich des Mindener Domes vom 30.10.–29.11.1974, Masch.-Manuskript 1975 (vorhanden im Westfälischen Museum für Archäologie, Außenstelle Bielefeld). – Klaus GÜNTHER, Die Ausgrabungen auf dem Domhof in Minden 1974–1977, in: Zwischen Dom und Rathaus. Beiträge zur Kunst- und Kulturgeschichte der Stadt Minden, hrsg. v. Hans NORDSIEK, Minden 1977, 21–35. – Gabriele ISENBERG, Zur Siedlungsentwicklung an der Bäckerstraße nach den Befunden der Ausgrabungen 1973–1979, in: Ausgrabungen in Minden. Bürgerliche Stadtkultur des Mittelalters und der Neuzeit, hrsg. v. Bendix TRIER, Münster 1987, 31–48. – Gabriele ISENBERG, Ausgrabungen 1986 im Dom St. Petrus und Gorgonius zu Minden, in: Ausgrabungen und Funde in Westfalen-Lippe 6B, Mainz 1991, 79–110. – Gabriele ISENBERG, Bemerkungen zur Baugeschichte des Mindener Domes, in: Westfalen 70, 1992, 92–111. – Otto-Kurt LAAG, Beschreibung des Geländes und Beobachtungen im Gebiete der Altstadt und der Marientorschen Feldmark, in: Mindener Heimatblätter 32, 1960, 49–56. – W. R. LANGE, Vermerk Minden. Ostflügel des Domklosters. Manuskript 1947 (im Archiv des Westfälischen Museums für Archäologie, Amt für Bodendenkmalpflege, Außenstelle Bielefeld). – Uwe LOBBEDEY, Wohnbauten bei frühen Bischofs-, Kloster- und Stiftskirchen in Westfalen nach den Ausgrabungsergebnissen, in: Wohn- und Wirtschaftsbauten frühmittelalterlicher Klöster. Internationales Symposium, 26.9.–1.10.1995 in Zurzach und Müstair, im Zusammenhang mit den Untersuchungen im Kloster St. Johann zu Müstair, hrsg. v. Hans Rudolf SENNHAUSER (Veröffentlichungen des Instituts für Denkmalpflege an der ETH Zürich 17), Zürich 1996, 91–105, 103–105. – Hans NORDSIEK, Zur Topographie und städtebaulichen Entwicklung Mindens, in: Minden – Zeugen und Zeugnisse seiner städtebaulichen Entwicklung, Minden 1979, 13–140, bes. 19. – Hans NORDSIEK, Die Sachsenmission Karls des Großen und die Anfänge des Bistums Minden, in: An Weser und Wiehen. Beiträge zur Geschichte und Kultur einer Landschaft. Festschrift für Wilhelm Brepohl, hrsg. v. Hans NORDSIEK (Mindener Beiträge zur Geschichte, Landes- und Volkskunde des ehemaligen Fürstentums Minden 20), Minden 1983, 70–71. – Roland PIEPER u. Anna Beatriz CHADOUR-SAMPSON, Stadt Minden, Altstadt 1: Der Dombezirk 1 (Bau- und Kunstdenkmäler von Westfalen 50/2), Essen 1998. – Erwin SCHIRMER, Der Stand der siedlungsarchäologischen Forschungen in der Mindener Unterstadt, insbesondere der Mindener Domfreiheit. Manuskript 1948 (im Archiv des Westfälischen Landesamtes für Denkmalpflege Münster). – Elke TREUDE, Die Ausgrabungen auf dem Kleinen Domhof in Minden. Auswertung der Funde und Befunde, phil. Diss. Marburg 1994 (im Druck).

Otfried Ellger

Mimigernaford

Von der sächsischen Siedlung zum karolingischen Bischofssitz Münster

Münster, bis zum 11. Jahrhundert mit seinem alten Namen Mimigernaford oder Mimigardeford genannt, gehört mit Paderborn, Minden und Osnabrück zu den von Karl dem Großen eingerichteten Bischofssitzen im westlichen Teil des eroberten und christianisierten Sachsenlandes.

Auf der Suche nach Quellen, aus denen sich Erkenntnis über die Anfänge Münsters schöpfen läßt, findet sich eine für deutsche Bischofssitze untypische Situation: Die Schriftüberlieferung zur frühen Geschichte des münsterschen Sprengels und seines Zentralorts ist außerordentlich dürftig. Das ältere Bistumsarchiv ging vermutlich bei einem Brand der Siedlung im Jahre 1121 unter. Für die Zeit davor bleiben uns nur die Lebensbeschreibungen des ersten Bischofs Liudger, einige verstreut überlieferte Urkunden und vage Nachrichten späterer Chroniken.

Ungewöhnlich reich ist dagegen der Bestand an erschlossenen archäologischen Quellen. Die karolingische Domburg, Kern aller weiteren Entwicklung und bis heute sichtbare Mitte der Stadt, war seit den Jahren des Wiederaufbaus nach dem Zweiten Weltkrieg Ziel von mehr als 30 archäologischen Untersuchungen von der Großgrabung bis hin zum Baustellenbefund. Die meisten dieser Untersuchungen und gerade die großflächigen der Aufbaujahre verbinden sich mit dem Namen Wilhelm Winkelmanns, der 1966 eine erste interpretierende Zusammenfassung seiner Ergebnisse veröffentlicht hat. Seine bis heute grundlegenden Erkenntnisse zu Besiedlung und Befestigung der Domburg konnten in der Folgezeit durch weitere Bodenaufschlüsse bestätigt und ergänzt werden. Seit den siebziger Jahren erfaßte die Archäologie auch Flächen außerhalb der Domburg. Der Ertrag zur Karolingerzeit in Münster blieb hier allerdings gering, so daß wir für die Umgebung Mimigernafords bis heute weitgehend auf Rückschlüsse aus späteren Zeiten angewiesen sind. Auch innerhalb der Domburg bleiben noch viele Fragen offen: Zwar haben Ausgrabungen der achtziger Jahre interessante Aufschlüsse im unmittelbaren Umfeld des Domes geliefert, die Kathedralkirche selbst ist aber bisher nur in Randbereichen erkundet. Zu den ersten Anfängen kirchlichen Lebens in Münster sind deshalb keine Funde bekannt. Ein weiteres Defizit der Domburgarchäologie betrifft den Bearbeitungs- und Publikationsstand; ein Großteil der hier veröffentlichten Ergebnisse entzieht sich bisher der wissenschaftlichen Diskussion auf solider Grundlage.

Dies ist um so mehr zu bedauern, als auch die historische Forschung anläßlich des 1200jährigen Stadtjubiläums 1993 neue Darstellungen zur Frühgeschichte der Stadt erarbeitet hat, die naturgemäß die archäologischen Ergebnisse miteinbeziehen mußten. Besonders in einem Beitrag Eckhard Freises zu den Anfängen von Missionskloster und Bischofssitz werden leise, aber deutlich Anfragen an die Tragfähigkeit mancher archäologischen Interpretation gestellt.

Topographisch ist die Situation der späteren Stadt bestimmt vom Durchfluß der münsterschen Aa durch einen von beiden Seiten an den Flußlauf herantretenden Kiessandrücken (Abb. 1). Hier konnte das bescheidene Flüßchen leicht überschritten werden. Der schon im 9. Jahrhundert belegte altsächsische Ortsname spielt auf diese Lage an: Mimigernaford ist als „Furt der Leute des Mimigern" zu deuten und weist auf die Niederlassung einer mit dem Personennamen Mimigern verbundenen Gruppe in der Zeit der sächsischen Südwanderung im 6./7. Jahrhundert. Mimigerns Leute waren nicht die ersten Siedler an der Aa-Furt. Auf dem zwischen zwei kleinen Bachtälern gegen die westliche Aa vorgeschobenen Ausläufer des südlichen Geestrückens, der später einmal die Domburg tragen sollte, ist der Aufenthalt von Menschen seit der mittleren Steinzeit, ihre Ansiedlung seit der Zeitenwende bezeugt. Im späten 2. und 3. Jahrhundert n. Chr. umfaßte eine Siedlung das ganze spätere Domburgareal. Hohe Flugsandschichten über ihren Resten deuten auf die vollständige Aufgabe des Platzes für mehrere Jahrhunderte. In Zusammenhang mit der Südausbreitung des sächsischen Stammesverbandes entstand dann – wohl im 7. Jahrhundert – die Siedlung, der Münster seinen alten Namen verdankt. Sie erstreckte sich nach bisheriger Kenntnis nicht über die gesamte Domburg, sondern nur über deren nördliche und östliche Teile,

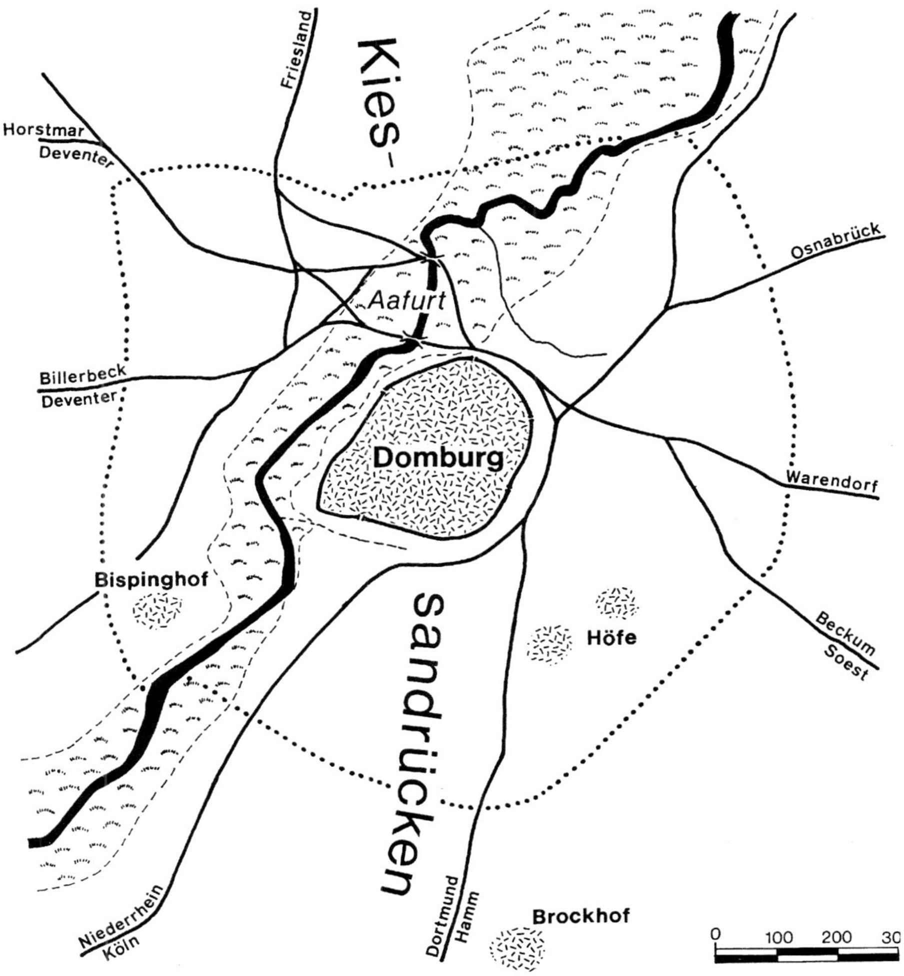

Abb. 1 Münster: Die Umgebung der karolingischen Domburg mit den vorstädtischen Verkehrswegen. Gepunktet der Umfang der späteren Stadt

griff aber in Richtung auf die Lambertikirche über ihren Ostrand hinaus.

Hausbefunde haben sich am nördlichen Randstreifen des Domburgrückens am Horsteberg erhalten: Hier zeugen Pfostenreihen von Hausbauten, die – teilweise mit veränderten Ausrichtungen – mehrmals über derselben Stelle wiedererrichtet wurden. Zu diesen großen Wohngebäuden fanden sich kleine Grubenhäuser als Nebenbauten. Webgewichte und Spinnwirtel auf ihren Fußbodenschichten belegen die seit germanischen Zeiten übliche Nutzung solcher Gebäude für die Textilherstellung. Die münsterschen Befunde zeigen in kleinen Ausschnitten das Bild einer sächsischen Siedlung des Frühmittelalters, wie es uns vor allem durch die großflächigen Ausgrabungen Wilhelm Winkelmanns bei Warendorf recht präzise vor Augen steht. In Münster ist dazu aber noch einiges ergraben worden, das in der namenlosen Siedlung an der Ems bei Warendorf keine Parallele hat. Neben den auch von dort bekannten Zeugnissen für Eisenverarbeitung durch einen ansässigen Schmied wurde bei den Siedlungsspuren am Horsteberg eine Reihe kleiner Öfen entdeckt, die offenbar zum Schmelzen von Bronze dienten.

Weiter östlich an der heutigen Domgasse fanden sich bei und in einem Grubenhaus die Überreste einer Kammmacherwerkstatt (Abb. 2): Vom Rohmaterial (Extremitätenknochen, auch Schädel von Pferden und Rindern) bis hin zu einem der Endprodukte, einem einseitigen Dreilagenkamm, zeigt der Fundkomplex alle Abfälle und Zwischenstufen der Produktion: die abgesägten Gelenkköpfe der Knochen, zunächst größere, dann weiter unterteilte, flache Platten für die Zinkenreihen der Kämme und halbrund profilierte Leisten für die seitlichen Kammbügel (Kat.Nr. VI.41). Winkelmann ordnet die Kammmacherwerkstatt an der Domgasse der „vorkarolingischen“, sächsischen Siedlungsphase des 8. Jahrhunderts zu. Zusammen mit den Bronzeschmelzöfen ist sie für ihn ein Beleg für eine durch handwerkliche Produktion herausgehobene Bedeutung der Siedlung an der Aa, die sie nach der Eroberung als Bistumsmittelpunkt geeignet erscheinen ließ.

Das aus sächsischen Wurzeln heraus gewachsene Mimigernaford ging – zumindest in Teilen – durch einen Brand unter. Danach entstand durch die Anlage des großen Domburgwalles, die Errichtung von Kirchen- und Klostergebäuden und die planvolle Einrichtung neuartiger Siedlungsbereiche ein neues Funktionsgefüge, das eindeutig der karolingischen Welt zugehört und alle spätere Entwicklung bestimmt. Wie aber ist der Wandel zu deuten? Winkelmann hat zunächst das Bild eines abrupten Umsturzes aller Verhältnisse entworfen: Die letzte Siedlungsphase vor dem Brand ist für ihn eine spätsächsische, während sich Frankenherrschaft und Christianisierung erst nach der Zerstörung in der neuen, gleich auf einen Bischofssitz hin konzipierten befestigten *civitas* zeigen. Im Gegensatz zur Annahme einer Überformung durch Eroberung hat Freise 1993 zuletzt das Denkmodell eines stufenweisen Übergangs entwickelt. Darin geht der Phase der Befestigung eine Zeit voraus, in der innerhalb des sächsischen, aber seit 775/80 im Bannkreis fränkischer Macht stehenden Mimigernaford eine Missionskirche bestand. Die bisher veröffentlichten archäologischen Fakten widersprechen einer solchen Vorstellung nicht: Die Keramikfunde der letzten Siedlungsphase vor der Brandzerstörung lassen sich kaum näher als in die Jahrzehnte um 800 datieren; soweit bekannt, ist der Anteil rheinischer Importkeramik in Münster sogar höher als etwa in Warendorf. Als mögliche Ursache kommt die angesprochene Sonderstellung im sächsischen Umfeld, aber eben auch ein stärkerer fränkischer Einfluß in Betracht. Eine geostete Pferdebestattung unter dem Domburgwall am Horsteberg, der ein Hund beigelegt war, kann in Freises Interpretation als Beigabe einer noch in heidnischen Vor-

Abb. 2 Münster: Grabungsfläche nördlich der Domgasse 1953. In der vorderen Fläche drei dunkel verfüllte Grubenhäuser, das obere rechte davon die Kammacherei

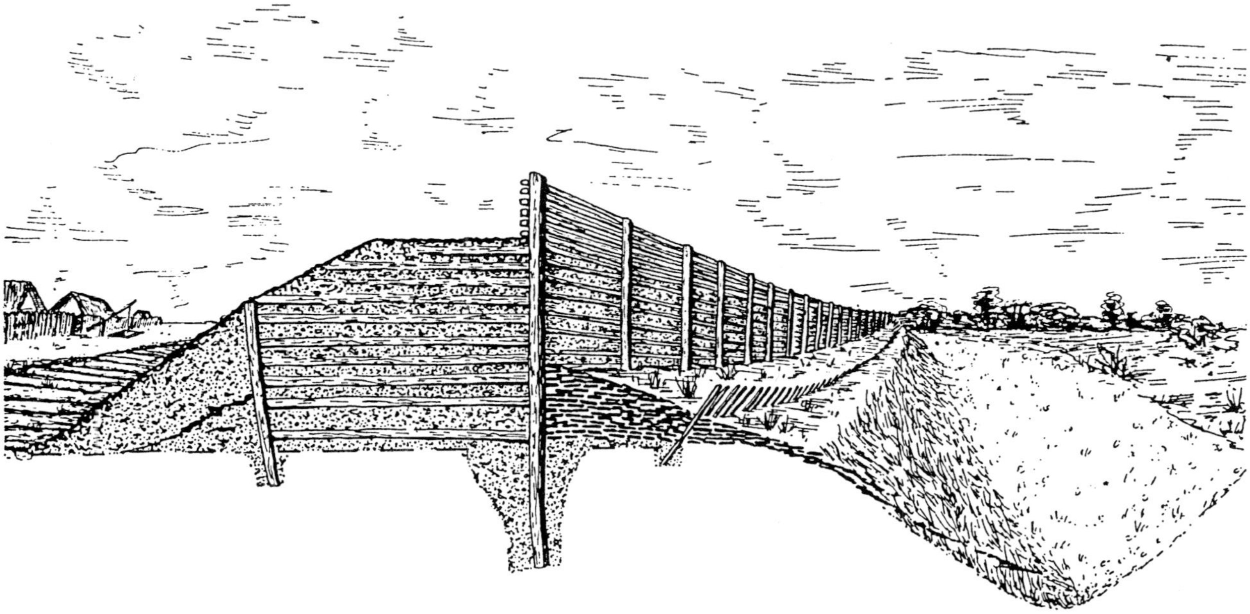

Abb. 3 Münster: Rekonstruktion der Domburgbefestigung

stellungen verhafteten Bevölkerung zu einem Grab auf dem nahen Missionskirchhof verstanden werden. Winkelmann sah in dieser dicht vor dem Wallbau eingebrachten Bestattung, die Parallelen bisher nur im vorchristlichen, besonders im sächsischen Grabbrauch hat, ein Bauopfer. Der erste „christliche" Fund aus Mimigernaford, eine Kreuzfibel, lag unter der Wallschüttung auf der Oberfläche des 8. Jahrhunderts, ist also schon vor, allenfalls bei der Anlage des Domburgwalles verloren worden (Kat.Nr. VI.146). Historisch könnte man eine christliche Frühphase Mimigernafords der Zeit des Abtes Beornrad von Echternach zuordnen, der zwischen 777/780 und 792 mit der Mission der westlichen Sachsen betraut war; die Brandzerstörung ließe sich nach Freise hypothetisch mit einem der in der Zeit zwischen 778 und 794 zahlreichen sächsischen Aufstände verbinden.

Nun aber soll unser Blick den neuen und zukunftsweisenden Strukturen gelten: Durch archäologische Befunde gut bezeugt ist die Befestigung des neuen Siedlungsgefüges: Eine Holz-Erde-Mauer mit vorgelagertem Graben umschloß das fast 7 ha große Areal der späteren Domimmunität zwischen der westlichen Aa und zwei kleinen Nebenbächen im Norden und im Süden. Die Konstruktion bestand aus einer Folge von nach außen hin 2–2,5 m breiten und 6–8 m langen erdgefüllten Holzkästen, eingehängt zwischen sehr starken Front- und schwächeren rückwärtigen Ankerpfosten (Abb. 3). Der untere Teil der Feldseite wurde durch eine Aufschichtung von Plaggen (Grassoden) geschützt, die wiederum von einer kleinen Schrägpfostenreihe mit Flechtwerk gegen das Abrutschen in den 9,5–14 m breiten Graben gesichert war. Eine Öffnung dieser Befestigung wurde an der Domgasse angegraben: Dort fanden sich 50 cm breite Untermauerungen für ein offenbar hölzernes Torhaus. Über weitere Toranlagen der ältesten Domburgphase ist bisher nichts bekannt, zumindest einen weiteren Zugang im Westen, eher noch im Süden des Wallringes dürfte es aber gegeben haben. Soweit bekannt, gehören die stratigraphisch der Zeit vor dem Domburgwall zuzuweisenden Funde den Jahrzehnten um 800 an. Die Pferdebestattung, deren Verfüllung noch dem Druck der deshalb bald danach erfolgten Wallschüttung nachgeben konnte, deutet auf eine Entstehung in den ersten Zeiten der Christianisierung.

Blicken wir nun auf die historische Situation, um die Befestigung Mimigernafords näher einzuordnen: Das Münsterland durchlebte am Anfang der Sachsenkriege, von etwa 774–785 eine Phase wechselnden Kriegsglücks, in der eine Befestigung auf nach Kriegsrecht beschlagnahmtem Grund durch und für das fränkische Heer angelegt worden sein könnte. Für Paderborn hat die Forschung das Bild einer durch königliche Macht auf einem großen konfiszierten Landbezirk errichteten Befestigung bestätigen können, in der schon in der ersten Phase des

Sachsenkrieges Pfalz und Kirche als Kern von Königs- und Bischofssitz entstanden. Kann aber dieses Bild auf Münster übertragen werden? Das 776 befestigte Paderborn, eindeutiges Zentrum königlicher Präsenz in Sachsen, Pfalz- und Versammlungsort für Reich und Kirche, kam mit weniger Fläche aus als Mimigernaford, über dessen politische und militärische Bedeutung in der Frühzeit der Karolingerherrschaft nichts bekanntgeworden ist. Es liegt wohl näher, die Befestigung erst mit oder nach dem Zeitpunkt anzunehmen, an dem die Ausgestaltung zum kirchlichen Mittelpunkt eines großen Sprengels in Angriff genommen wurde. Und dies dürfte – bei allen Spekulationen über eine christliche Frühphase unter Abt Beornrad – doch erst mit der Ankunft des hl. Liudger und seiner Gründung eines Klosters (*monasterium*, daher der spätere Ortsname Münster) als Mittelpunkt des ihm zugewiesenen Missionssprengels geschehen sein. Liudgers Ankunft in Münster und der Beginn seiner Missionstätigkeit in Westfalen werden in das Jahr 793 gesetzt. Da die Aufstandsbewegungen gegen die Zahlung des Kirchenzehnten, in deren Folge Liudger 792 sein vorheriges Missionsgebiet an der Emsmündung verlassen mußte, noch bis 794 das westliche Sachsen erschütterten, nimmt Freise einen Ausbau Mimigernafords sogar erst ab 795 an. Als Zeitpunkt, an dem die Befestigung spätestens vollendet gewesen sein dürfte, hat schon Philipp R. Hömberg das Jahr 805 vorgeschlagen: In diesem Jahre fand mit der Bischofsweihe des lange widerstrebenden Liudger die Bistumsgründung ihren Abschluß; zudem eröffnete das endgültige Ende des Sachsenkrieges eine Friedensperiode, in der eine große und aufwendige Befestigung nicht mehr dringlich erschienen sein mag.

Das kirchliche Zentrum Mimigernafords lag im Norden des neubefestigten Areals, in einem offenbar vorher unbesiedelten Gelände nahe der alten sächsischen Siedlung (Abb. 4). Der älteste bisher bekannte Befund ist kein kirchliches Gebäude, sondern ein Friedhof nördlich und südlich der nicht ergrabenen mittleren Teile des heutigen Domes. Die geosteten Bestattungen liegen in Baumsarggräbern, wie sie für das karolingische Westfalen üblich sind, ein etwas nach Norden abgerücktes, durch einen kleinen hölzernen Kapellenbau ausgezeichnetes Grab barg zwei Münzen aus den Jahren 792/794–814, die dem Toten beigelegt waren (Kat.Nr. VI.96). Dieser Friedhofsbefund läßt erwarten, daß die älteste Kirche Mimigernafords unter dem heutigen Dom gelegen hat, und zwar, nach Freise, vielleicht schon in den Jahren vor Liudgers Ankunft. Am Nordrand des Friedhofs – mitten im Hof des heutigen Domkreuzgangs – entstand im beginnenden 9. Jahrhundert noch eine weitere Kirche. Ihre Grundmauern schneiden ältere Baumsarggräber; sie wurde mit gleichbleibender Mittelachse über dem Standort der oben genannten Holzkapelle errichtet, vor der zwei offenbar besondere Tote, davon der eine mit der Münzbeigabe, bestattet worden waren. Der 22,5 m lange und im Lichten 7,7 m breite Apsidensaal diente vom frühen 12. Jahrhundert an dem Kollegiatstift des „Alten Domes" als Kirche. Der Name dieser neben dem Domkapitel bestehenden Klerikergemeinschaft hat vor den Ausgrabungen zur Lokalisierung der ältesten Kathedrale im Kreuzhof geführt; die Friedhofsbefunde und auch die formale Bescheidenheit des ergrabenen Bauwerks lassen aber eine solche Annahme nicht mehr zu. Geweiht war die Kirche dem hl. Paulus, dem Liudger das Kloster und den Sprengel von Mimigernaford in besonderer Weise zugeeignet hatte. Auch die benachbarte Domkirche führte das Pauluspatrozinium, das dort allerdings den für die Hauptkirchen der Karolingerzeit üblichen Salvator- und Marientitel überlagerte. Das Patrozinium, die räumliche Nähe und die in den hochmittelalterlichen Quellen genannte Beziehung der Kirche zum *vetus monasterium* haben zur Annahme geführt, die *basilica minor* des hl. Paulus habe in besonderer Weise dem Gottesdienst der von Liudger begründeten Klerikergemeinschaft gedient. Ob diese Nebenkirche der Kathedrale allerdings schon zu Liudgers Lebzeiten errichtet wurde, muß dahingestellt bleiben. In der Schriftüberlieferung wird nur eine einzige Kirche im karolingischen Mimigernaford genannt: Liudgers Vita erwähnt die Aufbahrung des 809 gestorbenen Bischofs in einer Marienkirche; dies dürfte die Kathedralkirche unter dem heutigen Dom gewesen sein. Das Beispiel anderer sächsischer Bistümer legt auch für Mimigernafords Bischofskirche schon in der 1. Hälfte des 9. Jahrhunderts einen mehrschiffigen Großbau nahe, zu dem nach Uwe Lobbedey schon ein altes, in Teilen angegrabenes Westquerhaus mit Westchor gehört haben könnte. Ein östliches Querhaus ist dagegen für diese erste Großkirche recht sicher auszuschließen.

Wenig wissen wir über die ersten Klosterbauten für die von Liudger gegründete Gemeinschaft. Nordöstlich der kleinen Pauluskirche im heutigen spätgotischen Domkreuzgang wurden Reste größerer Steingebäude ergraben, die allen späteren, vom 11. Jahrhundert an errichteten Domklosterbauten vorangehen. Dazu gehört vermutlich der Ostflügel eines Kreuzganges mit einer Reihe von Bestattungen und vielleicht der Ansatz eines zugehörigen nördlichen Kreuzgangarmes, begleitet von großen Gebäuden.

Abb. 4 Münster: Plan der Altstadt mit den karolingischen Strukturen. A Pferdegrab. – B Kammacherei

Was die Forschungssituation in Münster von anderen Bischofssitzen unterscheidet, ist die Tatsache, daß nicht nur Spuren von Dom, Nebenkirchen und Domkloster der Karolingerzeit entdeckt, sondern in größerem Umfang auch Siedlungsflächen einer in der Domburg ansässigen Bevölkerung ergraben wurden. Der aussagekräftigste Befundkomplex fand sich 1958/1960 am Ostrand der Domburg, nördlich des heutigen Michaelisplatzes. Der Burgwall wurde einwärts von einer holzbewehrten Wallstraße begleitet, an die sich ein Siedlungsareal von etwa 8 x 15 m großen, palisadenumzäunten Hofflächen mit 4 x 6 m großen Hausstellen anschloß. Zu den Parzellen gehörten jeweils ein bis zwei kleinere Grubenhäuser. Die Gebäude sind mehrfach an gleicher Stelle wiedererrichtet worden, Funde legen eine Nutzung vom 9.–11. Jahrhundert nahe. In kleineren Bodenaufschlüssen fanden sich Spuren von Bebauung ähnlicher Art und Zeitstellung östlich des Domchores, an der Domgasse, in den östlichen und südlichen Teilen des seit dem 12. Jahrhundert freigeräumten Domplatzes und südlich davon auf dem Grundstück des heutigen Postgebäudes. Das kleinteilig-enge Siedlungsbild am Michaelisplatz mag sich nicht überall gleichartig wiederholt haben, auch können manche Bereiche erst einige Zeit nach der Befestigung aufgesiedelt worden sein, dennoch läßt sich für weite Flächen der Domburg im früheren Mittelalter eine recht dichte Besiedlung unterstellen. So entsprach das karolingische Münster tatsächlich dem, was den Franken in ihren Stammlanden als *civitas* noch vor Augen stehen konnte: die spätantik/frühmittelalterliche Reduktionsform der römischen Städte, gerade groß genug, um den Bischofssitz und die im Schutz der Befestigung zusammengerückte Restbevölkerung aufzunehmen. Als *cité* ist ein solcher Bezirk in vielen französischen Städten noch erhalten.

Zum Schluß soll unser Blick dem Umfeld der *civitas* gelten: Schon das Mimigernaford der Karolingerzeit lag inmitten einer Landschaft, in der Einzelhöfe und kleine Hofgruppen das Siedlungsbild bestimmten, allerdings in erheblich geringerer Dichte als heute. Zwei Höfe im Süden und Südwesten der *civitas* besaßen für den Bischofssitz offenbar schon im 9. Jahrhundert besondere Bedeutung: der Brockhof vor dem späteren Ludgeritor und der Bispinghof jenseits der Aa südwestlich der Domburg. Beide waren in späterer Zeit bedeutende Zentren der Grundherrschaft von Bischof (Bispinghof) und Domkapitel (Brockhof). Ihre Ursprünge reichen aber wohl in die Zeit vor der Trennung von Bischofs- und Kapitelsgut und damit in die früheste Zeit des Bistums; sie könnten gemeinsam das des öfteren aus zwei großen Haupthöfen (Vieh- und Kornhof) bestehende Kernstück grundherrschaftlicher Güterversorgung für das *monasterium* und seinen bischöflichen Vorsteher gebildet haben. Für eine Gruppe von Höfen südöstlich der Domburg, die später aus der bürgerlichen Stadtverfassung ausgenommen blieben, wird ebenfalls ein hohes Alter angenommen: Auch sie wurden offenbar zwischen Domkapitel und Bischof geteilt und sind daher wohl dem ältesten, noch gemeinsamen Güterfundus zuzuweisen. Die zur Zeit durchgeführten archäologischen Untersuchungen an der Stubengasse werden hier möglicherweise bald Klarheit schaffen.

Vielleicht noch im 9. Jahrhundert, in jedem Fall aber nicht allzu lange danach entstand vor dem Tor an der Domgasse ein neuer Siedlungsbereich. Hier kreuzten sich die Mimigernaford berührenden Fernwege: eine sehr alte Verbindung von Südosten nach Nordwesten, die die namenprägende Aafurt benutzte und in den Bereich der Emsmündung, aber auch nach Deventer führte; dann ein Weg von Südwesten nach Nordosten, der den Verkehr von Köln, dem Niederrhein und Dortmund aufnahm und über das Nachbarbistum Osnabrück die nördlichen Teile Sachsens erschloß. An dieser Kreuzung entwickelte sich parallel zu den Verhältnissen vieler anderer Bischofssitze eine Marktsiedlung. Nach den spärlichen archäologischen Befunden reichen ihre Anfänge vielleicht in das 9., zumindest aber in das 10. Jahrhundert zurück. Im Zentrum dieser Siedlung wurde gegenüber dem Domburgtor im 11. Jahrhundert eine Kirche errichtet: die spätere Hauptpfarrkirche der Stadt, St. Lamberti. Ebenfalls im 11. Jahrhundert entstand auf der anderen Seite der Aa das *suburbium* Überwasser um die 1040 geweihte Liebfrauenkirche, mit der die sich ständig vergrößernde Marktsiedlung im 12. Jahrhundert zur mittelalterlichen Stadt Münster zusammenwuchs. Die alte Domburg wandelte sich wohl weitgehend im frühen 12. Jahrhundert zu einem nur noch von Geistlichen und ihrem Gesinde bewohnten Immunitätsbezirk innerhalb der bürgerlichen Stadt.

Quellen und Literatur:

Zur Archäologie der Domburg allgemein: WINKELMANN [2]1990, HÖMBERG 1981. – Zum Dom und seinem Umfeld: HÖMBERG 1983, SCHNEIDER 1991, LOBBEDEY 1993. – Zur Stadtgeschichte und Mittelalterarchitektur: GEISBERG 1932, PRINZ 1976, BALZER 1993, ISENBERG 1993, FREISE 1993, KIRCHHOFF 1993, KOHL 1993, Westfälischer Städteatlas 1993, ANGENENDT 1998. – Zum Ortsnamen: TIEFENBACH 1984.

Die Vitae sancti Liudgeri, hrsg. v. Wilhelm DIEKAMP (Die Geschichtsquellen des Bistums Münster 4), Münster 1881.

Arnold ANGENENDT, Mission bis Millenium (313–1000), in: Geschichte des Bistums Münster 1, hrsg. v. Arnold ANGENENDT, Münster 1998,156–162. – Manfred BALZER, Die Stadtwerdung – Entwicklungen und Wandlungen vom 9. bis 12. Jahrhundert, in: Geschichte der Stadt Münster 1, hrsg. v. Franz-Josef JAKOBI, Münster 1993, 53–90. – Eckhard FREISE, Vom vorchristlichen Mimigernaford zum honestum monasterium Liudgers, in: Geschichte der Stadt Münster 1, hrsg. v. Franz-Josef JAKOBI, Münster 1993, 1–51 (Lit.). – Max GEISBERG, Die Stadt Münster 1–6 (Bau- und Kunstdenkmäler von Westfalen 41), Münster 1933–41. – Philipp R. HÖMBERG, Die Ausgrabungen auf dem Domhof, in: Münster, westliches Münsterland, Tecklenburg 2 (Führer zu vor- und frühgeschichtlichen Denkmälern 46), Mainz 1981, 1–18. – Philipp R. HÖMBERG, Die Ausgrabungen im Kreuzgang des Paulus-Domes zu Münster. Vorbericht, in: Ausgrabungen und Funde in Westfalen-Lippe 1, Mainz 1983, 101–109. – Gabriele ISENBERG, Stadtarchäologie als Sicherung und Erschließung historischer Boden- und Baubefunde, in: Geschichte der Stadt Münster 1, hrsg. v. Franz-Josef JAKOBI, Münster 1993, 411–446. – Uwe LOBBEDEY u. Herbert SCHOLZ, Baubestand und Baugeschichte des Domes. Zur Geschichte der Vorgängerbauten – Grabungsbefunde, in: Der Dom zu Münster 793 – 1945 – 1993, 1: Der Bau, hrsg. v. Uwe LOBBEDEY, Herbert SCHOLZ u. Sigrid VESTRING-BUCHOLZ (Denkmalpflege und Forschung in Westfalen 26), Münster 1993, 9–41. – Karl-Heinz KIRCHHOFF, Stadtgrundriß und topographische Entwicklung, in: Geschichte der Stadt Münster 1, hrsg. v. Franz-Josef JAKOBI, Münster 1993, 447–484. – Wilhelm KOHL, Zur Frühgeschichte des Domes in Münster, in: Tradition als historische Kraft. Interdisziplinäre Forschungen zur Geschichte des früheren Mittelalters, hrsg. v. Norbert KAMP u. Joachim WOLLASCH, Berlin/New York 1982, 156–180. – Wilhelm KOHL, Kirchen und kirchliche Institutionen, in: Geschichte der Stadt Münster 1, hrsg. v. Franz-Josef JAKOBI, Münster 1993, 535–573. – Joseph PRINZ, Mimigernaford – Münster. Die Entstehungsgeschichte einer Stadt (Veröffentlichungen der Historischen Kommission Westfalens 22,4) (Geschichtliche Arbeiten zur westfälischen Landesforschung 4), Münster ^{2}1976. – Manfred SCHNEIDER, Der St. Paulus-Dom in Münster. Vorbericht zu den Grabungen im Johanneschor und auf dem Domherrenfriedhof („Alter Dom"), in: Ausgrabungen und Funde in Westfalen-Lippe 6B, Mainz 1991, 33–78. – Heinrich TIEFENBACH, Mimigernaford – Mimigardeford. Die ursprünglichen Namen der Stadt Münster, in: Beiträge zur Namensforschung NF 19, 1984, 1–20. – Westfälischer Städteatlas IV, 3, 1993: Münster, bearb. v. Karl-Heinz KIRCHHOFF u. Mechthild SIEKMANN. – Wilhelm WINKELMANN, Ausgrabungen auf dem Domhof in Münster, in: Monasterium. Festschrift zum siebenhundertjährigen Weihegedächtnis des Paulus-Domes zu Münster, in: DERS., Beiträge zur Frühgeschichte Westfalens. Gesammelte Aufsätze von Wilhelm Winkelmann (Veröffentlichungen der Altertumskommission im Provinzialinstitut für westfälische Landes- und Volksforschung 8), Münster ^{2}1990, 70–88.

Wolfgang Schlüter

Osnabrück in karolingisch-ottonischer Zeit

Die Genese der Stadt Osnabrück läßt sich nach dem derzeitigen archäologischen und historischen Forschungsstand folgendermaßen darstellen: Aus einer Missionszelle des ausgehenden 8. Jahrhunderts entwickelt sich der zunächst wohl mit einem Ufermarkt, seit der zweiten Hälfte des 9. Jahrhunderts aber sicherlich mit einem grundherrlichen Markt verbundene Bischofssitz des 9./10. Jahrhunderts (vorstädtische Phase) (Abb. 1). Mit der Privilegierung dieses Marktes im Jahr 1002 ist ein neuer wichtiger Schritt in der Entwicklung getan (frühstädtische Phase). Zwischen der Mitte des 12. und der Mitte des 13. Jahrhunderts folgt dann die Herausbildung der mittelalterlichen Rechtsstadt. Die Siedlungsspuren des 9. und des 10. Jahrhunderts finden sich ausschließlich auf zwei Niederterrasseninseln unmittelbar südlich der Hasefurt zwischen Westerberg und Gertrudenberg, dem Schnittpunkt der wichtigsten Verkehrswege im Bereich der Stadt Osnabrück. Es sind dies ein sich entlang der Haseaue hinziehender Sandrücken von 6 ha Größe (Länge 400 m; Breite 100–200 m) mit dem Dom an seiner östlichen Kante und eine ovale Sandkuppe von nur 0,85 ha Umfang (Durchmesser 90–110 m) mit der Marienkirche. Der Sandrücken besteht aus einem höher gelegenen südlichen Bereich von rund 3,5 ha und einem ursprünglich 1–1,5 m tiefliegenden und damit grundwassernahen nördlichen Teil von 2,5 ha Größe.

Über den Sandrücken verlief parallel zur östlichen Terrassenkante eine Straße, in der die von Osten (Herford), Südosten (Paderborn) und Süden (Warendorf) herangeführten Wege gebündelt wurden. Über die Niederterrasse am Fuß des Westerbergs – hier fädelten auch die von Südwesten (Münster über Lengerich), Westen (Rheine) und Nordwesten (Emsland) kommenden Wege ein – führte sie zur Hasefurt. Nach der Gründung des Bischofssitzes auf dem Sandrücken wurde der Süd-Nord-Verkehr mittels einer 'Umgehungsstraße' westlich um die Domburg herumgeleitet. Ihre Trasse verlief rund 50 m westlich der erst während der zweiten Hälfte des 12. Jahrhunderts in der verfüllten Poggenbachniederung angelegten neuen Ringstraße im Zuge von Krahn- und Bierstraße und ist heute nur noch in kurzen Streckenabschnitten erhalten.

Für eine vorkarolingische Besiedlung der beiden Niederterrasseninseln liegen bisher weder archäologische noch urkundliche Hinweise vor. Der älteste Beleg für ihre Inbesitznahme ist vielmehr ein nördlich des Doms auf einer Strecke von 20 m freigelegter Spitzgraben von ursprünglich 3–3,5 m Breite und 1,5 m Tiefe, der sich anscheinend an das ehemalige Hochufer der Hase im Bereich des Doms anlehnte und eine Fläche von gut 0,5 ha nach Westen hin abriegelte. Er war möglicherweise in einem Abstand von 2 m einer 1 m starken Steinmauer mit Erdhinterschüttung vorgelagert und ist, wie die schräg von innen einfallenden Verfüllschichten andeuten, nach dem Abbruch der Mauer mit dem Erdmaterial zugeschüttet worden. Die Befestigungsreste werden von einem um 800 angelegten Baumsargfriedhof überlagert.

Diese nur kurze Zeit bestehende Befestigung könnte dem Schutz der 780/783 in Osnabrück im Zuge der missionspolitischen Aufteilung Sachsens eingerichteten Missionsstation, wie in Meppen, Visbeck und Wiedenbrück, gedient haben. Denn die Nennung eines Bischofs, des Friesen Wiho, im Jahre 803 – er soll 804 gestorben sein – läßt vermuten, daß der sächsische Bischofssitz Osnabrück bereits um 800 gegründet wurde und die Einebnung der Befestigung mit diesem Vorgang zusammenhängt.

Die erste Missionskirche wurde von Bischof Agilfred von Lüttich († 787?) geweiht. Sie wird im Bereich der Vierung des Doms vermutet, d. h. innerhalb des bereits vor 800 geschützten Areals (Abb. 2). Bezeichnenderweise sind auch der Bischofshof des späten 9. und 10. Jahrhunderts unmittelbar nördlich des Doms sowie der um etwa 60 bis 70 m nach Norden verschobene Hof des 11./12. Jahrhunderts auf dem Platz des ehemaligen Missionsstützpunktes errichtet worden.

Dem Osnabrücker Bischof stand an seinem Sitz, wie dies für alle sächsischen Bischofssitze vorausgesetzt werden kann, von Beginn an ein Kreis von Geistlichen sowohl zur Diözesanverwaltung als auch für die Verrichtung gottesdienstlicher Aufgaben zur Verfügung. Dieses

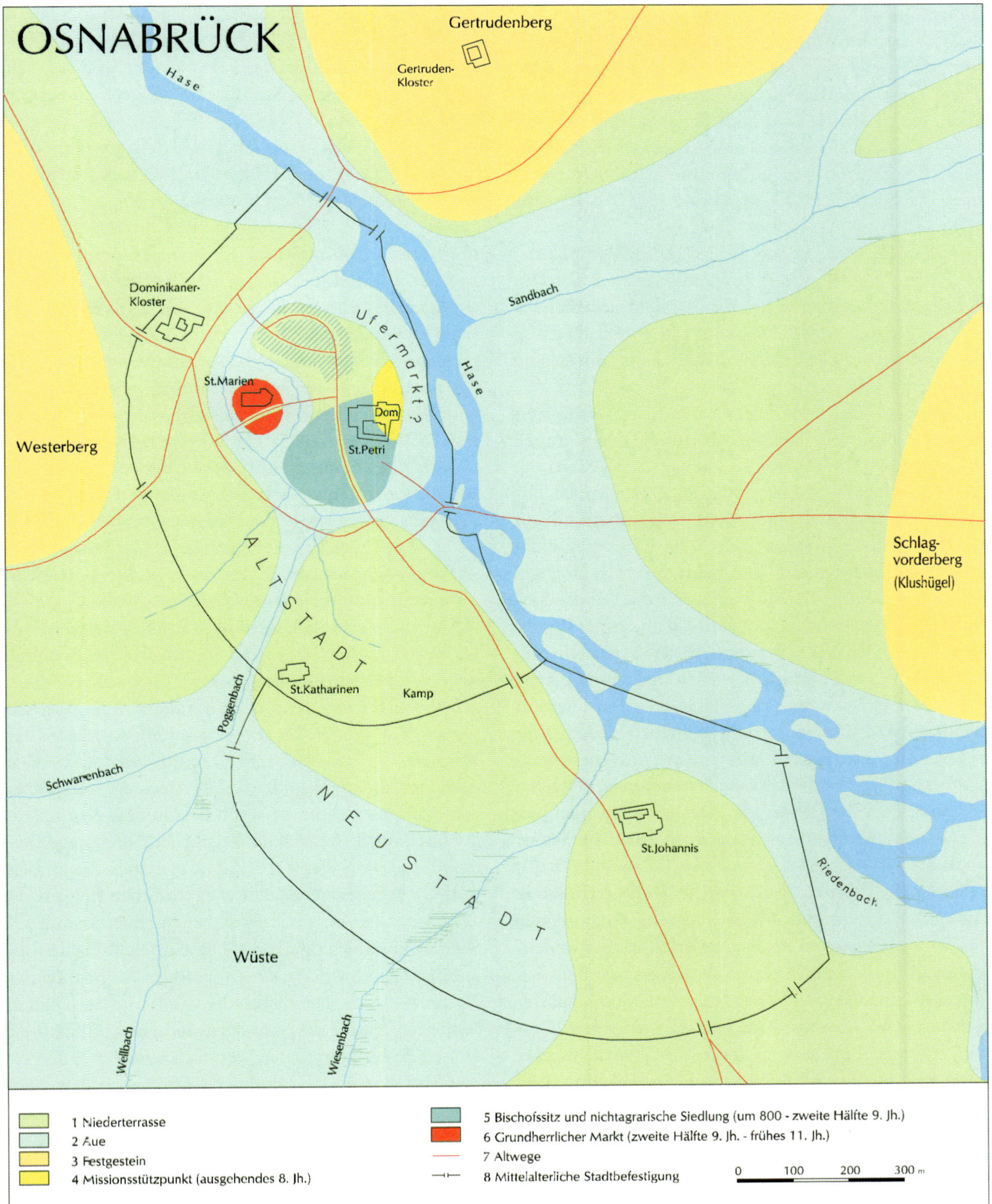

Abb. 1 Topographie Osnabrücks im frühen Mittelalter

Kollegium von Geistlichen lebte in klösterlicher Gemeinschaft, der *vita communis*. Die auf der Reichssynode von 816 fixierte Regel Bischof Chrodegangs von Metz schrieb für solche Kollegien an Bischofssitzen *firmis munitionibus* (starke Befestigungsanlagen) vor. Nun ist die Existenz eines Klosters an dem Osnabrücker Bischofssitz durch den Fuldaer Bericht über die Translatio S. Alexandri von Rom nach Wildeshausen erst für das Jahr 851 belegt, doch die Bezeichnung Osnabrücks in diesem Zusammenhang als *monasterium* zeigt, daß das Domkloster Mitte des 9. Jahrhunderts nicht nur das dominierende Element der gesamten Anlage war, sondern sicherlich bereits seit geraumer Zeit bestand. Man kann deshalb davon ausgehen, daß der Osnabrücker Bischofssitz von Beginn an befestigt war.

Allerdings konnte bislang nicht eindeutig geklärt werden, ob die frühmittelalterliche Domburg den gesamten Sandrücken oder nur einen Teil dieses Areals einnahm. Die kleine Sandkuppe hat entgegen älteren Vorstellungen allerdings zu keinem Zeitpunkt innerhalb der Grenzen des Bischofssitzes gelegen. Vom topographisch-archäologischen Befund her scheint es jedoch möglich, daß sich die Domburg über den gesamten Sandrücken erstreckte. Hierfür sprechen zum einen der der durchschnittlichen Größe sächsischer Bischofssitze entsprechende Umfang der Niederterrasseninsel, zum anderen ihre natürlich geschützte Lage sowie die – allerdings nur wenigen – Spuren einer solchen Wehranlage. Eindeutige Befestigungsreste sind bislang nur in zwei Baugrubenprofilen am Rand der Poggenbachniederung südlich des Markts nachgewiesen worden. Anscheinend verlief hier parallel zum Auenrand eine zunächst lediglich 2 m breite, später auf 3,5–4 m verbreiterte Holz-Erde-Mauer. In den Pfostenlöchern der Holzkonstruktion fand sich Keramik des 9./10. Jahrhunderts. Mögliche Spuren einer solchen Umwehrung konnten noch im Bereich der Schwedenstraße am Rande der Haseaue beobachtet werden. Bei einem durchgehenden Verlauf der Befestigung auf der Kante der Niederterrasse hätte sich die Anlage eines Grabens erübrigt. Zum anderen sind Fundstellen des 9. Jahrhunderts von dem gesamten Sandrücken bekannt, d. h. von dem höher gelegenen südlichen als auch von dem nördlichen Teil. Daß aus dem erstgenannten Bereich wesentlich mehr und auch eindeutiger in das 9. oder gar frühe 9. Jahrhundert datierbare Funde vorliegen als von dem tiefer liegenden Areal, muß zumindest derzeit noch auf den unterschiedlichen Forschungsstand zurückgeführt werden. Schließlich ist in diesem Zusammenhang noch auf die Jakobskapelle hinzuweisen, die aufgrund ihrer Lage – entsprechend der mutmaßlichen ursprünglichen Funktion der Martins- und der Nikolaikapelle als Torkapellen am Süd- bzw. Westausgang der Domburg – als Torkapelle des nördlichen Ausgangs angesehen werden könnte.

Gegen die Auffassung, daß die frühmittelalterliche Domburg den gesamten Sandrücken einnahm, sprechen jedoch Umfang und Lage der aus ihr hervorgegangenen Domimmunität. Abgesehen von den ehemals innerhalb der Grenzen der Immunität gelegenen Auenbereichen, die erst während des hohen oder späten Mittelalters trockengelegt und der Domburg bzw. der Freiheit zugeschlagen worden sind, beschränkte sich die Domimmunität auf den hoch- und grundwasserfernen südlichen Teil des Sandrückens sowie auf den unmittelbar nördlich anschließenden Bereich seines tiefer liegenden Teils, die sog. Große Domsfreiheit. Die Westgrenze der Immunität nördlich des Doms trennte die beiden Zeilen mit ursprünglich durchweg traufenständigen Häusern ohne Hofraum an der Ostseite der Hasestraße bzw. der Westseite der Großen Domsfreiheit voneinander. Der westlich dieser Grenze liegende Bereich des Sandrückens gehörte demnach nicht zum Areal des Bischofssitzes.

Darüber hinaus läßt die innere Struktur der Immunität im 13. Jahrhundert vermuten, daß sich der Bischofssitz des 9./10. Jahrhunderts ausschließlich auf den höher gelegenen Teil des Sandrückens beschränkte (Abb. 2). Dieses Areal gehörte bis auf seinen nördlichsten, bis zur Mitte der Ostseite der Großen Domsfreiheit reichenden Ausläufer zum domkapitularischen Anteil der Immunität, dem *terminus claustri*, während die Große Domsfreiheit der bischöfliche Bereich der geistlichen Freiheit, der *terminus atrii*, war. Der Grenzverlauf zwischen den beiden Immunitätsbereichen entspricht vermutlich weitgehend der nördlichen Begrenzung des ehemaligen Lamberti-Friedhofs nördlich des Doms. Diese Zweiteilung der Immunität war eine Folge der endgültigen Aufhebung der *vita communis* der Geistlichen des Doms und der dadurch bedingten Teilung des Vermögens zwischen Bischof und Kapitel im 11. Jahrhundert, vermutlich bereits in den ersten Jahrzehnten des Jahrhunderts. Dementsprechend liegen mit Ausnahme der nachweislich erst während des ausgehenden Mittelalters oder der frühen Neuzeit errichteten Stiftshöfe alle Domherrenkurien südwestlich und westlich des Doms, also auf dem höher gelegenen Teil des Sandrückens. An seinem nicht zum *terminus claustri* gehörenden nördlichen Ende stand nach der urkundlichen Überlieferung des 13./14. Jahrhunderts die bischöfliche Residenz, die *aula Episcopalis*. Da die alte, in das ausge-

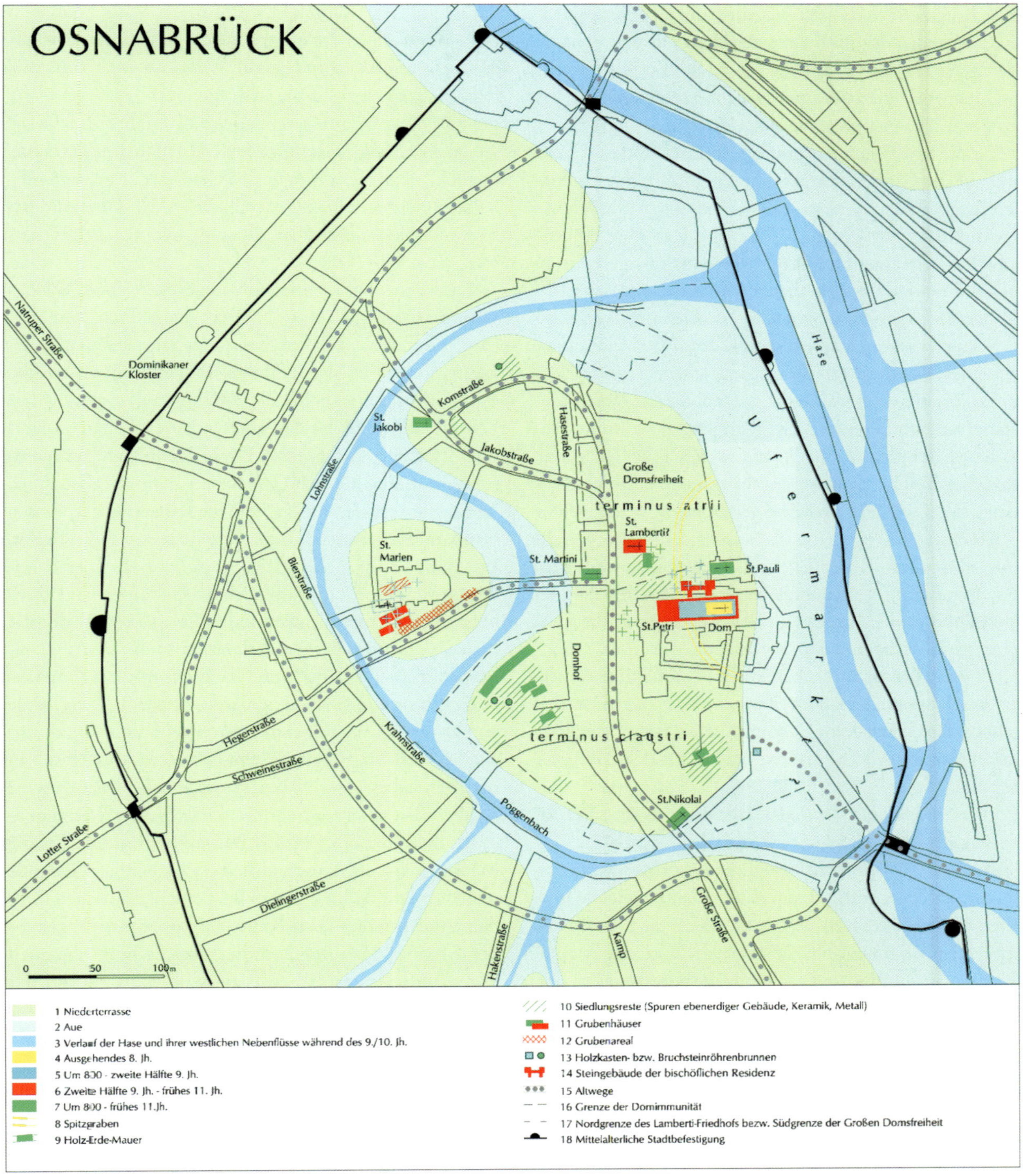

Abb. 2 Osnabrück, Grundriß der Altstadt mit mittelalterlichen Strukturen (8.–10. Jahrhundert)

hende 9. Jahrhundert zurückgehende bischöfliche Wohnung zwischen dem Dom des 10. Jahrhunderts und der Pauluskapelle, die nach der Auflösung der *vita communis* innerhalb des dem Kapitel zufallenden Areals lag, wohl im frühen 11. Jahrhundert abgerissen wurde, kann die Errichtung des Neubaus in diese Zeit datiert werden. Offensichtlich erst in diesem Zusammenhang und mit dem Ziel, der neuen bischöflichen Residenz ein repräsentatives Umfeld zu schaffen, ist der Bereich des frühmittelalterlichen Bischofssitzes um die Große Domsfreiheit von 3,5 auf 4,3 ha erweitert worden.

Da die bisherigen Ausgrabungen nördlich des Doms und auf der Großen Domsfreiheit es unmöglich erscheinen lassen, daß im Verlauf der mutmaßlichen Nordgrenze des Bischofssitzes des 9./10. Jahrhunderts eine Befestigung in Form einer Holz-Erde-Mauer mit vorgelagertem breiten und tiefen Spitzgraben – wie sie von anderen sächsischen Domburgen bekannt ist – vorhanden war, muß in Betracht gezogen werden, daß der durch die umgebenden Auen schon von Natur aus geschützte Sandrücken durch eine auf der Terrassenkante umlaufende Holz-Erde-Mauer zusätzlich gesichert worden war, der frühmittelalterliche Bischofssitz sich aber auf seinen höher gelegenen südlichen Teil beschränkte. Archäologisch läßt sich diese Möglichkeit bislang weder beweisen noch widerlegen.

Als Bistumssitz war die Osnabrücker Domburg nicht nur mit den erforderlichen Sakralbauten, Dom und Kloster, ausgestattet, zur Innenbebauung gehörten sicherlich auch Höfe und Häuser von Handwerkern und Bediensteten von Kirche und Kloster. Im Zuge der im 10., möglicherweise bereits im 9. Jahrhundert allmählich einsetzenden Auflösung der *vita communis*, des gemeinsamen Lebens der Geistlichen, ist bereits in der frühmittelalterlichen Domburg mit weiteren Bauten für den Klerus zu rechnen.

Dom und Kloster des 9./10. Jahrhunderts sind archäologisch nur unzureichend bzw., was das *monasterium* anbelangt, überhaupt nicht belegt. Es ist allerdings zu vermuten, daß bereits die ersten Klosterbauten wie die jüngeren südlich des Doms lagen. Nördlich des Sakralbaus, der vermutlich um 800 die Missionskirche ersetzte, wurde der Bestattungsplatz der frühen Domburg angelegt. Im Winkel zwischen dem nördlichen Querarm und dem Langhaus des heutigen Doms konnten bei Ausgrabungen 66 zumeist wohl in Baumsärgen vorgenommene Beisetzungen freigelegt werden, die die Spuren der Befestigung der Missionsstation überlagern. Erste Bestattungen in den Jahren um 800 lassen sich aus Beigaben wie einer kleinen goldenen Scheibenfibel mit Glaseinlagen (Kat.Nr. VI.45), einer feuervergoldeten Silberfibel in Form einer Taube mit einem Ornament in einer Degenerationsform des Tassilokelchstils (Kat.Nr. VI.47), einer bronzenen Riemenzunge (Kat.Nr. VI.48), einer eisernen Gürtelschnalle, einem Messer mit Nadelbüchse aus Eisen (Kat.Nr. VI.50) sowie einem eisernen Schlaufensporn (Kat.Nr. VI.49) erschließen. Das Gräberfeld wird um die Mitte oder auch erst im Verlauf der zweiten Hälfte des 9. Jahrhunderts aufgelassen, überbaut und an die Westseite des Doms verlegt. Hier wurden 22 Bestattungen in Holzsärgen, vornehmlich wohl Baumsärgen, des 9./10. Jahrhunderts sowie einige Steinplattengräber des 11. Jahrhunderts untersucht. Datierungshinweise liefern zwei Kreuzemailfibeln in Grubenschmelztechnik des 9./10. Jahrhunderts bzw. in Zellenschmelztechnik des 9. bis 11. Jahrhunderts (Kat.Nrn. VI.43–44).

Die Verlegung des Friedhofs steht offensichtlich in Zusammenhang mit einem Neubau des Doms, dem Vorgänger des um 1100 fertiggestellten Sakralbaus, und der Errichtung einer bischöflichen Residenz. Der Dom des 10. Jahrhunderts reichte im Westen anscheinend lediglich bis auf die Höhe des Westwerks seines Nachfolgers und besaß auch nicht dessen Breite. Denn an seiner Nordseite, im Bereich des aufgelassenen Baumsargfriedhofs, wurde ein repräsentatives Steingebäude errichtet, dessen Fundamente zum Teil unter dem heutigen Dom liegen. Das Bauwerk ist mehrphasig. Noch aus dem 9. Jahrhundert dürfte ein 1,5 m starkes Mauerfundament in Lehmbindung stammen. Jünger, in die Zeit um 900 oder das frühe 10. Jahrhundert zu datieren, sind die Überreste eines westöstlich orientierten Gebäudes mit 2,5 m mächtigen gemörtelten Fundamenten und einer lichten Länge von etwa 11,5 m. Seine erst durch geplante Ausgrabungen im Dom zu belegende lichte Breite könnte etwa 5 m betragen haben. Sowohl seine nordöstliche als auch seine nordwestliche Ecke waren mit massiven, annähernd quadratischen (6 x 6 m) Fundamenten verbunden. Da die Mächtigkeit der Mauern auf ein zweistöckiges Gebäude schließen läßt, könnte es sich bei den quadratischen Fundamenten um den Unterbau von Treppentürmen gehandelt haben. Diesen Baukomplex, welche Funktion auch immer er besessen haben mag, wird man als Teil der bischöflichen Residenz ansehen müssen. Zeitgleich mit den jüngeren Gebäuderesten des Bischofshofes sind zwei aufwendig gestaltete Grabanlagen westlich des nordwestlichen Turmfundaments. Es handelt sich um gemauerte Rahmengräber von ursprünglich mehr als 1,5 m Tiefe, von denen eines mit Bodenplatten ausgelegt war. Die Beisetzungen waren beigabenlos und ungestört, doch fand sich in der Verfüllung eines der Grabschächte – sekundär aus einer zerstörten Baumsargbestattung verlagert – die silbervergoldete Taubenfibel (Kat.Nr. VI.47).

Spuren der Innenbebauung der Domburg des 9./10. Jahrhunderts, wie Pfostenlöcher ebenerdiger Gebäude, Grubenhäuser und Gruben unbekannter Funktion, Brunnen und Reste der alten Kulturschicht, jeweils vergesellschaftet mit Keramik und Metallfunden dieses Zeitabschnitts, sind bei Ausgrabungen und baubegleitenden Untersuchungen an einer Reihe von Stellen zum Vorschein gekommen (Abb. 2). Zu den erwähnenswerten, noch in karolingische Zeit zu datierenden Siedlungsfunden aus Metall zählen ein großer Bronzeschlüssel mit runder, durchbrochen gearbeiteter Griffplatte (Kat.Nr. VI.42), das Fragment eines vergoldeten bronzenen Schwertgurtbeschlags mit einem Akanthusornament sowie eine blattförmige Pfeilspitze mit Schaftdorn aus Eisen aus den Ausgrabungen westlich der Schwedenstraße, weiterhin ein Schlüssel und eine blattförmige Pfeilspitze mit Tülle, beide aus Eisen, aus Untersuchungen auf der Kleinen Domsfreiheit, und schließlich eine eiserne Schere aus einem Grubenhaus westlich des Domhofs. Rheinische Importkeramik, und zwar Badorfer Keramik, wurde nördlich des Doms im Bereich der bischöflichen Residenz gefunden.

Auch der nach Nordwesten abknickende, rund 2,5 ha große grundwassernahe und außerhalb der Domburg liegende Bereich des Sandrückens war im 9. Jahrhundert bereits besiedelt, und zwar beiderseits der Jakobstraße und des oberen Abschnitts der Turmstraße, der ehemaligen Kornstraße. Dies zeigen in erster Linie Spuren giebelständiger ebenerdiger Pfostenbauten an der Nordseite der Kornstraße. In einem Bruchsteinröhrenbrunnen fanden sich hier zudem Scherben eines braunen, granitgrusgemagerten Gefäßes, vermutlich eines Kugeltopfes, mit doppelreihiger Kreuzstempelverzierung und einem Randprofil, das demjenigen der muschelgrusgemagerten Kugeltöpfe des ausgehenden 8. und des 9. Jahrhunderts entspricht. Das Hauptverbreitungsgebiet der Muschelgruskeramik ist das friesische Nordseeküstengebiet.

Die binnenländische Verbreitung dieser Ware, deren Nachahmung den Beginn der einheimischen Kugeltopfproduktion markiert, geht auf friesische Händler zurück, die sich seit der zweiten Hälfte des 8. Jahrhunderts über die Flüsse verstärkt dem sächsischen Binnenland zuwandten. So ist z. B. für das Jahr 815 ihre Anwesenheit in dem Missionszentrum Elze an der Leine, dem Vorläufer des Bischofssitzes Hildesheim, belegt. Ihren Handel wickelten die Friesen in der Regel auf Ufermärkten ab, die gekennzeichnet waren durch flach ins Wasser abfallende Böschungen, an denen sie mit ihren kleinen, flachbodigen Schiffen landen konnten, weiterhin durch die Nähe einer Furt, die der Bevölkerung der anderen Flußseite einen Besuch des Marktes ermöglichte, ferner durch eine nahe gelegene Burg, die bei Gefahr Schutz bot, und schließlich durch eine parallel zum Ufer verlaufende Straße, über die die Anbindung an den Landverkehr erfolgte. Da die Hase zumindest im frühen Mittelalter bis Osnabrück schiffbar war und der breite Uferstreifen der Hase nördlich und östlich der Domburg alle Anforderungen, die an einen solchen Platz gestellt werden mußten, erfüllte, ist denkbar, daß friesische Händler hier seit dem ausgehenden 8. Jahrhundert Handel betrieben (Abb. 1). Die archäologischen Belege für diese Vermutung sind bislang allerdings spärlich. Außer den Siedlungsspuren an Korn- und Jakobstraße, die auf die Einrichtung eines solchen Ufermarktes zurückgehen könnten, sind hier in erster Linie ein östlich der Schwedenstraße, d. h. außerhalb der Domburg am Rande der Haseaue, ergrabener Holzkastenbrunnen und ein danebenliegender Holzstapel, mit Sicherheit kein Bauholz-, sondern eher ein Brennholzstapel, zu nennen. Die dendrochronologische Datierung dieser beiden Befunde lautet 848/849 bzw. um oder nach 772. In ihrer unmittelbaren Nähe fanden sich eine schmale Riemenzunge mit knopfförmigem Ende aus Eisen aus der Zeit um 800 sowie Badorfer Keramik des 8./9. Jahrhunderts. Die mit Aufschüttungen verbundene ständige Besiedlung der Haseaue beginnt demgegenüber hier erst um 1000.

In Zusammenhang mit einem möglichen Ufermarkt an der Missionsstation und der frühen Domburg ist aber auch auf den annähernd zeitgleichen Baumsargfriedhof auf der ringsum von breiten Auen des Poggenbachs umgebenen kleinen Sandkuppe hinzuweisen. Bei Ausgrabungen in der Marienkirche, deren erster Bau während der ersten Hälfte des 11. Jahrhunderts errichtet wurde, und auf dem Marktplatz konnten annähernd 40 Beisetzungen erfaßt werden. Als einzige Beigabe ist eine rautenförmige Kreuzfibel mit Dreipaßspitzen aus der ersten Hälfte des 9. Jahrhunderts zu nennen. Sicherlich gruppierten sich diese Gräber um eine kleine Kirche, die an der höchsten Stelle der Sandkuppe an der Südwestecke der heutigen Marienkirche gestanden haben könnte. Die Lage des Gräberfeldes und der mutmaßlichen Kirche, d. h. ihre Lage in bezug auf den möglichen Ufermarkt sowie ihre natürlich geschützte Lage, entspricht der topographischen Situation einer für Ufermärkte charakteristischen Kaufmannskirche mit Fremdenfriedhof.

Die Funktion des mutmaßlichen Osnabrücker Ufermarkts lag, wie dies für entsprechende Plätze an anderen Orten wahrscheinlich ist, vorrangig in dem Umschlag spezieller Güter im Fernhandel. Für einen von der Domburg getragenen Nahmarktverkehr, in den der Ufermarkt eingebunden gewesen wäre, gibt es für die erste Hälfte des 9. Jahrhunderts keine Belege. Anscheinend waren für einen solchen Markt die wirtschaftlichen Möglichkeiten der Domburg und ihres agrarischen Umlandes zunächst noch zu begrenzt.

Erst während der zweiten Hälfte oder dem letzten Drittel des 9. Jahrhunderts scheint ein wirtschaftlicher Aufschwung in beiden Bereichen den allmählichen Aufbau eines Nahmarkthandels ermöglicht zu haben. In der Domburg ist er verbunden mit einem Neubau des Doms, der Verlegung des Gräberfeldes von der Nord- an die Westseite des Sakralbaus und der Errichtung repräsentativer Steingebäude im Bereich der bischöflichen Residenz. Auf der kleinen Sandkuppe wird er sichtbar in der Auflassung des Friedhofs und der planmäßigen Anlage einer Siedlung, die, nach der zugehörigen Keramik zu urteilen, vom ausgehenden 9. bis in das frühe 11. Jahrhundert bestanden haben muß. Die Siedlungsspuren werden überlagert von der ersten Marienkirche und den bei ihr vorgenommenen Bestattungen (Abb. 2).

Die verkehrsmäßige Erschließung der Sandkuppe erfolgte durch eine 6 m breite Straße, die spätere Marktstraße, die die Domburg mit ihrer 'Umgehungsstraße' verband. Die Poggenbachaue wurde dabei durch bis zu 40 cm mächtige Steinaufschüttungen begehbar gemacht. An der Nordseite der Straße zog sich ein 6 m breites und – mit einer Unterbrechung von 10 m an der Einmündung der Sackstraße (heute: Paul-Oeser-Straße) – 60 m langes Areal aus ovalen Gruben (1,5 x 2 m – 2 x 3 m) hin, deren Sohle mehr als 2 m unter der ehemaligen Oberfläche lag. Da im hohen und späten Mittelalter exakt in diesem Bereich traufenständige Häuser mit Steinkellern errichtet wurden, war nicht zu ermitteln, ob die Gruben ursprünglich überbaut waren. Ihre wahrscheinliche Auskleidung mit Flechtwerk und ihre Lage entlang der Marktstraße lassen vermuten, daß sie der Speicherung oder Vorratshaltung von Waren dienten. Nach Norden hin schlossen sich, jeweils durch eine etwa 5 m breite „Gasse“ voneinander getrennt, mehrere parallel zu der Straße verlaufende Zeilen aus Grubenhäusern und ebenerdigen Häusern an. Auch der trockene, 20–25 m breite Streifen an der Südseite der Marktstraße ist wahrscheinlich seit dem ausgehenden 9. Jahrhundert mit giebelständigen Häusern bebaut worden. Zumindest läßt dies die bereits im frühen 11. Jahrhundert erfolgte Bebauung der rückwärtigen, in der Poggenbachaue liegenden Bereiche der schmalen Grundstücke vermuten. Die im ausgehenden 9. Jahrhundert planmäßig auf der Sandkuppe angelegte Siedlung wird man als einen den ökonomischen Veränderungen Rechnung tragenden grundherrlichen Markt ansehen können, d. h. als einen Markt für lokale, dem bischöflichen Grundherrn hörige Händler und Handwerker. Hier kam es zum Austausch von Produktionsüberschüssen der gewerblichen Warenherstellung in der Domburg einerseits und ihres agrarischen Umlandes andererseits.

Der Bestattungsplatz zumindest eines Teils der außerhalb der Domburg siedelnden Bevölkerungsgruppe hat im ausgehenden 9. und im 10. Jahrhundert möglicherweise unmittelbar nördlich der Domburg auf der heutigen Großen Domsfreiheit gelegen (Abb. 2). Hier wurden bei Ausgrabungen die Reste eines Dreiapsidensaals angetroffen, der bereits im frühen 11. Jahrhundert, vermutlich im Zuge der Erweiterung der Domburg nach Norden, abgebrochen wurde. Unmittelbar östlich und südöstlich des Sakralbaus fanden sich Spuren einfacher Erdgräber. Die Kirche war möglicherweise dem hl. Lambertus geweiht.

Als Ende der vorstädtischen und Beginn der frühstädtischen Phase Osnabrücks kann die 1002 erfolgte Verleihung des Markt-, Münz- und Zollprivilegs durch Heinrich II. an den bischöflichen Grundherrn gesehen werden. Auf der Grundlage des Marktrechts kam es zur allmählichen Ausbildung eines nach politischer Selbständigkeit strebenden frühstädtischen Verbandes, dem es gelang, sich in den Jahrzehnten um 1200 endgültig von dem bisherigen Stadtherrn, dem Bischof, zu emanzipieren und so die Stadtwerdung Osnabrücks zum Abschluß zu bringen.

Literatur:

Theodor PENNERS, Topographische Bemerkungen zur „Burg“ Osnabrück, in: Osnabrücker Mitteilungen 70, 1961, 1–23. – DERS., Die Entstehung und Entwicklung der Stadt Osnabrück im Mittelalter, in: Das Osnabrücker Land II: Beiträge zur Geschichte der Stadt Osnabrück und ihres Umlandes (Führer zu vor- und frühgeschichtlichen Denkmälern 43), Mainz 1979, 1–17. – DERS., Markt und Marktplatz von Osnabrück im Mittelalter. Entstehung und Entwicklung im Lichte der neuen Bodenfunde, in: Osnabrücker Mitteilungen 92, 1987, 21–65. – Hermann ROTHERT, Geschichte der Stadt Osnabrück im Mittelalter, in: Osnabrücker Mitteilungen 57, 1937, 1–325. – Wolfgang SCHLÜTER, Ausgrabungen im karolingischen Bischofssitz von Osnabrück, in: Das Osnabrücker Land II: Beiträge zur Geschichte der Stadt Osnabrück und ihres Umlandes (Führer zu vor- und frühgeschichtlichen Denkmälern 43), Mainz 1979, 18–31. – DERS., Vorbericht über die Ausgrabungen auf dem Marktplatz der Stadt Osnabrück in den Jahren 1984/85, in: Osnabrücker Mitteilungen 91, 1986, 9–48. – Carl Bertram STÜVE, Topographische Bemerkungen über die Stadt Osnabrück, Markt und Gewerbsleben derselben, in: Osnabrücker Mitteilungen 4, 1855, 322–363. – DERS., Zur Entstehungsgeschichte der Stadt Osnabrück, in: Osnabrücker Mitteilungen 11, 1878, 119–213.

Georg Eggenstein

Balhorn – ein Dorf im Zentrum des Fernverkehrs

Rund zwei Kilometer südwestlich der Paderborner Kaiserpfalz liegt auf der östlichen Flußterrasse der Alme einer der fundreichsten und am besten untersuchten Siedlungsplätze Westfalens (Abb. 1). Mit Hilfe mittelalterlicher Schriftquellen konnte hier der 1015 erstmals erwähnte Ort Balhorn lokalisiert werden. Aus der Überlieferung geht hervor, daß Balhorn um das Jahr 1300 aus mindestens 41 Höfen sowie einer größeren Anzahl von Kotten bestand und sich über rund 1000 x 300 m erstreckte, was mehr als einem Drittel der Fläche Paderborns innerhalb der spätmittelalterlichen Stadtbefestigung entspricht. Man darf wohl mindestens von einer hohen dreistelligen Einwohnerzahl ausgehen. Sogar eine Gerichtsstätte existierte hier. In Nord-Süd-Richtung wurde das Dorf von einem ebenfalls urkundlich belegten Weg erschlossen.

Der entscheidende Standortfaktor dürfte jedoch die Lage Balhorns am Schnittpunkt zweier bedeutender Fernverkehrsstraßen gewesen sein: In West-Ost-Richtung durchquert der Hellweg, der vom Niederrhein bis nach Ostdeutschland führt, das Siedlungsareal; im Osten wird Balhorn von der Nord-Süd-Achse des Frankfurter Weges begrenzt, der von Frankfurt über Hessen und Ostwestfalen bis in den Weserraum reicht. Beide Straßen haben im 8. Jahrhundert den Franken als Aufmarschwege bei ihren Feldzügen gegen die Sachsen gedient. Anfang des 14. Jahrhunderts wurde Balhorn aufgegeben, vermutlich ließen sich die Bewohner in der nahe gelegenen Stadt Paderborn nieder. Zu diesem Zeitpunkt hatte der Wohnplatz eine mehr als 1300 Jahre lange Siedlungstradition.

Bereits seit der Mitte des 19. Jahrhunderts wurden im-

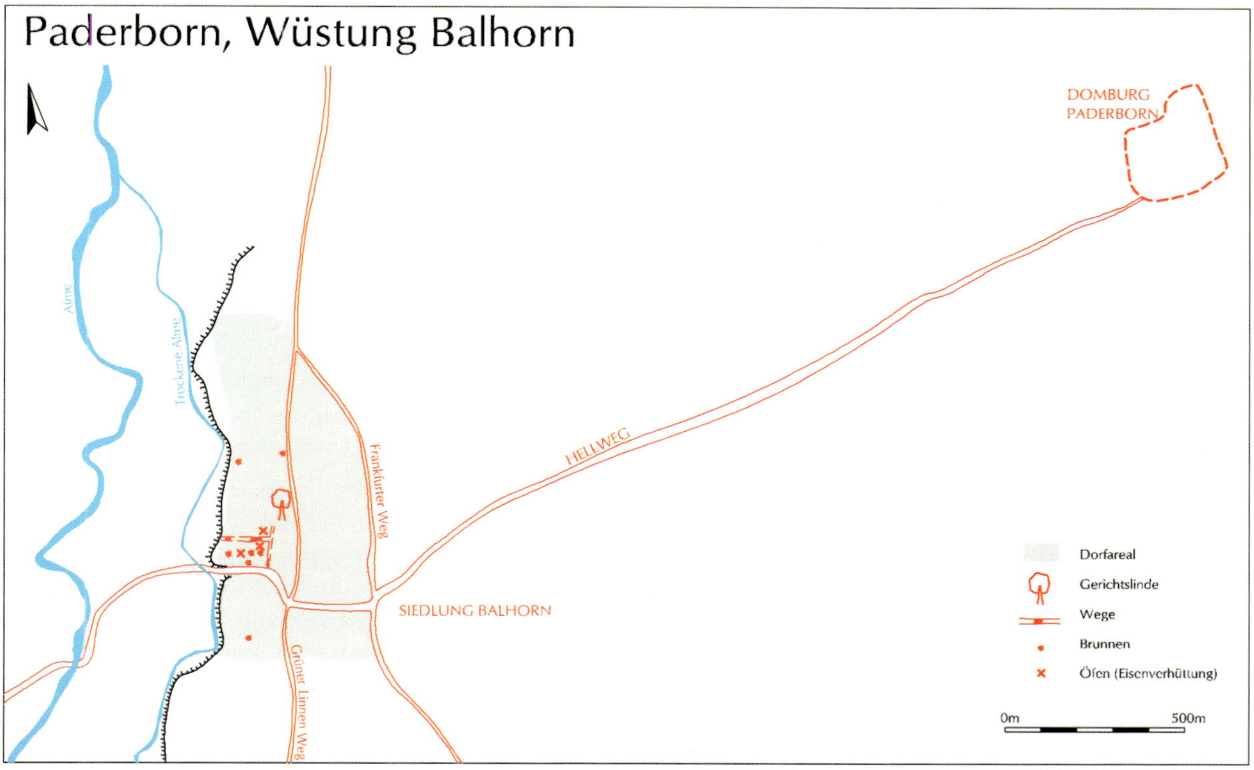

Abb. 1 Paderborn-Balhorn, Siedlungsareal und Ausgrabungsflächen

Abb. 2 Paderborn-Balhorn, Luftbild einer Grabungsfläche mit Wegetrasse und Grubenhausgrundrissen

mer wieder archäologische Funde auf dem Areal, das heute die Flurbezeichnung „Balhorner Feld" trägt, gemacht, in den 1970er Jahren führten verschiedene Straßenbaumaßnahmen zu ersten Einblicken in den Boden, und seit 1989 finden im Vorfeld der Erschließung eines Gewerbegebiets großflächige Ausgrabungen statt (Abb. 2). Dabei konnte ein Siedlungsbeginn in den Jahren um Christi Geburt nachgewiesen werden. Für die nachfolgenden Jahrhunderte der Römischen Kaiserzeit (1.–4. Jahrhundert) und der Völkerwanderungszeit (4.–5. Jahrhundert) ist aufgrund des vorliegenden Fundmaterials eine Kontinuität anzunehmen. Der größte Teil der Siedlungsspuren stammt jedoch aus dem frühen und hohen Mittelalter (6.–12. Jahrhundert), während die spätmittelalterliche Phase bis zur Aufgabe des Ortes, auf die sich die meisten Schriftquellen beziehen, archäologisch weniger gut faßbar ist.

Sicherlich kann die aus den Archivalien zu erschließende große spätmittelalterliche Bedeutung Balhorns nicht ohne weiteres auf frühere Jahrhunderte übertragen werden. Es ist jedoch festzustellen, daß überall dort, wo innerhalb des überlieferten Siedlungsbereichs archäologische Beobachtungen möglich waren, auch und sogar zum überwiegenden Teil frühmittelalterliche Spuren dokumentiert wurden. Aufgrund dieser weiten Streuung und der für das Spätmittelalter belegten Dimensionen ist auch schon für die frühmittelalterliche Siedlungsphase eine beträchtliche Größe anzunehmen.

Neben der Ausdehnung weist aber auch die Qualität der Siedlungsspuren auf die besondere Stellung des Platzes hin. Schon aus der Römischen Kaiserzeit liegen neben germanischen Hinterlassenschaften eine Vielzahl von Importgegenständen aus den römischen Provinzen vor, darunter Münzen, Fibeln, Fein- und Grobkeramik sowie Bestandteile spätrömischer Militärgürtel. Besonders reich ist das Spektrum frühmittelalterlicher Metallfunde, darunter mehrere bronzene Bügelfibeln des 5. und 6. Jahrhunderts. Ein besonders großes und prächtig verziertes Exemplar stammt wohl aus einer fränkischen Werkstatt im Raum zwischen Ardennen und Mittelrhein (Kat.Nr. VI.54). Das Stück war etwa auf der Hälfte zerbrochen und ist durch ein auf die Rückseite genietetes Blech geflickt worden. Die Reparatur deutet darauf hin, daß es für seine Besitzerin einen erheblichen Wert hatte.

In das 7. Jahrhundert gehört ein anderes bemerkenswertes Objekt, eine vollständig erhaltene Ringfibel aus Bronze (Kat.Nr. VI.55). In den kreuzförmig angebrachten Platten, die mit feinen Gravuren versehen sind, sind bereits christliche Einflüsse spürbar. Weitere Fibeln und besonders einige Gürtelteile wie Schnallen und Riemenzungen sind ebenfalls in die Merowingerzeit zu datieren. Hinzu kommen Funde wie Reitersporen, eine kleine Franziska (Wurfaxt) aus Blei, Knochenkämme sowie, neben einheimischer Tonware, Fragmente von Drehscheibenkeramik und Glasgefäßen. Hervorzuheben sind mehrere Schwertgurtbeschläge aus vergoldeter Bronze, die Kerbschnittverzierungen im Tassilokelch-Stil aufweisen (Kat.-Nrn. VI.58; VI.60). Teilweise sind sie später zu Fibeln umgearbeitet worden (Kat.Nr. VI.59).

Insgesamt zeichnet sich das Materialspektrum durch eine Vielzahl von Luxusgütern rheinischer Herkunft aus, so daß man von intensiven Beziehungen zum Frankenreich ausgehen kann. Der Siedlungsplatz dürfte somit auch in vorkarolingischer Zeit bereits eine Bedeutung besessen haben, die über die eines einfachen bäuerlichen Standorts hinausging.

An Baubefunden des 6.–8. Jahrhunderts sind in erster Linie zahlreiche Grubenhäuser, kleinflächige Gebäude mit abgetieftem Fußboden, zu nennen, während von ebenerdigen Pfostenhäusern nur geringe Reste dokumentiert werden konnten.

Mehrere spätmerowingerzeitliche Einzelfunde wie ein intaktes Drehscheibengefäß rheinischer Herkunft (Walberberger Ware; Kat.Nr. VI.65) und ein Sax, die bereits im 19. Jahrhundert entdeckt wurden, deuten die Existenz eines Gräberfeldes an, von dem bei den bisherigen Ausgrabungen aber keinerlei Spuren erfaßt worden sind.

Die interessante Frage, ob der sächsische Wohnplatz im Zuge der Sachsenkriege Karls des Großen ab 772 in Mitleidenschaft gezogen wurde, ist beim derzeitigen Stand der Untersuchungen nicht abschließend zu beantworten; es liegen bisher aber keine Hinweise für eine gewaltsame Zerstörung von Gebäuden oder eine Siedlungsunterbrechung vor.

Dagegen findet die mit der Eroberung einhergehende Christianisierung der Bevölkerung ihren deutlichen Niederschlag in den vielen Fibeln mit Kreuzmotiv sowie in mehreren Heiligenfibeln. Bisher sind in Balhorn rund 50 Fibeln der Karolingerzeit gefunden worden, was einen erheblichen Anteil an den aus Westfalen insgesamt bekannten Stücken ausmacht. Von den verschiedenen Fibeltypen können an dieser Stelle nur wenige vorgestellt werden: Relativ häufig treten runde Scheibenfibeln aus Bronze mit kreuzförmigen, farbigen Emaileinlagen auf (Kat.Nrn. VI.52; VI.70). Auch kreuzartig geformte Fibeln, die teilweise ebenfalls bunte Emaileinlagen zeigen, und die erwähnten runden Heiligenfibeln, auf denen Büsten mit Heiligenschein abgebildet sind, sind in mehreren Exemplaren vertreten. Für die beiden brezelförmigen Peltafibeln des 10./11. Jahrhunderts lassen sich europaweit nur wenige Parallelen anführen (Kat.Nr. VI.62). Gleiches gilt für eine Lunulafibel mit Emaileinlage (Kat.Nr. VI.51), deren mondsichelförmige Gestalt sich auch bei Schmuckanhängern findet (Kat.Nrn. VI. 56–57).

Wie erwähnt, ist am Übergang von der sächsischen zu den karolingischen und hochmittelalterlichen Siedlungsphasen keine Zäsur erkennbar. Bei einem weitgehenden Fehlen von ebenerdigen Pfostengrundrissen dominieren weiterhin West-Ost-gerichtete Grubenhäuser unter den Siedlungsspuren (Abb. 3). Diese Beobachtung ist aber wohl nicht direkt auf das ehemalige Siedlungsbild übertragbar, da die für Grubenhausgrundrisse besonders günstigen Erhaltungsbedingungen berücksichtigt werden müssen. Außerdem weist der Umstand, daß sehr viele Grubenhäuser künstlich, eventuell mit dem Aushub der Nachfolgebauten, verfüllt worden sind, auf eine eher kurze Lebensdauer und einen hohen „Verbrauch" hin. Dabei sind nur selten Aussagen zum Verwendungszweck dieses Gebäudetyps möglich; sie könnten als Werkstätten oder auch als Lagerräume gedient haben. Einzelne große Grubenhäuser des hohen Mittelalters weisen aus Steinmauern bestehende bzw. mit Steinen sorgfältig verkleidete Wände auf.

An weiteren Befundarten sind mehrere Brunnen, verschiedenste Gruben sowie Öfen zur Eisenverhüttung zu nennen (Abb. 4). Als Rohstoff benutzte man hierfür offenbar die sog. Eisenschwarte, ein stark eisenhaltiges Mineral innerhalb der Sandsteinvorkommen des Eggegebirges. Das Material mußte jedoch nicht aus dem Eggegebirge beschafft, sondern konnte auch aus dem Bereich der rund 10 km nordöstlich von Balhorn gelegenen Marienloher Schotterebene herantransportiert werden, wo es in eiszeitlichen Ablagerungen des Flusses Beke massenhaft vorkommt. Durch entsprechende Gußreste, Werkzeuge und Halbfabrikate ist auch die Verarbeitung von Buntmetallen in Balhorn nachweisbar (Kat.Nrn. VI.107; VI.141; VI.142). Zudem sind Textilherstellung durch Spinnwirtel, Webgewichte und Webbrettchen sowie Knochen- und Geweihbearbeitung durch entsprechendes Abfallmaterial archäologisch belegt.

Abb. 3 Paderborn-Balhorn, Profilschnitt durch ein frühmittelalterliches Grubenhaus im südöstlichen Bereich der Wüstung

Abb. 4 Paderborn-Balhorn, Freilegung von Eisenschmelzöfen des frühen Mittelalters

An verschiedenen Stellen der Siedlung wurden Relikte von Straßenführungen erfaßt, die sich durch dunkle Bodenverfärbungen bzw. Schotterung mit Geröllsteinen auf bis zu 12 m Breite zu erkennen gaben (Abb. 2). Sowohl in Nord-Süd-Richtung, wie bereits aus den Schriftquellen bekannt, als auch in West-Ost-Richtung, also parallel zum heutigen Verlauf des Hellwegs, war der Ort auf diese Weise erschlossen. Tiefe Fahrspuren von Wagenrädern haben sich hier teilweise hervorragend erhalten. Funde von Hufeisen und Keramik weisen allerdings darauf hin, daß durch die Ausgrabungen vorwiegend hoch- bis spätmittelalterliche Ausbauphasen des Straßennetzes dokumentiert werden konnten.

Außer den Straßen sind nur relativ wenige Relikte der spätmittelalterlichen Besiedlung entdeckt worden. Dies ist um so bemerkenswerter, als gerade für diesen Abschnitt die eingangs erwähnte große Anzahl von Hofstellen überliefert ist. Vielleicht liegt eine Erklärung darin, daß der

Gebäudetyp des Grubenhauses, der für die Balhorner Befundlage geradezu prägend ist, im Spätmittelalter allgemein kaum noch auftritt. So dürfte es in der jüngeren Nutzungsperiode im 13. und 14. Jahrhundert in erster Linie ebenerdige Bauten gegeben haben, von denen jedoch auch für das Frühmittelalter kaum Spuren nachweisbar sind.

Eine umfassende Interpretation der Grabungsergebnisse und eine abschließende Einordnung Balhorns in das Siedlungswesen der Karolingerzeit ist noch nicht möglich. Zwar gehört der Ort zu den am besten untersuchten Siedlungsplätzen Westfalens, doch werden die Ausgrabungen noch lange andauern und liegen auswertende Betrachtungen bislang nur für einen Teilbereich vor. Es zeichnen sich aber, im Vergleich zu anderen frühmittelalterlichen Wohnplätzen, einige deutliche Tendenzen ab. Besonders die Forschungen in der knapp 2 km nördlich von Balhorn gelegenen, zeitgleichen Wüstung Stiden können hier als Bezugsgröße herangezogen werden.

Zunächst ist noch einmal die beträchtliche Größe des Ortes bereits in frühmittelalterlicher Zeit zu unterstreichen, wobei die regelmäßig zu beobachtenden Einebnungen unbrauchbar gewordener Grubenhäuser und die im Überblick über die Grabungsflächen sich abzeichnende Gruppierung der Befunde mit dazwischenliegenden Freiflächen auf eine Platzkontinuität der einzelnen Wirtschaftsbetriebe hinweisen. Die auch in Anbetracht der günstigen Erhaltungsbedingungen ungemein große Vielzahl der Grubenhäuser, die nicht zu Wohnzwecken, sondern als Werkstätten oder als Warenlager gedient haben, ist auffällig. Auch das Spektrum des Fundmaterials hebt sich von dem einer einfachen bäuerlichen Siedlung in mehrfacher Hinsicht ab: Bereits für die Zeit vor den Sachsenkriegen Karls des Großen ist durch zahlreiche Funde fränkischer Herkunft ein intensiver Kontakt zum Reichsgebiet belegt. Schmuck- und Trachtbestandteile wie vergoldete Bronzebeschläge des 8. Jahrhunderts, die vielen Fibeln des 9. Jahrhunderts und schließlich die sehr seltenen Peltafibeln sowie die Lunula-Ohrringe und -Fibeln des 10./11. Jahrhunderts zeigen Wohlstand und Handelsbeziehungen an. Auf die Verhüttung ortsfremden Roheisens und die Tätigkeit von Feinschmieden wurde bereits hingewiesen. Hinzuzufügen ist das weit überdurchschnittliche, massenhafte Auftreten von Haustierknochen, das den Gedanken an eine über den Eigenbedarf hinausgehende Fleischproduktion nahelegt.

Auf diesem Hintergrund ist es durchaus vorstellbar, daß Balhorn, nicht zuletzt aufgrund seiner zentralen Lage an der Kreuzung zweier Fernstraßen, eine gewisse Rolle bei der Versorgung des Paderborner Bischofssitzes und der Pfalz innegehabt hat. Es wird sicher ein Schwerpunkt zukünftiger Forschungen sein, der spannenden Frage nach dem Verhältnis zwischen Balhorn und Paderborn weiter nachzugehen. Beim derzeitigen Stand der Auswertung zeichnet sich ein jahrhundertelanges Neben- und Miteinander beider Siedlungsplätze ab, wobei sich Balhorn nach Aussage der Grabungsergebnisse sowohl hinsichtlich seiner räumlichen Größe als auch seiner wirtschaftlichen Struktur gerade auch in karolingischer Zeit deutlich von der Masse zeitgleicher ländlicher Siedlungen abhebt. Die Nähe zu Paderborn verhinderte jedoch die weitere Entwicklung des Ortes, der im Gegensatz zu den anderen in der Ausstellung behandelten Zentren im Spätmittelalter aufgegeben wurde und bis in die Neuzeit unbesiedelt blieb. Durch den Flächenbedarf der Industrie wird das Areal heute wieder zu dem, was es wohl schon im Mittelalter war: einem wirtschaftlichen Zentrum.

Literatur:

Archäologische Denkmäler in Gefahr. Rettungsgrabungen der Bodendenkmalpflege in Westfalen 1973–1978, hrsg. v. Bendix TRIER [Ausstellung Münster 1979], Münster 1979, 109–113. – Manfred BALZER, Die Wüstungen in der Paderborner Stadtfeldmark. Besitzrückschreibung und Siedlungsforschung, in: Spieker 25, 1977, 145–174. – Elke FÖRST, Archäologische Untersuchungen in der Dorfwüstung Balhorn, Stadt Paderborn, in: Zwischen Pflug und Fessel. Mittelalterliches Landleben im Spiegel der Wüstungsforschung [Ausstellung Münster 1993], Münster 1993, 89–92. – DIES., Die frühmittelalterlichen Fibelfunde vom Balhorner Feld bei Paderborn, in: Ausgrabungen und Funde in Westfalen-Lippe 9 C, Münster 1999, 245–261. – Bernhard RUDNICK, Balhorn – Archäologie am Schnittpunkt. Ein mittelalterliches Handwerksquartier am Hellweg (Archäologie in Ostwestfalen 2) [Ausstellung Paderborn 1997/98], Bielefeld 1997.

Heiko Steuer

Handel und Wirtschaft in der Karolingerzeit

I. Neues Geld

Neue Silbermünzen waren entscheidend für das Aufblühen der karolingerzeitlichen Wirtschaft. Mit den Münzreformen Pippins des Jüngeren und Karls des Großen wurde die sich seit längerem anbahnende grundlegende Veränderung im Wirtschaftsgefüge und Warenverkehr durch den König dauerhaft geordnet. Schon seit etwa 670 gab es auf dem Kontinent und in England Silbermünzen, Denare und Sceattas. Aber erst König Pippin monopolisierte seit 755 die Münzprägung (MGH Capit. I Nr. 13, S. 31 f.), die früher auf viele hundert Prägeherren und Prägeorte verteilt war. Die Münzen zeigten jetzt den Namen und das Porträt des Königs. Seither galten ausschließlich diese Silbermünzen als Zahlungsmittel, von denen 240 aus einem Pfund Silber (ca. 327,6 g) geprägt werden mußten und die daher theoretisch etwa 1,37 g, aber wegen des abzuziehenden Schlagschatzes – das ist die an den Münzherrn zu zahlende Gebühr – als Abgaben nur etwa 1,24 g wiegen. In der Größenordnung von einigen Denaren konnten Abgaben statt in Sachgütern in Münzen geleistet werden, und die landwirtschaftliche Überproduktion, ob bei großen Grundherren oder kleinen Bauern, wurde gegen Münzgeld verkauft. Nach der ersten Reform von 755 sollten unter Karl dem Großen, Ludwig dem Frommen und Karl dem Kahlen bis zum Edictum Pistense von 864 (MGH Capit. II Nr. 273, S. 310 ff.) noch viele Münzordnungen folgen; und auch der angelsächsische König Offa von Mercia schloß sich dem karolingischen System an, das 12 Denare auf einen Schilling (Silbersolidus) und 20 Schillinge auf das Pfund vorsah. Die zahlreichen Münzreformen spiegeln direkt wider, welche Bedeutung das neue Geld für die Wirtschaft hatte (Abb. 1). Während die Goldmünzen der Merowingerzeit vor der beginnenden Abwertung, der Solidus mit 4,55 g und der Triens mit 1,5 g, einen so hohen Wert ausmachten, daß sie nur als Sold und Geschenk den Besitzer wechselten, konnte man mit den Denaren tatsächlich handeln, kaufen und bezahlen. Bei einem Gold-Silber-Wertverhältnis von mindestens 12 : 1 lag der Wert der Denare um eine Zehnerpotenz niedriger. Münzgeldbesitz und die Chance des Gelderwerbs waren breit gestreut und reichten bis hinab zu den kleineren grundherrschaftlich gebundenen Leuten. Schon im Capitulare Liptinense Karlmanns von 742/743 (MGH Capit. I Nr. 11 c.2, S. 28) wird angeordnet, daß die Inhaber mittlerer Pachtgüter auf Kirchengut einen (Silber-)Solidus, das sind zwölf Denare, als Sondergabe zur Finanzierung der anstehenden Feldzüge zu zahlen hätten.

II. Neue Märkte

Handel und Wirtschaft der Karolingerzeit sind nicht mit modernen Wirtschaftsformen zu vergleichen, denn sowohl die handwerkliche Produktion als auch der Warenfluß innerhalb des Reiches und über die Grenzen hinweg wurden durch andere Strukturen geregelt (Abb. 2). Es gab unterschiedliche Formen des Handels, eine Hierarchie von Märkten und Kaufleute unterschiedlicher Rechtsstellung.

Handel und Handwerk hatten in der Karolingerzeit wieder ein beachtliches Volumen erreicht. Die alten Vorstellungen von nebeneinander existierenden Grundherrschaften, die nach Autarkie strebten, sowie vom Abbruch des Fernhandels nach Eroberung des Mittelmeerraumes durch die Araber und dem daraus folgenden ständig voranschreitenden wirtschaftlichen Niedergang müssen als überholt gelten. Denn nicht nur wegen der neuen archäologischen Forschungsergebnisse, sondern auch aufgrund neuer Interpretationen der schriftlichen Überlieferung stellt sich eine neue Sichtweise dar. Die Thesen des berühmten belgischen Historikers Henri Pirenne aus den 1930er Jahren sahen den absoluten Tiefpunkt im 8. Jahrhundert, während gegenwärtig eher von einem massiven Anstieg aller wirtschaftlichen Aktivitäten – schon von einem recht hohen Niveau – ausgegangen wird. Bestimmend waren gewandelte Gesellschaftsstrukturen, die von den Grundherrschaften des Königs, der kirchlichen Institutionen und der weltlichen Großen beherrscht wurden und nicht mehr von den antiken Civitates mit ihren städtischen Mittelpunkten. Außerdem hatte sich seit Beginn der Karolingerzeit das Zentrum der Macht und auch der Handelsaktivitäten in den Nordosten des Reichs verlagert, nicht nur weil dort die Karolinger ihren größten Grundbesitz hatten, sondern auch weil von dort aus neue intensive Handelsbeziehungen über das Meer nach England und weiter nach Jütland und Skandinavien sowie auf dem Landweg in die Siedlungsgebiete der Slawen ausgebaut wurden.

Die großen Grundherrschaften bestanden aus vielen Dutzend, wenn nicht gar Hunderten von Höfen – allein der König stützte sich auf mehr als 250 Residenzen, Pfalzen und Königshöfe –, die weit über das Reich verstreut waren. Den überall produzierten Überschuß galt es gewinnbringend zu veräußern. In einem der Inventare (zum Fronhof auf der Insel Stefanswert im Staffelsee), die Karl der Große um 800 aufzeichnen ließ, gehörten dazu 23 freie und 19 hörige Hofstellen, von denen Abgaben und Dienstleistungen einkamen, und außerdem gab es dort eine Tuchmacherei, in der 24 Frauen arbeiteten. Das Kloster Fulda bezog jährlich 855 Mäntel von seinen Höfen in Friesland, ebenso das Kloster Werden mehrere hundert Friesentuche im Jahr; diese Klöster verfügten somit über ein besonders qualitätvolles Fernhandelsgut, das auf Märkten angeboten werden konnte.

Auf diese Weise entstand eine dichte Streuung von Märkten, allein zwischen Rhein und Loire sind für das 9. Jahrhundert 200 Märkte überliefert. Manche Grundherrschaften betrieben systematisch verteilt mehrere Märkte, so das Kloster Saint-Denis bei Paris mindestens ein halbes Dutzend, ferner hatten sie Umschlagplätze an großen Flüssen, über die sie ihre Güter in das überregionale Handelsnetz einbrachten. Parallel zu seiner Münzreform, die dem Handel den entscheidenden Aufschwung gab, schrieb Pippin 744 in einem Kapitular von Soissons (MGH Capit. Nr. 12 c.6, S. 30) den Bischöfen vor, daß von ihnen bei jeder Civitas ein *legitimus forus et mensuras*, ein gesetzlicher Markt und gesetzliche Maße einzurichten seien, wo solche als öffentlich kontrollierte Warenaustauschplätze noch fehlten. Nach 120 Jahren war die Zahl der Märkte – bekannte Jahrmärkte und Messen – so sprunghaft gestiegen, daß Karl der Kahle 864 im Edictum Pistense (MGH Capit. II Nr. 273, S. 310 ff.) die Grafen aufforderte, sie in Listen zu erfassen und zu ermitteln, zu welchem Zeitpunkt und von wem die Marktrechte verliehen worden wären. Der weitgreifende Warentransport sorgte einerseits innerhalb einer Grundherrschaft – dem weitgespannten Kommunikationsnetz

Abb. 1 Münzen abwiegende Kaufleute. Utrecht-Psalter, Utrecht, Universitätsbibliothek, Ms. 32, fol. 72v

zwischen allen Höfen – für eine Verteilung der Güter, andererseits wurde der Überschuß über Märkte angeboten.

Diese Märkte waren hierarchisch und der Funktion nach gestaffelt: Die Grundherrschaften organisierten bei den Höfen und ortsgebundenen Produktionsstätten, wie Steinbrüchen, Bergwerken oder Salinen, sog. *Villa*-Märkte. Ranghöher waren dörfliche *Vicus*- und *Civitas*-Märkte, wobei – wie im Edictum Pistense 864 überliefert – der König, die großen geistlichen Grundherren, die Grafen und sonstige Leute des Königs Marktinhaber waren.

Neuartig und besonders wichtig waren die großen Märkte und Händlertreffpunkte nahe der Grenzen des Reiches, an der Nordsee oder im Binnenland. Sie dienten als Aus- und Eingangstore, als 'Drehscheibe' des Fernhandels. Von den Kaufleuten des Königs und der anderen großen geistlichen und weltlichen Grundherren, ebenso auch von freien Kaufleuten wurden qualitätvolle Güter über diese für den Fern- und Außenhandel entstandenen Märkte in die Nachbarländer verhandelt. Es entstand ein Netz von Handelsplätzen, die Sammel- und Verteilerfunktionen übernahmen und zugleich auch Handwerker anzogen, die sich hier niederließen. Am Meer lagen nahe der Grenze des Karolingerreiches z. B. die Handelsplätze Quentovic in der Normandie und Dorestad an der Rheinmündung, gegenüber auf englischer Seite Hamwic, im Norden, auf der Halbinsel Jütland, lag Ribe im Westen und Haithabu im Osten. Weitere Handelsstationen entstanden im Norden, so Birka in Mittelschweden und einige an den langen Küsten Norwegens. Auch an der südlichen Ostseeküste reihten sich in regel-

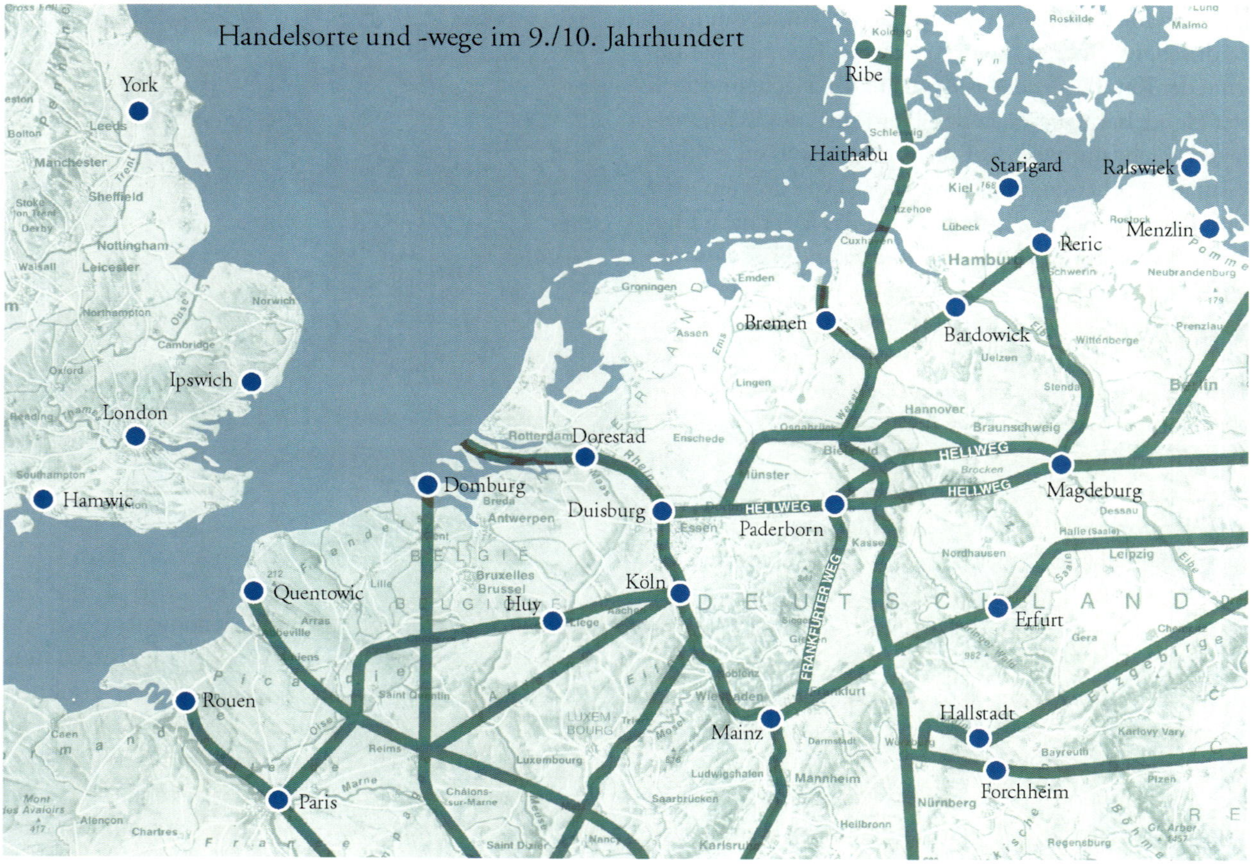

Abb. 2 Handelsorte und -wege im 9./10. Jahrhundert

mäßigen Abständen Handelsplätze, die als Eingangstore in die slawischen Länder galten. Im Binnenland lagen Handelsorte nahe der Ostgrenze des Reichs an Elbe und Donau; sie werden im Diedenhofener Kapitular von 805 (MGH Capit. I Nr. 44 c. 7, S. 123) genannt und reichen von Bardowick bei Lüneburg im Norden bis nach Regensburg und Lorch in Oberösterreich im Süden. Eine ähnliche Funktion wird der Königshof Karlburg am Main bei Würzburg gehabt haben.

Über diese Plätze wurde der königliche Handel mit den Slawen abgewickelt, der zwar streng kontrolliert wurde, aber Schmuggel trotzdem nicht ausschloß, wie Hunderte von karolingischen Waffen – Schwerter, Lanzen, Sporen und Reitzeug – bezeugen, die in Kroatien, Böhmen und Mähren, in den Ostseeländern und weiter in Skandinavien und Irland gefunden wurden (vgl. Beitrag Steuer zur Bewaffnung). Geht man davon aus, daß nach Schätzungen bis heute kaum mehr als ein Promille jeder Fundgattung entdeckt worden ist, so entsprechen den 120 außerhalb des Karolingerreiches registrierten fränkischen Ulfberht-Schwertern 120 000 Waffen, die einst verhandelt oder erbeutet wurden. (Eine ähnliche Größenordnung ergibt sich, wenn man von der jährlichen Abgabepflicht von durchschnittlich zwei Lanzen – wie für einige Klöster überliefert – ausgeht. Bei mehr als 600 Klöstern sind das in hundert Jahren 120 000 Lanzen. Die Karolinger versuchten vergeblich, diesen Waffenschmuggel zu unterbinden.) Schon im Capitulare Heristalense vom März 779 heißt es (MGH Capit. Nr. 20, S. 51): „Über Brünnen. Niemand darf wagen, sie außerhalb unseres Königreiches zu verkaufen." Im Diedenhofener Kapitular (MGH Capit. I Nr. 44) regelte Karl der Große den Außenhandel und ordnete einerseits an, daß bei Hungersnöten im Reich die Ausfuhr von Grundnahrungsmitteln verboten sei (c. 7), und andererseits, daß die Kaufleute keine Waffen und Rüstungen (*et ut arma et brunias non ducant ad venundandum*) zum Verkauf in die Länder der Slawen und Awaren mit sich führen dürften. Würden sie damit ertappt, so würde ihr gesamtes Gut beschlagnahmt werden. Eine Erneuerung und Verschärfung folgte noch im Edictum Pistense von 864 (MGH Capit. II Nr. 273 c. 25, S. 321) durch Karl den Kahlen, der sich auf die Bestimmungen der älteren Capitularien berief und diese wiederholte. Nur, was einst gegen Slawen und Awaren gerichtet war, bezog sich jetzt auf die Normannen, daß nämlich Brünnen (Kettenpanzer), Waffen und Pferde nicht verkauft werden dürften, und wer das als Vaterlandsverräter doch täte, habe sein Leben verwirkt (*proditor patriae et expositor christianitatis*).

Im südlichen Italien waren die grenznahen großen Klöster wie San Vincenzo al Volturno, Monte Cassino und Farfa nicht nur große Grundherrschaften, sondern auch bedeutende Zentren eines vielgestaltigen Handwerks mit Glas- und Buntmetallwerkstätten (Kat.Nrn. III.79–81; III.83), zugleich stellten sie die Tore zum östlichen Mittelmeerhandel dar. Im Norden der Halbinsel hatten Handelsverträge mit Venedig die Einbindung in den östlichen Mittelmeerhandel ermöglicht.

Die Fernkaufleute waren überwiegend Fremde, im Süden Juden und Levantiner sowie Venezianer, im Norden Engländer, Friesen und Skandinavier. Sie forderten königlichen Schutz im Reich, so wie die Kaufleute (*negotiatores* und *mercatores*) des Königs und der großen Grundherrschaften Schutz und Privilegien erwarteten. Nur wenige Kaufleute scheinen als freie Unternehmer auf eigenes Risiko, also nicht im Auftrag, gehandelt zu haben.

III. Schenkung, Tausch und Kauf

Alltagswaren oder Luxusgüter wechselten auf verschiedene Weise den Besitzer: als Geschenke, im Tausch oder durch Bezahlung mit Münzen.

Geschenke festigten die politischen Beziehungen zwischen Königen, zwischen allen Großen des Reiches sowie zwischen den Großen und ihrer Gefolgschaft. Die schriftlichen Quellen enthalten eine Fülle von Berichten darüber, was wem warum geschenkt wurde. Der König schenkte seinen Vasallen und diese wiederum ihrem Krieganhang Waffen und Reitpferde, kostbare Kleidung, Schmuck und Trinkgeschirr, Gold und Silber, Prestigegüter aller Art, um sich ihrer Gefolgschaft zu versichern. Kriege und Fehden, Plünderungen und Tribute waren der eine Weg, dafür Nachschub zu organisieren; der andere waren die jährlich zu leistenden Abgaben, von den abhängigen Bauernstellen bis zu den großen Grundherren. Ein solches Wirtschaftssystem wird im weltweiten Vergleich mit Verhältnissen bei anderen Völkern ähnlicher gesellschaftlicher und politischer Struktur als „redistributiv“ bezeichnet: Der König und entsprechend die Großen, Bischöfe und Grundherren, sammelten Güter ein, horteten sie und verteilten sie wieder, immer unter dem Aspekt, dauerhafte Beziehungen aufzubauen. Erst der Überschuß wurde an die neu entstandenen Märkte abgegeben.

Ein gutes Beispiel ist der weiße Elefant, den Karl der Große von Harun ar-Raschid im Rahmen des üblichen Austauschs von Geschenken erhalten hat, zusammen mit kostbaren Textilien, Seiden- und Brokatgewändern. Gegengeschenke der Karolinger waren friesische Mäntel (*pallia fresonica*), und berühmt waren bei den Arabern die qualitätvollen karolingischen Schwerter, „geschmiedet aus hyperboräischem Erz, gehärtet in Sachsenblut“ (Notker, Gesta Karoli II c. 9). In dem berühmten Brief Karls des Großen von 796 an König Offa von Mercia werden Geschenke aufgezählt: ein Gürtel, ein Schwert und zwei Pallia, Mäntel aus Syrien, nachdem zuvor auf Handelsgeschäfte eingegangen und beklagt worden ist, daß aus England zu kurze Mäntel geliefert würden. Es ist umstritten, was mit den im Brief erwähnten *petras nigras* gemeint war, die nach England verhandelt wurden: Waren es die schwarzen Mühlsteine aus Eifelbasalt oder aber, wie die friesischen Mäntel, eine Art Tuchgeld, das als Verrechnungseinheit diente, da *petra* auch eine Gewichtseinheit war.

Tauschhandel ohne Geld ist ebenfalls überliefert. Das Hochstift Freising tauschte einen größeren Wald gegen ein Pferd, ein anderes Stück Land gegen einen Panzer. Einige Grundherren erhielten 827 vom Kloster Fulda acht Schwerter, Schmuck und mehrere wollene und linnene Gewänder für ein größeres Landstück; im Tausch vergab das Kloster auch eine Waffenausstattung, bestehend aus Pferd, Schild und Lanze. Gegengaben der Klöster Lorsch und St. Gallen für Landstücke waren häufig Schwerter. Bei all dem ist bemerkenswert, daß diese Waffen unter Umständen keine direkte Bezahlung waren, sondern vielmehr Ehrengaben für die Stifter dieser Ländereien.

Im Capitulare de villis von 795 (MGH Capit I Nr. 32; Kat.Nr. II.54) werden nicht nur die Abgaben an landwirtschaftlichen Gütern für diese Krongüter geregelt, sondern es wird auch angeordnet, daß jeder Amtmann Eichmaße (c. 9), wie sie in der Königspfalz aufbewahrt werden, haben muß, daß für die Pferdezucht (c. 13–15) zu sorgen sei, daß Mühlen zu betreiben seien (c. 18), daß das eingenommene Bargeld (c. 28) an den König abzuführen sei, daß den Frauenarbeitshäusern immer rechtzeitig das Rohmaterial wie Flachs, Wolle, Waid und andere Färbemittel zu liefern sei (c. 43), daß auch Handwerksbetriebe, wie Grob-, Gold- und Silberschmiede, Schuster, Drechsler, Stellmacher, Schildmacher u. a. zur Hand seien (c. 45), daß von den Schmieden, Schild- und Schuhmachern und aus den Eisen- und Bleigruben die Abgabeleistungen pünktlich eingingen (c. 62), „damit wir wissen, was und wieviel wir von den einzelnen Dingen besitzen". Auch sind Kriegskarren auszurüsten (c. 64), und es haben eisenbeschlagene Fässer – als Transportbehälter – vorrätig zu sein (c. 68). Die Überschüsse der Hofstellen wurden nach Abzug der Versorgungsgüter für den König auf den Markt gebracht, was an der erwähnten Geldeinnahme ablesbar ist.

Die aus dem Karolingerreich stammenden Gegenstände in den umliegenden Ländern sind jedoch nicht nur auf dem Wege des Kaufmannshandels über die Grenzen an die Bestimmungsorte gelangt. Zum wirklichen Verständnis der wirtschaftlichen und kulturellen Beziehungen über die Grenzen gilt es auch hier, die verschiedenen Möglichkeiten des Warentransfers zu berücksichtigen.

Einen wesentlichen Anteil wird der Austausch im Rahmen des Geschenkewesens gehabt haben, wobei die Güter nicht allein von Gesandtschaften über die Grenzen gebracht wurden, sondern auch fremde Adlige an die karolingischen Höfe oder Pfalzen kamen und dort Luxusgüter und Waffen zum Geschenk erhielten.

In Verbindung mit missionarischen Bestrebungen – so etwa in Skandinavien – kamen, vielleicht auch als Geschenke, liturgische Geräte in den Norden, worunter eine ganze Reihe prächtiger silberner Kelche waren (Wamers 1991). Die Kelche, eingereiht in ein Trinkservice, können aber ebensogut wikingisches Raubgut gewesen sein.

Der Vorbildcharakter des karolingischen Reiches regte die slawische Elite an, die Erzeugnisse ihrer Werkstätten westlichen Mustern anzugleichen. So war die gelbe, mit Rollrädchenmuster verzierte Drehscheibenkeramik vom Badorfer Typ – so benannt nach einem Töpfereigebiet am Rheinischen Vorgebirge bei Köln – anscheinend Vorbild für die slawische Keramik vom Feldberger Typ (Brather 1996), und die karolingischen Ösen- und Schlaufensporen mit eingenietetem Dorn dienten als Vorbilder für die slawischen Hakensporen (Gabriel 1988). Sogar karolingische, in Stein errichtete Pfalzenbauten wurden bei den Slawen in traditioneller Pfostenbauweise nachgeahmt, so etwa in Starigard/Oldenburg.

Schließlich berichten die zeitgenössischen Quellen einschließlich der Capitularien über den regulären Kaufmannshandel in den Norden und Osten. Die Bezahlung kann dort aber nicht wie im Reich selbst oder wie in England in Münzen erfolgt sein, da Münzgeld noch unbekannt war und die Silberströme aus den arabischen Ländern erst am Ende des 9. Jahrhunderts den Norden erreichten. Also wurden Güter getauscht, doch bleibt weitgehend offen, welches die Gegengaben waren und was wiederum für das Karolingerreich erstrebenswert sein konnte.

IV. Neue Handelsgüter – Importe

So werden immer dieselben Vermutungen ausgesprochen: Eingehandelt wurden Getreide, Wachs und Honig, Felle und Pelze sowie als wertvollste Güter Sklaven. Als unvergängliche und damit archäologisch nachweisbare Importwaren können nur relativ nebensächliche Güter genannt werden, nämlich aus norwegischen Steinbrüchen Speckstein für Kochgefäße, die aber nur bis an die Elbgrenze nach Süden kamen oder im Handelsplatz Dorestad nachweisbar sind, und ebenfalls aus Norwegen prächtige, farbig gebänderte Wetzsteine (Kat.Nr. VI.83).

Haupthandelsgut aus dem Norden und Osten war die „menschliche" Ware; wurden die Sklaven nicht bei Raubzügen erbeutet, so wurden sie in den Grenzmärkten aufgekauft und in großer Zahl quer durch das Karolingerreich zur Iberischen Halbinsel transportiert, wo sie in die muslimische Welt weiterverkauft wurden. Beispielsweise wurde der fränkische Adlige Eberhard zum *praefectus Judeorum* ernannt, weil der fiskalisch sehr einträgliche Sklavenhandel quer durch Gallien in das islamische Spanien vor allem von jüdischen Kaufleuten übernommen worden war. 822 hatte der Emir von Cordoba Al Hakam I. beschlossen, 5000 Sklaven zu kaufen, um mit diesen seine Truppen und seine Verwaltung, aber auch seinen Harem zu vergrößern. Ein Sklave kostete zwischen 240 und 360 Denare (20 bis 30 Silbersolidi/Schillinge): Zahlen, die von der entscheidenden Bedeutung des Sklavenhandels im Karolingerreich zeugen.

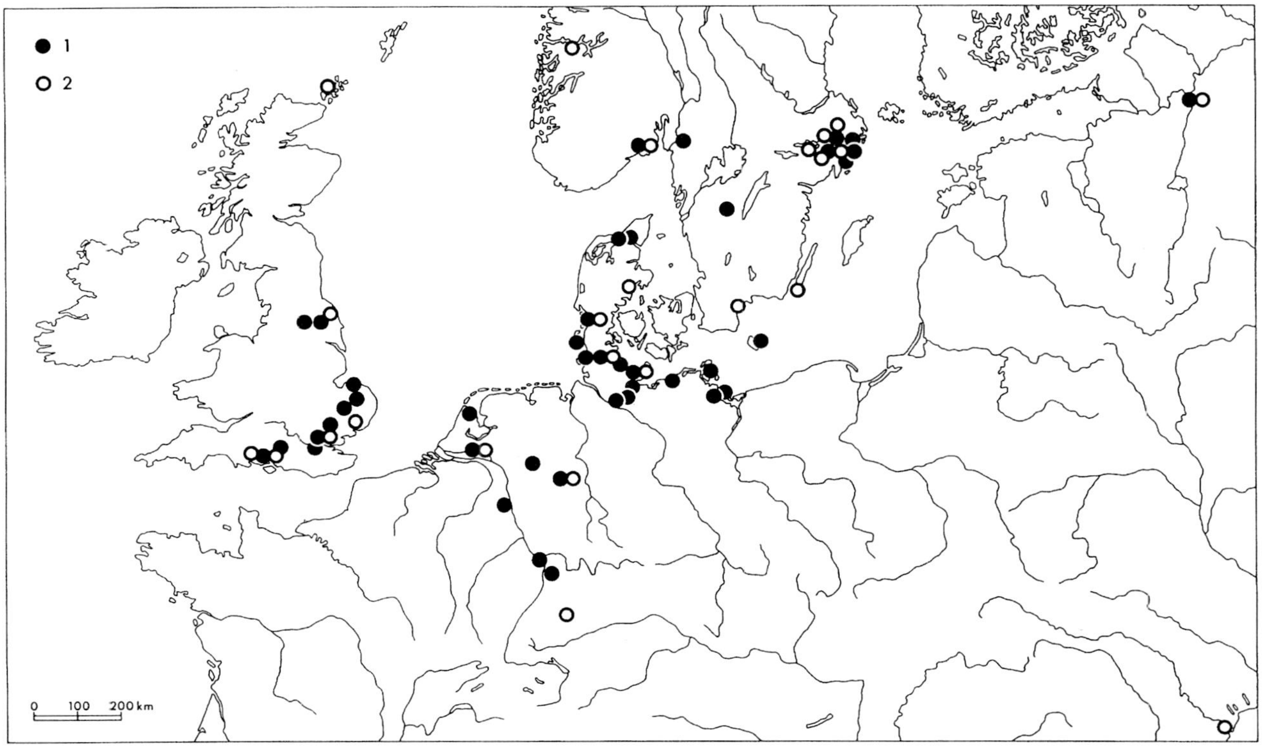

Abb. 3 Verbreitungskarte der Tatinger Keramik (1) und der Reticellagläser (2)

V. Neue Handelsgüter – Exporte

Aus dem Karolingerreich gelangten außer Waffen insbesondere Glas und Keramik nach Skandinavien und in die Ostseeländer. In fast allen Handels- und Handwerkerplätzen findet man Werkstätten für die Weiterverarbeitung von importiertem Glasbruch zu Perlen. Darunter sind auch Mosaiksteinchen, die wohl aus römischen Ruinen in Gallien und Italien stammen (Kat.Nr. VI.84).

Die skandinavischen und slawischen Eliten versorgten sich mit Trinkgeschirr, mit Schalen aus Reticellaglas (Kat.Nr. III.76) und gläsernen Trichterbechern (Kat.Nrn. III.72–73). Offen bleibt, ob diese Gläser oder auch die auffällig mit Zinnfolie geschmückten, schwarzgrauen Weinkannen und Becher, die sog. Tatinger Ware aus dem Rheinland, als Kaufmannsgut oder als Geschenke ihr Ziel erreichten, etwa den slawischen Fürstensitz bei Oldenburg in Holstein, die Handelsstadt Birka in Schweden (Kat.Nr. III.35), wo sie schließlich als Grabbeigaben dienten und deshalb erhalten blieben, oder den Häuptlingshof im hohen Norden bei Borg auf den Lofoten (Abb. 3).

Ein ausgedehnter Keramikhandel herrschte zwischen dem Karolingerreich, England und dem Norden. Oft kamen die Keramiksorten nur als persönliche Ausstattung der Kaufleute selbst über den Kanal und in die fernen Handelsplätze. Doch wurde Keramik für den Export in mehreren Töpfereigebieten produziert, nicht nur bei Badorf am Rheinischen Vorgebirge westlich von Köln, sondern auch in Nordfrankreich, z. B. an der Seine bei La Londe in der Nähe von Rouen. Dabei fällt die zeittypische Mode auf, auch hier wie in Badorf die Töpfe mit Rollstempelmustern zu verzieren. Neben Dorestad und Quentovic hat es einen weiteren Handelsplatz bei Rouen gegeben, von dem aus Hamwic angefahren und unter anderem auch mit Keramik versorgt wurde, während die Händler von den beiden anderen Orten aus in Richtung London und nach Nordosten gereist sind. Von den Töpfereien aus wurden erst einmal die Haushalte in den Handelsplätzen selbst versorgt – wo diese Importkeramik einen erheblichen Prozentsatz ausmacht (Kat.Nrn. III.46–47) –, während mit zunehmender Entfernung von den zentralen Orten nach Norden diese qualitätvolle Drehscheibenware einen immer geringeren Anteil ausmacht.

Die in der Vulkaneifel im Laacher Seegebiet (in heute noch sichtbaren Steinbrüchen) gewonnenen Mahlsteine

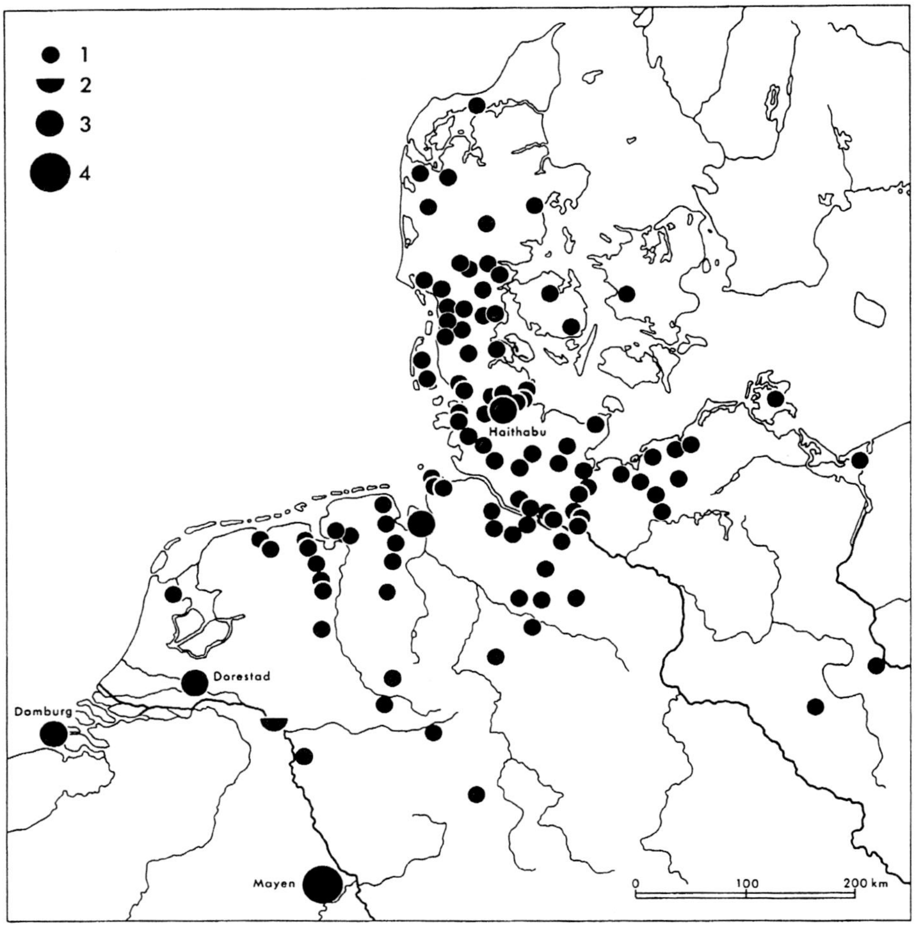

Abb. 4 Verbreitung von Mühlsteinen aus Basaltlava
1 Fundorte
2 Fund einer Schiffsladung
3 Fundorte mit Halbfabrikaten
4 Materialvorkommen und Steinbruchbetrieb

aus Basaltlava waren seit römischer Zeit ein Massengut, das weit exportiert wurde (Abb. 4). In der Karolingerzeit wurden sie mit anderen Handelsgütern auf Schiffen – wie einige Wracks bezeugen – den Rhein hinab transportiert und über die See weiterverhandelt. Alle Haushalte in den Handelsplätzen von Dorestad bis Domburg auf Walcheren (Rheindelta), von Hamwic bis Haithabu wurden mit derartigen Mühlsteinen versorgt. Dort erwarben die Bewohner der umliegenden ländlichen Siedlungen ebenfalls solche Mahlsteine, die teilweise – wegen der besseren Haltbarkeit beim Transport – als Halbfertigfabrikate verhandelt und erst an Ort und Stelle fertiggestellt wurden. Doch nicht nur Mühlsteine, sondern auch Baumaterialien aus Eifeler Basalt- oder Tuffstein wurden verhandelt, wie die Reste der Ladung kopfgroßer gebrochener Tuffsteine eines bei Kalkar im Rhein gesunkenen Flußkahns bezeugen; der Kahn ist aus im Jahre 802 (+/- 5 Jahre) gefällten Eichen gebaut.

Ein instruktiver indirekter Nachweis für den Außenhandel sind Fässer aus Tannenholz, die im Mittel- oder Oberrheingebiet hergestellt worden sein müssen, da nur dort diese Tannen wuchsen, und die als Transportbehälter für alle verderblichen und vor Seewasser zu schützenden Waren gedient haben. Sie gelangten nach Dorestad und weiter über die See nach Haithabu. In beiden Handelsplätzen wurden sie, nachdem sie ihren ersten Zweck erfüllt hatten, als Brunnenfassungen weiterverwendet, wo sie im Grundwasserbereich bis heute erhalten geblieben sind.

Wein wurde dagegen nicht in den dafür viel zu großen Fässern, sondern in Tonkrügen, z. B. den sog. Reliefbandamphoren verhandelt (Kat.Nrn. III.43–44).

Von archäologischer Seite ist kaum etwas zum Handel des Karolingerreiches mit den Mittelmeerländern, mit dem byzantinischen Reich und mit der arabischen Welt überliefert. Zwei gleichartige byzantinische Bleisiegel aus dem 9. Jahrhundert wurden in Haithabu und Ribe (Kat.Nrn. VI.78–79) gefunden, sind aber wohl auf dem östlichen Weg und nicht über das Karolingerreich in den Norden gelangt. Diese Siegel des Vorstehers der Kleider-

und Schatzkammer in Byzanz, aus der Flotte und Heer mit Kleidung und Waffen ausgerüstet wurden, werden entweder über Wikingersöldner in der byzantinischen Leibgarde oder im Rahmen einer diplomatischen Mission (etwa um einen Handelsvertrag zu schließen) die Handelsplätze erreicht haben. Vorgeschlagen wird auch, daß der Besitzer der Bleisiegel, Patrikios Theodosios, als Gesandter im Jahre 838, um militärische Hilfe gegen die Araber zu erbitten, nach Venedig an den Hof Lothars I. und weiter nach Trier gereist sei.

Aus dem Vorderen Orient bezog man Gewürze (wie Pfeffer), Spezereien, Arzneien und Purpur, von der Iberischen Halbinsel Erze und Quecksilber für die Feuervergoldung. Ansonsten sind Münzen und Perlen aus dem Byzantinischen Reich in den Norden und so wahrscheinlich, wie andere kostbare Schmucksachen, auch ins Karolingerreich gelangt, was jedoch archäologisch nicht überliefert ist.

Die Schiffe in Nord- und Ostsee und auf den Flüssen hatten eine Ladekapazität von durchschnittlich 5–20 Tonnen bei fünf Mann Besatzung. Für den Handelsplatz Haithabu wurden als Gesamtzahl 700 bis 1000 einst importierter und am Ort gebrauchter Gefäße aus Speckstein errechnet, was ein Gewicht von 5000–7000 kg bedeutet, d. h., wenige Schiffsladungen aus Norwegen hätten genügt, um den Ort für mehrere Generationen mit Specksteingefäßen zu versorgen. Nach Haithabu gelangten, hochgerechnet anhand der Fragmente von Basaltmühlsteinen, die bei den Ausgrabungen gefunden wurden, vom Rhein her im Laufe von zwei Jahrhunderten rund 10 Tonnen Mühlsteine. Weitere Ladungen mit Halbfabrikaten derartiger Mühlsteine wurden herantransportiert, um über die Flüsse Norddeutschland und Jütland zu versorgen. Geht man zudem davon aus, daß die Kaufleute immer eine gemischte Ladung aus verschiedenen Handelsgütern – von Waffen über Keramik- und Glasgefäße bis zu Salz und Kleidern – mit sich führten, nach und nach auf der Reise verkauften und den Laderaum mit anderen Waren füllten, dann entsteht ein plastisches Bild vom reisenden Fernhändler.

VI. Neue Waren – Binnenhandel

Am schwierigsten ist der Handel innerhalb des Karolingerreichs archäologisch zu fassen. Das liegt zum einen an dem eingeschränkten Forschungsstand, zum anderen an der mangelnden Überlieferungsmöglichkeit. Grabbeigaben fehlen, außer im sächsisch-friesischen Gebiet, überall, und Siedlungsgrabungen sind bisher noch selten. Die Einseitigkeit der Überlieferung spiegeln die Kartierungen karolingischer Schmucksachen, von Fibeln aller Art sowie von Gegenständen mit Verzierungen im anglokarolingischen Tierstil. Bei jeder Schmuckgattung hebt sich innerhalb des Reiches nur der norddeutsche Raum zwischen der Küste, dem Rhein und Main durch Funde heraus. Nur über die Kartierung der Münzen, der englischen und friesischen Sceattas (Kat.Nrn. IV.138) sowie der karolingischen Münzen, ist eine Vorstellung vom Binnenhandel auch im linksrheinischen Karolingerreich zu gewinnen, da das neue Geld der entscheidende Faktor veränderter Handels- und Marktstrukturen war (vgl. Beitrag Kluge).

Während auf den Münzen oftmals der Prägeort genannt und damit die Herkunft bekannt ist, fehlen für die Schmuckproduktion fast alle Hinweise auf die Werkstätten. Die seltenen Funde von Gußformen und Halbfabrikaten stützen jedoch die Annahme, daß im wesentlichen an Königshöfen, so in und bei Karlburg (Kat.Nr. VI.145), auch die Schmuckstücke hergestellt und von dort verteilt worden sind.

VII. Werkstätten

Kaufleute und Handwerker gehörten in der Regel zu den Abhängigen des Königs und der Bischöfe sowie anderer Großer. Alle waren eingebunden in die grundherrschaftliche Organisation und handelten im Auftrag, ob sie in Dörfern wohnten, in denen verschiedene Grundherren Besitz hatten, oder in Königshöfen, Klöstern, Pfalzen oder in den Grenzhandelsorten. Daher waren es der König und die Bischöfe, die in der Karolingerzeit die Wirtschaft förderten und zugleich auf den gewachsenen Bedarf reagierten. Handwerkszentren waren die archäologisch erforschten Königshöfe wie Huy in Belgien und Karlburg am Main, wo eine große Zahl von Grubenhäusern, Werkstätten und Produktionshinweisen in Form von Schmucksachen, Abfällen, Gußformen und Halbfabrikaten gefunden wurde.

Vor allem aber waren die Klöster zu expansiven wirtschaftlichen Zentren geworden. Der St. Galler Klosterplan legte das Muster für die Gliederung eines solchen geistlichen wie wirtschaftlichen Zentrums vor, auf dem Handwerksbetriebe in einer kollektiven Werkstatt eingetragen sind (vgl. Beitrag Capelle). Bei den Ausgrabungen in den Klöstern San Vincenzo al Volturno (vgl. Beitrag Mitchell, Abb. 5) und Farfa in Süd- und Mittelitalien wurden Werkstätten der Glas- und der Metallverarbeitung freigelegt. In San Vincenzo wurden Reticellagläser hergestellt (Kat.Nr. III.80), wie sie bis Nordnorwegen gekommen sind, außerdem fanden sich in einer der Werkstätten für Buntmetallverarbeitung emaillierte liturgische Gegenstände, in einer anderen wurden Beschläge für Reitzeug oder Waffengurte gefertigt. Auch Kämme aus Knochen, wie sie ähnlich auch an der Nordseeküste vorkamen, und Buchbeschläge aus Elfenbein wurden hier hergestellt. Etwa 40 oder 50 Handwerker waren hier beschäftigt, was aus der Größe des speziell zugehörigen Refektoriums geschlossen werden kann. Eine vergleichbare wirtschaftliche Funktion wie die Klöster übernahmen auch die Pfalzen. Aber es waren gerade die Klöster, die dank ihrer geistlichen wie wirtschaftlichen Anziehungskraft und mit ihrer Konzentration von Bevölkerung zu Kernformen frühstädtischer Strukturen wurden. Immerhin lassen sich für die großen Klöster zwischen 300 und 1000 Mönche, Laienbrüder und Bedienstete als Bewohner errechnen. Die Grenzhandelsorte wie Dorestad oder Haithabu und die alten Städte am Rhein wie Köln werden kaum mehr als tausend oder zweitausend Einwohner gehabt haben.

Für die Abtei Centula-St. Riquier sind 831 Behausungen für 2500 Laien verzeichnet: In größerer Zahl konzentrierten sich Handwerker, Kaufleute und Krieger – bis zu 110 Mann, die Pferd, Schild, Schwert und Lanze bereitzuhalten hatten – an diesen Klöstern, in denen einige hundert Mönche lebten, die zugleich auch ausgezeichnete Handwerker sein konnten.

In königlichen, klösterlichen und adligen Grundherrschaften wurde unter Kontrolle und im Auftrag der Grundherren für den Eigenbedarf und für den Handel produziert. In den Handelsplätzen sind zahlreiche Handwerke nachgewiesen, die sicherlich ebenfalls für den Markt produzierten und entweder auch hier im Rahmen grundherrschaftlicher Höfe am Ort ihre Produkte herstellten oder auf eigene Verantwortung arbeiteten.

In zahlreichen Klosterwerkstätten wurden Waffen, Schmuck und andere Güter aus angeliefertem Rohmaterial hergestellt. Wer jedoch über die großen Steinbrüche für die Mahlsteine oder die Tongruben für die Tatinger oder Badorfer Keramik verfügte, ist nicht direkt überliefert. Vorstellbar ist, daß große Grundherrschaften mit ihrem beachtlichen Streubesitz auch Gehöfte in diesen Rohstoffgebieten hatten, so wie sie ebenfalls Höfe in den Handelsplätzen wie Quentovic und Dorestad betrieben, wo sie die andernorts produzierten Waren in den Überseehandel einleiten konnten. Die Kirche von Straßburg erhielt in diesen Orten nach einer Urkunde Ludwigs des Frommen von 831 keine Zollfreiheit, dafür aber sonst im ganzen Reich. Zuvor hatte 779 Saint-Germain-des-Prés ebenfalls Zollfreiheit im Reich und sogar in diesen und weiteren Hafenorten erhalten. Alle Händlertreffpunkte von Dorestad bis zu Karlburg und den Außenhandelstoren an der Elbe zeichnen sich durch erhebliche Größe aus, die bis zu 200 ha Fläche betragen hat. Sie konnten daher eine große Anzahl von Höfen verschiedener Grundherren aufnehmen, die am Außenhandel teilhaben wollten.

Zur Versorgung der Münzprägestätten mit Silber sind – erstmals seit der Antike – neue Bergwerke in Mittelfrankreich eröffnet worden, u. a. in Melle, dem auf karolingischen Münzen genannten *metullum*, was Bergwerk bedeutet. Einige Verse aus der Evangelienharmonie Otfrieds von Weißenburg aus dem Nordelsaß, geschrieben um 862, können so gedeutet werden, daß auch im Elsaß zu Beginn des 9. Jahrhunderts Bergwerke betrieben wurden: „[Im Land der Franken] gewinnt man Erz und Kupfer und, wahrhaftig, sogar Kristalle; dazu kommt reichlich Silber und [außerdem] Gold, das an manchen Orten im Sand [der Flüsse] gefunden wird."

Weitere Regelungen zur Kontrolle der Abgaben und zur Sicherung des Handels galten den Maßen und Gewichten; zwar gab es noch keine Eichämter, aber immerhin wurde in einigen Capitularien angeordnet, wo Vergleichs- oder Kontrollmaße aufzubewahren waren und wer dafür zuständig war.

Edelmetalle, kostbare Steine und Gewürze wurden mit kleinen empfindlichen Waagen gewogen, wozu Gewichte gebraucht wurden. Reste von Waagen, nämlich die 15 bis 20 cm langen Waagebalken aus Bronze oder Messing, wurden bei Ausgrabungen in Handelsplätzen gefunden (Kat.Nr. VI.87; Abb. 5). Die Qualität des Edelmetalls, d. h. der Grad der Legierung, konnte mit sog. Probiersteinen aus Kieselschiefer kontrolliert werden (Kat.Nrn. VI.93–94).

VIII. Sachsen im Frankenreich

Als die Grenze des Karolingerreichs noch am Rhein verlief und Friesen und Sachsen noch nicht zum Reich gehörten, gab es parallel zu den ständigen Raub- und Plünderungszügen in diese Länder zugleich auch einen organisierten Handel mit ihnen. Immerhin war Dorestad schon zur Zeit der friesischen Herrschaft als Münzort und Handelsplatz entstanden. Als später Friesland und Sachsen zum Reich gehörten, verschob sich die Grenze nur wei-

Abb. 5 Waagebalken und Bleigewichte aus Haithabu. Haithabu, Wikinger-Museum

ter nach Osten und Norden, über die hinaus Handel getrieben und Krieg geführt wurde.

Erstmals dienten Märkte überall im Karolingerreich dem Warenumsatz mit dem Ziel, Münzgeld einzunehmen. Wie schnell sich dieses neue Wirtschaftssystem im eroberten Sachsen durchsetzte, läßt sich weniger deutlich nachweisen. Doch ist bald von vergleichbaren Verhältnissen auszugehen, denn die schon wenige Jahre nach der endgültigen Befriedung der Sachsen im Diedenhofener Kapitular von 805 aufgezählten Märkte können nicht isoliert an der Grenze zu den Slawen existiert haben, sondern waren ebenso wie die Küstenhandelsplätze mit dem Umland verknüpft und zugleich Aus- und Eingangstore des Karolingerreiches. Sie wurden durch hohe Amtsträger im Range von Grafen überwacht und waren Kontrollstellen für den Handel mit den Slawen.

Die Wirtschaft des Karolingerreiches spiegelt die eigenständige gesellschaftliche Struktur einer Epoche zwischen der Spätantike und der Merowingerzeit einerseits und dem Hochmittelalter andererseits, deren Kennzeichen eine auffällige Dynamik war. Die antiken Städte hatten sich nach und nach aufgelöst, und die mittelalterliche Stadt war noch nicht entstanden. Zeichen der Zwischenzeit sind die großen Handelsplätze, die sich in der Regel nicht zu den mittelalterlichen Städten weiterentwickelt haben, sondern wieder verschwanden.

Handel und Handwerk innerhalb des Karolingerreichs sind in erster Linie aus der schriftlichen Überlieferung bekannt, während die archäologischen Funde in den Ländern in einem weiten Ring um das Karolingerreich wie ein Echo die massiv expandierende Wirtschaft reflektieren.

Literatur:

Sebastian BRATHER, Merowinger- und karolingerzeitliches „Fremdgut" bei den Nordwestslawen. Gebrauchsgut und Elitenkultur im südwestlichen Ostseeraum, in: Prähistorische Zeitschrift 71, 1996, 46–84. – Peter ETTEL, Dieter RÖDEL u. Ludwig WAMSER, Castellum, Monasterium und Villa Karlburg. Vom fränkischen Königshof zum bischöflich-würzburgischen Zentralort, in: Kat. Würzburg 1992, 297–343. – Gillian CLARK, Monastic Economics? Aspects of Production and Consumption in Early Medieval Central Italy, in: Archeologia Medievale 24, 1997, 31–54. – Hildegard ELSNER, Wikinger Museum Haithabu: Schaufenster einer frühen Stadt, Neumünster 1989. – Willem Albertus van ES u. W. J. H. VERWERS, Handel in karolingische potten, in: Romeinen, Friezen en Franken in het hart van Nederland van Traiectum tot Dorestad 50 v. Chr. – 900 na Chr., hrsg. v. Willem Albertus van ES u. W. A. M. HESSING, Utrecht [2]1994, 184–188. – Ingo GABRIEL, „Imitatio imperii" am slawischen Fürstenhof zu Starigard/Oldenburg. Zur Bedeutung karolingischer Königspfalzen für den Aufstieg einer „civitas magna Slavorum", in: Archäologisches Korrespondenzblatt 16, 1986, 357–367. – DERS., Hof- und Sakralkultur sowie Gebrauchs- und Handelsgut im Spiegel der Kleinfunde von Starigard/Oldenburg, in: Berichte der Römisch-Germanischen Kommission 69, 1988, 103–291. – Inga HÄGG, Die „petras nigras". Revision eines Dokuments über Warenaustausch, in: Sources and Resources. Studies in Honour of Birgit Arrhenius, hrsg. v. Greta ARWIDSSON (Revue du Groupe Européen d'Etudes pour les Techniques, Physiques, Chimiques, Biologiques et Matematiques Appliquées à l'Archéologie 38), Rixensart 1993, 445–450. – Joachim HENNING, Gefangenenfesseln im slawischen Siedlungsraum und der europäische Sklavenhandel im 6. bis 12. Jahrhundert. Archäologisches zum Bedeutungswandel von „sklābos – sakāliba-sclavus", in: Germania 70, 1992, 403–426. – Richard HODGES, Charlemagne's Elephant and the Beginnings of Commoditisation in Europe, in: Acta Archaeologica 59, 1988, 155–168. – DERS., The 8th-century pottery industry at La Longe, near Rouen, and its implications for cross-channel trade with Hamwic, Anglo-Saxon Southampton, in: Antiquity 65, 1991, 882–887. – DERS., In the shadow of Pirenne: San Vincenzo al Volturno and the revival of Mediterranean commerce, in: La Storia dell'Alto Medioevo italiano (VI–X secolo) alla luce sull'archeologia, hrsg. v. Riccardo FRANCOVICH u. Ghislaine NOYÉ, Firenze 1994, 109–127. – Wolfgang HÜBENER, Die Orte des Diedenhofener Capitulars von 805 in archäologischer Sicht, in: Jahresschrift für mitteldeutsche Vorgeschichte 72, 1989, 251–266. – Franz IRSIGLER, Grundherrschaft, Handel und Märkte zwischen Maas und Rhein im frühen und hohen Mittelalter, in: Grundherrschaft und Stadtentstehung am Niederrhein. Referate der 6. Niederrhein-Tagung des Arbeitskreises Niederrheinischer Kommunalarchivare für Regionalgeschichte, hrsg. v. Klaus FLINK u. Wilhelm JANSSEN (Klever Archiv 9), Kleve 1989, 52–78. – Stig JENSEN, Ribe zur Wikingerzeit, Ribe 1991. – Peter JOHANEK, Der fränkische Handel der Karolingerzeit im Spiegel der Schriftquellen, in: Untersuchungen zu Handel und Verkehr der vor- und frühgeschichtlichen Zeit in Mittel- und Nordeuropa. Teil IV. Der Handel der Karolinger- und Wikingerzeit, hrsg. v. Klaus DÜWEL, Herbert JANKUHN, Harald SIEMS u. Dieter TIMPE (Abhandlungen der Akademie der Wissenschaften in Göttingen, Phil.-Hist. Klasse; 3. F. 156), Göttingen 1987, 7–68. – Stephan LEBECQ, Art. Friesenhandel, in: Reallexikon der Germanischen Altertumskunde 10, Berlin/New York 1996, 69–80. – John MITCHELL, Monastic Guest Quarters and Workshops: The Example of San Vincenzo al Volturno, in: Wohn- und Wirtschaftsbauten frühmittelalterlicher Klöster. Internationales Symposium 26.9.–1.10. 1995 in Zurzach und Müstair im Zusammenhang mit den Untersuchungen in Kloster St. Johann zu Müstair, hrsg. v. Hans Rudolf SENNHAUSER, Zürich 1997, 127–155. – Julia OBLADEN-KAUDER, Ein karolingischer Flußkahn aus Kalkar-Niedermörmter, in: Archäologie im Rheinland 1993, Köln/Bonn 1994, 98–99. – Pierre RICHÉ, Die Welt der Karolinger, Stuttgart 1981. – DERS., Die Karolinger. Eine Familie formt Europa, München 1991. – Volkmar SCHÖN, Die Mühlsteine von Haithabu und Schleswig. Ein Beitrag zur Entwicklungsgeschichte des mittelalterlichen Mühlenwesens in Nordwesteuropa (Berichte über die Ausgrabungen in Haithabu 31), Neumünster 1995. – Fred SCHWIND, Zu karolingerzeitlichen Klöstern als Wirtschaftsorganismen und Stätten handwerklicher Tätigkeit, in: Institutionen, Kultur und Gesellschaft im Mittelalter, Festschrift für Josef Fleckenstein zu seinem 65. Geburtstag, hrsg. v. Lutz FENSKE, Werner RÖSENER u. Thomas ZOTZ, Sigmaringen 1984, 101–123. – Heiko STEUER, Der Handel der Wikingerzeit zwischen Nord- und Westeuropa aufgrund archäologischer Zeugnisse, in: Untersuchungen zu Handel und Verkehr der vor- und frühgeschichtlichen Zeit in Mittel- und Nordeuropa. Teil IV. Der Handel der Karolinger- und Wikingerzeit, hrsg. v. Klaus DÜWEL, Herbert JANKUHN, Harald SIEMS u. Dieter TIMPE (Abhandlungen der Akademie der Wissenschaften in Göttingen, Phil.-Hist. Klasse; 3. F. 156), Göttingen 1987, 113–197. – Heiko STEUER, Handel und Fernbeziehung. Tausch, Raub und Geschenk, in: Kat. Stuttgart 1997, 389–402 (Abb. 444: Schema zur Güterverteilung). – Heinrich TIEFENBACH, Peter JOHANEK, Willem Albertus VAN ES u. W. J. M. VERWERS, Art. Dorestad, in: Reallexikon der Germanischen Altertumskunde 6, Berlin/New York 1986, 59–82. – Krzysztof WACHOWSKI, Kultura karoliúska a Słowiańszczyzna zachodnia/ Karolingische Kultur und Westslawentum (Studia Archeologiczne 23), Wrocław 1992. – Egon WAMERS, Pyxides imaginatae. Zur Ikonographie und Funktion karolingischer Silberbecher, in: Germania 69, 1991, 97–152. – Ludwig WAMSER u. Peter ETTEL, Neue Erkenntnisse zu Castellum, Monasterium und Villa Karloburg, in: Das archäologische Jahr in Bayern 1994, Stuttgart 1995, 138–143.

Heinz-Dieter Heimann

Verkehrswege und Reisen im frühen Mittelalter

I. Karl der Große als „Straßenbauer" – ein Mythos

Mit dem fränkischen König Karl, der wohl ohne die Eroberungen in Sachsen am Ende des 8. Jahrhunderts schwerlich „der Große" genannt worden wäre, verbanden schon Zeitgenossen den Mythos eines siegreichen Kämpfers, Reichsgründers oder „Vaters Europas" – nach antikem Vorbild. Der danach auch vielfach von Fürsten, Kirchen und Städten als Vorfahre und Gründer berufene Kaiser wurde in unserem Jahrhundert schließlich auch zum „Begründer" des Hellwegs, der kontinentalen Ost-West-Verkehrslinie, erklärt, als der Dortmunder Archivar Karl Rübel die Kriegszüge der Franken gegen die Sachsen auch verkehrstopographisch deutete. Die Vorstellung vom „Straßenbauer" Karl im wilden Sachsenland hat sich in der jüngeren Forschung allerdings so nicht halten lassen, und allenfalls begleitet dieser Mythos freizeitradelnde Zeitgenossen auf der Kaiser-Karls-Route zwischen Paderborn und Aachen.

Die tatsächliche Infrastruktur und Mobilität im 8./9. Jahrhundert besaßen andere Voraussetzungen und hatten andere Dimensionen: Welche Wege bestanden, welche benutzte man in jener Zeit, und wie reiste man? Wer war überhaupt unterwegs, und wie sahen Reisende das damalige Land der Sachsen, der Westfalen?

II. Mittelalter – eine „mobile" Epoche

Gemeinhin gilt das Mittelalter als Zeitalter der Immobilität, des orts- und standesgebundenen Lebensstils. Richtig ist wohl, daß das frühe Mittelalter kein 'Reisezeitalter' war. Richtig ist auch, daß Mobilität damals zweifellos ein Privileg meinte, und ebenso richtig ist es, daß Menschen von Natur aus mobil sind und damit teils freiwillig, teils gezwungenermaßen unterwegs waren; teils auch aus Gründen der Lebenserhaltung, um Hunger, Not und Kriegen auszuweichen, umherzogen oder um neue Siedlungsräume zu besetzen. Letzteres hat man als Migrationsbewegung vom „Reisen", der Mobilität zum Zweck der Kommunikation, zu unterscheiden.

Die Motive des Reisens sind mithin vielfältig. Aufgrund der Eigenart der schriftlichen Quellen äußert sich darin einerseits das Verhältnis von Herrschaft und Kommunikation als zentrales Motiv. Andererseits weisen sie als Grundmotiv das christliche Verständnis des Menschen aus, der immer unterwegs ist zu Gott. In der Mission der irischen Mönche, der Wanderbischöfe, in den Reisen der in die Reichs-, Kirchen- und Bildungspolitik eingebundenen Äbte der großen Ordenskonvente, im Pilgerwesen und Eremitentum berühren sich Religion und Reisen.

Schließlich gilt, daß damals die segmentäre Gesellschaft bei einer geschätzten Gesamtbevölkerung von 30 Millionen in Europa in dem eher inselhaft genutzten Raum ganz eigene Anforderungen an eine adäquate Verkehrsinfrastruktur entwickelte. Diese wurde einerseits vorgeprägt durch die topographische Gliederung des Kontinents in zahlreiche Mittelgebirge, Flüsse und überwiegend mit Urwald bedeckte Landschaften. Andererseits bestand im römischen Imperium ein auf militärisch-administrative Zwecke in Gallien, den Donau- und den Rhein-/Maaslanden hin begründetes Straßenwesen. Die ungleichartigen Verkehrswegestrukturen beiderseits des Rheins aus vorkarolingischer Zeit bezeichnen mithin weniger ein Kulturgefälle zwischen Antike und Mittelalter als vielmehr unterschiedliche Kontinuitäten. Diese Verhältnisse hatten ebenso Auswirkungen auf den Handel wie auf die Ausübung expansiver Königsherrschaft.

Dasselbe gilt für die in der Karolingerzeit intensivierten Verkehrs- und Transportverhältnisse zwischen Gallien und Germanien oder zwischen Italien und Germanien. Und die Beispiele reichen in der Verkehrsgeschichte z. B. vom Transport marmorner Bauelemente bis hin zum Austausch und „Fernleihbetrieb" von Handschriften.

Für das frühe Mittelalter kann man daher von einer situationsspezifischen Mobilität und einem kalkulierten Unterwegssein verschiedener Einzelpersonen und Gruppen ausgehen, so z. B. war der König mit einem auf etwa 1000 Personen geschätzten Gefolge unterwegs. Darunter waren auch Frauen, wie wir aus zahlreichen Briefen von Nonnen oder aus den Schilderungen der Biographie der Königin Hildegard, einer von Karls Ehefrauen, wissen. Sie begleitete Karl hochschwanger auf der Romreise.

Mit „Reisen", das begriffsgeschichtlich ursprünglich kriegerisches Handeln und Gefährdung meint, verknüpfen sich sodann Vorstellungen von Fremdheit und Fremdsein, die wiederum vielfach mit Ängsten verbunden sind. So finden sich in frühmittelalterlichen Reiseschilderungen typische Charakteristika für fremde Völker und Reiche. Im Vordergrund aber steht das Verhältnis zwischen Mensch und Natur, die Wildnis als Ort vielfältiger Gefahren. Noch lange Zeit bestand ein Glaube an die Eigenmacht der wilden Natur. Unerschlossenes Land galt bis ins späte Mittelalter als fremd, als unbehaust, als Raum für Deklassierte – aber auch für Heilige. Die Emanzipation von den Naturgewalten und die Desakralisierung der Natur setzten erst mit der Annahme des Christentums ein.

Seit dem 11./12. Jahrhundert, exemplarisch mit Kreuzzügen, Städte- und Universitätsgründungen in Italien und Frankreich, weitete sich der Bewegungsradius für eine Vielzahl von Menschen der inzwischen angewachsenen Gesamtbevölkerung, und auch die Verkehrsinfrastruktur wurde immer dichter. Jetzt tauchten vermehrt der Begriff „strada" und verwandte Termini in den Urkunden auf, was eine verstärkte Hinwendung zum Verkehrswesen andeutet. Es finden sich auch spezielle Reiseberichte und erste spezifische „Straßenkarten". Kurz: Man kann von einem beginnenden „Zeitalter der Straße" sprechen. Soviel läßt sich aber erkennen: Nach und nach erfuhren das „fremde" und das „eigene" Land ein neues Ansehen, und auch das geographische Weltbild wandelte sich jetzt.

III. Verkehrsräume und Wegesituation

In fränkischer Zeit wurden in einem weit höheren Umfang und Radius Waren und Güter transportiert, der Verkehr organisiert und auch die Verkehrsinfrastruktur zielbewußter hergestellt, als man bisher dachte. Gegen die These eines mit dem Vordringen der Araber ins westliche Mittelmeergebiet begründeten Niederganges des Verkehrswesens (Henri Pirenne) bestätigt sich tatsächlich für die Karolingerzeit immer deutlicher ein lebhafter, lokal übergreifender Verkehr. Die These von einer verkehrsfeindlichen Grundhaltung der Karolinger ist seit den frühzeitigen Gegenbelegen durch den Wirtschaftshistoriker Alfons Dopsch zusehends überwunden. Neuere Aussagen gründen darüber hinaus in jüngeren archäologischen Funden und Forschungen, die gerade für eine Zeit mit rudimentärer Schriftlichkeit besonderes Gewicht erhalten.

„Verkehr" ist demnach heute ein Thema frühmittelalterlicher Alltagskultur. Die Verkehrsorganisation, verbunden mit einer Verkehrspolitik in Fortführung und Sicherung von Wegen, Brücken und Pässen, spiegelt in den wenigen Überlieferungen zwar eine Absicherung der bis dahin greifbaren römisch-antiken Verkehrsinfrastruktur, aber daneben zugleich eine neue Praxis im Umgang mit den Verkehrswegen in einem vergrößerten Verkehrsraum (Abb. 1).

Die Franken expandierten im 8. Jahrhundert in die Gebiete der Sachsen und auch der Slawen, die in einer verkehrsorganisatorischen Randlage gegenüber dem Machtzentrum in Gallien lagen. Auf welchen Wegen geschah das?

IV. „Hellweg" – „Weinstraße"

In den Berichten über die Eroberungszüge der Römer in Niedergermanien finden sich keine Hinweise auf den „Hellweg". Das aber besagt wenig über die tatsächliche Wegesituation in Westfalen, denn beispielsweise verweisen die reichen Münzfunde und Gräberkulturen aus vorkarolingischer Zeit im Dortmunder, Soester und Paderborn-Warburger Raum auf Siedlungen und Wirtschaftsverbindungen, die ohne ein Wegesystem schwerlich existiert hätten (Abb. 2). Die Stadtkernforschung liefert über die innerörtliche Verkehrsführung dazu weitere Belege.

Der „Hellweg", jener u. a. am Nordhang des Haarstrangs verlaufende Weg, resultiert aus einer schon frühgeschichtlichen Situation, die aufgrund der geographischen Faktoren eine schließlich transkontinentale Verkehrsführung begünstigte. Dieser Weg verbindet die vom westlichen Europa aus an die Rheinlinie und in den Osten laufenden Warentransporte mit den aus dem Süden an die Küstenregion führenden und bildet eine bevorzugte Durchgangszone. Die wachsende verkehrswirtschaftliche Nutzung des Hellwegs liegt wesentlich in den karolingischen Initiativen zur Anlage von Königshöfen und Pfalzen und den sich daraus entwickelnden Hellweg-Städten begründet.

Abb. 1 Mittelalterlicher oder frühneuzeitlicher Hohlweg bei Lübbecke (Kreis Minden-Lübbecke)

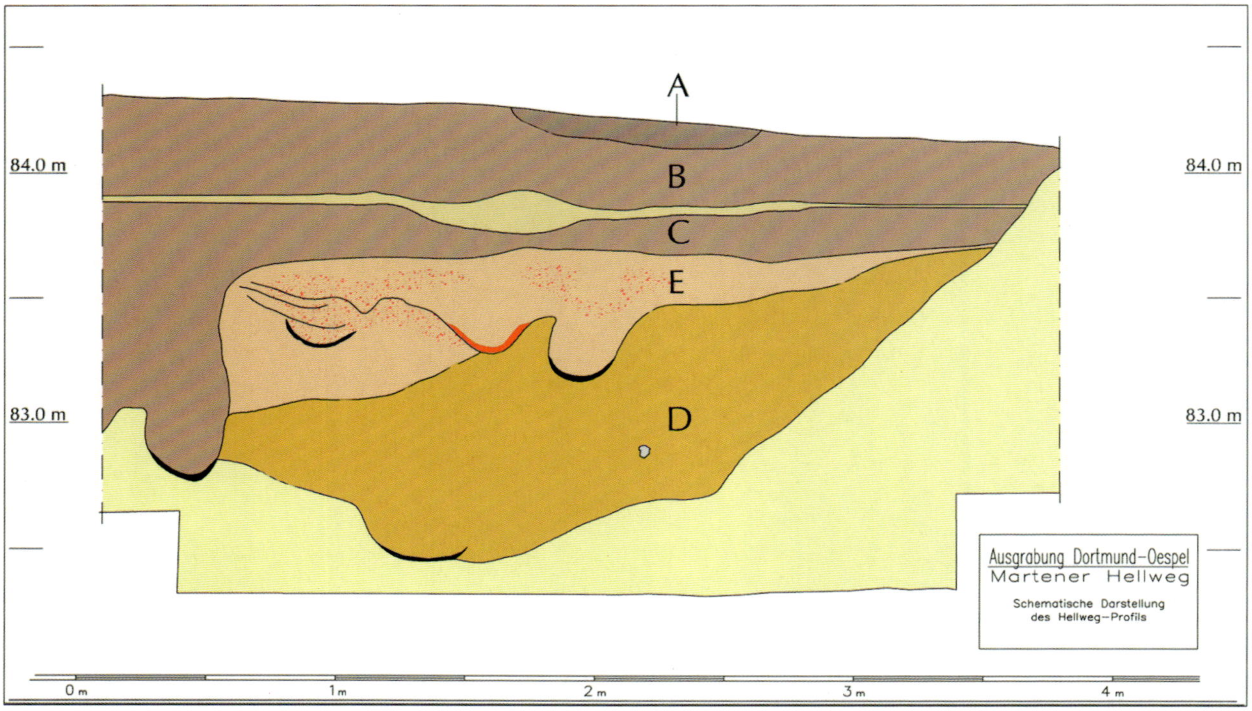

A Sandiger Lehm, Auffüllung einer Senke
B, C Sandiger Lehm, fleckig ausgebleicht. Auffüllung des Hohlwegs.
D Sandiger Lehm. Hellweg-Auffüllung aus umgelagertem Material.
E Lehm. Hellweg-Auffüllung mit Wagenspuren.

anstehender Lößlehm. (10c; 10d)
Mangan
Eisenaussonderung
Wagenspuren

Abb. 2 Der schematische Querschnitt des Hellwegs im Bereich der Ausgrabung Dortmund-Oespel zeigt einen in den anstehenden Lößlehm eingesenkten Hohlweg. Im Verlauf seiner Nutzung wurde er immer wieder mit Lehm aufgefüllt. In den unterschiedlichen Schichten sind die eingetieften Fahrspuren der Holzwagen und Karren deutlich zu erkennen

Auf welche Weise der fränkische König Karl in diesem Raum unterwegs war, registrieren die karolingischen „Reichsannalen", ein offizielles Geschichtswerk der Zeit, sachlich, knapp und doch erhellend. Aus terminologischen Untersuchungen ergeben sich Indizien, daß die Sachsen vor der fränkischen Eroberung verschiedene Befestigungen unterhielten und ihre Burgen eine Schutzfunktion für die in diesem Raum vorhandenen Wege besaßen. Dies gilt wesentlich für die Eresburg und die Sigiburg (Hohensyburg/Dortmund), die gleich zu Beginn der Kriegszüge auch wegen der Nähe zu den wichtigen Verkehrswegen erobert wurden (772/775). Da diese beiden Burgenplätze eine weitreichende Bedeutung für die Kontrolle der eroberten Gebiete besaßen, wurde ihre strategische und verkehrstopographische Funktion auch fortgeschrieben. Die Franken „erschlossen" sich also existierende Zugänge nach Sachsen. Unter diesen war die im Diemeltal verlaufende „Weinstraße" von großer Bedeutung. Diese führte, von Süden her kommend, durch das Edertal auf die Eresburg zu und besaß von hier aus eine Anbindung an den „Hellweg" bei Paderborn. Im Zusammenhang der Reichsversammlung in Paderborn hat Karl der Große nach Angabe der Reichsannalen auch Wege in Sachsen „säubern" lassen, und es soll „auf offenen Wegen" Friede geherrscht haben. Von „technischen Reisehilfen", also Wagen, Pferden und Brückenbauten, berichten dieselben Quellen wiederholt (Abb. 3). 789 hat man zwei Brücken mit befestigten Stationen über die Elbe gebaut, 792 eine Schiffsbrücke über die Donau. Solchen Beispielen militärisch bestimmter Verkehrswegeplanung sind freilich anderenorts – wie etwa im Translationsbericht der Liborius-Reliquien – Klagen über marode Brükken an die Seite zu stellen.

Die Anlage einer Burg in Paderborn, die den „Hellweg" gleichsam sperrte, und ihre Lage an den alten Hauptverkehrs- und militärischen Anmarschwegen von

Süden und Westen begünstigte die weitere zentralörtliche Entwicklung Paderborns. Einen zweiten Schritt stellte die Errichtung von Königshöfen im Abstand von Tagesreisedistanzen dar, so in Duisburg, Essen, Bochum, Dortmund, Unna, Soest, Geseke und Paderborn. Diese mit Burgen, Klöstern, Pfalzen und Königshöfen aufgewerteten Siedlungsplätze bildeten ein 'Netz' von karolingischen Zentralorten. Die Kontinuität einer gegebenen Infrastruktur wurde folglich durch neue Funktionen bekräftigt.

Der Verkehrsraum erhielt mit der politischen und kirchlichen Strukturbildung des Raumes eine nachhaltige Bedeutung für die weitere mittelalterliche Königsherrschaft, die für die Hellwegzone als Verbindungsraum zwischen Harz- und Niederrheingebiet bis ins 12. Jahrhundert karolingischen Mustern folgte. Bilanziert man die zweifellos nicht vollständigen Daten über Reisestationen der Könige bzw. Kaiser in Westfalen seit Karl dem Großen bis ins 12. Jahrhundert, so spiegelt sich in jenem zentralörtlichen Etappennetz die Intensität königlicher Präsenz in diesem Raum, in dem für Paderborn 34, für Dortmund 30, für Corvey 23, für Soest sieben und für Essen/Werden sechs Besuche nachzuweisen sind.

Der „Hellweg“ fungierte so als *via regia*, als Königsstraße. Erst der Sachsenspiegel des 13. Jahrhunderts definiert diese Straßenkategorie und nimmt auch Deutschlands früheste „Straßenverkehrsordnung“ auf, indem er Spurbreiten, Vorfahrtsregeln u. a. m. vorgibt.

V. Alltägliches Unterwegssein

„Woher kommst du?“ – „Wanna quimis?“ Polyglotte Sprachfertigkeit ist selten, aber auch im frühen Mittelalter zu finden. Für Reisende zwischen romanisch- und deutschsprachigen Ländern existiert z. B. ein reisepraktisches Wörterbuch, die sog. Pariser oder altdeutschen Gespräche. Darin findet sich zweisprachig eine Anzahl von typischen Dialogen für den Reisenden im fremden Land aufgeführt: „Wer bist du?“ „Aus welchem Land kommst du?“ Oder für die Herbergssuche: „Wo hast du letzte Nacht geschlafen?“ „Hast du Pferdefutter?“

Solche Dialogszenen signalisieren das Einüben eines friedfertigen Miteinanders zwischen Fremden, ohne daß das gegenseitige Mißtrauen schon überwunden gewesen wäre, denn dort finden sich auch einige kräftige, fremdenabweisende Flüche.

Ob es schon Straßenhinweisschilder zur Orientierung in der fremden Landschaft gab, ist durch Funde nicht

Abb. 3 Teppich von Bayeux, Detail: Transport eines Fasses (Umzeichnung)

nachgewiesen. Belegt ist, daß der Mönch Richer von Reims (zweite Hälfte des 10. Jahrhunderts) auf seiner Reise nach Chartres in den unwegsamen Wäldern sich ausdrücklich darüber beschwert, daß hier niemand Wegweiser aufstelle oder instand halte. Eine andere Unsicherheit beschreibt der Fuldaer Abt Sturmius (* nach 700, † 799): Unterwegs in der dortigen weglosen Wildnis sah er sich gezwungen, am Abend Bäume zu fällen, um einen Zaun damit zu errichten, der sein Reittier vor den wilden Tieren schützen sollte. Nach dem Zeugnis des Historiographen Beda reiste hingegen Bischof Aidan bewußt zu Fuß, um Menschen zu begegnen. Waren sie Heiden, so habe er sie zur Taufe ermahnt, waren sie Christen, so habe er ihren Glauben gestärkt. Hierin äußert sich zunächst das Muster eines Bischofsideals, weniger aber ein Beleg für die Sicherheit unterwegs. Es gab Straßenräuberei und Überfälle auf Reisende, obgleich sich die vorliegenden Quellen schwerlich für „kriminalstatistische Aussagen“ solide auswerten lassen. Indizien aber bieten Episoden in den Heiligenviten oder königliche Initiativen zur Verbesserung der Sicherheit derer, die mit königlichen Rechtstiteln versehen reisten. Trotz eines immer stärker ausgeprägten Geleitwesens bestand also für die Reisenden eine große Unsicherheit.

Für die Mobilität, die Kommunikation und das Transportwesen waren Pferde unentbehrlich. Die Sachsen hatten seit 758 jährlich 300 Pferde als Tribut an die Franken abzugeben, und umgekehrt bestand für Franken ein 'Ausfuhrverbot' für Zuchthengste. Der Pferdedienst (*paraveredus*) regelte eine Zeitlang den Pferdewechsel im Kurierbetrieb. Er betraf alle Reichsinsassen. Reisen war teuer; Pferde, Reparaturen, Verpflegungen aber mußten sein. So versuchten die Amtsträger, unterwegs die Leistungen der *tractoriae*, einer ursprünglich römischen Infrastruktur, zu nutzen. Geistliche Inhaber solcher *tractoria*-Freibriefe hatten Anspruch auf Beherbergung und auf täglich bis zu 30 Brote, Getränke und Viehfutter. Die *missi*, besondere königliche Boten, erhielten ihre Verpflegung von den Grundherrschaften und der Kirche. Zur Mitte des 9. Jahrhunderts verlor diese Infrastruktur ihre Funktion – ein Indiz für die nun auch nachlassende Verkehrspolitik.

VI. Land der Salzquellen, Schweinezucht und Honigquelle

Als im 14. Jahrhundert Ludolf von Südenheim seine Pilgerreise nach Jerusalem beschreibt, erkennt er im Libanon den Teutoburger Wald wieder und in der Gestalt des Berges Tabor den Desenberg. Ein ganz anderes Bild liefert ein arabischer Reisender im 10. Jahrhundert aus dem „Slawenland". Er erwähnt die „Kastelle" Soest und Paderborn, befestigte Siedlungsplätze. Er beschreibt in Soest die Salzgewinnung und den weiträumigen Salzabsatz. In Paderborn gebe es eine wunderbare Quelle, Honigquelle, deren Wasser aber galligen Nachgeschmack habe. Derartige Zeugnisse bleiben lange Zeit singulär. Überhaupt wurde der geographische Raum zuerst als Siedlungsgebiet der „Westfalai" benannt, so in den karolingischen „Reichsannalen" und in späteren Geschichtswerken. Die Landschaft wird nur in Zusammenhang mit Ausnahmesituationen erwähnt, und Siedlungen werden oft nur kurz benannt. So verfahren auch die Translationsberichte der Liborius- und Vitus-Reliquien von Gallien nach Sachsen, die, eingebettet in heilstypologische Szenen, nur nebenbei Reisestationen wie Aachen, Soest und Paderborn erwähnen.

Inhaltliche Beschreibungen Westfalens, von Land und Leuten, finden sich erst seit dem Zeitalter der neuen Mobilität. Um 1240 beschreibt der Franziskaner Bartholomäus Anglicus als Enzyklopädist im Rahmen einer „Geographia sacra" den Eisenabbau in der Mark, das Salzgewerbe in Hellwegstädten sowie die Schweinezucht und Eichelmast; auch lobt er die Keuschheit der Westfalen. Aus dem frühen 13. Jahrhundert besitzen wir auch die erste „Landkarte" über Westfalen. In der heilgeschichtlich motivierten „Ebstorfer Weltkarte" werden die „civitates" Essen, Dortmund, Soest, Paderborn und Corvey benannt und in bildlichen Symbolen vorgestellt (Abb. 4). Der „Hellweg" aber wird nicht als markierte Orientierung hervorgehoben. Gegenüber dem Frühmittelalter hatte sich in dieser Zeit seine Funktion im Wandel der kontinentalen Verkehrs- und Handelsströme geändert. Der „Hellweg" wurde zur Landstraße wie viele andere.

Quellen und Literatur:

Erconrads translatio S. Liborii. Eine wiederentdeckte Geschichtsquelle der Karolingerzeit und die schon bekannten Übertragungsberichte, hrsg. v. Alfred COHAUSZ (Studien und Quellen zur westfälischen Geschichte 6), Paderborn 1966. – Arabische Berichte von Gesandten an germanische Fürstenhöfe aus dem 9. u. 10. Jahrhundert, hrsg. v. Georg JACOB (Quellen zur deutschen Volkskunde 1), Berlin 1927. – Quellen zur karolingischen Reichsgeschichte, bearb. v. Reinhold RAU (Ausgewählte Quellen zur deutschen Geschichte des Mittelalters. Freiherr vom Stein-Gedächtnisausgabe 5 u. 6), Darmstadt 1955/1958.

Hildegard ADAM, Das Zollwesen im Fränkischen Reich und das spätkarolingische Wirtschaftsleben. Ein Überblick über Zoll, Handel und Verkehr im 9. Jahrhundert (Vierteljahrschrift für Sozial- und Wirtschaftsgeschichte 126), Stuttgart 1996. – Alfons DOPSCH, Die Wirtschaftsentwicklung der Karolingerzeit vornehmlich in Deutschland 2, Darmstadt ^{3}1962. – Untersuchungen zu Handel und Verkehr der vor- und frühgeschichtlichen Zeit in Mittel- und Nordeuropa 5, hrsg. v. Herbert JANKUHN, Wolfgang KIMMIG u. Else EBEL (Abhandlung der Akademie der Wissenschaften in Göttingen, Phil.-Hist. Klasse; 3. F. 180), Göttingen 1989. – Ein Weltbild vor Columbus. Die Ebstorfer Weltkarte. Interdisziplinäres Kolloquium 1988, hrsg v. Hartmut KUGLER, Weinheim 1991. – Albert C. LEIGHTON, Transport and Communication in Early Medieval Europe, AD 500–1100, New Abbot 1972. – Norbert OHLER, Reisen im Mittelalter, München ^{2}1988. – Henri PIRENNE, Sozial- und Wirtschaftsgeschichte Europas im Mittelalter, München ^{3}1974.

Abb. 4 Ebstorfer Weltkarte (Kopie). Lüneburg, Museum für das Fürstentum Lüneburg

GERMANIA
honouere c.

Torsten Capelle

Handwerk in der Karolingerzeit

Die Struktur des karolingerzeitlichen Handwerks – d. h. im Gegensatz zur Nahrungsmittelerzeugung die Herstellung von mehr oder weniger dauerhaften Fertigprodukten für alle Lebensbereiche – kann trotz einer in anderer Hinsicht gut beleuchteten Zeit nur sehr schlaglichtartig dargestellt werden. Das ist in erster Linie durch den sehr unterschiedlichen Standard in den Großregionen bedingt. So gibt sich der mediterrane Raum mit dem dort angetretenen, rein klassisch-antiken Erbe für die Bewohner nordwärts der Alpen als wesentlich fremdartiger zu erkennen als das linksrheinische Gebiet mit seinen aus der Spätantike fortgeführten romanisch-germanischen Traditionen oder gar die vielfach noch undurchdringliche rechtsrheinische Weite mit ihrem teilweise noch sehr archaischen Erscheinungsbild: Von Übereinstimmung der Verfahrensweisen kann keine Rede sein, zumal die Voraussetzungen für alle in Betracht kommenden Verbraucher oder Abnehmerkreise – Kirche, Adel, Städter, Bauer – keineswegs vergleichbar waren.

Hinzu kommt trotz der fortgeschrittenen Zeit, im Vergleich zu älteren, schriftlosen Perioden, eine sehr disparate Quellenlage. Zeitgenössische Bildzeugnisse entfallen weitgehend oder sie geben zumindest nur ausnahmsweise weiterführende detaillierte Aufschlüsse. Schriftliche Quellen beziehen sich in der Regel nur auf das Umfeld der gehobenen Bevölkerungskreise und deren Bedürfnisse, doch verzeichnen sie nicht oder nur – gleichsam unbeabsichtigt – am Rande das alltägliche Geschehen, da es sich dabei um Selbstverständlichkeiten handelte, die nicht aufschreibenswert waren. Und auch die archäologische Überlieferung ist für den Bereich des karolingischen Handwerks stark eingeschränkt. Grabfunde mit entsprechend verwertbaren Inventaren sind nur noch an der Peripherie oder außerhalb des christlichen Abendlandes vertreten, und die Siedlungsspuren dieser Zeit sind entweder vielfach durch kontinuierliche spätere Überbauung gestört oder im Falle von Wüstungen systematisch abgeräumt worden.

Trotz dieser Einschränkungen gibt es selbstverständlich eine Reihe von Hinweisen, die zu betrachten es sich lohnt – auch wenn sie jeweils nur Ausschnitte zu erkennen geben.

Generell gilt natürlich, wie fast allenthalben bis an den Vorabend der industriellen Revolution, daß vor allem im ländlichen Raum die Selbstversorgung mit allen möglichen Werkzeugen, Gerätschaften und anderen Ausstattungsgegenständen im Vordergrund stand. Außerhalb von klösterlichen Werkstätten und von Ballungszentren mit Angebot und Nachfrage war es insbesondere im Raum nordostwärts von Main und Rhein nach wie vor zwingend notwendig, so weit wie möglich autark zu sein und die erforderlichen Fertigkeiten in der Verarbeitung von Holz – als dem Werkstoff schlechthin – und in gewissem Umfang auch von Eisen zu besitzen. Dasselbe gilt wohl für die Erzeugung der in großen Mengen benötigten, bruchgefährdeten Haushaltskeramik sowie für einfache kleine Objekte aus Horn und Knochen.

Dagegen war die wesentlich aufwendigere und kostspieligere Herstellung von Gläsern, Bunt- und Edelmetallprodukten, qualitätvollen Waffen, Drechslerwaren und anderem mehr nicht nur von der wirtschaftlichen Leistungsfähigkeit der Erzeuger beziehungsweise der Erwerber abhängig, sondern auch von den Zugangsmöglichkeiten zu den entsprechenden Rohstoffen sowie vor allem von der fachgebundenen Erfahrung im Umgang mit den Produktionsprozessen und den dafür notwendigen Einrichtungen. Damit einhergehen mußte darüber hinaus jeweils auch die Möglichkeit, von der täglichen Nahrungsmittelbeschaffung befreit zu sein, um sich längerfristig anderen spezialisierten Tätigkeiten widmen zu können. Dafür gab es in der Karolingerzeit die Voraussetzungen nur in den Klöstern, im Umfeld des Adels und in den heranwachsenden Städten oder anderen Handelsplätzen mit sozial differenzierter Bevölkerung, wo ein Austausch von Werten gewährleistet war. Ansonsten wird auf den einzelnen Gehöften ein fester Werkplatz im Sinne einer Allzweckwerkstatt für Herstellung und Instandhaltung der meisten notwendigen Gegenstände des täglichen Bedarfs ausgereicht haben. Dabei konnten durchaus aber auch Geschicklichkeiten entwickelt werden, die zu einem

Bauernhandwerk mit veräußerungswürdigen Überschüssen führten; in erster Linie wird das für Webwaren zutreffen, die ja auch zu den Abgaben an Grundherren zählten. Doch werden in der Regel die erstrebten Qualitäts- und/oder Serienerzeugnisse von fest installierten Manufakturen mit geradezu professionellen Handwerkern bezogen worden sein.

Das höchste Maß an Spezialisierung und an Fertigkeiten dürfte wohl bei Handwerkern am Hof Karls des Großen in Aachen zu erwarten sein, doch sind solche dort im Gegensatz zu dem etwas späteren Hof von Alfred dem Großen in Wessex und zu den aus dem archäologischen Fundgut erschließbaren Qualitätshandwerkern im Umfeld des norwegischen Oseberg (Anfang 9. Jahrhundert) nicht belegt. Vielleicht galt das Interesse in Aachen vornehmlich den feineren *artes* und nicht der *ars mechanica*. Aber immerhin werden unter anderem die acht jeweils 43 Zentner schweren bronzenen Türflügel der Pfalzkapelle vor Ort gegossen worden sein, und auch das Bauhandwerk mit seinen verschiedenen Zweigen muß dort bis zur höchsten Blüte geradezu exzeptionell gefördert worden sein.

Einen besonders günstigen Nährboden für die Entwicklung hochstehender Handwerke müssen in der Karolingerzeit die Klosterwerkstätten gebildet haben, die gewiß auch bald zu den Klostergründungen etwa im Sachsenland gehört haben.

Bereits der Bauplan für das Benediktinerkloster St. Gallen gibt um 820 den hohen Rang zu erkennen, den das Handwerk in dessen Wirtschaftsgefüge einnehmen sollte. Dabei scheinen manche Produkte nicht ausschließlich für den klösterlichen Eigenbedarf, sondern für den Verkauf bestimmt zu sein.

Auf dem Plan von St. Gallen befindet sich am Südrand der umfangreichen Klosteranlage ein großes Gebäude, in dem die Handwerker mit ihren Werkstätten untergebracht sind (Abb. 1). Dort arbeiten: Schuster, Sattler, Schwertfeger, Schildmacher, Drechsler, Gerber, Goldschmiede, Eisenschmiede und Walker. Das gesamte im Inneren unterteilte Gebäude ist lediglich durch einen Zugang zu betreten. Damit soll offenbar eine ständige Kontrolle durch den Kämmerer gewährleistet sein. Bei den hier zu erzeugenden Produkten muß es sich um sehr qualitätvolle Gegenstände handeln, die es zu beaufsichtigen lohnt. Denn abseits davon gibt es auf dem Plan zusätzlich noch Werkstätten für weitere Drechsler sowie für Böttcher beziehungsweise Küfer, die vermutlich für die Brauerei gröbere Gebrauchsgefäße herstellen sollen.

Auffallend ist, daß Weber im St. Galler Plan nicht

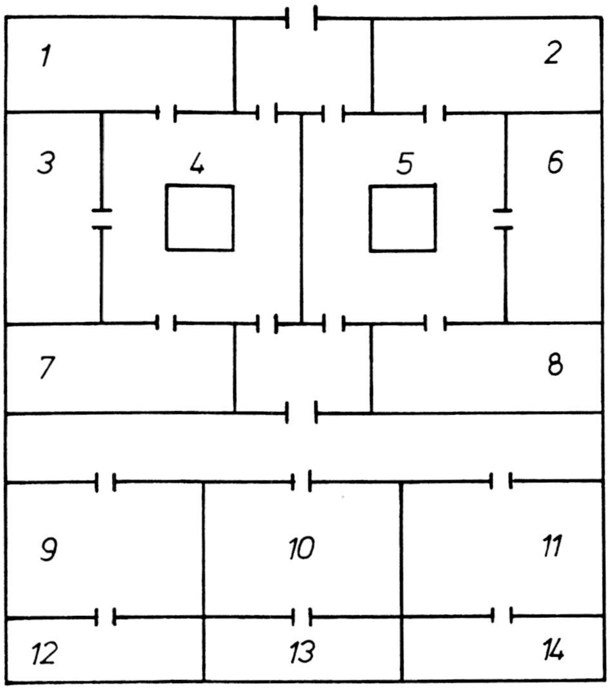

Abb. 1 Das Handwerkerhaus im Klosterplan von St. Gallen: 1 Schuhmacher, 2 Sattler, 3 Schwertfeger, 4 u. 5 Kämmerer, 6 Schildmacher, 7 Drechsler, 8 Gerber, 9 Goldschmiede, 10 Eisenschmiede, 11 Walker, 12–14 Unterkünfte

genannt werden, obgleich gewiß ein großer Bedarf an Tuchen bestanden hat. Andere Quellen deuten aber darauf hin, daß die Weberei in der Karolingerzeit vor allem von Frauen betrieben wurde, die folglich außerhalb des Klosters gearbeitet und den Walkern zugeliefert haben werden.

Noch bemerkenswerter ist, daß in der klösterlichen Gemeinschaft auch Schwertfeger und Schildmacher verzeichnet sind. Scheinen all die anderen Handwerksarten in erster Linie auf die Bedürfnisse des Klosters selbst ausgerichtet gewesen zu sein, so kann das dagegen für die beiden Waffenproduzenten nicht zutreffen. Schildmacher werden jedoch aufgrund gleicher angewandter Techniken und Materialien auch für die Anfertigung von Bucheinbänden zuständig gewesen sein und nur freie Kapazitäten für andere, eher artfremde Erzeugnisse eingesetzt haben. Diese können ebenso wie prunkvolle Schwerter mit großem Gewinn zugunsten des Klosters verkauft worden sein oder aber als Ehrengeschenke für dem Kloster wohlgesinnte Adlige gedient haben.

Ergänzend zu den detaillierten Erwähnungen von Handwerkern im Plan von St. Gallen werden in den Statuten des Adalhard von Corbie (um 750–826) Pergamenter, Schleifer und Erzgießer genannt, und weitere Quellen belegen Mönche auch als spezielle Glockengießer und als Glasmacher. Warum letztere nicht auch in St. Gallen aufgeführt werden, muß offenbleiben. Es darf aber sicher davon ausgegangen werden, daß manche qualifizierte Tätigkeiten außerhalb der Klöster im Lohn-Auftrag oder in Abhängigkeit durchgeführt wurden oder auch nur, weil sie in besonderem Maße feuergefährlich waren. Schließlich kommt für bestimmte Aufgaben auch der Einsatz mobiler Spezialisten in Frage, die nach Abschluß ihres Wirkens – da der Rohstoff erschöpft, der Auftrag erledigt oder die Nachfrage gedeckt war – den Standort wechselten und daher keiner auf Dauer angelegten Werkstatt bedurften, sondern jeweils einen zeitweilig benutzten Werkplatz einrichteten.

Zwar spiegelt der Klosterplan von St. Gallen gewiß das Idealbild einer optimal ausgestatteten mönchischen Gemeinschaft wider, wie es nur wenige erreicht haben. Doch auch bei kleineren Klosteranlagen wird es eine Vielzahl unterschiedlicher Werkstätten – ja regelrechter Betriebe – in und bei Klöstern der Karolingerzeit gegeben haben. Diese müssen geradezu „Impulsgeber" für das profane Handwerk ihrer Zeit gewesen sein, und zwar vor allem dann, wenn es sich um Neuanlagen in Missionsgebieten wie im Sachsenland handelte.

Es verwundert natürlich nicht, daß bei den Ausgrabungen in San Vincenzo al Volturno (ca. 200 km südöstlich von Rom) in jüngster Zeit dicht beisammenliegende beziehungsweise zeitlich unmittelbar aufeinanderfolgende Werkstattbereiche für die Herstellung von Kacheln, Bronzen – einschließlich einer etwa 50 kg schweren Glocke – und Glas entdeckt wurden, die um 800 und kurz danach im Rahmen des Klosterbaues genutzt wurden und jeweils nach Abschluß der notwendigen Arbeiten aufgelassen worden sind. In der Folge sind die Handwerker vielleicht verzogen und haben neue, temporäre Arbeitsplätze für andere Repräsentativbauten eingerichtet.

Darüber hinaus konnte hier aber auch – wenn auch bisher nur wegen der begrenzten Ausgrabungsflächen in kleinerem Maßstab – eine Bestätigung dafür erbracht werden, daß der Werkstattbereich des Klosterplans von St. Gallen nicht ganz fern der Realität gelegen hat. Denn es wurde zusätzlich eine Reihe fest installierter Werkstätten des beginnenden 9. Jahrhunderts freigelegt, in denen Buntmetalle, Edelmetalle und Email für kirchliche Ausstattungsgegenstände verarbeitet worden sind. Aber es sind hier auch die metallenen Bestandteile von Pferdegeschirren, Horn/Knochen-Schnitzereien (auch Übungsstücke sind belegt) und eine karolingische Schwertriemengarnitur (analog zu den Schwertfegern von St. Gallen) mit Beschlägen in langobardisch abgewandelter Manier hergestellt worden. Schließlich ist auch noch die Produktion von Fensterglas sowie von hochwertigen feinen Glasgefäßen, auch solche mit Faden- und Goldauflagen, zu nennen, die unter anderem ihre Entsprechungen in Luxusgläsern in Paderborn haben.

Auch an kirchlichen Zentren im christlichen Neuland sind kundige Handwerker konzentriert gewesen. So ist für Hildesheim die Buntmetallverarbeitung nachgewiesen worden. Und bereits für die früheste Phase der Pfalz in Paderborn ist noch vor 800 nördlich der heutigen Bartholomäuskapelle die Produktion von Fensterglas sowie auch von verschiedenartigen prunkvollen Trinkgläsern belegt.

Weniger auf Prunk und Pretiosen angelegt als Kloster- und Kirchenwerkstätten waren diejenigen im rein weltlichen Umfeld. Die dort tätigen Handwerker waren in erster Linie für den Unterhalt der Einrichtung zuständig, der sie zugeordnet waren. Vor allem gilt das für die auf den königlichen Domänen Tätigen. Die Hofgüterordnung Karls des Großen (Capitulare de villis) zählt auf, welche Handwerker (wohl im Idealfall) stets zur Verfügung stehen sollten. Zunächst heißt es dort: „43. Unseren Frauenarbeitshäusern soll man, wie verordnet, zu rechter Zeit Material liefern, also Flachs, Wolle, Waid, Scharlach, Krapp, Wollkämme, Kardendisteln, Seife, Fett, Gefäße und die übrigen kleinen Dinge, die dort benötigt werden" (Übersetzung nach Franz 1967). Daraus wird schon klar, daß verschiedene Zulieferer vor Ort vorausgesetzt werden. Noch wesentlich deutlicher wird die Spezialisierung in folgender Bestimmung: „45. Jeder Amtmann soll in seinem Bezirk tüchtige Handwerker zur Hand haben: Grob-, Gold- und Silberschmiede, Schuster, Drechsler, Stellmacher, Schildmacher, Fischer, Falkner, Seifensieder, Brauer – Leute, die Bier, Apfel- und Birnenmost oder andere gute Getränke zu bereiten verstehen –, Bäcker, die Semmeln für unseren Hofhalt backen, Netzmacher, die Netze für die Jagd, für Fisch- und Vogelfang zu fertigen wissen und sonstige Dienstleute, deren Aufzählung zu umständlich wäre" (Übersetzung nach Franz 1967). Daß die großen königlichen Wirtschaftshöfe in dieser Hinsicht besonders gut ausgestattet gewesen sein sollten, ist naheliegend. Doch scheinen die dortigen Handwerker ausschließlich in ihren zum Teil notwendigerweise fest installierten Werkstätten für den Bedarf der Höfe gearbeitet zu haben. Dagegen wurde die Überschußproduktion aus der intensiven Landwirtschaft auf den Markt gebracht.

Die archäologischen Untersuchungen an der Karlburg in Franken bestätigen zumindest ansatzweise, daß in der Tat zu den ganz großen ländlichen Wirtschaftsbetrieben dieser Zeit – unabhängig von ihrer königlichen, adligen oder kirchlichen Abhängigkeit – Handwerker verschiedener Fachrichtungen gehört haben. So entstanden in den adligen karolingischen Grundherrschaften auch zentrale Betriebe, in denen neben den bald selbstverständlichen Sparten der Bau- und Bekleidungshandwerke auch Spezialisten wie vor allem Eisenschmiede und Feinschmiede (für Gold, Silber und Buntmetalle) für den Grundherren arbeiteten und deren Produkte dann zu dessen Gunsten vermarktet wurden. Wenn es sich nicht gerade um mobile Handwerker mit saisonweiser Schwerpunktproduktion handelte, dann verstärkte die Herausbildung der Grundherrschaften geradezu die Abhängigkeit dieser Handwerker.

Parallel zu solchen mehr oder weniger vielfältigen Kleinzentren in ländlichen Regionen, in denen zuweilen wohl auch Auftragsarbeiten für Persönlichkeiten in der umwohnenden Bevölkerung durchgeführt wurden, entwickelten sich auch an den frühstädtischen Plätzen und größeren Handelsorten spezialisierte Handwerksbetriebe. Diese werden wohl kaum noch – nicht zuletzt im Gefolge der Geldwirtschaft – als Nebentätigkeiten zu verstehen sein, da sie den Bedarf größerer Bevölkerungsgruppen abzudecken hatten. Ein Zeugnis dafür mögen die zahlreichen Halbfertigprodukte von Zierstücken aus dem Uferbereich des Rheins in Mainz sein, zu denen sicher auch Ansammlungen von „recycelbaren" Materialien gehört haben. Dasselbe gilt etwa für Funde vom Balhorner Feld an einer wichtigen Fernhandelsstraße vor den Toren Paderborns und für eine sogenannte Kammacherwerkstatt auf dem Domplatz in Münster. Schon einige Generationen später arbeiteten Werkstätten an den Ballungszentren mit Angebot und Nachfrage so effektiv, daß sie bestimmte Erzeugnisse preiswerter herstellen konnten, als dieses in den abhängigen Werkstätten der Grundherrschaften der Fall war, so daß sich die Fortführung letzterer allmählich als ungünstig erwies: Die hochmittelalterlichen städtischen Gewerbe haben ihre Wurzeln in der Karolingerzeit.

Nachweise für spezielle Handwerke außerhalb von Klöstern, Grundherrschaften, Marktplätzen und den frühen Städten sind schwieriger zu erbringen, da sie einerseits für die zeitgenössischen Schreiber nicht aufzeichnenswert gewesen sind und sie andererseits durch die Archäologie in der Regel nur zufällig angetroffen werden. Dennoch muß es solche Handwerke mit unterschiedlicher Leistungsfähigkeit und mit regional bedingten Schwerpunkten vielfach gegeben haben, da auch abseits gelegene Höfe, Weiler und Dörfer einen Zugang zu wirtschaftlich notwendigen Fertigprodukten für das Alltagsleben gehabt haben müssen.

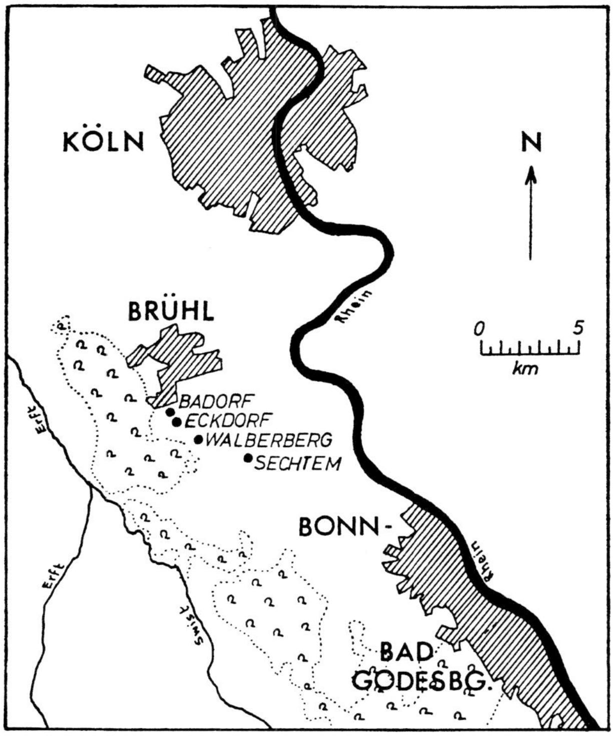

Abb. 2 Karolingische Töpferorte im rheinischen Vorgebirge

Von besonderer Bedeutung waren natürlich Töpfereien, die bevorzugt unmittelbar an oder in der Nähe besonders geeigneter Tonvorkommen gelegen haben. So sind zum Beispiel im rheinischen Vorgebirge (Abb. 2) geradezu industrialisierte Fertigungen belegt, deren weithin erstrebte, qualitätvolle Massenprodukte aus hellem Ton vor allem auf den Wasserwegen über lange Strecken professionell verhandelt wurden. Andernorts dienten dagegen kleinere Töpfereien ohne Serienherstellung – vielleicht nur saisonweise – der Versorgung der unmittelbaren kleinräumigen Umgebung mit alltäglicher Gebrauchsware.

Auch Eisenschmelzer, die gerade in der rodungsintensiven Karolingerzeit für die Herstellung schwerer Geräte zur Gewinnung des dafür notwendigen schmiedbaren Rohmaterials nahezu überall gebraucht wurden, arbeiteten in der Regel abseits der Siedlungen bei den geeigneten Erzlagerstätten und mit gutem Zugang zu Holz bzw.

Holzkohle für den Schmelzprozeß. Die Weiterverarbeitung zu Fertigprodukten konnte dann, wie zum Beispiel in Warendorf (im Münsterland), in den Siedlungen selbst erfolgen.

Bedingt durch die naturgegebenen Voraussetzungen hat es also für ganz bestimmte Produkte auch in eher entlegenen Regionen richtige Handwerksbezirke gegeben, in denen standortgebunden gearbeitet wurde. Das gilt auch für die Erzeugung von Mahlsteinen zum Beispiel aus Mayener Basalt, die wegen ihres geringen Abriebs auch in Nord- und Osteuropa begehrt waren und schon bei den Steinbrüchen zu Rohlingen geformt wurden, um den Transport zu erleichtern. Weniger qualitätvolle Mahlsteine müssen dagegen am Querenberg bei Ibbenbüren gewonnen worden sein: Dort wurden in mindestens 19 Hügelgräbern eine Art Ersatz-Mahlsteine aus einem festen Konglomerat aus Sand und Kieseln gefunden, die als Hinweis auf die Tätigkeit der Bestatteten zu Lebzeiten zu verstehen sind.

An Lagerstätten des benötigten Materials werden auch die Standorte mancher Glasschmelzer gebunden gewesen sein. So konnte ein durch Keramik Badorfer und Pingsdorfer Art datierter Glasschmelzofen schon im 19. Jahrhundert in Kordel bei Trier ohne jede erkennbare Verbindung zu einer benachbarten Siedlung freigelegt werden. Weitere Belege für landsässige Glasmacher lassen aber leider noch auf sich warten.

In rein ländlicher Umgebung wurde auch bei Kückshausen nahe Westhofen (Stadt Schwerte) ein kleiner Bronzegießerbezirk mit mindestens elf Ofenstellen angetroffen, die durch Buntmetallschlacken, Tiegelreste, Holzkohle und rot verglühte Wandteile gekennzeichnet waren. Dazu gehörte auch ein Y-förmiger, vergoldeter Riemenverteiler aus Bronze mit Emaileinlage. Neben den Öfen befand sich nur ein einziges Haus mit einem Fundament aus Trockenmauerwerk. Für die Eigenversorgung eines einzelnen Gehöftes ist dieser Gießerplatz sicher zu groß gewesen. Der dort tätige Spezialist muß einen größeren Kundenkreis gehabt haben.

Andere Handwerker sind schließlich noch durch ihre Erzeugnisse zu erfassen. Das wird zutreffen, wenn ein besonderer Schwierigkeitsgrad im Umgang mit dem Material vorauszusetzen ist oder wenn die Qualität und Perfektion des Fertigproduktes darauf hinweisen. Vor allem gilt das aber für einen Schwertfeger namens VLFBERHT. Wo er gearbeitet hat – vielleicht am Niederrhein –, ist unbekannt, aber er hat die auch weit außerhalb des Karolingerreiches gefundenen Klingen mit seinem eintauschierten Namen versehen und damit gleichsam zu Reklamezwecken als Qualitätsprodukte aus seiner Werkstatt gekennzeichnet (Abb. 3). Dadurch lösen sich diese Funde auch ausnahmsweise einmal aus der sonst gegebenen Anonymität. Ebenso wie manche bis nach Mittelschweden (Birka) gelangten Luxusgläser aus rheinischen Manufakturen müssen die Ulfberthschwerter ein echter „Exportschlager“ in den wohlhabenden Kreisen ihrer Zeit gewesen sein.

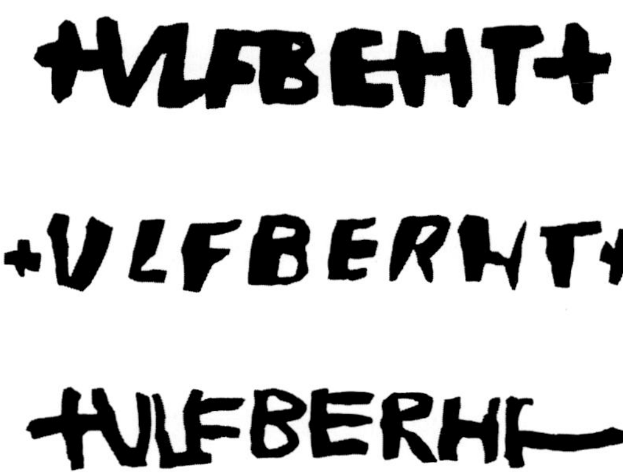

Abb. 3 VLFBERHT – Klingeninschriften. 1 Mannheim, 2 Rhein bei Speyer, 3 Gjersvik

Die ausgewählten und aufgeführten Beispiele verdeutlichen, daß es eine typische oder charakteristische Handwerksstruktur in der Karolingerzeit nicht gegeben hat. Zu sehr waren die Bedürfnisse von den jeweiligen regionalen Bedingungen abhängig. Die Spanne reicht von den Aachener Hofwerkstätten bis zum Bauernhandwerk und von hoch spezialisierten Fachleuten bis zu notgedrungen sich selbst versorgenden, amateurhaften, aber autarken „Polytechnikern“ auf entlegenen Einzelhöfen.

Höchstleistungen wurden wohl nur in höfischer oder klösterlicher Umwelt erbracht. Nur dort wurden bildende Kunst und Handwerk betrieben, und somit wird hier durch die karolingische Renovatio die Brücke zwischen den großen Lehrmeistern Plinius im 1. Jahrhundert und Theophilus im frühen 12. Jahrhundert geschlagen worden sein. Nur dort werden Kunsthandwerker vorauszusetzen sein, die sich ausschließlich ihrem Metier widmen konnten. Ihr Werk ist in der Regel nur noch anhand der Zeugnisse aus wenig vergänglichem Material greifbar. Es kann aber wesentlich umfangreicher gewesen sein, als das heute noch aus den Bodenfunden zu erschließen ist – oder gar in wenigen Fällen auch obertägig überliefert ist. Das wird sogar außerhalb der karolingischen Welt an dem berühmten Fund von Oseberg im südlichen Norwegen aus dem frühen 9. Jahrhundert deutlich: In dieser königlich anmutenden Bestattung haben sich Holzschnitzereien aus der Hand mehrerer „Meister" in einem Umfang und in einer Vollendung erhalten, die eine andere Erklärung als die der Existenz von langfristig tätigen Hofkünstlern (Hofdichtern vergleichbar) ausschließen.

Professionelle, das heißt eigenständige, nur von der Ausübung des jeweiligen Gewerbes lebende Handwerker, die von anderen lebensnotwendigen Tätigkeiten freigestellt waren, arbeiteten aber auch an Dichtezentren mit entsprechender Nachfrage. Doch werden deren Produkte im Rahmen immer stärker fortschreitender Gewerbeteilung eher die alltäglichen Bedürfnisse der Käufer befriedigt haben.

Weiterhin gab es auch noch landsässige Werkstätten oder Werkplätze, in denen mit Geschicklichkeit zwingend notwendige Gebrauchsgüter, die aus verschiedenen Gründen nicht jedermann herstellen konnte, für die unmittelbare Nachbarschaft geschaffen wurden. Dazu wird die gewiß in jeder Siedlung betriebene Textilherstellung ebenso gehört haben wie das Schmieden. Allerdings wird das eher saisonweise im Sinne von einer Nebentätigkeit und nicht hauptberuflich vor sich gegangen sein.

Ambulant und nicht kontinuierlich standortgebunden werden schließlich noch in dem so mobilen Mittelalter Könner gearbeitet haben, deren spezielle Fertigkeiten nur für die Erledigung einer bestimmten Aufgabe an einem Ort vorübergehend gefragt waren, wie zum Beispiel Glokkengießer, die im Anschluß daran dann ihre besonderen Fähigkeiten andernorts anboten.

Erschließbar – aber nicht beweisbar – sind spezialisierte Handwerker, die von der Ausübung eines bestimmten, manuell beherrschten Gewerbes zumindest gelebt haben könnten, ohne daß dadurch wirtschaftliche Selbständigkeit mit Eigentum an Werkstoff, Werkstatt und Werkzeug gegeben sein muß, in der rein archäologischen Überlieferung: Durch die Perfektion der Fertigprodukte, durch die vorauszusetzenden, besondere Qualifikationen erfordernden Schwierigkeiten im Umgang mit dem Werkstoff, durch eine erfaßbare Serienproduktion sowie durch die Aufdeckung einer Werkstatt oder durch sog. Handwerkergräber (die es jedoch im Gegensatz zur voraufgehenden Merowingerzeit in der Karolingerzeit nicht mehr gibt). Für die Karolingerzeit kommen glücklicherweise die inzwischen aufgezeichneten Volksrechte hinzu sowie vor allem, da nun die lokalen Voraussetzungen dafür gegeben waren, der Klosterplan von St. Gallen und das Capitulare de villis, die beide zumindest an den kulturellen und wirtschaftlichen Zentren eine differenzierte Gliederung von Handwerken zu erkennen geben, und zwar nunmehr einschließlich einer Vielfalt von zugehörigen Berufsbezeichnungen.

Literatur:

Torsten CAPELLE, Die karolingisch-ottonische Bronzegießersiedlung bei Kückshausen, in: Frühmittelalterliche Studien 8, 1974, 294–302. – Alfons DOPSCH, Die Wirtschaftsentwicklung der Karolingerzeit vornehmlich in Deutschland, 1–2, Darmstadt [2]1962. – Quellen zur Geschichte des deutschen Bauernstandes im Mittelalter, hrsg. v. Günther FRANZ (Ausgewählte Quellen zur deutschen Geschichte des Mittelalters 31), Darmstadt 1967. – Walter JANSSEN, Der karolingische Töpferbezirk von Brühl-Eckdorf, Kreis Köln, in: Neue Ausgrabungen und Forschungen in Niedersachsen 6, 1970, 224–236. – John MITCHELL, Monastic Guest Quarters and Workshops: The Example of San Vincenzo al Volturno, in: Wohn- und Wirtschaftsbauten frühmittelalterlicher Klöster. Internationales Symposium, 26.9.–1.10. 1995 in Zurzach und Müstair, im Zusammenhang mit den Untersuchungen im Kloster St. Johann zu Müstair, hrsg. v. Hans-Rudolf SENNHAUSER (Veröffentlichungen des Instituts für Denkmalpflege an der ETH Zürich 17), Zürich 1996, 127–155. – Michael MÜLLER-WILLE, Zwei karolingische Schwerter aus Mittelnorwegen. Studien zur Sachsenforschung 3, 1982 (1983), 101–167. – Helmut ROTH, Kunst und Handwerk im frühen Mittelalter. Archäologische Zeugnisse von Childerich I. bis zu Karl dem Großen, Stuttgart 1986. – Fred SCHWIND, Zu karolingerzeitlichen Klöstern als Wirtschaftsorganismen und Stätten handwerklicher Tätigkeit, in: Institutionen, Kultur und Gesellschaft im Mittelalter. Festschrift für Josef Fleckenstein zum 65. Geburtstag, hrsg. v. Lutz FENSKE, Werner RÖSENER u. Thomas ZOTZ, Sigmaringen 1984, 101–123. – Haakon SCHETELIG, Vestfoldskolen. Osebergfundet 3, Kristiania 1920. – Egon WAMERS, Die frühmittelalterlichen Lesefunde aus der Löhrstraße (Baustelle Hilton II) in Mainz (Mainzer Archäologische Schriften 1), Mainz 1994. – Ludwig WAMSER, Zur archäologischen Bedeutung der Karlburger Befunde, in: Kat. Würzburg 1992, 319–342. – Wilhelm WINKELMANN, Archäologische Zeugnisse zum frühmittelalterlichen Handwerk in Westfalen, in: Frühmittelalterliche Studien 11, 1977, 92–126.

Stefan Krabath, Dieter Lammers, Thilo Rehren und Jens Schneider

Die Herstellung und Verarbeitung von Buntmetall im karolingerzeitlichen Westfalen

Einführung

Die wichtigsten Gebrauchsmetalle des Mittelalters waren Eisen und Messing, daneben wurden auch Blei, Kupfer, Bronze, Silber, Gold und Quecksilber verwendet. In diesem Beitrag soll nur anhand der jüngsten archäologischen Erkenntnisse auf die Herstellung und erste Verarbeitung des Messings eingegangen werden, das im Frühmittelalter die bis dahin dominierende Bronze als die wichtigste Kupferlegierung ablöste.

Nach einer ersten Blütephase der Messingherstellung um die Zeitenwende im Römischen Reich kam es bereits im 3. Jahrhundert zu einem Erliegen der Messingproduktion (Caley 1964). Ständiges Recycling des verfügbaren Metallbestandes führte zu Mischlegierungen aus Kupfer mit Zinn, Blei und Zink, wobei der Zinkgehalt mehr und mehr zurückging. Erst mit dem frühen Mittelalter beobachten wir in ganz Mitteleuropa erneut das Auftreten von reinem und hochwertigem Messing, was auf ein Wiederaufleben der Messingherstellung hinweist (Eremin u. a. 1998).

Über die mittelalterliche Messingherstellung informiert uns um 1100 Theophilus Presbyter (Hawthorne u. Smith 1963). Demnach wurde in einem Tiegel pulverisiertes Galmei mit Holzkohle vermengt und mit Kupfermetall überdeckt. Im Ofen reagierte das Erz mit der Kohle unter Bildung von Zinkdampf, der im Aufsteigen von dem Kupfer aufgenommen wurde. Das so entstehende Messing verflüssigte sich und sammelte sich am Boden des Tiegels. Der Inhalt wurde dann ausgegossen und entweder erneut in einen frisch mit Erz und Kohle gefüllten Tiegel gegeben, um den Zinkgehalt des Messings weiter zu erhöhen, oder gelangte direkt zur Weiterverarbeitung. Der auf diese Weise erreichbare Zinkgehalt im Messing liegt bei gut 20 bis maximal 30 Gewichtsprozent. Da bei diesem Verfahren, im Gegensatz zu der Herstellung von Bronze durch das Zusammenschmelzen von Kupfer und Zinn, kein zweites Metall neben dem Kupfer erkennbar war, wurde Messing lange nicht als Legierung, sondern als 'gefärbtes' Kupfer verstanden.

Die Verarbeitung des Messings reicht vom Gießen und Ausschmieden über das Löten, Schneiden und Treiben bis zum Punzieren. Komplexe Techniken wie das Vergolden, Emaillieren und Tauschieren etc. kamen vor allem bei anspruchsvollen Objekten hinzu. Es ist daher zwischen Werkstätten mit und ohne Öfen sowie zwischen „einfachen“ und „privilegierten“ Werkstätten zu unterscheiden, wobei aber durchaus auch die gesamte Produktionskette in einer Werkstatt vertreten sein kann.

Metallwerkstätten in Westfalen

Werkstätten früh- bis hochmittelalterlicher Buntmetallverarbeitung können sowohl im frühstädtischen Milieu und in zentralen Orten (Wüstung Balhorn und Pfalzbereich in Paderborn, Dortmund, Höxter, Münster, Soest) als auch in ländlichen Siedlungen in der Nähe von Herrenhöfen (Kückshausen, Stadt Schwerte, Kr. Unna) und in Klöstern (Corvey) nachgewiesen werden (vgl. auch die Beiträge von Eggenstein, Gai u. Mecke). Die Fundplätze weisen überwiegend Produktionsabfälle, aber nur wenige Halbzeuge und Fertigprodukte auf. Schmelztiegel und Ofenanlagen besitzen dabei besondere Bedeutung für die Interpretation der Werkstätten. Tiegelschmelzöfen für die Messingproduktion und die Bereitung kleinerer Mengen Gußmetall können deutlich von Schachtöfen zum Erschmelzen größerer Mengen Rohmetalls unterschieden werden (Abb. 1).

Corvey

Am Rande des karolingischen Klosterbezirks von Corvey existierte eine Werkstatt, in der Buntmetall und Glas verarbeitet wurden (Stephan 1994). Zu den wichtigsten Befunden zählen zwei muldenförmig eingetiefte, ovale Tiegelschmelzöfen (240 x 180 bzw. 90 x 47 cm). Ursprünglich waren diese Öfen überwölbt, wovon indes nur Fragmente erhalten sind. Der Vergleich mit west-

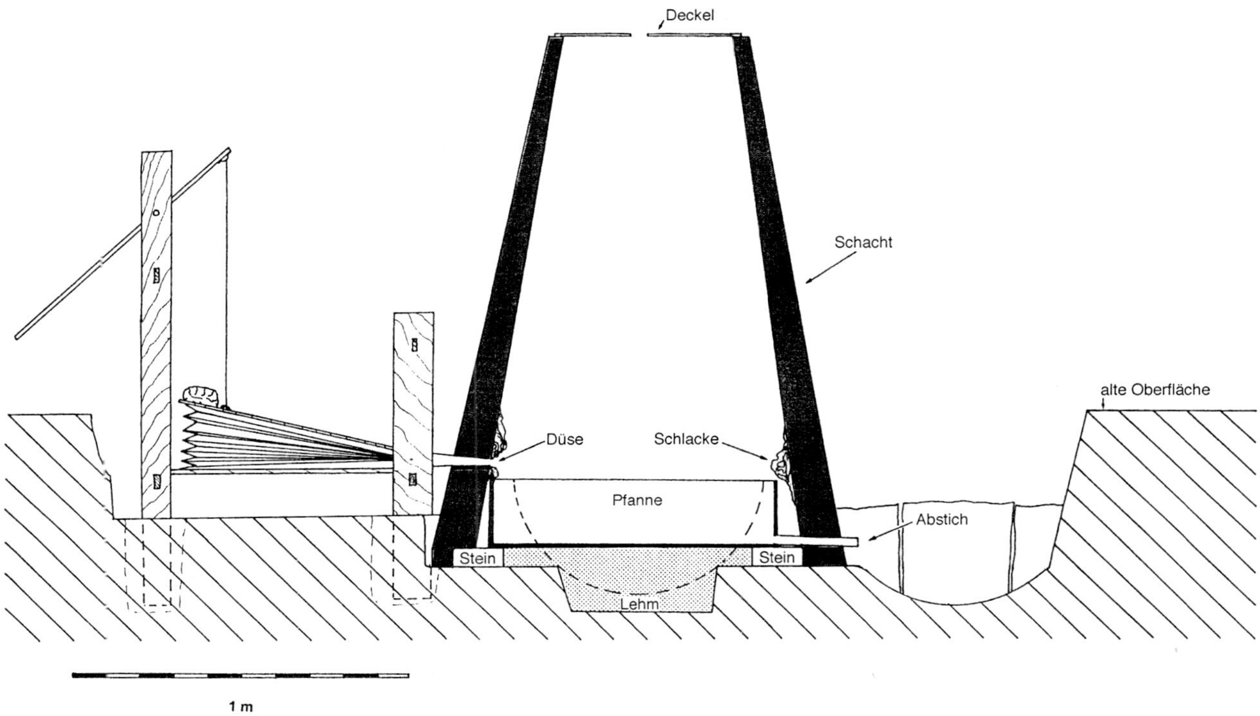

Abb. 1 Rekonstruktion eines Schachtofens des 11. Jahrhunderts auf Grundlage eines Grabungsbefundes aus Höxter

und mitteleuropäischen Konstruktionen von Tiegelschmelzöfen des frühen und hohen Mittelalters zeigt, daß in Corvey ein überregional verbreiteter Typ vorliegt, bei dem die Schmelztiegel wohl direkt in ein Holzkohlebett gestellt wurden. Die Luftzufuhr erfolgte vermutlich mit einem Blasebalg. Unmittelbar neben einem der Öfen lag ein römischer Denar, der als Indiz für die frühmittelalterliche Rohstoffgewinnung aus antiken Gegenständen angesehen werden kann. Zu den übrigen Funden zählen neben Schmelztiegelfragmenten (Kat.Nr. VI.113) und Produktionsabfällen (Schlacken und Schnittreste) Halbzeuge in Form von Barren (Kat.Nr. VI.109) und Drähten. Ebenfalls zu den Altmetallen sind wohl zwei durch Gebrauch stark abgenutzte Buchschließen mit gepunztem und graviertem Rankendekor zu rechnen.

Höxter

30 Jahre archäologische Forschung erbrachte bisher an über 50 Fundstellen im Stadtgebiet von Höxter Hinweise auf mittelalterliche Buntmetallverarbeitung (vgl. Beitrag Grothe/König). Im Bereich der Marktsiedlung konzentrierten sie sich während des 9./10. Jahrhunderts auf Randlagen. Zwei Öfen lagen an einer natürlichen Geländekante zwischen der Mittel- und Niederterrasse der Weser. Für die Wahl dieses Standortes könnte der Faktor Wind ausschlaggebend gewesen sein. Am nordwestlichen Siedlungsrand wurden mehrere Ofenbefunde und ein steinernes Grubenhaus des 11. Jahrhunderts beobachtet. Die Öfen besaßen einen leicht konischen Schacht mit Durchmessern bis zu 100 cm. Ein steinausgekleidetes Grubenhaus lag 7 m von einem Ofen entfernt. Im Südwesten des Bauwerks wurde eine ca. 3,20 x 4,10 m große, flache Eintiefung mit Überresten der ehemaligen Produktion beobachtet. Hauptsächlich wurden Schmelzreste, Produktionsabfälle (z. B. ein Gußzapfen, Kat.Nr. VI.131) sowie eine Scheibenfibel und ein Gußkuchen (Kat.Nr. VI.130) gefunden. Ein Indiz für den Metallguß innerhalb des Gebäudes stellt ein mit kleinen Metalltropfen, Holzkohle und Asche durchsetzter Horizont innerhalb der Grube dar. Die Größe des Gußzapfens und der Gußkuchen weisen auf die Produktion von mehrere Kilogramm schweren Fertigprodukten hin (Krabath 1999).

Wenige Parzellen entfernt konnte in einem auf dem anstehenden Boden angelegten Fußboden aus Kieseln und kleinen Sandsteinplatten eine rechteckige, senkrecht 50 cm eingetiefte Grube des 9. bis frühen 10. Jahrhunderts mit einer Größe von 100 x 100 cm festgestellt werden. Eine auf ihrer Sohle liegende Pinzette (Kat.Nr. VI.127) könnte als Werkzeug eines Metallhandwerkers interpretiert werden. In der Verfüllung fanden sich weiterhin Holzkohle, verziegelter Fachwerklehm, Steine, Knochen, Schlacken, Nägel, Bronzeteile, eine eiserne Schnalle und eine Scheibenfibel.

Die senkrechten Wände und das Werkzeug lassen vermuten, daß es sich bei dem Befund um die Arbeitsgrube eines Metallhandwerkers handelt, dessen Anlage der Mönch Theophilus folgendermaßen beschreibt: „[... hebe] vor dem Fenster, anderthalb Fuß von der Fensterwand, eine Grube aus. Sie soll quer [zu der Fensterwand] stehen, drei Fuß in der Länge und zwei Fuß in der Breite haben. Du sollst sie ringsum mit Brettern verschalen, von denen die beiden mittleren, in der Achse des Fensters stehenden, einen halben Fuß hoch über die Grube hervorragen. Auf ihnen soll eine Platte befestigt werden, die die Knie der in der Grube Sitzenden bedeckt, zwei Fuß breit, drei Fuß lang, quer über der Grube und so glatt, daß, was an Gold- oder Silberteilchen darauffällt, sorgsam zusammengefegt werden kann" (Theobald 1938, 63).

Soest

In der Stadt Soest kann vor allem durch neuere Grabungen (Melzer 1995a) gezeigt werden, daß das Metallhandwerk maßgeblich an der Entwicklung der Stadt teilgehabt hat. Der Kern des karolingisch-ottonischen Soest, auf einem natürlichen Geländesporn gelegen, wurde im 9. Jahrhundert mit einer rechteckigen Befestigung umgeben. Innerhalb dieser ca. 4,5 ha umfassenden Befestigung fanden sich mit der am Ende des 8. Jahrhunderts gegründeten Petrikirche, einem Gräberfeld des 9./10. Jahrhunderts, dem um 1000 gegründeten Patroklistift und nicht zuletzt mit der ebenfalls um 1000 errichteten Pfalz des Kölner Erzbischofs Zeugnisse, die auf eine vorwiegend klerikale Nutzung dieses als *castrum* bezeichneten Areals schließen lassen.

Außerhalb dieser Befestigung lassen sich bereits für die Karolingerzeit regelrechte Handwerkerquartiere nachweisen. Es sind dies vor allem die Salzsiederwerkstätten am Kohlbrink (Isenberg 1992), ein Buntmetallverarbeitungszentrum auf dem Burgtheater-Parkplatz/Rosenstraße und ein weiteres auf dem Plettenberg (Kat.Nrn. VI.39; VI.105; VI.108; VI.111; VI.116 u. VI.125).

Die Metallhandwerker wohnten bei ihren Werkstätten, wobei die feuchten Niederungen entlang der Bäche und Quellen zunächst noch nicht besiedelt wurden. Nachdem im 11. und 12. Jahrhundert Soest einen enormen Aufschwung erfuhr, wurden die Quartiere und der Markt, der sich nördlich der alten Befestigung entwickelt hatte, in der 2. Hälfte des 12. Jahrhunderts mit einer Befestigungsmauer umgeben, die ein 102 ha großes Areal umfaßte. Bemerkenswerterweise hat man dann aber spätestens im 13. Jahrhundert die Handwerkerquartiere aufgegeben. Offensichtlich war in Soest inzwischen der Handel gewinnträchtiger geworden als die Produktion von Waren.

Auf dem Gelände des Plettenberges in Soest (Melzer 1995b) fanden sich viele Reste der Buntmetallproduktion – mehrere hundert Tiegelfragmente, verschlackter und verziegelter Lehm und Schlacken –, die auf ein Produktionszentrum hinweisen, das in das 9. bis 11. Jahrhundert einzuordnen ist. Bebauungsspuren fanden sich hier in Form von bislang acht Grubenhäusern und einer noch unbestimmten Anzahl von Pfostenbauten. Drei Grubenkomplexe, in denen sich zum Teil kleinere Trockenmauern und Steinpacklagen fanden, könnten in Zusammenhang mit dem Metallhandwerk stehen.

Tiegel

Zentrales Werkzeug der Herstellung wie der ersten Verarbeitung von Messing sind Tiegel (Rehren 1997). Dabei ist zwischen Tiegeln zu unterscheiden, in denen Messing aus Galmei und Kupfermetall gewonnen wurde, und solchen, in denen vorhandenes Messing zum Guß umgeschmolzen wurde. Eine Unterscheidung ist oftmals nur anhand chemischer und mineralogischer Analysen der Tiegelreste möglich.

Aus Westfalen liegen von verschiedenen Fundplätzen karolingerzeitliche Tiegelfragmente vor (Abb. 2): Aus dem Umfeld der ehemaligen Reichsabtei Corvey bei Höxter stammen Fragmente kleiner Tiegel mit rundem Boden und einem Volumen von ungefähr 16 cm^3 (Klein u. a. 1993, Kat.Nr. VI.113). Aus Dortmund wurden zwischen den Fundamenten des Adlerturmes sehr große Mengen Tiegelscherben und glasiger Bleisilikatschlacken gefunden (Rehren u. a. 1993, Kat.Nr. VI.114). Die Tiegel teilen sich in zwei durch die Größe unterschiedene Gruppen. So gibt es Tiegel mit ca. 75 cm^3 Volumen und größere mit einem Volumen von 200–230 cm^3. Die zahlreichen Tiegelfunde aus Kückshausen, Kr. Unna (Capelle 1974, Kat.Nr. VI.112), sind erstaunlich gleichförmig. Sie besitzen eine gerade Wandung und einen flachen, ver-

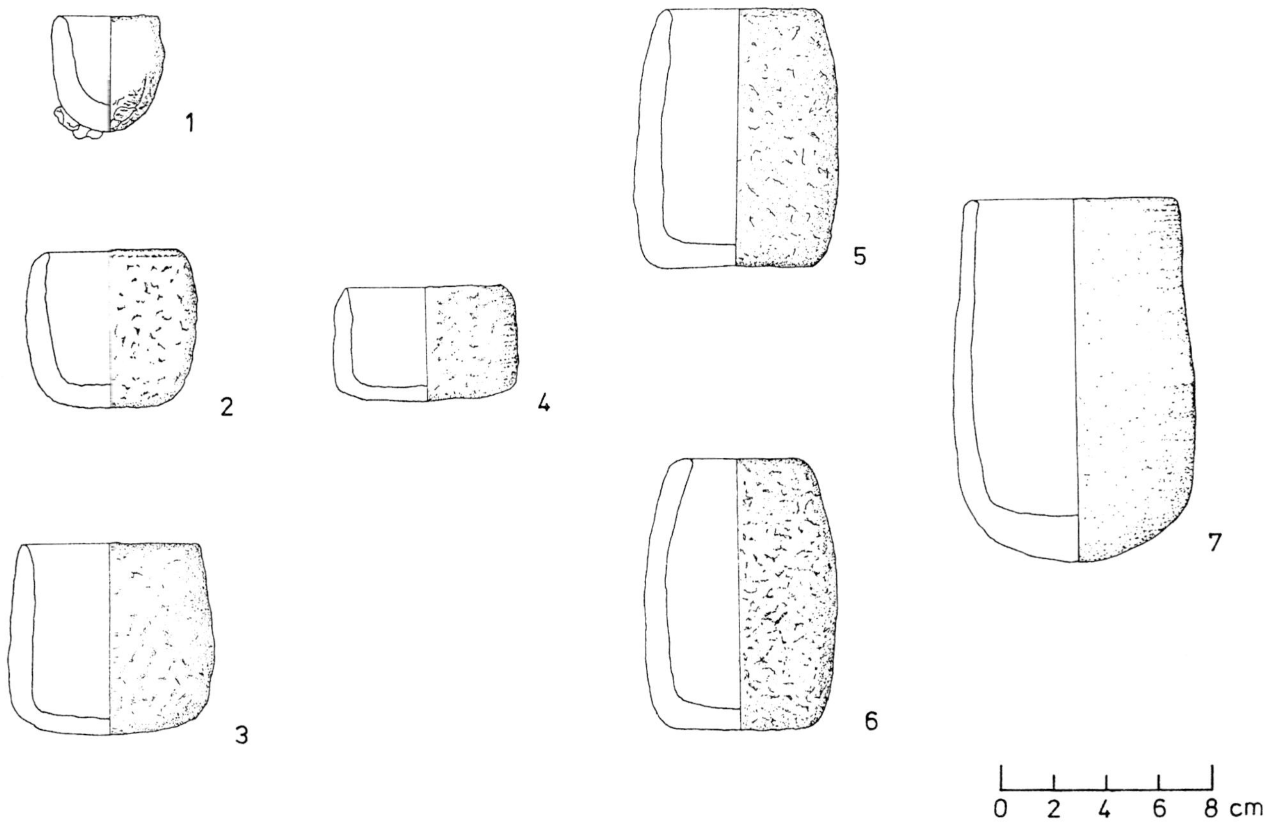

Abb. 2 Zusammenstellung karolingerzeitlicher Tiegel aus Westfalen. 1: Höxter/Corvey; 2, 5 und 6: Dortmund „Adlerturm"; 3: Kückshausen, Kr. Unna; 4 und 7: Soest „Plettenberg"

gleichsweise dünnen Boden. Ihr Volumen beträgt ungefähr 50 cm³. Die Tiegel von der Fundstelle Plettenberg in Soest zeigen die bislang größte Variationsbreite (Abb. 3). Vorherrschend sind es große, hohe Tiegel mit einem Volumen von über 500 cm³. Sie haben einen außen halbkugeligen, innen flachen und dadurch deutlich verdickten Boden. Auch die Wandung ist im unteren Bereich noch relativ dick, verjüngt sich aber nach oben und endet dort in einem zum Teil leicht verflachten Rand. In geringer Anzahl kommen Stücke mit einem Volumen von ca. 95 cm³ vor. Sie haben einen flachen, dünnen Boden und eine ebenso dünne Wandung. Beide Formen der Plettenberger Tiegel sind zumeist im Innern frei von Schlacke, während sie außen dünn cremeweiß bis gelb und rotbraun verglast sind. Durch diese dünne 'Schlacke'-Schicht schimmert die mittel- bis dunkelgraue Keramik, die mit Sand fein gemagert ist. An einzelnen Stücken haften aber auch größere Schlackentropfen außerhalb oder innerhalb der Wandung an. Ebenso gibt es aber auch Stücke, an denen sich keine Schlackenspuren erkennen lassen.

Einige Tiegelfragmente aus Dortmund, Soest und Kückshausen wurden chemisch untersucht (Abb. 4). Bei der Interpretation der Daten ist zwischen denjenigen Oxiden zu unterscheiden, die für die Keramik stehen (SiO_2 bis K_2O), und denen, die aus der Charge (Tiegelfüllung) aufgenommen wurden (ZnO und Cu). Es lassen sich für jeden Ort charakteristische Zusammensetzungen erkennen, die Tiegel wurden also vermutlich aus lokal anstehenden Tonen hergestellt.

Dabei lassen die durchweg hohen Gehalte an Aluminium bei gleichzeitig niedrigen Werten für Eisen, Calcium und Alkalien erkennen, daß hier besonders feuerfeste Tone verwendet wurden. Dies war nicht nur wegen der hohen Temperaturen im Ofen notwendig, sondern vor allem auch wegen des hohen Anteils an Zinkoxid, das von der Charge in die Tiegelkeramik diffundierte und dort als starkes Flußmittel wirkte. Im Mikroskop ist zudem zu erkennen, daß vielfach der Ton durch feingemahlene Splitter gebrauchter Tiegel gemagert wurde, wodurch gelegentlich Messingtröpfchen in die Tiegelkeramik

Abb. 3 Zwei Tiegelrepliken nach den Tiegelfunden von Soest „Plettenberg"

gelangten. Dadurch erklären sich die stark erhöhten Gehalte an Kupfer in einigen Fragmenten. Da in Messing etwa viermal soviel Kupfer wie Zink vorhanden ist, machen die Keramikanalysen deutlich, daß der Großteil des Zinks nicht als Messing vorliegt, sondern als Zinkoxid von der Keramik aufgenommen wurde, ein wichtiges Indiz dafür, daß in diesen Tiegeln tatsächlich Messing aus Zinkerz hergestellt und nicht etwa nur umgeschmolzen wurde. Die beim einfachen Umschmelzen von der Keramik aufgenommenen Zinkgehalte liegen um Größenordnungen niedriger, wie wir von römischen Gußtiegeln wissen (Rehren 1997).

Rohstoffe, Recycling und Handel

Das Produktionsspektrum des karolingischen Metallhandwerks reicht von einfachen Trachtbestandteilen wie Schnallen und Scheibenfibeln bis zu den Bronzetüren am Dom zu Aachen, die die ersten nachantiken Großgüsse nördlich der Alpen darstellen. In der Literatur gibt es mittlerweile zahlreiche Analysen solcher Objekte, die ein insgesamt recht komplexes Bild aus wiederverwertetem, möglicherweise römischem Metall und aufkommenden frischen Erzeugnissen des karolingischen Bergbaus ergeben (Zientek u. a. 1998 mit weiterer Literatur). Angesichts eines ausgeprägten Fernhandels und Recyclings von Metall, aber auch der gezielten Erschließung lokaler Erzvorkommen zur Befriedigung des kräftig ansteigenden Bedarfs an Buntmetall im Mittelalter verwundert dies wenig klare Bild nicht.

	SiO_2	Al_2O_3	FeO	MgO	CaO	Na_2O	K_2O	ZnO	Cu
DO „Adlerturm"	50,5	22,9	3,24	0,56	3,06	1,06	3,60	9,7	0,57
DO „Adlerturm"	50,0	22,9	2,45	0,45	2,45	0,75	2,26	13,3	0,61
Soest „Plettenberg"	64,5	18,3	0,92	0,27	0,68	0,35	0,83	7,5	0,19
Soest „Plettenberg"	59,5	19,5	0,87	0,29	0,74	0,40	1,78	11,3	0,26
Soest „Plettenberg"	61,5	11,6	4,69	0,28	1,33	0,34	1,58	8,5	4,08
Soest „Plettenberg"	64,6	14,9	3,54	0,61	0,75	0,63	1,84	5,6	1,27
Kückshausen	67,0	13,7	1,21	0,34	1,79	0,44	2,09	8,7	1,37
Kückshausen	53,1	22,7	1,93	0,21	1,45	0,93	2,16	14,3	1,20
Kückshausen	70,6	12,2	1,25	0,08	0,39	0,53	0,01	13,8	0,31

Abb. 4 Chemische Untersuchung einiger Tiegelfragmente aus Dortmund, Soest und Kückshausen

Metallfunde aus dem unmittelbaren Zusammenhang der primären Messingproduktion fehlen hingegen noch. Um dennoch etwas über den Ursprung der verwendeten Rohstoffe zu erfahren, wurde eine Reihe westfälischer Schlacken, Tiegel und Erze bleiisotopisch analysiert (über die Möglichkeiten und die Grenzen der Methode am Beispiel der mittelalterlichen Blei- und Silbergewinnung im Siegerland vgl. Schneider 1998, mit weiterer Literatur). Aufgrund der engen Verbindung des Bleis mit Zinkerzen werden damit vor allem die Galmeivorkommen erfaßt. In karolingischer Zeit kommen als Lagerstätten für Kupfer u. a. das Vorkommen bei Marsberg (Zientek u. a. 1998), der Rammelsberg am Harz (Bartels 1997) sowie Erzgänge des Sauer- und Siegerlandes (Schneider 1998) in Frage, während Galmei entweder aus dem Bereich der Nordeifel (Aachener Revier) oder aus dem Sauerland (Bartels 1994) stammen kann.

Der Vergleich der Daten mit den Feldern der Lagerstätten im Umfeld des Harzes (Abb. 5a) zeigt, daß die Bleiisotopenzusammensetzung der Schlacken und Tiegel teilweise mit Buntmetallvererzungen im Zechstein (Typ-„Z"-Blei) der Harzumrandung übereinstimmt, die jedoch nicht abbauwürdige, kleinräumige Mineralisationen darstellen und als Rohstoffquellen ausscheiden. Ihre Zusammensetzung ließe sich durch eine Mischung von Erzen der Lagerstätte des Rammelsberges (Typ-„R"-Blei) und der Harzer Ganglagerstätten (Typ-„H"-Blei) erklären, wofür die Streuung der Datenpunkte über das Feld „Z" hinaus spräche. Aufgrund fehlender Galmei-Vorkommen im Harz scheidet dies jedoch aus. Betrachtet man dagegen die Daten vor dem Hintergrund regionaler Erzvorkommen, so fällt eine gute Übereinstimmung mancher Proben mit den Erzen der Nordeifel (NE II) auf, was eine Herkunft des Galmeis aus dem Aachen-Stolberger Revier belegen könnte. Dies wäre in guter Übereinstimmung mit dem dort bekannten, vermutlich bis in römische Zeit zurückgehenden Galmeibergbau und würde zugleich die Bindung des Metallgewerbes an wichtige karolingische Siedlungen untermauern. Eine den Schlacken und Tiegeln sehr ähnliche Bleiisotopenzusammensetzung besitzt auch die als Beispiel lokaler Erzvorkommen untersuchte Bleiglanzprobe des Galmeivorkommens von Plettenberg im Sauerland. Ihre Position etwas rechts der archäologischen Proben im Pb-Pb-Diagramm ließe die Interpretation zu, daß die Analysen der Schlacken und Tiegel Mischungen aus Galmei lokaler Vorkommen und bleihaltigem Kupfer des Rammelsberges repräsentieren. Die Streuung der Einzelproben wäre dabei wieder auf unterschiedliche Anteile der Rohstoffe zurückzuführen. Die Verarbeitung von Kupfer aus dem Rammelsberg ist jedoch nicht unbedingt wahrscheinlich, zumal näher gelegene Vorkommen zur Verfügung stehen wie etwa die Lagerstätte Marsberg, von der das Kloster Corvey im Mittelalter Metallerze bezog und zeitweise dort auch Bergrechte besaß (Seibertz 1864, Schaeffer u. Hein 1985). Die nur geringe Überlappung der Analysenfelder (Abb. 5b) mit der Marsberger Lagerstätte ist kein Argument gegen die Bedeutung Marsbergs als Kupferlieferant, da die dortigen Kupfererze wenig bleihaltig sind und somit kaum das Bleiisotopen-Verhältnis der Proben beeinflussen können. Der größte Teil des Bleis in den untersuchten Proben dürfte, wie erwähnt, aus dem verwendeten Galmei stammen. Da die regionalen Erzgänge wegen ihrer komplexen Entstehung insgesamt ein großes Streufeld definieren, das das Gebiet der Nordeifel mit einschließt (Abb. 5b), und die archäologischen Proben zum Teil außerhalb des Nordeifel-Feldes liegen, erscheint eine regionale Herkunft des Galmeis wahrscheinlich. Aufgrund der Überlagerung der Felder ist eine abschließende Zuordnung bis auf weiteres jedoch nicht möglich.

Zusammenfassung

Die archäologischen Funde der jüngsten Zeit lassen ein lebhaftes Buntmetallhandwerk im karolingischen Westfalen erkennen. Soweit sich die Öfen und technischen Anlagen dabei rekonstruieren lassen, fügen sie sich in bekannte europäische Quellen und Befunde ein. Erst seit dem 12. Jahrhundert kommt ein 'neuer', in Bonn-Schwarzrheindorf und Braunschweig nachgewiesener, komplex konstruierter rechteckiger Ofentyp mit senkrechten, aus Stein gemauerten Wänden (120 x 80 cm) auf. Die Schmelztiegel standen darin auf einer durch Eisenbügel gestützten Lochtenne aus Lehm direkt über dem Feuer (Janssen 1987).

Hervorzuheben ist die Dichte von Belegen der Messingherstellung, die sich mittlerweile in Westfalen abzeichnet. Sie basiert mit großer Wahrscheinlichkeit auf dem Rohstoffreichtum des Landes (Galmeivorkommen, geeignete Tone, Brennmaterial) und dürfte ausweislich des archäologisch faßbaren Umfangs sowie der Lage der einzelnen Standorte entlang des Hellwegs bzw. in der Nähe wichtiger karolingischer Gründungen vermutlich von überregionaler Bedeutung gewesen sein. Zugleich unterstreicht sie das Aufleben des Metallhandwerkes im Frühmittelalter sowie die damit verknüpfte besondere Rolle der Metallgewinnung in der karolingischen Ex-

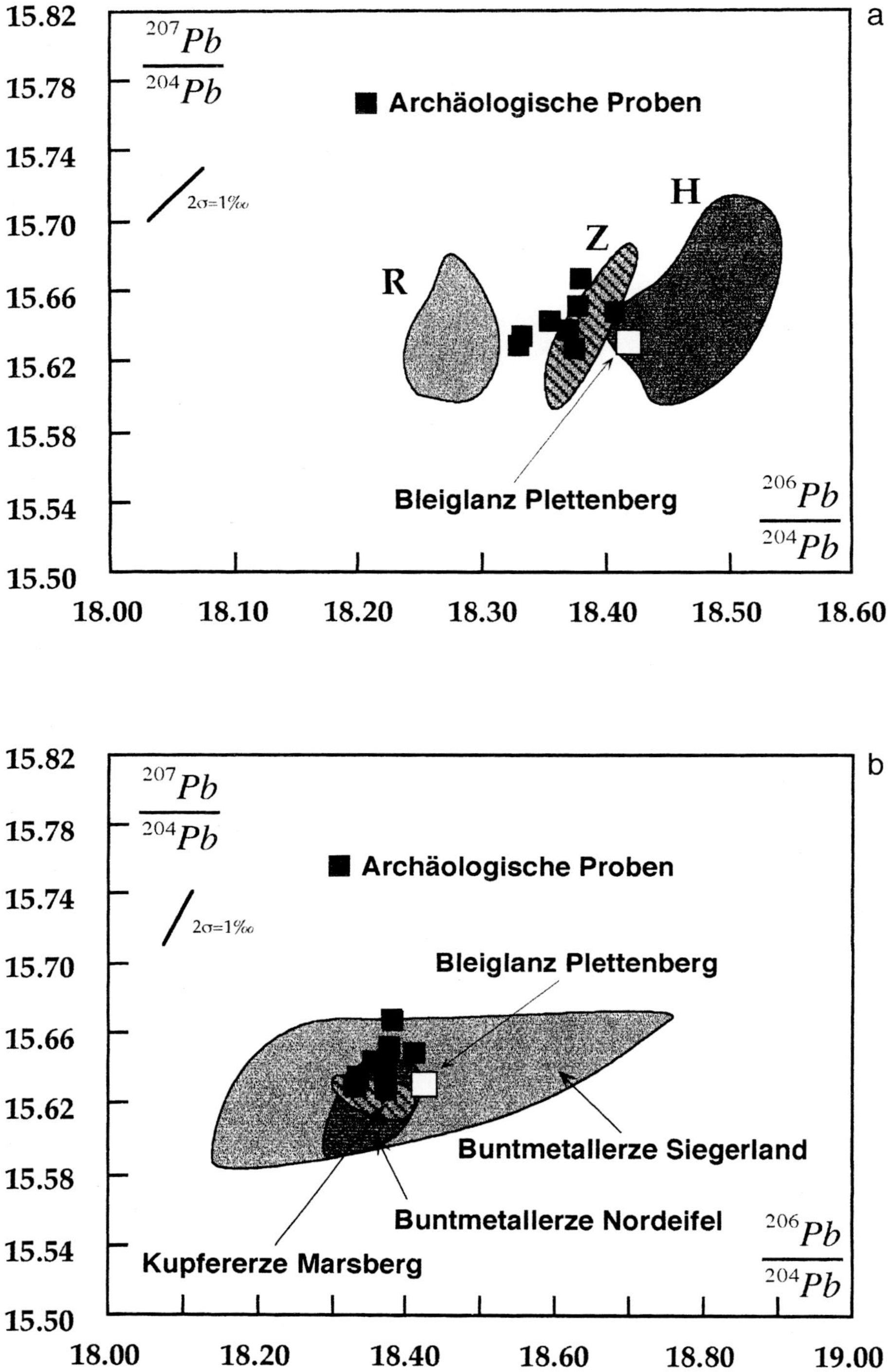

Abb. 5 Bleiisotopenzusammensetzung ($^{207}Pb/^{204}Pb$ gegen $^{206}Pb/^{204}Pb$) der untersuchten Schlacken- und Tiegelfragmente im Vergleich zu potentiellen Rohstoffquellen für Kupfer und Zink mit mittelalterlicher Bergbautätigkeit (Daten aus Leveque u. Haack 1993, Schneider 1994, Brauns 1995, Schneider unveröff. Daten).

a: Felder R, Z, H: Isotopenzusammensetzung von Buntmetallvererzungen im Harz.

b: Isotopenzusammensetzung von Kupfererzen aus Marsberg (Sauerland), Buntmetallerzvorkommen in der Nordeifel und gangförmigen Buntmetallerzen im Siegerland

pansion. Die Herkunft des bei der Messingherstellung verwendeten Galmeis dürfte im nahe gelegenen Sauerland (Brilon, Iserlohn, Plettenberg), eventuell auch in der Nordeifel zu suchen sein.

Darüber hinaus lassen die erst durch die moderne Stadtarchäologie möglich gewordenen zusammenhängenden Auswertungen zahlreicher Einzelgrabungen mit überraschender Deutlichkeit die bislang weitgehend unbeachtete Bedeutung des Metallhandwerks in der frühstädtischen Entwicklung hervortreten, die sich in den archivalischen Belegen aus den verschiedensten Gründen vielfach nicht greifen läßt. Hier zeigen sich historische

Perspektiven, die weit über die bloße Kartierung und Fundaufnahme isolierter Werkstätten hinausgehen.

Literatur:

Christiane ALTHOFF, Die Befestigung der Stadt Dortmund. Ergebnisse der Stadtkernarchäologie, Dortmund 1996. – Christoph BARTELS, Erzbergbau in Westfalen – Ein Überblick, in: Kat. Geologie und Bergbau im rheinisch-westfälischen Raum. Bücher aus der historischen Bibliothek des Landesoberbergamtes Nordrhein-Westfalen in Dortmund, hrsg. v. Christoph BARTELS, Reinhard FELDMANN u. Klemens OEKENTORP (Schriften der Universitäts- und Landesbibliothek Münster 11), Münster 1994, 35–68. – Christoph BARTELS, Strukturwandel in Montanbetrieben des Mittelalters und der frühen Neuzeit in Abhängigkeit von Lagerstättenstrukturen und Technologie, in: Struktur und Dimension. Festschrift für Karl-Heinrich Kaufhold zum 65. Geburtstag 1: Mittelalter und Frühe Neuzeit, hrsg. v. Hans-Jürgen GERHARD (Vierteljahrschrift für Sozial- und Wirtschaftsgeschichte, Beihefte 132), Stuttgart 1997, 25–70. – Christoph Michael BRAUNS, Isotopenuntersuchungen an Erzen des Siegerlandes, Gießen 1995. – Earle CALEY, Orichalcum and related alloys, New York 1964. – Torsten CAPELLE, Die karolingisch-ottonische Bronzegießersiedlung bei Kückshausen, in: Frühmittelalterliche Studien 8, 1974, 294–302. – Katherine EREMIN, James GRAHAM-CAMPBELL u. Paul WILTHEW, Analysis of copper-alloy artefacts from pagan Norse graves in Scotland. Paper presented at archaeometry 1998, Budapest (Veröffentlichung in Archaeometry 1998). – Elke FÖRST, Archäologische Untersuchungen in der Dorfwüstung Balhorn, Stadt Paderborn, in: Kat. Zwischen Pflug und Fessel. Mittelalterliches Landleben im Spiegel der Wüstungsforschung, hrsg. v. Rudolf BERGMANN [Ausstellung Münster 1993], Münster 1993, 89–92. – Ludek GALUSKA, Vyrobní areál Velkomoravskych klenotníku z Starého Mesta-Uherského Hradiste [Das Erzeugungsareal der großmährischen Juweliere aus Staré Mesto-Uherské Hradiste], in: Památky Archeolgické 80, 1989, 405–454. – Anja GROTHE, Zwei eingetiefte Gebäude mit steinerner Wandkonstruktion aus Höxter. Ein Beitrag zum profanen Steinbau im nördlichen Mittelgebirgsraum, in: Zeitschrift für Archäologie des Mittelalters 23/24, 1995/96, 41–60. – John HAWTHORNE u. Cyril Stanley SMITH, Theophilus on Divers Arts, New York 1963. – Gabriele ISENBERG, Neue Erkenntnisse zur Frühgeschichte Soests, in: Westfalen 70, 1992, 194–210. – Walter JANSSEN, Eine mittelalterliche Metallgießerei in Bonn-Schwarzrheindorf, in: Rheinische Ausgrabungen 27, 1987, 135–235. – Sabine KLEIN, Hans URBAN, Hans-Georg STEPHAN, Andreas KÖNIG u. Haldis Johanna BOLLINGBERG, Archäologische und metallurgische Untersuchungen zur mittelalterlichen Bunt- und Edelmetallverarbeitung in Höxter und Corvey, in: Montanarchäologie in Europa. Berichte zum Internationalen Kolloquium „Frühe Erzgewinnung und Verhüttung in Europa“ in Freiburg im Breisgau vom 4.–7. Oktober 1990, hrsg. v. Heiko STEUER u. Ulrich ZIMMERMANN (Archäologie und Geschichte 4), Sigmaringen 1993, 291–301. – Stefan KRABATH, Die mittelalterlichen Buntmetallfunde aus Höxter und Corvey. Untersuchungen zu ihrer Herstellung und Funktion sowie der regionalen und chronologischen Verbreitung in Mitteleuropa, phil. Diss. Göttingen 1999. – Jean LEVEQUE u. Udo HAACK, Pb isotopes of hydrothermal ores in the Harz, in: Formation of hydrothermal vein deposits – A case study of the Pb-Zn, Barite and Fluorite deposits of the Harz Mountains, hrsg. v. Peter MÖLLER u. Volker LÜDERS (Monograph series on mineral deposits 30), Berlin/Stuttgart 1993, 197–210. – Alltagsleben in einer westfälischen Hansestadt – Stadtarchäologie in Soest, hrsg. u. bearb. v. Walter MELZER (Soester Beiträge zur Archäologie 1) [Ausstellung Soest 1995], Soest 1995 (= Melzer 1995a). – Walter MELZER, Erste Ausgrabungen auf dem „Plettenberg“ in Soest, in: Soester Zeitschrift 107, 1995, 4–8 (= Melzer 1995b). – Thilo REHREN, Egon LIETZ, Andreas HAUPTMANN u. Karl-Heinz DEUTMANN, Schlacken und Tiegel aus dem Adlerturm in Dortmund: Zeugen einer mittelalterlichen Messingproduktion, in: Montanarchäologie in Europa. Berichte zum Internationalen Kolloquium „Frühe Erzgewinnung und Verhüttung in Europa“ in Freiburg im Breisgau vom 4.–7. Oktober 1990, hrsg. v. Heiko STEUER u. Ulrich ZIMMERMANN (Archäologie und Geschichte 4), Sigmaringen 1993, 303–314. – Thilo REHREN, Tiegelmetallurgie – Tiegelprozesse und ihre Stellung in der Archäometallurgie, Habilitationschrift TU Bergakademie Freiberg 1997. – Reinhold SCHAEFFER u. Paul HEIN, Der Kupfererzbergbau bei Marsberg im Sauerland, in: Der Aufschluß 36, 1985, 105–115. – Jens SCHNEIDER, Geochemische Untersuchungen zur Genese von Buntmetallvererzungen in der Nordeifel, unveröff. Diplomarbeit Gießen 1994. – Jens SCHNEIDER, Die Herkunft des Siegerländer Münzsilbers, in: Der Altenberg. Bergbau und Siedlung aus dem 13. Jahrhundert im Siegerland, T. 1 – Die Befunde, T. 2 – Die Funde, hrsg. v. Claus DAHM, Uwe LOBBEDEY u. Gerd WEISGERBER (Denkmalpflege und Forschung in Westfalen 34), Münster 1998, 202–215. – Sven SCHÜTTE, Handwerk in kirchlicher Abhängigkeit um 1300. Beiträge zur Baugeschichte, Archäologie und Kulturgeschichte einer Werkstatt auf der Pfarrparzelle und der zugehörigen Marktkirche St. Johannis in Göttingen, Hamburg 1995. – Johann SEIBERTZ, Ueber das Alter des Bergbaues im Herzogthum Westfalen, in: Blätter zur näheren Kunde Westfalens, 1864, II und III: 14–19. – Hans-Georg STEPHAN, Archäologische Beiträge zur Frühgeschichte der Stadt Höxter (Münstersche Beiträge zur Vor- und Frühgeschichte 7), Hildesheim 1973. – Hans-Georg STEPHAN, Archäologische Erkenntnisse zu karolingischen Klosterwerkstätten in der Reichsabtei Corvey, in: Archäologisches Korrespondenzblatt 24, 1994, 207–216. – Wilhelm THEOBALD, Technik des Kunsthandwerks im zwölften Jahrhundert. Des Theophilus Presbyter Diversarum Artium Schedula, Berlin 1938. – Wilhelm WINKELMANN, Archäologische Zeugnisse zum frühmittelalterlichen Handwerk in Westfalen, in: Frühmittelalterliche Studien 11, 1977, 92–126. – Christina ZIENTEK, Haldis BOLLINGBERG u. Hans URBAN, Buntmetallfunde aus Höxter und Kloster Corvey, in: Thilo REHREN, Andreas HAUPTMANN u. James MUHLY, Metallurgica Antiqua (Der Anschnitt, Beiheft 8), Bochum 1998, 291–299.

Rudolf Bergmann

Karolingisch-ottonische Fibeln aus Westfalen

Verbreitung, Typologie und Chronologie im Überblick

Für Mitteleuropa und seine Ausstrahlungsgebiete führt die zusammenfassende Arbeit von Egon Wamers (1994) 775 frühkarolingische bis ottonische Fibeln, darunter 47 Funde aus Westfalen, an. Die seitdem für diese additiven Kleidungselemente erheblich angestiegene Fundmenge – sie liegt derzeit bei über 400 westfälischen Exemplaren – läßt es gerechtfertigt erscheinen, den Blick stärker auf diese Region zu konzentrieren. Insgesamt zeigt dieser Raum eine große Formenvielfalt von Fibeln des späten 8. bis frühen 11. Jahrhunderts, die weitgehend im Einklang mit dem mitteleuropäischen Gesamtbild steht und aus der überblicksartig drei Typengruppen exemplarisch vorgestellt werden sollen: Kreuzfibeln, Scheibenfibeln (runde Zellenemailfibeln, Kreuzemailscheibenfibeln, Heiligenfibeln) und Rechteckfibeln. Die Neufunde führen zu einer Korrektur von Vorstellungen über die Verbreitung bestimmter Motivvarianten und warnen vor einer Überinterpretation derzeitiger Arbeitsstände.

I. Verbreitung und Technik

Ein deutlicher Schwerpunkt der westfälischen Fibelfunde läßt sich mit fast 90 % in den Bördenlandschaften am Hellweg östlich von Werl bis in den Raum Paderborn einschließlich der Paderborner Hochfläche erkennen. Die übrigen Bereiche Westfalens kennzeichnet eine teilweise sehr geringe Funddichte: So sind z. B. aus dem Sauerland lediglich drei Fundorte von Fibeln bekannt. Es besteht ein deutlicher Zusammenhang zwischen Fundintensität und Fundumständen. Die Gesamtregion zeigt eine weitständige Streuung von Fibelfunden, die bei Grabungen, Notbergungen sowie als Zufallsfunde bei der Prospektion geborgen worden sind. Die erhebliche Verdichtung im Dreieck Werl – Paderborn – Marsberg ist weitgehend durch Metalldetektorfunde bedingt. Die Funde stammen hier zumeist aus Ortswüstungen, jenen ländlichen Weilern und Dörfern, die im ausgehenden Hochmittelalter bis um 1350/1370 aufgegeben worden sind.

Allein neun Fibeln sind im Bereich der karolingisch-ottonischen Niederungsburg Erlehof (Kr. Soest) geborgen worden, die im Kreuzungsbereich des von Duisburg nach Paderborn verlaufenden Hellweges mit einem nach Süden verlaufenden Fernweg unweit des Königshofes in Erwitte bzw. nahe der Solequellen von Westernkotten angelegt worden ist. Die Begehungen der Ortswüstungen Aspen, Hocelhem und Osthem im unmittelbaren Umfeld der Anlage haben 67 Funde karolingisch-ottonischer Fibeln erbracht, von denen allein 34 Exemplare auf die Dorfwüstung Aspen entfallen. Erhebliche Fundmengen konnten weiterhin in der Ortswüstung Osteilern (Kr. Paderborn), nahe der sog. Via Regia oder des „Frankfurter Weges“ (19 Exemplare) geborgen werden, von der im Schnittwinkel dieses Fernweges mit dem Hellweg lokalisierten Dorfwüstung Balhorn (34 Exemplare) unweit von Paderborn sowie von einer bislang historisch nicht identifizierten Ortswüstung im westlichen Vorland eines im Mittelalter bedeutenden Paßweges durch den Teutoburger Wald (ca. 47 Exemplare). Der Fundanfall aus besser erforschten Kleinregionen läßt erkennen, daß Fibeln karolingischer und ottonischer Zeitstellung die Massenware eines primär funktionalen Kleidungszubehörs darstellen.

Die bisher gesicherten bzw. sehr wahrscheinlichen Herstellungsorte karolingisch-ottonischer Fibeln – Balhorn, Dortmund, Höxter (?) und Münster – befinden sich am Kreuzungspunkt von Fernhandelswegen. Die topographische Lage dieser Orte verdeutlicht, daß die Produktion nicht primär rohstofforientiert stattfand; angesichts geringer benötigter Metallmengen (ermittelte ca. 0,9 kg auf 250 guterhaltene Fundstücke oder ca. 3,6 g pro Fibel) durchaus plausibel.

Die meisten Fibeln sind in einem Gußverfahren hergestellt worden, bei dem die Gußlappen der rückwärtigen Nadelkonstruktion mitgegossen worden sind. Insbesondere bei den Rechteckfibeln, die in Gräberfeldern aufgefunden worden sind, sowie bei Prägeblechfibeln war die Nadelkonstruktion häufig bzw. ausschließlich angelötet. Die weitere Bearbeitung des Gußrohlings erfolgte durch Feilen der Rückseite und des Randes bzw. Herausarbeiten besonderer Strukturen, z. B. von Dreipaßknospen. Anschließend erfolgte gegebenenfalls das Emaillieren der Fibeln, dem bei den Zellenemailfibeln das Einsetzen des Stegwerks vorausging. Infolge der Lagerung im Boden ist das Email bzw. die Schmelzmasse zumeist durch Kupferoxide schmutziggrün verfärbt, als möglicherweise originäre Farben lassen sich bei den westfälischen Funden gelegentlich opake gelbweiße, kardinalrote und transluzide blaue und türkisfarbene Schmelzen beobachten. Die unterschiedliche Materialstruktur und Farbigkeit legt nahe, daß die Einlagen verschiedenfarbig angelegt waren.

Beim Tragen der Fibeln war insbesondere der Nadelverschluß einer starken Belastung ausgesetzt. Infolge von Materialermüdung brach die hakenförmige Nadelrast im Verlauf einer länger anhaltenden Benutzung schließlich ab. Sie ist selten erneut angelötet worden.

II. Kreuzfibeln

Die Gruppe der karolingischen Kreuzfibeln stellt sich variantenreich und mit 25 westfälischen Exemplaren als sehr überschaubar dar. Bei einer Schwankungsbreite von 1,8 bis 3 cm Länge bzw. Breite weisen die Fundstücke durchschnittlich eine Größe von 2,5 cm auf. Es ist jeweils ein Exemplar aus Gold und eines aus einer Blei/Zink(?)-Legierung bekannt. Die übrigen Kreuzfibeln bestehen aus einer Buntmetallegierung, wobei Grubenschmelzarbeiten selten auftreten und Zellenemail-Kreuzfibeln die Ausnahme darstellen. Die Gliederung der Kreuzfibeln erfolgt nach äußerlichen Kriterien, wobei unscharfe Übergänge zwischen Merkmalen einzelner Gruppen bestehen und eine erhebliche „Individualität" einzelner Funde besteht.

Die erste Variante bilden Kreuzfibeln mit einfachen, abgerundet endenden Kreuzarmen. Der aufwendig gearbeiteten, der 1. Hälfte des 9. Jahrhunderts zugewiesenen Goldfibel von der karolingisch-ottonischen Höhenburg auf dem Gaulskopf (Kr. Höxter) mit filigranbedecktem Buckel und lockerem Flechtband aus Filigrandraht auf den Armen (Abb. 1.1) sind formal vier sehr einfach gehaltene Kreuzfibeln wahrscheinlich der zweiten Hälfte des 9. Jahrhunderts von den Ortswüstungen Hocelhem (Kr. Soest; Kat.Nr. VI.148), Osteilern (Kr. Paderborn; Abb. 1.2), Osthem (Kr. Soest; Abb. 1.3) und Balhorn (Kr. Paderborn) an die Seite zu stellen. Das Blei/Zink(?)-Exemplar von der Wüstung Osteilern zeigt ein einfaches gleicharmiges Kreuz mit sich verjüngenden Armen. Die übrigen weisen geradlinige oder oval verbreiterte Kreuzarme mit ovalen oder rundlichen Gruben zur Aufnahme von Email o. ä. und eine Grube von quadratischer, runder oder polygonaler Form im Kreuzzentrum auf.

Eine um 800 zu datierende, zweite Variante beinhaltet Kreuzfibeln von rautenförmig erhöhter Mittelpartie mit floralem Kerbschnittdekor, Kerbleisten und ankerförmigen Armen. Dem seit langem bekannten, datierten Exemplar von Münster typologisch eng verwandt ist eine neuentdeckte Kreuzfibel von der Ortswüstung Balhorn, deren erhöhte Mittelpartie durch eine pyramidenförmig eingetiefte Grube hervorgehoben ist (Abb. 1.4).

Die dritte Variante umfaßt Kreuzfibeln mit zwei Eckrundeln je Arm: Die Fibeln von Paderborn (Dom) (Kat.-Nr. VI.1), aus dem Gräberfeld von Wünnenberg-Fürstenberg und der Ortswüstung Aspen (Kr. Soest; Abb. 1.5) mit sich geradlinig verbreiternden Kreuzarmen, schwach erhabenem Mittelfeld und teilweise ausgeprägt vorhandenem, zentralem Kreisauge bilden hier eine geschlossene Gruppe. Die Kreuzfibel aus der Dorfwüstung Aslen (Kr. Höxter; Abb. 1.6) unterhalb des Gaulskopfes unterscheidet sich insbesondere durch den stark erhöhten, massiven Zentralbuckel und die Innenecknoppen von den drei voraufgehend beschriebenen Funden.

Mit dem Aslener Fundstück wiederum verwandt sind die Kreuzfibeln von Schlangen-Oesterholz (Kr. Lippe) mit geradlinig gestreckten, kerblinienverzierten Kreuzarmen und von Billerbeck-Esking (Kr. Coesfeld; Abb. 1.7) mit fünfeckigen, in einer Spitze endenden Kreuzarmen. Sie weisen – für diese vierte Variante kennzeichnend – Innenecknoppen und einen Zentralbuckel auf, die auch bei einem noch zu besprechenden Fundstück aus Kamen-Westick (Kr. Unna; Kat.Nr. VI.149) in Erscheinung treten.

Dieser Fund leitet über zu den rautenförmigen Kreuzfibeln mit Dreipaßenden (Variante 5): Bei der zweiten Kreuzfibel von der Ortswüstung Aspen (Abb. 1.8) entspringen die geraden Kreuzarme einer Raute, die mit tremolierstichverzierten Kerblinien versehen ist. Die Seitenspitzen des Dreipasses sind perlartig verdickt ähnlich den schlangenkopfförmigen Spitzecken der Rechteckfibel von Paderborn (Brenkenhof). Die rautenförmige Kreuzfibel aus dem Gräberfeld von Wünnenberg-Fürstenberg (Abb. 1.9) gleicht stark derjenigen von der wenig entfernten Ortswüstung Bodene (Kr. Paderborn). Die Enden der Kreuzarme sind jeweils durch Dreipaßknöpfe hervorgehoben, der Fibelrand abgeschrägt und die Kreuzmitte durch einen konischen Mittelbuckel hervorgehoben. Bei den übrigen sechs rautenförmigen Exemplaren der ersten Hälfte des 9. Jahrhunderts sitzen die Dreipaß-

Abb. 1 Kreuz- und Rautenfibeln aus Westfalen:

1 Warburg-Ossendorf (Gaulskopf), Kr. Höxter;
2 Ortswüstung Osteilern, Kr. Paderborn;
3 Ortswüstung Osthem, Kr. Soest;
4 Ortswüstung Balhorn, Kr. Paderborn;
5 Ortswüstung Aspen, Kr. Soest;
6 Ortswüstung Aslen, Kr. Höxter;
7 Billerbeck-Esking, Kr. Coesfeld;
8 Ortswüstung Aspen, Kr. Soest;
9 Wünnenberg-Fürstenberg, Kr. Paderborn;
10 Ortswüstung Hocelhem, Kr. Soest;
11 Ortswüstung Diderikeshusen, Kr. Paderborn;
12 Soest, Jacobi-Stadtfeldmark, Kr. Soest (kreuzförmige Rhombusfibel)

spitzen unmittelbar den Rautenecken auf: Bei den Funden von den Ortswüstungen Hocelhem (2. Exemplar; Abb. 1.10), Bodene (2. Exemplar) und Stalpe (Kr. Soest) mit verschiedenartigen Nadelkonstruktionen ist die Metallfläche des Rhombus durch eine Kerblinie verziert; das Grubenemailexemplar von der Ortswüstung Diderikeshusen (Kr. Paderborn; Abb. 1.11) zeigt innerhalb des Motivfeldes ein von einem ringförmigen Steg umschlossenes Grubenemailfeld. Bei der dritten Kreuzfibel von Balhorn (Kat.Nr. VI.150) ist das runde Zellenemailfeld mit Stegwerk verziert.

Typologisch schließt sich an diese Kreuzfibeln mit Dreipaßspitzen ein Fund aus der Jacobi-Stadtfeldmark von Soest (Abb. 1.12) an, dessen vier Ecken mit einfachen Perlen besetzt sind und dessen Rhombusfläche ein sechsstrahliges Sternmotiv erkennen läßt.

III. Scheibenfibeln

Unter den runden Scheibenfibeln nehmen diejenigen mit Emailverzierung und hier wiederum die mit Kreuzverzierung eine quantitativ bedeutende Stellung ein. Eine kleine Gruppe bilden darunter die Zellenemailfibeln, deren Anzahl sich durch westfälische Neufunde gegenüber dem Publikationsstand von 1994 verdoppelt hat. Sie weisen einen bisweilen ausgeprägt kastenförmigen Korpus und besonders häufig ein kreuzförmiges Motiv aus gebogenen Stegen auf (Kat.Nr. VI.151–153). In seltenen Fällen ist der Fibelrand durch eine Kerbung oder Perlung optisch hervorgehoben (Fundliste: Nr. 2, 9, 13, 28, 36). Abweichend von diesen Gruppen mit Kreuzmotiv zeigt ein weiterer Typ mit immer ausgeprägt kastenförmigem Korpus einen von eingesetzten Stegen gebildeten Dreipaß. Zellenemail-Dreipaßfibeln (Kat.Nr. VI.154) weisen häufig einen geringen Durchmesser (1,0–1,25 cm Dm.) auf und waren möglicherweise für die Kinderkleidung bestimmt (vgl. Wamers 1994, 57). Bei den Zellenemailfibeln mit einfachem Kreuzmotiv überwiegen mittlere und bei denjenigen mit Kreuzmotiv und Mittelkreis große Formate. Ein bislang ausschließlich westfälisches Verbreitungsgebiet ergibt sich für Zellenemailfibeln mit Lehmbettung. Die Buntmetallstege sind in ein am Grund der Fibelschale aufgetragenes Lehmbett eingepreßt worden, das insbesondere bei fortschreitender Zerstörung des Zellenemails sichtbar wird und z. B. grauorange, rötlichbraun, graugelb oder hellgraubraun gebrannt bzw. verziegelt ist. Die feinsandigen Magerungsbestandteile lassen deutliche Beziehungen zum Material der Gußform von Dortmund erkennen (Kat.Nr. VI.133). Wittert das Lehmbett aus oder wird zerstört (z. B. Kat.Nr. VI.155), ist die Fibel typologisch nicht mehr einordnungsfähig (mind. 10 Exemplare).

Die mögliche Trageweise runder Emailfibeln verdeutlichen frühmittelalterliche Bildquellen, wie etwa die Miniaturen des im ersten Drittel des 9. Jahrhunderts entstandenen Stuttgarter Psalters (Abb. 2 u. 3).

Die Gruppe der runden Grubenemailfibeln mit Kreuzdarstellung stellt sich mit 98 westfälischen Exemplaren als äußerst variantenreich dar. Dabei entfallen auf die häufigen Varianten Abb. 4.1, 4.3 und 4.16 allein 58% der Fundmenge; die übrigen Motive sind jeweils mit je einem bis fünf Beispielen vertreten. Die Größe der Fibeln dieser Gruppe beträgt durchschnittlich 2,1 cm. Scheibenfibeln mit flachem Korpus und einfachem Rand (Abb. 4.1–12) werden allgemein in das 9. Jahrhundert datiert. Die Varianten Abb. 4.13 bis 4.15 mit schmaler, abge-

Abb. 2 Frauentracht mit Fibel im sog. Stuttgarter Psalter. Stuttgart, Württembergische Landesbibliothek, Bibl. fol. 23, fol. 93v

Abb. 3 Männertracht mit Fibel im sog. Stuttgarter Psalter. Stuttgart, Württembergische Landesbibliothek, Bibl. fol. 23, fol. 2v

setzter Randzone leiten typologisch zu den spät- und insbesondere nachkarolingischen Fundstücken mit deutlich abgesetztem, breitem Rand (Abb. 4.18 und 4.19) bzw. plateauartigem Aufbau (Abb. 4.17 und 4.18) über. Dieser jüngeren Gruppe gehören weiterhin Fibeln des Typs „Frauenhofen" (Abb. 4.20) der zweiten Hälfte des 10./ersten Hälfte des 11. Jahrhunderts an, der in Westfalen mit vier Beispielen belegt ist.

Die Gruppe der in ihren schlichten Ausführungen als nachkarolingisch (Mitte 9./frühes 10. Jahrhundert) anzusehenden Heiligen- und Christusfibeln umfaßt 28 Funde 14 westfälischer Fundorte. Kennzeichnend für diesen Fibeltyp ist die stark stilisierte Darstellung einer Halbfigur, deren Kopf von einem bogenförmigen Nimbus gerahmt wird. Der Oberkörper bzw. das Gewand der Figur ist entweder als Y-förmige Grube, die seitlich von zwei

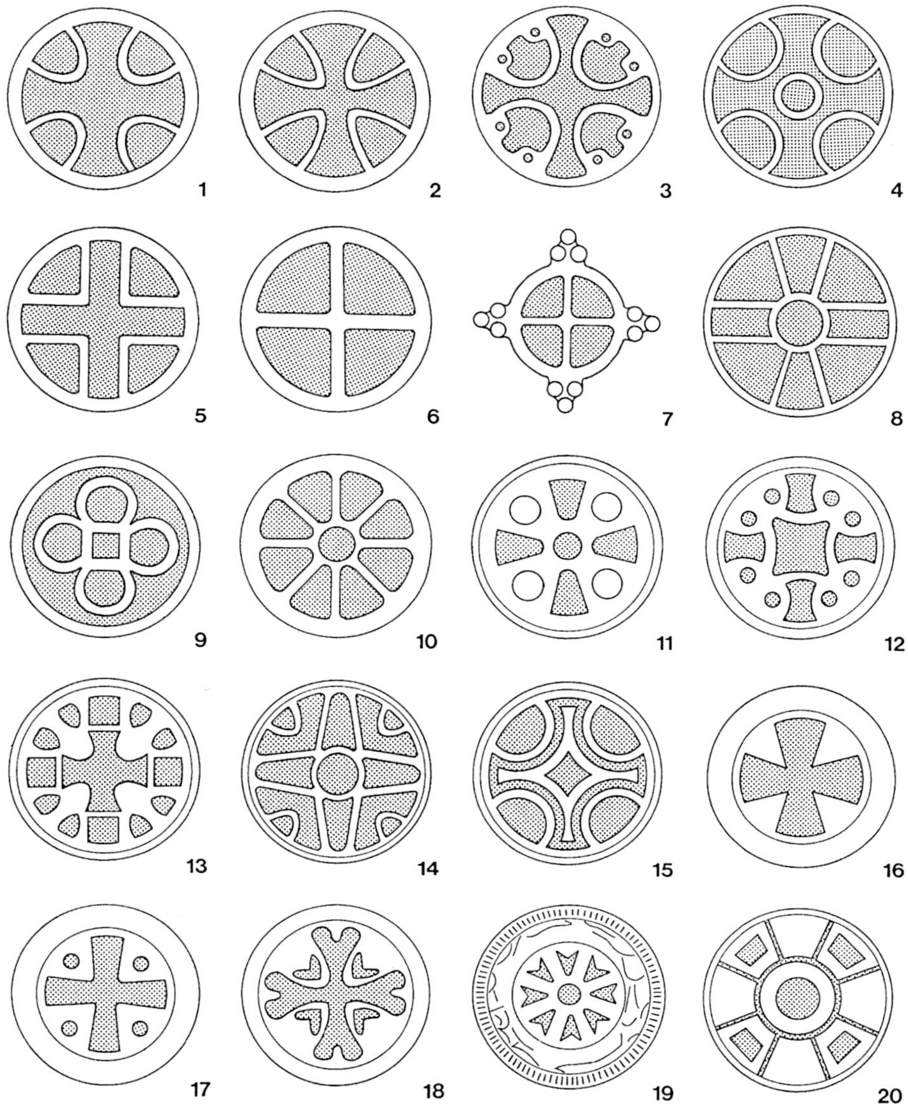

Abb. 4 Verzierungsvarianten runder Grubenemailfibeln aus Westfalen (schematisiert)

ovalen Gruben flankiert wird (Kat.Nr. VI.158) oder mittels achsensymmetrisch gespiegelter nierenförmiger Gruben angedeutet (Kat.Nr. VI.159). Diese erscheinen weiterhin bei den Doppelheiligenfibeln (Kat.Nr. VI.160), die möglicherweise als Aposteldarstellungen aufzufassen sind. Bislang sind Fibeln mit „zuckerhut- bzw. birnenförmiger" Zentralgrube nur schwer einzuordenen gewesen, teilweise sind sie als Sonderform der Kreuzemailfibeln aufgefaßt worden. Ein gut erhaltenes Exemplar von der Ortswüstung Balhorn (Kat.Nr. VI.161) läßt im Vergleich mit Zellenschmelzarbeiten (vgl. Haseloff 1990, u. a. 133, Abb. 61) erkennen, daß es sich um eine Christuskopfdarstellung mit Kreuznimbus handelt. Abgesehen von herausragenden Fundstücken in Zellenemailtechnik wie der vor dem Ende der ersten Hälfte des 10. Jahrhunderts in den Boden gelangten Engerer Fibel (Kat.Nr. VI.21) und Ausführungen in Grubenemailtechnik sind in dieser Gruppe in Senkschmelztechnik (vgl. Haseloff 1990, 92) hergestellte Fundstücke nachzuweisen: Auf eine gegossene Trägerplatte mit rückwärtiger Nadelkonstruktion wurde eine zweite Platte montiert, aus der vorher die Umrisse einer Heiligenfigur ausgeschnitten worden waren. In die so entstandenen Gruben wurden teilweise Stege eingesetzt und die Vertiefung mit verschiedenfarbigem Email ausgefüllt. Abgesehen von der Heiligenfibel dieses Herstellungstyps aus Paderborn (Elisabethstraße) existiert

Abb. 5 Rechteckfibeln westfälisch-lippischer Fundorte:

1 Wünnenberg-Fürstenberg, Kr. Paderborn (Grab 55);
2 Ortswüstung Osteilern, Kr. Paderborn;
3 Ortswüstung Balhorn, Kr. Paderborn;
4 Ortswüstung Versede, Kr. Paderborn;
5 Kamen-Westick, Kr. Unna;
6 Ortswüstung Balhorn;
7 Geseke, Kr. Soest;
8 Ortswüstung Stalpe, Kr. Soest;
9 Ortswüstung Diderikeshusen, Kr. Paderborn;
10 Hamm-Haaren /-Werries, kreisfreie Stadt Hamm;
11 Ortswüstung Versede;
12 Ortswüstung Diderikeshusen;
13 Ortswüstung Hocelhem, Kr. Soest;
14 Schlangen-Oesterholz, Kr. Lippe;
15 Ortswüstung Aspen, Kr. Soest

hierzu ein Neufund aus dem mittelalterlichen Stadtkern von Dortmund mit in falscher Position befestigter Kopfplatte (Kat.Nr. VI.159).

IV. Rechteckfibeln

Die morphologische Entwicklung der Rechteckfibeln erfolgt von gedrungen-rechteckigen, frühkarolingerzeitlichen Formen über Typen mit ausgezogenen Ecken der hohen und späten Karolingerzeit zu Fundstücken annähernd quadratischer Grundform und plateauartigem Aufbau der Ottonenzeit (Wamers 1994, 123). Frühkarolingische Rechteckfibeln sind u. a. aus den Gräberfeldern von Dorsten-Lembeck, Meschede-Berghausen und Wünnenberg-Fürstenberg bekannt. Diese Blechfibeln zeigen zwei bis vier horizontale Streifen mit eingepunztem Dekor (Dreieckspunzen, Rautenpunzen, Stempel mit Schrägkreuz), seltener einer geritzten Kreuzschraffur. Dieser Gruppe zuzuordnen ist ein Siedlungsfund von der Ortswüstung Osteilern (Kr. Paderborn) mit einem aus fischgrätartigen Gravuren gebildeten Ornament (Abb. 5.2). Aufgrund der schwach einziehenden Längsseiten ist die Rechteckfibel von Kamen-Westick (Kr. Unna; Abb. 5.5) mit verschiedenfarbig oxidiertem Email am ehesten der Zeit um 800 bzw. der ersten Hälfte des 9. Jahrhunderts zuzuweisen. Die Fundstücke von der Ortswüstung Versede (Kr. Paderborn; Abb. 5.4) und Paderborn (Brenkenhof) mit geradem, rechteckigem Korpus tragen knospenartige Eckfortsätze bzw. schmale Eckfortsätze in Form schlangenähnlicher Köpfe. Sie sind vorläufig dem frühen 9. Jahrhundert zuzuordnen. Etwa in die Mitte bis zum Ende des 9. Jahrhunderts zu datieren sind Fibeln mit stark einziehenden Seiten, kombiniert mit Perlrandleisten oder dachartig abgeschrägtem und auffällig geripptem Rand (insgesamt 4 Exemplare, vgl. Abb. 5.6).

Die Gruppe annähernd quadratischer Rechteckfibeln umfaßt 16 Exemplare aus Westfalen. Bis auf ein Exemplar, bei dem das Zellenemail vollständig ausgefallen ist (Abb. 5.11), handelt es sich um Grubenschmelzarbeiten. Auffällig ist bei dieser Gruppe der motivunabhängige Gegensatz von Exemplaren mit einfacher Randgestaltung (Abb. 5.7–9) bzw. ausgezogenen Ecken (Abb. 5.10–12) und solchen Fundstücken mit ausgesprochen plateauartigem Aufbau bzw. breiter, tiefliegender Randzone (Abb. 5.13–15). Als Motive erscheinen fensterartige Kreuze, Diagonalkreuze mit halbrunden Zellen an allen vier Seiten (Abb. 5.8) sowie diagonale Peltenkreuze (Abb. 5.9 u. 5.15). Die Fundstücke mit plateauartigem Aufbau sind der ottonischen Zeit zuzuweisen, wahrscheinlich auch die möglicherweise bereits in das frühe 11. Jahrhundert zu datierende Quadratfibel von der Ortswüstung Diderikeshusen (Kr. Paderborn; Abb. 5.12).

V. Zusammenfassung

Zwischen den karolingisch-ottonischen Fibeln bestehen erhebliche Qualitätsunterschiede, die als Indikatoren sozialer Identität aufzufassen sind. Das Produktionsspektrum reicht von kostbaren, filigrandrahtverzierten Goldschmiedearbeiten bis zu einfachen Buntmetallbuckeln, auf deren Rückseite die Nadelkonstruktion mitgegossen worden ist. Auch innerhalb der Fibelgruppen sind erhebliche Qualitätsstufen ersichtlich. Stark vereinfachte Formen, z. B. Fibeln mit „birnenförmiger“ Zentralgrube, werden oftmals erst verständlich, wenn ein typologisches Bindeglied bekannt wird und somit ein Vergleich mit Zellenschmelzarbeiten erfolgen kann.

Literatur:

Werner BEST, Emailscheibenfibeln mit Kreuzdarstellung aus Westfalen, in: Ausgrabungen und Funde in Westfalen-Lippe 3, Mainz 1986, 79–88. – Hans-Jörg FRICK, Karolingisch-ottonische Scheibenfibeln des nördlichen Formenkreises, in: Offa 49/50, 1992/93, 243–463. – Günther HASELOFF, Email im frühen Mittelalter. Frühchristliche Kunst von der Spätantike bis zu den Karolingern (Marburger Studien zur Vor- und Frühgeschichte, Sonderband 1), Marburg 1990. – Kat. Würzburg 1992. – Walter MELZER, Das frühmittelalterliche Gräberfeld von Wünnenberg – Fürstenberg, Kreis Paderborn (Bodenaltertümer Westfalens 25), Münster 1991. – Sven SPIONG, Fibeln und Gewandnadeln des 8. bis 12. Jahrhunderts in Zentraleuropa, phil. Diss., Freiburg i. Br. (in Druckvorbereitung). – Egon WAMERS, Die frühmittelalterlichen Lesefunde aus der Löhrstraße (Baustelle Hilton II) in Mainz (Mainzer archäologische Schriften 1), Mainz 1994. – Wilhelm WINKELMANN, Ausgrabungen auf dem Domhof in Münster, in: Monasterium. Festschrift zum siebenhundertjährigen Weihegedächtnis des Paulus-Domes zu Münster, hrsg. v. Alois SCHROER, Münster 1966, 25–54 (ND in: DERS., Beiträge zur Frühgeschichte Westfalens. Gesammelte Aufsätze von Wilhelm Winkelmann (Veröffentlichungen der Altertumskommission im Provinzialinstitut für westfälische Landes- und Volksforschung 8), Münster 1984, 70–88).

Monika Doll

„Im Essen jedoch konnte er nicht so enthaltsam sein ..."

Fleischverzehr in der Karolingerzeit

Von Karl dem Großen überliefert Einhard, daß er nur mäßig aß und trank, allerdings sein Fleisch lieber gebraten als gekocht gegessen habe. Selbst in hohem Alter habe er, gegen den Rat seiner Ärzte, auf seinem Braten bestanden (Einhard, 22, 24).

Informationen über die Zusammensetzung der fleischlichen Ernährung können zum einen durch die Auswertung von Schrift- und Bildquellen, zum anderen anhand der bei archäologischen Ausgrabungen gefundenen Tierknochen gewonnen werden. Die untersuchten Tierknochenfunde stammen in der Regel von den weggeworfenen Essensresten der Mahlzeiten. Durch die Bestimmung der Tierarten und ihre statistische Analyse gewinnt man Angaben über die wirtschaftliche Bedeutung der verschiedenen Tiere, deren Alter und Größe sowie über den Stand der Zuchtkenntnisse der Menschen.

Anhand von Tierknochen aus der Pfalz Paderborn, aus Soest und aus Höxter soll die Rolle der Tiere im Leben der damaligen Menschen dargestellt werden. Die Stichprobe der Tierknochen aus der Kaiserpfalz stammt aus Grabungsschichten, die ins 8. und 9. Jahrhundert datiert werden (2123 Knochenfragmente). Aus Höxter wurden gut stratifizierte Tierknochen aus den Verfüllungen verschiedener Grubenhäuser aus der Zeit zwischen dem 8. und 11. Jahrhundert untersucht (1566 Tierknochenfragmente). Aus demselben Zeitraum und ebenfalls aus Grubenhäusern sowie einem Brunnen stammen die Tierknochen aus der Stadt Soest (2652 Tierknochenfragmente).

An Säugetieren wurden Rinder, Schweine, Schafe, Ziegen, Pferde, Esel und Maultiere gehalten. Als Hausgeflügel kannte man Hühner, Gänse und Enten. Wildtierknochen stellen in mittelalterlichen Tierknochenfunden immer nur eine sehr kleine Minderheit dar, denn die Jagd auf Wildschwein, Rothirsch und Hase war zur Sicherung der Ernährung von untergeordneter Bedeutung.

Die prozentuale Verteilung der Knochenfragmente auf die verschiedenen Tierarten gibt Auskunft über deren wirtschaftliche Bedeutung. Den überwiegenden Teil der Knochen stellen die drei Hauptwirtschaftstierarten Rind, Schwein und Schaf. Andere Tierarten kommen immer nur in sehr kleinen Mengen vor. Wichtigster Fleischlieferant in karolingischer Zeit war im allgemeinen das Rind (Abb. 1). Eine Ausnahme von dieser Vorrangstellung des Rindes findet sich jedoch in der Verteilung der Tierknochen aus der Paderborner Kaiserpfalz. Über die Hälfte der Fleischnahrung bestand dort aus Schweinen. Wenn auch die Tierknochen sicher nicht die direkten Überreste der Mahlzeiten Karls des Großen darstellen, so stammen sie doch von den Bewohnern der Kaiserpfalz oder aus deren unmittelbarer Umgebung. Sie spiegeln die Essensgewohnheiten und -vorlieben der oberen Bevölkerungsschicht wider. In den Grubenhäusern aus Soest und Höxter fanden sich dagegen überwiegend Rinderknochen, wie es für Tierknochenkomplexe aus mittelalterlichen städtischen Siedlungsgebieten typisch ist.

Rinder waren nicht nur wegen ihres Fleisches ein wichtiger Bestandteil der mittelalterlichen Haustierwelt, sondern sie wurden auch als Arbeitstiere vor Pflug und Wagen eingesetzt. Die Kühe lieferten zudem Milch, aus der man Käse herstellte. Oft wurden die Rinder nach einem Leben als Arbeitstier geschlachtet und gegessen. Doch ergab die Altersanalyse der Rinder aus der Kaiserpfalz, daß mehr als die Hälfte der Rinder im dritten Lebensjahr, im Rahmen einer gezielten Fleischzucht, geschlachtet wurden. Die Bewohner der Kaiserpfalz hatten es offenbar nicht nötig, alte, ausgemusterte Arbeits- und Milchtiere zu essen. Ein ähnlicher Einbruch der Rinderpopulation im dritten Lebensjahr zeigt sich auch in Soest und Höxter. Neben dem Fleisch ausgedienter Arbeitstiere, stand auch in den Städten das Fleisch jüngerer, speziell für die Schlachtung gezüchteter Rinder zur Verfügung.

Auch bei den Schweinen ließ sich eine gezielte Fleischzucht nachweisen. Aufgrund seiner vielfältigen, leicht zu gewährleistenden Ernährung und seiner hohen Reproduktionsrate ist das Schwein eine optimale Fleischquelle. In allen untersuchten Fundkomplexen konnte bei den Schweinen ein Einbrechen der Alterskurve im zweiten Lebensjahr festgestellt werden. Zu diesem Zeitpunkt hat-

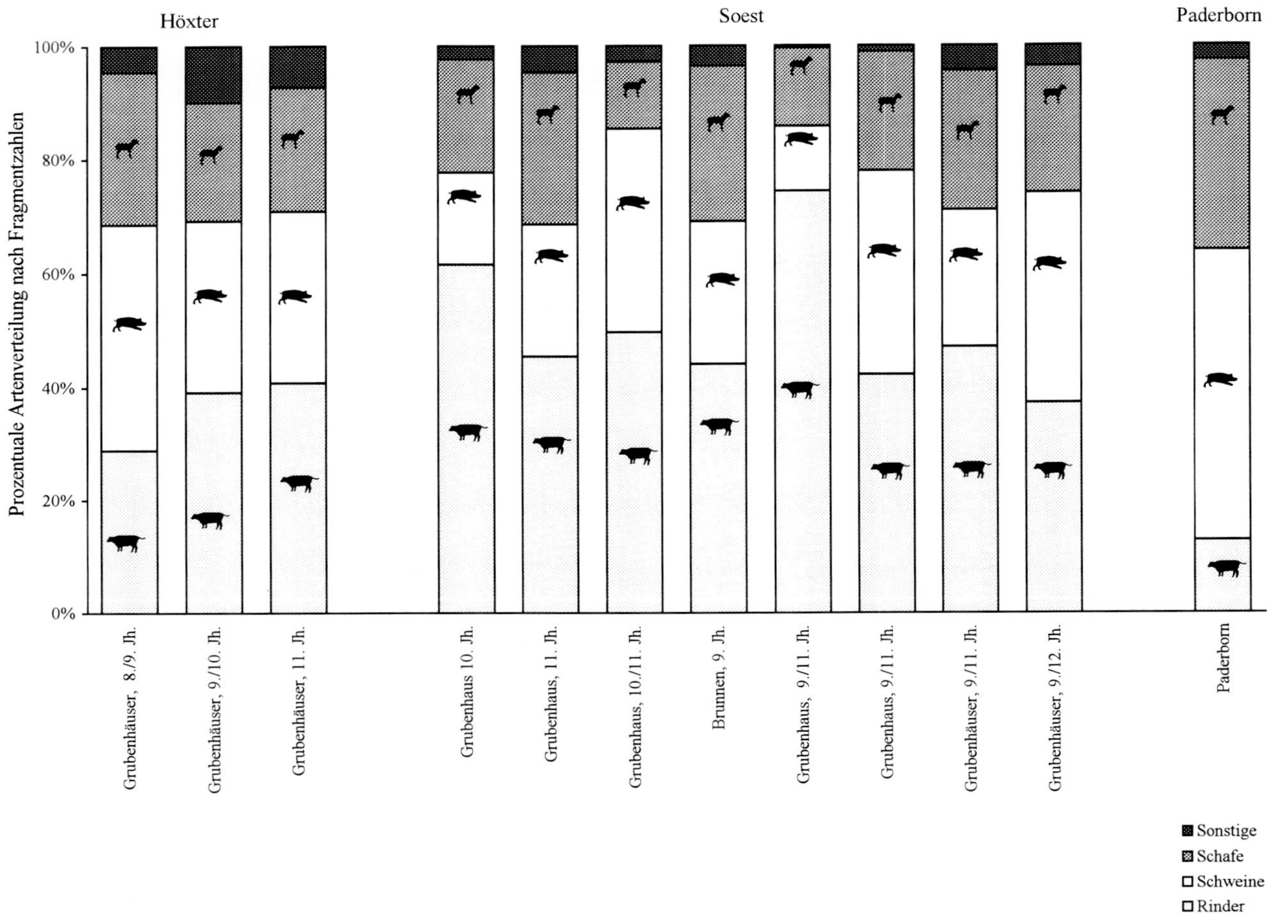

Abb. 1 Prozentuale Verteilung der Hauptwirtschaftstierarten Rinder, Schweine und Schafe aus Paderborn, Soest und Höxter. Angegeben ist der Anteil der Tierart an allen geborgenen Knochenfragmenten sowie der Anteil aller sonstigen Tierarten am jeweiligen Tierknochenkomplex

ten sie das optimale Schlachtalter erreicht und setzten keine nennenswerten Mengen an zusätzlichem Fleisch mehr an.

Schafe wurden im Mittelalter mehr wegen ihrer Wolle als wegen ihres Fleisches gehalten. In Höxter und Soest war anhand der überwiegend älteren Schafe eine Haltung der Tiere zur Wollproduktion festzustellen. Unter den Tierknochen aus der Paderborner Kaiserpfalz konnten ältere Tiere nachgewiesen werden, aber es kamen vermehrt auch Knochen jüngerer Tiere, ja sogar von Lämmern vor. Offensichtlich dienten die Schafe in Paderborn nicht nur als Wollieferanten, sondern man gönnte sich ab und zu auch einen Lammbraten.

Im Gegensatz zu den heutigen hochgezüchteten Rassen handelte es sich bei den Tieren in der Karolingerzeit um kleinwüchsige Rassen. Die Rinder aus Paderborn erreichten Größen von 102 bis 109 cm Schulterhöhe, für Soest sind Tiere mit einer Schultergröße von 97 und 103 cm berechnet worden. Selbst für die damalige Zeit waren es kleine Rinder (Abb. 2). Für die Schafe aus Paderborn sind Größen um 59 und 62 cm belegt, die von den gleichzeitigen Schafen aus Höxter mit 64 und 66 cm übertroffen werden. Für die Schweine aus Paderborn konnten Schulterhöhen von 71 und 76 cm berechnet werden, die zu den Maßen der Schweine aus Höxter mit 74 und 72 cm passen. Damit liegen Schweine und Schafe aus Soest, Höxter und Paderborn im Mittelbereich der für mittelalterliche Rassen bekannten Größen (Abb. 3).

Die Knochen der Rinder, Schweine und Schafe sind als Überreste von Mahlzeiten anzusehen. Dies erkennt man an Koch- und Bratspuren sowie nicht zuletzt an den Hackspuren, die von einer gezielten und systematischen Zerteilung des Schlachtkörpers zeugen (Abb. 4). Dabei ist eine gleichartige Behandlung der drei Tierarten fest-

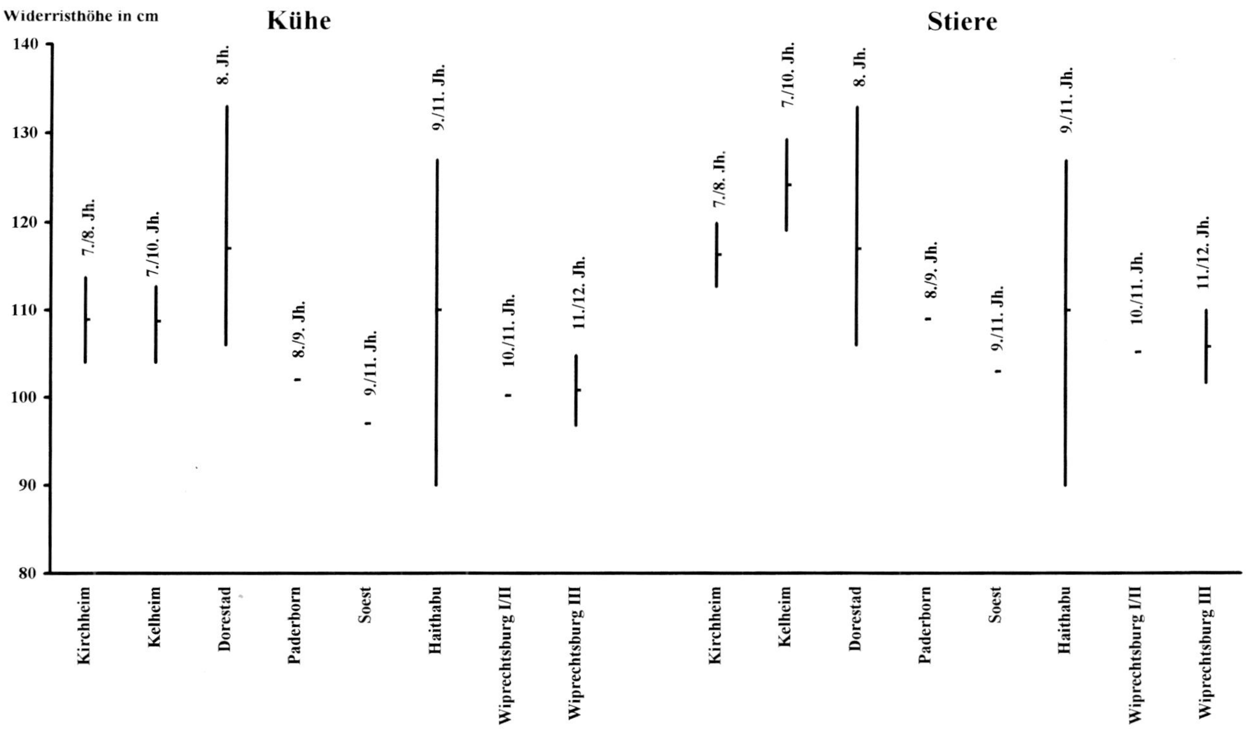

Abb. 2 Vergleich der Widerristhöhe von Rindern verschiedener Fundorte: Die Länge der Balken gibt den Bereich der Standardabweichung um den Mittelwert an, Punkte stehen für einzelne Meßwerte

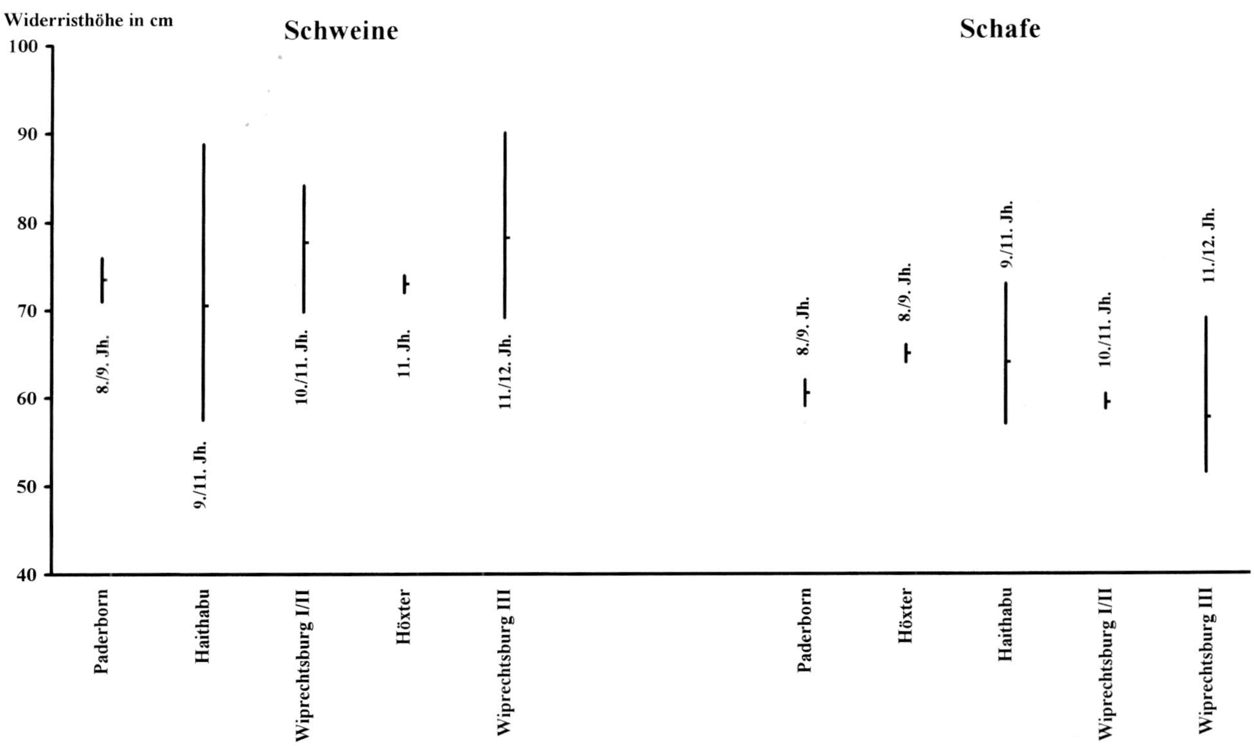

Abb. 3 Vergleich der Widerristhöhe von Schweinen und Schafen verschiedener Fundorte: Die Länge der Balken gibt den Bereich der Standardabweichung um den Mittelwert an, Punkte stehen für einzelne Meßwerte

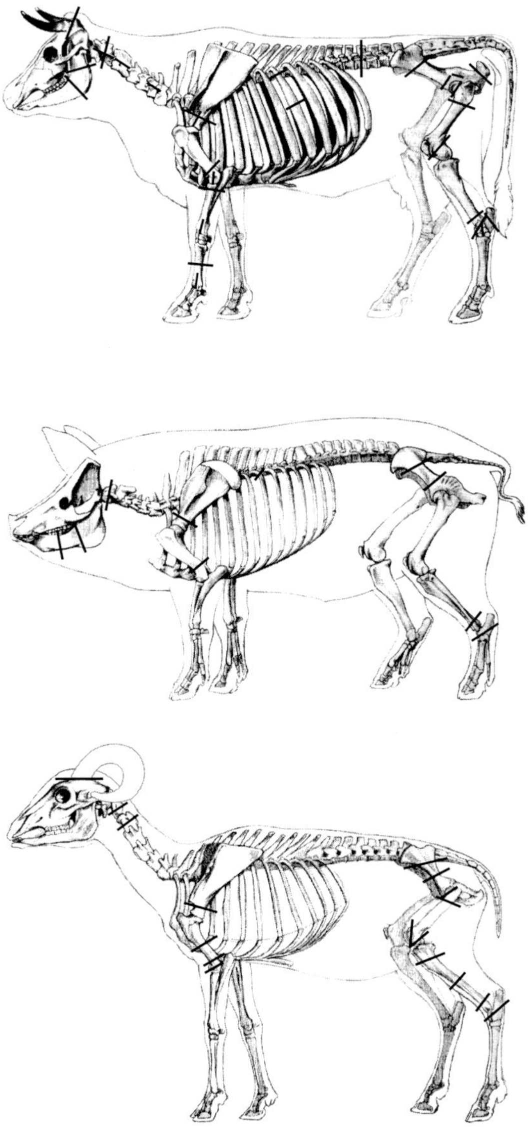

Abb. 4 Schematische Darstellung der Schlachtspuren an Rinder-, Schweine- und Schafknochen aus Höxter, Soest und Paderborn

zustellen. Zerhackte erste und zweite Halswirbel zeugen von einem Abhacken des Kopfes. Bei Rindern und Schafen wurden zusätzlich noch die Hörner abgetrennt, um die Hornscheiden als Rohstoff zu gewinnen. Hackspuren an den Rippen von Rind und Schwein stammen von der Abtrennung von Kotelettstücken. Das Zerschlagen der Unterkiefer von Rindern und Schweinen zur Markentnahme zeigt die intensive Verwertung der Tierkörper. Ihre Zerteilung in kleinere Portionen hängt mit der Gepflogenheit der mittelalterlichen Küche zusammen, nach der das Fleisch meist als Kochfleisch zubereitet wurde; die einzelnen Teile mußten in die Töpfe passen.

Geflügel wurde überwiegend am Stück gekocht oder gebraten, weshalb Geflügelknochen nur in Ausnahmefällen Hackspuren aufweisen. Insgesamt stellten Hühner und Gänse nur einen geringen Anteil der Ernährung. Im Gegensatz zu heute wurden die Enten in der Karolingerzeit eher als Schmuckvögel angesehen. Im Capitulare de Villis (Richtlinien Karls des Großen zur Verwaltung des Landes) werden sie zusammen mit Pfauen und Fasanen genannt. Als Nutzgeflügel zur Ernährung wurden sie nur wenig geschätzt (Dhont 1968, 109).

Neben den der Ernährung dienenden Haustieren wurden auch andere, dem Menschen in vielerlei Hinsicht nützliche Haustierarten gehalten. Anhand der Tierknochen wurden Pferd, Esel und Maultier nachgewiesen. Sie dienten als Reit-, Zug- und Lasttiere. Maultiere wurden in karolingischer Zeit durchaus als wertvolle Tiere angesehen, denn unter den bei Notker aufgeführten Geschenken, die Harun-al-Raschid überbracht wurden, werden neben Pferden und Jagdhunden auch Maultiere erwähnt (Notker, 9).

Katzen dienten vor allem der Bekämpfung der Ratten, ihre im Verlauf des Mittelalters zunehmende Verbreitung wird im Zusammenhang mit der Ausbreitung der Ratten gesehen. Katzen sind im frühen Mittelalter in Europa noch recht seltene Tiere, doch sind sie im 8./9. Jahrhundert in Höxter und im 11. Jahrhundert in Soest nachgewiesen. Als ein Nachweis des von ihnen zu bekämpfenden Schädlings wurde aus der Verfüllung eines Soester Brunnens (9.–11. Jahrhundert) ein Rattenknochen geborgen.

Im Gegensatz zu Katzen waren Hunde in karolingischer Zeit bereits weit verbreitete Haustiere. Einhard und Notker erwähnen besonders die schnellen Jagdhunde Karls des Großen, die dieser sogar als Geschenk an Harun-al-Raschid geschickt haben soll (Einhard, 20; Notker, 9). Aus einem Grubenhaus des 11. Jahrhunderts in Höxter stammen vereinzelte Knochen zweier ausgewachsener Hunde. Auch wenn aus Paderborn keine Knochen der zur Jagd verwendeten Hunde geborgen wurden, so konnte doch mit dem Zehenknochen eines Braunbären das größte der damals in Mitteleuropa bejagten Tiere nachgewiesen werden. Dieser Zehenknochen ist möglicherweise der Rest einer Mahlzeit, vielleicht aber auch der Überrest eines Bärenfelles. Neben den vereinzelt geborgenen Wildschweinknochen zeugt er unzweifelhaft von jägerischer Tätigkeit im Umfeld Karls des Großen. Ob die Knochen eines weiblichen Habichts aus dem 11. Jahrhundert aus Soest von einem zur Beizjagd abgerichteten Vogel stammen, kann nicht mit Sicherheit entschieden werden, ist aber denkbar, denn dafür wurden in der Regel die größeren Weibchen dieser Greifvogelart eingesetzt.

In dieser kurzen Darstellung der Gesamtergebnisse kann nicht detailliert auf methodische Vorgehensweisen und Einzelergebnisse eingegangen werden. Die Dokumentationen und Auswertungen der Tierknochenkomplexe sind als Manuskripte bei der jeweiligen Stadtarchäologie sowie im Museum in der Kaiserpfalz, Paderborn, hinterlegt.

Quellen und Literatur:

Einhard, Leben Karls des Großen, in: Quellen zur karolingischen Reichsgeschichte, erster Teil, neu bearb. v. Reinhold RAU (Ausgewählte Quellen zur deutschen Geschichte des Mittelalters, Freiherr vom Stein-Gedächtnisausgabe 5), Darmstadt 1962, 157–211. – Notkers Taten Karls, in: Quellen zur karolingischen Reichsgeschichte, dritter Teil, neu bearb. v. Reinhold RAU (Ausgewählte Quellen zur deutschen Geschichte des Mittelalters, Freiherr vom Stein-Gedächtnisausgabe 7), Darmstadt 1960, 334–337.

Norbert BENECKE, Der Mensch und seine Haustiere. Die Geschichte einer jahrtausendealten Beziehung, Stuttgart 1994 (Lit.). – Jan DHONT, Das frühe Mittelalter (Fischer Weltgeschichte 10), Frankfurt 1968. – Hans Herrmann MÜLLER, Die Tierreste aus der Wiprechtsburg bei Groitzsch, Kr. Borna, in: Arbeits- und Forschungsberichte zur sächsischen Bodendenkmalpflege 22, 1977, 101–170 (Lit.). – Johann SCHÄFFER u. Angela VON DEN DRIESCH, Tierknochenfunde aus fünf mittelalterlichen Siedlungen Altbayerns (Documenta naturae 15), München 1983. – Angela VON DEN DRIESCH, Kulturgeschichte der Hauskatze, in: Krankheiten der Katze, 1, hrsg. v. V. SCHMIDT u. M. Ch. HORZINEK, Jena 1992, 17–40.

Evangeliar.
Vatikanstadt, Biblioteca Apostolica Vaticana,
Barb. lat. 570, fol. 1r
(Kat.Nr. VII.13) ▷

PRIMUS
MARCUS
IN QUO
LUCAS

KAPITEL VII

Angelsächsische Kunst auf dem Kontinent

Egon Wamers

Insulare Kunst im Reich Karls des Großen

Von exotischer Fremdartigkeit und gleichzeitig anmutigem Reiz erscheinen dem heutigen Betrachter die Werke der insularen Kunst des frühen Mittelalters, der Kunst der Inseln Irland und Britannien. Eine phantastische, verwirrende Ornamentik scheinbar mythischen Ursprungs, verbunden mit einem starren, byzantinisch anmutenden Figurenstil, vollendet auf Pergament wie in edlen Metallen ausgeführt, erwecken den Anschein, als ob eine inbrünstige, vergeistigte Frömmigkeit nur mühsam die kraftvolle Vitalität und raffinierte Spielfreude eines heidnisch-barbarischen Erbes zu zügeln vermöchte (Abb. 1).

Im fränkischen Reich nördlich der Alpen haben sich neben einigen von irischen und angelsächsischen Schreibern und Illuminatoren geschaffenen Büchern, die hier in einem eigenen Beitrag behandelt werden (vgl. Beitrag Bierbrauer), auch einige wenige herausragende Goldschmiedearbeiten der zweiten Hälfte des 8. Jahrhunderts erhalten, die entweder direkt als Werke der insularen Kunst oder als von ihr beeinflußt gelten; zu ihnen zählen etwa das sog. Rupertus-Kreuz von Bischofshofen (Abb. 2), der Tassilokelch (Abb. 10) oder der Ältere Lindauer Buchdeckel (Abb. 11). Darüber hinaus wurde in den vergangenen 100 Jahren eine große Anzahl von kleinformatigen metallenen Bodenfunden gemacht, die stilistisch mit den herausragenden Goldschmiedearbeiten in Verbindung gebracht werden. Den gesamten Kunstkreis hat man entweder als „insularen Stil kontinentaler Prägung" bezeichnet oder – in räumlicher Beschränkung auf die sakralen Hauptwerke und bedeutende Handschriften – als „insulare Kunstprovinz mit Zentrum in Salzburg". Worin besteht der 'insulare' Charakter dieser Arbeiten, und was ist der historische und kulturelle Hintergrund für das Entstehen einer solchen insularen Kunst auf dem Kontinent?

Frühchristliche Kunst auf den Inseln zwischen Nordsee und Atlantik

Wenngleich die Inseln am Rande des Atlantischen Ozeans nach dem Zusammenbruch des Römischen Reiches eigene Traditionen pflegten und andere Wege gingen als der dem alten Reich geographisch weit näherstehende Kontinent, blieben beide Räume in vielfältiger Weise miteinander verbunden und unterlagen denselben großräumigen Entwicklungen, die die Kulturgeschichte des frühmittelalterlichen Abendlandes bestimmten. Zum prägenden Faktor für die politische und geistige Entwicklung Westeuropas wurde das Christentum, das als Mittler der spät- und nachantiken Kultur und Zivilisation fungierte.

In Britannien hatten sich im 5. Jahrhundert auf dem vormals römischen Territorium die Königreiche der ehedem festlandgermanischen anglischen, sächsischen und jütischen Stämme herausgebildet; rein keltische Bevölkerung hielt sich im heutigen Wales und Schottland, dem damaligen Piktland. Das spärliche frühe Christentum in den Städten der Provinz Britannia hatte kaum Überlebenschancen. Um so rascher und intensiver setzte es sich bei der keltischen Bevölkerung Irlands, bei den *Scoti*, durch, die erst seit den 430er Jahren von Britannien aus missioniert wurden. Unbehelligt von den Machtkämpfen des 5. und 6. Jahrhunderts zwischen angelsächsischen, gälischen und piktischen Stämmen, dagegen aber mit weitreichenden Kontakten ins kultivierte Gallien und bis nach Italien und zum Vorderen Orient, entwickelte sich hier ein eigenständiges, von Rom abweichendes Christentum auf der Basis eines städtischen Klosterwesens. Das spirituelle, asketische Mönchtum, das im Orient entstanden war und auch in Italien und Gallien Fuß gefaßt hatte, fand auf dieser abgelegenen Insel begeisterte Aufnahme; mit Inbrunst verfolgte man das Ideal der irdischen Heimatlosigkeit, der *peregrinatio*, und fand dabei die Muße, sich dem antiken Erbe, seinen Sprachen, seiner Literatur und Kunst intensiv zu widmen. Bald schon erlangten die heiligen Männer Irlands großen Ruhm als Gelehrte und Künstler, so daß sogar Geistliche aus Franken und Gallien hier die Schriften studierten.

Die Kunst Irlands speist sich aus vier verschiedenen Quellen. Die eine bilden spätantike, christliche Ziermotive in der Buchmalerei und in der Metallzierkunst des

Abb. 1 Bock of Kells: Christus von Engeln begleitet. Dublin, Trinity College Library, Ms. 58, fol. 32v

Abb. 2 Sog. Rupertuskreuz. Bischofshofen, Pfarrkirche

Abb. 3 Fibel von Arkadillen: gleicharmige Fibel gallisch-fränkischen Typs mit irischer Spiralranken- und Flechtband-ornamentik. Dublin, Nationalmuseum

6. und 7. Jahrhunderts, die den gallischen und mediterranen Kontakten verdankt werden. Diese Kontakte spiegelt auch die für Irland ganz untypische, gleicharmige Fibel von Ardakillen (Dublin, Nationalmuseum), die einen gallisch-fränkischen Fibeltyp des späten 7. oder frühen 8. Jahrhunderts nachahmt, aber als Dekor irische Spiralranken- und Flechtbandornamentik trägt (Abb. 3). Zugleich mit den künstlerischen Motiven fanden aber auch neue handwerkliche und künstlerische Techniken Eingang auf der Insel, insbesondere in der Metallverarbeitung und der Glas- und Millefioriherstellung, die nur durch mediterrane Vermittlung denkbar sind.

Daneben erlebte in Irland die alte keltische Kunst des „Ultimate La Tène Style" eine erneute Blüte, deren spiralartig ausgezogenen Muster mit trompetenförmigen Ausziehungen („scroll and trumpet pattern") zu komplexen Zierfriesen oder flächendeckend in der Buchmalerei und der Metallkunst dargestellt und vielfältig mit anderen Motiven kombiniert wurden. Eine Steigerung erfuhr dieses Motiv im frühen 7. Jahrhundert, wo es, etwa im Book of Durrow oder auf Besätzen von hanging bowls, zu dynamischen, miteinander verbundenen Wirbeln mit an- und abschwellender Linienführung in Trompetenform komponiert ist (Abb. 4). Eine Analyse dieser komplexen Spiralkompositionen zeigt, daß es sich bei ihnen lediglich um eine „keltisierte" Variante der alten mediterranen Wellenranke handelt, die im christlichen Kontext zur Metapher paradiesischer Vegetation und damit Heilsverheißung wurde.

Die dritte Motivgruppe der insularen Kunst ist die „Tierornamentik", wie sie erstmals auf einer Seite im Book of Durrow (fol. 192v) als klassischer „germanischer Tierstil II" identifizierbar ist (Abb. 5). Die engen Übereinstimmungen zu hochkarätigen angelsächsischen Metallarbeiten, etwa auf der „Börse" oder der Reliquiarschnalle im Schiffsgrab des ostanglischen Königs Redwald von Sutton Hoo, der sich vom Christentum wieder abgewendet hatte, darf man hier zu Recht auf die engen irisch-angelsächsischen Verbindungen seit dem frühen 7. Jahrhundert zurückführen.

Kaum 100 Jahre nach ihrer Bekehrung hatten nämlich irische Mönche und Geistliche auch auf den westlichen Inseln und in Schottland schon Klöster errichtet und selbst die Mission der Pikten aufgenommen. In der ersten Hälfte des 7. Jahrhunderts wurden sie vom northumbrischen König auch nach Nordengland gerufen, wo sie zahlreiche Klöster gründeten, darunter so wirkungsmächtige wie Lindisfarne an der Nordseeküste oder Wearmouth und Jarrow.

Viele angelsächsische Adlige schickten ihre Söhne nach Irland, um sie dort im Glauben und in den christlichen Wissenschaften und Künsten ausbilden zu lassen. Dadurch kam es zu einem regen kulturellen Austausch zwischen der angelsächsischen Oberschicht vorwiegend Northumbriens und den irischen Klostergemeinschaften, in dessen Verlauf die Iren auch Bekanntschaft mit dem qualitätvollen „Germanischen Tierstil II" machten. Dieser „Stil II" war Ende des 6. Jahrhunderts in Süddeutschland und Oberitalien aus der Verschmelzung von ostmediterraner Flechtband- mit germanischer Tierornamentik entstanden; er fand – allein oder in Verbindung mit christlich-figürlichen Motiven mediterraner Herkunft – auf christlichen und liturgischen Objekten sowie auf qualitätvoller Waffen-, Reit- und Schmuckausrüstung des Adels breite Anwendung und wurde auch vom skandinavischen Adel in einer Art von *imitatio imperii* rezipiert.

Im Norden Englands lernten die irischen Künstler eine zweite Form der „Tierornamentik" kennen. Sie war im Zuge der von Papst Gregor dem Großen Ende des 6. Jahrhunderts initiierten römischen Mission nach England ge-

Abb. 4 Irische Spiralrankenornamentik (scroll-and-trumpet-pattern)

Abb. 5 Book of Durrow. Zierseite. Dublin, Trinity College Library, Ms. 57, fol. 192v

langt und stellte sich als 'klassische' Lebensbaum- oder „inhabited vine-scroll"-Ornamentik antiker Tradition von nahezu naturalistischer Gestaltung dar. Stelzvögel und Vierfüßler tummeln sich in Wein-, Efeu- und Akanthuspflanzen und -ranken und laben sich an ihnen; sie repräsentieren die christliche Vorstellung vom Paradies und von der belebten Schöpfung Gottes. Am schönsten ist diese Ornamentik in der northumbrischen Steinmetzkunst, etwa der großen Steinkreuze des 7. und 8. Jahrhunderts, und in wenigen erhaltenen Goldschmiedearbeiten, wie der sog. Ormside-bowl (Abb. 6; vgl. Kat. VII.18) oder dem oben bereits genannten Kreuz von Bischofshofen (Abb. 2), überliefert.

Die irischen Buchilluminatoren und Goldschmiede, die sich im Norden Englands in einem internationalen geistigen Umfeld bewegten, das von Iren, Angelsachsen, Franko-Galliern und Mittelmeeranrainern aus Italien, Afrika und dem Vorderen Orient geprägt war, verarbeiteten alle diese Anregungen zu etwas völlig Neuem: zur insularen Kunst. In Werken wie dem Book of Lindisfarne, der Tara-Fibel und vielen anderen mehr findet sich ein ganz eigenartiges, zugleich heterogen-widersprüchliches wie reizvoll-buntes Gemenge aus Postlatène-, germanischen und spätantik-klassischen Elementen: neben Flechtband-Friesen und scroll-and-trumpet-Spiralranken begegnen hier sowohl klassische naturnahe Vogelreihen in Ranken wie auch raubtierartige Vierfüßler, Fische und Reptilien, die meistens wie „Stil II"-Tiere flechtbandartig verschlungen sind (Abb. 7–8). Damit ist die gesamte mediterrane Menagerie der *tria genera animantium* vertreten, der Gattungstiere der alttestamentlichen Schöpfungsgeschichte. Hinzu kommen, vorwiegend in der Buchmalerei, kreuzförmige oder kosmologisch-geometrische Untergliederungen der Zierfelder (= Seiten) sowie figurale Darstellungen von Christus, Heiligen oder den Evangelisten in einem etwas starren, ikonenhaft anmutenden Figurenstil: alles zusammen eine ausschließlich christliche Bilderwelt frühmittelalterlichen Gepräges. Diese Verschmelzung verschiedenartigster Traditionen wird in der englischsprachigen Forschung als „hiberno-saxon art" bezeichnet. Alle diese Elemente finden sich seit dem Ende des 7. Jahrhunderts sowohl in Nordengland – in abgewandelter Form auch bei den Pikten in Schottland – und in Irland, so daß in vielen Fällen nicht entschieden werden kann, in welchem Teil der Inseln ein Kunstwerk entstanden ist. Und ganz offensichtlich ist es diese Kunst, die – in Ausnahmefällen wie beim Kreuz von Bischofshofen sogar direkt – auf dem Kontinent Aufnahme und Nachahmung fand, und zwar überwiegend im Raum östlich des Rheins und nördlich der Alpen.

Abb. 6 Sog. Ormside-bowl, inhabited-vine-scroll-Ornament

Die insulare Mission auf dem Kontinent

Auf dem Kontinent war es die Annahme des christlichen Glaubens durch die Franken noch vor dem Jahre 500, die in den folgenden drei Jahrhunderten die germanisch sprechenden Stämme schrittweise an mediterrane Glaubens- und Lebensformen sowie „Kulturtechniken" heranführte; am längsten dauerte dieser Akkulturationsprozeß noch bei den Germanen außerhalb des ehemaligen römischen Reichsgebietes – zunehmend mit der räumlichen Distanz zum alten Reich. Etwa zur Mitte des 6. Jahrhunderts waren die führenden fränkischen Familien formal christlich; mit der fränkischen Machtausdehnung nach Alemannien, Hessen, Thüringen und Franken wurde auch östlich des Rheins das Christentum bekannt, wenngleich natürlich weder von einer flächendeckenden Abkehr von heidnischem Glauben und Praktiken gesprochen werden kann noch von einem christlichen Lebenswandel der Gesamtbevölkerung. Am ehesten noch fand christliches Gedankengut und Brauchtum Aufnahme, wo es heidnischen Vorstellungen und Gepflogenheiten nahekam – etwa bei der Sitte, kleine christliche Reliquiarkapseln wie vordem heidnische Amulette zur Übelabwehr am Körper zu tragen (Kat.Nrn. VII.7–9). Das spätantike Christentum hatte mit den alten romanisch geprägten Städten am Rhein, so etwa in Speyer, Mainz, Trier, Koblenz oder Köln, und auch im Alpenraum, etwa in Augsburg, Regensburg, Salzburg oder Lorch, einen schweren Niedergang erlebt, aber dennoch überlebt. Im Westen wurden Mission und Seelsorge zunächst von Gallien aus vorangetrieben; im von den bairischen Agilolfingern beherrschten Salzburger Land ging der Einfluß von Oberitalien aus – auch und insbesondere nach dem Zuzug der Langobarden dorthin, mit denen bald politisch kooperiert wurde. Den Franken, insbesondere den Karolingern, wurde aber im Zuge ihrer machtpolitischen Expansion, die auch das westalpine Gebiet mit den wichtigen Alpenübergängen einbezog, bald bewußt, daß eine wirkliche, auch innere Einbindung der östlichen Länder in ihre Herrschaft nur mit einer verstärkten Mission und Kirchenorganisation zu gewährleisten war. Deshalb begrüßten und förderten sie den missionarischen Eifer frommer und gelehrter Männer und Frauen, die zunächst unvermittelt aus dem fernen Irland, dann verstärkt aus dem benachbarten England kommend Gallien und Germanien aufsuchten.

Die insulare Mission auf dem Kontinent, die hier nur in groben Strichen nachgezogen werden kann (vgl. Beitrag Angenendt in Kat.Bd. 2), vollzog sich in zwei voneinander weitgehend unabhängigen Bewegungen: der iri-

Abb. 7 Tara-Fibel, Rückseite. Dublin, Nationalmuseum

schen monastischen Bewegung vom späten 6. bis zur Mitte des 8. Jahrhunderts und der gezielten Mission durch Angelsachsen vom späten 7. bis zum späten 9. Jahrhundert. Beide Strömungen wurden von der fränkischen Herrschaft gefördert, um die innere und äußere 'Frankisierung' der abgelegenen rechtsrheinischen Gebiete Frieslands, Hessens, Thüringens, Mainfrankens und Baierns, später dann auch Sachsens, zu forcieren.

Während sich die irischen Mönche, beginnend mit Columban dem Jüngeren (auf dem Kontinent ca. 590–615), vorwiegend auf die Gründung von Klöstern in Burgund, im Alpenraum und Oberitalien konzentrierten, wo sie eine reiche Klosterkultur irischer Prägung mit der Pflege geistiger und künstlerischer Gottesarbeit etablierten, war das Bestreben der Angelsachsen, die ihre Ausbildung zumeist ebenfalls in irischen Klöstern genossen hatten, ganz auf die Mission der halb heidnischen oder halb christlichen Germanen im fränkischen Machtund Einflußgebiet gerichtet. Die wichtigste Figur unter den Angelsachsen war Winfrid-Bonifatius, der mit offiziellem Auftrag des Papstes und der fränkischen Herrscher Karlmann und Pippin von 716/18–754 in Friesland und vor allem in Austrasien missionierte und die bis heute im Kern gültige kirchliche Bistumsorganisation einführte. Die sächsische Mission wurde nach unbefriedigenden Anfängen in den sechziger Jahren erst im Gefolge der Sachsenkriege Karls des Großen gegen Ende des 8. Jahrhunderts intensiv in Gang gesetzt.

a

b

Abb. 8 Irisch-angelsächsisch-mediterrane Tier- und Spiralrankenornamentik der „hiberno-sächsischen" Kunst des 8. Jahrhunderts. a Tara-Fibel, Rückseite, b Beschlag von Oseberg

Sowohl die Iren als auch die Angelsachsen kamen in recht großer Zahl; ihr hohes Ansehen als Geistliche, Gelehrte und Künstler verschaffte ihnen großen Einfluß bei den Herrschern, insbesondere auch am Hofe Karls des Großen.

Insulare Kunstwerke im Frankenreich

Nur wenige insulare Handschriften und Metallarbeiten sind in ihren Ursprungsgebieten selbst erhalten, sei es als Bibliotheksbesitz oder als Bodenfunde; eine größere Zahl fragmentarischer Metallarbeiten überwiegend sakralen Charakters wurde in wikingerzeitlichen Gräbern Skandinaviens gefunden, wo sie von den historisch überlieferten Raubzügen der Normannen in Irland und England Zeugnis ablegen. Wenige Stücke nur sind vom Kontinent bekannt; sie können als ein spärlicher materieller Reflex der starken irischen und angelsächsischen Präsenz auf dem Kontinent vom späten 6. bis zum 8. Jahrhundert gelten, worunter neben Mission und Klosterleben auch Pilgerreisen zu rechnen sind. Dazu zählen als irische Produkte zwei hausförmige Reliquiare in Oberitalien und der Toskana, wie sie irische Missionare und Pilger mit sich führten; im von Columban 614 gegründeten Kloster Bobbio werden zwei Fragmente eines hausförmigen Schreins aufbewahrt (Abb. 9; vgl. Kat.Nr. VII.19). Entlang des Rheins fand sich in fränkischen Gräbern des 7. Jahrhunderts oder als Einzelfunde eine Handvoll irischer Hängebecken (hanging bowls) bzw. Fragmente von ihnen, die – obwohl ursprünglich liturgischer Funktion – in Zweitverwendung als Handwaschbecken auch bei Angelsachsen beliebt waren. Im Domschatz von Fritzlar ist das Fragment eines wohl nordenglischen Bursenreliquiars erhalten, das in Wiederverwendung, als Spolie, auf ein Altarretabel des 12. Jahrhunderts gesetzt wurde. Der Victor-Codex aus der Fuldaer Klosterbibliothek besitzt einen Bucheinband mit angelsächsischen Metallbeschlägen des 8. Jahrhunderts. Zu den monumentalen Werken frühmittelalterlicher Kunst gehört das sog. Rupertuskreuz in der Pfarrkirche von Bischofshofen im Salzburger Land, dessen vergoldete getriebene Kupferbleche mit 'klassischer' northumbrischer inhabited vine scroll-Ornamentik und 'irischen' Vollschmelz-Einlagen versehen sind. Es steht motivisch und stilistisch der – sicherlich ebenfalls liturgischen – Pyxis von Ormside in Cumbria (Abb. 6 u. Kat.Nr. VII.18) sehr nahe. Die englische Forschung datiert beide Objekte in die zweite Hälfte des 8. Jahrhunderts und hält es für möglich, daß das Kreuz erst auf dem Kontinent fertig montiert wurde (Kat. London 1991, Nr. 133–134).

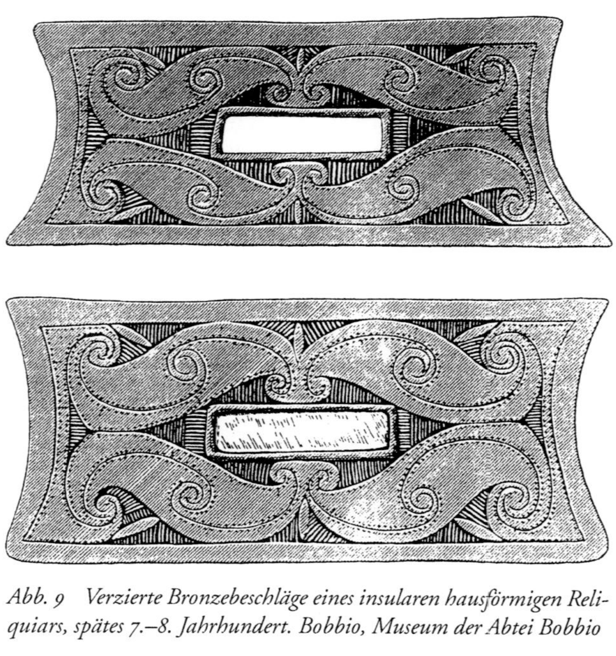

Abb. 9 Verzierte Bronzebeschläge eines insularen hausförmigen Reliquiars, spätes 7.–8. Jahrhundert. Bobbio, Museum der Abtei Bobbio

Insbesondere in den klösterlichen Schreibstuben und Werkstätten wurde die insulare Kunst gepflegt, neben Büchern war liturgisches Gerät für das Klosterleben wie für die Mission unverzichtbar. Es liegt nahe, daß man vor allem den Traditionen der Herkunftsklöster folgte, aber auch Impulse aus der näheren geistigen Umwelt, also aus Gallien und, eher noch, aus Italien aufnahm. Dennoch überrascht, daß bislang weder aus dem 7. noch aus der ersten Hälfte des 8. Jahrhunderts Erzeugnisse aus den Metallwerkstätten der insularen Klöster auf dem Kontinent – wenn es denn solche Ateliers gab – sicher identifiziert werden konnten; allerdings fehlen uns hierfür auch gesicherte kunsthistorische oder archäologische Kriterien. Abgesehen von der Buchmalerei fassen wir in der heimischen Metall- und Steinmetzkunst einen klaren insularen Einfluß erst mit dem künstlerischen Umkreis des sog. Tassilokelches.

Die „insulare Kunstprovinz" im Reich Karls des Großen

Der im Benediktinerstift von Kremsmünster aufbewahrte Tassilokelch (Abb. 10) wurde laut Inschrift auf seinem Fuß zwischen 768/769 und 788, wahrscheinlich 777 von Baiernherzog Tassilo und seiner Frau, der Langobardenprinzessin Liutpirc, dem Benediktinerstift Kremsmünster wohl anläßlich seiner Gründung gestiftet. Auf Kuppa und Fuß des Spendekelches sind in abgegrenzten Zonen und Feldern stilisierte Tiere und Pflanzen dargestellt, die eine große stilistische Nähe zur Ornamentik angelsächsischer Buchmalerei und Metallkunst, insbesondere zur oben erwähnten inhabited vine scroll-Ornamentik aufweisen, weshalb der Kelch bis in jüngere Zeit vielfach als englisches Erzeugnis angesehen wurde. Günther Haseloff (1951) gelang die Einbettung dieser „Tierornamentik" in einen größeren – überwiegend archäologischen – Denkmälerbestand, dessen kontinentale Herkunft unbestreitbar ist. Diese Stilgruppe wurde, archäologischer Forschungstradition folgend – die von der alles beherrschenden stilgeschichtlichen Untersuchung des Schweden Bernhard Salin zur „Germanischen Thierornamentik" von 1904 geprägt ist –, als „anglo-karolingischer Tierstil", als „insularer Tierstil kontinentaler Prägung" oder als „Tassilokelchstil" bezeichnet. Doch wird man das Phänomen „Tassilokelchstil" und „insulare Kunst auf dem Kontinent" bei einer Reduktion auf „Tierstil" nicht verstehen können, sondern es müssen alle Elemente der insular beeinflußten Kunst der Karolingerzeit berücksichtigt werden. Bezeichnend ist, daß sich in der insularen Kunst des Kontinents keine spezifisch irischen Elemente, wie etwa das scroll-and-trumpet-pattern, sondern nur angelsächsische Züge nachweisen lassen.

Victor H. Elbern hat kürzlich erneut auf die vielfältigen Wurzeln und Traditionen der „sog. insularen Kunstprovinz in Salzburg" hingewiesen und vor einer „Überbewertung des insularen Dekors" gewarnt (1989). So sei der Tassilokelch morphologisch, bezüglich seiner architektonischen Oberflächen-Gliederung, seines Figurenschmucks, sowie ikonographisch nicht insular, sondern italisch-kontinental; der insulare Tier- und Pflanzendekor begegne nur „in dienender Funktion". Dasselbe läßt sich für das zweite kunsthistorisch monumentale Werk dieser Zeit sagen, für den Älteren Lindauer Buchdeckel (Abb. 11), der neben insularen Tierfiguren ebenfalls ein komplexes multistilistisches und multitechnisches Ensemble verschiedenster Traditionen aufzeigt, die durchweg in den italischen Raum verweisen. Elbern schlägt für ihn gleichfalls Salzburger Herkunft vor, und er stellt beide, wie auch das Kreuz aus Bischofshofen, in Zusammenhang mit dem Wirken des Iren Virgil, der 745/746 Abt des Klosters St. Peter und von 749–784 Erzbischof von Salzburg war. Nimmt man die lokalisierbaren hochrangigen Werke, die insularen „Tierstil" tragen – durchweg sakrale oder liturgische Objekte wie Kelche, Bucheinbände, Pyxiden, Reliquiare (Chur) und Chorschrankenplatten (Müstair) –, so fällt in der Tat auf, daß sie sich im Alpenraum konzentrieren. Das impliziert des weiteren die Feststellung, daß der unmittelbare Hintergrund der insularen Kunst auf dem Kontinent nicht die insulare Mission gewesen sein kann, wie immer behauptet wird, sondern eine geistige und künstlerische Landschaft war, in der das insulare Element eine bedeutende Rolle, aber gegenüber den antiken und italischen Wurzeln eben doch nur eine Nebenrolle spielte.

Abb. 10 Sog. Tassilokelch, Detail der Kuppa: Evangelist Lukas. Kremsmünster, Benediktinerstift, Schatzkammer

Unter diesen Voraussetzungen muß auch die große Masse an schlichten Metallarbeiten beurteilt werden, die überwiegend als Bodenfunde auf uns gekommen sind. Wie bereits mehrfach herausgearbeitet (Wamers 1991 u. 1993), handelt es sich in den meisten Fällen um Bestandteile der karolingischen Waffen- und Reitausrüstung, wie etwa die Funde aus Paderborn (Kat.Nr. VII.24a. b) sowie vereinzelt um Schmucksachen. Aus dem Boden stammen aber auch aufwendig verzierte Sakralobjekte aus Edelmetall wie Reliquiare oder Pyxiden (vgl. Kat.Nr. VII.17). Ihr Dekor beschränkt sich in vielen Fällen auf reine Tierdarstellungen des angelsächsischen Typs wie der des Tassilokelches oder des Älteren Lindauer Buchdeckels. Daneben sind jedoch auch alle anderen Zierelemente, wie

Abb. 11 Älterer Lindauer Buchdeckel. New York, Pierpont Morgan Library, M.1

Abb. 12 Ornamentik der Riemenzunge aus Gornij-Vrljani

sie bei den hochrangigen Sakralgeräten auftreten, etwa die integrative Pflanzenornamentik, Flechtband- und Rautenornamentik, architektonischer oder geometrischer Dekor, lateinische Inschriften religiösen Inhalts, auf den qualitätvolleren Objekten immer wieder mit dem reinen „Tierornament" kombiniert; als gutes Beispiel kann dafür die Riemenzunge aus Gornij Vrljani in Dalmatien gelten. Das „Tierornament", ob es allein oder in Kombination mit vegetabilen Elementen auftritt, ist nur die stilisierte, oft verkürzte Darstellung des alten mediterranen Motivs der Tiere am Lebensbaum und geht mittelbar auf die angelsächsische naturnahe inhabited vine scroll-Ornamentik zurück (Abb. 12). Aus diesem Grunde ist es sinnvoll, auch Arbeiten in diesen Kunstkreis einzubeziehen, die keine „Tierornamentik" aufweisen, dafür aber mehrere andere Elemente der „insularen Kunstprovinz auf dem Kontinent", für die verkürzend der Begriff „Tassilokelchstil" stehen mag: etwa das Räuchergefäß von Cetina in Dalmatien (Kat.Nr. VII.21) mit Rautendekor, Winkelbändern, Perlbändern, floralen Elementen, architektonischer Oberflächengliederung und Niellorahmung.

Es kann keinem Zweifel unterliegen, daß solche handwerklich und ikonographisch qualitätvollen Objekte als Modelle und Vorbilder für die schlichten Objekte dienten, die nach dem bisherigen – sicher nicht authentischen – Verbreitungsbild weitgehend auf den germanisch sprechenden Ostteil des Karolingischen Reiches beschränkt sind. Als Bestandteile der Ausrüstung hochrangiger karolingischer Krieger legen sie Zeugnis ab von der geistigen Orientierung und 'Ideologie' der militärischen Oberschicht im Reich Karls des Großen. Wo diese für Ausbreitung und Bewahrung des Glaubens im Einsatz oder stationiert waren, finden sich auch solche Stücke als Verlustfunde: im Langobardenreich, in Dalmatien, an der Donau im awarischen Gebiet, im Osten bei Slawen, an der friesischen Nordseeküste und bei den Sachsen an der unteren Elbe. Diese verhältnismäßig schlichten, im Stil der Zeit dekorierten Ausrüstungsbestandteile mußten nicht mehr notwendigerweise aus einer irisch oder angelsächsisch geprägten Klosterwerkstatt kommen, sondern konnten überall dort, wo Bedarf war, gefertigt werden, wie etwa in der karolingischen *villa* von Karlburg bei Würzburg, aus der ein Halbfabrikat bekannt ist (Kat.Nr. VII.25a). Ein unmittelbarer kausaler Zusammenhang solcher Fundstücke mit Missionsaktivitäten, etwa von Bonifatius in Thüringen, Baiern, Hessen, oder anderer Angelsachsen später bei den Sachsen, ist nicht erkennbar. Die Funde aus dem Pfalzbereich und der Umgebung von Paderborn repräsentieren nichts weiter als die Präsenz karolingischer Truppen und Herrschaft.

Die „insulare Kunst" im Reich Karls des Großen, die besser als „angelsächsische Kunst" bezeichnet werden sollte, geriet außer Mode, als Karl und seine Hofschule die konsequente Politik der Renovatio imperii betrieben, die auf eine Restituierung des Alten Reiches unter christlichen Vorzeichen abzielte und damit das klassische Erbe auch in der Kunst antrat. Das augenscheinlichste Beispiel hierfür sind die um 800 geschaffenen Bronzegitter in der Aachener Pfalzkapelle, in deren Umkreis auch das Räuchergefäß „aus Mönchengladbach" (Kat.Nr. XI.14) steht. Trotz des weiter wirkenden großen Einflusses irischer und angelsächsischer Geistlicher und Gelehrter am Hof war die insulare Kunst nicht länger ein Vorbild; jetzt verliefen die Anregungen umgekehrt, nämlich zu den Inseln am Rande des Atlantiks – wie schon Jahrhunderte zuvor: Die Goldschmiedekunst Irlands des 9. Jahrhunderts, etwa die Patene von Derrynaflan (Dublin), zeigt einen 'naturalistischen' mediterranen Motivschatz und eine technische Komplexität, wie sie sonst nur von byzantinischen Erzeugnissen des späten 8. Jahrhunderts bekannt sind. Und erst unter dem Einfluß karolingischer Kunst des frühen 9. Jahrhunderts scheint sich die Skulptur Irlands ausgebildet zu haben, wie sie uns in den High Crosses des 9. und 10. Jahrhunderts als so typisch irisch entgegentritt (Harbison 1984). In England dagegen, dessen Kunst für mindestens ein halbes Jahrhundert prägend gewirkt hatte, lebte der „Tierstil" des 8. Jahrhunderts unter manchen Metamorphosen noch einige Generationen weiter.

Literatur:

Zur Einführung vgl. Beiträge in folgenden Ausstellungskatalogen und Sammelbänden: Die Iren und Europa im frühen Mittelalter 1–2, hrsg. v. Heinz LÖWE, Stuttgart 1982. – Kat. Virgil von Salzburg, Missionar und Gelehrter [Ausstellung Salzburg 1985], Salzburg 1985. – Ireland and Insular Art A.D. 500–1200. Proceedings of a conference at University College Cork, 31 October – 3 November 1985, hrsg. v. Michael RYAN, Dublin 1987. – Kat. Kilian. Mönch aus Irland, aller Franken Patron 689–1989, hrsg. v. Johannes ERICHSEN [Ausstellung Würzburg 1989], München 1989. – Kat. 'The Work of Angels'. Masterpieces of Celtic Metalwork, 6th – 9th centuries AD, hrsg. v. Susan YOUNGS [Ausstellung London, Edinburgh1989], London 1989. – Kat. London 1991. – The Age of Migrating Ideas. Early Medieval Art in Northern Britain and Ireland. Proceedings of the Second International Conference on Insular Art, Edinburgh 3–6 January 1991, hrsg. v. John HIGGITT u. R. Michael SPEARMAN, Edinburgh 1993.

Egil BAKKA, Some English Decorated Metal Objects Found in Norwegian Viking Graves. Contributions to the art history of the eighth century A.D. (Årbok for Universitetet I Bergen, Human. Ser. 1), Bergen 1963. – Beda der Ehrwürdige. Kirchengeschichte des englischen Volkes 1–2, hrsg. u. übers. v. Günter SPITZBART (Texte zur Forschung 34), Darmstadt 1982. – Volker BIERBRAUER, Liturgische Gerätschaften aus Baiern und seinen Nachbarregionen in Spätantike und frühem Mittelalter. Liturgie- und kunstgeschichtliche Aspekte, in: Kat. Rosenheim/Mattsee 1988, 328–341. – Johannes BRØNDSTED, Early English Ornament. The Sources, Development and Relation to Foreign Styles of Pre-Norman Ornamental Art in England, London/Kopenhagen 1924. – The Derrynaflan Hoard I. A Preliminary Account, hrsg. v. Michael RYAN, Dublin 1983. – Victor H. ELBERN, Zwischen England und Oberitalien. Die sog. insulare Kunstprovinz in Salzburg, in: Jahres- und Tagungsbericht der Görres-Gesellschaft 1989, 96–111. – DERS., „TASSILO DVX FORTIS": Stifter des sog. Älteren Lindauer Buchdeckels?, in: Studi di Oreficeria (Bolletino d'Arte, Erg.bd. 95), Rom 1997, 1–12. – Hermann FILLITZ u. Martina PIPPAL, Schatzkunst. Die Goldschmiede- und Elfenbeinarbeiten aus österreichischen Schatzkammern des Hochmittelalters, Salzburg/Wien 1987. – Peter HARBISON, Earlier Carolingian Narrative Iconography – Ivories, Manuscripts, Frescoes and Irish High Crosses, in: Jahrbuch des Römisch-Germanischen Zentralmuseums Mainz 31, 1984, 455–471. – Günther HASELOFF, Der Tassilokelch (Münchner Beiträge zur Vor- und Frühgeschichte 1), München 1951. – DERS., Zum Stand der Forschung über den Tassilokelch, in: Kat. Von Severin zu Tassilo. Baiernzeit in Oberösterreich [Ausstellung Linz], Linz 1977, 221–236. – DERS., Die Kunst der insularen Mission auf dem Kontinent, in: Kunst der Völkerwanderungszeit, hrsg. v. Helmut ROTH (Propyläen Kunstgeschichte, Suppl.bd. 4), Frankfurt a. M./Berlin/Wien 1979, 85–92. – DERS., Stand der Forschung: Stilgeschichte Völkerwanderungs- und Merowingerzeit (Universitetets Oldsaksamlings Skrifter 5, Festschrift T. Sjøvold), Oslo 1984, 109–124. – Michael RYAN, Decorated Metalwork in the Museo dell' Abbazia, Bobbio, Italy, in: Journal of the Royal Society of Antiquaries of Ireland 120, 1990, 102–111. – Egon WAMERS, Pyxides imaginatae – Zur Ikonographie und Funktion karolingischer Silberbecher, in: Germania 69.1, 1991, 97–152. – DERS., Insular Art in Carolingian Europe – The Reception of old Ideas in a New Empire, in: The Age of Migrating Ideas: Early Medieval Art in Britain and Ireland, Proceedings of the Second International Conference on Insular Art, Edinburgh 3–6 January 1991, hrsg. v. John HIGGITT u. R. Michael SPEARMAN, Edinburgh 1993, 35–44. – H. ZIMMER, Über direkte Handelsverbindungen Westgalliens mit Irland im Altertum und frühen Mittelalter (Sitzungsberichte der königlich-preußischen Akademie der Wissenschaften 14), Berlin 1909, 363–613.

Katharina Bierbrauer

Der Einfluß insularer Handschriften auf die kontinentale Buchmalerei

Der Einfluß der insularen auf die kontinentale Buchmalerei ist eng verbunden mit der irischen und der angelsächsischen Mission auf dem Kontinent. Zwischen beiden Missionsschüben liegen etwa hundert Jahre, und erst der zweite, der angelsächsische, brachte für die merowingischen und frühkarolingischen Handschriften des 8. und 9. Jahrhunderts eine in vieler Hinsicht bedeutsame Übernahme insularer Zierformen und Ornamentik. Von den Handschriften, die im Gefolge der Klostergründer und Missionare auf den Kontinent kamen, ist heute nur noch ein geringer Teil erhalten, wir kennen aber – allerdings auch nur in bruchstückhafter Überlieferung – die Spuren, die sie hinterlassen haben. In einigen Fällen sind sie verbunden mit der Tätigkeit insularer Schreiber auf dem Kontinent, deren Arbeit dem Aufbau eines Skriptoriums galt oder die – als einzelne 'Peregrini' – in einem kontinentalen Skriptorium ihre Kunst einbringen konnten. Zweifellos bedeutet es eine Vereinfachung, wenn im folgenden nur von insularen Einflüssen oder insularen Vorbildern die Rede ist und zwischen den irischen und den angelsächsischen Einflüssen nicht unterschieden wird.

Die komplizierte Entstehung und Entwicklung der Buchmalerei auf den Inseln geht von Irland im 7. Jahrhundert aus, erreicht Schottland (Iona) und verlagert gegen 700 den Schwerpunkt nach dem angelsächsischen Northumbria (Lindisfarne); im 8. Jahrhundert tritt dann

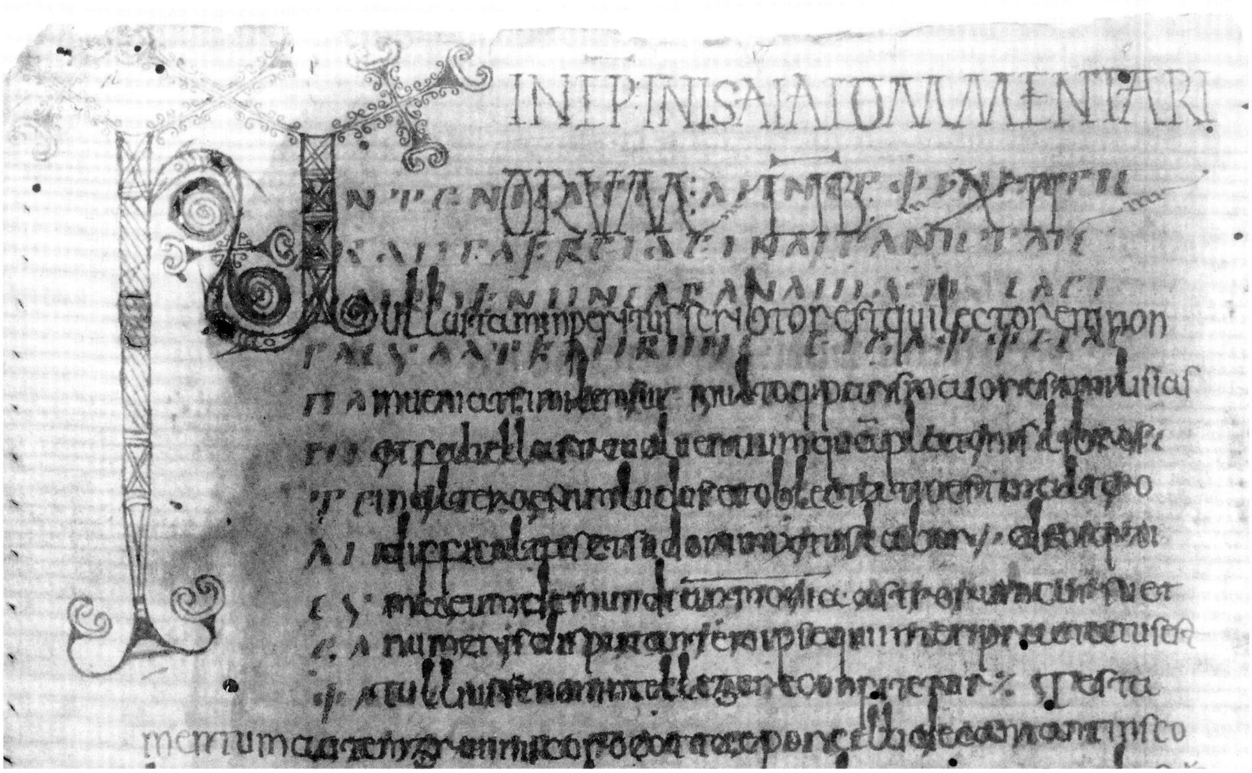

Abb. 1 Mailand, Bibl. Ambrosiana S. 45 sup., pag. 2

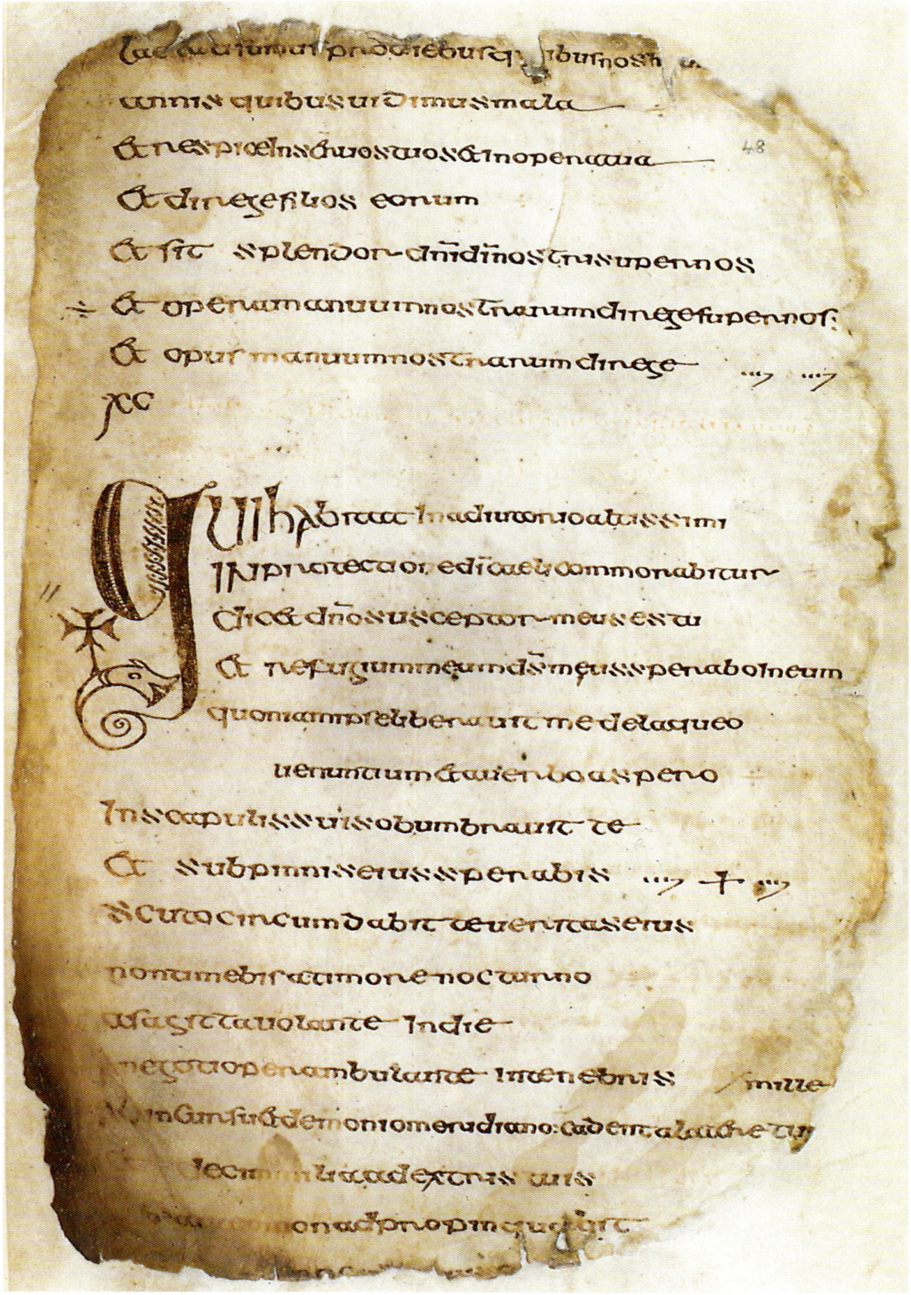

Abb. 2 Dublin, Royal Irish Academy, Psalter (Cathach), fol. 48

auch der Süden (Canterbury) in Erscheinung. Schon gegen Ende des 7. Jahrhunderts verbinden sich irische und angelsächsische Anteile zu einem komplexen neuen Gefüge, weshalb mit gutem Grund auch von „hiberno-sächsischer" Buchmalerei gesprochen wird.

Der Ire Columban der Jüngere († 615) kam bald nach 590 mit seinen Gefährten auf den Kontinent. Unter seinen frühen Klostergründungen ist – im Hinblick auf die Buchmalerei – vor allem das in den Vogesen gelegene Kloster Luxeuil von Bedeutung, dessen Handschriften, die sich ab 669 (die älteste vom Schreiber datierte Handschrift in New York, Pierpont Morgan Library, Ms. 334) nachweisen lassen, allerdings keinerlei Einfluß irischer Buchkunst zeigen; sie besitzen vielmehr jene aus den spätantiken Zierbuchstaben entwickelten und für die merowingische Buchkunst typischen Formen aus Fischen und Vögeln, die häufig mit Hilfe des Zirkels gezeichnet sind. Auch auf dem Höhepunkt des Skriptoriums um 700, als

Abb. 3 Trier, Domschatz, Cod. 61, fol. 1v

das Missale Gothicum (Kat.Nr. XI.1) entstand, ändert sich daran wenig, es kommen lediglich pflanzliche Motive hinzu.

Der weitere Weg führte Columban an den Bodensee, wo sein Begleiter Gallus zurückblieb und das Kloster St. Gallen gegründet haben soll. Er selbst wanderte nach Oberitalien und gründete 612 Bobbio; dort starb er drei Jahre später (615). Eine der frühesten Handschriften aus Bobbio, ein im frühen 7. Jahrhundert entstandener Orosius in Mailand (Bibl. Ambrosiana, D. 23 sup.), ist in irischer Majuskel geschrieben und mit einer Zierseite ausgestattet, die vorwiegend spätantike Zirkelschlagornamente wiedergibt. Wohl in die Zeit von Columbans Nachfolger Atalanus (615–622) gehört ein Hieronymus-Codex (Mailand, Bibl. Ambrosiana, S. 45 sup.), der in seiner einzigen Initiale (Abb. 1) erstmals Zierformen beider Kulturkreise zusammenführt: die beiden kleinen Fische, die den Querstrich im Buchstaben N bilden, und die einfachen geometrischen Muster in den Vertikalstämmen gehören zum Bestand spätantik-merowingischer Ornamentik, während die Verlängerung der Fischschwänze in große Spiralen und die am Ablauf wie seitlich der Spiralen auftretenden Pelta-Formen dem irisch-keltischen Formenschatz zuzurechnen sind.

Wahrscheinlich in der gleichen Zeit, also im frühen 7. Jahrhundert, entstand in Irland der sog. Cathach des hl. Columban des Älteren (Dublin, Royal Irish Academy), ein Psalter, bei dem jeder Psalm mit einer Initiale beginnt; er ist allerdings nur unvollständig erhalten. Die noch vorhandenen etwa 60 Zierbuchstaben (Abb. 2) zeigen erstmals jene für insulare Handschriften typischen Initialen als „elastisches Gebilde“ (Nordenfalk 1977); ihre Ornamentik, so einfach sie auch ist, wurde weitgehend der keltischen Kunst entnommen. Hinzu kommen aber an mehreren Stellen Zierleisten aus dem sog. Paragraphenmuster, einfache Fischformen und kleine Kreuze, Zierelemente spätantiker Handschriften, die auf eine Verbindung Irlands mit dem Mittelmeergebiet – vielleicht durch die Vermittlung Bobbios – hindeuten.

Gleichzeitig mit Columban und noch nach ihm kamen weitere Gruppen irischer Mönche und Missionare auf den Kontinent, unter ihnen der hl. Kilian († 690), der in Würzburg und auch in Paderborn verehrt wird. Für die Buchmalerei des später von der Bonifatianischen Mission erfaßten Gebietes sind sie ohne Bedeutung.

Der erste große angelsächsische Missionar war Willibrord (* um 657/58 in Northumbrien, † 739 in Echternach). Er kam 690 mit zwölf Begleitern (Iren und Angelsachsen) auf den Kontinent, zunächst um mit Erlaubnis Pippins des Mittleren († 714) die Friesen zum christlichen Glauben zu bekehren. 697/98 gründete er das Kloster Echternach, das 706 nach der Schenkung weiteren Grundbesitzes ausgebaut wurde. Mit Willibrord kamen sicherlich auch Handschriften aus England auf den Kontinent. Ob allerdings ein nach ihm benanntes Evangeliar, das er angeblich 690 aus England mitbrachte (Paris, Bibliothèque Nationale Lat. 9389), eine davon ist, scheint fraglich. Die in einem irischen Zentrum (Iona?) oder in Northumbrien (Lindisfarne?) entstandene, vorzüglich mit Schmuckseiten und Initialen ausgestattete Handschrift entstand möglicherweise erst nach seinem Aufbruch von den Inseln (Ende 7./Anfang 8. Jahrhundert).

Echternach wurde schon bald zu einem Zentrum insularer Schreibkunst auf dem Kontinent. Eine der ältesten hier geschriebenen Handschriften ist ein Evangeliar mit einer Zierseite und Initialen, früher in Maihingen, Schloß Harburg (jetzt Augsburg, Universitätsbibliothek, Sammlung Öttingen-Wallerstein, I 2 fol. 2); die künstlerische Ausstattung folgt der eng zusammenhängenden frühen insularen Handschriftengruppe um Durham A. II. 17 (Durham, Cathedral Library). Auch andere in insularer Schrift geschriebene Handschriften Echternachs besitzen Buchschmuck (vgl. auch das Evangeliarfragment in Freiburg, Kat.Nr. VII.14), der aber in keinem Falle die Bedeutung der auf den Inseln selbst entstandenen Prachtcodices erreicht.

Daß seit dem zweiten Viertel des 8. Jahrhunderts in Echternach auch insulare und kontinentale Schreiber zusammengearbeitet haben, läßt sich an dem berühmten „Thomas-Evangeliar“ des Trierer Domschatzes (Cod. 61) ersehen. Der kleinere Teil in angelsächsischer Majuskel stammt von einem insularen Schreiber, der an zwei Stellen seinen Namen, Thomas, eingetragen hat; den größeren Teil führte ein ungenannter kontinentaler Schreiber in Unziale aus. Die hervorragende künstlerische Ausstattung mit zehn (ursprünglich zwölf) Kanontafeln, Miniaturen und Initialen gehört überwiegend zu den insularen Abschnitten. Die Handschrift beginnt mit einer Darstellung der vier Evangelistensymbole (fol. 1v; Abb. 3), bei der auf das Willibrord-Evangeliar (s.o.) zurückgegriffen wird; ganz anders die Kanontafeln (Abb. 4), die eine italo-byzantinische Vorlage aufnehmen. Ein Teil der Initialen steht ganz in insularer Tradition, der andere entspricht weitgehend den in merowingischen Handschriften gebräuchlichen Formen (Abb. 5).

Daß insulare und kontinentale Formen miteinander verbunden werden können und nicht mehr, wie bei dem

Abb. 4 Trier, Domschatz, Cod. 61, fol. 11r

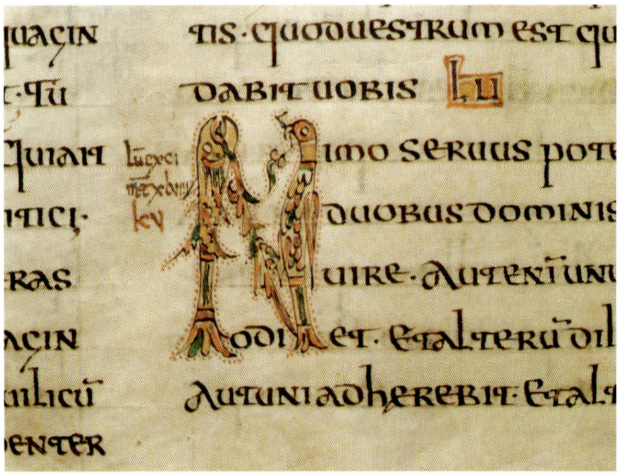

Abb. 5 Trier, Domschatz, Cod. 61, fol. 160v

Evangeliar des Trierer Domschatzes, nebeneinander stehen, illustriert der wohl gleichfalls aus Echternach stammende Stuttgarter Unzialpsalter (Württ. Landesbibliothek, Cod. Bibl. 2° 12a–c), der um die Mitte des 8. Jahrhunderts datiert wird. Die Handschrift ist heute in drei Teile zerlegt, jeder Band enthält fünfzig Psalmen und beginnt mit einer großen Initiale und einem rechts anschließenden Zierschrift-Block. Bei den Initialen, die großenteils aus Fischen gebildet und mit Pflanzenmotiven verziert sind, überwiegen allerdings die merowingischen Formen; insulare Elemente erscheinen nur noch am Rande, so bei dem kleinen Tierkopf im Schriftblock der 1. Initiale (fol. 1r) und bei dem springenden Raubtier, das den Querstrich des Q zu Beginn des 51. Psalms (fol. 32r; Abb. 6) ersetzt.

In einem angelsächsischen Zentrum auf dem Kontinent (vielleicht auch in Echternach?) entstand in der ersten Hälfte des 8. Jahrhunderts das Evangeliar aus dem Kloster Aldeneyck (Maaseik, Église Sainte-Cathérine), dem ein Evangelistenbild und Kanontafeln eines älteren nordenglischen Codex (aus York?) vorgebunden sind. In unserem Zusammenhang interessant sind die Kanontafeln, die im älteren und im jüngeren Teil unterschiedlich angelegt sind, aber jeweils im Scheitel der großen Umfassungsbögen Medaillons mit den Brustbildern der Apostel zeigen und damit eine Parallele zu dem Trierer Domschatz-Evangeliar bieten. Während die Kanontafeln des älteren Evangeliars wie die des Trierer einer spätantiken Vorlage verpflichtet sind, weisen die Kanontafeln des jüngeren (Abb. 7) durch ihre Flechtornamentik auf eine insulare Prägung, und gerade sie gehören zum Kreis der Vorbilder einer Handschrift der Hofschule Karls des Großen (Kat.Nr. X.23).

Der bedeutendste angelsächsische Missionar und Kirchenreformer ist Winfrid-Bonifatius. Um 672/73 in Wessex geboren, verließ er 718 endgültig seine englische Heimat und zog nach Rom, wo er von Papst Gregor II. (715–731) mit der Mission in Germanien beauftragt wurde. Bonifatius erhielt den Bischofssitz von Mainz, wo wohl aber erst unter seinem engen Vertrauten und Nachfolger Lul (ab 754–786) ein leistungsfähiges Skriptorium entstand, aus dessen Frühzeit allerdings nichts überliefert ist. Eine fragmentarische Handschrift in Oxford (Bodleian Library, Laud. misc. 263), geschrieben in angelsächsischer Minuskel, ist der einzige erhaltene Zeuge dieser in Schrift und Schmuck insular geprägten Anfangsphase; er stammt aus der Zeit um 800. Bereits im ersten Viertel des 9. Jahrhunderts wird in Mainz die karolingische Minuskel verwendet, und in den Handschriften, die in dieser Zeit entstanden sind, erscheinen insulare Zierformen als Teil des ornamentalen Zeitstiles. Am Ende seines Lebens zog Bonifatius noch einmal zur Mission nach Friesland, dabei wurde er 754 bei Dokkum überfallen und getötet. Zum Schutz vor den Schwerthieben soll er sich ein Buch über den Kopf gehalten haben, eines der drei Bücher, die in Fulda als „Codices Bonifatiani" aufbewahrt werden. Der sog. Ragyndrudis-Codex (Kat.Nr. VII.30) weist tatsächlich Beschädigungen durch Einschnitte auf, ob es allerdings jene überlieferten sind, bleibt fraglich. Eines der anderen Bücher, die aus dem Besitz des Bonifatius stammen sollen, ist das Cadmug-Evangeliar, ein irischer Taschencodex (Kat.Nr. VII.31).

Das 744 im Auftrag des Bonifatius von seinem Schüler Sturmi gegründete und von ihm als Abt bis 779 geführte Kloster Fulda war ein Hort angelsächsischer Schriftkultur auf dem Kontinent. Die handschriftliche Überlieferung setzt allerdings erst etwa 50 Jahre nach der Gründung ein, „mit einem Codex, dessen Schrift- und Initialstil zugleich unverkennbare Schultradition und Könnerschaft erkennen läßt" (Spilling 1978, 48). Bei der Handschrift handelt es sich um eine Abschrift der Admonitio generalis Karls des Großen (Kat.Nr. XI.5), sie entstand wahrscheinlich unter dem zweiten Fuldaer Abt Baugulf (779–802) und besitzt nur zwei Initialen mit Tierköpfen. Schrift und Schmuck sind von südenglischen Vorbildern abzuleiten. Bis in die dreißiger Jahre des 9. Jahrhunderts waren in Fulda zahlreiche angelsächsisch geschulte Schreiber tätig; der insular geprägte Buchschmuck läßt nach,

Abb. 6 Stuttgart, Württembergische Landesbibliothek, Cod. Bibl. 2° 12 a–c, fol. 32r

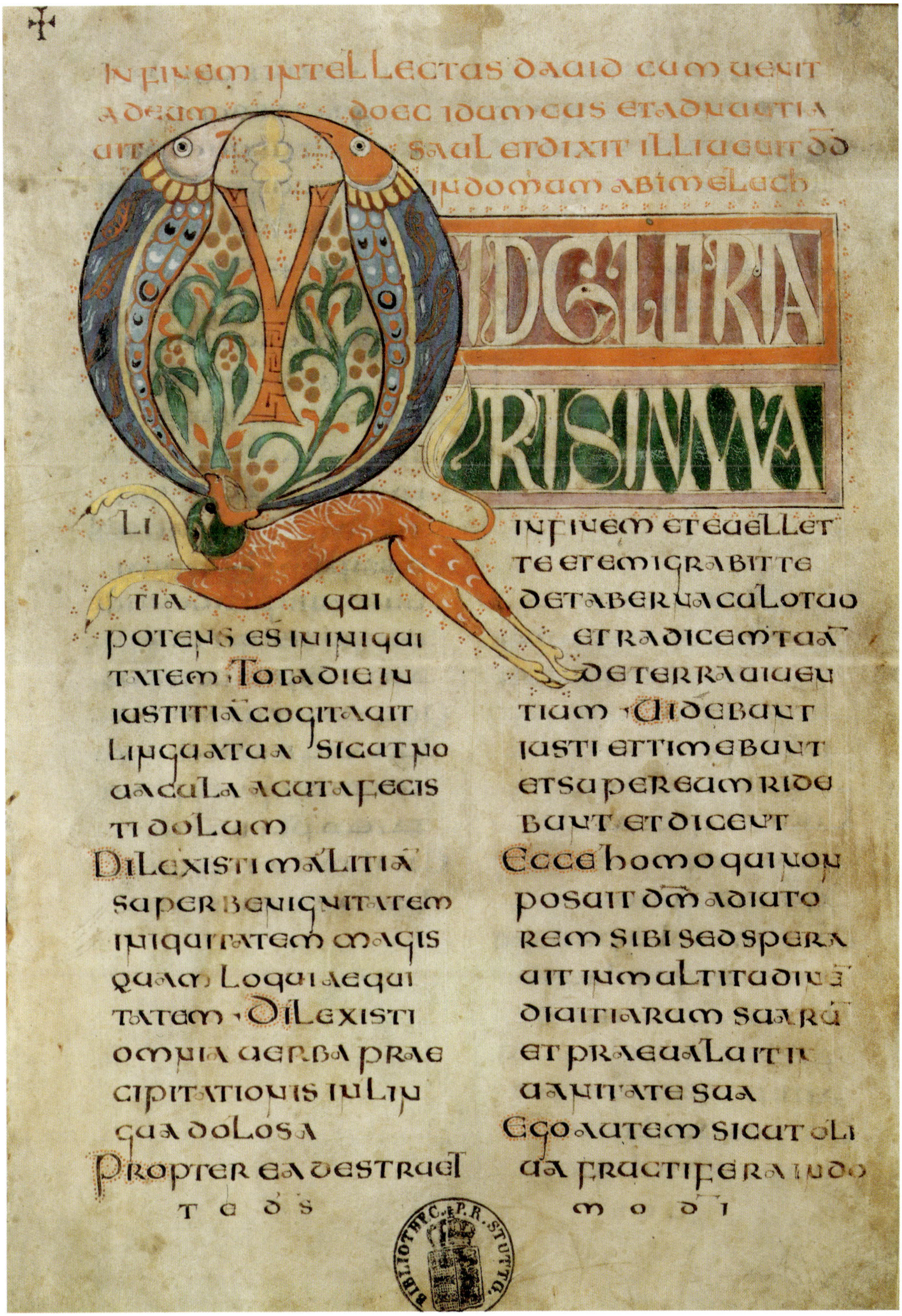

IN FINEM INTELLECTUS DAVID CUM VENIT
AD EUM DOEC IDUMEUS ET ADNUNTIA
VIT SAUL ET DIXIT ILLI VENIT DD
IN DOMUM ABIMELECH
QUID GLORIA
RIS IN MA
LI
TIA QUI
POTENS ES IN INIQUI
TATEM TOTA DIE IN
IUSTITIAM COGITAVIT
LINGUA TUA SICUT NO
VACULA ACUTA FECIS
TI DOLUM
DILEXISTI MALITIAM
SUPER BENIGNITATEM
INIQUITATEM MAGIS
QUAM LOQUI AEQUI
TATEM DILEXISTI
OMNIA VERBA PRAE
CIPITATIONIS IN LIN
GUA DOLOSA
PROPTER EA DESTRUET
TE DS
IN FINEM ET EVELLET
TE ET EMIGRABIT TE
DE TABERNACULO TUO
ET RADICEM TUAM
DE TERRA VIVEN
TIUM VIDEBUNT
IUSTI ET TIMEBUNT
ET SUPER EUM RIDE
BUNT ET DICENT
ECCE HOMO QUI NON
POSUIT DM ADIUTO
REM SIBI SED SPERA
VIT IN MULTITUDINE
DIVITIARUM SUARUM
ET PRAEVALUIT IN
VANITATE SUA
EGO AUTEM SICUT OLI
VA FRUCTIFERA IN DO
MO DI

Abb. 7 Maaseik, Église Sainte-Cathérine, Evangeliar, fol. 6r

hinzu kommen einfache kontinentale Muster und Motive. Gegen Ende des ersten Viertels des 9. Jahrhunderts beginnt man auch in Fulda in karolingischer Minuskel zu schreiben, und etwa gleichzeitig, unter Abt Hrabanus Maurus (822–842), entstehen nun auch in Fulda aufwendig geschmückte Handschriften. Dazu gehören Abschriften seiner „Laus sanctae crucis", ein Psalter und Evangeliare. Die kleinen Zierbuchstaben des Hraban-Codex in Rom (Kat.Nr. II.14) sind mit einer Mischung aus insularen und kontinentalen Motiven geschmückt, während die großen, reich verzierten Initialen der anderen Handschriften, beispielsweise des Psalters in Frankfurt (Stadt- und Universitätsbibliothek, Barth. 32; Abb. 8), eine deutliche Anlehnung an insulare Vorbilder erkennen lassen, die aber zu dieser Zeit bereits zum verbreiteten Formenrepertoire karolingischer Handschriften gehören.

Auch an dem 741 oder 742 von Bonifatius gegründeten Bischofssitz Würzburg waren von Anfang an in angelsächsischer Schrift geschulte Schreiber tätig; wahrscheinlich gab es schon unter dem ersten Bischof Burchard (741/742–753), einem Angelsachsen, eine Schreibschule. Die handschriftliche Überlieferung setzt im letzten Drittel des 8. Jahrhunderts ein; wie in Fulda fällt hier der Initialschmuck zunächst bescheiden aus, er stammt – ähn-

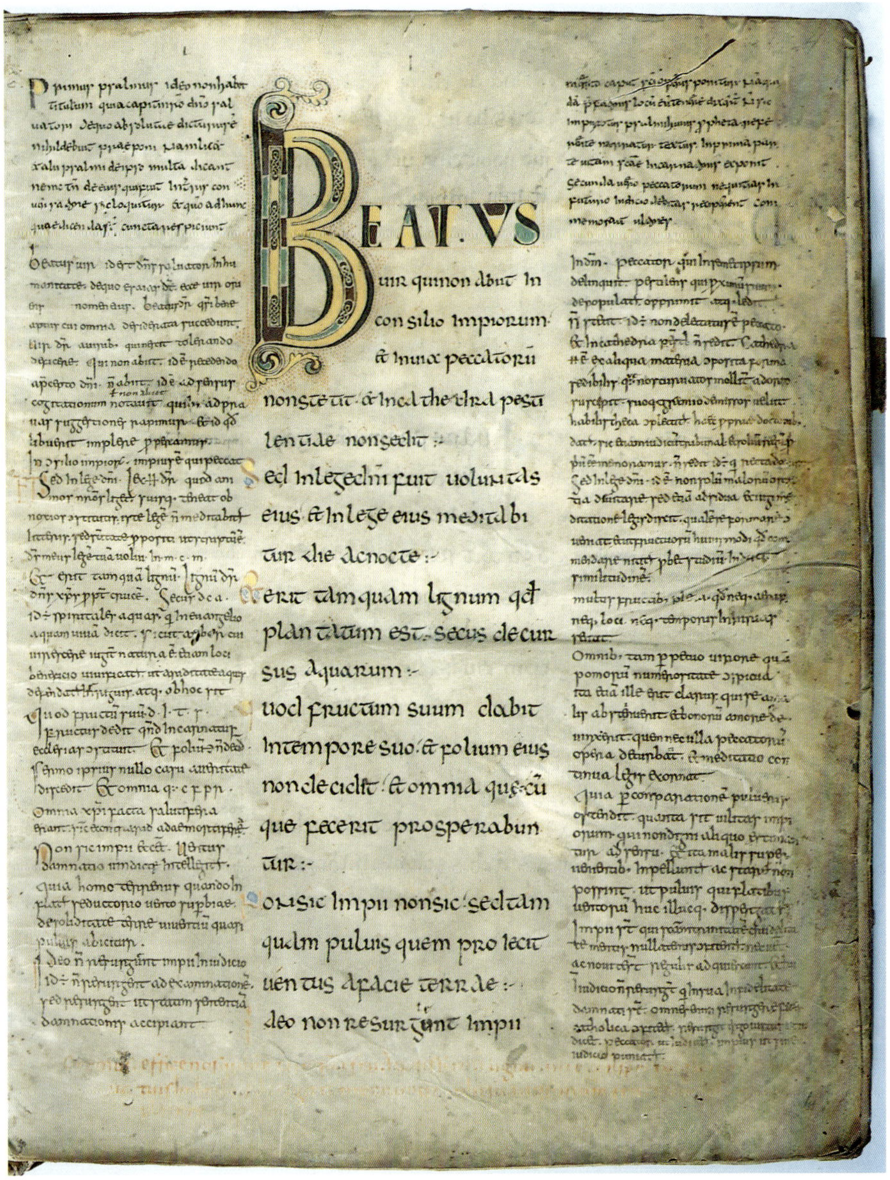
Abb. 8 Frankfurt, Stadt- und Universitätsbibliothek, Ms. Barth 32, fol. 4r

lich wie dort – bereits von einer einheimischen Schülergeneration, die sich darum bemüht, insulare Vorbilder zu kopieren. Besonders gut läßt sich das Nebeneinander verschiedener Schreiber und Maler in dem Ende des 8. Jahrhunderts entstandenen Würzburger Homiliar in München (Bayerische Staatsbibliothek, Clm 6298) beobachten: die vorzüglichen Initialen des ersten Schreibers stehen eng in insularer Tradition, während die schwächeren Initialen der beiden folgenden Schreiber (Abb. 9) teilweise die Formen des ersten kopieren und vor allem insulare mit in Würzburg gebräuchlichen kontinentalen Zierelementen verbinden; es gelingen auch originelle Neuschöpfungen, wie die aus armlosen menschlichen Wesen gebildeten I-Initialen. Ab Bischof Wolfgar (810–832) wird im Würzburger Skriptorium auch die karolingische Minuskel heimisch, insulare Schmuckformen halten sich bis gegen 820.

In dem mit dem Begriff „südostdeutsche Schreibschulen" (Bischoff 1960 u. 1980) belegten Gebiet, das mehrere von Bonifatius reorganisierte Bistümer erfaßt, sind insulare Vorbilder nur an einigen Orten festzustellen; so im letzten Drittel des 8. Jahrhunderts in der Frühphase von Regensburg, hier aber bereits stark mit kontinentalen Motiven durchsetzt. In Freising arbeitet unter

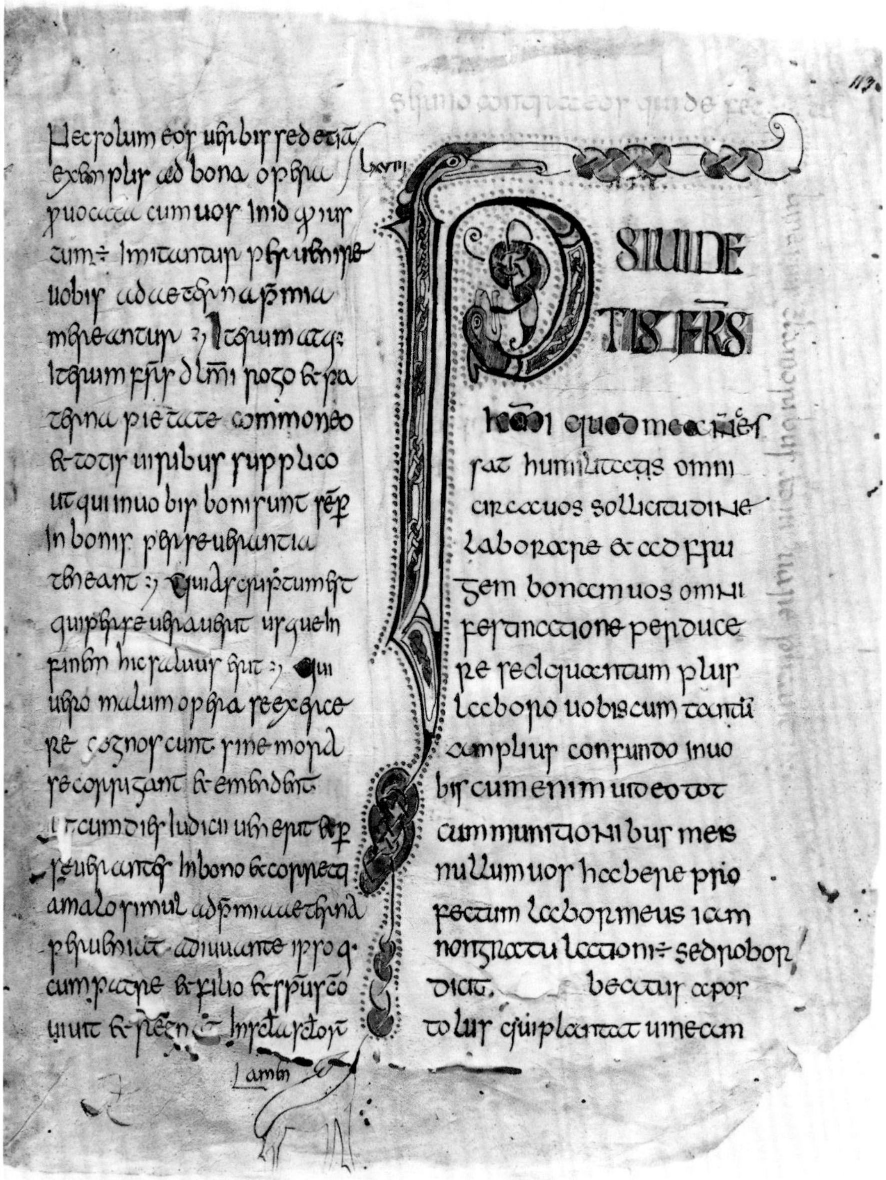

Abb. 9 München, Bayerische Staatsbibliothek, Clm 6298, fol. 113r

Bischof Arbeo (764–784) ein Angelsachse, wahrscheinlich aus Northumbrien, der sich „Peregrinus" nennt. In den von ihm allein geschriebenen Handschriften findet sich ausschließlich insularer Buchschmuck; möglicherweise gegen Ende seiner Tätigkeit in Freising entsteht in Zusammenarbeit mit Freisinger Schreibern ein weiterer Codex (München, Bayerische Staatsbibliothek, Clm 6237), in dem auch kontinentale Ornamentformen vorkommen (Abb. 10). Auf die weitere Entwicklung der Freisinger Schreibschule hat Peregrinus nahezu keinen Einfluß.

Insular beeinflußte Tierornamentik begegnet ebenfalls in dem sog. Ingolstädter Evangeliar (München, Bayerische Staatsbibliothek, Clm 27270), einer fragmentarisch erhaltenen Handschrift aus Mondsee, dem von Herzog Odilo 748 gegründeten Kloster. Im Verhältnis zu den vorherrschenden kontinentalen Zügen der Mondseer Codices (Kat.Nr. XI.18) spielt die insulare Komponente aber auch hier nur eine stark untergeordnete Rolle.

Ähnliches gilt für Salzburg, wo gegen Ende des 8. Jahrhunderts der Angelsachse Cutbercht tätig ist. Sein in insularer Halbunziale und Minuskel geschriebenes Evangeliar (Wien, Österreichische Nationalbibliothek, Cod. 1224) gibt einen Text mit spezifischen, auf italische Vorlagen zurückgehenden Lesarten wieder, der auch in anderen Handschriften der Region begegnet und der als „Salzburger Sondertext" (Fischer 1965) bezeichnet wurde. Der hervorragende und in Teilen der Ornamentik ungewöhnliche Buchschmuck des Codex enthält, wie nicht anders zu erwarten, rein insulare Teile. Dazu gehören vor allem die Felder mit der entsprechenden Tierornamentik auf den Rahmen der Kanontafeln und Evangelistenbilder (Abb. 11), auch Teile des Flechtornamentes in anderen Feldern; vorwiegend insular gestaltet sind ebenfalls

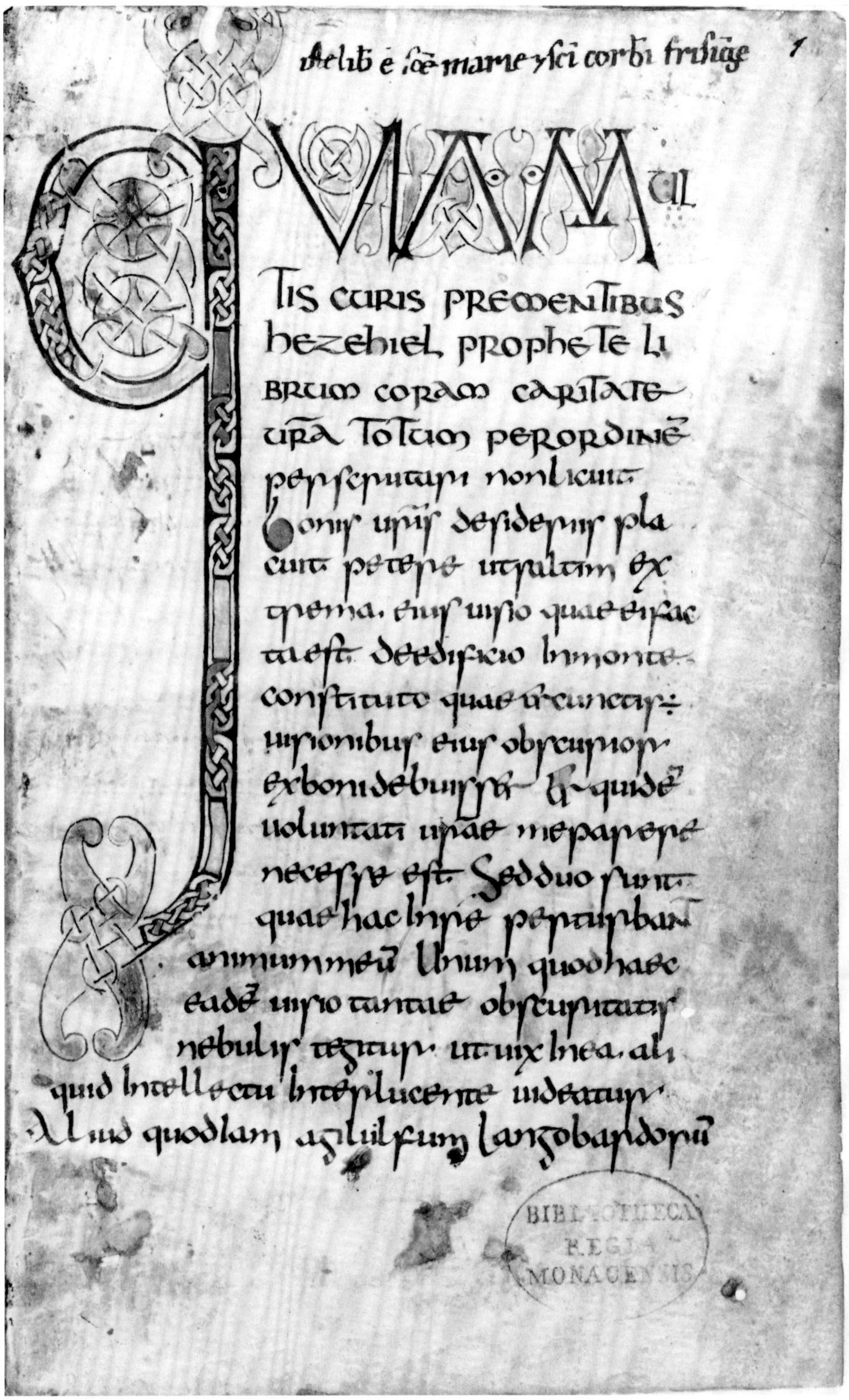

Abb. 10 München, Bayerische Staatsbibliothek, Clm 6237, fol. 1r

Abb. 13 Amiens, Bibliothèque Municipale, Ms. 18, fol. 33v

die Initialen zu Beginn der Evangelien. Ob der Cutbercht-Codex noch unter dem Salzburger Bischof Virgil (746/47–784), einem Iren, oder bereits unter seinem Nachfolger Arn (784–821) entstanden ist, spielt in unserem Zusammenhang keine Rolle. Wichtig ist vielmehr festzuhalten, daß erst unter dem aus bayerischem Adel stammenden Arn, der zum Kreis der Gelehrten am Hof Karls des Großen gehörte und der 799 Papst Leo III. nach Rom zurückgeleitete, das Salzburger Skriptorium zu einem bedeutenden Zentrum heranwuchs. Neben und kurz nach Cutbercht entstanden weitere in einheimischen Stilen geschriebene Handschriften (vgl. Kat.Nr. X.16), in deren Buchschmuck auch insulare Vorbilder verarbeitet sind; insgesamt und im weiteren Verlauf der Schreibschule sind sie ohne größere Wirkung.

Der große westliche Teil des karolingischen Reiches ist

◁ *Abb. 11 Wien, Österreichische Nationalbibliothek, Cod. 1224, fol. 17v*

Abb. 12 Autun, Bibliothèque Municipale, Ms. S 3 (4), fol. 15r

Abb. 14 Amiens, Bibliothèque Municipale, Ms. 18, fol. 86r

das 'Stammland' der merowingischen Buchmalerei mit zahlreichen Klöstern und Skriptorien (vgl. Kat.Nr. XI.2). Vereinzelt macht sich bereits um die Mitte des 8. Jahrhunderts insularer Einfluß bemerkbar, besonders vermutlich in Laon, aus dem ein Augustinus-Codex in Paris (Bibliothèque Nationale, Ms. lat. 12168) stammen dürfte. Eine charakteristische Mischung und Durchdringung merowingischer und insularer Formen geben vor allem die Tierfiguren auf der Titel- und der Incipitseite wieder (Porcher 1968, Abb. 188, 190). Gegen Ende des 8. Jahrhunderts verstärkt sich der insulare Einfluß, so im burgundischen Flavigny, aus dem ein um 780 in Unziale geschriebenes Evangeliar stammt (Autun, Bibliothèque Municipale, Ms. S 3 [4]). Auf einer seiner Kanontafeln (Abb. 12) wird eine komplizierte Tierornamentik dargestellt, die wohl nicht ohne ein direktes insulares Vorbild denkbar ist, auf das wahrscheinlich auch ein Teil der Flechtornamente zurückgeht; parallel dazu werden geometrische und vegetabile Formen verwendet, die zum kontinentalen Formenschatz gehören. Das gleiche gilt für Fleury, wo ein aufwendig geschmückter Grammatiker-Codex entstand (Bern, Burgerbibliothek, Cod. 207, vgl.

Homburger 1962). Das Repertoire insular geprägter Zierformen erscheint bereits auf der Titelseite: vor allem Tierornamentik und Fadengeflechtknoten an den Enden des Initialstammes.

Im Kloster des hl. Martin in Tours wurden schon vor Alkuin (Abt von 796 bis 804) Handschriften geschrieben, aber erst unter ihm, dem um 730 in Northumbria geborenen angelsächsischen Gelehrten, begann der Aufstieg des Skriptoriums. Vor und während seiner Zeit waren nur vereinzelt angelsächsische Schreiber tätig, und auch die insular geprägte Tierornamentik zu Beginn der Alkuin-Zeit (Bibelfragment in Paris, Bibliothèque Nationale, Lat. 8847; Kat. Aachen 1965, Nr. 427) wird bald durch naturalistische und typisierte Formen abgelöst.

Abgesehen von Laon (s.o.) mischen sich auch in anderen nordostfränkischen Schulen und besonders in Corbie gegen Ende des Jahrhunderts in einigen Handschriften des sog. ab-Typs Ornamentformen kontinentalen und insularen Zuschnittes (Paris, Bibliothèque Nationale, Lat. 11627, vgl. Kat. Aachen 1965, Nr. 435). Einen Sonderfall unter den Corbier Handschriften stellt der Amiens-Psalter (Kat.Nr. XI.20) dar, nicht nur wegen seines außergewöhnlichen Buchschmuckes, sondern weil hier insulare Vorlagen, besonders bei der Tierornamentik (Abb. 13 u. 14), verarbeitet wurden, die ohne Parallele in anderen kontinentalen Handschriften sind.

Stark insular geprägt, allerdings in ganz anderem Stil, sind die beiden im Rhein-Maas-Gebiet entstandenen Handschriften, der sog. Psalter Karls des Großen (Kat.Nr. XI.19) und das Evangeliar aus dem Essener Münsterschatz (Kat.Nr. VII.15), deren Buchschmuck, vor allem bei den Tierfiguren, eine Symbiose merowingischer und insularer Formen darstellt, die ihresgleichen sucht. Trotz räumlicher Nähe sind diese Handschriften von der gleichzeitigen Hofschule Karls des Großen, die hier ausgeklammert wird (vgl. Beitrag Mütherich), weit entfernt.

Der insulare Einfluß auf die kontinentalen Handschriften des 8. und des beginnenden 9. Jahrhunderts ist an vielen Orten des Karolingerreiches greifbar, rechtsrheinisch besonders ausgeprägt in der sog. deutsch-insularen Schriftprovinz, also im engeren Bonifatianischen Missionsgebiet, und linksrheinisch zuvor schon im Kreis der Echternacher Handschriften, dann in Burgund, Fleury, Corbie und weiteren nordostfränkischen Skriptorien. Aus der insularen Buchmalerei übernommen werden vor allem die komplizierte Bandführung des Flechtornamentes als Füllmuster und die Flechtknoten an den Buchstabenenden, ebenso die Tierköpfe oder einzelne ganzfigurige Tiere des insularen Tierornamentes. Auch die Gewohnheit, den Initialkörper mit Punktreihen zu umgeben, wird von den Handschriften der Inseln übernommen. Alle diese Zierformen gehören spätestens um 800 zum allgemein verbreiteten ornamentalen Zeitstil.

Literatur:

James J. G. ALEXANDER, Insular manuscripts, 6th to the 9th Century (A survey of manuscripts illuminated in the British Isles 1), London 1978. – Arnold ANGENENDT, Das Frühmittelalter. Die abendländische Christenheit von 400 bis 900, Stuttgart [2]1995. – Katharina BIERBRAUER, Die Buchmalerei in Salzburg und Bayern zur Zeit des hl. Virgil, in: Virgil von Salzburg, Missionar und Gelehrter, hrsg. v. Heinz DOSCH u. Roswitha JUFFINGER, Salzburg 1984, 244–257. – DIES., Die vorkarolingischen und karolingischen Handschriften der Bayerischen Staatsbibliothek (Katalog der illuminierten Handschriften der bayerischen Staatsbibliothek in München 1), Wiesbaden 1990. – DIES., Karolingische Buchmalerei des Maingebietes (Mainz, Würzburg), in: Das Frankfurter Konzil von 794, T. 2: Kultur und Theologie, hrsg. v. Rainer BERNDT SJ (Quellen und Abhandlungen zur Mittelrheinischen Kirchengeschichte 80), Mainz 1997, 555–570. – Bernhard BISCHOFF, Die südostdeutschen Schreibschulen und Bibliotheken in der Karolingerzeit, Teil I: Die Bayerischen Diözesen, Wiesbaden [2]1960. – DERS., Die südostdeutschen Schreibschulen und Bibliotheken in der Karolingerzeit, Teil II. Die vorwiegend österreichischen Diözesen, Wiesbaden 1980. – DERS., Panorama der Handschriftenüberlieferung aus der Zeit Karls des Großen, in: DERS., Mittelalterliche Studien. Ausgewählte Aufsätze zur Schriftkunde und Literaturgeschichte 3, Stuttgart 1981, 5–38. – DERS., Irische Schreiber im Karolingerreich, in: DERS., Mittelalterliche Studien. Ausgewählte Aufsätze zur Schriftkunde und Literaturgeschichte 3, Stuttgart 1981, 39–54. – DERS., Die Rolle von Einflüssen in der Schriftgeschichte, in: Paläographie 1981. Colloquium des Comité International de Paléographie. München, 15.–18. September 1981, Referate, hrsg. v. Gabriel SILAGI (Münchener Beiträge zur Mediävistik und Renaissance-Forschung 32), München 1982, 93–105 und Taf. III–X. – Bonifatius FISCHER, Bibeltext und Bibelreform unter Karl dem Großen, in: Karl der Große. Lebenswerk und Nachleben, 2: Das geistige Leben, hrsg. v. Bernhard BISCHOFF, Düsseldorf 1965, 156–216. – Otto HOMBURGER, Die illustrierten Handschriften der Burgerbibliothek Bern, Bern 1962 (Zu Bern 207: 32–39). – Wilhelm KOEHLER, Die karolingischen Miniaturen, I, 1,2: Die Schule von Tours, Berlin 1930–1933 (ND Berlin 1963). – DERS., Die karolingischen Miniaturen 2: Die Hofschule Karls des Großen, Berlin 1958. – Florentine MÜTHERICH, Die Buchmalerei am Hofe Karls des Großen, in: Karl der Große. Lebenswerk und Nachleben, 3: Karolingische Kunst, hrsg. v. Wolfgang BRAUNFELS u. Hermann SCHNITZLER, Düsseldorf 1965, 9–53. – DIES., Die Fuldaer Buchmalerei in der Zeit des Hrabanus Maurus, in: Hrabanus Maurus und seine Schule. Festschrift der Rabanus-Maurus-Schule 1980, hrsg. v. Winfried BÖHNE, Fulda 1980, 94–125. – DIES. u. Andreas WEINER, Illuminierte Handschriften der Agilolfinger- und frühen

Karolingerzeit (Ausstellungskataloge der prähistorischen Staatssammlung 16), München 1989. – Nancy NETZER, Observations on the Influence of Northumbrian Art on Continental Manuscripts of the 8th Century, in: The Age of Migrating Ideas, hrsg. v. R. Michael SPEARMAN u. John HIGGITT, Edinburgh 1993, 45–51. – DIES., Cultural interplay in the eighth century. The Trier Gospels and the making of a scriptorium at Echternach (Cambridge Studies in Palaeography and Codicology 3), Cambridge 1994. – Carl NORDENFALK, Methodische Fortschritte und materieller Landerwerb in der Kunstforschung, in: Acta Archaeologica 3, Kopenhagen 1932, 276–288 (zu Tours). – DERS., Buchmalerei, in: André GRABAR u. Carl NORDENFALK, Das frühe Mittelalter, Genf 1957, 89–218, bes. 126–158. – DERS., Insulare Buchmalerei. Illuminierte Handschriften der Britischen Inseln 600–800, München 1977. – Jean PORCHER, Die Bilderhandschriften, in: Jean HUBERT, Jean PORCHER, Wolfgang Fritz VOLBACH, Frühzeit des Mittelalters. Von der Völkerwanderung bis an die Schwelle der Karolingerzeit, München 1968, 103–208. – Herrad SPILLING, Angelsächsische Schrift in Fulda, in: Von der Klosterbibliothek zur Landesbibliothek. Beiträge zum zweihundertjährigen Bestehen der Hessischen Landesbibliothek Fulda, hrsg. v. Artur BRALL, Stuttgart 1978, 47–98. – DERS., Irische Handschriftenüberlieferung in Fulda, Mainz und Würzburg, in: Die Iren und Europa im früheren Mittelalter, hrsg. v. Heinz LÖWE, Teilbd. 2, Stuttgart 1982, 876–902. – DERS., Die frühe Phase karolingischer Minuskel in Fulda, in: Kloster Fulda in der Welt der Karolinger und Ottonen, Frankfurt a. M. 1996, 249–284. – Andreas WEINER, Die Initialornamentik der deutsch-insularen Schulen im Bereich von Fulda, Würzburg und Mainz (Quellen und Forschungen zur Geschichte des Bistums und Hochstifts Würzburg 43), Würzburg 1992.

Sog. Alexanderstoff.
Vechta, Kath. Propsteigemeinde St. Georg
(Kat.Nr. VIII.21) ▷

Kapitel VIII

Kirchenorganisation und Sakralbau in Westfalen

Rudolf Schieffer

Reliquientranslationen nach Sachsen

Einleitung

Jahr für Jahr erinnert man sich in Paderborn feierlich eines Heiligen, der in seinen Erdentagen von dem Platz an den Paderquellen nie gehört haben dürfte. St. Liborius war gegen Ende des 4. Jahrhunderts Bischof der gallischen Stadt Le Mans und gelangte erst 836 in seinen sterblichen Überresten an den Ort der heutigen Verehrung, wo er gleichsam zu einem neuen Leben erwachte. Sein später Umzug gehört zu einer ganzen Reihe ähnlicher Verlagerungen (Translationen) von Reliquien, durch die das eben erst christianisierte Sachsenland im 9. und 10. Jahrhundert zu einer Vielzahl von lokalen Schwerpunkten des Heiligenkults kam (Abb. 1). Die einzelnen Vorgänge fanden unter den Zeitgenossen starke Aufmerksamkeit und weckten bei späteren Generationen das Bedürfnis nach fortwährender Erinnerung, so daß zahlreiche Berichte darüber entstanden sind und erhalten blieben. Ihre Verfasser waren lateinisch schreibende, an Mustern der älteren christlichen Literatur geschulte Geistliche, die für ihresgleichen, also ebenfalls lateinkundige Mönche und Kanoniker, die Feder führten, damit aber zumindest indirekt auch das geistige Milieu widerspiegeln, in dem die christliche Unterweisung des einfachen Volkes im damaligen Sachsen erfolgt ist. So kommt es, daß die Translationsberichte, von denen einige hier näher vorgestellt werden sollen, überhaupt als die gesprächigsten Quellen über das erste Jahrhundert des Christentums in Sachsen gelten dürfen.

Der hl. Liborius in Paderborn

Über den Weg des hl. Liborius (Abb. 2) von Le Mans nach Paderborn im Jahre 836 liegt uns der Bericht in nicht weniger als vier Fassungen vor, die alle noch dem 9. Jahrhundert entstammen (Cohausz 1966). Ganz unumwunden wird darin dargetan, wie es zu dem Wunsch nach seiner Herbeiholung gekommen ist. Der zweite Paderborner Bischof, Badurad, aus einheimischem Adel hervorgegangen und seit etwa 815 im Amt, habe feststellen müssen, daß sich das einfache Volk nur schwer vom heidnischen Irrtum löse und immer wieder zu den angestammten abergläubischen Kultübungen zurückkehre; deshalb sei er zu der Ansicht gelangt, der Unglaube werde durch nichts besser zu überwinden sein, als wenn man den Leib irgendeines berühmten Heiligen herbeischaffe, damit unter dem Eindruck der zu erwartenden Wunder und Heilungen das Volk anfinge, ihn zu verehren, und sich daran gewöhne, seinen Schutz anzurufen.

Badurads missionarisches und pastorales Kalkül, das aus diesen Worten spricht, braucht also gar nicht von historischer Forschung erschlossen zu werden; es liegt als zeitgenössisches Bewußtsein offen zutage und besagt, daß die Translation eines Heiligen von auswärts dazu bestimmt war, heidnische Gebräuche zu verdrängen. Das ist übrigens eine Zielsetzung, die auch schon Jahrhunderte früher bei den ältesten bekannten Translationen innerhalb des allmählich christianisierten Römerreiches begegnet, also sozusagen auf alter missionarischer Erfahrung fußte. Bis in die Bibel selbst zurückzuverfolgen ist der Gedanke, daß augenscheinliche Wundertaten von höherer Wirkung als belehrende Worte zu sein pflegen. Bemerkenswert an Badurads Erwägungen in der Wiedergabe durch unseren Gewährsmann ist aber auch, daß es offenbar nicht darum ging, bloß Anteil an einem bekannten Heiligen zu gewinnen – wie man im Paderborner Dom wohl schon seit der Bistumsgründung Marien- und Kiliansreliquien besaß –, sondern sich einen Heiligen ganz und gar zu sichern, als ausschließlichen Patron, der das Zentrum des jungen Sprengels stärken und auszeichnen sollte.

Wie man gerade auf Le Mans verfallen ist, sagt unsere Quelle nicht. Allenfalls macht sie die Andeutung, Badurad habe seine Abgesandten „nach dem Rat und nach der Vorschrift Kaiser Ludwigs“ auf den Weg geschickt, wozu paßt, daß an späterer Stelle des Berichts – als es nämlich Widerstände in Le Mans zu überwinden gilt – ausdrücklich betont wird, alles sei vom Kaiser angeordnet und dulde keinen Einspruch. Eher verhalten kommen damit in der geistlichen Erzählung die politischen Hintergründe

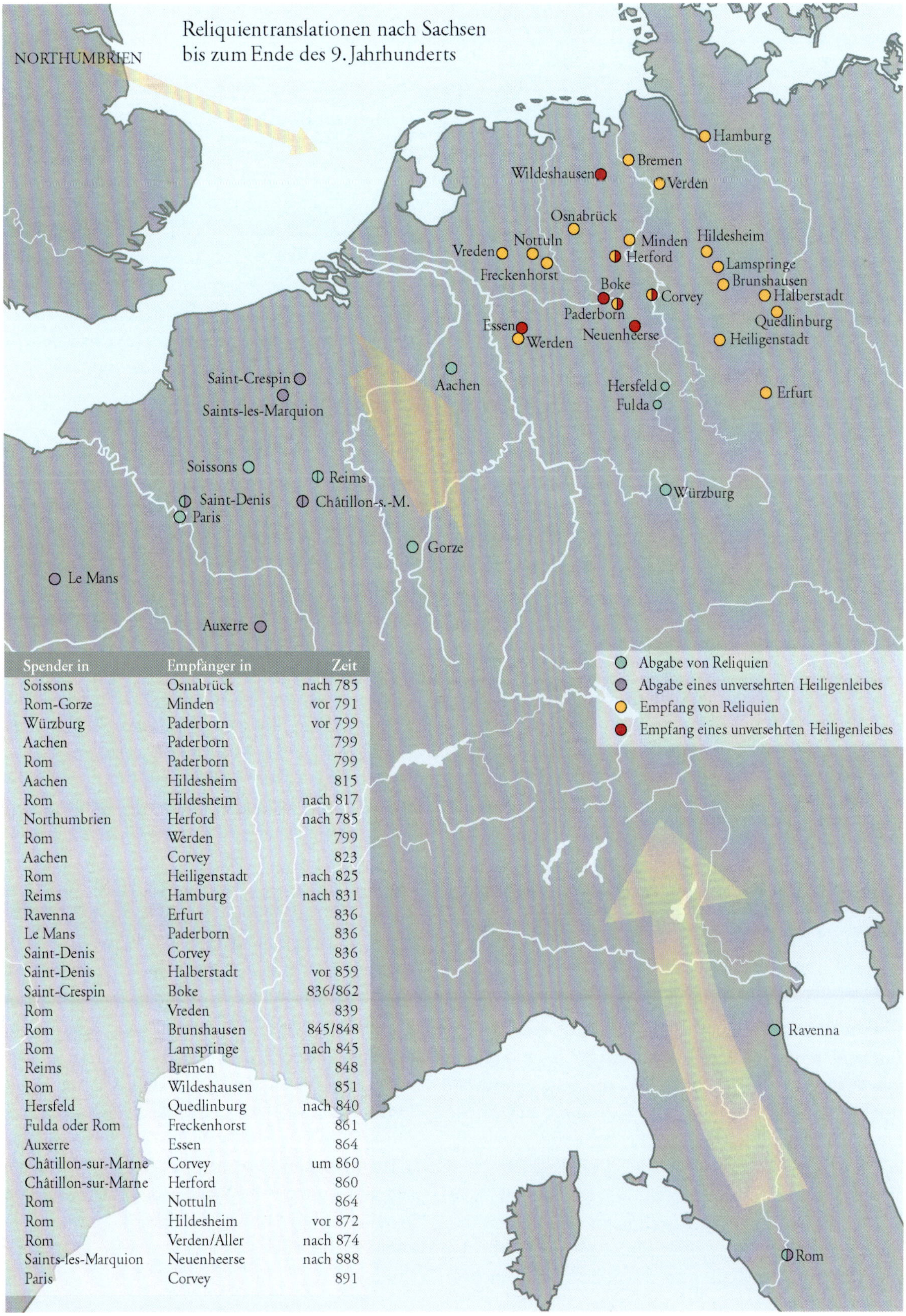

Spender in	Empfänger in	Zeit
Soissons	Osnabrück	nach 785
Rom-Gorze	Minden	vor 791
Würzburg	Paderborn	vor 799
Aachen	Paderborn	799
Rom	Paderborn	799
Aachen	Hildesheim	815
Rom	Hildesheim	nach 817
Northumbrien	Herford	nach 785
Rom	Werden	799
Aachen	Corvey	823
Rom	Heiligenstadt	nach 825
Reims	Hamburg	nach 831
Ravenna	Erfurt	836
Le Mans	Paderborn	836
Saint-Denis	Corvey	836
Saint-Denis	Halberstadt	vor 859
Saint-Crespin	Boke	836/862
Rom	Vreden	839
Rom	Brunshausen	845/848
Rom	Lamspringe	nach 845
Reims	Bremen	848
Rom	Wildeshausen	851
Hersfeld	Quedlinburg	nach 840
Fulda oder Rom	Freckenhorst	861
Auxerre	Essen	864
Châtillon-sur-Marne	Corvey	um 860
Châtillon-sur-Marne	Herford	860
Rom	Nottuln	864
Rom	Hildesheim	vor 872
Rom	Verden/Aller	nach 874
Saints-les-Marquion	Neuenheerse	nach 888
Paris	Corvey	891

Abb. 1 Reliquientranslationen nach Sachsen bis zum Ende des 9. Jahrhunderts

Abb. 2 Hl. Liborius vom Tragaltar aus dem Hohen Dom (Anfang 12. Jahrhundert). Paderborn, Erzbischöfliches Diözesanmuseum und Domschatzkammer

zum Vorschein, die erkennen lassen, daß Ludwig der Fromme, der Sohn und Nachfolger Karls des Großen, Bischof Badurads pastorale Überlegungen teilte, womöglich angeregt hatte, jedenfalls aber mit seiner Autorität stützte. Das ist leicht verständlich, denn die angestrebte Überwindung des Heidentums konnte ebenso wie die innere und äußere Festigung der Kirche in Paderborn und anderwärts der weiteren Integration Sachsens in das fränkische Großreich nur dienlich sein, und dieses Reich verstand sich als ein gottgewollter umfassender Herrschaftsverband mit dem Kaiser an der Spitze, dem höchste Verantwortung auch für das ewige Heil aller seiner Untertanen zukam.

Daß man von vornherein ein begehrliches Auge gerade auf Liborius geworfen hätte, ist wenig wahrscheinlich, wußte man doch in Paderborn selbst nach der Translation kaum etwas Spezifisches über dessen Wirken im 4. Jahrhundert. „Eine große Menge von heiligen Leibern" zeichnete nach den Worten unserer Quelle die Stadt Le Mans aus, und schon einen Tag nach der Ankunft am 28. April 836 wurde die sächsische Delegation von Bischof Aldrich zu der Apostelkirche vor den Mauern geleitet, wo die Gebeine des ersten Bischofs Julian und etlicher seiner Nachfolger, darunter Liborius, die allesamt als heilig galten, in Sarkophagen ruhten. Solcher Reichtum setzte Aldrich, selber fränkisch-sächsischer Herkunft und ein treuer Gefolgsmann Ludwigs des Frommen, instand, den Paderbornern außer den Überresten des Bischofs Liborius auch noch die zweier weiterer Heiliger namens Pavacius und Gundanisolus zum Geschenk zu machen. Erst als die Reliquien zur Bischofskirche verbracht wurden und, gewissermaßen aus ihrer Ruhe aufgestört, sogleich Wunder zu bewirken begannen, wobei, wie uns versichert wird, eine blinde Frau und ein besessener Mann geheilt wurden, erhob sich in Le Mans allgemeiner Unmut über den drohenden Verlust. Die spontane Predigt, die unser Bericht dem Bischof in den Mund legt, ist aufschlußreich für das religiöse Denken der Zeit: Erstens sei es dem Evangelium gemäß, die eigene Überfülle zu teilen mit denen, die erst neuerdings zum Glauben gekommen seien und solche Schätze entbehrten; zweitens könnten die Heiligen nicht nur dort Wohltaten spenden, wo ihre Leiber ruhten, vielmehr blieben sie geistig den Menschen von Le Mans erhalten und gewännen in Sachsen bloß neue Verehrer hinzu, und drittens hätten die soeben geschehenen Wunder bewiesen, daß die Heiligen selbst den Ortswechsel wünschten.

Die begütigenden Worte Bischof Aldrichs und der Abschluß des bekannten Liebesbundes ewiger Bruderschaft (*caritas perpetuae fraternitatis*) zwischen beiden Kirchen bewirkten, daß die Paderborner Abordnung nach nur dreitägigem Aufenthalt am 1. Mai unbehelligt mit ihrem gewichtigen Erwerb den Heimweg antreten konnte. In einer vierwöchigen Reise, die über Chartres und Paris führte und von zahlreichen Wundern begleitet war, gelangte man pünktlich zum Pfingstfest am 28. Mai in Paderborn an, wo die Gebeine des hl. Liborius unter allgemeinem Jubel in der Domkirche bestattet wurden (Abb. 3 u. 4).

Abb. 3 Grabung im Paderborner Dom: Freilegung der Westkrypta (1980)

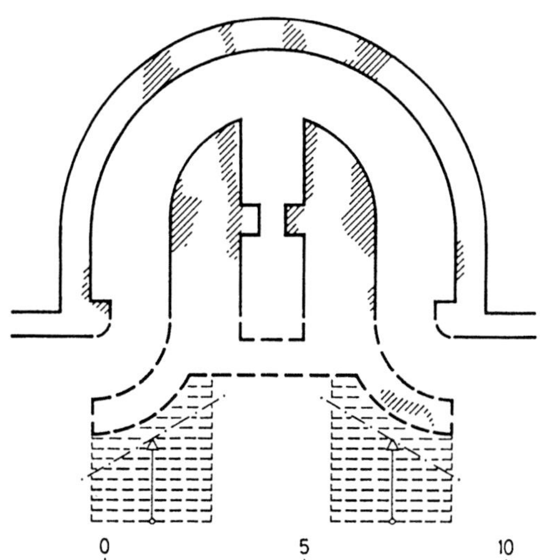

Abb. 4 Schemazeichnung der Westkrypta des Paderborner Doms, Bauperiode IIb

Abb. 5 Hl. Liborius, Liber Vitae aus Corvey (vor 1158). Münster, Nordrhein-Westfälisches Staatsarchiv, Msc. I Nr. 133, pag. 23

Der hl. Vitus in Corvey

Kaum zufällig im gleichen Jahr 836, sogar in denselben Wochen, spielte sich in nächster Nachbarschaft ein ganz ähnlicher Vorgang ab: die Übertragung des hl. Vitus von Saint-Denis nach Corvey an der Weser. Auch darüber liegt ein zeitgenössischer Translationsbericht vor (Schmale-Ott 1979), der zum Vergleich mit unseren bisherigen Eindrücken einlädt.

Zielpunkt war diesmal nicht ein Bischofssitz, sondern ein Kloster, das, als erstes in Sachsen, gerade erst gut ein Jahrzehnt zuvor als Ableger der Königsabtei Corbie in der Pikardie entstanden war. Abt Warin, so lesen wir, war sich der Aufgabe bewußt, „unter einem Volk von Barbaren ein Kloster aufzubauen", und verfiel auf dasselbe Hilfsmittel wie Bischof Badurad im nahen Paderborn, nämlich „einige Leiber der Heiligen, von denen es sehr viele bei den Franken gab, in sein eigenes Kloster zu übertragen". Er beschaffte sich eine Erlaubnis Kaiser Ludwigs und nutzte die Anwesenheit des Abtes Hilduin von Saint-Denis, um sich von diesem „einen von den Heiligen, die unter seiner Verfügungsgewalt waren", versprechen zu lassen. Damit war die Voraussetzung dafür geschaffen, daß es im Frühjahr 836 ebenso wie zwischen den

Abb. 6 Hl. Vitus, Liber Vitae aus Corvey (vor 1158). Münster, Nordrhein-Westfälisches Staatsarchiv, Msc. I Nr. 133, pag. 12

Bischofssitzen Le Mans und Paderborn auch unter den Klöstern Saint-Denis und Corvey zu einer geistlichen Verbindung kam. Anders als Badurad unternahm Abt Warin die Reise persönlich, unserem Bericht zufolge „bedacht auf das Heil seiner Heimat und seines Volkes“ (also Sachsens), aber auch zur Erhöhung von Corvey. Festgehalten ist weiter, daß Abt Hilduin, der Geber, nach Warins Eintreffen die Auswahl der Gabe vornahm und sich für Vitus entschied, ein Opfer der diokletianischen Christenverfolgung 500 Jahre zuvor, dessen Gebeine jedoch erst um die Mitte des 8. Jahrhunderts aus Süditalien ihren Weg ins Frankenreich genommen hatten.

Sie traten somit nach nur etwa achtzig Jahren in Saint-Denis ihre zweite Translation an, als Abt Hilduin sie am 19. März 836 nach einem feierlichen Gottesdienst an Warin von Corvey übergab. Der Zeitpunkt liegt knapp sechs Wochen vor dem Eintreffen der Paderborner Abordnung in Le Mans, die sich ja gleichfalls auf ein Einverständnis Ludwigs des Frommen stützte, weshalb es schwerfällt, hier keinen inneren Zusammenhang zu vermuten. Freilich ging nach einer eigentümlichen Regie den Corveyern ihr zeitlicher Vorsprung wieder verloren, weil die Überreste des hl. Vitus zunächst nur ins Kloster Rebais östlich von Paris verbracht wurden, wo Warin ebenfalls die Abtswürde besaß. Dort verweilten sie bis zur Weiterreise volle zwei Monate, während deren die Paderborner in Le Mans ihr Ziel erreichten und so zügig wieder heimkehrten, daß Liborius bereits am 28. Mai an der Pader, Vitus dagegen erst am 13. Juni an der Weser anlangte (Abb. 5 u. 6). Wenn nicht äußere Zufälle dafür bestimmend waren, die uns in den Berichten verschwiegen werden, mag die Planung darauf hinausgelaufen sein, in Paderborn pünktlich zum Pfingstfest, in Corvey rechtzeitig vor dem (schon bestehenden) Vitusfest am 15. Juni einzutreffen, doch ist beim mittelalterlichen Sinn für Symbolik und Rangfolgen auch keineswegs auszuschließen, daß der Abt dem Bischof den Vortritt lassen sollte oder wollte.

Die lange Dauer des Weges von Saint-Denis bzw. Rebais nach Corvey, als dessen Stationen noch Aachen, Soest und Brakel genannt werden, gibt dem Verfasser der Translatio im übrigen reichlich Gelegenheit, von den Wundertaten zu berichten, die der Heilige allerorten bewirkte. Es sind durchweg Heilungen von Blinden und Gebrechlichen, jeweils vor den Augen einer großen Menschenmenge, die mit deutlicher Anspielung auf die Wunder Jesu Christi in den Evangelien geschildert werden und die heilbringende Kraft der Vitus-Reliquien eindrücklich unter Beweis stellen sollen. Das Mirakulöse nimmt in der „Translatio sancti Viti“ deutlich breiteren Raum ein als in der „Translatio sancti Liborii“ und bildet das hauptsächliche Darstellungsziel des Verfassers. Tatsächlich ist St. Veit in weit höherem Maße als Liborius zu einem volkstümlichen Heiligen und Nothelfer im Mittelalter geworden, dessen Verehrung später von Corvey nach Prag ausstrahlte und dort ihr wirksamstes Zentrum fand (Abb. 7).

Der hl. Alexander in Wildeshausen

Das dritte Beispiel ist anderthalb Jahrzehnte jünger und betrifft Geschehnisse der Jahre 850/851. Dabei geht es nicht um eine bereits bestehende kirchliche Institution, sondern um eine, die erst als Folge der Translation ins Leben getreten ist. Initiator war daher auch nicht ein geistlicher Amtsträger, sondern ein Laie, freilich von höchst symbolkräftiger Abkunft: Waltbert, ein Enkel jenes Herzogs Widukind, der einst die Seele des sächsischen Widerstands gegen Karl den Großen gewesen war und dann mit seinem Entschluß zur Taufe die Wende in dem Ringen eingeleitet hatte. Wie uns der im Kloster Fulda abgefaßte Translationsbericht mitteilt (Krusch 1933), stand Widukinds Enkel als sächsischer Graf im Dienste von Karls Enkel, Kaiser Lothar I., und verspürte den Wunsch, die Gräber der Apostel Petrus und Paulus zum Gebet aufzusuchen, um durch ihre Fürsprache die Vergebung seiner Sünden zu erlangen; zugleich sollte die Romreise, wie uns versichert wird, dem Ziel dienen, einen Anteil an den dortigen Reliquien vom Papst zu erhalten und mit Gottes Willen in die Heimat zu bringen, damit durch deren Zeichen und Wunder seine Landsleute von heidnischen Gebräuchen und vom Aberglauben zur wahren Religion hingeführt würden, denn – so fügt die Quelle hinzu – immer noch waren sie heidnischem Irrtum stärker zugetan als dem christlichen Glauben (Abb. 8). Das demonstrative Anliegen war so wenig wie zuvor bei Badurad von Paderborn oder Warin von Corvey eine bloße Regung privater Frömmigkeit, sondern fand sogleich die Unterstützung von Waltberts Lehnsherrn, Kaiser Lothar I. In den Translationsbericht wörtlich eingeschaltet sind drei Empfehlungsschreiben, die Lothar zu Waltberts Gunsten an seinen Sohn Ludwig II., den damaligen Gebieter in Italien, ferner an alle geistlichen und weltlichen Machthaber sowie an Papst Leo IV. ausstellte.

Sich um der Reliquien willen nach Rom zu wenden lag nicht allein deshalb nahe, weil die Kirche der Apostel Petrus und Paulus als die älteste und vornehmste in der lateinischen Welt galt, sondern mehr noch, weil sie zahlreichen Überlieferungen zufolge in früher Zeit eine unübersehbare Menge von Blutzeugen des Glaubens erlebt hatte und dementsprechend deren Überreste in einer Fülle hortete, die alle Bischofssitze und Klöster Galliens weit in den Schatten stellte. Schon seit langem war die Ewige Stadt daher zum bevorzugten Ziel der Wallfahrt all derjenigen geworden, die wenigstens für einen begnadeten Augenblick ihres Lebens die heilbringende Nähe der Märtyrer verspüren wollten. Die Versuchung, davon ein winziges Stückchen als handgreifliches Unterpfand empfangenen und künftigen Segens mit nach Hause zu nehmen, dürfte für viele Pilger kaum bezähmbar gewesen sein und hat schließlich dazu geführt, daß seit der Mitte des 8. Jahrhunderts in Rom solchen Wünschen ganz offiziell stattgegeben wurde. Damit begann ein Strom von Übertragungen stadtrömischer Heiliger, zumal aus den Katakomben, in das Frankenreich, der das Seine zur geistli-

Abb. 7 Marcus Tullius Cicero, Werke, Mitte 12. Jahrhundert. Berlin, Staatsbibliothek zu Berlin – Preußischer Kulturbesitz, Ms. lat. fol. 252, fol. 1v: In der oberen Bildhälfte die Corveyer Patrone, links der hl. Vitus

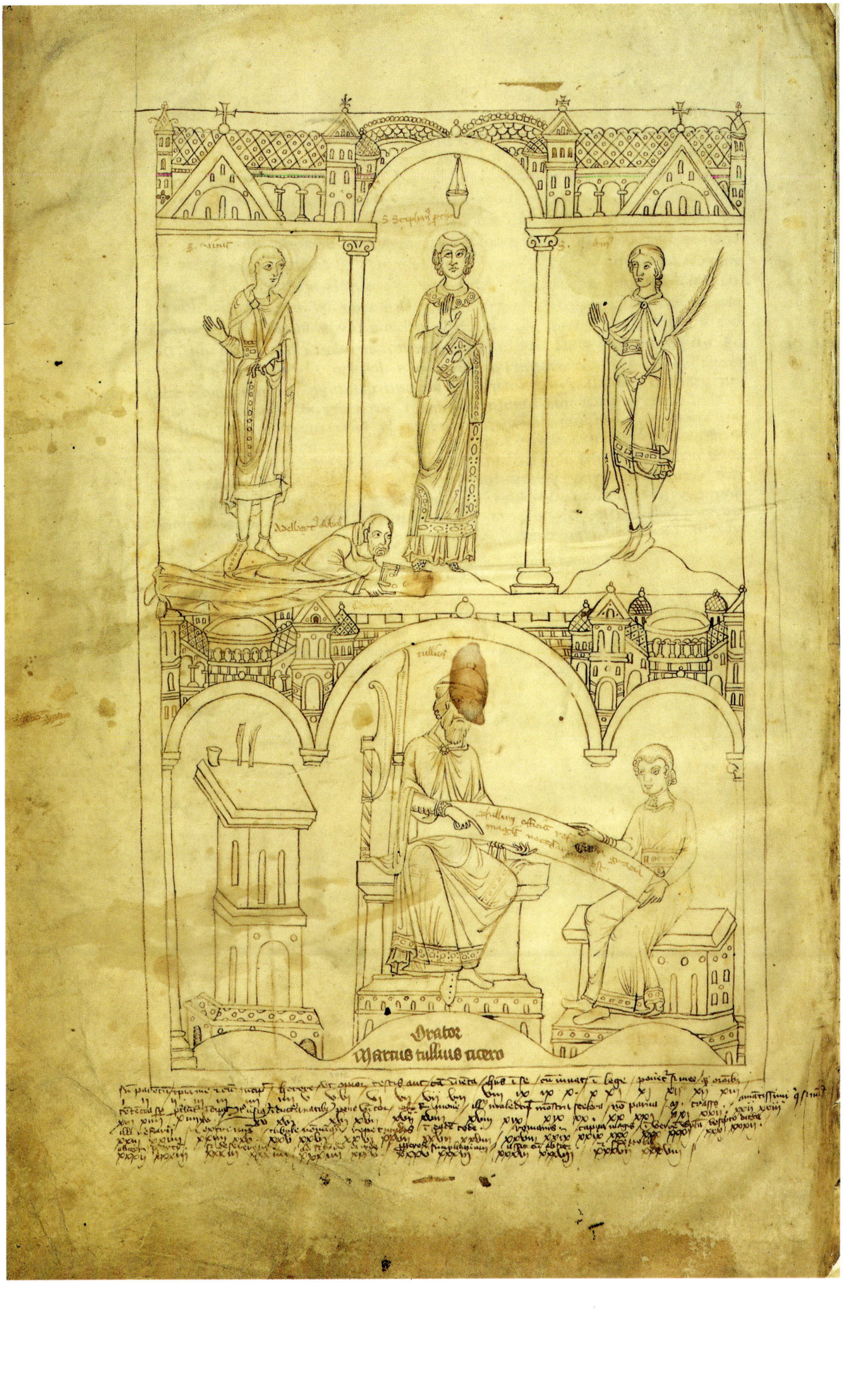
Orator
Marcus tullius cicero

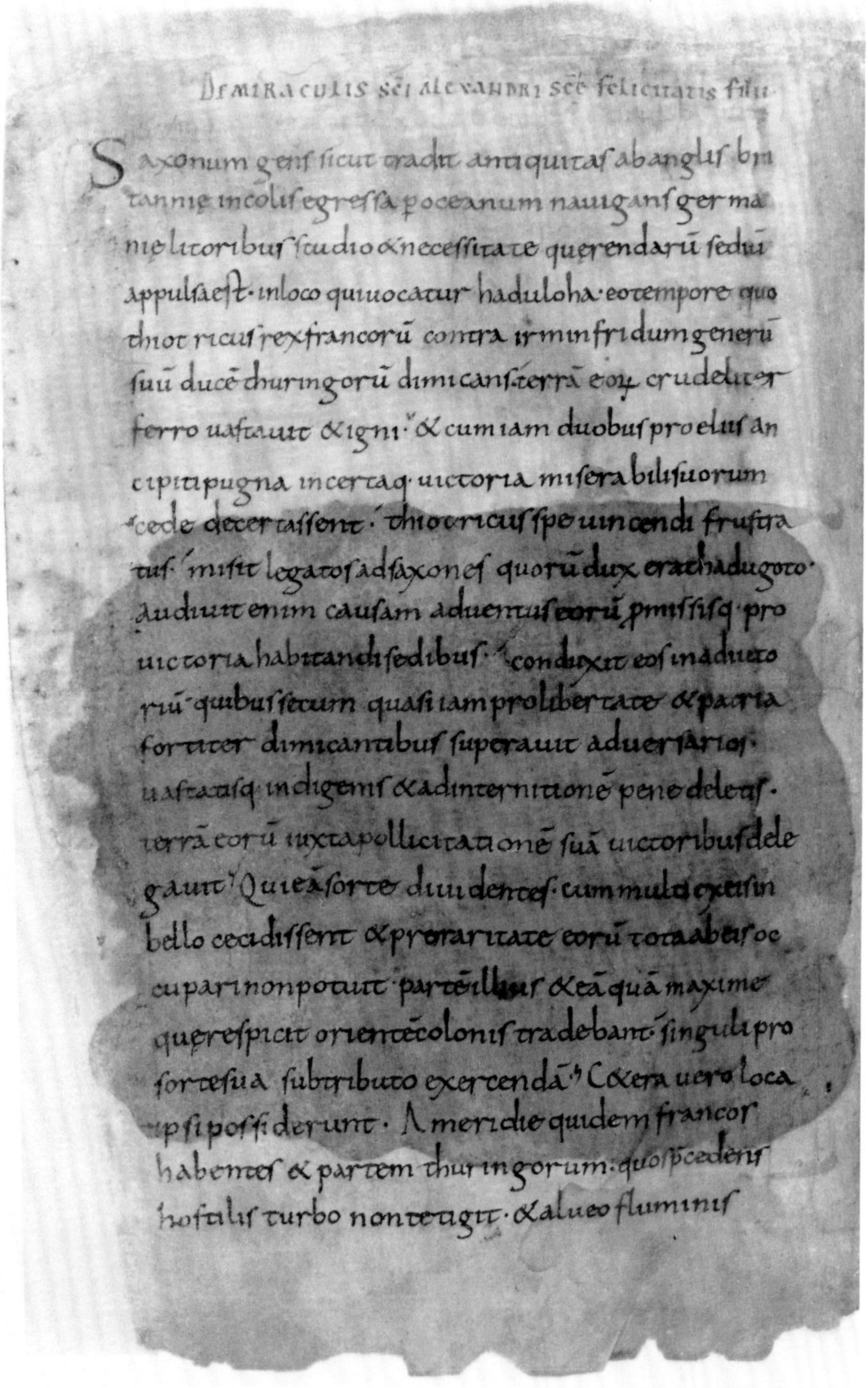

De miraculis sci alexandri scē felicitatis filii
Saxonum gens sicut tradit antiquitas ab anglis bri
tanniae incolis egressa per oceanum nauigans germa
niae litoribus studio et necessitate querendarū sedi
appulsa est· in loco qui uocatur haduloha· eo tempore quo
thiotricus rex francorū contra irminfridum generū
suū ducē thuringorū dimicans· terrā eorū crudeliter
ferro uastauit et igni· et cum iam duobus proeliis an
cipiti pugna incertaq· uictoria miserabili suorum
cede decertassent· thiotricus spe uincendi frustra
tus· misit legatos ad saxones quorū dux erat hadugoto·
Audiuit enim causam aduentus eorū· pmissisq· pro
uictoria habitandi sedibus· conduxit eos in adiuto
riū· quibus secum quasi iam pro libertate et patria
fortiter dimicantibus superauit aduersarios·
uastatisq· indigenis et ad internitionē pene deletis·
terrā eorū iuxta pollicitationē suā uictoribus dele
gauit· Qui eā sorte diuidentes· cum multi ex eis in
bello cecidissent et pro raritate eorū tota ab eis oc
cupari non potuit· partē illius et eā quā maxime
que respicit orientē colonis tradebant· singuli pro
sorte sua sub tributo exercendā· Cetera uero loca
ipsi possiderunt· A meridie quidem francos
habentes et partem thuringorum: quos precedens
hostilis turbo non tetigit· et alueo fluminis

Abb. 8 Vita S. Alexandri, 2. Hälfte 9. Jahrhundert. Hannover, Niedersächsische Landesbibliothek, Ms. I, 186, fol. 1v

chen Wertschätzung der römischen Kirche nördlich der Alpen geleistet hat.

Kein Wunder also, daß Graf Waltbert Anfang 851 in Rom bereits eine gewisse Geläufigkeit in der Behandlung seiner Wünsche antraf. Vierzehn Tage benötigte er nach seiner Ankunft, um beim Papst vorgelassen zu werden. Leo IV. nahm sein Begehren gnädig auf, veranlaßte eine große Versammlung in der Stadt und übergab vor diesem Forum dem Sachsen Reliquien der Muttergottes und anderer Heiliger, vor allem aber den „ganzen Leib“ (*corpus integrum*) des römischen Märtyrers Alexander aus der Zeit des heidnischen Kaisers Antoninus Pius. Der Heilige erfüllte sogleich die in ihn gesetzten Erwartungen und bewirkte nach dem Bericht der Translatio noch während einer Lichterprozession, die in Rom aus Anlaß seiner Übergabe stattfand, daß die zeitweilig erloschenen Kerzen sich von selber wieder entzündeten. Heilungswunder begleiteten seinen anschließenden Weg in die neue Heimat, auf dem ausdrücklich Boppard am Rhein, Drensteinfurt, Osnabrück, das nördlich davon gelegene Wallenhorst sowie Bokern und Holtrup nahe bei Vechta als Stationen hervorgehoben werden. Das zuvor nicht genannte Ziel war Wildeshausen im Oldenburger Land halbwegs zwischen Vechta und Delmenhorst, wo in der Folgezeit aus einem anfänglichen Familien-Heiligtum der Widukind-Erben ein Kanonikerstift erwuchs, das die Verehrung des hl. Alexander durch die Jahrhunderte weitertrug.

Die hl. Pusinna in Herford

Ein weiteres Jahrzehnt später, nämlich 860, erlebte auch Herford, das älteste Frauenkloster in Sachsen, eine Heiligentranslation. Zwar besaß man dort bereits aus früherer Zeit Reliquien des heiligen angelsächsischen Königs Oswald, der einst im Kampf gegen Heiden gefallen war; sie waren durch den Klostergründer Waltger aus England beschafft worden und wurden später hauptsächlich im nahe gelegenen Dornberg verehrt. Mit der Zeit aber erwachte in der Herforder Äbtissin Hadewig, wie der Translationsbericht festhält (Wilmans 1867), das Verlangen, ihr Kloster durch den Schutz von Heiligen weiter auszuschmücken (*illustrare*). Indem der Autor ausdrücklich auf die vorausgegangene Übertragung der hll. Marcellinus und Petrus von Rom nach Seligenstadt am Main durch Karls des Großen Biographen Einhard wie auch auf die des hl. Vitus von Saint-Denis nach Corvey hinweist, zeigt er bereits das Bewußtsein einer spezifischen Tradition, in die sich der von ihm geschilderte Vorgang einordnet. Die Äbtissin wandte sich, hochadlige Familienverbindungen nutzend, an den westfränkischen König Karl den Kahlen, den damaligen Herrscher über den größten Teil des alten Gallien. Die politische Dimension des Geschehens wird also auch hier nicht verschwiegen, und abermals dient das Machtwort eines Königs dazu, Widerstände gegen den Abtransport zu überwinden. Als nämlich der beauftragte Geistliche der Hadewig, die offenbar als Frau die Reise nicht selbst unternimmt, am westfränkischen Königshof erscheint und die selbstbewußte Bitte nicht um Teile eines Heiligen, sondern um einen ganzen Leichnam vorträgt, reagieren die mit der Erledigung beauftragten Bischöfe unwillig und schaffen nur gezwungenermaßen die Gebeine der hl. Jungfrau Pusinna für die Übergabe an die Herforder Abordnung herbei.

Wo die Heilige zuvor aufbewahrt und verehrt worden war, wird mit keinem Wort gesagt, wohl weil die Herforder bis dorthin gar nicht vorgedrungen sind, sondern sich ausschließlich in der Umgebung des Königs aufhielten, der ihnen persönlich überreichte, worum sie gebeten hatten. Nur aus anderen Überlieferungen ist zu ersehen, daß Pusinna in Binson unweit der Marne bestattet gewesen war und dort zwei bis drei Jahrhunderte zuvor als eine von sieben Töchtern des fränkischen Grundherrn Siegmar auf dem väterlichen Erbe eine Kirche gestiftet haben soll. Wiederum ist es ganz unwahrscheinlich, daß man von Herford aus gerade nach ihr gefragt oder gesucht hat; allenfalls ist das Bestreben zu unterstellen, für das Frauenkloster eine weibliche Heilige zu gewinnen, deren geistliches Erscheinungsbild nach ihrer Überführung frommer Phantasie zur Ausgestaltung offenstand. Ähnliches gilt übrigens auch für die hl. Saturnina, die eine Generation später nach Neuenheerse bei Warburg verbracht wurde (Abb. 9 u. 10).

Bemerkenswert ist, daß der unbekannte Autor des Berichts eigens hervorhebt, die Überführung sei mit keinerlei Wundern verbunden gewesen. Dementsprechend summarisch tut er die ganze Reise ab, von der nicht eine Station erwähnt wird, und widmet sich um so ausführlicher der Belehrung von Lesern, die im Ausbleiben von Wundern vor der Ankunft Pusinnas am Bestimmungsort einen Mangel erblicken könnten (und vermutlich auch erblickt haben). Denen, die beunruhigt seien, wie er sagt, „warum die selige Jungfrau während der Überführung durch keinerlei Wunder (*miracula*) hervorleuchtete", hält er entgegen, daß das „nach dem Gutdünken Gottes geschieht, das uns unbekannt, aber doch gerecht ist". Unschicklich sei es für den Menschen, meint er, sich über den Ratschluß seines Schöpfers zu beklagen, und fährt fort: „Es ist nämlich offenkundig, daß das Leben der Heiligen sowohl in der Welt wie in der Ewigkeit Dienst für Gott ist, und auch das ist völlig klar, daß alle Wunderkraft der Heiligen von ihm in ungeschuldeter Erbarmung gewährt wird." Deutlich spürbar ist, wie sehr der Verfasser offenbar Anlaß sah, mit theologischen Überlegungen mehr oder minder magische Vorstellungen von einem Wunderautomatismus der Reliquien in die Schranken zu weisen: „Wie die Heiligen", formuliert er, „alles im Herrn haben, so wird jedes Wunderzeichen von ihm gewährt.

Abb. 9 Hl. Pusinna, Liber Vitae aus Corvey (vor 1158). Münster, Nordrhein-Westfälisches Staatsarchiv, Msc. I Nr. 133, pag. 25

Sie können also nichts aus sich selbst, da sie ja nicht aus sich, sondern von Gott existieren." Dem schließt der Autor sogar den Gedanken an, daß sichtbare Zeichen ohnehin mehr für die Ungläubigen als für die Gläubigen nötig sind. Denn bei denjenigen, heißt es, die durch den Schlaf des Unglaubens gleichsam benebelt sind, wecken Wunderzeichen den Geist und bewirken, daß sie erwachen. Die aber bereits im Glauben gefestigt sind, wissen, daß Wunder die Heiligkeit zwar oft offenbaren, aber sie nicht herstellen. So wird zum Abschluß auf unbezweifelbar große Heilige wie die Kirchenväter Hieronymus und Augustinus verwiesen, von denen gar keine Wunder überliefert seien.

Der hl. Marsus in Essen

Noch einen Schritt weiter in der Reflexion geht eine Quelle des 9. Jahrhunderts, die den Vorzug hat, die Ausstattung des christlich gewordenen Sachsenlandes mit auswärtigen Heiligen insgesamt in Betracht zu ziehen (Honselmann 1960). Der Text stammt aus dem Damenstift im damals sächsischen Essen, wohin 864 aus Auxerre die Gebeine des hl. Marsus gelangt waren, eines frühen römischen Glaubensboten in Gallien, der im 3. Jahrhundert als Bekenner, nicht als Märtyrer gestorben sein soll. Es handelt sich um eine Predigt, die bald nach der Translation am Festtag des Heiligen in Essen gehalten wurde, und

Abb. 10 Hl. Saturnina, Liber Vitae aus Corvey (vor 1158). Münster, Nordrhein-Westfälisches Staatsarchiv, Msc. I Nr. 133, pag. 24

zwar von jemandem, der persönlich an der Überführung beteiligt gewesen war, möglicherweise dem Essener Stiftsgründer selbst: Bischof Altfrid von Hildesheim († 874). Der Prediger nennt den hl. Marsus aus Essener Sicht „einen, der anderswo geboren wurde, anderswo lebte und anderswo in den Himmel aufgenommen ist und dann uns, den in der Ferne Lebenden, durch Gottes unaussprechliche Huld und nach seinem eigenen frommen Wunsch geschenkt worden ist". Gepriesen wird die bereits bewährte Wunderkraft des Heiligen, jedoch mit dem Hinweis auf das Psalmwort, daß Gott es ist, der „bewunderungswürdig in seinen Heiligen" genannt wird, wofür der Prediger das schöne Bild findet: „Wie wir die Sonne in ihrem Glanze nicht anschauen können, die von ihr beschienenen Berge aber gern betrachten, so sollen wir, weil wir nicht verdienen, Gott im Glanze seiner Majestät zu schauen, in den Heiligen seine Kraft und seinen Ruhm betrachten und ihn in ihnen haben." Unüberhörbar ist das uns bereits in der „Translatio sanctae Pusinnae" aus denselben Jahren begegnete Bestreben, die offenbar spontan verbreitete Devotion gegenüber dem wundertätigen Heiligen in theologisch vertretbare Bahnen zu lenken.

Einen ganz unverwechselbaren Ton schlägt der Festprediger jedoch an, wenn er sich voller Emphase an die *Saxonia* wendet, das Sachsenland, das, erst kürzlich vom Heidentum zum Herrn bekehrt, nun eines solchen Patrons wie Marsus teilhaftig geworden sei: „Wirklich glücklich bist du zu preisen, daß du, selbst durch kein Blut von Heiligen befleckt, ihren Schutz verdient hast. Denn wenn auch Germanien, Gallien und Italien, insbesondere Rom, durch ihren Reichtum an Gebeinen von Heiligen hochberühmt sind, so leuchten sie blutig rot, befleckt durch deren Tod. Um wieviel mehr wird man dich, Sachsen, seligpreisen, daß du ohne Verbrechen ein solches Gut erlangt hast ... Ja, andere Gegenden der Erde haben sich gemüht, die Heiligen zu gebären, zu ernähren und aufzubewahren, damit nicht dir, wenn du einst zu Gott bekehrt würdest, ihr Schutz fehle. Umfasse also eine solche Güte Gottes gegen dich, umfasse den Patron, der dir von Gott gegeben ist. Durch seine Predigt ist einst den Galliern der Weg der Wahrheit aufgeleuchtet, durch seine Verdienste und seine Fürbitte wird dir jetzt und für spätere Zeiten der Weg zum Himmelreich offenstehen." Um das Jahr 870 erhebt sich hier eine Stimme, die die Christianisierung Sachsens bereits als abgeschlossenen Vorgang auffaßt und heilsgeschichtlich deutet. Verblaßt ist die Erinnerung an die Bluttaten der Zeit Karls des Großen und Widukinds, denen ja zweifellos Kleriker wie auch Laienchristen zum Opfer gefallen sind; tatsächlich ist nicht einer von ihnen mit Namen überliefert oder gar in Sachsen zum Objekt kultischer Verehrung geworden. Statt dessen hatte sich die kirchliche Konsolidierung des Landes in Bistümern, Klöstern und Stiften ohne einheimische Heilige durch den Import auswärtiger Wundertäter vollzogen, von denen man glauben konnte, sie seien in ihrer jeweiligen Heimat für diese Wirkungsweise geradezu aufgespart worden. Sie waren es nun, die den Stolz der jungen Kirchen ausmachen sollten.

Schlußbemerkung

Noch manche weitere Zeugnisse ließen sich anführen. Regelmäßig ging es um den ganzen, ungeminderten Leib eines Heiligen, den man möglichst exklusiv zum Patron haben wollte. Dafür nahm man in Kauf, daß es sich durchweg um bis dahin wenig bekannte Gestalten handelte, die man sich in der Regel nicht aussuchen konnte, sondern die von den abgebenden Kirchen aus ihrem Überfluß weitergereicht wurden. Demgemäß war es auch kaum konkretes Wissen um vorbildliche Verdienste und Tugenden, das die Verehrung dieser Heiligen anregte, sondern das Vertrauen in die übernatürliche Kraft ihrer Gebeine. Denn völlig eindeutig ist als Beweggrund aller Bemühungen die Erwartung bezeugt, die solchermaßen vergegenwärtigten Heiligen würden durch ihre Wundertaten die Menschen von heidnischen Kultpraktiken ablenken und das Wort der christlichen Verkündigung machtvoll bekräftigen. Im Hintergrund standen dabei die fränkischen Herrscher, bedacht auf das innere Zusammenwachsen von Reich und Kirche, die derartige Translationen förderten, indem sie weiträumige Kontakte herbeiführten und Hindernisse aus dem Weg räumten. Die hohe Bedeutung, die man dem allem beimaß, ist abzulesen an der starken Beachtung in den sonst eher kargen Quellen der Zeit wie auch an dem sichtlichen Aufwand für weite und beschwerliche Reisen, der anscheinend gern in Kauf genommen wurde. Die erzielte Wirkung, zumal für das Selbstbewußtsein der Zielorte, hält seit mehr als einem Jahrtausend vor und übertrifft gewiß die Vorstellungskraft aller damals Beteiligten.

Quellen und Literatur:

Erconrads Translatio s. Liborii. Eine wiederentdeckte Geschichtsquelle der Karolingerzeit und die schon bekannten Übertragungsberichte, hrsg. v. Alfred COHAUSZ (Studien und Quellen zur westfälischen Geschichte 6), Paderborn 1966. – Translatio Sancti Viti martyris. Übertragung des hl. Märtyrers Vitus, hrsg. v. Irene SCHMALE-OTT (Veröffentlichungen der Historischen Kommission für Westfalen 41; Fontes minores 1), Münster 1979.

Arnold ANGENENDT, Der „ganze" und „unverweste" Leib – eine Leitidee der Reliquienverehrung bei Gregor von Tours und Beda Venerabilis, in: Aus Archiven und Bibliotheken. Festschrift für Raymund Kottje zum 65. Geburtstag, hrsg. v. Hubert MORDEK (Freiburger Beiträge zur mittelalterlichen Geschichte 3), Frankfurt 1992, 33–50. – DERS., Heilige und Reliquien. Die Geschichte ihres Kultes vom frühen Christentum bis zur Gegenwart, München 1994. – David F. APPLEBY, Spiritual Progress in Carolingian Saxony: A Case from Ninth-Century Corvey, in: The Catholic Historical Review 82, 1996, 599–613. – Helmut BEUMANN, Die Hagiographie „bewältigt": Unterwerfung und Christianisierung der Sachsen durch Karl den Großen, in: Cristianizzazione ed organizzazione ecclesiastica delle campagne nell'alto medioevo: espansione e resistenze (Settimane di studio del centro italiano di studi sull'alto medioevo 28/1), Spoleto 1982, 129–163. – Felix Paderae Civitas. Der heilige Liborius 836–1986. Festschrift zur 1150jährigen Feier der Reliquienübertragung des Patrons von Dom, Stadt und Erzbistum Paderborn, hrsg. v. Hans Jürgen BRANDT u. Karl HENGST (Studien und Quellen zur westfälischen Geschichte 24), Paderborn 1986. – Klemens HONSELMANN, Eine Essener Predigt zum Feste des hl. Marsus aus dem 9. Jahrhundert, in: Westfälische Zeitschrift 110, 1960, 199–221. – Klemens HONSELMANN, Reliquientranslationen nach Sachsen, in: Das Erste Jahrtausend. Kultur und Kunst im werdenden Abendland an Rhein und Ruhr, Textbd. 1, hrsg. v. Victor

H. ELBERN, Düsseldorf 1962, 159–193. – Klemens HONSELMANN, Gedanken sächsischer Theologen des 9. Jahrhunderts über die Heiligenverehrung, in: Westfalen 40, 1962, 38–43. – Bruno KRUSCH, Die Übertragung des Hl. Alexander von Rom nach Wildeshausen durch den Enkel Widukinds 851. Das älteste niedersächsische Geschichtsdenkmal, in: Nachrichten von der Gesellschaft der Wissenschaften zu Göttingen, Phil.-Hist. Klasse, Berlin 1933, 405–436. – Heinz LÖWE, Lateinisch-christliche Kultur im karolingischen Sachsen, in: Angli e Sassoni al di qua e al di là del mare (Settimane di studio del centro italiano di studi sull'alto medioevo 32/2), Spoleto 1986, 491–531. – Hedwig RÖCKELEIN, Zur Pragmatik hagiographischer Schriften im Frühmittelalter, in: Bene vivere in communitate. Hagen Keller zum 60. Geburtstag überreicht von seinen Schülerinnen und Schülern, hrsg. v. Thomas SCHARFF u. Thomas BEHRMANN, Münster/New York/München/Berlin 1997, 225–238. – Hans Reinhard SEELIGER, Einhards römische Reliquien. Zur Übertragung der Heiligen Marzellinus und Petrus ins Frankenreich, in: Römische Quartalschrift 83, 1988, 58–75. – Roger WILMANS, Die Kaiserurkunden der Provinz Westfalen 777–1313, 1, Münster 1867, 541–546 (Translatio S. Pusinnae virginis).

Uwe Lobbedey

Der Kirchenbau im sächsischen Missionsgebiet

Zur Zeit der Eroberung und Missionierung Sachsens gab es bereits eine ca. 450 Jahre alte Tradition christlichen Kirchenbaus, aus der uns allerdings nur wenige Zeugen, etwa die Kirchen Ravennas, erhalten sind. Im Missionsgebiet waren Steinbau ebenso wie städtische Kultur aber unbekannt, und die Frage, wie die Missionare unter diesen Umständen die neuen Gottesdienststätten schufen, hat die Forschung immer wieder beschäftigt. In älteren Veröffentlichungen wurden gelegentlich einzelne altertümlich erscheinende Bauwerke oder Teile davon als karolingische „Missionskapellen" angesprochen, so z. B. die Doppelkapelle der Benediktinerabtei in Helmstedt. Sie haben sich jedoch bei genauerer Untersuchung durchweg als jünger herausgestellt. In Wirklichkeit ist kein noch aufrecht stehender Kirchenbau aus der Missionsphase in Sachsen auf uns gekommen. Eine gewisse Vorstellung vom Umfang der kirchlichen Bautätigkeit vermittelt uns z. B. die (jüngere) Überlieferung, der 827 verstorbene Bischof Hildigrim habe im Gebiet des Halberstädter Bistums 35 Kirchen gegründet. Nur ganz wenige Kirchen aus der Frühzeit sind aber in den Quellen ausdrücklich namhaft gemacht. Von diesen ist die älteste die nach den Reichsannalen von Karl dem Großen in der Pfalz zu Paderborn im Jahre 777 erbaute, dem Salvator geweihte Kirche. Ihre Fundamente konnten bei den Grabungen der Jahre 1966–1985 teilweise aufgedeckt werden. Sie gehören zu einem schlichten, einschiffigen, aber doch recht großen Bau von etwa 9 m innerer Breite. Der Chor war offenbar dreiteilig (vgl. Kat.Nr. VIII.25). Gern würden wir auch wissen, wie die Kirche auf der Eresburg (heute Marsberg-Obermarsberg, Hochsauerlandkreis) aussah, in der Karl der Große 785 Ostern feierte, doch konnte dies bei den Grabungen nicht mehr ermittelt werden, weil spätere Bauten die Mauerreste der frühesten gänzlich beseitigt hatten (Kat.Nr. VIII.24).

Nach den Ergebnissen der seit Ende des Zweiten Weltkriegs durchgeführten Grabungen haben einfache, rechteckige Saalbauten die älteste Schicht der Kirchen aus der Missionszeit gebildet. Sie besaßen einen abgesonderten, in der Regel rechteckigen Chor. Der erste Bau unter dem Dom in Minden, vermutlich noch gegen Ende des 8. Jahrhunderts aus Stein errichtet, hatte diese Gestalt. Er war mit etwa 10 m innerer Breite des Langhauses recht groß. Einige andere, nicht datierte große steinerne Saalbauten wie der in Brenken (Kr. Paderborn) könnten ebenfalls zu den ältesten gehören. Vom gleichen Typ gab es auch kleinere Bauten, so den Saalbau der ersten Kirche in Enger (Kr. Herford) mit ca. 6,50 m innerer Breite (vgl. Kat.Nr. VIII.23), dem sich mit etwa gleichen Abmessungen die Kirche in Herzfeld (Gem. Lippetal, Kr. Soest) an die Seite stellt, beide in den Jahren um 800 entstanden (Abb. 1). Durch ihre Stifter – in Herzfeld Graf Ekbert, in Enger vielleicht Widukind, in beiden Fällen jedenfalls herausragende Adelige – kommt beiden Kirchen trotz ihrer einfachen Gestalt höchster Rang zu. Sie sind zugleich Grabkirchen: Im Falle von Herzfeld ruhen die Stifter in einem Annex südlich des Chores, in Enger dagegen im Chor vor und neben dem Altar. Trotz dieses Ranges stehen Enger und Herzfeld hinsichtlich Größe und Gestalt in einer Reihe mit den als bischöfliche Pfarrkirchen und eigenkirchliche Gründungen örtlichen Adels im 9. und 10. Jahrhundert errichteten Bauten. Auch die ältesten Vorgänger des Bremer Domes (nach 805) gehören in diese Größenordnung.

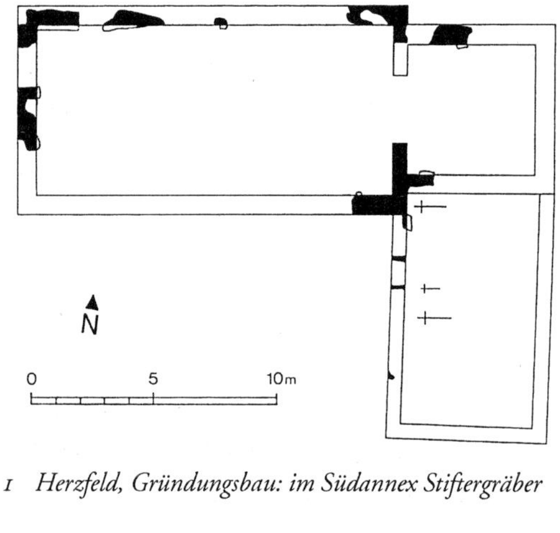

Abb. 1 Herzfeld, Gründungsbau: im Südannex Stiftergräber

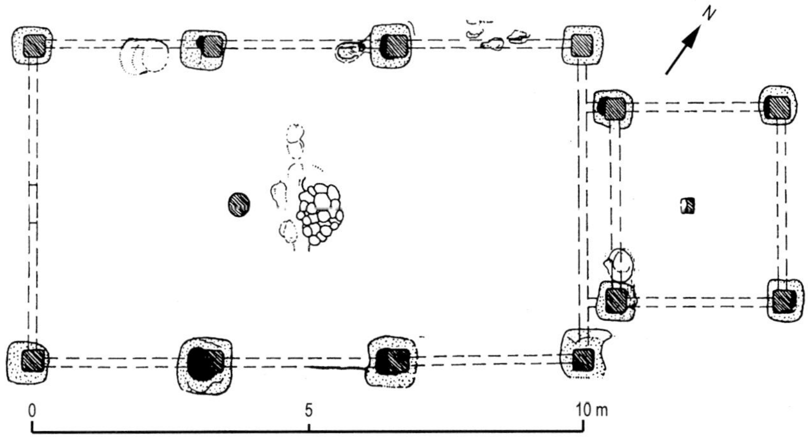

Abb. 2 Tostedt, Grundriß der Pfostenkirche I

Die frühesten durch die Grabungen erfaßbaren Kirchen sind also aus Steinen und Kalkmörtel erbaut. Aber es hat natürlich auch aus Holz errichtete Kirchen gegeben. Sie sind bislang archäologisch nicht sehr häufig in Erscheinung getreten, aber für das 9. Jahrhundert sowohl in schriftlichen Quellen wie auch aus den Befunden in Gestalt von Holzpfostenbauten wie Tostedt (Kr. Harburg) (Abb. 2 u. 3) und Visbek (Kr. Vechta), Bau I, oder als Schwellbalkenkonstruktionen wie Visbek II und Borgholzhausen (Kr. Gütersloh), Bau II (wohl erst 10. Jahrhundert), bezeugt.

Die häufig vertretene Ansicht, daß christliche Kirchen an der Stelle heidnischer Kultstätten errichtet wurden, konnte für das sächsische Missionsgebiet bislang nicht bestätigt werden. Auch das Überbauen älterer Ortsfriedhöfe, wie es im Rheinland häufig beobachtet wurde, kommt hier nur ausnahmsweise vor. In ihrer Lage wurden die Kirchen entweder an bestehende Siedlungen gebunden, im Falle von Eigenkirchen adliger Familien an deren Höfe, oder sie lagen in günstiger Verkehrslage zwischen den Siedlungen (Abb. 4). Eine Vorstellung vom Aussehen dieser Bauten können uns einige erhaltene, wenn auch meist nachträglich veränderte Bauten aus dem 11. und 12. Jahrhundert vermitteln, denn der schlichte Typus blieb lange in Gebrauch, wie die im 11. Jahrhundert gegründete Kirche in Welbergen (Kr. Steinfurt) zeigt (Abb. 5).

Die Domkirchen (I): Paderborn

Als Karl der Große in seiner Pfalz zu Paderborn um 793/794 bis 799 eine „Kirche von wunderbarer Größe" (*ecclesia mirae magnitudinis*) errichten ließ, wählte er den seit konstantinischer Zeit geläufigen Typus der dreischiffigen Basilika in seiner einfachen Form mit schlichtem, vermutlich aus drei Apsiden bestehendem Ostabschluß (Kat.Nr. VIII.25) (Abb. 6 u. 7). In dieser Gestalt wurden vor und um 800 auch andere anspruchsvolle Bauvorhaben verwirklicht, etwa die Dome in Salzburg (767–774)

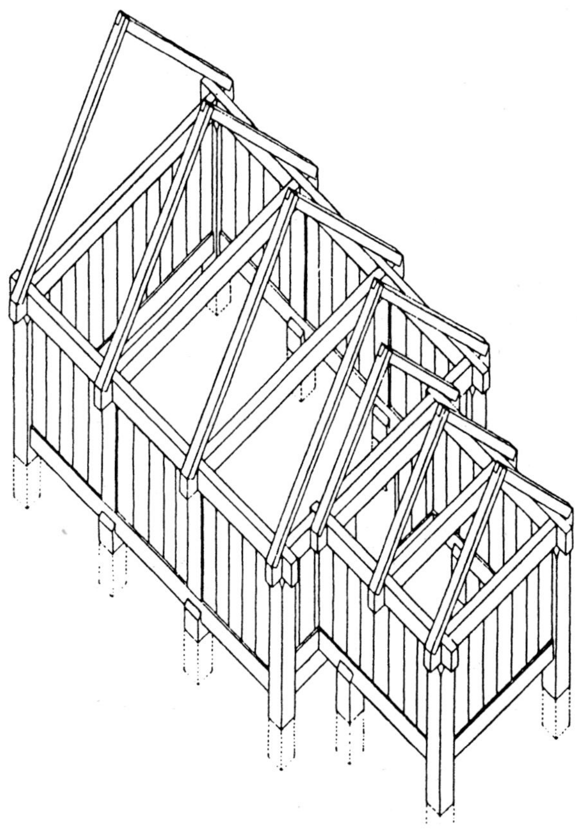

Abb. 3 Tosted, isometrische Rekonstruktion der Pfostenkirche I

Abb. 4 Der frühe Kirchenbau im sächischen Missionsgebiet (8./9. Jahrhundert): die im Beitrag erwähnten Bauten

und Basel (vor 824), die Klosterkirchen von Saint-Maurice d'Agaune im Wallis (vor 787), St. Emmeram in Regensburg (vor 791) und südlich der Alpen, großenteils noch erhalten, San Salvatore in Brescia (Mitte 8. oder 9. Jahrhundert).

Das Paderborner Langhaus entsprach etwa dem der Klosterkirche Saint-Denis bei Paris, der Grabkirche vieler Könige (geweiht 775), und übertraf dasjenige des bedeutenden Königsklosters Lorsch (geweiht 774, vgl. Beitrag Jacobsen in Kap. 10, Abb. 5) beträchtlich an Länge. Es erreichte aber nicht die Größe, die der Kölner Dom im späten 8. Jahrhundert besaß, stand auch hinter dem Salzburger Dom (geweiht 774, vgl. Beitrag Jacobsen in Kap. 10, Abb. 6) erheblich zurück und vor allem hinter dem 791 begonnenen mächtigen Bau der Fuldaer Klosterkirche. Die Paderborner Kirche gehörte demnach nicht zu den größten Kirchen ihrer Zeit, wurde aber wohl nur von wenigen übertroffen. Sie zeichnete sich auch durch die Verwendung von Säulen aus. Da im Befund nur eine nachgewiesen ist, bleibt allerdings fraglich, ob das Langhaus insgesamt als Säulenbasilika ausgeführt worden war.

Sehr wahrscheinlich hatte Karl von Anfang an die Absicht, mit diesem Bau die Bischofskirche für das zu gründende Bistum zu errichten. Der erste Bischof, der aus Würzburg gekommene Hathumar, trat sein Amt 806 an. Als sein Nachfolger Badurad (815–862) der Basilika um 830 oder kurz danach an der Westseite ein Querhaus mit Apsis und Ringkrypta anfügte, folgte er ganz offensichtlich dem Beispiel des 802–819 erbauten Westquerhauses von Fulda (Abb. 8). Hier war das Kultgrab des hl. Bonifatius eingerichtet worden, zu dem seit seinem Märtyrertod 754 die Pilger in wachsender Zahl aus vielen Ländern der Christenheit strömten. Als 836 der Leib des hl. Liborius von Le Mans nach Paderborn übertragen wurde, war dies mit der Hoffnung verbunden, daß die Wirkungskraft des Heiligen an seiner neuen Grabes- und Verehrungsstätte die vorerst nur äußerlich christianisierten Sachsen zum wirklichen Glauben führen werde (vgl. Beitrag Schieffer).

Im übrigen entsprach die Ausbildung eines Querhauses – in der Mehrzahl der Fälle im Osten der Kirche gelegen – auch den architektonischen Tendenzen dieser Zeit.

Abb. 5 Welbergen (Kr. Steinfurt): einschiffige Saalkirche, wohl 11. Jahrhundert, nachträglich erhöht. Turm aus dem 12. Jahrhundert, Chor spätgotisch

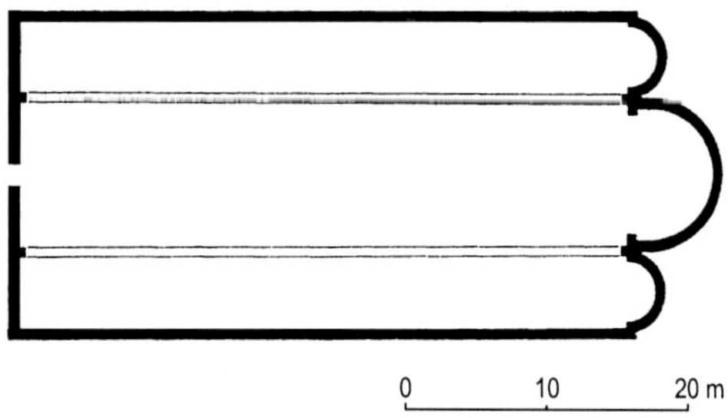

Abb. 6 Paderborn, Dom, Bau IIa

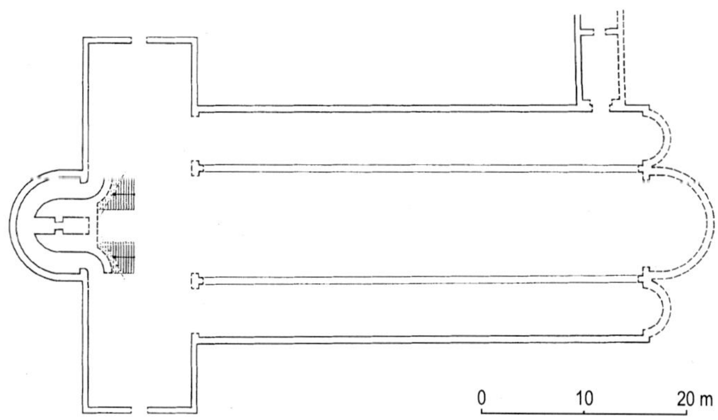

Abb. 7 Paderborn, Dom, Bau IIb

Saint-Denis war damit vorangegangen (vgl. Beitrag Jacobsen in Kap. 10, Abb. 10), die 816 geweihte Klosterkirche auf der Reichenau (Mittelzell) und die 830/834 von Einhard begonnene Basilika in Seligenstadt (vgl. Beitrag Jacobsen in Kap. 10, Abb. 19 u. 20), beide noch in wesentlichen Teilen erhalten, folgten.

Die Grabungen seit 1966 im Pfalzbereich in Paderborn und seit 1978 auch unter dem heutigen Dom brachten Befunde zutage, mit deren Hilfe die jahrzehntelangen Diskussionen über die frühe Baugeschichte des Paderborner Domes beendet werden konnten. In diese älteren Überlegungen waren auch Grabungsbefunde der 1950er Jahre unter der westlich des Domes gelegenen Abdinghofkirche einbezogen worden. Eine Kirche gab es dort aber, wie neuere Überprüfungen zeigen, vor der Gründung des Benediktinerklosters 1014 nicht.

Die Domkirchen (II): Münster, Osnabrück, Minden und Hildesheim

Gehen wir die Reihe der im sächsischen Missionsgebiet neu gegründeten Bischofssitze durch, so muß für Münster gelten, daß wir entgegen früheren Annahmen heute

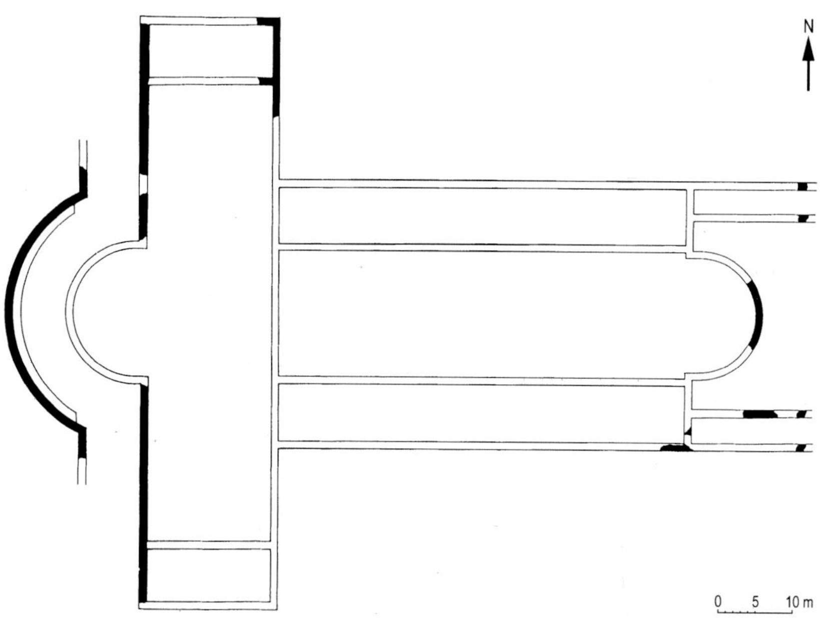

Abb. 8 Fulda, Klosterkirche (ca. 790–819)

den Ort der Kathedralkirche mit sehr hoher Wahrscheinlichkeit an der Stelle des bestehenden spätromanischen Domes lokalisieren können (vgl. Beitrag Ellger). Die bauliche Gestalt kennen wir aber nicht. Als Liudger 792/793 ein Kloster in Münster gründete, bestand möglicherweise schon eine auf den ersten Missionar Bernrad zurückgehende „Missionskirche", die wir uns vielleicht ähnlich wie den oben genannten ersten Bau in Minden vorstellen können. Der 805 zum Bischof geweihte, 809 verstorbene Liudger hat zweifellos Baumaßnahmen veranlaßt. Schon früh dürfte auch Münster ein Westquerhaus gehabt haben. Dafür spricht, daß der 1090 geweihte Dom seinen liturgischen Schwerpunkt im Westen hatte, wo ein durchgehendes Westquerhaus bestand, und daß diesem bereits ein deutlich älterer Bau mit Westquerhaus vorangegangen war.

Nördlich neben der Kathedralkirche entstand wohl im ersten oder zweiten Jahrzehnt des 9. Jahrhunderts eine Nebenkirche in Gestalt eines einfachen Saalbaus mit halbrunder Apsis, innen 7,70 m breit und 22,5 m lang. Sie wurde später die Kirche eines neben dem Domkapitel bestehenden Kanonikerkonventes und läßt erkennen, daß wir im unmittelbaren Umkreis der Bischofs- und teilweise auch der Stiftskirchen mit mehreren kirchlichen Bauten rechnen müssen.

Von der frühen Baugeschichte Osnabrücks wissen wir noch nicht mehr, als daß es dort in karolingischer Zeit einen großen Dom am Ort des heutigen gegeben haben muß.

In Minden stand an der Stelle des Domes ein schlichter Saalbau, von dem schon die Rede war. Er hatte vermutlich als provisorische Bischofskirche gedient, bis er im Laufe des 9. Jahrhunderts von einer dreischiffigen Basilika mit Querhaus und Chor abgelöst wurde (Abb. 9). Der Chor war nach Osten dreiseitig geschlossen – zu dieser Zeit eine ungewöhnliche Form. Dazu muß eine Umgangskrypta gehört haben. Das Langhaus wurde schon in der Mitte des 10. Jahrhunderts durch einen Neubau ersetzt, zu dem ein in Teilen noch bestehendes Westwerk gehört.

Der Bischofssitz in Hildesheim wurde erst 815 von Kaiser Ludwig dem Frommen (814–840) gegründet. Ihm ging eine ältere Gründung in dem nicht weit entfernten Elze voran, doch wissen wir nichts über deren bauliche Entwicklung. Die älteste Kirche in Hildesheim ist nur durch zwei Fundamentstreifen bekannt, die in der Flucht der Mittelschiffswände liegen. Aber von dem durch Bischof Altfried 852 bis 872 errichteten Neubau vermag der heute bestehende Dom noch eine räumliche Vorstellung

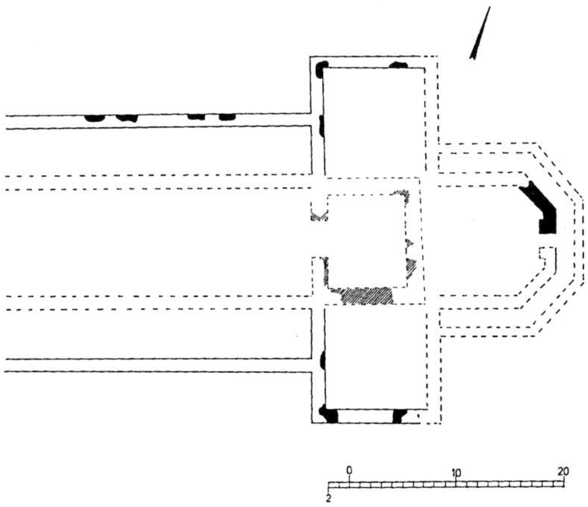

Abb. 9 Minden, Dom: Versuch einer Rekonstruktion des karolingischen Doms. Der Rechteckchor des vorangehenden Baus ist schraffiert. Sein Langhaus muß sich an der Stelle des späteren Mittelschiffs befunden haben

zu vermitteln, denn Chor und Querhaus stammen im wesentlichen aus jener Bauzeit. Für den 1061 neu geweihten Dom wurden die karolingischen Mauern beibehalten und erhöht, lediglich das Langhaus wurde unter Zugrundelegung des alten Grundrisses völlig erneuert (Abb. 10 u. 11).

Das Querhaus war vor dem Umbau des 11. Jahrhunderts ein „durchgehendes", d. h. durch Transversalbögen nicht unterteiltes, nach römischer Art. Daran schloß sich nach Osten ein quadratischer Chor und an diesen eine halbrunde Apsis an. Vom Querhaus aus gelangte man in eine doppelgeschossige, den Chor umgebende Krypta. Neben den Krypteneingängen öffneten sich ziemlich schmale, aber hohe Altarnischen, die mit einem Dreiecksgiebel überdeckt waren. Das nur aus den ergrabenen Fundamenten bekannte dreischiffige Langhaus fällt dadurch auf, daß in den Seitenschiffen auf halber Länge Fundamente einspringen, die offenkundig Vorlagen für je einen Querbogen getragen haben. Auch im Mittelschiff dürfte diese Stelle in der Mitte der Längserstreckung durch einen breiteren Pfeiler oder durch einen Wechsel der Stützenform von Säulen zu Pfeilern betont gewesen sein – ein wichtiger Schritt auf dem Wege zur Rhythmisierung der Wand durch Stützenwechsel, wie er uns im 10. Jahrhundert z. B. in Gernrode entgegentritt.

Die frühere Annahme, daß dem Langhaus ein Westwerk vorgelagert war, hat sich bei neueren Überprüfungen nicht bestätigt. Vielmehr ist hier in der zweiten Hälfte des 10. Jahrhunderts eine Hallenkrypta gebaut worden.

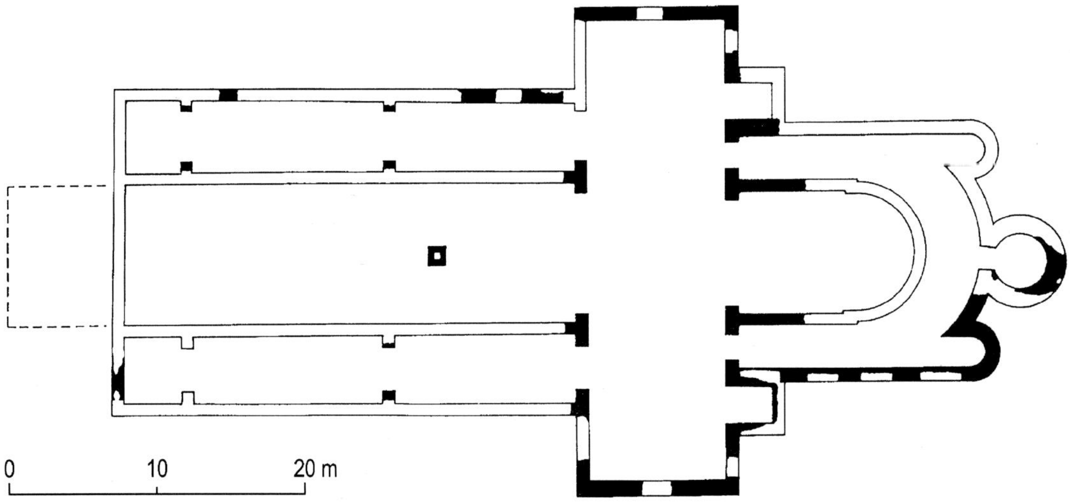

Abb. 10 Hildesheim, Dom, Altfried-Bau, Grundriß

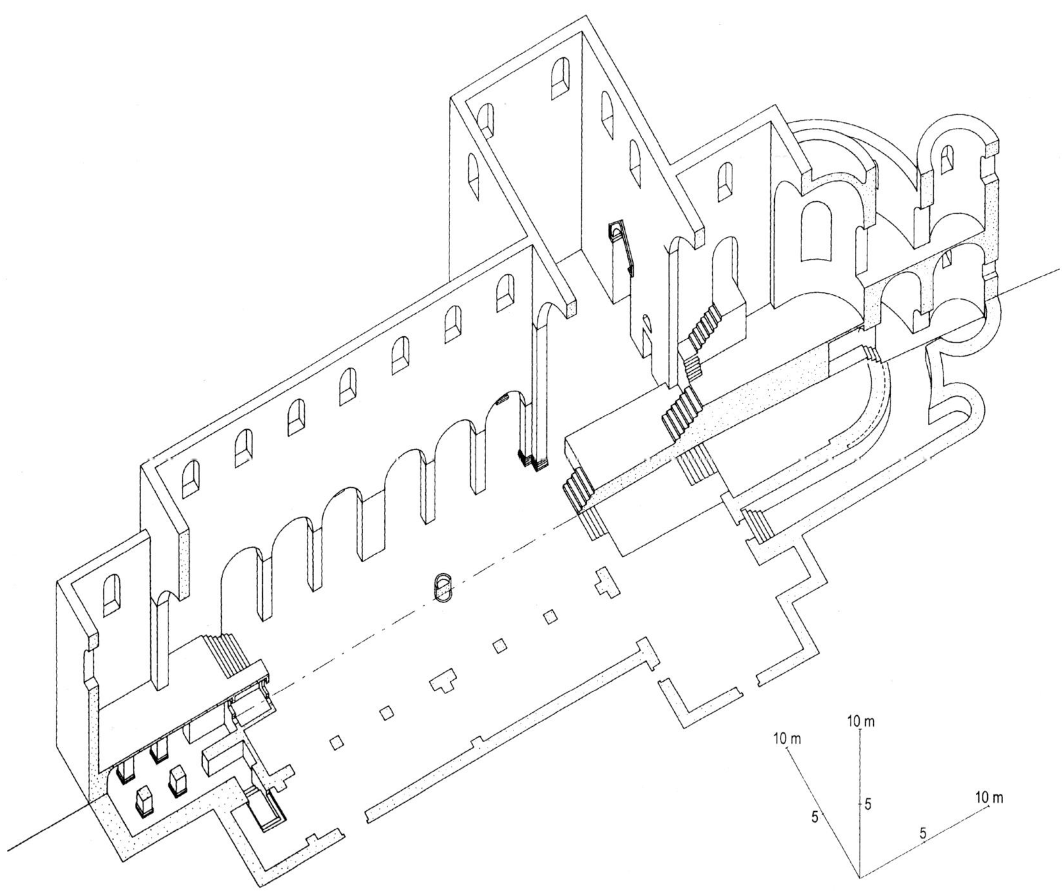

Abb. 11 Hildesheim, Dom, Altfried-Bau, isometrische Rekonstruktion mit jüngerer Westkrypta

Der Westabschluß des karolingischen Domes ist nicht erhalten.

Aus den schriftlichen Quellen kennen wir die Cäcilienkirche südlich des Hildesheimer Domes, vom ersten Bischof Gunthar (815–834) erbaut. Sie wird häufig als die erste Hildesheimer Domkirche und damit als Vorgänger des Altfried-Domes angesehen. Wahrscheinlicher ist es aber, daß sie eine Nebenkirche war, die in besonderer Weise den Bedürfnissen der Kleriker des Bischofssitzes diente. In einer Quelle des 11. Jahrhunderts wird sie als zweitürmig beschrieben.

Die Domkirchen (III): Halberstadt, Bremen, Verden und Hamburg

Neben Paderborn ist nur Halberstadt archäologisch so weit untersucht, daß wir uns eine genauere Vorstellung von der Abfolge und vom Aussehen der frühen Bauten machen können. Ebenso wie bei Hildesheim gab es auch hier eine vorangehende Gründung in Osterwieck, von der wir keine Baubefunde kennen. Nach seiner Gründung wurde das Bistum von Hildigrim, Bischof von Châlons-sur-Marne und Bruder des Liudger, des ersten Bischofs von Münster, geleitet. Der Bau der Hauptkirche des Bistums muß in Halberstadt zwischen 802 und 809 begonnen worden sein. Dazu gehören offensichtlich die ergrabenen Fundamente einer dreischiffigen Basilika, deren Mittelschiff die beträchtliche Breite von 9,20 m hatte (Abb. 12). Das Langhaus war gedrungen, denn ein Querfundament – im aufgehenden Bau hat ihm sicher ein Bogen entsprochen – teilte einen im Mittelschiff fast quadratischen östlichen Teil ab, der vermutlich als Chor der Kleriker diente. Die Fundamente der mit 3,50 m Breite recht schmalen Seitenschiffe setzten sich nach Osten fort, und es bleibt ungewiß, ob sie östlich des Querfundamentes niedrig blieben oder nach Art von Querarmen erhöht waren. Im Osten schloß sich ein eingezogener, halbrunder oder querrechteckiger Altarraum an. In der Mitte des Langhauses konnte der Ort des Taufbeckens lokalisiert werden.

Noch in der ersten Hälfte des 9. Jahrhunderts wurde anstelle des kleinen Altarraumes im Osten eine dreiteilige Choranlage mit geradliniger Ostfront und einer Kammerkrypta in der Mitte angefügt (Abb. 13). Schon bald wurde diese Ostanlage durch eine weitaus größere ersetzt. Der erste Bau diente weiterhin als Langhaus. Im Osten erhielt er ein weit ausladendes, „durchgehendes" Querhaus (vgl. Hildesheim) und daran anschließend ein quadratisches Chorjoch mit einer halbrunden Apsis. Dazu gehörte eine reich gestaltete, doppelgeschossige Kryptenanlage. Im Westen erfolgte ein Anbau, dessen äußerer Grundriß offenbar schlicht rechteckig war, während die aufgedeckten Fundamentzüge innen eine vielräumige, im einzelnen noch nicht erklärbare Struktur andeuten (Abb. 14). 859 erfolgte die feierliche Weihe dieses nur aus den ergrabenen Fundamenten bekannten Baus.

Auch in Halberstadt gab es schon früh neben dem Dom eine zweite Kirche, die von Bischof Liudger, dem Bruder des Hildigrim, zu Ehren der Märtyrer Johannes und Paulus errichtet worden war. Aus ihr wurde später die bischöfliche Kapelle.

In der nördlichen Randzone des Missionsgebietes, in Bremen, stand an der Stelle des Domes in den ältesten Phasen bis zur Mitte des 9. Jahrhunderts ein einfacher Saalbau der eingangs beschriebenen Art. Nach der Erhebung zum Erzbistum erfolgte unter Erzbischof Ansgar ab 858 ein Neubau als dreischiffige Basilika. Für Verden a.d. Aller meldet der Chronist Thietmar von Merseburg noch für die Mitte des 10. Jahrhunderts den Neubau einer hölzernen Domkirche, weil es dort nicht möglich gewesen sei, Steine zu beschaffen. In Hamburg wurde, ebenfalls nach chronikalischer Nachricht, noch um 1020 eine neue Domkirche aus Holz erbaut, die 1035/1045 einem steinernen Nachfolger wich.

Wenn auch der Überblick über die Bischofskirchen des Missionsgebietes schmerzliche Lücken unserer Kenntnis offenbart, so wird doch eines deutlich: nach ersten Anfängen, die mit Ausnahme des von vornherein als königliche Residenz großzügig angelegten Paderborn architektonisch recht bescheiden sein konnten, setzte schon zu Anfang des 9. Jahrhunderts eine anspruchsvollere Bautätigkeit ein, und bald nach der Mitte des 9. Jahrhunderts müssen wir – außer in den nördlichen Randbereichen – mit Kirchen rechnen, deren typische Merkmale außer dem dreischiffigen Langhaus ein Querhaus, ein Chor mit Krypta und ein Westbau sind. In den neuen Bistümern folgte man damit der gleichen Entwicklung, die sich auch im fränkischen Mutterland vollzog. Sie führte von dem einfachen Grundtyp der Basilika, wie er in Paderborn vor der Jahrhundertwende verwirklicht wurde, zu sehr komplexen, vielteiligen Bauwerken. Bedenkt man, daß es die Politik Karls des Großen war, die neuen Diözesen und auch die Klostergründungen mit Bistümern und Klöstern im Altreich personell zu verknüpfen, ist diese Gleichläufigkeit nicht verwunderlich. Wir können sie auch bei den Kirchen der Klöster und Stifte des 9. Jahrhunderts verfolgen.

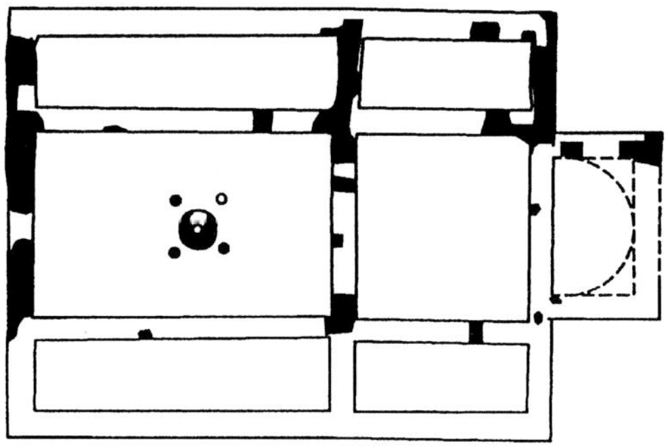

Abb. 12 Halberstadt, Dom, Gründungsbau (Bau Ia)

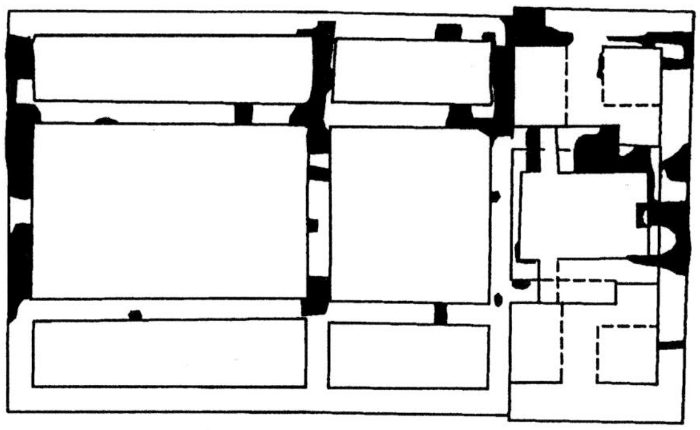

Abb. 13 Halberstadt, Dom, Bau Ib mit älterer Krypta

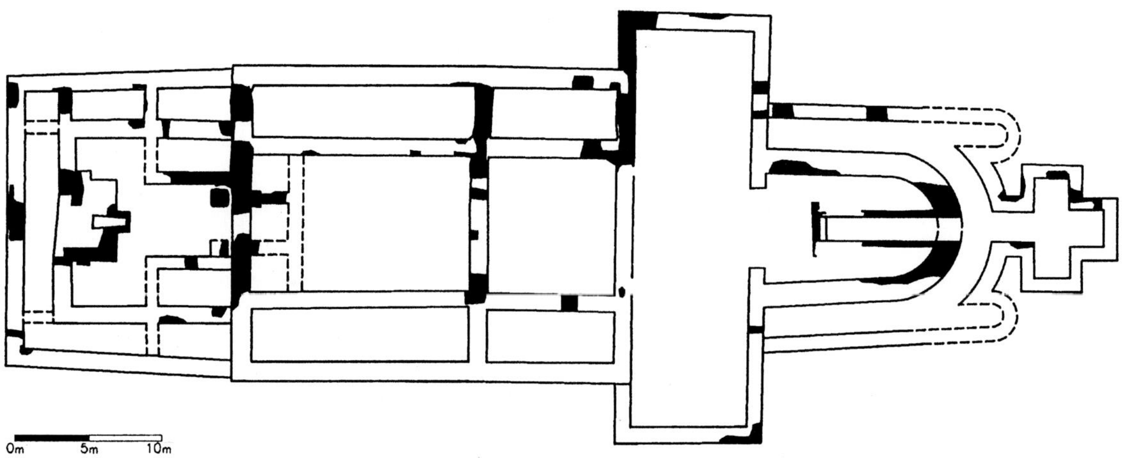

Abb. 14 Halberstadt, Dom, Bau Ic mit Erweiterungen nach Ost und West

Die Klosterkirchen: Werden und Corvey

Im Jahre 799 gründete Liudger, damals Leiter der Missionsarbeit im Bereich des späteren Bistums Münster und seit 805 sein erster Bischof, das Mönchskloster in Werden an der Ruhr als Eigenkloster seiner Familie. Das unmittelbar an der fränkisch-sächsischen Grenze gelegene Kloster erlangte durch umfangreiche Besitzübertragun-

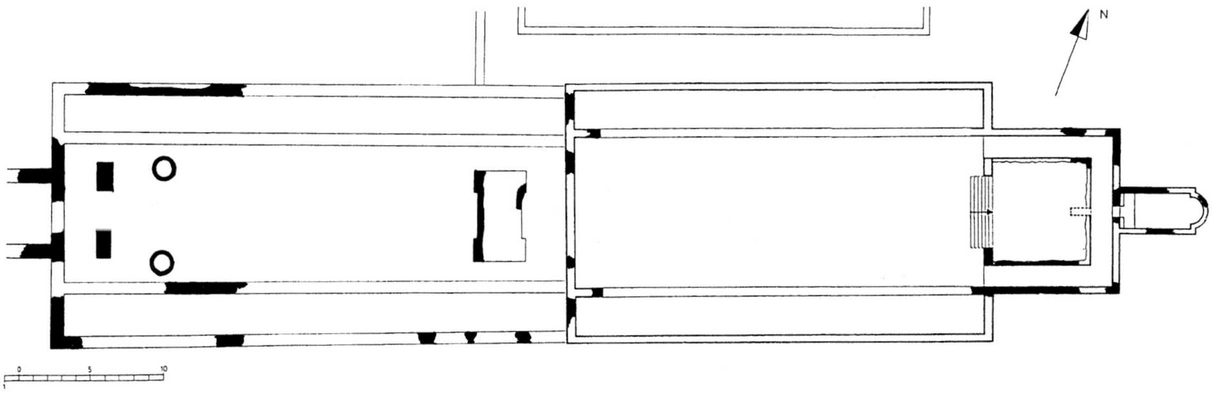

Abb. 15 Corvey, Klosterkirche, Gründungsbau von 822 und erstes Atrium

gen in Westfalen und dadurch, daß Familienangehörige des Gründers Bischöfe in Halberstadt und Münster wurden, große Bedeutung. Seine erste Kirche war nach Grabungsbefunden eine dreischiffige, querhauslose Basilika mit schmalen Seitenschiffen. Der vor 850 begonnene, im Jahre 875 geweihte Nachfolgebau wurde mit breiteren Seitenschiffen ausgestattet und nach Osten hin über das zunächst außerhalb des Gründungsbaus gelegene Grab Liudgers hinweg erweitert. Er endete in drei Apsiden. Die mittlere war innen rund und außen polygonal gemauert und enthielt eine Krypta.

Die 822 begonnene und 844 geweihte Klosterkirche in Corvey (Kat.Nr. VIII.43) hatte einen ähnlichen Querschnitt wie Werden I mit einem geräumigen, 9,85 m breiten Mittelschiff und schmalen Seitenschiffen, dazu einen sehr schlichten, quadratischen Altarraum (Abb. 15). Eine räumlich recht knapp geschnittene Kryptenanlage konnte 836, also im gleichen Jahr, in dem der hl. Liborius in Paderborn eintraf, die Reliquien des hl. Vitus aufnehmen (vgl. Beitrag Angenendt in Kat.Bd. II). Im Westen war ein Atrium vorgelagert, dessen Grundfläche die des Langhauses deutlich übertraf. Vermutlich ist seine Erbauung mit der Absicht zu erklären, die Aufnahme großer Pilgerscharen zu erleichtern. Während das Langhaus bis in das 17. Jahrhundert beibehalten wurde, errichtete man bereits um 870 eine neue und weit größere Choranlage mit Krypta und 873 bis 885 das Westwerk (Kat.Nr. VIII.51), zwei anspruchsvolle Bauvorhaben, die von einer innerhalb kurzer Zeit erheblich gewachsenen Bedeutung der Abtei und von einer reich ausgestalteten Liturgie zeugen. Corvey folgt damit der bei den Domkirchen aufgezeigten Entwicklung zu differenzierteren Baukomplexen. Das Westwerk kann sich auf das 799 geweihte Centula (Saint-Riquier/Somme) als Vorbild berufen. Ohne Zweifel hat es noch andere Bauten dieser Art im westlichen Frankenreich gegeben, nach unserem gegenwärtigen Kenntnisstand aber nur wenige, an hervorgehobener Stelle. Der Typus des Westwerks gehört mit seiner imposanten Wirkung nach außen und der reichen Gliederung des Inneren zu den bedeutendsten Schöpfungen der vorromanischen Architektur. Er hat erst später, d. h. zur Zeit der ottonischen Herrscher, gerade im sächsischen Gebiet eine größere Anzahl von Nachfolgebauten hervorgebracht. Auch bei diesen in ihrer Struktur vereinfachten Anlagen gilt ebenso wie bei den karolingischen, daß ihr Entstehungsgrund noch ungeklärt ist. Eigenartigerweise hat ja auch Karls gewaltiger Zentralbau von Aachen erst im 11. Jahrhundert eine zahlreichere architektonische Nachfolge gefunden (vgl. Beitrag Untermann).

Die Frauenstifte: Vreden, Freckenhorst, Neuenheerse, Gandersheim, Essen und Meschede

Zu einem besonderen Kennzeichen Sachsens wurde vor allem in der späteren Karolingerzeit die auffallend große Zahl von Frauenstiften. Einige ihrer Kirchen konnten ergraben werden. Der christianisierte und in das Frankenreich integrierte sächsische Adel sah in der Gründung solcher Stifte, deren Leitung Familienangehörigen übertragen wurde, eine Möglichkeit, unter den neuen Bedingungen geistliche und politische Schwerpunkte für ihre Familien zu setzen. Die Konvente hatten seit dem 10. Jahrhundert durchweg den Status von Kanonissenstiften, doch wird zumindest für Herford angenom-

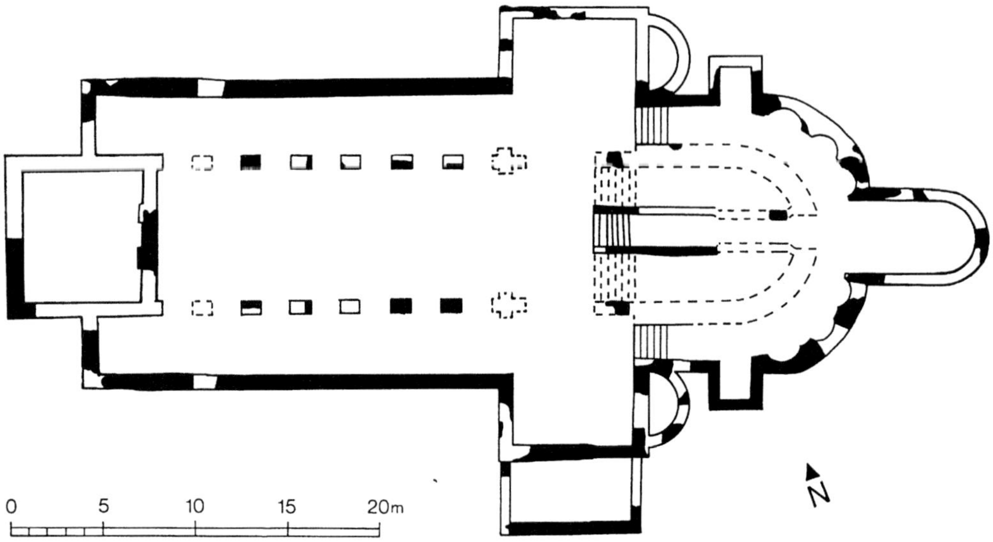

Abb. 16 Vreden, Stiftskirche nach dem ersten Umbau

men, daß hier anfangs Nonnen nach der Regel des hl. Benedikt lebten. Trotz der Grabungen ist die frühe Baugeschichte des wohl schon am Ende des 8. Jahrhunderts gegründeten, 823 durch Adalhard und Wala in Verbindung mit Corvey neu strukturierten Klosters bislang nicht geklärt.

Für Vreden ist kein Gründungsdatum überliefert, wohl aber für das Jahr 839 eine Reliquienübertragung genannt. Das vielleicht von der Familie Widukinds oder den Billungern gegründete Stift erhielt spätestens um diese Zeit eine dreischiffige Basilika mit Querhaus, Chorjoch mit Apsis, Umgangskrypta und turmartigem westlichem Abschluß. Die Mittelschiffsstützen bestanden aus längsrechteckigen Pfeilern. Im 9./10. Jahrhundert fanden Umbauten statt. Spuren davon zeigten sich am Kryptenumgang, der ursprünglich keine Nischen besaß, und im Querhaus (Abb. 16). Die neuen Untersuchungen von Hans Drescher zu den Funden von Glocken-Fragmenten (vgl. Beitrag Drescher) haben zur Folge, daß ein – möglicherweise hölzerner – Vierungsturm als Glockenträger angenommen werden muß. Die Fundamentüberreste allein hätten eine solche Rekonstruktion nicht gerechtfertigt.

Nach einer Brandzerstörung folgte in der ersten Hälfte des 11. Jahrhunderts ein Neubau. Daß die ottonischen Prinzessinnen Adelheid – Äbtissin von Vreden, Quedlinburg und Gernrode – und Sophia – Äbtissin von Gandersheim – 1024 das Stift Vreden als Stätte ihres Zusammentreffens mit dem neugewählten salischen König Konrad II. wählten, zeigt seinen hohen Rang, belegt aber auch, daß es baulich für dieses wichtige politische Ereignis geeignet war. Um die Mitte des 11. Jahrhunderts oder bald danach wurde die Stiftskirche an eine andere Stelle verlegt, etwa 50 m entfernt. Hier hatte zuvor schon eine einschiffige Kirche gestanden, deren Wurzeln möglicherweise in die Missionszeit zurückreichen.

Das wenige, was wir von der Kirche des wohl um 859 gegründeten Stiftes Freckenhorst wissen, spricht für einen Kirchenbau von ähnlicher Gestaltung (Abb. 17). Die Grabungen führten hier zu der Erkenntnis, daß zuerst das Geviert der Klausurbauten errichtet wurde, mit einem kleinen, an den nördlichen Kreuzgangarm anschließenden Oratorium für Messe und Stundengebet. Die große Kirche entstand erst in einer zweiten Stufe nördlich davon.

Auch das 868 gegründete Stift Neuenheerse erhielt eine dreischiffige Basilika an der Stelle der jetzigen Kirche, wie kürzlich erfolgte Ausgrabungen ergaben.

Zu den bedeutendsten Stiften gehört das 852 von den Liudolfingern gegründete Gandersheim. Von 852 bis 881 hielt sich der Konvent im nicht weit davon entfernt gelegenen Brunshausen auf, wo ein wahrscheinlich noch älterer kleiner Saalbau und eine einschiffige Kirche mit Apsis und westlichem Turm ergraben wurden. Die 881 geweihte Stiftskirche in Gandersheim ist nur von geringen Resten im heutigen Chor her bekannt. Wahrscheinlich sah sie ähnlich aus wie Bau I von Essen. Dieses Stift war von Altfried, dem Bischof von Hildesheim, in der Mitte des 9. Jahrhunderts nahe der fränkisch-sächsischen Grenze gegründet worden. Der dreischiffige Bau besaß Querarme, Seitenräume neben dem Chor und im Westen einen quadratischen Vorbau (Abb. 18).

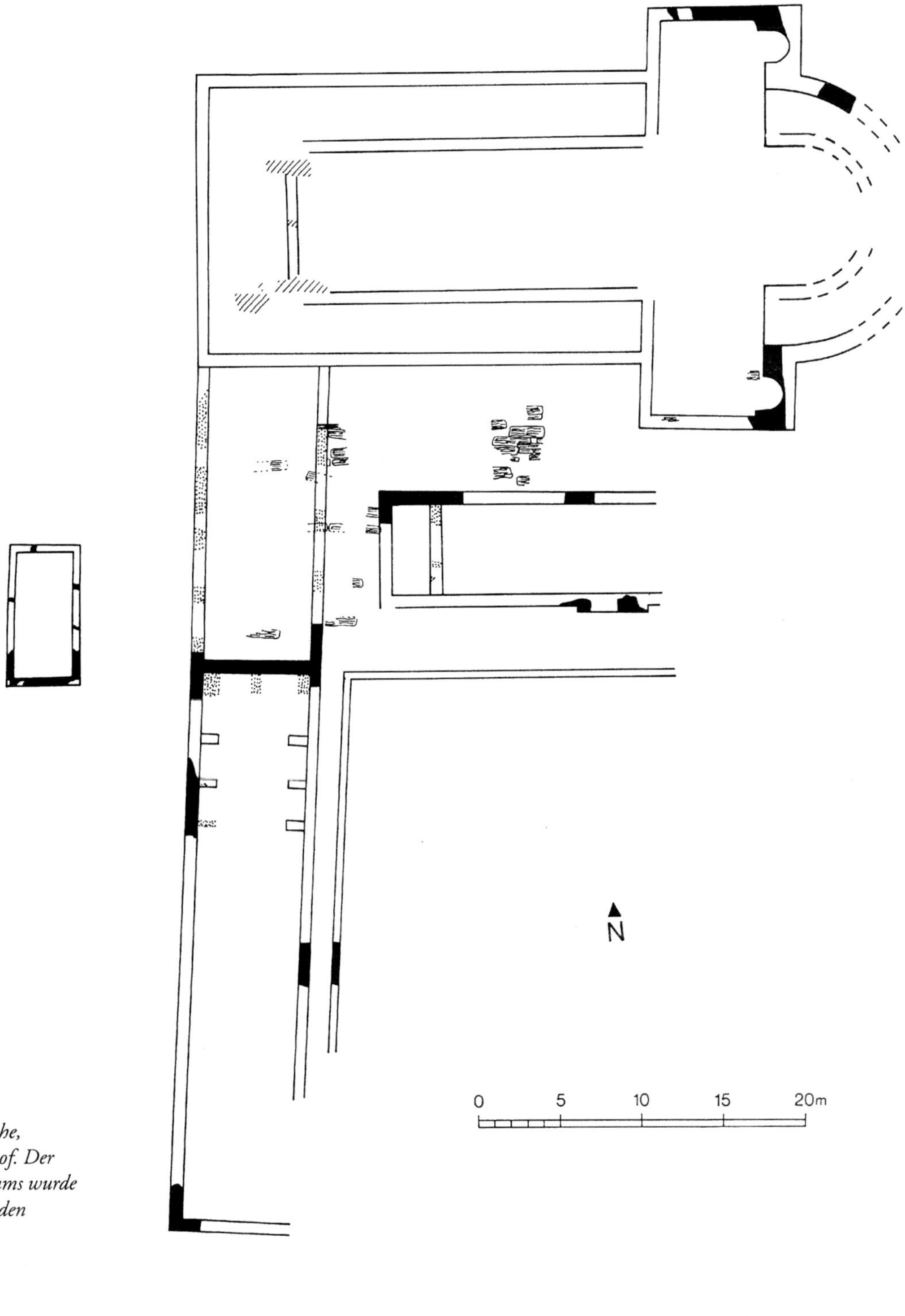

Abb. 17
Freckenhorst, Stiftskirche, Klaustrum und Friedhof. Der Westflügel des Klaustrums wurde nachträglich nach Norden verlängert

Ob die in der Literatur der Nachkriegszeit im Zusammenhang mit den karolingischen Stiftskirchen stets genannte Kirche in Herdecke noch in karolingische Zeit gehört, muß heute bezweifelt werden.

Um 900 entstand die Kirche des Kanonissenstiftes Meschede, auch sie vermutlich wie Freckenhorst gleichsam als Ausbaustufe nach Errichtung von Kloster und erstem Oratorium für den in der zweiten Hälfte des 9. Jahrhunderts gegründeten Konvent (Abb. 19). Die erhaltenen Reste erlauben es uns, den sicher datierten Bau in allen wesentlichen Elementen bis zur Dachtraufe hin zu rekonstruieren (Kat.Nr. VIII.41). Mit seinem dreischiffigen, auf längsrechteckige Pfeiler gestützten Langhaus, niedrigen Querarmen, Chorjoch, doppelgeschossiger

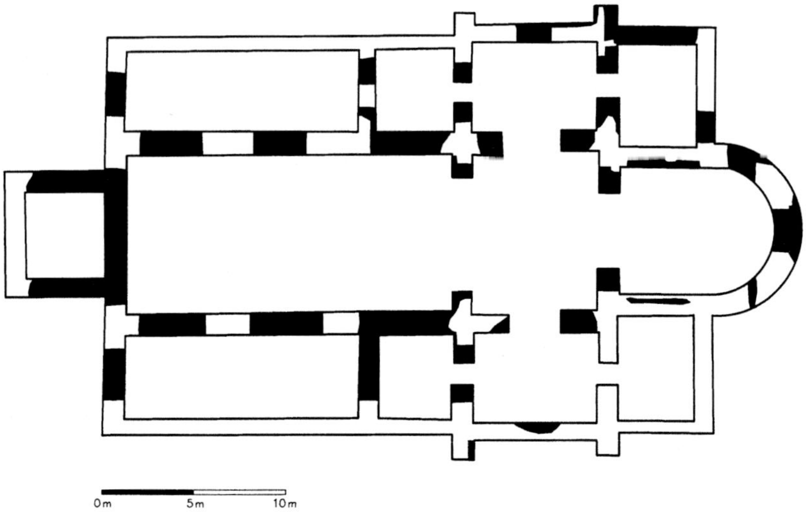

Abb. 18 Essen, Münster, Gründungsbau

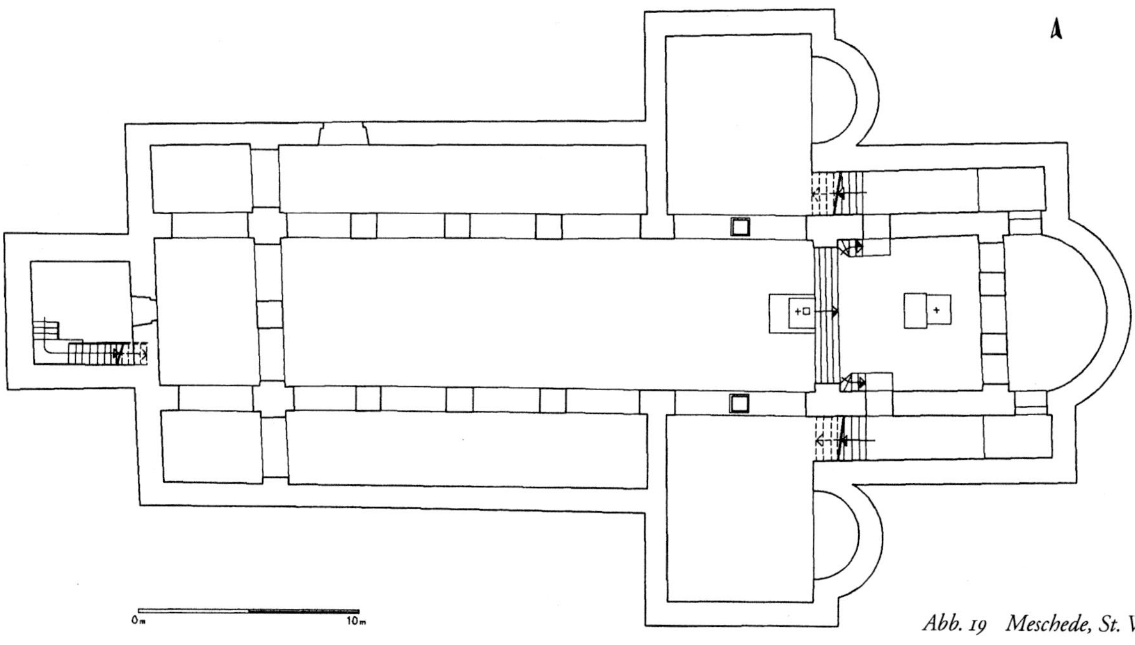

Abb. 19 Meschede, St. Walburga

Krypta und westlichem Turm kann er als markantes Beispiel für einen einst wohl weitverbreiteten Typus von Stiftskirchen gelten. Hinsichtlich der niedrigen Querarme kann vor allem auf die noch in großen Teilen erhaltene Kirche in Steinbach im Odenwald, von Einhard, dem Berater Karls des Großen und Ludwigs des Frommen zwischen 815 und 827 erbaut, verwiesen werden (Abb. 20 u. 21). Von hier ist die Bezeichnung „Steinbacher Typ" für diese Ausbildung der Querarme abgeleitet worden. In Steinbach ist die Wand in geringer Stärke ausgeführt, nur von Arkaden und Fenstern durchbrochen. Demgegenüber gibt es in Meschede eigenartige flache Rundbogennischen an der Innenseite der Westwand. Sie scheinen auf Entwicklungen des 10. und vor allem des 11. Jahrhunderts vorauszuweisen.

Die steinerne Hülle der karolingischen Kirchen war nach unserer Kenntnis in den meisten Fällen eher schlicht. Zu ihrer Wirkung gehörte der Putz und dessen – teils sparsame, teils reichere – farbige Bemalung. Hinzu kamen Ausstattungsstücke und Geräte aus Stein, Stuck, Metall, Glas, Holz und Textilien bis hin zum Elfenbein. Von einzelnen musealen Schatzstücken abgesehen, ist sehr wenig davon aus dieser Zeit überliefert. Um so wichtiger ist es, daß die Wandmalereien und die Neufunde von Teilen

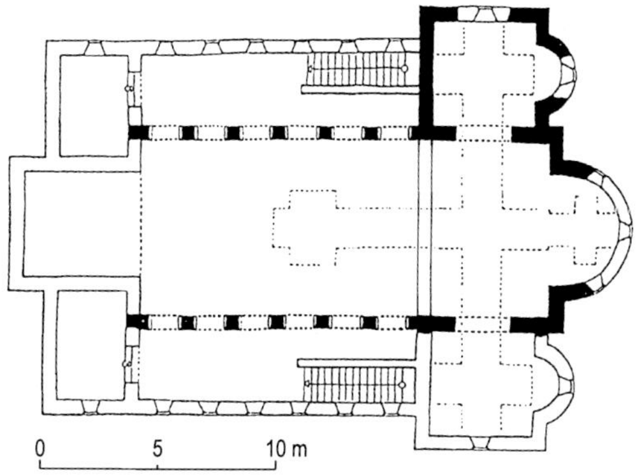

Abb. 20 Steinbach, Einhardsbasilika, Grundriß

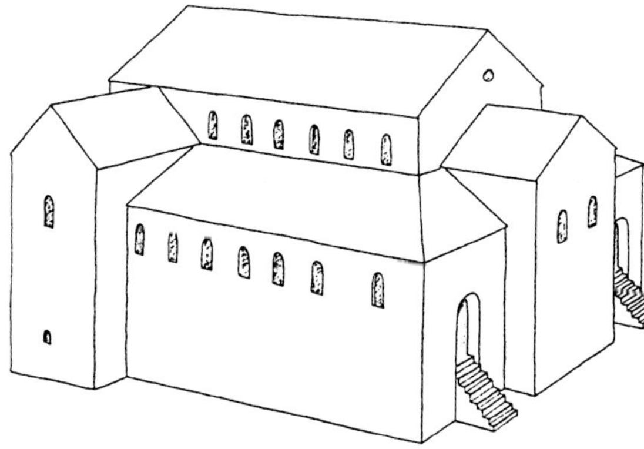

Abb. 21 Steinbach, Einhardsbasilika, Rekonstruktion. Die niedrigen Querarme entsprechen dem Befund, der Westabschluß ist im Aufgehenden hypothetisch

großer Stuckfiguren in Corvey (Kat.Nr. VIII.58) uns eine Vorstellung davon verschaffen, wie das Innere anspruchsvoller karolingischer Kirchen gestaltet werden konnte.

Literatur:

Claus AHRENS, Kat. Frühe Holzkirchen im nördlichen Europa (Veröffentlichung des Helms-Museums 39) [Ausstellung Hamburg 1981/82], Hamburg 1981. – Werner JACOBSEN u. Uwe LOBBEDEY unter Mitwirkung v. Andreas KLEINE-TEBBE, Der Hildesheimer Dom zur Zeit Bernwards, in: Kat. Hildesheim 1993, 1, 299–311. – Klaus LANGE, Die ehemalige Stiftskirche in Herdecke, Essen 1997. – Gerhard LEOPOLD u. Ernst SCHUBERT, Der Dom zu Halberstadt bis zum gotischen Neubau, Berlin 1984. – Uwe LOBBEDEY, Die Ausgrabungen im Dom zu Paderborn 1978/80 und 1983 (Denkmalpflege und Forschung in Westfalen 11), Bonn 1986. – Uwe LOBBEDEY, Herbert SCHOLZ u. Sigrid VESTRING-BUCHHOLZ, Der Dom zu Münster 793–1945-1993 (Denkmalpflege und Forschung in Westfalen 26), Bonn 1993, hier 31–38. – Vorromanische Kirchenbauten. Katalog der Denkmäler bis zum Ausgang der Ottonen, bearb. v. Friedrich OSWALD, Leo SCHAEFER u. Hans Rudolf SENNHAUSER, München 1966–1971, 55–57. Nachtragsband bearb. v. Werner JACOBSEN, Leo SCHAEFER u. Hans Rudolf SENNHAUSER, München 1991, 81–84 (Lit.). – Westfälisches Klosterbuch. Lexikon der vor 1815 errichteten Stifte und Klöster von ihrer Gründung bis zur Aufhebung 1 u. 2, hrsg. von Karl HENGST (Veröffentlichungen der Historischen Kommission für Westfalen 44) (Quellen und Forschungen zur Kirchen- und Religionsgeschichte 2), Münster 1992 u. 1994. – Vgl. darüber hinaus Grabungsberichte in der Zeitschrift „Westfalen" 43, 1965; 50, 1972; 55, 1977; 61, 1983; 70, 1992, ferner in: Ausgrabungen und Funde in Westfalen-Lippe 1, 1983 ff.

Fragment eines Seidenstoffs mit Verkündigung an Maria. Vatikanstadt, Biblioteca Apostolica Vaticana, Museo Sacro (Kat.Nr. IX.38a) ▷

KAPITEL IX

Rom zur Zeit der Karolinger

Franz Alto Bauer

Die Bau- und Stiftungspolitik der Päpste Hadrian I. (772–795) und Leo III. (795–816)

Die Pontifikate Hadrians I. (772–795) und Leos III. (795–816) bedeuteten für die Stadt Rom eine Phase politischer Stabilität und wirtschaftlicher Prosperität. Bald nachdem Hadrian zum Papst gewählt worden war, vollendeten sich die Loslösung des Patrimonium Petri von Byzanz und die Etablierung eines unabhängigen Papststaates. Mit Hilfe der Franken, denen man seit 754 in einem Schutzverhältnis verbunden war, gelang es dem Papst, die Langobardengefahr zu bannen: Karls Truppen eroberten im Sommer des Jahres 774 Pavia, der Frankenkönig wurde dort zugleich auch zum König der Langobarden gekrönt. Bereits zu Ostern dieses Jahres hatte Karl bei seinem ersten Rombesuch das Schutzversprechen erneuert und den territorialen Bestand des Papststaates garantiert. Die Befriedung des Umlands von Rom war wiederum die Grundlage für einen wirtschaftlichen Aufschwung: Man konnte wieder gefahrlos Landwirtschaft und Viehzucht betreiben. Die Handelswege waren nicht mehr bedroht, im Gebiet des Patrimonium Petri konnten Steuern erhoben werden. Pilger zogen ohne Furcht nach Rom. Mit ihnen floß Geld in die Ewige Stadt.

Im Stadtbild Roms machte sich der wirtschaftliche Aufschwung alsbald bemerkbar: An allen Ecken und Enden der Stadt sah man Baustellen. Verfallene Bauten wurden wiederhergestellt. Neuer Glanz entfaltete sich in den zahllosen Kirchen Roms, die reiche Zuwendungen erhielten und prächtig ausgestattet wurden. Doch haben sich nur wenige Spuren dieses Bau- und Ausstattungsbooms erhalten. Wollten wir uns einen Eindruck von dieser beispiellosen Erneuerung der ewigen Stadt unter Hadrian machen, so empföhle es sich, einen Rundgang ganz anderer Art vorzunehmen und uns mit der Biographie dieses Papstes im Liber Pontificalis vertraut zu machen (LP I, 486–514).

I. Papst Hadrian I.

Hadrians Biographie im Liber Pontificalis war zum Zeitpunkt ihrer Abfassung die längste ihrer Art. Ausführlich berichtet der Verfasser von der Herkunft des Papstes, dessen Werdegang, den historischen Ereignissen und – ganz besonders detailliert – von den Baumaßnahmen und Stiftungen Hadrians. Dabei geht der Verfasser chronologisch vor. Er referiert zunächst die für den Bestand des Patrimonium Petri so wichtigen Begebenheiten bis zum Jahre 774 und listet dann Jahr für Jahr, Kirche für Kirche auf, welchen Umbaumaßnahmen diese unterzogen wurden und welche Zuwendungen sie erhielten. Nur selten werden genaue Angaben zum Bauablauf gemacht; dies ist vor allem dann der Fall, wenn es sich um substantiellere Eingriffe handelt. Bei der Masse der Bauten heißt es, der Papst habe sie *renovavit* oder *restauravit*. War eine umfassendere Instandsetzung vonnöten, dann verwendet der Autor bisweilen den Ausdruck *noviter reparavit* oder *noviter fecit*. Wie einschneidend diese Maßnahmen waren, ist schwer zu beurteilen. Wenn etwa ein Bau neu eingedeckt wurde, so wurde dies bereits eigens erwähnt. Der weitgehende Neubau der Kirche S. Maria in Cosmedin wird von dem Verfasser der Vita dagegen in einem kleinen Abschnitt näher erläutert (s. u.).

Mehr aber interessieren den Autor Beschaffenheit und Gewicht der beweglichen Stiftungen: Hier bedient er sich, gerade was liturgische Geräte und andere Ausstattungsobjekte angeht, einer präzisen Terminologie, nennt das Material und die Menge des verwendeten Edelmetalls oder aber die Verarbeitung und die Motive der so häufig erwähnten Stoffe und Behänge. Nicht selten werden auch Ikonen (*imagines*) und ihre Motive genannt. Diese Akribie hinsichtlich der Material- und Gewichtsangaben ist nicht verwunderlich, gingen doch die Verfasser des Liber Pontificalis ihrer Tätigkeit im Lateran nach, wo sie Zugriff auf das Archiv des Papstpalastes hatten, in dem all diese Stiftungen dokumentiert waren.

Gegen Ende des 8. Jahrhunderts gab es im Stadtgebiet Roms ca. 200 Kirchen, Oratorien, Klöster etc. (Abb. 1). Die Mehrzahl dieser Bauten stammte aus dem 4.–6. Jahrhundert, war also bereits über zwei Jahrhunderte alt, als Hadrian Papst wurde. Deren Bausubstanz bedurfte der Reparatur, ihre liturgische Ausstattung mußte dringend ergänzt bzw. erneuert werden. Hadrians Vorgänger im 8. Jahrhundert konnten nur wenig für die Instandsetzung der Kirchen aufwenden, wofür in erster Linie die schwierige politische Lage, vor allem das oft feindliche Verhältnis zu den Langobarden, verantwortlich war. Unter Hadrian sollte sich dies nun ändern. Sein Biograph schreibt an einer Stelle (LP I, 499): „Der gesegnete Papst war den Kirchen zugetan und wandte unablässig große Sorge für die Ausstattung und die Wiederherstellung aller Kirchen Gottes auf." Als ginge es darum, diese Aussage zu belegen, konfrontiert er den Leser nun mit einer Flut von Namen derjenigen Kirchen, denen Hadrian sich zuwandte. Ermüdet von der seitenlangen Auflistung verschiedenster Baumaßnahmen und Stiftungen konnte sich dieser unmöglich an jede einzelne Detailinformation erinnern.

Einige Grundkonstanten mochten dem Leser jedoch im Gedächtnis geblieben sein: So wird ihm aufgefallen sein, welch besondere Fürsorge St. Peter, also jene Kirche, in der Karl 774 seine Schutzzusage beschworen hatte und die das bedeutendste Pilgerziel war, erfuhr. Der Bau wurde gründlich erneuert (LP I, 503–505, 507): Das Dach wurde mit Hilfe fränkischer Ingenieure wiederhergestellt, ebenso die Dächer der Säulenhallen des Atriumvorhofs und die Treppenanlage, über die man den Kirchenkomplex erreichte. Aus der Pigna, dem bronzenen Pinienzapfen des Brunnens inmitten des Atriumvorhofs floß wieder Wasser. Darüber hinaus wurde die Säulenhalle erneuert, welche St. Peter mit der in frühmittelalterlichen Quellen als 'Adrianium' (!) bezeichneten Engelsburg verband. Begleitet wurde diese Baumaßnahme durch die Wiederherstellung dreier Diakonien, die mit der Versorgung der Pilger betraut waren (LP I, 505–506; Abb. 2). Wer sich nun über diese Zugangsachse der Peterskirche näherte und diese schließlich betrat, der wurde von der Prächtigkeit der Ausstattung geblendet (LP I, 499, 503, 510, 511, 513). Das Presbyterium mit seiner doppelten Säulenstellung war an Prunk kaum mehr zu überbieten. Der Bodenbelag vor der Confessio bestand aus reinstem Silber, vor ihr befand sich eine Abschrankung aus reinstem Gold. Bilder Christi, der Muttergottes und besonderer Heiliger wurden in den Interkolumnien der dem Altarbereich vorgelagerten Säulen befestigt. Prächtiges liturgisches Gerät trat hinzu. Den goldverkleideten Altar zierte eine reich besetzte Altardecke. Schließlich hing über dem Altarbereich ein gigantischer Leuchter, dessen 1365 Kerzen an besonderen Festtagen – darunter auch an Hadrians Geburtstag – angezündet wurden. Noch prächtiger war das Altargrab ausgestattet worden: Die Confessio wurde mit Gold ausgekleidet, ebenso das *corpus*, also wohl das eigentliche Grab, das über eine Ringkrypta zugänglich war. Angeblich verwendete man hierfür 1328 Pfund reinsten Goldes.

Die Lateransbasilika am anderen Ende der Stadt wurde deutlich weniger aufwendig bedacht (LP I, 500, 507, 510, 511): Auch sie erhielt ein neues Dach, wertvolle Behänge und Leuchter. Ein Altargrab, das der besonderen Hervorhebung bedurfte, fehlte hier jedoch. Dafür wurde der benachbarte Lateranspalast ausgebaut (LP I, 502 f., 504 f.): Hier ließ Hadrian einen älteren Turm und eine Säulenhalle, die zu einem Bad führte, wiederherstellen. In der Säulenhalle sollten von nun an Armenspeisungen stattfinden. Das Bad konnte, nachdem die Wasserleitung der Aqua Claudia repariert worden war, wieder in Betrieb genommen werden. Wir sehen, daß eine der Konstanten hadrianischer Bau- und Ausstattungspolitik die Bewältigung des Pilgerstroms und der Armenfürsorge war.

Besondere Aufmerksamkeit wurde S. Maria ad praesepem (S. Maria Maggiore) und den beiden extraurbanen Märtyrerbasiliken des hl. Paulus und hl. Laurentius zuteil. Hadrian ließ deren Dächer erneuern und ihre Presbyteria mit den Altargräbern prächtig ausstatten (LP I, S. Maria Mag.: 508, 511; S. Paul: 499, 506, 508; S. Lorenzo: 500, 508, 511). Wie schon bei St. Peter, so ließ der Papst auch hier die Säulenhallen, welche die Kirche mit der Stadt verbanden, erneuern: Geschützt vor Sonne und Regen konnten die Pilger zu den vor den Stadtmauern gelegenen Kirchen gelangen.

Über 70 Kirchen und Coemeterien in und um Rom ließ der Papst instand setzen, wie den stereotypen Eintragungen in seiner Vita zu entnehmen ist (Abb. 1). Die meisten von diesen, aber auch eine Reihe von Kirchen, die keiner Erneuerung unterzogen werden mußten, erhielten Behänge oder liturgisches Gerät. Müde vom seitenlangen Auflisten verschiedener Stiftungen faßt der Biograph Hadrians zusammen (LP I, 501): „Wie ein guter Hirt ließ er alle Kirchen Gottes, vor den Stadtmauern wie innerhalb der Stadtmauern gelegene, zur Ehre Gottes wiederherstellen und verzieren."

Eine Kirche jedoch sticht aus diesem Programm der Erneuerung heraus: S. Maria in Cosmedin (Abb. 3). Die Kirche der Muttergottes am Forum Boarium wurde weitgehend neu errichtet, wie der Biograph stolz in einem längeren Passus anmerkt (LP I, 507): „Die Diakonie der heiligen Muttergottes und Jungfrau Maria, die Cosmidin genannt wird, war in bestehende Bauten eingerichtet worden. Sie lag unterhalb eines ruinösen Baus. Das große Bauwerk aus Travertin und Tuffstein, das über ihr hing, riß er [Hadrian] im Laufe eines Jahres ab, indem er eine

Abb. 1 Wiederherstellungen römischer Kirchen unter Papst Hadrian I. und Papst Leo III.

Kirche	wiederhergestellt unter:
1. St. Petri	Hadrian, Leo
2. Ss. Sergii et Bacchi	
3. Ss. Iohannis et Pauli	
4. Hierusalem	
5. S. Martini	
6. S. Stephani maioris	Leo
7. S. Stephani minoris	
8. Triklinium und Bad Leos III.	
9. S. Apollinaris	
10. S. Gregorii	
11. S. Silvestri	Hadrian
12. S. Martini	
13. S. Mariae in caput portici	Hadrian
14. St. Petri	
15. S. Peregrini	
16. Porticus St. Petri	
17. S. Mariae in Adrianium	Hadrian
18. S. Laurentii in Damaso	Hadrian, Leo
19. S. Laurentii in Pallacinis	Hadrian
20. S. Stephani Vagauda	
21. S. Marci	Hadrian
22. S. Mariae in Via Lata	
23. S. Eustachii	
24. S. Mariae ad Martyres	
25. S. Mariae in Aquiro	
26. S. Apollenaris	
27. S. Mariae in Campo Martio	
28. S. Laurentii in Lucina	Hadrian
29. S. Silvestri in Capite	
30. S. Felicis in Pincis	Hadrian
31. Xenodochium Belisarii	
32. S. Marcelli	Hadrian
33. Ss. Apostolorum	Hadrian, Leo
34. S. Andreae in Biberatica	
35. S. Stephani in Dulciti	
36. S. Agathae de Caballo	
37. S. Vitalis	Hadrian
38. S. Agathae de Subura	Leo
39. S. Sergii et Bacchi in Calinico	
40. S. Laurentii in Formonsis	Hadrian
41. S. Pudentianae	Hadrian
42. S. Susannae	Hadrian, Neubau unter Leo
43. S. Cyriaci	Hadrian
44. S. Valentini	Leo
45. S. Silani et Bonifacii	
46. S. Saturnini	
47. S. Hermetis	Hadrian
48. Ss. Proti et Iacinthi	Hadrian
49. S. Basillae	Hadrian
50. S. Felicitatis	Hadrian
51. Ss. Crysanthi et Dariae	Hadrian
52. S. Hilariae	Hadrian
53. Alexandri	Hadrian
54. Vitalis et Martialis	Hadrian
55. Ss. Septem Virginum	Hadrian
56. S. Silvestri	Hadrian
57. S. Nicomedis	Hadrian
58. S. Agnetis	Hadrian
59. S. Emerentianae	Hadrian
60. S. Agapiti	
61. S. Eudoxiae	Hadrian
62. S. Luciae in Orfea	Hadrian, Leo
63. S. Silvestri et Martini	Hadrian
64. S. Praxedis	Hadrian
65. S. Adriani iuxta praesepem	
66. S. Mariae ad praesepem	Hadrian, Leo
67. Ss. Cosmae et Damiani	
68. Ss. Euphemiae et Archangeli	
69. S. Andreae cata Barbara	Leo
70. S. Andreae q.a. massa Iuliana	
71. S. Viti	
72. S. Viti in Macello	
73. S. Eusebii	Hadrian
74. S. Isidori	
75. S. Bibianae	
76. S. Ianuarii	Hadrian
77. S. Agapeti	Hadrian, Leo
78. Porticus S. Laurentii	
79. S. Laurentii	Hadrian
80. S. Hippolyti	Hadrian
81. S. Stephani	Hadrian
82. S. Luciae/Mon. Renati	
83. S. Mariae/Mon. Michaelis	
84. S. Clementis	Hadrian
85. Ss. Quattuor Coronatorum	Hadrian
86. S. Agathae in caput Africae	
87. Ss. Marcellini et Petri	
88. S. Sergii	
89. Mon. Honorii	Hadrian
90. S. Stephani	Hadrian
91. S. Pancratii	
92. Basilica Constantiniana	Hadrian
93. Turm, Porticus und Bad	
94. Triclinia Leos III.	Neubau durch Leo
95. Hierusalem	Hadrian
96. Ss. Marcellini et Petri	Hadrian
97. Ss. Iohannis et Pauli	Hadrian
98. S. Gregorii	
99. S. Mariae in Domnica	
100. S. Stephani	
101. S. Erasmi	
102. Xenodochium Valeriorum	
103. Mon. Tempuli	
104. S. Nerei et Achillei	
105. S. Sixti	Hadrian
106. S. Caesarii/Mon. Corsarum	
107. S. Simitrii	
108. S. Iohannis ante Portam Latinam	Hadrian
109. Ss. Gordiani et Epimachi	Hadrian
110. Ss. Quarti et Quinti	Hadrian
111. S. Tertullini	Hadrian
112. S. Eugeniae	Hadrian
113. Ss. Simplicii et Serviliani	Hadrian
114. S. Sophiae	Hadrian
115. Ss. Tiburtii, Valeriani et Maximi	Hadrian
116. S. Zenonis	Hadrian
117. Ss. Sixti et Cornelii	Hadrian
118. S. Urbani	Hadrian
119. Ss. Felicissimi, Agapiti et Ianuarii	Hadrian
120. S. Cyrini	Hadrian
121. S. Mariae q.a. Ambrosii	
122. S. Mariae q.a. Iuliae	
123. S. Archangeli	
124. S. Sergii et Bacchi	Hadrian
125. S. Martinae	Leo
126. S. Adriani	Hadrian
127. S. Cosmae et Damiani	Hadrian, Leo
128. S. Mariae Antiqua	
129. S. Theodori	
130. S. Georgii	
131. S. Anastasiae	Hadrian
132. S. Mariae in Cosmedin	

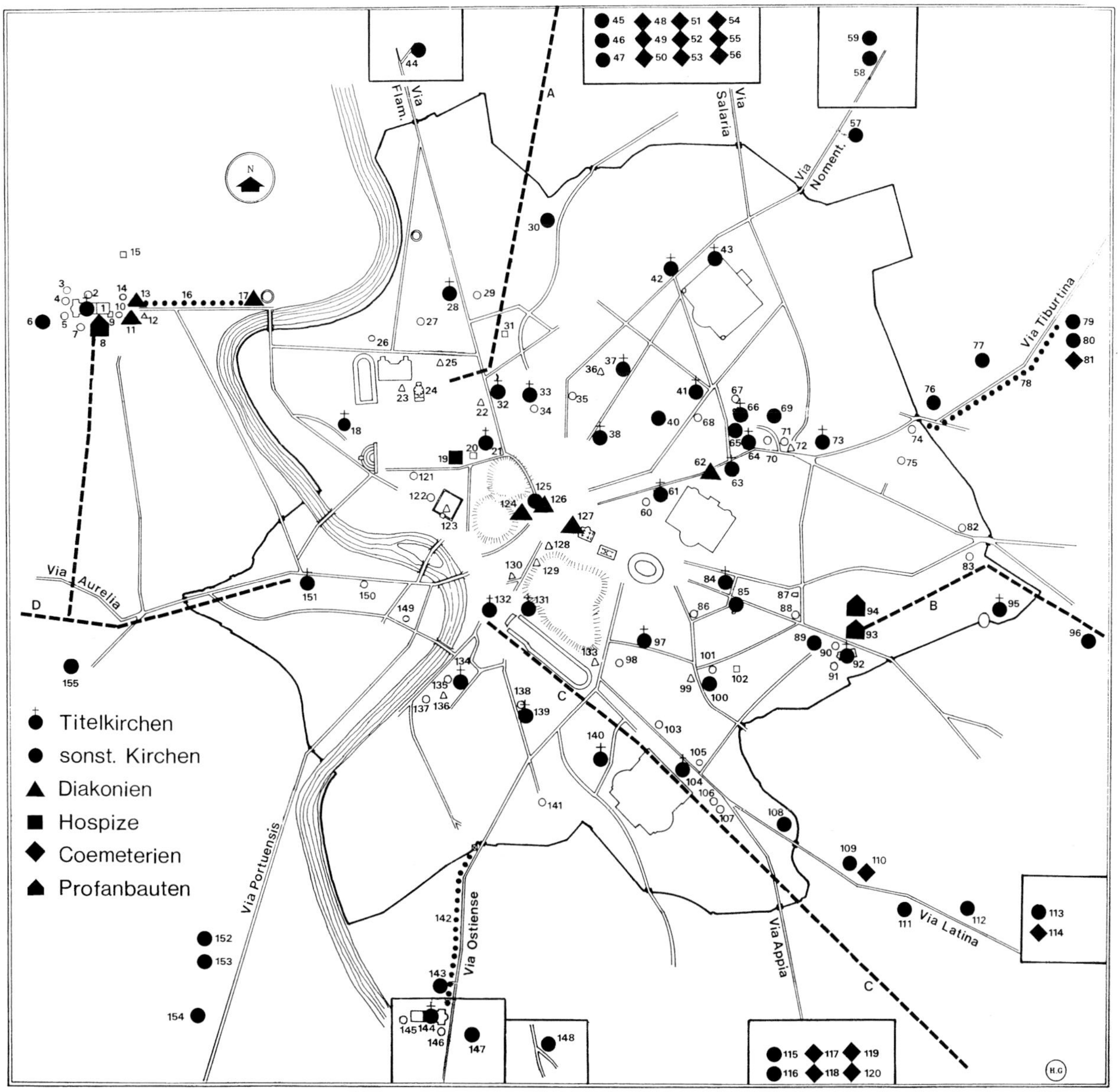

Kirche	wiederhergestellt unter:	Kirche	wiederhergestellt unter:	Kirche	wiederhergestellt unter:
133. S. Luciae in septem vias		142. Porticus S. Pauli		151. S. Mariae trans Tiberim	Hadrian
134. S. Sabinae	Hadrian	143. S. Menae	Hadrian	152. Ss. Abdon et Sennen	Hadrian
135. S. Iohannis		144. S. Pauli	Hadrian, Leo	153. S. Felicis	Hadrian
136. S. Bonifacii		145. S. Caesarii		154. S. Candidae	Hadrian
137. S. Mariae/Mon. de Lutara		146. S. Stephani		155. S. Pancratii	Hadrian
138. S. Donati		147. Ss. Felicis et Adaucti	Hadrian	A. Forma Virginis	Hadrian
139. S. Priscae	Hadrian	148. S. Anastasii	Hadrian	B. Forma Claudia	Hadrian
140. S. Balbinae	Leo	149. S. Caeciliae		C. Forma Iovia	Hadrian
141. S. Sabae		150. S. Chrysogoni		D. Forma Sabbatina	Hadrian

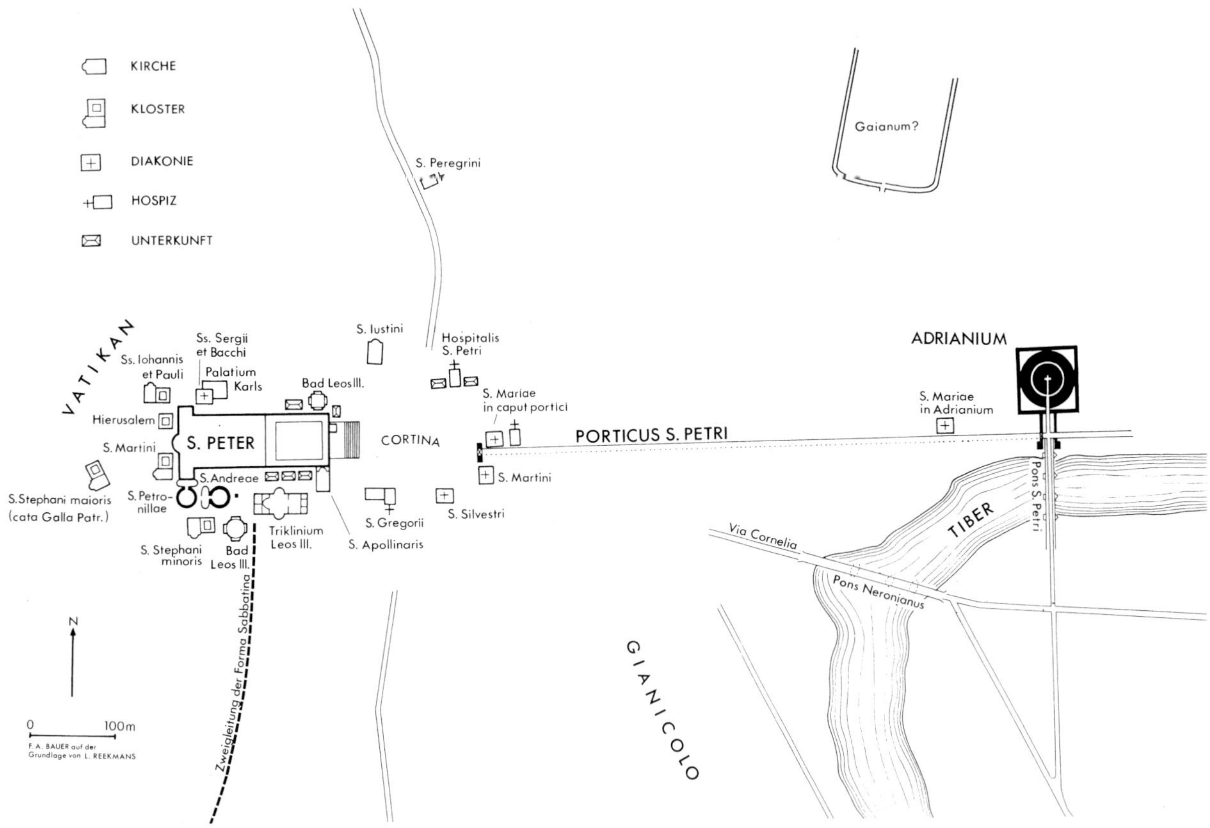

Abb. 2 Das Umfeld der Peterskirche in karolingischer Zeit

große Menge an Menschen versammelte und einen großen Haufen Holz anzündete. Zugleich bildete er eine Schuttansammlung und errichtete die genannte Basilika von den Fundamenten her, erweiterte sie diesseits und jenseits geräumig, errichtete drei Apsiden und erneuerte so die wahre Cosmidin umfangreichst." Die alte Diakonie war offenbar zu klein geworden. So ließen Hadrians Bauleute ein hinter der Kirche gelegenes antikes Gebäude abreißen, um die Ausdehnung der Kirche nach Osten verdoppeln zu können. Der archäologische Befund bestätigt die Beschreibung des Biographen (CBCR II, 277–307): Der Ostteil des heutigen Kirchenbaus, der in seiner Substanz frühmittelalterlich ist, erhebt sich auf dem Sockel eines älteren Gebäudes, bei dem es sich wohl um die Ara Maxima, den großen Altar des Herkules, handelt (Abb. 4). In dem Tuffundament dieses Baus entdeckte man während des Umbaus einen kleinen Raum, den man in eine Hallenkrypta umwandelte. Deren Wandnischen nahmen zahlreiche Reliquien auf, die Hadrian für diesen Bau herbeischaffen ließ. Wer in die Krypta hinabstieg, der mußte sich in eine der zahllosen Katakomben um Rom versetzt gefühlt haben (Abb. 5–6). Die hier versammelten Reliquien sollten die Bedeutung und den Fortbestand der Kirche in Zukunft sichern, aber auch manchem Heiligen, dessen Grab von Plünderung bedroht war, eine neue sichere Ruhestätte innerhalb der Stadtmauern bieten.

Doch gab Hadrian die vorstädtischen Coemeterien nicht auf. Vielmehr bemühte er sich, die wichtigsten von diesen instand setzen zu lassen. Die unterirdische Grabkammer der Heiligen Petrus und Marcellinus an der Via Labicana – um nur das wichtigste Beispiel zu nennen – erhielt neue Zugänge, die eine reibungslose Bewältigung der Besuchermassen ermöglichten (LP I, 500). Offenbar rechnete er nicht mehr mit einer Verwüstung des Umlandes von Rom, wie dies vor seinem Pontifikat mehrfach geschehen war. Die zahllosen Katakomben vor den Mauern Roms wurden einem wachsenden Pilgerstrom erschlossen und waren so sichtbare Zeugnisse der Bedeutung dieser Stadt als Ort durchlittener Martyrien und damit der Glaubensfestigkeit.

Hadrian setzte alles daran, Rom wieder zu einem funktionierenden städtischen Organismus zu machen. Zu An-

Abb. 3 Rom, S. Maria in Cosmedin: Inneres

fang seines Pontifikats, wohl noch unter dem Eindruck der Bedrohung der Stadt durch die Langobarden, begann er mit der Instandsetzung des Mauerrings. Indem er Arbeiter aus der Umgebung verpflichtete, gelang es ihm, dieses gewaltige Unternehmen bis zum Jahre 791 zu vollenden (LP I, 501, 513). Belagerer sollten angesichts dieses Bollwerks den Mut verlieren, Besucher aber von dem zinnenbewehrten Mauerring beeindruckt und auf den städtischen Charakter Roms hingewiesen werden. Zudem erwähnt Hadrians Biograph, daß dieser vier Wasserleitungen wiederherstellen ließ, die seit den Langobardenbelagerungen außer Funktion waren (LP I, 503–505; Abb. 1). Interessant ist, welche Stadtregionen diese Aquädukte zu versorgen hatten: Das Wasser der Forma Sabbatina hatte die Getreidemühlen auf dem Gianicolo zu betreiben und das Gebiet um St. Peter zu versorgen. Die Forma Iovia führte bis nach S. Maria in Cosmedin, diente also der Versorgung dieser Diakonie und des ehemaligen Forum Boarium. Die Forma Claudia speiste den Lateran, vor allem das dortige Bad und das Baptisterium, und die Forma Virginis versorgte das Marsfeld, wo ein Großteil der stadtrömischen Bevölkerung wohnte. Alle wichtigen Bereiche der frühmittelalterlichen Stadt waren somit mit Wasser versorgt.

Um Rom ließ der Papst mehrere sog. *domuscultae* einrichten. Dabei handelte es sich um landwirtschaftliche Großbetriebe, die im Besitz der Kirche waren. So wird überliefert, daß die wichtigste dieser *domuscultae*, die *domusculta Capracorum* im Gebiet von Veji, Getreidefelder, Weinberge und Olivenhaine besaß, ja auch über eine Schweinezucht verfügte. Zum Teil wird genau überliefert, was mit den Erträgen geschehen sollte. Die der *domusculta Capracorum* sollten allein den Bedürftigen zukommen: 100 Hungrige wurden jeden Tag beim Lateranspalast gespeist (LP I, 502, 506–507). Doch waren diese *domuscultae* mehr als rein agrarische Produktions-

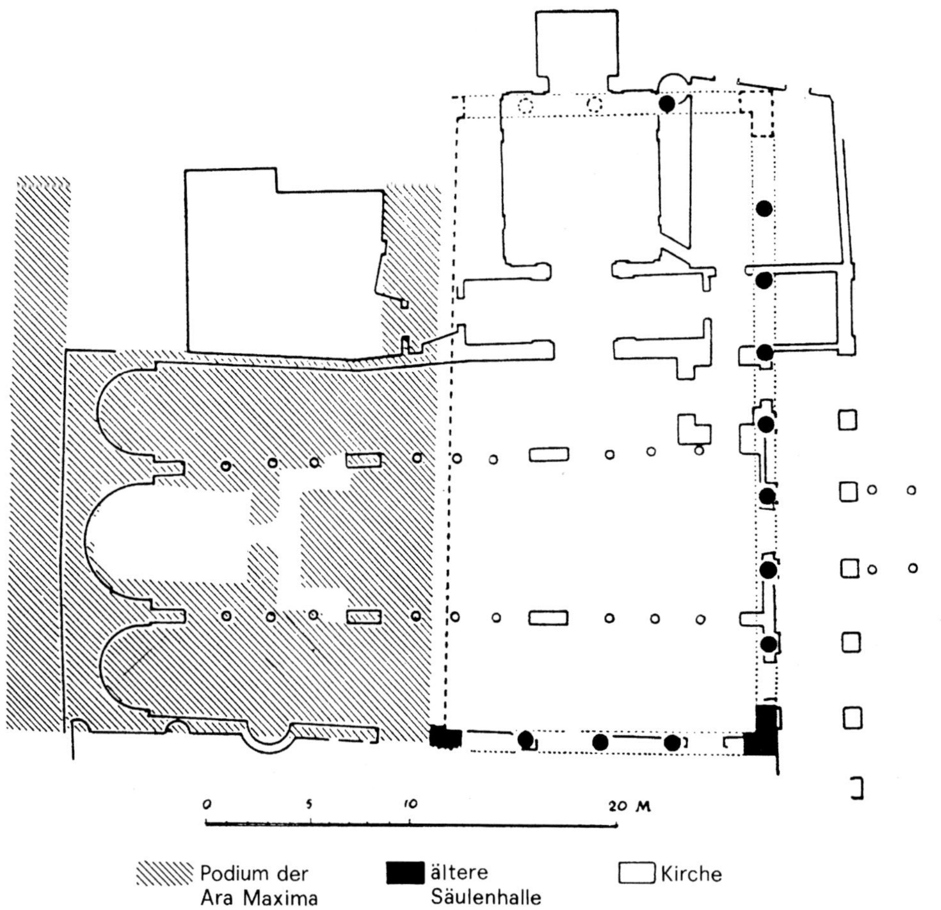

Abb. 4 Rom, S. Maria in Cosmedin: Lage der Ara Maxima

komplexe. Einige von ihnen verfügten über eine eigene Miliz und wurden so zu Zentren päpstlicher Machtausübung im Umland Roms.

Hadrians Biograph läßt den Leser glauben, der Papst habe dies alles allein bewerkstelligt. Doch ist davon auszugehen, daß auch die römische Aristokratie an dem Bau- und Ausstattungsprogramm beteiligt war. Vereinzelt können wir solche privaten Stifter greifen. So belegt eine Inschrift auf einem Fragment des Templonarchitravs der Kirche S. Maria in Cosmedin, daß diesen Teil der Ausstattung ein gewisser Notar namens Gregorius übernahm. Bei der Erneuerung anderer Kirchen mag es genauso gewesen sein. Schließlich ist auch bekannt, daß fränkische Adlige und nicht zuletzt Karl der Große Geldmittel und Materialien bereitstellten. Ohne fränkische Hilfe hätte Hadrian die Dächer der großen Basiliken gar nicht wiederherstellen können. In den Jahren zwischen 779 und 786 sandte Hadrian zwei Briefe an Karl mit der Bitte, ihm Holzbalken und Blei für die Eindeckung zuzusenden (Cod. Carol. ep. 67 = MGH Epist. III, 592f u. ep. 82 = MGH Epist. III, 609f): Der Herrscher sollte 1000 Pfund Blei bereitstellen und jeder Statthalter im Gebiet Italiens 100 Pfund. In der Vita Hadriani, die alle Bau- und Ausstattungsmaßnahmen allein dem Papst zuschreibt, ist hiervon nicht die Rede. Daß Karl bei seinen Rombesuchen reiche Geschenke mitbrachte, ist durch Einhard bezeugt (Einhard, Vita Caroli, c. 27). Der Verfasser der Vita Hadriani überging dies. In seinem Bild von einer rein päpstlichen Erneuerung der Stadt Rom hatten andere Stifter keinen Platz.

Wer sich die Mühe gemacht hat, die Vita in ihrer ganzen Länge durchzulesen, der wird die zahllosen Details schnell vergessen haben, sich aber durchaus daran erinnern, daß der Segen des päpstlichen Erneuerungswerks jeden Bau erreichte und die Stadt Rom in ihrer Gesamtheit erfaßte. So wie mit dem Ende des langobardischen Königtums und der Loslösung von Byzanz der politische Bestand des Papststaates stabilisiert worden war, so sollte nunmehr auch die Stadt Rom, ihre antiken Bauten und ihre Fülle von Kirchen, erneuert und konserviert werden.

Abb. 5 Rom, S. Maria in Cosmedin: Krypta

Abb. 6 Rom, S. Maria in Cosmedin: Krypta

Pilger sollten sich von der Pracht des päpstlichen Rom überzeugen und die Kunde von dem märchenhaften Glanz der Peterskirche in ihren Herkunftsländern verbreiten.

Als Hadrian am Weihnachtstag des Jahres 795 starb, hinterließ er eine in ihrer Substanz erneuerte Stadt, der er allerdings keinen echten Neubau hinzugefügt hatte. Man sagt, Karl der Große habe geweint, als er die Kunde vom Tod Hadrians erfuhr. Er veranlaßte seinen Hofdichter Alkuin mit dem Abfassen eines Epitaphs, den man noch heute in der Vorhalle der Peterskirche sehen kann. Wahrscheinlich mußte Alkuin nicht übertreiben, als er folgende Verse schrieb:

Hic pater ecclesiae Romae decus inclytus auctor
Hadrianus requiem papa beatus habet. ...
Exornare studens devoto pectore pastor
Semper ubique suo templo sacrata Deo,
Ecclesias donis populos et dogmate sancto
Imbuit et cunctis pandit ad astra viam.
Pauperibus largus nulli pietate secundus
Et pro plebe sacris pervigil in precibus
Doctrinis, opibus, muris, erexerat arces
Urbs caput orbis honor inclyta Roma tuas.

„Romas Zierde, der Vater der Kirche, in Schriften unsterblich,
Hadrianus der Papst ruhet, der Selige, hier. [...]
Immer im frommen Gemüt als Priester zu schmücken erwog er,
Immer an jeglichem Ort Gottes geheiligtes Haus.
Reich mit Geschenken erfüllt' er die Kirchen, die Völker mit Lehren
Heiliger Schrift, und er wies allen zum Himmel die Bahn.
Armen ein reichlicher Spender, es war wohltätiger niemand,
Für sein gläubiges Volk wacht' er im heil'gen Gebet.
Zierde der Stadt und der Welt, aus Lehren und Schätzen und Mauern
Türmte er Burgen hervor, dir, du herrliches Rom."

(Übersetzung nach F. Gregorovius, Die Grabdenkmäler der Päpste, Leipzig [3]1911, 13f.)

II. Papst Leo III.

Die Erwartungen waren sehr hoch, als Leo III. am Tage des Begräbnisses seines Vorgängers zum Papst gewählt wurde. Keine drei Jahre später bewog die wachsende Unzufriedenheit mit dem neuen Papst einen Teil der Adelsfraktion dazu, diesen abzusetzen und gefangenzunehmen. Doch glückte Leo die Flucht, woraufhin sich der Papst ins Frankenreich aufmachte, um dort im Sommer 799 in Paderborn mit Karl dem Großen zusammenzukommen. Mit Hilfe des Frankenkönigs kehrte der Papst wieder nach Rom zurück und empfing hier Ende des Jahres 800 Karl, der dann am Weihnachtstag dieses Jahres in der Petersbasilika zum Kaiser gekrönt wurde.

Auch Leo veranlaßte die Abfassung einer Biographie, die den Liber Pontificalis fortsetzte (LP II, 1–34). Diese Biographie sollte alles bisherige in den Schatten stellen. Sie sollte die längste Vita werden, ausführlich – wenn auch selektiv – historische Ereignisse referieren und minutiös alle Stiftungen auflisten.

Überliefert werden die Begebenheiten vom Putsch gegen Leo bis zur Kaiserkrönung Karls, also die politisch bedeutsamen Ereignisse, die in der endgültigen Zementierung der päpstlichen Autorität gipfelten. Den überwiegenden Anteil der Vita nehmen die Angaben zu den Stiftungen des Papstes ein, wobei auch hier chronologisch vorgegangen wird: Wie schon in der Vita Hadrians, so werden auch in der Vita Leos Jahr für Jahr und Kirche für Kirche die Zuwendungen bzw. Baumaßnahmen referiert, Material und Gewicht der Edelmetallarbeiten sowie Art und gelegentlich Bildthema der verschiedenartigen Textilien genannt.

Leos Vita beginnt mit einer Merkwürdigkeit. Wie Herman Geertman festgestellt hat, übernahm der Verfasser in die Biographie die drei letzten Jahre aus dem Pontifikat Hadrians (Geertman 1975, 38f u. 67): So wurde das Stiftungsvolumen des Vorgängers reduziert, um das des regierenden Papstes zu erhöhen, zugleich aber auch um bereits für den Beginn des Pontifikats Kontinuität zu demonstrieren.

Liest man die Biographie Leos bis zum Ende, so gewinnt man allerdings einen etwas anderen Eindruck. Denn Leo schien in seiner Bau- und Stiftungspolitik durchaus neue Akzente gesetzt zu haben. So fehlt jeder Hinweis auf die Instandsetzung der für die Stadtversorgung so wichtigen Aquädukte oder der Stadtmauer. Auch Wiederaufbaumaßnahmen an bestehenden Kirchen werden eher selten überliefert und datieren überwiegend aus den letzten Jahren seines Pontifikats – in der Regel mußten die Dächer repariert werden (LP II, 27–29). Offensichtlich übernahm Leo von seinem Vorgänger eine intakte Stadt und konnte sich von Beginn an prestigereichen Neubauprojekten widmen. So mußte er gleich nach seiner Wahl zum Papst den Entschluß gefaßt haben, seine ehemalige Titelkirche S. Susanna neu zu errichten, da der entsprechende Passus in seiner Biographie noch vor der Beschreibung des Putsches steht (LP II, 3): „... der Titulus der heiligen Susanna ... war in Eile errichtet worden, und seine Mauern schon seit langer Zeit eingestürzt. [Leo] ... ließ das Gebäude bedeutend erweitern und es auf ein überaus starkes Fundament setzen, das er tief ausschachtete. Und nachdem eine erhabene Ebene geschaffen war, errichtete er auf diesem Fundament eine Kirche mit einem großen Apsismosaik und wunderbaren Emporen sowie einer verzierten Apsiswölbung. Das Presbyterium und den Boden schmückte er mit schönen Marmorsorten. Die linke und rechte [Säulenreihe] und die Portikus errichtete er aus Marmorsäulen." Bauuntersuchungen ergaben, daß der Biograph nicht übertreibt und daß es sich um einen Neubau gehandelt haben muß: Die heutige barockisierte Kirche ist in ihrer Substanz karolingisch (Abb. 7), was man noch am Außenbau erkennen kann (CBCR IV, 254–278; Apollonj Ghetti 1965, 20f.; Bonanni 1995, 586–589). Leo ließ eine dreischiffige Emporenbasilika errichten, ein Bautypus, den man in Rom gerne über Heiligengräbern errichtete. Diese wurde prächtig ausgestattet: Von dem Apsismosaik haben sich Beschreibungen und Detailzeichnungen aus der Zeit vor der Zerstörung desselben erhalten, aus denen hervorgeht, daß von links nach rechts folgende Personen dargestellt waren (Kat.Nr. IX.23): Leo III., Susanna, Petrus, Maria, Christus, Paulus, Gaius, Gabinius und Karl der Große – insgesamt neun Figuren! Ganz außen war der Stifterpapst Leo mit einem Kirchenmodell in den Händen wiedergegeben. Er wurde von der Titelheiligen Susanna eingeführt und Christus empfohlen. Auf der Gegenseite erschien Karl, der möglicherweise finanziell am Wiederaufbau der Kirche beteiligt war und hier – analog zu Leo – als Stifter abgebildet wurde. Auf Karl folgten zur Mitte hin die Heiligen Gabinius und Gaius. Bei ihnen handelt es sich um den Märtyrerpapst Gaius († 283), der zusammen mit seinem Bruder Gabinius den antiken Titulus stiftete. Die Mitte wurde schließlich von einer asymmetrischen Vierergruppe eingenommen. Hier wurde die gewohnte Darstellung von Christus zwischen Petrus mit dem Schlüssel und Paulus um die Marienfigur erweitert, die nun statt Petrus zur Rechten Christi stand. Unter dem Apsismosaik las man folgenden Titulus (CBCR IV, 256): „Noch vor kurzem befand sich das Haus der Märtyrerin Susanna an einem engen und häßlichen Ort und war zerfallen. Doch der Herr und Papst Leo III. führte es schön von Grund auf wieder auf, bestattete hier den Körper der heiligen Märtyrerin Felicitas, errichtete, schmückte und weihte es." Hier ist von einer weiteren Heiligen die Rede,

Abb. 7 Rom, S. Susanna, Nordseite: karolingische Bausubstanz

die im Apsismosaik gar nicht auftaucht: Die Gebeine der hl. Felicitas, die der Papst aus dem Coemeterium des Maximus an der Via Salaria herbeischaffen ließ, wurden offensichtlich unter dem Altar bestattet. Durch eine Krypta wurde wohl der Zugang zum Altargrab ermöglicht.

Das zweite große Bauprojekt, das unmittelbar nach Leos Papstweihe begonnen wurde, war der Ausbau des Lateranspalastes zu einer kaisergleichen Residenz. Noch vor dem Putsch des Jahres 798 mußte der erste Festsaal fertiggestellt worden sein, ein prächtiger Raum mit drei Apsiden (vgl. Beitrag Luchterhandt), der den Namen des Erbauers trug (LP II, 3–4). Im Jahre 801/802 wurde die zweite große Aula fertiggestellt, eine polyapsidale Halle, die wie die wenig ältere triapsidale Anlage festlichen Empfängen und Gastmählern diente. War Hadrian eher daran gelegen, den Lateran zu einem Zentrum der Armenfürsorge zu machen, so sollte der Lateranspalast unter Leo gleichberechtigt neben die Kaiserresidenz in Konstantinopel und die Aachener Pfalz treten. Mit Leos Ausbau des Laterans bürgerte sich auch die Bezeichnung *palatium* statt der älteren Benennung *patriarchium* ein.

Der überwiegende Anteil des Stiftungsvolumens kam jedoch den Kirchen Roms zugute. Wie schon Hadrian, so ließ auch Leo die großen Titelkirchen, allen voran St. Peter, prachtvoll ausstatten. Die Kirche über dem Grab des Apostelfürsten wurde mit außerordentlichen Stiftungen versehen, wie uns Leos Biograph wissen läßt. Nach seiner Rückkehr aus Paderborn und noch vor der Ankunft Karls ließ Leo den gesamten Altarbereich neu gestalten (LP II, 8). Neue Schrankenplatten traten an die Stelle älterer, Seidenbehänge wurde zwischen die silbernen Bögen (*arcora argentea*) des Altarbereichs gehängt, weitere Behänge wurden in den Bögen des Altarziboriums befestigt. Karl stiftete aus Anlaß seiner Krönung weitere wertvolle Gegenstände, darunter eine silberne Altarplatte, Goldgefäße und eine goldene Votivkrone, die über dem Altar aufgehängt wurde (LP II, 7–8). Wenig später ließ er am Gebälk des Templons vergoldete sog. *gabatae*, verzierte Rundscheiben, befestigen und vor der Confessio eine Tafel aus Gold anbringen. 96 Behänge wurden in die silbernen Bögen der Apsisrundung gespannt. Wiederum später wurde die Schauseite des Altars wie der Boden der Confessio mit Gold überzogen. Schranken aus reinem Silber sah man am Zugang zum Templonbereich und zum Presbyterialbereich. Je vier Paar gedrehter Säulen, die silberne Bögen trugen, rahmten den Zugang zur Krypta. Wieder ein Jahr später erhielt der Altar vier vergoldete Statuen der Cherubim; am Zugang zum Templon wurde ein goldenes Bild des Erlösers befestigt. Im Jahr 808/809 ersetzte der Papst gar das alte Ziborium durch ein neues aus reinstem Silber und mit Purpurbehängen in den Interkolumnien. Goldene Engel wurden vor der Confessio angebracht, ebensolche auf dem Gebälk des Templons. Zu all dem kamen noch Kerzenleuchter, Kruzifixe sowie liturgische Gefäße, Votivkronen und weitere Behänge hinzu.

Die Angaben im Liber Pontificalis sind nur sehr schwer in einen optischen Eindruck umzusetzen. Aber wer vor die Schrankenanlage trat oder gar zur Confessio gelangte, dessen Auge wurde von der schieren Pracht der hier massierten Ausstattungselemente geblendet. Mehr und mehr schloß sich der Altarbereich mit dem Petrusgrab von dem Gemeinderaum ab und wurde somit zu einer prachtvollen Bühne für den Auftritt des Papstes, der sich hier als Nachfolger Petri in kaisergleichem Pomp seinem Volk präsentierte.

Einem substantiellen Umbau unterzogen wurde das Baptisterium dieser Kirche im nördlichen Transeptarm. Von nun an umgab ein Kranz von Porphyrsäulen das Taufbecken, in dem sich eine vereinzelte Säule mit dem Lamm Christi erhob (LP II, 17). Vorbild für diese Baumaßnahme war offensichtlich das Lateransbaptisterium, das seit dem Umbau durch Sixtus III. (432–440) ebenfalls einen – allerdings zweigeschossigen – Säulenkranz aus Porphyr aufwies. Offenbar sollte St. Peter dem Lateran angeglichen werden. Die Trennung des Laterans und des Petrusgrabes war stets ein Problem gewesen: Beide legitimierten das Papsttum. Der Lateran war in der frühmittelalterlichen Vorstellungswelt der Palast, den Kaiser Konstantin dem Papst als künftigem Herrscher über den Westen überließ, und wurde als solcher unter Leo ausgebaut. Das Petrusgrab wiederum, dessen Bedeutung im Verlauf der zweiten Hälfte des 8. Jahrhunderts immens wuchs, war der Bestattungsort des Apostelfürsten und ersten Papstes. Die Peterskirche war für auswärtige Besucher und Pilger der wesentlich attraktivere Ort von beiden, suchten diese doch die Nähe zu den hier so zahlreich vorhandenen Heiligen. So erklärt es sich, daß die Kirche des Apostelfürsten auch Funktionen, die bislang dem Lateran zustanden, übernahm. Wohl deshalb errichtete Leo bei St. Peter als Teil des dortigen Papstpalastes ein weiteres Triklinium und eine Badeanlage (LP II, 8). Aber auch die Pilger, die eigentlichen Adressaten der päpstlichen Prachtentfaltung, vergaß Leo nicht. 809/810 renovierte er die *cubicula* unmittelbar südlich der Peterskirche, offenbar Unterkünfte, und errichtete ein weiteres Bad, das der Allgemeinheit diente, sowie ein Krankenhaus nördlich der Porticus St. Petri (LP II, 27 f.). Gegen Ende seines Pontifikats begann Leo den Bau einer Mauer, die den Bereich um St. Peter umschließen und an das Stadtgebiet Roms anbinden sollte. Sarazeneneinfälle machten das Umland unsicher und zwangen den Papst, die Peterskirche vor Plünderungen zu schützen. Doch erst sein Namensvetter Leo IV. (847–855) vollendete dieses Unterfangen (LP II, 123).

Gegenüber der Peterskirche wurde die Lateransbasilika geradezu stiefmütterlich behandelt: Überliefert werden die Reparatur des Daches, die Stiftung verschiedener Behänge, einer Abschrankung vor dem Altar sowie eines Altarziboriums. Diejenigen Kirchen, die ein Altargrab aufweisen konnten, erfreuten sich hingegen der uneingeschränkten Aufmerksamkeit des Papstes: Presbyterium und Confessio der Kirche St. Paul vor den Mauern wurden zu Beginn seines Pontifikats neu ausgestattet. Im Jahre 801 ereignete sich allerdings ein Erdbeben, das dem Liber Pontificalis zufolge das Dach der Kirche zum Einsturz brachte. Daraufhin wurde der Bau prächtiger denn je wiederhergestellt (LP II, 9 f.). Hinweise auf den Stifter dieser Pracht fehlten nicht. Über dem Zugang zur Krypta sahen noch Onofrio Panvinio und Pompeo Ugonio folgende Inschrift (CBCR V, 100): LEO GRATIA DEI TERTIUS EPISCOPUS HOC INGRESSU S(an)C(t)AE PLEBI DEI MIRO DECORE ORNAVIT (Leo der Dritte von Gottes Gnaden Papst ließ diesen Zugang für das heilige Gottesvolk wunderbar ausschmücken).

Gegen Ende seines Pontifikats ließ Leo III. an der Stelle des Titulus Fasciolae bei den Caracalla-Thermen eine Kirche für die hll. Nereus und Achilleus errichten (Abb. 8), wie der Biograph stolz berichtet (LP II, 33): „Der ... Papst sah, daß die Kirche der heiligen Märtyrer Nereus und Achilleus aufgrund ihres hohen Alters Schäden aufwies und sie sich mit Unmengen von Wasser füllte. Daher errichtete er bei dieser Kirche von Grund auf an einem höher gelegenen Ort eine Kirche von wunderbarer Größe, die er prächtig ausstattete." Die alte Kirche war offenbar in hohem Maß baufällig, das Dach zerstört, so daß sich im Kircheninneren Wasser ansammeln konnte. Der Papst ließ an benachbarter Stelle den Neubau aufführen. Abermals griffen die Baumeister Leos auf den Typ der dreischiffigen Basilika mit dreiseitig umlaufenden Emporen zurück, wie Bauuntersuchungen ergaben (CBCR III, 135–152; Sacchi 1987/88 u. 1990/91).

Der Sakralbau sollte offensichtlich die extraurbane Kirche mit dem gleichen Patrozinium bei der Domitilla-Katakombe 'ersetzen'. Hier befand sich wohl schon seit dem späten 4. Jahrhundert eine kleine Coemeterialbasilika, die im frühen 9. Jahrhundert entweder verfallen oder schutzlos plündernden Horden ausgesetzt war. Wahrscheinlich ließ Leo die Gebeine der Märtyrer Nereus und Achilleus in seine neue Kirche translozieren. Archäologische Hinweise auf eine Krypta, die diese hätte aufnehmen können, fehlen, doch wurden noch nie im Bereich des Presbyteriums Grabungen vorgenommen. Dafür haben sich beträchtliche Reste der einstigen Ausstattung erhalten, allen voran das Triumphbogenmosaik, dem als einzigem leoninischen Mosaik in situ besondere Bedeutung zukommt (Abb. 8). Es zeigt drei Szenen vor einem paradiesischen Hintergrund. Im Zentrum ist die Verklärung auf dem Berg Tabor dargestellt. Links davon sieht man die Verkündigung an Maria, rechts davon Maria mit dem Christuskind sowie einen Engel. Über der zentralen Szene sah noch Ugonio das Monogramm des Papstes (Cod. Barb. lat. 2160, fol. 196v). Die karolingische Apsiskomposition ist zwar verloren, wurde aber vor 1596 kopiert (Kat.Nr. IX.24). Hier sah man das Kreuz auf dem Paradieseshügel vor einem Behang. Von beiden Seiten schreiten je drei Lämmer auf das Kreuz zu.

Das Triumphbogenmosaik sollte offenbar die verschiedenen Naturen Christi thematisieren: Im Bild der Verkündigung kommt die göttliche Natur Christi zum Ausdruck, das Bild der thronenden Muttergottes mit dem Christuskind betont hingegen seine menschliche Natur. Im Bild der Transfiguration artikuliert sich schließlich der Wechsel von der menschlichen zur göttlichen Natur. Doch sei davor gewarnt, allzuviel theologischen Gehalt in diese Darstellung zu legen: Leos Bauleute hatten wenig zuvor die Kirche S. Apollinare in Classe renoviert. Das Thema des dortigen Apsismosaiks, eben die Transfiguration (Abb. 9), mag die nach Rom zurückgekehrten Mosaizisten dazu inspiriert haben, auf dem Apsisstirnbogen in Ss. Nereo et Achilleo dieselbe Szene aufzugreifen. Doch wählten sie an Stelle der sehr komplexen Verklärungsdarstellung von S. Apollinare eine klarere Version dieses Themas, die sich jedem Betrachter erschloß und auch durch flankierende Szenen erläutert wurde.

In der Vita Leonis ist von dem Mosaik keine Rede, wie überhaupt sehr selten Mosaikarbeiten oder Malereien erwähnt werden: Diese waren, da es sich nicht um präzise umrissene Objekte handelte, eben nicht in den Registern des Lateransarchivs erfaßt und wurden daher übergangen. Offenbar bestand weder von seiten des Auftraggebers der Vita noch von seiten der Verfasser das Bedürfnis, auf die dichte Bilderwelt hinzuweisen, welche sich an den Wänden der Kirchen entfaltete. Wichtig schien allein der Verweis auf die Unzahl instandgesetzter Bauten, die mit besonderem Aufwand errichteten Neubauten sowie den Glanz und die Fülle der verschiedenen dort versammelten Ausstattungsstücke.

Ein Lesevergnügen ist der Stiftungsblock der Vita Leonis gewiß nicht. Niemand wird sich die zahllosen Namen der verschiedenen Kirchen merken und erst recht nicht, welche Zuwendungen diese erhielten. Aber das war wohl auch nicht der Sinn des Schriftstücks. Wer sich bis zum Ende der Vita durchgekämpft hatte, der wußte, daß ganz Rom, alle Kirchen an dem Erneuerungssegen unter Leo III. Anteil hatten.

Ganz besonders strapaziert wird die Geduld des Lesers, wenn er auf die Stiftungsliste des Jahres 807 stößt (LP II, 18–25). Dabei handelt es sich um eine katalogartige Erfassung der wichtigeren Kirchen Roms, die ihrer Bedeutung und Organisationsform nach aufgelistet werden. Insgesamt werden 117 Titelkirchen, Diakonien, Oratorien, Klosterkirchen etc. erfaßt. Jede dieser Kirchen erhielt nun eine Votivkrone oder einen Kronleuchter. Stereotyp wiederholt der Verfasser die Formulierung *et in ecclesiam ... fecit coronam* (bzw. *canistrum*) *pens. lib.* ... Die Absicht des Schreibers ist klar: durch die Inkorporierung dieser Stiftungsliste sollte der allumfassende Charakter der Stiftungstätigkeit Leos zusätzlich untermauert, die Totalität seiner Freigebigkeit eindrücklich vor Augen geführt werden. Alle Kirchen wurden bedacht, ganz Rom – so sollte der Leser glauben – wurde von der segensreichen Großzügigkeit des Papstes erfaßt.

Im heutigen Stadtbild Roms hat sich von den Bauten und Stiftungen der beiden Päpste nur wenig erhalten. Wer jedoch die beiden Biographien Hadrians und Leos liest, der vermag eine Vorstellung von dem Glanz und der Pracht Roms, von dem Funktionieren dieses städtischen Organismus zur Zeit der beiden Päpste zu gewinnen. Doch muß man den Liber Pontificalis 'richtig' lesen: Er ist kein Nachschlagewerk päpstlicher Bau- und Stiftungsmaßnahmen, das dem Kunsthistoriker die gewünschte Antwort auf Datierungs- oder Zuschreibungsfragen zu geben vermag. Die chronologisch angeordneten Einträge zur Munifizenz der jeweiligen Päpste sind zunächst ein allgemeinerer 'Leistungsnachweis', Beleg für Freigebigkeit, ökonomische Potenz und Glaubensfestigkeit. Darüber hinaus konstruieren sie in der Verbindung von ausgewählten historischen Ereignissen und Stiftungsbelegen das Bild einer Stadt, die – so wollten es die Päpste Hadrian und Leo glauben machen – einen politischen Idealzustand erreicht hat und nunmehr auch in den so prachtvoll erneuerten Bauten diese Wiederauferstehung offensichtlich macht. Der Leser, der unmittelbar nach dem Bericht über den Fall des Langobardenreichs in der Vita Hadrians oder

Abb. 8 Rom, SS. Nereo et Achilleo: Inneres

Abb. 9 Ravenna, S. Apollinare in Classe: Apsismosaik

nach der Schilderung der Kaiserkrönung in der Biographie Leos mit den Bau- und Ausstattungsmaßnahmen der beiden Päpste konfrontiert wird, wird den Eindruck gewinnen, daß an die Stelle der Ereignisgeschichte das Erneuerungswerk des Papstes tritt.

Entsprach das Bild, das diese beiden Biographien entwerfen, der Realität? Ja und nein. Von unserem heutigen Standpunkt aus können wir nur konstatieren, daß die politischen Probleme auch nach dem Fall des Langobardenreichs bzw. nach der Kaiserkrönung fortdauerten. Eine Analyse der vorhandenen Bausubstanz zeigt, daß auch die Baumaßnahmen weniger tiefgreifend waren, als es die Verfasser glauben lassen, und daß die Erneuerung Roms nicht allein das Werk des Papstes war, sondern auch Aristokraten sowie der fränkische König und spätere Kaiser daran beteiligt waren. Den frühmittelalterlichen Rombesucher werden solche Fragen jedoch fremd gewesen sein. Er unterlag nicht nur während der Lektüre der beiden Biographien – so er sie überhaupt las! – der Suggestion, das Erneuerungswerk beruhe allein auf der Großzügigkeit und Glaubensstärke des Papstes, auch sein Auge mochte – so konditioniert – nur mehr wahrgenommen haben, was der gängigen Ideologie entsprach: eben ein Bild der Stadt Rom, die eine unendlich scheinende Zahl an Kirchen und Märtyrern beherbergt, daher besonderen Rang beanspruchen darf und angefüllt mit unermeßlichen Schätzen den Papst als Stifter feiert.

Quellen und Literatur:

Der Liber Pontificalis wurde bereits vor über hundert Jahren in der heute noch maßgeblichen Edition von Louis DUCHESNE, Le Liber Pontificalis. Texte, introduction et commentaire, 1, Paris 1886; 2, 1892 (ND 1955), ediert (abgekürzt als LP I u. II). Die Viten der beiden Päpste sind leider nicht ins Deutsche übersetzt. Eine kommentierte englische Übersetzung des gesamten Liber Pontificalis findet sich bei Raymond DAVIS, The Book of Pontiffs. The ancient Biographies of the first Ninety Roman Bishops to AD 751, Liverpool 1989. – DERS., The Lives of the Eighth-Century Popes. The ancient Biographies of nine Popes from AD 715 to AD 817, Liverpool 1992 (mit den Viten der Päpste Hadrian und Leo auf den S. 107–230). – DERS., The Lives of the Ninth-Century Popes. The ancient Biographies of the Popes from AD 817 to AD 891, Liverpool 1995.

Eine wichtige Studie zum chronologischen Aufbau der frühmittelalterlichen Viten des Papstbuches stammt von Herman GEERTMAN, More Veterum. Il Liber Pontificalis e gli edifici ecclesiastici di Roma nella tarda antichità e nell'alto medioevo, Groningen 1975. – Die besten Darstellungen der Bau- und Stiftungspolitik der Päpste Hadrian I. und Leo III. finden sich bei Ferdinand GREGOROVIUS, Geschichte der Stadt Rom im Mittelalter, vom 5. bis zum 16. Jahrhundert 1, hrsg. v. Waldemar KAMPF, München [2]1988, 412–422, und Richard KRAUTHEIMER, Rom – Schicksal einer Stadt, 312–1308, München 1987, 125–132.

Unablässiges Hilfsmittel zum Studium der frühmittelalterlichen Sakralarchitektur Roms ist das monumentale Corpuswerk von Richard KRAUTHEIMER, Spencer CORBETT, Wolfgang FRANKL und Alfred FRAZER, Corpus Basilicarum Christianarum Romae, I: Vatikanstadt 1937, II: 1959, III: 1967, IV: 1970, V: 1977 (abgekürzt als CBCR). – Die frühmittelalterliche Geschichte der Peterskirche, der Lateransbasilika und der Kirche S. Maria Maggiore wird detailliert dargelegt bei Sible DE BLAAUW, Cultus et Decor. Liturgia e architettura nella Roma tardoantica e medievale. Basilica Salvatoris, Sanctae Mariae, Sancti Petri, 1–2, Vatikanstadt 1994.

Daneben sind folgende Spezialuntersuchungen zu den Kirchenbauten Leos III. nennen: Bruno M. APOLLONJ GHETTI, S. Susanna, Rom 1965. – Alessandro BONANNI, La basilica di S. Susanna a Roma. Indagini topografiche e nuove scoperte archeologiche, in: Akten des 12. internationalen Kongresses für Christliche Archäologie 1, Münster 1995, 586–589. – Giuliano SACCHI, Elementi dell'architettura carolingia ed affreschi medievali rinvenuti nella chiesa dei Ss. Nereo ed Achilleo in Roma, in: Rendiconti della Pontificia Accademia Romana di Archeologia 60, 1987/88, 103–144. – DERS., Nuove indagini sugli elementi costruttivi della chiesa dei Ss. Nereo e Achilleo, in: Rendiconti della Pontificia Accademia Romana di Archeologia 63, 1990/91, 23–69.

Die Mosaiken Leos III. werden eingehend in folgenden Studien behandelt: Caecilia DAVIS-WEYER, Das Apsismosaik Leos III. in S. Susanna. Rekonstruktion und Datierung, in: Zeitschrift für Kunstgeschichte 28, 1965, 177–194. – DIES., Die Mosaiken Leos III. und die Anfänge der karolingischen Renaissance in Rom, in: Zeitschrift für Kunstgeschichte 29, 1966, 111–132.

Sible de Blaauw

Die vier Hauptkirchen Roms

Die wichtigen Kirchen Roms in der Karolingerzeit sind im 4. oder 5. Jahrhundert gegründet und erbaut worden. Die frühchristlichen Patriarchalbasiliken und Titelkirchen bildeten im frühen Mittelalter unverändert das Herz der liturgischen und pastoralen Organisation der stadtrömischen Kirche, auch wenn mehrere Kirchengründungen hinzukamen und die sog. Diakonien eine neue pastorale Aufgabe erfüllten. Der Kern dieser Organisation waren die Basiliken, die im Stationswesen der päpstlichen Liturgie an allen bedeutenden Tagen des Kirchenjahres und bei allen hochrangigen Gelegenheiten als 'Bühne' für die Zeremonien dienten. Es sind dies die Lateranbasilika, St. Peter und S. Maria Maggiore. Man kann sie als „Hauptkirchen" Roms betrachten, obgleich sie formal der größeren Gruppe der direkt päpstlicher Verwaltung unterstehenden Patriarchalbasiliken angehörten. Eine der anderen Patriarchalkirchen, St. Paul vor den Mauern, könnte aus historischen Gründen zu den drei „Hauptkirchen" gerechnet werden, obwohl sie in der päpstlich-liturgischen Funktion den anderen deutlich nachgeordnet war.

Die Gruppe der Hauptkirchen bildete zusammen gewissermaßen die 'Kathedrale' des Papstes. Diese 'Familie' von drei beziehungsweise vier Kirchen war nicht nur im liturgischen Sinne, sondern auch in ihrer Architektur und Einrichtung das ganze Mittelalter hindurch maßgebend. Wer die Architektur und Kunst im karolingischen Rom betrachtet, hat deshalb immer auch mit dem frühchristlichen Rom zu tun. Außerdem waren die Hauptkirchen den Besuchern Roms bestens bekannt, so daß sie auch für die Entwicklung der Sakralarchitektur im karolingischen Reich nördlich der Alpen von größter Bedeutung waren.

I. Das frühchristliche Erbe

Die Lateranbasilika: Basilica Constantiniana

Der erste öffentliche, monumentale Sakralbau der christlichen Gemeinde Roms wurde von Kaiser Konstantin gestiftet und von seinen Architekten in den Jahren nach 312 erbaut (Abb. 1). Sie stand am südöstlichen Rande der Stadt, in bewußter Entfernung zu den repräsentativen Heiligtümern der alten Staatsgötter. Die nach ihrem Bauherrn benannte, aber dem Erlöser geweihte neue Kirche diente dem Bischof-Papst als Versammlungsort für die Gemeindeliturgie und bildete eine funktionale Einheit mit der bischöflichen Taufkapelle. Neben der Basilika entwickelten sich die päpstlichen Residenz- und Verwaltungsgebäude: Im Frühmittelalter war das sog. Patriarchium schon ein ausgedehnter Komplex. Die Verbindung mit dem Papstpalast und dem Baptisterium hat der Kirche immer einen besonderen Status gegeben, auch wenn sie im Stationssystem, so wie es ab dem 6. Jahrhundert festgelegt war, nicht mehr die Rolle spielte, die sie wahrscheinlich im ersten Jahrhundert ihrer Existenz noch innehatte. Im Kalender der päpstlichen Stationsfeier während des Kirchenjahres war die Lateranbasilika nicht mehr der exklusive Hauptversammlungsort der stadtrömischen christlichen Gemeinde, sondern sie teilte diese Rolle ebenbürtig mit St. Peter und S. Maria Maggiore.

Die Kirche war eine fünfschiffige Halle mit im Westen direkt an das Mittelschiff anschließender Apsis. An den Westenden der äußeren Seitenschiffe sprangen Querflügel vor, deren Dachfirste wohl nicht höher als die Dächer der Seitenschiffe waren. Die Säulenkolonnaden des Mittelschiffs trugen Gebälke, die Säulen zwischen den Seitenschiffen Bögen. Als ein auf die Apsis ausgerichteter Longitudinalbau mit geräumigen Aufstellungs- und Zirkulationsmöglichkeiten für die Gläubigen war die Basilika eine ebenso einfache wie überzeugende Lösung für die neue Bauaufgabe des monumentalen christlichen Kultbaus. Die Hauptelemente der liturgischen Einrichtung waren die Kathedra und der eucharistische Altar: Der Thron des Bischofs stand im Scheitelpunkt der Apsis, der Altar wahrscheinlich etwa 10 m vor der Apsis.

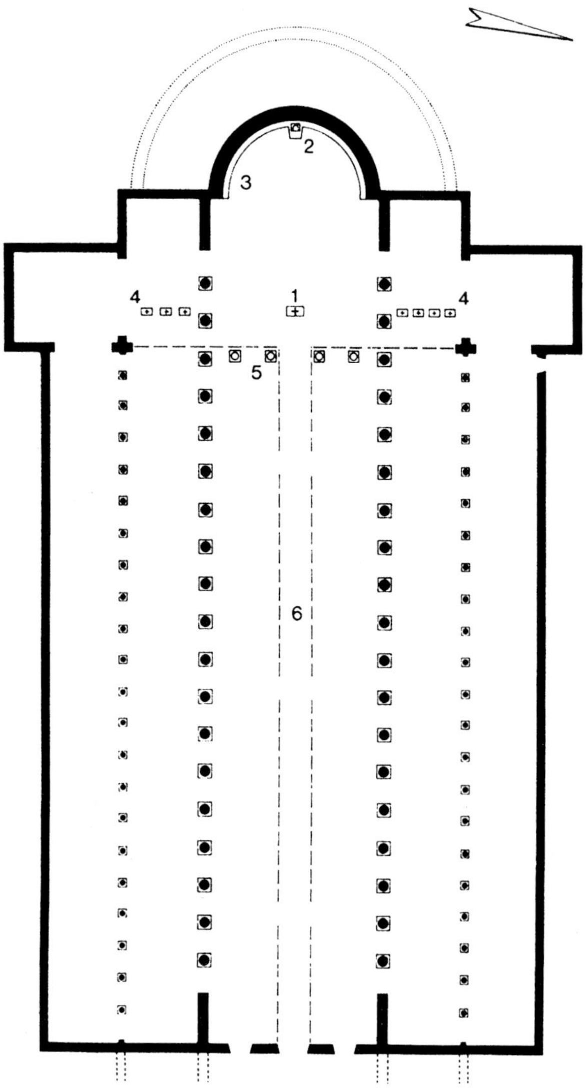

Abb. 1 Lateranbasilika: Grundplan mit hypothetischer Rekonstruktion der liturgischen Disposition des 4. Jahrhunderts:

1 Altar
2 Kathedra
3 Subsellia (Wandbänke)
4 Altaria (Hilfsaltäre)
5 Fastigium
6 Solea

Die Basilica Sancti Petri

Neben der großen Basilika innerhalb der Stadtmauern errichtete Kaiser Konstantin eine Reihe von Gedenkbauten bei den Gräbern der bedeutendsten christlichen Märtyrer der Stadt. Die Basilika über dem Grabe Petri am Hang der vatikanischen Hügel war das prominenteste Zeichen, das er der Stadtkirche des Lateran entgegensetzte. Sie war nicht nur das größte christliche Gotteshaus der Stadt, sondern auch in ihrer architektonischen Konzeption einzigartig. Im Gegensatz zu den übrigen Märtyrerkirchen war die ganze Anlage so ausgerichtet, daß das Denkmal des Apostelgrabes direkt vor dem Scheitelpunkt der Apsis stand und zum monumentalen Mittelpunkt des Kircheninneren wurde (Abb. 2). Eigentümlich war auch das zwischen Apsis und Längsschiffen eingeschobene Querhaus, welches das sich in seiner Mitte erhebende Grabmonument räumlich auszeichnete. Die weitere architektonische Gestalt war deutlich dem Vorbild der Lateranbasilika verpflichtet: eine fünfschiffige Halle mit Apsis in der Längsachse und Säulen zwischen den Schiffen, die einen Architrav bzw. Bögen trugen.

Die Petersbasilika diente in erster Linie der Feier der jährlichen Gedächtnisliturgie für den Apostelfürsten, der privaten Verehrung des Grabes sowie als Grablege und für den Grabkult privilegierter Verstorbener. Im 5. Jahrhundert zeigte sich aber die Tendenz, die Basilika immer häufiger auch für eine reguläre Gemeindeliturgie zu be-

Abb. 2 St. Peter: Grundplan mit Rekonstruktion der liturgischen Disposition des 8./9. Jahrhunderts:

1 Hauptaltar
2 Confessio
3 Kathedra
4 Subsellia (Wandbänke)
5 Krypta
6 Ambo
10 Oratorium S. Crucis
13 Hauptaltar der Taufkapelle (nach der Erneuerung von 806)
14 Altare S. Georgii (im 9. Jh. nicht mehr vorhanden?)
15 Altare S. Luciae (im 9. Jh. nicht mehr vorhanden?)
16 Oratorium SS. Processi et Martiniani
17 Oratorium S. Mariae di Paolo I
18 Oratorium S. Hadriani
19 Oratorium S. Leonis
20 Altare SS. Systi et Fabiani
21 Oratorium Salvatoris Genetricis et omnium Sanctorum von Gregor III.
22 Oratorium Pastoris
23 Oratorium S. Mariae von Johannes VII.
24 Oratorium S. Gregorii
25 Altare S. Gregorii (vor der Stiftung von Nr. 24 durch Gregor IV.)

C Taufkapelle (nach der Restaurierung von 806)
D Secretarium antiquum (alte Sakristei)
E Secretarium novellum (neue Sakristei)
F Oratorium S. Martini

A1 Altare S. Andreae
A2 Altare S. Thomae
A3 Altare S. Apollinaris
A4 Altare S. Sossii
A5 Altare S. Cassiani
A6 Altare S. Viti
A7 Altare S. Laurentii
A8 Altare S. Martini (?)

B1 Altare S. Petronillae
B2 Altare S. Mariae
B3 Altare S. Anastasiae
B4 Altare Salvatoris
B5 Altare Salvatoris
B6 Altare S. Theodori
B7 Altare S. Michaelis

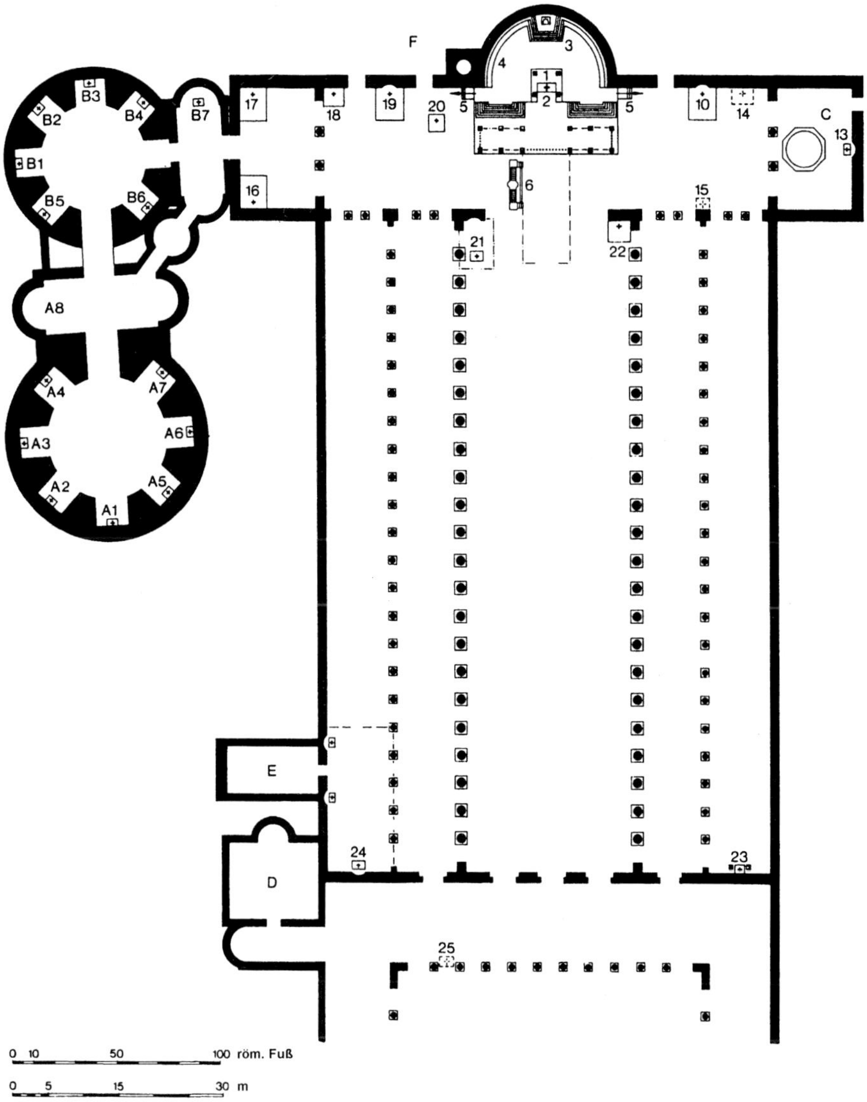

nutzen. Im Stationskalender des 6. Jahrhunderts nimmt St. Peter schon eine gleichwertige Stelle gegenüber der Lateranbasilika ein. Es war insbesondere das Prestige des Apostelfürsten und das Bedürfnis der Päpste, die die Peterskirche immer mehr zum geistigen und liturgischen Zentrum der Stadt machten, sich als Nachfolger Petri zu identifizieren. Dies hatte Folgen für ihre liturgische Einrichtung.

Um 600 wurde der alten, mehr oder weniger provisorischen Aufstellung des Altars und der Kathedra ein Ende gemacht zugunsten einer monumentalen Verbindung des Altars mit dem Grab. Der Fußboden der Apsis wurde erhöht, so daß die Grabädikula an allen Seiten bis auf die Front von einem Podium umschlossen wurde und der

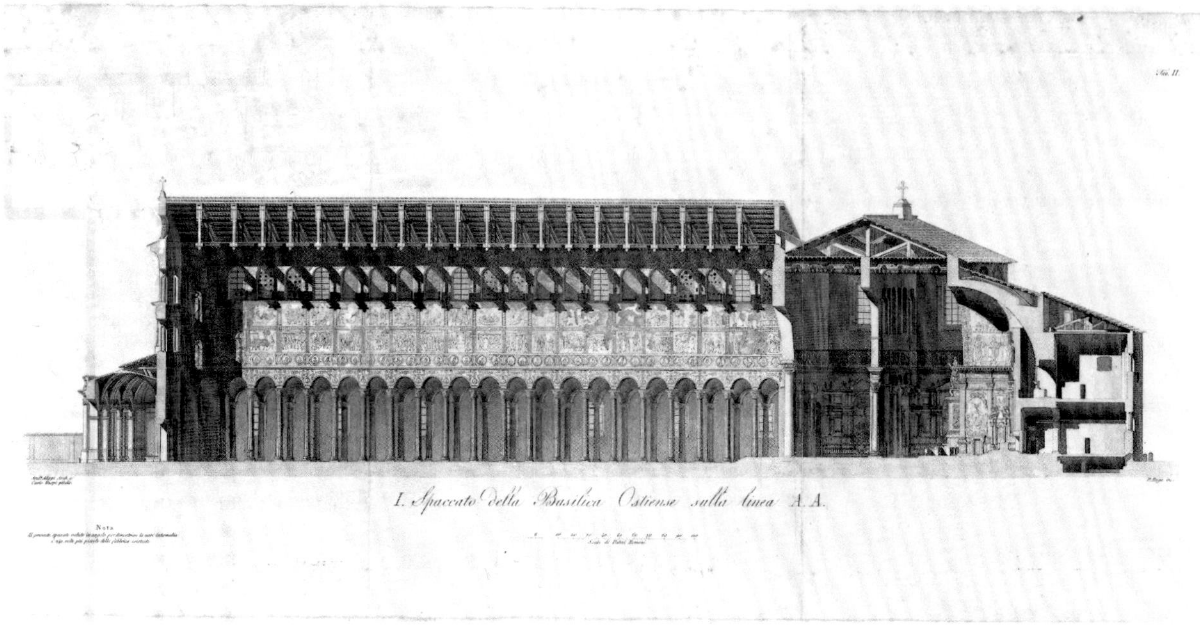

Abb. 3 St. Paul: Längsschnitt um 1815 von A. Alippi

obere Teil des Monuments an der Rückseite als Hauptaltar benutzt werden konnte. Die Kathedra konnte so auch ihre klassische Stelle im Scheitel der Apsis erhalten. Die Pilger konnten das Grabmonument wie früher durch eine Nische an seiner Vorderseite – jetzt an den Füßen des Altars – verehren und erhielten durch eine unter dem Podium angelegte Ringkrypta eine Zugangsmöglichkeit an der Rückseite des Monuments.

Die Basilica Sancti Pauli

Die Gestalt der unter Kaiser Konstantin erbauten Basilika auf der Grabstätte des Apostels Paulus an der antiken Straße nach Ostia ist nicht bekannt. Im überlieferten Stiftungsbericht heißt es nur, daß der Kaiser die Kirche dotierte, wie er es bei der Petersbasilika getan habe: eine offensichtliche rhetorische 'Gleichschaltung' der beiden Apostelkirchen. Diese Tendenz, die Märtyrerschreine der Gründer des christlichen Rom gewissermaßen als Zwillinge zu betrachten, äußerte sich dann aber sehr konkret in dem von den drei regierenden Kaisern Valentinian II., Arcadius und Theodosius im Jahre 386 in Auftrag gegebenen Neubau am gleichen Ort. Die neue Paulskirche war in Größe und Anlage eine leicht variierte Kopie der vatikanischen Basilika: eine fünfschiffige Säulenhalle mit Querhaus und Apsis, aber mit Arkaden auch bei den Mittelschiffkolonnaden (Abb. 3). Doch machte sie einen harmonischeren Eindruck als die Peterskirche, da fast die gesamte Bauskulptur für diesen Bau neu angefertigt wurde, im Gegensatz zu den in den Bauten des 4. Jahrhunderts üblichen Spolien für Säulen, Kapitelle und anderes.

Die funktionalen Aufgaben der Paulskirche waren anfänglich dieselben wie die von St. Peter. Auch die für die alten Memorialbasiliken Roms einmalige Ausrichtung auf das in der Anlage zentral liegende Apostelgrab wurde in St. Paul übernommen. Das Grabdenkmal erhob sich hier aber nicht direkt vor der Apsis, sondern weiter vorne im Querhaus – dies war der Grund für die eigentümliche Entwicklung der liturgischen Disposition in St. Paul. Doch wurden auch hier Altar und Apostelgrab spätestens um 600 schon weitgehend miteinander verbunden.

Die Ambivalenz, die aus der zweiphasigen Baugeschichte der Basilika im 4. Jahrhundert hervorgeht, bestimmte auch ihr weiteres Schicksal. Einerseits zeigten ihre Gestalt und ihre Kulttradition, daß der Anspruch Roms und der Päpste, die Suprematie in der christlichen Welt innezuhaben, auf dem Besitz zweier Apostelgräber ruhte. Der Gedanke der 'doppelten Apostolizität' rückte die Paulsbasilika direkt neben und sogar auf gleiche Höhe mit St. Peter. Dennoch reifte immer mehr die Vorstellung des Primats Petri. Sie erklärt, warum St. Paul lediglich symbolisch und formal, nicht aber in der Praxis von Liturgie, Kult und päpstlichem Interesse als Pendant von St. Peter gelten konnte. Gerade die Päpste der karolingi-

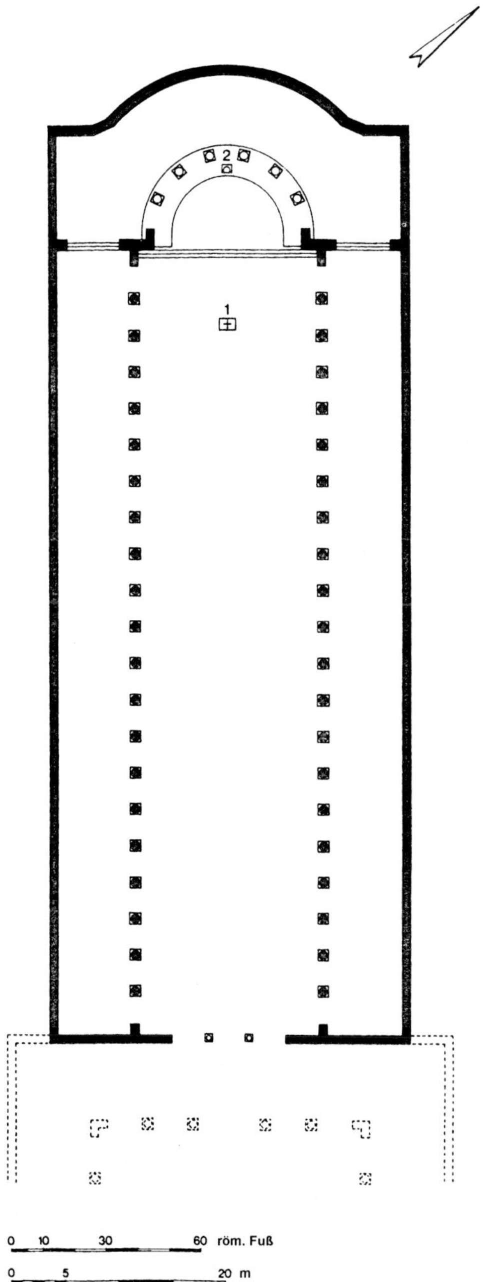

Abb. 4 S. Maria Maggiore: Grundplan mit hypothetischer Rekonstruktion der liturgischen Disposition des 5. Jahrhunderts. 1 Altar, 2 Kathedra

schen Zeit haben in ihren Stiftungsprogrammen versucht, die Ebenbürtigkeit der Paulsbasilika nach frühchristlichem Vorbild wiederherzustellen, aber auch sie konnten nicht verhehlen, daß ihr größter Einsatz sich auf St. Peter konzentrierte.

Die Basilica Sanctae Mariae

Die der Jungfrau Maria geweihte Basilika auf dem Gipfel des Esquilins war die erste Patriarchalkirche, die nicht vom Kaiser, sondern vom römischen Bischof erbaut wurde. Ihre Gründung bezeichnet damit die endgültige Transformation der *urbs* in eine christliche Stadt, in der der Papst die höchste Autorität innehatte. Die Kirche wurde unter Sixtus III. (432–440) vollendet und mit reichem Mosaikschmuck ausgestattet (Kat.Nr. IX.10). Sie war in funktionaler Hinsicht eine direkte 'Tochter' der Lateranbasilika: eine zusätzliche Kathedrale für die päpstliche Gemeindeliturgie.

S. Maria Maggiore war kleiner als die Mutterkirche, größer aber als die Titelkirchen, deren inzwischen zum Standardtypus gewordene dreischiffige Anlage hier übernommen wurde (Abb. 4). Die Marienkirche zeichnete sich architektonisch gegenüber den gleichzeitigen Stadtkirchen durch ihre klassisch wirkende Architravkolonnade und höchstwahrscheinlich auch durch einen Umgang um die Apsis aus. Das Deambulatorium läßt sich nicht durch eine spezifische liturgische oder kultische Funktion im Unterschied zur Lateranbasilika erklären. Die liturgische Disposition war ursprünglich wohl im wesentlichen dieselbe wie die des Lateran: Die Kathedra stand in der Apsis und der Altar in einigem Abstand davor, außerhalb der Apsis. Der Apsisumgang hätte dann eine praktische Funktion als zusätzliche Eingangshalle an der Stadtseite der Kirche, aber das Konzept einer mit einer Säulenstellung geöffneten Apsis kann gleichzeitig von bestimmten formalen und klassisch-ästhetischen Vorstellungen bestimmt gewesen sein.

II. Die Stellung der Hauptkirchen in der Karolingerzeit

Über die Stellung und Bedeutung der frühchristlichen Hauptkirchen in der zweiten Hälfte des 8. und der ersten Hälfte des 9. Jahrhunderts sind wir dank des Liber Pontificalis, der Kompilation der quasi-offiziellen Lebensberichte der römischen Päpste, viel besser unterrichtet als in den vorangehenden Jahrhunderten. Die detaillierteren und systematischer aufgebauten Berichte dieser Zeit im Liber Pontificalis verführen dazu, auch ein intensiveres Interesse der Päpste an den alten Kultbauten der Stadt zu postulieren. Dieser Gedanke scheint nicht ganz unberechtigt zu sein, wenn man feststellt, wie sehr die 'karolingischen' Kompilatoren die Stiftungsregister der frühchristlichen Zeit als Vorbild nahmen und wie stark sich gleichzeitig der zeitgenössische Sakralbau an der frühchristlichen Architektur orientierte. Jedenfalls nehmen die Ausstattungs- und Instandsetzungsarbeiten der frühchristlichen Hauptkirchen einen zentralen Platz in den päpstlichen Stiftungsprogrammen von Hadrian I. bis Nikolaus I., also im Zeitraum von 772 bis 867, ein.

Schon rein quantitativ ist die Konzentration der 'karolingischen' Päpste auf St. Peter in den Berichten ganz eindeutig. Die Peterskirche erhielt im Vergleich zu den anderen Hauptkirchen ein Vielfaches an Schenkungen. Es war hier, am Grabe Petri, wo die Päpste am effektivsten ihrer besonderen Autorität gegenüber den verbündeten fremden Fürsten und den vielen Besuchern und Pilgern aus Nordeuropa Ausdruck verleihen konnten. Deshalb wurden am Hochaltar der Petersbasilika seit dem 7. Jahrhundert die neugewählten Päpste geweiht, und seit Weihnachten des Jahres 800 krönte der Papst hier, eine jahrhundertelange Tradition begründend, die neuen römischen Kaiser. Der Lateran blieb zwar bis zum 14. Jahrhundert die Residenz des Papstes und der Verwaltungssitz der römischen Kirche, dies reichte jedoch für die angrenzende Lateranbasilika nicht aus, um ihr altes Primat in der Praxis zu behalten. Sie litt unter der Abwesenheit identitätsbestimmender Reliquien und unter ihrer Lage abseits der im Mittelalter bewohnten Viertel der antiken Stadt. Demgegenüber konnte S. Maria Maggiore sich als Heiligtum der Jungfrau und der Geburt Christi auffällig gut behaupten.

Sobald aber von den Kirchen in bezug auf die alten administrativen oder liturgischen Traditionen die Rede ist, gelten wieder die von alters her überlieferten Ordnungen. So nimmt im einheitlichen Stiftungsprogramm Leos III. für alle römischen Kirchen im Jahre 807 die Basilica Salvatoris oder Constantiniana ihre altbewährte erste Stelle ein. Dies wird durch das reine Gewicht der gestifteten Silberkrone, die mit 23 Pfund die schwerste in der ganzen Liste ist, besonders betont: ein klarer Gegensatz zum Bild der mehr 'spontan' unternommenen Stiftungen dieser Epoche, bei denen die Lateranbasilika nur zweitrangig behandelt wird. Charakteristisch für die traditionsbestimmte Systematik der Stiftungsliste ist auch, daß die beiden Apostelkirchen wie in den Quellen des 4. Jahrhunderts einander gleichgestellt sind: Die Peters- und Paulskirche erhalten beide die zweitschwerste Lampe der Schenkungsliste mit einem Silbergewicht von je 22 Pfund. S. Maria Maggiore erscheint in Übereinstimmung mit ihrer historisch-funktionalen Stellung gleich nach der Lateranbasilika in der Liste, empfängt aber eine Silberkrone von nur 13 Pfund.

Auch im Stationswesen blieben die alten Systeme weiterhin maßgeblich. Als Karl der Große am Ostersamstag 774 in Rom eintraf, wurde er von Papst Hadrian I. bedeutungsvoll auf den Stufen von St. Peter empfangen; dann besuchten die beiden Verbündeten zuerst das Grab Petri, um dort um Segen für ihre Allianz zu beten. Unmißverständlicher als bei solchen Anlässen konnte die herausragende Bedeutung der vatikanischen Basilika für das mittelalterliche Papsttum nicht gezeigt werden. Aber sobald diese 'Gelegenheitszeremonie' zu Ende war, folgten Gastgeber und Gäste genauestens dem im Stationskalender der Kar- und Osterwoche vorgegebenen liturgischen Programm, in dem die Peterskirche nur eine sekundäre Rolle spielte. Wie in zahlreichen anderen Fällen greift der Kompilator des Liber Pontificalis auch hier wiederholt auf Ausdrücke wie *more solito* oder *ut mos est* („gemäß der Gewohnheit") zurück. In der Osternacht nahm der Frankenkönig an den Zeremonien im Baptisterium und in der Basilika des Lateran teil, am Ostersonntag an der Stationsmesse in S. Maria Maggiore, während er am Montag und Dienstag der Osterwoche für die Papstmesse zu den vorgeschriebenen Stationskirchen St. Peter und St. Paul zog. Sicher empfing Karl der Große 26 Jahre später nicht zufällig in St. Peter die Kaiserkrone, jedoch fand die Zeremonie während des regulär zu diesem Zeitpunkt ablaufenden Gottesdienstes statt: in der Stationsmesse am ersten Weihnachtstag.

Typisch für die römische Variante der karolingischen Renaissance, in der die frühchristlichen oder vermeintlich frühchristlichen Traditionen als Standard dienten, ist es also, daß formal an altüberlieferten stadtrömischen Strukturen und Modellen festgehalten bzw. auf sie zurückgegriffen wurde. Diese Tendenz ist charakteristisch für die kirchlichen Neubauten der Karolingerzeit in Rom, aber sie zeigt sich nicht weniger im Umgang mit der Bausubstanz der existierenden Hauptkirchen.

III. Architektur und Dekoration

Die frühchristlichen Hauptkirchen erschienen um 800 in einer gegenüber ihrer Bauzeit kaum veränderten architektonischen Gestalt. Die baulichen Eingriffe der Zwischenzeit betrafen hauptsächlich Nebenräume und Annexbauten oder waren Reparaturen am ursprünglichen Baubestand gewesen. So blieb es auch in der Karolingerzeit, aber hinzu kam nun eine explizit denkmalpflegeri-

Abb. 5 Maerten van Heemskerck: St. Peter, Torhalle des Atriums von Osten, um 1532–1535 (Detail). Wien, Albertina

sche Absicht, die auch Rekonstruktionen 'in altem Glanz' mit sich bringen konnte. Wenn diese Monumente der christlichen Antike nachahmenswerte Modelle für die eigene Zeit sein sollten, so sollten sie sich auch in der authentischen, d. h. meist idealen Form zeigen.

Atrien

Die monumentale Außengestaltung der frühchristlichen Basiliken Roms konzentrierte sich auf den Bereich des Atriums und der Fassade. Gerade diese Teile genossen auch in der Karolingerzeit besondere Aufmerksamkeit. Von allen vier Hauptkirchen wurden unter Hadrian I. und Leo III. die Vorhöfe und die dazugehörigen Brunnen restauriert und mit neuen Stufen und Pflasterungen aus Marmor ausgestattet. Bei St. Paul war das Atrium vorher offensichtlich so verfallen, daß Kühe und Pferde zum Grasen hereinkamen.

Das Atrium von St. Peter machte in karolingischer Zeit einen prächtigen Eindruck. Das Eingangstor war eine Halle mit einem Durchgang von je drei Arkadenbögen und einem Obergeschoß, das spätestens im Laufe des 8. Jahrhunderts diese Form bekommen hatte und im oberen Bereich an Vorder- und Rückseite mit Mosaiken geschmückt war. Obwohl die Hauptgestalt Ähnlichkeiten mit der späteren Torhalle von Lorsch zeigt, ist die römische Halle immer in den Eingangstrakt des Atriums integriert gewesen und scheint schließlich mit seitlichen Türmen verbunden gewesen zu sein (Abb. 5). Einer dieser Türme ist wohl der erste römische Glockenturm, der von Stephan II. erbaut und 793 unter Hadrain I. „mit allen seinen Böden, bis zum obersten Punkt“ erneuert wurde. Mit dieser frühmittelalterlichen Neuschöpfung erhielt der frühchristliche Komplex einen der wenigen nicht 'stilgemäßen' Akzente. Die Durchgänge der Torhalle waren übrigens unter Hadrian I. schon vermauert, und die Haupttür hatte von diesem Papst antike Türflügel aus Bronze erhalten. In der eigentlichen Vorhalle der Kirche glänzten seit dem 7. Jahrhundert silberne Türflügel im mittleren der fünf Eingänge zur Basilika. Die *porta argentea* wurde kennzeichnend für St. Peter, und man wartete nach 846 nicht lange, um das von den Sarazenen geplünderte Silber durch neue reliefierte Silberplatten zu ersetzen.

Dächer und Decken

Die großen Holzkonstruktionen, die die breiten Säulenhallen der Basiliken überdachten, mußten am häufigsten wiederhergestellt werden. Wie wenig selbstverständlich es geworden war, solche langen Balken zur Verfügung zu haben, geht aus den Bauberichten seit dem 7. Jahrhundert hervor, wo häufig ausdrücklich die Herkunft der *trabes maiores* angegeben (gewöhnlicherweise Kalabrien) und die Anzahl der zu ersetzenden Balken genannt wird. Hadrian I. führte um 780 eine tiefgreifende Restaurierungskampagne der Dächer aller vier Hauptkirchen durch, wobei in St. Peter 14, in St. Paul 35, in der Lateranbasilika 15 und in S. Maria Maggiore 20 solcher Balken ausgewechselt wurden.

Hadrian I. selber meldet in einem Brief an Karl den Großen, daß nach der Restaurierung des Dachstuhls in St. Peter noch eine zweite Phase vorgesehen war: die Rekonstruktion der *camera* „so wie sie in alten Zeiten gewesen ist". Dazu wurde Holz aus den Wäldern von Spoleto beschafft. Der Liber Pontificalis berichtet über die Ausführung der Arbeiten im Jahre 782: Die ganz verschwundene *camera* wurde neu angefertigt, „nach dem alten Vorbild" geschnitzt sowie mit einer mehrfarbigen Ausmalung geschmückt. Es handelt sich hier eindeutig um eine hölzerne Kassettendecke – wohl im Mittelschiff –, die dank einiger Reste am Ort sowie noch existierender Vorbilder in anderen Bauten als rekonstruierbar gelten dürfte. Die feste Meinung, daß hier einmal eine antike Prunkdecke gewesen war, ließ in diesem stattlichen Gotteshaus offensichtlich keinen offenen Dachstuhl zu. Schon die Terminologie knüpfte direkt an die im Liber Pontificalis beschriebenen Stiftungen vergoldeter *camerae* in der Lateranbasilika und in St. Peter unter Konstantin an. Die Berichte Hadrians I. bilden die einzige spezifische Quelle über Prunkdecken in den alten Kirchen Roms nach den Topoi in Prudentius' Gedichten über die römischen Apostelbasiliken um das Jahr 400. St. Peter war hier wiederum maßgebend. Leo III. schloß sich nach 796 unmittelbar an das Beispiel seines Vorgängers an und ließ auch die *camerae* der anderen drei Hauptkirchen restaurieren. Wie die betreffenden Berichte zu verstehen sind, wird sofort deutlich, wenn es bei St. Paul heißt, daß die *camera* erneuert wurde „nach der Art von St. Peter".

Fußböden, Fenster und Wände

Im Kircheninneren waren die Kolonnaden die architektonisch beeindruckendsten und auch die beständigsten Elemente. Die Fußböden benötigten jedoch gelegentlich eine Restaurierung. In St. Peter ließ Hadrian I. die schlechten Stücke aus dem alten Marmorfußboden durch bessere Marmorplatten ersetzen. Man kann sich hier einen spätantiken *opus sectile*-Boden vorstellen, der, als Gegenstück zu der 'antiken' Decke betrachtet, sorgfältig konserviert wurde. Als die Basilika von St. Paul nach Erdbebenschäden im Jahre 800 restauriert werden sollte, „so wie sie von alters her war", wird erwähnt, daß sie dank eines neuen Marmorbelags in der ganzen Kirche „in einen besseren Zustand" versetzt wurde.

Die Fenster in den drei größten Hauptkirchen erhielten unter Leo III. neue Füllungen, bei denen zwei Typen unterschieden werden können. Für die Lateranbasilika heißt es ausdrücklich, daß die Apsisfenster mehrfarbiges Fensterglas und die anderen Fenster Alabasterscheiben (*metallo gypsino*) bekamen. Auch St. Peter erhielt beide Typen der Verglasung, während St. Paul nur Alabasterfüllungen bekam. Die mehrfarbige Verglasung scheint spezifisch für die Apsisfenster gewesen zu sein, die in St. Paul fehlten. Die Erwähnung der Fensterverglasungen in den Stiftungsregistern beschränkt sich übrigens nahezu ausschließlich auf den Pontifikat Leos III.: Ausnahmsweise ist diese persönliche Vorliebe Leos nicht direkt auf frühchristliche Vorbilder zurückzuführen.

Die frühchristlichen Mosaiken im Apsisgewölbe und an den Hauptbögen sowie die Zyklen an den Langhauswänden scheinen in karolingischer Zeit hauptsächlich instand gehalten worden zu sein. So gibt es bei den Langhausmosaiken von S. Maria Maggiore mehrere Stellen, die auf Restaurierungen karolingischer Zeit zurückgehen können. Auch sind in der Marienkirche Spuren einer frühmittelalterlichen Einbeziehung des spätantiken Stuckreliefsystems der Obergadenwände entdeckt worden: ein den alten Bestand imitierender Blätterfries, der vielleicht gleichzeitig mit einer neuen Decke angebracht wurde.

Von den gemalten Zyklen biblischer Szenen an den Wänden der beiden Apostelbasiliken wurde wahrscheinlich nur die Reihe der Papstbildnisse im unteren Fries bearbeitet und erweitert, bis die Darstellung der apostolischen Sukzession mit den Päpsten der Zeit um 800 die räumlichen Grenzen erreicht hatte. Eine völlige Neuschöpfung karolingischer Zeit könnte dagegen das Mosaik mit dem Stifterbild am Triumphbogen von St. Peter gewesen sein: Christus, der von Petrus und Kaiser Konstantin mit dem Kirchenmodell in den Händen flankiert wird. Diesem Bogen, der in St. Peter und St. Paul das Schiff vom Querhaus trennte, kam eine große Bedeutung zu: Um 835 wird er in St. Paul zum ersten Mal mit dem der kaiserlichen Triumpharchitektur entnommenen Terminus *arcus triumphalis* bezeichnet, aber auch schon kurz vorher wird er in den Quellen zu dem von St. Peter hergeleiteten Neubau von S. Prassede so bezeichnet.

IV. Liturgische Disposition und Ausstattung

Wenn die frühchristlichen Basiliken in karolingischer Zeit, trotz der sorgfältigen Konservierung und Idealisierung der ursprünglichen Anlagen, doch einen anderen Eindruck erweckt haben dürften als vier Jahrhunderte zuvor, dann ist dies vornehmlich der liturgischen Ausstattung zuzuschreiben. Diese hatte im Laufe der Jahre eine Entwicklung erlebt, die sie in ganz wesentlichen Zügen von den Einrichtungen der Frühzeit unterschied. Die karolingische Epoche war für diese Entwicklung in Rom nicht mehr entscheidend: Die einschneidenden Wendepunkte lagen früher und wurden in dieser Zeit höchstens noch durch eine reichere Gestaltung akzentuiert. Und gerade bei dieser Gestaltung wurde oftmals auf – wirkliche oder vermeintliche – frühchristliche Vorbilder zurückgegriffen.

Die wichtigste Neuerung der Kircheneinrichtung Roms im frühen Mittelalter war die monumentale Verbindung von Heiligengrab und Altar, so wie sie über den beiden Apostelgräbern um das Jahr 600 zustande kam. Sie führte zu einer räumlichen Konzentration von Altar und Kathedra und zu einer monumentalen Betonung des Hauptaltars durch ein Ziborium. Die in St. Peter gefundene Form, die diese Züge vereinte, wurde in den nächsten Jahrhunderten in zahlreichen Kirchen übernommen. Das war nicht nur der herausragenden Stellung der Peterskirche zu verdanken, sondern war Resultat der praktischen wie der ästhetischen Qualität des Konzepts.

St. Peter

Die um 600 geschaffene Disposition blieb bis zum Abbruch der Kirche im 16. Jahrhundert erhalten (Abb. 6). In der Karolingerzeit wurde die Peterskirche aber wesentlich reicher ausgestattet, als es in den vorangegangenen Jahrhunderten der Fall gewesen war. Charakteristisch für diese Zeit ist die verschwenderische Verwendung von Edelmetallen. So erhielt das Ziborium über dem Haupt- und Grabaltar unter Leo III. vier vergoldete Cherubimfiguren auf den Ecken des Oberbaus, wie das Elfenbeinrelief im Frankfurter Liebieghaus mit der Darstellung einer Papstmesse in St. Peter noch zeigt (Kat.Nr. XI.31). Kurz darauf wurde es durch ein größeres Ziborium ersetzt, dessen Säulen und Dach mit Silber geschmückt waren. Auch die Altartumba, die doppelte Säulenstellung, die am Fuß des Apsispodiums stand, die Podiumsfront mit dem Confessio-Fenster sowie der Altar im Mittelstollen der Krypta waren mit Silberreliefs verkleidet. Vor den beiden Reihen mit je sechs antiken Weinrankensäulen, die seit der Zeit Leos III. hier und in vielen anderen Kirchen *pergula* genannt wurden, erstreckte sich im Querschiff noch der Vorchor, in dem sich während der Papstmesse die Sänger und die niederen Kleriker aufstellten. Dieser Raum war mittels Silberbögen und Eingangsportalen mit Silberreliefs abgeschrankt.

Nicht weniger auffällig als die prächtige Silberausstattung ist die betonte Verwendung von Porphyr. Gerade im Jahr der Kaiserkrönung Karls des Großen ließ Leo III. die vorher nur roh gearbeitete Front des Apsispodiums unter verschwenderischem Einsatz von Porphyrspolien erneuern. Schrankenplatten, Stufen und die Podiumswände an beiden Seiten des Confessio-Fensters bildeten mit den Säulen des alten und neuen Ziboriums ein einheitliches Ensemble aus Porphyrsteinen. Die programmatische Bedeutung der Verwendung dieses Symbols des antiken Kaisertums in einer päpstlichen Kirche zu einem Zeitpunkt, an dem das Römische Reich und die weltliche und geistliche Gewalt des Papstes höchst aktuelle Themen waren, ist nicht zu verkennen.

Das Bild vom Inneren der Petersbasilika und der anderen wichtigen römischen Kirchen in der Karolingerzeit wäre unvollständig ohne eine Vorstellung der aufwendigen Ausstattung mit kostbaren, aber auch gefährdeten Mobilien wie Velen (Behängen), Lampen und Ikonen. Silberikonen oder auf Tafeln gemalte Heiligenbilder standen über zahlreichen Zugängen und Durchgängen des Gebäudes und der Einbauten. Große Kronleuchter und vielerlei kleinere Öl- und Kerzenlampen aus edlen Metallen

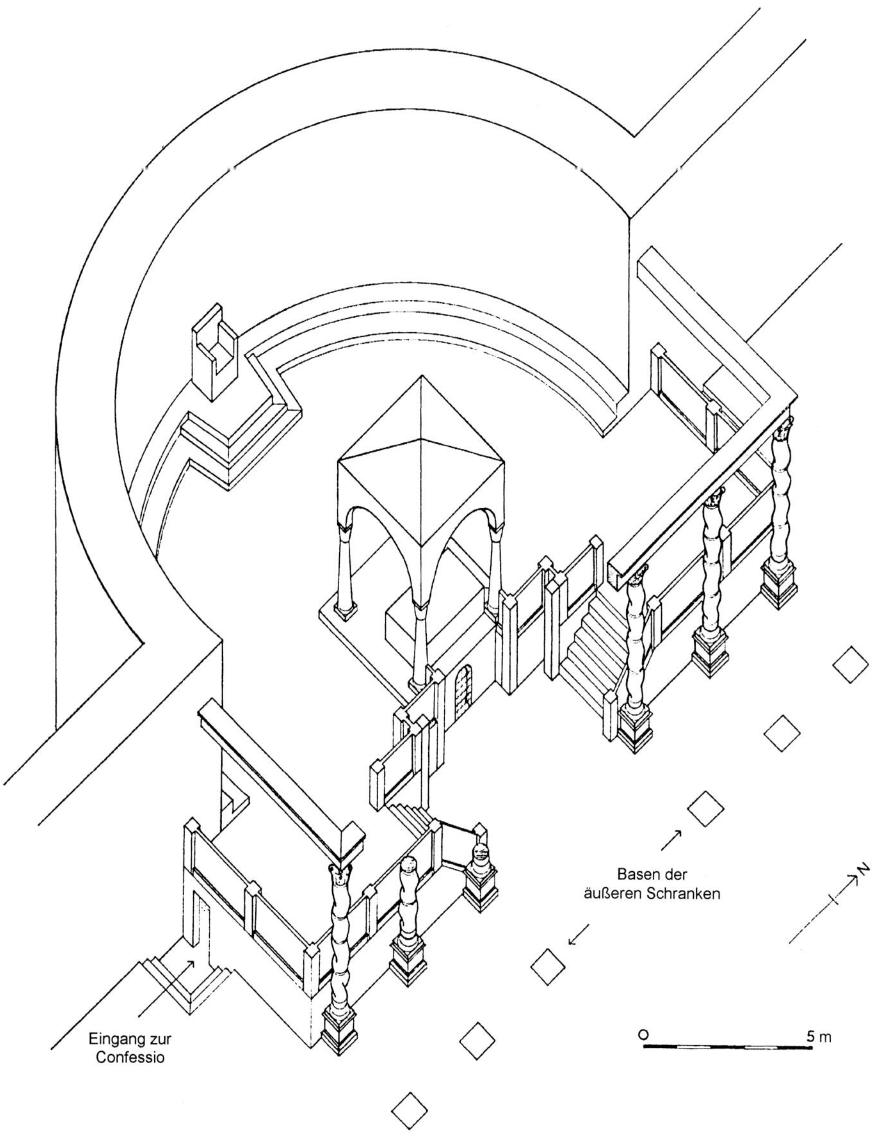

Abb. 6 St. Peter: Altarraum aus der Zeit um 600

garantierten die Beleuchtung, erhöhten aber in bester konstantinischer Tradition auch die Pracht des Kircheninneren. Vorhänge waren in allen Bögen, Interkolumnien und Türöffnungen angebracht: mit ikonographischen Programmen ausgeschmückte, reiche Stoffe in der Pergula, einfachere Exemplare an den anderen Stellen. Sie hatten keine abschließende, sondern nur eine schmückende Funktion.

Das frühmittelalterliche Interieur von St. Peter wurde außerdem von Kapellen beherrscht, die überall in den Schiffen, an Wänden oder Säulen anschließend, eingebaut waren. Sie scheinen meistens die Form einer mit Schranken und Säulenstellungen abgegrenzten Kleinarchitektur gehabt zu haben. Die so umschlossenen Wandteile der Kirche waren manchmal mit Mosaiken ausgestattet. Weil sie in der Regel Grabkapellen waren, scheint das Phänomen sich in dieser Häufung vor allem in St. Peter entwickelt zu haben, kann für andere Kirchen aber sicher nicht ausgeschlossen werden.

Nahezu alle Päpste von der Mitte des 5. bis zum Anfang des 10. Jahrhunderts wurden in St. Peter bestattet. Eine Reihe von Päpsten, von Paul I. (757–767) bis hin zu Leo IV. (847–855), hat dafür Kapellen errichtet, die vornehmlich im südlichen Querhaus konzentriert waren. Die Kostbarkeit ihrer Ausstattung kam der des Hauptsanktuariums nahe.

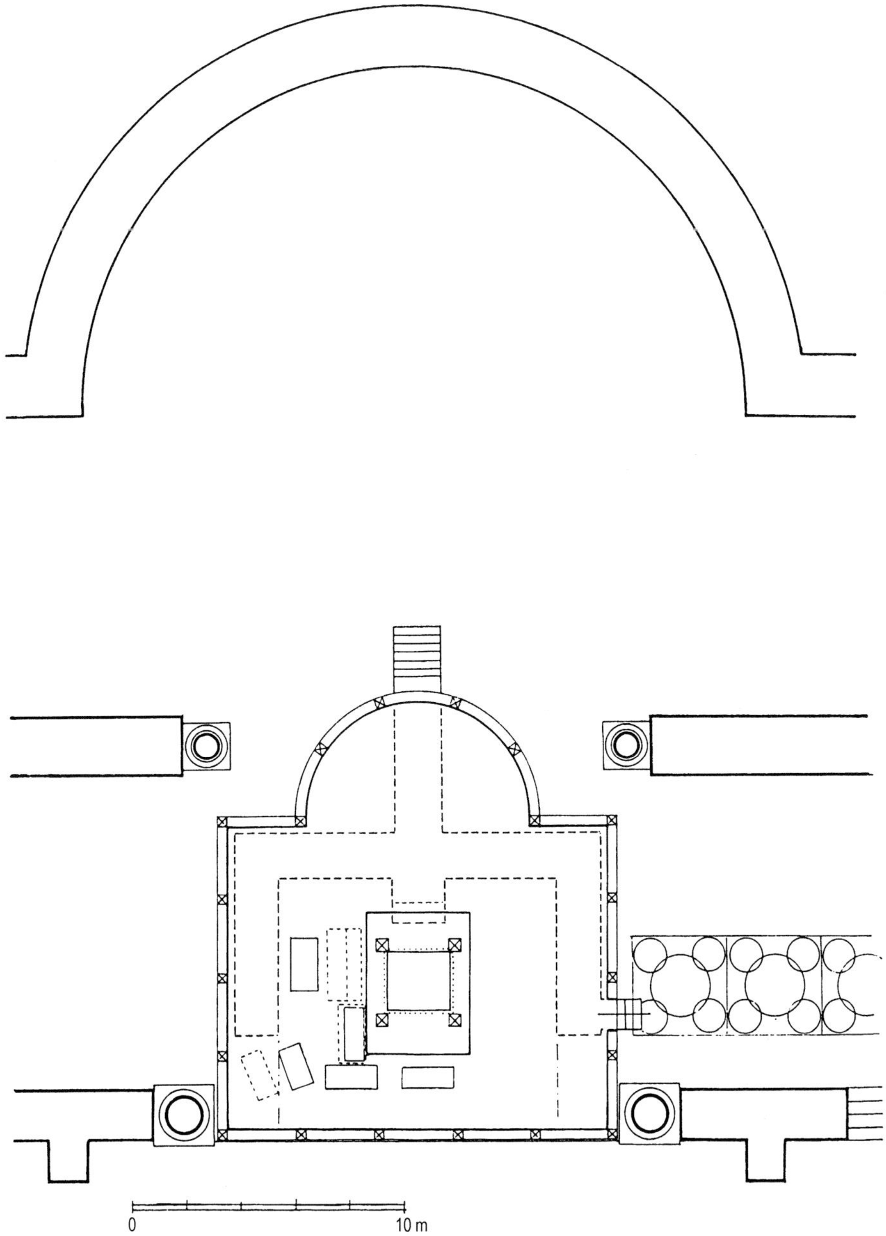

Abb. 7 St. Paul: Hypothetischer Grundplan der liturgischen Disposition von 600 bis 1585

St. Paul

Die Verbindung von Apostelgrab und Altar in St. Paul vor den Mauern hatte eine ganz andere Disposition zur Folge als in St. Peter, weil das Grabdenkmal hier gleich hinter dem Triumphbogen lag (Abb. 7 u. 8). Darum wurden Altar und Kathedra um 600 auf ein im Querhaus isoliert liegendes Podium konzentriert, das als eine Art offene Portikus mit einer fortlaufenden Kolonnade von 20 Säulen umschrankt war. Auch war die Paulsbasilika im Gegensatz zu St. Peter geostet, so daß der Liturg an der Mittelschiffseite des Altars zelebrierte und der Zugang der Pilger zum Apostelgrab ihm gegenüber an der Apsisseite lag. Wie konsequent die Lösung unter den örtlichen Bedingungen auch war, sie konnte schwerlich als Idealmodell für andere Kirchen dienen, weil die eigentliche Apsis der Kirche ohne Funktion blieb und eine hierarchische Ordnung der Liturgie von einer Zirkulation des Volkes an allen Seiten des Sanktuariums beeinträchtigt werden konnte. So blieb St. Paul in dieser Hinsicht ein isolierter Fall, wurde aber von den Päpsten der Karolingerzeit möglichst gleichrangig mit St. Peter behandelt.

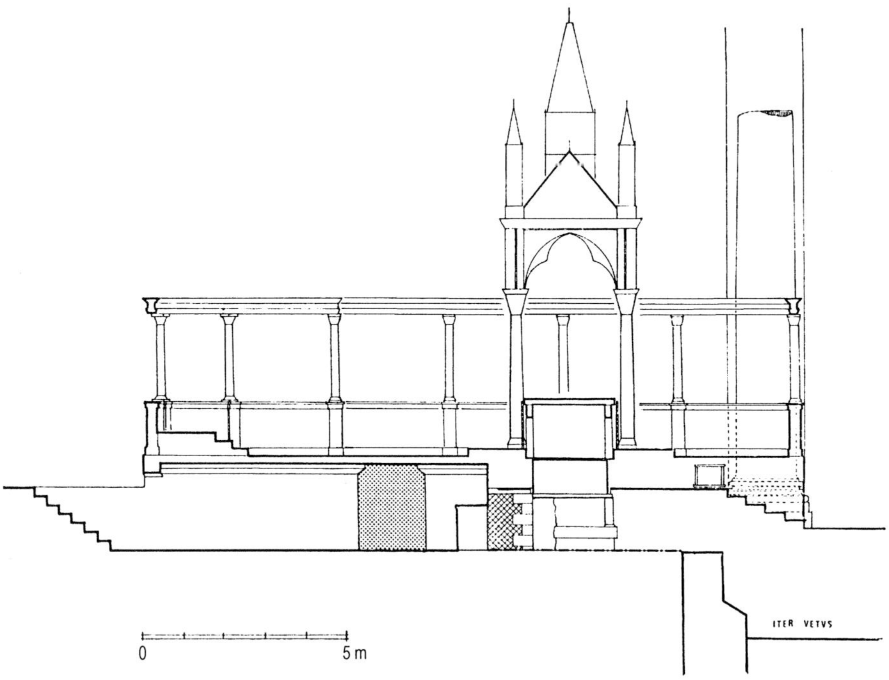

Abb. 8 St. Paul: Hypothetischer Durchschnitt der liturgischen Disposition von 600 bis 1585 (mit Hochaltarziborium von 1285)

Fast alle Maßnahmen in der liturgischen Ausstattung von St. Peter finden daher einen Reflex in St. Paul. So wurde die Confessio unter dem Hauptaltar von Hadrian I. und Leo III. mehrmals mit goldenen Platten und Türchen ausgestattet „nach dem Vorbild von St. Peter". Die Schenkung einer Silbermensa für die Confessio durch Karl den Großen galt gleichfalls beiden Basiliken. Wie in St. Peter erneuerte Leo III. in St. Paul das Ziborium über dem Hauptaltar, und er schenkte vier spezielle *vela,* um die Säulen des Ziboriums zu verkleiden. In einem Fall scheint Leo eine ziemlich eingreifende Maßnahme speziell auf die Verhältnisse in St. Paul abgestimmt zu haben, wenn es heißt, daß er den alten Holzarchitrav der Säulenportikus des Sanktuariums durch ein reich verziertes marmornes Gebälk ersetzt und außerdem den Eingang zur Krypta mit weißem Marmor dekoriert habe. Allerdings sind auch diese Anpassungen an zeitgenössische Ansprüche der Apostelbasiliken bescheiden im Vergleich zum Programm für St. Peter.

S. Maria Maggiore

Die Marienkirche hatte schon längere Zeit vor 800 das Modell der liturgischen Disposition von St. Peter übernommen: Hauptaltar und Kathedra standen in axialer Ausrichtung auf einem Podium in der Apsis, und in der Podiumsfront öffnete sich eine Confessio-Nische (Abb. 9). Wie sehr es sich hier um eine formal-symbolische Nachahmung handelte, zeigt die Tatsache, daß es in der Confessio von S. Maria Maggiore nie einen festen Reliquienkult gegeben hat. Ein ursprüngliches Heiligengrab gab es nicht, das offensichtlich auch nicht mit Reliquien ersetzt werden konnte. Die Hauptreliquien der Kirche, die Reste der Geburtsgrotte Christi in Bethlehem, wurden schon im 7. Jahrhundert in der am nördlichen Seitenschiff angebauten Praesepe-Kapelle und nicht in der Hauptaltarconfessio verehrt.

Die liturgische Ausstattung der Marienkirche genoß in den ersten Jahrzehnten des 9. Jahrhunderts große Aufmerksamkeit durch die Päpste. Leo III. ließ das Hochaltarziborium mit den Porphyrsäulen, das für St. Peter zu klein geworden war, nach S. Maria Maggiore übertragen. Zu einer umfassenden Erneuerung der Marmorausstattung in Leos Sinne nach der Art von St. Peter kam es aber erst unter Paschalis I. (817–824) im Jahre 823. Im Gegensatz zu St. Peter war hierdurch aber auch die Disposition selber betroffen. Der Papst ärgerte sich über die Anwesenheit von *matronae* im Chorumgang während der Papstmesse und nahm eine 'Korrektur' der Anlage vor, wahrscheinlich so, daß der Umgang dem Apsispodium angeschlossen und die Kathedra von der Apsis zum Scheitelpunkt des Umgangs gerückt wurde. Der Liber Pontificalis macht klar, daß es darum ging, eine Anomalie in

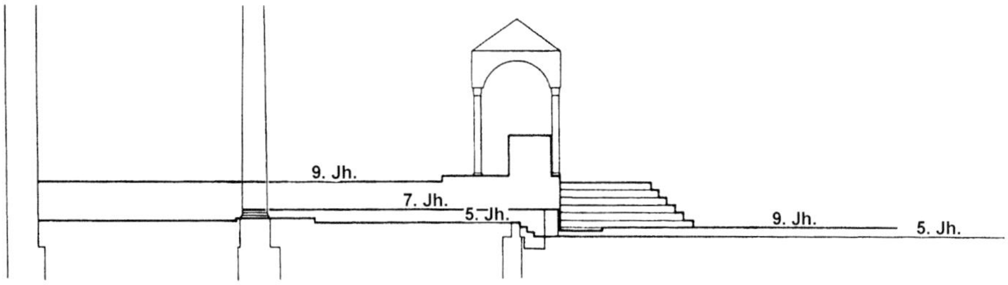

Abb. 9 S. Maria Maggiore: Längsschnitt der Apsiszone mit Rekonstruktion der Podiumsanlagen

der Architektur der Kirche durch eine geänderte liturgische Disposition auszugleichen. Auch hier erscheint St. Peter wieder als Vorbild. Paschalis' neue Marmorausstattung des Podiums bestand wie in St. Peter überwiegend aus dem kaiserlichen Porphyr. Am Fuße des Podiums entstand eine neue Pergula aus sechs Porphyrsäulen, von denen wahrscheinlich vier im Hochaltar des 18. Jahrhunderts erhalten geblieben sind: Sie bezeugen, daß Paschalis' Pergula ein beachtlicher, mehr als 7 m hoher Einbau gewesen sein muß.

Lateranbasilika

Daß dieser Überblick mit der Salvatorbasilika abschließt, bestätigt die sekundäre Stellung, die die konstantinische Bischofskirche in der Karolingerzeit einnahm, denn auch in der liturgischen Ausstattung spielte sie nur noch eine untergeordnete Rolle. Der Glanz der konstantinischen Einrichtung war schon längst verschwunden. Vom großartigen *fastigium* vor dem Altar standen wahrscheinlich nur noch die antiken Bronzesäulen als 'Restpergula' am Eingang des Altarraumes. Aber Leo III. stiftete hier, wie in den anderen Hauptkirchen, ein neues, mit Silber verkleidetes und mit bildlichen Darstellungen verziertes Hochaltarziborium.

Erst im Jahre 844 kam es zu einer umfassenden Neueinrichtung des Altarraums: Papst Sergius II. (844–847) ließ eine Confessio bauen und deponierte darin eigenhändig Reliquien. Obwohl auch eine neue, größere Umschrankung mit Säulen angelegt wurde, scheint die alte Disposition von Altar und Kathedra nicht verändert worden zu sein. Das Ergebnis muß also ziemlich zusammengesetzt gewirkt haben: Man unterwarf sich nicht völlig dem Vorbild von St. Peter – was auch nicht möglich gewesen wäre ohne die Verschiebung des Hauptaltars in Richtung der Apsis –, sondern übernahm nur ein typisches Element, worauf offensichtlich in einer Kircheneinrichtung kaum mehr verzichtet werden konnte: die Confessio-Nische. Über die Identität der von Sergius geborgenen Reliquien hören wir nichts, und es hat sich denn auch nie ein überzeugender Reliquienkult unter dem Hauptaltar des Lateran entwickeln können. Sogar die alte Lateranbasilika konnte sich aber in den Verhältnissen des 9. Jahrhunderts in Rom nicht mehr völlig der Prominenz von St. Peter entziehen.

Quellen und Literatur:

Le Liber Pontificalis. Texte, introduction et commentaire 1–2, hrsg. v. Louis DUCHESNE, Paris 1886 u. 1892; Additions et corrections, hrsg. v. Cyrille VOGEL, Paris 1957 (ND 1–3 Paris 1981).

L'Architettura della Basilica di San Pietro: Storia e Costruzione. Atti del Convegno Internazionale di Studi, Roma, Castel S. Angelo 7–10 novembre 1995 (Quaderni dell'Istituto di Storia dell' Architettura 25–30), Rom 1997. – Andrea AUGENTI, La decorazione architettonica altomedievale della basilica di San Paolo fuori le mura, in: Bollettino d'Arte 76, 1991, 71–80. – Sible de BLAAUW, Cultus et decor. Liturgia e architettura nella Roma tardoantica e medievale: Basilica Salvatoris, Sanctae Mariae, Sancti Petri 1–2 (Studi e testi 355–356), Vatikanstadt 1994. – Herman GEERTMAN, More Veterum. Il Liber Pontificalis e gli edifici ecclesiastici di Roma nella tarda antichità e nell'alto medioevo (Archaeologica Traiectina 10), Groningen 1975. – Richard KRAUTHEIMER, Wolfgang FRANKL u. Spencer CORBETT, Corpus Basilicarum Christianarum Romae (IV–IX Cent.). The Early Christian Basilicas of Rome, 1–5 (Monumenti di antichita cristiana 2,2), Vatikanstadt/Rom/New York 1937–1977. – Richard KRAUTHEIMER, The Carolingian Revival of Early Christian Architecture, in: The Art Bulletin 24, 1942, 1–38 (mit Nachwort auch in: DERS., Ausgewählte Aufsätze zur europäischen Kunstgeschichte, Köln 1988). – Paolo LIVERANI, San Paolo fuori le mura e l'iter vetus, in: Bollettino dei Musei e Gallerie Pontificie 9, 1989, 79–84. – Francesco TOLOTTI, Le confessioni succedutesi sul sepolcro di S. Paolo, in: Rivista di archeologia cristiana 59, 1983, 87–149.

Ursula Nilgen

Die römischen Apsisprogramme der karolingischen Epoche

Päpstliche Repräsentation und Liturgie

Seit spätantiker Zeit schon hatte man sich gewöhnt, die gewölbten Partien und oft auch die Hochwände anspruchsvoller christlicher Kultbauten, vor allem der großen Basiliken, mit Mosaiken zu schmücken, in Rom ebenso wie in anderen großen Städten des Römischen Reiches. Anfangs, d. h. im 4. Jahrhundert, zur Zeit Kaiser Konstantins des Großen und seiner Söhne, war dieser Mosaikschmuck offenbar noch bildlos und rein dekorativ geblieben, hatte allerdings in den großen, vom Kaiser initiierten Bauten die Widmungsinschriften der hohen Stifter präsentiert (Nilgen 1996). Erst im späten 4. und 5. Jahrhundert scheint man begonnen zu haben, die Apsiden der großen Hauptkirchen Roms und anderer Kultbauten der Stadt mit repräsentativen Darstellungen Christi und seiner Heiligen, vor allem der durch ihr Wirken und ihre Grabstätten besonders eng mit Rom verbundenen Apostel Petrus und Paulus, zu schmücken (Ihm 1960). Aus dieser frühen Phase hat sich – abgesehen von den seitlichen Absidiolen im Grabbau der Konstantina, einer Tochter Konstantins des Großen (S. Costanza), und dem Apsismosaik von S. Pudenziana (Kat.Nr. IX.20) – nichts erhalten. Wir sind aber durch den Liber Pontificalis, die seit der Spätantike und das Mittelalter hindurch fortgeführte Sammlung von Berichten über die Handlungen der einzelnen Päpste, und durch andere Schriftquellen über Bau-, Renovierungs- und Ausschmückungstätigkeiten der Bischöfe von Rom in ihrer Stadt wenigstens pauschal unterrichtet.

Im 5. Jahrhundert wird die Überlieferung dichter. Die Mosaiken an der Hochwand des Mittelschiffs und am Triumph- (ehem. Apsis-) Bogen von S. Maria Maggiore sind, wie die kurze Widmungsinschrift am Bogenscheitel angibt, unter Papst Sixtus III. (432–440) entstanden (vgl. Kat.Nr. IX.10); zu ihnen gehörte auch ein seit dem Anbau eines Querhauses und einer neuen Apsis im 13. Jahrhundert zerstörtes Apsismosaik, in dem sehr wahrscheinlich Maria – in spätantiker Hofkleidung wie auf dem Bogen – mit dem Christuskind auf dem Schoß zwischen stehenden Märtyrern zu sehen war (Nilgen 1996). Die großen Apostelbasiliken Roms, Alt-St. Peter und St. Paul vor den Mauern, erhielten spätestens unter Papst Leo I. (440–461) eine Ausstattung mit repräsentativen Mosaikbildern an Apsis, Apsis-Stirnwand (Apsisbogen) und Triumphbogen (vgl. Kat.Nr. IX.9), während die großen Bildzyklen an den Mittelschiffswänden (Abb. 1) in der weniger kostspieligen Technik der Malerei ausgeführt wurden (vgl. Kat.Nr. IX.4; IX.9), was von nun an in Rom die Regel wurde. In St. Peter kam noch ein großes Mosaik an der Außenfassade hinzu (Kat.Nr. IX.3). Auch die von Konstantin gebaute Basilika am Lateran, die eigentliche römische Bischofskirche (S. Giovanni in Laterano), muß damals schon ein figürliches Apsismosaik gehabt haben. Über das Aussehen dieser für die Folgezeit sicher hochbedeutenden Apsisprogramme in den drei wichtigsten Kirchen Roms gibt es jedoch nur Vermutungen und Rückschlüsse aus späteren Erneuerungen. Doch wird man in jedem Fall eine zentrale Gruppe Christi mit den Apostelfürsten Petrus und Paulus annehmen müssen. Exemplarische Funktion hatte aber auch der bis heute relativ gut erhaltene eindrucksvolle Mosaikschmuck an Apsis und Apsisbogen von SS. Cosma e Damiano aus der Zeit des Papstes Felix IV. (526–530). Hier sieht man in der Apsis den auf den Wolken erscheinenden Christus zwischen Petrus und Paulus, die die Titelheiligen zu Christus geleiten und denen sich ein weiterer Heiliger und der Stifterpapst anschließen; auf dem Apsisbogen breitet sich die apokalyptische Huldigung vor dem Gotteslamm aus (Kat.Nr. IX.21). Diese monumentale Mosaikausstattung sollte gerade in karolingischer Zeit mehrfach als Vorbild herangezogen werden (Ihm 1960; Waetzoldt 1964).

Im 5. Jahrhundert hat man, soweit wir aus erhaltenen Resten sowie schriftlicher und bildlicher Überlieferung erschließen können, einen beträchtlichen Teil der römischen Kirchen mit Mosaiken im Apsisbereich ausgeschmückt. Im 6., 7. und 8. Jahrhundert werden diese Unternehmungen seltener – vermutlich bestand nach den Aktivitäten der vorangehenden Zeit weniger Handlungsbedarf. Doch kann man nicht von einem Erliegen der Mosaikkunst in Rom während des 8. Jahrhunderts sprechen. Wenn uns aus dieser Zeit auch nur Fragmente

Abb. 1 Sog. Album von St. Peter: Rom, Alt-St. Peter, nördliche Langhauswand. Vatikanstadt, Biblioteca Apostolica Vaticana, A 64 ter, fol. 13r

und Nachzeichnungen einer Kapellen-Ausstattung erhalten sind, die Johannes VII. (705–707) in Alt-St. Peter stiftete (Kat.Nr. IX.7), so wissen wir doch aus dem Liber Pontificalis von offenbar bedeutenden Mosaik-Stiftungen zweier weiterer Päpste vor Leo III.: Papst Zacharias (741–752) ließ den Lateranspalast renovieren und dort zwei reich ausgestattete Triklinien (Versammlungs- und Bankettsäle) errichten, eines davon mit Mosaikschmuck, eine Nachricht, die im Hinblick auf die Triklinien Leos III. nicht vergessen werden sollte (LP I 432); Papst Paul I. (757–767) ließ die Kirche des von ihm im Bereich seines Vaterhauses gegründeten Klosters der Hll. Stephan und Silvester (S. Silvestro in Capite) sowie eine Marienkapelle an Alt-St. Peter (wohl S. Maria in Turri) mit Mosaiken schmücken (LP I 464 f.). Leo III. konnte mit seiner eindrucksvollen Reihe von Neuausstattungen wie auch Erneuerungen älterer Mosaiken also durchaus auf eine lebendige Tradition dieser Kunst in Rom zurückgreifen.

Der Fall Leos III. (795–816) ist übrigens bezeichnend für das auseinanderklaffende Verhältnis von Erhaltenem und Überliefertem zu dieser Frühzeit: Nach dem Liber Pontificalis (LP II 3, 4, 8, 11, 17, 28), der auch eine relative Chronologie der päpstlichen Unternehmungen widerspiegelt, hat Leo III. die Hauptapsiden der drei von ihm erbauten Triklinien, die Apsis der Kirche S. Susanna sowie das Oratorium Ste. Crucis beim vatikanischen Baptisterium und das Oratorium des Erzengels Michael am Lateran mit Mosaiken ausgestattet. Dazu kommen allgemeinere Angaben, daß der Papst Arbeiten an oder in der Apsis der Lateran-Basilika ausführen ließ sowie *camera* ... (von St. Paul) *in modum beati Petri apostoli noviter fecit* (LP II 2), d. h. die Apsis von St. Paul „nach der Art von St. Peter neu machte", was auch immer das genau heißen mag. Von all diesen offenbar bedeutenden Unternehmungen hat sich nur das Fragment eines Apostelkopfes erhalten, dazu eine Nachbildung des 18. Jahrhunderts und Nachzeichnungen von Partien einiger der erwähnten Mosaiken (vgl. Kat.Nr. II.8; II.9; IX.22; IX.23). Relativ gut erhalten ist jedoch der Apsisbogen von SS. Nereo e Achilleo, der (zusammen mit einem nur als gemalte Kopie überlieferten Mosaik in der Apsis selbst, vgl. Kat.Nr. IX.24) ebenfalls Leos III. Stiftertätigkeit zugeschrieben werden muß, im Liber Pontificalis aber nicht ausdrücklich erwähnt wird. Man muß also auch bei den Vorgängern Leos III. mit Mosaikstiftungen rechnen, die weder erhalten sind noch im Liber Pontificalis aufgelistet wurden, zumal die früheren Papstviten erheblich knapper formuliert sind als die außergewöhnlich breite Schilderung der Unternehmungen Leos III.

Die Renovierung des Lateranspalastes, der päpstlichen Residenz, war offenbar eines der ersten baulichen Anliegen Leos III., obwohl Papst Zacharias ein halbes Jahrhundert zuvor schon eine solche Erneuerung durchgeführt hatte (LP I 432). Wie dieser ließ Leo im Palast zwei Triklinien errichten, wobei unklar bleibt, wieweit es sich hierbei nur um Erneuerungen bzw. Erweiterungen und Umbauten der Zacharias-Triklinien handelte. Der erste dieser beiden Festsäle, die sog. Aula Leonina, mit drei großen Apsiden an der Stirnwand und an den Längswänden, muß mit seiner Ausstattung schon vor der Kaiserkrönung Karls des Großen an Weihnachten des Jahres 800 vollendet gewesen sein (vgl. Kat.Nr. II.10; IX.22). Über die Mosaiken der Hauptapsis und ihrer Stirnwand sind wir durch Nachzeichnungen und Stiche der im 16. und 17. Jahrhundert noch vorhandenen Teile und durch eine 1743 auf der Piazza S. Giovanni errichtete Mosaik-Replik sowie durch zwei Kopf-Fragmente relativ gut unterrichtet. In der Apsis war, in Abwandlung verschiedener schon aus spätantiken Apsiden bekannter Kompositionsschemata (Belting 1978, 62–65), die Aussendung der elf Apostel durch Christus dargestellt, worauf auch die Inschrift am unteren Rand mit dem Missionsbefehl nach Mt 28,19–20 hinwies: „Geht und lehret alle Völker, tauft sie im Namen des Vaters und des Sohnes und des Heiligen Geistes; und seht, ich bin bei euch alle Tage bis zum Ende der Welt.“ Auf der Stirnwand sah man rechts Petrus zwischen zwei zu seinen Füßen knienden Würdenträgern, die inschriftlich als Leo papa bzw. Carolus rex bezeichnet waren; der Apostel reichte dem Papst das Pallium, dem König eine Lanzenfahne, das *vexillum*, als Zeichen des mit ihrem jeweiligen Amt verbundenen Auftrags. Die Inschrift unter der Gruppe war als Gebet an Petrus um Leben für Papst Leo und Sieg für König Karl formuliert. Die Bezeichnung Karls als *rex*, König, erweist die Vollendung dieses Mosaiks vor Ende des Jahres 800. Das anzunehmende, aber zur Zeit, als die Nachzeichnungen entstanden, schon völlig zerstörte Pendant im linken Stirnwandzwickel wurde 1625, angeblich aufgrund einer aufgefundenen Zeichnung, ergänzt: dort thront nun Christus zwischen zwei knienden Gestalten, einem nicht näher bezeichneten Papst (Petrus oder Silvester?) und Konstantin dem Großen, denen die Schlüssel bzw. wiederum das *vexillum* gereicht werden (zur Problematik dieser Ergänzung und ihrer Deutung vgl. Beitrag Luchterhandt zum Trikliniumsmosaik). Die Inschrift am Apsisbogen, die diese beiden Darstellungen verband, zitierte den Lobgesang der Engel bei der Geburt Christi (Lc 2,14), allerdings im leicht vom Text der Vulgata abweichenden Wortlaut des damals nur in der bischöflichen Meßliturgie gesungenen „Gloria“: „Ehre sei Gott in der Höhe und auf Erden Friede den Menschen, die guten Willens sind“. Aus dem Zusammenhang von Bildern und Texten ergibt sich die Deutung des Gesamtprogramms: Der an die Apostel ergangene Missionsauftrag wird durch die Zeiten an die Päpste und weltlichen Herrscher weitergegeben, und die Verheißung des Friedens, dessen Wahrung vornehmste Pflicht der Herrscher ist, ergeht an alle Menschen „guten Willens“, die den christlichen Glauben annehmen und bewahren (Nilgen 1996). Es ist dies ein durchaus politisches, an den Klerus wie an die Herrscher der Welt (und hier zunächst an Karl den Großen) gerichtetes Programm, das in einem für Staatsempfänge und Bankette bestimmten Festsaal durchaus seine Funktion erfüllen konnte. Doch muß man sich darüber im klaren sein, daß jede Deutung dieses Ensembles Stückwerk bleiben muß, da über die Darstellungen in den beiden seitlichen Apsiden und an den Wänden des Raums, die das Programm in verschiedenste Richtungen ergänzen konnten, nichts bekannt ist.

Leo III. und Karl der Große erschienen auch in dem wohl bald nach der Aula Leonina fertiggestellten Apsismosaik der von Leo erneuerten, auf frühchristliche Gründung zurückgehenden Kirche S. Susanna (vgl. Kat.Nr. IX.23), so wissen wir aus Beschreibungen sowie aus Nachzeichnungen des späten 16. bis 18. Jahrhunderts (Abb. 2), die, auf älteren, vor dem 1595 zerstörten Original entstandenen Vorlagen beruhend, wenigstens diese beiden Gestalten überliefern. Nach einer Beschreibung des späten 16. Jahrhunderts sah man in der Apsis Christus zwi-

Abb. 2 Santa Susanna, Apsismosaik, Nachzeichnung. Vatikanstadt, Biblioteca Apostolica Vaticana, Vat. lat. 10545, fol. 235r

235

Effigies Leonis 3 PP ex musivo absidis S. Susannae

Carolus Magnus ex absida S. Susannae

in sedem restituerat. Verum Leonis effigies orbiculum gestantis in eadem abside visitur
quem verosimile est non alium hic temporis dignitate sibi proximiorem apponere voluisse
quam Carolum Imp. suum scilicet fautorem et restitutorem. Quod coniectura confirmatur
ex sequenti pictura operis musivi quae extat in parietinis aulae Leoninae, ubi nunc
agunt poenitentiarii (quos vocant S. Io. Laterani) ubi tabella circularis retro caput
affixa indicium est eos, cum depingerentur, in vivis fuisse. Quod manifestum est ex
Io. Diac. in vita Gregorii Magni lib. 4. ubi illum pictum fuisse tradit circa
verticem habentem tabulae similitudinem, quod viventis inquit insigne est, non
coronam. Idq. confirmat Durandus in rationali lib. 1. c. 3. Cum inquit praelatus
aut sanctus vivens pingitur, non in formam scuti rotundi, sed quadrati ipsi
corona depingitur, ut 4 cardinalibus virtutibus vigere monstretur, prout
in legenda S. Gregorii habetur. Hic illic spectantur et alibi pontifices in musivis
cum hac quadra praeter nostrum Leonem, in S. Caecilia, Praxede, Navicella et alibi.
De origine autem orbicularis tabellae quibus sanctorum statuae depinguntur, vulgo
diademata vocamus vide Baron. to. primo. Annal. ad an. 34. et quae illic allegat

schen sechs Heiligen sowie Leo und Karl stehen; zur Rechten Christi (also vom Betrachter aus links) standen Maria, Petrus, Susanna und Leo III. als Stifter mit dem Kirchenmodell in Händen, zur Linken Christi Paulus, Gaius, Gabinus sowie Karl der Große mit verehrend vorgestreckten, leeren Händen. Leo und Karl wurden von den ihnen zunächst stehenden Heiligen um die Schultern gefaßt und zu Christus geführt. Die ebenfalls überlieferte, am unteren Rand des Mosaiks umlaufende Widmungsinschrift erwähnte nur die Erneuerung von Kirche und Ausstattung durch Leo III.; von Karl ist keine Rede, und auch im Bild trat er als Betender, nicht als Stifter auf. Das Apsisbild kann als Erweiterung eines spätantiken römischen Vorbildes wie S. Andrea Catabarbara (mit Christus zwischen Petrus und Paulus und vier weiteren Heiligen, ohne Stifter; Waetzoldt 1964, Nr. 38) angesehen werden, wenn auch Maria sonst nicht zu den Christus huldigenden Heiligen gehörte; ein päpstlicher Stifter reiht sich schon in SS. Cosma e Damiano den Titelheiligen an, die hier durch die Apostelfürsten Christus zugeführt werden. Die Einbeziehung eines noch lebenden Herrschers, der nicht einmal als Stifter auftritt, ist dagegen in Rom völlig neu. Zwar war schon in der Theodotus-Kapelle an S. Maria Antiqua außer dem regierenden Papst Zacharias (741–752) der weltliche Würdenträger und Primicerius Theodotus den Heiligen, die auf der Altarwand die zentrale Muttergottes flankieren, angereiht worden, aber er war der Stifter der Kapelle und präsentiert das Kirchenmodell. Die Aufnahme Karls des Großen in das Apsismosaik von S. Susanna zeigt, welches außergewöhnliche Gewicht der Papst seinem Bündnis mit dem Kaiser zumaß (vgl. Beitrag Luchterhandt zum Trikliniumsmosaik).

Bald nach 800 dürfte das Triklinium in Acoli bei St. Peter errichtet worden sein, von dessen Ausstattung wir nur wissen, daß die Hauptapsis mit Mosaiken und die beiden seitlichen Apsiden mit Malereien geschmückt waren. Etwas später folgte das zweite Triklinium im Lateranpalast, die sog. Sala del Concilio mit ihrem reichen Schmuck, und es sei noch einmal daran erinnert, daß schon Papst Zacharias zwei derartige Festsäle im Lateranspalast erbaut hatte. Leos Sala wurde 1586 mit dem alten Papstpalast abgerissen; ihre außergewöhnliche, wohl auf oströmische kaiserliche Festsäle zurückgreifende Form mit einer Hauptapsis an der Stirnwand und je fünf Apsiden an den Längswänden des langgestreckten Raums ist jedoch bekannt, ebenso wie das generelle Ausstattungsprogramm (Belting 1978, 67–72; Ladner III, 1984, 32 f.), über das ein kurzer Passus im Liber Pontificalis sowie eine Beschreibung des römischen Kirchenhistorikers Onofrio Panvinio und eine flüchtige Handskizze seines Kollegen Pompeo Ugonio aus der Zeit kurz vor dem Abriß Auskunft geben. In den zehn seitlichen Konchen waren laut dem Liber Pontificalis (II, 11) „die Predigten der Apostel vor den Völkern" in Malerei dargestellt. Von diesen Malereien erwähnen die Zeugen des 16. Jahrhunderts nichts mehr, wohl aber beschreiben sie das Programm der Mosaiken an der Hauptapsis und ihrer Stirnwand (Davis-Weyer 1966, 126–128), deren schlechte Qualität Panvinio übrigens ausdrücklich betont. Das Apsisbild entsprach in der Komposition offenbar dem von S. Susanna, allerdings flankierten nur je drei Figuren den in der Mitte stehenden Christus, darunter wieder Maria und die Apostelfürsten Petrus und Paulus „und einige andere Heilige", wie Panvinio schreibt. Auf Ugonios Skizze sind jedoch die beiden äußeren Figuren deutlich als Stifter, die einen Gegenstand darbringen, gekennzeichnet. Außen links oder rechts könnte also Leo III. dargestellt gewesen sein, doch bleibt unklar, ob wiederum Karl der Große sein Pendant war (Ladner III, 1984, 32 f.) und ob Ugonios Skizze überhaupt in allen Details zuverlässig ist. Auf der Stirnwand der Apsis breitete sich ein großes, aus den Visionen der Apokalypse (Kapitel 4–7) schöpfendes Huldigungsbild aus: Oben war die Gottheit als Brustbild Christi im Clipeus dargestellt, flankiert von den vier „lebendigen Wesen", den Evangelistensymbolen; darunter brachten die 24 Ältesten Kränze dar; abgesetzt von ihnen standen in der untersten Zone Vertreter der 144 000 mit dem Siegel Bezeichneten (Panvinio), wohl in weißen Gewändern mit Palmzweigen. Vorbildlich für diese grandiose Komposition war sicher das Triumphbogenmosaik von St. Paul vor den Mauern, das Papst Leo I. und die Kaiserin Galla Placidia kurz vor der Mitte des 5. Jahrhunderts gestiftet hatten und über das wir durch Nachzeichnungen des 17. Jahrhunderts (vgl. Kat.Nr. IX.9) und durch die nach dem verheerenden Brand von 1823 ausgeführte Replik in der erneuerten Kirche Kenntnis haben. Die untere Zone mit den Vertretern der Bezeichneten in weißen Gewändern hat in St. Paul jedoch kein Vorbild; das Thema begegnet aber bald nach Leos III. Zeit noch einmal, und zwar auf dem Triumphbogen der von Papst Paschalis I. (817–824) erneuerten Kirche S. Prassede, deren Mosaikschmuck sich eng an spätantike Kompositionen anlehnt; man kann daher auch für dieses Motiv eine spätantike Vorlage annehmen. Die Inschrift in der Hauptapsis der Sala del Concilio war als Gebet formuliert und erbat, unter Hinweis auf die Errettung Petri und Pauli aus den Wasserfluten, den göttlichen Schutz für die Anwesenden, ohne einen Stifter zu nennen (Nilgen 1996).

Das Gesamtprogramm dieses Festsaals hatte also wieder die Missionstätigkeit der Apostel zum Thema, in den zehn Seitenapsiden ausdrücklich, in der Hauptapsis, wo Petrus und Paulus dargestellt waren, angedeutet durch die Inschrift, die auf den im Zusammenhang mit der Missionstätigkeit erfolgten Schiffbruch des Paulus bei Malta (Act 27, 27–44) anspielte. Merkwürdig und für einen Festsaal ohne direkte liturgische Funktion nicht angemessen – erscheint aber das Programm der Apsisstirnwand mit der großen apokalyptischen Vision. Diese war seit dem 5. Jahrhundert mehrfach auf den gut beleuchteten Triumph- bzw. Apsisbögen römischer Basiliken dargestellt worden, immer unmittelbar über dem Altar, auf dem das Meßopfer dargebracht wurde. Denn im Hochgebet der Messe vor der Wandlung, der Praefation, wird der apokalyptische Lobpreis der Engel und himmlischen Mächte beschworen und die Gemeinde aufgerufen, in diesen Lobpreis einzustimmen. Die Bilddarstellung suggerierte also sinnfällig die Einheit von zeitlich begrenzter, am Altar vollzogener irdischer und immerwährender himmlischer Liturgie, damit aber auch die Einheit von pilgernder irdischer und triumphierender himmlischer Kirche (Nilgen 1999). In der Sala del Concilio konnte die Meßliturgie allerdings nicht der Bezugspunkt des himmlischen Visionsbildes sein; vielmehr war es hier der Papst, der bei festlichen Anlässen in der Hauptapsis thronte bzw. mit zwölf hohen Würdenträgern speiste „nach dem Vorbild der zwölf um den Tisch Christi versammelten Apostel" (Panvinio). Damit war nun auch bei den Festessen in der Sala die Assoziation zum Abendmahl, dem Urbild der Meßfeier, gegeben und dazu die Rolle des Papstes als Stellvertreter Christi auf Erden sinnfällig gemacht. Der Nachdruck der Beziehung zwischen realem Vorgang und Visionsbild hatte sich aber von der Kirche als an der Liturgiefeier aktiv teilnehmender Gemeinde auf die Kirche als Festversammlung unter dem Vorsitz des Papstes, des Nachfolgers Petri und Stellvertreters Christi, verschoben. Die Institution tritt in den Vordergrund; die spätantike Bildsprache der Apsisstirnwand will nicht mehr so recht zur neuen Funktion passen.

In seinen späten Jahren, vermutlich 814, ließ Leo III. die Kirche SS. Nereo e Achilleo neu erbauen (LP II 33) und an Apsis und Apsisbogen mit Mosaiken ausstatten. Der Apsisbogen ist, wenn auch stark restauriert, erhalten; das Apsismosaik wurde bei der Erneuerung der Kirche im ausgehenden 16. Jahrhundert zerstört, ist aber in einer Kopie in Tempera auf Leinwand überliefert (Kat.Nr. IX.24). Das gesamte Programm ist einzigartig in Rom, wenn auch das Apsismosaik mit dem von sechs Lämmern flankierten Siegeskreuz auf dem Paradiesberg sich betont frühchristlich im Charakter gab und an die nur schriftlich überlieferten frühen Apsiden von Nola/Cimitile und Fundi in Campanien erinnert (Ihm 1960, 80 f.; Curzi 1993). Anregungen mögen auch von der aus dem 6. Jahrhundert stammenden und unter Leo III. vermutlich restaurierten Mosaikausstattung von S. Apollinare in Classe bei Ravenna ausgegangen sein (Belting 1976, 175 f.).

Ein ganz ungewöhnliches Bildprogramm präsentiert sich auf der Apsisstirnwand (Abb. 3). In den beschränkten Bildraum wurden drei Figurengruppen gezwungen, die für diesen Platz formal denkbar ungeeignet waren, die man aber offenbar trotzdem unbedingt dort sehen wollte: die Verklärung Christi am Bogenscheitel, die Verkündigung an Maria im linken und die thronende Muttergottes mit Christuskind und begleitendem Engel im rechten Zwickelfeld. Der gemeinsame Nenner dieser Bildthemen ist die Lehre von den zwei Naturen Christi. Der Menschwerdung aus der irdischen Mutter (Verkündigung) ist die Bezeugung der göttlichen Herkunft des Kindes durch den Engel und damit die Gottesmutterschaft Marias gegenübergestellt. Bei der Verklärung durchstrahlt die göttliche Natur die menschliche Gestalt Christi vor den Augen seiner Apostel, und die Evangelien erwähnen dabei die Stimme des Vaters, die seine Gottessohnschaft bezeugt. Das brennende Interesse an dieser Thematik wird aus der kirchenpolitischen Situation um 814 klar: In Byzanz war in diesen Jahren der Bilderstreit erneut aufgeflammt; in der Argumentation gegen die Bilderstürmer spielte die durch die Inkarnation und die zwei Naturen Christi gegebene Darstellbarkeit Gottes im Bilde Christi eine zentrale Rolle. Wenn also die zurückhaltende Symbolsprache des Apsismosaiks fast wie ein Eingehen auf bilderstürmerische Argumente erscheinen konnte, so betonten die Bilder der Apsisstirnwand um so nachdrücklicher die Position der Bilderverehrer (Nilgen 1999). Die Einmaligkeit des Bildprogramms, das aus der römischen Tradition völlig herausfällt, dürfte also in der damals aktuellen theologischen Diskussion begründet sein.

Die Mosaiken sind aber zugleich und vor allem Schmuck des Presbyteriums, wo am Altar das Meßopfer vollzogen wird, und man sollte erwarten, daß das Programm sich vornehmlich auf dieses zentrale Mysterium bezieht, wie schon bei den apokalyptischen Visionsbildern anzunehmen ist. Dies ist auch durchaus der Fall, allerdings nun in völlig neuer Weise. Die Menschwerdung Christi, der sich selbst als das vom Himmel herabgekommene Brot bezeichnet hatte (Jo 6,41), wurde schon seit frühchristlicher Zeit in engster Beziehung zur Eu-

Abb. 3 Rom, SS. Nereo ed Achilleo, Mosaik der Apsisstirnwand

charistie gesehen. Die Transfiguration als die der Passion voraufgehende Theophanie (Selbstoffenbarung Gottes) weist außerdem wie die Eucharistie auf die durch die Passion errungene Herrlichkeit hin, die im Siegeskreuz in der Apsis symbolisiert war. Die Gemeinde wird hier also mit einer theologischen Deutung des zentralen Mysteriums der Meßfeier konfrontiert, sie wird nicht mehr wie in den apokalyptischen Programmen zum Einstimmen in die himmlische Liturgie aufgerufen. Diese 'Theologisierung' der Bilder über dem Altar entspricht der gewandelten Liturgieauffassung: Die Laien, mehr und mehr aus der aktiven Teilnahme am liturgischen Geschehen verdrängt, werden zu Zuschauern des allein vom Klerus vollzogenen und interpretierten Mysteriums.

Trotz aller thematischer Neuerung lehnte man sich in SS. Nereo e Achilleo formal durchaus an spätantik-römische Mosaiken an, besonders was die Farbigkeit betrifft (es ist dies ja das einzige Mosaik Leos III., dessen Stil wir genauer beurteilen können). Die Einfassung der Bildfelder durch rotgrundige Gemmenbänder, der tiefblaue Hintergrund mit 'rosigen' Wolken, die weißen, ganz antikischen Gewänder, all dies ist uns aus den Mosaiken von SS. Cosma e Damiano bekannt und stand den Römern zu dieser Zeit in vielen spätantiken Werken vor Augen. Die rot gewandete Maria ist allerdings wieder ganz singulär und könnte mit dem Problem der farblichen Abhebung vom Hintergrund zu tun haben; so wählte man statt des für Maria traditionellen tiefblauen 'Purpur' ein wohl ebenfalls als Purpur gemeintes helles Rot. – Die extrem lineare Strukturierung der Figuren, der Mangel an modellierenden Farbübergängen, auch die stark vereinfachte Typisierung der Physiognomien erweisen jedoch die enorme Distanz dieser frühmittelalterlichen Bildschöpfung von der Spätantike. Es ist dieser starkfarbige, lineare Stil, der dann im nachfolgenden Pontifikat Paschalis' I. (817–824) von den Mosaizisten weitergeführt wird und so charakteristisch für die großen Mosaikprogramme dieses Papstes in S. Prassede (vgl. Kat.Nr. IX.25), S. Cecilia und S. Maria in Domnica ist.

Quellen und Literatur:

Le Liber Pontificalis. Texte, introduction et commentaire 1–2, hrsg. v. Louis DUCHESNE, Paris 1886–1892; Additions et corrections, hrsg v. Cyrille VOGEL, Paris 1957. – Onofrio PANVINIO, De sacrosancta basilica, baptisterio et patriarchio Lateranense libri quatuor, hrsg. v. Philippe LAUER, Le Palais de Latran, Paris 1911, 410 ff.

Hans BELTING, I mosaici dell'Aula Leonina come testimonianza della prima „renovatio" nell'arte medievale di Roma, in: Roma e l'età carolingia, Atti delle giornate di studio 3–8 Maggio 1976, Rom 1976, 167–182. – DERS., Die beiden Palastaulen Leos III. im Lateran und die Entstehung einer päpstlichen Programmkunst, in: Frühmittelalterliche Studien 12, 1978, 55–83. – Gaetano CURZI, La decorazione musiva della basilica dei SS. Nereo e Achilleo in Roma: Materiali ed ipotesi, in: Arte medievale, 2. Ser., 7, 1993, 21–45. – Cäcilia DAVIS-WEYER, Das Apsismosaik Leos III. in S. Susanna. Rekonstruktion und Datierung, in: Zeitschrift für Kunstgeschichte 28, 1965, 177–194. – DIES., Die Mosaiken Leos III. und die Anfänge der karolingischen Renaissance in Rom, in: Zeitschrift für Kunstgeschichte 29, 1966, 111–132. – DIES., Eine patristische Apologie des Imperium Romanum und die Mosaiken der Aula Leonina, in: Munuscula Discipulorum. Kunsthistorische Studien Hans Kauffmann zum 70. Geburtstag 1966, hrsg. v. Tilmann BUDDENSIEG u. Matthias WINNER, Berlin 1968, 71–83. – Christa IHM, Die Programme der christlichen Apsismalerei vom vierten Jahrhundert bis zur Mitte des achten Jahrhunderts (Forschungen zur Kunstgeschichte und christlichen Archäologie 4), Wiesbaden 1960. – Richard KRAUTHEIMER, Rom – Schicksal einer Stadt, 312–1308, München 1987. – Gerhart B. LADNER, Die Papstbildnisse des Altertums und des Mittelalters 1: Bis zum Ende des Investiturstreites (Monumenti di antiquita christiana 2/4), Vatikanstadt 1941; 3: Addenda et corrigenda, Vatikanstadt 1984. – Guglielmo MATTHIAE, Pittura romana del Medioevo 1: Secoli IV–X, Aggiornamento scientifico e bibliografia di Maria Andaloro, Rom 1987. – Ursula NILGEN, Texte et image dans les absides des XIe–XIIe siècles en Italie, in: Épigraphie et iconographie, Actes du Colloque tenu à Poitiers les 5–8 octobre 1995, Poitiers 1996, 153–165, hier 153–157. – DIES., Die Bilder über dem Altar: Triumph- und Apsisbogenprogramme in Rom und Mittelitalien und ihr Bezug zur Liturgie, in: Kunst und Liturgie im Mittelalter. Akten des internationalen Kongresses der Bibliotheca Hertziana und des Nederlands Instituut te Rome, 27.–29. September 1997, hrsg. v. Nicolas BOCK, Sible de BLAAUW, Christoph Luitpold FROMMEL u. Herbert KESSLER (Beiheft zum Römischen Jahrbuch der Bibliotheca Hertziana 33), 1999 (im Druck). – Stephan WAETZOLDT, Die Kopien des 17. Jahrhunderts nach Mosaiken und Wandmalereien in Rom (Römische Forschungen der Bibliotheca Hertziana 18), Wien/München 1964.

Riccardo Santangeli Valenzani

Profanes Bauwesen in Rom um das Jahr 800

Im Sommer des Jahres 800, am Vorabend seiner Abreise nach Rom, warf Karl der Große Alkuin scherzend vor, daß er *fumo sordentia Turonorum tecta auratis Romanorum arcibus praeponere* („die von Rauch verschmutzten Dächer von Tours den goldenen Bögen Roms vorziehe", Alkuin, Epist. CIX, PL C, cc. 329–331), da er sich lieber in seinem Kloster in Tours aufhielt, als ihm zu folgen. Das vom Frankenkönig verwandte Bild zeigt die noch lebendige und in der allgemeinen Mentalität durchaus noch wirkende Vorstellung, derzufolge Rom als kostbare Stadt mit goldenen Gebäuden verziert erschien: *Roma caput mundi, mundi decus, aurea Roma* („Rom, Haupt der Welt, Schmuck der Welt, goldenes Rom", Alkuin, De rerum humanarum vicissitudine et clade Lindisfarnensis Monasterii) hatte derselbe Alkuin geschrieben, obwohl er in den folgenden Versen herausstellen mußte, in welch ruinösem Zustand sich die Gebäude befanden.

Aber wie sah sie tatsächlich aus, die Stadt, in der Karl der Große sich einige Monate aufhalten und zum Kaiser gekrönt werden sollte? Bis vor kurzem wäre es nicht möglich gewesen, auf diese Frage eine Antwort zu geben, da unsere Kenntnis der Stadt Rom im 8. und 9. Jahrhundert sehr dürftig und auf kirchliche Gebäude beschränkt war (Cecchelli 1958, Krautheimer 1980). In den vergangenen Jahren durchgeführte archäologische Untersuchungen haben endlich etwas Licht auf das Rom der „dunklen Jahrhunderte" geworfen. Dank aussagekräftiger Ausgrabungen im Bereich der Kaiserforen (Santangeli Valenzani 1997 u. 1998) ist es möglich geworden, Daten über die Wohnstrukturen zu gewinnen, so daß zum ersten Mal eine zusammenfassende Darstellung der Veränderungen der städtischen Landschaft und der Gebäudeformen der Stadt im Laufe des Frühmittelalters versuchsweise unternommen werden soll.

Im 6. Jahrhundert scheinen sich die Wohnformen der Kaiserzeit und der Spätantike – der großen *domus* der senatorischen Aristokratie und der *insulae* (Guidobaldi 1986) – überlebt zu haben; sämtliche der leider noch wenigen Punkte, für die es stratigraphische Daten über die Aufgabe der kaiserzeitlichen Wohngebäude gibt, lassen sich in das 5. und 6. Jahrhundert datieren (Quilici 1986–1987, Sapelli 1991–1992, Mancioli/Ceccherelli/Santangeli Valenzani 1992, Pavolini 1993).

Die letzte Nachricht über eine *domus*, die noch von der Senatsaristokratie benutzt wurde, betrifft die antike Residenz der Familie Gregors des Großen auf dem Monte Celio, die diese in den letzten Jahren des 6. Jahrhunderts bewohnte und die von ihr in ein Kloster umgewandelt wurde.

Die Zeit des 7. und 8. Jahrhunderts weist in der archäologischen Dokumentation leider noch einige Lücken auf; für das 9. Jahrhundert haben die Grabungen der Jahre 1995/96 auf dem Nerva-Forum allerdings eine reiche Dokumentation bezüglich der Wohngebäude ergeben. Hier zeichnet sich ein Bruch mit antiken Bauformen ab, den die neuen Gebäudetypen bestätigen: Zu beiden Seiten einer mit Kopfsteinpflaster belegten Straße, die über dem mit Marmor gepflasterten kaiserzeitlichen Platz entstanden war, wurden in der ersten Hälfte des 9. Jahrhunderts zwei Gebäude errichtet, von denen die Grabungen bedeutende Reste zutage gefördert haben.

Das erste, das die Begrenzungsmauer des Nerva-Forums als rückwärtige Mauer einbezog (Abb. 1), ist durch eine unregelmäßige rechteckige Form gekennzeichnet (10,3 m Breite x ca. 19 m Länge). Die aus römischen Gebäuden wiederverwendeten, unregelmäßig geschnittenen Peperinblöcke, aus denen die erhaltenen Mauern bestehen, wurden ohne Mörtel aufeinandergesetzt, die dabei entstandenen Zwischenräume mit Lehm gefüllt. Auf der Fassadenseite ist die Eingangsschwelle erhalten, während davor eine ebenfalls aus Peperinblöcken bestehende Portikus mit vier Rundbögen erhalten ist. Die Portikus stammt nicht aus der Erbauungsphase des Gebäudes, sondern wurde einige Jahrzehnte später, auf jeden Fall noch im Laufe des 9. Jahrhunderts angefügt. An der östlichen Außenwand führte eine hölzerne Treppe, die durch einige Pfostenlöcher bezeugt ist, in ein aus Ziegeln errichtetes Obergeschoß, von dem nur wenige Spuren erhalten sind. Von den Mauern des Gebäudes geschützt, gab es im östlichen Teil einen Frischwasserschacht und in der westlichen Hälfte einen Abwasserschacht, dem im oberen Geschoß ein Erker mit einer Latrine entsprochen haben wird. Neben dem Abwassersystem befand sich vermutlich ein weiterer Zugang zum Gebäude.

Der Laufhorizont im Innern bestand aus einfachem gestampftem Boden; nur in der nordöstlichen Ecke fand sich eine mit quadratischen Terrakottaplatten belegte Fläche, auf der sehr wahrscheinlich ein Ofen stand. Zu dem Gebäude gehörten auf beiden Seiten Innenhöfe, deren ursprüngliche Ausmaße aufgrund späterer Eingriffe nicht mehr nachvollziehbar sind. Wie bereits erwähnt, fanden in dem östlichen Hof die hölzerne Außentreppe und der Frischwasserschacht Platz; auf dem westlichen Hof befand sich nicht nur der Abwasserschacht, sondern dieser Hof war auch zur Haustierhaltung bestimmt. Davon zeugen die in die Wände des Gebäudes eingelassenen Ringe ebenso wie die in einen großen Steinblock gehauene Tränke, die aus der Wand des Gebäudes hervorspringt.

Das zweite Gebäude ist nur teilweise freigelegt worden. Obwohl es etwas kleiner war (Länge 17 m, Breite unbekannt) und keine Portikus hatte, scheint es insgesamt architektonisch besser durchgestaltet gewesen zu sein. Auch dieses Gebäude ist aus wiederverwendeten, allerdings kleiner geschnittenen Blöcken errichtet worden. An den Stirnseiten und an den Ecken fanden sich größere, aber gleichförmiger geschnittene und mit Mörtel verbundene Steine, deren Zwischenräume zusätzlich mit Ziegelsteinen verfüllt sind. Eine innere Längswand hatte die Aufgabe, das Gebäude in zwei Räume zu teilen und gleichzeitig den Fußboden des oberen Stockwerks zu stützen, von dem Teile der Mauer, die aus Ziegelsteinen errichtet war, überkommen sind. An dem Gebäude ist außen eine aus wiederverwendetem Marmor gebaute Treppe angefügt gewesen, von der vier Stufen erhalten sind. Sie ist von einem kleinen, neben dem Gebäude liegenden Hof eingeschlossen.

Trotz des Fehlens vergleichbaren archäologischen Materials kann es keinen Zweifel daran geben, daß die Gebäude zu Wohnzwecken genutzt wurden. Beweise für diese Behauptung liefern unter anderem das Vorhandensein der Feuerstelle und des erwähnten Frischwasser- und Abwasserschachtes.

Ebenso muß man eine hohe soziale Stellung der Bewohner annehmen, wie die architektonische Ausgestaltung belegt. Dieses wird auch durch die archivalische Dokumentation bestätigt, die seit dem Ende des 10. Jahrhunderts viele Informationen über frühmittelalterliche Wohngebäude liefert, die in unseren Gebäuden ihren monumentalen und zudem noch älteren Niederschlag finden (Hubert 1990).

Die neuerdings vorhandene Möglichkeit eines archäologischen Vergleichs läßt es lohnend erscheinen, anhand erhaltener Gebäudereste oder durch die Dokumentation alter Grabungen bestimmte Gebäudetypen zurückzuverfolgen. Ich möchte an dieser Stelle zwei Beispiele aufzeigen, die Objekt meiner laufenden Untersuchungen sind und deren Resultate ich hier bereits andeuten möchte.

In den zwanziger Jahren kamen während der Grabungen in der sog. Area sacra di Largo Argentina Gebäudestrukturen aus wiederverwendetem Tuffgestein zutage, die jedoch leider gleich nach der Grabung ohne eine angemessene Dokumentation zerstört wurden, aber anhand von Fotos und bescheidenen Beschreibungen teilweise rekonstruiert werden können (Manacorda/Marazzi/Zanini 1994, Santangeli Valenzani 1994 u. 1997). Die größte Anlage hatte eine weitläufige rechteckige Ausdehnung mit einer Bodenbedeckung an nur einer Stelle im Inneren und zwei Säulen vor der Eingangstür. Die Ähnlichkeit mit den Gebäuden vom Nerva-Forum ist evident, und auch wenn das Fehlen einer Dokumentation eine komplette Rekonstruktion unmöglich macht, ist es auf jeden Fall wahrscheinlich, daß es sich um eine *domus* desselben Typs gehandelt hat. Weitere, aus Blöcken gesetzte Fundamente, die auf dem Areal ergraben werden konnten, lassen sich als Nebengebäude (Ställe und Wirtschaftsräume) und Abgrenzungsmauern des Geländes identifizieren.

Durch Grabungen des 19. Jahrhunderts konnten im Forum Romanum mittelalterliche Gebäudereste freigelegt werden, in die eine vor der Basilika Emilia befindliche Portikus eingegliedert worden war. Die heute noch vorhandene Architektur (Abb. 2), die aus wiederverwendeten Steinblöcken gesetzt ist, hatte das Ausmaß von 6 x 11 m, die aber teilweise von einer aus Ziegeln gemauerten Wand halbiert wird. Das aus Ziegelsteinen errichtete Obergeschoß ist partiell erhalten, es war über eine Außentreppe zugänglich. Auf der Vorderseite zeigt sich eine von einem Bogen überspannte Eingangstür. Diesem Raum lassen sich weitere Gebäudereste aus Steinblöcken zuordnen, die einst einige der *tabernae* der alten Basilika Emilia abgrenzten und wiederbenutzt wurden.Trotz des Mangels an Beweisen läßt sich auch für dieses Anwesen die Nutzung als Wohngebäude vermuten. Obwohl die erneute Verwendung antiker Strukturen in diesem Fall den Grundriß der Anlage bestimmt hat, zeigt auch hier der zweistöckige Aufbau mit der im Erdgeschoß liegenden Längstrennwand und der Außentreppe engste formale Ähnlichkeiten mit der *domus* des Nerva-Forums.

Abb. 1 Rom, Nerva-Forum: Ausgrabung einer frühmittelalterlichen domus

Eine solch geringe Anzahl an Vergleichsbeispielen darf natürlich nur mit äußerster Vorsicht verallgemeinert werden, trotzdem glaube ich, auch auf die Aussagen der Archivquellen gestützt, daß die herausgestellten Gebäudekomplexe als repräsentativ für eine festgelegte Hausform – in den Schriftquellen *domus solarate* genannt, also Häuser mit einem oberen Stockwerk – gelten können und daß sie charakteristisch für die soziale Oberschicht Roms im 9. und 10. Jahrhundert sind (Hubert 1990, 169–189) (Abb. 3). Diese Wohnsitze lassen sich durch ihr kompaktes Erscheinungsbild deutlich von den spätantiken Gebäudetypen abgrenzen. Dieses erklärt sich dadurch, daß auf die Innenhöfe und die nach dorthin geöffneten Räume verzichtet wurde. Die Vielzahl kleiner Zimmer mit jeweils festen Funktionen, die typisch für den Baustil der antiken Welt waren, verschwand zugunsten einer kleinen Anzahl großdimensionierter Räume zu ebener Erde, in denen die häuslichen Arbeiten konzentriert waren. Dort waren oft auch Ställe und Speicherräume untergebracht (in den römischen Quellen *stabulum* genannt; vgl. Hubert 1990, 201 u. Anm. 112), wohingegen das obere Stockwerk, erreichbar über eine Außentreppe, die ein weiteres Charakteristikum darzustellen scheint, die Wohnräume der Besitzer aufnahm.

Zu der geschilderten Diskontinuität in der Typengeschichte der spätantiken Wohngebäude gesellt sich eine weitere, die Topographie betreffende, hinzu: Alle untersuchten frühmittelalterlichen Anlagen waren in vormals öffentlichen Bereichen angesiedelt, was einer kompletten Zerstörung der antiken topographischen Ordnung gleichkam. Die Daten der Archivdokumentation zeigen, daß die Wohngebäude nicht isoliert standen, sondern einen ganzen Komplex einschlossen: Neben der eigentlichen *domus* gab es Grünflächen, die oft als Obstgärten genutzt wurden, und weitere Nebengebäude, wie Heuschuppen oder *criptae*, die häufig in antike Ruinen eingelassen waren.

Unter archäologischem Aspekt erlauben die lückenhaften Erkenntnisse in keinem Fall die Abgrenzung und die Festlegung von Zugehörigkeiten der Komplexe, auch

Abb. 2 Fassade der frühmittelalterlichen domus im Säulengang der Basilika Emilia, Rom

wenn Freiräume zu beiden Seiten der *domus* auf jeden Fall angenommen werden können, und – wie am Beispiel vom Largo Argentina – gar einige der Nebengebäude identifiziert werden konnten.

Die Schriftquellen bezeichnen solche Anlagen als *curtes*, ein von der Bezeichnung für außerstädtischen Besitz abgeleiteter Name. In terminologischer Hinsicht zeigt diese Wortwahl, daß sich der Abstand zwischen städtischer und ländlicher Welt verringerte, eine Tatsache, die sich bei den Besiedlungsformen des Frühmittelalters häufiger beobachten läßt. Ein weiteres Charakteristikum dieser Gebäude, das als allgemeingültig für das gesamte private Bauwesen des Mittelalters gilt (Brogiolo 1994), ist die extreme Einfachheit der Bautechniken und Einbauten (Fußböden aus gestampfter Erde oder eine direkt auf dem Boden befindliche Feuerstelle) und die bescheidene oder sogar fehlende Verwendung dekorativer Elemente.

Einige der angesprochenen Charakteristika ermöglichen uns Einblicke in den Lebensstil und die Mentalität der gehobenen Bevölkerungsschichten dieser Epoche. Vor allem die *domus* mit Portikus auf dem Nerva-Forum läßt eine etwas gründlichere Analyse zu: Hier scheint die deutliche Trennung der Wohnbereiche besonders auffällig zu sein: einerseits die der Familie des Besitzers vorbehaltenen Räume – das obere Stockwerk, der östliche Innenhof mit dem Frischwasserschacht und die Außentreppe –, andererseits die Räume, die für die Hausarbeiten und das Dienstpersonal vorgesehen waren – das Erdgeschoß, der westliche Hof mit dem Abwasserschacht, der Tränke und den Ringen zum Festbinden der Tiere. Es ist außerdem hervorzuheben, daß es nur von diesem westlichen Innenhof eine Verbindungstür zum Innenraum des Erdgeschosses gab. Ein weiterer auffälliger Aspekt dieses Gebäudetyps ist das Fehlen einer Befestigung. Allem Anschein nach waren Konflikte innerhalb der Gesellschaft kaum vorhanden, und das aufrührerische Wesen der römischen Aristokratie – das in den zeitgenössischen Chroniken so selbstverständlich scheint – führte wohl noch nicht in einem solchen Ausmaß zu einer 'Militarisierung'

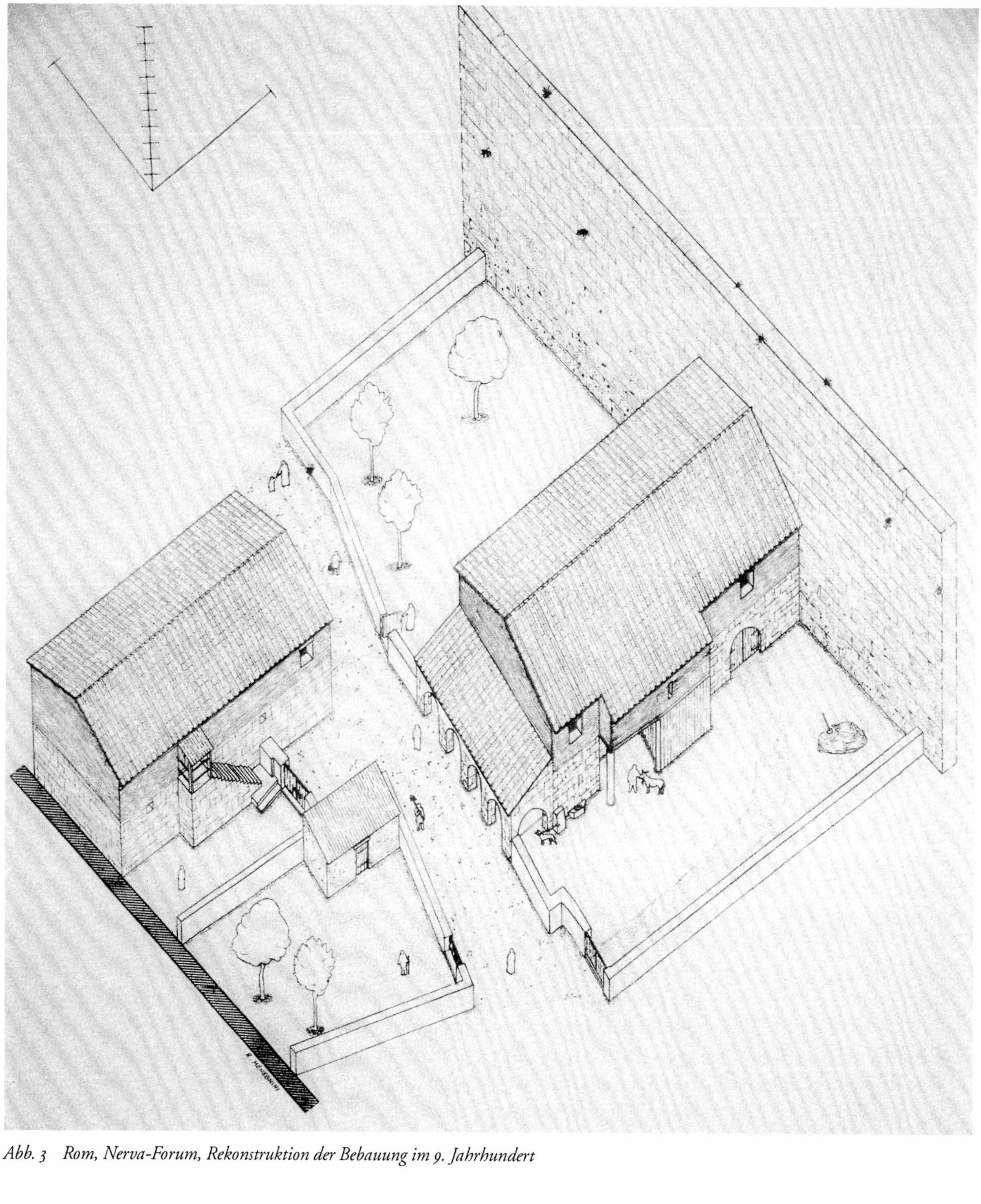

Abb. 3 Rom, Nerva-Forum, Rekonstruktion der Bebauung im 9. Jahrhundert

der Stadtlandschaft, wie es für das Hoch- und Spätmittelalter zutrifft.

Die *domus* des Typs, wie sie im Nerva-Forum ergraben wurden, stellen aber sicher nicht die einzigen Gebäudeformen des 9. und 10. Jahrhunderts dar. Ausgeklammert bleiben hierbei nicht nur die Wohnungen der unteren sozialen Schichten, von denen noch zu sprechen sein wird, sondern auch die Paläste der Angehörigen der Aristokratie. Tatsächlich wissen wir nur sehr wenig über das einstige Vorhandensein von Residenzen mit ausgesprochen kostbarem Charakter. Zu diesen zählt etwa die *domus* des *consul et dux Petrus*, die im Jahre 868 durch Kaiser Ludwig II. erworben wurde und die sowohl über ein *balneus* als auch über eine dem hl. Biagio gewidmete Kapelle verfügte (Liber instrumentorum seu Chronicon Monasterii Casaurensis, fol. 74v–75r). Eine weitere dieser Residenzen ist die in einem Dokument des Jahres 973 erwähnte *domus seu corte maiore*, deren vormaliger Eigentümer der *Iohannes presbitero duci Castello Albanense* war und die in ihren Mauern je eine dem hl. Benedikt und der hl. Scholastika gewidmete Kirche einschloß (Allodi/Levi 1885, Nr. 14). Es ist anzunehmen, daß diese *curtes* sich nicht wesentlich von den archäologisch bekannten unterschieden. Die Unterschiede mögen in der Größe, der reicheren dekorativen Ausstattung und, im Inneren dieser Anlagen, im Vorhandensein von besonders ausgestatteten Räumen, wie den erwähnten *balnea* und kleinen Kirchen, gelegen haben.

Während es der Archäologie gelang, uns Informationen über die Residenzen der gehobenen gesellschaftlichen Schichten vorzustellen, wissen wir hingegen noch nichts über die Wohnungen der Unterschicht. Im Nerva-Forum sind die Reste einer in das 10. Jahrhundert datierbaren Hütte ergraben worden (Breite kaum 2,5 m, Länge unbekannt), die sich an eine Trockenmauer anlehnte, die den Innenhof der kleineren der beiden *domus* begrenzte. Die auf einem Sockel aus Marmorfragmenten errichteten Mauern bestanden aus Lehm und Ziegelbrocken, die bei der Bergung schon zusammengestürzt waren. Im Inneren bestand der Boden aus gestampfter Erde, auf der offene Feuerstellen nachgewiesen werden konnten. Wenn es sich bei der Hütte um ein Wohngebäude handeln sollte, was die Feuerstellen annehmen lassen, so ergibt sich ohne Zweifel das Bild einer äußerst einfachen Wohnsituation der unteren sozialen Schicht, für die sich auch in anderen Gebieten des frühmittelalterlichen Italien Vergleichsbeispiele finden lassen (Brogiolo 1994, Staffa 1994, Valenti 1994). Es ist zu vermuten, daß der weitaus größte Teil der Bevölkerung in solchen Behausungen lebte, die die Quellen *domus terrinee* nennen, also ebenerdige Häuser ohne oberes, den eigentlichen Wohnzwecken vorbehaltenes Geschoß, durch das sich die Häuser der Oberschicht auszeichnen. Sie waren aus vergänglichem Material gebaut und besaßen mit Stroh oder Holzschindeln gedeckte Dächer, wie wir aus späteren Quellennachrichten erfahren (Hubert 1990). Es ist darüber hinaus sehr wahrscheinlich, daß zumindest einige Wohngebäude in noch erhaltenen Resten antiker Bauten untergebracht waren, die durch An- oder Umbauten verändert worden waren. Die nicht erhaltenen organischen Materialien erklären das Fehlen von Häusern dieses Typs in der archäologischen Dokumentation, vor allem auch deshalb, weil noch bis vor wenigen Jahren die verwendeten Untersuchungsmethoden es nicht ermöglichten, Spuren solch labiler Materialien nachzuweisen.

Das Fehlen von Daten für das 7. und 8. Jahrhundert sowohl von archäologischer als auch von archivalischer Seite läßt eine Bestimmung des Zeitpunkts, wann sich der Wechsel von der *domus* alten römischen Typs zu den neuen Wohngebäuden vollzieht, nicht zu. Einige der Charakteristika dieser Häuser, wie vor allem die kompakte Form auf rechteckigem Grundriß mit Satteldach, der massive Einsatz von wiederverwendetem Material und die bescheidenen Bautechniken, ihre Errichtung auf unbebautem Gebiet oder landwirtschaftlich genutzten Flächen, entsprechen auch den allgemeinen Merkmalen der Gebäude, seien sie urban oder ländlich, die sich für einen Großteil Mittel- und Norditaliens seit dem 5. Jahrhundert beobachten lassen (Brogiolo 1994). Es handelt sich zumeist um einstöckige Häuser, die sowohl in der Bauweise als auch sozial geringer anzusetzen sind als die Häuser des Nerva-Forums, die aber trotzdem eine bemerkenswerte Einheitlichkeit in den Wohnmodellen und den Gebäudeformen des frühmittelalterlichen Italien entdecken lassen. Für die Fälle, in denen uns die Archive Informationen über die Wohnungen der sozialen Oberschichten liefern, wie für Lucca (Belli Barsali 1973) seit dem 8. Jahrhundert oder für Ravenna (Cagiano de Azevedo 1972) bereits seit dem 7. Jahrhundert, finden wir die Trennung zwischen dem für Haushaltung und Vorratshaltung vorbehaltenen Erdgeschoß und dem mit Aufenthalts- und Schlafräumen ausgestatteten Obergeschoß, was sich auch für unsere *domus* als Charakteristikum erwies. Woher dieser Haustyp ursprünglich stammt, ob er sich aus einem bereits in römischer Zeit verbreiteten ländlichen Wohngebäudetyp herleiten läßt (Ward Perkins 1981) oder ob in ihm eher eine Synthese verschiedener fremdländischer Wohnmodelle zu sehen ist (Dabrowska

1978/79; Brogiolo 1992), unzweifelhaft bleibt die Feststellung, daß mit ihrer Verbreitung die Unterschiede zwischen städtischer und bäuerlicher Landschaft geringer werden. Die typengeschichtliche Vergleichbarkeit der Wohnstätten trifft auf eine ausgeprägt „ländliche" Umgebung, die sich für die Zone um das Nerva-Forum in der Phase des 9. und 10. Jahrhunderts rekonstruieren läßt, sowie auf die bereits hervorgehobene terminologische Einheitlichkeit, die mit demselben Wort *curtis* sowohl den inner- als auch den außerstädtischen Besitz der Aristokratie bezeichnet.

Die im Verlauf des 9. Jahrhunderts im Bereich des Nerva-Forums errichteten Hausformen leben mit einigen Veränderungen noch lange fort. Ein entschiedener Wandel des städtischen Bildes läßt sich dagegen im Verlaufe des 11. Jahrhunderts besonders für den Bereich der *domus* mit Portikus fassen, deren Stratigraphie am wenigsten durch spätere Eingriffe geschädigt wurde. In jener Zeit wurde die Fassade des Gebäudes fast vollständig geplündert, wobei nur die untere Reihe der Steinblöcke und die Bodenschwelle in situ erhalten blieben (letztere auf einem niedrigeren Niveau als der Laufhorizont). Mit diesem Eingriff ging sehr wahrscheinlich die komplette Zerstörung des ersten Stockwerks einher. In dem durch die Außenwände und die Portikus – deren Bögen teilweise zugemauert wurden – abgegrenzten Raum wurden mit Trockenmauern Räume eingerichtet, die mit offenen Feuerstellen auf dem Fußboden ausgestattet waren. Durchgehende, feste Erdübertragungen, die abgelöst wurden durch das zeitweilige Vorhandensein von Hütten und Feuerstellen, lassen das Laufniveau während des 12. Jahrhunderts um bis zu 2 m Meter über den frühmittelalterlichen Laufhorizont anwachsen.

Das Ende dieses Haustyps, wie es sich durch die Ergebnisse der Grabung abzeichnet, stimmt mit den Daten der durch Étienne Hubert vorgenommenen Analysen der schriftlichen Quellen überein. Hubert beschreibt, wie im Laufe des 11. Jahrhunderts die urbanen *curtes* vom Typ der auf dem Nerva-Forum ergrabenen verschwinden, um durch Wohntürme, die neue Residenz der Aristokratie, ersetzt zu werden (Hubert 1990). Dieser Übergang ist augenscheinlich vor dem Hintergrund interner Konflikte des römischen Patriziats – die zu einem militärisch geprägteren Stadtbild führten – sowie dessen Geltungs- und Repräsentationsbedürfnis zu sehen: Die 2 m hohen Erdaufschüttungen des 11. und 12. Jahrhunderts, die im Bereich des Nerva-Forums die frühmittelalterlichen Residenzen verschwinden ließen, sind somit das archäologische Zeugnis des Verschwindens einer Gebäudeform, die charakteristisch war für die Zeit zwischen Spätantike und Hochmittelalter und die eine typische Lebensform des römischen Adels widerspiegelt.

Literatur:

Isa Belli Barsali, La Topografia di Lucca nei secoli VIII–XI, in: Atti del 5° Congresso internazionale di studi sull'Alto Medioevo „Lucca e la Tuscia nell'alto Medioevo" (Lucca 3–7 ottobre 1971) (Atti dei congressi 5), Spoleto 1973, 461–554. – Gian Pietro Brogiolo, Trasformazioni urbanistiche nella Brescia longobarda: dalle capanne in legno al monastero regio di S. Salvatore, in: S. Giulia di Brescia. Archeologia, arte, storia di un monastero regio dai Longobardi al Barbarossa, hrsg. v. Clara Stella u. Gerardo Brentegani, Brescia 1992, 179–210. – Michelangelo Cagiano de Azevedo, Le case descritte dal Codex traditionum Ecclesiae Ravennatis, in: Rendiconti dell'Accademia dei Lincei, ser. VIII, 27, 1972, 159–181. – Carlo Cecchelli, Roma Medievale, in: Topografia e Urbanistica di Roma, hrsg. v. Ferdinando Castagnoli (Storia di Roma 22), Bologna 1958, 187–341. – M. Dabrowska u. a., Castelseprio. Scavi diagnostici 1962–63, in: Sibrium 14, 1978–79, 1–137. – Edilizia residenziale tra il V e VIII secolo. Atti del 4° Seminario sul tardo antico e l'altomedioevo in Italia centro settentrionale (Monte Barro 1993), hrsg. v. Gian Pietro Brogiolo (Documenti di archeologia 4), Mantua 1994. – Federico Guidobaldi, L'edilizia abitativa unifamiliare nella Roma Tardoantica, in: Società Romana e Impero tardoantico 2: Roma: politica, economia paesaggio urbano, hrsg. v. Andrea Giardina, Rom 1986, 165–237. – Etienne Hubert, Espace urbain et habitat à Rome du Xe siècle à la fin du XIIIe siècle (Collection de l'École Française de Rome 135) (Nuovi Studi Storici 7), Rom 1990. – Richard Krautheimer, Rom. Schicksal einer Stadt 312–1308, München 1987. – Daniele Manacorda, Federico Marazzi u. E. Zanini, Sul paesaggio urbano di Roma nell'altomedioevo, in: La Storia dell'Alto Medioevo italiano (VI–X secolo) alla luce dell'Archeologia. Convegno internazionale (Siena, 2–6 dicembre 1992), hrsg. v. Riccardo Francovich u. Ghislaine Noyé, Florenz 1994, 640–650. – D. Mancioli, Alberta Ceccherelli u. Riccardo Santangeli Valenzani, Domus Parthorum, in: Archeologia Laziale 11, 1992, 53–58. – C. Pavolini u. a., La topografia antica della sommità del Celio – Gli scavi nell'Ospedale Militare 1987–1992, in: Römische Mitteilungen 100, 1993, 443–505. – Lorenzo Quilici, Roma. Via di S. Paolo alla Regola – Scavo e recupero di edifici antichi e medievali, in: Atti Accademia Nazionale dei Lincei – Notizie degli Scavi di Antichità s. VIII, 40–41, 1986–87, 175–416. – Il Regesto Sublacense dell'undicesimo secolo, hrsg. v. Leone Allodi u. Guido Levi, Rom 1885. – Riccardo Santangeli Valenzani, Tra la Porticus Minucia e il Calcarario – L'Area Sacra di Largo Argentina nell'Altomedioevo, in: Archeologia Medievale 21, 1994, 57–98. – Ders., Edilizia residenziale e aristocrazia urbana a Roma nell'altomedioevo, in: Atti I Congresso Nazionale di Archeologia Medievale. Auditorium del Centro Studi della casa di Risparmio di Pisa (ex Benedettine), Pisa 29–31 maggio 1997, hrsg. v. Sauro Gelichi, Florenz 1997, 64–70. – Ders., Strade, case e orti nell'altomedioevo nell'area del Foro di

Nerva, in: Mélanges de l'École Française de Rome Moyen-Age 1998 (im Druck). – DERS., Residential Building in Early Medieval Rome, in: Early Medieval Rome and the Christian West – An International Conference in honour of Donald Bullough on his 70th Birthday, hrsg. v. T. S. BROWN u. J. M. H. SMITH (im Druck). – Marina SAPELLI, Recenti indagini nell'area del piazzale INPS sul Laterano, in: Bullettino Comunale 94, 1991–92, 53 ff. – Andrea STAFFA, Forme di abitato altomedievale in Abruzzo. Un approccio etnoarcheologico, in: Edilizia residenziale tra V e VIII secolo. Atti del 4° Seminario sul tardo antico e l'altomedioevo in Italia centro settentrionale (Monte Barro 1993), hrsg. v. Gian Pietro BROGIOLO (Documenti di archeologia 4), Mantua 1994, 67–88. – Massimiliano VALENTI, Forme abitative e strutture materiali dell'insediamento in ambito rurale toscano tra tardoantico e altomedioevo, in: Edilizia residenziale tra V e VIII secolo. Atti del 4° Seminario sul tardo antico e l'altomedioevo in Italia centro settentrionale (Monte Barro 1993), hrsg. v. Gian Pietro BROGIOLO (Documenti di archeologia 4), Mantua 1994, 179–190. – Bryan WARD PERKINS, Two Byzantine Houses at Luni, in: Papers of the British School at Rome 49, 1981, 91–98.

Lorscher Evangeliar.
Vatikanstadt, Biblioteca Apostolica Vaticana,
Pal. lat. 50, fol. 70v
(Kat.Nr. X.21)

▷

INCIPIT

EVANGELIV̄

SECVNDVM

IOHANNĒ

KAPITEL X

Renovatio in Kunst und Wissenschaft

Florentine Mütherich

Die Erneuerung der Buchmalerei am Hof Karls des Großen

In dem gewaltigen Werk der Erneuerung des kirchlichen und geistigen Lebens, das sich unter Karl dem Großen vollzog, steht das Buch an hervorragender Stelle. Um Niedergang und Verfall Einhalt zu gebieten und einheitliche Ordnungen im Reich zu schaffen, waren Bücher erforderlich, Bücher für Kirche und Schule, für Rechtsprechung, Zeitrechnung und Kalender – kurz für alle Bereiche, in denen fehlerhafte oder unbrauchbar gewordene Texte ersetzt oder bis dahin nicht vorhandene beschafft werden mußten. Karls Sorge galt vor allem den Bedürfnissen von Gottesdienst und Liturgie, wo nicht nur Richtigkeit und Einheitlichkeit gefordert wurden, sondern auch der Würde der geistlichen Handlung und der Heiligkeit des göttlichen Wortes Rechnung zu tragen war. Diese Bücher sollten korrekt und authentisch sein, *bene emendati, recti, ex authentico editi*, wie es in den berühmten Manifesten des Königs heißt, zu denen – neueren Forschungen zufolge – doch wohl auch bereits das verschiedentlich angezweifelte Capitulare primum von 769 gehört (Schmitz 1988). Doch darüber hinaus war – ihrem Inhalt und ihrer Bestimmung entsprechend – auch der Ausführung der Codices größte Sorgfalt zuzuwenden, *cum omni diligentia,* heißt es in der Admonitio generalis von 789 (MGH Capit. I, Nr. 22, S. 53 ff.), und nur die Erfahrenen, *perfectae aetatis homines,* durften mit ihrer Herstellung betraut werden. Eigens genannt werden *evangelium, psalterium* und *missale*, die drei wichtigsten unter den liturgischen Handschriften. Ihnen fügte der Auftrag des Königs die Bibel hinzu, die Bücher des Alten und Neuen Testaments in einem Bande vereinigt, *in unius clarissimi corporis sanctitatem connexos*, heißt es in dem Brief Alkuins, der das von Karl bestellte Exemplar begleitet (MGH Epist. IV, 418f). Mit diesen Handschriften aber, Evangelienbuch, Psalter, Sakramentar und Bibel, war die Buchkunst aufgerufen, die Buchmalerei, zu deren Aufgaben die Auszeichnung und Ausschmückung eben dieser Bücher seit Jahrhunderten gehört hatte und die sich nun die Ziele des großen Erneuerungswerkes zu eigen machen mußte, um sie mit ihren Mitteln auszudrücken und zu verwirklichen.

Die ersten Schritte wurden bald getan. Die Sammlung von Büchern aller Art setzte ein, wie die Nachrichten von Geschenken und Widmungen, aber auch von Anforderungen bestimmter Werke durch Karl zeigen. Bei der *sententia*, die in einem an Karl gerichteten Widmungsgedicht (MGH Poet. Lat. I, 96) erwähnt wird, ist an ein um 780 erlassenes Rundschreiben Karls gedacht worden (Bischoff 1981/1), das die Zusendung von Büchern zum Gegenstand hatte. Neben patristischen Schriften erscheinen schon früh auch Exemplare berühmter literarischer oder wissenschaftlicher Texte, etwa die Mensuratio orbis terrae von 435, die schon 781/783 am Hof verfügbar war. So wurde damals der Grundstock zu jener berühmten Bibliothek gelegt, in der nach den Worten Alkuins weltliche und geistliche Werke, *saecularis litteraturae libri* wie *ecclesiasticae soliditatis sapientia,* gleicherweise vorhanden waren (MGH Epist. IV, 260), und unter ihnen wird sich auch manches illustrierte Exemplar befunden haben, das den am Hof tätigen Malern bekannt wurde. Wichtig aber waren vor allem Werke, die als *libri authentici* galten und als Musterexemplare dienen sollten. Bezeugt ist 774 die Ankunft der Canones-Sammlung der Dionysio-Hadriana (vgl. Kat.Nr. XI.8), ein Jahrzehnt später, 785/786, sandte der Papst das erbetene Sakramentar (vgl. Kat.Nr. XI.3), das als Hadrianum in die Geschichte einging. Weitere liturgische Handschriften, die naturgemäß nicht im Rahmen der Bibliothek aufgeführt wurden, sind nicht genannt, doch aus den Wirkungen, die sie hinterließen, zu erschließen. Entscheidend für den Erfolg der Erneuerung des Buchwesens aber war die ebenfalls in der Frühzeit einsetzende Tätigkeit der eigenen Schreiber Karls und der Gelehrten seines Hofes, die jene neuen Ausgaben herstellen sollten, die der König benötigte. Karl spricht von der *officina*, die er eingerichtet habe, um das Studium zu fördern (MGH Capit. I, 80); auch die Hofschule mag zu dieser „Werkstatt" gehört haben, in der Handschriften hergestellt werden konnten, die den Geist und die Frucht der *renovatio* in allen Teilen des Reiches bekannt machen sollten.

Karl der Große zeigte selbst, was er unter den Forderungen seiner Erlasse, Briefe und Sendschreiben verstand. Das in seinem und seiner Gemahlin Hildegard Auftrag zwischen 781 und 783 in seiner Umgebung und von seinem *famulus* Godescalc geschriebene Evangelistar (Paris, Bibliothèque Nationale de France, Nouv. acq. lat. 1203) ist ein Dokument der Ansprüche, die der König stellte und denen seine *famuli* in eifrigem Bemühen nachzukommen suchten (Abb. 1–4). Dem hohen Rang der königlichen Auftraggeber, aber auch wohl den Anweisungen des Auftrags entsprechend, ist es eine Prachthandschrift, die Godescalc dem Bücherfreund, dem *studiosus in arte librorum*, wie er Karl in seinem Widmungsgedicht nennt (MGH Poet. Lat. I, 94–95), vorlegt: ein in Gold und Silber auf Purpurpergament geschriebener Text, die Seiten und Kolumnen von Ornamentrahmen umzogen, von einer reich verzierten Anfangsseite eingeleitet und mit großen Schmuckbuchstaben ausgezeichnet, dazu am Anfang die ganzseitigen Bilder des thronenden Christus, der vier Evangelisten und des Lebensbrunnens. Die enge Verbindung des Evangelistars mit Karl dem Großen bezeugen nicht nur die Namen der Auftraggeber und die Stellung des Schreibers, sondern auch Godescalcs Vertrautheit mit den historischen Ereignissen des Jahres 781, dem Romzug des Königs und der Taufe des jungen Karlmann auf den Namen Pippin durch Papst Hadrian. Da die anschließende Krönung des Kindes und seines Bruders Ludwig nicht erwähnt ist, wurde offenbar dem Taufakt besondere Bedeutung zugemessen, mit der auch die ungewöhnliche Darstellung des Lebensbrunnens am Ende der Bilderreihe in Zusammenhang gebracht wird. In den Bereich des Hofes weist auch der zweite Teil des Widmungsgedichtes, dessen Verse mit vergilianischen Anklängen die Größe und den Ruhm des Königs feiern. Sie verherrlichen ihn als *heros* und *triumphator*, Helden und Sieger, als Friedensbringer, Wahrer der Gerechtigkeit und Schützer der Armen und Schwachen, voll der Tugenden, die von alters her den Herrscher zieren. Es ist der Stil der antiken Panegyrik, der seit den 70er Jahren am Hof bekannt war und den hier auch ein karolingischer Dichter zu gebrauchen weiß.

Mit den Namen des Auftraggebers und des in seinem Dienst stehenden Schreibers ist die Entstehung des Godescalc-Evangelistars am Hof Karls angezeigt, und mit der Anführung von Romzug und Taufe und der Nennung der am 30. April 783 gestorbenen Königin Hildegard seine Datierung in die Jahre zwischen 781 und 783 festgelegt – nur der Ort selbst, an dem Godescalc schrieb, ist nicht genannt. Hier kann jedoch ein anderer zum Hof gehöriger Schreiber angeführt werden, der *famulus* Adam, der in eben dieser Zeit, im Jahre 780, einen Grammatiker-Codex für den König kopiert hatte und *Wormatia* als den Ort seiner Tätigkeit angibt (MGH Poet. Lat. I, 93). Angesichts der Bedeutung der Pfalz Worms, aus der Karl 780 nach Italien zog und in die er 781 zurückkehrte und für die zahlreiche andere Aufenthalte des Königs bezeugt sind, mag daher die Annahme erlaubt sein, daß auch das Godescalc-Evangelistar in Worms entstand und daß hier die Anfänge der Hofschule beheimatet waren. Der Gedanke erhält eine gewisse Bestätigung dadurch, daß die ersten Spuren einer Nachwirkung der Schrift der frühen Hofschule im Ausstrahlungsbereich von Worms festgestellt worden sind (Bischoff 1981/2, 1989), in Lorsch, in Weißenburg und in Metz. Offen bleibt, wie lange die Hofschule in Worms beheimatet gewesen sein könnte, etwa im Hinblick auf den Brand der Pfalz im Jahre 790.

Hier entstand neben dem Godescalc-Evangelistar wohl auch jene zweite, heute verlorene Prachthandschrift, deren Existenz die Bedeutung dieser frühen Phase karolingischer Buchmalerei bestätigt. Es ist das *Psalterium litteris aureis scriptum* der Königin Hildegard, ihr kostbarer goldener Psalter, den Karl nach ihrem Tode, ihrem Willen entsprechend, dem Kloster Saint-Denis übergab, wo er noch im 15. Jahrhundert bezeugt ist (Delisle 1900). Zwar ist außer den goldenen Buchstaben nichts über die Ausstattung der Handschrift bekannt, die vielleicht auch der „aurigraphus" Godescalc, wie ihn eine späte Quelle nennt, geschrieben hatte, aber die goldene Schrift legt nahe, daß wie im Godescalc-Evangelistar weiterer Schmuck vorhanden war, der dem des später am Hof entstandenen goldenen Dagulf-Psalters (s. unten) entsprochen haben mag. Vielleicht darf man in diesem Zusammenhang an die späte, haltlose Angabe der Benutzung des Dagulf-Psalters durch die Königin Hildegard denken, die durch Nachrichten über eine solche Handschrift in Saint-Denis entstanden sein könnte.

Godescalc-Evangelistar und Hildegard-Psalter zeigen, daß um 780 am karolingischen Hof Handschriften hergestellt wurden, mit denen eine neue Epoche anbrach. Das stolze Wort Godescalcs, daß er ein *opus eximium*, ein hervorragendes, ungewöhnliches Werk, geschaffen habe, gilt nicht nur für die kostbaren Materialien, die verwandt worden sind und die er in seinem Gedicht preist, nicht nur für den Reichtum an Ornamentschmuck und Bildern, sondern es gilt vor allem für die Bedeutung, die alle diese Merkmale als Zeichen der Erneuerung der Buchkunst im Rahmen der großen karolingischen *renovatio* haben. Denn wenn sich der verlorene Psalter der Königin Hildegard auch unserer Betrachtung entzieht, so läßt sich bei allen Bestandteilen des Godescalc-Evangelistars feststellen, daß mit ihnen neue Wege eingeschlagen und neue Ziele verfolgt wurden. Völlig klar ist die Bedeutung der Schrift, mit der eine der berühmtesten und wirkungsvollsten Errungenschaften der karolingischen Reformen in Erscheinung tritt. In den Unzialen des Textes zeigt sich nach so vielen Jahrzehnten der Verwilderung ein bewußter Anschluß an die klassischen Formen der alten Maiuskelschrift, der auf die Nachahmung römischer Vorbilder zurückgeführt worden ist (Petrucci 1971). Die Schrift des Widmungsgedichts aber ist eines der wichtigsten Beispiele für die neue Minuskel (vgl. Beitrag Schmid), die nach manchen lokal und zeitlich begrenzten Ansätzen nunmehr ihren Siegeszug antrat, der sie bis in die modernen Alphabete geführt hat. Vor allem aber sind es Ausstattung und Schmuck des Godescalc-Evangelistars, die seinen Ruhm als Dokument der Erneuerung begründet haben, angefangen von dem Purpur des Pergaments und dem Gold und Silber der Schrift über Initialen und Ornament bis zu den sechs ganzseitigen Bildern. Zwar ist Purpurpergament im 8. Jahrhundert auch an einigen anderen Stellen benutzt worden, aber es handelt sich dann stets um eingefügte Blätter, während die letzten vollständigen Purpurcodices weit zurück ins 6. Jahrhundert an den ravennatischen Hof König Theoderichs führen. Dementsprechend ist auch die Goldschrift selten, selbst auf reinem Pergamentgrund. Die hohe Wertschätzung, die Gold, Silber und Purpur genossen, bestätigt Godescalc selbst in seinem Widmungsgedicht, in dem er ihnen symbolische Bedeutungen zumißt und hier den Glanz des ewigen Lebens als Lohn von Martyrium und Tugend versinnbildlicht sehen will (MGH Poet. Lat. I, 94).

Die eindringlichste Verkörperung dessen aber, was Erneuerung, *renovatio*, für die Buchmalerei bedeutet, sind die Bilder und die Ornamentik des Evangelistars (Abb. 4). Nichts mehr erinnert an den Schmuck der vorkarolingischen fränkischen Schulen. Dagegen sind zwei wesentliche Grundelemente, die große Initialseite wie die Zierbuchstaben und Ligaturen, aus der insularen Buchmalerei abzuleiten, und auch ein Teil der Ornamentmotive – wie Flechtwerk-, Schlüsselbart- oder Peltenmuster – stammt aus dieser Quelle. Die anderen aber kommen aus dem großen Erbe der antiken Schmuckkunst, die sich dem Mittelalter an vielen Stellen und auf vielerlei Weisen erhalten hatte und die hier nun mit einer Fülle von geometrischen und vegetabilen Formen erscheint, vom Mäander und allen Arten von geometrischen Motiven zu Rosetten, Palmetten, Blattwerk und Stauden bis zum klassischen Rankendekor. Entscheidend in dieser Verbindung der beiden Welten, der nördlichen und der südlichen, aber ist es, daß die neue Einheit nicht nur antike Motive und Muster übernommen hat, sondern daß sie auch von den Gesetzen der klassischen Kunst bestimmt ist. Sie trennt Ornament und Figurenwelt, denn wenn auch noch einige Relikte älterer Formen zu erkennen sind, so ist die Verwendung organischer – menschlicher und tierischer – Gestalten als Bestandteile ornamentaler Formen, wie sie ein Charakteristikum der insularen wie der vorkarolingischen Kunst war, verschwunden. Auch der Nachdruck, der den graphischen Formen der Buchstaben verliehen ist, selbst im Schmuck der großen Initialseite, zeigt ein neues Streben nach Klarheit und Verständlichkeit, das sich von dem Stil der insularen Vorbilder unterscheidet.

Die Züge, die in der Ornamentik des Godescalc-Evangelistars zu erkennen sind, treten vollends in den Miniaturen hervor (Abb. 1–3). Auch ihre Leitbilder stammen aus dem Erbe der spätantiken Malerei, das in West und Ost in vielfältigen Formen durch die Jahrhunderte weitergelebt hatte. Die karolingischen Maler suchten es sich auf eine Weise zu eigen zu machen, die weder in der festländischen noch in der insularen Buchmalerei der Zeit zu finden ist, sei es aus Verständnislosigkeit oder Unvermögen, sei es – bei den Werken der Iren und Angelsachsen – aus einem anders gearteten Stilwillen. Denn wenn auch Schwächen und Unvollkommenheiten in den Bildern des Godescalc-Evangelistars zu vermerken sind, so ist doch das Bemühen um die dreidimensionalen Werte der älteren Kunst unverkennbar, um die Wiedergabe der Figur im Raum, um Angaben von Körperlichkeit und Tiefe. Weder der fränkische Gundohinus-Codex (Autun, Bibliothèque Municipale, Ms. S 2 [3]) noch der südostdeutsche Psalter in Montpellier (Bibliothèque Universitaire, Ms. 409, Kat.Nr. XI.29) zeigen Ähnliches, und selbst eine dem Godescalc-Evangelistar etwa gleichzeitige und auch der mittelmeerischen Tradition verpflichtete bedeutende insulare Handschrift, der Barberinus-Codex der Vatikanischen Bibliothek (Barb. Lat. 570, Kat.Nr. VII.13), prägt seinen Figuren, deren Vorbilder denen des Godescalc-Evangelistars verwandt gewesen sein mögen, den eigenen Stil auf.

Die Kenntnis ihrer Vorbilder, die, wie stets bei mittelalterlichen Miniaturen, ein wichtiges Kriterium für deren Verständnis darstellt, ist für diese früheste karolingische Handschrift naturgemäß von besonderer Bedeutung. Sie sind daher auch immer wieder Gegenstand eingehender Erörterungen gewesen. Diese haben alle letztlich in den Bereich jener graeco-italischen Kunst geführt, die seit dem 6. Jahrhundert aus der Verbindung der nachlebenden spätantiken Tradition mit eindringenden östlichen – byzantinischen oder syrischen – Elementen entstand und den Karolingern in unterschiedlichen Formen zugänglich war. Aber bei den erhaltenen zeitgenössischen Denkmälern, die dabei in Italien angeführt werden konnten, handelt es sich meist um jüngere Werke oder um Mosaiken und Wandmalereien. Es kann jedoch kein Zweifel daran bestehen, daß es Handschriften waren, die den karolingischen Malern als Vorlage dienten. Dafür spricht schon das Programm der Bilderreihe mit Christus und den Evangelisten, das bereits im 6. und 7. Jahrhundert Bestandteil von Evangeliaren war, wie die ravennatische Vorlage des Gundohinus-Codex (Nees 1989) oder das römische Vorbild früher touronischer Evangeliare (Koehler 1933) zeigen, wenn diese auch beide stilistisch wie ikonographisch andere Richtungen vertraten als die in den Bildern des Godescalc-Evangelistars erkennbare, die einen plastischeren Stil aufgewiesen zu haben scheint und in der Anlage wie in den Figurentypen andere Wege ging. Ein besonderes Problem stellt das Bild des Lebensbrunnens dar, das unmittelbar auf östliche Traditionen verweist und entweder mit der ganzen Bilderreihe aus einer stark byzantinisch bestimmten graeco-italischen Handschrift übernommen worden sein könnte oder aus einem anderen Zusammenhang hier im Hinblick auf das Ereignis der Taufe in Rom angefügt ist.

Es gibt keinen Beleg dafür, daß derartige Handschriften 781/783 am Hof Karls des Großen vorhanden waren. Zwar sind auch die insularen Vorbilder, deren Ornamentik in den Initialen und der Zierseite des Godescalc-Evangelistars nachgewirkt hat, nicht mehr nachweisbar, jedoch bedürfen ihre Existenz und ihr Einfluß angesichts der Tätigkeit insularer Schreiber und der Verbreitung insularer Handschriften in den angelsächsischen Gründungen auf dem Kontinent keiner weiteren Erklärung (vgl. Beitrag Bierbrauer). Anders steht es jedoch mit Codices, die aus Italien gekommen sein müssen. Unter den bezeugten Werken, die früh an den Hof gelangten, finden sich keine Evangeliare, so kann nur angenommen werden, daß seit den 70er Jahren auch Handschriften der Evangelientexte erworben oder gesandt wurden. Um allerdings bei den im Zuge der Reformen neu entstehenden Werken als Vorbilder dienen zu können, bedurften sie zweifellos besonderer Qualitäten, sei es ihrer Herkunft nach, sei es in ihrer Form und Ausstattung. Das Godescalc-Evangelistar beweist es.

Schon der Text bestätigt Godescalcs Wort, daß es ein außergewöhnliches Werk, ein *opus eximium*, ist, das er dem König darbot. Bemerkenswert ist bereits die Wahl eines Evangelistars anstelle des altehrwürdigen Evangelienbuches bei der Erteilung des königlichen Auftrags, eingedenk der geringen Rolle, die das Perikopenbuch in dieser Zeit spielte. Zudem wurde die Abfolge der Perikopen des Godescalc-Evangelistars in dieser Form in keiner anderen römischen Leseordnung wiedergefunden, weder in Evangelistaren noch in den Listen der Comes-Handschriften oder den Capitularien der Evangeliare, und als ein aus dem 7. Jahrhundert stammender, im 8. überarbeiteter und daher relativ neuer Typus erkannt (Böhne 1975). Es liegt daher nahe, ihre Verwendung an dieser Stelle mit den Bemühungen um die würdige Gestaltung der Meßfeier in Zusammenhang zu bringen, die ein zentrales Anliegen der Reformer war. Das Godescalc-Evangelistar sollte vielleicht das Musterbeispiel für ein neues Perikopenbuch darstellen. Doch die liturgische Entwicklung ging andere Wege, wie die späteren am Hof entstandenen Handschriften zeigen. Es war nicht das Evangelistar, sondern das Evangelienbuch, dem sich das Interesse und die Bemühungen der Hofschule zuwandten.

Das zeigt die Reihe der Prachthandschriften, die nach dem Godescalc-Evangelistar in den folgenden Jahrzehnten in der Umgebung Karls entstanden und die als „Hofschule Karls des Großen" in die Kunstgeschichte eingegangen sind (Koehler 1958). Die Zahl der erhaltenen Werke ist nicht groß. Es sind sechs Evangeliare, dazu ein Psalter, das Godescalc-Evangelistar und das Fragment eines zweiten. Sie alle sind wohlbekannt und in zahllosen Abhandlungen in ihren verschiedenen formalen und inhaltlichen Aspekten – historischen, kunsthistorischen, paläographischen, textgeschichtlichen – untersucht, nach Sinn- und Bedeutungsgehalten befragt und als Meisterwerke gewürdigt worden. Die Reihe beginnt mit dem Godescalc-Evangelistar (Abb. 1–4), es folgen die beiden um 790 entstandenen Evangeliare, das der Pariser Arsenal-Bibliothek (Ms. 599; Abb. 5–6; Kat.Nr. X.20) und der erste Teil der Trierer Ada-Handschrift (Stadtbibliothek, Cod. 22; Abb. 7–8), sodann der von Karl dem Großen für den 795 gestorbenen Papst Hadrian bestimmte Dagulf-Psalter (Wien, Nationalbibliothek, Ms. 1861; Abb. 9–10). Die anschließende Reihe der großen Evangeliare eröffnen die Codices in Abbeville (Bibliothèque Municipale, Ms. 4; Abb. 11–12) und London (British Library, Harley Ms. 2788; Abb. 13–15), und um 800 ist mit dem Evangeliar von Soissons (Paris, Bibliothèque Nationale de France, lat. 8850; Abb. 16–20) der Höhepunkt der Schule erreicht. In das 9. Jahrhundert gehören der zweite Teil der Ada-Handschrift mit den Bildern der vier Evangelisten (Abb. 21–22) und das Lorscher Evangeliar

(Bukarest, Nationalbibliothek, Filiale Alba Iulia, Biblioteca Batthyáneum und Vatikanstadt, Biblioteca Apostolica Vaticana, Pal. lat. 50, Kat.Nr. X.21; Abb. 23–28). Zu erweitern ist die Gruppe um das kleine Fragment eines Evangelistars in London (British Library, Cotton Claudius B.V.), zu ergänzen aber ist sie durch untergegangene, jedoch aus ihren Nachwirkungen in den Skriptorien des Ostens und des Westens, in Fulda und Mainz wie in Salzburg, im Umkreis von Saint-Denis wie im nordostfränkischen Bereich, erschließbare Werke. Wie die Trierer Ada-Handschrift und der Lorscher Codex haben sie ihre Spuren hinterlassen, und offenbar standen sie meist auch den späteren Hofschul-Evangeliaren nahe. Sie füllen die zeitlichen Lücken, die in der Zeit nach 800 zwischen den erhaltenen Handschriften bestehen, und sie erklären die Unterschiede zwischen diesen, die häufig zu falschen Schlüssen geführt haben. Ähnliches gilt jedoch auch für die ältere Zeit, wie der aus Saint-Denis überlieferte Codex zeigt (Paris, Bibliothèque Nationale de France, lat. 9387), hinter dem wohl ein Werk der früheren Hofschule zu erkennen ist. Als Zwischenglieder vervollständigen die verlorenen Handschriften eine zusammenhängende, aber auch fortschreitende Entwicklung, die mit dem Godescalc-Evangelistar begann und deren letzter Zeuge der Lorscher Codex Aureus ist. Dabei ist für Abstände und Unterschiede zwischen den frühesten Handschriften – wenn man nicht den Zufall der Erhaltung verantwortlich machen will – auf die bereits erwähnte ungeklärte Unterbringung der Hofschule in diesen bewegten Jahren zu verweisen, vor allem aber auf die von den Handschriften selbst gebotenen Beweise für eine zwischen ihnen liegende Entwicklung, die das Weiterleben der Schule in diesen Jahren zur Voraussetzung hat. So ist wohl auch die Beschränkung der auf das Godescalc-Evangelistar folgenden Werke auf eine rein ornamentale Ausstattung eher mit den Verhältnissen der Schule in diesen Jahren in Verbindung zu bringen als mit einer bilderfeindlichen karolingischen Haltung, wie es zuweilen geschehen ist, was aber heute weitgehend bezweifelt wird.

Doch wäre das Bild der am karolingischen Hof seit dem Ende des 8. Jahrhunderts entstandenen Handschriften nicht vollständig ohne jene, die neben den Werken der eigentlichen Hofschule dort geschaffen wurden: das Wiener Evangeliar (Wien, Schatzkammer; Abb. 29–30) und die ihm folgenden Codices von Aachen (Domschatzkammer, Kat.Nr. X.12; Abb. 31–32), Brescia (Biblioteca Queriniana, Ms. E. II.9) und schließlich Brüssel (Bibliothèque Royale, Ms. 18723; Abb. 33–34). Nur in Kopien überliefert ist ein Zyklus klassischer Sternbilder (Abb. 35). Alle diese Handschriften sind Hofkunst im wahren Sinne des Wortes, Einzelwerke, individuellen Aufgaben zugewandt und nicht wie die Hofschule auf zwei Jahrzehnte fortdauernder Aufgaben und systematischer Entwicklungen festgelegt. Wie die Handschriften der Hofschule sind sie Dokumente der *renovatio,* jedoch aus anderen Impulsen entstanden und von anderen Voraussetzungen ausgehend.

Wie die Hofschule zeigen auch die Werke dieser Gruppe, daß es sich bei den am Hof entstandenen Handschriften fast ausschließlich um Evangeliare handelt. Das Evangelistar blieb, hier wie auch sonst, selten, selbst wenn man den bruchstückhaften Charakter des überlieferten Handschriftenbestandes in Betracht zieht. Nach dem Godescalc-Evangelistar ist nur ein weiteres Beispiel vom Hof bekannt: das erwähnte Fragment in London aus den späten Jahren des 8. Jahrhunderts; ein zweites stammt aus dem weiteren Umkreis, die nicht der Hofschule selbst, aber ihrem Ausstrahlungsbereich angehörende Handschrift der Sammlung Ludwig im Getty-Museum (Los Angeles, Getty-Museum, Ludwig IV.1, Kat.Nr. X.17), die in ihrer Dekoration eine Nachwirkung des Godescalc-Codex erkennen läßt. Selbst wenn man das in Silberunziale geschriebene Purpurfragment unbekannter Herkunft in Karlsruhe (Landesbibliothek, Fragm. Ang. 116) in diesen Zusammenhang einbeziehen wollte, bleibt das Ergebnis gleich.

Die Gründe für diese Entwicklung kennen wir nicht. Vielleicht mag es den hohen Zielen der *renovatio* mehr entsprochen haben, den Text der Evangelien nicht unvollständig, in Perikopen aufgeteilt, sondern in dem altehrwürdigen Evangeliar als Ganzes zu überliefern und der liturgischen Benutzung durch die Angaben der Capitularien zu den Tagen und Festen des Jahreskreises zu genügen. Die Aufgabe, die man sich stellte, war die Anlage eines neuen Evangelienbuches. Mit der Beseitigung von Fehlern und Irrtümern suchte man dem reinen Vulgatatext nahezukommen – ein Bemühen, das am Ende des Jahrhunderts sein Ziel erreichte, als mit dem Evangeliar von Soissons der beste uns bekannte karolingische Evangelientext entstand (Fischer 1988–91). Es versteht sich von selbst, daß auch das Beiwerk eines Evangeliars – Prologe und Kapitelverzeichnisse, Kanontafeln und Capitularien – in diese Bemühungen einbezogen und einer planvollen Bearbeitung unterworfen wurde, für die Vorbilder verschiedener Art und verschiedener Herkunft zur Verfügung gestanden haben müssen. In einer fortschreitenden Entwicklung bildeten sich nacheinander zwei Editionen eines „Karolinischen Evangelienbuches“ (Koehler 1960) aus, auf die sich die am Hof entstandenen Exemplare verteilen, die der Hofschule wie die der Gruppe des Wiener Evangeliars. Daß der Übergang zwischen den beiden Typen, dem älteren der Arsenal-Handschrift und der Evangeliare von London, Abbeville und Wien, und dem jüngeren der Codices von Soissons, Trier und Lorsch, sich in fortschreitender Arbeit vollzog, zeigt besonders deutlich die Verteilung der Kanontafeln auf 10 bzw. 11 Seiten in dem älteren Teil der Trierer Ada-Handschrift und dem Harley-Evangeliar anstelle der klassischen Reihen von 16 Tafeln in der älteren und 12 in der jüngeren Edition. Wichtig ist die Feststellung, daß es nicht das Wiener Evangeliar war, das im Wandel der Entwicklung die entscheidende Rolle spielte, wie zuweilen angenommen worden ist, sondern ein Werk der Hofschule, das Evangeliar von Soissons, das den Übergang zu der zweiten Edition des „Karolinischen Evangelienbuches" anzeigt. Das Wiener Evangeliar gehört vielmehr noch dem älteren Typus an, und erst die ihm folgenden Handschriften in Aachen, Brescia und Brüssel stimmen mit der Hofschule in der jüngeren Form des Textes überein.

Im Gegensatz zu dieser Bemühung um das Evangeliar steht die Tatsache, daß aus der Hofschule kein Sakramentar überliefert ist, dessen Bearbeitung sich doch ein großer Teil des liturgischen Interesses zuzuwenden hatte, um das 785/86 aus Rom gesandte, unzureichende Exemplar durch Korrekturen und Ergänzungen für den eigenen Gebrauch nutzbar zu machen. Nur die 812 entstandene Kopie in Cambrai (Bibliothèque Municipale, Ms. 164, Kat.Nr. XI.3) vermittelt wohl eine Vorstellung von der am Hof vorhandenen Ausgabe, wobei allerdings neben dem relativ bescheidenen Initialschmuck nur die in Gold auf Purpurpergament geschriebenen Anfangsseiten auf die Herkunft von einem *authenticum* des Hofes hinweisen können. Doch wenn auch die bald einsetzende Ablösung des Textes durch verbesserte Ausgaben dem ursprünglichen Hadrianum selbst keine große Nachfolge gewährten, so hat es doch für die Buchmalerei eine weitreichende und dauerhafte Wirkung gehabt. Beibehalten wurde die Stellung des Canon Missae am Anfang der Meßformulare, und die damit verbundene Hervorhebung hat wesentlich zu der reichen Ausbildung der Anfangsbuchstaben des Vere dignum und Te Igitur beigetragen, die in der Ligatur VD und der Kreuzesform des T zu charakteristischen Schmuckformen der mittelalterlichen Sakramentare geworden sind (vgl. Kat.Nr. XI.4) und hervorragende Beispiele karolingischer Ornament- und Bildkunst bewirkt haben.

Einfacher ist das Fehlen einer Bibel unter den Werken der Hofschule zu erklären. Die Herstellung einbändiger Bibeln, der Pandekten, die Karl der Große für die Ausstattung der Kirchen forderte, bedeutete eine Aufgabe, die über die Möglichkeiten einer Hofschule hinausging. Sie wurde einem Klosterskriptorium zugewiesen, wie es Alkuin in Tours zur Verfügung stand, den der König, wie ein Brief aus dem Jahre 800 angibt (MGH Epist. IV, 323), mit einer verbesserten Ausgabe des Alten und Neuen Testaments betraut hatte. Die an Karl gesandten Pandekten sind verloren und nur die sie begleitenden Gedichte Alkuins werden in späteren Handschriften überliefert, aber noch aus Alkuins Lebzeiten stammen die ersten Exemplare jener stolzen Reihe touronischer Bibeln, die über die erste Hälfte des 9. Jahrhunderts und den Normannensturm von 853 hinaus die große Leistung der Schule blieben. Die von Alkuin beklagte *rusticitas turonica*, die auch für die Ausstattung der frühesten Bibeln gilt, wurde im zweiten Viertel des Jahrhunderts durch hervorragende Werke der karolingischen Buchmalerei wettgemacht, wie sie die Bamberger (Kat.Nr. XI.23) und vor allem die Grandval- und die Vivian-Bibel (London, British Library, Add. 10546 und Paris, Bibliothèque Nationale de France, lat. 1) darstellen, die nicht nur mit reichem Ornamentschmuck, sondern auch mit ganzseitigen Titelbildern ausgestattet sind. Bemerkenswert ist jedoch auch das Echo, das die Forderung Karls des Großen an anderen Stellen fand. Schon Angilram von Metz († 791), der Leiter der Hofkapelle, ließ eine einbändige Bibel schreiben (ehem. Metz, Bibliothèque Municipale, Ms. 7), und vor allem ist es Theodulf von Orléans, dessen Gelehrsamkeit bedeutende Werke hervorbrachte (Kat.Nr. XI.22; vgl. Beitrag Ronig).

Welcher Anteil in den Bemühungen um die Verbesserung der liturgischen Bücher den am Hof entstandenen kostbaren Psalterien zukommt, kann nur noch der Dagulf-Psalter belegen. Seine wichtige Stellung in der Geschichte und Entwicklung des karolingischen Gallicanums ist für den Text, die Überschriften und die Tituli, vor allem aber für die hier zum ersten Male überlieferte Cantica-Reihe nachgewiesen worden (Fischer 1985), die in vielen karolingischen Psalter-Handschriften wiederkehrt, so auch in der berühmtesten unter ihnen, dem Reimser Utrecht-Psalter (Utrecht, Universitätsbibliothek, Ms. 32). Die Aufnahme des viel diskutierten unechten Briefwechsels zwischen Papst Damasus und Hieronymus unter die Einleitungstexte des Dagulf-Psalters stellt – wie die Darstellungen des Elfenbeindeckels der Rückseite (vgl. Beitrag Fillitz, Abb. 1) – eine nachdrückliche Betonung der karolingischen Auffassung dar, daß im Gallicanum der eigentliche Psalmentext der römischen Kirche überliefert wird, dessen allgemeine Einführung und Durchsetzung ein Ziel der Reformer war.

So wichtig jedoch die Rolle der am Hof Karls des Großen entstandenen Handschriften in der Geschichte der liturgischen Bücher auch ist, ihre entscheidende und eigenste Bedeutung beruht auf ihrer Stellung in der Geschichte der mittelalterlichen Kunst. Sie bezeichnen den Anfang der karolingischen Buchmalerei und sind damit Ausgangspunkt und Anstoß weitreichender Entwicklungen, die das weiterführten, was im Zeichen der Erneuerungspolitik Karls des Großen begann. Die Werke der Hofschule zeigen, wie der Weg, der mit dem Godescalc-Evangelistar beschritten worden war, kontinuierlich fortgesetzt wurde, wie er, von neuen Forderungen, aber auch von neuen Möglichkeiten bestimmt, sich erweiterte, verzweigte, wechselnden Ausblicken öffnete. Mit der Aufgabe, in Bild und Schmuck die Vorstellungen der *renovatio* von der Ausstattung der heiligen Texte zu verwirklichen, blieb die zweite verbunden, die auch bereits dem Godescalc-Evangelistar gestellt worden war und die darin bestand, Würde und Glanz königlicher Repräsentation zum Ausdruck zu bringen. Purpur und Gold blieben Bestandteil der Handschriften, und um die Pracht der Seiten zu erhöhen, wurden Abbilder von Edelsteinen, Perlen und Gemmen dem Schmuck der Initialen und Rahmen eingefügt. Bildmedaillons und kleine Figuren und Szenen bereicherten die Seiten, und monumentale Titelbilder mit Darstellungen alter und neuer Themen – Lebensbrunnen (Abb. 3, 17), Anbetung des Lammes (Abb. 16), die Generationen Christi (Abb. 24) – begleiten die Einleitungsstücke. Neben den formalen Bereicherungen stehen stilistische Entwicklungen, die immer sicherer in der Darstellung plastischer und räumlich-illusionistischer Werte fortschritten und in eindrucksvollen Gestalten und groß angelegten Kompositionen mächtige Wirkungen hervorbrachten.

Im Schriftbild blieb die im Godescalc-Evangelistar angewandte Verbindung von Unzialen und Minuskel bestehen, wobei allerdings die Minuskel sich stärker zur Geltung brachte und auch für die Haupttexte von Evangelien und Psalmen verwendet wurde. In der Ornamentik, die in den beiden frühen Evangeliaren, dem der Pariser Arsenal-Bibliothek und dem ersten Teil der Trierer Ada-Handschrift, wie auch noch im Dagulf-Psalter allein den Schmuck der Handschriften lieferte, tritt in der ersten dieser Handschriften, dem Arsenal-Codex (Abb. 5–6), das insulare Element gegenüber dem Godescalc-Evangelistar stärker hervor, nicht nur in der Ausbildung der Einzelheiten von Initialen, Initialseiten und Kanontafeln, sondern auch in dem flächig-abstrakten Stil, was darauf schließen läßt, daß bei den ersten Ansätzen zur Schaffung eines neuen Evangelienbuches auch eine insulare oder doch insular beeinflußte Handschrift herangezogen wurde. Einen näheren Hinweis liefern die Kanontafeln, wo die Form der Doppelarkade wie die Anlage der Ziffernkolumnen auf den jüngeren Teil des Evangeliars von Maaseik (vgl. Beitrag Bierbrauer, Abb. 7) verweisen, der einem angelsächsischen Zentrum auf dem Kontinent zugeschrieben wird. Eine ähnliche Handschrift mag in der Hofschule benützt worden sein, als dort die Form eines neuen Evangelienbuches ausgebildet werden sollte, aber es ist bezeichnend, daß bereits mit den Kanontafeln des nur wenig späteren ersten Teiles der Trierer Ada-Handschrift ein anderer Typus angestrebt wird (Abb. 7). An den Initialen des Arsenal-Evangeliars ist jedoch auch schon der Fortschritt der Entwicklung festzustellen, die im Godescalc-Evangelistar begonnen hatte. Im Streben nach Klarheit und Festigung werden nun die Umrisse der Buchstaben durch breitere Randlinien stärker gezeichnet und gegen die Ornamentfüllungen abgesetzt, und diese neue Strukturierung setzt sich in dem Initial des älteren Teiles des Trierer Evangeliars fort (Abb. 8), um völlig ausgebildet in den Zierseiten des Dagulf-Psalters zu erscheinen (Abb. 9–10). Zwar kann auch hier auf insulare Parallelen verwiesen werden, aber in der Klarheit der Anlage wie auch in dem Fehlen der insular bestimmten Tierornamentik tritt die Eigenständigkeit der karolingischen Werke entschieden hervor.

Auf der mit dem Dagulf-Psalter gewonnenen Grundlage setzt dann in den großen Evangeliaren der Hofschule eine zweite Phase der Initialornamentik ein, eine Phase des Ausbaus und der Bereicherung, der Ausbildung prachtvoller Initialseiten, der Anbringung von Perlen und Gemmen, von Figuren und Szenen auf Rahmen und Grund, auf den Stämmen und in den Feldern der Buchstaben. Einen Höhepunkt bildet die prachtvolle Quoniam-Seite am Anfang des Lukas-Textes im Soissons-Evangeliar, wo die Gestalt Christi im Rund des Initials erscheint und mit der Szene der Heimsuchung – im Anschluß an die oben dargestellte Verkündigung – auf den Inhalt des Evangeliums hingewiesen wird (Abb. 20). In den beiden letzten Handschriften, dem zweiten Teil des Trierer Evangeliars und dem Lorscher Codex, tritt dagegen die Initialornamentik zurück.

Auch die Kanontafeln geben ein anschauliches Bild der Entwicklung der Schule (Abb. 13, 18 u. 23, vgl. auch Kat.Nr. X.21). Obwohl die Trierer Canones nicht mehr die Doppelarkaden der Arsenal-Handschrift verwenden, zeigen sie in ihrer Bogenreihe noch ähnlich flächig-abstrakte Formen, und erst in dem Evangeliar von Abbeville wird versucht, dem architektonischen Charakter von Kapitellen, Säulen und Basen Rechnung zu tragen. Der Wandel zu plastischen Baugliedern wird im Harleianus weitergeführt und im Soissons-Evangeliar vollendet, wo mit gedrehten Säulen prächtige Wirkungen erzielt werden. Ganz dem klassischen Erbe verschrieben ist die harmonische Lorscher Reihe, nicht nur in den architektonischen Elementen, sondern auch in dem Gemmenschmuck der Bögen und den schönen Pflanzen und Vögeln, die sie begleiten. Vor allem aber sind es die figürlichen Darstellungen in den Lünetten der Arkaden, die ein Charakteristikum der Kanontafeln der Hofschule bilden. Um Gehalt und Bedeutung der Ziffernspalten zu veranschaulichen, erscheinen im Harley-Evangeliar die Gestalten der Evangelistensymbole über den zugehörigen Kolumnen, älteren Anregungen folgend, aber bereits nicht mehr nur als Zeichen aufgefaßt, sondern aktiviert, dem Kreuz verehrend zugewandt oder als Träger großer Titeltafeln den Inhalt der Canones verkündend. Im Soissons-Evangeliar sind die Symbole zu bewegten Gruppen zusammengefaßt, und die Tabula ansata ist durch den aufgeschlagenen Codex oder die geöffnete Rolle ersetzt; dazu erscheinen auf zwei Seiten einzigartige Darstellungen des siegreichen Christus in der von Engeln getragenen Mandorla und des von den Evangelistensymbolen enthüllten Lebensbrunnens. Im Lorscher Codex sind Engel an die Stelle der Evangelistensymbole getreten, die nun als fliegende Genien die Titeltafeln halten. Auch hier erscheint nach der dynamischen Fülle die klassisch gestimmte Form.

Ein ähnlicher Unterschied wie in den Kanontafeln der Evangeliare von Soissons und Lorsch, in dem die Entwicklungen eines Jahrzehnts ihren Ausdruck finden, zeigt sich in den großen ganzseitigen Titelbildern, die beide Handschriften enthalten. Das aus dem Godescalc-Evangelistar bekannte Bild des Lebensbrunnens ist im Soissons-Evangeliar vor einer mächtigen Architekturkulisse in plastisch-räumlicher Wiedergabe zu einer lebendigen Darstellung der Quelle, die die Wasser des Lebens enthält, geworden, und ebenso monumental ist die hohe, von einem reichen Architekturgrund hinterfangene und mit einem weit geschwungenen Vorhang ausgezeichnete Arkadenstellung, über der die apokalyptische Vision der Anbetung des Lammes zu sehen ist (Abb. 17, 16). Hinter diesen großen Bilderfindungen treten trotz der kompositionellen Verwandtschaft die vielfigurigen Gruppen der Generationen Christi am Anfang des Matthäus-Prologs des Lorscher Evangeliars zurück (Abb. 24), was nicht nur durch den Inhalt der Darstellung, sondern auch durch künstlerische Unterschiede bedingt ist. Dagegen erscheint mit dem Lorscher Christus-Bild (Abb. 25) noch einmal eine der großen Schöpfungen der Hofschule, alle Darstellungen des thronenden Herrn – im Frühwerk Godescalcs, im Q des Soissons-Evangeliars, im Titelbild des Lorscher Codex selbst – übertreffend. In der Würde und Strenge von Ausdruck und Stil kommt sie einer Ikone gleich.

Das eigentliche Thema der Hofschule aber ist das Evangelistenbild. Jedes der fünf großen Evangeliare, die nach der Niederlassung des Hofes in Aachen entstanden sind, überliefert die Darstellungen der vier Verfasser der heiligen Texte in immer neuen Varianten bestimmter Grundtypen, hinter denen die lange Tradition des antiken und byzantinischen Evangelistenbildes steht. Bildanlage und Figurentypen des Godescalc-Evangelistars sind aufgegeben, wenn auch eine Gestalt – die des Markus – später wiederkehrt (Abb. 1, 19). Spätantiken Vorbildern folgend, sitzen die Gestalten der Evangelisten hoheitsvoll unter Arkaden, zu ihren Häupten zeigen sich in den Lünetten der Bögen ihre Symbole. An die Stelle der zurückhaltenden, wenig nach außen wirkenden Figuren des Evangelistars sind lebendige Überlieferer und Verkünder göttlicher Botschaften getreten, deren bedeutendster Vertreter in der mächtigen Johannes-Gestalt der Trierer Ada-Handschrift erscheint (Abb. 22). Der Vergleich mit spätantiken oder insularen Beispielen dieses Bildtypus – dem Augustinus-Evangeliar in Cambridge (Corpus Christi College, Ms. 286) oder dem Codex Aureus in Stockholm (Kungliga Biblioteket, Cod. A 135) – zeigt die Kraft, die den karolingischen Evangelisten innewohnt, die Eindringlichkeit, mit der sie ihrer Aufgabe nachkommen. Es ist daher charakteristisch, daß bei den Typen und Haltungen, in denen sie gegeben werden, die frontale oder doch nach vorn gewandte Figur überwiegt, die sich an den Betrachter, den Zuhörer, wendet. Stilistische Verschiedenheiten zeigen sich, die sowohl auf den Unterschieden einwirkender Vorbilder wie auf Eigenart und Qualität der Maler begründet sind. Neben den von italienischen Einflüssen stärker bestimmten Bildern des Abbeville-Evangeliars stehen die auf Wirkung bedachten plastischen Gestalten des Harley-Codex, deren Stil in den bewegten Figuren des Soissons-Evangeliars weiterentwickelt wird und der mit der Ada-Handschrift seinen Höhepunkt erreicht. Die Bilder des Lorscher Codex zeigen die stillere Gelassenheit, die für die Spätphase kennzeichnend ist. Gleichsam als Gegenpole stehen die mächtige Trierer Johannesfigur und das hoheitsvolle Christusbild des Lorscher Evangeliars für Anspruch und Leistung der Schule (Abb. 11, 14, 19, 21–22 u. 28, vgl. auch Kat.Nr. X.21).

Hinter den großen Figuren der Evangelisten treten die kleinen figürlichen oder szenischen Darstellungen, die mit den Initialen verbunden oder in den Arkadenzwickeln der Evangelistenbilder angebracht sind, zurück, aber neben den als Medaillonporträts angegebenen alttestamentlichen Figuren kommt vor allem den kleinen Evangelienszenen besondere Bedeutung zu. Sie gehören zu den wenigen Beispielen neutestamentlicher Illustrationen, die in karolingischen Handschriften zu finden sind. Die Themen sind den ersten Kapiteln der Evangelien entnommen, vor denen sie angebracht sind: Szenen aus der Kindheitsgeschichte zu Lukas, aus der Frühzeit des öffentlichen Wirkens zu Markus und Johannes. Gründe für die Auswahl sind nicht zu erkennen, doch hat die Anbringung von kleinen Illustrationen vor den zugehörigen Evangelien eine lange Tradition, die im 6. Jahrhundert im Westen das Augustinus-Evangeliar in Cambridge und im Osten die Kanontafeln des Rabbula-Codex (Florenz, Biblioteca Laurenziana, Cod. Plut. I. 56) vertreten.

Neben den bewegten, dynamischen Evangelisten der Hofschule stehen die klassischen Gestalten des Wiener Evangeliars, denen sich das unvollendete Evangelistenbild auf reinem Purpurgrund anschließt, das in den Brüsseler Codex eingebunden wurde (Abb. 30 u. 33). Im reinen Stil der illusionistischen spätantiken Malerei entstanden, sind die weiß gekleideten Figuren auch in ihrem Wesen Zeugnisse einer echten Renaissancekunst. Als antike Philosophen erscheinen die Wiener Evangelisten vor Architekturkulissen oder Landschaftsausschnitten, während die Titelseiten in den Evangeliaren von Aachen und Brüssel ihre kleineren Figuren in weiträumig atmosphärischen Bildern zeigen (Abb. 32 u. 34). Dem gleichen klassischen Stil sind auch die Kanontafeln der Handschriften verpflichtet, deren Säulenstellungen vollendete Wiedergaben antiker Architekturen bieten (Abb. 29, 31), wobei die von Architraven bekrönten Aachener Canones als echte Abbilder einer um 400 entstandenen römischen Ausgabe der Kanontafeln bezeichnet worden sind (Nordenfalk 1938). Initialornamentik weisen die Handschriften kaum auf, auch hierin spätantiken Codices entsprechend, und es liegt nahe, daß ihrem Einfluß das Zurücktreten der Initialornamentik in den späteren Hofschul-Codices von Trier und Lorsch zuzuschreiben ist.

Einen besonderen Beitrag zum Thema der *renovatio* der antiken Buchmalerei hat die Gruppe des Wiener Evangeliars mit einem Zyklus profaner Darstellungen erbracht. Es ist ein Sternbilderkatalog in dem astronomisch-komputistischen Lehrbuch, das im Anschluß an die von Karl dem Großen 809 einberufene Gelehrtenversammlung entstand und das, wie aus zahlreichen Kopien hervorgeht, zur Verbreitung im Reich bestimmt war. Der zugehörige Text, der in knappen Angaben die einzelnen Sternzeichen aufführt, ist eine karolingische Kompilation aus älteren astronomischen Traktaten, in denen sich auch die Vorlagen für die Illustrationen befunden haben werden. Die um 810 entstandene Originalhandschrift ist verloren, aber die beste der überlieferten Kopien, ein Metzer Werk der Zeit Erzbischof Drogos (Madrid, Biblioteca Nacional, Ms. 3307), zeigt die klassischen Figuren der Sternzeichen in dem malerischen Stil, der die Originale kennzeichnete (Abb. 35). Weitere Kopien antiker Bildzyklen sind vom Hof Karls des Großen nicht überliefert, aber es ist doch wohl zu erwägen, wie weit die im zweiten Viertel des 9. Jahrhunderts am Aachener Hof betriebene Kopistentätigkeit, der die Aratus-Zyklen in London (British Library, Harley 647) und Leiden (Universitätsbibliothek, Voss. Lat. Q. 79), der Terenz und der Agrimensoren-Codex der Vatikanischen Bibliothek (Kat.Nr. X.18 u. X.17) und auch die verlorene Kopie des Kalenders von 354 (Stern) zu verdanken sind, mit Werken wie dem Sternbilderkatalog vom Hof Karls des Großen begann.

Es wäre dies indessen nur eine unter den bedeutenden Wirkungen, die von dem Wiener Evangeliar und den ihm folgenden Handschriften ausgingen und weite Teile der karolingischen Buchmalerei maßgebend beeinflußten. Ihre große historische Leistung war die Hinführung der karolingischen Kunst zu den Quellen der illusionistischen Malerei der Spätantike, zu Bildern und Techniken, deren Formen sich die folgenden Jahrzehnte der Buchmalerei auf vielfältige Weise zu eigen machten. Es war die Schule von Reims, die zuerst das große Erbe antrat und es weitergab. Kopien der Wiener Evangelistenbilder (Paris, Bibliothèque Nationale de France, lat. 265; Abb. 36) belegen die unmittelbare Verbindung, die in anderen Reimser Handschriften zu eigenen Schöpfungen umgesetzt wurde. Der Anstoß, der so vom Hof Karls des Großen ausging, wirkte auch in Tours und Metz und weiter bis in die Hofschule Karls des Kahlen. Dort verband er sich in der bedeutendsten für den König geschaffenen Handschrift, dem Codex Aureus von St. Emmeram (München, Bayerische Staatsbibliothek, Clm 14000), mit der Kunst der

Hofschule Karls des Großen, indem neben den aus Reimser und touronischen Traditionen erwachsenen Bildern bei den Kanontafeln das Evangeliar von Soissons als Vorbild benutzt wurde. Es war jedoch nicht der letzte Rückgriff auf die formbildende Kraft, die den Werken der Hofschule innewohnt. Noch ein Jahrhundert später, am Anfang der ottonischen Buchmalerei, wurde auf der Reichenau wie in Fulda, im Gero-Evangelistar (Darmstadt, Hessische Landes- und Hochschulbibliothek, Cod. 1948) wie im Codex Wittekindeus (Berlin, Staatsbibliothek, Cod. theol. lat. fol. 1) auf Bilder aus der Hofschule Karls des Großen zurückgegriffen (Abb. 37–38 u. 39).

Angesichts der Größe und der Wirkung der Leistungen, die in der Buchmalerei am Hof Karls des Großen im Zeichen der *renovatio* vollbracht wurden, stellt sich immer wieder die Frage, wer die Träger dieser Bestrebungen waren. Aus Widmungsversen und Briefen kennen wir Namen von Schreibern und wohl auch Malern, *scripsit et ornavit*, heißt es in einem der Gedichte (MGH Poet. Lat. I, 92–93). Godescalc und Dagulf, die mit zwei der erhaltenen Hofschulhandschriften verbunden sind, nennen sich *famuli* des Königs, Bertcaudus, der das berühmte Musteralphabet klassischer Buchstaben schuf, das noch 836 von Einhard erbeten wurde (MGH Epist. 6, 17) wird als *scriptor regius* bezeichnet. Wie weit jedoch ihr Anteil an der Leitung und Entwicklung der Hofschule ging, wissen wir nicht, und noch weniger wissen wir, wer aus dem Personenkreis, der in der Umgebung Karls nachweisbar ist, an der Verwirklichung der Pläne und Aufgaben, an den Anfängen, Wandlungen und Fortschritten, die sich in den Handschriften dokumentieren, fördernd mitgewirkt haben mag. Er mußte nicht nur mit den Aufgaben und Zielen des Erneuerungswerkes zutiefst vertraut sein, sondern auch die Möglichkeiten und Mittel kennen, durch die es in der Buchmalerei Gestalt annehmen konnte. Für die Anfänge der Schule um 780 und den ersten Zugang zu den aus Italien vermittelten Traditionen der Zeit Godescalcs ist auf die nach der Eroberung des Langobardenreiches, nach 774, an den Hof gekommenen Gelehrten wie Petrus von Pisa und Paulinus von Aquileja verwiesen worden, doch gibt es keinen Anhalt für eine von ihnen ausgehende Beteiligung; an Paulus Diaconus oder Alkuin ist 781, als der Auftrag für das Godescalc-Evangelistar erteilt wurde, noch nicht zu denken. Vielleicht darf man aber den Namen Adalhards, des Vetters Karls des Großen, nennen, der von früh an der italienischen Partei verbunden war und – trotz anfänglicher Schwierigkeiten mit dem König – nach 781 von Karl mit der Regentschaft für den jungen Pippin von Italien betraut wurde. Adalhard kannte aber auch, als Mönch und Abt von Corbie, das unter seinen Vorgängern Leutcharius und Maurdramnus zu einem führenden fränkischen Skriptorium aufgestiegen war, die Bedeutung illuminierter Handschriften, und ihm werden in Corbie auch insulare Handschriften nicht fremd geblieben sein. Es wäre daher möglich, daß er zu den Mittlern gehörte, die jene Bestrebungen stützten, aus denen um 781/783 eine neue Buchkunst hervorging. Die mit den ersten Evangeliaren der Hofschule faßbar werdende Entwicklung vollzieht sich im Zeichen der neuen Namen, die das geistige Klima am Hof Karls bestimmten, vor allem seit dessen Niederlassung in Aachen. So könnte man die Bevorzugung des Evangeliars vielleicht mit Einflüssen in Zusammenhang bringen, die sich durch Alkuins Wirken entwickelten, der aber selbst wohl kaum Anteil an den Zielen der Hofschule hatte. Die Herstellung von Prachthandschriften – eine Bibel mit Purpurteilen, ein in Gold und Silber geschriebener Psalter – ist später für Theodulf von Orléans bezeugt, aber deren Bilderlosigkeit spricht nicht für einen Anteil Theodulfs an den künstlerischen Bestrebungen der Hofschule. Eher wäre an Angilbert zu denken, der nicht nur im Besitz eines der großen Evangeliare der Hofschule war, des Codex von Abbeville (Abb. 11–12), den er seinem Kloster Centula hinterließ, sondern der auch durch seine künstlerischen Neigungen wie durch seine engen Beziehungen zu dem Hof König Pippins von Italien manchen Anstoß gegeben und manches Vorbild vermittelt haben könnte, vielleicht jenes, das den besonderen Charakter der in seinem Besitz befindlichen Handschrift bestimmte. Für die Einführung der klassisch orientierten Maler des Wiener Evangeliars und der ihm verwandten Handschriften ist auf Einhard und seine stark antiquarischen Interessen verwiesen worden (Koehler 1960), doch gibt es auch hier keine Belege. So müssen diese Namen für alle jene stehen, die an dem großen Werk beteiligt waren, anregend und leitend, schaffend und lehrend. Daß ihrem Wirken Erfolg beschieden war, daß die Erneuerung der Buchmalerei, um die sie sich mühten, Bestand und Dauer hatte, ist jedoch im Namen ihres königlichen Auftraggebers begründet, der Ziele und Wege der großen *renovatio* bestimmt hatte. Das berühmte Wort, mit dem Karl der Große das Homiliar des Petrus Diaconus aussandte, gilt auch für die an seinem Hof vollzogene Erneuerung der Buchmalerei: *Nostra auctoritate constabilimus.*

Literatur:

Hans BELTING, Probleme der Kunstgeschichte Italiens im Frühmittelalter, in: Frühmittelalterliche Studien 1, 1967, 94–143. – Bernhard BISCHOFF, Die Hofbibliothek Karls des Großen, in: Mittelalterliche Studien. Ausgewählte Aufsätze zur Schriftkunde und Literaturgeschichte 3, Stuttgart 1981, 149–169, bes. 153 f. – DERS., Panorama der Handschriftenüberlieferung aus der Zeit Karls des Großen, in: Mittelalterliche Studien. Ausgewählte Aufsätze zur Schriftkunde und Literaturgeschichte 3, Stuttgart 1981, 5–38, bes. 6. – DERS., Die Abtei Lorsch im Spiegel ihrer Handschriften, Lorsch 1989, bes. 36. – Albert BOECKLER, Die Evangelistenbilder der Adagruppe, in: Münchner Jahrbuch für Bildende Kunst 3. F. 3/4, 1952/53, 121–144. – DERS., Die Kanonbogen der Adagruppe und ihre Vorlagen, in: Münchner Jahrbuch für Bildende Kunst 3. F. 5, 1954, 7–22. – DERS., Formgeschichtliche Studien zur Adagruppe. (Abhandlungen der Bayerischen Akademie der Wissenschaften, Philosophisch-Historische Klasse N.F. 42), München 1956. – Winfried BÖHNE, Beobachtungen zur Perikopenreihe des Godescalc-Evangelistars, in: Kirche und Theologie in Franken. Festschrift für Theodor Kramer (Würzburger Diözesan-Geschichtsblätter 37/38), Würzburg 1975, 149–167. – Amédée BOINET, La miniature carolingienne, ses origines, son développement, Paris 1913. – Wolfgang BRAUNFELS, Die Welt der Karolinger und ihre Kunst, München 1968. – Beat BRENK, Schriftlichkeit und Bildlichkeit in der Hofschule Karls des Großen, in: Testo e immagine nell'alto medioevo (Settimane di Studio del Centro Italiano di Studi sull'alto medioevo 41/2), Spoleto 1994, 631–682. – Hugo BUCHTHAL, A Byzantine miniature of the fourth evangelist and its relatives, in: Dumbarton Oaks Papers 15, 1961, 127–139. – Codex Eyckensis. An Insular Gospel Book from the Abbey of Aldeneik, Maaseik 1994. – Codice de Metz. Tratado de Computo y Astronomia. Kommentar von Manuel Sanchez MARIANA (Scriptorium 2). Madrid 1993. – Der goldene Psalter. Dagulf-Psalter, Faksimile mit Kommentarband von Kurt HOLTER (Codices selecti 69), Graz 1980. – Léopold DELISLE, in: Journal des Savants 1900, 613, 617, 731. – Anton von EUW, Liber Viventium Fabariensis. Das karolingische Memorialbuch von Pfäfers in seiner liturgie- und kunstgeschichtlichen Bedeutung (Studia Fabariensia 1), Bern/Stuttgart 1989, 186–187. – Bonifatius FISCHER, Bibeltext und Bibelreform unter Karl dem Großen, in: Lateinische Bibelhandschriften im frühen Mittelalter (Vetus Latina. Aus der Geschichte der lateinischen Bibel 11), Freiburg 1985, 101–202. – DERS., Die Alkuin-Bibeln, in: Lateinische Bibelhandschriften im frühen Mittelalter (Vetus Latina, Die Reste der altlateinischen Bibel. Aus der Geschichte der lateinischen Bibel 11), Freiburg 1985, 203–403. – DERS., Die lateinischen Evangelien bis zum 10. Jahrhundert 1–4 (Vetus Latina. Aus der Geschichte der lateinischen Bibel 13/15/17/18), Freiburg 1988–91. – Josef FLECKENSTEIN, Die Hofkapelle der deutschen Könige 1, Die karolingische Hofkapelle (Schriften der MGH 16/1), Stuttgart 1959. – James A. HARMON, Codicology of the court school of Charlemagne. Gospel book production, illumination, and emphasized script (European University Studies, ser. 28, 21), Frankfurt a. M./Bern/New York/Nancy 1984. – Christine JAKOBI-MIRWALD, Text – Buchstabe – Bild. Studien zur historisierten Initiale im 8. und 9. Jahrhundert. Berlin 1998, 36–39, 132–134. – Kat. Aachen 1965. – Wilhelm KOEHLER, Die Tradition der Adagruppe und die Anfänge des ottonischen Stils in der Buchmalerei, in: Festschrift zum 60. Geburtstag von Paul Clemen, Düsseldorf/Bonn 1926, 255–271. – DERS., Die karolingischen Miniaturen 1: Die Schule von Tours, Berlin 1930 u. 1933 (ND Berlin 1960), 23 f. – DERS., An Illustrated Evangelistary of the Ada-School and its Model, in: Journal of the Warburg and Courtauld Institutes 15, 1952, 48–66. – DERS., Die karolingischen Miniaturen 2: Die Hofschule Karls des Großen, Berlin 1958. – DERS., Die karolingischen Miniaturen 3: Die Gruppe des Wiener Krönungsevangeliars, Berlin 1960, 35 f. – DERS. u. Florentine MÜTHERICH, Die karolingischen Miniaturen 4: Die Hofschule Kaiser Lothars, Berlin 1971. – DERS., Buchmalerei des frühen Mittelalters, Fragmente und Entwürfe aus dem Nachlaß, hrsg. v. Ernst KITZINGER u. Florentine MÜTHERICH (Veröffentlichungen des Zentralinstituts für Kunstgeschichte in München 5), München 1972. – Das Lorscher Evangeliar. Mit Begleitheft von Wolfgang BRAUNFELS, München 1967. – Florentine MÜTHERICH, Die Buchmalerei am Hofe Karls des Großen, in: Karl der Große. Lebenswerk und Nachleben 3: Karolingische Kunst, hrsg. v. Wolfgang BRAUNFELS u. Hermann SCHNITZLER, Düsseldorf 1965, 9–53. – DIES., Manuscrits enluminés „Autour de Hildegarde", in: Actes du Colloque „Autour d'Hildegarde", hrsg. v. Pierre RICHÉ, Carol HEITZ u. François HÉBER- SUFFRIN (Centre de Recherches sur l'Antiquité tardive et le Haut Moyen Age et Centre de Recherches d'Histoire et Civilisation de l'Université de Metz 5), Paris 1987, 49–55. – DIES. u. Joachim E. GAEHDE, Karolingische Buchmalerei, München 1979. – Lawrence NEES, The Gundohinus Gospels (Medieval Academy Books 95), Cambridge, Mass. 1989. – Carl NORDENFALK, Spätantike Kanontafeln, Göteborg 1938. – DERS., Die karolingische Buchmalerei, in: André GRABAR u. Carl NORDENFALK, Das frühe Mittelalter vom vierten bis zum elften Jahrhundert, Genf 1957, 136–158. – Opus Karoli contra Synodum (Libri Carolini), hrsg. v. Ann FREEMAN unter Mitwirkung v. Paul MEYVAERT (MGH Conc. 2), Hannover 1998. – Armando PETRUCCI, L'onciale Romana. Origini, sviluppo e diffusione di una stilizzazione grafica alto-medievale (sec. VI–IX), in: Studi Medievali, ser. 3, XII, 1971, 75–134, 128–132. – Bruno REUDENBACH, Das Godescalc-Evangelistar – Ein Buch für die Reformpolitik Karls des Großen, Frankfurt a. M. 1998. – Elizabeth ROSENBAUM, The vine columns of Old St. Peter's in carolingian canon tables, in: Journal of the Warburg and Courtauld Institutes 18, 1955, 1–15. – DIES., The Evangelist portraits of the Ada-School and their models, in: The Art Bulletin 38, 1956, 81–90. – Lieselotte E. SAURMA-JELTSCH, Zur karolingischen Haltung gegenüber dem Bilderstreit, in: Kat. Frankfurt 1994, 69–72. – Gerhard SCHMITZ, Die Waffen der Fälschung zum Schutz der Bedrängten? Bemerkungen zu gefälschten Konzils- und Kapitularientexten, in: Fälschungen im Mittelalter 2: Gefälschte Rechtstexte. Der bestrafte Fälscher (Schriften der MGH 33, 2), Hannover 1988, 79–110, zum Capitulare primum bes. 82 ff. – Percy Ernst SCHRAMM u. Florentine MÜTHERICH, Denkmale der deutschen Könige und Kaiser. Ein Beitrag zur Herrschergeschichte von Karl dem Großen bis Friedrich II. 768–1250, 1 (Veröffentlichungen des Zentralinstituts für Kunstgeschichte in München 2), München ^{2}1981. – Henri STERN, Le Calendrier de 354. Étude sur son texte et ses illustrations (Bibliothèque archéologique et historique 55), Paris 1953. – Die Trierer Ada-Handschrift, bearb. u. hrsg. v. Karl MENZEL, Peter CORSSEN, Hubert JANITSCHEK, Alexander SCHNÜTGEN u. Felix HEITNER (Publikation der Gesellschaft für Rheinische Geschichtskunde 6), Leipzig 1889. – Jean VEZIN, Les livres dans l'entourage de Charlemagne et d'Hildegarde, in: Actes du Colloque „Autour d'Hildegarde", hrsg. v. Pierre RICHÉ, Carol HEITZ u. François HÉBER-SUFFRIN (Centre de Recherches sur l'Antiquité tardive et le Haut Moyen Age et Centre de Recherches d'Histoire et Civilisation de l'Université de Metz 5), Paris 1987, 63–70. – Francis WORMALD, The Miniatures in the Gospels of St Augustine, Cambridge 1954.

Redaktioneller Hinweis zu den Reproduktionen im folgenden Bildteil

Da die meisten Handschriften der Hofschule Karls des Großen und der Gruppe des Wiener Krönungsevangeliars aus konservatorischen Gründen nicht in der Ausstellung gezeigt werden können, ist in dem folgenden Bildteil eine Auswahl ihrer Schmuckseiten zusammengestellt worden.

Diese Abbildungen, die durch einige weitere zu den Kat.Nrn. X.12, X.21 und X.33 ergänzt werden, sollen einen Überblick über die Buchmalerei am Hofe Karls des Großen bieten, die für das Thema der Ausstellung, die *renovatio*, von entscheidender Bedeutung ist.

Für die Gesamtheit der am Hofe Karls des Großen entstandenen Handschriften vgl. Wilhelm KOEHLER, Die karolingischen Miniaturen 2: Die Hofschule Karls des Großen, Text- u. Tafelbd., Berlin 1958. – DERS., Die karolingischen Miniaturen 3: Die Gruppe des Wiener Krönungsevangeliars, Text- u. Tafelbd., Berlin 1960.

Abb. 1 Godescalc-Evangelistar. Paris, Bibliothèque Nationale de France, nouv. acq. lat. 1203, fol. 1v

Abb. 2 Godescalc-Evangelistar. Paris, Bibliothèque Nationale de France, nouv. acq. lat. 1203, fol. 3r

Abb. 3 Godescalc-Evangelistar. Paris, Bibliothèque Nationale de France, nouv. acq. lat. 1203, fol. 3v

Abb. 4 Godescalc-Evangelistar. Paris, Bibliothèque Nationale de France, nouv. acq. lat. 1203, fol. 4r

Abb. 5 Evangeliar. Paris, Bibliothèque de l'Arsenal, Ms. 599, fol. 8v

Abb. 6 Evangeliar. Paris, Bibliothèque de l'Arsenal, Ms. 599, fol. 134r

Abb. 7 Evangeliar. Trier, Stadtbibliothek, Hs. 22, fol. 6v

Abb. 8 Evangeliar. Trier, Stadtbibliothek, Hs. 22, fol. 16r

Abb. 9 Dagulf-Psalter. Wien, Österreichische Nationalbibliothek, Cod. 1861, fol. 25r

Abb. 10 Dagulf-Psalter. Wien, Österreichische Nationalbibliothek, Cod. 1861, fol. 67v

Abb. 11 Evangeliar. Abbeville, Bibliothèque municipale, Ms. 4, fol. 17v

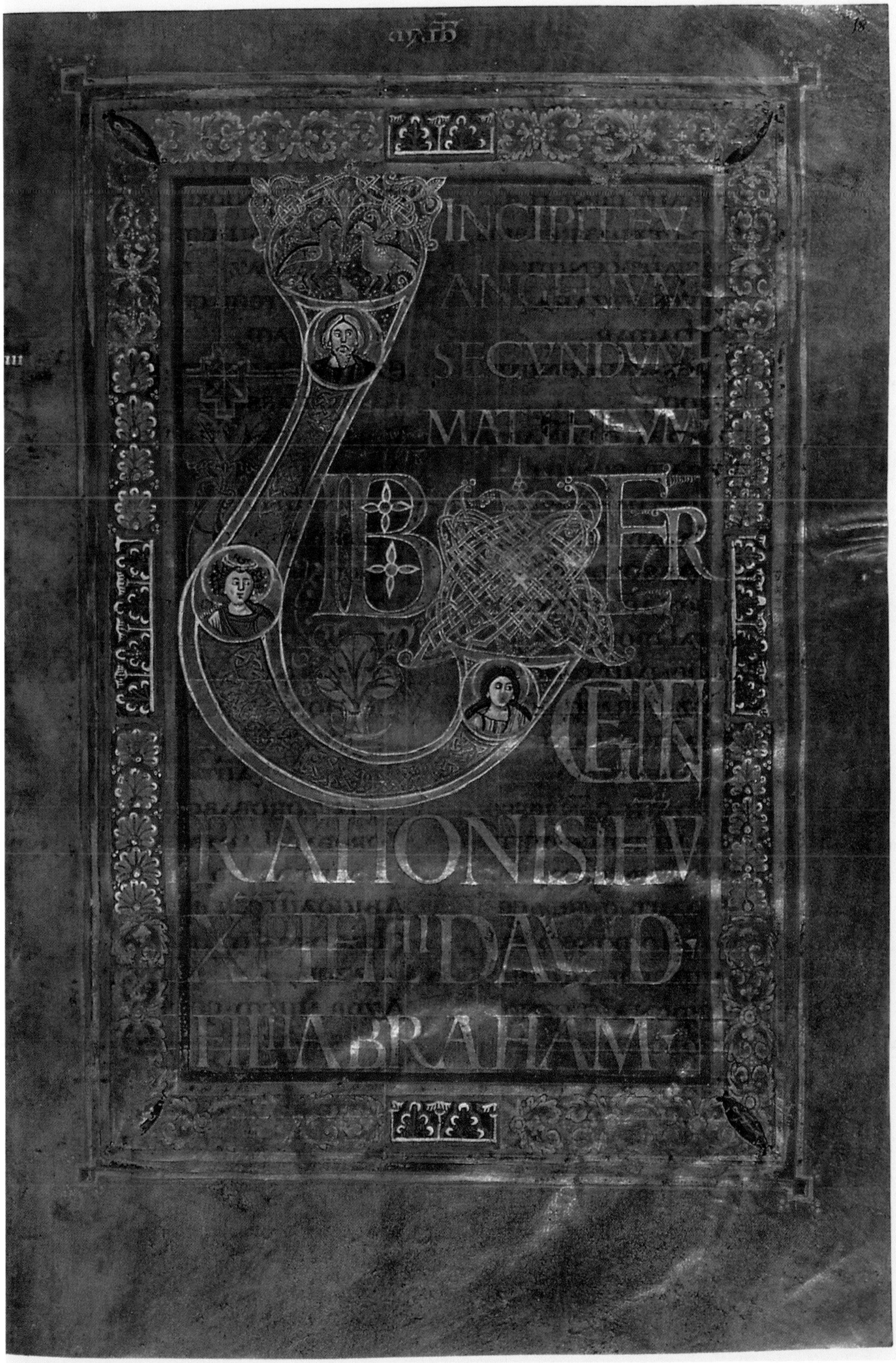

Abb. 12 Evangeliar. Abbeville, Bibliothèque municipale, Ms. 4, fol. 18r

Abb. 13 Evangeliar. London, British Library, Harley Ms. 2788, fol. 6v

Abb. 14 Evangeliar. London, British Library, Harley Ms. 2788, fol. 13v

Abb. 15 Evangeliar. London, British Library, Harley Ms. 2788, fol. 109r

Abb. 16 Evangeliar aus Saint-Médard in Soissons. Paris, Bibliothèque Nationale de France, lat. 8850, fol. 1v

Abb. 17 Evangeliar aus Saint-Médard in Soissons. Paris, Bibliothèque Nationale de France, lat. 8850, fol. 6v

Abb. 18 Evangeliar aus Saint-Médard in Soissons. Paris, Bibliothèque Nationale de France, lat. 8850, fol. 7v

Abb. 19 Evangeliar aus Saint-Médard in Soissons. Paris, Bibliothèque Nationale de France, lat. 8850, fol. 81v

Abb. 20 Evangeliar aus Saint-Médard in Soissons. Paris, Bibliothèque Nationale de France, lat. 8850, fol. 124r

Abb. 21 Evangeliar. Trier, Stadtbibliothek, Hs. 22, fol. 15v

Abb. 22 Evangeliar. Trier, Stadtbibliothek, Hs. 22, fol. 127v

Abb. 23 Lorscher Evangeliar, Teil 1. Bukarest, Nationalbibliothek, Filiale Alba Iulia, Biblioteca Batthyáneum, Ms. R. II. I, pag. 13

Abb. 24 Lorscher Evangeliar, Teil I. Bukarest, Nationalbibliothek, Filiale Alba Iulia, Biblioteca Batthyáneum, Ms. R. II. I, pag. 27

Abb. 25 Lorscher Evangeliar, Teil 1. Bukarest, Nationalbibliothek, Filiale Alba Iulia, Biblioteca Batthyáneum, Ms. R. II. I, pag. 36

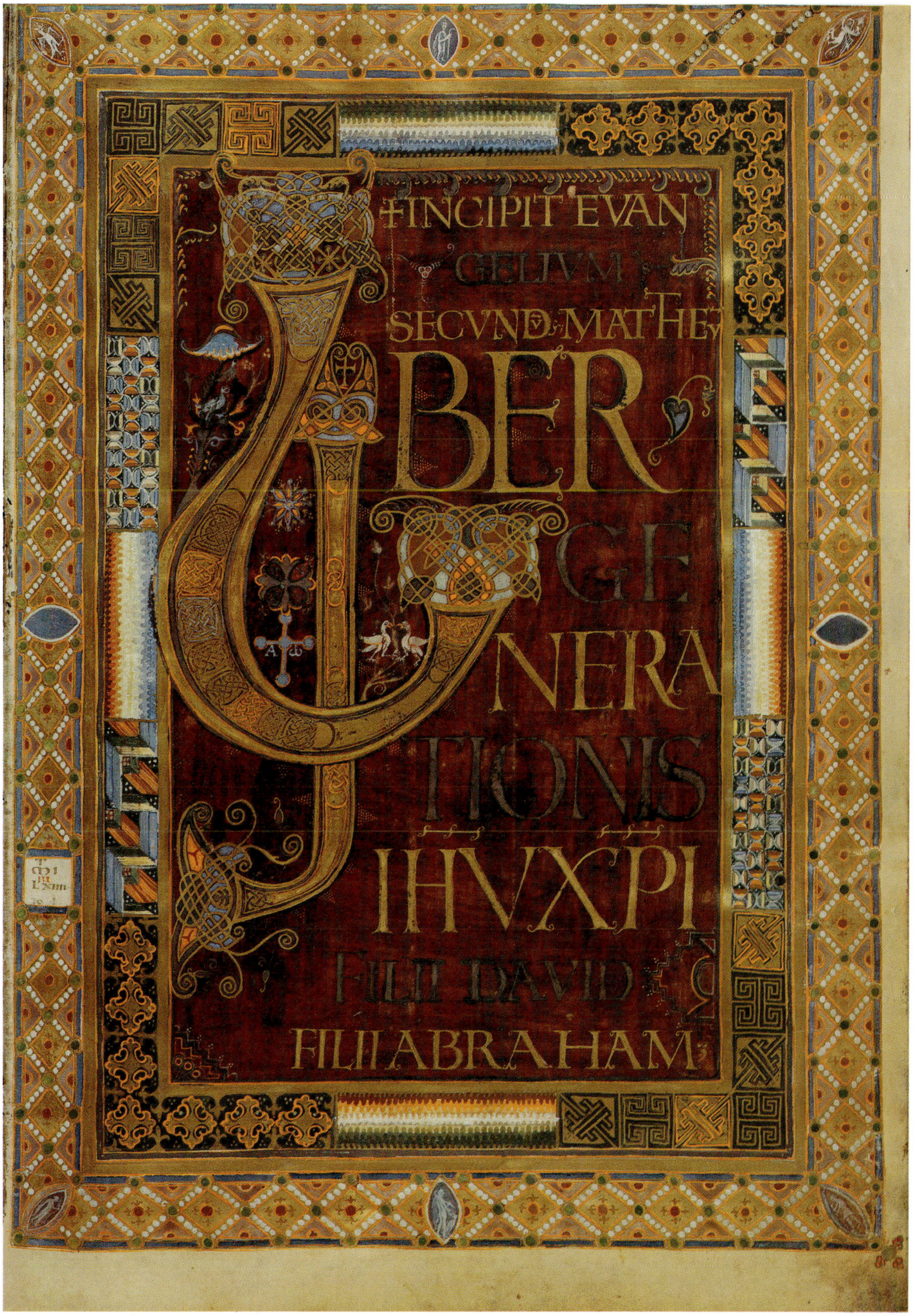

Abb. 26 Lorscher Evangeliar, Teil 1. Bukarest, Nationalbibliothek, Filiale Alba Iulia, Biblioteca Batthyáneum, Ms. R. II. I, pag. 37

Abb. 27 Lorscher Evangeliar, Teil 2. Vatikanstadt, Biblioteca Apostolica Vaticana, Pal. lat. 50, fol. 8r

Abb. 28 Lorscher Evangeliar, Teil 2. Vatikanstadt, Biblioteca Apostolica Vaticana, Pal. lat. 50, fol. 67v

Abb. 29 Krönungsevangeliar. Wien, Kunsthistorisches Museum, Schatzkammer, SCHK, XIII.18, fol. 8v – 9r

Abb. 30 Krönungsevangeliar. Wien, Kunsthistorisches Museum, Schatzkammer, SCHK, XIII.18, fol. 178v

Abb. 31 Evangeliar. Aachen, Domkapitel, fol. 11r

Abb. 32 Evangeliar. Aachen, Domkapitel, fol. 14v

Abb. 33 Evangeliar. Brüssel, Bibliothèque Royale Albert Ier, Ms. 18723, fol. 17v

Abb. 34 Evangeliar. Brüssel, Bibliothèque Royale Albert Ier, Ms. 18723, fol. 16v

Abb. 35 Astronomisch-komputistisches Lehrbuch. Madrid, Biblioteca Nacional, Ms. 3307, fol. 61v

Abb. 36 Evangeliar. Paris, Bibliothèque Nationale de France, lat. 265, fol. 11v

Abb. 37 Gero-Codex (Evangelistar). Darmstadt, Hessische Landesbibliothek, Hs. 1948, fol. 4v

Abb. 38 Gero-Codex (Evangelistar). Darmstadt, Hessische Landesbibliothek, Hs. 1948, fol. 5v

Abb. 39 Codex Wittekindeus. Berlin, Staatsbibliothek zu Berlin – Preußischer Kulturbesitz, Ms. Theol. lat. fol. 1, fol. 6v

Hermann Fillitz

Die Elfenbeinarbeiten des Hofes Karls des Großen

Eine eindrucksvolle Gruppe von Elfenbeinarbeiten des ausgehenden 8. und des frühen 9. Jahrhunderts kann für die Kunst am Hofe Karls des Großen in Anspruch genommen werden. Man kann dabei auch Zusammenhänge mit den Handschriften der Hofschule sehen. Zwei Reliefpaare gehören unmittelbar zu Handschriften dieser Gruppe: Die beiden Platten mit Darstellungen von König David als Verfasser der Psalmen und des hl. Hieronymus als Redaktor der von ihm im Auftrag des Papstes Damasus korrigierten Psalmentexte (Paris, Louvre) schmückten ursprünglich den Psalter (Wien, Österreichische Nationalbibliothek, Cod. 1861), der als Geschenk des Königs für Papst Hadrian I. († 795) bestimmt gewesen war (Abb. 1); die beiden anderen großen, aus jeweils fünf Elfenbeinplatten bestehenden Deckel gehörten zum sog. Lorscher Evangeliar, das um 810 zu datieren ist (Kat.Nr. X.22).

Die beiden Reliefpaare bilden eine Grundlage für weitere der Hofwerkstatt zuzuordnende Elfenbeinarbeiten: die Platte mit dem triumphierenden Christus in Oxford, Bodleian Library, die den Deckel einer Handschrift aus Chelles, um 800 zu datieren, schmückt (Kat.Nr. X.7), weiters eine Platte mit der Darstellung der Frauen am Grabe in Florenz, Museo Nazionale del Bargello (Abb. 2), deren oberer Teil mit der Kreuzigung Christi, ehemals in den Berliner Museen (Abb. 3), zu den Verlusten durch die Zerstörungen des Zweiten Weltkrieges gehört; möglicherweise dienten die beiden Platten einmal als Schmuck eines Evangeliars aus dem Stift Mondsee, Oberösterreich, auch aus karolingischer Zeit (Wien, Österreichische Nationalbibliothek, Cod. 1193), ferner ein Fragment mit der Darstellung des hl. Michael im Leipziger Grassimuseum (Kat.Nr. X.30), der untere Teil einer Platte mit der Gruppe der Apostel und Maria aus einer Himmelfahrt Christi im Landesmuseum Darmstadt (Kat.Nr. X.29), zwei an verschiedenen Stellen abgeschnittene Elfenbeinleisten mit den vier Evangelisten (Paris, Cabinet des Médailles) (Abb. 4), schließlich die beiden Diptychen in Köln, Schnütgen-Museum (Leihgabe der Sammlung Peter und Irene Ludwig) und im Aachener Domschatz (Kat.Nr. X.28): insgesamt ein knappes Dutzend von Objekten respektive Objektpaaren, die aus der Zeit zwischen 795 und 810 aus der Tätigkeit der Hofwerkstatt Karls des Großen erhalten geblieben sind. Man hat mit der Gruppe noch zwei Elfenbeinpyxiden in London, British Museum, und in Wien, Kunsthistorisches Museum (Abb. 5), in Verbindung gebracht, die freilich nicht in ihren unmittelbaren Zusammenhang gehören.

Der große deutsche Kunsthistoriker Adolph Goldschmidt hat im 1914 vorgelegten ersten Band seines Corpus-Werkes der hochmittelalterlichen Elfenbeinarbeiten die karolingischen Elfenbeine nach Werkstätten und Lokalisierungen zusammenzustellen versucht. Es ist eine Arbeit, die bis heute an Gültigkeit nichts eingebüßt hat, wenngleich sich im Detail Korrekturen ergeben mußten. Mehrere von ihm der Hofwerkstatt, die er in Anlehnung an die damalige Bezeichnung der Miniaturen vom Hofe Karls des Großen „Ada-Gruppe" nannte, zugeordnete Elfenbeinreliefs sind sicherlich nicht von dieser geschaffen worden. Das gilt vor allem für mehrere Reliefplatten, die als oberitalienische Arbeiten für die in diesem Bereich wohl niemals unterbrochene Tätigkeit der Elfenbeinschnitzerei zeugen. Das charakteristischste Beispiel dafür ist die Platte mit dem hl. Gregor auf dem Einband eines wohl in Trient geschriebenen Sakramentars (Trient, Castello del Buon Consiglio s.n.). Sie zeigt, wie aus einer lebendigen Tradition ohne Anspruch auf Erneuerung ein Motiv verändert werden konnte. So ist der gebrochene Architrav der Architektur, die den thronenden Heiligen umgibt, von einem spätantiken Vorbild in der Art des Diptychons von Muse und Dichter (Monza, Domschatz) abzuleiten, wo er zur Darstellung der die beiden Figuren umgebenden Räumlichkeit dient. In die Fläche gelegt, wird das Motiv eigentlich sinnlos. Werke dieser Art zeigen aber, was es an Elfenbeinschnitzereien und in welcher Art es sie in der Zeit Karls des Großen in Oberitalien gegeben hat. Das Plattenpaar aus Genoels-Elderen (Brüssel, Musées royaux d'Art et d'Histoire), das Goldschmidt an den Beginn der Hofwerkstatt stellte, unterscheidet sich nicht nur vom Stilistischen her von den für Karl den

Abb. 1 Dagulf-Psalter, Einband. Paris, Musée du Louvre

Großen geschaffenen Werken, sondern mehr noch konnte Bernhard Bischoff mit paläographischen Argumenten die schon zuvor von Wilhelm Koehler geäußerte Vermutung erhärten, daß die beiden Platten in den Bereich der insularen Kunst einzuordnen sind (Abb. 6). Ihre Heimat ist in England selbst – Bischoff vermutete eine Entstehung im northumbrischen Kreis – oder in einer Gegend des Festlandes, die zum insularen Einflußbereich gehörte – wie vor allem die Bereiche der Kanalküste –, zu suchen, wo sie im späten 8. Jahrhundert geschaffen wurden. Ihrerseits setzen sie wieder italienische Vorbilder voraus. Mit diesen gemeinsam haben sie auch die Unterlegung der durchbrochenen Reliefs mit vergoldeten Kupferplatten, was die Kostbarkeit der Erscheinung noch steigerte.

Von derartigen Arbeiten unterscheiden sich die Werke vom Hofe Karls des Großen grundsätzlich. Schon das erste erhaltene Werk der Hofwerkstatt, die beiden Platten des Dagulf-Psalters, stellt der Reduktion von Körper-

Abb. 2 Frauen am Grabe. Florenz, Museo del Bargello

lichkeit und Räumlichkeit auf die linearen Umgrenzungen und damit verbunden der Zweischichtigkeit von Bild und Bildgrund die betonte Körperlichkeit und zumindest den Versuch einer tiefenmäßigen Ordnung der Figuren und damit die Tendenz zu räumlicher Tiefe gegenüber (Abb. 1). Das aber sind Bestrebungen, die in solcher Deutlichkeit sonst in dieser Epoche und auch zuvor nicht festzustellen sind. Diese Tendenz, die ebenso in den Miniaturen des älteren Godescalc-Evangelistars (Paris, Bibliothèque Nationale, Nouv. acq. lat 1203, vgl. Beitrag Mütherich) festzustellen ist, bietet eindeutige Zeugnisse dafür, daß diese Kunst am Hofe Karls des

Abb. 3 Kreuzigung. Ehem. Berlin, Kaiser-Friedrich-Museum (Kriegsverlust)

Großen bewußt nicht einfach eine Fortsetzung der künstlerischen Erscheinungen der Zeit sein wollte, sondern sich als Renovatio der frühchristlichen Kunst Oberitaliens verstand. Man muß bis in das 5. und 6. Jahrhundert zurückgehen, um Vergleichbares zu finden. Es handelt sich dabei nicht allein um ein künstlerisches Phänomen; auslösend für die neue Erscheinungsform war vielmehr die bestimmte Vorstellung Karls des Großen und seiner Berater, daß ihre Reformen im Sinne einer bewußten Orientierung am spätantiken respektive frühchristlichen Herrschertum zu verstehen seien. Die nur wenige Jahre nach dem Dagulf-Psalter geschaffene Oxforder Platte mit der

Abb. 4 Elfenbeintafel mit den vier Evangelisten. Paris, Bibliothèque Nationale, Cabinet des Médailles

Abb. 5a Pyxis mit Marienszenen. Wien, Kunsthistorisches Museum

Abb. 5b Pyxis mit Marienszenen. Wien, Kunsthistorisches Museum

Darstellung des triumphierenden Christus in Anlehnung an den 90. Psalm „Über Basilisk und Aspis wirst Du schreiten und Löwen und Drachen den Kopf zerschmettern“ schließt an das Schema der spätantiken fünfteiligen Diptychen an, bei denen die mittlere Szene von vier schmalen Randleisten umgeben ist (Kat.Nr. X.7). Der Typus ist in Diptychen des 5. und 6. Jahrhunderts mehrmals nachweisbar, auch bezüglich der Wunderszenen Christi, die auf den rahmenden Leisten dargestellt sind (Kat.Nrn. X.4–5). Man muß also auch den Typus der kleinen Tafel in Oxford im Sinne von Tendenzen Karls des Großen erklären, der vergleichbar zu den spätrömischen Herrschern repräsentiert sein wollte. Daran ändert auch nichts, daß die kleine Tafel aus einem Stück gearbeitet ist, während die großen, 35–37,5 cm hohen fünfteiligen Diptychen eben aus fünf Elfenbeinplatten zusammengesetzt sind. Als die Hofwerkstatt in den Deckeln des Lorscher Evangeliars um 810 nochmals den Typus der fünfteiligen spätantiken Diptychen aufnahm, wurden diese sowohl hinsichtlich der Zahl der Elfenbeinplatten als auch hinsichtlich der Dimension genau den spätantiken Vorbildern nachgebildet. Die beiden Deckel messen 37,7 x 22,5 beziehungsweise 38,5 x 27 cm, das oft zum Vergleich zitierte Diptychon des Mailänder Domschatzes mißt 37,5 x 28,1 cm. Der Annäherungsprozeß und das Bestreben, den spätantiken Werken etwas Gleichartiges gegenüberzustellen, setzte wohl eine vertiefte Beschäftigung mit diesen Werken voraus; die Tendenz dazu war schon bei den frühen Arbeiten gegeben, und sie zeigt deutlich, worum es dem Herrscher bei seiner künstlerischen Erneuerungsbewegung von allem Anfang an ging.

Es müssen am Hofe Karls des Großen spätantike Arbeiten gesammelt worden sein. Offensichtlich hat man dabei sehr wohl auch zwischen Kunstwerken unterschieden, die man schätzte, aufbewahrte und als Vorbilder benützte, und solchen, die man nur als Rohmaterial verwendete. Man weiß, daß für den Guß der Bronzetüren der Aachener Pfalzkapelle zahlreiche antike Bronzearbeiten eingeschmolzen wurden. Auch für einige der Elfenbeinarbeiten wurden spätantike Diptychen wiederverwendet: Die glatte Rückseite konnte für die neuen Schnitzereien benützt werden, in selteneren Fällen wurden auch die Reliefs abgearbeitet. So diente ein Diptychon des römischen Konsuls Messius Phoebus Severus aus dem Jahre 470 für den Erzengel Michael in Leipzig bloß als Material (Kat.Nr. X.30: vgl. Beitrag Effenberger, Abb. 1). Ebenso wurden für Teile des im Vatikan verwahrten Deckels des Lorscher Evangeliars antike Elfenbeinplatten wiederverwendet. Schließlich hat man das Diptychon der Sammlung Ludwig (Köln, Schnütgen-Museum) auf zwei Platten einer ehemals größeren Serie figuraler Darstellungen aus dem frühen 8. Jahrhundert von, wie ich meine, oberitalienischer Herkunft aufgearbeitet (Abb. 7).

Spätantike Elfenbeine dienten aber vor allem als Vor-

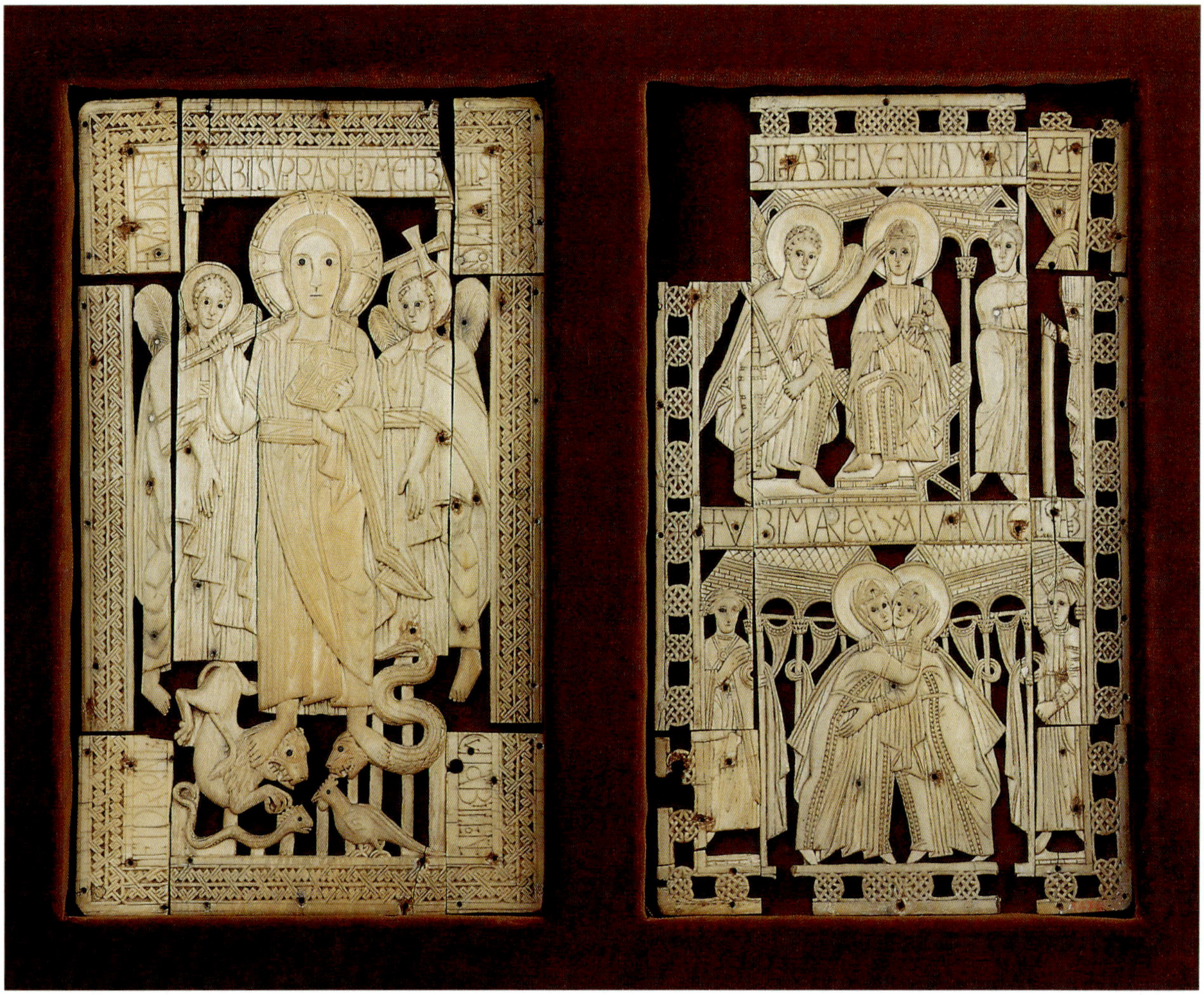

Abb. 6 Diptychon von Genoels-Elderen. Brüssel, Musées d'Art et d'Histoire

bilder für karolingische Werke: Auf der Oxforder Platte sind die kleinen seitlichen Bildfelder links mit den Darstellungen der Wunder Christi – die Heilung der blutflüssigen Frau, die Heilung des Lahmen und die Verweisung der bösen Geister in die Schweineherde – und ebenso rechts die Darstellungen des Bethlehemitischen Kindermordes, der Taufe Christi und des Wunders von Kana von zwei Elfenbeintafeln des frühen 5. Jahrhunderts in Paris und Berlin (Kat.Nrn. X.4–5) bekannt. Diese beiden Platten selbst oder möglicherweise damals noch das ganze Objekt, zu dem sie gehörten, vielleicht ein fünfteiliges Diptychon, bildeten die Vorlage für die entsprechenden Teile der Oxforder Platte. Immerhin muß auch für den triumphierenden Christus ein frühchristliches Vorbild postuliert werden in der Art, wie es vom Mosaik in der Vorhalle der Erzbischöflichen Kapelle in Ravenna bekannt ist.

Bei der Darstellung der Frauen am Grabe in Florenz, Museo Nazionale del Bargello (Abb. 2), ist das Motiv der schlafenden und sich auf das Untergeschoß des Grabbaues stützenden Wächter von einer Gürtelschnalle aus der ersten Hälfte des 6. Jahrhunderts in Arles, Musée de l'Arles Antique, bekannt (vgl. Beitrag Effenberger, Abb. 3), und auch in der darüber befindlichen Szene des Engels mit den drei Frauen ist unschwer der Reflex eines frühchristlichen Vorbildes erkennbar; man beachte nur ein

Abb. 7 Sog. Harrachsches Diptychon. Köln, Schnütgenmuseum (Leihgabe der Sammlung Peter und Irene Ludwig)

Detail wie die differenzierte Terrain-Gestaltung. Schließlich setzt der Engel in der Darstellung der Frauen am Grabe auf dem Diptychon der Sammlung Ludwig ein Vorbild in der Art der Reiderschen Tafel (München, Bayerisches Nationalmuseum; Kat.Nr. X.2) voraus. Auch die Deckel des Lorscher Evangeliars (Kat.Nr. X.22) nehmen in der Anordnung der Figuren und Szenen und in der Transponierung des kaiserlichen Triumphes auf den Triumph Christi Bezug auf spätantike fünfteilige Diptychen, wie vor allem auf das sog. Barberini-Diptychon (Paris, Louvre; vgl. Beitrag Effenberger, Abb. 9), so daß auch diese als das Ergebnis einer unmittelbaren Auseinandersetzung mit einem Vorbild des 5. oder 6. Jahrhunderts anzusehen sind.

Freilich unterscheiden sich die frühen Tafeln der Hofwerkstatt, also die Platten des Dagulf-Psalters (Abb. 1) und die Oxforder Christus-Platte (Kat.Nr. X.7), in stilistischer Hinsicht erheblich von den spätantiken Werken, die als ihre Vorbilder zu postulieren sind. Die schematische Aufreihung der Figuren, das enge Zusammenrücken neben- und übereinander angeordneter Figuren in den szenischen Darstellungen der Oxforder Platte läßt die freie Entfaltung im Raum und die illusionistische Wirkung vermissen, welche die beiden Tafeln in Paris und Berlin auszeichnen. Auch der Rahmen, der bei diesen beiden differenziert in den Bildraum einführt, wird flach, kantig, die Ornamente sind flächig in die obere Ebene der Rahmung gesetzt. Hier zeigt sich die Spannung zwischen dem, was als Forderung an die Künstler herangetragen wurde, nämlich die Annäherung an das frühchristliche Vorbild, und dem Können aufgrund der Ausbildung in ihrer Zeit. Wahrscheinlich genügte auch das Produkt dem Hof in seinen Vorstellungen von Antikenrezeption zunächst durchaus. Wenn man fragt, woher Karl der Große die Künstler berief, denen er die Aufgabe der künstlerischen Erneuerung anvertrauen konnte, dann kann man annehmen, daß sie aus Oberitalien, aus dem von ihm beherrschten langobardischen Königreich kamen.

Die Differenz der stilistischen Erscheinung zwischen dem frühchristlichen Vorbild und den karolingischen Reliefs ist bei den späten Arbeiten der Hofwerkstatt, die wohl in das erste Jahrzehnt des 9. Jahrhunderts zu datieren sind, überwunden, so beim Leipziger hl. Michael (Kat.Nr. X.30) und bei dem Darmstädter Himmelfahrts-Fragment (Kat.Nr. X.29). Einen Höhepunkt findet diese Annäherung an die Spätantike in den beiden Deckeln des Lorscher Evangeliars um 810 (Abb. 8a.b). Hier werden nicht nur der spätantike Typus und die allgemeine Anordnung der Szenen übernommen, so wie das bei der Oxforder Tafel der Fall ist, sondern es werden auch die Relationen zwischen rahmender Architektur und Figur richtig gesehen. Scheint bei der Oxforder Platte die Architektur ohne eine reale Beziehung hinter die Figur Christi gelegt, so ist bei der themengleichen Darstellung der Lorscher Tafel die Vorstellung von rahmender Ädikula und der stehenden Figur Christi optisch richtig wiedergegeben. Auch die Art, wie sich die Körper vom Bildgrund lösen, wie ein Volumen plastisch differenziert geformt ist, zeigt, daß diese Künstler nun auch den Illusionismus der frühchristlichen Vorbilder verstanden haben und ihn umzusetzen vermochten. Das geht so weit, daß sich der wissenschaftliche Bearbeiter der Elfenbeine im Museo Sacro des Vatikan, Charles Rufus Morey, 1936 bei der Analyse des Lorscher Deckels von der Fähigkeit zur Annäherung an das Vorbild täuschen ließ und irrigerweise die obere Leiste des fünfteiligen Deckels mit der Darstellung der beiden Engel, die die crux gemmata in einem Clipeus tragen, für ein frühchristliches Werk hielt, das im Rahmen des Lorscher Buchdeckels wiederverwendet und mit den karolingischen Teilen zusammengefügt worden sei.

Natürlich ist es eine Frage, wie die Entwicklung von den ersten erhaltenen Reliefplatten der Hofwerkstatt bis zu den jüngsten, also von den Platten des Dagulf-Psalters und der Oxforder Platte hin zu den Deckeln des Lorscher Evangeliars, zu erklären ist. Sicherlich war es nicht nur ein wachsendes Verständnis für die frühchristliche Kunst, das die Unterschiede erklärt, sondern mehr noch war dafür ein Postulat der Auftraggeber des Hofes bestimmend. Das läßt sich daraus schließen, daß diese verstärkte und veränderte Form der Antikenrezeption gleichzeitig auch bei anderen Arbeiten der Hofkunst Karls des Großen zu finden ist, so bei den Bronzetüren und Bronzegittern der Aachener Pfalzkapelle und auch bei Handschriften, die für Karl den Großen geschaffen wurden, wie das Krönungsevangeliar (Wien, Weltliche Schatzkammer, vgl. Beitrag Mütherich, Abb. 29–30). Dieser Impuls dürfte mit dem Auftreten eines neuen Beraters Karls des Großen zusammenhängen, nämlich mit Einhard, für den wie für keinen anderen auf mehreren Gebieten eine besondere Antikenaffinität bezeugt werden kann.

Zu den Elfenbeinarbeiten dieser jüngeren Phase der Hofwerkstatt des frühen 9. Jahrhunderts sind auch die beiden Diptychen, das der Sammlung Ludwig (Abb. 7) und das des Aachener Domschatzes, zu zählen (Kat.Nr. X.28). Andere seit Adolph Goldschmidt mit der Hofwerkstatt in einem Zusammenhang gesehene Elfenbeinplatten zeigen dagegen etwas von der Wirkung dieser Werkstätte, die ebenso wie die der Handschriften über

Abb. 8a Lorscher Evangeliar, Vorderdeckel: Thronende Madonna. London, Victoria and Albert Museum

Abb. 8b Lorscher Evangeliar, Rückdeckel: Christus. Vatikanstadt, Museo Sacro

den Tod Karls des Großen hinaus nicht mehr weiter verfolgbar ist. Die Künstler wurden offenbar an anderen Zentren mit neuen Aufgaben konfrontiert. Dies könnte der Fall sein bei der Reliefplatte mit der Darstellung zweier übereinandergesetzter Arkaden, in denen ein König/Kaiser im Panzer mit Lanze und Schild triumphierend über einem auf dem Boden liegenden Gegner steht (Florenz, Museo Nazionale del Bargello; vgl. Beitrag Mordek, Abb. 5). Sicherlich erinnern einzelne Elemente an die Hofwerkstatt, aber einordnen läßt sich die Platte in diese

Abb. 9
Kreuzigung.
Narbonne,
Kathedrale
Saint-Just

nur schwer. Die Rahmung läßt sich mit den frühen Arbeiten, vor allem den Platten des Dagulf-Psalters vergleichen, die Ädikula wieder schließt an die späten Arbeiten an. Das Thema des triumphierenden Herrschers ist sonst im Bereich der Hofkunst nicht bekannt, wohl aber ist es am sog. Einhard-Bogen zu finden, einer Goldschmiedearbeit, die als Sockel eines Kreuzreliquiars für das Kloster St. Servatius in Maastricht, dessen Abt Einhard war, diente. Das um 815 bis 830 geschaffene Werk ist durch eine sehr genaue Nachzeichnung (Kat.Nr. X.9) bekannt. Könnte sich diese Elfenbeinplatte vielleicht auf Ludwig den Frommen, den Sohn und Nachfolger Karls des Großen, beziehen, der in ähnlichem Panzer mit Schild und Kreuzstab in einer Miniatur in „De laudibus Sanctae Crucis" des Hrabanus Maurus (Kat.Nr. II.14 und Wien, Österreichische Nationalbibliothek, Cod. 652) dargestellt ist? Anders wieder stellt sich die Frage bei der thronenden Maria-Ecclesia (New York, Metropolitan Museum). Es ist nicht nur das Motiv, das erst in ottonischer Zeit nachweisbar ist (Petershausener Sakramentar in Heidelberg, Universitätsbibliothek, Cod. Sal. IX b; möglicherweise auch auf einer von einer Nachzeichnung bekannten Goldschmiedearbeit), sondern es ist auch das wirre Faltenwerk der Sitzenden, das in der Struktur wohl Ähnlichkeiten etwa zum Leipziger hl. Michael zeigt, dessen organische Ordnung aber vermissen läßt. Auch andere Details wie die Konstruktion des Thrones, dessen Füße sich aus Palmetten lösen, oder die an orientalische Vorbilder erinnernden bekrönenden Palmetten lassen sich nur schwer mit den antikisierenden Tendenzen der Hofwerkstatt verbinden. Adolph Goldschmidt bemerkte, daß das Relief in die Vertiefung im Deckel des ottonischen Gero-Codex (Darmstadt, Hessische Landesbibliothek, Cod. 1948, entstanden kurz vor 969) passe, was allerdings nicht zutrifft, wie eine Überprüfung anläßlich der Ausstellung „Karl der Große" 1965 ergab. Wäre es dennoch möglich, daß diese Tafel nicht ein Werk der karolingischen Hofwerkstatt ist, sondern in ottonischer Zeit geschaffen wurde? Die Frage nach der Zugehörigkeit zur Hofwerkstatt oder zu deren Reflexion stellt sich auch für die kleine, außerordentlich subtil gearbeitete Platte mit der Darstellung der Kreuzigung Christi, kombiniert mit kleinen Szenen – dem Abendmahl, der Gefangennahme Jesu, seiner Erscheinung vor den Aposteln, den Frauen am Grabe, der Himmelfahrt und schließlich dem Pfingstwunder in den vom Kreuz freibleibenden Flächen (Narbonne, Cathédrale Saint-Just) (Abb. 9). Wenngleich die Details der Platte ihre nächsten Vergleichsmöglichkeiten in den scharf geschnittenen Reliefs der späten Hofwerkstatt haben, wie etwa in dem Darmstädter Fragment (Kat.Nr. X.29), und auch für die Rahmung genaue Entsprechungen in Miniaturen des Lorscher Evangeliars zu finden sind, ist der Typus mit den bekannten Werken vom Hofe Karls des Großen nicht zu verbinden; wohl aber ist er wesentlich später mehrfach in Elfenbeinreliefs der Jüngeren Metzer Schule (um 870) nachweisbar. Die Gliederung der Bildfläche durch das große Kreuz mit den genau auf die Breite des Kreuzschaftes abgestimmten Scheiben mit Sol und Luna, mit dem übergroßen Gekreuzigten gegenüber den kleinen Assistenzfiguren und schließlich der Szene des unten am Kreuz um das Gewand Christi würfelnden Soldaten verbindet das Narbonner Elfenbein mit vergleichbaren der Jüngeren Metzer Schule. Diese ihrerseits setzten eine theologische Interpretation des Erlösertodes Christi voraus, die nach unserer heutigen Kenntnis erst geraume Zeit nach Karl dem Großen einsetzte. Unter diesen Voraussetzungen wird man dieses Werk in Narbonne als erheblich jünger ansehen müssen, allerdings mit einer erstaunlichen Anpassungsfähigkeit des Schnitzers an Werke der letzten Jahre Karls des Großen.

Mit dem Hof Karls des Großen wird schließlich noch ein außerordentliches Elfenbeingefäß verbunden, der sog. Lebuinus-Kelch (Utrecht, Museum Het Catharijneconvent), das einzige derartige mittelalterliche Werk, das bekannt ist (vgl. Beitrag Elbern, Abb. 5). Die Ornamente, die die Wandung des Gefäßes schmücken, wiederholen das Muster der jüngeren Gruppe der Bronzegitter des Aachener Münsters. Sonst aber läßt sich keine Verbindung zu den Elfenbeinarbeiten der Hofwerkstatt selbst aufzeigen.

Die Elfenbeinarbeiten, die zur Kunst des Hofes Karls des Großen gehören, bilden eine immerhin sehr respektable Gruppe innerhalb der Kunst der Elfenbeinschnitzerei des ausgehenden 8. und des beginnenden 9. Jahrhunderts. Sie heben sich aus diesen vor allem durch die konsequente Antikenrezeption heraus, die ihrerseits im Anspruch Karls des Großen auf eine den spätrömischen Imperatoren adäquate Repräsentation ihre Begründung hat.

Literatur:

Bernhard BISCHOFF, Kreuz und Buch im Frühmittelalter und in den ersten Jahrhunderten der spanischen Reconquista, in: DERS., Mittelalterliche Studien 2, Stuttgart 1967, 296–297. – Hermann FILLITZ, Die Elfenbeinreliefs zur Zeit Kaiser Karls des Großen, in:

Aachener Kunstblätter 32, 1966, 14–45. – DERS., Avori di epoca altomedioevale nell'Italia del nord, in: Milano, una capitale da Ambrogio ai Carolingi (Il millenio ambrosiano 1), hrsg. v. Carlo BERTELLI, Mailand 1987, 258–275. – Danielle GABORIT-CHOPIN, Elfenbeinkunst im Mittelalter, Berlin 1978. – Adolph GOLDSCHMIDT, Die Elfenbeinskulpturen aus der Zeit der karolingischen und sächsischen Kaiser VII.–XI. Jahrhundert 1, Berlin 1914. – Kat. Aachen 1965. – Kat. London 1991, Nr. 141 (Leslie Webster, Michelle Brown, Jacqueline Lafontaine-Dosogne). – Wilhelm KOEHLER, Die Denkmäler der karolingischen Kunst in Belgien, in: Belgische Kunstdenkmäler 1, hrsg. v. Paul CLEMEN, München 1923, 1–26. – Charles Rufus MOREY, Gli oggetti di avorio e di osso del Museo Sacro Vaticano, Vatikanstadt 1936. – Carol L. NEUMANN DE VEGVAR, The Origin of the Genoels-Eldern Ivories, in: Gesta 29, 1990, 8–24. –Wolfgang Fritz VOLBACH, Elfenbeinarbeiten der Spätantike und des frühen Mittelalters (Römisch-Germanisches Zentralmuseum zu Mainz, Kataloge vor- und frühgeschichtlicher Altertümer 7), Mainz [3]1976.

Werner Jacobsen

Die Renaissance der frühchristlichen Architektur in der Karolingerzeit

Im allgemeinen Niedergang, welcher im 7. und 8. Jahrhundert die verschiedenen Regionen des gesamten Abendlandes ergriffen hatte und den in jenen Jahrhunderten auch Rom durchleben mußte, spielte der Herrschaftsantritt des neuen fränkischen Königshauses der Karolinger eine für die Zukunft Westeuropas entscheidende und bald auch überall wahrnehmbare Rolle. Hatte schon Karl Martell (714–741) als Hausmeier der Merowinger im Jahre 732 in einer Schlacht bei Poitiers den Arabern das weitere Vordringen nach Gallien verwehrt und solcherart, nachdem bereits das Heilige Land, ganz Nordafrika und die Iberische Halbinsel dem Islam in die Hände gefallen waren, das Christentum in den Kernlanden Europas verteidigt und erhalten, so rückte dessen Sohn Pippin der Jüngere als erster König karolingischen Geschlechtes (751–768) unvermittelt enger an das Papsttum heran, als es jemals zuvor ein fränkischer König getan hatte. Zwar mischte sich Pippin wohlweislich nicht in den in Italien glimmenden Dauerkonflikt zwischen Langobardenreich und Papsttum ein – schließlich galten die Langobarden dem fränkischen Adel als potentielle Verbündete, gerade in Zeiten verstärkter äußerer Gefahr. Doch hat es Pippin immerhin hingenommen, vom römischen Bischof die Würde des „Patricius Romanorum" übertragen zu bekommen, freilich ohne sich deshalb veranlaßt zu sehen, sogleich nach Rom zu reisen und die Heilige Stadt zu besuchen. Er hat sich für seinen Staatsstreich der Entmachtung und Absetzung des letzten merowingischen Königs Childerich im Jahre 751 Flankenschutz ausgerechnet beim Bischof von Rom gesucht und, nicht genug der nun erstmaligen erzbischöflichen Salbung bei Inthronisation durch Erzbischof Bonifatius von Mainz, sich drei Jahre später durch den eigens nach Saint-Denis gereisten Papst Stephan II. (752–757) nochmals eine päpstliche Salbung als König und damit allerhöchste kirchliche Sanktionierung seiner Königserhebung spenden lassen.

Pippin soll in jenem Jahre, als er den Papst auf dessen Rückreise in Maurienne (Frankreich) in eigener Person und in einer für ihn ganz neuartigen liturgischen Form die Messe lesen hörte, von solch wunderbarem römischen Gottesdienste hoch beeindruckt gewesen sein, so daß er bald darauf anordnete, die bis dahin im Frankenreich gebräuchliche gallikanische Form der Messe durch diese römische zu ersetzen. Bischof Chrodegang von Metz, vom Papst zum Nachfolger des hl. Bonifatius als Erzbischof der austrasischen Gebiete bestimmt und in solcher Funktion seinerzeit der wichtigste Vermittler zwischen Rom und dem Frankenreich, stellte sich hinsichtlich der Übernahme römischer liturgischer Gebräuche in vorderste Front des Reichsepiskopats, bemühte sich erfolgreich um eine Translation erster römischer Heiligenleiber ins Frankenreich und bestimmte sogar, wie wir von Paulus Diaconus hören, den in Rom gebräuchlichen Stationsgottesdienst in seiner Diözese nachzubilden. Bischof Remedius von Rouen reiste 760 eigens nach Rom, um die päpstliche Meßordnung kennenzulernen, und erbat sich für seinen Rückweg ins Frankenreich Sänger der päpstlichen *schola cantorum* zur Lehre des römischen Gesangs in seiner Diözese.

Zwar kam es bald nochmals zu Irritationen der fränkisch-römischen Beziehungen, insbesondere nachdem Pippin im Jahre 768 gestorben war, das Reich unter seine beiden Söhne Karlmann und Karl den Großen geteilt worden war und diese Söhne im nach wie vor schwelenden römisch-langobardischen Konflikt unterschiedliche Positionen bezogen. Doch hat der frühe Tod des langobardenfreundlichen Karlmann im Jahre 771 den drohenden fränkischen Bruderkrieg gerade noch abwenden können. Schließlich hat der verbleibende Karl der Große, als kurz darauf abermals ein Hilferuf aus Rom drang, kurz entschlossen den Waffengang über die Alpen gewagt, das Langobardenreich 774 im Handstreich erobert und die Gelegenheit eines ersten Rombesuches eines fränkischen Königs beherzt ergriffen. Mag das erste Zusammentreffen mit dem gerade neugewählten Papst Hadrian I. (772–795) auch noch von einiger gegenseitiger Skepsis begleitet gewesen sein, so erwuchs doch zwischen beiden bald eine aufrichtige Freundschaft. Als Karl im Jahre 781 zu einem zweiten Besuch nach Rom kam, taufte Hadrian Karls gerade geborenen Sohn Pippin und übernahm selbst die Patenschaft; zugleich nahm Karl von hier aus die Verbindung mit Byzanz auf, indem er seine Tochter Rothrud mit dem byzantinischen Thronfolger Konstantin VI. verlobte. Auch wenn diese Verbindung nur von kurzer Dauer war, so offenbart sie doch Karls Versuch, nach der Krone des römischen Kaisertums zu greifen, bereits für diese Jahre. Als Hadrian 795 starb, trauerte Karl aufrichtig um seinen Freund und sandte aus Aachen eine in wundervoller Capitalis gemeißelte Inschriftplatte für Hadrians Grab nach Rom. Und als dessen Nachfolger Leo III. im Sommer des Jahres 799 nach einem heimischen Attentat zu Karl nach Paderborn floh, ergriff Karl die Chance, als Gegenleistung für erbetene Hilfe die Erwirkung der weströmischen Kaiserkrone für sich selbst einzufädeln, ein machtpolitisches Meisterstück, welches am Weihnachtstage des neuen Jahres 800 in der Peterskirche zu Rom seine Realisierung fand.

In die hier umrissene Annäherung des Frankenreiches an Rom fügt sich neben den vielfältigen Reformen, die Karl von den achtziger Jahren des 8. Jahrhunderts an in Liturgie, Schrift- und Münzwesen sowie vielem mehr durchführte, zugleich auch eine Neuformierung der damaligen Künste. Das Phänomen tritt hier zunächst in der Buchmalerei mit dem Godescalc-Evangelistar aus den Jahren 781/783 auf (vgl. Beitrag Mütherich), doch kam es wenige Jahre später auch schon in der Baukunst zum Tragen, sowohl im Profan- als auch im Kirchenbau. In der profanen Architektur finden wir es, so sporadisch diese bislang überhaupt erforscht ist, im anspruchsvollen Pfalzenbau Karls des Großen, und zwar gleicherweise in der Gesamtanlage wie in der Ausstattung. Die frühe Pfalz, die Karl gegen 775 in Paderborn hatte errichten lassen (vgl. Beitrag Gai zur Pfalz Paderborn, Abb. 1), nur wenige Jahre nach seinem Regierungsantritt 768, folgte nach Ergebnis der Ausgrabungen noch ganz der Tradition konventioneller germanischer Konzepte, mit separat stehenden Gebäuden, die noch nicht einmal einem einheitlichen Achsensystem folgten, sondern, jedes für sich, den gegebenen unregelmäßigen Baugrund auf ihre Weise ausfüllten (vgl. Beiträge Mecke u. Gai). In dieser Hinsicht stand die Paderborner Pfalz dem einfachen Profanbau nahe, wie er damals in etlichen Dörfern praktiziert wurde, aber ebenso den Königshöfen, die in den Brevium exempla, einem Inventar von Königsgütern der Zeit um 800, eingehend beschrieben wurden (Kat.Nr. II.54).

Gegenüber solchen Anwesen mit isoliert stehenden Gebäuden hoben sich in den achtziger und neunziger Jahren des 8. Jahrhunderts Karls neue Pfalzen Ingelheim und Aachen deutlich ab (vgl. Beitrag Grewe, Abb. 2 u. Beitrag Untermann zur Pfalz Aachen, Abb. 1), mit geschlossenen kubischen Anlagen, wie sie im entwickelten mediterranen Bereich selbstverständlich waren. Die Gebäude wurden in einem großzügigen, aber klar aufeinander bezogenen rechtwinkligen System aneinandergefügt bzw. durch Gänge miteinander verbunden, wie es im Palastbau in Rom (vgl. Beitrag Luchterhandt zum Palastbau), in Ravenna, aber auch in Konstantinopel seit langem üblich war. Zwar muß solche Bauweise damals auch im Frankenreich mit seinen alten römisch-antiken Repräsentationsbauten noch bekannt, zumindest aus Ruinen noch ansichtig gewesen sein, allein wenn wir an den Trierer Kaiserpalast, aber auch an die Prätorien der alten Römerstädte Galliens und Germaniens denken. Doch hatte sich zwischenzeitlich der fränkische Pfalzbau zu jenen konglomerathaften Anlagen entwickelt, wie wir sie in Paderborn noch vorfinden. Daß man solche nun übliche Bauweise unter Karl dem Großen mit den Pfalzneubauten von Ingelheim und Aachen zugunsten geschlossener rechtwinkliger Anlagen wieder aufgab, verdeutlicht den Einfluß der entwickelten südländischen Residenzen auf die weitere karolingische Entwicklung.

Klärend tritt neben diese entwicklungsgeschichtliche Erkenntnis unser Wissen um die speziellen Ausstattungswünsche Karls für seine neuen Pfalzen Ingelheim und Aachen. Zu beiden erfahren wir von Karls Biographen Einhard, Karl habe diese Pfalzen eigens mit Spolienmaterial kostbar ausstatten lassen, welches er aus Rom und Ravenna habe heranschaffen lassen, ebenso wie er jenes berühmte Standbild des Gotenkönigs Theoderich, welches Karl in Ravenna gesehen hatte, nach Aachen transportieren und im Hofe seiner dortigen Pfalz aufstellen ließ. Mit diesen aufwendigen und zugleich anspruchsvollen Ausstattungsstücken tritt der Italienbezug seiner neuen, spektakulären Pfalzen erst deutlich zutage. Und schließlich erhielt die Pfalz oder zumindest ein spezielles Gebäude der Aachener Pfalz den Namen „Lateran", jenen Namen, den die ehrwürdige Residenz der Päpste in Rom seit der Zeit Konstantins des Großen (312–337) trug. Die Ingelheimer Pfalz wird bis 787 errichtet worden sein, die Aachener Pfalz war in den neunziger Jahren im Bau. So können wir die Hinwendung des fränkischen Pfalzenbaues zu mediterranen Vorbildern und Ansprüchen recht gut in die achtziger Jahre des 8. Jahrhunderts datieren.

Parallel zu dieser Entwicklung des profanen Repräsentationsbaues läßt sich gleicherweise im Kirchenbau jener Zeit eine deutliche Hinwendung zu römischen Vorbildern erkennen, ebenfalls von der Mitte der achtziger

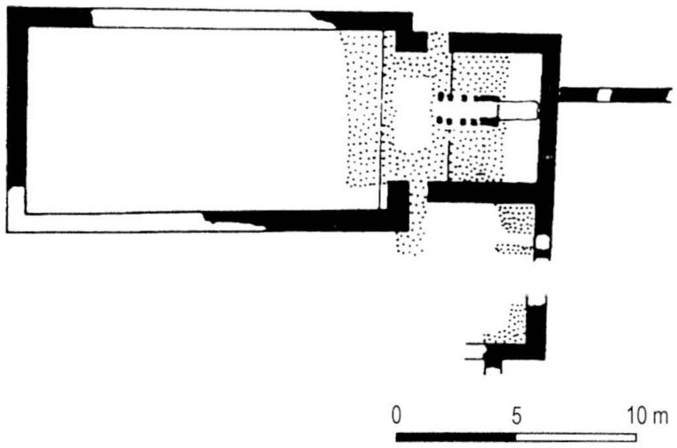

Abb. 1 Echternach, Abteikirche, 706

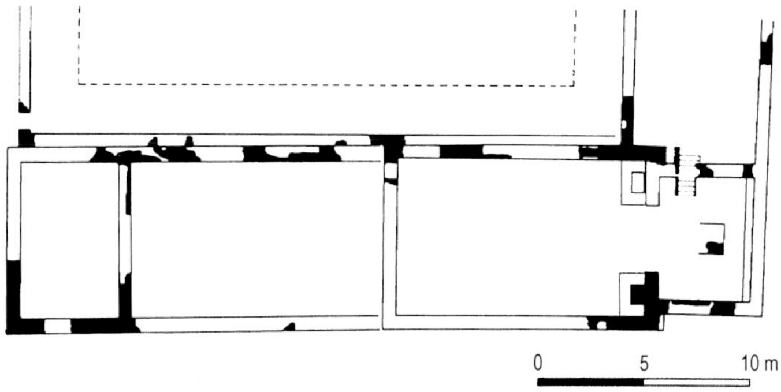

Abb. 2 Reichenau, Abteikirche, 724

Jahre an. Bis dahin hatte sich der neue karolingische Kirchenbau um ein Anknüpfen an das Niveau des alten merowingischen Kirchenbaues seiner besseren Jahre bemüht, welcher nach seiner letzten Blütezeit im frühen 7. Jahrhundert in den vielfältigen Wirren und internen Zwisten des Reiches zunehmend verkümmert war. Im späteren 7. sowie in der ersten Hälfte des 8. Jahrhunderts wurden spektakuläre Neubauten anscheinend kaum noch errichtet. Selbst politisch wichtige Klosterneugründungen wie diejenige 706 in Echternach (Abb. 1) oder auch diejenige 724 auf der Reichenau (Abb. 2), beide durchaus im Rahmen größerer politischer und kirchenpolitischer Planungen stehend, begnügten sich damals mit denkbar einfachen Abteikirchen, nämlich jeweils Saalkirchen mit Rechteckchören. Und auch in den ersten Jahren der karolingischen Herrschaft hat man sich, wie es bislang scheint, noch weitestgehend mit der gegebenen Substanz der bestehenden Kirchen zufriedengegeben. Neubauten waren nur in den dem Reiche wiederangeschlossenen Regionen Frankens und Bayerns erforderlich; hier hat insbesondere die Mission des Bonifatius und seiner Getreuen zu einer Gruppe neuer, durchaus aufwendiger Kirchenbauten geführt, von denen diejenigen in Eichstätt (ab 741) und Fulda (744–751) durch archäologische Untersuchungen bereits bekannt sind: in Eichstätt ein großer Saalbau mit ungewisser Ostgestaltung (Abb. 3), in Fulda eine große dreischiffige Basilika mit einfacher Giebelwand im Westen sowie einer weiten Apsis im Osten (Abb. 4). Die Fuldaer Basilika war nicht etwa, wie wir es aufgrund der besonderen Beziehung des Bonifatius zu Rom oder der überlieferten Reise des ersten Abtes Sturmius nach Italien erwarten könnten, in Nachahmung spezieller italienischer oder gar römischer Bauformen errichtet worden. Bestenfalls die einfache Giebelwand als Westabschluß des Langhauses wäre für eine solche Deutung in Anspruch zu nehmen, doch war diese Bauart gleicherweise im Frankenreich seit spätrömischer Zeit bekannt.

Wie dem auch sei, fügt sich die erste Fuldaer Abteikirche gut in den nun beginnenden neuen karolingischen Kirchenbau ein. Dessen Merkmal war zunächst einmal die Wiederaufnahme des technisch aufwendigen Basilikalbaues, und zwar in der von alters her im Frankenreiche bekannten Kombination eines dreischiffigen Langhauses mit einer an dessen Ostwand unmittelbar angefügten Apsis. Die wichtigsten neuentstandenen Bauten dieser Art waren die Abteikirche in Lorsch (767–774), die Kathedrale in Salzburg (767–774) und die Abteikirchen Saint-Maurice im Wallis (Ostteile gegen 770?), St. Alban zu Mainz (787–805) sowie St. Bonifatius in Fulda (791–802). Sie alle folgten dem traditionellen fränkischen

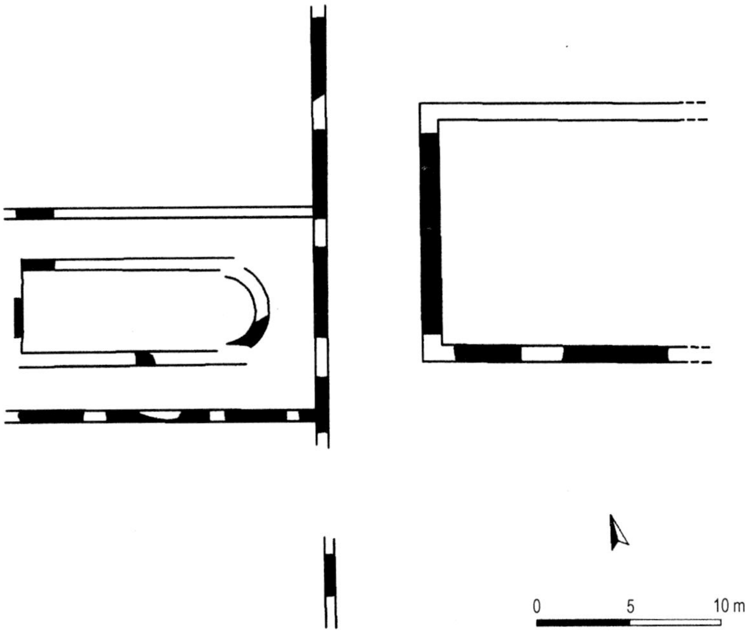

Abb. 3 Eichstätt, Dom, ab 741

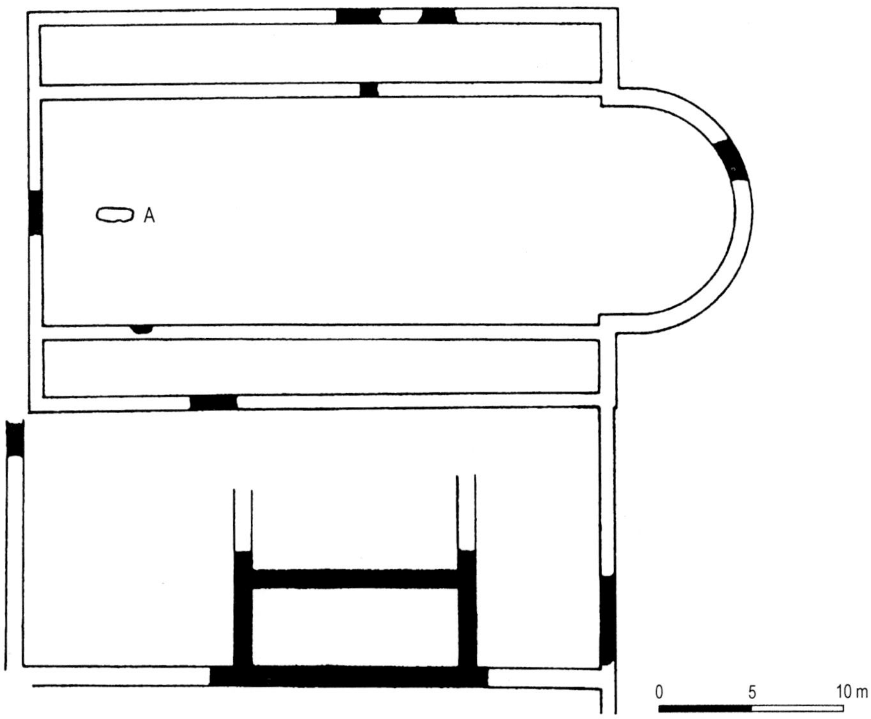

Abb. 4 Fulda, Abteikirche, 744–751 (A Bonifatiusgrab)

Typus der Basilika mit unmittelbar angefügter Ostapsis (Abb. 5–7). Und vielleicht wurde daneben auch auf den Typus der dreiapsidial schließenden, querhauslosen Basilika zurückgegriffen, wie sie mit der Martinskirche von Autun (gegen 590) bereits seit merowingischer Zeit bekannt war und nun möglicherweise mit der Abteikirche St. Emmeram in Regensburg (gegen 783?) (Abb. 8) und, wie Uwe Lobbedey vermutet, auch mit der neuen Kathedrale in Paderborn (ca. 795–799, vgl. Beitrag Lobbedey, Abb. 6) sowie etlichen damaligen Saalkirchen insbesondere des Alpenraumes aufgegriffen wurde (Abb. 9).

In diese traditionsbewußte Wiederanknüpfung an den großen merowingischen Kirchenbau, die wir als eine eigene 'fränkische Renaissance' ansehen müssen, griff jedoch in

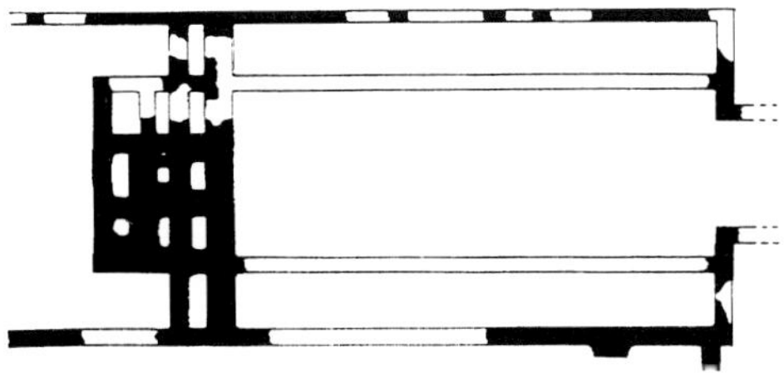

Abb. 5 Lorsch, Abteikirche, 767–774

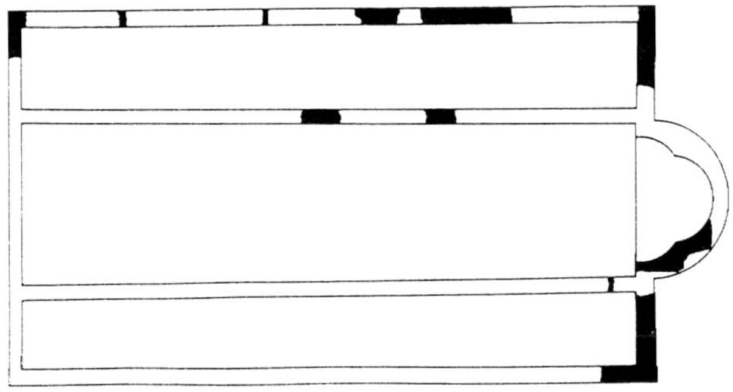

Abb. 6 Salzburg, Dom, 767–774

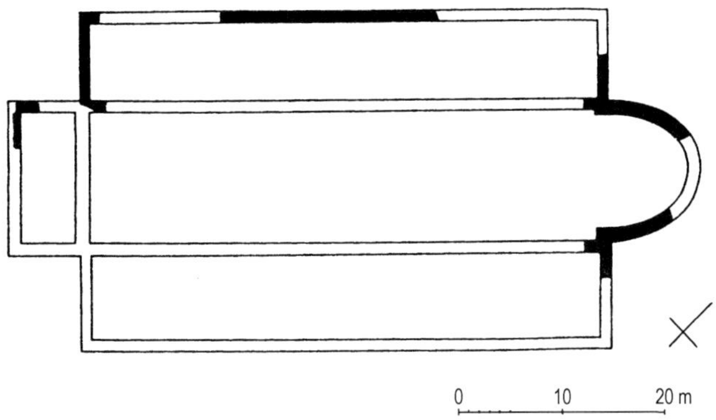

Abb. 7 Mainz, Abteikirche St. Alban, 787–805

jenen Jahren noch eine ganz andere baukünstlerische Bewegung hinein. Als nämlich Abt Fulrad von Saint-Denis in den Jahren 768–775 seine Abteikirche neu bauen ließ (Abb. 10), tat er das in Formen, die für den fränkischen Kirchenbau offenbar etwas ganz Neues bedeuteten: Er errichtete eine Säulenbasilika, die zwar im Westen mit einem üblichen Vorbau begann, im Osten jedoch in ein über die Seitenwände des Langhauses ausgreifendes Querhaus führte, an welches erst jenseits eine Ostapsis anschloß, ihrerseits halbkreisförmig gebildet und von einer Ringkrypta unterfangen (Abb. 11). Neuartig an diesem Bau waren das Querhaus und die Ringkrypta, Formen, wie sie in der alten, damals noch bestehenden Peterskirche in Rom 'erfunden' worden waren und dem kundigen Rombesucher stets als besondere Merkmale päpstlicher Architektur galten, in der fränkischen Baukunst bis dahin aber anscheinend nicht verwandt worden waren. Diese Bauformen in Saint-Denis waren insoweit ein neuartiger 'Architekturimport' ins Frankenreich, zumal in dieser eindeutigen Kombination. Dennoch blieb der Neubau von Saint-Denis, soweit nach heutigem Wissen beurteilt werden kann, noch für einige Zeit in der karolingischen Baukunst singulär. Insbesondere das neuartige Querhaus fand nicht sogleich Eingang in die weitere Bauentwicklung. Die schon genannten neuen Basiliken in Lorsch, Salzburg und auch Mainz übernahmen dieses Bauelement nicht, obwohl sie doch zeitgleich oder wenig später entstanden und obwohl sie doch reichsweit zu den wichtigsten Neubauten der damaligen Jahre gehörten. Ob die neuartige Ringkrypta, wie sie Fulrad in Saint-Denis bauen ließ, damals bereits in anderen fränkischen Kirchen bestand, etwa in St. Luzi in Chur (vor 820, Abb. 12), läßt sich aufgrund der ungesicherten Zeitstellung nicht beurteilen.

Erst von den achtziger Jahren an, parallel zu den neuen Werken der karolingischen Buchmalerei, können wir das

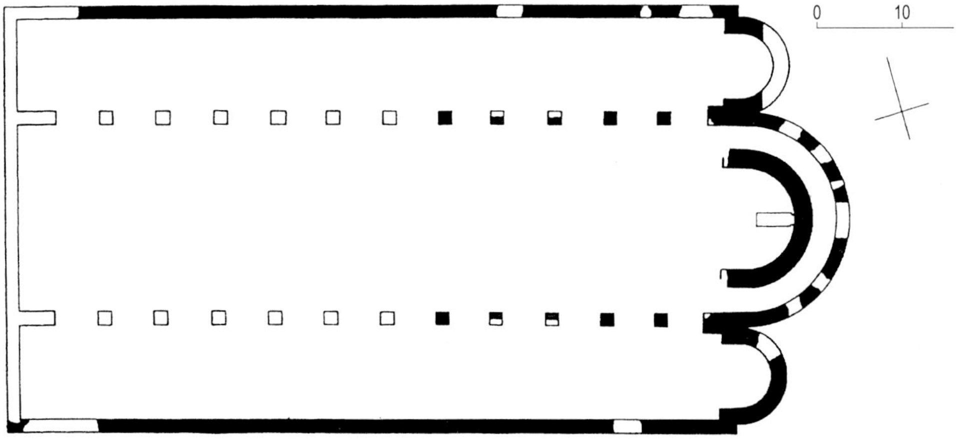

Abb. 8 Regensburg, St. Emmeram, gegen 783?

Abb. 9 Müstair, Abteikirche, 1. Viertel 8. Jahrhundert, Ansicht von Osten

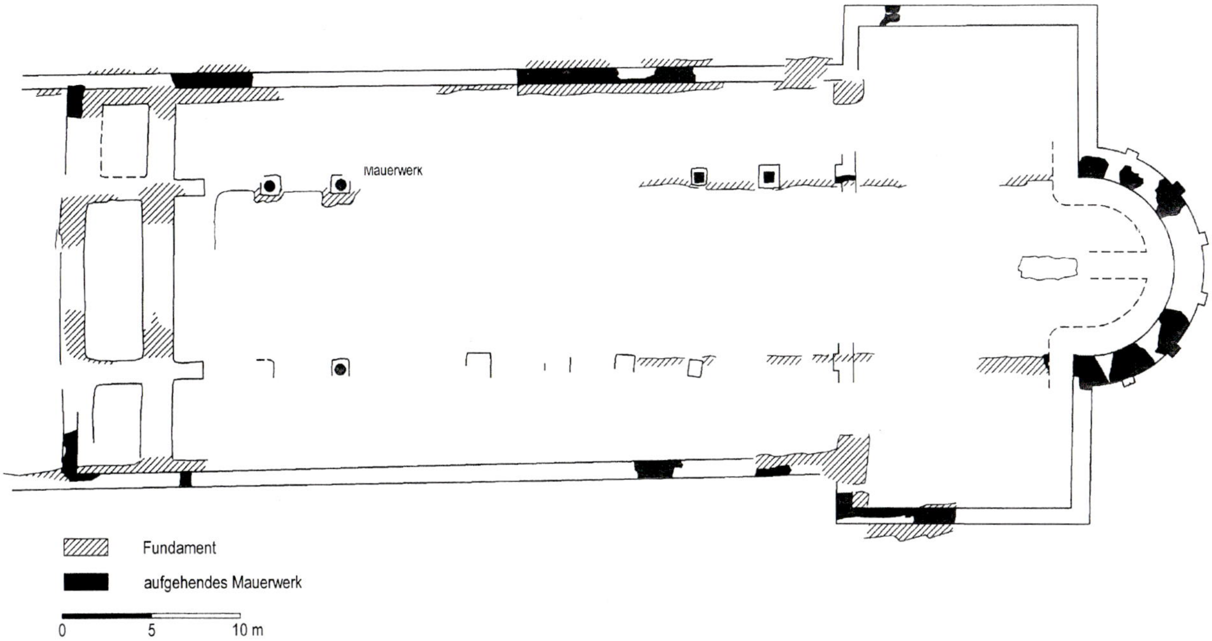

Abb. 10 Saint-Denis, Abteikirche, 768–775

Abb. 11 Saint-Denis, Abteikirche, Apsis und Ringkrypta

Eindringen 'römischer' Bauideen in die karolingische Baukunst erkennen, noch dazu in einer jetzt gegenüber Saint-Denis noch weiterreichenden formalen Qualität. In den wenigen Jahren bis zur Kaiserkrönung Karls in Rom entstanden nun in Saint-Maurice im Wallis (Westteile gegen 787?), in Köln (Dom, ca. 790–800), vermutlich auch in Echternach (ca. 791/97?) und Sitten in der Schweiz (St. Théodul, gegen 800) sowie schließlich in Fulda (791–

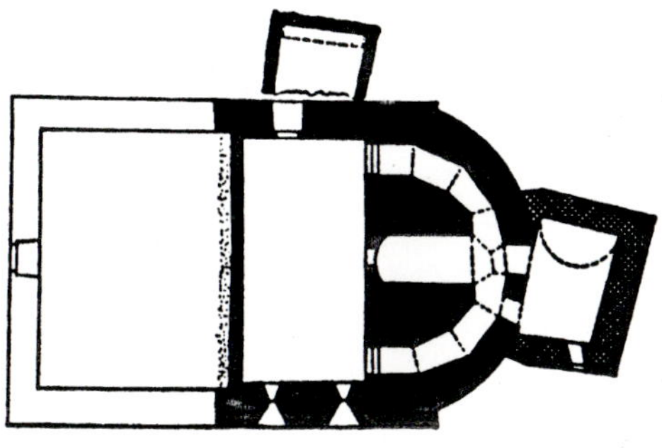

Abb. 12 Chur, St. Luzi, vor 820

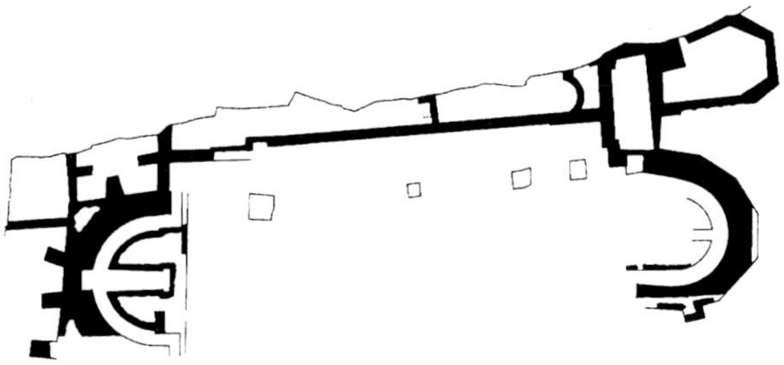

Abb. 13 Saint-Maurice, Abteikirche, Westteile gegen 787?

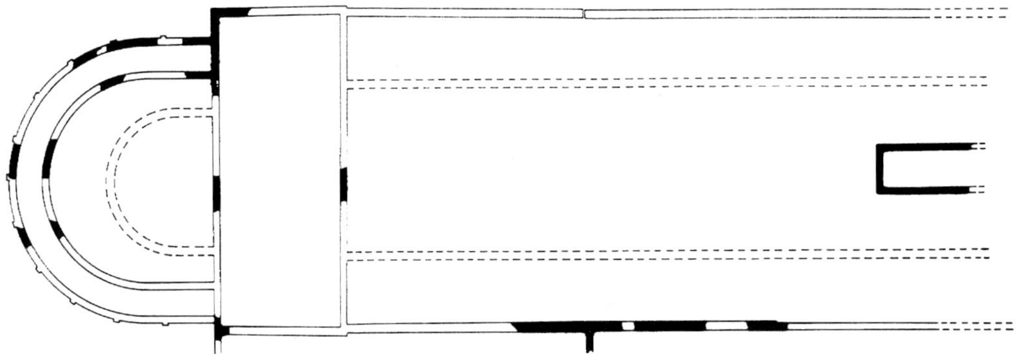

Abb. 14 Köln, Dom, ca. 790–800

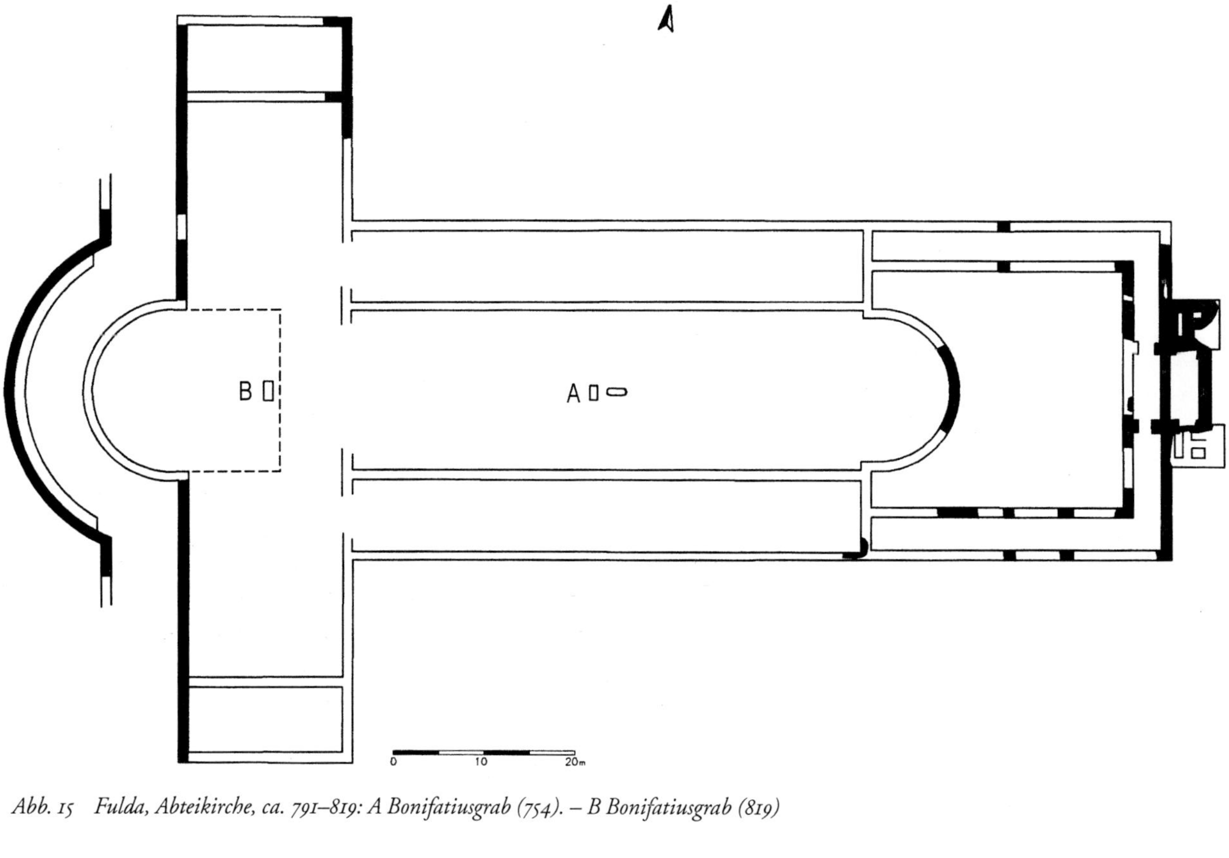

Abb. 15 Fulda, Abteikirche, ca. 791–819: A Bonifatiusgrab (754). – B Bonifatiusgrab (819)

819) aufwendige Doppelchoranlagen (Abb. 13–15), jeweils mit einer Apsis im Osten, einer zweiten gegenständigen Apsis im Westen, mitunter auch einem vorgelagerten Querhaus im Westen, welches in Fulda sogar, wie Richard Krautheimer deutlich machen konnte, genauestens die Maße des Westquerhauses der römischen Peterskirche nachbildete und in den zeitgenössischen Schriftquellen ausdrücklich als ein Bau „nach römischem Vorbild" bezeichnet wurde. Damit war, wie die Quellen erkennen lassen, nicht lediglich die architektonische Gestalt gemeint, sondern die Ausrichtung des neuen Chores nach Westen, wie es beim römischen Vorbild gegeben, bei den bisherigen Kirchen des Frankenreiches jedoch nicht üblich war. Insoweit waren diese neuen Doppelchoranlagen in der fränkischen Baukunst auch etwas liturgisch Neues. In ihnen konnte die Messe sowohl an einem östlichen Hochaltar nach Gewohnheit der fränkischen Liturgie als auch an dem westlichen Hochaltar nach Vorbild einer päpstlichen Messe in Rom gefeiert werden. Da in beiden Fällen nach Osten zelebriert werden sollte, stand der Liturge in einem traditionellen fränkischen Ostchor vor dem Altar und zelebrierte gemeinsam mit der Gemeinde nach Osten zum Altar hin, kehrte dieser also den Rücken zu; im neuen Westchor jedoch stand der Liturge, wie es in der römischen Peterskirche üblich war, hinter dem Altar und zelebrierte über diesen hinweg zur Gemeinde; der Altar war hier nicht Zielpunkt, sondern Zentrum der liturgischen Handlung.

Hier erst wird deutlich, was die damaligen Bauherren – Bischöfe und Konvente – an solchen Doppelchoranlagen faszinierte, nämlich die liturgischen Nutzungsmöglichkeiten hinsichtlich der gestalterischen Nachahmung der römisch-päpstlichen Messe, welche mit Erlangung einer Abschrift des römischen Sakramentars Papst Hadrians I. in genau jenen Jahren im Frankenreiche begehrtes Anliegen des fränkischen Klerus, aber auch der staatlichen Politik wurde. In den neuen Westchören standen, soweit wir wissen, entweder Petersaltäre oder aber die Altäre derjenigen Heiligen, die in der betreffenden Kirche ihr allseits verehrtes Grab hatten. In beiden Fällen wird der Bezug zur römischen Peterskirche als Vorbild deutlich, und damit boten sich solche Westapsiden zu einer liturgischen Nutzung nach römischem Vorbild in ganz besonderer Weise an, während zugleich in den hiesigen Ostapsiden die älteren fränkischen Traditionen gepflegt werden konnten. In Fulda stand in der neuen, 819 geweihten Doppelchoranlage (Abb. 15) der alte, dem Salvator geweihte Hochaltar in der Ostapsis, an alter, im Neubau respektierter Stelle, während der neue Hochaltar, welcher dem hl. Bonifatius geweiht wurde, hingegen in der neuen Westapsis errichtet wurde. Der Fuldaer Konvent hatte, wie der Chronist Candidus berichtet, diese Disposition des Bonifatiusgrabes ausdrücklich mit Hinweis auf Rom begründet, *romano more*. So spiegelt die Architektur, wie sie in Fulda gebaut wurde, die kirchlichen Vorstellungen, Interessen und Vorbilder der Bauherren wider, vor allem aber die liturgischen Handlungen, die darin stattfinden sollten. Und in gleicher Weise müssen wir wohl auch die anderen derartigen Bauten mit ihrer Hinwendung zum römischen Vorbild verstehen.

Allerdings stimmt dieses Bild einer generellen Vorbildlichkeit Roms für den Kirchenbau jener Jahre nur bedingt. Denn neben den genannten neuartigen Doppelchoranlagen wurden damals auch weiterhin noch traditionelle geostete Neubauten errichtet, wie es beispielsweise die neue Abteikirche St. Richarius in Centula (790–799), die Kathedrale von Paderborn (ca. 795–799) oder auch die Neubauten von Saint-Quentin in Nordfrankreich (ab 813) oder der Reichenau (816 geweiht) verdeutlichen (Abb. 16 u. 17). Sie nahmen, wenn überhaupt, nur sehr zurückhaltend die neuen Formen auf. Jedenfalls blieb bei diesen Anlagen der architektonische Schwerpunkt im Osten, mit hier gelegenem Hochaltar. Die Liturgie wurde in diesen Anlagen also auf traditionelle fränkische Weise gefeiert, wie in all den merowingischen Kirchen zuvor.

Jedoch trat bei diesen geosteten Anlagen ein weiteres, aus merowingischen Traditionen entwickeltes Bauteil in den Vordergrund, nämlich das Westwerk. Bereits in Lorsch (767–774) war ein solches Westwerk im Westeingang der Basilika errichtet worden (Abb. 5); eine solche Anlage hat den Beschreibungen zufolge auch die Abteikirche in Centula (790–799) besessen (Abb. 16). Zahlreiche weitere Bauten solcher Art kennen wir sodann aus dem 9. und auch noch 10. Jahrhundert, von denen das Westwerk in Corvey (873–885) sich bis zum heutigen Tage gut erhalten hat (Abb. 18, vgl. auch Beitrag Angenendt in Kat.Bd. II, Abb. 6). Die Westwerke hatten ein niedriges Eingangsgeschoß; im Obergeschoß darüber lag, wenn wir der gut bezeugten Anlage in Centula folgen, ein Salvatorchor, in welchem der Konvent die höchsten Feste des Kirchenjahres zelebrierte, seinerseits noch umgeben von einer hochgelegenen Umgangsempore, von der herab die Knabenchöre die liturgische Feier musikalisch begleiteten. Eine solche Basilika mit Westwerk wäre hinsichtlich des liturgischen Gebrauches eigentlich ebenfalls als „Doppelchoranlage" anzusprechen. Sie folgte jedoch in der baulichen Gestaltung ganz eigenen, aus merowin-

Abb. 16 Centula, Abteikirche, 790–799, Stich von P. Petau (1612)

gischer Zeit entwickelten Traditionen hochgelegener westlicher, nur durch Treppen erreichbarer Altarstellen, nicht dem neuerdings in Mode gekommenen römischen Vorbild. Ja, Westwerk und 'römische' Westapsis schlossen sich, betrachten wir ihre Nutzungsmöglichkeiten näher, geradezu gegenseitig aus. Man konnte eine Kirche entweder mit einem Westwerk oder mit einer Westapsis schließen, nicht aber beide Bauideen verknüpfen. Und auch die liturgischen Möglichkeiten waren andere. Westwerke eigneten sich nicht für ein lokales Heiligengrab, so wenig wie wir etwa Petruspatrozinien für Westwerke kennen. Im Gegenteil, der hochgelegene Salvatoraltar wie in Centula erfüllte den besten herrschaftlichen Anspruch mit den hier im Westwerkobergeschoß gefeierten Her-

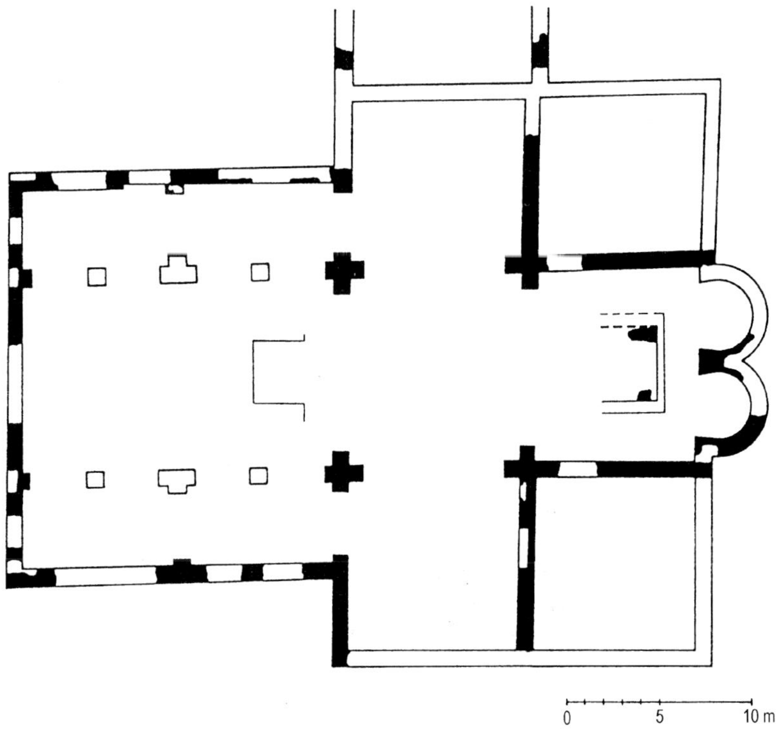

Abb. 17 Reichenau, Abteikirche, 816 geweiht

renfesten Palmsonntag, Ostern, Christi Himmelfahrt und Weihnachten, den höchsten Festen des Kirchenjahres, und schlug damit zugleich die Brücke zur liturgischen und baulichen Konzeption der neuartigen Pfalzkapelle Karls des Großen in Aachen (vgl. Beitrag Untermann zur Pfalz Aachen, Abb. 2, 5 u. 6).

Dieser Bau, im letzten Jahrzehnt des 8. Jahrhunderts errichtet, folgte nicht mehr der für Pfalzkapellen ansonsten üblichen Form einer Saalkirche, sondern wurde nun in der komplizierten Gestalt eines Zentralbaues mit oktogonalem, überwölbtem Mittelraum sowie doppelstöckigem Umgang errichtet, mit einem zusätzlichen Eingangsjoch im Westen vom Atrium her sowie einem doppelstöckigen Anbau im Osten, welcher zu ebener Erde den Marienaltar, im Obergeschoß darüber den Salvatoraltar barg. Wir wissen nicht, in welcher Form diese beiden Altäre sowie die übrigen Räumlichkeiten der Aachener Pfalzkapelle zur Zeit Karls des Großen genutzt wurden. Doch angesichts der Tatsache, daß diese Kapelle damals über Jahre, ja Jahrzehnte die Kirche der festen königlichen Residenz war und als solche kontinuierlich im gesamten Verlaufe des Kirchenjahres vom König und seinem Gefolge genutzt wurde, liegt eine ähnliche Teilung der Meßorte wie in Centula durchaus nahe, mit Marienfesten am Marienaltar sowie Herrenfesten am Salvatoraltar darüber. Inwieweit hiermit auch der König selbst seinen Teilnahmeort wechselte oder aber durch die Etablierung des Pfalzstiftes eine ursprünglich geplante liturgische Einrichtung sekundär umbesetzt wurde, bleibt ein künftig zu diskutierendes Problem. Festhalten dürfen wir hingegen, daß diese Pfalzkapelle nicht nur hinsichtlich ihrer Form und des gesteigerten räumlichen Angebotes für die Karolinger etwas völlig Neuartiges war, sondern daß sie offenbar gezielt die Kirche S. Vitale in Ravenna zum Vorbild nahm. Dort bereits begegneten die oktogonale Zentralform mit doppelgeschossigem Umgang sowie die großen inneren Bögen, die jeweils durch zwei eingestellte Säulen vergittert werden, und beides kennen wir ansonsten aus der abendländischen Architektur jener Jahrhunderte nicht. S. Vitale war zwischen 526 und 547 als byzantinischer Bau errichtet worden, gerade als das oströmische Reich die Adriastadt wiedererobert hatte und in Konstantinopel die konzeptionell verwandten Kirchen H. Sergios und Bakchos sowie H. Sophia als neuartige justinianische Bauten errichtet wurden. S. Vitale war seinerzeit also ein hochmoderner Bau, von Ostrom aus inspiriert und als solcher einzigartig im Abendland. Diesen Bau muß Karl kennengelernt haben, als er Ravenna im Jahre 787 besuchte. Ob er ihn als Abbild der berühmten kaiserlichen Sophienkirche in Konstantinopel ansah oder – in ungenauer historischer Kenntnis – als Werk des großen Theoderich, dessen vermeintliche Statue er ja so-

Abb. 18 Corvey, Abteikirche, Westwerk 873–885, Innnenansicht

gar in seine Aachener Pfalz schaffen ließ, bleibt unbekannt. Jedenfalls läßt sich, trotz einiger architektonischer Modifikationen, kein anderer damals bestehender Bau anführen, welcher der neuen Aachener Pfalzkapelle so sehr als Vorbild hätte dienen können. Die ästhetische Raffinesse der sich stets aufs neue durchdringenden Kompartimente, die technische Meisterschaft des Baues, auch die Schwierigkeit der rund 14 m weiten Wölbung des Mittelraumes sowie der hohe künstlerische und materialmäßige Anspruch des riesigen Gewölbemosaiks, der Bronzetüren, der Bronzegitter und sonstigen Ausstattung übersteigen bei weitem alles, was wir ansonsten von der karolingischen Baukunst kennen.

Mit diesem damals hochaktuellen Aachener Bau, aber auch mit den so kompliziert ausgebauten damaligen Westwerken wird deutlich, daß die hiermit verbundenen, rein geosteten neuen Kirchenbauten jener Jahre eben nicht Baukörper einer veralteten fränkischen Tradition und vergangenen Glanzes waren, welche noch ein paar letzte provinzielle Liebhaber gefunden hätten. Vielmehr haben wir es hier offenbar mit einem aktuellen karolingischen Alternativkonzept zu tun, entwickelt aus fränkischer Tradition und beharrend auf dem Standpunkt einer souveränen Reichskirche. Immerhin war Abt Angilbert, der Bauherr des Westwerks von Centula, ein enger Berater Karls des Großen an dessen Hofe und außerdem dessen Schwiegersohn. In solchem Sinne müssen wir vielleicht auch die Neubauten der vorigen Jahre deuten, die nicht dem römischen, sondern dem Ostchor-Westwerk-Typus folgten, vor allem die schon genannten Abteikirchen St. Nazarius in Lorsch (767–774) und St. Alban in Mainz (787–805), von denen letztere sogar im Jahre 794 die Grabeskirche von Karls Gemahlin Fastrada wurde (Abb. 7). Gewichtige Neubauten wie diese offenbaren, daß im fränkischen Klerus anscheinend unterschiedliche Vorstellungen herrschten, in welcher Form 'moderne' Kir-

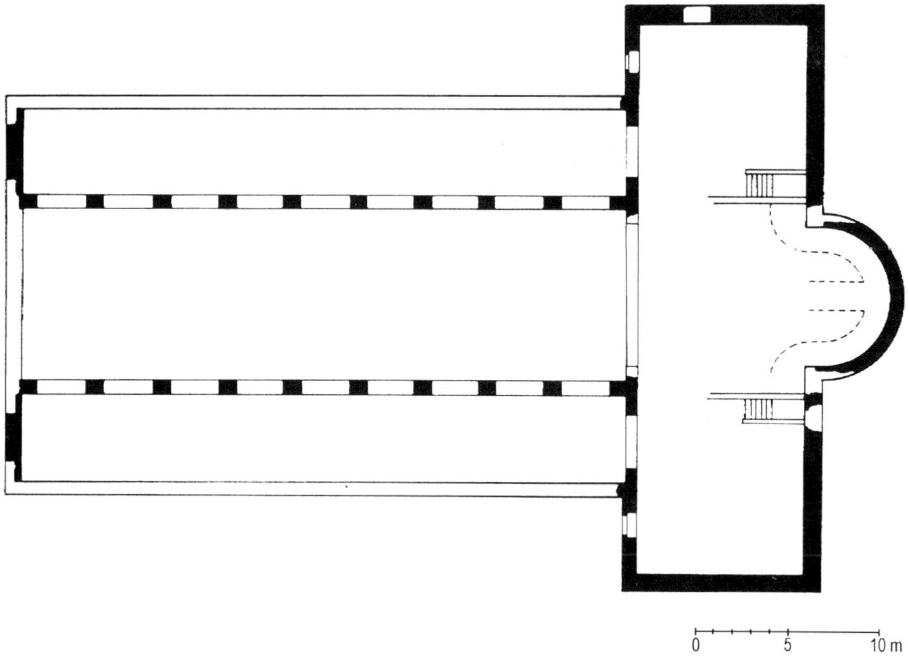

Abb. 19 Seligenstadt, Abteikirche, ca. 830–840

Abb. 20 Seligenstadt, Abteikirche, Innenansicht

chen zu errichten seien, wie die Liturgie darin zu feiern sei und welche Rolle hierbei der fränkischen Tradition einerseits, dem römischen Bauimport andererseits zukomme.

In der hier angedeuteten unterschiedlichen Gewichtung kirchenpolitischer Interessen des fränkischen Klerus, die sich übrigens bereits ein halbes Jahrhundert zuvor im Spannungsfeld um die Reformpolitik des Bonifatius zwischen romzugewandter und reichssouveräner Position abgezeichnet hatte, setzte sich hinsichtlich der Gestaltung des karolingischen Kirchenbaues schon bald nach Karls Kaiserkrönung im Jahre 800, spätestens mit dessen Tode im Jahre 814, der traditionelle geostete Kirchenbau wieder vollständig durch. Zwar kam es im Umfeld des Zusammenbruchs der anianischen Reformpolitik Ludwigs des Frommen in den dreißiger Jahren des 9. Jahrhunderts kurzfristig noch einmal zu Anknüpfungen an römische Vorbilder und die römische Westungsidee, als in Seligenstadt noch einmal eine (freilich geostete) Basilika nach formalem Vorbild der römischen Peterskirche in verkleinerter Form errichtet wurde (Abb. 19 u. 20), als auf der Bodenseeinsel Reichenau die dortige geostete Abteikirche zusätzlich ein Westquerhaus und einen Westchor erhielt und als auch in Paderborn anläßlich des Erwerbs der Gebeine des hl. Liborius im Jahre 836 die dortige Kathedrale um ein römisch durchlaufendes Westquerhaus mit Westapsis und Ringkrypta erweitert wurde (vgl. Beitrag Lobbedey, Abb. 7). Doch war das offenbar nur noch ein kurzes Wiederaufflackern der alten, Rom imitierenden Bemühungen. Von den vierziger Jahren an finden wir, abgesehen von der Erneuerung des zuvor bereits als Doppelchoranlage bestehenden Kölner Domes zwischen 857 und 870 (Abb. 21), auf lange Zeit keine weiteren Neubauten dieser Art mehr, auch keine singulären Westapsiden oder auch nur Ringkrypten (diese waren zwischenzeitlich zum 'moderneren' Vierstützenraum weiterentwickelt worden). Einzig das durchlaufende Querhaus fand als Ostquerhaus Eingang in die weitere Formentwicklung der späten Karolingerzeit, deren Vielfalt und Motivation freilich bislang noch gar nicht erforscht sind. Statt dessen setzte sich das Westwerk in der weiteren baulichen Entwicklung bald allgemein durch, in Le Mans (833–835), in Halberstadt (bis 859), in Hildesheim (852–872), in Freckenhorst (ca. 860), im noch erhaltenen Westwerk von Corvey (873–885) sowie in der weiteren baulichen Entwicklung des 10. Jahrhunderts. Auch wenn die karolingischen Doppelchöre bestehen blieben und in ottonischer Zeit noch einmal eine Renaissance erlebten, waren doch die Bemühungen um eine langfristige Anknüpfung an römische Vorbilder, insbesondere an die berühmte Peterskirche in Rom, gescheitert, zumindest im Kirchenbau. Das römische Sakramentar Hadrians I. hatte sich als überarbeitungsbedürftig für fränkische Kirchen erwiesen. Auch mußte man bald einsehen, daß nicht alle Kirchen des Frankenreiches für die genaue Nachbildung der römischen Liturgie umgebaut werden konnten. Die anfängliche Rombegeisterung hatte nachgelassen, kirchenpolitische Gegenbewegungen hatten Fuß gefaßt, ein selbstbewußter Reichsepiskopat hatte sich durchgesetzt, und zwar mit einer anderen Art von Kirchenbau, welcher – wie bereits im Falle Angilberts von Centula – an die eigenen Traditionen

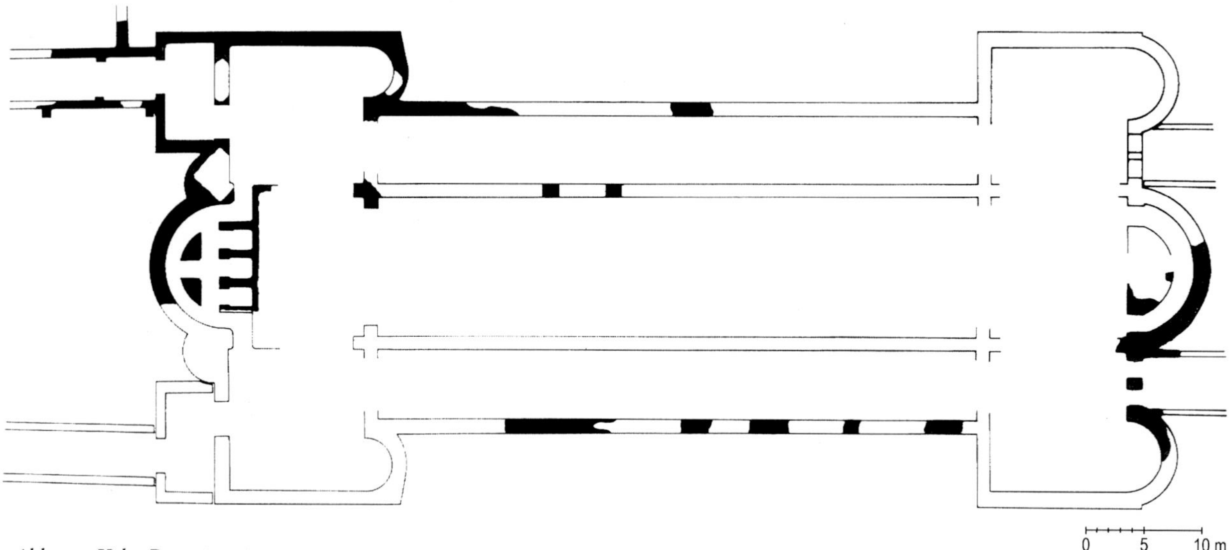

Abb. 21 Köln, Dom, 857–870

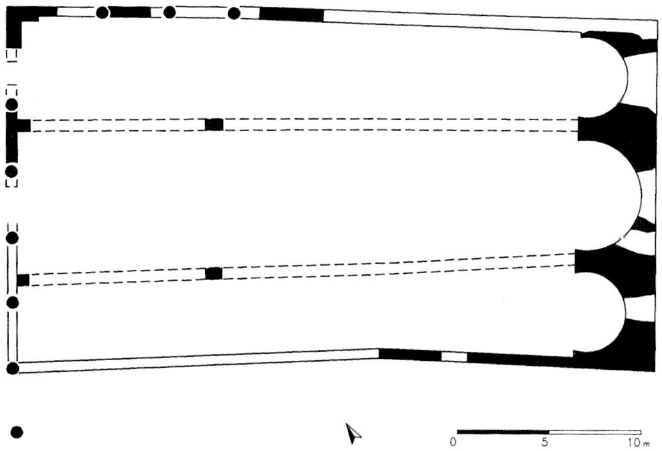

Abb. 22 Rom, S. Maria in Cosmedin, 772–795

Abb. 23 Rom, S. Maria in Cosmedin, Innenansicht

anknüpfte, wenngleich auch eine Befruchtung durch die neuen römischen Ideen in begrenztem Maße natürlich stattfand.

Wie hat bei all diesen Anstrengungen des Nordens eigentlich der Kirchenbau in der Stadt Rom selbst ausgesehen? Und welche Rolle hat Rom bei der Vermittlung spätantiker (konstantinischer) Bauideen ins Frankenreich seinerseits gespielt? In Rom standen damals noch nahezu alle frühchristlichen Kirchenbauten und waren in Benutzung, angefangen von der alten Kathedralkirche S. Salvatore am Lateran, die später das Johannespatrozinium annahm, über S. Pietro, S. Paolo, S. Lorenzo, S. Sebastiano, S. Croce in Gerusalemme und S. Maria Maggiore (vgl. Beitrag de Blaauw), gefolgt von den alten Titelkirchen und schließlich all den anderen, in späteren Jahrhunderten hinzugekommenen Gotteshäusern. Etliche waren mittlerweile ruinös geworden, einige zwischenzeitlich erneuert. In den schwierigen Zeiten der Völkerwanderung, vor allem im 7. und 8. Jahrhundert, war die Bautätigkeit in Rom, ähnlich wie im Frankenreich, weitgehend zum Erliegen gekommen. Die einzigen Kirchen, die in Rom errichtet wurden, waren S. Angelo in Pescheria, S. Silvestro in Capite und S. Maria in Cosmedin, und sie alle waren noch konventionelle Bauten, wie sie damals in Italien, aber auch im Langobardenreich üblich waren, ohne jeglichen Rückbezug auf die Baukunst des 4. Jahrhunderts. Die Kirche S. Angelo in Pescheria war eine Basilika mit Dreiapsidenschluß und Zweistützenkrypta, doch ist aus historischen Gründen nicht ganz sicher, ob sie wirklich für Papst Stephan II. (752–757) in Anspruch genommen werden kann. S. Silvestro in Capite entstand in der kurzen Amtszeit Papst Pauls I. (757–767) als Beifügung zu einem hier gegründeten Kloster. Aus den ergrabenen Fundamenten läßt sich noch erkennen, daß sie eine dreischiffige Säulenbasilika war, die vermutlich mit einer einzigen Apsis schloß. S. Maria in Cosmedin schließlich bleibt die einzige Kirche, die sich für den ansonsten doch so wichtigen Papst Hadrian I. (772–795), den Freund Karls des Großen, als Bauvorhaben nachweisen läßt, eine Emporenbasilika mit damals durchlaufenden Säulenreihen, die mit drei nebeneinanderliegenden Apsiden schloß (Abb. 22 u. 23). Dieser Typus mag im Orient entwickelt worden sein, aus dem ja auch die griechischen Mönche stammten, die diese Kirche als Klosterkirche in Besitz nahmen. Doch kennen wir diesen dreiapsidialen Typus gleicherweise aus dem Langobarden- und dem Frankenreich. Es handelte sich also um einen gängigen Bautyp, der in einer traditionellen, unspezifischen Weise in dieser Form auch in Rom Verwendung fand.

Erst als Hadrians Nachfolger Leo III. (795–816), der im Jahre 800 Karl den Großen in Rom zum Kaiser krönte, sich nun in verstärktem Maße des Neubaues römischer Kirchen annahm, kam es in Rom mit S. Stefano degli Abessini (Abb. 24), vermutlich gegen 809, zu einem Neubau, welcher die besonderen Formen des konstantinischen Kirchenbaues des 4. Jahrhunderts, vor allem der fränkischerseits so bewunderten Peterskirche am Vatikan, erstmals in Rom wiederaufgriff, mit einem eingezogenen Querhaus, welches sich wie in St. Peter mit Kolonnaden zu den Seitenschiffen öffnete und mit einer großen Halbkreisapsis abschloß. Wenn wir berücksichtigen, daß sogleich am Beginn des Pontifikats Leos die Errichtung des

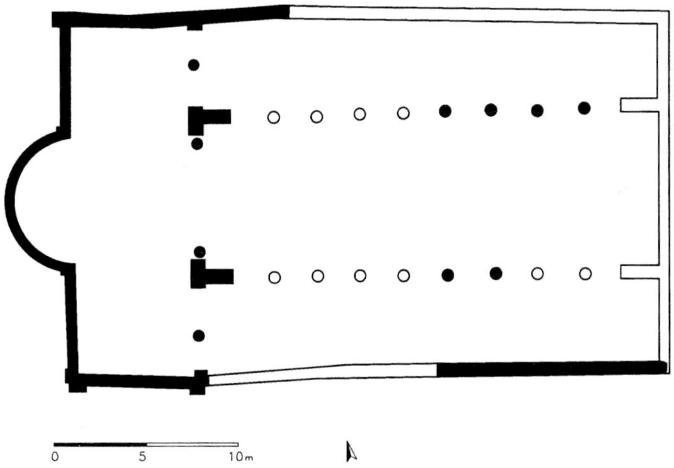

Abb. 24 Rom, S. Stefano degli Abessini, um 809

trikonchialen Trikliniums des Lateranspalastes (vgl. Beitrag Luchterhandt zum Palastbau, Abb. 4) stand, welches vermutlich auf kaiserliche Vorbilder in Konstantinopel zurückgriff und mit seinen Mosaiken gewiß noch vor der Kaiserkrönung des Jahres 800 fertiggestellt worden war, so wird deutlich, daß wir in diesem Triklinium römischerseits den entscheidenden Schritt zur Besinnung auf eine Renovatio der spätantiken Kunst, vor allem aber auch der dahinterstehenden politischen Ansprüche erkennen dürfen und daß die Bemühungen um einen in diesem Sinne erneuerten Kirchenbau in Rom, wie wir ihn sodann mit S. Stefano degli Abessini sehen, erst von hier aus einsetzten. Mit diesem Bau übertraf Leo zugleich aber auch das Niveau seiner beiden anderen Neubauten S. Susanna (gegen 799, vgl. Kat.Nr. IX.23) und SS. Nereo ed Achilleo (gegen 814), Basiliken, die ohne Querhaus unmittelbar mit einer Apsis endeten, bei letztgenannter Kirche sogar von rechteckigen, pastophorienartigen Nebenräumen mit aufgesetzten Türmen begleitet (Abb. 25), wie sie längst altertümlich waren.

Wir wissen nicht, ob mit diesen Formvarianten auf besondere Wünsche oder örtliche Traditionen in Rom Rücksicht genommen wurde oder ob sich hier die zwiespältige

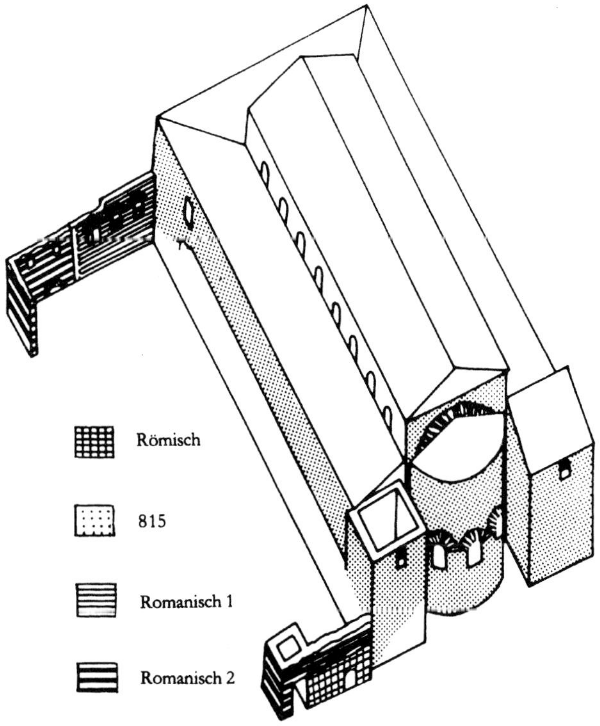

Abb. 25 Rom, SS. Nereo ed Achilleo, Rekonstruktion

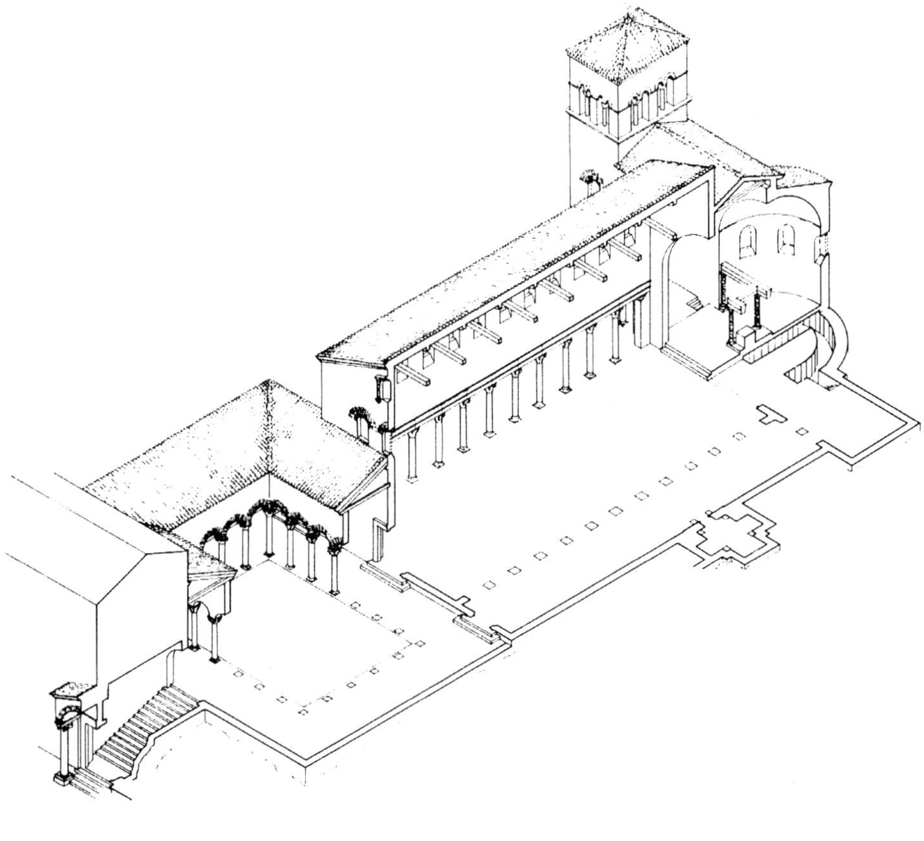

Abb. 26 Rom, S. Prassede, isometrische Rekonstruktion

Abb. 27 Rom, S. Prassede, Innenansicht

Entwicklung der fränkischen Rompolitik widerspiegelt. Denn zu dieser Zeit waren im Frankenreich die großen Doppelchoranlagen längst im Bau oder sogar schon fertiggestellt, und die Begeisterung für eine Nachahmung römischer Liturgie und römischer Kirchen nahm bereits wieder ab. Als die fränkische Politik unter Karls Nachfolger Ludwig dem Frommen bereits andere Prämissen setzte und Rom für die fränkische Politik nicht mehr unangefochten im Mittelpunkt des Interesses stand, erreichte die Erneuerung des Kirchenbaues in der Stadt Rom im Sinne einer Renovatio des 4. Jahrhunderts erst ihren eigentlichen Höhepunkt. Unter Papst Paschalis I. (817–824) wurden nicht nur S. Cecilia in Trastevere als Basilika mit Halbkreisapsis und Ringkrypta sowie S. Maria in Domnica als Basilika mit breitgelagertem Dreiapsidenschluß und eingestellten Säulen zu seiten der Hauptapsis errichtet, sondern mit der Kirche S. Prassede (Abb. 26 u. 27) gar eine Basilika realisiert, welche mit ihren von Architraven geschlossenen Mittelschiffskolonnaden, ihrem T-förmig über die Langhauswände ausgreifenden Querhaus, ihrer Halbkreisapsis und darunter liegender Ringkrypta das Vorbild der alten, konstantinischen Peterskirche innerhalb des damaligen stadtrömischen Kirchenbaues am unmittelbarsten erreichte.

In den folgenden Jahren hat man in Rom noch einige derartige antikisierende Kirchenbauten in vereinfachter, querhausloser Form errichtet, etwa S. Marco gegen 833 und S. Martino ai Monti gegen 845 (Abb. 28) und zumindest mit S. Maria Nuova (heute S. Francesca Romana) und SS. Quattro Coronati in der Zeit Leos IV. (847–855) noch letzte Bauten wiederhergestellt, bevor der Kirchenbau Roms auf lange Zeit wiederum zum Erliegen kam.

Abb. 28 Rom, S. Martino ai Monti

Der Norden war zu dieser Zeit in der architektonischen Entwicklung längst fortgeschritten, hatte das Querhaus für anspruchsvolle Bauten damals schon als selbstverständlich erachtet und nun bereits üblicherweise mit dem Dreiapsidenschluß kombiniert, wie es dann in der romanischen Baukunst des Abendlandes zum Standardmotiv werden sollte.

Das 9. Jahrhundert war die erste Zeit, in welcher Rom demgegenüber auf Altbekanntem verharrte und an der 'modernen' Entwicklung der Kunst nicht mehr teilnahm. Es hatte, bedingt durch die Annäherung des Nordens und dessen Begeisterung für Rom, den Wert seiner alten Würde erkannt und hielt nun um so mehr daran fest, während der Norden längst wieder eigene Wege ging, in unbekümmerter Weiterentwicklung römischer Vorbilder. Insoweit ist die Begegnung des Nordens mit Rom damals eine Episode geblieben, zumal das Frankenreich sich im Jahre 840 teilte, bald in Bruderkämpfen schwächte und die Herrschaft über Italien und Rom schließlich ganz verlor. Erst den Ottonen war es vergönnt, nach Rom zurückzukehren, das Kaisertum wiederaufzurichten und an die karolingische Renaissance noch einmal anzuknüpfen, und auch das nur mit kurzfristigem Erfolg.

Rom und der Norden sind sich über all diese Zeiten im Grunde genommen fremd geblieben. Rom hat den Norden vielfältig inspiriert (eigentlich müßten wir sagen, der Norden habe sich, neugierig wie er war, von Rom inspirieren lassen), und der Norden hat durch seine Bewunderung Rom erst zur Besinnung auf dessen eigene große Tradition verholfen, an der es dann über Jahrhunderte festgehalten hat. Zumindest gilt dies für die künstlerische und architektonische Entwicklung. Doch auch wenn die Begegnung des Nordens mit Rom flüchtig war, so war sie für des Nordens eigene weitere Entwickung doch von größter Tragweite. Ohne die karolingische Renovatio wäre die Geschichte des Frankenreiches, aber auch diejenige seiner modernen Nachfolgestaaten, anders verlaufen; ohne die karolingische Renovatio hätte sich auch die Kunst dieser Staaten anders entwickelt, als sie es realiter tat.

Literatur:

Werner JACOBSEN, Gab es die karolingische „Renaissance" in der Baukunst?, in: Zeitschrift für Kunstgeschichte 51, 1988, 313–347. – Richard KRAUTHEIMER, The Carolingian Revival of Early Christian Architecture, in: The Art Bulletin 24, 1942, 1–38 (dt. in: DERS., Ausgewählte Aufsätze zur europäischen Kunstgeschichte, Köln 1988, 198–276). – Richard KRAUTHEIMER, Rom. Schicksal einer Stadt, 312–1308, München 1987. – Edgar LEHMANN, Kaisertum und Reform als Bauherren in hochkarolingischer Zeit, in: Festschrift für Peter Metz, hrsg. v. Ursula SCHLEGEL u. Carl ZOEGE VON MANTEUFFEL, Berlin 1965, 74–98. – Albrecht MANN, Renovatio Romani Imperii. Gedanken zur karolingischen Antikenfortsetzung in der Aachener Palastarchitektur, in: Celica Ihervsalem. Festschrift für Erich Stephany, hrsg. v. Clemens BAYER, Köln/Siegburg 1986, 311–326. – Roma e l'età carolingia. Atti delle Giornate di studio 3–8 Maggio 1976, Rom 1976 (vgl. bes. die Beiträge von Jean Hubert, Rom et la Renaissance carolingienne, 7–14, u. Carol HEITZ, More romano, Problèmes d'architecture et liturgie carolingiennes, 27–37).

Arne Effenberger

Die Wiederverwendung römischer, spätantiker und byzantinischer Kunstwerke in der Karolingerzeit

I. Antike Kunstwerke in kirchlichen und weltlichen Schatzkammern

Über die Wiederverwendung römischer, spätantiker und byzantinischer Kunstwerke in der Karolingerzeit, über die Beweggründe hierfür und über die Folgen für die Kunst des ausgehenden 8. und des 9. Jahrhunderts ist schon viel geschrieben worden. Und in der Tat ist mit dem Stichwort „Spolienverwendung", womit gewöhnlich die materielle Aneignung und geistige Neubestimmung älterer Kunstwerke bezeichnet wird, ein wichtiges Thema berührt: Wenn es darum geht, die von Karl dem Großen und einem kleinen Kreis hochgelehrter Männer getragene Erneuerungsbewegung zu erklären, die seit etwa 780 zur Entstehung eines höfischen Stils innerhalb der Kunst des Frankenreichs geführt hat, dann kommt den wiederverwendeten Kunstwerken aus der römischen Kaiserzeit und aus der spätantiken Epoche eine herausragende Bedeutung zu.

Gewiß lassen sich zahlreiche römische und spätantike Werke aus den verschiedenen Bereichen der Kunst namhaft machen, die in karolingischer Zeit wiederverwendet worden sind. Viele alte Stücke waren jedoch ununterbrochen in Gebrauch geblieben; sie hatten die Zeitläufte überdauert, ohne daß von ihnen zunächst nennenswerte künstlerische Anregungen ausgegangen wären. Eine Ausnahme machten nur Handschriften und illustrierte Codices, die durch die Jahrhunderte in den Klöstern als Vorlagen benutzt und kopiert worden sind. So hatte schon Cassiodor († 583) in der von ihm gegründeten klösterlichen Gemeinschaft Vivarium (Kalabrien) ältere Handschriften sammeln und abschreiben lassen. Auf einer seiner Romreisen erwarb Abt Benedict Biscop († 690) von Waermouth-Jarrow den im Skriptorium Cassiodors entstandenen Codex grandior der lateinischen Bibel für sein northumbrisches Doppelkloster. Dort diente die spätantike Handschrift als Vorlage für den unter Abt Ceolfrid (690–716) geschaffenen Codex Amiatinus (Florenz, Biblioteca Laurenziana, Ms. Amiat. I), wie die sorgfältig kopierten Eingangsminiaturen verdeutlichen (vgl. Beitrag Ronig, Abb. 1).

Die aus frommen Stiftungen erwachsenen Schätze der Kirchen, die neben Elfenbeinarbeiten und Büchern hauptsächlich mit bildlichen Darstellungen oder Symbolen geschmückte Silbergefäße, Leuchter und Kreuze enthielten, blieben – sofern sie der Beraubung entgingen – lange Zeit in kirchlicher Verwahrung. Im privaten Milieu wurden Silberschätze ständig neu gebildet und durch Erbteilung oder Schenkung wieder verstreut. Von besonderem Wert ist in diesem Zusammenhang die Nachricht über einen Silberschatz von mehr als 120 Gefäßen mit einem Gewicht von ca. 540 römischen Pfund (etwa 177 kg), den Bischof Desiderius von Autissiodorum (Auxerre) im Jahre 614 zwei Kirchen seiner Vaterstadt vermacht hatte. Analysiert man die überlieferten Schenkungslisten, so wird man feststellen, daß der Schatz überwiegend aus älteren Gefäßen bestand.

Wie viele seiner Vorgänger besaß auch Karl der Große einen reichen Königsschatz, der neben zeitgenössischen Kunstwerken zahlreiche alte und altertümliche Gegenstände enthielt. Die häufigen Gesandtschaften aus Byzanz und dem Orient kamen im Hoflager des Königs mit kostbaren Geschenken an und wurden mit reichen Gaben wieder entlassen. 796 erbeutete Karl den Awarenschatz, „der in einer langen Reihe von Jahrhunderten aufgehäuft worden war" (Reichsannalen zum Jahr 796, 64 f.); aus ihm hat er bekanntlich die Kosten für den Bau der Aachener Pfalzanlage bestritten. Ein Großteil seines Besitzes ist jedoch an die Metropolen des Reiches, an Kirchen, Klöster, verdiente Persönlichkeiten, Familienmitglieder und Bedürftige verschenkt worden, weshalb das Schatzinventar einem ständigen Wechsel unterworfen war. Karls „Testament" von 811 nennt freilich nur summarisch Gold, Silber und Edelsteine, Schmuck, Hausrat und Kleidung sowie die reiche Büchersammlung (Einhard, Vita Karoli, c. 33, 206–211). Wenigstens von den vier berühmten Tischen liefert Einhard eine knappe Beschreibung: Der erste, von viereckiger Form und aus Silber, war mit einem Plan der Stadt Konstantinopel geschmückt; er wurde der Peterskirche zu Rom vermacht. Der zweite, rund und ebenfalls aus Silber, trug ein Bild der Stadt Rom und ging an die Kathedrale von Ravenna. Der dritte und zugleich größte, von dreipaßförmiger Gestalt, zeigte eine Weltkarte in feinster Zeichnung; ihn nahm sich Ludwig der Fromme nach des Vaters Tod zum Andenken; der vierte hingegen, aus Gold und „von ganz besonderer Größe und Schwere", hatte keinerlei Bildschmuck (Einhard, Vita Karoli, c. 33, 208 f.). Bei den vier Tischen handelte es sich, wie der Plan von Konstantinopel beweist, ganz sicher um spätantike Arbeiten, auch wenn wir nichts über Herkunft und Vorbesitzer erfahren.

II. Der Beginn der karolingischen Renovatio

Die kulturelle Blüte zwischen 780 und 820, die wir heute als „karolingische Renaissance" zu bezeichnen pflegen, hatte eine ihrer Wurzeln in Rom. Auf seinen frühen Italienzügen (773/774, 780/781 und 786/787) konnte Karl erleben, wie die Stadt unter Papst Hadrian I. (772–795) einen neuen Aufschwung nahm (vgl. Beitrag Bauer). Unter ihm und seinen Nachfolgern Leo III. (795–816) und Paschalis I. (817–824) sind, wie der Liber Pontificalis (276–312) in aller Ausführlichkeit zu berichten weiß, nicht nur etliche der altehrwürdigen Kirchen wiederhergestellt, sondern zahlreiche neue errichtet sowie mit Mosaiken, Vorhängen und kostbaren Gegenständen der Schatzkunst (Kat.Nrn. IX.32–34) auf das prächtigste ausgestattet worden. Doch schon Gregor III. (731–741) hatte die Schrankenanlage vor der Apostelmemorie in der Peterskirche erneuern lassen (Kat.Nr. IX.6). Nach dem Vorbild der Päpste sorgten auch geistliche und private Stifter für die Verschönerung der Kirchen (Kat.Nr. IX.11).

Die Aktivitäten der Päpste waren von dem Wunsch beseelt, Rom als Sitz der Nachfolger Petri in neuem Glanz erstrahlen zu lassen. Dem sich darin ausdrückenden Machtanspruch begegnete der Frankenkönig mit dem Ausbau seiner Herrschaft über die langobardischen Gebiete Italiens und schließlich über Rom selbst, obgleich er das Patrimonium Petri nicht antastete. In Rom scheint Karl – spätestens 781 – den entscheidenden Anstoß für sein umfangreiches Erneuerungswerk empfangen zu haben, das alle Bereiche der höfischen Kultur ergreifen sollte. Im selben Jahr, auf der Heimreise von Rom ins Frankenland, traf er in Pavia den Angelsachsen Alkuin, der für viele Jahre (782–790 und 793–797) als Leiter der Hofschule in seine Dienste trat. Wohl gleich nach seiner Rückkehr beauftragte Karl den Schreiber Godescalc mit der Anfertigung eines in Gold und Silber auf Purpurpergament geschriebenen und mit sechs ganzseitigen Miniaturen verzierten Evangelistars: Für den Kunsthistoriker markiert es den eigentlichen Beginn der „karolingischen Renaissance" (vgl. Beitrag Mütherich).

Damit berühren wir eine weitere Wurzel der karolingischen Erneuerungsbewegung, die eher intellektueller und literarischer Art war. Männer wie Alkuin von York und Petrus von Pisa – die beiden Lehrer Karls des Großen in den „Sieben Freien Künsten" –, der Westgote Theodulf und der Franke Angilbert, der Langobarde Paulus Diaconus und schließlich der aus dem Maingau stammende Einhard, der seit 794 am Hofe Karls weilte und bald auch als künstlerischer Leiter der Aachener Bauhütte vorstand, waren Geistliche oder hatten ihre Ausbildung in einem Kloster empfangen. Die Schriften der antiken Dichter, Philosophen, Historiker und Naturwissenschaftler wurden in den Klosterschulen ebenso studiert wie die Werke der Kirchenväter und christlichen Theologen. Ein Großteil der lateinischen Literatur ist in dieser Zeit in karolingischer Minuskel abgeschrieben und so der Nachwelt überliefert worden (Kat.Nrn. X.14–20). Die Buchbestände der Klöster und vor allem die reiche Büchersammlung in der Hofbibliothek Karls des Großen, die neben dem üblichen theologischen Schrifttum die wichtigsten Werke der klassischen Autoren enthielt, bildeten den Grundstock einer umfassenden Gelehrsamkeit. Paulus Diaconus wird als Weiser gepriesen, der Griechisch wie Homer, Latein wie Vergil, Hebräisch wie Philon, die Verskunst wie Horaz und die freien Künste wie Tibull beherrschte (Petrus von Pisa, MGH Poetae I, 27 ff.). Die Kenntnis antiker Rhetorik, Dialektik und Grammatik galt als eine wichtige Voraussetzung für die Auslegung der Heiligen Schrift.

In diesem geistigen Milieu erwachte schließlich auch das Interesse an den künstlerischen Leistungen des Altertums, deren Schönheiten wahrgenommen und deren Inhalte neu gedeutet wurden. Etliche der erhaltenen römischen und spätantiken Kunstwerke erlangten jetzt eine besondere Prominenz. Sie wurden mit Vorsatz erworben und in neue Zusammenhänge eingefügt; sie wurden teilweise um- oder überarbeitet und: sie regten zu Nachahmungen an, die nicht selten die künstlerische Qualität der Vorbilder erreichten.

Abb. 1a Elfenbeinrelief mit hl. Michael, Vorderseite. Leipzig, Grassimuseum

Abb. 1b Elfenbeinrelief mit hl. Michael, Rückseite. Leipzig, Grassimuseum

Abb. 2a Flügel eines Diptychons mit Darstellung des Konsuls Areobindus, Konstantinopel, 506. Paris, Louvre

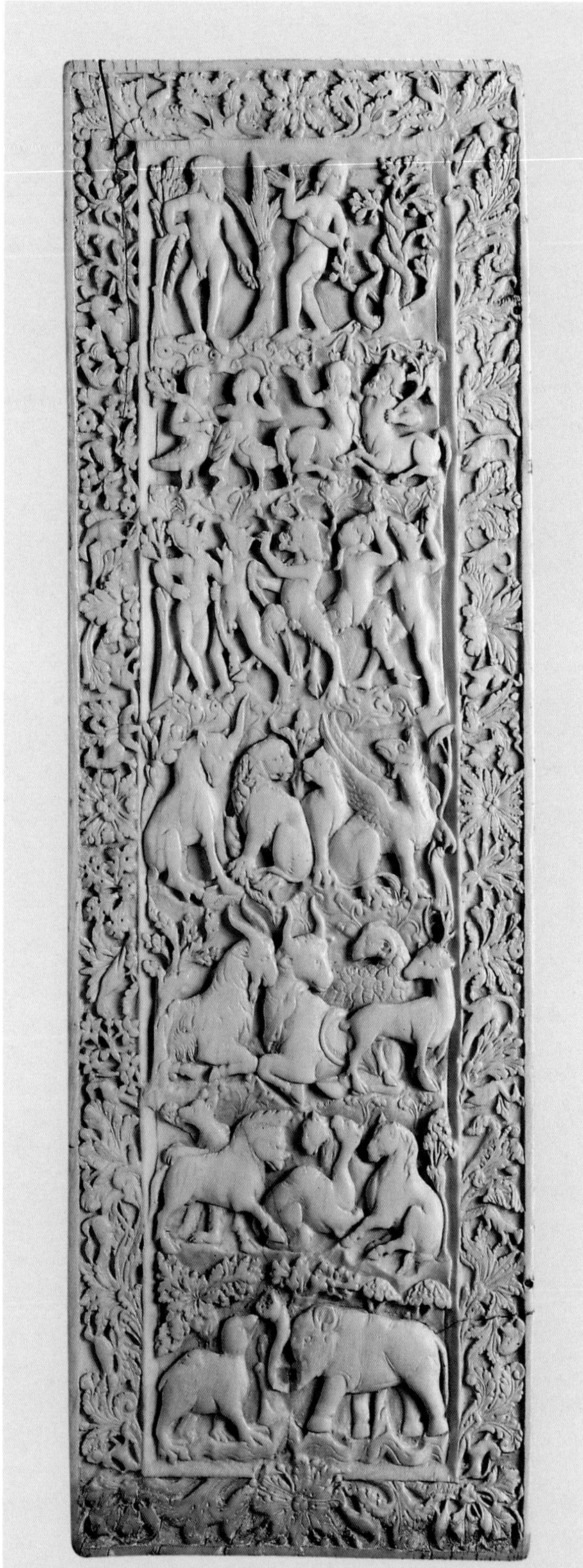

Abb. 2b Rückseite der Areobindustafel mit Darstellung des „Irdischen Paradieses", 3. Viertel 9. Jahrhundert. Paris, Louvre

III. Antike Spolien als Rohmaterial

Die häufigste Form der Wiederverwendung, die nicht im strengen Wortsinne als „Spoliennahme" gelten kann, weil ihr eine geistige Zielsetzung fehlte, war die Verwertung als Rohmaterial. Sie hat es zu allen Zeiten und nicht nur in den sog. dunklen Jahrhunderten des künstlerischen Niedergangs oder der allgemeinen Verarmung gegeben; auch betraf sie alle Kunstzweige, die sich materiell ausbeuten ließen. Mit der Wiederverwendung als pures Material war die Negation der ursprünglichen Funktion und Bedeutung verbunden. So wurden antike Bauwerke ausgeplündert, nur um Baumaterial zu gewinnen (vgl. etwa Kat.Nr. II.69). Einem ständigen 'Recycling' waren Werke aus Metall (Gold, Silber, Bronze) unterworfen, weshalb hier die größten Verluste in allen Epochen der Kunstgeschichte zu verzeichnen sind.

Selbst spätantike Elfenbeinreliefs wurden, obgleich sie wegen ihres Alters, ihrer kostbaren Anmutung und ihrer Überlieferungsgeschichte hohen ideellen Wert besaßen, schon bald als Rohmaterial verwendet. Zwar bestanden unter Karl dem Großen enge Verbindungen zum Byzantinischen Reich und zum Kalifat von Bagdad, was den lange Zeit unterbrochenen Import von Elfenbein wieder möglich machte, doch hat man sich offenbar nicht gescheut, auf den 'Vorrat' in den Klöstern und Kirchen, auf dort Entbehrliches zurückzugreifen. Ein Flügel eines Konsulardiptychons des Severus, aus dessen Rückseite um 800 in der Aachener Hofschule die Darstellung des Erzengels Michael herausgearbeitet wurde, ist hierfür ein anschauliches Beispiel (Abb. 1a u. b; vgl. Kat.Nr. X.30), ebenso das Fragment in Liverpool mit Darstellung der Kreuzigung und der Frauen am Grabe des Auferstandenen (Kat.Nr. X.3); die Rückseite läßt noch die Wachsvertiefung des spätantiken Diptychons erkennen.

In einigen Fällen blieb wenigstens die ursprüngliche spätantike Darstellung erhalten, und nur die einstige Rückseite wurde zur Ausführung einer neuen Darstellung benutzt (Volbach 1976, Nr. 12) (Abb. 2). Der untere Streifen an der Christustafel des Lorscher Evangeliars (Kat.Nr. X.22b) stammt von einem Konsulardiptychon des Anastasius, dessen wohl zugehöriger Flügel sich heute im Vatikan befindet (Volbach 1976, Nr. 22). Das Darmstädter Fragment mit Darstellung der Himmelfahrt Christi (Kat.Nr. X.29) war mit zwei Tafelhälften in Berlin (ehem. Kaiser-Friedrich-Museum: Kreuzigung; verschollen) und Florenz (Bargello: Frauen am Grabe Christi) aus einem spätantiken Diptychon gefertigt worden (vgl. Beitrag Fillitz, Abb. 2 u. 3; Volbach 1976, Nr.

Abb. 3 Gürtelschnalle des hl. Caesarius († 542). Arles, Musée de l'Arles Antique

219–220). Wie so oft in der karolingischen Elfenbeinschnitzerei (vgl. Kat.Nr. X.3) sind in der Darstellung der Frauen am leeren Grabe Christi Elemente aufgenommen worden, die bereits auf spätantiken Werken wie der „Reiderschen Tafel" (Kat.Nr. X.2) und auf der Gürtelschnalle des Caesarius von Arles († 547) vorgebildet waren (Volbach 1976, Nr. 215) (Abb. 3). Diese Beispiele machen deutlich, daß die Wiederverwendung alten Materials oft mit der Benutzung spätantiker Elfenbeinarbeiten als Bildvorlagen einherging.

Die übliche Art der Wiederverwendung älterer Kunstwerke war jedoch ihre Einbindung in neue funktionale und inhaltliche Zusammenhänge. Auch sie hat es in allen Epochen der Kunstgeschichte gegeben. Mit der materiellen Aneignung und veränderten Zweckbestimmung verband sich eine geistige Neubewertung. Spolien dieser Kategorie sind daher oft historische Quellen ersten Ranges, da sie nicht nur die geschichtlichen Ereignisse widerspiegeln, die zu ihrer Wiederbenutzung geführt haben, sondern auch die dahinter stehende Ideologie erkennen lassen. Die Wiederverwendung konnte mit einer Veränderung des Originals durch Um- oder Überarbeitung einhergehen. Die Überarbeitung diente vorrangig der Verdeutlichung neuer inhaltlicher Aspekte, die dem originalen Zustand der Spolie nicht in der gewünschten Klarheit abzulesen waren.

Schon in frühbyzantinischer Zeit wurden ältere Konsulardiptychen gelegentlich durch Überarbeitung 'aktualisiert', um sie erneut verwenden zu können (Volbach 1976, Nr. 31). Gerade unter den Elfenbeinarbeiten haben sich spätantike Stücke erhalten, deren Darstellungen in karolingischer Zeit um- oder überarbeitet worden sind, obgleich dies nicht immer eindeutig ist. So hat man erst in neuerer Zeit erkannt, daß das Diptychon mit Darstel-

Abb. 4 Sog. Magnus-Diptychon, Konstantinopel, 518. Mailand, Castello Sforzesco

lung der Roma und Constantinopolis (Kat.Nr. X.1), das lange Zeit als eine weströmische Arbeit des 5. Jahrhunderts galt, eine karolingische Kopie nach einem spätantiken Vorbild ist. An der Tafel eines in Mailand aufbewahrten Konsulardiptychons – wohl des Magnus – wurde der Kopf in ein Apostelhaupt umgearbeitet (Volbach 1976, Nr. 23) (Abb. 4); das spätantike Vorbild war im Westen so beliebt, daß man davon im Mittelalter gleich mehrere Kopien, allerdings aus Knochen, angefertigt hat (Volbach 1976, Nr. 24 bis).

Zu den noch immer problematischen Werken zählt ein Konsulardiptychon im Domschatz von Monza (Kat.Nr. XI.32) (Abb. 5). Die beiden Tafeln umschließen wie ein flacher Buchkasten ein Graduale Gregors des Großen – eine 14 Seiten umfassende Purpurhandschrift wohl aus der Mitte des 9. Jahrhunderts, deren schmales Hochformat (33,3 x 10,5 cm) genau den Maßen der vertieften Innenseiten der Elfenbeintafeln angepaßt ist. Einige Forscher halten das Diptychon für eine karolingische Umarbeitung, andere für eine Kopie des 9. Jahrhunderts. Zugrunde lag gewiß ein Konsulardiptychon des frühen 6. Jahrhunderts; von der linken Tafel des möglichen Vorbildes werden zwei stark abgeschliffene Fragmente in London aufbewahrt (Volbach 1976, Nr. 44 und 44a). Für das Diptychon in Monza wird die Frage – karolingische Überarbeitung oder Kopie – wohl nur anhand einer Untersuchung des Originals zu entscheiden sein. Sollte hier eine Überarbeitung vorliegen, was eher unwahrscheinlich ist, dann sind zumindest die Beischriften DAVID REX bei dem thronenden und S(an)C(tu)S GREGOR bei dem stehenden 'Konsul' sowie die fünfzeilige Inschrift über seinem Haupt in karolingischer Zeit hinzugefügt worden. In jedem Falle bleibt festzuhalten, daß der mittelalterliche Schnitzer seine Vorlage nicht mehr verstanden hat, denn der Habitus eines Konsuls mit Mappa (Tuch, Abzeichen des Konsuls als Ausrichter der Zirkusspiele) und Szepter paßt weder zu König David noch zu Gregor dem Großen.

Abb. 5 Diptychon mit David und Gregor, Detail. Monza, Domschatz

IV. Spolien in der Architektur

Die meisten der in karolingischer Zeit weiterbenutzten Werke aus der römischen Kaiserzeit und aus der Spätantike haben jedoch nur gelegentliche Veränderungen ihrer ursprünglichen Gestalt erfahren. An erster Stelle in der Skala der Wertschätzung standen architektonische Spolien. Bereits in der Spätantike sind den aufgelassenen heidnischen Tempeln und Profanbauten Säulen, Kapitelle, Marmorinkrustationen und andere Bauteile für die Errichtung neuer Gebäude entnommen worden. Neben die Materialbeschaffung aus ökonomischen Gründen, die auch hier nicht zu übersehen ist, trat oft eine inhaltliche Neubestimmung der wiederverwendeten Bauglieder, die sich in der bewußten Anknüpfung an vergangene Herrlichkeit und in der Dienstbarmachung für eigene Zwecke ausdrückte. Die Schönheit und Kostbarkeit der Marmorsorten, die künstlerische Vollendung der einzelnen

Bauglieder und die Wiederverwendung an besonders ausgezeichneten Orten sicherte gerade den architektonischen Spolien einen hohen Grad an öffentlicher Wahrnehmbarkeit. So bewahrt das häufige Vorkommen antiker Porphyrsäulen und Porphyrfragmente an zahlreichen „königlichen" Plätzen außerhalb Italiens (Kat.Nrn. II.53; II. 57; II. 65; III.5; VIII.48–50) noch die Erinnerung daran, daß das purpurfarbene Gestein einstmals dem römischen Imperator vorbehalten war.

Auch Karl der Große hat, wie Einhard zu berichten weiß, bei der Errichtung der Aachener Pfalzkapelle Architektur-Spolien verwendet: „Da er die Säulen und Marmorplatten für die Kirche anderswoher nicht bekommen konnte, ließ er sie aus Rom und Ravenna herbeischaffen." (Einhard, Vita Karoli, c. 26, 197–199). Mit Erlaubnis Papst Hadrians I. (MGH Epist. 3, Nr. 81, 614) wurden 786/787 Säulen (Kat.Nr. II.69), Kapitelle und Marmorinkrustationen vornehmlich aus Ravenna und hier aus dem bereits verfallenden Theoderich-Palast (der selbst überwiegend aus römischem Spolienmaterial errichtet worden war) nach Aachen transportiert. Die ravennatischen Säulen waren bereits 798 in der Pfalzkapelle verbaut, wie ein datierter Brief Alkuins (MGH Epist. 4, 244) beweist. Die hier eingefügten spätantiken Bauglieder „gelten als das klassische Spolienbeispiel der Karolingerzeit schlechthin" (Jacobsen 1996, 155).

Die programmatische Absicht, die hinter diesen Erwerbungen stand, bleibt in der nüchternen Erklärung Einhards allerdings verborgen. Antike Säulen und Marmorkapitelle hätte Karl, worauf Werner Jacobsen (1996) hingewiesen hat, auch in Aachen oder in nahe gelegenen Orten wie Köln finden können. Doch allein die verbürgte Herkunft aus den kaiserlichen Residenzen Rom und Ravenna konnte Karls Anspruch auf angemessene Repräsentation seines Herrschertums genügen. Dazu paßt das Konzept der Aachener Pfalzkapelle, deren Inneres (vgl. Beitrag Untermann zu Aachen, Abb. 5) von spätantiken Zentralbauten wie dem römischen Lateranbaptisterium und besonders der Kirche San Vitale in Ravenna (Abb. 6) angeregt ist. Obgleich San Vitale eine bischöfliche und keine kaiserliche Stiftung war und auch nicht in Verbindung mit einem Palast stand, weist die Kirche in ihrer baulichen Gestalt und Mosaikausstattung doch unverkennbar imperiale Züge auf.

Solche bewußten Anknüpfungen erfolgten nicht zum Zweck der Legitimation eigener Herrschaft, wie man gelegentlich liest, sondern entsprachen dem Hochgefühl erlangter Ebenbürtigkeit. Die Nachahmung bedeutender Vorbilder, die Überführung und gezielte Verwendung originaler Bauglieder erklären sich aus dem Bewußtsein ungebrochener Teilhabe an einer ruhmvollen Vergangenheit, die in Karls Gegenwart wieder auflebte und schließlich in der Kaiserkrönung von 800 eine letzte Bestätigung fand.

Selbst die Übertragung topographischer Bezeichnungen als eine Art 'geistiger Spoliennahme' gehört in diesen Kontext. So hieß schon das Tor des spätantiken Theoderich-Palastes in Ravenna, dessen Giebel mit einem Mosaikbild des Ostgotenkönigs zu Pferde geschmückt war (s. u.), wie das eherne Haupttor des Kaiserpalastes von Konstantinopel „Chalke" und erinnerte damit an ein kaiserliches Bauwerk der östlichen Metropole. Papst Zacharias († 752), von Herkunft ein Grieche, ließ am Papstpalast im Lateran ein turmartiges Eingangstor mit ehernen Türflügeln und einem Christusbild errichten, das ebenfalls die Chalke von Konstantinopel zum Vorbild hatte (Liber Pontificalis, 266; vgl. Beitrag Bauer). Am weitesten scheint jedoch Leo III. mit der Erbauung und Ausschmückung seiner beiden Triklinien (Bankettsäle) im Lateran die Nachahmung des Kaiserpalastes von Byzanz getrieben zu haben (vgl. Beitrag Luchterhandt). Für Karls Palastaula in Aachen ist der Name „Lateran" überliefert (Chronik von Moissac zum Jahr 796), womit nun wiederum auf den römischen Papstpalast angespielt wurde. Es ist daher recht wahrscheinlich, daß die Aachener Palasthalle (vgl. Beitrag Untermann zu Aachen, Abb. 6) mit ihrem trikonchialen Grundriß der berühmten Aula Leonina von 798 nachgebildet war, deren Gestalt und programmatischer Mosaikschmuck (Kat.Nr. II.8–9) Karl bei seinem Romaufenthalt 800/801 tief beeindruckt haben müssen.

V. Die Neubewertung antiker Bildwerke

Spätestens auf der Rückreise nach Aachen 801 führte Karl mehrere antike Bildwerke mit sich: Aus Rom die bronzene Bärin (Kat.Nr. II.70) und vielleicht auch den Proserpina-Sarkophag (Kat.Nr. X.41), aus Ravenna ganz gewiß aber die eherne Reiterstatue, die damals als ein Bildnis des Ostgotenkönigs Theoderich (492–526) galt. Er „sah das herrliche Bild, von dem er selbst bezeugt, daß er niemals etwas Vergleichbares gesehen hat. Er sah es, ließ es ins Frankenreich transportieren und in seinem Palast

Abb. 6 Ravenna, S. Vitale, Inneres

Abb. 7 Kopf der sog. Lupa. Aachen, Dom

in Aachen aufstellen" (Agnellus, Bischofsbuch, c. 94, 360–361). Auch hierin knüpfte Karl an einen alten Brauch an. Schon die Römer hatten griechische Skulpturen nach Italien verbracht und in unzähligen Serien kopiert, um damit Plätze, öffentliche Gebäude oder ihre privaten Anwesen zu schmücken. In der römischen Kaiserzeit geschaffene Statuen konnten in der Folgezeit in neuer Bedeutung wiederverwendet werden. Der wohl umfangreichste Skulpturenraub des Altertums fand aber unter Konstantin dem Großen statt. Dieser ließ, um seiner neugegründeten Hauptstadt am Bosporus den noch fehlenden Glanz, aber auch eine 'geschichtliche' Tradition zu verleihen, unzählige antike Bildwerke aus allen Zentren des Imperiums zusammentragen und in Konstantinopel aufstellen.

Die römische Bronzebärin stand im späten Mittelalter am Eingang der Pfalzkapelle und galt zu dieser Zeit als Lupa, als Wölfin (Abb. 7). Daher ist vermutet worden, daß die Statue bereits zur Zeit Karls des Großen – unter Anspielung auf die römische Lupa – als Wölfin interpretiert worden sei. Die römische Lupa befand sich vielleicht schon am Ende des 8. Jahrhunderts im lateranischen Bezirk und bezeichnete dort den Ort des päpstlichen Gerichtes, an dem auch die Abgesandten des Kaisers in dessen Namen Recht sprachen. Christian Beutler hat die Hypothese aufgestellt, wonach Karl der Große die Gerichtsverhandlung gegen die Anstifter des Überfalls auf Papst Leo III. bei der römischen Lupa geführt haben könnte (Beutler 1982, 80–81). Verhielte es sich wirklich so und sah Karl in der Bärin tatsächlich einen Ersatz für die römische Lupa, derer er ja nicht habhaft werden konnte, dann wäre mit dem umgedeuteten Bronzewerk das wohl eindrucksvollste mittelalterliche Gerichtssymbol der Stadt Rom in die neue Kaiserresidenz übertragen worden. Doch stößt die Interpretation hier an ihre Grenzen; denn weder können wir ausschließen, daß Karl die Bronzebärin aus purem Gefallen an ihrer künstlerischen Qualität mitgenommen hatte, noch wissen wir, wo sie in Aachen ursprünglich stand und welchem Zweck (Brunnenfigur?) sie dort diente.

Über das Aussehen der Reiterstatue des Ostgotenkönigs Theoderich besitzen wir zwei nur unvollkommene Beschreibungen: in der ravennatischen Bischofschronik des Andreas Agnellus (um 839), der allerdings aus der Erinnerung berichtet, und in dem Gedicht des Walahfrid Strabo (De imagine Tetrici), der das Monument wohl Anfang 829 in der Aachener Kaiserpfalz gesehen hat. Nach Agnellus erhob sich in Ravenna die Reiterstatue über einem sechs Ellen hohen Steinsockel: „Darauf aber befand sich das Pferd aus Erz, das mit blinkendem Gold überzogen war. Sein Reiter, der König Theoderich, hielt mit dem linken Arm den Schild, in der erhobenen Rech-

Abb. 8 Constantius-Schale, um 350–360. St. Petersburg, Staatliche Eremitage

Abb. 10 Marten van Heemskerck, Ansicht des Lateranspalastes von Nordwesten (um 1534/35). Berlin, Kupferstichkabinett

ten die Lanze." (Agnellus, Bischofsbuch, c. 94, 358–359). Zuvor erwähnt Agnellus drei Mosaikbilder des Ostgotenkönigs: Das erste im Palast von Ticinum (Pavia) zeigte ihn hoch zu Roß, ebenso das zweite im Triklinium des Theoderich-Palastes von Ravenna; das dritte schließlich befand sich im Giebel des Hauptportals – der sog. Chalke (Agnellus, Bischofsbuch, c. 94, 356–357). Dort war der Ostgotenkönig, wohl ebenfalls zu Pferde, mit Schild, Lanze und Panzer dargestellt, begleitet von den Stadtpersonifikationen Roma und Ravenna, wobei Ravenna „den rechten Fuß auf das Meer, den linken auf das Erdreich gesetzt hatte und auf den König zueilte" (Agnellus, ebd.).

Aus den polemischen und in mancherlei Hinsicht 'dunklen' Versen des Walahfrid Strabo kann man den Eindruck gewinnen, daß auch die Aachener Reiterstatue mit weiteren Figuren verbunden war. Zwar ist aus der römischen Kaiserzeit kein Reiterstandbild erhalten, das dem von Agnellus geschilderten Typus entspricht, doch ist das Motiv des kaiserlichen Reiters mit Schild oder Lanze, umgeben von Begleitfiguren (Viktoria, Stadtgöttin, Soldaten) oder über einen unterworfenen Feind hinwegreitend, auf Staatsdenkmälern, in Münzbildern, auf Silbermissorien wie der Constantius-Schale in St. Petersburg (Abb. 8) oder auf Elfenbeinen wie dem berühmten Barberini-Diptychon in Paris (Abb. 9) vielfach überliefert. Gewiß kannte Karl von seinen Rombesuchen die Reiterstatue Marc Aurels, die im frühen Mittelalter als Bildnis Konstantins des Großen galt und wohl schon unter Papst Hadrian I. im lateranischen Bezirk aufgestellt worden war (Abb. 10).

Die von Agnellus erwähnten Reiterdarstellungen Theoderichs verkörperten in allen Fällen das Selbstbewußtsein des Ostgotenherrschers, der – obwohl nur Statthalter des byzantinischen Hofes – in Italien wie ein unabhängiger König regierte. Daher kann nicht zweifelhaft sein, welche Absichten Karl der Große mit der Überführung des Theoderich-Standbildes nach Aachen und mit der Aufstellung in der Kaiserpfalz, vermutlich auf dem Platz zwischen Palastaula und Pfalzkapelle, verfolgte: Die Reiterstatue repräsentierte dort – allfällig sichtbar – die Idee des wiedererstandenen römischen Kaisertums und die zur Realität gewordene Herrschaft über weite Teile des einstigen Imperiums. Daß Theoderich als Ostgote Arianer und somit ein 'Ketzer' war, scheint Karl am wenigsten gestört zu haben.

Immerhin fällt auf, daß Einhard das Standbild mit keinem Wort erwähnt, obgleich die Aufstellung in Aachen doch unter seiner Leitung erfolgt sein muß. Und in der Tat konnte die positive Bedeutung, die Karl der Reiterstatue zugedacht hatte, schon bald in ihr krasses Gegenteil verkehrt werden, wie die Schmähverse des Walahfrid Strabo zeigen. Welche Gründe auch immer den Dichter zu seiner „höhnischen Invektive" (v. Bezold 1924, 384) veranlaßt haben mögen, als er Anfang 829 an den Aachener

Abb. 9 Sog. Barberini-Diptychon, Konstantinopel, um 540. Paris, Louvre

Abb. 11 Proserpina-Sarkophag (Ausschnitt), Rom, 3. Jahrhundert. Aachen, Domschatz

Hof kam und die Statue an exponierter Stelle in der Kaiserpfalz erblickte, für ihn wurde das Reiterstandbild des Ostgotenkönigs zum warnenden Gleichnis für Ketzertum, weltlichen Hochmut und drohende Unordnung: „Tetricus [Theoderich], einst Herrscher in den Gefilden, hat als Geizhals nur so viel von seinen großen Schätzen für sich gerettet; der Unglückliche irrt im pechschwarzen Avernus umher, er, dem auf der Welt nichts übriggeblieben ist als dürrer Ruf (...). Wenn die Künstler ihm vielleicht bei Lebzeiten diese Statue gewidmet haben, so glaube, daß sie mit ihrer Kunst dem wütenden Löwen geschmeichelt haben; oder auch der Elende hat – was ich eher glaube – selber befohlen, das Bildwerk zu fertigen, was der Übermut oft gebietet, denn unglücklich wird niemand sein, wenn er nicht aufgehört hat, zu wissen, was er ist, und zu glauben wagt, was er nicht ist." (De imagine Tetrici; Däntl 1930, 7).

Das Beispiel zeigt, welche einander ausschließenden Bedeutungen dem Bildwerk beigelegt werden konnten: Für Karl verkörperte es die Idee der wiedererlangten kaiserlichen Größe, während gewisse Kreise am Hofe Ludwigs des Frommen in der Reiterstatue nur noch ein Symbol frevelhafter Überhebung erblicken wollten.

VI. Der Sarkophag Karls des Großen

Auch der Sarkophag Karls des Großen (Kat.Nr. X.41) ist ein Zeugnis für den seit der Spätantike geübten Brauch, ältere Sarkophage für Bestattungszwecke erneut zu verwenden. Allein aus dem 8. und 9. Jahrhundert kennen wir dreizehn wiederbenutzte Exemplare der römischen Kaiserzeit. Außer dem Karls-Sarkophag ist hier vor allem der in fünf Fragmenten überlieferte Sarkophag vom Grabmal Kaiser Ludwigs des Frommen († 840) zu nennen (Kat.Nr. X.42). Selbst später noch sind Päpste in spätantiken christlichen Sarkophagen beigesetzt worden (Kat.Nr. X.43).

Der deckellose Karls-Sarkophag ist an drei Seiten mit Reliefszenen geschmückt, die den Raub der Proserpina durch Pluto, den Gott der Unterwelt, schildern (Abb. 11). Dieses Thema war in der römischen Sepulkralkunst des 2. und 3. Jahrhunderts sehr beliebt. Dennoch verwundert es, daß Karl einen Sarkophag mit mythologischer Darstellung zu seiner Grablege gewählt hat, obgleich es ihm doch möglich gewesen sein müßte, in Rom einen 'christlichen' Sarkophag zu erwerben. Doch schon die römischen Besteller derartiger Sarkophage, die der gehobenen und gebildeten Gesellschaftsschicht angehörten, verbanden mit dem Mythos die Hoffnung, daß auch ihre Verstorbenen nicht ewig in der Welt des Totengottes ausharren mußten. Gerade deswegen konnten Raub und Rückkehr der Proserpina als Sinnbilder für Tod und Auferstehung verstanden werden. Im gelehrten Umkreis Karls des Großen waren die verschiedenen allegorischen Bedeutungen der Sage gewiß bekannt, weshalb der Proserpina-Sarkophag wegen seines „heidnischen" Bildschmucks kaum Anstoß erregt haben wird.

Abb. 12 Diptychon des Boethius (Rom, 487), Innenseite der im 6. Jahrhundert bemalten Flügel. Brescia, Musei Civici d'arte e di storia

Abb. 13 Flügel des Anastasius-Diptychons, Konstantinopel, 517. Ehem. Berlin, Antikensammlung

Christian Beutler hat auf einen weiteren, 'politischen' Aspekt für die Auswahl gerade dieses Sarkophags hingewiesen. Danach könnte das mythische Geschehen als Allegorie auf Karls Ende und zugleich als Hinweis auf die Kontinuität des von ihm begründeten Kaisertums verstanden worden sein (Beutler 1982, 72–76). Hier müssen wir jedoch die skeptische Frage stellen, ob sich solche programmatischen Absichten den Zeitgenossen überhaupt mitgeteilt haben. Nach Einhard (Vita Karoli, c. 31, 203), unter dessen Leitung das Karlsgrab hergerichtet worden war, bestand dieses nur aus einem vergoldeten Bogen mit dem Bildnis des Kaisers und einer Inschrift. Als Otto III. im Jahre 1000 Karls Grab im Aachener Münster suchen ließ, mußte zunächst der Bodenbelag geöffnet werden, ehe man den königlichen Sarkophag mit den Gebeinen fand (Thietmar von Merseburg, Chronik, 162–163). Somit müssen wir davon ausgehen, daß der Proserpina-Sarkophag unsichtbar in einem Erdgrab unter dem Arkosol (bogenförmige Nische) beigesetzt war. Karl scheint es also genügt zu haben, sich wie ein Römer in einem römischen Sarkophag bestatten zu lassen. Nach der Heiligsprechung und der Umbettung der Reliquien (1165) war der Proserpina-Sarkophag als Grablege funktionslos geworden und hatte fortan wohl den Rang einer Berührungsreliquie.

VII. Ausblick

Die meisten der in karolingischer Zeit wiederverwendeten Elfenbeinarbeiten mit profanen, mythologischen oder christlichen Darstellungen verdankten ihre Erhaltung überwiegend der Tatsache, daß sie schon frühzeitig in Kirchenschätze gelangt waren. Zweiflügelige, zusammenklappbare Elfenbeintafeln wie das Berliner Christus-Maria-Diptychon (Kat.Nr. X.26), ja selbst ein profanes Konsulardiptychon wie dasjenige des Boethius aus dem Jahre 487 in Brescia (Volbach 1976, Nr. 6) (Abb. 12) oder die verlorene Anastasiustafel in Berlin (Volbach 1976, Nr. 17) (Abb. 13), konnten auf ihren Innenseiten zur Aufzeichnung von Heiligenlisten verwendet, Kästen und Pyxiden zur Aufnahme von Reliquien weiterbenutzt oder einfach als hochgeschätzte Pretiosen aufbewahrt werden.

Während in Byzanz die Einbände der Evangelienbücher auf das kostbarste mit Gold und Edelsteinen geschmückt, in der Regel jedoch bildlos waren, ist man im Westen wohl schon bald dazu übergegangen, römische Prachtkameen und spätantike Elfenbeinreliefs auf den Vorder- oder Rückdeckeln der liturgischen Bücher zu be-

Abb. 14 Sog. Konstantinskameo, gegen 326. Trier, Stadtbibliothek

festigen. Ob der gegen 326 wohl in Trier entstandene Konstantinskameo (Abb. 14) schon ursprünglich zum Einband des Ada-Evangeliars gehört hat, ist allerdings nicht sicher. Die großen, aus fünf Teilen zusammengesetzten Elfenbeintafeln in der Art des Exemplars aus Murano (Kat.Nr. X.25) haben in karolingischer Zeit sowohl in ihrer Gestaltung als auch in ihrer Funktion vorbildhaft gewirkt, wie die Buchdeckel des Lorscher Evangeliars (Kat.Nr. X.22) verdeutlichen. Die Gegenüberstellung zeigt wohl am eindringlichsten das Wechselspiel von künstlerischer Abhängigkeit und schöpferischer Selbständigkeit.

Das um 400 datierte Diptychon des römischen Stadtvikars Rufius Probianus (Kat.Nr. VII.36) wurde gegen 1100 in der Abtei Werden an der Ruhr mit einem Buchkasten verbunden, der die Vita des hl. Liudger aufnahm. Wegen der engen Verbindung mit Liudger kann vermutet werden, daß die Elfenbeintafeln zusammen mit dem im 5. Jahrhundert entstandenen sog. Werdener Kästchen (Kat.Nr. VII.37) und dem fränkischen Tragaltar (Kat.Nr. VII.35) schon zur Gründungszeit des Klosters (kurz vor 800) – in welcher Funktion auch immer – zum Schatz gehört haben. Daß profane und selbst heidnische Themen bei den mittelalterlichen Benutzern keinerlei Anstoß erregten, beweisen zahlreiche spätantike Elfenbeinarbeiten, die auf den Deckeln mittelalterlicher liturgischer Handschriften angebracht worden sind (Volbach 1976, Nr. 70, 81). Ob auch am Einhardsbogen (Kat.Nr. X.9) originale spätantike Elfenbeinreliefs eingefügt waren, ist allerdings nicht mehr zu entscheiden.

Gern wüßten wir mehr über die Verwendung zeitgenössischer byzantinischer Gegenstände in der karolingischen Epoche. Daß es solche gegeben haben muß, geht schon aus den häufigen Erwähnungen byzantinischer Gesandtschaften hervor, die am Hofe Karls des Großen eintrafen und kostbare Geschenke der Kaiser von Konstantinopel überbrachten. Doch im Unterschied zur Ottonenzeit, wo es hauptsächlich zeitgenössische byzantinische Kunstwerke, vor allem Reliquienbehältnisse und Elfenbeinschnitzereien, waren, die im Abendland in neuer Funktion wiederverwendet wurden und auf die westliche Kunst des 10. und 11. Jahrhunderts nachhaltigen Einfluß ausgeübt haben, werden um 800 in Byzanz – trotz des kurzen bilderfreundlichen Intermezzos seit dem Konzil von Nikaia (787) – Elfenbeinwerke mit christlichen Darstellungen kaum schon hergestellt worden sein.

Unter den Gesandtschaftsgeschenken dürften vor allem gewebte, mit Mustern und Bildern verzierte Seidenstoffe einen herausragenden Platz eingenommen haben, aber auch goldgestickte Vorhänge, die in Kirchen und Palasträumen zwischen die Säulen gespannt wurden. Obgleich Karl jeglichen Kleiderluxus verschmähte und nur ganz selten bereit war, das römische Imperatorengewand anzulegen (Einhard, Vita Karoli, c. 23, 195), müssen gerade zu seiner Zeit im Westen beträchtliche Mengen byzantinischer Seidenstoffe im Umlauf gewesen sein. Als Otto III. das Karlsgrab geöffnet hatte, entnahm er ihm ein goldenes Halskreuz und einen Teil „der noch unvermoderten Gewänder" (Thietmar von Merseburg, Chronik, 163). Von den im Aachener Domschatz aufbewahrten Seidenstoffen könnte allein der sog. Quadrigastoff (Kat.Nr. II.17) aufgrund seines Alters mit Karl in Verbindung gebracht werden. Etliche Seidenstoffe orientalischer und byzantinischer Herkunft sind allerdings schon früh zur Umhüllung von Reliquien wiederverwendet worden und haben auf diese Weise die Zeitläufte überdauert.

Quellen und Literatur:

Agnellus von Ravenna, Liber Pontificalis. Bischofsbuch. Übersetzt und eingeleitet v. Claudia NAUERTH (Fontes Christiani 21/2), Freiburg/Basel/Wien 1996. – Einhard, Leben Karls des Großen, in: Quellen zur karolingischen Reichsgeschichte 1, neu bearb. v. Reinhold RAU (Ausgewählte Quellen zur deutschen Geschichte des Mittelalters. Freiherr vom Stein-Gedächtnisausgabe 5), Darmstadt 1987, 163–211. – Liber Pontificalis, in: Codice topografico della città di Roma 2, hrsg. v. Roberto VALENTINI u. Giuseppe ZUCCHETTI (Fonti per la storia d'Italia 88), Rom 1942. – Die Reichsannalen, in: Quellen zur karolingischen Reichsgeschichte 1, neu bearb. v. Reinhold RAU (Ausgewählte Quellen zur deutschen Geschichte des Mittelalters. Freiherr vom Stein-Gedächtnisausgabe 5), Darmstadt 1987, 9–155. – Thietmar von Merseburg, Chronik, neu übertragen und erläutert v. Werner TRILLMICH (Ausgewählte Quellen zur deutschen Geschichte des Mittelalters. Freiherr vom Stein-Gedächtnisausgabe 9), Darmstadt [6]1985. – Walahfrid Strabo, De imagine Tetrici: Alois DÄNTL, Walahfrid Strabos Widmungsgedicht an die Kaiserin Judith und die Theoderichstatue vor der Kaiserpfalz zu Aachen, in: Zeitschrift des Aachener Geschichtsvereins 52, 1930, 1–38.

Jean ADHÉMAR, Le trésor d'argenterie donné par Saint Didier aux églises d'Auxerre (VIIe siècle), in: Revue archéologique ser. 6, 4, 1934, 44–54. – Günter BANDMANN, Die Vorbilder der Aachener Pfalzkapelle, in: Karl der Große. Lebenswerk und Nachleben 3: Karolingische Kunst, hrsg. v. Wolfgang BRAUNFELS und Hermann SCHNITZLER, Düsseldorf 1965, 424–462. – Franz Alto BAUER, Stadt, Platz und Denkmal in der Spätantike. Untersuchungen zur Ausstattung des öffentlichen Raums in den spätantiken Städten Rom, Konstantinopel und Ephesos, Mainz 1996, hier 311–314 (Statuenraub Konstantins des Großen). – Hans BELTING, Die beiden Palastaulen Leos III. im Lateran und die Entstehung einer päpstlichen Programmkunst, in: Frühmittelalterliche Studien 12, 1978, 55–83. – Christian BEUTLER, Statua. Die Entstehung der nachantiken Statue und der europäische Individualismus, München 1982. – Friedrich v. BEZOLD, Kaiserin Judith und ihr Dichter Walahfrid Strabo, in: Historische Zeitschrift 130, 1924, 377–439, hier 377–385. – Bernhard BISCHOFF, Die Hofbibliothek Karls des Großen, in: Karl der Große. Lebenswerk und Nachleben 2: Das geistige Leben, hrsg. v. Bernhard BISCHOFF, Düsseldorf 1965, 42–62. – Hans BLUM, Über den Codex Amiatinus und Cassiodors Bibliothek in Vivarium, in: Zentralblatt für Bibliothekswesen 64, 1950, 52–57. – Hugo BRANDENBURG, Die Verwendung von Spolien und originalen Werkstücken in der spätantiken Architektur, in: Antike Spolien in der Architektur des Mittelalters und der Renaissance, hrsg. v. Joachim POESCHKE, München 1996, 11–48. – Beat BRENK, Spolia from Constantine to Charlemagne: aesthetics versus ideology, in: Dumbarton Oaks Papers 41, 1987, 103–109. – Joseph BUCHKREMER, Das Grab Karls des Großen, in: Zeitschrift des Aachener Geschichtsvereins 29, 1907, 68–177. – Caecilia DAVIS-WEYER, Die Mosaiken Leos III. und die Anfänge der karolingischen Renaissance in Rom, in: Zeitschrift für Kunstgeschichte 29, 1966, 111–132. – Friedrich Wilhelm DEICHMANN, Die Spolien in der spätantiken Architektur, in: Sitzungsberichte der Bayerischen Akademie der Wissenschaften, Philosophisch-Historische Klasse 6, 1975, München 1976. – DERS., Ravenna. Hauptstadt des spätantiken Abendlandes. Kommentar, 2/3: Geschichte, Topographie, Kunst und Kultur, Stuttgart 1989, 53–54, 69 (Reiterstandbild Theoderichs, Chalke, Theoderich-Palast). – Alain DIERKENS, Autour de la tombe de Charlemagne. Considérations sur les sépultures et les funérailles des souverains carolingiens et des membres de leur famille, in: Byzantion 61, 1991, 156–180, hier 166–179. – Josef ENGEMANN, Zur Anordnung von Inschriften und Bildern bei westlichen und östlichen Elfenbeindiptychen des vierten bis sechsten Jahrhunderts, in: Chartulae. Festschrift für Wolfgang Speyer (Jahrbuch für Antike und Christentum, Ergänzungsband 28), Münster 1998, 109–130. – Adalbert ERLER, Lupa, Lex und Reiterstandbild im mittelalterlichen Rom. Eine rechtsgeschichtliche Studie, in: Sitzungsberichte der Wissenschaftlichen Gesellschaft an der Johann Wolfgang Goethe-Universität, Frankfurt a. M.10/4, Wiesbaden 1972. – Arnold ESCH, Spolien. Zur Wiederverwendung antiker Baustücke und Skulpturen im mittelalterlichen Italien, in: Archiv für Kulturgeschichte 51, 1969, 1–64. – Ludwig FALKENSTEIN, Der „Lateran" der karolingischen Pfalz zu Aachen (Kölner Historische Abhandlungen 13), Köln/Graz 1966, 32–85. – DERS., Charlemagne et Aix-la-Chapelle, in: Byzantion 61, 1991, 252–264. – Norberto GRAMACCINI, Mirabilia. Das Nachleben antiker Statuen vor der Renaissance, Mainz 1996. – Matthias HARDT, Royal Treasures as Representations in the Early Middle Ages, in: Strategies of Distinction. The Construction of Ethnic Communities, 300–800, hrsg. v. Walter POHL u. Helmut REIMITZ (The Transformation of the Roman World 2), Leiden/Boston/Köln 1998, 255–337, hier 265, 269, 278–279. – Ingo HERKLOTZ, Der Campus lateranensis im Mittelalter, in: Römisches Jahrbuch für Kunstgeschichte 22, 1985, 1–43. – DERS., Buchbesprechung, in: Journal für Kunstgeschichte 2, 1998, 105–116 (kritische Auseinandersetzung mit dem Spolienbegriff). – Hartmut HOFFMANN, Die Aachener Theoderichstatue, in: Das Erste Jahrtausend. Kultur und Kunst im werdenden Abendland an Rhein und Ruhr, Textband 1, Düsseldorf 1962, 318–335 (Lit.). – Leo HUGOT, Die Königshalle Karls des Großen in Aachen, in: Aachener Kunstblätter 30, 1965, 38–48. – Werner JACOBSEN, Gab es die karolingische „Renaissance" in der Baukunst?, in: Zeitschrift für Kunstgeschichte 51, 1988,

313–347. – DERS., Die Pfalzkonzeption Karls des Großen, in: Karl der Große als vielberufener Vorfahr. Sein Bild in der Kunst der Fürsten, Kirchen und Städte, hrsg. v. Lieselotte E. SAURMA-JELTSCH (Schriften des Historischen Museums 19), Sigmaringen 1994, 23–48, hier 38–48. – DERS., Spolien in der karolingischen Architektur, in: Antike Spolien in der Architektur des Mittelalters und der Renaissance, hrsg. v. Joachim POESCHKE, München 1996, 155–177, hier 155–157. – Guntram KOCH u. Hellmut SICHTERMANN, Römische Sarkophage (Handbuch der Archäologie), München 1982, 627–628. – Richard KRAUTHEIMER, Rom. Schicksal einer Stadt 312–1308, München 1987 (bes. Kapitel V). – DERS., Die Dekanneakubita in Konstantinopel – Ein kleiner Beitrag zur Frage Rom und Byzanz, in: DERS., Ausgewählte Aufsätze zur europäischen Kunstgeschichte, Köln 1988 136–137. – DERS., Die karolingische Wiederbelebung der frühchristlichen Architektur, in: DERS.. Ausgewählte Aufsätze zur europäischen Kunstgeschichte, Köln 1988, 198–276 (besonders das 2. Postskript 272–276, das Krautheimer der deutschen Übersetzung beigegeben hat). – Lucilla de LACHENAL, Spolia. Uso e reimpiego dell'antico dal III al XIV secolo (Biblioteca di archeologia 24), Mailand 1995. – Erwin PANOFSKY, Renaissance and Renascenses in Western Art (Figura 10), Stockholm 1960 (dt.: Die Renaissancen der europäischen Kunst, Frankfurt/M. 1979). – Felix THÜRLEMANN, Die Bedeutung der Aachener Theoderich-Statue für Karl den Großen (801) und bei Walahfrid Strabo (829). Materialien zu einer Semiotik visueller Objekte im frühen Mittelalter, in: Archiv für Kulturgeschichte 59, 1977, 25–65. – Wolfgang Fritz VOLBACH, Elfenbeinarbeiten der Spätantike und des frühen Mittelalters (Römisch-Germanisches Zentralmuseum zu Mainz. Kataloge vor- und frühgeschichtlicher Altertümer 7), Mainz ^{3}1976.

Wesley M. Stevens

Karolingische Renovatio in Wissenschaften und Literatur

Die sog. karolingische Renovatio des 8., 9. und 10. Jahrhunderts war von größtem Einfluß auf die Kultur des gesamten fränkischen Reichs. Sie wirkte auf die ganze Gesellschaft, am besten ist sie jedoch an den Schulen, ihren Lehrern und Schülern sowie den Lehrbüchern der Zeit zu erkennen.

In den Orten Passau, Salzburg, Köln, Metz, Freising, Weltenburg, Kempten, Trier, Reims, Poitiers und Lyon hatten bereits in den vorangegangenen Jahrhunderten Schulen bestanden und wurden weitergeführt, während sich in Städten wie z. B. Konstanz, Basel, Würzburg, Mainz, Speyer, Orléans, Laon, Rouen, Utrecht und Gent neue Schulen entwickelten, die vorwiegend in den Klöstern gegründet wurden.

Nach einigen Jahren des Unterrichts in Pfarrkirchen kamen die Schüler an die weiterführenden Dom- und Klosterschulen, unabhängig davon, ob ihre Eltern eine geistliche Laufbahn für sie vorgesehen hatten oder nicht. Die *magistri* (Lehrer) schickten ihre besten *discipuli* (Schüler) an weit entfernte Orte, damit sie bei Spezialisten eine höhere Bildung in Literatur, Religion und Wissenschaften erhalten konnten.

Die Renovatio war ein gesellschaftliches Phänomen, das Auswirkungen auf das gesamte Leben hatte; sie trug entscheidend zur Aneignung des Lesens, des Schreibens und des Rechnens in den Kathedralen und Klöstern bei. Mit dem Aufstieg Karlmanns (741–747) und Pippins des Jüngeren (741–768) erlangten die Karolinger die Oberhoheit über das Frankenreich. Man bemühte sich, die Königshöfe als gesellschaftliche Zentren für ehrgeizige junge Mitglieder der Familien der *Fideles* (Getreue) wiederzubeleben. Da Pippin und Karl der Große beträchtliche Mittel zur Unterstützung der Schulen und für die Abschrift und die Verbreitung wichtiger Bücher verwendeten, veranlaßte dies auch die Herzöge, Grafen und andere *Fideles*, mit Geschenken aus ihrem Besitz an Klöster und Schulen in den Grafschaften und Marken im gesamten Reich, dessen Bevölkerung und Wirtschaft stetig zunahm, zur Verbreitung der Ziele der Renovatio beizutragen.

Alle Aspekte der Bildung wurden von Karl dem Großen (768–814) nicht nur berücksichtigt, sondern sogar organisiert. Er suchte bei den großen Gelehrten wie Alkuin, Theodulf, Angilbert, Paulus Diaconus und anderen Rat und bat sie, in der *Scola palatii* (Palastschule) an seiner bevorzugten Residenz Heristal bei Lüttich zu unterrichten und später, einige Kilometer weiter entfernt, an seinem neuen Palast bei den heißen Quellen der *aquisgrani* (Aachen). Unter der Herrschaft seines Sohnes und seiner Enkel wurden weitere Schulen gegründet, die trotz aller Streitigkeiten gemeinsam von Ludwig dem Frommen (814–840), Ludwig dem Deutschen (843–876), Lothar (843–855) und Karl dem Kahlen (843–877) sehr gefördert wurden. Diese stete, länger als ein Jahrhundert während Unterstützung für die Pfarrschulen und die höheren Kloster- und Domschulen durch die Königsfamilie und die Großen des Reiches war ein Vorbild, das in den folgenden Jahrhunderten Nachahmung fand. Die Liudolfinger, Konradiner und Ottonen in Sachsen, die Robertiner und Kapetinger im Westfrankenreich, die Popponen und Babenberger in Thüringen und Bayern, die Luitpoldinger in Bayern, die Salier und Welfen in Schwaben und Alemannien, Guifred und seine Nachkommen in Katalonien sowie die Adels- und Handelsfamilien vieler italienischer Kommunen *(civitates)* gründeten und förderten neue Schulen *(scolae)*.

Karl der Große verlangte in der Admonitio generalis (789) (Kat.Nr. XI.5) und in der Epistola de litteris colendis (ca. 794/95) die Renovatio in den Schulen. Beide Schriften ordnen den richtigen Gebrauch der lateinischen Sprache zur Grundlage des Unterrichts an; alle Klöster und Bistümer wurden aufgefordert, den Priestern anhand korrekter Bibel- und anderer kirchlicher Texte Anleitung zur richtigen christlichen Religionsausübung zu geben und sie in *psalmos, notas, cantus, computum, grammaticum* (in den Psalmen, den tironischen Noten [einer Kurzschrift], dem Gesang, dem Computus [der Zeitberechnung], der Grammatik) zu unterweisen (vgl. Beitrag McKitterick in Kat.Bd. II, Abb. 2).

Die Bischöfe baten die Presbyter darum, in ihren Pfarrgemeinden kostenlosen Unterricht zu erteilen, aber die Nachfrage vieler Eltern nach Ausbildung ihrer Söhne bot sogar einigen Pfarrern die Möglichkeit, ihre mageren Einkünfte durch das Unterrichten aufzubessern. Die Jugendlichen, die ihre Bildung und ihre Lebensaussichten verbessern wollten, wurden ermuntert, eine der immer zahlreicheren Schulen zu besuchen, und sie mußten nicht mehr Mönch, Diakon oder Priester werden, um studieren zu können. Während der Herrschaft Karls des Großen gab es keine Unterschiede zwischen der monastischen, der klerikalen und der Laienausbildung, aber die wachsende Zahl an Laienstudenten verursachte offenbar doch Probleme. Von mehreren beunruhigten Klerikern wie Benedikt von Aniane und Hilduin von Corbie verfaßte Richtlinien sollten eine Störung des Klosterlebens verhindern, aber sie sahen dennoch keine Restriktionen für das Studium z. B. in Corbie, Fulda oder Tours vor. Auf neugeschaffene Stellen wurden qualifizierte Lehrer berufen, und sie konnten von vorübergehenden Anstellungen an den Kathedralen zu sichereren in den Klöstern aufsteigen. Ihre Schüler wurden aktiv für die Tätigkeit in der weltlichen und kirchlichen Rechtsprechung angeworben, und manchmal brachen sie ihre Studien ab, bevor ihre Lehrer sie für reif genug für diese hohen und gut bezahlten Ämter hielten.

Litterae

In den einst vom Römischen Reich beherrschten oder beeinflußten Gebieten existierten noch immer mehrere Formen des Lateinischen, aber der Anwendungsbereich dieser Sprache war kleiner geworden. Der Gebrauch des Lateinischen war zwischen dem 5. und 8. Jahrhundert zurückgegangen, und man konnte nicht länger davon ausgehen, daß Syntax und Wortschatz des klassischen Lateins in der Alltagssprache beherrscht wurden. Die Heilige Schrift war jedoch in Latein geschrieben, wie auch diejenigen Schriften, die zu ihrer Erläuterung dienten. Es mußte also etwas unternommen werden, um diese bedeutenden Texte zugänglich zu machen.

Unter dem Einfluß von Alkuin aus York wurde in den neuen Klosterschulen die lateinische Sprache unter besonderer Berücksichtigung der Syntax, Orthographie und Aussprache studiert. Alkuin lehrte von 782 bis 796 in Heristal und danach bis zu seinem Tod im Jahre 804 in Tours. Aus York brachte er die Schrift De orthographica des englischen Gelehrten Beda Venerabilis mit, fand am fränkischen Hof das Werk De grammatica von Bonifatius und schrieb selbst De rhetorica und vergleichbare Werke. Er war nicht der einzige, der sich auf diesem Gebiet betätigte. Petrus von Pisa unterrichtete Karl persönlich in Latein. Andere tatkräftige Gelehrte, die ihre Schüler anhielten, laut zu lesen, waren etwa der fränkische Laienabt Angilbert, Paulus Diaconus aus dem Friaul und der Westgote Theodulf. Um ihr Latein zu verbessern, wurden die Schüler mit den Werken der antiken Autoren von Quintilian, Priscianus und Donatus vertraut gemacht, und ihre Lehrer verfaßten zu diesem Zweck auch neue Lehrbücher.

Das karolingische Latein wurde mit der üblichen mundartlichen Aussprache gesprochen, die von Region zu Region beträchtliche Unterschiede aufwies. Das laute Lesen der Texte bedeutete jedoch die Wiedereinführung des klassischen Lateins, dessen Klang die Menschen sehr verwirrte. Wurde ein lateinischer Text mit einem Laut für jeden geschriebenen Buchstaben vorgelesen, nannte man diese Übung *litterae*. Insbesondere in den Jahren zwischen 780 und 840 wurden die *litterae* von zahlreichen Lehrern, Schülern, Mönchen sowie einigen Angehörigen des Hofes durch das wöchentliche Singen aller 150 Psalmen oder durch das Lesen langer Bibelpassagen praktiziert. Die verbesserte Kenntnis des klassischen Lateins beeinflußte nicht nur die Schriften, Gebete und die musikalischen Sequenzen, sondern auch die gesetzlichen Eide und die Formulierung von Urkunden. Dadurch schlichen sich die *litterae* in das gesprochene Latein ein und gewannen Einfluß auf die Volkssprache. Die Einheitlichkeit dieser Reform bewirkte sogar die Herausbildung eines neuen mittelalterlichen Lateins.

So beherrschte jeder erfolgreiche Absolvent einer karolingischen Klosterschule sowohl Latein als auch seine Muttersprache, und in einigen Schulen, z. B. in Laon, konnte man auch Griechisch oder Hebräisch lernen. Wenn so ein „bilingualer" Mensch auch lateinische Verse und literarische Aufsätze verfassen konnte, war er *litteratus*, während jemand, der lediglich lesen und schreiben konnte, als *illiteratus* bezeichnet wurde. Da Karl der Große selbst nicht schreiben konnte, wie man durch seinen Biographen Einhard weiß, war er weder *litteratus* noch *illiteratus*, obwohl er genausogut Latein sprechen und lesen konnte wie das fränkische Althochdeutsch. Es wird berichtet, daß er auch einiges von dem verstehen konnte, was die byzantinischen Gesandten aus Konstantinopel auf Griechisch sagten. Karls Schwestern, Söhne, Nichten und Neffen waren dagegen alle *litterati*.

Der von Karl in seiner Verordnung für die Schulen erwähnte Begriff *cantus* bezeichnet die Musiktheorie sowie die praktische Aufführung ihrer Melodien und Harmonien in der Liturgie, bei Hochzeiten und Beerdigungen, aber auch als Unterhaltung bei Hofe. Neue, Neumen genannte Notationszeichen dienten den Sängern und Musikern vom 9. bis ins 12. Jahrhundert zur Aufzeichnung des Melodieverlaufs. Gegen Ende des 9. Jahrhunderts kamen verschiedene numerische bzw. alphabetische Systeme und die Notation von Musik mit Hilfe eines Liniensystems hinzu. Hucbald von Enone (Saint-Amand) beschrieb das *Organum*, d. h. die parallele mehrstimmige Musik. Im Gegensatz zu den im französischen Kloster Solesmes im 19. Jahrhundert wiederentdeckten und als „gregorianischer" Gesang verbreiteten langsamen Stücken war diese Musik sehr rhythmisch und lebhaft (vgl. Beitrag Rankin).

Von zentraler Bedeutung in den Gottesdiensten der Klöster, Kathedralen und Pfarrkirchen war die Bibel, aus der lange Passagen laut vorgelesen wurden. Es kam jedoch zu häufig vor, daß Bücher der Bibel nicht vorhanden waren, wenn sie gebraucht wurden, und einige Ausgaben mögen auch unvollständig gewesen sein. In jedem Kloster war daher ein Skriptorium mit der Unterrichtung und Praxis des Schreibens beschäftigt, aber vor allem mit der Abschrift vollständiger und korrigierter Bücher der Bibel und mit dem Verfassen von Kommentaren für das Bibelstudium.

Karl hatte Textausgaben verlangt, in denen die lateinische Syntax korrigiert und die Wörter fehlerfrei geschrieben waren. Der Gelehrte Alkuin erarbeitete einen neuen Text für den Gottesdienst. Auch Theodulf, Bischof von Orléans (798–818) und Abt von Fleury († 821), korrigierte die Texte aller Bücher der Heiligen Schrift, zugleich fügte er vielen Texten verschiedene Kommentare aus anderen Handschriften hinzu (vgl. Kat.Nr. XI.22). Theodulfs Bibel enthielt auch 25 Zusatzblätter mit Methoden der Auslegung, einem Überblick über die Weltgeschichte, alternativen Systemen der Chronologie, einem Glossar mit hebräischen und griechischen Namen und Begriffen sowie Ergänzungstexten. Dies war wahrhaftig eine wissenschaftliche Ausgabe der Bibel, obwohl sie als Sammelwerk viel zu groß war, um in einen einzelnen Codex zu passen.

Gemäß den Klosterregeln lieh sich jeder Mönch während der Fastenzeit ein Buch aus, um nach der täglichen Arbeit ein oder zwei Stunden darin zu lesen. Diese Bücher waren häufig von den Kirchenvätern geschriebene Kommentare zur Heiligen Schrift. Manchmal führten die Mönche auch Notizen über ihre Lektüre, die eine große Vielfalt zeigt: Bücher über Gartenarbeit, Technik, Geschichte, Gedichte oder illustrierte Handschriften über verschiedene Themen (Abb. 1).

Nach der Einführung in die Grammatik wurden die Schüler angehalten, die Werke der antiken Autoren Vergil, Horaz und Ovid zu studieren, auch wenn einige Passagen darin recht gewagt waren. Zweifellos hofften die Lehrer, damit das Interesse der jungen Laienbrüder und Laienstudenten für die antike Literatur zu erwecken, deren Gedanken oft abschweiften. Der älteste überlieferte Codex, die Oden und Epoden des römischen Dichters Horaz, wurde im Jahre 829 in Weißenburg abgeschrieben; der junge Dichter Walahfrid Strabo von der Reichenau (808/809–849) beteiligte sich während eines Besuchs auf dem Weg von Fulda nach Aachen an der Abschrift und Korrektur dieses Buches (Abb. 2).

Einige Gelehrte gaben sich große Mühe sicherzustellen, daß ihre Texte vollständig und korrekt waren. Ein bemerkenswertes Beispiel ist Servatus Lupus (805–862), der in Sens und Fulda studierte; später, als Abt von Ferrières, war er in der Reichsverwaltung Karls des Kahlen tätig. Zusätzlich zu den Grammatiken von Nonius Marcellus, Flavius Caper, Aulus Gellius, Donatus und mehreren von Priscianus verwendete er geistreiche, widersprüchliche, aber prägnante Sinnsprüche aus den Sentenzen des Publilius Syrus und lehrte nach den Vergilkommentaren von Donatus und Servius. Lupus besaß Sammlungen der philosophischen Aufsätze und der Briefe Ciceros sowie vieler andere Werke dieses Autors, einschließlich seiner lateinischen Übersetzung der Phainomena des Griechen Arat von Soloi und wahrscheinlich auch eine Übersetzung von Platons Timaios, die heute als verschollen gilt. Lupus korrigierte oder stellte vollständige Ausgaben zusammen: Ab urbe condita von Livius, De bello gallico von Julius Cäsar, Facta et dicta memorabilia von Valerius Maximus mit einem Epitome (d. h. mit einem ergänzenden Auszug) aus dem 5. Jahrhundert, die Sermones, De nuptiis et concupiscentia, Epistula CCVII, Contra Iulianum, ferner die Commentarii in Somnium Scipionis und Saturnalia von Macrobius sowie die Epistulae des Symmachus und möglicherweise auch die Confessiones von Augustinus. Das Geschichtsinteresse des Lupus war offensichtlich sehr groß, und er suchte nach einer Abschrift von Suetons De vita Caesarum. Er benutzte auch die Logikstudien von Ciceros Paradoxa und Topica mit Kom-

Abb. 1 „Vademecum" des Walahfrid Strabo (825–849). St. Gallen, Stiftsbibliothek, Ms. 878, pag. 335

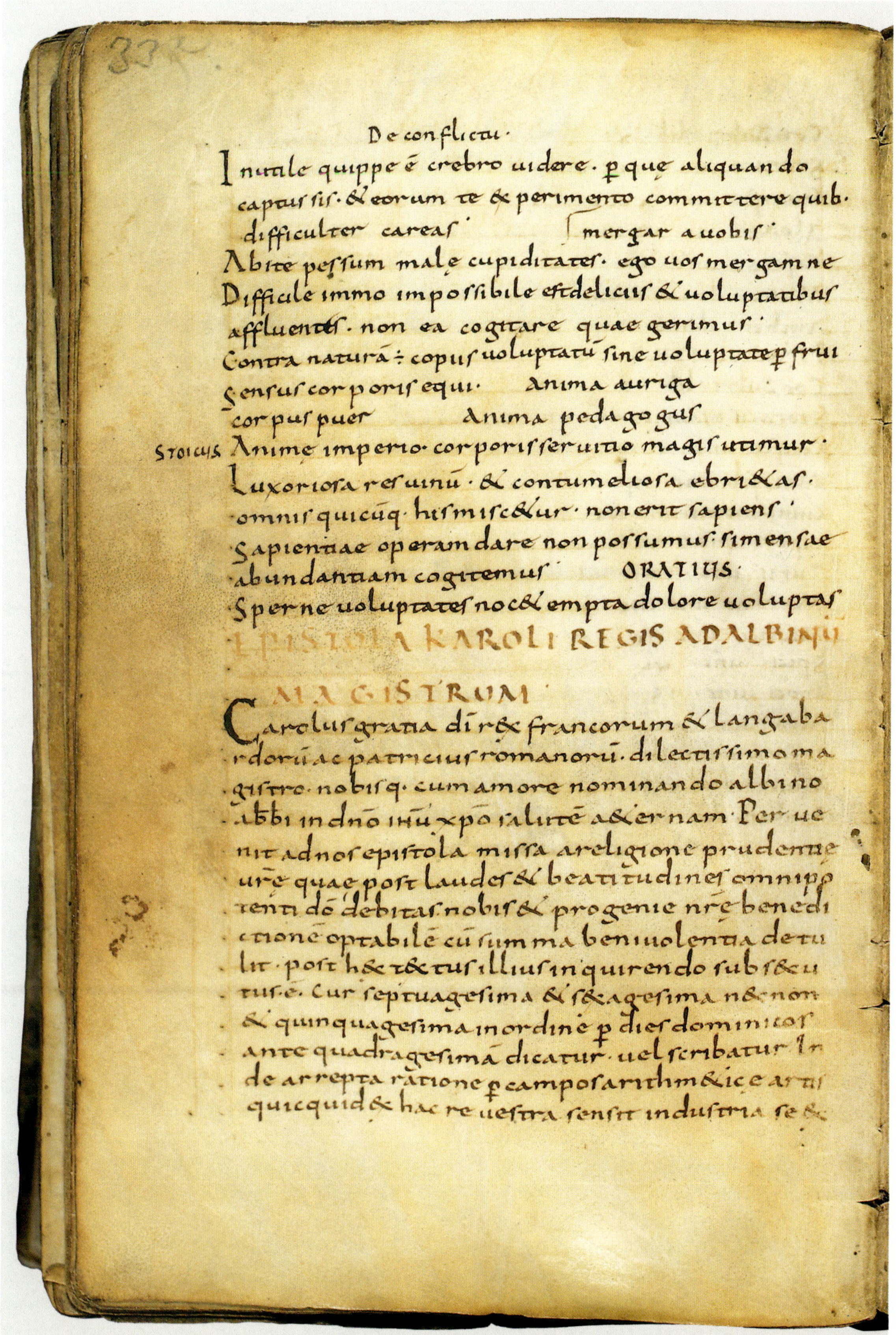
De conflictu.
Inutile quippe ē crebro uidere. p que aliquando
captus sis. & eorum te experimento committere quib.
difficulter careas. Mergar a uobis.
Abite pessum male cupiditates. ego uos mergam ne
Difficile immo impossibile est deliciis & uoluptatibus
affluentes. non ea cogitare quae gerimus.
Contra naturā ÷ corpus uoluptatū sine uoluptate p frui
Sensus corporis equi. Anima auriga
corpus puer Anima pedagogus
STOICUS Animę imperio corporis seruitio magis utimur.
Luxoriosa res uinū. & contumeliosa ebrietas.
omnis quicūq. his miscetur. non erit sapiens.
Sapientiae operam dare non possumus. si mensae
abundantiam cogitemus. ORATIUS.
Sperne uoluptates nocet empta dolore uoluptas
EPISTOLA KAROLI REGIS AD ALBINU
MAGISTRUM
Carolus gratia dī rex francorum & langaba
rdorū ac patricius romanorū. dilectissimo ma
gistro nobisq. cum amore nominando albino
abbi in dnō ihū xpō salutē aeternam. Per ue
nit ad nos epistola missa a religione prudentię
urę quae post laudes & beatitudines omnipo
tenti dō debitas nobis & progenie nrę benedi
ctione optabilē cū summa beniuolentia detu
lit. post haec textus illius inquirendo subsecu
tus ē. Cur septuagesima & sexagesima necnon
& quinquagesima in ordine p dies dominicos
ante quadragesimā dicatur. uel scribatur. In
de arrepta ratione p camporarithmetice artis
quicquid de hac re uestra sensit industria se&

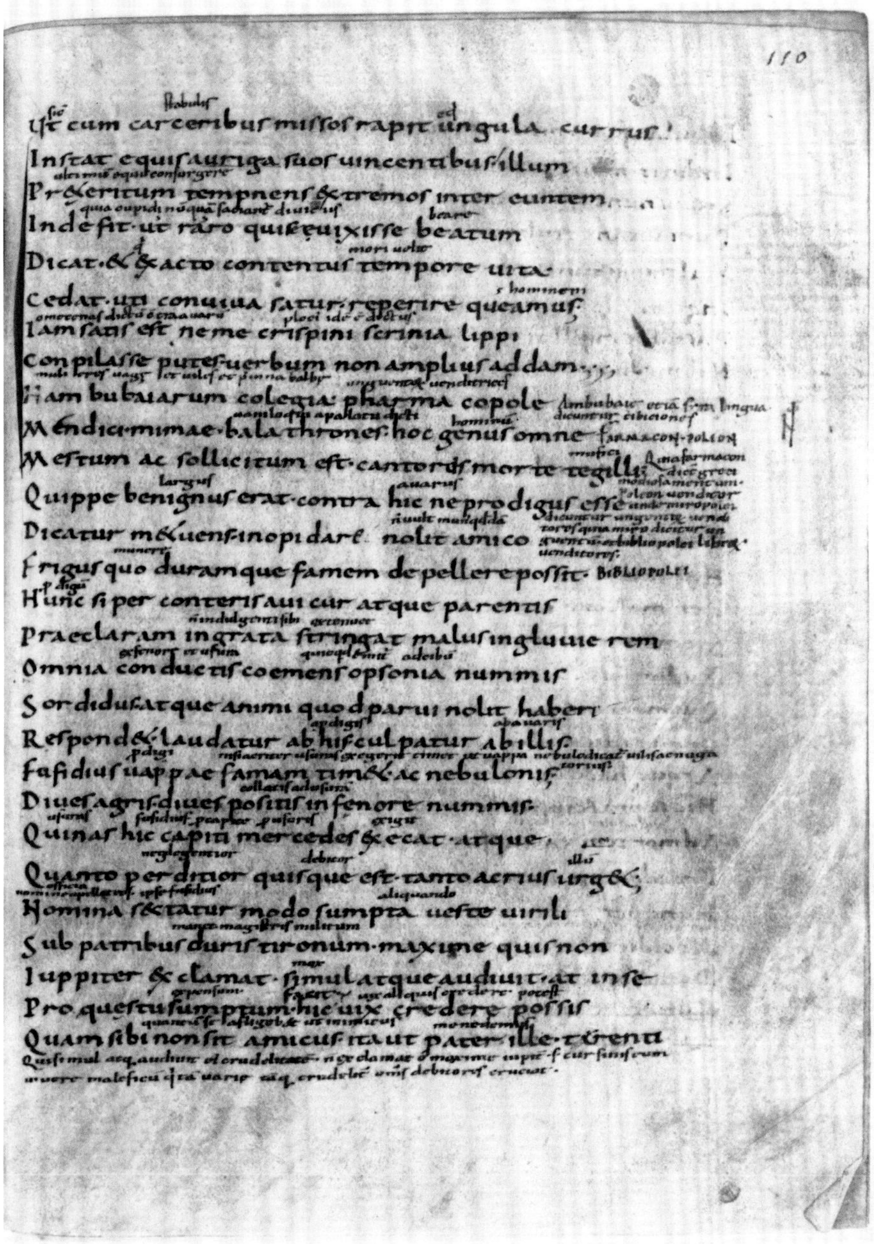

Abb. 2 Horaz mit Abschriften und Anmerkungen von Walahfrid Strabo (Weißenburg im Elsaß, um 829). Vatikanstadt, Biblioteca Apostolica Vaticana, Vat. Reg. lat. 1703, fol. 110r

mentaren von Boethius und von letztgenanntem das Commentarium in Isagogen Porphyrii.

In Fulda wurde Lupus außerdem die Aufgabe übertragen, die Abschrift einer Sammlung von Gewohnheitsrechten der Franken, Ripuarier, Langobarden und Alemannen herzustellen (vgl. Kat.Nr. II.13). Der Abt Hrabanus Maurus hatte sie als ein Geschenk für Eberhard, einen fränkischen Berater Ludwigs des Frommen und Grafen von Friaul und Kärnten, vorgesehen; Eberhards Mannen kontrollierten mehrere Pässe über die Alpen nach Aquileia, Venedig und Verona, wo Geistliche aus Fulda Bücher für ihre Bibliothek erwarben.

An den Schulen von Auxerre, Laon und Soissons las der Magister Heiric (ca. 841–903) mit seinen Schülern die Werke von Persius, Juvenal, Horaz und Prudentius. Er schrieb auch einen sehr detaillierten Kommentar zu Bedas De temporibus und De temporum ratione und verfaßte eigene Schriften über die Logik und den Computus (Zeitrechnung). Remigius (ca. 841–908) behandelte die gleichen Werke in Laon und Auxerre und gab Kommentare zu Phocas und Eutyches sowie den moralisierenden Disticha Catonis und den frühlateinischen Dramen von Terenz heraus, deren Szenen überaus erheiternd sein konnten, aber vom Gesichtspunkt der Sittenlehre wertlos waren. Einige weitere der vielen bekannten und in den Schulen mit fortgeschrittenen Schülern behandelten klassischen Texte waren De rerum natura von Lucretius, De architectura von Vitruv (Kat.Nr. II.38), Texte über Kriegsführung von Vegetius und von Frontinus, die Historia Gothorum von Jordanes und die Historia ecclesiastica gentis anglorum von Beda. Die frühen Figurengedichte von Porphyrius lieferten Modelle für spätere experimentierfreudige Dichter wie Hrabanus Maurus von Fulda (Kat.Nr. II.14) und Abbo von Fleury.

Die Aufzählung der Autoren und Titel der Bücher, die in den karolingischen Bibliotheken verwahrt wurden, könnte noch fortgeführt werden, würden allein die Bibliotheksbestände von Regensburg, Würzburg, Fulda, Hersfeld, Fritzlar, Corbie und Corvey hier detailliert aufgelistet. Auch die Privatbibliotheken Karls des Großen, Ludwigs des Frommen, Ludwigs des Deutschen und Karls des Kahlen waren ziemlich umfangreich und stellten Bücher für Abschriften zur Verfügung. Die Klöster und Kathedralen, die ihre eigenen Bibliotheken mit weiteren und besseren Büchern bereichern wollten, schickten ihre Schreiber oft in diese Bibliotheken.

Die in Karls Verordnung erwähnten *notae* bezeichneten die Regeln zur Kurzschrift für die Schreiber insgesamt und speziell für die Gerichtsschreiber, die auf den römischen, sog. tironischen Noten basierten, die schnelle Notizen ermöglichten und später ausgeschrieben werden konnten. Ein Beispiel für ein Lehrbuch zu diesen *notae* ist ein Thesaurus aus der Hofschule. Viele Psalter zeigen, wie diese sog. tironischen Noten gelernt wurden, und an Entwürfen von Urkunden kann man sehen, wie sie benutzt wurden. Die Laienstudenten wurden in den *notae* ausgebildet, insbesondere wenn sie als Protokollführer beim Königs- oder Grafengericht tätig werden sollten oder als reisende Richter, wie sie beispielsweise in den Libri Carolini erwähnt werden. Zahlreiche Marginalien in literarischen, religiösen und wissenschaftlichen Texten zeigen ihren Gebrauch; zum Beispiel beweist Hrabanus' Buch De computo, daß auch monastische Schreiber das System der *notae communes* lernten und anwandten.

Die karolingischen Schreiber entwickelten eine Hierarchie der Buchstabenformen für die spezielle Verwendung: Die Kapitalis für wichtige Texte, insbesondere für deren Überschriften, die Unziale für den Bibliotheksbestand, die kursive Schrift für normale Texte und Briefe und eine Mischung aus diesen entsprechend der Bedeutung eines Buches, eines Briefes oder einer Urkunde (vgl. Beitrag Schmid). Sie führten auch eine neue graphische Konvention ein: die *littera notabilior*, ein System, in dem Zitate am Rand durch Unziale gekennzeichnet wurden, um die Autoren der zitierten Passagen kenntlich zu machen und so eine Nachahmung zu verhindern.

In den alemannischen, bairischen, rheinfränkischen und altsächsischen Gebieten wurde eine einfache Form der lateinischen Sprache gesprochen und auch geschrieben, die *rustica romana lingua aut theotisca*. Das Vaterunser, Taufgelöbnisse und zwei Glaubensbekenntnisse, die Hymnen von Ambrosius, die Benediktsregel, Anweisungen für die Klosternovizen und eine Abhandlung über die Theologie haben sich in diesen frühen Volkssprachen erhalten, aber auch gewöhnliche Verse und Tischlieder. Das Hildebrandslied, das zuerst im Althochdeutsch Baierns gedichtet wurde, bevor es in das Altsächsisch des Nordens übertragen wurde, schildert die Taten der frühen Könige Theoderich und Hinield und liefert Bilder von Vater und Sohn im Kampf gegeneinander. Solche Legenden benutzte auch Otfrid von Weißenburg, um ein Evangelienbuch mit dem Titel „Der Christ" zu schreiben. Es war im Stil eines christlichen Missionsberichts an diejenigen im Frankenreich gerichtet, deren Götter zunehmend an Bedeutung verloren.

Calculatio

Die Renovatio im fränkischen Königreich umfaßte auch die praktischen Bereiche des täglichen Lebens. Unabdingbar dafür waren Kenntnisse der Arithmetik und Geometrie. Die Fähigkeit des Rechnens war im ganzen Frankenreich sowohl aufgrund praktischer als auch theoretischer Erfordernisse unentbehrlich, und so beschäftigte man sich am Hof, in den Dom- und Klosterschulen kontinuierlich mit den Disziplinen der *calculatio*. Die Arithmetik und Geometrie der karolingischen Schulen bilden bis heute die Grundlage für die Naturwissenschaften in der europäischen Bildung.

Alle karolingischen Schulen verwandten den Mitte des 5. Jahrhunderts von Victorius von Aquitanien geschriebenen Calculus (Kat.Nr. VI.13). Dieser war ein kleines Buch mit den Grundrechenarten der Addition, Subtraktion, Multiplikation und Division, wie sie auch heute gebräuchlich sind (Abb. 3). Behandelt wurden auch römische Gewichtsmaße und die Bruchrechnung in Halbe, Drittel, Viertel, Zwölftel und Sechzehntel. Lupus von Fer-

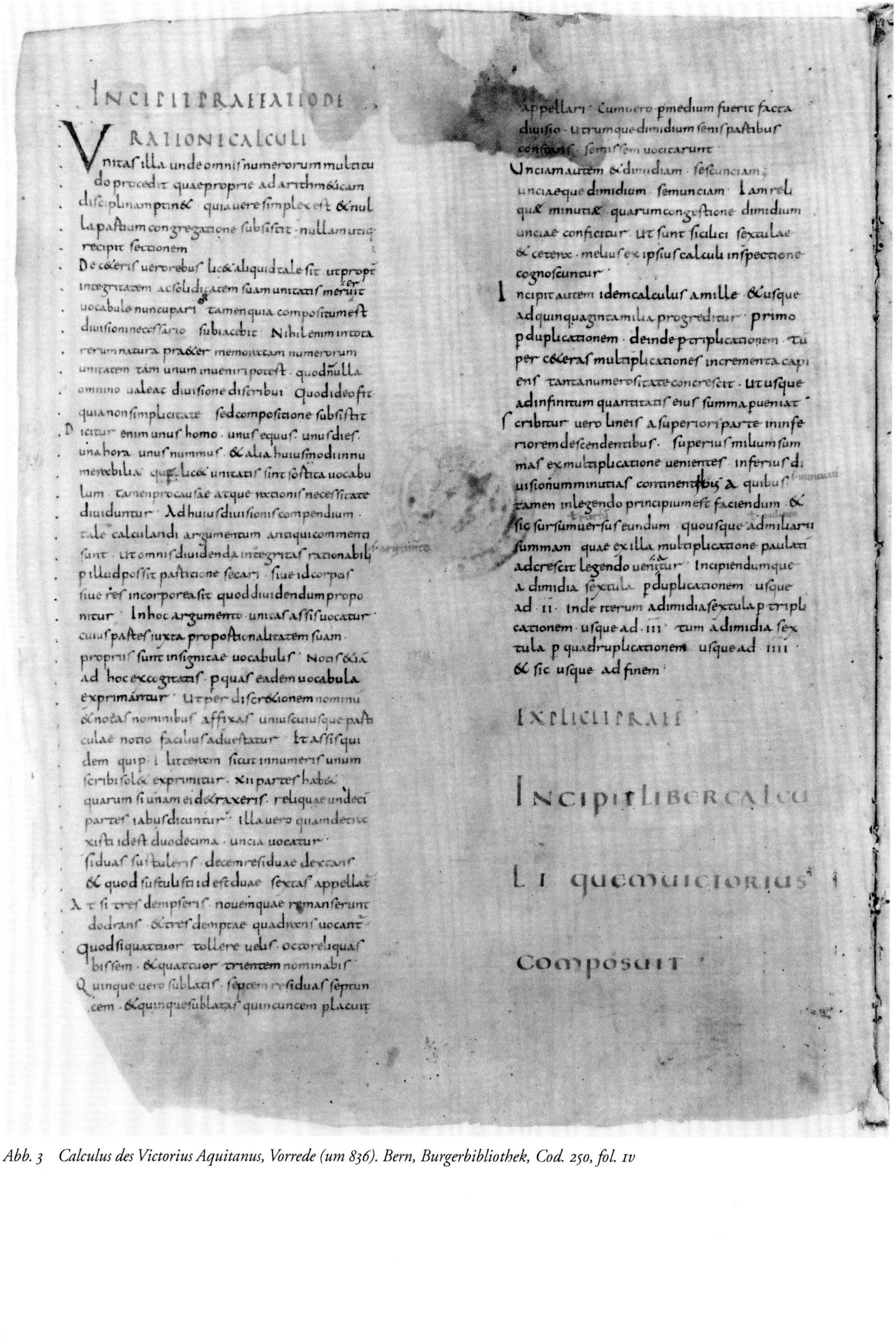

Abb. 3 Calculus des Victorius Aquitanus, Vorrede (um 836). Bern, Burgerbibliothek, Cod. 250, fol. 1v

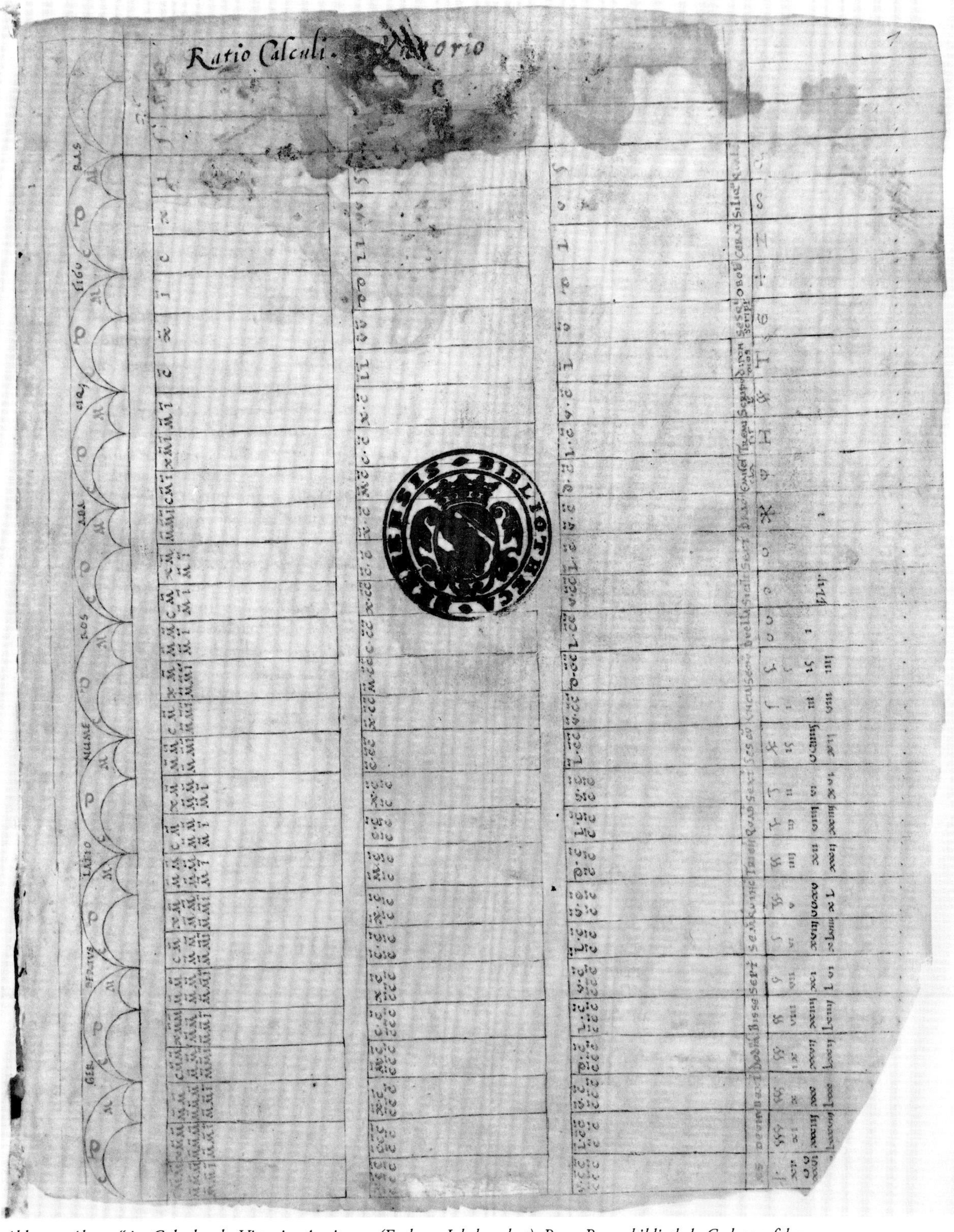

Abb. 4 „Abacus" im Calculus des Victorius Aquitanus (Ende 10. Jahrhundert). Bern, Burgerbibliothek, Cod. 250, fol. 1r

rières in Fulda erbat dieses Buch 836 von Einhard (770–840), dem Biographen Karls des Großen, einem Laien, der in Fulda und am Hof von Heristal studiert hatte, bevor er als 'Ingenieur' und Architekt in Aachen tätig war. Beispiele für seine Arbeit sind die Kirchenbauten von Aachen, Steinbach im Odenwald und Metz.

In der Praxis wurde die Arithmetik mit Hilfe von Rechenbrettern und der Fingerrechnung durchgeführt. Rechenbretter waren in mindestens zwei Ausführungen weit verbreitet: eine, in der das Brett oben und unten durch eine horizontale Linie geteilt war, wobei oben *calculi* oder *apices* (Steine, kleine runde Scheiben) verteilt wurden, um den geschuldeten Betrag anzuzeigen, und weitere auf einer zweiten Linie für den Betrag, der addiert oder subtrahiert werden sollte; unten wurde dann eine neue Reihe von Zählsteinen gelegt, die den resultierenden geschuldeten oder bezahlten Betrag anzeigten. Bei einer anderen Form von Rechenbrett war die linke und rechte Hälfte zusätzlich durch eine vertikale Linie für kompliziertere Rechnungen und die Multiplikation geteilt. Die Zählsteine konnten in den Spalten von rechts nach links Einer und Einheiten von Fünf, Zehn, Fünfzig, Hundert, Fünfhundert und Tausend darstellen. Oder sie konnten mit den Zahlen I bis IIII, V, X, L, C, D und M versehen sein und so zusammengeschoben werden, daß sie den erforderlichen Betrag anzeigten. Aus dem Griechischen *abakion* hatten die Römer einen neuen lateinischen Begriff für dieses Instrument abgeleitet: *abacus* (Abb. 4).

Mindestens vier Arten des Fingerrechnens waren in den Mittelmeerländern und ganz Europa bekannt und wurden praktiziert. Sie wurden in zahlreichen lateinischen Handschriften erklärt, in denen die Fingerpositionen in Bildern dargestellt waren, wobei die Finger auf dem Arm, Bein oder Gesicht die Zahlen von 1 bis *mille milia* (= 1 Million) ausdrückten. Eine der Rechenarten, die Zahlwerte durch Knicken der Finger anzeigte, die sog. *Romana computatio ita digitorum flexibus,* existierte schon lange vor den Römern und wurde bis ins 17. Jahrhundert angewandt. Eine andere wird von Beda Venerabilis und Hrabanus Maurus ausführlich erklärt; eine dritte kam in Mainz auf und eine vierte in Regensburg. Gewöhnlich wurden auch die Übereinstimmungen zwischen griechischen und hebräischen Buchstaben bzw. Symbolen mit den römischen Zahlen gelehrt.

Eine wichtige Ergänzung zum Arithmetikunterricht in den Schulen war das um das Jahr 500 von Boethius in zwei Bänden verfaßte Werk De arithmeticae institutione, das in den meisten karolingischen Bibliotheken zu finden war. Der erste Band basierte auf einem System von Punkten, ihren Reihen (gerade und ungerade) und ihrer Anordnung in Kombinationen von 3, 6, 10, 14 usw. und 4, 9, 16 usw.

Boethius lieferte auch eine theoretische Erörterung über gerade und ungerade Zahlen (*par et impar*) und die Alternativen: *aequis partibus* (mit gleichmäßigen gleichen Teilen), *pariter par* (auf gleiche Weise gleich), *pariter impar* (auf gleiche Weise ungleich), *impariter par* (auf ungleiche Weise gleich). Dieses pythagoreische System war nur von begrenztem Nutzen für die Praxis des Zählens, führte aber zu den rhetorischen Spekulationen der Arithmologie und Numerologie.

Alkuin gab in seiner 776 verfaßten Schrift Calculatio Albini Magistri mehrere Beispiele für arithmetische Übungen. Auch andere Gelehrte entwickelten knifflige arithmetische Aufgaben in Rätselform, von denen einige immer noch bekannt und selbst für heutige Mathematiker interessant sind. In den Propositiones ad acuendos iuvenes sind 51 Aufgaben aus dem Unterricht zusammengestellt, einschließlich der sehr bekannten Aufgaben 1) *de limace,* 5) *de emptore in C denariis,* 7) *de disco pensante libras XXX,* 17) *de tribus fratribus singulas habentibus sorores* und 18) *de lupo et capra et fasciculo cauli.* Eine der vier Aufgaben De arithmeticis propositionibus unterschied „negative Zahlen" von „natürlichen Zahlen".

In Boethius' zweitem Band von De arithmeticae institutione findet sich eine Reihe von immer schwierigeren Aufgaben, die auf Euklids Elementa, Buch VII, VIII und IX, basieren. Euklid ist für das Verständnis der Grundlagen der Arithmetik von größerer Bedeutung als Pythagoras. Dennoch basierte die karolingische Renovatio im Bereich der Arithmetik auf Aufgaben, Übungen und Anwendungen, die sowohl auf Pythagoras' als auch auf Euklids Zahlentheorie zurückgingen.

Viele Gelehrte unterrichteten die *Ars geometriae et arithmeticae*, die die Bedeutung und die Anwendung beider Disziplinen erläutert. Die *Altercatio duorum geometricarum* (Wortstreit der beiden 'Geometrien') hebt diese Diskussion auf ein höheres Niveau. Die Flächengeometrie wurde anhand der bestmöglichen Quelle gelehrt: Euklids Elementa, Buch I–IV. Buch I enthält 23 Definitionen, die sich alle auf Punkt, Gerade, Ebene, Winkel und Kreis beziehen, sowie Axiome und Postulate. Buch II, III und IV enthalten 14 Definitionen und die Formulierung von 76 Sätzen in bezug auf Dreiecke, Diameter, Tangenten und Senkrechte. Diese waren von mehr als hundert Konstruktionen begleitet; Beweise finden sich jedoch ausschließlich in Buch I. In einigen Schulen des Frankenreichs behandelten die Lehrer mit ihren Schülern auch die 18

Definitionen von Euklid, Buch V. Mitte des 9. Jahrhunderts verfaßte der Freisinger Gelehrte Waltherius ein Buch über die Geometrie nach Euklid, und das Interesse an Flächengeometrie stieg im 10. und in den folgenden Jahrhunderten weiter an.

Die Fertigkeiten der Vermessungs- und Ingenieurtechniken wurden anhand von Texten Euklids, aber auch anhand der römischen Werke der Agrimensoren (Landvermesser) und gromatici (Feldmesser) erlernt. Diese Techniken waren eng mit der Geometrie verbunden, weil sie beide grundlegend waren, um das Land zu erschließen und die Infrastruktur zu verbessern. So dienten sie dem Bau von Gebäuden und Brücken, der Trockenlegung von Sümpfen, der Vermessung von Grundstücksgrenzen, der Planung und Aushebung von langen Verbindungskanälen zwischen den Flüssen für den Warentransport. Eine der wenigen überlieferten Planungen ist die des sog. Karlsgrabens (*fossa carolina*), mit dessen Bau 798 begonnen wurde, der aber erst vor wenigen Jahren ganz in der Nähe des ursprünglich geplanten Verlaufs fertiggestellt wurde.

Karl der Große legte besonderen Wert auf die Zeitrechnung, den *computus*, und vom 8. bis zum 11. Jahrhundert beschäftige man sich ausgiebig mit der Abfolge der Zeit, d. h. einem 'richtigen' Kalender. In den Lorscher Annalen werden Feiertage für die im ganzen Land verehrten Heiligen, Arnulf von Metz und Gertrud von Nivelles, angegeben, und die Annalen sind auch die einzige Quelle, in der sich ein Hinweis auf Karls Geburtstag, den 2. April 747, findet, womit den Privatinteressen seiner Familie gedient war. Seit dem Jahr 760 gibt ihr Kalender jedoch auch den Aufgang der Sonne, des Mondes und fünf weiterer Planeten an sowie die Daten, an denen die Sonne in die jeweiligen Tierkreiszeichen eintritt. Und in einer Endnotiz wird das 21. Jahr der Herrschaft Karls auf das Jahr 789 datiert, wobei es in Bezug zur Zeitrechnung nach dem Chronicon Hieronymi gesetzt wird, das die Geburt Christi dem Schöpfungsjahr 5199 zuordnet. Diese Ausführungen, in denen ein historisches Ereignis zwei Systemen der Zeitrechnung zugeordnet wurde, erweckten auch das öffentliche Interesse an der Disziplin des Computus.

Die Lorscher Annalen ließen jedoch zwei wichtige Punkte der Berechnung außer acht: Weder ordneten sie dem angenommenen Schöpfungsjahr 5500 das *annus Passionis* des Victorius von Aquitanien zu noch das angenommene Schöpfungsjahr 3952 der *aera Incarnationis* des Beda Venerabilis. Im Jahre 799 und in vielen späteren Jahren kam es zu Debatten über Daten und Kalender. Bei einigen der schwierigen Fragen ging es darum, wie die Aufeinanderfolge der Jahre richtig gezählt werden könne, auf welchen Zeitpunkt der Jahresanfang zu datieren sei (September, Januar oder März), wie man die Abfolge der Tage der Woche bzw. des Monats erklären sollte, wie man die beweglichen christlichen Feiertage und die Fasten- und Feierzeiten bestimmen sollte, und insbesondere, wie man die wichtigsten Feiertage eines jeden Jahres, die Karwoche und das Osterfest, vorausberechnen könne.

Die Antworten suchte man nicht im Zentrum Italiens, wo die römischen Bischöfe es nie verstanden hatten, die Sonnen- und Mondzyklen zu berechnen, um die Ostertermine vorherzusagen, und gewöhnlich diejenigen ignorierten, die dies konnten. Die Antwort kam von einer anderen Seite: Mitte des 5. Jahrhunderts war Victorius von Aquitanien gebeten worden, die alexandrinischen Ostertafeln den römischen Bedürfnissen anzupassen. Im 6. und 7. Jahrhundert wurden seine neuen Tafeln zwar in Gallien, aber nach wie vor weder in Rom noch andernorts verwendet. Im Jahre 525 entwarf Dionysius Exiguus ein erfolgreicheres System, aber auch seine Ostertafeln wurden erst ab dem 10. Jahrhundert in Rom benutzt. In der Zwischenzeit wurde Dionysius' Arbeit von Beda Venerabilis (680–735) aufgenommen und erfolgreich in Northumbrien angewandt und setzte sich schließlich durch den Einfluß von Bedas Werken De temporibus auch in ganz Europa durch (vgl. Borst 1998).

Die komputistischen Datentafeln und ihre Erklärungen regten überall das Studium der Arithmetik an. Im Jahre 760 schrieb ein sächsischer Gelehrter das Werk Lectiones seu Regula Computandi (Abb. 5), in dem er die *computi* des Victorius und Dionysius mit den Erklärungen der alexandrinischen Griechen verglich. Er erhellte die Fachfragen über den synodischen Monat (d. h. auf Stellung von Sonne und Mond zueinander bezogen), die Abhängigkeit anderer christlicher Feiertage von Ostern und den Ostermondzyklus selbst. Seine *Tabula Paschalis* lieferte Datiersysteme für die *Concurrentes*, mehrere Arten der *Regulares* und *Epactae lunae* und Erklärungen für ihre Anwendung. Er demonstrierte, wie jedes dieser Systeme auf das Jahr 760 angewandt werden konnte, aber die Daten paßten auch für die Anwendung auf das Jahr 800 (Abb. 6).

Der Fachausdruck für einen Mondtag (d. h. die 24-stündige Mondumlaufbahn), der einmal während eines 19jährigen Mondzyklus übersprungen wurde, war *saltus lunae*. Dieser Tag war für die Koordination des Sonnen- mit dem Mondzyklus notwendig, aber er verursachte auch Probleme. Für praktische Zwecke werden in jedem Zyklus vorübergehende Anpassungen für die Stunden und

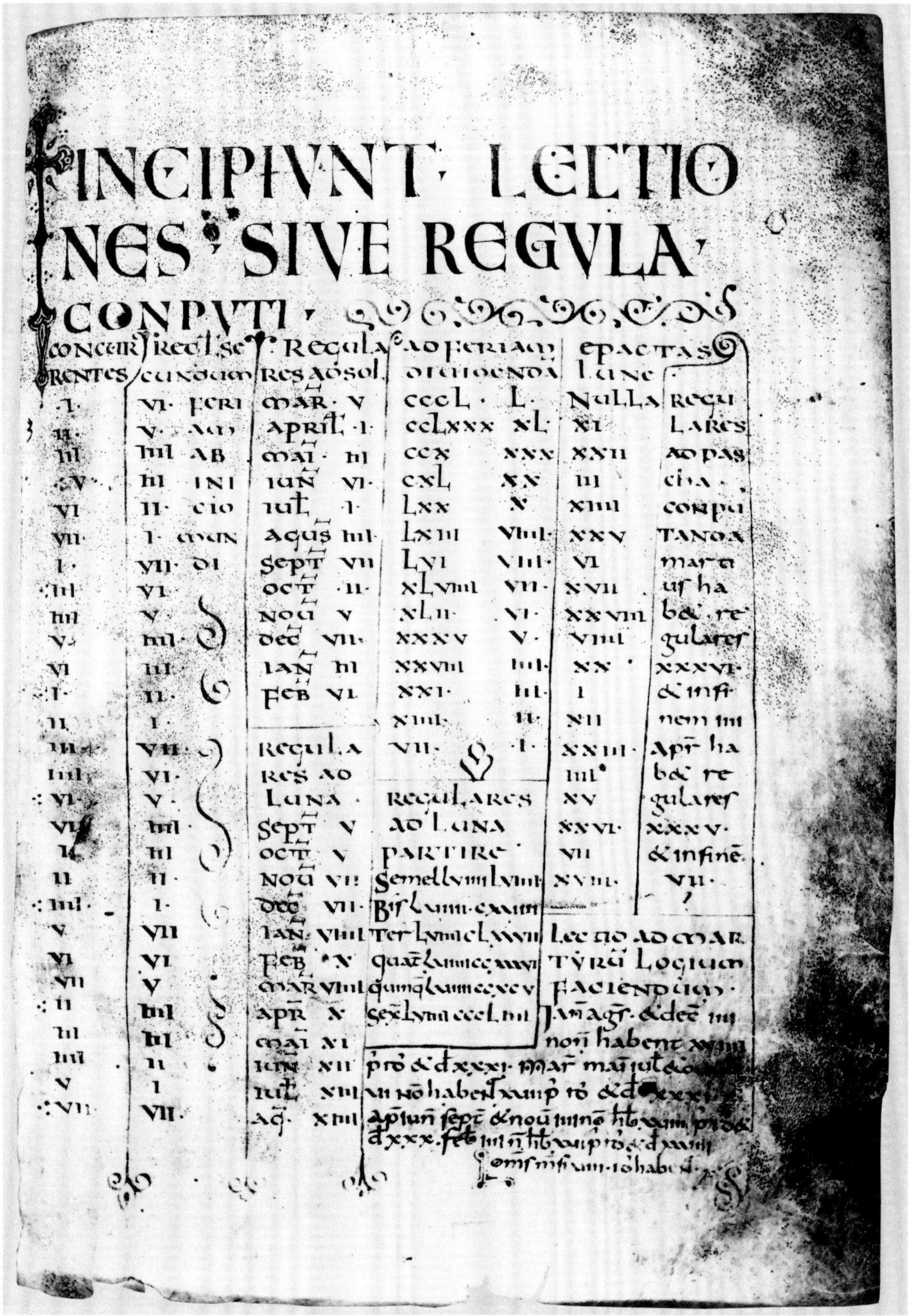

Abb. 5 Beginn der Lectiones seu Regula Computandi in einer komputistischen Sammelhandschrift (Köln, um 805). Köln, Dombibliothek, Cod. 83^{II}, fol. 59r

Minuten, die sich vom Sonnenzyklus unterscheiden, vorgenommen, die dann alle 19 Jahre einen ganzen Tag ausmachen. Aber jede Art von Computus legte diesen Tag zu einer anderen Zeit fest, so daß die Tage eines Computus manchmal nicht denen eines anderen entsprachen. Gute arithmetische Kenntnisse waren auch für das Schaltjahr erforderlich, durch das dem Jahreskalender alle vier Jahre ein zusätzlicher Tag, der *dies bissextile*, hinzugefügt wurde. Nachdem Julius Cäsar Pompeius bei Alexandria besiegt hatte, brachte er den alexandrinischen Astrologen Sosigenes nach Rom, der den *dies bissextile* einführte und damit ein Problem des römischen Kalenders löste.

Das Neujahrsdatum war eine Frage der Praxis, und sie wurde in Briefwechseln von Karl und seinen Beratern Alkuin, Ghaerbald und Agnard diskutiert. Alkuin beanstandete, daß nach dem Ende des 19jährigen Zyklus im Jahre 797 der *saltus lunae* am Hof ignoriert worden sei. Dies schien eine Nebensächlichkeit zu sein, aber ohne diesen Tag würden viele Kalender bald nicht mehr übereinstimmen. Karl antwortete, seine Berater würden eine andere Berechnung des Mondzyklus anwenden als Alkuin und hätten den *saltus* in den März gelegt. Unter Mißachtung von Victorius und Dionysius, die den *saltus* in den September gelegt hatten, und auch von Beda und Alkuin, die ihn in den Januar gelegt hatten, begannen die Jahre 799 und 800 an den Königshöfen von Heristal, Aachen und Paderborn erst im März.

Diese unterschiedlichen Praktiken bedeuteten, daß ein mittelalterlicher Gelehrter nicht sicher sein konnte, ob seine Vorgänger alle Anpassungen richtig vorgenommen und während der vorhergehenden Jahrhunderte keinen *dies bissextile* oder *saltus lunae* übersehen hatten. Waren sie von den gleichen Zyklen ausgegangen, und hatten sie die Anpassungen einheitlich vorgenommen? Wurde der Ostersonntag für denselben Tag vorhergesagt und am selben Tag gefeiert? Für das Miteinander der Christen, die glaubten, daß sie den Gottesdienst gleichzeitig feiern sollten, *ut omnes unum sint* (damit alle eins seien), wurde eine sorgfältige Berechnung und Überprüfung gefordert. Die Gelehrten des 9. Jahrhunderts studierten deshalb ihren *calculus* und ihre *astronomia* sehr sorgfältig.

Adalhard (735–826), Abt von Corbie und Karls Cousin ersten Grades, kam der königlichen Verordnung, diese Probleme zu beseitigen, nach, als er im Jahre 809 im Rahmen einer allgemeinen Synode einer Versammlung zu komputistischen und astronomischen Fragen vorstand. Das Protokoll zeigt, daß die Frage nach dem Jahresanfang in Aachen noch immer umstritten war und daß viele Fragestellungen in bezug auf den Computus gemeinhin nicht verstanden wurden. In dieser Zeit wurden mehrere Sammlungen komputistischer Traktate zusammengetragen, um diese Studien in vielen Klosterschulen zu betreiben (vgl.

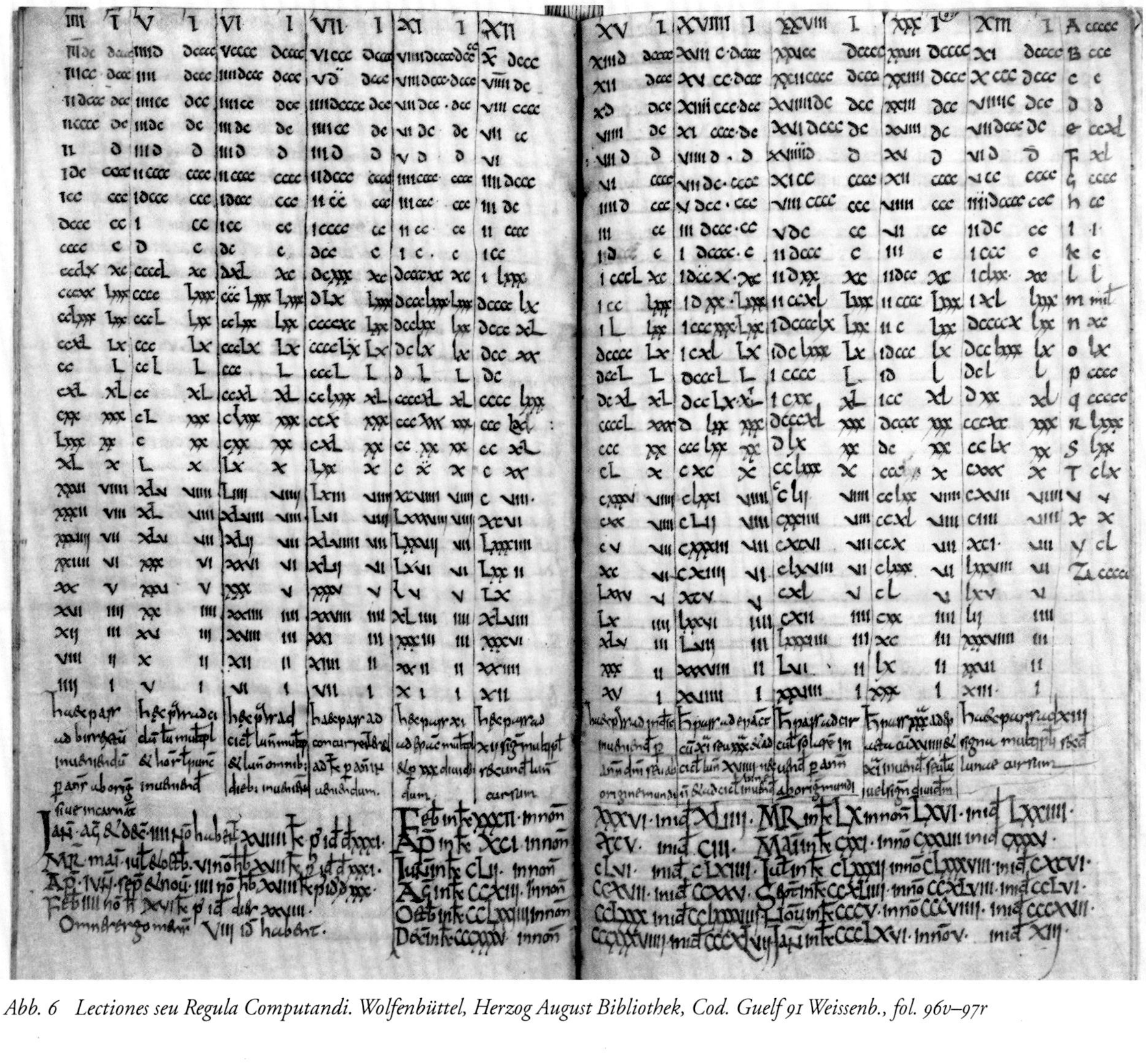

Abb. 6 Lectiones seu Regula Computandi. Wolfenbüttel, Herzog August Bibliothek, Cod. Guelf 91 Weissenb., fol. 96v–97r

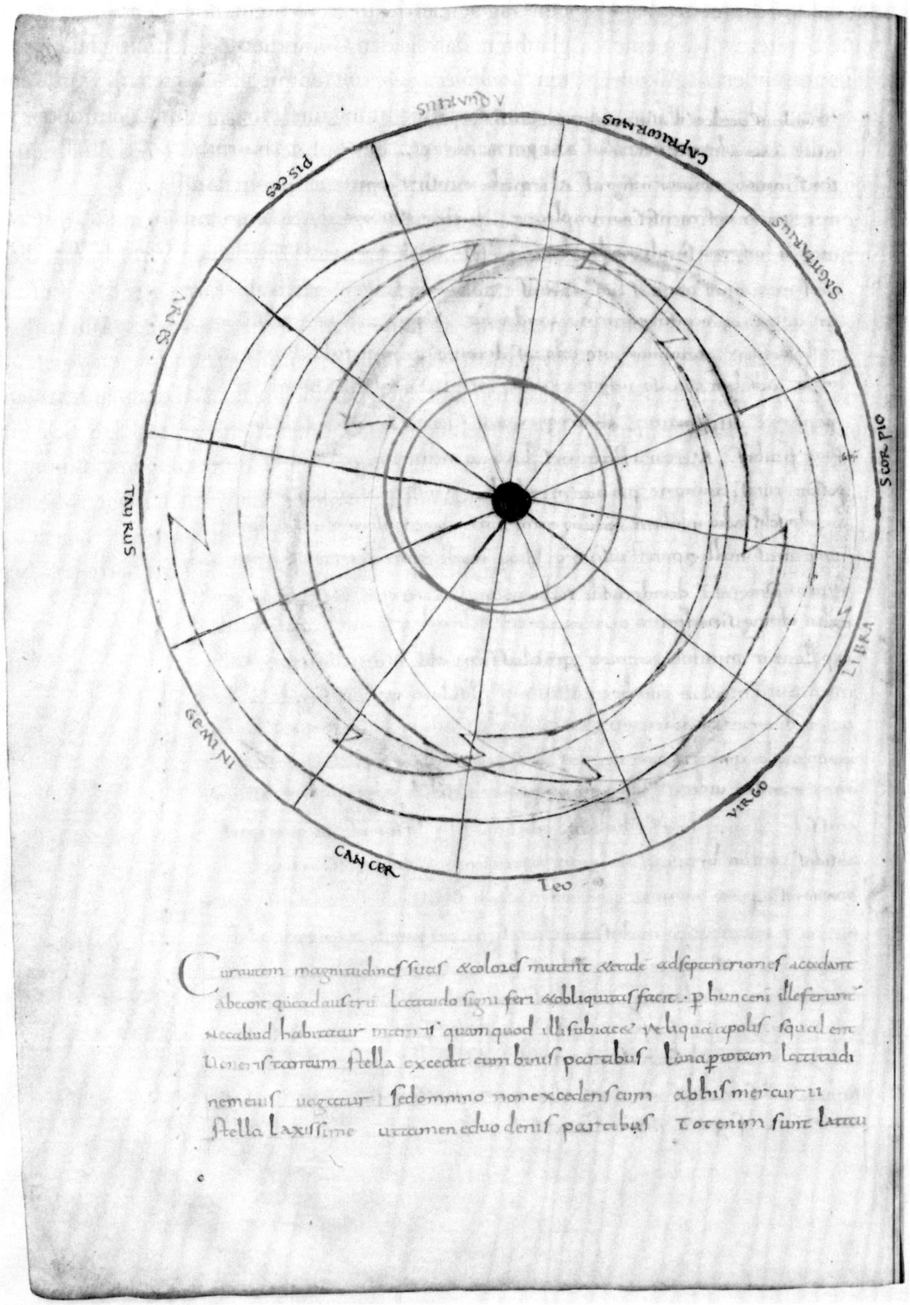

Abb. 7 Planetarische Apsiden. Paris, Bibliothèque Nationale, Nouv. acq. lat. 1615, fol. 160v

Kat.Nr. X.15). Eine der wichtigsten war die *Compilatio DCCCVIIII*, in der die meisten Differenzen in Anlehnung an Bedas Ansichten gelöst wurden, wie es auch von Alkuin in York, Heristal, Aachen und Tours gelehrt wurde. Zum Beispiel setzte es sich allgemein durch, das Sonnenjahr mit dem ersten Januar zu beginnen und den *saltus lunae* in den Januar zu legen. Vorherrschend wurde das Buch De Computo, das Hrabanus Maurus in Dialogform um 819/820 verfaßte, noch bevor er Abt von Fulda wurde.

Die Benediktsregel schrieb einen festen Tagesablauf mit Gebetsstunden rund um die Uhr vor. In der Nacht wurden die Brüder zu bestimmten Zeiten, die man an der Position der Sterne erkannte, geweckt. Deshalb sahen einige Mönche es als ihre persönliche Berufung an, das Studium der Astronomie aufzunehmen, und in der Tat brachte die karolingische Renovatio in der Astronomie bemerkenswerte Erkenntnisse hervor.

Sieben Planeten können Nacht für Nacht beobachtet werden, wie sie sich allmählich von West nach Ost be-

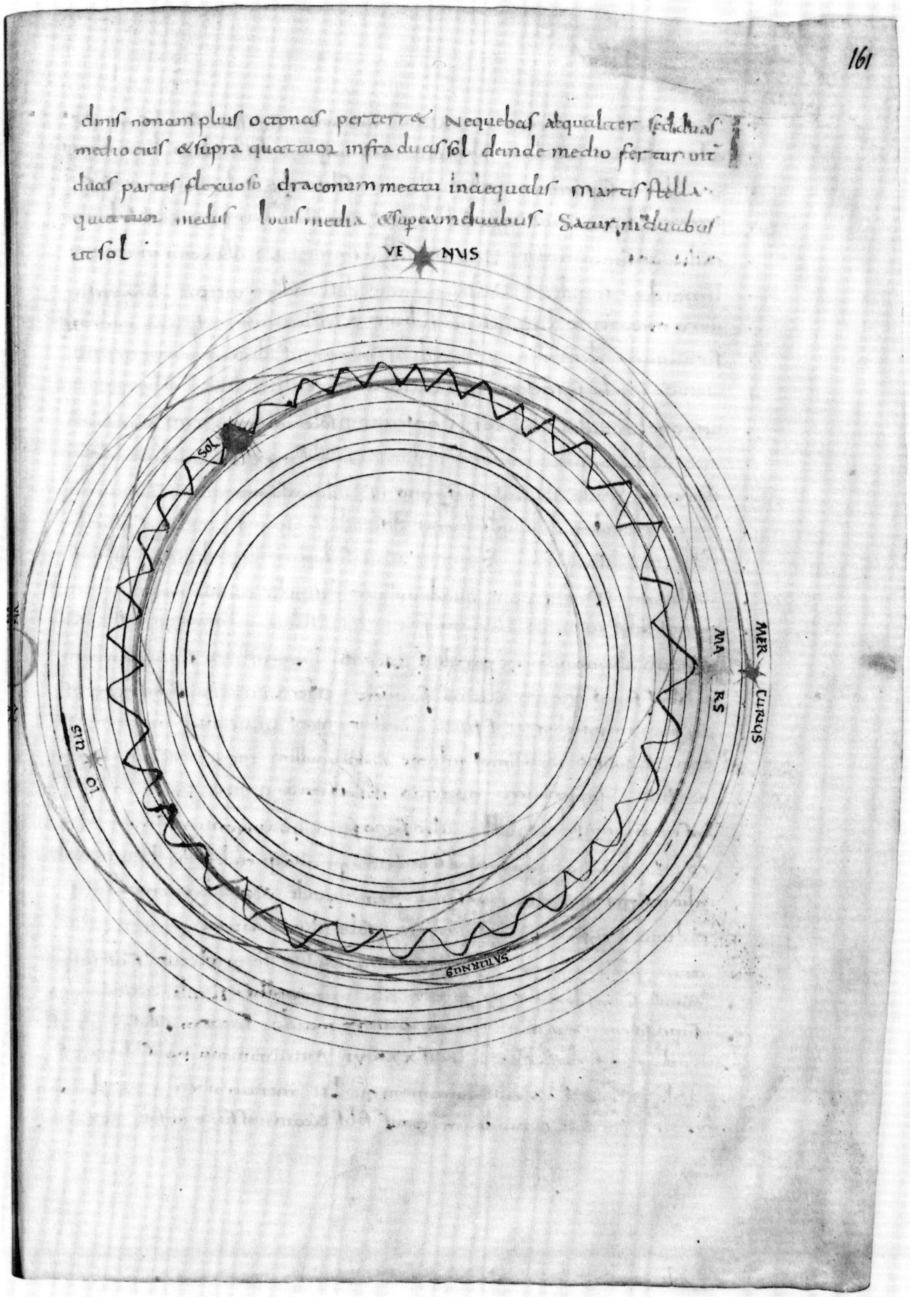

Abb. 8 Kreise der Planetenbahnen.
Paris, Bibliothèque Nationale, Nouv. acq. lat. 1615, fol. 161r

wegen, aber keiner von ihnen scheint sich in einem gleichförmigen Kreis zu bewegen. Statt dessen scheint sich die Bahn eines jeden Planeten von Nord nach Süd zu verändern, und einige bewegen sich ungleichmäßig vor- und rückwärts. Wie können solche Phänomene erklärt werden? Aristoteles nahm an, daß jeder Planet sich im Kreis um das Zentrum Erde bewege, deren Achse aber ihrerseits an einen anderen Kreis gebunden sei, so daß ein Netz von sich gegenseitig beeinflussenden Umlaufbahnen das ungewöhnliche Erscheinungsbild eines jeden Orbits bewirken würde. Ptolemäus dachte, daß die Bewegung eines Planeten auf einem kleinen Kreis errechnet werden könne, dessen Mittelpunkt auf einem größeren Kreis ruhe, dessen Zentrum wiederum die Erde sei. Eine dritte Option wurde von Apollonios vorgeschlagen, nämlich daß die Erscheinungen täuschen würden, weil jeder Planet sich tatsächlich in einer Kreisumlaufbahn bewege, deren Mittelpunkt aber nicht die Erde sei. Die Arbeiten dieser Griechen waren den lateinischen Astronomen unbekannt, aber Isidor von Sevilla stellte seinen Schülern Anfang des

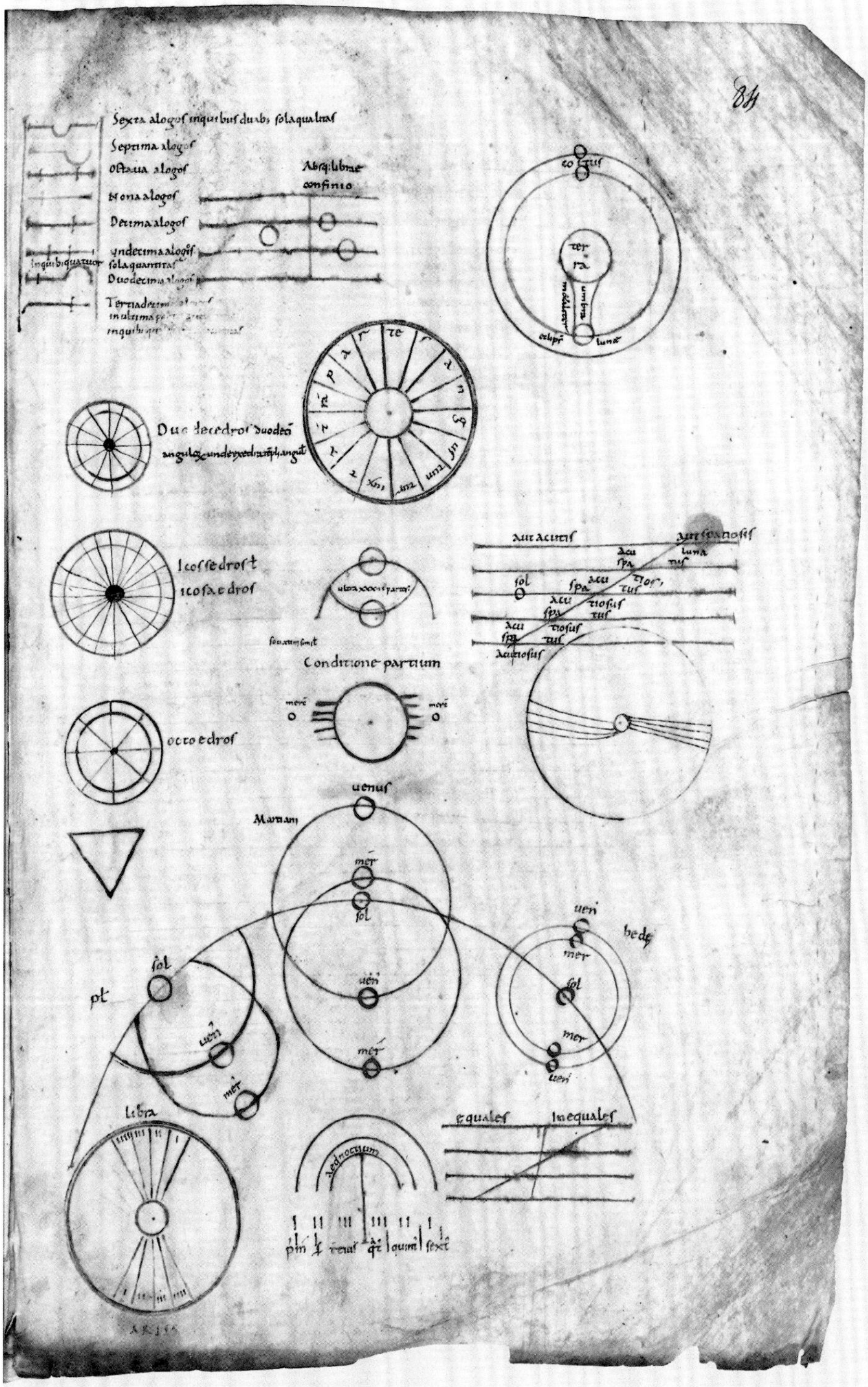

*Abb. 9 Astronomische Zeichnungen.
Paris, Bibliothèque Nationale, lat. 8671, fol. 84r*

*Abb. 10 Horologium nocturnum des Pacificus von Verona.
Vatikanstadt, Biblioteca Apostolica Vaticana, Ms. Vat. lat. 644, fol. 76r*

7. Jahrhunderts mehrere Fragen: Hielten die Planeten tatsächlich an, kehrten sie um, um dann wieder auf ihre normale tägliche Bewegungsbahn zu gelangen? Oder waren diese Phänomene nur Erscheinungen und ihre natürlichen Bewegungen tatsächlich beständig, gleichmäßig und nicht rückläufig? Umkreiste die Sonne die Erde, oder umkreiste die Erde die Sonne? Es wurden Experten mit unterschiedlichen Ansichten zitiert, aber die Fragen blieben offen. In den frühchristlichen Schulen setzte sich keine bestimmte Erklärung für die Planetenbewegungen durch.

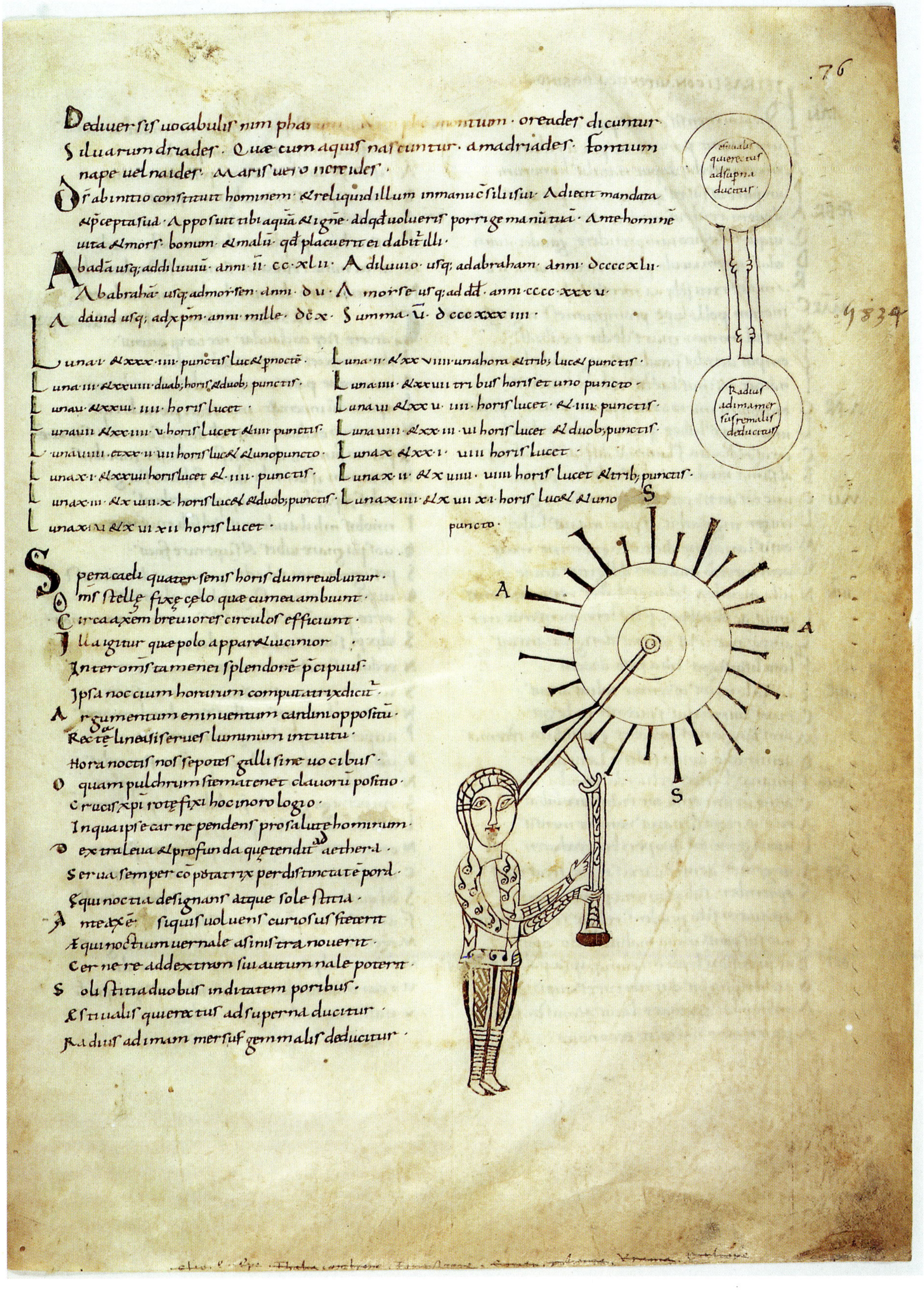
De diversis vocabulis nim pha[...] ntium · oreades dicuntur
Silvarum driades · Quae cum aquis nascuntur · amadriades · fontium
napę vel naides · maris vero nereides ·
D̄s ab initio constituit hominem · et reliquid illum in manu c̄silii sui · Adiecit mandata
et p̄cepta sua · Apposuit tibi aquā et igne · ad q̄d volueris porrige manū tuā · Ante hominē
vita et mors · bonum et malū · q̄d placuerit ei dabit̄ illi ·
Ab adā usq; ad diluuiū · anni · II · CC · XL · II · A diluuio usq; ad abraham · anni · DCCCCXLII ·
Ab abrahā usq; ad moysen · anni · D · V · A moyse usq; ad dd̄ · anni · CCCC · XXX · V ·
A dauid usq; ad xp̄m · anni mille · DCX · Summa · V · DCCCXXXIIII ·
Luna I et XXX · IIII · punctis luc& p nocte · Luna II et XX VIIII · una hora et trib; luc& punctis ·
Luna III et XXVIII · duab; horis et duob; punctis · Luna IIII et XXVII tribus horis et uno puncto ·
Luna V et XXVI · IIII · horis lucet · Luna VI et XXV · IIII · horis lucet · et IIII · punctis ·
Luna VII et XXIIII · V · horis lucet et IIII punctis · Luna VIII · et XXIII · VI horis lucet et duob; punctis ·
Luna VIIII · et XXII · VII horis luc& et uno puncto · Luna X et XXI · VIII horis lucet ·
Luna XI et XX VIII horis lucet et III · punctis · Luna XII et XVIIII · VIIII horis lucet et trib; punctis ·
Luna XIII et XVIII · X · horis luc& et duob; punctis · Luna XIIII et XVII XI · horis luc& et uno puncto ·
Luna XV et XVI XII horis lucet ·
Spera caeli quater senis horis dum reuoluitur ·
Omis stellę fixę celo quae circumambiunt ·
Circa axem breuiores circulos efficiunt ·
Illa igitur quae polo appar& lucinior
Inter omīs tamen ei splendorē p̄cipuus
Ipsa noc cium horarum computatrix dicit̄ ·
Argumentum enim uenitum cardini opposit̄ ·
Recte linea si serues luminum intuitu ·
Hora noctis nos se potes galli sine uocibus ·
O quam pulchrum sternatenet clauorū positio ·
Crucis xp̄i rote fixi hoc in oro logio ·
In qua ipse carne pendens pro salute hominum ·
Extra leua et profunda quę tendit̄ ad aethera ·
Serua semper co p̄putatrix per distinctū tē pord ·
Equi noctia designans atque sole stitia ·
Ante axē siquis uoluens curiosus fuerit
Aequinoctium uernale a sinistra nouerit ·
Cernere ad dextram si autumnale poterit ·
Solstitia duobus indicatem poribus ·
Estiualis quiere ctus ad superna ducitur
Radius ad imam mersus gemmalis deducitur ·
.76
Estiualis quiere ctus ad supna ducitur
Radius adimam mersus gemalis deducitur
S
A
A
S

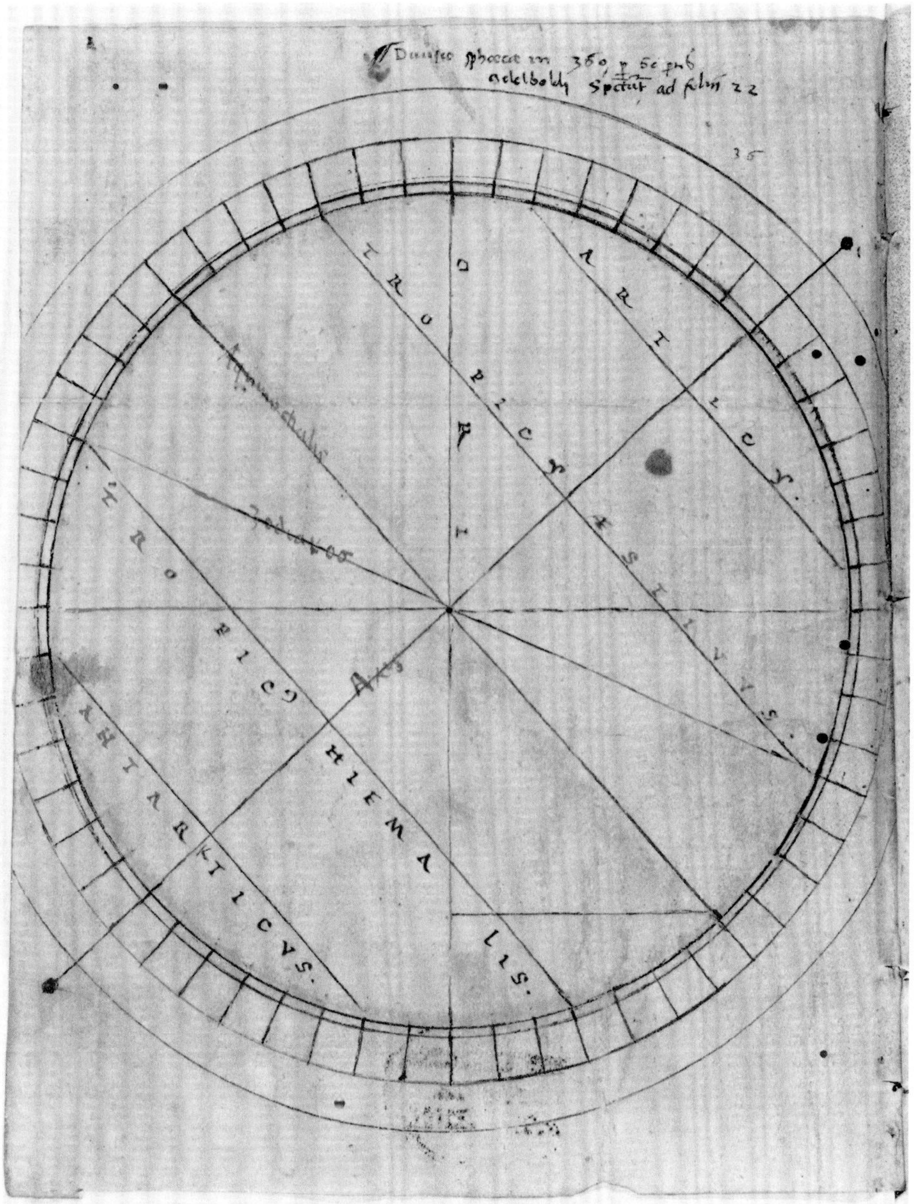

Abb. 11 Wilhelm von St. Emmeram, Sphaera. München, Bayerische Staatsbibliothek, Cod. lat. 14689, fol. 1v

Ein Beobachter kann von der Erde aus beurteilen, in welcher Reihenfolge die Planeten von nah nach fern zu sehen sind. Aber ihre jeweiligen Entfernungen zur Erde und die Abstände voneinander waren keine gleichmäßigen Stufen, sondern Relationen, in der pythagoreischen Sprache *tonos* genannt. Ihre Bahnbewegungen wiesen ein unregelmäßiges Muster auf, so daß Pausen und Richtungsänderungen durch Zickzack-Unterbrechungen in der Kreislinie gezeigt werden konnten, die jede Umlaufbahn darstellte (Abb. 7). Auch die unterschiedliche Helligkeit von fünf der Planeten zu verschiedenen Zeiten zeigte, daß sie der Erde einmal näher (Perigäum) und einmal ferner (Apogäum) waren. Um Umlaufbahnen dieser Art zu beschreiben, wurden Kreise der Planetenbahnen außerhalb des Zentrums gezeichnet, d. h. exzentrisch zur Erde (Abb. 8).

Die Venus war häufig sowohl beim Sonnenauf- als auch beim Sonnenuntergang zu sehen, während Merkur zwar gelegentlich beim Sonnenuntergang im Westen, aber, wenn überhaupt, nur selten beim Sonnenaufgang im Osten zu sehen war. Im 9. und 10. Jahrhundert wurden Zeichnungen mit der Gruppe der drei Planeten (Venus, Merkur, Sonne) angefertigt, wie sie die Erde in der Umlaufbahn der Sonne umrundeten, während Merkur und

Venus auch die Sonne in Epizyklen (Nebenkreisen) umkreisten (Abb. 9). Weitere Zeichnungen aus dem 11. Jahrhundert zeigen noch andere Konfigurationen dieser astronomischen Phänomene.

Der Standardzodiakus (Zusammenfassung der zwölf Tierkreiszeichen) wurde benutzt, um die Sterne, Planeten und ihre Umlaufbahnen innerhalb eines zusammenhängenden Weltalls zu plazieren. Der Zodiakus war ein imaginäres Band im Weltraum, das auf das Firmament projiziert wurde und in seiner Ausdehnung den Wanderungen des Mondes entsprach.

Im 9. und 10. Jahrhundert erfuhr ein Stern (*ursa minor* = kleiner Bär, heute Polarstern genannt), der regelmäßig den Pol in einem Abstand, der fast dem vierfachen Durchmesser der Sonne entsprach, umkreiste, besondere Aufmerksamkeit. Pacificus von Verona († 844) schuf ein Instrument mit einem Sichtrohr und einer markierten Scheibe, wobei die Umläufe dieser *noctium horarum com-*

Abb. 12 Wilhelm von St. Emmeram, Sphaera. Regensburg, Historisches Museum

putatrix als perfekte Uhr für die Nachtstunden dienen konnten (Abb. 10). Gerbert von Reims erklärte Kaiser Otto III. (980–1002) dieses *horologium nocturnum* 997 in Magdeburg. Ausgefeilter war das *Astrolabium*, das in den Jahren 960 1030 in die westlichen Königreiche gelangte, zusammen mit lateinischer Terminologie und Anleitungen zur Herstellung und zum Gebrauch dieses Instruments. Berthold von Konstanz (um 1000), Hermann der Lahme von der Reichenau (1013–1054) und andere Gelehrte in Augsburg, Fleury, Micy, Chartres, Laon, Lüttich und Köln begannen das Astrolabium für die Mondbeobachtung und später für die Verfolgung der Bahnen anderer Planeten zu benutzen.

Die Termine der Sonnenwenden und Tagundnachtgleichen wurden in dieser Epoche immer zur falschen Zeit erwartet, so daß der Kalender nicht ganz mit den Himmelssphären und den Jahreszeiten übereinstimmte. Im späten 9. Jahrhundert verbesserten sich jedoch die Methoden, und somit wurden auch die Termine korrekter berechnet. In seinem Werk Ars calculatoria entwickelte Heiric von Auxerre (860–903) eine neue Methode für die Beobachtung der Sonnenwenden an aufeinanderfolgenden Tagen, indem er den Punkt markierte, an dem das Sonnenlicht bei Sonnenaufgang durch eine schmale Öffnung an der Ostwand des Refektoriums auf die Westwand fiel: die Punkt-Methode. Andere schlußfolgerten, daß die Frühjahrs-Tagundnachtgleiche schon auf den 18. oder 17. März fiel. Der Magister Wilhelm von St. Emmeram entwickelte vor 1069 in Regensburg ein neues Instrument für astronomische Beobachtungen und setzte die richtigen Sonnenwenden und Tagundnachtgleichen fest (Abb. 11 u. 12). Mit seiner Sphaera konnte Wilhelm die Frühjahrs-Tagundnachtgleiche auf den 16. März festlegen, eine Abweichung von nur fünf Tagen. Durch die verbesserten Methoden und Beobachtungen in vielen Schulen erschien es nur gerechtfertigt, daß Marianus Scottus († 1082/83) in Fulda und Köln eine Kalenderreform forderte.

Literatur:

Arno BORST, Die karolingische Kalenderreform (Schriften der MGH 4), Hannover 1998. – Bernhard BISCHOFF, Mittelalterliche Studien. Ausgewählte Aufsätze zur Schriftkunde und Literaturgeschichte 2, Stuttgart 1967, hier 50–51. – Donald BULLOUGH, The Age of Charlemagne, London 1965 (dt. Karl der Große und seine Zeit, Wiesbaden 1966). – Bonifatius FISCHER, Bibeltext und Bibelreform unter Karl dem Großen, in: Karl der Große. Lebenswerk und Nachleben 2: Das geistige Leben, hrsg. v. Bernhard BISCHOFF, Düsseldorf 1965, 156–216. – Wesley M. STEVENS, Cycles of Time and Scientific Learning in Medieval Europe, Aldershot/Hampshire 1995. – DERS., Astronomy in Carolingian schools, in: Karl der Große und sein Nachwirken. 1200 Jahre Kultur und Wissenschaft in Europa, hrsg. v. Paul Leo BUTZER, Max KERNER u. Walter OBERSCHELP, Turnhout 1997, 417–487. – Joachim WIESENBACH, Wilhelm von Hirsau, Astrolab und Astronomie im 11. Jahrhundert, in: Hirsau. St. Peter und Paul 1091–1991, 2: Geschichte, Lebens- und Verfassungsformen eines Reformklosters, bearb. v. Klaus SCHREINER (Forschungen und Berichte der Archäologie des Mittelalters in Baden-Württemberg 10/2), Stuttgart 1991, 109–156. – DERS., Pacificus von Verona als Erfinder einer Sternenuhr, in: Science in Western and Eastern Civilization in Carolingian Times, hrsg. v. Paul Leo BUTZER u. Dietrich LOHRMANN, Basel 1993, 229–250.

Anne Schmid

Schriftreform – Die karolingische Minuskel

Die Schriftlichkeit im Römischen Reich zeichnete sich durch eine weitgehend einheitliche, wenn auch – im Gegensatz zum Frankenreich – im Gebrauch differenziertere Verbreitung lateinischer Alphabete aus. Im 4. Jahrhundert las und schrieb man im ganzen Reich Capitalis, Unziale, Halbunziale und die jüngere römische Kursive. Doch mit dem Ende des Römischen Reiches, seiner lebendigen Kultur und seinen Verwaltungseinrichtungen zeigten sich schon seit dem 5. Jahrhundert die ersten Zeichen der Auflösung der gemeinsamen Schrifttradition. An die Stelle des einheitlich verwalteten Römischen Reiches traten verschiedene Germanenreiche, und die gemeinsame kulturelle Tradition erfuhr in den einzelnen europäischen Regionen eine unterschiedliche Entwicklung, wodurch der gemeinsamen Schrifttradition zwischen dem 6. und 7. Jahrhundert endgültig ein Ende gesetzt wurde (Abb. 1).

Als Folge dieses Differenzierungsprozesses begannen sich regional unterschiedliche Schriften auszubilden. Neben den nur gelegentlich mit kursiven Elementen versehenen Buchschriften, Unziale und Halbunziale, deren Buchstabenformen kraftlos imitiert wurden, trat die in Kanzleien und im Alltag verwendete Kursive immer mehr in den Vordergrund. Es wurden zugleich Versuche gemacht, die Kursive wiederum zu vereinfachen und ihre phantasievollen Buchstabenverbindungen zu regularisieren, um ihre Lesbarkeit zu erhöhen und sie als Buchschrift einsetzen zu können. Die Ergebnisse dieser Bemühungen fielen jedoch in den westlichen, lateinischsprachigen Teilen des einstigen Römischen Reiches, die schließlich unter Karl dem Großen vereint werden sollten, unterschiedlich aus. Erst im 9. Jahrhundert, also mehr als drei Jahrhunderte später, konnte ein – im Vergleich zum Römischen Reich – territorial weniger ausgedehntes Reich unter veränderten politischen Bedingungen in einer einheitlich verbreiteten Schrift, der karolingischen Minuskel, eine gemeinsame graphische Ausdrucksform finden.

Italien und Iberische Halbinsel

Während Irland von der römischen Schrift unberührt blieb und aus England keine Versuche bekannt sind, die römische Kursive weiterzuentwickeln (so daß beide Inseln zunächst von der auf dem Kontinent zu beobachtenden Schriftgeschichte ausgenommen bleiben), werden in Italien und Spanien die Alphabete der römischen Minuskelschriften verwendet.

Im 6. Jahrhundert – und noch bis ins 9. Jahrhundert hinein – wurden in Italien Bücher in den aus der Spätantike überlieferten Schriften – vorwiegend Unziale – hergestellt, doch ab dem 7. Jahrhundert bildeten sich in Kathedralen angegliederten Schreibschulen, wie sie in Verona, Lucca oder Vercelli zu finden waren, sowie in neugegründeten Klöstern wie Bobbio, Novalesa oder Nonantola Stilisierungen frühmittelalterlicher halbkursiver Buchschriften heraus, die reich an Ligaturen und kursiven Elementen waren.

In Süditalien dagegen fixierte sich eine runde, ligaturenreiche Halbkursive in einem festen Schriftkanon: Diese als „Beneventana“ bezeichnete Schrift verbreitete sich im späten 8. Jahrhundert in ganz Süditalien und an der dalmatischen Küste und blieb bis ins 13. Jahrhundert hinein lebendig. Sie ist eines der wenigen Beispiele für die Kanonisierung einer frühmittelalterlichen halbkursiven Buchschrift, die sich in einem weiten Gebiet verbreiten konnte.

In Spanien und Portugal wurden die alten römischen Buchschriften vom frühen 8. Jahrhundert an von der sich langsam entwickelnden westgotischen Minuskel abgelöst. Sie ist als Stilisierung der Kursive zu verstehen und erreichte vielfach kalligraphisches Niveau. Bis ins frühe 12. Jahrhundert blieb sie in Spanien in Gebrauch.

Frankreich, Deutschland und andere Gebiete

Im Gebiet des heutigen Frankreich nahm die Kursive, wenn sie als Buchschrift verwendet wurde, festere, diszi-

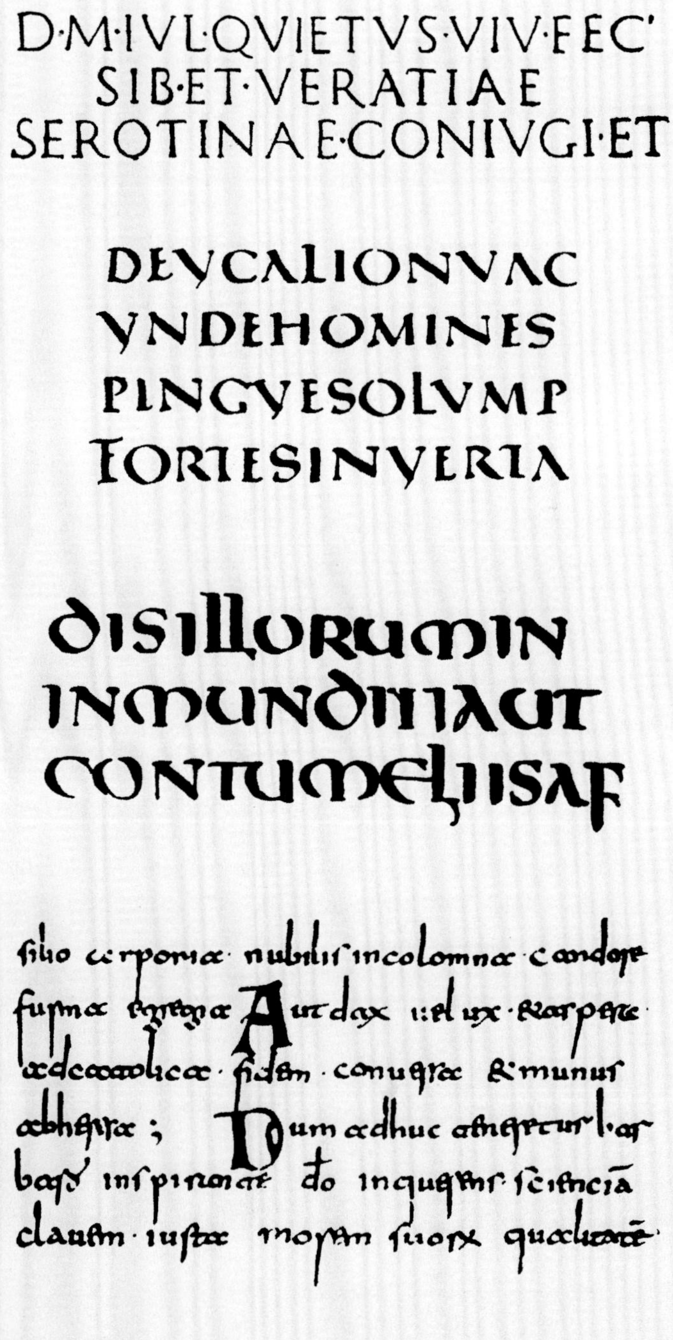
D·M·IVL·QVIETVS·VIV·FEC'
SIB·ET·VERATIAE
SEROTINAE·CONIVGI·ET
DEVCALIONVAC
VNDEHOMINES
PINGVESOLVMP
FORTESINVERIA
DISILLORUMIN
INMUNDITIAUT
CONTUMELIISAF

1 | 2 | 3 | 4

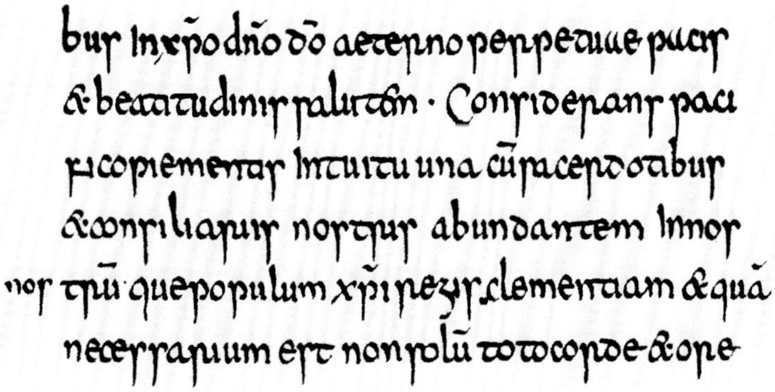
bus in xp̄o dn̄o d̄o aeterno perpetuae pacis
& beatitudinis salutem · Considerans paci
ficos piementis intuitu una cū sacerdotibus
& consiliariis nostris abundantem innos
nos tuū quepopulum xp̄i regis clementiam & quā
necessarium est non solū toto corde & ope
5 |

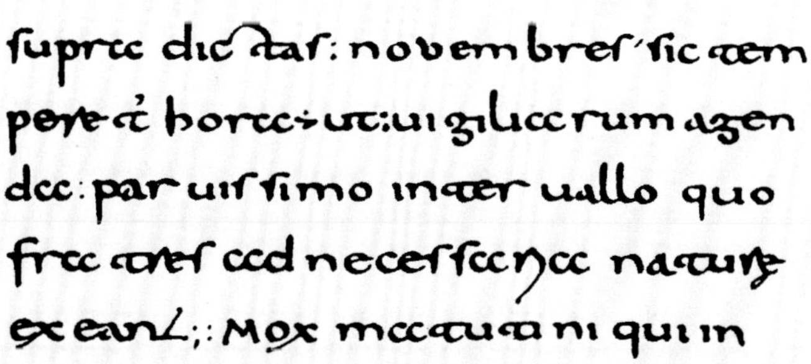
supra dictas: novembres sic tem
pore & horae ut: uigiliarum agen
da: parvissimo inter uallo quo
fratres ad necessaria naturae
exeant;: Mox matutini qui in
6 |

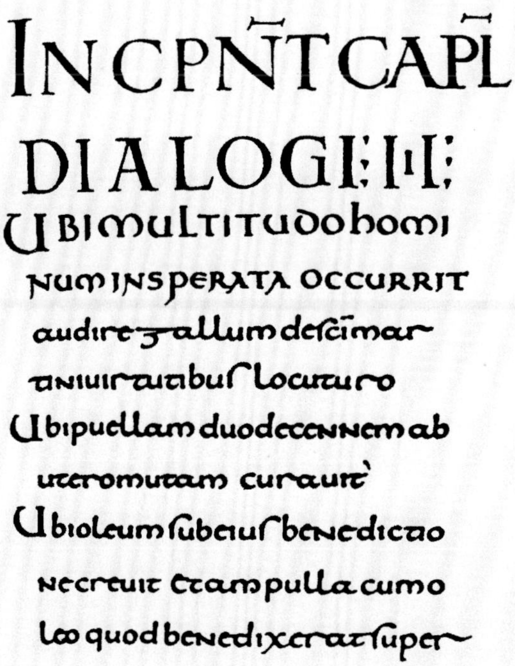
INCPNT CAPL
DIALOGI: I I:
UBI MULTITUDO HOMI
NUM INSPERATA OCCURRIT
audire gallum de scimar
tiniuirtutibus locuturo
Ubi puellam duodecennem ab
utero mutam curauit
Ubi oleum sub eius benedictio
ne creuit et ampulla cum o
leo quod benedixerat super
7 |

pliniertere und z. T. auch kleinere Formen als in Urkunden an. Im Kloster Luxeuil ist noch vor 700 eine schlanke, stilisierte Halbkursive bezeugt, deren Schriftbild sich u. a. durch *g*- und *t*-Ligaturen mit Überschlag auszeichnete (vgl. Kat.Nrn. VII.30; XI.1). Mitte des 8. Jahrhunderts wurden im Kloster Corbie Handschriften in einer degenerierten Halbunziale, dem sogenannten Leutchar-Typ hergestellt, der durch die unziale *G*-Form charakterisiert ist. Ferner kam ein Minuskeltyp mit stark halbunzialem Charakter, der eN-Typ, zum Einsatz. Die frühesten halbkursiven Schriftzeugnisse des Klosters Corbie sind in verschiedenen, aber gleichzeitig gebrauchten Typen ausgeführt, von denen zwei einen besonderen Namen tragen, nämlich der stilisierte und nach seinen charakterisierenden Buchstaben genannte ab-Typ und die frühkarolingische Maurdramnus-Minuskel, die sich aufgrund ihres schlichten, eindeutigen und gut lesbaren Erscheinungsbildes durchsetzte.

Weitere Versuche einer Bindung von halbkursiven Schriften zu fest geprägten Typen finden sich in dem nach seinen namengebenden Buchstaben bezeichneten az-Typ, der in der zweiten Hälfte des 8. Jahrhunderts in Laon gepflegt wurde, und im b-Typ, der am Ende des 8. Jahrhunderts vorübergehend in Chelles geschrieben wurde.

Als typisierte Schrift begannen sich um die Mitte des 8. Jahrhunderts im rätischen und alemannischen Raum zwei runde Minuskeltypen durchzusetzen; in St. Gallen belegen Urkunden in vorkarolingischer Minuskel aus der Mitte des 8. Jahrhunderts die Entwicklung der Schrift. Kursive Vorstadien der in baierischen Schreibzentren geschaffenen Minuskeltypen sind nicht bezeugt.

In den angelsächsischen Missionsgebieten auf dem Kontinent bediente man sich der angelsächsischen Minuskel, deren Entwicklung jedoch von der karolingischen Minuskel unabhängig ist.

Frühkarolingische Minuskeltypen

Im Fränkischen Reich und in dem von Karl dem Großen 774 eroberten Norditalien waren Bücher vor 768 – der Herrschaftsübernahme Karls und seines Bruders Karlmann – überwiegend in Unziale oder in lokal geprägten, halbkursiven Minuskeltypen geschrieben worden, die man den Ansprüchen einer Buchschrift entsprechend umgebildet hatte. Aus der Weiterentwicklung zweier spätrömischer Minuskelschriften, nämlich der jüngeren römischen Kursive und der aus ihr hervorgegangenen neuen Buchschrift, der Halbunziale, begann sich allmählich das Erscheinungsbild der künftigen karolingischen Minuskel herauszukristallisieren, die sich hinsichtlich der Buchstabenformen vor allem durch *a*, *g* und *n* von der Halbunziale unterscheidet. Da die neue Minuskelschrift an verschiedenen Orten aus unterschiedlichen Vorstufen, aber dank verwandter Tendenzen entstanden ist, erweist sich ihr Erscheinungsbild als vielseitig. Ein Blick auf eine Seite des vor 788 im Kloster Mondsee entstandenen Psalters von Montpellier (Kat.Nr. XI.18) verdeutlicht den Unterschied zwischen karolingischer und frühkarolingischer Minuskel, die sich durch die Vielfalt der häufig eingesetzten Ligaturen – Relikte (halb)kursiver Schrift – auszeichnet. Die runde, leicht nach rechts geneigte Minuskel mit ausgeprägten Oberlängen bringt *a* noch überwiegend in Gestalt des *cc-a*, was zu Verwechslungen mit zwei wirklichen *c* führen konnte. Ligaturen zeigen sich in Verbindungen mit hohem *e* – dessen Kopf dann das Linienband in mittlerer Höhe übersteigt – und *c, m, n* sowie *r*. In halbunzialer Form ohne Kopf erscheint *g; i* stößt unter die Zeile, wenn es an *l, n, r* oder *t* angehängt ist. Nach *o* wird *r* gelegentlich in runder Form in Gestalt einer 2 geschrieben. Die farbig ausgemalten Hohlbuchstaben und die Zierkapitalis sind von den klassischen karolingischen Modellen für Auszeichnungsschriften weit entfernt (Abb. 2).

Die frühkarolingische Minuskel des in Essen aufbewahrten Evangeliars (Kat.Nr. VII.15), das um 800 in Nordostfrankreich oder in Nordwestdeutschland hergestellt wurde, wirkt im Vergleich zu der des Psalters von Montpellier eher eckig. Ober- und Unterlängen sind stark ausgeprägt; im Buchstabenkanon begegnen neben unzialem *a cc-a* und halbunziales *a*, neben unzialem *d* Minuskel-*d, g* meist mit geschlossenem Kopf und offener Schlaufe, *I*-longa vor *e, n, N* und *u*, an *t* angehängtes, unter die Zeile reichendes *i* sowie Majuskel-*N* und -*R*. Buchstabenverbindungen werden zwischen *a* und *e, c* und *t, e* und *c, e* und *t, e* und *x, N* und *T, o* und rundem *r, r* und *e, r* und *o, s* und *t* sowie zwischen *e, c* und *t* gebildet (Abb. 3).

Das um 660 gegründete Kloster Corbie an der Somme bietet mit der Vielfalt seiner mehr oder weniger kurzlebigen Schrifttypen ein eindrückliches Beispiel dafür, daß es schon seit der Mitte des 8. Jahrhunderts ein Bestreben

◁ *Abb. 1 Schrifttafel: 1 Römische Kapitale. – 2 Capitalis quadrata (4. Jahrhundert). – 3 Unziale (7. Jahrhundert). – 4 Merowingische Buchschrift (Ende 8. Jahrhundert). – 5 Angelsächsische Minuskel (8./9. Jahrhundert). – 6 Karolingische Minuskel (Wende 8./9. Jahrhundert). – 7 Römische Kapitale, Unziale u. Karolingische Minuskel (9. Jahrhundert)*

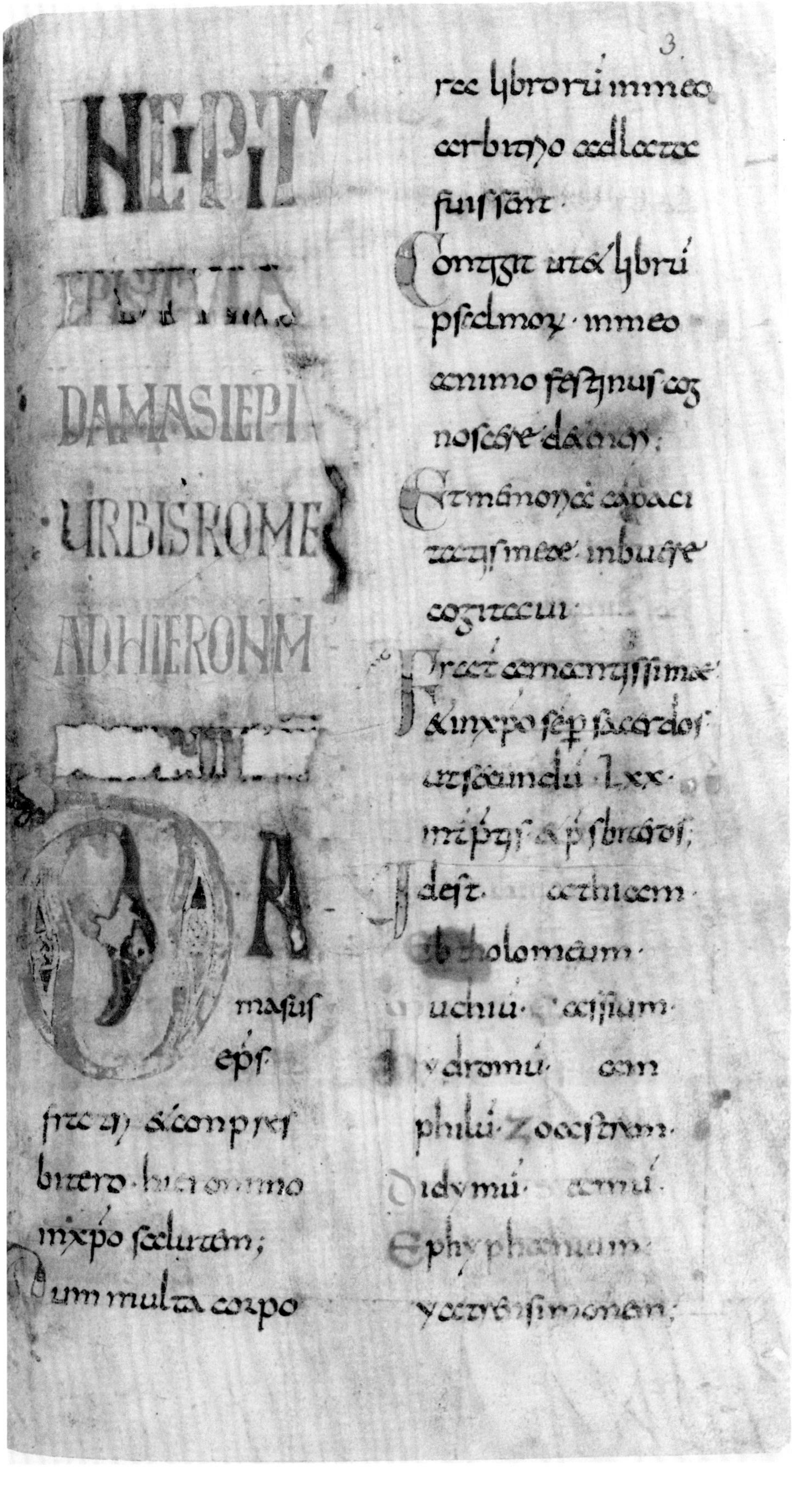

Abb. 2 Psalter von Montpellier (Mondsee, vor 788). Montpellier, Bibliothèque Interuniversitaire de Montpellier, section Médecine, Ms. 409, fol. 3r

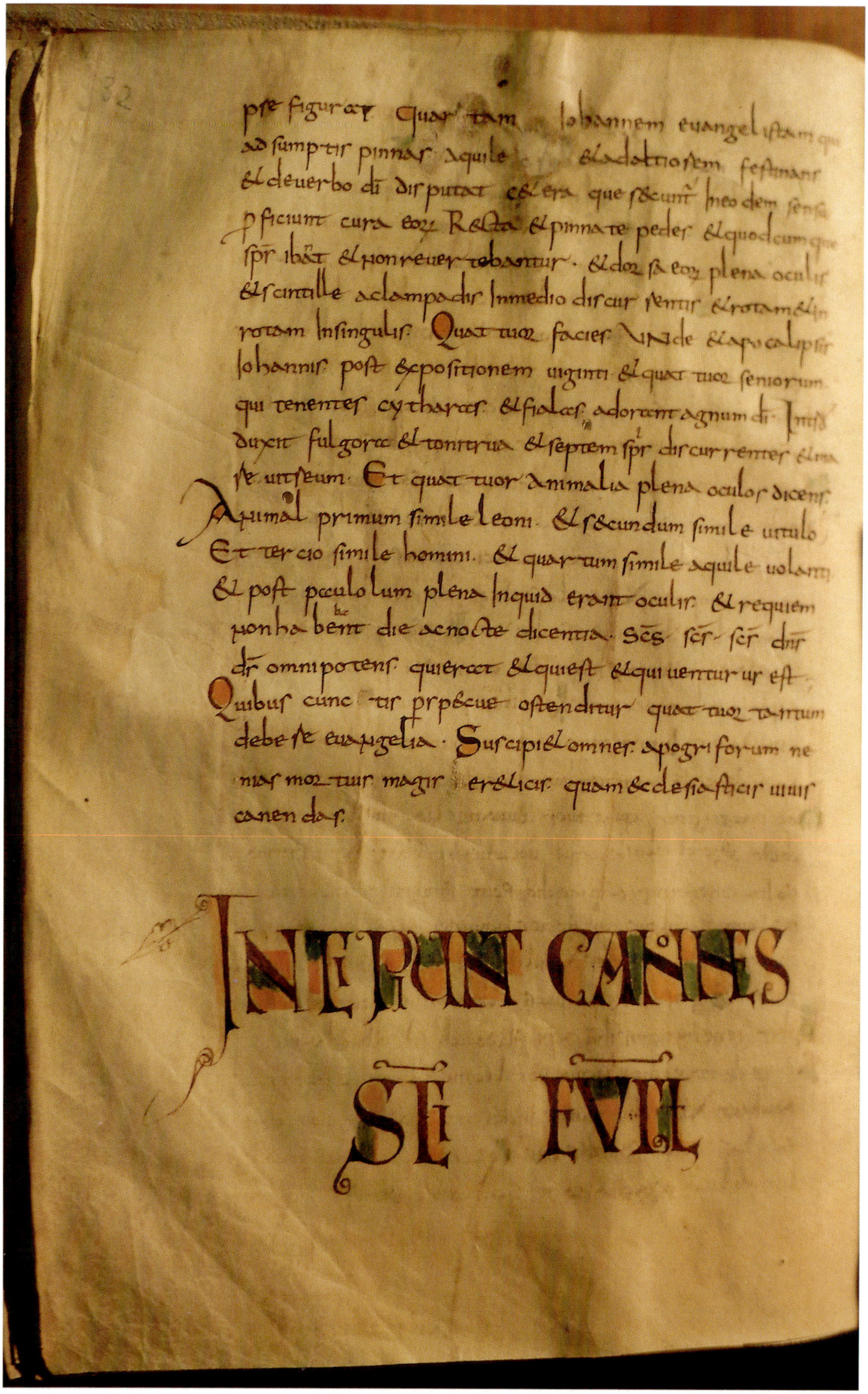
INCIPIUNT CANONES

Abb. 3 Evangeliar. Essen, Münsterschatz, pag. 32

Abb. 4 Maurdramnus-Bibel (Corbie, vor 781). Amiens, Bibliothèque Municipale, Ms. 7, fol. 60r

gab, das Erscheinungsbild der Schrift zu reinigen, was in unterschiedlichen Graden auch erreicht wurde. Als erster Schreibschule gelang es Corbie, mit dem Maurdramnus-Typ – in dem eine mehrbändige, unter Abt Maurdramnus (ca. 772–780) hergestellte Bibel ausgeführt wurde – eine wegweisende, frühkarolingische Buchschrift hervorzubringen. Die klar umrissenen Buchstabenkörper der starr aufgerichteten Maurdramnus-Minuskel (als Beispiel: Kat.Nr. XI.21 oder Kat.Nr. VII.40) stehen isoliert auf der Zeile. Die linksseitige Verstärkung der Oberlängen nimmt beinahe die Form eines Dreiecks an; der Sporn des *f* und der des *s* sowie die Schaftansätze in mittlerer Höhe von *p* und *r* weisen eine ausgeprägte Form auf; *cc-a* erscheint ausnahmsweise; der Kopf des *g* ist meist offen, die Schlaufe immer; Majuskel-*N* tritt hin und wieder auf. Buchstabenverbindungen bestehen zwischen *a* und *e*, *e* und *t* so-

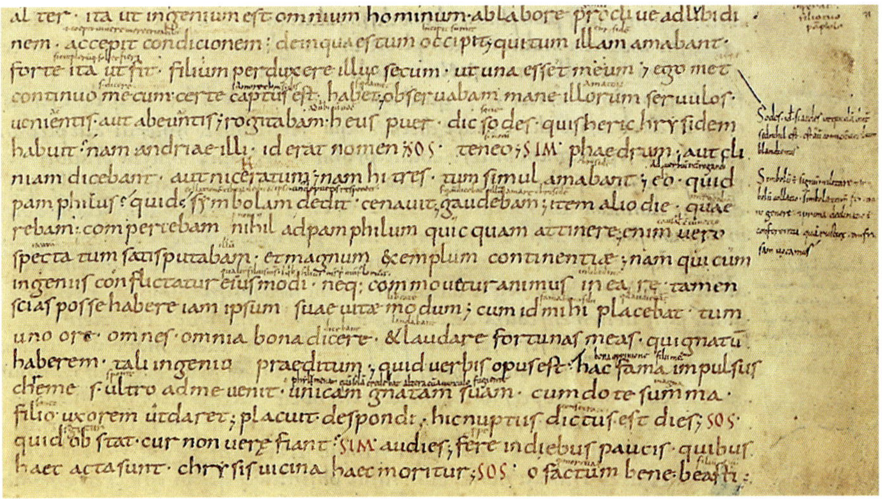

al ter · ita ut ingenium est omnium hominum ab labore procliue ad libidi
nem · accepit condicionem; dein quaestum occipit; qui tum illam amabant ·
forte ita ut fit · filium perduxere illuc secum · ut una esset meum · ego met
continuo mecum certe captus est · habet · obseruabam mane illorum seruulos ·
uenientis aut abeuntis; rogitabam · heus puer · dic sodes · quis heri chrysidem
habuit · nam andriae illi · id erat nomen · SOS · teneo · SIM · phaedrum aut cli
niam dicebant · aut niceratum; nam hi tres · tum simul amabant · eo · quid
pamphilus · quid · symbolam dedit · cenauit · gaudebam; item alio die · quae
rebam · comperiebam nihil ad pamphilum quicquam attinere · enim uero
specta tum satis putabam · et magnum exemplum continentiae; nam qui cum
ingeniis conflictatur eiusmodi · neque commouetur animus in ea re tamen
scias posse habere iam ipsum suae uitae modum; cum id mihi placebat · tum
uno ore · omnes omnia bona dicere · et laudare fortunas meas · qui gnatum
haberem · tali ingenio praeditum; quid uerbis opus est · hac fama impulsus
chremes · ultro ad me uenit · unicam gnatam suam · cum dote summa ·
filio uxorem ut daret; placuit · despondi · hic nuptiis dictus est dies; SOS ·
quid obstat cur non uerae fiant · SIM · audies; fere in diebus paucis · quibus
haec acta sunt · chrysis uicina haec moritur; SOS · o factum bene · beasti ·

Abb. 5 Terenz-Handschrift (Lotharingien, um 825). Vatikanstadt, Biblioteca Apostolica Vaticana, Vat. lat. 3868, fol. 5r

wie *s* und *t*, gelegentlich begegnen die Ligaturen *ex, or* und *rt* (Abb. 4).

Auch aus zwei anderen Schreibschulen, nämlich aus Tours und Sankt Gallen, sind Schriftzeugnisse erhalten, die noch vor der Mitte des 8. Jahrhunderts einsetzen und es erlauben, die Entwicklung von halbkursiven Schriften bis zur karolingischen Minuskel zu veranschaulichen.

Doch auch in den Gegenden des Fränkischen Reiches, in denen die Schreibgewandtheit geringer war und es keine organisierten Schreibschulen gab, die in der Lage gewesen wären, Schrifttypen zu prägen, hatte ein Prozeß der Klärung und Vereinfachung verwilderter kursiver und halbkursiver Schriften eingesetzt, der die Auflösung der Schrift in Einzelbuchstaben und die Schaffung eines Formenkanons anstrebte. Diese nach und nach von der Kursive frei werdenden Minuskelschriften ließen sich mit Hilfe strenger Schreibdisziplin allmählich zu einer Buchschrift karolingischen Zuschnitts umgestalten. Bis zum Ende des 8. Jahrhunderts ist die handschriftliche Überlieferung solcher Zentren jedoch zu lückenhaft, um die Vielfalt ehemals vorhandener Schrifttypen auf ihrem Weg zu karolingischem Standard zu dokumentieren.

Die karolingische Minuskel

Das Erscheinungsbild und den Formenbestand der karolingischen Minuskel kann die Terenz-Handschrift aus der Biblioteca Apostolica Vaticana (Kat.Nr. X.18) stellvertretend für andere Handschriftenexponate in karolingischer Minuskel veranschaulichen. Sie wurde im dritten Jahrzehnt des 9. Jahrhunderts in einer Schreibschule in dem später Lotharingien genannten Gebiet zwischen dem Westfränkischen und Ostfränkischen Reich hergestellt (Abb. 5): Der Buchstabe *a* zeigt sich in unzialer Gestalt, *d* in gerader Form, *g* mit offenem Kopf und offener Schlaufe, *n* in Minuskelform; *s* ist mit Schaft und Krümme gebildet; der auf der Zeile umgebogene und mit einem abschließenden Balken versehene Schaft des *t* übersteigt die Mittelposition nicht. Die Schäfte der Buchstaben *f, r* und *s* durchstoßen die Zeile. Der erste Schaft des *n* bzw. der erste und der zweite Schaft des *m* sind im Gegensatz zum jeweiligen letzten, lotrecht ausgerichteten Schaft nach links geführt. Die Oberlängen der Buchstaben sind aufgerichtet, leicht nach rechts geneigt und linksseitig verstärkt, wodurch sie letztlich den Eindruck erwecken, sie stünden lotrecht auf der Zeile. Die sparsam verwendeten Ligaturen beschränken sich auf Verbindungen zwischen den Buchstaben *a* und *e, e* und *t, e* und *x*. In der Regel sind alle Wörter ausgeschrieben, gekürzt werden Schluß-*m, p(er), p(ro), -q(ue)* und *q(uo)d*. Nicht jedes Wort ist durch eine Lücke vom folgenden getrennt, doch entstehen Wörterketten meistens durch unbetonte Wörter, die sich an das vorangegangene, betonte Wort anlehnen, oder durch Aneinanderreihung kurzer Wörter.

Wie unterschiedlich jedoch die Wirkung einer Seite, die in karolingischer Minuskel geschrieben ist, noch in der ersten Hälfte des 9. Jahrhunderts sein konnte, veranschaulichen Handschriften, die in verschiedenen Schreibschulen des Frankenreichs hergestellt wurden: Die in den letzten Jahren des 8. Jahrhunderts in Orléans entstandene Theodulf-Bibel in Stuttgart (Kat.Nr. XI.22) wurde in winziger, nach rechts geneigter karolingischer Minuskel geschrieben. An Doppelformen im Buchstabenkanon sind neben geradem *d* unziales *d* und neben Minuskel-*n* Ma-

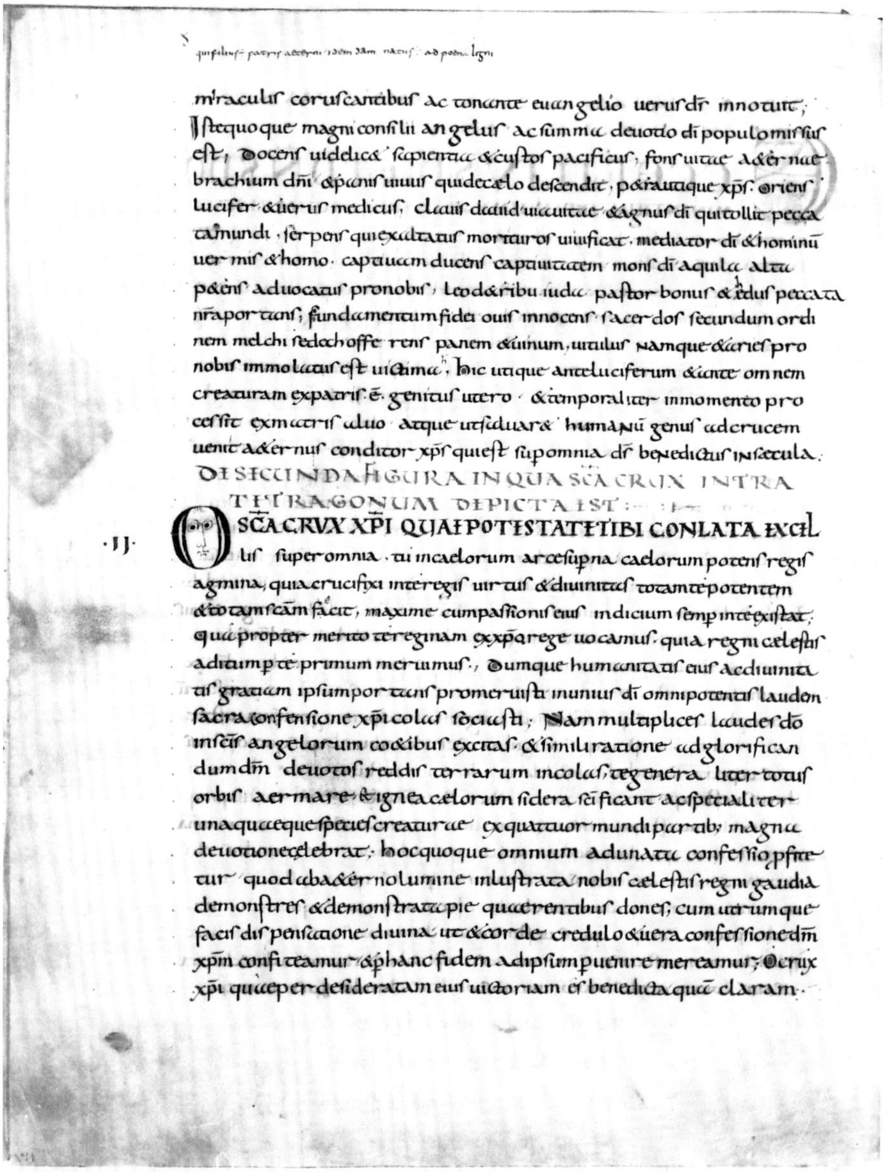

Abb. 6 Hrabanus Maurus, Laus sanctae crucis (Fulda, um 826). Vatikanstadt, Biblioteca Apostolica Vaticana, Reg. lat. 124, fol. 44v

juskel-*N* zugelassen, selten werden unziales *m* und Majuskel-*R* gebraucht. Ligaturen werden zwischen *a* und *e*, *e* und *t*, *N* und *T*, *o* und *r* sowie *s* und *t* gebildet. *I*-longa erscheint gelegentlich vor *n* und *u* im Anlaut; als Ausnahme findet man an *l* angehängtes *i*, das die Zeile durchstößt.

Der am Ende des ersten Jahrhundertviertels in Fulda angelegte Zyklus von Bildgedichten zum Lob des Kreuzes Christi (Kat.Nr. II.14) ist in breiter, satt gerundeter, lotrecht ausgerichteter Minuskel geschrieben. Das *cc-a* wird neben unzialem *a* verwendet, *g* erscheint mit geschlossenem Kopf, Majuskel-*N* wird selten verwendet. An Ligaturen begegnen *ae, ct, et, ra, re* und *st*, wobei der Schaft des *s* deutlich unter die Zeile stößt (Abb. 6).

Die leicht nach rechts geneigte karolingische Minuskel mit gedrungenen Buchstabenkörpern und eher kurzen Ober- und Unterlängen eines in der ersten Hälfte des 9. Jahrhunderts in Lorsch entstandenen Evangeliars, das heute in Manchester bewahrt wird (Kat.Nr. X.24), bringt *a* in unzialer Form, doch in Ligatur mit *r* nimmt es die Gestalt von *cc-a* an. Unziales *d* und Majuskel-*N* begegnen selten; der Kopf des *g* ist geschlossen; *I*-longa erscheint im Anlaut vor *n* und *u* (Abb. 7).

Trotz der aufgezeigten Unterschiede hinsichtlich ihrer

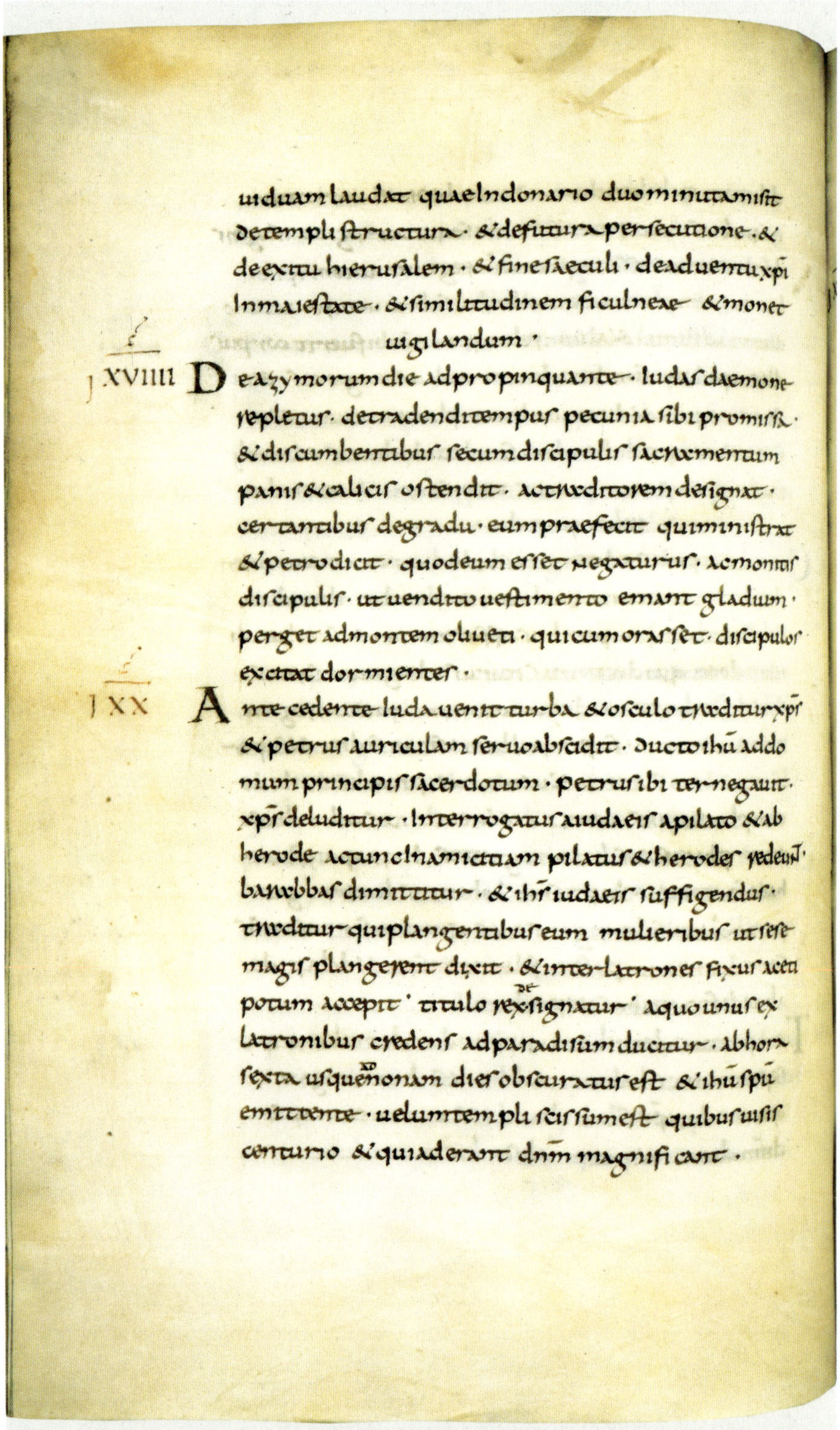

Abb. 7 Evangeliar (Lorsch, 1. Hälfte 9. Jahrhundert). Manchester, John Rylands University Library, Ms. lat. 9, fol. 85v

Wirkung sowie der Ligaturen und Doppelformen im Buchstabenkanon zeichnet sich die karolingische Minuskel durch ein klares Erscheinungsbild aus. Jeder Buchstabe wird nach einer festgelegten Anordnung seiner Teile gebaut und steht, abgesehen von eventueller Berührung mit dem Nachbarbuchstaben (z. B. zwischen *r* und *a* oder *t* und *e*), isoliert auf der Zeile. Die Worttrennung ist mit Ausnahme von Folgen kurzer Wörter eingehalten; Abkürzungen werden sehr zurückhaltend eingesetzt.

Die Durchsetzung der karolingischen Minuskel wurde durch die politische Neuorganisation des großräumigen Reiches und durch die Kulturpolitik Karls des Großen gefördert. Die offiziellen Aufrufe im Rahmen der unter ihm erfolgten kulturellen Erneuerung – die Epistola de litteris colendis (vgl. Beitrag McKitterick in Kat.Bd. II, Abb. 2) und vor allem die Admonitio generalis (Kat.Nr. XI.5) – enthalten zwar keine Belege für ein spezielles kalligraphisches Interesse Karls, aber sie fordern allgemein Sorgfalt beim Schreiben und Korrigieren. Die Texte sollten sprachlich korrekt und in eindeutiger Schrift vermittelt werden. In den damals im ganzen Reich aufblühenden Schreibschulen konnte bewußte Schriftkultur gepflegt werden, die oftmals sogar zum Erwachen eines kalligraphischen Triebes, eines ästhetischen Anspruchs führte. Sowohl die Zunahme des Schriftgebrauchs als auch die vermehrte Herstellung qualitativ besserer Handschriften im fränkisch-karolingischen Europa waren eng mit Bedürfnissen politischer, administrativer und ideologischer Natur des erneuerten und vereinigten karolingischen Reiches und seiner herrschenden weltlichen und kirchlichen Eliten verbunden.

Literatur:

Bernhard BISCHOFF, Paläographie des römischen Altertums und des abendländischen Mittelalters (Grundlagen der Germanistik 24), Berlin ²1986. – Herrad SPILLING, Die Entstehung der karolingischen Minuskel, in: Kat. Frankfurt 1994, 51 f.

Alkuin-Bibel (Detail).
Bamberg, Staatsbibliothek, Msc. Bibl. 1, fol. 7v
(Kat.Nr. XI.23)

▷

AMBO DE PARADISO

KAPITEL XI

Kunst und Liturgie in der Karolingerzeit

Victor H. Elbern

Liturgisches Gerät und Reliquiare

Funktion und Ikonologie

Zu Recht nimmt das Kapitel über Kunst und Liturgie in der Ausstellung einen bedeutenden Platz ein. Dies gilt um so mehr, als die Auswirkungen der karolingischen Liturgiereform bis in unsere Zeit gereicht haben. Es ist stets eine berührende Feststellung, daß die bis zum II. Vaticanum (1962–1965) gültigen liturgischen Texte in ihrem Wortlaut denjenigen der karolingischen Sakramentare entsprechen. Die liturgischen Reformbemühungen des großen Kaisers und seiner Mitarbeiter werden in einem eigenen Abschnitt des Kataloges gewürdigt (vgl. Beitrag Schneider im Kat.Bd. II) – vom gregorianischen Sakramentar Papst Hadrians (784) über die Epistola de litteris colendis (784/ 785) zur Admonitio generalis (789) mit vielen, praktische und konkrete Probleme berührenden Anweisungen und Ermahnungen. Liturgie als ein – gerade in der Zeit des Frühmittelalters fast alle Lebensbereiche von Mensch und Gesellschaft berührender – zentraler Komplex von Vorgängen setzt die mit Formgerechtigkeit verbundene, gültige Gestaltung voraus. Mit Vorbedacht wählte Karl der Große den Maßstab für seine Reformen aus der römischen, auf die Nachfolge des hl. Petrus gegründeten Kirche. Wichtig ist ferner, daß in den Vorschriften und Riten, in Gebetsformen und bis in manche Kultgeräte auf Vorbilder und geistliche Begründung aus dem Alten Testament zurückgegriffen worden ist. In der besonderen Bemühung um das liturgische Gerät in karolingischer Zeit wird man dabei sogar auf eine treffende und personhafte Beziehung verweisen können. Dies ist der Fall mit dem aus Fulda in der Nachfolge des großen Alkuin nach Aachen gekommenen Einhard als Mitarbeiter Kaiser Karls, des „neuen David". Einhard wird in vielen Quellen und Texten als ein „neuer Beseleel" bezeichnet. Mit diesem Namen wird sein Aufgabenbereich wie auch seine praktische Tätigkeit am Hofe des Herrschers mit den Arbeiten des Meisters der alttestamentlichen Stiftshütte verglichen, von denen in Ex 31, 4–8 die Rede ist. Ausdrücklich werden in diesem Text ... *cuncta vasa tabernaculi, mensaque et vasa eius, candelabrum purissimum ... et altaria thymiamatis* („... alle Geräte im Zelt, der Tisch und seine Geräte, der reine Leuchter ... und der Räucheraltar ...") und anderes mehr genannt. Einhard war somit der Meister der kirchlich-liturgischen Ausstattungskunst in vielen Techniken wie jener Beseleel. Er schuf, wie man an der zitierten Stelle weiter lesen kann, *quidquid fabrefieri potest ex auro et argento et aëre, marmore et gemmis et diversitate lignorum* ... („... jegliches Werk ... in Gold, Silber und Kupfer auszuführen, im Schnitt von Marmor, Edelsteinen und verschiedenen Hölzern ...").

Die Folge der in der Ausstellung gezeigten liturgischen Objekte kann einen anschaulichen Einblick vermitteln in die vielfältigen Möglichkeiten der karolingischen Künstler. Sie erfassen in ihrer Spannweite den gesamten Altarraum – vom Altar mit Ziborium und Schranken über die *vasa sacra* der wesentlichen Kultgefäße bis zu eher sekundären Zieraten und Geräten, die zur Ausschmückung und Bereicherung der eucharistischen Feier dienen konnten. Ihre Anzahl und ihr Formenkreis erscheinen allerdings begrenzt, einmal bedingt durch den spärlichen Bestand erhaltener Denkmäler, in der Ausstellung auch durch konservatorische Notwendigkeiten.

Im folgenden soll ein Überblick versucht werden, der über die gezeigten Zimelien hinaus dem Leser und Betrachter weitere Zusammenhänge und Anregungen erschließen mag. Dies wird nicht zuletzt ermöglicht durch eine Berücksichtigung von schriftlichen und bildlichen Quellen: zeitgenössischen Beschreibungen, Chroniken, Visitationsakten, Inventaren, Heiligenviten und Testamenten, ferner Darstellungen liturgischer Vorgänge in verschiedenen Kunstgattungen. Vor allem die Schriftquellen sind von bemerkenswerter Spannweite. Sie reichen vom römischen Liber Pontificalis zur Vita Desiderii episcopi Cadurcensis (Cahors), vom berühmten Testament des Markgrafen Eberhard von Friaul († zw. 864 u. 866), eines Schwiegersohnes Kaiser Ludwigs des Frommen, zu einer Stiftung des Fürsten Salomon der Bretagne. Sehr konkret beschreibt noch Hariulf († 1134) von Saint-Riquier (Centula) die Ausstattung dieser karolingischen Klosterkirche. Hier gab es drei Hauptaltäre mit Baldachinen (Ziborien), alle mit Gold- und Silberzieraten und

Abb. 1 Antependium Karls des Kahlen auf einem Gemälde des sog. Meisters des hl. Ägidius. London, National Gallery

Edelsteinschmuck. Neben Hängekronen sah man allein 30 Reliquiare aus Gold, Silber und Elfenbein, sodann Kandelaber, Hängelampen und manche andere Objekte, deren Bezeichnungen sich teilweise nicht mehr sicher identifizieren lassen. Zusammen mit den *vasa sacra*, textilen Bekleidungen und Vorhängen sowie den Paramenten der Priester ist die Ausstattung des Altarraumes als geschlossene, dem Kult gewidmete Einheit zu sehen und zu verstehen.

Der Gestaltung des Altares selber wird dementsprechend besondere Aufmerksamkeit zugewendet. Die erhaltenen, vorwiegend schlichten und blockhaften Altäre des frühen Mittelalters vermitteln keineswegs einen allgemeingültigen Eindruck. Denn kostbare Altäre mit goldenen und silbernen oder auch textilen, oft bildlichen Zieraten oder mit Vorsatztafeln (Antependien) sind überaus zahlreich für die karolingische Zeit bezeugt, so im Liber Pontificalis für die römischen Kirchen der Zeit. Zu erwähnen ist eine goldene Tafel von mehr als 200 Pfund Gewicht mit der Darstellung Christi, seiner Kreuzigung und Auferstehung und, neben Apostelfiguren, mit dem Stifterbilde Papst Leos IV. (847–855). Aus dem westfränkischen Reich wird ebenfalls von kostbaren Altären berichtet, so für St. Gallen, Saint-Maurice im Wallis, Fulda und – von Kaiser Karl persönlich gestiftet – für den Dom zu Köln. Die bildliche Wiedergabe eines goldenen Altarantependiums, einer Stiftung Karls des Kahlen für die Abteikirche von Saint-Denis, später als Retabel verwendet, wird auf einem spätmittelalterlichen Tafelbild des Meisters des hl. Ägidius überliefert (London, National Gallery; Abb. 1). Vor allem aber ist der einzige vollständig erhaltene, mit Gold und Silber an allen Seiten bekleidete Altar in S. Ambrogio zu Mailand anzuführen, wohl kurz vor 850 geschaffen (Abb. 2). Es handelt sich zugleich um einen Reliquienaltar über dem Grabe des Mailänder Patrons, das durch eine *fenestella* zugänglich

Abb. 2 Karolingischer Goldaltar. Mailand, S. Ambrogio

gemacht wurde. Neben dem Stifterbild des fränkischen Erzbischofs Angilbert II. († 859) findet sich darüber hinaus eine für die Zeit fast einzigartige Darstellung des Künstlers VVOLVINI.

Stellvertretend für den Altar soll als Beispiel eines karolingischen Tragaltars das Portatile aus Kloster Adelhausen, Freiburg, genannt werden (Abb. 3). Die in Edelmetall und Email gearbeitete, zwar figurenlose, aber symbolisch eindeutig lesbare Ausstattung mit Kreuzfeldern, die eine Altarplatte aus Porphyr begleiten, läßt sich in aufschlußreicher Weise mit den Kreuzfeldern vergleichen, die sich auch am Mailänder Goldaltar finden. In welchem liturgischen Kontext ein Tragaltar vorzustellen ist, zeigt eine weitere bildliche Quelle. Sie findet sich im ottonischen Codex der Äbtissin Uta aus Kloster Niedermünster in Regensburg, im sog. Erhardbild (München, Clm. 13601, fol. 4r; Abb. 4). Neben dem Heiligen, in der Kleidung des alttestamentlichen Hohenpriesters dargestellt, ist eine von Kaiser Arnulf († 899) nach Regensburg gestiftete Schenkung kostbarer liturgischer Geräte aus spätkarolingischer Zeit wiedergegeben. Man erkennt unter einem Bogen mit kostbarem Vorhang ein kleines Altarziborium, darunter auf einem Tragaltärchen einen mit Edelsteinen verzierten Kelch mit Patene, daneben einen goldenen Codex. Der Altartisch ist wiederum mit einem (byzantinischen?) Textil mit Kreismuster bekleidet. Zwei

Abb. 3 Adelhauser Tragaltar. Freiburg, Augustinermuseum

Hängekronen vervollständigen die Altarausstattung, die offensichtlich dem Kaiser auf seinen Reisen dienen sollte. Für unsere Vorstellung vom karolingischen Altarraum ist diese Miniatur in mehr als einer Beziehung von Belang. Von besonderem Wert ist ihre historische Treue, denn sowohl das Ziborium als auch der kostbare Codex sind noch heute erhalten. Ferner erkennt man die enge Zusammengehörigkeit von Architektur, liturgischem Gerät und Textilien. Verschiedene schriftliche Quellen bestätigen diesen Zusammenhang. Hervorzuheben bleibt auch die Identifizierung des christlichen Priesters mit dem alttestamentlichen Liturgen.

Von der Miniatur des Uta-Codex ausgehend bietet sich nun die Betrachtung der dort wiedergegebenen liturgischen Geräte im einzelnen an. Unverzichtbar für den Vollzug der christlichen Mysterien ist das *diskopoterion*, d. h. Kelch und Patene als Träger der kultischen Gaben. Von den wenigen erhaltenen, karolingerzeitlichen Kelchen zeigt die Ausstellung drei herausragende Beispiele. Der Cundpald-Kelch aus Sopron in Ungarn (Kat.Nr. VII.16), ein eher bescheidener eucharistischer Becher, ist seinem Fundort nach ein bedeutungsvoller Zeuge für die baierische Awarenmission seit dem Ende des 8. Jahrhunderts. Er steht morphologisch dem berühmten Kelch nahe, den der Baiernherzog Tassilo III., ein Vetter Karls des Großen, für seine Klostergründung Kremsmünster stiftete (vgl. Beitrag Wamers, Abb. 3). Der Gefäßtypus darf am ehesten auf Becherformen der christlichen Spätantike in Italien zurückgeführt werden.

Im Unterschied zu dem überreich mit figürlichen und ornamentalen Zieraten ausgestatteten Tassilokelch ist der Cundpald-Kelch freilich fast unverziert geblieben. Auch der zweite in der Ausstellung gezeigte Kelch weist keinerlei bildlichen Schmuck auf: der Kelch aus Saint-Martin-des-Champs (Kat.Nr. XI.9) ist aufschriftlich einem Presbyter Grimfridus und, nach jüngsten Untersuchungen, erst spätkarolingischer Zeit zuzuweisen (Elbern 1998). Die erwähnten Gefäße vertreten recht unterschiedliche Merkmale des eucharistischen Bechers: sie reichen vom *calix imaginatus*, dem bildlich ausgestatteten Kelch, zum *calix literatus* mit Inschrift, und vom *calix ministerialis*, dem Spendekelch mit beträchtlichem Fassungsvermögen, zum *calix minor* des normalen Meßkelches und zum *calix viaticus*, dem Reisekelch, wie im Erhardbild wiedergegeben.

Es ist besonders zu bedauern, daß der sog. Kelch des hl. Lebuinus in Utrecht aus konservatorischen Gründen nicht für die Ausstellung gewonnen werden konnte (Abb. 5). Abgesehen von seiner historischen Bedeutung ist er der einzige erhaltene Kelch des frühen Mittelalters aus

Abb. 4 Sog. Erhardbild im Uta-Codex (Regensburg, um 1020). München, Bayerische Staatsbibliothek, Clm 13601, fol. 4r

Elfenbein. Vor allem aber läßt er sich aufgrund seiner Ornamentik unmittelbar mit der Hofschule Kaiser Karls in Aachen in Verbindung bringen. Die Schnitzmotive auf der Kuppawandung erlauben die Rekonstruktion eines architektonischen Gebildes, das als Lebensbrunnen und damit als *novum Christi sepulcrum* (neues Grab Christi) zu verstehen ist, in Übereinstimmung mit seiner liturgischen Funktion (Abb. 6). Der dritte in der Ausstellung gezeigte Kelch, aus Edelmetall gefertigt und aus einem slawischen Fürstengrab in Kolín (heute Prag) geborgen, ist in ähnlicher Weise mit der Kunst der karolingischen „Renovatio" in Verbindung zu bringen (Kat.Nr. XI.10). Doch bleibt in diesem Falle eine liturgische Bestimmung des Gefäßes ungewiß.

Für die eucharistische Patene ist der karolingische Denkmalbestand leider besonders spärlich. Eine antike Serpentinschale mit karolingischer Goldeinfassung ist das einzige gesicherte Beispiel. Zusammen mit der ursprünglich ebenfalls goldgefaßten und edelsteinbesetzten „Coupe des Ptolémées" war dies ein charakteristischer Fall in der Verwendung antiker Spolien für liturgische Zwecke in karolingischer Zeit, wenn auch erst aus der Zeit Karls des Kahlen. Immerhin läßt sich ein guter Hinweis auf das Aussehen von Patenen der Zeit dem zitierten Erhardbild im Uta-Codex entnehmen. Man erkennt eine mit Vierpaß verzierte flache und kreisrunde Schale. Die wenig jüngere Patene mit Fünfpaßvertiefung des Bischofs Gauzelin († 962) in Nancy kann als weiteres gutes Vergleichsbeispiel gelten (Abb. 7). Es sollte freilich nicht übersehen werden, daß im 8./9. Jahrhundert aus Italien und Frankreich auch bildlich verzierte Patenen bezeugt sind. Im Umkreis Karls des Großen allerdings galt offensichtlich der Gerätcharakter der liturgischen Objekte als wesentlich, nicht ihre bildliche Ausstattung. Die Libri Carolini (c. II, 27) betonen dies: *In vasis igitur Deo sacrificium, non in imaginibus offertur* ... („In Gefäßen nämlich wird Gott das Opfer dargebracht, nicht in Bildern ...").

Neben die *vasa sacra* im engeren Sinne sind Geräte zu stellen, die mittelbar dem eucharistischen Kult dienen. Hierher gehören zunächst die Pyxiden, büchsenartige Behältnisse von meist runder oder ovaler Form. Darunter ist besonders die künstlerisch herausragende Elfenbeinpyxis aus der ehem. Abtei Werden, mit Darstellung der Geburt Christi, zu erwähnen, die ins frühe 5. Jahrhundert zu datieren ist (Abb. 8). Wahrscheinlich haben Pyxiden solcher Art, die im Besitz mittelalterlicher Kirchen erhalten geblieben sind, als *chrismalia* gedient, d. h. zur Aufbewahrung der konsekrierten Hostie. Die in Silber gefaßte „Capsella Africana" im Vatikan, ebenfalls aus frühchristlicher Zeit, weist die seltene symbolische Verehrung des Hl. Kreuzes im Flachrelief auf (Kat.Nr. IX.29). Gerade Metallpyxiden dürften oft auch als Reliquienbehälter

Abb. 5 Lebuinuskelch. Utrecht, Museum Catharijneconvent

gedient haben – die Grenzen ihrer liturgischen Verwendung bleiben fließend. Dies erhellt auch ein Vergleich mit karolingischen metallenen Pyxiden besonderer Form, wie dem Becher von Pettstadt in Nürnberg (Kat.Nr. VII.17), der Ormside Bowl in Oxford (Kat.Nr. VII.18) und dem Becher von Fejö in Kopenhagen. Ihre architektursymbolische Verzierung ist, in Parallele zum Kelch des hl. Lebuinus, unlängst aufgewiesen worden (Wamers 1991).

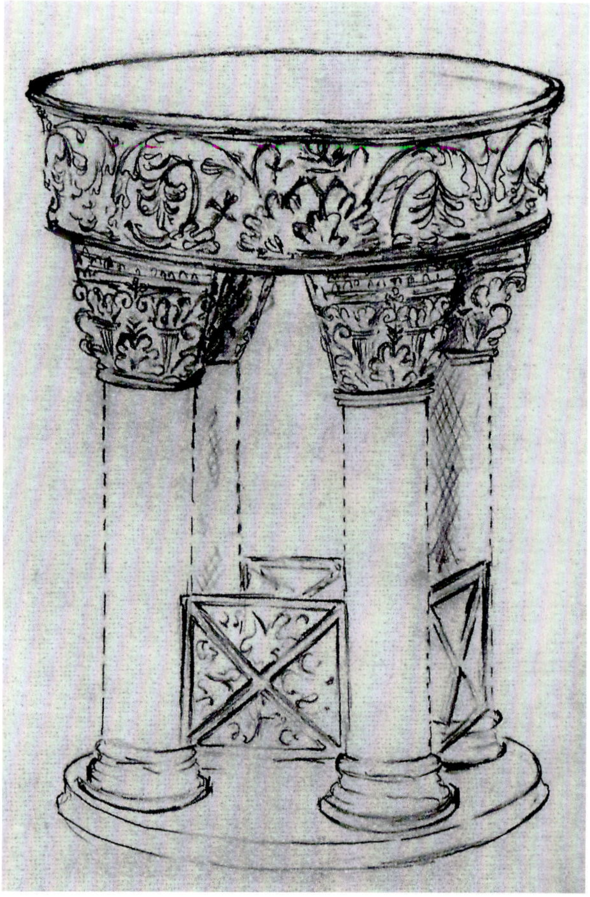

Abb. 6 Lebuinuskelch, Rekonstruktion des Dekors

Abtei Werden und noch dem 8. Jahrhundert zuzuweisen (Kat.Nr. VII.35). Aus der Größe dieses Objektes dürfte sich erklären, daß es seit alters als *portatel* (Tragaltar) bezeichnet worden ist und damit das älteste Kastenportatile überhaupt darstellt. Ferner ist ein umfangreicher Reliquieninhalt anzunehmen. Abschließend sei noch das Kästchen von Ellwangen in Stuttgart als spätkarolingisches Beispiel erwähnt (Abb. 9). Die bildliche Ausstattung mit Planeten und Herrscherporträts legt eine ursprünglich profane Bestimmung, der Fundort im Altarraum einer Kirche aber eine liturgische Zweitverwendung nahe.

Aus einer Homilie Papst Leos IV. ist zu ersehen, daß Pyxiden und *capsae* ihren Platz unmittelbar auf dem Altar hatten: *Super altare nihil ponatur nisi capsae et reliquiae et quatuor evangelia et pixis cum corpore Domini ad viaticum infirmis* ... (PL CXV, 677). („Auf den Altar dürfen nur Kästchen und Reliquien, die vier Evangelien und die Pyxis mit der Wegzehrung für die Kranken gestellt werden ..."). Dies berührt nicht die zahlreichen *vasa non sacra*, Hilfsgeräte für die Zubereitung der Opfergaben und für die Ausschmückung der liturgischen Feier. Die ostkirchliche Liturgie kennt ihrer mehr als die lateinische Kirche, zumal für die Vorbereitung der Eucharistie: Brot-

Neben den Pyxiden begegnen vielfach kästchenartige liturgische Behältnisse. Ihre Vielfalt ist bemerkenswert – sie reicht von den berühmten frühchristlichen Silberkästchen in Mailand und Thessaloniki über vorkarolingische *scrinia* in Oberitalien (Trient, Garlate) zu den bekannten, dem burgundischen Kunstkreis entstammenden Kästchen in Einlegearbeit aus Saint-Maurice, Utrecht (Kat.Nr. VIII.15) und Beromünster. Ihre Ausstattung mit christlichen Symbolen scheint vor allem wiederum auf eine Verwendung als *chrismalia* zu deuten, aber in der Verzierung mit germanischer Tierornamentik wird zugleich die Durchdringung mit neuen künstlerischen und bildlichen Vorstellungen deutlich. Als vereinzeltes, aus Walroßzahn gefertigtes insulares Beispiel ist das sog. Gandersheimer Kästchen in Braunschweig anzuführen (Kat.Nr. VII.20). Kaum ein anderes Kästchen des frühen Mittelalters jedoch ist in seiner bedeutungsvollen bildlichen Ausstattung von so vielfältiger Verwendungsmöglichkeit wie der sog. Fränkische Kasten, wiederum aus der ehem.

Abb. 7 Sog. Gauzelinus-Patene. Nancy, Domschatz

stempel und Hl. Lanze für das Brot, *ama* (Kanne), Sieb, Schöpfer und Löffel für den Wein. In beiden Riten sind hingegen *thymiateria* bzw. *thuribula* für die Weihrauchspende gebräuchlich, der hohe symbolische Bedeutung zukam. Dem Liturgiekommentar des Patriarchen Germanos († ca. 733) zufolge ist der Weihrauch nicht nur Opfer an die Gottheit und Sinnbild des zu ihr emporsteigenden Gebetes, sondern zugleich Ankündigung des Hl. Geistes, der in der Epiklese auf die Opfergaben niedersteigt. Die bescheidenen, aus karolingischer Zeit erhaltenen Weihrauchgefäße (Kat.Nrn. VII.21; XI.14) halten ebensowenig einen Vergleich mit den byzantinischen Beispielen aus wie die Lampen, deren Vielfalt und Ausschmückung in der Ostkirche kaum überschaubar sind. Im Abendland vermag man sich aus den schriftlichen und bildlichen Quellen immerhin eine gewisse Vorstellung davon zu machen. So begegnen im Testament des Eberhard von Friaul ein silbernes *thuribulum* und ein goldener Kandelaber. Als bildliche Quelle für Hängelampen seien u. a. Szenen vom Elfenbeindeckel für das Sakramentar des Erzbischofs Drogo von Metz († 855) genannt, eines Friedelsohnes Karls des Großen (Abb. 10). Ebendort begegnet auch ein anderes, für die Zeit wichtiges liturgisches Hilfsgerät, das *flabellum* (Fächer). Seine Funktion zur Reinhaltung des Altars wird mit den lateinischen Bezeichnungen *muscarium* oder *ventilabrum* charakterisiert. Ursprünglich mit (Pfauen-)Federn, dann mit pergamentenem, manchmal bemaltem Fächerblatt ausgestattet, kann das karolingische *flabellum* hohen künstlerischen Rang erreichen, wie das berühmte, um einen beschnitzten Elfenbeingriff bereicherte Exemplar aus der Abtei Tournus (Florenz, Bargello). Als weiteres *vas non*

Abb. 8 Spätantike Elfenbeinpyxis mit Darstellung der Geburt Christi. Essen-Werden, Propsteikirche St. Ludgerus, Schatzkammer

sacrum sei schließlich die *situla*, das Weihwasser-Eimerchen mit Weihwedel (*aspergitorium)* benannt. Es kommt auch in einer Szene des Drogosakramentars vor, ebenso wie im Testament des Markgrafen Eberhard, das *urceum cum aquamanile argenteum* (einen Krug mit Gießgefäß aus Silber) erwähnt. Als ein damals im Vollzug des Gottesdienstes sinnvolles Gerät muß noch der liturgische Kamm erwähnt werden. Die Tradition seiner Benutzung zur Ordnung der priesterlichen Haartracht läßt sich weit

Abb. 9 Reliquienkästchen aus Ellwangen. Stuttgart, Württembergisches Landesmuseum

zurückführen, so zu einem Kamm der Königin Theodelinde aus der Zeit um 600. Die Ausstellung zeigt zwei fragmentarische Kammbügel aus Trier und Essen (Kat.-Nrn. XI.15–16). Als künstlerisch hervorragendstes Beispiel der Zeit sollte der sog. Heribertkamm (Köln) nicht unerwähnt bleiben (Abb. 11). Bemerkenswert ist jedenfalls, daß der liturgische Kamm ebenso wie das *flabellum* und die übrigen *vasa non sacra* oft bildlich verziert wurden. Der Eigenwert solcher ikonographischer Ausstattung sollte jedoch nicht überbetont werden. In den Libri Carolini (c. II, 27) wird darauf nachdrücklich hingewiesen: ... *in quibus tamen etsi quaedam imagines sunt, non ideo sunt ut adorentur aut quasi sine his sacrorum charismatum munus vilescere queat, sed ut pulchrior his inpressis materiarum qualitas fiat* („... und wenn sich an ihnen Bilder finden, dann nicht so, um sie zu verehren oder weil ohne sie die Kraft der heiligen Gnadengaben gemindert würde, sondern damit sie die Gegenstände verschönern, denen sie aufgeprägt sind."). Aus der Zusammenschau der erwähnten Geräte wird nicht zuletzt deutlich, daß mit ihnen alle natürlichen Elemente wie auch die sinnlichen Fähigkeiten des Menschen in die liturgischen Vollzüge einbezogen werden: Feuer und Wasser, Mund, Auge, Nase, Ohr und sogar das Haar.

Ein entscheidendes Kapitel in der Geschichte der liturgischen Gerätschaften des frühen Mittelalters bezieht sich auf Vielzahl, Morphologie und Bedeutung des Reliquienbehälters, vor allem – wie oben bereits angedeutet – in Verbindung mit dem Altar. Die Ausstellung widmet diesem wesentlichen Aspekt eine wohldifferenzierte Präsentation von Objekten verschiedenster Art. Der Kult der Reliquien ist verwurzelt in der frühchristlichen Überzeugung vom *corpus incorruptum* (unverwesten Leib) der Märtyrer und der in Christus Ruhenden, wie auch von Wirklichkeit und Heilswirksamkeit der geheiligten Überreste selbst in der kleinsten Partikel. In der Unterscheidung von Primär- und Sekundärreliquien sind weitere Möglichkeiten der Verehrung und der schützenden Funktion gegeben. Aus vielen Texten über heilige Personen wie auch heilige Stätten ist der hohe Wert zu ersehen, der beispielsweise den *phylacteria* (Amuletten) zugeschrieben wurde, die im Gotteshaus aufgestellt, von Gläubigen *ad cotidianam tutelam* (zum Schutz im täglichen Leben) getragen oder im Haus verwahrt wurden. Unter allen Reliquien nimmt das Heilige Kreuz den herausragenden Platz ein, mit Auswirkungen auf die Gestaltung der frühmittelalterlichen und karolingischen *Crux gemmata*. Aber auch reliquienhafte Erinnerungen an Jerusalem oder andere *loca sancta* (heilige Stätten) sind begehrt gewesen und waren über die ganze Christenheit verbreitet. Dazu gehörten v. a. die Pilgerampullen aus Palästina mit Darstellungen von den Pilgerorten. Ferner sind „Privatreliquiare" der verschiedensten Art zu erwähnen – Anhänger (*bullae*) (Kat.Nrn. VII.7–9), Gürtelreliquiare, Fibeln. Als ein Beispiel königlichen Ranges sollte hier besonders der „Talisman" Karls des Großen genannt werden, mit dem die Gestalt einer Ampulle aus Jerusalem in kostbares Material übertragen wurde und in dem Marienreliquien aus dem Hl. Lande geborgen waren (Abb. 13).

Von nicht zu überschätzender Bedeutung ist die schon erwähnte Verbindung von Reliquie und Altar. Miniaturisierte Heiligengräber als steinerne oder metallene Altarsepulcra sind schon in vorkarolingischer Zeit verbreitet. Die Beigabe von (Märtyrer-)Reliquien zu jedem Altar und auch zum Tragaltar wird im 9. Jahrhundert zur kanonischen Pflicht (vgl. Hincmar von Reims, † 882). Als frei aufgestellter oder am Halse zu tragender Reliquienbehälter ist in karolingischer Zeit vor allem das taschenförmige Bursenreliquiar üblich (Kat.Nrn. VIII. 16–17 u. VIII.19). Andere Kleinreliquiare sind der Hausform angenähert (Kat.Nr. VII.19) – die Ausstellung zeigt Beispiele für beide Typen. Die materielle Ausstattung solcher Objekte reicht vom Textil zum Edelmetall, im Dekor von schlichten Preßblechverzierungen bis zum komplizierteren Bildgefüge, wie es etwa an der Engerer Burse (Berlin) begegnet (Abb. 12). Chroniken des frühen Mittelalters geben eine Vorstellung von der Fülle an Reliquiaren, die im Altarraum aufgestellt wurden, so – wie erwähnt – in Centula, wo nicht weniger als *capsae reliquiarum aureae et argenteae vel eburneae paratae sunt XXX* („30 Reliquienkapseln aus Gold, Silber und Elfenbein") aufgestellt waren (Hariulf, Chronik II,10).

Die Entwicklung des Reliquienbehältnisses ist im Laufe des 9. Jahrhunderts zunehmend bestimmt von den künstlerischen Absichten der karolingischen „Renovatio". Bekanntestes und eindeutiges Beispiel dafür ist der sog. Einhardsbogen, der 22 cm hohe Untersatz für ein (verlorenes) Reliquienkreuz in der Art eines römischen Triumphbogens (Kat.Nr. X.9). Der *arcus* ist mit silbergetriebenen figürlichen Reliefs überzogen. Er war für die Abtei St. Servatius in Maastricht bestimmt und ist leider nur in einer späten Nachzeichnung überliefert. Laut Inschrift war er eine (Auftrags-)Arbeit Einhards, von dem bereits die Rede war. Man sollte angesichts solcherart Anknüpfung an die Antike nicht übersehen, daß daneben der Gedanke an Jerusalem und den Tempel des Alten Bundes eine wichtige Rolle in der geistlichen wie künstlerischen Vorstellungswelt gespielt hat. Dies gilt nicht zu-

Abb. 10 Rückdeckel des Drogo-Sakramentars. Paris, Bibliothèque Nationale, lat. 9428

Abb. 11 a Sog. Kamm des hl. Heribert. Köln, Schnütgen-Museum

letzt im Blick auf die für den Kult verwendeten Gerätschaften. Abt Benedikt von Aniane († 821) ließ für sein Kloster einen Siebenarmigen Leuchter anfertigen, und Hrabanus Maurus († 856) veranlaßte für die Abtei Fulda eine *arca* nach dem Vorbild der Bundeslade. Es sei nochmals an den architekturbildlichen Lebuinuskelch erinnert, der das Grab Christi spiegelt, ferner an einen Aufbau mit Säulchen, den Kaiser Lothar I. für die Abtei Prüm in Auftrag gab. In Seligenstadt, wo der erwähnte Einhard sich zur Ruhe gesetzt hatte, wurden Fragmente eines entsprechenden Objektes mit elfenbeinernen Säulchen gefunden. Offensichtlich spielen architekturbildliche Vorstellungen überhaupt eine wichtige Rolle. Als herausragendes Beispiel sollte auch der – leider ebenfalls nur abbildlich überlieferte – „Escrain Kalle“ (Paris, Bibliothèque Nationale) angeführt werden, von Karl dem Kahlen für Saint-Denis in Auftrag gegeben (Abb. 14). Das Werk war einzigartig im überreichen Edelsteinbesatz des architektonischen Aufbaus über dem Reliquienbehälter. Man hat darin das idealisierte Abbild der Aachener Marienkapelle erkennen wollen. Architekturallegorien spielen somit eine große Rolle an Reliquiaren und ande-

Abb. 11 b Sog. Kamm des hl. Heribert. Köln, Schnütgen-Museum

ren liturgischen Gerätschaften der Zeit. In verschiedenen Realitätsstufen wird darin das Bild der Kirche und die Analogie zwischen irdischer und himmlischer Liturgie aufgerufen, in einem schöpferischen Dialog zwischen Liturgie und Kunst.

In der Ausstellung begegnen mehrere Beispiele der *Crux gemmata* als dem vornehmsten Zeichen des Triumphes Christi. Das mächtige Altarkreuz von Bischofshofen (Salzburg) ist zugleich ein Denkmal der missionarischen Einwirkung von den Britischen Inseln auf den Kontinent (vgl. Beitrag Wamers, Abb. 2). Das sog. Ardennenkreuz (Nürnberg) kann als einzig erhaltenes Beispiel karolingischer Gemmenkreuze des 9. Jahrhunderts gelten (Kat.-Nr. XI.12), von denen mehrere andere bildlich für Saint-Denis bezeugt sind. Edelsteine bedecken diese Zimelien in dichten Reihen, fibelähnliche Rosetten im Schnittpunkt der Kreuzarme konnten für die Aufnahme von Reliquien genutzt werden. Kreuze dieser Art zeichneten vor allem den Altar aus, sie dienten wohl auch als Prozessionskreuze. Die Libri Carolini (c. I, 23; c. II, 28) haben die besondere liturgische Funktion des Hl. Kreuzes eindrucksvoll charakterisiert und heben sie gegenüber der andersgear-

Abb. 12 a Burse von Enger, Vorderseite. Berlin, Staatliche Museen zu Berlin – Preußischer Kulturbesitz, Kunstgewerbemuseum

teten Würde bildlicher Darstellungen hervor: *Lumen ergo vultus Dei quod super nos signatum est, non in materialibus imaginibus est accipiendum ... sed in vexillo crucis* („Das Licht des Antlitzes Gottes, das über uns bezeichnet ist, soll nicht in materiellen Bildern aufgefaßt werden ..., sondern in der Standarte des Kreuzes."). Aber auch figürlich verzierte (Reliquien-)Kreuze sind aus karolingischer Zeit bezeugt – es sei an das berühmte Emailkreuz Papst Paschalis' I. (817–824) erinnert (Kat.Nr. IX.32). Ebenso beginnt in dieser Zeit die Darstellung des monumentalen Kruzifixus eine Rolle zu spielen. Das sog. Karolingerkreuz für St. Peter in Rom ist das einzige, wenigstens in getreuer Kopie glücklich erhaltene Beispiel.

Die Würdigung der liturgischen Gerätschaften aus frühmittelalterlich-karolingischem Umkreis kann nicht absehen von der Metaphorik, die in ihrer reichen materiellen Ausstattung verborgen ist. Sie bezieht sich ebenso auf den Altar – der Mailänder Goldaltar wird in der Widmung *Arca metallorum gemmis quae compta coruscat* („Schrein, glänzend im Schmuck der Metalle und Edelsteine") genannt – wie auf den Kelch und die verschiedenen Kultgeräte, die Kaiser Karl absichtsvoll *ex auro et argento* (Einhard, Vita Karoli, c. 26 f.: „aus Gold und Silber") für die Kirchen seines Reiches beschaffen oder – in besonders großzügiger Weise – den Kirchen Roms zur Verfügung stellen ließ (Liber Pontificalis II, 377 f. u. ö.).

Abb. 12 b Burse von Enger, Rückseite. Berlin, Staatliche Museen zu Berlin – Preußischer Kulturbesitz, Kunstgewerbemuseum

Die mit Gold und Silber verbundene Lichtsymbolik gilt für die östliche wie die westliche Kirche in gleicher Weise (Isidor von Sevilla, Etym. XVI). Die schier unglaublich reiche Ausstattung der Kirchen und Klöster im Byzantinerreich mit Kirchenmobiliar und Gerät aus Silber ist am Schatz von Sion/Kleinasien und anderen Funden eindrucksvoll feststellbar, sie läßt auch eine vertiefte symbolische Würdigung des lichthellen Materials erkennen. In entsprechender Weise werden edle Steine hochgeschätzt und vielfältig verwendet. Oft handelt es sich dabei um antike Spolien in neuer Verwendung. Als herausragende karolingische Beispiele voll tiefer sinnbildlicher Bedeutung seien erneut der Mailänder Altar mit mehr als 4300 Gemmen, Edelsteinen und Perlen angeführt, ferner der erwähnte „Escrain Kalle" oder auch die Stephansburse aus den Reichskleinodien. Christus selber wird schon im 1. Petrusbrief als *lapis nimirum pretiosus* (besonders kostbarer Stein) bezeichnet.

Im größeren Zusammenhang damit sollten auch Votivkronen genannt werden als besonders reich mit Edelsteinen verzierte Objekte in der Begleitung des Altars. Zahlreiche schriftliche und bildliche Quellen bezeugen ihre schmückende Funktion, die von der Trägerschaft mit Reliquien vertieft werden kann. Der vollendeten Kreisform solcher Kronen entspricht ihre Kennzeichnung als *primum ornamentum* und *insigne victoriae sive regii hono-*

Abb. 13 Sog. Talisman Karls des Großen. Reims, Schatz der Kathedrale

ris signum (erstes Ornament; vornehmes Zeichen des Sieges oder königlicher Würde). Darüber hinaus vertreten sie, oft zugleich als Lichtkronen, die Chöre der Engel und den Kreistanz der Gestirne am Himmel. Nicht wenige frühmittelalterliche Votivkronen sind auf uns gekommen, neben denen aus Guarrazar (Madrid) und Torredonjimenos kann vor allem die sog. Eiserne Krone von Monza als klassisches karolingisches Beispiel genannt werden, reich mit Edelsteinen und Zellenschmelzen pflanzlicher Motive verziert (Abb. 15).

Edle Materialien in künstlerischer Gestaltung begleiten seit jeher den christlichen Altar, seine Umgebung und die vielfältigen Gerätschaften, die im Ablauf der Kulthandlungen gebraucht werden. Über den Nützlichkeitswert ihrer dienenden Begleitung hinaus können sie durch ihre ornamentale und bildliche Ausstattung auch die heiligen Vorgänge erläutern. Schon aus frühbyzantinischen Liturgiekommentaren ist zu ersehen, wie der zelebrierende Priester mit Christus selbst identifiziert wird und wie diese Kennzeichnung auf die dienenden Geräte zurückwirkt. Auch im abendländischen Mittelalter tragen diese einen symbolischen, metaphorischen und anagogischen Charakter, der ihre geräthafte Funktion weit übersteigt und sie – materiell wie ideell – zu Vehikeln der Kultmysterien macht, an deren Sakralität sie teilhaben. Der weiter oben bereits berührte, in der Zeit Karls des Großen verfaßte Text aus der Vita Desiderii episcopi Cadurcensis (MG SS rer. Merov. IV, 576), in dem noch einmal die Vielfalt liturgischer Objekte im karolingischen Gotteshause beschrieben wird, möge dies abschließend bekräftigen: *Quantus sit in calicibus decor, ex distinctione gemmarum nec ipsos intuencium obtutos facile diiudicare reor. Fulgent quidem gemmis auroque calices, praeminent turres, migant coronae, resplendent candelabra, nitet pumorum rotunditas, fulgit recentarii colique varietas. Nec desunt patenae sacris propositionis panibus praeparatae, adsunt et stantarii magnis cereorum corporibus abtati. His omnibus crux alma ut preciosissima, varia simul et candida, arcubus adpensa sanctisque superiecta fulget* … („Der reiche Schmuck an Kelchen kann, wie ich glaube, aus Betrachtung und Würdigung der Edelsteine wohl hervorgehen. Die Kelche schimmern von Gold und Gemmen, turmartige Gebilde steigen auf, Kronen leuchten, Kandelaber erstrahlen, runde Zierate blitzen, Schalen verschiedenster Art und Weinsiebe funkeln. Es fehlen nicht die Patenen für das Brot zum Vollzug der heiligen Vorgänge. Auch Standleuchter für große Kerzen sind da. Über all dem Heiligen erglänzt das erhabene Kreuz als das Kostbarste, leuchtend und hell, von den Bögen herabhängend …").

Quellen und Literatur:

Le Liber Pontificalis. Texte, introduction et commentaire 1–2, hrsg. v. Louis DUCHESNE, Paris 1886–1892; Additions et corrections, hrsg. v. Cyrille VOGEL, Paris 1957 (ND 1–3 Paris 1981). – Einhard, Vita Karoli Magni, hrsg. v. Oswald HOLDER-EGGER, MGH SS rer. Germ [25], Hannover/Leipzig 1911, 27, 36, 37.

Arnold ANGENENDT, Das Frühmittelalter. Die abendländische Christenheit von 400 bis 900, Stuttgart/Berlin/Köln [2]1995. – Albert BOECKLER, Das Erhardbild im Utakodex, in: Studies in Art and Literature for Belle da Costa Greene, hrsg. v. Dorothy Eugenia MINER, Princeton 1954, 219–230. – Josef BRAUN, Das christliche Altargerät in seinem Sein und in seiner Entwicklung, München 1932. – DERS., Die Reliquiare des christlichen Kultes und ihre Entwicklung, Freiburg i. Br. 1940. – Ecclesiastical Silver Plate in Sixth

Abb. 14 Sog. Escrain Kalle, Aquarell von Etienne-Eloi de Labarre (1794). Paris, Bibliothèque Nationale, Cabinet des Estampes, Recueil Le 38 c

Abb. 15 Sog. Eiserne Krone. Monza, Domschatz

Century Byzantium, hrsg. v. Susan A. BOYD u. Marlia MUNDELL MANGO, Washington, DC 1992. – Victor H. ELBERN, Liturgisches Gerät in edlen Materialien zur Zeit Karls des Großen, in: Karl der Große. Lebenswerk und Nachleben, III: Karolingische Kunst, hrsg. v. Wolfgang BRAUNFELS u. Hermann SCHNITZLER, Düsseldorf 1965, 115–167. – DERS., Liturgisches Gerät des Frühmittelalters als Symbolträger, in: Simboli e simbologia nell'alto medioevo (Settimane di Studio del Centro italiano di studi sull'alto medioevo 23), 1975, Spoleto 1976, 349–380. – DERS., Über die liturgische Kunst im frühbyzantinischen Altarraum, in: Das Münster 31, 1978, 1–14. – DERS., Werke liturgischer Goldschmiedekunst in karolingischer Zeit, in: Culto cristiano e politica imperiale carolingia. Atti del XVIII Convegno di Studi sulla Spiritualità medievale, Todi 1979, 303–336. – DERS., Die „Libri Carolini" und die liturgische Kunst um 800. Zur 1200-Jahrfeier des 2. Konzils von Nikaia 787, in: Aachener Kunstblätter 54/55, 1986/87, 15–32. – DERS., Einhard und die karolingische Goldschmiedekunst, in: Einhard. Studien zu Leben und Werk, hrsg. v. Hermann SCHEFERS (Arbeiten der Hessischen Historischen Kommission, N. F. 12), Darmstadt 1997, 155–178. – DERS., Kelche der Karolingerzeit, in: Irish Antiquities. Essays in memory of Joseph Raftery, hrsg. v. Michael RYAN, Dublin 1998, 123–140. – Carol HEITZ, Recherches sur les rapports entre architecture et liturgie à l'époque carolingienne, Paris 1963. – Dagmar v. REITZENSTEIN, Privatreliquiare des frühen Mittelalters (Kleine Schriften aus dem Vorgeschichtlichen Seminar der Philipps-Universität Marburg 35), Marburg 1991. – Nikolaus STAUBACH, Cultus Divinus und karolingische Reform, in: Frühmittelalterliche Studien 18, 1984, 546–581. – Egon WAMERS, Pyxides Imaginatae. Zur Ikonographie und Funktion karolingischer Silberbecher, in: Germania 69, 1991, 97–152.

Franz Ronig

Bemerkungen zur Bibelreform in der Zeit Karls des Großen

Funktion und Ikonologie

Wenn man die großen Bibelhandschriften der Zeit Karls des Großen und auch der folgenden Jahrzehnte betrachtet, spürt man etwas von der Hochschätzung, die man dem Wort Gottes und damit auch seinen Büchern zollte. Das zeigt sich sowohl im Format der Bücher als auch in der sorgfältigen Bereitung des Pergamentes, auch des Purpurpergamentes; das zeigt sich in der hohen Schriftkultur sowohl des laufenden Textes als auch des Initialschmuckes – gewissermaßen des Buchstabens schlechthin, bis hin zur Anwendung der Goldschrift! Das zeigt sich letzten Endes auch in den Einbänden und den Buchkassetten: In Material, ikonographischem Programm und künstlerischer Brillanz scheute man keinen Aufwand. Diese Bücher gehören heute noch zu den größten Kostbarkeiten unserer Bibliotheken.

Diese Hochschätzung galt natürlich in erster Linie dem biblischen Text selbst als dem Worte Gottes. Der *Textus* oder auch die *Bibliotheca* waren Synonyma für die Gesamtheit der biblischen Bücher, wenigstens aber der Evangelien. Die Bibel war nicht irgendein „Gebrauchsbuch", sie wurde als heilig angesehen; sie war und ist die *Biblia Sacra*. Eigene Schränke dienten ihrer Aufbewahrung.

Ein wichtiger Reflex dieser Einschätzung zeigt sich auch in den Riten, wie man mit diesem Buche umging. Bereits auf den ersten Konzilien thronte die Bibel förmlich inmitten der Versammlung, so als würde das Wort Gottes selbst den Vorsitz führen. In der Liturgie wurde und wird heute noch das biblische Buch, vor allem das Evangelium, mit höchster Ehrerbietung behandelt. Zuerst liegt es auf dem Altar. Dann trägt es der Diakon in feierlicher Prozession zum Ambo; Zeroferare mit Leuchtern gehen voraus, der Thuriferar trägt das Rauchfaß mit, der Zeremoniar leitet die Prozession. (In der Liturgie vor der Reform durch das II. Vatikanische Konzil ging noch der Subdiakon mit, der wie ein lebendiges Pult dem Diakon das Buch zu halten hatte.) Nachdem die Einleitung zum Evangelium gesungen ist, wird das Buch zum Zeichen der Verehrung inzensiert. Nach dem Vortrag des Evangeliums trägt der Diakon das Buch zum Bischof, der es küßt, als wäre es Christus selbst.

Dies alles sind uralte liturgische Bräuche, die mit ihren Wurzeln in die Zeit der Synagoge und des frühen Christentums zurückgehen. Der Thora wurde und wird im synagogalen Gottesdienst hohe Ehre zuteil. Selbst das Schreiben einer Thora-Rolle ist ein Akt von höchster Bedeutung.

Unter Beachtung solcher Wertschätzung wird man auch verstehen, daß man großen Wert auf einen guten, zuverlässigen und reinen Text legte. Bereits aus den Arbeiten des Origenes († 254) am Bibeltext erwuchs das „bedeutendste bibelkritische Werk des Altertums", die „Hexapla", ein Werk zum Zwecke des Textvergleichs. In sechs Spalten nebeneinander bot sie den biblischen Text samt seinen verschiedenen Lesarten dar: 1. Hebräischer Text in hebräischer Quadratschrift, 2. hebräischer Text in Transkription mit griechischen Buchstaben, 3. griechische Übersetzung des Aquila, 4. griechische Übersetzung des Symmachos, 5. griechische Übersetzung der Septuaginta, 6. griechische Übersetzung des Theodotion. Das Werk umfaßte 6000 Blätter in 50 Bänden. Eine kleinere Ausgabe bot nur drei Spalten Text. Die beiden Werke lagen in der Bibliothek des Pamphilos zu Caesarea und sind verschollen; wahrscheinlich gingen sie beim Arabereinfall (638) zugrunde.

Die Hexapla muß also als verloren gelten. Hieronymus (347–419) konnte sie jedoch noch für seine Textstudien benutzen. Wegen des Wirrwarrs der verschiedenen altlateinischen Übersetzungen (Sammelbegriff: *Vetus Latina*) gab Papst Damasus (366–384) dem scharfsinnigen Philologen und Theologen Hieronymus den Auftrag zu einer Revision und Reform des Textes. Noch während seines Romaufenthaltes begann Hieronymus im Jahre 383 mit den Evangelien. Nachdem er im Jahre 386 in Bethlehem ein Kloster gegründet hatte, widmete er sich noch intensiver der Arbeit an der Bibel, und zwar bis in das erste Jahrzehnt des 5. Jahrhunderts hinein. Das, was man später die *Vulgata* zu nennen sich gewöhnte, nahm dann nach Hieronymus eine weitere Entwicklung, so daß erst einige Jahrhunderte später das großangelegte Projekt vollendet war und als Ganzes vorlag. Dennoch wird man insgesamt von einem Werk des Hieronymus sprechen können.

Eine besondere Beachtung gilt – auch im Hinblick auf die karolingische Reform – der Beschäftigung des hl. Hieronymus mit dem Psalter. Dreimal befaßte er sich mit dem lateinischen Text. Die drei Fassungen des lateinischen Psalters spielen in der Geschichte des Textes ihre je eigene Rolle: das Psalterium Romanum, das Psalterium secundum Hebraeos, das Psalterium Gallicanum.

Hieronymus übersetzte die Bibel teils neu aus dem Hebräischen und Griechischen, teils überarbeitete er bereits vorliegende Übersetzungen und redigierte das gesamte Werk. Seine Arbeiten verlangen uns heute noch höchste Bewunderung ab. Dieser Text setzte sich seit dem 7./8. Jahrhundert endgültig durch, er sollte für die gesamte lateinische Kirche Geltung haben, wurde daher „*Vulgata*" genannt und erlangte auf dem Konzil von Trient eine für die ganze Kirche geltende Autorität.

Im 6. Jahrhundert ließ Cassiodor († um 580) in seinem Privatkloster Vivarium neue Bibeln schreiben, die als sog. Pandekten die gesamte Bibel des Alten und Neuen Testamentes enthielten. In den Ausgaben des Cassiodor waren Zeichnungen eingeschaltet, die das Heilige Zelt resp. den Tempel darstellten. Er selbst schreibt in seinen Institutiones über seinen Codex Grandior und verwendet mindestens sechsmal die Bezeichnung Pandekt. Dieser Typ der Großbibel wurde bedeutend bis hin in den Norden Englands, vor allem für die Doppelabtei Wearmouth-Jarrow. Durch die Äbte Benedict Biscop († 689/690) und seinen Schüler und Nachfolger Ceolfrith († 716) – Benedict reiste mindestens sechsmal nach Rom und kaufte dort Bücher ein – gelangte ein solches Pandekt in den Norden. Beda Venerabilis berichtet, daß Ceolfrith eine Kopie herstellen ließ, die er selbst als Geschenk nach Rom bringen wollte. Auf der Reise mit anderen Engländern starb er in Langres; diese für den Papst bestimmte Bibel liegt heute als Codex Amiatinus I in der Biblioteca Laurenziana zu Florenz (Abb. 1). Der Codex enthält wie die Pandekten des Cassiodor die oben genannten Zeichnungen.

Der von Hieronymus für die lateinische Kirche neu bearbeitete Text konnte sich nicht sofort und total durchsetzen. Immer wieder kamen andere, mitunter altlateinische und auch verwilderte Texte in Umlauf (oder fanden auch nur partiellen Einlaß in die Handschriften). So bildeten sich in verschiedenen Ländern wie Italien, Spanien, Gallien und Irland eigene Rezensionen und Überlieferungen heraus, die sich zwar nicht wesentlich, aber doch merklich voneinander unterschieden. Dazu kam, daß neben der Textgestalt auch die Schrift der Bibel streckenweise nicht in bestem Zustand war. Dies alles war Grund genug, daß man sich in der Zeit Karls des Großen (768–814) und auch noch danach um eine Verbesserung des Textes bemühte. Diese Verbesserungen betrafen zwar mitunter auch die Textüberlieferung selbst – jedoch nicht im Sinne einer modernen kritischen Textausgabe –, mehr aber die Orthographie, die Grammatik und sogar die Interpunktion. Auch die „neue" Schrift, die karolingische Minuskel, ihre leichtere Lesbarkeit und ein damit verbundener besserer Vortrag in der Liturgie standen im Dienste der Reform, die sich vor allem auf den Gottesdienst bezog. Es waren Bemühungen, für die sich Karl der Große einsetzte, die aber nicht nur von Karl selbst ausgingen; seine Berater, allen voran Alkuin, standen ihm hierbei zur Seite.

Wenn man sich heute mit den Fragen der karolingischen Bibelreform befaßt, wird man immer die Forschungen von Bonifatius Fischer referieren oder auf ihnen aufbauen. In einer kaum überbietbaren Kenntnis des Handschriftenbestandes und auch der Textprobleme hat er in präziser und subtiler Weise die Fragen als solche erkannt und bearbeitet. Eine Kenntnis der internationalen Literatur gehörte zu seinem Rüstzeug. Seine an verschiedenen Stellen publizierten Untersuchungen liegen seit 1985 in einem Band zusammengefaßt vor. – Anläßlich der Faksimilierung der Bibel Karls des Kahlen von St. Paul vor den Mauern in Rom erschien 1993 ein Kommentarband, in dem ein Autorenteam die Frage der karolingischen Bibelreform auf breiter Ebene aufarbeitete. Bonifatius Fischer gehörte zu den Beratern und Koordinatoren.

Im Jahre 789 erließ Karl ein Rundschreiben, die Admonitio generalis (Kat.Nr. XI.5), an der Alkuin wohl mitgewirkt hatte. Die Schrift bezog sich auf die Bildung insgesamt und besonders auf jene Bücher, die man in den Schulen und im Gottesdienst benutzte. Die Bücher sollten sorgfältig und korrekt geschrieben und anschließend emendiert werden; man dürfe das Schreiben nicht unausgebildeten jungen Leuten überlassen. Wichtig sei, daß sich in den Schulen die jungen Leute mit dem Lesen befaßten: mit den Psalmen, den (musikalischen) Noten, mit den Gesängen, mit den (Kalender-) Berechnungen und der Grammatik. Deshalb solle man in den Klöstern und

Abb. 1 Bibel, sog. Codex Amiatinus: Prophet Esra (Waermouth-Jarrow, zwischen 690 und 716). Florenz, Biblioteca Laurenziana, Ms. Laur. Amiat. I, fol. 5r

CODICIBUS SACRIS HOSTILI CLADE PERUSTIS
ESDRA DO FERVENS HOC REPARAVIT OPUS

den Kathedralschulen die Bücher verbessern. Auch für das Gebet brauche man gute Bücher, damit das Gebet zu einem guten Gebet werde. Man möge dafür sorgen, daß die jungen Leute die Bücher beim Lesen und beim Schreiben nicht verdürben. Wenn neue Bücher geschrieben werden müssen – z. B. ein Evangeliar, ein Psalter, ein Missale –, dann sollen das Männer in bestem Alter und mit aller Sorgfalt tun. Der diesbezügliche lateinische Text in diesem Rundschreiben Karls lautet: ... *et ut scolae legentium puerorum fiant. Psalmos, notas, cantus, computum, grammaticam per singula monasteria vel episcopia et libros catholicos bene emendate; quia saepe, dum bene aliqui deum rogare cupiunt, sed per inemendatos libros male rogant. Et pueros vestros non sinite eos vel legendo vel scribendo corrumpere; et si opus est evangelium, psalterium et missale scribere, perfectae aetatis homines scribant cum omni diligentia* (vgl. Beitrag McKitterick in Kat.Bd. II, Abb. 1).

Ganz im Sinne dieses Rundschreibens war es, daß Karl der Große sieben Jahre später, im Jahre 796, den von den Britischen Inseln stammenden Mönch und Gelehrten Alkuin zum Abt der Martinsabtei in Tours machte. Alkuin (* 730) stammte aus northumbrischem Adel, war seit 778 Leiter der Kathedralschule und Bibliothek in York und stand seit 781 in engerer Beziehung zu Karl. Als er nach Tours ging, war er schon sechsundsechzig Jahre alt. Bis zu seinem Tod im Jahre 804 hatte er also noch acht Jahre zur Verfügung, um das Werk der Bibelrevision in Gang zu setzen.

Das Ergebnis der weitausgreifenden Untersuchungen Bonifatius Fischers ist in einem Punkt aller Romantik gegenüber ernüchternd. Er stellte bereits 1971 (gegen Ganshof) fest: „Noch immer ist die Auffassung weit verbreitet, Karl der Große habe Alkuin den Auftrag gegeben, den lateinischen Bibeltext zu revidieren, und habe diesen verbesserten Text dann in seinem Reich eingeführt." Es kann also nicht die Rede davon sein, daß „... die unter Karl dem Großen von Alkuin durchgeführte Bibelrevision (801) ... in ihrer ... Fassung durch die Schreibschule von Tours zum Reichstext wurde." Es gibt keine Anhaltspunkte für einen „Reichstext". Wohl haben die unter Alkuin in Tours hergestellten Bibeln als Vorlagen gedient, die anderenorts zu Verbesserungen und Korrekturen (Emendationen) führten, aber dennoch keinen wirklichen Einheitstext schufen.

Fischer faßt seine Untersuchungen über die karolingische Bibelrevision (und nicht nur die) unter Alkuin wie folgt zusammen: „An vielen Orten, fast überall, wo wissenschaftliches Leben sich regte, wurde am Bibeltext gearbeitet, und alle erreichbaren Hilfsmittel wurden dazu benutzt, örtliche Überlieferungen, soweit sie vorhanden waren, und fremde Vorlagen und Versuche, die man sich beschaffen konnte. Kreuz und quer gehen diese Beziehungen durch das ganze Reich ... Alkuin ist nur ein Versuch unter anderen."

„Karls Rolle besteht nicht darin, daß er bei Alkuin eine Bibelrevision in Auftrag gegeben und sie dann im Reich eingeführt hätte. Er hat vielmehr den nötigen Untergrund geschaffen, das geistige Interesse und den lebhaften kulturellen Austausch gefördert, den Anstoß zu wissenschaftlicher Tätigkeit gegeben. Er zeigte mahnend auf die Wichtigkeit eines korrekten Bibeltextes, ermunterte zur Arbeit daran, bestellte Handschriften ... und gab das anregende Beispiel. Und tatsächlich wetteiferte man bald allerorts nach bester Möglichkeit danach, diese Anregungen zu verwirklichen. So vollzog sich die karolingische Reform des Bibeltextes, nicht aber dadurch, daß im königlichen Auftrag ein Einzeltext geschaffen und für alle vorgeschrieben wurde. Das zeigen übereinstimmend die äußeren Zeugnisse und der Befund in den erhaltenen Handschriften." (Fischer 1985, 201 f. u. 211).

Schon in einem Rundschreiben – das in die Zeit zwischen 786 und 789/92, also noch vor Alkuins Einführung in Tours zu datieren ist –, mit dem das von Karl dem Großen in Auftrag gegebene Homiliar des Paulus Diaconus (Warnefried) im Reich eingeführt wurde, drückt Karl seine Sorge für die Kirche und die Wissenschaften aus. Er weist darauf hin, daß er schon vor längerer Zeit das Alte und das Neue Testament mit Gottes Hilfe sorgfältig von Fehlern, die durch die Unfähigkeit von Schreibern (*librariorum*) entstanden wären, aufs genaueste habe reinigen lassen: *Inter quae iam pridem universos Veteris ac Novi instrumenti libros, librariorum imperitia depravatos, Deo nos in omnibus adiuvante, examussim correximus ...*

Diese von Karl geforderte Sorgfalt dem Text gegenüber hat sich sogar als „Nachricht" bis in die Legende hinein erhalten. Demnach hätte Karl in den letzten Monaten vor seinem Tod außer Beten und Almosengeben nichts anderes im Sinne gehabt, als Bücher zu korrigieren. Dabei hätte er sogar die vier Evangelien noch am letzten Tage vor seinem Hinscheiden aus griechischen und syrischen Handschriften aufs beste korrigiert. So erzählt es der Trierer Chorbischof Thegan 837/838. Es wäre zu fragen, ob sich hinter diesem Legendentext ein historischer Kern verbirgt und ob nicht vielleicht irgendwann syrische und griechische Handschriften – oder sogar Gelehrte dieser Sprachen – konsultiert wurden. Aber es ergibt sich bis jetzt kein entsprechender Anhaltspunkt.

Die Arbeit Alkuins an der Bibel kennen wir indessen

Abb. 2 Alkuin-Bibel (Tours, Anfang 9. Jahrhundert). Monza, Biblioteca Capitulare, Cod. G 1, fol. 316v

auch aus seinen eigenen Äußerungen. Wohl im Februar 800 schrieb Alkuin einen Brief nach Chelles an Gisela und an Rotrud, die Schwester bzw. Tochter Karls des Großen. Er schickte ihnen einen Teil seines Johanneskommentars zur Lektüre während der Quadragesima. Als Entschuldigung für die Übersendung nur eines Teiles führt er an, er sei durch die *emendatio* (Verbesserung) des Alten und des Neuen Testamentes aufgehalten worden; er habe sie auf Befehl des Königs (*domni regis praeceptum*) in Arbeit. Wenn er die vom König geforderte Arbeit vollendet habe, würden die Damen den Rest des Kommentars erhalten. Wenn also auch aus den erhaltenen Briefen Karls kein direkter Auftrag an Alkuin zur Bibelkorrektur zu beweisen ist, so spricht doch dieser Brief Alkuins einen solchen Auftrag unmißverständlich aus. Darüber hinaus kann man aus der Übersendung des zweiten Kommentarteiles schließen, daß Alkuin die geforderte Bibelkorrektur bis zum Winter 800/801 abgeschlossen hatte. Außerdem muß (darf?) man aus diesen Vorgängen schließen, daß Karl in Tours eine Vollbibel bestellt hatte, deren Emendation Alkuin selbst besorgen mußte.

Bonifatius Fischer konnte für die knapp fünf Jahre von 799 bis zum Tode Alkuins im Mai 804 die Herstellung von sechs Gesamtbibeln erschließen. Diese Zahl setzt eine beachtliche Organisation des Skriptoriums mit seinen Nebenbetrieben voraus. Die mehr als zwanzig Schreiber mußten sorgfältig aufeinander abgestimmt werden. Rechnet man im Atelier von Tours die Zeit nach Alkuins Tod hinzu, so wurden (nach Fischer) dreiundvierzig bis sechsundvierzig Bibeln und achtzehn Evangeliare geschaffen (Abb. 2). Nach Fischers Rechnung wurden jedes Jahr im Durchschnitt zwei Pandekten, ein Evangeliar und auch noch weitere Texte geschrieben.

Die großen einbändigen Bibeln der sog. Schule von Tours erreichen allerdings erst unter den Nachfolgern des Alkuin jene immer wieder bewunderte Höhe der Ästhetik, die sie mit dem Blick auf die gesamte abendländische Buchkultur zu Meisterwerken macht (Kat.Nr. XI.23).

Neben Alkuin beschäftigte sich auch der aus Spanien stammende Hofbischof Karls des Großen, Theodulf von Orléans († 821), mit der Bibelreform. Theodulf ist uns durch manche seiner zahlreichen und qualitätvollen Dichtungen bekannt. Mit dem heute noch in der Palmsonntagsliturgie gesungenen Hymnus *Gloria laus et honor tibi sit* hat er sich ein lebendiges literarisches und liturgisches Denkmal gesetzt. Außerdem gilt er als Verfasser der Libri Carolini (vor 794), die man zu den bedeutendsten theologischen Werken der Zeit Karls des Großen rechnen darf (Kat.Nr. XI.6). Ein großartiges Zeugnis für seine an der Bibel orientierte Theologie ist das Apsismosaik seiner Hofkirche in Germigny-des-Prés, wo an Stelle eines Christusbildes ein Bild der Bundeslade zu finden ist – Zeichen der Gegenwart Gottes in seinem Hause.

Theodulf ließ Bibeln wiederum als Pandekten schreiben. Außerdem bemühte er sich um eine exakte und präzise Schrift, die in ihrer Kleinmaßstäblichkeit und Klarheit für Pandekten besonders geeignet war (vgl. Beitrag Schmid). Der Text ist in zwei oder auch drei Spalten geschrieben. Die Bücher sollten gut zu handhaben sein. Theodulf verzichtet auf die deuterokanonischen Bücher. Aus dem Umkreis Theodulfs sind etwa zehn Bibeln (resp. Bibelteile) erhalten (Kat.Nr. XI.22). Die Manuskripte bilden eine paläographisch geschlossene Gruppe, die in einem einzigen Skriptorium und in kurzer Zeit entstanden sein muß. Zwei dieser Pandekten ragen durch besondere Qualität hervor. Da ist zunächst die wohl aus der Kathedrale von Orléans stammende Prachtbibel in Paris (Bibliothèque Nationale, lat. 9380), die mit Purpur, Gold und Silber geschmückt ist (Abb. 3). Arkaden und Zierrahmen folgen spätantiken Modellen. Theodulf hat auf jeden figürlichen Schmuck verzichtet, was ganz seiner in den Libri Carolini, im Gegensatz zu Byzanz, niedergelegten Bildverneinung entspricht. – Eine zweite Ganzbibel in kaum geringerer prächtiger Ausführung liegt im Kathedralschatz von Le Puy. – Wenn auch die Theodulfbibeln keinen Bilderschmuck aufweisen, so stehen sie dennoch in der Buchkultur des Mittelalters oben an und halten einem Vergleich mit den Bibeln der Schule von Tours stand. Die Schreiber und Maler der Schule von Tours erreichen eine solche Höhe der Buchkultur erst zwanzig bis dreißig Jahre später, stellte Bonifatius Fischer fest.

Für seine Arbeit am Text benutzte Theodulf vom Jahre 800 an Alkuinbibeln, um aus ihnen besondere Lesarten zum Zwecke der Textverbesserung zu schöpfen. Für das Mittelalter erstaunlich genug, ging es ihm auch um die *hebraica veritas* – also darum, daß der lateinische Text möglichst genau mit dem hebräischen übereinstimmt. Schon in den Libri Carolini hatte er im Dienste einer exakten bibeltheologischen Auseinandersetzung mit den Bilderverehrern Wert auf die *hebraica veritas* gelegt. Natürlich kannte er noch keine Beschäftigung mit dem Hebräischen im Sinne der modernen Hebraisten der Renaissance. Doch immer wieder verbesserte er den lateinischen Stil und auch den Text, wo auch immer er bessere Lesarten finden konnte.

Mit dieser bereits vor Karl begonnenen, aber durch ihn entscheidend verstärkten Bibelreform ging die karolingische Schriftreform Hand in Hand. Aus der spätantiken Halbunziale wurde vor allem nach der Mitte des 8. Jahrhunderts eine einheitliche, eine durch die Schrift am Hofe Karls vorbildliche, gut leserliche Schrift entwickelt. Sie sollte sowohl der Liturgie als auch den Studien nutzen. Sie ist in die Geschichte eingegangen unter dem Namen „Karolingische Minuskel". Bis zur Wiederaufnahme dieser Schriftform durch die Renaissance nach dem Intermezzo der gotischen Fraktur blieb die karolingische Minuskel in ihrer klassischen Formulierung eine der schönsten und interessantesten Schriften Europas – kein Wunder, daß die Schreiber der Renaissance sie so begeistert benutzten, als sei sie römisch.

Abb. 3 Theodulf-Bibel (Orléans, um 800). Paris, Bibliothèque Nationale, lat. 9380, fol. 252v

Quellen und Literatur:

Biblia Sacra iuxta vulgatam versionem, adiuvantibus Bonifatius Fischer OSB etc. recensuit et brevi apparatu instruxit Robertus WEBER OSB, Stuttgart 1969 (^{2}1975), vgl. bes. Vorwort, X–XIV. Commentario storico paleografico artistico critico della Bibbia di San Paolo fuori le Mura, hrsg. v. Alessandro PRATESI, Rom 1993.

Walter CAHN, Die Bibel in der Romanik, München 1982. – Bonifatius FISCHER, Lateinische Bibelhandschriften im frühen Mittelalter (Vetus Latina. Aus der Geschichte der lateinischen Bibel 11), Freiburg 1985.

Susan Rankin

Die Musik der Karolinger

Gregorius praesul meritis et nomine dignus
unde genus ducit summum conscendit honorem
qui renovans monumenta patrumque priorum
tum composuit hunc libellum musicae artis
scolae cantorum. In nomine dei summi.

(„Bischof Gregor, der durch seine Verdienste wie durch seinen Namen würdig ist, / dem da, woher er stammte, die größte Verehrung zugekommen ist, / hat, indem er die monumenta der Kirchenväter und der Alten erneuerte, / dieses Büchlein der musikalischen Kunst für die Sängerschule zusammengestellt. / Im Namen des allerhöchsten Gottes.")

Betrachtet man diese Lobrede, wie sie im Cantatorium von Monza (Kat.Nr. XI.32b) in goldenen und silbernen Majuskeln auf Purpurgrund geschrieben steht, so werden der historische Anspruch und die zeitgenössische Bedeutung dieses „Büchleins der musikalischen Kunst" unmittelbar augenfällig (Abb. 1). Indem Gregor I. (590–604) – römischer Papst und Kirchenlehrer – das „Büchlein" zusammenstellte, hatte er „die Monumente der Kirchenväter erneuert". Das heißt, durch Sammeln und Aufzeichnen eines kirchlichen Gesangsrepertoires brachte er alte Muster in neue Formen. Stellt man nun die *Gregorius praesul*-Einleitung und die elegante und kunstfertige Musiknotation einer Handschrift wie in dem für Bischof Sigebert von Minden im frühen 11. Jahrhundert hergestellten Graduale (Kat.Nr. XI.38) nebeneinander (Abb. 2) – eine Notation, die die Musik für genau dieselben Texte wie im Cantatorium von Monza festhält, also „Gregorianischen Gesang" –, so könnte man meinen, daß sich mit diesen beiden Dokumenten die Geschichte des kirchlichen Gesangs in der Westkirche beschreiben ließe: Frühchristlicher Gesang wurde von Gregor dem Großen geordnet und kodifiziert und konnte im 11. Jahrhundert mit musikalischer Notation versehen werden.

Doch hat es sich wirklich so abgespielt? Keines der erhaltenen Dokumente aus der Zeit des Pontifikats Gregors des Großen bringt diesen mit Musik in Verbindung, ebensowenig hat sich auch nur eine Handschrift mit dem Text oder der Musik des „Gregorianischen Gesangs" erhalten, die aus der Zeit vor dem späten 8. Jahrhundert stammt. Kurzum, der „Gregorianische Choral" scheint ein karolingisches Konstrukt zu sein. Darüber hinaus ist – zum Glück für den Historiker – der Übergang vom frühen christlichem Gesang zu dem, was in Büchern wie dem Graduale des Sigebert notiert ist, offensichtlich sehr langwierig, komplex und enthält viele verschiedene Aspekte. Der „gregorianische Gesang" war sicherlich noch nicht in eine endgültige Fassung gebracht zu dem Zeitpunkt, da die *Gregorius praesul*-Einleitung Eingang in eine erhaltene liturgische Sammlung fand (z. B. in die Handschrift Lucca, Biblioteca capitolare, Cod. 490 aus dem späten 8. Jahrhundert; Abb. 3).

Dennoch kann der Zeitraum zwischen der Mitte des 8. und dem späten 9. Jahrhundert mit gutem Recht für sich in Anspruch nehmen, den wichtigsten Scheidepunkt in der Geschichte der Musik des Westens zu repräsentieren: Im Laufe dieser Zeit wurde zum einen das zentrale Repertoire kirchlichen Gesangs standardisiert und im Karolingerreich verbreitet, eine Theorie der musikalischen 'Grammatik' entstand, zum anderen wurde eine musikalische Notation mit einem hohen Grad an Präzision erfunden und entwickelt, und schließlich wurden viele musikalische Repertoires zum ersten Mal schriftlich festgehalten. So verdient die Musikgeschichte der Zeit um 800 in vielerlei Hinsicht unsere Aufmerksamkeit. Es ist jedoch nicht nur dieser immanent musikalische Zusammenhang, der die Musik der Karolinger insgesamt sowie die liturgische Musik der karolingischen Kirche auf besondere Weise historisch markant erscheinen läßt, sondern auch der Grad, in dem Musik den weiten Kreis karolingischer Vorstellungen und Ideale reflektiert. Zu jener Zeit stand die Musik im Zentrum des kulturellen Interesses. Sie bot den geistlichen Gemeinschaften durch gemeinsames Erleben und gemeinsame Beschäftigung eine besondere Form, um ihre Zusammengehörigkeit zu stärken. Durch die Verwendung lateinischer Bibeltexte unterstützte Musik die Erziehung der Menschen im christlichen Glauben, sie erzeugte Gemeinsamkeit im Zusammenleben verschiedener Völker, und sie war ein Mittel, den römischen Ritus nördlich der Alpen zu verbreiten. So reichen die Initiativen und Absichten, welche die Musikgeschichte der karolingischen Epoche kennzeichnen, tiefer in die karolingische Gesellschaft und ihr Selbstverständnis hinein, als es eine reine Musikgeschichte oder eine Geschichtsbetrachtung, die allein auf der *Gregorius praesul*-Einleitung fußt, deutlich machen könnte.

Musik in der Liturgie

In einem langen Brief, der an den gesamten Klerus des Reiches gerichtet ist, entwirft Karl der Große ein System geistigen Lebens und Wirkens, das unter anderem auch Aussagen über Gesang und Liturgie enthält: *Onmi clero. Ut cantum Romanum pleniter discant, et ordinabiliter per nocturnale vel graduale officium. peragatur, secundum quod beatae memoriae genitor noster Pippinus rex decertavit ut fieret, quando Gallicanum tulit ob unanimitatem apostolicae sedis et sanctae dei aecclesie pacificam concordiam* („An die Geistlichkeit. Daß sie den Römischen Gesang vollständig singe, und daß er in korrekter Form in den Tag- und Nachtoffizien eingesetzt wird; so, wie unser Vater Pippin seligen Angedenkens, angeordnet hat, daß es geschehen soll, als er den Gallikanischen Gesang aufgab, um der Einmütigkeit mit dem apostolischen Stuhl willen sowie der friedlichen Harmonie in der Heiligen Kirche Gottes.") (Abb. 4).

In diesem Abschnitt der Admonitio generalis (Kat.Nr. XI.5) legte Karl lediglich allgemeine Regeln einer Politik nieder, die seit der Mitte des 8. Jahrhunderts verfolgt wurde und die insbesondere bei Bischof Chrodegang von Metz († 766), der die römische Liturgie leidenschaftlich verfocht, Unterstützung fand. Das Interesse an der römischen Liturgie seitens der Karolinger traf zusammen mit einem ihrer weiteren Anliegen, das sowohl politischer als auch kultureller Natur war – dem Wiedererstehen eines christlich-römischen Reiches mit all seinen Stärken und Werten. Eine von vielen literarischen Anspielungen auf die Wiedergeburt Roms im Norden findet sich in dem berühmten Epos, das das Treffen zwischen Karl dem Großen und Papst Leo III. in Paderbom zum Thema hat: Karl wird darin mit Aeneas verglichen und Aachen als zweites Rom bezeichnet. Musik wurde für die Karolinger

Abb. 1 Gregorius praesul-Prolog im Graduale von Monza. Monza, Museo del Tesoro del Duomo, Inv.Nr. 88, fol. 2r

Abb. 2 Graduale aus Minden. Berlin, Staatsbibliothek zu Berlin, Preußischer Kulturbesitz, Theol. lat. quart. 15, fol. 1v–2r

einerseits als Mittel der Dichtkunst eine Quelle der Bereicherung der Liturgie, andererseits auch als eine der Disziplinen des aus der Antike übernommenen Bildungsprogramms der Sieben Freien Künste (Kat.Nr. X.20) zu einem entscheidenden Element guter und richtiger Ausdrucksweise, wie man sie sich im frühchristlichen Rom vorstellte.

Im Rahmen der „Romanisierung" ihrer Liturgie erbaten die Karolinger aus Rom Bücher, aber auch Hilfe von Gelehrten. Unter den zahlreichen zeitgenössischen Berichten über die erfolgreiche Etablierung des römischen Gesangs im Norden – zu denen bereits die Mitteilungen aus dem 9. Jahrhundert von Einhard (um 770–840), Walafrid Strabo (808/809–849), Johannes Diaconus

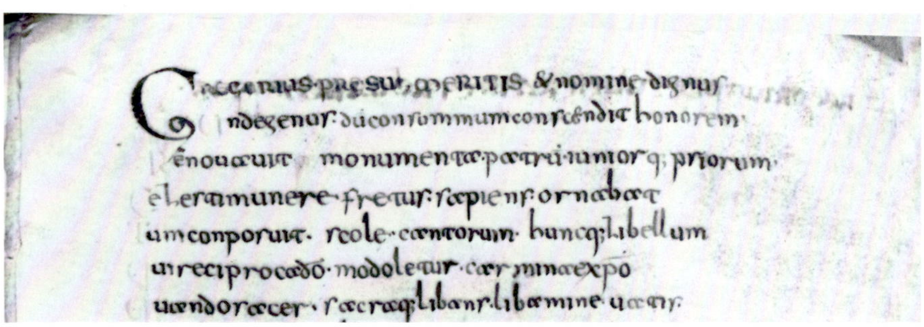

Abb. 3 Gregorius praesul-Prolog in einer Handschrift in Lucca. Lucca, Biblioteca Capitolare Feliniana, Cod. 490

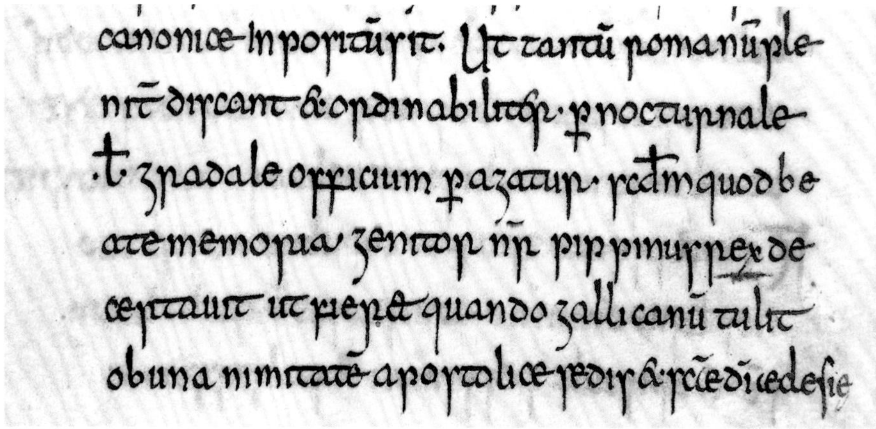
canonice inpositus est. Ut cantum romanum ple-
niter discant & ordinabiliter per nocturnale
vel gradale officium peragatur. secundum quod be-
atae memoriae genitor noster pippinus rex de-
certavit ut fieret quando gallicanum tulit
ob unanimitatem apostolicae sedis & sanctae dei ecclesiae

*Abb. 4 Admonitio generalis: Ut cantum Romanum pleniter discant ...
Wolfenbüttel, Herzog August Bibliothek, Cod. Guelf. 496a Helmst., fol. 12v*

*Abb. 5 Elfenbeintafel mit dem hl. Gregor (Ausschnitt).
Wien, Kunsthistorisches Museum Wien, Kunstkammer Inv. Nr. KK 8399*

Abb. 6 Elfenbeintafel: Bischof mit Sängern und Diakonen (Ausschnitt). Cambridge, Fitzwilliam Museum, Inv. Nr. M 12–1904

(825–880/882) und Notker Balbulus (um 840–912) zählen – gibt es kaum Übereinstimmungen. Die Unterschiede zwischen diesen Berichten sagen oftmals mehr über die Verfasser und ihre Absichten aus als über den von ihnen beschriebenen Gegenstand. Dennoch war der Austausch von Kantoren und deren Büchern zwischen Rom und Zentren wie Metz und Aachen mehr als rege.

Es wäre jedoch falsch, die Musik isoliert und als einen speziellen Schwerpunkt des karolingischen Interesses zu betrachten. Tatsächlich stand die Musik als der durch Singen und Hören erfahrbare Anteil der Liturgie im Zentrum der allgemeinen liturgischen Erneuerung. Mit Hilfe von Karls engem Berater Alkuin wurde jeder Aspekt der gottesdienstlichen Feier von den karolingischen Reformern neu durchdacht und niedergeschrieben. Von diesen Bemühungen zeugen unter anderem die zahlreichen Konzilien, die verschiedenen Praktiken, wie sie in den liturgischen Büchern der Zeit überliefert sind (vor allem in den Sakramentarien, dem Buch für die Zelebranten), die Neuentstehung von Büchern mit liturgischen Anweisungen sowie die Festlegung immer ausführlicherer Regeln für das Leben in Klöstern und Stiften.

Das Ziel dieser Anstrengungen, nämlich die Wiederherstellung der Liturgie des alten universalen Stuhles Petri in Rom sowie die Rolle der Musik innerhalb dieses Zusammenhangs, werden anschaulich illustriert durch eine Gruppe von drei Elfenbeintafeln, die im nördlichen Teil des Reiches, vermutlich in Trier, im späten 9. oder eher 10. Jahrhundert gefertigt wurden (Kat.Nr. XI.29–31). Unabhängig von der Frage der genauen Datierung kann man sehen, daß diese Tafeln den Gebrauch römischer Texte und den Gesang der römischen Liturgie darstellen, angeführt von eben derselben historischen Figur, die von den Karolingern ausersehen war, dem Vorhaben besondere Autorität (*auctoritas*) zu verleihen: von Gregor dem Großen. Die erste Tafel (Kat.Nr. XI.29) zeigt Gregor an einem Pult sitzend und den Meßkanon (*Vere dignum et iustum* ...) schreibend (Abb. 5); darunter finden sich drei schreibende Mönche, welche genau die Bücher verfertigen, die Gregors Werke verbreiten sollen. Auf der zweiten Tafel (Kat.Nr. XI.30) ist der Beginn der römischen Messe für den ersten Tag des Kirchenjahres, den ersten Adventssonntag, dargestellt. Eine Gruppe von Sängern, von einem Kantor geleitet, der dem Betrachter den Rükken zuwendet, singt den Introitus „Ad te levavi“ (somit nicht den biblischen Text „Ad te domine levavi“, sondern den Choraltext). Das noch so kleine Detail dieser Schnitzerei wie die Mund- und Zungenstellung der Sänger unterstreicht den Klang des „A“ (Abb. 6). Auf das Zeichen des Zelebranten, der in der Mitte stehend das Buch mit dem Choraltext hält, wird der Chor aufhören zu singen, und die Messe kann fortgesetzt werden. Die dritte Tafel (Kat.-Nr. XI.31) zeigt den Beginn des Hochgebets der Eucharistiefeier. Das „Sanctus“ ist verklungen, und der Priester singt die Worte „Te igitur, clementissime pater ...“ Das Bildprogramm dieser drei Elfenbeintafeln zeugt von hohem künstlerischen Niveau, insbesondere in der Darstellung von Architektur, Kleidung, Gestik und Text, die alle den römischen Ritus widerspiegeln. Zieht man in Betracht, daß diese Tafeln vermutlich aus der Spätzeit der Karolinger oder sogar erst aus ottonischer Zeit stammen, so ist ihre Kernaussage immer noch folgende: „Dies ist der römische Ritus, wie Gregor ihn niedergeschrieben hat und wie wir ihn feiern." Die Tafeln sind somit ein Beweis für die erfolgreiche Etablierung des römischen Ritus nördlich der Alpen.

Das Wesen der karolingischen Musik

Trotz der zahlreichen Beschreibungen und Darstellungen der Übernahme des römischen Gesangs sowie der Art und Weise, diesen zu singen, ist immer noch unklar, was die Karolinger wirklich aus Rom und von den Römern übernahmen. Liturgische Bücher mit musikalischer Notation aus dieser Zeit fehlen, und es sprechen alle Anzeichen dafür, daß eine Notation noch gar nicht entwickelt war. Erst am Ende des 9. Jahrhunderts und dann in immer schnellerer Folge im Laufe des 10. Jahrhunderts haben sich Bücher mit notierten Gesängen für Messe und Offizium erhalten. So muß der Musikhistoriker aus späteren Quellen erschließen, wie die Übernahme und Erneuerung der römischen Liturgie auf dem Gebiet der Musik vonstatten gegangen ist.

Bereits in den liturgischen Schriften zeitgenössischer Gelehrter wie Alkuin († 804), Amalar von Metz († um 850), Hrabanus Maurus († 856) und Walahfrid Strabo († 849) kann man die vorherrschenden Ansichten, wie über Liturgie nachgedacht und wie diese 'korrigiert' wurde, erfahren. Das Ideal römischer Authentizität wurde angestrebt, indem grammatikalisch falsche Formen verbessert, viele nicht-biblische Texte gestrichen wurden und vieles, was man ursprünglich nach regionaler Gewohnheit gehandhabt hatte, einer Kritik unterworfen wurde. Im Bereich der Gesänge beziehen sich die meisten Kommentare dabei eher auf Text- denn auf Musikfragen. Äußerungen jedoch wie die des Abtes Helisachar in einem Brief an Erzbischof Nidibrius von Narbonne in den zwanziger Jahren des 9. Jahrhunderts sind von unschätzbarem Wert, zeigen sie doch die Bedeutung von Ästhetik und *auctoritas*. Erläutert wird z. B. das Problem, wie sich Musik und Text zusammenfügen lassen: *Animumque nostrum sacrae scripturae lectio serenum efficeret, sed ut referre solebatis responsoria auctoritate et ratione carentia, versusque qui in quibusdam responsoriis a nostris et vestrisque cantoribus inconvenienter aptabuntur, animum vestrum magna ex parte obnubilarent* („Die Lesung der Heiligen Schrift stimmte unser Gemüt froh; jedoch waret ihr sehr verwirrt von einigen Responsorien, denen es, wie ihr sagtet, an Gültigkeit und Sinn mangelte, sowie von den Versen, die von euren und unseren Sängern in einigen Fällen auf unterschiedliche Weise in die Responsorien eingefügt wurden").

Indem der Text umgeschrieben wurde, konnte er für den Gebrauch eingerichtet werden (wir würden eher sagen: 'wiederhergestellt' werden), wobei unpassendes Material einfach weggelassen wurde: *Collatione ergo antiphonarium celebrata eorumque lectione diligenter approbata, utque magna dissonantia perspecta est, antiphonas et responsoria quae erant auctoritate et ratione carentia, quae etiam digne in Dei laudibus cantari nequibant, respuimus* („Bei der sorgfältigen Anfertigung einer Zusammenstellung von Antiphonarien und ihren Lesungen sind große Unterschiede deutlich zu sehen. Wir haben diejenigen Antiphonen und Responsorien, die keine offizielle Gültigkeit haben und keinen Sinn aufwiesen und die nicht vermögen, würdig zum Lobe Gottes gesungen zu werden, aussortiert").

Wie diese Vorstellung von „Gültigkeit" (*auctoritas*) auf die römischen Melodien, bzw. auf die Musik, welche die karolingischen Kantoren als „römische Melodien" lernten, angewandt wurden, läßt sich aus zwei Arten von Büchern schließen. Zum einen handelt es sich dabei um die sog. Tonarien, zum anderen um einen neuen Ansatz in der Musiktheorie, der zuerst in den Alkuin zugeschriebenen Schriften anklingt und dann in der Musica disciplina des Aurelianus von Réomé entwickelt wird (Kat.Nr. XI.46). Im Tonar, der einen Teil der um 800 in Nordfrankreich für Saint-Riquier entstandenen Handschrift, des sog. Psalters Karls des Großen (Kat.Nr. XI.19), bildet, finden sich in Gruppen aufgelistete Gesänge, sie sind durch einzelne Überschriften „Autentus protus", „Pla[g]i protus", „Autentus deuterus" etc. kenntlich gemacht, die in der Musica disciplina erklärt werden: *Diximus etiam octo tonis consistere in musicam per quos omnis modulatio quasi quodam glutino sibi adherere videtur ... et quomodo litteris oratio, unitatibus catervus multiplicatus numerorum consurgit et regitur, eo modo et sonituum tonorumque linea omnis cantilena moderatur* („Wir sagten, daß es acht Töne in der Musik gibt, durch welche jede melodische Bewegung wie durch Klebstoff aneinandergefügt zu sein scheint ... und wie die Rede aus den Buchstaben hervorgeht und regiert wird, und auch das Vielfache der Zahlen aus der Einheit, so wird jeder Gesang von der Reihe der Klänge und der Töne reguliert").

Somit hatte man ein Werkzeug bei der Hand, mit dem man die Gesänge aufgrund ihrer melodischen Muster sowie ihres Tonumfangs in acht Gruppen einteilen konnte. Vor der Wende zum 9. Jahrhundert wurden die Melodien allein durch das Schriftbild der Texte, zu denen sie gesungen wurden, festgehalten, weil es für einen ausgebildeten Kantor ausreichend war, den Text zu sehen, um sich an dessen Melodie zu erinnern. Somit waren die Melodien vor diesem Zeitpunkt in der schriftlichen Form nur implizit vorhanden entsprechend dem Ablauf des liturgischen Jahres und nicht aufgrund musikalischer Kriterien. Die Erschließung eines theoretischen Klassifikationssystems, das Gesänge nach ihren Melodien zweckdienlich in Gruppen ordnete, bedeutete für die Musiker in Kirche und Kloster ein neues und effektives Mittel, um die musikalische Grammatik festzulegen. Anstatt weit über tausend Melodien einzeln und im Detail zu erlernen, konnte sich ein Kantor nun mittels eines Tonars über die Verwandtschaft der Melodien klar werden, die je nach ihrem liturgischen Ort weit über das Kirchenjahr verteilt waren. Aus späteren Zeugnissen wissen wir, daß das Auswendiglernen, sei es von literarischen Texten, Listen, theologischen Traktaten oder anderem, Teil des Grundlehrplans der Schulen war und sicherlich weit höher entwickelt war als in unserem Zeitalter, da Buchdruck und moderne Informationstechnologie ein solches Training leider überholt erscheinen lassen. Auch wenn wir keine zeitgenössischen Berichte darüber besitzen, wie die Gesänge auswendig gelernt wurden, scheint es offensichtlich, daß die Einteilung eines solch riesigen Repertoires in verschiedene Kategorien und Unterkategorien sicherlich eine nützliche Hilfe war und daß das „modale System" eine solche Hilfe bereitstellte.

Freilich, hätten die Karolinger nicht einen derart hohen Anspruch an die Aufführung liturgischer Gesänge gestellt, wäre eine solche Systematisierung gar nicht nötig gewesen: Choralsingen hatte sich bereits über Jahrhunderte ohne Schwierigkeiten in Europa durch mündliche Überlieferung verbreitet. Doch die Herausstellung der Werte wie „Authentizität" und „Gültigkeit" waren grundlegend für die Wiederherstellung der römischen Liturgie. Das modale System, entwickelt aus den Eigenschaften des mündlich überlieferten Repertoires, konnte als Theorie wieder auf die Musik angewandt werden, um die Melodien zu 'reinigen' und um sie in gleichbleibender, korrekter Form zu singen.

Es war jedoch unvermeidlich, besonders wenn man sich die intellektuelle Auseinandersetzung der Karolinger mit liturgischen Fragen vor Augen hält, daß das, was die Musiker tatsächlich hervorbrachten, vermutlich weder römisch noch traditionell war. Wann immer theoretische Regeln an ein überliefertes Musikrepertoire angelegt werden, hat das Veränderungen in diesem lebendigen Repertoire zur Folge. Auch wenn die ursprüngliche Absicht für die Verwendung des modalen Systems war, die Originalgestalt der römischen Melodien zu bewahren, hat seine Anwendung doch starke Veränderungen hervorgebracht. Was die frühen Kantoren auf relativ freie Art und Weise nach den Regeln, die die Überlieferung des mündlichen Repertoires sicherstellten, gesungen hatten, nahm nun genauere und strenger geregelte Konturen an, bei denen auch die kleinen Details fixiert wurden. Und in der Tat zeigt die Analyse des „gregorianischen" Repertoires, daß das, was die Karolinger erreicht haben, nicht die Wiederherstellung einer alten Liturgie war, sondern, auf der Basis von alten Melodien, die Komposition neuer Formen, die ihren eigenen kulturellen Vorstellungen folgten.

Diese Schlußfolgerung drängt sich zumindest auf, wenn man die Gregorianischen Gesänge mit ihren Mailänder oder Altrömischen Gegenstücken vergleicht, die beide nicht vor dem 11. Jahrhundert aufgezeichnet wurden. Allen drei Choralarten ist die Wirkungsweise gemein, nach der eine Melodie den Text, mit dem sie kombiniert werden soll, auf eine bestimmte Art und Weise 'liest', wobei sie dessen Syntax artikuliert und wichtige Momente hervorhebt. In der karolingischen Fassung ist eine solche Melodie nach einer rhetorisch aufgefaßten Sprache geformt, um die Verständlichkeit zu erhöhen. Die Mittel, mit deren Hilfe der Hörer den Text verstehen soll, sind weiter ausgearbeitet in Form von rhythmischen Differenzierungen, Kontrasten und ausholender Gestik. Somit läßt sich zusammenfassend sagen, daß karolingischer Gesang, den wir als den „Gregorianischen" bezeichnen, von denjenigen, die an seiner Formung beteiligt waren, nicht nur als schöner Gesang empfunden wurde, sondern auch erklingen sollte, um die Gläubigen mit Leib, Herz und Seele zur geistlichen Kontemplation zu erheben. Diese Musik wurde als fundamentales Interpretationsmittel biblischer Texte und ihrer Botschaft entwickelt. Damit kann die karolingische liturgische Musik als repräsentativ für eine Epoche gelten, in der größter Wert auf die Verkündigung und das Verstehen der christlichen Botschaft gelegt wurde.

Die Kodifizierung der Musik

Wie andere Teile der Liturgie, so wurde auch die Musik Gegenstand wachsender Organisation, was sich auch in der schriftlichen Dokumentation niederschlug. Die monastische Reformbewegung unter Benedikt von Aniane (um 750–821) führte zur Regelung der Ämter in den Klostergemeinschaften. So wurden nun auch die Pflichten

Abb. 7 Beginn des liturgischen Jahres: Introitus Ad te levavi. Paris, Bibliothèque Nationale, lat. 12050, fol. 3r

eines Kantors festgeschrieben, und *consuetudines* kamen auf als Anhänge zur Benediktsregel, die genau festlegten, was wann gesungen werden sollte, wer für was verantwortlich war und wer wo stehen sollte etc.

Mit dieser 'Professionalisierung' der gesungenen Liturgie ging auch die Herstellung von Büchern einher, welche die Texte für Messe und Stundengebet ohne Notation enthielten. Der erste Anstoß zur Aufzeichnung des musikalischen Repertoires war der Wunsch, die Texte der Gesänge in korrekter Form und in der Reihenfolge ihres Vorkommens in Messe und Stundengebet festzuhalten, und zwar vom Anfang bis zum Ende des Kirchenjahres. Bereits gegen Ende des 8. Jahrhunderts war die Produktion solcher Handschriften in Europa weit verbreitet, und obwohl von diesen nur eine geringe Anzahl – manche nur in Fragmenten – erhalten geblieben ist, zeichnet ihre geographische Verbreitung von Gent im Norden über Rheinau und St. Gallen gerade noch nördlich der Alpen bis hin nach Lucca im Süden ein beredtes Bild. Diese Art Bücher sind es, die auf den Elfenbeintafeln von Wien, Cambridge und Frankfurt dargestellt sind (Kat.Nrn. XI.29–31) und die von einigen Handschriften der Ausstellung repräsentiert werden: von dem Cantatorium aus Monza, geschrieben in Nordostfrankreich im zweiten Drittel des 9. Jahrhunderts (Kat.Nr. XI.32b), von zwei Fragmenten einer Schwesterhandschrift, jetzt in Cleveland und Berlin (Kat.Nr. XI.33a u. b) sowie von dem Hymnar aus Murbach (Kat.Nr. XI.34), das in den frühen Jahrzehnten des 9. Jahrhunderts auf der Reichenau und in Murbach kopiert wurde.

Die Existenz solcher Bücher unterstreicht die Auffassung, daß Musik in dieser Zeit in erster Linie eine nur hörbare Kunst blieb, die nur in Maßen schriftlich fixiert werden konnte. Es blieb die Aufgabe eines ausgebildeten Kantors, sich Melodien mit Hilfe eines Tonars, in dem diese zu Gruppen zusammengefaßt waren, einzuprägen und diese Melodien mit den richtig artikulierten Texten zusammenzubringen, die in einem „Cantatorium" bzw. einem „Graduale" oder einem „Antiphonale" aufgezeichnet waren. Ein im Februar und März 853 vom Priester Ihodradus in Corbie kopiertes Meßantiphonale (Graduale) stützt die These, daß in karolingischen Kirchen ein Buch mit den Texten, kombiniert mit dem modalen Wissen aus einem Tonar, wenigstens bis zu diesem Zeitpunkt noch als ausreichend angesehen wurde (Paris, Bibliothèque nationale, lat. 12050). Denn in diesem Buch, in dem

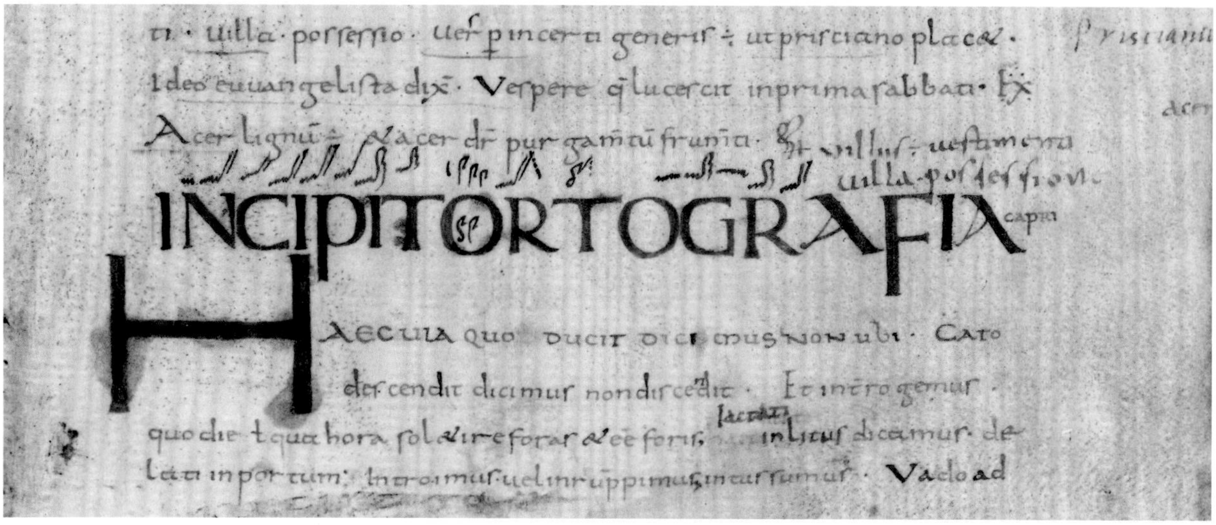

Abb. 8 Sammelhandschrift mit Grammatik-Traktaten (Saint-Benoît-sur-Loire, Mitte 9. Jahrhundert). Bern, Burgerbibliothek, Cod. 338, fol. 11r (Ausschnitt)

die Gesangstexte deutlich und in der liturgischen Reihenfolge ausgeschrieben sind, hat der Schreiber Hinweise auf die modalen Kategorien am Rand hinzugefügt (Abb. 7).

Dennoch dauerte es nicht lange, bis in einer Gesellschaft, die von der Aufzeichnung, von der Grammatik und von der Präsentation der Texte geradezu fasziniert war, auch schließlich die Notation aufkam. Eine neue Schriftart, die karolingische Minuskel, wurde entwickelt, die deutliches und schnelles Schreiben ermöglichte (vgl. Beitrag Schmid). Verschiedene Möglichkeiten zur Heraushebung von Wörtern auf einer Buchseite wurden entwickelt. Bestimmte Elemente sollten dem Leser ins Auge fallen und ihn in den Text einführen, vor allem in die prachtvollsten Bücher wie die Evangelien und die Bibeln, die für den Herrscher und die Mitglieder des Hofes bestimmt waren. In diesem Umfeld, wo experimentiert wurde, wie ein geschriebener Text verändert und benutzt werden konnte, erscheinen nun auch Zeichen, die die Musik in Schrift umzusetzen vermochten. Ein reizvolles Beispiel dafür, wie eine solche Haltung auf die musikalische Notation angewendet werden konnte, zeigt die Sammlung grammatischer Traktate, die in der Mitte des 9. Jahrhunderts in der Abtei Saint-Benoît-sur-Loire (Fleury) entstand (Bern, Burgerbibliothek, Cod. 338). Oberhalb der Überschrift „Incipit Ortografia" steht eine Reihe musikalischer Zeichen, die wir heute „Neumen" (von gr. *neuma*, Wink) nennen und die ein Schreiber in überschwenglicher Laune geschrieben hat (Abb. 8). Es handelt sich dabei nicht um eine notierte Melodie, wohl aber um eine Entsprechung dessen, was die Überschrift, zu der die Noten gesetzt sind, aussagt: eine Reihe von musikalischen Zeichen, aus denen ein größeres Ganzes gewissermaßen buchstabiert werden kann. Diese Analogie von Musik und Text liegt auch den Beispielen musikalischer Notation in Evangelienbüchern des 9. Jahrhunderts zugrunde (Abb. 9). Anhand der Art und Weise, wie diese Abschnitte notiert wurden, kann man sehen, daß die Notation nicht in Verbindung mit einer praktischen Aufführung steht, sondern eine Eigenschaft des Textes sichtbar darstellt. Nachdem musikalische Notation einmal aufgekommen war, wurde sie auf verschiedene Weise genutzt, so etwa, abgesehen von den bereits erwähnten Beispielen, um musiktheoretische Konzepte zu verdeutlichen, neukomponierte Melodien schriftlich festzuhalten, und schließlich, gegen Ende des 9. Jahrhunderts, um das ganze zentrale liturgische Repertoire aufzuzeichnen. Eines der frühesten erhaltenen Beispiele musikalischer Notation (wenn nicht sogar das früheste) findet sich auf der letzten Seite einer Handschrift, die vermutlich zwischen 817 und 848 in Regensburg entstand. Diese *Prosula* „Psalle modulamina", eine Allelujatextierung, ist eine typische neue Kompositionsform und nicht Bestandteil des ererbten römischen Repertoires (Kat.Nr. XI.42). Eine weitere Gruppe von Beispielen, wahrscheinlich ebenfalls vor der Mitte des 9. Jahrhunderts entstanden, findet sich in der Abschrift von Aurelianus' Musica disciplina aus Saint-Amand (Kat.Nr. XI.46).

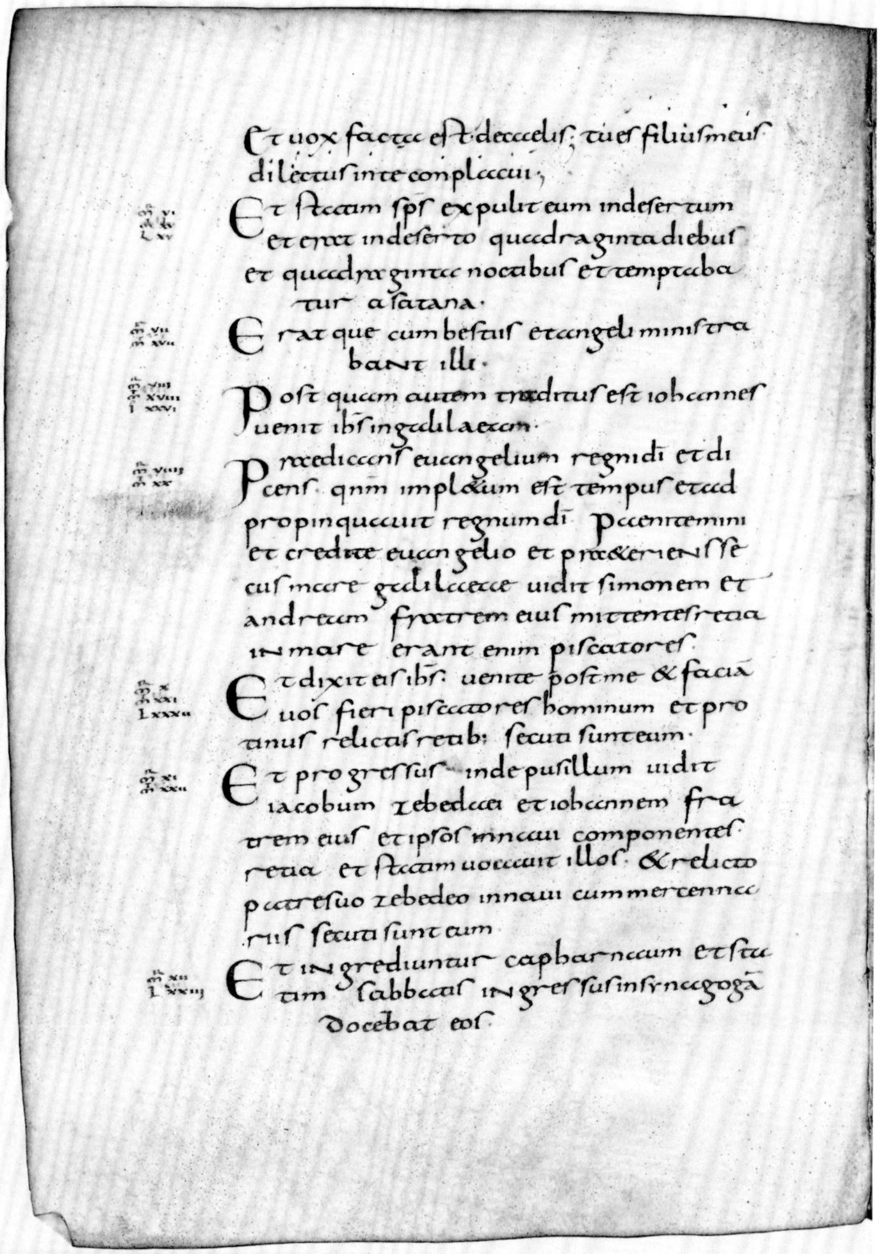

Abb. 9 Evangeliar aus Tours mit Neumen. Paris, Bibliothèque Nationale, lat. 260, fol. 79v

Die frühesten Handschriften mit umfangreicher musikalischer Notation, Bücher, in denen der gesamte Inhalt aus notierten Gesängen besteht, datieren vom Ende des 9. Jahrhunderts. Ein Fragment von Notker Balbulus' Liber Ymnorum, wahrscheinlich eine ziemlich genaue Abschrift der für den Bischof von Vercelli 884 angefertigten Handschrift, stammt aus dieser Zeit (Kat.Nr. XI.44). Musikalische Notation war in diesem kleinen Buch von Anfang an vorgesehen. Jede Seite ist so eingeteilt, daß es eine größere Spalte für den Text und parallel dazu eine kleinere Spalte für die Neumen gibt. Im Graduale von Laon aus dem späten 9. Jahrhundert treffen wir schließlich auf eines der frühesten voll notierten Bücher für die römische Messe (Kat.Nr. XI.37).

Das Graduale aus Laon bildet zusammen mit dem Cantatorium aus St. Gallen (Stiftsbibliothek St. Gallen, Cod. 359) (Abb. 10), das zwischen zwei Elfenbeintafeln aus dem 4. Jahrhundert eingebunden ist, eines der Ergebnisse des Aufbruchs, den die Musik unter den Karolingern genommen hat. In beiden Büchern, wie auch in anderen frühen Notationsbeispielen, sind die Neumen dazu gedacht, auf die Korrespondenz zwischen melodi-

Abb. 10 Cantatorium von St. Gallen. St. Gallen, Stiftsbibliothek, Cod. 359, pag. 90–91

scher Struktur und Textsilben hinzuweisen. Der Kantor, der dieses Buch las, hatte zunächst anhand der Gestaltung der Neumen ein bestimmtes Melodiemuster erkannt. Indem er daraufhin, unterstützt durch sein Wissen über die Modi, sich der melodischen Muster erinnerte, konnte er Text und Melodie verbinden und den Choral singen. Darüber hinaus zeigen diese beiden Handschriften, wie sehr die Schreiber der Notation bemüht waren, selbst subtilste Nuancen der musikalischen Ausführung gemäß dem Tonfall und der Sprachform des Textes niederzuschreiben: von rhythmischer Interpretation und Tongebung bis hin zur Tonfärbung und anderen Vortragsanweisungen. Da-

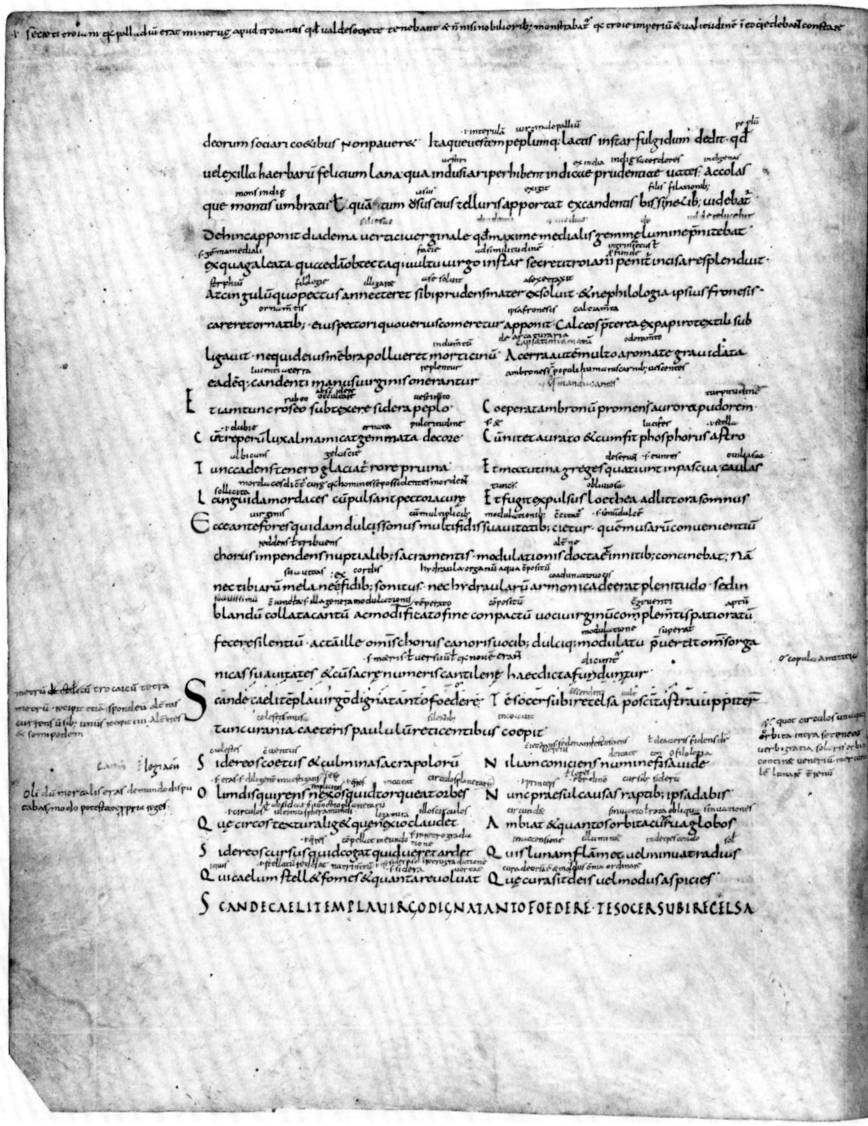

Abb. 11 Martianus Capella, De nuptiis Mercurii et Philologiae. Oxford, Bodleian Library, Ms. Laud. lat. 118, fol. 11v

bei handelt sich nicht nur um rhetorische Musik, sondern um eine rethorische Notation, die in einem Grad detailliert war, wie es seither kaum wieder erreicht wurde.

Die Handschriften aus Laon und St. Gallen repräsentieren jeweils das Werk eines einzelnen, professionellen Notators. In der Mitte des 10. Jahrhunderts hatten mehr und mehr Schreiber gelernt, Musik zu notieren. Während die meisten Beispiele aus dem 9. Jahrhundert mehr oder weniger individuelle Versuche sind, Wege zur Notation der Gesänge zu finden, kann man im 10. Jahrhundert das Aufkommen verschiedener Notationsschulen ausmachen, die sich geographisch weit verteilen. Die Ursprünge dieser verschiedenen Notationstypen, von denen drei in der Ausstellung durch Beispiele vertreten sind – die sog. „paläofränkische“ Notation (Kat.Nrn. XI.35–36), die Metzer Notation (Kat.Nr. XI.37) und die mit St. Gallen in Verbindung gebrachten Neumen (Kat.Nrn. XI.38–39) –, weisen natürlich weit zurück in die karolingische Epoche und sind kaum direkt auszumachen. Einige von ihnen, zum Beispiel die in Mittel- und Nordfrankreich benutzten (Abb. 11), scheinen bereits voll entwickelt entstanden zu sein. Die Bandbreite musikalischer Zeichen wird die Musikhistoriker weiter beschäftigen, da dieser Sachverhalt der verbreiteten Annahme eines zentralen oder gar singulären Ursprungs der Notation entgegensteht.

Was dennoch überrascht, ist das Ausmaß, in welchem das Ergebnis der karolingischen Bemühungen um die

Notation der Musik auch wesentliche Interessen reflektiert. Das Bedürfnis, Melodien aufzuschreiben und so festzuhalten, wurde wahrscheinlich von vielen geteilt und löste daher viele Reaktionen aus. Das, was die Notation in Zeichen ausdrücken wollte, ist nahezu identisch. Die Notationen der Meßgesänge aus Laon und St. Gallen stimmen sogar im Detail stark überein. Das wiederum hat seine Wurzeln in den karolingischen Bemühungen um Korrektheit (*correctio*): Der Grund, einen niedergeschriebenen Text haben zu wollen, war, die Worte in ihrer korrekten Form zu bewahren. David Ganz (1995) sagt dazu: „Das Bewußtsein von der Neuheit und Rätselhaftigkeit der niedergeschriebenen Sprache wurde untersucht durch Überlegungen über Sprache und Gedächtnis. Eine karolingische Grammatik, entstanden am Hof Karls des Großen, stellt die Frage: 'Zu welchem Zweck wurden Buchstaben erfunden? Um das Gedächtnis zu erneuern, so daß du alles sagen kannst, was du möchtest; wegen der Unterschiede der Sprachen wurde das Gedächtnis schwach und daher wurden Buchstaben erfunden ...'". Dies zeigt eine neue Auffassung vom Lesen, in welcher der Text zur Autorität wurde und nicht mehr Partner in einem Dialog oder ein Mittel zur geistigen Weiterentwicklung oder zum Gebet war. Während ursprünglich die Entwicklung musikalischer Notation nicht als Singhilfe für den römischen Gesang gedacht war, wurde sie, einmal geschaffen, dennoch in dieser Funktion genutzt: Ihre Eigenschaft, authentisch die Details der Singweise eines Chorals festzuhalten, konnte für die Ausführung des Gesangs von Nutzen sein. Somit stellen die musikalischen Zeugnisse vom Ende der Karolingerzeit deutlicher als alle anderen musikalischen Aufzeichnungen die Erfüllung karolingischer Vorstellungen von Schreiben und Singen dar.

Neben dem Sammeln von Musiktexten in Büchern und der Notation der melodischen Muster dieser Texte gibt es einen dritten Aspekt zur Kodifizierung der Musik, der einen großen Aufschwung unter den Karolingern erfuhr. Die intellektuelle Auseinandersetzung mit Musik war durch die gesamte Antike hindurch und auch danach stark von der griechischen Musiktheorie abhängig. Die Überlieferung dieser Theorie bis in die Karolingerzeit geschah in Form des lateinischen Traktats „De institutione musica", der im frühen 6. Jahrhundert von Anicius Manlius Serverinus Boethius (um 480–524) verfaßt wurde. Boethius hatte die Musik sowohl von einem praktischen als auch einem theoretischen Standpunkt aus betrachtet, indem er ein mathematisches System von numerischen Verhältnissen, von Zahlen und Proportionen entwarf und dieses auf den Klang übertrug. Sein Werk war das hauptsächlich benutzte Textbuch für Musik innerhalb des Lehrsystems der Sieben Freien Künste.

Obwohl Boethius' Schrift aufgrund der Berechnung der Intervalle für das gesamte Tonsystem die Grundlage für eine gute Aufführung sein konnte, enthielt sie weit mehr, als den karolingischen Kantoren von Nutzen war, denn deren Hauptsorge galt weniger höherer Mathematik als vielmehr dem Choralsingen. Darüber hinaus war die neue modale Theorie mit ihrer Einteilung des Gesangs in Kategorien und Unterkategorien nicht Teil des boethianischen Systems. So überrascht es nicht, daß das Hauptinteresse in Musiktraktaten des 9. Jahrhunderts (von denen es mindestens sieben gibt) einer korrekten Aufführung des Chorals galt. Was diese Traktate jeweils unterscheidet, ist das Ausmaß, in dem alles in einen größeren Zusammenhang gebracht wird.

Der wohl früheste, jedenfalls frühest erhaltene karolingische Musiktraktat, Aurelianus' „Musica disciplina", ist auch der einfachste, da er historisches Material aus Isidors, Cassiodors und Boethius' Werk mit einfachen modalen Konzepten zu einem weitschweifigen Tonar zusammenfügt (Kat.Nr. XI.46). Am Ende des 9. Jahrhunderts jedoch wurden sehr viel umfangreichere und anspruchsvollere Projekte in Angriff genommen. In seiner Schrift „De harmonica institutione" bietet der Klosterlehrer Hucbald von Saint-Amand († 930) eine Methode, den Klosterchor auszubilden, die auf einer radikalen Umformulierung der Intervallehre des Boethius fußt. Darüber hinaus beschäftigte sich Hucbald mit Notation und schlug hierfür drei verschiedene Arten vor. Noch weiter als Hucbald gehen die Traktate „Musica enchiriadis" und „Scolica enchiriadis", die beide vermutlich in Nordostfrankreich in der zweiten Hälfte des 9. Jahrhunderts entstanden (Kat.Nrn. XI.47–48). Obwohl beide wahrscheinlich von unterschiedlichen Autoren verfaßt wurden, treten sie zusammen auf. Ihr Inhalt ist ziemlich ähnlich, auch wenn die Scolica in der traditionell-didaktischen Form eines Dialogs gehalten ist. Beide stellen einen Versuch dar, boethianische Ideen und karolingische Praxis zusammenzubringen, wobei sie „eine präskriptive Theorie tonaler Ordnung mit didaktischer Anwendung" (Gushee 1975) bieten.

Auch wenn der Umfang der behandelten Themen in den beiden *enchiriadis*-Traktaten groß ist (Intervalle, Notation, Modi, Konsonanzen und Dissonanzen), so resultiert ihre Bedeutung für die heutige Zeit in erster Linie daraus, daß sie die frühesten Dokumente für eine Praxis mehrstimmigen Singens sind. Während das Zusammensingen paralleler oder unterschiedlicher Melodien zu diesem Zeitpunkt bereits lange etabliert gewesen sein mag, stellen diese Traktate Regeln auf und demonstrieren dabei ein Interesse an 'ästhetisch' wirksamen Resultaten. Dabei wird erläutert, wie eine zweite Stimme (*vox organalis*) unter der Choralstimme (*vox principalis*) geführt werden soll: in Parallelbewegung, zusammenklingend nur in Kadenzen.

Mehrstimmiges Singen, das in der Folge das Kennzeichen und Hauptentwicklungsfeld westlicher Musik werden sollte, war nur einer der neuen Wege, welche die Karolinger einschlugen: die Komposition neuer Formen von Tropen und Sequenzen, die um den römischen Choral herum geschaffen wurden, erbrachten die kunstvollsten Ergebnisse ihrer Bemühungen (vgl. Beitrag Arlt). Es war diese reiche Kombination von alter und neuer Musik, es war der römische Choral, der mit neuen liturgischen Gesängen erweitert wurde, es war die Theorie, die klassisches Gedankengut aufgenommen und weiterentwickelt hatte, und es war schließlich die Möglichkeit, diese neuen Klänge schriftlich darzustellen. All das haben die Karolinger ihren Nachfolgern hinterlassen.

Quellen und Literatur:

Aureliani Reomensis, Musica disciplina, hrsg. v. Lawrence GUSHEE (Corpus scriptorum de musica 21), Rom 1975. – Graduale triplex seu graduale Romanum Pauli PP VI cura recognitum et rhythmicis signis a Solesmensibus monachis ornatum, neumis Landundensibus (Cod. 239) et Sangallensibus (Codium Sangallensis 359 et Einsidlensis 121), Solesmes 1979. – Musica et scolica enchiriadis una cum aliquibus tractaulis adiunctis, hrsg. v. Hans SCHMID (Veröffentlichungen der Musiktheoretischen Kommission 3), München 1981. – Paléographie musicale 2, Solesmes 1891.

Wulf ARLT, Funktion, Gattung und Form im liturgischen Gesang des frühen und hohen Mittelalters – eine Einführung, in: Schweizer Jahrbuch für Musikwissenschaft N.F. 2, 1982, 13–26. – Charles M. ATKINSON, De accentibus toni oritur nota quae dicitur neuma: Prosodic accents, the accent theory, and the Paleofrankish script, in: Essays on medieval music in honor of David G. Hughes, hrsg. v. Graeme M. BOONE, Harvard 1995, 17–42. – Mathias BIELITZ, Musik und Grammatik: Studien zur mittelalterlichen Musiktheorie (Beiträge zur Musikforschung 4), München/Salzburg 1977. – Eugene CARDINE, Sémiologie grégorienne, in: Études grégoriennes 11, 1970, 1–58. – Solange CORBIN, Die Neumen (Palaeographie der Musik 1/3), Köln 1977. – Klaus GAMBER, Codices liturgici latini antiquiores 1–3 (Spicilegii Friburgensis subsidia 1), Freiburg/Schweiz [2]1968–1988. – David GANZ, Book production in the carolingian empire and the spread of caroline minuscule, in: The new Cambridge medieval history 2: c. 700–900, hrsg. v. Rosamond MCKITTERICK, Cambridge 1995, 786–808. – Mary GARRISON, The Emergence of carolingian Latin literature and the court of Charlemagne (780–814), in: Carolingian culture: emulation and innovation, hrsg. v. Rosamond MCKITTERICK, Cambridge 1994, 111–140. – René-Jean HESBERT, Antiphonale missarum sextuplex: d'après le granduel de Monza et les antiphonaires de Rheinau, du Mont-Blandin, de Compiègne, de Corbie et de Senlis, Brüssel 1935. – David HILEY, Western plainchant: a handbook, Oxford 1993. – Helmut HUCKE, Karolingische Renaissance und Gregorianischer Gesang, in: Die Musikforschung 28, 1975, 4–18. – Michel HUGLO, Les Tonaires. Inventaire, Analyse, Comparaison (Publications de la Societe Française de Musicologie 3/2), Paris, 1971. – Kenneth LEVY, Gregorian chant and the carolingians, Princeton 1998. – James MCKINNON, The Emergence of Gregorian chant in the carolingian era, in: Antiquity and the middle ages: from ancient Greece to the 15th century, hrsg. v. James MCKINNON (Man and Music 1), London 1990, 88–119. – Karl F. MORRISON, „Know thyself": music in the carolingian renaissance, in: Committenti e produzione artistico-letteraria nell'alto medioevo occidentale (Settimane di studio del Centro italiano di studi sull'alto medioevo 39/1), Spoleto 1992, 369–479. – Die Musik des Mittelalters, hrsg. v. Hartmut MÖLLER u. Rudolf STEPHAN (Neues Handbuch der Musikwissenschaft 2), Laaber 1991. – Harold S. POWERS, Art. Mode, in: The new Grove dictionary of music and musicians 12, London 1980, 376–448. – Susan RANKIN, Carolingian music, in: Carolingian culture: emulation and innovation, hrsg. v. Rosamond MCKITTERICK, Cambridge 1994, 274–316. – Fritz RECKOW, Zur Formung einer europäischen musikalischen Kultur im Mittelalter. Kriterien und Faktoren ihrer Geschichtlichkeit, in: Bericht über den internationalen musikwissenschaftlichen Kongreß Bayreuth 1981, hrsg. v. Christoph-Hellmut MAHLING u. S. WIESMANN, Kassel u. a. 1984, 537–61. – Bruno STÄBLEIN, „Gregorius praesul", der Prolog zum römischen Antiphonale, in: Musik und Verlag. Karl Vötterle zum 65. Geburtstag, hrsg. v. Richard BAUM, Kassel 1968, 537–561. – Bruno STÄBLEIN, Schriftbild der einstimmigen Musik (Musikgeschichte in Bildern 3/4), Leipzig 1975. – Leo TREITLER, Homer and Gregory: the transmission of epic poetry and plainchant, in: The Musical quarterly 60, 1974, 333–372. – DERS., Reading and singing: on the genesis of occidental music-writing, in: Early music history 4, 1984, 135–208. – Ernst Ludwig WAELTNER, Die Lehre vom Organum bis zur Mitte des 11. Jahrhunderts (Münchner Veröffentlichungen zur Musikgeschichte 13), Tutzing 1975.

Wulf Arlt

Neue Formen des liturgischen Gesangs: Sequenz und Tropus

Die karolingische Rezeption der älteren Gesänge römischer Provenienz bedeutete zugleich den Beginn einer kontinuierlichen Erweiterung und Ergänzung des übernommenen Bestandes durch neue Texte und Melodien. Dies geschah sowohl im Rahmen etablierter Funktionen und Gattungen als auch mit neuen Formen liturgischer Gesänge und mit dem selbstverständlichen Einsatz aller Möglichkeiten künstlerischer Formulierung zur feierlichen Ausgestaltung der Liturgie. Dabei bestanden für Offizium (Stundengebet) und Messe unterschiedliche Voraussetzungen. So führte die Realisierung des karolingischen Programms bei den Gesängen des Stundengebets nur zu einer partiellen Vereinheitlichung. Hier finden sich seit den ersten erhaltenen Gesangbüchern ältere und neuere Formulierungen in fließendem Übergang. Bei der Messe hingegen lag für über 150 Feste ein fixierter Grundbestand der Propriumsgesänge vor, der von nun an verbindlich blieb und sich auch in der musikalischen Überlieferung durch eine hohe Konstanz auszeichnet. Diese Gesänge repräsentierten in paradigmatischer Weise jenen „römischen Gesang“ (*cantilena romana*), der als „gregorianisch“ (*carmen gregorianum*) autorisiert und damit in eine besondere Sphäre gehoben worden war; allen voran der Introitus, als Gesang der Schola zum Einzug des Papstes in der römischen Stationsmesse.

Tropus und Sequenz sind die wichtigsten neuen Formen, mit denen die Gesänge der Messe erweitert wurden. Sie sind seit dem zweiten Drittel des 9. Jahrhunderts in indirekten Zeugnissen und durch die Aufzeichnung von Texten nachzuweisen. Die Sequenz ist ein selbständiger, umfangreicher Gesang, der nach dem Alleluia erklang, in einer neuen Form der Dichtung, die damals entstand. In ihren Texten geht es um das Ereignis des Festtages und seine Bedeutung für die Feiernden. Die solistischen Tropen hingegen waren ganz eng auf die chorisch vorgetragenen älteren Meßgesänge bezogen, die sie mit neuen Texten und Melodien einleiteten und ergänzend unterbrachen. Auf diese Weise blieben die gregorianischen Gesänge in Text und Musik erhalten, zugleich aber wurden sie durch neue Formulierungen in die aktuelle Situation der Feiernden eingebunden. Das Verfahren läßt sich mit einer interpolierenden Glossierung vergleichen, bei der ein bestehender Text durch eingefügte Erläuterungen ergänzt wurde. Die Realisierung dieser Erweiterung bedeutet eine kreative Form der Rezeption des gregorianischen Chorals, bei der die neuen Texte und Melodien zum einen auf die älteren bezogen waren und zum anderen einer Formulierung aus neuen Voraussetzungen der eigenen Zeit, ja, anderer Umstände und mit den verschiedensten Mitteln der Kunstgestaltung offenstanden – im Hexameter, im strophischen Vers wie mit den Möglichkeiten der Kunstprosa und entsprechend auch in der Musik.

Keiner der Meßgesänge wurde so häufig tropiert wie der Introitus, bei dem der Wechsel von der römischen Papstliturgie in eine monastische Situation des frühen 9. Jahrhunderts mit einer Veränderung der Funktion verbunden war. Hatte er in der römischen Stationsmesse den Einzug des Papstes begleitet, so war der Introitus im karolingischen Kloster wie in der Kanonikergemeinschaft zum Eröffnungsgesang geworden – eingezogen war man hier zumindest für die Hauptmesse gemeinsam in der Prozession, die sich an die Terz anschloß. Und gerade die Tropen zum Introitus zeigen von den ersten erhaltenen Zeugnissen an beispielhaft, wie man sich auf diese Weise das Überkommene zu eigen machte: den älteren Gesang in die eigene Feier einer Gemeinschaft einband, der – zumal nach dem Wirken des Benedikt von Aniane und den Reformsynoden der Jahre 816/17 – dem Gottesdienst als eine zentrale Aufgabe übertragen war.

So setzt die älteste greifbare Aufzeichnung solcher Tropen aus Toul, die zumindest bald nach der Mitte des 9. Jahrhunderts entstand (Kat.Nr. XI.43), mit dem zentralen Stichwort „Heute“ ein, dem die Anrede an die „geliebten Brüder“ folgt, dann die Aufforderung an den Kreis der Feiernden, „laßt uns Christus, den Gottessohn anbeten“, und durch die Ergänzung „mit Palmzweigen“ eine Präzisierung des Festtages, für den der anschließend im Incipit vermerkte Introitus zum Palmsonntag bestimmt ist: „O Herr, mit deiner Hilfe sei mir nicht fern“ (die Texte

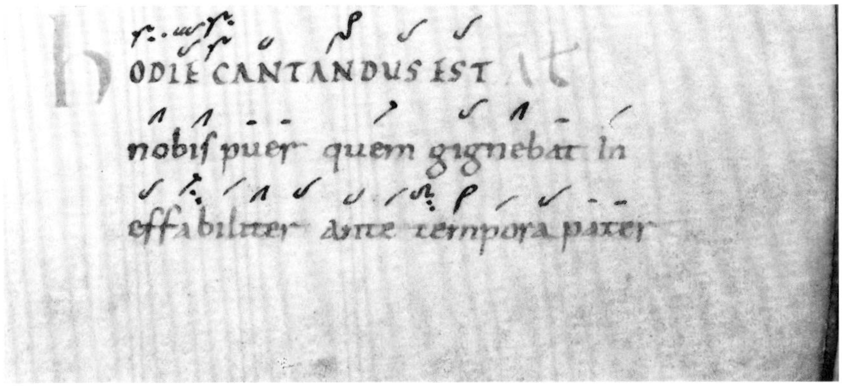

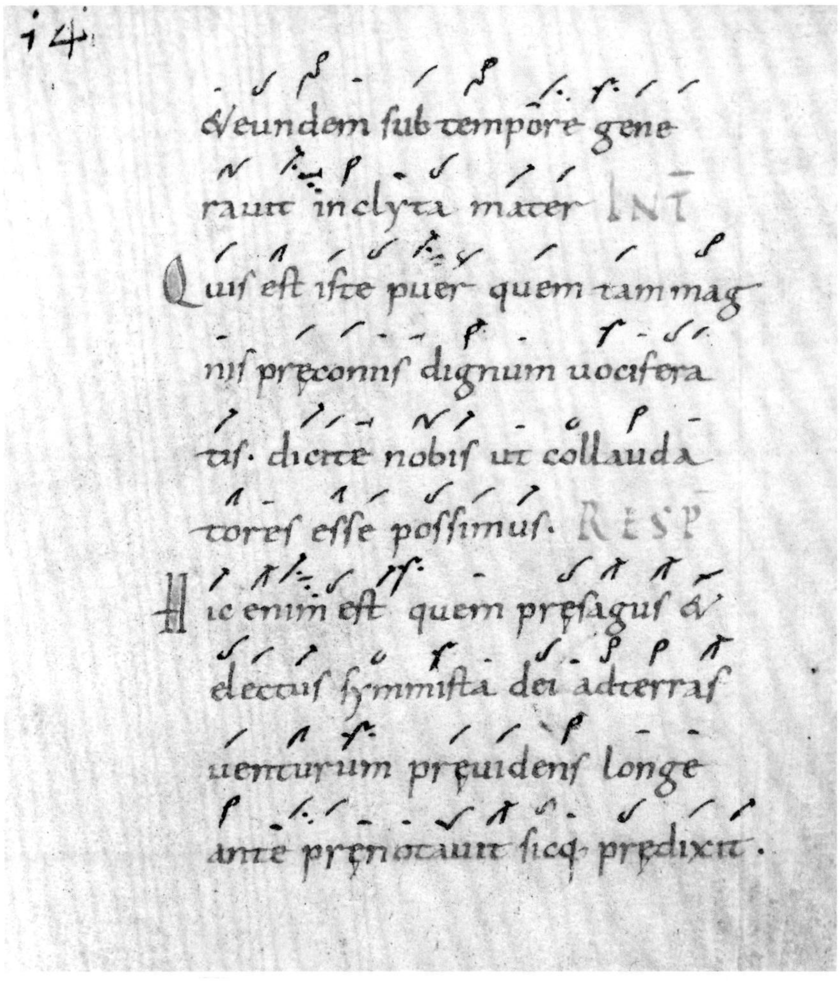

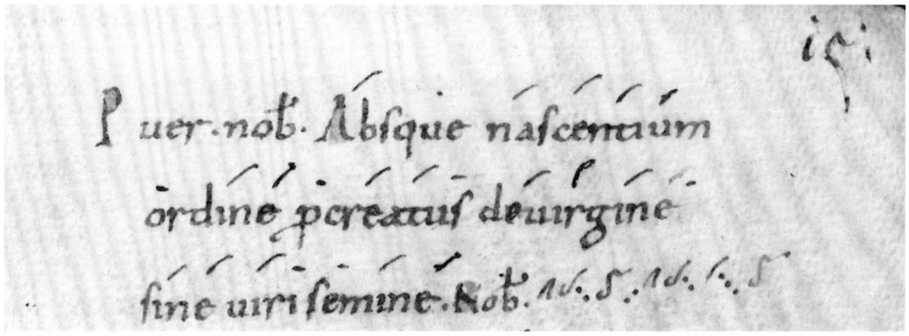

Abb. 1 Älteste erhaltene Aufzeichnung der dialogischen Einleitung „Hodie cantandus est“ des Sankt Galler Mönchs Tuotilo († wohl 913) zum Introitus Puer natus est der Weihnachtsmesse in einer Sammlung mit Tropen, die im zweiten Viertel des 10. Jahrhunderts in St. Gallen angefertigt wurde.
St. Gallen, Cod. Sang. 484, pag. 13 (Ausschnitt), 14 u. 15 (Ausschnitt)

des Introitus sind auch im folgenden jeweils durch Kapitälchen hervorgehoben):

Hodie, fratres karissimi, adoremus Christum filium dei cum ramis palmarum

DOMINE NE LONGE [FACIAS AUXILIUM TUUM A ME]

„Hodie" ist in der Handschrift aus Toul auch der Beginn der Einleitung zum Introitus des Ostertags, die dann wohl aus dem Westen früh schon nach St. Gallen gelangte und dort den Anstoß zur Formulierung einer großen Zahl solcher Eröffnungen geboten haben könnte. Sie fanden im langen dialogischen Tropus des St. Galler Mönchs Tuotilo († wohl 913) zur Weihnacht eine kunstvolle Überhöhung, wie sie schon der Beginn mit einer entsprechenden Gliederung und die Nachdichtung des Mediävisten Wolfram von den Steinen verdeutlichen (Abb. 1):

Hodie cantandus est nobis puer,
quem gignebat ineffabiliter ante tempora pater,
et eundem sub tempore generavit inclita mater.

Heute klinge unser Lied für den Knaben,
Den der Vater übergeheimnisvoll vor den Zeiten erzeugte
Und ihn hat nun unter der Zeit die erhabene Mutter geboren.

Diese Einleitung des vielseitigen Tuotilo, dessen gestalterisches Wirken auch seine eindrückliche Elfenbeinschnitzerei belegt, ist bis über das 13. Jahrhundert hinaus in mehr als 100 Handschriften aus allen Teilen Europas erhalten: von England bis nach Italien, von Böhmen bis in den Westen. Dem besonderen Text entsprach eine ebensolche kompositorische Fügung der Musik durch diesen Dichter-Komponisten, die dann bezeichnenderweise nicht weniger konstant überliefert ist als der gregorianische Introitus.

Andere Tropen waren in Text und Musik lockerer gefügt und sind wohl auch deswegen schon mit größeren Abweichungen überliefert. Das gilt vor allem für die Melodien, die, wie das Zeugnis aus Toul belegt, in der Frühzeit zumindest teilweise mündlich weitergegeben wurden; nicht anders als die gregorianischen Gesänge selbst und beim Tropus noch länger.

Eine entsprechende textliche Vielfalt bieten die eingefügten Abschnitte: von einfacher Prosa bis zum kunstvollen Hexameter und oft in Worten der Bibel, die mit weiteren liturgischen Texten das Latein jener Zeit prägte. Wie das geschah, zeigt beispielhaft eine ebenfalls alte Erweiterung, die den Weihnachtsintroitus *Puer natus est* zunächst mit kurzen Einschüben in die Feier einbindet (Abb. 2): „EIN KIND IST UNS GEBOREN – von den Propheten lange schon gekündet – EIN SOHN IST UNS GEGEBEN – von seiner Ankunft auf Erden wußten wir durch den Vater":

PUER NATUS EST NOBIS,
Quem prophetae diu vaticinati sunt,
ET FILIUS DATUS EST NOBIS,
Hunc a patre iam novimus advenisse in mundum.

Dann aber ergänzt der Tropus den Wortlaut des zum Gesangstext redigierten Introitus durch die entsprechende Stelle der Vulgata (Is. 9,6): „UND SEIN NAME HEISST – Wunderrat, starker Gott, Friedefürst – BOTE DES GÖTTLICHEN RATES":

ET VOCABITUR NOMEN EIUS
Ammirabilis consiliarius, deus fortis, princeps pacis,
MAGNI CONSILII ANGELUS.

Die musikalischen Formulierungen unterstreichen den lebendigen, ja vielfach geradezu dramatischen Wechsel zwischen Alt und Neu: zwischen den überall gleichen Gesängen des Grundbestands und deren immer wieder anderer Erweiterung. Zu greifen sind die Melodien – wie bei den Gesangbüchern der Messe – freilich erst seit dem frühen 10. Jahrhundert, dann allerdings gleich mit einigen umfangreichen Quellen. Sie lassen Unterschiede nach geographischen Bereichen, ja für St. Gallen selbst Eigenheiten eines bestimmten Klosters erkennen, und sie erlauben es nachzuvollziehen, wie diese Tropen weitergegeben, gesammelt, seit dem 11. Jahrhundert zu lokalen Beständen redigiert und dann schließlich an vielen Orten selbst in das Graduale, als Buch der Meßgesänge, integriert wurden (dazu zwei Überlieferungen des gleichen Gesangs in Abb. 1 und Abb. 3: einmal in einer Sammlung und einmal in einem redigierten Bestand).

So führen diese Erweiterungen aus der karolingischen Aneignung des römischen Chorals direkter als alle anderen Zeugnisse in das liturgische Gestalten seit dem 9. Jahrhundert. Sie bieten einen zentralen Zugang zur liturgischen Frömmigkeit, Sprache und Dichtung. Und sie prägten den festlichen Gottesdienst in den Kirchen des Mittelalters für lange Zeit nicht weniger als jene „gregorianischen Gesänge", auf die sich der heutige Rückblick allzu leicht konzentriert.

Abb. 2 Tropierende Erweiterungen zum Weihnachtsintroitus Puer natus est in einer südfranzösischen Aufzeichnung des späten 10. Jahrhunderts. Die neuen Texte sind vollständig in aquitanischen Neumen notiert und die Teile des Introitus nur mit dem Incipit vermerkt. Paris, Bibliothèque Nationale de France, lat. 1118, fol. 9r (Ausschnitt)

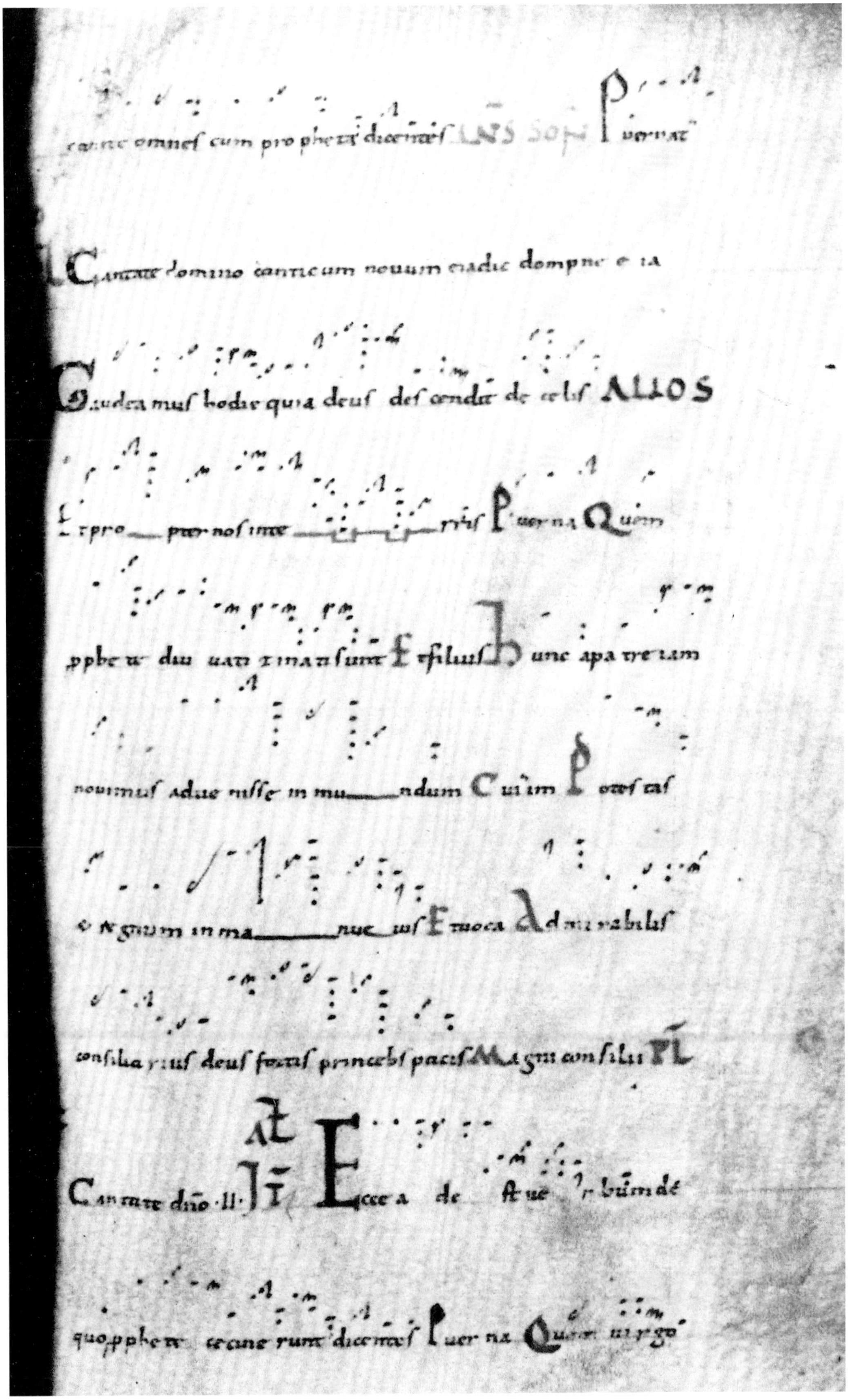

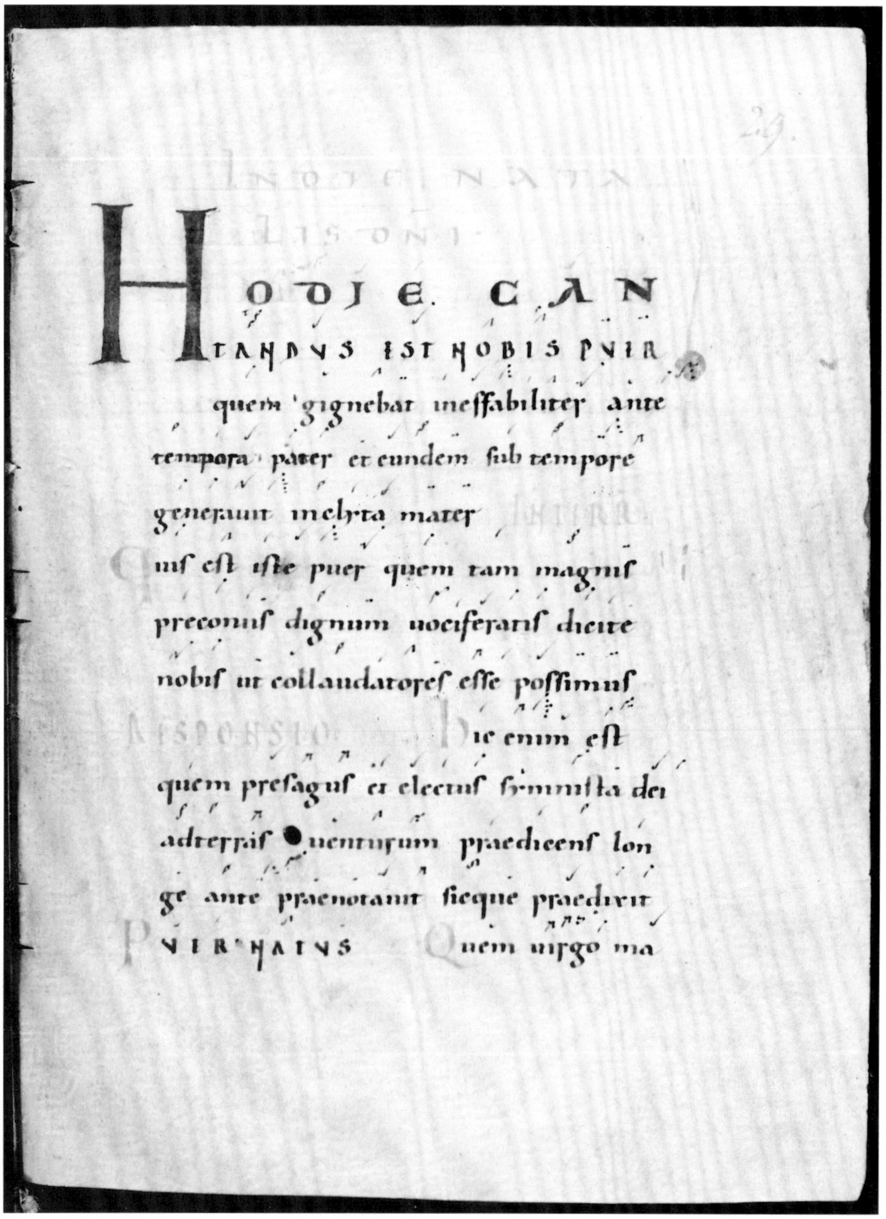

Abb. 3a Aufzeichnungen zur Weihnachtsmesse im Reichenauer Tropar des Jahres 1001 mit der dialogischen Sankt Galler Einleitung „Hodie cantandus est" Tuotilos zum Introitus Puer natus est. Nach dem als Incipit vermerkten ersten Teil des Introitus beginnt dessen Erweiterung mit Tropen französischer Provenienz. Bamberg, Staatsbibliothek, Msc. Lit. 5, fol. 29r

Die selbstverständliche Ergänzung entsprach einer Haltung, wie sie in jener Bemerkung Walahfrid Strabos zum Ausdruck kommt, in der es heißt, es seien zu allen Zeiten „viele Dinge in der Kirche auf neue Weise zusammengefügt" worden, „die nicht zu verwerfen seien, sofern sie vom wahren Glauben nicht abwichen" (Libellus de exordiis Cap. 26). Natürlich gab es auch engere Auffassungen, wie sie damals der etwas ältere Agobard von Lyon vertrat, der selbst den Grundbestand der Gesänge kritisch auf Erweiterungen und Abweichungen gegenüber der Bibel oder auch der Lehre überprüfte und korrigierte. Auf einen solchen Kontext dürfte ein gesondert überlieferter Kanon der Synode von Meaux des Jahres 845 zurückgehen (Abb. 4). Denn hier ist – in einem frühen Zeugnis für die Sequenz, unter Nennung des Gloria und wohl im Blick auf verschiedene Möglichkeiten einer tropierenden Erweiterung – von einem „*interpolare*" mit „*adinventiones*" (Hinzu-Erfindungen) die Rede, von „*fictiones*" (neu Geschaffenem), „*compositiones, quas prosas vocant*" (Prosen genannten Gebilden) und in allgemeiner Weise vom „*ad-*

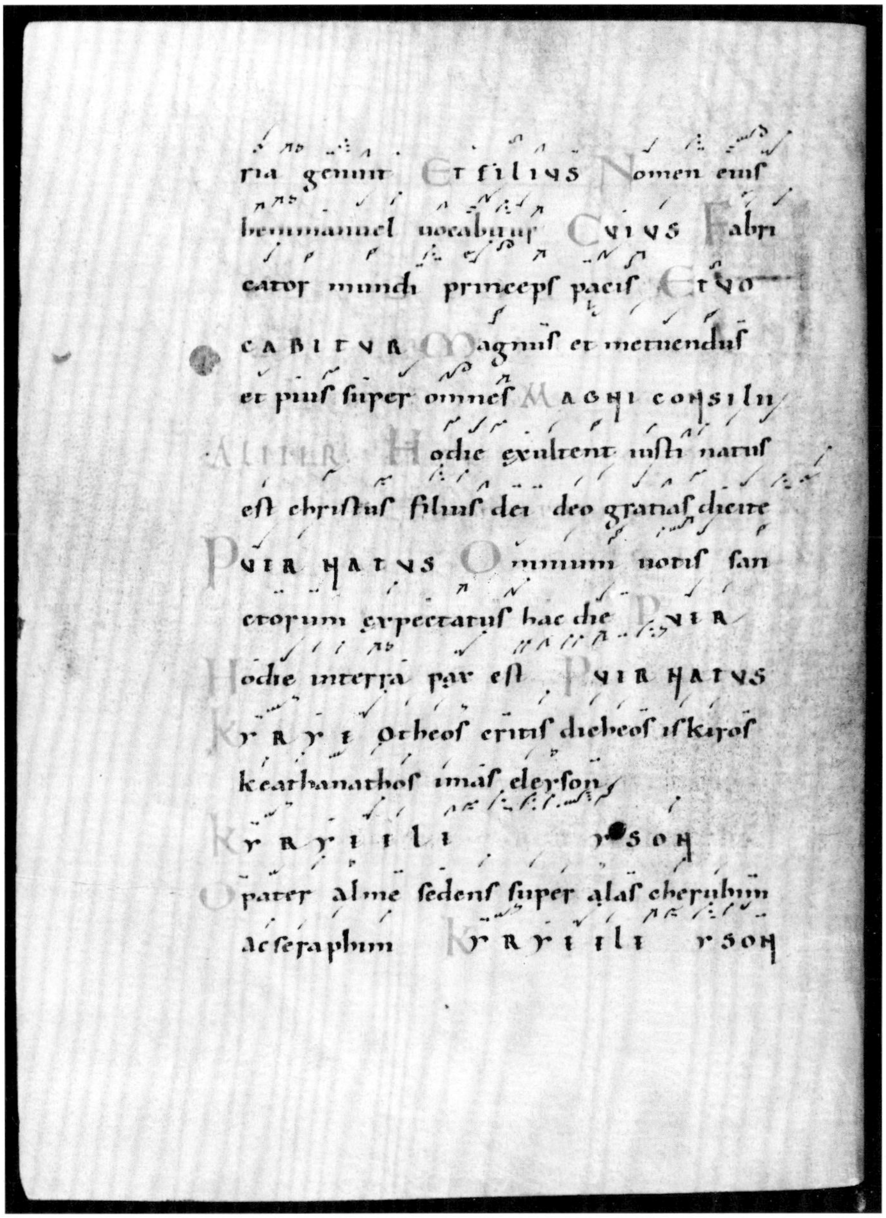

Abb. 3b Auf den letzten Teil des Introitus (Magni consilii) folgen weitere Einleitungen ostfränkischer Provenienz zu den Wiederholungen des Introitus, dann eine Erweiterung des Kyrie in Griechisch und Latein. Bamberg, Staatsbibliothek, Msc. Lit. 5, fol. 29v

dere" (ergänzen), „*interponere*" (einfügen) und „*decantare*" (singen) neuer Texte; zugleich aber sind diese Zusätze mit Nachdruck verboten.

Tatsächlich gab es die verschiedensten Formen der Erweiterung, so vor allem in St. Gallen rein melodische Tropen zum Introitus und Gloria (Abb. 5) und eine Textierung längerer Tonfolgen über einer Silbe zumal des Alleluia, wie sie mit der Prosula *Psalle modulamina* in einem ersten notierten Zeugnis vielleicht sogar schon aus der ersten Hälfte des 9. Jahrhunderts belegt ist (Kat.Nr. XI.42). Die Textierung bestehender Melodien spielt in der Geschichte der Sequenz eine entscheidende Rolle, und sie war wohl auch – wie die Ergänzung von Melismen zum Alleluia – eines der Momente, aus denen die neue Kunstform hervorging.

Auch für die Sequenz (wie im übrigen ebenso für die Erweiterung des Gloria) dürfte die Handschrift aus Toul mit zehn wohl im Westen entstandenen Texten die frühesten erhaltenen Niederschriften bieten (Kat.Nr. XI.43). In die gleiche Zeit führt aus St. Gallen ein Text

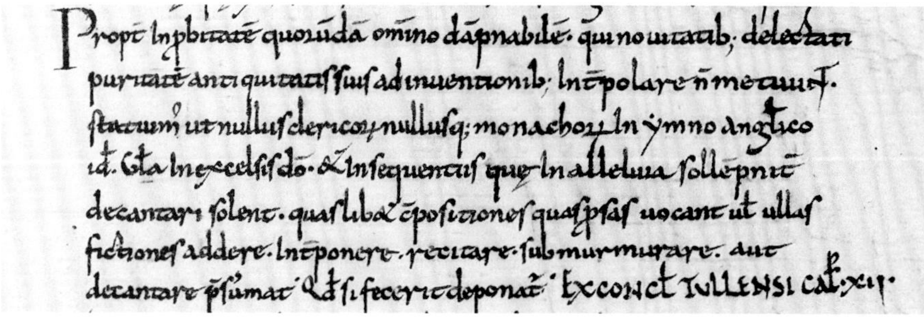
Propt Inpbitatē quoūdā omino dāpnabilē. qui nouitatib; delectati
puritatē antiquitatis suis adinuentionib; Interpolare n̄ metuunt.
statutum ē ut nullus clericorum nullusq; monachorum In ymno angelico
id. Gla In excelsis dō. & In sequentibus quę In alleluia sollempnit
decantari solent. quaslibet cpositiones quas psas uocant ut ullas
fictiones addere. Interponere. recitare. submurmurare. aut
decantare psumat & si fecerit deponat. EX CONC TULLENSI CAP. XII.

Abb. 4 Verbot der Erweiterung älterer Gesänge durch neue gesungene Texte in einem aus dem Anfang des 10. Jahrhunderts separat überlieferten Kanon der Synode von Meaux von 845.
Wolfenbüttel, Herzog August Bibliothek, Cod. Guelf. 1062 Helmst., fol. 219r (Ausschnitt)

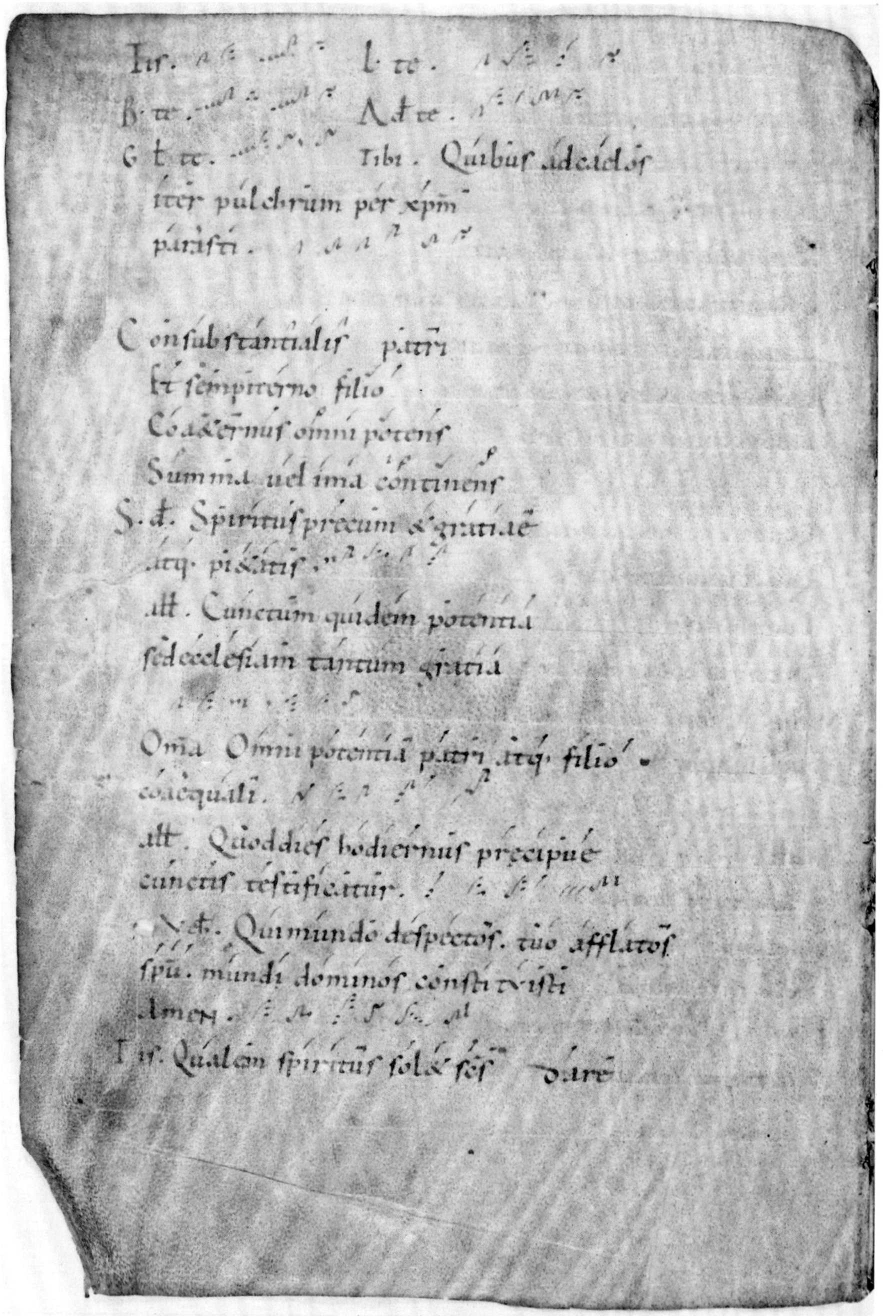
Consubstantialis patri
Et sempiterno filio
Coaeternus omnipotens
Summa uel ima continens
S. d. Spiritus precum & gratiae
atq; pietatis.
all. Cunctum quidem potentia
sed ecclesiam tantum gratia
Omia Omnipotentia patri atq; filio
coaequali.
all. Quod dies hodiernus precipue
cunctis testificatur.
Et. Qui mundo despectos. tuo afflatos
spu. mundi dominos constituisti
Amen.

Abb. 5 St. Galler Tropen in einer Freisinger Handschrift mit Texten Notkers († 912) aus dem Anfang des 10. Jahrhunderts. Auf den Schluß eines mit Melismen und einer Textierung erweiterten Gloria folgt die Notker zugewiesene Einleitung „Consubstantialis patri“ in Versform zum Introitus Spiritus domini der Pfingstmesse, der mit kurzen Sankt Galler Tropen in doppelter Aufzeichnung erweitert ist (erst textiert, dann in der melismatischen Aufzeichnung der Melodie). Am Schluß der Seite beginnt eine Erweiterung des Gloria.
Wien, Österreichische Nationalbibliothek, Cod. 1609, fol. 7v

von Notker Balbulus – Notker der „Stammler“, wie er sich mit feiner Selbstironie nannte, „der Dichter“, wie ihn Wolfram von den Steinen um seiner herausragenden Stellung willen bezeichnete; herausragend vor allem in seinen Sequenzen, aber auch als Autor vieler weiterer Texte, wie der Gesta Karoli Magni. Notker († 912) schildert 884 in der Widmung seines „Liber ymnorum“ an Liutward, Bischof von Vercelli, Abt von Bobbio und Erzkaplan Kaiser Karls III., wie er um 860 die erste Anregung für seine Sequenzen, die er Hymnen nannte, durch die Aufzeichung in einem Antiphonar erhielt, das durch einen Mönch des Klosters Jumièges ins Galluskloster gelangt war. Eine erste greifbare Aufzeichnung dieser St. Galler Sequenzen dürfte noch zu seiner Lebenszeit kopiert worden sein (Kat.Nr. XI.44).

Die Sequenz ist eine neue Gattung musikbezogener Dichtung in strukturierter Prosa, bei der im Prinzip jeweils zwei Zeilen zur gleichen Melodie vorgetragen werden, mit je einem Ton pro Silbe. Der weit angelegte Bau dieser Gesänge beginnt und endet in der Regel mit einzelnen Zeilen, kennt aber auch übergreifende Wiederholungen und weitere Möglichkeiten einer individuellen Differenzierung. Inwieweit schon die ältesten Sequenzen auf die Textierung bestehender Melodien zurückgehen, ist offen. In jedem Fall aber wurden auch die Melodien für sich aufgezeichnet und mit Namen versehen, die seit der Zeit um 800 belegt sind. Und ein großer Teil der Sequenzen beruht auf der Textierung solcher Melodien, die genau übernommen oder frei adaptiert wurden; so wie vielfach eine bestehende Sequenz bis ins einzelne der Struktur als Modell für eine neue diente.

Die langen Melodien bringen eine erste greifbare Lösung umfangreicher formaler Gestaltung mit den Mitteln der Musik und den verschiedensten Verfahren einer Gliederung, Wiederholung und „Vervielfältigung“ (Haug 1997) musikalischer Substanz oder auch der Kontrastbildung im Kleinen wie im Großen. Diese Aspekte korrespondieren mit der Anlage und Aussage der Texte, die aber ihrerseits durchaus auch eigene Akzente setzen. Im Westen des fränkischen Reichs sind viele der Texte mit einem Ausklang auf „-a“ geformt, der auf den Kontext mit dem Alleluia verweist. So beginnt die erste Sequenz der Handschrift aus Toul mit einer Zeile, die den Klang dieses Wortes bis in den Vokalbestand aufnimmt und den Text auch in kürzeren Gliedern auf „-a“ ausklingen läßt (Kat.Nr. XI.43):

Christe, tua agmina iubilant

Voce precelsa	Laudes per arva
tibi sancta	perque celsa
in secula sempiterna	ac clara habitacula.

. . .

Christ, deine Heerscharen jubeln dir
Mit heller Stimme über den heilig-ewigen Zeiten hin
Ihren Preis in den hohen und heiteren Wohngefilden.

(Nachdichtung Wolfram von den Steinen)

Im östlichen Teil des fränkischen Reiches erhob Notker, dessen Texte in der theologischen Ausleuchtung des Festgedankens, in der Wahl der Worte und Bilder, in der gedanklichen Fügung und den sprachlichen Kunstgriffen über alle anderen hinausgehen, die Übereinstimmung zwischen den parallelen Versen bis in den Sprachfall zum Kunstprinzip. Das zeigt beispielhaft der Beginn seiner berühmtesten Sequenz, die in ganz Europa aufgenommen wurde – die musikalischen Schriftzeichen über dem Beispiel verdeutlichen die Gruppierung der Töne in der Aufzeichnung der Melodie:

Die Gnade des heiligen Geistes sei mit uns,
Die unsere Herzen sich als Wohnstatt erwählen wird,
Wenn sie des Geistes Gebrechen aus ihnen ganz vertrieben hat.
O Geist des Segens, der die Menschen leuchten macht,
In unsrer Seele läutre du die grause Finsternis.

(nach Wolfram von den Steinen)

Der Tropus ergänzte die einzelnen liturgischen Gesänge, die Sequenz erweiterte deren Bestand. Beim einen liegt das Gewicht auf der engsten Aneignung des Überkommenen, beim anderen auf neuen Möglichkeiten der Kunstgestaltung, die dann Geschichte machten. Beide verdeutlichen beispielhaft, wie der ältere Choral in einem neuen Kontext erklang, der dem Wandel offenstand, mit

Eigenheiten geographischer Regionen, sprachlicher Bereiche sowie einzelner Orte, Kirchen und Klöster, an denen in differenzierter Weise Transfer und nicht zuletzt Unterschiede der Mentalität zu greifen sind. Dabei handelt es sich bei Tropus und Sequenz zwar um die markantesten Formen des Neuen, aufs Ganze gesehen aber nur um einen Ausschnitt jener vielfältigen Neugestaltung, die seit den Tagen der Karolinger in den Kirchen des Mittelalters den Gottesdienst prägte.

Literatur:

Walahfrid Strabo, Libellus de exordiis et incrementis quarundam in observationibus ecclesiasticis rerum, hrsg. v. Alice L. HARTING-CORREA (Mittellateinische Studien und Texte 19), Leiden/New York/Köln 1996 (das Zitat auf Seite 160).

Wulf ARLT, Komponieren im Galluskloster um 900: Tuotilos Tropen Hodie cantandus est zur Weihnacht und Quoniam dominus Iesus Christus zum Fest des Iohannes evangelista, in: Schweizer Jahrbuch für Musikwissenschaft 15 (= Möglichkeiten und Grenzen der musikalischen Werkanalyse. Gedenkschrift Stefan Kunze), 1995, 41–70. – Wulf ARLT u. Susan RANKIN, Stiftsbibliothek Sankt Gallen Codices 484 u. 381 1: Kommentar, Winterthur 1996 (Lit.). – Andreas HAUG, Neue Ansätze im 9. Jahrhundert, in: Die Musik des Mittelalters, hrsg. v. Hartmut MÖLLER u. Rudolf STEPHAN (Neues Handbuch der Musikwissenschaft 2), Laaber 1991, 94–128. – DERS., Ein neues Textdokument zur Entstehung der Sequenz, in: Festschrift Ulrich Siegele zum 60. Geburtstag, hrsg. v. Rudolf FABER u. a., Kassel 1991, 9–19. – Andreas HAUG, Art. Melisma in: Die Musik in Geschichte und Gegenwart. Sachteil 6, Kassel u. a. 1997, Sp. 19–29 (Lit.). – Andreas HAUG, Bruno STÄBLEIN u. David HILEY, Art. Tropus, in: Die Musik in Geschichte und Gegenwart. Sachteil 9, Kassel u. a. 1998, Sp. 897–921 (Lit.). – Lori KRUCKENBERG, Art. Sequenz, in: Die Musik in Geschichte und Gegenwart. Sachteil 8, Kassel u. a. 8, 1998, Sp. 1254–1286 (Lit.). – Wolfram VON DEN STEINEN, Notker der Dichter und seine geistige Welt 1 u. 2, Bern 1948. – DERS., Karolingische Kulturfragen, in: Welt als Geschichte 10, 1950, 156–167, hier 165.

Vgl. zusätzlich die Literaturhinweise zum Beitrag Rankin und zu den erwähnten Exponaten.

Abbildungsnachweis

Zu den abgekürzt zitierten Titeln vergleiche die Quellen- und Literaturangaben in den jeweiligen Beiträgen

Aachen, Foto Ann Münchow: Beitrag Elbern Abb. 3
Aachen, Domkapitel: Foto Ann Münchow: Beitrag Fillitz Abb. 2, 4, 9; Beitrag Mütherich Abb. 31, 32; Beitrag Untermann (Karolingische Architektur) Abb. 1; Beitrag Untermann (Aachen) Abb. 5; Foto Pit Siebigs: Beitrag Effenberger Abb. 7
Abbeville, Bibliothèque Municipale: Beitrag Mütherich Abb. 11, 12
Amiens, Bibliothèque Municipale: Beitrag Bierbrauer Abb. 13, 14; Beitrag Schmid Abb. 4
Arles, Musée de l'Artes Antique: Foto Michel Lacanaud: Beitrag Effenberger Abb. 3

Bamberg, Staatsbibliothek: Beitrag Arlt Abb. 3a,b
Berlin, Archiv für Kunst und Geschichte GmbH*:* Beitrag Elbern Abb. 15, Foto Erich Lessing: Beitrag Wamers Abb. 10
Berlin, Staatliche Museen zu Berlin – Preußischer Kulturbesitz, Antikensammlung: Beitrag Effenberger Abb. 13
Berlin, Staatliche Museen zu Berlin – Preußischer Kulturbesitz, Kunstgewerbemuseum: Foto Arne Psille: Beitrag Elbern Abb. 13 a,b
Berlin, Staatliche Museen zu Berlin – Preußischer Kulturbesitz, Kupferstichkabinett: Foto Jörg P. Anders: Beitrag Effenberger Abb. 10; Beitrag Luchterhandt (Palastbau) Abb. 1
Berlin, Staatliche Museen Berlin – Preußischer Kulturbesitz, Münzkabinett: Beitrag Bullough, Abb. 4; Beitrag Kluge Abb. 1–4, 9, 11; Beitrag McCormick Abb. 9; Foto Reinhard Saczewski: Beitrag Kluge, Abb. 5, 6, 12
Berlin, Staatliche Museen zu Berlin – Preußischer Kulturbesitz, Museum für Spätantike und Byzantinische Kunst: Beitrag Untermann (Aachen) Abb. 8
Berlin, Staatliche Museen zu Berlin – Preußischer Kulturbesitz, Skulpturensammlung: Beitrag Fillitz Abb. 3 (ehem. Kaiser-Friedrich-Museum)
Berlin, Staatsbibliothek zu Berlin – Preußischer Kulturbesitz, Handschriftenabteilung: Beitrag Mitchell Abb. 11; Beitrag Mütherich Abb. 39; Beitrag Rankin Abb 2; Beitrag Schieffer Abb. 7
Bern, Burgerbibliothek: Beitrag Rankin Abb. 8; Beitrag Stevens Abb. 3, 4
Bremen, Staats- und Universitätsbibliothek: Beitrag Chrysos Abb. 1–3
Brescia, Fotostudio Rapuzzi: Beitrag Effenberger Abb. 12
Brüssel, Bbliothèque Royale Albert Ier: Beitrag Mütherich Abb. 33, 34
Brüssel, Musées royaux d'Art et d'Historie: Beitrag Fillitz Abb. 6

Darmstadt, Hessische Landes- und Hochschulbibliothek: Beitrag Mütherich Abb. 37, 38
Detmold, Lippisches Landesmuseum: Abb. Treude 3a,b
Dublin, National Museum of Ireland: Beitrag Wamers Abb. 3, 7
Dublin, Royal Irish Academy: Beitrag Bierbrauer Abb. 2
Dublin, Trinity College Library: Beitrag Wamers Abb. 1, 5

Essen, Foto Color Studio: Beitrag Schmid Abb. 3
Essen, Foto Ruhrlandmuseum: Elbern Abb. 8

Florenz, Archivio Fratelli Alinari: Beitrag Nilgen Abb. 4, 5; Foto Anderson: Beitrag Jacobsen (Renaissance) Abb. 28; Beitrag Bauer, Abb. 3, 8
Florenz, Scala – Istituto Fotografico Editorale S. p. A: Beitrag Bauer Abb. 9, Beitrag Ronig Abb. 1
Frankfurt, Stadt und Universtiätsbibliothek: Foto Ursula Seitz-Gray: Beitrag Bierbrauer Abb. 8

Haithabu, Wikinger Museum: Beitrag Steuer (Bewaffnung) Abb. 9, Beitrag Steuer (Handel) Abb. 5
Hildesheim, Abt. Kirchliche Denkmalpflege: Foto Lutz Engelhardt: Beitrag Untermann (Karolingische Architektur) Abb. 5

Ingelheim, Luftbild Peter Haupt*:* Beitrag Grewe Abb 1

Köln, Diözesan- und Dombibliothek: Beitrag Mordek Abb 2; Beitrag Stevens Abb. 5
Köln, Rheinisches Bildarchiv: Beitrag Elbern Abb 11 a,b; Beitrag Fillitz Abb. 7

Leiden, Bibliotheek der Rijksuniversiteit: Beitrag McCormick Abb. 1
Leipzig, Museum für Kunsthandwerk/Grassimuseum: Beitrag Effenberger Abb. 1a, b
London, The British Library: Beitrag Mitchell Abb. 10; Beitrag Mütherich Abb. 13–15
Luzern, Faksimile Verlag: Beitrag Fillitz Abb. 8a,b; Beitrag Mitchell Abb. 8; Beitrag Mütherich Abb. 23–28
Lucca, Biblioteca Capitolare Feliniana: Beitrag Rankin Abb. 3
Lüneburg, Museum für das Fürstentum Lüneburg: Foto Michael Behns: Beitrag Heimann Abb. 4

Maaseik, Église St. Cathérine: Beitrag Bierbrauer Abb. 7

Madrid, Biblioteca National: Beitrag Mütherich Abb. 35
Madrid, Real Academia de la Historia: Beitrag Bullough Abb. 2
Mailand, Biblioteca Pinacoteca Ambrosiana: Beitrag Bierbrauer Abb. 1
Mailand, Foto Saporetti: Beitrag Effenberger Abb. 4
Mainz, Landesamt für Denkmalpflege Rheinland Pfalz, Abt. Archäologische Denkmalpflege: Beitrag Grewe Abb. 4
Manchester, John Rylands University, Library of Manchester: Beitrag Schmid Abb. 7
Marburg, Bildarchiv Foto Marburg: Beitrag Effenberger Abb. 6, 11; Beitrag Jacobsen (Renaissance) Abb. 9, 16, 20, 23, 27; Beitrag McCormick Abb. 2; Beitrag Mitchell Abb. 2; Beitrag Untermann (Karolingische Architektur) Abb. 6
Marburg, Foto Rolf Gensen: Beitrag Best/Gensen/Hömberg Abb. 4
Meschede, Foto P. Michael Hermes: Beitrag Rankin Abb. 6
Modena, Foto Roncaglia: Beitrag McCormick Abb. 5–7
Montpellier, Bibliothèque interuniversitaire de Montpellier: Service Photo B. I. U. Montpellier: Beitrag Schmid Abb. 2
Monza, Museo del Tesoro del Duomo: Beitrag Rankin Abb. 1
München, Hirmer Fotoarchiv*:* Beitrag Untermann (Karolingische Architektur) Abb. 8
München, Zentralinstitut für Kunstgeschichte: Beitrag Ronig Abb. 2
München, Bayerische Staatsbibliothek: Beitrag Bierbrauer Abb. 9, 10; Beitrag de Blaauw Abb. 3; Beitrag Elbern Abb. 4; Beitrag Stevens Abb. 11
München, Bayerisches Landesamt für Denkmalpflege: Foto A. Porst, R. Zenger: Beitrag Preißler Abb. 2
Münster, Nordrhein-Westfälisches Staatsarchiv Münster, Beitrag Warneke Abb. 4
Münster, Westfälisches Amt für Denkmalpflege: Foto Arnulf Brückner: Beitrag Jacobsen (Renaissance) Abb. 18; Foto Angelika Brockmann-Peschel: Beitrag Lobbedey Abb. 5
Münster, Westfälisches Museum für Archäologie: Beitrag Best/Gensen/Hömberg Abb 10, 11; Beitrag Eggenstein Abb 2–4; Beitrag Ellger Abb. 2; Beitrag Grünewald Abb. 4, 7, 8; Beitrag Melzer (Soest Lübecker Ring) Abb. 1, 4; Beitrag Melzer (Soest) Abb. 6; Beitrag Ruhmann Abb. 4, Beitrag Schubert, Abb. 1–4; Beitrag Warnke Abb. 2, 3; Foto J. S. Kühlborn: Beitrag Best/Gensen/Hömberg Abb. 7; Foto Grabungsleitung (U. Lobbedey): Beitrag Schieffer Abb. 3, Beitrag Treude Abb. 2
Münster, Landschaftsverband Westfalen-Lippe, Landesbildstelle: Foto Josef Höper: Beitrag Preißler Abb. 6–9; Beitrag Mecke Abb. 2

Neu-Moresnet, Foto Ann Münchow: Beitrag Effenberger Abb. 5; Beitrag Mordek Abb. 6
New York, The Pierpont Morgan Library: Art Recource*:* Beitrag Wamers Abb. 11
Norwich, Foto Sarah Cocke: Beitrag Mitchell Abb. 6; Foto John Mitchell: Beitrag Mitchell Abb. 4, 7, 9

Oelde, Foto Werner Ueffing: Beitrag Warneke Abb. 3
Orléans, Foto Centre National de la Recherche Scientifique, Institut de Recherche et d'histoire des Textes (CNRS/IHRT): Beitrag Bierbrauer Abb 12
Otzberg, Foto Hans Michael Hangleitner: Beitrag Preißler Abb. 4, 5
Oxford, Bodleian Library: Beitrag Rankin Abb. 11

Paderborn, Erzbischöfliches Diözesanmuseum und Domschatzkammer: Foto Ansgar Hoffmann: Beitrag Schieffer Abb. 2, 5–6, 9–10
Paderborn, Westfälisches Museum für Archäologie, Museum in der Kaiserpfalz: Beitrag Gai (Pfalz Paderborn) Abb. 3, 4, 7, 8, 10–12; Beitrag Gai (Glas) Abb. 1–2; Beitrag Mecke Abb. 1, 3, 5; Foto Ansgar Hoffmann: Beitrag Preißler Abb. 1, 10; Beitrag Wedepohl Abb. 2
Paris, Bibliothèque Nationale de France, Service Reproduction: Beitrag Arlt Abb. 2; Beitrag Elbern Abb. 10, 14; Beitrag Gai (Glas) Abb. 3; Beitrag Kluge Abb. 7, 10; Beitrag Mütherich Abb. 1–6, 16–20, 36; Beitrag Rankin Abb. 7, 9; Beitrag Ronig Abb. 3; Beitrag Stevens Abb. 7–9
Paris, Edition Gallimard: Beitrag Elbern Abb. 2
Paris, Réunion des Musées Nationaux (RMN): Foto RMN-Arnaudet: Beitrag Effenberger Abb. 2b; Foto RMN: Beitrag Effenberger Abb. 2a, Abb. 9; Beitrag McCormick Abb. 3; Foto RMN, Beck-Coppola: Beitrag Fillitz Abb. 1
Paris, Dominique Genet: Beitrag Elbern, Abb. 7

Regensburg, Museen der Stadt Regensburg, Historisches Museum: Beitrag Stevens Abb. 12
Rom, Foto Valerio Gai: Beitrag Herbers (Pontifikat) Abb. 2
Rom, Bibliotheca Hertziana: Beitrag Luchterhandt (Triklinium) Abb. 2, 5, 6; Beitrag Luchterhandt (Palastbau) Abb. 2, 5
Rom, Deutsches Archäologisches Institut: Beitrag Bauer Abb. 1, 2: Vorlage Verf.; Beitrag Bauer Abb. 5, 6: Foto Gabriel Ficchera (Archiv des Verf.); Beitrag Bullough Abb. 1
Rom, Sovraintendenza ai Beni Culturali: Beitrag Santangeli Valenzani Abb. 1, 2; Abb. 3: Zeichnung: Roberto Meneghini

Saint Denis, Unité d'Archéologie Saint-Denis: Beitrag Wyss Abb. 4; Foto: 0. Meyer: Beitrag Jacobsen Abb. 11
Sankt Gallen, Stiftsbibliothek St. Gallen: Beitrag Arlt Abb. 1; Beitrag Mecke Abb. 6; Beitrag Steuer (Bewaffnung) Abb. 3, 4; Foto Carsten Seltrecht: Beitrag Rankin Abb. 10; Beitrag Stevens Abb. 1
Salzburg, Fotostudio Aurather, Beitrag Wamers Abb. 2
Soest, Stadtarchäologie: Beitrag Melzer (Soest) Abb. 3, 5; 6; Beitrag Krabath/Lammers/Rehren/Schneider Abb. 3
Stockholm, Statens historiska museum: Beitrag Grothe Abb. 3; Beitrag Wedepohl Abb. 3
Stockholm, Kungliga Myntkabinettet: Beitrag Kluge Abb. 8
Stuttgart, Württembergische Landesbibliothek: Foto Joachim Siener: Beitrag Bierbrauer Abb. 6
Stuttgart Württembergisches Landesmuseum: Foto Frankenstein, Zwietasch: Beitrag Elbern Abb. 9

Trier, Amt für Kirchliche Denkmalpflege Trier: Foto Rita Heyen: Beitrag Bierbrauer Abb. 3–5
Trier, Bischöfliches Dom und Diözesanmuseum: Foto R. Schneider: Beitrag Preißler Abb. 3
Trier, Stadtbibliothek/Stadtarchiv Trier: Beitrag Effenberger Abb. 14; Beitrag Mütherich Abb. 7, 8, 21, 22

Troyes, Bibliothèque Municipale: Beitrag Bullough Abb. 6

Utrecht, Museum Cathrijneconvent: Beitrag Elbern Abb. 5

Vatikanstadt, Biblioteca Apostolica Vaticana: Beitrag Bullough Abb. 5; Beitrag Luchterhandt (Palastbau) Abb. 8; Beitrag Nilgen Abb. 1–3; Beitrag Schmid Abb. 5 u. 6; Beitrag Stevens Abb. 2,10
Vatikanstadt, Biblioteca Apostolica Vaticana, Museo Sacro: Foto A. Bracchetti: Luchterhandt (Triklinium) Abb. 1, 4, 7, 8; Beitrag Herbers (Ponitfikat) Abb. 1

Washington, Dumbarton Oaks, Byzantine Collection: Beitrag McCormick Abb. 4, 10
Weimar, Foto Klaus G. Beyer: Beitrag Effenberger Abb. 8
Wien, Albertina: Beitrag de Blaauw Abb 5
Wien, Kunsthistorisches Museum: Beitrag Fillitz Abb. 5a,b; Beitrag Mütherich Abb. 29–30; Beitrag Rankin Abb. 6
Wien, Österreichische Nationalbibliothek: Beitrag Arlt Abb. 5; Beitrag Bierbrauer Abb. 11; Beitrag Mecke Abb. 4; Beitrag Mordek Abb. 3; Beitrag Mütherich Abb. 9, 10; Beitrag Stevens Abb. 1
Wolfenbüttel, Herzog August Bibliothek: Beitrag Arlt Abb. 4; Beitrag Mordek Abb. 7; Beitrag Rankin Abb. 4; Beitrag Stevens Abb. 6

York, City of York Council, York Castle Museum: Beitrag Steuer (Bewaffung) Abb. 7

Zürich, Zentralbibliothek: Beitrag Hack Abb. 2–4; Beitrag Mordek Abb. 1

ZEICHNUNGEN, KARTEN, PLÄNE

Umzeichnungen Olga Heilmann, Paderborn, Museum in der Kaiserpfalz

Beitrag Best/Gensen/Hömberg Abb. 3: nach Vorlage Rolf Gensen
Beitrag Drescher Abb. 5: nachWinkelmann 1953, Abb. 134;
Beitrag Eggenstein Abb. 1
Beitrag Grothe Abb. 1, 2
Beitrag Jacobsen (Renaissance) Abb. 3: nach Oswald/Schaefer/Sennhauser Nachtragsband 1991
Beitrag Jacobsen Renaissance Abb. 10: nach Crosby u. Jacobsen/Wyss
Beitrag Jacobsen Renaissance Abb. 15: nach Jacobsen 1992 Fig. 86
Beitrag Jacobsen Renaissance Abb. 22: nach Krautheimer, Corpus II, Pl. 20
Beitrag Jacobsen Renaissance Abb. 24: nach Krautheimer, Corpus IV, Pl. 11
Beitrag Lobbedey Abb. 6, 7, 9, 18, 19
Beitrag Lobbedey Abb. 12–14: nach Leopold/Schubert 1984
Beitrag Mitchell Abb. 5
Beitrag Warnke Abb. 4: nach Warnke 1993, Verbreitungskarte 3

Ulrich Haarlammert, Maßwerk, Münster/Olga Heilmann, Paderborn, Museum in der Kaiserpfalz
Beitrag Beitrag Best /Gensen/Hömberg Abb 12: Maßwerk auf Grundlage von Wand 1998, Abb. 4; Beitrag Best/Gensen/Hömberg Abb. 13: nach Best 1997, Abb. 2; Beitrag Brink-Kloke Abb. 2: nach Brink-Kloke/Duda 1995; Beitrag Eggenstein Abb. 1; Beitrag Ellger Abb. 4; Beitrag Gai Abb. 1, 2, 5, 6, 9, 13, 14; Beitrag Heimann Abb. 2: nach Vorlage von H. Brink-Kloke; Beitrag Schlüter Abb. 1, 2: nach Vorlagen des Verfassers; Beitrag Siegmund Abb. 1: nach W. Melzer 1991, Beilage 1; Beitrag Treude Abb. 1

Ulrich Haarlammert, Maßwerk, Münster
Beitrag Warneke Abb. 1, 2; Beitrag Ruhmann Abb. 5; Überarbeitung der Vorlagen im Beitrag Grewe: Abb. 2 u. 7: nach U. Wengenroth-Weimann, Die Grabungen an der Königspfalz zu Nieder-Ingelheim in den Jahren 1960–1970 (Beiträge zur Ingelheimer Geschichte 23) 1973, Plan 1 u. 2; Abb. 3 nach H. J. Jacobi und Ch. Rauch, 1909–1914, Taf. 33; Abb. 5 nach Stringler 1883, Abb. 6 Grabungsdokumentation

Atelier Barbara Hähnel-Bökens
Beitrag Best/Gensen/Hömberg Abb. 5: Zeichnung Iris Buchholz (Atelier Hähnel-Bökens) nach Kat. Mannheim 1996 Abb. 296; Beitrag Lobbedey Abb. 4: nach Entwurf von U. Lobbedey; Beitrag Mordek Abb. 4: nach Entwurf von Stefan Fassbinder; Beitrag Steuer Handel Abb. 2 nach Steuer 1987, Abb. 12; Beitrag Grünewald Abb. 1: Entwurf Christoph Grünewald, Werner Best

Karl Noltenhans
Beitrag Melzer (Soest) Abb. 4: nach A. Doms 1972; Abb. 9; Beitrag Melzer (Soest) Abb. 7: nach Thomas Wenzke 1990, Abb. 16; Beitrag Hack Abb. 1: Entwurf Achim Hack; Beitrag Mitchell Abb. 1: Entwurf John Mitchell

REPRODUKTIONEN

Beitrag Bauer Abb. 4: aus Krautheimer/Corbett/Frankl 1959, 287
Beitrag Bauer Abb. 7: aus Krautheimer/Corbett/Frankl 1967,3 Taf. 16
Beitrag Best/Gensen/Hömberg Abb. 2: aus Kat. Mannheim 1996, Abb. 266
Beitrag Best/Gensen/Hömberg Abb. 6: aus Hömberg 1997/1998, Autorenvorlage bearbeitet durch die Geographische Kommission für Westfalen, Gestaltung C. Schroer
Beitrag Bergmann Abb. 2, 3: aus Faksimile, Stuttgart 1965
Beitrag de Blaauw Abb. 1, 2, 4, 9: nach de Blaauw 1994, Fig. 1; Fig. 25; Fig. 12, Fig. 17
Beitrag de Blaauw Abb. 6: aus Ward Perkins 1952, Fig. 2
Beitrag de Blaauw Abb. 7, 8: aus Tolotti 1983, Fig. 4; Fig. 5
Beitrag Capelle Abb. 1: nach H. Roth
Beitrag Capelle Abb. 2: nach W. Janssen
Beitrag Capelle Abb. 3: nach Müller-Wille

Beitrag Christoph Grünewald Abb. 6a,b: aus Kat. Mannheim 1996, Abb. 147
Beitrag Doll Abb. 4: verändert nach A. Szonyoghy u. G. Sehér, Anatomische Zeichenschule, Köln 1996
Beitrag Elbern Abb. 6: aus Elbern 1976, Abb. 6
Beitrag Ellger Abb. 1: nach Prinz und Kirchhoff
Beitrag Ellger Abb. 3: nach Winkelmann
Beitrag Grewe Abb. 5: aus Stingler 1883
Beitrag Grünewald Abb. 5: Katasteramt Warendorf
Beitrag Heimann Abb. 1: aus Kat. Köln 1995, S. 17
Beitrag Heimann Abb. 3: aus Torsten Capelle, Aktuelle Aspekte zum Handel der Wikinger, in: Untersuchungen zu Handel und Verkehr der vor- und frühgeschichtlichen Zeit in Mittel- und Nordeuropa 4, Göttingen 1987, 390–404, Abb. 4
Beitrag Jacobsen (Renaissance) Abb. 1, 4, 5, 12: aus W. Jacobsen, Saints' Tombs in Frankish Church Architecture, in: Speculum 72, 1997, Fig. 11, Fig. 28 links, Fig. 12, Fig. 18
Beitrag Jacobsen (Renaissance) Abb. 2, 13, 14, 17, 19, 21: aus W. Jacobsen, Der Klosterplan von St. Gallen und die karolingische Architektur, Berlin 1992, Fig. 68, Fig. 89; Fig. 60, Fig. 34, Fig. 48, Fig. 52
Beitrag Jacobsen (Renaissance) Abb. 6, 7: aus Jacobsen 1988 Abb. 13, Abb. 17
Beitrag Jacobsen (Renaissance) Abb. 25, 26: aus Krautheimer 1987
Beitrag Lobbedey Abb. 2, 3: nach Drescher, Umzeichnung WMFA
Beitrag Lobbedey Abb. 10, 11: aus Kat. Hildesheim 1993, Bd. I, S. 303 u. Bd 2. zu Kat. Nr. VII–14
Beitrag Lobbedey Abb. 20: aus Oswald/Schaefer/Sennhauser 1966/1971, Abb. S. 74
Beitrag Lobbedey Abb. 21, 22: aus Ludwig/Müller/Widdra-Spiess 1998, Abb. 3, Abb. 4
Beitrag McCormick Abb. 8: aus Arbeiter 1988, Abb. 61
Beitrag Melzer (Lübecker Ring) Abb. 2: aus Wand 1982, Plan 1
Beitrag Melzer (Lübecker Ring) Abb. 3: aus Stieren 1932, Abb. 3
Beitrag Mitchell Abb. 3: aus Rotili 1986, Taf. XXXVIII
Beitrag Renoux Abb. 1: aus Barbier 1990, Fig. 5
Beitrag Renoux Abb. 2: nach Petitjean 1997, Fig. 18
Beitrag Renoux Abb. 3, 5: aus Weise 1923
Beitrag Ruhmann Abb. 2: nach Winkelmann 1984, Heidinga 1987, WMFA Münster, Ruhmann 1998
Beitrag Ruhmann Abb. 3: nach G. Hülsmann 1996
Beitrag Ruhmann Abb. 6: nach Reichmann 1982
Beitrag Schmid Abb. 1: aus Heribert Sturm, Unsere Schrift, Neustadt a. d. A. 1961, Abb. 1, 2, 9, 14,19, 20
Beitrag Siegmund Abb. 5: aus Chr. Grünewald, Neues zu Sachsen und Franken in Westfalen in: Studien zur Sachsenforschung 12, 1999, Abb. 7
Beitrag Steuer (Bewaffnung) Abb. 1, 2: aus Faksimile, Stuttgart 1965
Beitrag Steuer (Bewaffnung) Abb. 5: aus Häßler 1991, Abb. 309
Beitrag Steuer (Bewaffnung) Abb. 6: aus Laux 1987, Abb. 9
Beitrag Steuer (Bewaffnung) Abb. 8: aus Müller Wille 1982, Abb. 22.1
Beitrag Steuer (Handel) Abb. 1: aus Faksimile, Graz 1982–1984
Beitrag Steuer (Handel) Abb. 3: nach Brather 1996, Abb. 18; Gabriel 1988, Abb. 12 und Steuer 1987, Abb. 7 und Ergänzungen
Beitrag Steuer (Handel) Abb. 4: nach Gabriel, 1988, Abb. 120; Schön 1995, Abb. 37, 38 u. 40; Brather 1996, Abb. 18
Beitrag Untermann (Aachen) Abb. 1, 2, 3, 6: aus Kreusch 1965, Fig. 1; Fig. 4, Fig. 5
Beitrag Untermann (Aachen) Abb. 4: aus Koch 1987, Abb. 56
Beitrag Untermann (Aachen) Abb. 7: Vorlage Effenberger
Beitrag Untermann (Karolingische Architektur) Abb. 2, 7: aus Oswald/Schaefer/Sennhauser 1966/1971; Abb. S. 45, Abb. S. 151
Beitrag Untermann (Karolingische Architektur) Abb. 3: aus Kubach/Verbeek 1976, Abb. 1289
Beitrag Wamers Abb. 12: nach Vinski, Vjesnik 3, 1977/78
Beitrag Wamers Abb. 4: nach Haseloff
Beitrag Wamers Abb. 6: nach Bakka 1963
Beitrag Wamers Abb. 8: Zeichnung Haseloff
Beitrag Wamers Abb. 9: nach Ryan 1990
Beitrag Warnke Abb. 1: aus Winkelmann, Abb. 89

VERFASSERVORLAGEN

Beitrag Bergmann Abb. 1, 4 u. 5
Beitrag Best/Gensen/ Hömberg Abb 8, 9, 15
Beitrag Best/Kneppe/Peine/Siegmund Abb. 1–5, Westfälisches Museum für Archäologie, Außenstelle Bielefeld
Beitrag Böhme Abb. 1–6
Beitrag Bolognesi Abb. 1–4: E. Bolognesi Recchi Franceschini und Daniela Corrente
Beitrag Brink-Kloke Abb. 1 u. 3
Beitrag Doll Abb. 1–3
Beitrag Drescher Abb 1–4a,b u. 6
Beitrag Grünewald Abb. 2, 3 WMFA
Beitrag König/Grothe Abb. 1–4, Graphik U. Dirks (Göttingen) H. Falley, R. Schlotthauber (Stadtarchäologie Höxter)
Beitrag Krabath/Lammers/Rehren/Schneider Abb. 1, 2, 4, 5
Beitrag Lobbedey Abb. 6, 7, 8, 9, 15, 18: Westfälisches Museum für Archäologie, Münster, Zeichnung Iris Buchholz, WMFA Abb 1, 16, 17,
Beitrag Luchterhandt (Palastbau) Abb. 3, 4, 6 u. 9
Beitrag Luchterhandt (Trikinium) Abb. 9
Beitrag Reichmann Abb. 1–4
Beitrag Renoux Abb. 4
Beitrag Ruhmann Abb. 1
Beitrag Schroth Abb. 1, 2
Beitrag Schubert Abb. 1
Beitrag Siegmund Abb. 2–4, 6, 7
Beitrag Wedepohl Abb. 1
Beitrag Wyss Abb. 1, 2, 3, 5

froiam & basiliscū hie
mis tempore misit sicque
in palatio hoc & natalem
dni & pascha a domno
rege celebrata sunt &
inmutauit se numerus
annorum in

LXVII DCCXCVIII

Romani leonē papā lęta
nia maiore captū exce
cauerunt ac lingua detrun
cauerunt. qui in custodiā
missus nocte per murū
euasit. & ad legatos dom
ni regis qui tunc apud ba
silicam sci petri erant
uuirundū scilicet abbatē
& uuinizirū spoletinū ducē
ueniens spoletiū est de
ductus; Domnus rex ad sa
xoniā profectus in loco
qui uocatur paderbrunno

32

...stitis castris consedit
...inde diuisa exercitu
carlu filium suu cum
medietate ad conloquiu
sclauoru que rex ipse dos
quide nordliudis uene
runt saxones in barden
...uuiui direxit . ipse alte
ra medietate secum rex ma
eode in loco leone pontifice
summo cu honore suscepit
ibique reditu carli filii sui
expectans leone pontifi
ce simili quo susceptus est
honore dimisit qui statim
roma profectus est . et rex
aquasgrani palaciu suu
reuersus est inea de expe
dicione legatus michahe
lis sicilie prefecti nomi
ne daniel ad dominum
regem uenit . atq; inde